ERASMUS ALS KETZER

STUDIES IN MEDIEVAL AND REFORMATION THOUGHT

EDITED BY

HEIKO A. OBERMAN, Tucson, Arizona

IN COOPERATION WITH

THOMAS A. BRADY, Jr., Berkeley, California
E. JANE DEMPSEY DOUGLASS, Princeton, New Jersey
GUILLAUME H.M. POSTHUMUS MEYJES, Leiden
DAVID C. STEINMETZ, Durham, North Carolina
ANTON G. WEILER, Heelsum

VOLUME XLIX

SILVANA SEIDEL MENCHI

ERASMUS ALS KETZER

ERASMUS ALS KETZER

*Reformation und Inquisition im Italien
des 16. Jahrhunderts*

VON

SILVANA SEIDEL MENCHI

E.J. BRILL
LEIDEN • NEW YORK • KÖLN
1993

Übersetzung aus dem Italienischen von Ulrich Hartmann und der Verfasserin.

The paper in this book meets the guidelines for permanence and durability of the Committee on Production Guidelines for Book Longevity of the Council on Library Resources.

Library of Congress Cataloging-in-Publication Data

Seidel Menchi, Silvana.
   Erasmus als Ketzer: Reformation und Inquisition im Italien des 16. Jahrhunderts / von Silvana Seidel Menchi.
     p.   cm.— (Studies in medieval and Reformation thought, ISSN 0585-6914; v. 49)
   Includes bibliographical references and index.
   ISBN 9004094741
   1. Inquisition—Italy. 2. Erasmus, Desiderius, d. 1536—Influence.
3. Renaissance—Italy. 4. Reformation—Italy. 5. Italy—
Intellectual life—1268-1559. 6. Italy—Church history—16th century. I. Title. II. Series.
BX1723.S45   1992
272'.2'0945—dc20   92-2650
                                                                                                CIP

ISSN 0585-6914
ISBN 90 04 09474 1

© Copyright 1993 by E.J. Brill, Leiden, The Netherlands

All rights reserved. No part of this publication may be reproduced, translated, stored in a retrieval system, or transmitted in any form or by any means, electronic, mechanical, photocopying, recording or otherwise, without prior written permission of the publisher.

Authorization to photocopy items for internal or personal use is granted by E.J. Brill provided that the appropriate fees are paid directly to Copyright Clearance Center, 27 Congress Street, SALEM MA 01970, USA. Fees are subject to change.

PRINTED IN THE NETHERLANDS

Dem Andenken
von Delio Cantimori
gewidmet

INHALTSVERZEICHNIS

Vorwort	ix
Einführung	1
Vorbemerkungen zur Textgestaltung	17
1. Abgrenzung des Themas	17
2. Zitate	18
3. Archivquellen	19
4. Bibliographische Hinweise	20
1. Erasmus noster: Ein Prolog	21
2. Erasmus lutheranus: Ein Konstrukt der italienischen Theologie 1520-1535	33
Anhang: Vergleich zwischen dem Fall Vergerio und dem Fall Nacchianti	67
3. Die Generation von 1510	73
Anhang: Italienische Zeugnisse zum Streit zwischen Erasmus und Luther über den freien Willen	104
4. Von der Freiheit	110
5. Grammatikschule als Schule der Häresie	139
6. Der offene Himmel oder die unendliche Barmherzigkeit Gottes	169
Anhang: Theorie und Praxis der Beichte	204
7. Eheliche Liebe und Gottesliebe	214
Anhang: Der Fall Ludovico Corte	235
8. Der Zweifel	241
9. Um das Jahr 1559	274
10. Erasmus lehren und Frankreich dienen: Der Fall Aurelio Cicuta	300
11. Erasmus catholicus	341
12. Intellectus captivus: Buch und Leser zwischen 1559 und 1580	358

13. Erasmus vor dem Inquisitor 387

14. Notai und Cancellieri 406

15. Der Ausschluß von Erasmus: Ein Epilog 427

Verzeichnis der Abkürzungen 453
    Archivalische und bibliothekarische Abkürzungen 453
    Abgekürzt zitierte Literatur 454

Namenregister 481
    A. Namenregister zu historischen Personen 481
    B. Namenregister zur Sekundärliteratur 495

Ortsregister 499

Sachregister 503

VORWORT

Zwei wissenschaftliche Stiftungen haben die Forschungen finanziert, auf denen dieses Buch basiert. Der Schweizerische Nationalfonds zur Förderung der wissenschaftlichen Forschung hat ein dreijähriges Forschungsprogramm (1975-78) unterstützt, das dem Studium der literarischen Quellen und kontroverstheologischen Schriften sowie der Vorbereitung eines Katalogs der italienischen Ausgaben der Werke von Erasmus gewidmet war. In diese erste Arbeitsphase gehört auch das Studium der Dokumente des Heiligen Offiziums im 'Archivio di Stato' in Venedig, der Inquisitionsakten im 'Archivio di Stato' in Modena, der Urkunden des Heiligen Offiziums im 'Archivio Storico Diocesano' in Neapel, des kleinen Bestands an Inquisitionsakten der Bologneser 'Biblioteca dell'Archiginnasio' sowie der Gerichtsakten des Römischen Heiligen Offiziums in der Bibliothek des 'Trinity College' in Dublin. Die Gerda Henkel Stiftung hat 1981-84 ein zweites Forschungsprogramm gefördert (Studium der Urkunden des venezianischen Heiligen Offiziums bis ungefähr zum Jahr 1580; Erfassung der Bestände des Heiligen Offiziums in Udine, Siena, Rovigo, Pisa und Imola sowie des Quellenmaterials im 'Archivio Patriarcale' in Venedig). Die Holländische Organisation für die Entwicklung der wissenschaftlichen Forschung (ZWO) hat 1980 einen Arbeitsaufenthalt in Rotterdam zur Überprüfung und Vervollständigung meines Katalogs der italienischen Erasmusdrucke in der dortigen 'Gemeente Bibliotheek' ermöglicht.

Danken möchte ich Jutta Klapproth, Lisa Maskell, Johanna van de Roer Meyers, Andreas Buckhardt, Peter Burkhart, Samuel Dresden, Josef Fleckenstein, Cornelis Reedijk, Olivier Reverdin, Walter Rüegg, Michael Stettler. Für zwei Gelehrte, die mir teuer gewesen sind, kommt die Danksagung zu spät: für meinen Lehrer Werner Kaegi und für Clemens Bruehl.

Die Zusammenarbeit mit italienischen Historikern war die Voraussetzung für den Zugang zu Teilen des hier herangezogenen Quellenmaterials. Die Kenntnis des Inquisitionsarchivs in Imola verdanke ich Carlo Ginzburg. Auf die Sammlung des 'Archivio Patriarcale' in Venedig hat mich Adriano Prosperi hingewiesen. In Udine ('Archivio Arcivescovile') ist meine Arbeit durch Andrea Del Col erleichtert worden, der mir das Manuskript seiner in Vorbereitung befindlichen Edition der Prozeßakten 1-12 des Heiligen Offiziums zur Verfügung gestellt hat. Im 'Archivio della Curia Vescovile' in Rovigo wurde meine Arbeit durch Stefania Malavasi, im 'Archivio Storico Diocesano' in Neapel durch Giovanni Romeo unterstützt. Silvano Cavazza hat mir großzügig Hinweise und Informationen gegeben.

Wie alle Erasmus-Forscher habe auch ich von dem Wissen und der Freundlichkeit von Jean-Claude Margolin profitiert. Einer der Grundgedanken dieses Buchs hat sich im Dialog mit Bernd Moeller und Johannes Trapman herauskristallisiert; Johannes Trapman verdanke ich die Identifizierung der *Nova Praefatio* zum Neuen Testament von Erasmus. Für Einzelhinweise bedanke ich mich in den Anmerkungen.

Ein besonderer Dank gilt den Direktoren der kirchlichen Archive (Luigi De Biasio, 'Archivio Arcivescovile' in Udine; Alberino Gabrielli, 'Archivio della Curia Vescovile' in Rovigo; Salvatore Loffredo, 'Archivio Storico Diocesano' in Neapel; Enzo Virgili, 'Archivio della Curia Arcivescovile' in Pisa; Ausilio Da Rif, 'Archivio Vescovile' in Belluno; Fernando Rojo, 'Archivio Generalizio degli Agostiniani' in Rom), die durch außerordentliches Entgegenkommen die organisatorischen Mängel der Infrastruktur ihrer Institutionen auszugleichen wußten.

Marino Berengo hat ein Kapitel des Manuskripts gelesen, "rem, ut solet, acu tangens". Andere Teile haben Andrea Del Col, Anne Jacobson Schutte und Heinz Scheible gelesen. Dank ihnen hat sich die Zahl der in diesem Buch enthaltenen Irrtümer vermindert.

Die Philosophisch-Historische Fakultät der Universität Heidelberg hat am 20. Juni 1990 diese Arbeit als Habilitationsschrift angenommen. Eike Wolgast und Gottfried Seebaß danke ich für die äußerst aufmerksame Lektüre des Manuskripts und für ihre konstruktive Kritik.

Die Ulrico Hoepli Stiftung unterstützte diese Publikation mit einem Beitrag an die Übersetzungskosten.

Schließlich möchte ich Heiko A. Oberman für die Aufnahme meines Buches in die von ihm herausgegebene Schriftenreihe danken.

EINFÜHRUNG

I

Die neuzeitliche Geschichtsschreibung hat ein Werk über die Verbreitung der Ideen des Erasmus in Frankreich hervorgebracht (1934), ein bedeutendes Buch über die Erasmus-Rezeption in Spanien (1937), eine Untersuchung über den Einfluß von Erasmus in England (1965), einen Katalog der Übersetzungen seiner Schriften ins Englische (1983) und ins Holländische (1978) sowie den ersten von drei geplanten Bänden einer breit angelegten Untersuchung der deutschen Übersetzungen (1983).[1] Es fehlte bisher eine entsprechende umfassende Darstellung für den italienischen Raum. Das vorliegende Buch schließt im internationalen Panorama der Renaissanceforschung eine Lücke, die vor allem von nordamerikanischen und englischen Wissenschaftlern wahrgenommen worden ist (Marcella und Paul Grendler, 1976 und 1984; Cairns, 1985), auf die aber auch italienische Historiker hingewiesen haben (Galasso, 1984).[2]

Von den parallelen Untersuchungen, die in anderen Teilen Europas durchgeführt wurden, unterscheidet sich dieses Buch jedoch sowohl durch die Art des Quellenmaterials wie hinsichtlich der Methode.

In den Studien zur Erasmus-Rezeption geht man in der Regel nach den Untersuchungsschemata der Wirkungsgeschichte vor, die literarisch-humanistische Quellen bevorzugt und sich des Parameters Vorbild/Nachahmung bedient. Zu den Zielen einer Untersuchung dieses Typs gehören die vollständige Erfassung der Zeugnisse, die die Verbreitung der Schriften des jeweiligen Autors betreffen, die Katalogisierung der Neuauflagen, das Auflisten der Übersetzungen und ihr Vergleich mit dem Original, die Identifizierung der Übersetzer, die Analyse der literarischen Nachahmungen und Umarbeitungen. Von Benedetto Croce begonnen (1914) und von Delio Cantimori weiterentwickelt (1936 und 1937), ist die literarisch-humanistische Wirkungsgeschichte von Erasmus in Italien, die sogenannte *storia della fortuna*, eine fruchtbare Forschungsrichtung, der es in jüngster Zeit gelang, Faustino Perisauli (1963), Lucio Paolo Rosello (1967), Tommaso Garzoni (1969), Aonio Paleario (1974), Antonio Brucioli (1979), Pietro Aretino (1985), Giovanni Bernardo Gualandi (1985) sowie einige weniger bedeutende Persönlichkeiten der Schar der Leser und Nachahmer

---

[1] Mann, *Erasme et la Réforme française*; Bataillon, *Erasmo y España*; McConica, *English Humanists* (und Devereux, *English Translations*); Bijl, *Erasmus in het Nederlands*; Holeczek, *Erasmus deutsch*.

[2] Grendler und Grendler, *Erasmus in Italy*; dies., *Erasmus Holdings*; Cairns, *Aretino and Venice*, S. 9; Giuseppe Galasso, *Un sacco brutto*, L'Espresso, 10. Juni 1984, S. 98.

von Erasmus zuzuordnen.³ Ein eigenes Kapitel der Wirkungsgeschichte ist von Augustin Renaudet geschrieben worden (1954), der im Rahmen seiner Darstellung des Werdegangs von Erasmus das Netz seiner italienischen Korrespondenten rekonstruiert hat, vor allem die Kontakte mit jenen Persönlichkeiten der Kurie, die seit 1518 zu den bevorzugten Gesprächspartnern des Humanisten gehörten.⁴

Auf die methodologische Problematik der literarisch-humanistischen Wirkungsgeschichte wurde bereits 1936 von Delio Cantimori hingewiesen. Die Erasmus-Rezeption läßt sich nicht allein im Rahmen einer literarischen Wirkungsgeschichte beschreiben — so die Überlegung Cantimoris —, weil der Einfluß des Humanisten sich vor allem auf dem Gebiet der "vita morale e religiosa" entfaltet hat. Neben — oder eher noch: vor — den literarischen Quellen müsse die Forschung die religiösen Traktate, die kontroverstheologischen Werke und insbesondere die theologischen Schriften der italienischen Häretiker, der Verbannten *religionis causa*, berücksichtigen.⁵ Die Intervention Cantimoris bewirkte eine Neuorientierung der Forschung. Nicht mehr als diskreter Ratgeber, der in den Studierstuben die Feder eines Giovan Battista Marino oder eines Giordano Bruno lenkte (Croce), wurde Erasmus verstanden; eher galt er nun als umstrittener Protagonist einer Kontroverse, in der auf überschwengliches Lob heftigste Beschimpfung, ja kategorische kirchliche Ablehnung folgten.

Die Fruchtbarkeit der von Cantimori vorgezeichneten Richtung wird durch die Entwicklung der Forschung bis in unsere Tage bewiesen. Von den Beiträgen zur Diskussion über Erasmus, die sich auf Italien beziehen, sind die eigentlich innovativen im Bereich des Glaubensstreits und der theologischen Debatte angesiedelt, von der Entdeckung des zu Recht Aegidius von Viterbo zugeschriebenen anti-erasmianischen *Racha* (1964) bis zum kontroverstheologischen Traktat des Bischofs Ambrogio Flandino (1981), von der Analyse des Werks von Alberto Pio (1969 und 1972) über die Diskussion des *Funus* von Ortensio Lando (1968 und 1974) bis zur Entdeckung der Schriften von Giovanni Maria dei Tolosani (1986).⁶ Dennoch wurde das Umdenken, das der Beitrag von Cantimori einleitete,

---

³ Croce, *Traduzioni*; Cantimori, *Erasmo I-II*; Perisauli, *De triumpho stultitiae* (und dazu Ijsewijn und Ijsewijn-Jacobs, *Perisauli en Erasmus*); Perini, *Machiavelli*; Cherchi, *Garzoni*; Seidel Menchi, *Atteggiamenti*, S. 116-133 (und Caponetto, *Paleario*); Dionisotti, *Machiavellerie*, S. 204, 211 und Seidel Menchi, *Circolazione clandestina*, S. 576-84 (siehe auch Spini, *Brucioli*, S. 53); Cairns, *Aretino and Venice*, insbesondere S. 49-96; Cherchi, *Gualandi*. Nicht hinreichend belegt erscheint mir hingegen die Erasmus-Lektüre von Machiavelli (Scarpa, *Machiavelli*) und Ariosto (Salinari, *Ariost*).

⁴ Renaudet, *Erasme et l'Italie*.

⁵ Cantimori, *Erasmo I*, S. 43-47, 49-55.

⁶ Massa, *Intorno a Erasmo*; Seidel Menchi, *Flandino-Quistelli*; Gilmore, *Erasmus and Pio* und ders., *Oeuvre polémique d'Erasme*; Camporeale, *Tolosani*. Eine hervorragende Zusammenfassung der Diskussion über das *Funus* von Ortensio Lando — eröffnet 1969 von Grendler in: *Critics*, S. 21-48, aufgenommen u.a. von der Verfasserin 1974 in: *Fortuna di Erasmo*, S. 574-91 — bietet: Mansfield, *Interpretations*, S. 103-108.

nicht konsequent vollzogen. Man erweiterte das Quellenmaterial, ohne den historiographischen Ansatz zu verändern. Theologische Traktate und kontroverstheologische Werke wurden unterschiedslos mit der literarisch-humanistischen Produktion auf dieselbe Stufe gestellt und unter gleicher Fragestellung untersucht, d.h. das Phänomen der Verbreitung und Diskussion des Gedankenguts von Erasmus wurde weiterhin lediglich in bezug auf die gebildeten Schichten erforscht. Da man bei der Betrachtung der humanistischen Rezeption verharrte, kam die sozialgeschichtliche Dimension des Phänomens nicht in den Blick.

II

Die Inquisitionsprozeßakten eröffnen dem Erforscher der Erasmus-Rezeption eine bisher unerkannte Untersuchungsperspektive. Die Notare des Heiligen Offiziums protokollierten Verhöre von Menschen aus den unterschiedlichsten sozialen Schichten, die sich zu Anschuldigungen zu äußern hatten, bei denen es bis gegen 1580 hauptsächlich um Gewissensentscheidungen ging. Zu den religiösen Delikten, die damals verfolgt wurden, gehörten die Lektüre von Erasmus und das Bekenntnis zu seinen Ideen. Die Inquisitionsakten gewähren dem Historiker Einblick in ein vielschichtiges soziales Gefüge — in eine Welt, in der Goldschmiede und Gewürzhändler, Schuhmacher und Weber, Soldaten und Ärzte, Notare und Händler neben Schullehrern, Pfarrern und Mönchen als Protagonisten eines regen und mitunter dramatischen geistigen Lebens stehen. In den Inquisitionsakten spiegelt sich die Unmittelbarkeit religiösen Denkens und Handelns. Die Menschen, die vor den Tribunalen erschienen, hatte man eben aus ihrem Alltag herausgerissen. Ihre Bücher lagen noch geöffnet auf dem Tisch oder der Ladentheke, ihr Gespräch mit dem Arbeitskollegen, dem Nachbarn oder dem Priester war noch im Gange. Während die literarischen Dokumente den Endpunkt des Rezeptionsphänomens erfassen, führen uns die Inquisitionsakten mitten in den Rezeptionsprozeß hinein. Mir ist keine andere Kategorie von Quellen bekannt, die mit gleicher Direktheit die Wechselwirkung zwischen Gewissen und Verhalten dokumentiert, mit gleicher Genauigkeit den Weg und die Entwicklung einer Idee in einer Gemeinschaft aufzeichnet, mit gleicher Sensibilität die Auswirkung eines Worts auf die Lebenspraxis erfaßt. Dieser Quellentypus legte die in einigen Teilen des Buches vorherrschende narrative Darstellungsform nahe, die auch als Antwort auf eine 1979 von Lawrence Stone formulierte methodische Forderung zu werten ist.[7]

Die italienischen Dokumente der Inquisition sind nicht nur wegen der beschriebenen inhaltlichen Qualitäten, sondern auch rein quantitativ aufgrund ihrer allerdings erst in den letzten zwei Jahrzehnten erkannten zahlreichen Überlieferung von hohem wissenschaftlichen Interesse. Bis ca. 1970 gab es

---

[7] Lawrence Stone, *The Revival of Narrative: Reflections on a New Old History*, Past and Present, Bd. 85 (1979), S. 3-24.

drei Archive des Heiligen Offiziums der römischen Inquisition, die für Forscher zugänglich waren: das in Venedig, untergebracht im dortigen 'Archivio di Stato', das in Modena, ebenfalls im 'Archivio di Stato', und einige Akten der römischen Sammlung, die nach dem napoleonischen Beutezug ins 'Trinity College' in Dublin gelangt sind (die anderen beiden seit geraumer Zeit bekannten Sammlungen von Schriftstücken der Inquisition — die in der 'Biblioteca dell'Archiginnasio' in Bologna verwahrten und die vier Faszikel des florentinischen Tribunals im Besitz der 'Bibliothèque Royale' in Brüssel — müssen im Vergleich zum ursprünglichen Bestand der entsprechenden Archive, zumindest was die Zeit vor 1580 angeht, als Fragmente betrachtet werden).[8] Zu diesen drei geschlossenen Beständen in Venedig, Modena und Dublin sind in jüngster Zeit acht weitere gekommen, die entweder bis ungefähr 1970 gänzlich unbekannt waren oder aber nur ausnahmsweise einzelnen Gelehrten zugänglich gemacht wurden: es handelt sich um die Bestände des 'Archivio Arcivescovile' in Udine, des 'Archivio Storico Diocesano' in Neapel, des 'Archivio della Curia Vescovile' in Rovigo, des 'Archivio di Stato' (sowie des 'Archivio Arcivescovile') in Siena, des 'Archivio Arcivescovile' in Pisa, des 'Archivio Vescovile' in Imola, des 'Archivio Vescovile' in Belluno und einen Teil des venezianischen Quellenmaterials, das im 'Archivio Patriarcale' entdeckt worden ist.[9] Die daraus resultierende Erweiterung der dokumentarischen Basis ist so bedeutend, daß frühere Schlußfolgerungen der Geschichtsschreibung in Frage gestellt werden. Dank der Möglichkeit, diese Archive zu nutzen, hat eine neue Phase in der Religions- und Kulturgeschichtsforschung Italiens begonnen: eine Phase, in der Fälle des religiösen Dissenses, Zirkulation heterodoxer Schriften, Judentum, Islamismus, Hexerei, Libertinismus und andere Phänomene, die in die Kompetenz des Heiligen Offiziums fielen, nicht mehr nur auf lokaler Basis untersucht werden können — wie es bisher bevorzugt geschehen ist und gemäß dem Prinzip der Diversifikation der Quellen auch fortgesetzt werden soll —, sondern auf einer breiten, für den gesamten italienischen Kulturraum repräsentativen dokumentarischen Grundlage (mit Ausnahme der Gebiete, in denen die spanische Inquisition operierte, Sizilien und Sardinien). Bisher allerdings haben die Historiker des italienischen Cinquecento — die nicht einmal die schon früher zugänglichen Archive, insbesondere das von seinem Bestand her noch immer einzigartige in Venedig, systematisch erforscht hatten —, noch keinen planmäßigen Gebrauch von dem reichhaltigen Quellenmaterial gemacht, das ihnen durch die neu erschlossenen Archive zur Verfügung steht.[10] Die hier vorliegende

---

[8] Vgl. die Bibliographie bei: Tedeschi, *Disperses Archives*, S. 16f., und Prosperi, *Inquisizione*, S. 138.
[9] Vgl. Anm. 8 und besonders Prosperi, *Inquisizione* (es fehlen bis heute zuverlässige Bestandsverzeichnisse der italienischen Inquisitionsarchive).
[10] Eine Ausnahme bildet Lucia Rostagno, *Mi faccio turco: Esperienze ed immagini dell'Islam nell'Italia moderna*, Oriente moderno: Studi e materiali sulla conoscenza dell'Oriente in Italia,

Arbeit ist die erste Untersuchung, die die derzeit zugänglichen Dokumente der italienischen Inquisition in ihrer Gesamtheit nutzt und auf eine Fragestellung hin auswertet.

Die Entscheidung, dem Quellenmaterial der Inquisition den Vorrang zu geben und es in den Mittelpunkt der Untersuchung zu stellen, hat diesem Buch seine Prägung gegeben. Diese Entscheidung ist verwirklicht worden, ohne das kontroverstheologische Schrifttum, die literarisch-humanistischen Texte und die Geschichte der Buchdruckerkunst auszuklammern. Der Leser findet zwei Kapitel und sechs Abschnitte, die sich auf literarisch-humanistische Quellen, ausgewertet nach der Methode der Wirkungsgeschichte, stützen (Kapitel 1 und 11; Abschnitte 6 bis 8 des Kapitels 6; Abschnitte 2 bis 5 des Kapitels 7), zwei Kapitel und einen Abschnitt, die, gestützt auf kontroverstheologische Literatur, den Disput um Erasmus rekonstruieren (Kapitel 2 und 9, Abschnitt 6 des Kapitels 7), sowie einen Abschnitt, der die Rezeptionsgeschichte des Buchdrucks zusammenfaßt (Abschnitt 1 des Kapitels 15). Den Kern des Buchs bilden jedoch jene Kapitel, die sich vor allem auf das Quellenmaterial der Inquisition stützen (Kapitel 3 bis 6, 8, 10, 12 bis 15). Die systematische Auswertung dieser Quellen ist das Kennzeichen der vorliegenden Untersuchung, das sie im Rahmen der internationalen Erasmus-Forschung wie in dem der Studien über die sogenannte Reformation in Italien charakterisiert.

III

Das Erasmus-Bild, das sich in diesem Buch abzeichnet, steht in Widerspruch zu dem in der internationalen Geschichtsschreibung vorherrschenden. Der Erasmus, wie ihn die heutige Historiographie vorwiegend darstellt, ist ein ausgeglichener Humanist, ein um die Vermeidung von Brüchen bemühter Gesellschafts- und Kirchenkritiker, ein anpassungsfähiger Befürworter gemäßigter Reformen.[11] In seiner Lehre scheinen heute die Elemente der

---

Supplemento I, Rom 1983.

[11] In erster Linie beziehe ich mich auf die "schola erasmiana leodiensis", auf die Gruppe Lütticher Historiker, aus der einige der bedeutendsten Arbeiten zur Erasmus-Forschung der letzten zwanzig Jahre hervorgegangen sind (das Gesamtwerk von Léon-E. Halkin, vor allem *Erasme parmi nous*, 1987, die Schriften von Franz Bierlaire, insbesondere *Erasme et ses Colloques*, 1977, und *Colloques*, 1978, die Beiträge von Jean-Pierre Massaut), Arbeiten, die in ihrer Gesamtheit Erasmus kulturell und religiös von Kontinuität und dem Streben nach einer immer innerhalb des geltenden Systems bleibenden Reform bestimmt sehen. Eine analoge Interpretation zeichnet sich, mit zunehmender Überzeugung vorgetragen, in den Arbeiten von Margaret Mann Philipps ab, die in der englischsprachigen Erasmus-Kritik ein deutliches Zeichen gesetzt haben (symptomatisch ist ihr letzter Beitrag, *Visages d'Erasme*, 1987). Festgestellt worden ist auch, daß das Bild von Erasmus als einem in das katholische System integrierten religiösen Denker in der nordamerikanischen Essayistik vorherrscht (Margolin, *Travaux érasmiens 1970-1985*, S. 607f.). Aus den Arbeiten von Jean-Claude Margolin geht Erasmus als Meister einer ausgewogenen Paideia, einer noblen und für zerstörerische Elemente unempfänglichen Mäßigung hervor. Diese Interpretationstendenz herrscht schon in den Studien anläßlich der Feier des 500. Geburtstags von Erasmus vor, vgl. die Bilanz von Richard J. Schoeck, *The Place*

Kontinuität gegenüber denen der Innovation zu überwiegen: sein religiöses Denken soll auf das Gedankengut der griechisch-lateinischen Patristik, vor allem auf Hieronymus und Augustinus, zurückgehen,[12] seine Theologie in der von Thomas von Aquin verankert sein.[13] Das Fehlen von Schattenseiten läßt ein harmonisches Bild des heiligen Denkers Erasmus im Glanz seiner Tugend entstehen. Seine berühmteste Erbauungsschrift, das *Enchiridion*, hat ein Historiker vom Rang eines Heiko Oberman als langweiligstes Werk der Erbauungsliteratur bezeichnet.[14] Ein ganz anderes Bild vermitteln die italienischen Quellen. Der Erasmus, auf den man im Italien des Cinquecento traf, war ein verwerflicher Ketzer, ein Unruhe- und Unheilstifter. Es gab keine geistige Versuchung, für die die Italiener ihn nicht anfällig gehalten hätten, kein unverletzliches Dogma, keine ehrwürdige Tradition — von der Jungfräulichkeit Mariens bis zur Göttlichkeit Christi —, die abschaffen zu wollen er nicht in Verdacht stand. Der Kampf gegen sein *Enchiridion* war so radikal, daß in Italien drei der insgesamt fünf Ausgaben in der Landessprache total vernichtet wurden.

Der Gegensatz zwischen dem Erasmus, wie ihn die zeitgenössische Geschichtsschreibung zumeist darstellt, und dem Bild, das sich aus dieser Arbeit ergibt, ist auf die bei der Untersuchung bevorzugten Quellen zurückzuführen. Die den Inquisitionsprozessen innewohnende Dramatik erfaßt jene Teile des kulturellen Lebens, für die die Inquisitionstribunale zuständig waren. Erasmus bildet keine Ausnahme von der Regel. Sogar Marcel Bataillon, dem es gelingt, das Phänomen der spanischen Erasmus-Rezeption in einen so harmonischen Rahmen zu stellen, kann es nicht vermeiden, daß Angst und Spannung aufflackern, wenn er sich anhand einer Prozeßakte auf die Geschichte eines Juan de Vergara oder einer Maria de Cazalla einläßt.[15] Mit der dramatischen Dimension wird Marcel Bataillon jedoch nicht oft konfrontiert, da in Spanien der Kult um Erasmus eine offiziell unterstützte Bewegung war; sein Erfolg wuchs und gedieh, von starken Schutzmauern umgeben, ungemein schnell. Der Großkanzler Mercurino Gattinara, der Erzbischof von Sevilla und Großinquisitor Alonso Manrique, die Ideologen der kaiserlichen Kanzlei und der Kaiser selbst

---

of Erasmus Today, Transactions of the Royal Society of Canada, Reihe 4, Bd. 8 (1970), S. 287-98.

[12] Béné, *Erasme et Saint Augustin*; Chomarat, *Grammaire et rhétorique*, Bd. I, S. 179-182; Olin, *Erasmus and Saint Jerome*; ders., *Erasmus and the Church Fathers*.

[13] Kohls, *Die Theologie des Erasmus* und ders., *La position théologique d'Erasme et la tradition dans le 'De libero arbitrio'*, in "Colloquium erasmianum", (Mons 1968), S. 69-86; Jean-Pierre Massaut, *Erasme, la Sorbonne et la nature de l'Eglise*, ebd., S. 102-104 (die Verbindung von Erasmus mit Thomas von Aquin wird allerdings von Massaut viel kritischer behandelt in *Erasme et Saint Thomas*).

[14] Heiko A. Oberman, *Luthers Reformatorische Ontdekkingen*, in "Maarten Luther: Feestelijke Herdenking van zijn vijfhonderdste Geboortedag" (Amsterdam 1983), S. 11-34, zit. von Augustijn, *Erasmus von Rotterdam*, S. 43.

[15] Bataillon, *Erasmo y España*, S. 432-493.

stellten sich schützend vor den Humanisten und seine Anhänger, als die Feindseligkeit der konservativen Theologen bedrohlich wurde. Gewiß sind die spanischen Prozeßakten, bei denen es direkt oder indirekt um Erasmus ging, gehaltvolle Dokumente von erregender Lebendigkeit, doch ihre Zahl ist zu gering, um für die Untersuchung von Bataillon prägend zu sein.[16] In den anderen europäischen Ländern existieren entweder kaum Dokumente der Inquisition (Deutschland, Schweiz, England), oder sie liefern zwar wertvolle, doch sporadische Informationen (Niederlande). Da die Erforschung der entsprechenden portugiesischen Archive kaum begonnen hat,[17] ist Italien, beim gegenwärtigen Stand der Forschung, das einzige europäische Land, dessen Dokumente der Inquisition — mit einer zeitlichen Kontinuität von etwa einem halben Jahrhundert und einer breiten geographischen Streuung — die Einordnung von Erasmus und seinem Werk in den Bereich der Häresie belegen. Die Verfasserin hat sich also nicht von sich aus bevorzugt dieser Dokumentation zugewandt, sondern ihr Ansatz wurde ihr durch die Dokumentation diktiert. Die Entscheidung, sich im Rahmen dieses Themas primär mit den Inquisitionsprozessen zu befassen, bedarf deshalb keiner Rechtfertigung.

Eine Entscheidung, über die man von mir Rechenschaft verlangen kann, ist hingegen der Ausschluß des Begriffs "Erasmianismus" ("erasmisme", "erasmismo") aus dem Vokabular eines Erasmus gewidmeten Buchs. Bisweilen als "dritte Kirche" oder "Mittelweg" oder auch "dritte Kraft", insgesamt als Position irenischen Kompromisses verstanden, ist "Erasmianismus" ein Interpretationsschema, das sich seit etwa fünfzig Jahren beträchtlicher Beliebtheit erfreut. Wenn sein Gebrauch hier vermieden wird, dann deshalb weil das Etikett für allzu heterogene Inhalte verwendet worden ist. Von den erasmianischen Evangeliumsmanifesten, die als Flugschriften zu Beginn der Reformation den deutschen Buchmarkt überschwemmten,[18] bis zur Theologie von Kardinal Sadoleto,[19] vom Buchbestand der englischen Pfarreien unter Edward VI.[20] bis zur Vermittlungsaktion von Melanchthon

---

[16] Lediglich vier der vierzehn Kapitel des Buchs von Bataillon stützen sich auf Material der Inquisition. Nach den Ergebnissen der anderen mir bekannten Studien zu urteilen, wurden die lokalen Gerichte der spanischen Inquisition nach der ersten Prozeßwelle (1530/40) selten mit relevanten Fällen der Verbreitung des Gedankenguts von Erasmus konfrontiert (Ricardo García Cárcel, *Herejía y sociedad en el siglo XVI: La Inquisición en Valencia 1530-1609*, Barcelona 1980, S. 328-31; Jaime Contreras, *El Santo Oficio de la Inquisición de Galicia*, Madrid 1982, S. 609-620).
[17] Jsaias Da Rosa Pereira, *Lutheranisme et Inquisition au Portugal au XVIe siècle*, Rapport du XVIe Congrès international des sciences historiques, Stuttgart, 25. August-1. September 1985, *Rapports*, Bd. II, Hrsg. August Nitschke, Stuttgart 1985, S. 403-405.
[18] Holeczek, *Erasmus deutsch*, S. 9-14, 28f.
[19] Renaudet, *Erasme et l'Italie*, S. 217f. (siehe auch Richard M. Douglas, *Jacopo Sadoleto 1477-1547, Humanist and Reformer*, Cambridge Mass. 1959).
[20] McConica, *English Humanists*, S. 240-249; Thompson, *Erasmus and Tudor England*, S. 50-56.

auf dem Reichstag zu Augsburg,[21] von der durch Konrad von Heresbach inspirierten Kirchenpolitik im Herzogtum Kleve[22] bis zum geistigen Werdegang von Juan de Valdés[23] gibt es kaum einen Fall, in dem die Erwähnung des Namens Erasmus und/oder der Gebrauch seiner Schriften die Historiker nicht in Versuchung geführt hätte, sich des Begriffs "Erasmianismus" zu bedienen (auch gibt es Arbeiten, in denen man diesen Terminus abstrakt, ohne Textbezug zum Werk von Erasmus gebraucht).[24]

Der Begriff des "Erasmianismus" — als kohärentes System verstanden — entzieht sich m.E. grundsätzlich jeder theoretischen Überprüfung. Denn es gilt zu bedenken, daß der theologische Entwurf von Erasmus sich in keiner Kirche konkretisieren konnte. Sein Gedankengut hatte keine autorisierten Vertreter oder amtlichen Verwalter, die über seine Reinheit wachten und seine Kohärenz bewahrten, wie dies hingegen bei dem geistigen Erbe von Luther, Calvin, Zwingli oder des Tridentinischen Konzils — um nur einige der Gegenüberstellungen zu nennen, die gewöhnlich mit dem "Erasmianismus" verglichen werden — der Fall war. Will man nicht "Erasmianismus" mit "biblischen Humanismus" identifizieren[25] — was mir nicht das adäquate Phänomen zu sein scheint, um nach dem Tod von Erasmus als Position irenischen Kompromisses zu fungieren —, läßt sich nicht erkennen, nach welchen Kriterien man aus den Gedanken des Humanisten ein kohärentes religiöses System bilden sollte, das als historiographischer Bezugspunkt dienen könnte.

Vorbehalte dieser Art, schon im Denken von Marcel Bataillon, dem großen Fürsprecher des "Erasmianismus", präsent,[26] finden heute, wenn auch sehr maßvoll und ausgewogen, in den Studien von Cornelis Augustijn Ausdruck.[27] Auch Heinz Holeczek, der Verfasser von *Erasmus deutsch*, vermeidet es, den "Erasmianismus" klar zu umreißen.[28] Trotzdem ist nicht zu erwarten, daß dieser Begriff aus dem historischen Vokabular verschwindet. Meiner Ansicht nach ist der Grund seiner Anziehungskraft nicht im Jahrhundert von Erasmus, sondern in unserem zu suchen. Tatsächlich hat der ökumenische Katholizismus in den letzten fünfzig Jahren um Erasmus herum eine breit angelegte Operation historischer Selbstrechtfertigung entfaltet. Die Gruppe katholischer Gelehrter, durch die, vor allem seit zwanzig Jahren, die Erasmus-Studien nachhaltig belebt worden sind, hat den Humanisten zum Gegenstand einer stattlichen Reihe von Untersuchungen gemacht, denen die

---

[21] Renaudet, *Erasme et l'Italie*, S. 212f.
[22] Jedin, *Konzil von Trient*, Bd. I, S. 292-94.
[23] Bataillon, *Erasmo y España*, S. 339-63 (aber siehe jetzt Gilly, *Valdés*).
[24] Eine problematische Verwendung dieser Terminologie: Morviducci, *Teofilo fiorentino*.
[25] Augustijn, *Erasmus von Rotterdam*, S. 100.
[26] Marcel Bataillon, *Vers une définition de l'érasmisme*, in "Colloquia erasmiana turonensia", Centre d'Etudes Supérieures de la Renaissance de Tours, De Pétrarque à Descartes, 24, Paris 1972, Bd. I, S. 21-33.
[27] Augustijn, *Erasmus von Rotterdam*, S. 175f.
[28] Holeczek, *Erasmus deutsch*, S. 28f.

Tendenz gemeinsam ist, bei der Beschreibung der Vergangenheit die Gegenwart im Auge zu behalten und die Zukunft vorzubereiten. Mein Eindruck ist, daß die Glaubens- und Kirchenlehre von Erasmus für einige dieser Wissenschaftler zum Bezugspunkt der eigenen religiösen Identität geworden ist und daß auf diese Weise der "Erasmianismus" in die Geschichte des Katholizismus im zwanzigsten Jahrhundert als eigenständiges Kapitel eingehen wird.[29] Die aktuelle Bereicherung, die das Denken von Erasmus auf diese Weise erfahren hat, verleitete die Historiker vielleicht allzu sehr, seine Werke aus heutiger Perspektive zu lesen. Den Leser von gestern hat man dabei als irrelevant betrachtet, seine Reaktionen sind unbegreiflich geworden. Als Teilkorrektiv zu der Forschung der letzten zwanzig Jahre stellt dieses Buch erneut die Frage: Wie hat der Leser des 16. Jahrhunderts Erasmus gelesen?

IV

Im Italien des Cinquecento wurde Erasmus oft im "lutherischen" Sinne gelesen. In der übergroßen Mehrheit der Fälle hatte die Bezeichnung "luterano", bis zur Mitte des Jahrhunderts und darüber hinaus, keine konfessionelle Konnotation. Sie bezog sich auf eine im Theoriebereich polyphone, hinsichtlich der Glaubenssätze flexible und konfessionell wenig strukturierte Bewegung, die die Reformation begleitete und ihr das positive Umfeld verschaffte, das sie benötigte, um sich zu institutionalisieren. Es war die implizierte Antinomie "luterano/cattolico", seltener "luterano/papista", die dem Begriff seine spezifische Bedeutung verlieh und seinen Gebrauch begrenzte. Die Übertragung des deutschen Adjektivs "evangelisch", das in seiner heutigen Bedeutung als Äquivalent für "luterano", wie man es im Italien des Cinquecento verstand, betrachtet werden kann, ins Italienische würde einige der aktuellen terminologischen Probleme lösen,[30] wenn dieser Begriff nicht durch eine fremdstämmige historiographische Tradition — der

---

[29] *Luther, Erasmus and the Reformation: A Catholic-Protestant Reappraisal*, Hrsg. John C. Olin, James D. Smart, Robert E. McNelly SJ, New York 1969; James McConica, *Erasmus and the Grammar of Consent*, in "Scrinium erasmianum", Hrsg. Jozef Coppens, Leiden 1969, Bd. 2, S. 77-99. Vgl. auch die von Margolin zusammengefaßten Beiträge, *Bibliographie III*, Nr. 1127, 1186, 1191. Von der Auswirkung der ökumenischen Strömung auf die zeitgenössische Erasmus-Forschung spricht schon Godin, *Erasme lecteur d'Origène*, S. 1.

[30] Die terminologischen Probleme sind auch in diesem Buch durchaus spürbar. Mangels eines eindeutigen Begriffs zur Bezeichnung der hier untersuchten Personengruppen werden die Termini "Heterodoxe", "Häretiker" und "Evangelische" (letzterer in dem in der deutschsprachigen Geschichtsschreibung üblichen Sinn) nebeneinander gebraucht. Häufiger verwendet worden ist jedoch der Terminus "Dissidenten", da er in der kontroverstheologischen Literatur Italiens um das Jahr 1560 in einem signifikanten Zusammenhang vorkommt (Giulio Ercolani schreibt, daß Paul IV. ihn als Gelehrten schätzte, "qui scribere possem in Erasmum, in lutheranos dissidentesque omnes ab Ecclesia sancta", Ercolani, *De Virgine*, fol. 26ʳ). Der Terminus "Dissidenten" wird zur Bezeichnung kleiner religiöser Minderheiten auch von der Forschergruppe um Marc Lienhard in Straßburg verwendet.

des italienischen Evangelismus[31] — blockiert wäre, die meines Erachtens ebenfalls einer Revision bedarf. Die Zuordnung von Erasmus zum Umfeld der Reformation, die in Italien durch die Bezeichnung "luterano" deutlich wird, fand ihre historische Sanktionierung in der Aktivität der Inquisitionstribunale.

Allerdings ist die These einer Integration von Erasmus in die Reformationsbewegung in der Geschichtsschreibung seit Jahrzehnten nicht mehr vertreten worden. Heute unterstreicht die Forschung lieber, daß zwischen Erasmus und Luther eine unüberbrückbare Divergenz bestanden habe, die, schon bevor sie offen zutage getreten sei, die beiden Denker zu Vertretern von grundsätzlich konträren Positionen habe werden lassen.[32] Seit 1986 bahnte sich allerdings in dieser Hinsicht in der Erasmus-Forschung eine gewisse Kurskorrektur an. Die vorbildliche, die Ergebnisse einer dreißigjährigen wissenschaftlichen Arbeit zusammenfassende Erasmus-Biographie von Cornelis Augustijn schlägt erneut eine Annäherung zwischen dem Denken von Erasmus und der schweizerischen und süddeutschen Reformationsbewegung vor.[33] Doch auch der Erasmus von Cornelis Augustijn ist ein Einzelgänger. Die Position, die ihm zugeschrieben wird, ist die eines Unabhängigen, der über den sich bekämpfenden Parteien steht. Jede programmatische Konvergenz mit den Reformatoren, auch mit denen, die ihm als Theoretiker am nächsten stehen, bleibt ausgeschlossen.

In Wahrheit hat der Erasmus-Biograph in dieser Diskussion wenig Spielraum, ist er doch durch autobiographische Zeugnisse, die an Klarheit und Schärfe nichts zu wünschen übrig lassen, gebunden. Fraglich bleibt allerdings, wie diese autobiographischen Zeugnisse hinsichtlich der Rezeption zu bewerten sind. Daß Erasmus schon zu Lebzeiten die Interpretation seines Denkens nicht zu kontrollieren vermochte, ist ein breit dokumentiertes Faktum. Insbesondere ließ sich der italienische Leser des 16. Jahrhunderts vom Autor keinen interpretatorischen Kanon vorschreiben und machte sich auch über die Einordnung in das Gesamtwerk keine Gedanken. Er suchte in den Büchern Antworten auf vitale Bedürfnisse, zog aus ihnen Schlüsse mit unmittelbar praktischer Wirkung. Die Durchsetzungskraft von Erasmus bestand ja gerade darin, daß er sich für eine Lektüre eignete, die sich im Alltag sofort umsetzen ließ. So kam es, daß sich die Antinomie Erasmus/Luther, in den Augen von Erasmus überdeutlich, in denen von

---

[31] Eine Zusammenfassung der Frage in: *TRE* X, S. 686-90 (siehe auch Jacobson Schutte, *Evangelism*). Noch nicht die ihr gebührende Aufmerksamkeit hat die von Gigliola Fragnito, *Gli 'spirituali' e la fuga di Bernardino Ochino* zu "Evangelismus" vorgeschlagene Alternative gefunden, Rivista storica italiana, Bd. 84 (1972), S. 777-813.

[32] Marjorie O'Rourke Boyle, *Rhetoric and Reform: Erasmus' Civil Dispute with Luther*, Erasmus Studies, Toronto 1983; Bengt Hägglund, *Die Frage der Willensfreiheit in der Auseinandersetzung zwischen Erasmus und Luther*, in "Renaissance Reformation, Gegensätze und Gemeinsamkeiten", Hrsg. August Buck, Wolfenbütteler Abhandlungen zur Renaissanceforschung 5, Wiesbaden 1984, S. 181-95.

[33] Augustijn, *Erasmus von Rotterdam*, S. 174f.

Luther sogar abgrundtief, aus der Sicht des Lesers in ihr Gegenteil verkehrte und häufig zu Konvergenz wurde.

Von der theoretischen Möglichkeit, die Sicht des Lesers zu übernehmen, haben die Erasmus-Forscher bis heute keinen Gebrauch gemacht. Konditioniert durch die ihrem Forschungsthema immanenten Muster der auf einen Protagonisten fixierten Geschichtsschreibung, haben sie regelmäßig ihre Erasmus-Interpretationen aus dem von Erasmus selbst bereitgestellten Kanon hergeleitet. Daß der Autor der beste Interpret seiner selbst ist, heißt das Axiom, das bisher nicht nur die biographische Forschung, nicht nur die theologisch-religiöse Interpretation von Erasmus getragen hat, sondern auch die Geschichte seiner Rezeption. Auf ihm beruht das klassische Werk von Marcel Bataillon.[34]

In meiner Untersuchung setze ich an die Stelle des Postulats "Erasmus ex Erasmo" das Axiom "Erasmus ex Erasmi lectore". Zumindest innerhalb des Bereichs der Rezeptionsgeschichte hat dieses Axiom sich als zweckmäßig erwiesen, da es jene vielfältige Brechung aufzeigt, die vielleicht die größte Faszination der Schriften von Erasmus ausmacht, und da es zugleich ermöglicht, die Konstanten von dauerhafter Wirkung und entscheidendem historischen Wert herauszuarbeiten. Ich möchte allerdings das Axiom "Erasmus ex Erasmi lectore" auf den Rezeptionsbereich beschränken. Das Postulat der Autonomie des Lesers auf das Verstehen des Autors rückzuprojizieren würde bedeuten, Erasmus am Schnittpunkt aller Interpretationen seiner Zeitgenossen zu suchen — könnte aber auch heißen, ihn endgültig in den Fragmenten von tausend Brechungen zu verlieren. "Non nisi in lectore Erasmus" ist eine hermeneutische Perspektive, die sich leichter in der Theorie verteidigen als in die Praxis umsetzen läßt.

Die Darstellung durch Aneinanderreihen von Zeugenaussagen, die in einigen Teilen dieses Buches vorherrscht, ist eine Konsequenz des methodologischen Axioms "Erasmus ex Erasmi lectore". Die Länge dieser — immer repräsentativen, nie vollständigen — Reihen von Zeugnissen ist proportional zum Umfang der Verbreitung des Gedankens, den sie veranschaulichen. So werden das Prinzip der evangelischen Freiheit (Kapitel 4) und das Prinzip des offenen Himmels (Kapitel 6) mit Belegreihen illustriert, deren Länge durch den Erfolg, den diese Prinzipien bei den Lesern und direkten wie indirekten Nutznießern des Werks von Erasmus hatten, vorgegeben ist. Der Plan, die Reaktionen des Lesers zu erfassen, hat dazu geführt, daß diese Untersuchung, geplant und angelegt als Wirkungsgeschichte eines Humanisten,[35] schließlich ein Beitrag zur Geschichte der Reformation in ihrer italienischen Variante geworden ist.

---

[34] Seidel Menchi, *Bataillon*, S. 29-32.
[35] Diese erste Forschungsphase spiegelt sich in meinen zwischen 1974 und 1981 veröffentlichten Beiträgen zum Thema Erasmus in Italien wider, die in diesem Buch nicht nochmals referiert werden (vgl. abgekürzt zitierte Literatur).

V

Das dem Cinquecento-Forscher vertraute Bild der italienischen Reformationsbewegung erfährt durch meine Untersuchung wesentliche Korrekturen. Erstens werden die Zäsuren der Periodisierung verschoben (Kapitel 3). Des weiteren erweist sich, daß die Dynamik, mit der sich die religiösen Ideen verbreiten, wichtiger ist als die Frage, aus welcher Glaubenslehre sie stammen (Kapitel 5). Drittens: Berufsgruppen, die bisher nicht Gegenstand einer detaillierten historiographischen Betrachtung waren, wie Schullehrer und Notare, findet man im Zentrum eines Dissenses, der weniger desorganisiert war, als bisher angenommen (Kapitel 5 und 14). Viertens: Im Rahmen der internationalen Verknüpfung nimmt Frankreich eine bedeutende Position ein (Kapitel 10). Und als wichtigster und fünfter Punkt: Im Bereich der Lehre erweisen sich die traditionellen Interpretationskategorien als inadäquat, das heute zugängliche reichhaltige Quellenmaterial zu erfassen. Das Prinzip der evangelischen Freiheit, in der Reformationsgeschichte Italiens bisher unberücksichtigt, wird, zusammen mit seinem Korollarium, der Philogamie, zu einer grundlegenden Struktur (Kapitel 4 und 7). Die Prädestinations- und Präszienzlehre, durch die einseitige Überbetonung des Falls Francesco Spiera als Erfahrung von Angst und Verzweiflung auf die italienische Bewegung projiziert, mündet in die befreiende Perspektive des "offenen Himmels" (Kapitel 6). Das undeutliche, doch beständige Verlangen nach Toleranz, das im Reden der Dissidenten zutage tritt, verrät das Eindringen von Glaubenszweifeln (Kapitel 8). Die Bewegung in ihrer Gesamtheit erscheint konfessionell so wenig profiliert, daß in diesem Buch mit Konfessionsbezeichnungen (Calvinist, Täufer etc.) sehr sparsam umgegangen wird.

Den Historikern mit theologischer Ausbildung wird es schwerfallen, die hier rekonstruierten Phänomene als Ausfluß der Reformation anzuerkennen. Ihre vorhersehbaren Einwände wurzeln in einer großen historiographischen Tradition, die hier nicht in Frage gestellt werden soll. Mit Berufung auf eine unanfechtbare Autorität, auf Martin Luther, schließt diese Tradition der Geschichtsschreibung Erasmus aus dem Feld der Reformation aus. Meines Erachtens jedoch entsteht die Orientierungsschwierigkeit, die sich für einen Historiker mit theologischer Ausbildung aus der Lektüre dieses Buches ergeben kann, weder durch das darin behandelte Thema noch durch den vom Thema her geforderten Zuschnitt der Untersuchung, sondern aus der spezifischen Art der Quellen, auf denen es beruht. Ich bin davon überzeugt, daß sich die Dokumentation der italienischen Inquisition in ihrer Gesamtheit nicht in die Interpretationsschemata der systematischen Theologie pressen läßt. Der Historiker, der darauf bestände, nach diesen Schemata zu arbeiten, käme vermutlich zu der Schlußfolgerung, daß es sich bei dem religiösen Dissens in Italien, zumindest bis ungefähr zum Jahr 1555 (doch in einigen Gebieten auch darüber hinaus), um ein konfuses Aufwallen von Begeisterung und Phantasterei gehandelt habe, das — abgesehen von wenigen Ausnahmen — mit der eigentlichen Reformation nichts zu tun hatte.

Die deutsche Erfahrung lehrt, daß die konsequente Anwendung dogmatischer Parameter dazu führt, daß das Feld der Reformation außerordentlich eingeengt wird. Dank der Anwendung strenger dogmatischer Parameter haben deutsche Historiker entdeckt, daß sehr wenige Zeitgenossen begriffen, was Luther eigentlich meinte, und daß von den Tausenden von Flugschriften, die die Reformation in ihrer Expansionsphase begleiteten, nur einige wirklich reformatorisch geprägt waren.[36] Durch die Anwendung ähnlich strenger dogmatischer Parameter haben Historiker des italienischen Cinquecento entdeckt, daß das literarische Hauptwerk der Reformationsbewegung, der Traktat *Beneficio di Cristo*, so wenig reformatorisch war, daß es gar eine pelagianische Prägung hatte, und daß die lutherische Thematik der Barmherzigkeit Gottes keineswegs lutherisch, sondern benediktinisch war.[37] Die Zahl der dogmatischen "Schibboleth" (Ri 12,6), die sich für derartige Operationen eignen, ist groß genug, daß sich zu jedem Zweck ein passender finden läßt.[38] Und wie im evangelisch-lutherischen Raum die "dogmatische Engführung" zu dem Schluß tendiert, daß die blitzschnelle Ausbreitung der Reformationsbewegung Ergebnis eines riesigen Mißverständnisses gewesen wäre, so neigt eine analoge dogmatische Verengung in Italien zu der Folgerung, daß die Reformation südlich der Alpen keinerlei Resonanz gehabt hätte.

Dieses Buch ist eine Reaktion auf die Anwendung allzu strenger dogmatischer Parameter auf die italienische Reformationsbewegung. Ein solches Verfahren wird der italienischen Dokumentation nicht gerecht, weil es ihren spezifischen Wert und ihre besonderen Merkmale verkennt. Denn man muß bedenken, daß die Repression, die über die Häretiker in der tridentinischen und zu Beginn der post-tridentinischen Ära hereinbrach, sich auf den religiösen Dissens in Italien ähnlich wie die Lava auf das Pompeji des Jahres 79 n.Chr. auswirkte. Die philoprotestantische Bewegung wurde erstickt, als sie noch in der Gärungsphase war, und diese Anfangsspontaneität und Mikrophänomenologie des Alltags blieb uns in den Inquisitionsprozeßakten erhalten. Da die Repression ganz und gar erfolgreich war,[39] konnte keine spätere Schicht diese untergegangene Welt überlagern und ihre Merkmale verändern. Versteinert in den Protokollen der Schreiber des Heiligen Offiziums, wartet eine verschwundene religiöse Kultur auf ihre

---

[36] Kritische Auseinandersetzung mit diesen Positionen: Moeller, *Reformationsgeschichtsforschung*; Scheible, *Reform, Reformation, Revolution*.

[37] Ginzburg und Prosperi, *Beneficio*; Collett, *Benedictine Scholars*.

[38] Klaus Schwarzwäller, *Sibboleth: Die Interpretation von Luthers 'De servo arbitrio' seit Theodosius Harnack*, Theologische Existenz heute 153, München 1969.

[39] Die Kirche der Waldenser, zu dieser Zeit harter Verfolgung und Unterdrückung ausgesetzt, hatte vermutlich nicht die Kraft, Anspruch auf das Erbe des religiösen Dissenses in Italien zu erheben und dessen Überreste zu integrieren. Zumindest in der mir bekannten Dokumentation finden sich keine Hinweise auf die Präsenz oder Aktion von Emissären der Waldenser.

Archäologen. In Zürich und Augsburg, in Straßburg und Genf, in Antwerpen und Nürnberg stehen diese Archäologen vor einer sehr viel schwierigeren Aufgabe, wenn sie sich wirklich vornehmen, die Reformation in der ungestümen Vitalität ihres Anfangselans wiederaufleben zu lassen. Denn dort folgten auf den Eifer der Sturmjahre sehr bald institutionalisierte Kirchen, setzte ein Prozeß zur Disziplinierung der Vielzahl von Glaubensmeinungen und lokalen Abweichungen ein, wurde die freie Spontaneität der Anfangszeit in die eine oder andere Orthodoxie kanalisiert. Es war ein für das Überleben der Reformation als historische Realität unvermeidlicher Prozeß; doch er veränderte nicht nur die Form ihrer ursprünglichen Erscheinung, er führte zu Beschneidungen, von denen die heutigen Historiker, die zumeist in dieser Realität persönlich verwurzelt sind, nur mit Schwierigkeiten absehen können.

Der spezifische Wert der italienischen Dokumente liegt gerade darin, daß sie die Reformationsbewegung so einfangen, wie sie vor der Organisation einer Kirche, vor der Ordnung der Glaubensmeinungen und Erstellung einer Dogmatik war. Zweifellos verlangt der Tenor der Dokumente in einigen Fällen die Zuordnung zu dogmatischen Konzepten; doch die Dogmatik kann nicht den grundlegenden Bezugsrahmen liefern, ohne das Phänomen, das sie erfassen will, zutiefst zu verändern — ja, ich denke sogar: unkenntlich zu machen.[40] Im internationalen Rahmen der Reformationsstudien wird das italienische Material daher um so interessanter sein, je mehr es den Historikern gelingt, diese Meinungsvielfalt und diese Dynamik zu respektieren und sich der mechanischen Anwendung von festen und oft dem Material, das sie in Händen haben, fremden Schemata zu enthalten. Vielleicht wird dann das Italien der verpaßten Reformation auch für die Historiker der vollzogenen Reformation ein interessantes Beobachtungsfeld. Und die Erforscher der italienischen Bewegung, die innerhalb der dogmatischen Geschichtsschreibung oft hinter den in Theologie kompetenteren Kollegen zurückbleiben, werden vielleicht aktiver an der internationalen Diskussion teilnehmen, bei der sie bisher ein wenig am Rande standen.

VI

Da sich die Besonderheit der italienischen Reformationsbewegung nicht mit streng dogmatischen Parametern fassen läßt, mußte ich andersgeartete Unterscheidungsmerkmale verwenden, um die Sphäre der Reformation gegenüber dem kirchenkritischen Katholizismus abzugrenzen. Als das entscheidende Kriterium betrachte ich den Tatbestand der Verfolgung, der objektiv nachprüfbar und subjektiv von einschneidender existentieller Bedeutung ist. Eine solche Entscheidung bedeutet, daß in diesem Buch diejenigen Gläubigen als zur Reformation zugehörig bezeichnet werden, die die italienische Gesellschaft des 16. Jahrhunderts der "lutherischen" Ketzerei bezichtigte und sozial ausgrenzte. Dieser Parameter sollte allerdings so

---

[40] Dies ist mein Haupteinwand gegen Welti, *Italienische Reformation*.

flexibel angewandt werden, daß systeminterne Korrekturen der Inquisition Berücksichtigung finden. Einen der Ketzerei verdächtigen und von der Inquisition verfolgten Exponenten des kritischen Katholizismus wie Kardinal Giovanni Morone, der durch systeminterne Berichtigung rehabilitiert wurde, wird man beispielsweise nicht der Reformation zurechnen können. Gleiches gilt für Opfer von Justizirrtümern, Intrigen und falschen Anschuldigungen. Das Inquisitionssystem verfügte über ausreichende Mechanismen, um in der Regel solche Mißbräuche abwehren zu können.[41] Der Historiker ist folglich nur in denjenigen Fällen zu einer Richtigstellung berechtigt, in denen er nachweisen kann, daß gemäß den Regeln des Systems ein Justizirrtum begangen worden ist. Im Fall einer systemkohärenten Prozeßführung sollte das Urteil als historische Definition der Glaubensrichtung akzeptiert werden. Denn wie die von diesem Urteil bewirkten Leiden sich jeder Wiedergutmachung entziehen, so können die dem Urteil zugrunde gelegten theologischen Parameter nicht — wie immer wieder versucht wird — vom Historiker *a posteriori* berichtigt werden.

Der Fall des 1575 wegen Ketzerei verurteilten Venezianers Girolamo Parto bietet ein gutes Beispiel zur Illustration dieser Problematik. Im Verlauf des Prozesses lehnte der Inquisitor entschieden die Auffassung ab, der wahre Tempel Gottes sei das Herz des Menschen; er bestand auf der Präsenz Gottes "in der Kirche von San Marco". An dieser Stelle könnte der Historiker intervenieren und dem Inquisitor unter dem Hinweis widersprechen, daß das Bild vom Menschen als Tempel Gottes auf Augustinus zurückgeht und in den Schriften der Kirchenväter eine ehrwürdige, unbestreitbar katholische Tradition hat.[42] Die Tatsache aber, daß der Notar Girolamo Parto u.a. wegen dieser Auffassung zum Tode verurteilt wurde, läßt keinen Spielraum für solch späte theologische Richtigstellung. Die Meinung des Inquisitors ist als eine im späten 16. Jahrhundert in Venedig maßgebende theologische Unterscheidung zwischen Orthodoxie und Heterodoxie zu akzeptieren. Doch muß das menschliche Leid bis zum Tode führen, um die Historiker zu bewegen, die theologische Grundlage eines solchen Urteils zu beachten?

---

[41] Ein Beispiel: ASV, Fasz. 21, Akte *Scripturae productae in dies in causa excellentis Domini Ioannis Fineti* (1566) und ebd., Fasz. 21, Akte *Processus in causa excellentis Domini Ioannis Fineti contra Hieronimum Baduarium et presbiterum Aloysium eius fratrem* (1566).
[42] ASV, Fasz. 37, Akte *Contra Hieronimo Parto nodaro* (1572), insbesondere fol. 13^v-14^v. Zur augustinischen Tradition des Bildes vom Menschen als Tempel Gottes vgl. Augustinus, *Sermo* 161,2, über 1 Kor 6,9 etc. (*PL* XXXVIII, Sp. 878): "Haec autem corpora nostra, quae dicit apostolus membra esse Christi, propter corpus Christi, quod ex genere corporis nostri suscepit; haec ergo corpora nostra dicit idem apostolus templum esse in nobis Spiritus sancti, quem habemus a Deo. Propter corpus Christi corpora nostra membra sunt Christi; propter inhabitantem Spiritum Christi, corpora nostra sunt templum Spiritus sancti".

VORBEMERKUNGEN ZUR TEXTGESTALTUNG

1. Abgrenzung des Themas

Alle Aspekte der Beziehung zwischen Erasmus und Italien, die schon das Thema früherer Publikationen gebildet haben, sind planmäßig von der Behandlung ausgeschlossen worden. Der Leser findet hier nichts über den dreijährigen Italienaufenthalt von Erasmus (1506-1509); dazu verweise ich auf Pierre de Nolhac, *Erasme en Italie* (1898) und auf den zweiten Teil des Werks von Augustin Renaudet, *Erasme et l'Italie* (1954). Was Erasmus der Kultur, insbesondere der humanistischen Kultur Italiens verdankt, ist gleichfalls Gegenstand der Untersuchung von Renaudet (Teil 1) sowie eines Beitrags von Raymond Marcel, *Les dettes d'Erasme envers l'Italie* (1971) und einer Reihe präzisierender Darstellungen von Roland H. Bainton, *Erasmo e l'Italia* (1967), Léon E. Halkin, *Erasme en Italie* (1969), Paul Oskar Kristeller, *Erasmus from an Italian Perspective* (1970) und Eugenio Garin, *Erasmo e l'Umanesimo italiano* (1971). Das Thema der Beziehungen zwischen Erasmus und seinen italienischen Briefpartnern hat Augustin Renaudet in den originellsten Kapiteln seiner Arbeit abgedeckt. Die Verbindungen von Erasmus zu einer Gruppe außerhalb Italiens lebender Literaten — wie Jacopo Sadoleto, Polidoro Vergilio, Girolamo Rorario — sind in diesen Persönlichkeiten gewidmeten Monographien und Essays diskutiert worden (Richard Douglas, *Jacopo Sadoleto*, 1959; André Stegmann, *Polydor Vergil*, 1972; Silvano Cavazza, *Girolamo Rorario*, 1980).

Unbefriedigend ist der aktuelle Stand der Forschung zur Frage der Haltung der Römischen Kurie gegenüber Erasmus. Auch wenn zwei Kapitel dieses Buchs (2 und 9) dazu einen Beitrag liefern mögen, bleibt doch die Beziehung zwischen Erasmus und der Kurie klar getrennt von der zwischen Erasmus und der italienischen Kultur und kann in einer Arbeit, die sich dem zweiten Thema widmet, keinen Platz finden. Eine — hauptsächlich in den Archiven des Vatikans und den römischen Bibliotheken durchzuführende — Untersuchung zur Haltung der Kurie gegenüber Erasmus im Cinquecento scheint mir derzeit eine der Hauptaufgaben der Erasmus-Forschung. Eine Analyse dieser Art würde ein neues Licht auf das durch die römischen Indexe der verbotenen Bücher über das Corpus der Schriften von Erasmus verhängte Urteil werfen und es uns ermöglichen, den Forschungsstand zu überwinden, wie er sich, außer in dem klassischen Werk von Franz Heinrich Reusch (1883), in dem Essay von Marcella und Paul Grendler, *Erasmus in Italy* (1976), niedergeschlagen hat. Vielleicht fände auch ein Dialog wie der, den der Humanist mit dem Erzbischof von Trient, Bernardo Cles, führte (Renato Tisot, *Bernardo Cles*, 1969), eine präzisere Einordnung innerhalb einer Gesamtanalyse der Beziehungen mit der Kurie, die sich methodologisch nicht an Schätti, *Erasmus und die Kurie* (1954), sondern an Crahay, *Le procès d'Erasme* (1987), orientieren müßte.

Auch im Themenbereich, der den Gegenstand dieses Buchs bildet, habe ich es vorgezogen, meine Aufmerksamkeit eher auf unbekanntes Material zu konzentrieren, als bereits bekannte Ergebnisse erneut aufzunehmen und zu diskutieren. Daher findet der Leser frühere (auch meine eigenen) Arbeiten zum Einfluß des Erasmus auf die italienische Kultur des Cinquecento nur kurz erwähnt bzw. lediglich in bibliographischen Verweisen genannt.

Ein wichtiges Kapitel dieses Einflusses ist das, in dessen Mittelpunkt Tranquillo de Andreis (Tranquillus Parthenius Andronicus) steht, ein Briefpartner des Erasmus (*EE* III, ep. 991), den die im 'Archivio di Stato' in Venedig verwahrten, unveröffentlichten Dokumente des Heiligen Offiziums als Verfechter eines Ideals der Kirchenreform, das ohne weiteres als erasmisch bezeichnet werden könnte, zu erkennen geben. Die Randlage seiner Heimatstadt, Dubrovnik, wäre für mich kein Grund gewesen, Tranquillo de Andreis in dieser Untersuchung — die sich auf den gesamten Einflußbereich der italienischen Kultur im 16. Jahrhundert, einschließlich Korsikas und der illyrischen Besitzungen der Republik Venedig, erstreckt — nicht zu berücksichtigen. Es ist dies jedoch ein Thema, über das Silvano Cavazza bereits arbeitet (Cavazza, *Tranquillo Andronico*, 1987).

2. Zitate

Zitate von italienisch abgefaßten Texten und Dokumenten werden in der Regel im Text ins Deutsche übertragen; die Anmerkungen hingegen geben den Wortlaut der Quellen getreu wieder, einschließlich orthographischer Schwankungen und grammatikalischer Besonderheiten. Meine Eingriffe haben sich diesbezüglich auf ein Minimum beschränkt: die Interpunktion und die Großschreibung wurden heute geltenden Regeln angepaßt, Abkürzungen aufgelöst und offenkundige orthographische Fehler stillschweigend korrigiert. Auch lateinische Texte sind aus Gründen der Verständlichkeit im Verlauf des Textes öfters in deutscher Übersetzung zitiert. Diese Regel ist nicht starr eingehalten worden. Es schien mir notwendig, lateinische Texte juristischen Tenors (Urteile, Gutachten, Testamente etc.) und jene kontroverstheologischen Texte, die als theologische Gutachten gelten konnten — vor allem in der Zeit der parallel zur Erstellung der Indices gegen Erasmus geführten Kampagne — in Latein zu zitieren. Ich hoffe, daß die Uneinheitlichkeit, die — was die Zitate lateinischer Texte angeht — daraus entsteht, mir verziehen wird, da sie als eine Konzession an die sich in unserer Kultur — in der es gestern noch selbstverständlich war, daß ein gebildeter Mensch die lateinische Sprache beherrscht — vollziehende Wende gemeint ist.

Das in einigen Fällen zum besseren Verständnis notwendige Einfügen von einem oder zwei Worten in ein Zitat ist durch eckige Klammern gekennzeichnet.

Beim Zitieren von Bibelstellen auf deutsch habe ich mich an der Übersetzung von Luther orientiert.

Die Titel der Werke von Erasmus sind auf lateinisch angegeben, wenn die Quellen sie in lateinischer Sprache nennen, auf deutsch, wenn sie dort in der Landessprache stehen.

3. ARCHIVQUELLEN

Das Übergangsstadium, in dem sich die in dieser Arbeit herangezogene Dokumentation der Inquisition derzeit befindet, bringt Probleme mit sich, die zu lösen nicht in der Macht des einzelnen Forschers steht. Eine dieser Schwierigkeiten ist die unvollständige und inadäquate Katalogisierung der Quellen. Dieses Buch kann nicht beanspruchen, im Bereich der Dokumentation — wohlgemerkt, derjenigen, die sich auf die Tätigkeit der Gerichte der römischen Inquisition bezieht —, vollständig zu sein, da die inadäquate und unvollständige Katalogisierung dieser Art Quellen vermuten läßt, daß Akten existieren, die zum Zeitpunkt meiner Untersuchung noch nicht in den Hauptbestand eingefügt oder noch nicht als dazugehörig identifiziert waren (ganz abgesehen von der Möglichkeit der Entdeckung neuer Inquisitionsarchive in Städten wie Brescia und Genua oder der Öffnung des römischen Archivs für die Wissenschaftler).

Eine nachteilige Folge der inadäquaten Katalogisierung ist das komplizierte Zitieren der Dokumente. Das in den Anmerkungen für Verweise benutzte Sytem erfüllt den Anspruch der Funktionalität bezüglich wissenschaftlicher Überprüfung, verfügt jedoch nicht über die Kohärenz und Strenge, die nur eine exakte Katalogisierung ermöglichen würde. Die Verweise auf Archivquellen bestehen aus der Signatur für das Archiv, der Nummer des Faszikels und/oder der Prozeßakte und dem Titel der Akte selbst. Die Untergliederung innerhalb der Faszikel — wie sie beispielsweise bei den Dokumenten der Inquisition im 'Archivio di Stato' in Modena besteht — habe ich nicht berücksichtigt, da mich die Erfahrung gelehrt hat, daß sie nicht stabil ist und daß eine einzelne Akte leicht an verschiedenen Stellen innerhalb ein und desselben Umschlags eingeschoben werden kann.

Die Prozeßakten werden mit ihrer originalen oder alten Bezeichnung zitiert, wenn diese klar und unmißverständlich ist. Im Fall einer inkonsequenten oder unvollständigen Seitenzählung innerhalb eines Aktenstücks wird auch das Datum der Sitzung bzw. des Dokuments angegeben. Im Falle von Akten ohne Seitenzahlen, die Schriftstücke ohne Datum enthalten, wird die Art des angesprochenen Dokuments spezifiziert (Urteil, Widerruf, Verteidigungsschrift etc.) und diese Präzisierung um das Incipit und das Explicit des Schriftstücks ergänzt, falls die Zusammensetzung der Akte so beschaffen ist, daß eine Verwechslung mit ähnlichen, in ihr enthaltenen Dokumenten möglich wäre.

Das im Text einem Inquisitionsprozeß zugeordnete Datum bezeichnet das Jahr seiner Eröffnung.

In zwei Archiven, deren Dokumentation ich benutzte, dem 'Archivio Storico Diocesano' in Neapel und dem 'Archivio Vescovile' in Imola, war es mir nicht möglich, jene Überprüfungen, die sich am Ende einer Untersuchung stets als unverzichtbar erweisen, durchzuführen; im ersten Fall wurde das Archiv wegen Einsturzgefahr geschlossen, im zweiten war es wegen Personalmangel nicht zugänglich. Bei Dokumenten dieser Archive hat ein nochmaliger Vergleich der Zitate mit den Originalen nicht stattgefunden.

4. BIBLIOGRAPHISCHE HINWEISE

Die Drucke aus dem 16. Jahrhundert werden nach den derzeit gültigen Konventionen aufgeführt. Unbekannte Drucke, die sehr selten oder m.W. Einzelstücke sind, werden im Wortlaut des Frontispizes und des Kolophons getreu wiedergegeben, um eine eventuelle Identifizierung weiterer Exemplare zu erleichtern.

Im ursprünglichen Plan meiner Untersuchung waren zwei Anhänge vorgesehen: ein Katalog der italienischen Erasmus-Editionen im 16. Jahrhundert und eine detaillierte Bibliographie zur Erasmus-Rezeption und zur Verbreitung des Gedankenguts der Reformation in Italien. Da die Ausführung dieses Plans den Umfang des Buchs beinahe verdoppelt hätte, habe ich auf die Veröffentlichung der beiden Anhänge verzichtet. Mein Katalog der italienischen Erasmus-Ausgaben wird als selbständige Publikation erscheinen. Die geplante Bibliographie ist teilweise in die Liste der Abkürzungen eingegangen, die alle mir bekannten Beiträge von Bedeutung zur Erasmus-Rezeption in Italien enthält; der Teil der Bibliographie jedoch, der die Verbreitung des Gedankenguts der Reformation in Italien betrifft, wird nicht veröffentlicht (eine Bibliographie zu diesem Thema kann man allerdings, was die letzten zwanzig Jahre angeht, Welti, *Italienische Reformation*, 1985, entnehmen). John Tedeschi und Andrea Del Col bereiten zur Zeit eine kritische Bibliographie der über die Reformation in Italien erschienenen Veröffentlichungen vor.

Von der beschwerlichen Aufgabe, eine Erasmus-Bibliographie vorzulegen, entbinden mich die drei ausführlichen Bände der *Bibliographie érasmienne* von Jean-Claude Margolin (vol. 1, 1936-49; vol. 2, 1950-61; vol. 3, 1962-70), die in den Jahren 1969, 1963 und 1977 veröffentlicht wurden und die in Kürze um einen vierten, derzeit in Druck befindlichen Band ergänzt werden, der die Jahre 1970-85 erfaßt (vorweggenommen von Margolin, *Travaux érasmiens 1970-1985*).

Der Wissenschaftler, der sich nicht in das Meer der von Jean-Claude Margolin so erschöpfend registrierten Sekundärliteratur stürzen möchte, findet im Anhang der in der Einleitung schon erwähnten Erasmus-Biographie von Cornelis Augustijn eine Auswahlbibliographie, die alle im letzten Vierteljahrhundert erschienenen Studien von Bedeutung erfaßt.

1. KAPITEL

ERASMUS NOSTER
EIN PROLOG

I

Von der italienischen Reise des Erasmus (1506-1509) ging kein dauerhafter Einfluß auf die Kultur des Landes aus. Während der Humanist sich immer wieder mit den Eindrücken seines dreijährigen Aufenthalts in Italien beschäftigte, geriet er dort in Vergessenheit. Die Verjagung der Bentivoglio aus Bologna und der triumphale Einzug von Julius II. in die Stadt (1506), der Feldzug gegen Habsburg in Tirol (1508, vorbereitet 1507), die vom Papst geförderte Liga von Cambrai (1508), die venezianische Niederlage bei Agnadello (1509), die antikisch-heidnische Pracht eines im päpstlich-imperialen Traum versunkenen Rom — all dies waren Erfahrungen, die auf Jahre hinaus das ethisch-religiöse Denken von Erasmus prägten und bleibende Spuren in seinen Werken hinterließen. In Italien hingegen behielten nur einige persönliche Freunde seinen Aufenthalt im Gedächtnis. Mit Ausnahme vielleicht von Aldo Manuzio, der zwei seiner Bücher druckte, war den Italienern das intellektuelle Format des mittellosen Humanisten, der ihren Weg gekreuzt hatte, entgangen. Italien bedeutete damals für Erasmus und seinen Ruf in Europa sehr viel mehr als Erasmus für Italien.

Nach dem venezianischen Intermezzo (1507-1508) vergehen sechs Jahre, ohne daß italienische Drucker Neuauflagen seiner Werke herausbringen, und ebenso fehlt, nachdem er im Spätfrühling 1509 nach England abgereist ist, irgendein wahrnehmbares Echo seiner Stimme.[1]

Die Rezeption setzt erst um das Jahr 1515 ein. Die erste italienische Edition eines Buches von Erasmus nach seiner Abreise aus Italien datiert von 1514. In den Jahren unmittelbar danach steigt die Zahl der Wiederauflagen stetig an und erreicht zwischen 1520 und 1524 mit 59 ihren in Italien nie übertroffenen Höchststand.[2] Gleichzeitig erscheinen mehr und mehr literarische Zeugnisse, die die Bekanntheit von Erasmus belegen. Auszüge aus seinen Werken, etwa aus dem *Encomium Moriae* oder der *Institutio principis christiani*, werden neben klassischen Texten von Xenophon, Terenz oder Johannes Damascenus in handschriftliche Sammel-

---

[1] Zum Italienaufenthalt vgl. de Nolhac, *Erasme en Italie*; zur Korrespondenz mit den Italienern nach der Abreise aus Italien vgl. Renaudet, *Erasme et l'Italie*; zur Zusammenarbeit mit Aldo Manuzio vgl. Lowry, *Manutius*. Die lange Verarbeitung der italienischen Erfahrungen seitens Erasmus spiegelt sich im *Julius exclusus*, Hrsg. Ferguson, und in den *Adagia*, Hrsg. Seidel Menchi, wider.

[2] Siehe oben, S. 428, Abb. 1.

bände italienischer Humanisten aufgenommen.³ Die Neudrucke der Erasmusschriften werden einflußreichen Persönlichkeiten wie Girolamo Magnanino, Sekretär des Herzogs von Ferrara, oder Gaspare dalla Vedova, Sekretär des venezianischen Rats der Zehn, gewidmet.⁴ Die ersten Bildungswallfahrer aus Italien suchen Erasmus auf und zeichnen bei ihrer Rückkehr ein Porträt des Humanisten, das deutlich hagiographische Züge aufweist.⁵ Die ihm von italienischen Dichtern in diesen Jahren gewidmeten Distichen und Oden sind frei von der berechnenden Lobhudelei gegenseitiger Beweihräucherung; vielmehr spricht aus ihnen echte Bewunderung für ein außerordentliches Talent.⁶

Von Anfang an erfolgt die Rezeption von Erasmus in Italien dezentral. In Florenz gibt die Druckerei der Giunti zwischen 1518 und 1520 in fünf Bänden zehn seiner Schriften und Übersetzungen neu heraus. In Modena kommentiert man 1520 im Hause des Statthalters Francesco Guicciardini das Adagium *Sileni Alcibiadis* (oder einen entsprechenden Passus des *Encomium Moriae*), in dem Papst Julius II. und seine Machtpolitik scharf kritisiert werden (Guicciardini mag sich an diese Kritik erinnert haben, als er seine Einschätzung dieses Papstes formulierte).⁷ In Bologna erwägt der Arzt

---

³ BCB, Delta V 29, fol. 28f. (ein Passus aus dem *Encomium Moriae* befindet sich in einer handschriftlichen Sammlung, die u.a. Werke des Girolamo Donato enthält); BAP J 120, fol. 73-75 (die Sammlung umfaßt Stellen aus der *Institutio principis christiani*). Vgl. Kristeller, *Iter Italicum*, I, S. 11, II, S. 61.

⁴ Die 1514 in Ferrara "per Ioannem Machiocchum Bondenum" gedruckte Ausgabe der *Proverbia* wurde Girolamo Magnanino gewidmet. Die 1518 in Venedig von Aldo Manuzio (in Verbindung mit der *Institutio principis christiani* und anderen erasmischen Schriften) gedruckte Ausgabe der *Querela pacis* wurde Gasparo dalla Vedova gewidmet. Eine kurze Biographie des Gasparo dalla Vedova: Paola de Peppo, '*Memorie di veneti cittadini'* : *Alvise Dardani, cancellier grande*, Studi Veneziani, N.F., Bd. 8, 1984, S. 435.

⁵ Cerretani, *Dialogo*, S. 83-91 und hierzu Seidel Menchi, *Atteggiamenti*, S. 79f. Einer der beiden jungen Florentiner, von Cerretani Girolamo und Lorenzo genannt, die 1519 eine Wallfahrt *ad Erasmum* unternommen hatten, ist vermutlich Lorenzo Bartolini (*EE* IV, ep. 1187 und hierzu Garin, *Echi italiani*, S. 88). Ein weiterer Italiener, der zu Erasmus pilgerte, ist Primo Conti, vgl. Kap. 11, S. 348-50.

⁶ Ein Distichon von Angelo Fanucci aus Lucca war der Ferrareser Ausgabe der *Proverbia* von 1514 beigegeben ("Erasmi collecta vides monumenta diserti. / Quis non praeclarum iudicet ingenium?). Ein Gedicht von Bernardino Angelico Guarino leitet die 1522 bei Gregorio de Gregoriis in Venedig erschienene Ausgabe der *Disticha Catonis* ein (*Bernardini Angelici Guarini Calliensis in Erasmi Roterodami laudem lectori elegidion*). Ein von Federico Stampa verfaßtes, den "praedulcis Erasmus" und Friedrich Nausea preisendes Epigramm wurde der 1522 bei Gregorio de Gregoriis erschienenen Ausgabe des *De octo orationis partium constructione opusculum* beigegeben. Andere von Italienern zur Ehre des Erasmus verfaßte Gedichte in: Seidel Menchi, *Atteggiamenti*, S. 75-77; dies., *Fortuna di Erasmo*, S. 618f.; dies., *Erasme et son lecteur*, S. 33.

⁷ Seidel Menchi, *Atteggiamenti*, S. 79-85. Francesco Guicciardini, *Storia* II, S. 1115, bezeichnet Julius II. als Fürsten "di chiarissima e onoratissima memoria, massimamente appresso a coloro i quali, *essendo perduti i veri vocaboli delle cose, e confusa la distinzione del pesarle rettamente*, giudicano che sia più officio de' pontefici aggiungere con l'armi e col sangue de' cristiani imperio alla sedia apostolica, che l'affaticarsi, con lo esempio buono della vita e col correggere e medicare i costumi trascorsi, per la salute di quelle anime, per la quale

Mario Querno vermutlich eine Kompilation der erasmischen *Adagia*, als er ankündigt, "mehr als tausend vorzügliche griechische Redewendungen und (...) ebenso viele lateinische und italienische" so zusammenzustellen, daß der Leser "sich ihrer zu jeder Gelegenheit bedienen" könne.[8] In Venedig ist Erasmus ein so populärer Name, daß ein Volksschriftsteller und sein Verleger die beste Werbung für ihr Buch darin sehen, ihm einen pseudo-erasmischen Brief voranzustellen.[9] In Genua entwickelt die Familie Spinola eine Art häuslichen Kult um Erasmus und veranstaltet abendliche Lesungen aus den Werken des Humanisten.[10] In Mantua verfaßt der Weihbischof, der Augustinereremit Ambrogio Flandino, der gerne Erasmus-Zitate in seine Predigten einflicht, einen Sermon über den Sacco di Roma (1527), in dem er das Unglück der Stadt der Verweltlichung der Kirche zuschreibt. Zur Verdeutlichung dieses Aspekts bedient sich der Bischof eines langen Abschnitts aus dem bereits erwähnten Adagium *Sileni Alcibiadis*, den er wörtlich übernimmt. Auch in Padua, Verona und Vicenza orientiert sich ein Augustiner, Ambrogio Quistelli, bei seinen Predigten an einem berühmten Text des Erasmus, der *Paraclesis*, um seine Zuhörer von scholastischen Spitzfindigkeiten abzubringen und zur Einfachheit des Evangeliums zurückzuführen.[11]

In der Poebene löst das Gerücht, daß der gelehrte Benediktiner Isidoro Chiari kein bedingungsloser Bewunderer des Erasmus sei, 1527 unter seinen Freunden despektierliche Reaktionen aus. Don Isidoro muß sich vorwerfen lassen, nicht mehr auf der Höhe einer Zeit zu sein, in der das Vorbild Cicero verdrängt worden sei durch einen neuen Meister des Stils, "in quem exercuerit natura suas vires omnes": den Verfasser des *Encomium Moriae*.[12] In Todi finden wir ein ikonographisches Zeugnis, das als Indiz für die Bekanntheit des Erasmus im Kapitel der Kathedrale interpretiert werden kann. Als zwischen 1520 und 1530 der Chor der Kirche entsteht, empfiehlt der Auftraggeber den mit der Ausgestaltung betrauten Holzschnitzern Antonio und Sebastiano Bencivieni, einen der Chorstühle mit drei kleinen

---

si magnificano che Cristo gli abbia costituiti in terra suoi vicari". Dieses Urteil ähnelt dem, das Erasmus über Julius II., den er allerdings namentlich nicht erwähnt, in den *Sileni Alcibiadis* abgibt. Besonders signifikant erscheint mir die Verbindung zwischen dem im Text hervorgehobenen Satz von Guicciardini und den Überlegungen von Erasmus zu den "iudicia praepostera" und den "praepostera rerum vocabula", ASD II^5, S. 172, ll. 247-256.

[8] BAV, Chigi M IV 9, Widmungsbrief eines kleinen Werks des Mario Querno, *Dodici regole volgari ..., dirigenti le rationali creature in la spirituale pugna* (italienische Übersetzung der homonymen Schrift von Pico della Mirandola ohne Erwähnung des wahren Verfassers). Dem Biographen von Querno (Gerini, *Memorie della Lunigiana*, II, S. 206f.) blieb diese Übersetzung unbekannt.

[9] Iacobo Philippo Pelle Negra Troiano, *Operetta volgare alla Serenissima Regina Donna Bona Sforcesca di Aragona*, Venedig, Nicolò Zoppino und Vincenzo di Paolo compagno, 10. März 1524 (vgl. *EE* V, Anhang XVI, S. 618-21).

[10] Seidel Menchi, *Spinola*, S. 90-92.

[11] Seidel Menchi, *Flandino-Quistelli*, S. 351-61 (Flandino), S. 343-45 (Quistelli).

[12] Chiari, *Epistolae*, S. 33-37.

24   1. KAPITEL

Reliquiaren zu krönen, jedes mit einer Inschrift versehen, die besagt, welche Reliquien es enthalten soll: Reliquien "de umbra asini Domini nostri", "de pedibus ascensionis beatae Virginis" und "sanctissimae Trinitatis".[13] Die Frage liegt nahe, ob dieser Auftraggeber, höchstwahrscheinlich ein Kanoniker der Stadt, ein schrulliger Boccaccio-Leser war, der sich an dessen Novelle von Frate Cipolla erinnerte, oder ein Bewunderer der *Colloquia* von Erasmus.[14]

In dieser ersten Phase der Rezeption wird die nationale Herausforderung, die transalpine Gelehrte mit dem Namen Erasmus zu verbinden suchen, nicht angenommen. Gewiß, wenn der Nimweger Humanist Gerard Geldenhouwer sein triumphales Epigramm ertönen läßt, das den Germanen Erasmus über den Römer Cicero stellt, trifft dies empfindliche Punkte.[15] Doch man reagiert klug, indem man auf den übernationalen Charakter jener humanistischen Tradition verweist, deren hervorragendster Vertreter Erasmus ist. Auf die Darstellung von Erasmus als Stolz des Stamms der Germanen entgegnet Bernardino Angelico Guarino prompt:

> Nec modo germanae, liceat mihi vera fateri,
> Sed graiae et latiae gloria prima lyrae.[16]

II

Obwohl die Rezeption des Erasmus zu Anfang die Diskontinuität einer spontanen Entwicklung aufwies, bildete sich doch innerhalb kurzer Zeit Padua als Zentrum heraus, wo Erasmus zwischen 1520 und 1525 eine Gruppe von einflußreichen Bewunderern gewann. Zu ihnen gehörten der Rhetorikprofessor Marino Becichemo, die Humanisten Bernardino Angelico Guarino aus Cagli und Marco Bevilacqua aus Forlí (der sich allerdings auch öfters in Venedig aufhielt), der Priester Lucio Paolo Rosello, der später eine Korrespondenz mit Melanchthon aufnehmen und sich geistig der Refor-

---

[13] *Maestri e lavori di legname in Perugia nei secoli XV e XVI*, "Giornale di erudizione artistica" 1872, S. 356f. Die Inschriften wurden 1571 auf Geheiß des bischöflichen Vikars entfernt, "tanquam scandalosa et quodam modo derisoria venerationis sacrarum reliquiarum et in contemptum christianae religionis apposita" (Mitteilung von Carlo Del Bravo).

[14] Vgl. u.a. *ASD* I^3, S. 470-94.

[15] Die 1522 in Venedig von Gregorio de Gregoriis gedruckte Erasmus-Ausgabe der *Disticha Catonis* ist begleitet von einem Epigramm Gerard Geldenhouwers (zu Geldenhouwer s. *CE* II, S. 82-84) *In laudem Erasmi Roterodami theologi eloquentissimi*: "Attica se claram iactat Demosthene tellus,/ Facundus colitur Tullus Ausoniis,/ Agricolam Phrisius celebrat. Germanus Erasmum/ Mellifluum laudet, cantet, ad astra ferat,/ Cuius ab ore fluit mellitti gurgitis unda,/ Oblectat mentes quae Cicerone magis ..." Der Vergleich zwischen Erasmus und Cicero, der einige Jahre später in der gegen Erasmus gerichteten Kampagne von Gewicht sein wird (siehe Kap. 2, S. 55f.) findet sich hier relativ früh. Auf dieses Epigramm bezieht sich die Ode von Bernardino Angelico Guarino, vgl. Anm. 6.

[16] Eine biographische Notiz über Bernardino Angelico Guarino in: Antonio Tarducci, *Dizionarietto biografico cagliese*, Cagli 1909, S. 19. Für Belege zur literarischen Erasmus-Rezeption vgl. auch D'Ascia, *Capella* und Prosperi, *Pater noster*.

mation zuwenden sollte, der Jurist Pier Paolo Vergerio, später Bischof von Capodistria und danach Italienflüchtling *religionis causa*, der Student Girolamo Pollastrello dei Vitali, der Jurist Anton Francesco dei Dottori sowie der Graubündner Federico Stampa. An diese Gruppe herangetragen wurden die Schriften von Erasmus vor allem von dem deutschen Humanisten Friedrich Nausea, später Bischof von Wien, der damals an der Universität Padua Jura studierte und gleichzeitig Kurse in Grammatik, Poetik und Rhetorik abhielt. Dank der Vermittlung von Nausea, der 1523 Sekretär von Nuntius Campeggio werden sollte, fanden die Werke von Erasmus nicht nur privat Verbreitung, sondern wurden auch im Unterrichtswesen verwendet.[17]

So leitete Friedrich Nausea 1521 an der Universität einen lateinischen Grammatikkurs, der auf dem Opusculum *De octo orationis partium constructione* von Erasmus basierte und dem er ein erasmisches Lob der Grammatik als Lehrmeisterin reiner Sprache und klaren Denkens voranstellte.[18] Es kann als wahrscheinlich gelten, daß die *Colloquia* und der Traktat *De conscribendis epistolis* in den gleichen Jahren als Basislektüre von Rhetorikkursen verwendet wurden. Außer in der Universität war Erasmus im gelehrten Freundeskreis präsent, der sich von Zeit zu Zeit in der Padua

---

[17] Die Rekonstruktion des Erasmus-Kreises von Padua basiert auf den Widmungsbriefen und Gedichten, die die von dieser Gruppe geförderten venezianischen Neuauflagen der Werke von Erasmus begleiten. Insbesondere beziehe ich mich auf folgende Texte:
1. *Hieronymus a Vitalibus Pullastrellus Lucio Paulo Rosello* (Brief datiert Padua, den 13. Juni 1522); *Petrus Paulus Vergerius Iustinopolitanus Foederico Nauseae* (Gedicht in Jamben); *Antonio Francisco a Doctoribus Foedericus Nausea* (Brief datiert Padua, den 20. Juli 1522); *Encomium villae in pago cui Pronumia nomen doctoris Antonii Francisci a Doctoribus Foederico Nausea authore* (Ode auf die Villa von Pronumia): all diese Texte begleiten die Neuauflage von Erasmus' *De octo orationis partium constructione libellus*, Venedig, Gregorio de Gregoriis, 1522.
2. *Bernardini Angelici Guarini Calliensis in Erasmi Roterodami laudem lectori elegidion* (in *Disticha moralia Erasmo interprete*, Venedig, Gregorio de Gregoriis, 1522).
3. *Marcus Abstemius Foroiulianus F. Nauseae Blancicampiano*, Brief datiert Venedig, den 1. Januar [1524] (in: D. Erasmus Roterodamus, *Opus de conscribendis epistolis*, Venedig, Gregorio de Gregoriis und Lorenzo Lorio, 1524).
4. *Marcus Abstemius Hieronymo Pullastrello a Vitalibus*, Brief datiert Venedig, den 1. Februar 1525 (in: D. Erasmus Roterodamus, *Auctarium selectarum aliquot epistolarum*, Venedig, Gregorio de Gregoriis, 1525).
5. *Ioannes Marcus Abstemius F. Nauseae Blancicampiano*, Brief datiert Venedig, den 1. Oktober 1525 (in: D. Erasmus Roterodamus, *Colloquia*, Venedig, Antonio de Sabio und Lorenzo Lorio, 1525). Neben diesen Dokumenten habe ich Friedrich Nauseas Briefwechsel herangezogen, *Epistolae ad Nauseam*, S. 11-24. Einige von Friedrich Nausea während seiner paduanischen Jahre verfaßte Werke weisen erasmische Züge auf, z.B. *Prudentissima de puero litteris instituendo consilia*, Venedig, Giorgio Rusconi, 1521; oder der kleine Traktat *In artem poeticen, carminumque condendorum primordia, ... Syntagma de conficiendis epistolis*, Venedig, Gregorio de Gregoriis, 1522. Zum Paduaner Aufenthalt Nauseas vgl. Pesenti, *Edizioni veneziane di Nausea*. Die maßgebende biographische Studie über Nausea bleibt immer noch Metzner, *Nausea*, vgl. auch Gollob, *Nausea*.

[18] *Foederici Nauseae interpretis praefatio, et inibi de laudibus artis Grammatices* in: D. Erasmus Roterodamus, *De octo orationis partium constructione libellus*, Venedig, Gregorio de Gregoriis, 1522, fol. av^v-avi^r.

benachbarten Villa von Pronumia auf Einladung des Juristen Anton Francesco dei Dottori versammelte.

Dank der Zusammenarbeit der paduanischen Gruppe mit dem venezianischen Drucker Gregorio de Gregoriis blieb die Rezeption des Erasmus nicht auf den regionalen Raum beschränkt. Die Bücher des Humanisten, die Friedrich Nausea mitgebracht hatte oder die ihn aus Deutschland erreichten, gelangten in der Regel in die Druckerei von Gregorio de Gregoriis, der sie in kurzer Zeit nachdruckte. Manchmal besaß Nausea ein Buch, von dem es in Padua und Venedig kein zweites Exemplar gab; die italienischen Freunde Nauseas waren ihm daher dankbar für die Großzügigkeit, mit der er seine Raritäten dem Drucker zur Verfügung stellte. In diesem Editionsprogramm nahm Marco Bevilacqua (Ioannes Marcus Abstemius) aus Forlí, der als Berater in der Druckerei des Gregorio de Gregoriis fungierte, eine Schlüsselstellung ein. Dank der Dynamik dieses verlegerischen Ratgebers konnte Gregorio de Gregoriis in fünf Jahren (zwischen 1522 und 1526) 32 Werke des Erasmus, die auf 21 Bände verteilt waren, drucken; darunter befanden sich, mit Ausnahme der *Colloquia*, alle wichtigen Texte des Humanisten.[19] Diese zum großen Teil für die Studenten von Padua bestimmten Bücher trugen dazu bei, in den gebildeten Kreisen der Stadt jene vom erasmischen Denken geprägte Geistigkeit zu schaffen, die einige Jahre später auch Aonio Paleario beeinflussen sollte.[20]

Ein bemerkenswertes Beispiel für die Wirkung von Motiven des Erasmus im Veneto bietet m.E. der Band *Hymni novi ecclesiastici*, den der frühere Benediktinerabt Zaccaria Ferreri dem neugewählten Papst Clemens VII. widmete. Die *Hymni novi ecclesiastici* entstanden aus dem Bedürfnis, den liturgischen Gesang nach den Regeln der humanistischen Ästhetik zu reformieren. Ich kann allerdings nicht mit letzter Sicherheit beweisen, daß dieses Unternehmen sich am Beispiel des Erasmus orientiert hat; doch die beiden Vorreden zu den *Hymni* sind so direkt von dem Programm humanistischer Erneuerung der kirchlichen Tradition inspiriert, daß man am Schluß des Textes beinahe die Unterschrift des Humanisten erwarten möchte.[21]

In der einen Vorrede wird der Leser aufgefordert, die Hymnen, die man überall in den Kirchen singt, zu beurteilen. Sind sie vielleicht nicht geschmacklos, voller Fehler und Barbarismen? Ist nicht ihr literarisches Niveau so niedrig, daß es kultivierte Menschen zum Lachen bringt und gebildete Priester zur Verachtung heiliger Dinge verführt? Den ungebildeten Priestern hingegen sind derartige Kirchengesänge angemessen — doch was

---

[19] Eine Beschreibung der hier erwähnten Editionen von Gregorio de Gregoriis enthält mein Katalog der italienischen Erasmus-Ausgaben (in Vorbereitung), vgl. Kap. 15, S. 427. Anm. 1. Über den Drucker de Gregoriis und seine Tätigkeit vgl. Luigi Servolini, *Le edizioni dei fratelli De Gregoriis e una loro raccolta nella Biblioteca di Forlì*, Gutenberg-Jahrbuch 54 (1979), S. 120-133. Über Marco Bevilacqua vgl. Mazzuchelli, *Scrittori d'Italia*, I², S. 1182.

[20] Caponetto, *Paleario*, S. 23-31.

[21] Zacharias Ferrerius, *Hymni novi ecclesiastici iuxta veram metri et latinitatis normam*, Romae in aedibus Ludovici Vicentini et Lautitii Perusini, Kal. Febru. M.D.XXV.

sind solche Geistliche anderes als Vergeuder des heiligen Erbes der Kirche? Bar jeglichen Wissens und jeglicher Weisheit, bescheiden sie sich damit, bäuchlings vor dem Schrein des Herrn zu liegen wie die Schlangen im Alten Testament (Sam 5,3). Das müßige, Essen und Schlafen, Schwelgerei und Wollust gewidmete Leben, das sie führen, stimuliert sie, Geld anzuhäufen, indem sie mit dem Glauben Schacher treiben und zu Dieben an der Christenheit werden. Auf ihnen lastet die Verantwortung für den Zustand der Verwilderung, in dem sich der Weinberg des Herrn befindet.[22]

Unterzeichner dieser Vorrede ist der Rhetorikprofessor Marino Becichemo. Daß er zu der Gruppe der Erasmusanhänger von Padua gehörte, geht aus den Briefen und Versen hervor, die den obenerwähnten, von der Druckerei des Gregorio de Gregoriis hergestellten Ausgaben beigegeben wurden. Das Vorwort zu den *Hymni novi* legt jedoch die Hypothese nahe, daß er auch ein Werk des Erasmus gelesen hat, das in dem Katalog von Gregorio de Gregoriis nicht verzeichnet ist: die *Antibarbari*. Der Eindruck der Anlehnung an Erasmus, den das Vorwort von Marino Becichemo erzeugt, ist bei der zweiten Vorrede zu den *Hymni novi*, für die deren Verfasser verantwortlich zeichnet, noch stärker. Aus ihr geht hervor, daß Zaccaria Ferreri sich darauf gefaßt machte, mit der Veröffentlichung dieses Bands einen Sturm der Kritik auszulösen. Er sah voraus, daß sein Vorschlag zur Reform des Kirchengesangs auf die gleiche Art von Widerspruch stoßen würde, wie ihn die Übersetzung des Neuen Testaments von Erasmus heraufbeschworen hatte. In ihrer hergebrachten Form seien die sakralen Gesänge alles andere als frei von Barbarismen und Albernheiten; doch nun, da Ferreri sie nach den Grundsätzen von Stilistik und Metrik neu formuliert habe, sei die Kritik zu erwarten, Ferreri wolle den Heiligen Geist unter die Herrschaft der Grammatikregeln von Donatus zwingen (eben dies hatte man gegen die Übersetzung des Neuen Testaments von Erasmus vorgebracht). Gegen die Anwälte der Barbarei und Torheit führte der ehemalige Abt ähnliche Argumente ins Feld wie schon Erasmus in seinen *Antibarbari*. Ob man einen wertvollen Edelstein in Gold oder in Blei einfasse, fragte er suggestiv. Und die Theologie, die strahlende Königin der Wissenschaften, wolle man sie nun in Gold und Seide kleiden und mit Perlen und Edelstei-

---

[22] Ferrerius, *Hymni novi, Marinus Becichemus Scodrensis Patavinae Academiae Rhetor lectori felicitatem*, Einführungsschrift, datiert Padua, den 11. Dezember 1523, fol. Aiiij^v-B^r: "Vides mi lector quos passim canunt in templis hymnos, uti sunt omnes fere mendosi, inepti, barbarie referti, nullaque pedum ratione nullo syllabarum mensu compositi, ut ad risum eruditos concitent, et ad contemptum ecclesiastici ritus vel litteratos sacerdotes inducant? Litteratos dixi. Nam caeteri, qui sunt sacri patrimonii heluones sine scientia, sine sapientia, satis habent ut dracones stare iuxta arcam Domini et more nubium volitare, vitamque ducere otiosam ventri, somno, luxui libidinique deditam, et pecuniam congregare, qua pietatis institores et christiani gregis abactores facti, diis et hominibus pariter fucum faciant, ut neglecta penitus vinea Domini in labruscas degeneret". (Die Interpretation von 1 Sam 5, 3 basiert auf einer heute verworfenen Lesart, "draco" statt "Dagon"). Eine Biographie von Marino Becichemo in: *DBI* VII, S. 511-515.

nen schmücken, oder wolle man sie in einen zerlumpten Rock hüllen? Symbolisierten Gold und Silber, das die Heiligen Drei Könige dem Jesuskind in der Krippe zu Füßen gelegt hätten, in der Auslegung der Kirchenväter etwa nicht das Gold der Weisheit und das Silber der menschlichen Beredsamkeit, die in den Dienst des christlichen Glaubens gestellt werden müßten?[23]

So verstärkt sich der Eindruck, daß — analog zum oben zitierten Fall des Mantuaner Weihbischofs Ambrogio Flandino — die von Erasmus gegen die Barbarei geführte Kampagne in den zwanziger Jahren des 16. Jahrhunderts im Veneto an Anhängern gewann.[24]

III

In einigen Fällen sind sich die italienischen Leser der zwanziger Jahre der zwischen dem Werk des Erasmus und der kirchlichen Überlieferung bestehenden Spannung durchaus bewußt. Ein solches Bewußtsein kann man z.B. bei dem Augustinereremiten Ambrogio Quistelli feststellen, der — nicht ohne einen Anflug von Ketzerei — eine erasmische Rückkehr zu den Quellen des Evangeliums predigt, oder auch bei dem Dichter Teofilo Folengo, der Erasmus als Überwinder der Barbarei von Scholastikern und Mönchen begrüßt:

---

[23] Ferrerius, *Hymni novi*, fol. B^v-Biiii^v: *Zachariae Ferrerii Vicentini ad Clementem VII in Hymnos ecclesiasticos praefatio*, Rom, den 26. November 1523, insbesondere fol. Biii^r: "Nec obiiciat quisquam teste Augustino et Gregorio indignum vaehementer esse ut verba sacri oraculi sub Donati regulis perstringantur ... In sacris enim litteris indecens omnino esset, si non nisi per Quintiliani aut Donati aut Prisciani authoritatem et regulam eas interpretari necesse foret, sanctique Spiritus libertatem humanae arti obnoxiam faceremus. Indecens quoque, et ab omni ratione alienum est, si quum ille secundum latinorum traditiones congruumque scribendi modum recte ac syncaere traduci, veraque latinitas et norma in divinis haberi possint, nos barbariem ac insulsam orationem amplectamur. Si enim gemmam preciosissimam auro valemus claudere, cur plumbo, cur auricalcho, aut alio inferioris metalli genere circumdabimus? Si reginam speciosissimam omniumque scientiarum principem, quae ad arcem ancillas vocari iussit, auro et serico indutam, gemmis quoque ac margaritis ornatam habere datur, cur pannosam et vili circumamictam tunica suscipiemus? Hoc quisque sapiens, vel etiam rationis compos, et arbitretur et iudicet ... Magi redemptori nostro in cunabulis adhuc degenti auri et argenti munera obtulerunt, ut mystice intellecta iuxta patrum testimonia sive aurum sapientiae, sive argentum humanae eloquentiae accipiamus. Quare igitur Deo in mystico ecclesiae tabernaculo pelles aut caprarum pilos offeramus, si aurum, si argentum habemus ... ?" Sehr ähnlich argumentiert Erasmus in den *Antibarbari*, ASD I^1, S. 111-118, insbesondere S. 117, ll. 11-15 ("At si quod sapientiae aurum, si quod eloquentiae argentum, si qua bonarum litterarum supellex penes illos [ethnicos] erit, eam omnem ... in nostros usus accomodare debemus"). Über Zaccaria Ferreri vgl. Bernardo Morsolin, *Zaccaria Ferreri, episodio biografico del sec. XVI*, Vicenza 1877; ders., *L'abate di Monte Subasio e il Concilio di Pisa*, Venedig, 1893; ders., *Un latinista del Cinquecento imitatore di Dante*, Venedig 1894.

[24] Seidel Menchi, *Flandino-Quistelli*, S. 349-351.

"Glaub mir, wenn bisher Scotus und St. Thomas geehrt worden sind, so hat nun ein Deutscher oder Franzose, Erasmus, die durch den barbarischen Stil der Mönche unterbrochene Tradition der Kirchenväter wieder aufleben lassen."[25]

Es handelt sich hier jedoch um Ausnahmefälle. In ihrer ersten Phase erscheint die italienische Rezeption des Erasmus in Übereinstimmung mit der kirchlichen Tradition. Als Theologe läßt sich Erasmus in dieser Zeit noch mit Thomas von Aquin auf eine Stufe stellen;[26] als biblischer Exeget steht er in Einklang mit Aegidius von Viterbo, der einige Jahre später sein erbitterter Feind werden wird;[27] als gemäßigter Theoretiker inspiriert er gutgemeinte Schulübungen von bescheidener Qualität.[28] Als Träger internationalen Ruhms wird er als ein selbstverständlicher Alliierter des Papsttums im Kampf "contra pestem lutherianam" betrachtet.[29] Zusammenfassend läßt sich sagen, daß die ersten italienischen Leser und Nachahmer Erasmus vorwiegend in seinen konventionellsten Aspekten rezipieren. Auch wenn sie sich mit brisanten Texten auseinandersetzen, gelingt es ihnen, sie zu entschärfen und ihnen ihre Sprengkraft zu nehmen.

Ein gutes Beispiel solcher Verharmlosung liefert der romagnolische Geistliche Faustino Perisauli aus Tredozio, der sich um das Jahr 1520, vielleicht auf Empfehlung seines Landsmanns Marco Bevilacqua, mit dem *Encomium Moriae* beschäftigte. Perisauli erarbeitete das erasmische Paradoxon in einem aus 2350 Hexametern bestehenden Gedicht, dem er den Titel *De triumpho stultitiae* (Venedig, 1524) gab.[30] Eine neuere Ausgabe

---

[25] Caponetto, *Erasmo*, S. 273; Schalk, *Folengo*, S. 442. In ähnlicher Weise stellt der Arzt Giacomo Triburzi aus Pergola in einem an den Bischof Federico Fregoso adressierten Brief den sterilen und spitzfindigen Fragen eines Thomas von Aquin oder eines Scotus die Einfachheit der in den Evangelien verkündeten, von Erasmus vertretenen Philosophia Christi entgegen (vgl. Pastore, *Tiburzi*).

[26] Vgl. die *Expositio clarissima atque catholica Divi Thomae Aquinatis super Epistolas Sancti Pauli*, Cum duplici textu ad veritatem grecam correctissime addito, Venedig, Ottaviano Scoto, 1536. In dieser Ausgabe sind die *argumenta*, also die Zusammenfassungen der einzelnen Briefe, dem *Novum Testamentum* von Erasmus entnommen worden.

[27] 1518 benutzte Aldo Manuzio für seine in Venedig gedruckte griechische Bibel den erasmischen Text des Neuen Testaments. Das Werk wurde Kardinal Aegidius von Viterbo gewidmet (dessen polemische Schrift gegen Erasmus in Kap. 2 behandelt wird, vgl. S. 36, 39, 49f., 57f.). Die aldinische Bibel ist begleitet von einem Brief des Franciscus Asulanus an Erasmus, vgl. *EE* III, ep. 770.

[28] Seidel Menchi, *Spinola*, S. 103-107.

[29] *Oroscopo Guicciardini*, S. 284.

[30] Faustino Perisauli, *De honesto appetitu. ... De triumpho stultitiae*, Rimini, Girolamo Soncino, s.a. (in Wirklichkeit Venedig, 1524). Eine mit Anmerkungen versehene Ausgabe des Poems *De triumpho stultitiae* mit gegenübergestellter Übersetzung: Alberto Viviani und Giannino Fabbri, Florenz 1963. Der Irrtum der beiden modernen Herausgeber, die um jeden Preis beweisen wollten, daß Erasmus ein Epigone von Faustino Perisauli ist und nicht umgekehrt, ist von Scarpellini, *Letterati romagnoli*, S. 369-373, korrigiert worden. Einen Beitrag zum Thema der Beziehung Erasmus-Perisauli liefern Ijsewijn und Ijsewijn-Jacobs, *Perisauli en Erasmus*. Weitere Informationen über Perisauli und seine schriftstellerische Tätigkeit finden sich in dem Opusculum *Al molto reverendo padre Angelo da Bertinoro*, Rimini 1842, in Giuseppe

dieses Werks, die alle Übereinstimmungen mit dem *Encomium Moriae* verzeichnet, enthebt uns der Notwendigkeit, die Abhängigkeitsbeziehung im einzelnen nachzuweisen. Doch wenn auch die textliche Dependenz außer Frage steht — der Geist des Originals fehlt Perisaulis Gedicht. In Erasmus' Spiegelkabinett doppelsinniger Anspielungen verirrt sich der romagnolische Geistliche, verliert den Faden kritischen Denkens. In seinem epigonenhaften Eifer läßt er sich mehr Kategorien von Toren, die an den Pranger zu stellen seien, einfallen als Erasmus — zum Schaden der Einprägsamkeit seiner Analyse. Für ihn sind alle gleich töricht: der Berufssoldat wie der Pferdezüchter, der Prediger, der die Quellen des Evangeliums verläßt, ebenso wie der Musikliebhaber. Diese Unfähigkeit zu einer Gewichtung läßt die Darstellung platt und harmlos werden, auch wenn das Gedicht an Dutzenden von Stellen das Muster von Erasmus übernimmt. Manchmal gewinnt man den Eindruck, daß der Epigone bewußt sein Vorbild zensiert, wenn er etwa die Torheit von Päpsten und Kardinälen ausspart, die Erasmus mit so viel Schärfe angeprangert hatte, oder sich über die von Erasmus gegeißelte Torheit der Theologen vorsichtig ausschweigt. Es stellt sich die Frage, ob die Abhandlung *De venatione pacis*, die Perisauli nach seiner Dichtung über die Torheit zu schreiben plante, eine — ebenfalls abgeschwächte — Nachahmung der *Querela pacis* sein sollte.

Perisaulis *De triumpho stultitiae* war das erste Werk in einer langen Reihe von italienischen Bearbeitungen und Nachahmungen des *Encomium Moriae*. Während des gesamten 16. Jahrhunderts hielt die Faszination an, die das Paradoxon des Erasmus auf die italienischen Literaten ausübte. Es inspirierte die unterschiedlichsten Werke — Lyrik und Prosa, schwerfällig-weitschweifige wie auch kurzatmig-improvisierte Nachdichtungen —, denen allen das Kämpferische und die wirklichkeitsverändernde Kraft des Originals fehlen.[31]

Auch das *Enchiridion militis christiani* wurde, ungefähr ein Jahrzehnt später, einer Prozedur der Entschärfung und Verharmlosung unterzogen. Der Dominikaner Vincenzo Giaccaro aus Lugo beendete 1535 ein *Enchiridio christiano*, das ein "Spiegel wahrhaft christlichen Lebens und aufrichtiger

---

Garampi, *Apografi, Miscellanea Ariminensis* I, S. 83-88, Biblioteca Civica Gambalunga, Rimini, Sezione Chiusa, Ms. 27, in Gaetano Urbani, *Raccolta di scrittori e prelati riminensi*, S. 271-274, 663, Biblioteca Civica Gambalunga Rimini, Sezione chiusa, Ms. 196. Das Testament von Faustino Perisauli, datiert vom 1. Dezember 1523, befindet sich in der Sezione Archivio di Stato von Rimini (Mitteilung von Augusto Campana). Eine unveröffentlichte Dissertation über Perisauli verfaßte Karel de Graeve, Universität Loewen.

[31] Croce, *Traduzioni*, S. 411-414; Grendler, *Critics*, S. 154f., 168f., 253f.; Scarpellini, *Letterati romagnoli*, S. 377f.; Seidel Menchi, *Circolazione clandestina*, S. 578-581. Über Lorenzo Davidico vgl. Kap. 9, Anm. 23, S. 280. Andere Beispiele von Nachahmungen des *Encomium Moriae*: *Tre bellissimi capitoli in lode della pazzia con alcune stanze amorose di novo stampate*, Venedig 1543; *L'impazzita pacesca pazzia, dell'impazzito pazzo impazzito, con altre canzonette ridicolose, e belle*, Milano, Giuseppe Solaro, al segno del Gesù, s.a.; Angelo Maria Scarabelli, *Nuova canzonetta giunta alle meraviglie dell'Inclita Città di Venetia ..., con la canzonetta della Pazzia*, Venedig, Per Camillo Bortoli, s.a.

Ratgeber für die Hinwendung ... zum lauteren Geist des Evangeliums" sein wollte.[32] Daß Erasmus der Inspirator war, wird nicht nur aus dem Titel ersichtlich, sondern auch aus der Absicht, den einfachen Gläubigen ein "Buch, das man immer zur Hand nehmen kann", ein hinreichendes Kompendium der Regeln geistigen Lebens, anzubieten. Der Gedanke des Erasmus spiegelt sich vor allem in dem Vorschlag wider, zur Armut und Einfachheit der Urkirche zurückzukehren und sich von der unheilvollen Entwicklung abzuwenden, welche die Erben Christi und die Nachfolger der Apostel veranlaßt hat, das Vermögen der Kirche für "den Unterhalt von Hunden und Pferden, zu eitlem Pomp und weltlichem Gefallen" aufzuwenden. Auch die Ablehnung des mechanischen und quantifizierten Gebets und die Aufforderung, das "Wort des Mundes" durch das "Wort des Herzens" zu ersetzen, sind offenkundig von Erasmus beeinflußt.[33] Diese reformatorischen Züge werden jedoch von dem System, in das sie der Dominikaner einfügt, neutralisiert. Es ist ein System, das jede individuelle Suche im Bereich der Religion mit Verweis auf das Prinzip ausschließt, daß der menschliche Geist sich nicht durch "quälende Irrtümer" belasten, sondern vertrauensvoll in den überlieferten Wahrheiten ruhen soll. Es ist ein System, das den religiösen Zweifel ablehnt und den theologischen Disput zwischen Laien mit dem Bannfluch belegt. Die "gläubige Unwissenheit" wird gegenüber der "verwegenen und hochmütigen Wissenschaft" gepriesen und der Christ daran erinnert, "daß uns geboten ist, daß wir glauben müssen, und nicht, daß wir wissen müssen".

Doch an was glauben? "Fest an das glauben, was die heilige katholische Kirche zu glauben lehrt".[34] Dies also ist die Schlußfolgerung, die ein italienischer Leser der ersten Generation aus dem *Enchiridion* zieht. Und hier liegt auch der Grund dafür, daß die Illustrationen der ersten italienischen Ausgabe dieses äußerst kontroversen Werks sich an den konventionellsten religiösen Darstellungen orientieren konnten.[35] Was unerhört war an der Aufforderung von Erasmus, sich vom eigenen Gewissen leiten zu

---

[32] Vincenzo Giaccaro, *Enchiridio christiano*, Piero Nicolini da Sabbio per Luca Antonio Giunti, Venedig 1538. (Mitteilung von Anne Jacobson Schutte). Die Schriften von Vincenzo Giaccaro finden sich aufgelistet bei: Quetif-Echard, *Scriptores OP* II, S. 109, 824 und Hercolani, *Illustri romagnoli* IV, S. 5.

[33] Über das stille Gebet verbreitet sich Giaccaro in *Enchiridio*, fol. 78ᵛ-82ʳ, 85ʳ (entsprechende Stelle in *Enchiridion militis christiani*, LB V, Sp. 6 CD). Der Vorschlag einer Rückkehr zur Einfachheit der Urkirche wird vorgebracht in Giaccari, *Enchiridio*, fol. 14ᵛ-15ʳ, 103ʳ ("Come se il patrimonio e la intrata della chiesa, qual è data per il viver necessario delli ministri della chiesa, e poi per sovenire alli poverelli, sia data per nutrir cani e cavalli" usw.).

[34] Giaccari, *Enchiridio*, fol. 24ᵛ, 26ᵛ, 50ʳ ("Tutto il studio adunque e solicitudine di ciascuno che voglia essere buon christiano è che non deve attendere ad altro principalmente, che imparare di credere fermamente quello che la santa Chiesa Cattolica gli propone di credere, e alle sante scritture secondo la capacità di ciascuno").

[35] Erasmus Roterodamus, *Enchiridion militis christiani saluberrimis praeceptis refertum*, Gregorio de Gregoriis und Lorenzo Lorio, Venedig 1523, Holzschnitt fol. aXᵛ (die Verkündigung Mariä in einer Säulenhalle).

lassen, was umstürzlerisch war an seiner Berufung auf die evangelische Freiheit, das integrierte man wieder in den Rahmen des traditionellen Wegs zum Heil.

IV

In der 'Galleria Palatina' von Parma befindet sich ein 1530 datiertes, Hans Holbein d.J. zugeschriebenes Porträt von Erasmus. Falls dieses Bildnis tatsächlich von einem italienischen Bewunderer des Humanisten, vielleicht — wie vermutet — von einem Mitglied der Familie Sanvitale, bei Holbein bestellt wurde, so muß der Auftraggeber einige Schwierigkeiten bei der Realisierung seines Projekts zu überwinden gehabt haben. Das von Ute Davitt Asmus auf der rechten Seite des von Erasmus gehaltenen Buchs entzifferte Motto "Amor vincit omnia" fände dann auch im Bewußtsein dieser Hindernisse eine einfache Erklärung.[36] Das Bild mit dem Motto wäre — falls die Provenienz aus Parma tatsächlich bis ins vierte Jahrzehnt des Cinquecento zurückverfolgt werden könnte — ein eindrückliches ikonographisches Zeugnis für die Erasmus-Begeisterung, die eben in dieser Zeit die gebildeten Schichten Italiens erfaßt hatte. Dennoch erschien damals der Humanist nicht als der Vorbote einer historischen Wende. Seine Botschaft konnte im Rahmen der geltenden Werte integriert und zur Unterstützung der bestehenden Autoritäten benutzt werden. Die Konflikte und quälenden Auseinandersetzungen, die er in den kommenden Jahrzehnten auslösen würde, ahnte damals kaum ein Italiener. Zunächst jedenfalls wurde die Lehre von Erasmus in Italien nicht als brisant empfunden. Sprengkraft erhielt sie erst in Verbindung mit dem Ereignis Luther.

---

[36] Davitt Asmus, *Erasmus in Parma.*

2. KAPITEL

ERASMUS LUTHERANUS
EIN KONSTRUKT DER ITALIENISCHEN THEOLOGIE
1520-1535

I

Die im Anfangsstadium der Reformation von alarmierten Prälaten und Theologen wiederholt gebrauchte Formel "Erasmus lutheranus" ist Ausdruck einer für die Kultur des 16. Jahrhunderts folgenreichen Einschätzung des Humanisten und seines Werks. Überall in Europa fand diese Beurteilung Anhänger. Belege dafür sind die antierasmischen Schriften des Spaniers Diego López de Zúñiga,[1] die Stellungnahme der Theologen von Löwen,[2] die Verurteilung eines Teils der Schriften des Erasmus durch die Professoren der Sorbonne.[3]

Auch im italienischen Kulturraum zeichnete sich zwischen 1520 und 1530 eine Interpretation ab, die Erasmus als Lutheraner begriff. Von analogen Deutungsansätzen in anderen Teilen Europas unterschied sich die italienische Variante allerdings sowohl hinsichtlich ihrer Durchschlagskraft als auch ihrer Langlebigkeit. Während die Warnungen vor dem "Lutheraner" Erasmus in den anderen europäischen Ländern nicht über enge, wenn auch einflußreiche Kreise hinausdrangen, gestaltete sich in Italien die Auseinandersetzung mit dem Humanisten als eine planmäßige Aktion, die, von der *Accademia Romana* ausgehend, das ganze Land erfaßte. Und während im übrigen Europa die Verknüpfung von Erasmus und Luther nur einige Jahre lang aktuell war (bis zu dem Zeitpunkt, da die Reformationsbewegung in die Organisation von Kirchen mit spezifischen Bekenntnissen mündete), blieb dieses Konstrukt in Italien in der gesamten ersten Hälfte des 16. Jahrhunderts bestehen. Noch in Quellen aus dem Jahre 1568 stoßen wir auf den Ausdruck "Erasmo luterano".[4]

Die Langlebigkeit dieser These erklärt sich aus dem Gebrauch des Begriffs "lutherisch". Mit "lutherisch" bezeichnete man in Italien alle Lehr- und Bekenntnisvarianten der Reformation. Mit Hunderten von Zeugenaussagen aus Inquisitionsverfahren läßt sich belegen, daß nicht nur Laien und Ungebildete, sondern auch Kanonisten und Theologen sowohl die Calvinisten wie die Sakramentierer, die Graubündner Reformierten wie auch die

---

[1] Vgl. de Jonge, *Introduction*, S. 22-27.
[2] Wolfs, *Erasmus und Löwen*.
[3] Farge, *Orthodoxy and Reform*, S. 176f., 186-196.
[4] Vgl. Kap. 13, S. 394f.

Basler Nachfolger des Oekolampad unterschiedslos als "lutherisch" qualifizierten. Man sollte allerdings diesen Begriff nicht als Indiz für Unwissenheit oder Informationsmangel betrachten, da er auch von Zeugen verwendet wurde, die Genf, Basel oder Chur aus eigener Erfahrung kannten. Eher läßt sich hier ein geschichtliches Verständnis der Reformation erkennen, das die Verschiedenheiten innerhalb dieser Bewegung unterbewertete. Auch wenn gelegentlich katholische Kontroverstheologen die Lehrstreitigkeiten zwischen den einzelnen Reformatoren mit Genugtuung hervorhoben,[5] blieben doch diese Konflikte in der Mehrzahl der hier untersuchten italienischen Quellen unbeachtet. Der undifferenzierte Gebrauch des Terminus "lutherisch" ist ein Beleg dafür, daß italienische Beobachter die Reformation im Grunde als einheitliches Phänomen und Luther als deren unbestrittenen Initiator und Anführer begriffen. Sie gaben dem Reformator den Beinamen "Ozean", womit sie sagen wollten, Luther sei "derjenige, aus dessen Gedankenfülle all die anderen Ketzer ihre Lehren — gleich wie die Flüsse ihr Wasser aus dem Meer — erhielten" (mit den "anderen Ketzern" meinten sie die Zwinglianer, die Calvinisten, die Täufer und sonstige Häretiker "eiusdem generis").[6]

Erasmus als Lutheraner zu bezeichnen, bedeutete folglich, seine theologischen Werke unter der Kategorie evangelisch-reformatorisches Schrifttum zu subsumieren. Sein Einfluß wurde als Teil der Reformationsbewegung begriffen. Zwar wurde er als Denker anerkannt, von dem Impulse für jene Bewegung, die Europa erschütterte, ausgegangen waren, doch sah man ihn nicht im Mittelpunkt des Geschehens. Hinter der Formel "Erasmus lutheranus" stand die Überzeugung, daß ein anderer die große Wende herbeigeführt hatte. Erasmus — der Satellit eines bedeutenderen Sterns.

Wohl findet sich gelegentlich in italienischen Quellen aus den zwanziger und aus den dreißiger Jahren des 16. Jahrhunderts auch die Formel "Lutherus erasmizat", mit der man dem Humanisten die Rolle des geistigen Urhebers oder heimlichen Förderers der Reformation zuschrieb[7] (Erasmus, der die Bezeichnung Lutheraner entrüstet von sich wies, war weit weniger ungehalten, wenn man Luther einen Erasmianer nannte).[8] Doch die Interpretation, die sich in derartigen Formeln niederschlug, konnte sich auf die Dauer nicht behaupten. Ungefähr vom Jahre 1530 an hatte die *reductio Lutheri ad Erasmum* auch in Italien keinerlei Rückhalt mehr. Die gegenläufige Tendenz, die *reductio Erasmi ad Lutherum*, stand am Anfang ihres Erfolgs.

Die Formel "Erasmus lutheranus" bezog sich nicht in erster Linie auf die Persönlichkeit des Humanisten, sondern auf dessen Werk. In ihr fand eine

---

[5] Ein Beispiel unter vielen in: Catarino, *Speculum*, fol. D^v.
[6] *Processo Carnesecchi*, S. 326.
[7] Vgl. S. 56-58.
[8] Erasmus läßt gelegentlich durchblicken, er glaube, Luther habe sich an seinen Werken inspiriert. Vgl. z.B. *EE* IV, ep. 1219, l. 53, und VI, ep. 1634, ll.72f.

Einschätzung ihren Niederschlag, die den Schriften des Erasmus und deren Einfluß auf die Öffentlichkeit galt, nicht ihrem Verfasser und seinen Intentionen. "Intentionem Erasmi spero bonam esse, sed scripta perversa" — in dieser Paraphrase eines Satzes von Theodoricus Hezius aus dem Jahre 1525 ließe sich die Position der italienischen Widersacher des Humanisten definieren.[9] Weder dessen Beteuerungen der persönlichen Treue zur katholischen Kirche, die sich von 1520 an immer wieder in seinen Briefen finden, noch seine Streitschriften gegen Luther aus den Jahren 1524 und 1526, noch die in den Folgejahren zunehmend feindliche Einstellung zur Reformation konnten deshalb den in der Formel "Erasmus lutheranus" erhobenen Vorwurf aus der Welt schaffen oder das darin zum Ausdruck gebrachte Urteil modifizieren. Solche Beteuerungen und Zeugnisse ließ man für seine Person gelten, auf die Einschätzung seines Werks blieben sie ohne Einfluß. "Expostulas de his, quae mutari non possunt", Du legst mir Dinge zur Last, die nicht geändert werden können, beklagte sich Erasmus in einem Brief an Alberto Pio, den schärfsten seiner italienischen Kritiker.[10] Dabei dachte er an seine Schriften, die — tausendfach in Europa verbreitet — der Kontrolle ihres Autors vollkommen entglitten waren. Pios Antwort war eine Aufforderung zur Selbstzensur. Der Humanist solle eine gründliche Reinigung seiner Werke vornehmen; bei denjenigen, die er nicht säubern könne, weil sie durch und durch entartet seien — gemeint war etwa das *Encomium Moriae* —, solle er sich wünschen, daß auch das letzte Exemplar verlorengehe.[11] Seit etwa 1530 setzten sich die Propagandisten der Formel "Erasmus lutheranus" eine strenge Zensur der Werke des Humanisten und in einigen Fällen deren Vernichtung zum Ziel.

II

Die in der Formulierung "Erasmus lutheranus" zum Ausdruck kommende Überzeugung spiegelt sich in einer Reihe zwischen 1520 und 1535 verfaßter Texte wider, zu denen theologische Traktate ebenso gehören wie Schmähschriften, diplomatische Noten ebenso wie exegetische Abhandlungen, Briefe und Dichtungen. Zwar wurden drei dieser Zeugnisse außerhalb Italiens verfaßt, doch wurzeln sie alle in der italienischen, insbesondere in der römischen Kultur dieser Periode.

Die wichtigsten dieser Zeugnisse sind hier in chronologischer Reihenfolge aufgeführt.

---

[9] Brief des Theodoricus Hezius an Giovan Matteo Gilberti vom 27. Oktober 1525, Balàn, *Monumenta*, S. 562: "[Erasmum] multa perversa scripsisse certissimum est ... De intentione eius non loquor, quam spero bonam esse". Vgl. auch Hezius' Brief vom vorigen Tag an Blosio, Balàn, *Monumenta*, S. 552-560. Über Hezius vgl. *CE* II, S. 190f.
[10] *LB* IX, Sp. 1121 D.
[11] Pio, *In locos Erasmi retractandos*, fol. 57^r, 3^v.

36   2. KAPITEL

1520-1521   Depeschen des Hieronymus Aleander, des päpstlichen Nuntius in den Niederlanden und in Deutschland, der den Auftrag hatte, die Bannandrohungsbulle *Exsurge Domine* gegen Luther zu publizieren.[12]

ca. 1524   *Invectiva in Erasmum Roterodamum*, verfaßt in Rom von Battista Casali, Chorherr von St. Peter, Professor an der Sapienza und Mitglied der *Accademia Romana*.[13]

ca. 1526   Exegetische Abhandlung zu Mt 5,17 ("Nolite putare quoniam veni solvere legem et prophetas: non veni solvere sed adimplere ..."). Dieser in der Erasmusforschung unter der Bezeichnung *Racha* bekannte Traktat galt als verloren bis zur Wiederentdeckung des Manuskriptes durch Eugenio Massa 1947. Der vor Juni 1526 in Rom verfaßte Text, anonym und ohne Titel, wurde von Eugenio Massa Kardinal Aegidius von Viterbo zugeschrieben. Dieser Zuschreibung folge ich hier auf Grund einer Analyse des noch unveröffentlichten Manuskripts und gestützt auf ein Zeugnis des neapolitanischen Literaten Girolamo Borgia.[14]

1526, 15.Mai *Responsio paraenetica, Martini Lutheri et asseclarum eius haeresim vesanam magnis argumentis et iustis rationibus confutans*, verfaßt in Rom von dem Diplomaten Fürst Alberto Pio von Carpi. Der Adressat ist Erasmus, der sich ein Jahr zuvor mit einem Brief an Alberto Pio gewandt und sich über die üblen Gerüchte, die dieser über ihn in Rom ausstreute, sowie darüber beklagt hatte, daß Pio ihn mit Luther in eine Reihe stellte.[15]

1529   *Oratio pro M. Tullio Cicerone contra Desiderium Erasmum Roterodamum*, verfaßt in Agen von dem Humanisten Giulio Cesare Scaligero, damals Arzt des Bischofs von Agen.[16]

---

[12] Die Depeschen von Aleander wurden von Brieger, *Aleander-Depeschen*, und von Balàn, *Monumenta*, veröffentlicht.

[13] Battista Casali, *Epistolae, orationes, libelli suplices et alia id generis*, BAM, G 33 inf., Teil 2, fol. 82ᵛ-87ᵛ (Seidel Menchi, *Atteggiamenti*, S. 89-116). Eine Biographie von Casali findet sich in *DBI* XXI, S. 75-78.

[14] BNP, Lat. 3461. Vgl. Massa, *Intorno a Erasmo*, und, zu dem Zeugnis von Girolamo Borgia: Seidel Menchi, *Atteggiamenti*, S. 111, Anm. 186.

[15] *EE* VI, ep. 1634. Vgl. Gilmore, *Erasmus and Pio*, und Vasoli, *Pio*. Weitere bibliographische Hinweise in *CE* III, S. 86-88.

[16] Iulius Caesar Scaliger, *Oratio pro Marco Tullio Cicerone contra Desiderium Erasmum Roterodamum*, Paris, Pierre Vidoue, s.a. (1531). Vgl. *EE* IX, epp. 2564, 2565, X, epp. 2635, 2736. Die andere von Scaliger verfaßte *Oratio* gegen Erasmus, *Adversus Desiderii Erasmi Roterodami dialogum ciceronianum oratio secunda*, wurde 1537 von Pierre Vidoue in Paris veröffentlicht, vgl. *EE* XI, ep. 3005. Die beiden Reden von Scaliger werden hier nach der Ausgabe von Toulouse 1621 zitiert. Zum Autor vgl. *CE* III, S. 212-214.

1530	*Pro religione christiana adversus Lutheranos*: ein kontroverstheologisches Werk des Augustinerchorherrn Agostino Steuco aus Gubbio, veröffentlicht in Bologna.[17]
1530-1531	*Tres et viginti libri in locos lucubrationum variarum D. Erasmi Roterodami quos [Albertus Pius Carporum comes] censet ab eo recognoscendos et retractandos*: eine von Alberto Pio 1531 in Paris veröffentlichte Antwort auf die Replik des Erasmus von 1526.[18]
1532	*Examen vanitatis duodecim articulorum Martini ad veritatis disciplinae christianae censuram*: eine theologische Abhandlung, verfaßt 1531-1532 in Mantua von Ambrogio Flandino, vormals Theologe im Augustinereremitenorden, zum damaligen Zeitpunkt Weihbischof von Mantua.[19]
1532	*Pro Alberto Pio principe Carpensi Antapologia in Erasmum Roterodamum*, verfaßt in Rom von dem Theologen Juan Ginés de Sepúlveda aus Cordoba.[20]
1534	*Defensio pro Italia ad Erasmum Roterodamum*, verfaßt in Rom von Pietro Corsi, Kanonikus von Terracina, Mitglied der *Accademia Romana*.[21]
1535	*Iudicium de Erasmi epistola*, Antwort von Corsi auf die Replik des Erasmus auf die *Defensio pro Italia*.[22]
1535	*Pro Marco Tullio Cicerone contra Desiderium Erasmum Roterodamum oratio secunda*: eine Erörterung, mit der Giulio

---

[17] Agostino Steuco, *Pro religione christiana adversus lutheranos* (Colophon: Ioannes Baptista Phaellus Bononiensis Bononiae impressit. Anno Domini M.D.XXX. Mense Maio). Hierzu vgl. Freudenberger, *Steuchus*, S. 265-306. Dieses Werk von Steuchus wird hier nach der Ausgabe der *Opera omnia*, Venedig, Domenico Niccolino, 1591, zitiert.

[18] S. die in Anm. 15 zitierte Bibliographie. Die beiden antierasmischen Traktate von Alberto Pio werden hier in der Folge nach der venezianischen Ausgabe des Luca Antonio Giunti, 1531, zitiert.

[19] BPP, Parm. 974, *Examen vanitatis duodecim articulorum Martini ad veritatis disciplinae christianae censuram sub incude reverendi patris domini Ambrosii Flandini episcopi Lamocensis et Mantuae suffraganei elaboratum*, und hierzu Seidel Menchi, *Flandino-Quistelli*, S. 366-382.

[20] Juan Ginés de Sepúlveda, *Antapologia pro Alberto Pio in Erasmum*, Rom, Antonius Bladus, 1532. Vgl. hierzu die Einführung zu *EE* X, ep. 2637, S. 3f. Eine Biographie von Sepúlveda liefert Arsenio Pacheco in *CE* III, S. 240-242. Die *Antapologia* von Sepúlveda wird hier nach der Ausgabe der *Opera omnia*, Köln 1602, zitiert.

[21] Pietro Corsi, *Defensio pro Italia ad Erasmum Roterodamum*, Rom, Antonius Bladus 1535 (Widmungsbrief datiert vom 24. November 1534). Vgl. hierzu *EE* XI, ep. 3007, und ebd., Anhang 24, S. 357-361. Die Antwort von Erasmus auf Corsi, in Form eines Briefes an Ioannes Choler, heute in *EE* XI, ep. 3032, wurde ursprünglich unter dem Titel *Responsio ad Petri Cursii defensionem, nullo adversario bellacem*, Basel, Froben und Episcopius 1535, veröffentlicht. Über Pietro Corsi vgl. Valentini, *Erasmo e Corsi*, und *DBI* XXIX, S. 579-581.

[22] *Erasmi Roterodami epistola de apologia Petri Cursii. Petri Cursii iudicium de Erasmi epistola*, s. n. t. [Antonius Bladus?], Rom 1535.

Cesare Scaligero das von ihm bereits 1529 behandelte Thema wieder aufnahm.[23]

Die genannten Texte im einzelnen zu untersuchen, ihre Autoren vorzustellen und den jeweiligen Argumentationsgang zu referieren, wäre ein Unterfangen, das in keiner vernünftigen Relation zu Ziel und Umfang dieser Arbeit stünde. Deswegen werde ich die Texte ausschließlich unter der zentralen Fragestellung "Erasmus lutheranus" analysieren, wobei der Akzent nicht auf der einzelnen Schrift, sondern auf den die Texte liierenden Querverbindungen liegen soll. Die Annahme eines zwischen den antierasmischen Zeugnissen bestehenden Zusammenhangs wird sowohl durch den Inhalt als auch durch die Genese der Texte gerechtfertigt. In drei Texten stoßen wir auf gleichlautende Formeln.[24] Der Argumentationsgang verläuft in allen Abhandlungen ähnlich. Zwischen beinahe allen Autoren bestanden persönliche Verbindungen. Sechs der zehn oben zitierten Schriften wurden von Mitgliedern der *Accademia Romana* (Battista Casali, Pietro Corsi) oder von Autoren verfaßt, die der *Accademia Romana* nahestanden (Hieronymus Aleander, Kardinal Aegidius von Viterbo, Alberto Pio). Agostino Steuco war mit Alberto Pio befreundet, Juan Ginés de Sepúlveda diente Alberto Pio als Sekretär.[25] Ambrogio Flandino erweist sich in seiner Schrift als stark abhängig von Alberto Pio.[26]

Die der Formel "Erasmus lutheranus" von Anfang an innewohnende emotionale Kraft prägt in entscheidender Weise die *Invectiva* von Casali und den *Racha* des Kardinals Aegidius, zwei Texte, in denen die Schmährede dominiert. Auch in den anderen Schriften haben Ressentiment und Schmähsucht deutliche Spuren hinterlassen. Insgesamt jedoch gehen die Verfasser der Texte, auf die wir unsere Erörterung stützen, argumentativ vor und entwickeln eine kohärente Interpretation des erasmischen Denkens. Dabei bilden sich drei thematische Kernbereiche heraus, die in den folgenden Abschnitten behandelt werden: 1. Theologie als Richtschnur der religiösen Praxis; 2. Sprachgewandtheit der Häretiker; 3. Verteidigung Italiens gegen die Barbaren.

III. THEOLOGIE ALS RICHTSCHNUR DER RELIGIÖSEN PRAXIS

Hieronymus Aleander im Jahre 1521: Erasmus ist der "fomes malorum". Erasmus hat den Unterbau für die lutherische Ketzerei geschaffen. Erasmus hat schlimmer gegen den Glauben geschrieben als Luther. Zu Themen wie Beichte, Ablaßwesen, Kirchenbann, Scheidung oder Autorität des Papstes hat

---

[23] Vgl. Anm. 16.
[24] Vgl. S. 51.
[25] Zum Verhältnis zwischen Agostino Steuco und Alberto Pio vgl. Freudenberger, *Steuchus*, S. 39-41. Zur Zusammenarbeit von Sepúlveda mit Alberto Pio vgl. Sepúlveda, *In Erasmum*, S. 597.
[26] Seidel Menchi, *Flandino-Quistelli*, S. 366-374.

er — und zwar heimtückischer — all das verbreitet, was Luther sich dann zu eigen gemacht hat. Flandern ist mehr als irgendein Teil Deutschlands vom Luthertum infiziert, weil Erasmus und seinesgleichen dieses Land auf Abwege gebracht haben. Zu glauben, daß Erasmus gegen Luther schreiben könnte, hieße zu erwarten, daß er gegen sich selbst schrieb und als erstes seine eigenen Bücher verbrennte.[27]

Kardinal Aegidius im Jahr 1526: Wie einem Trojanischen Pferd sind den Schriften des Erasmus die sächsischen und deutschen Ketzer als Kämpfer gegen den Heiligen Stuhl entstiegen. Erasmus ist der erste nach Johann Hus gewesen, der das bis dahin ruhige Meer tief aufgewühlt, hohen Wellengang verursacht, Sturm entfesselt und so die Karlstadts, Melanchthons und ähnliche Ungeheuer hervorgebracht hat.[28]

Alberto Pio 1526 und 1530: Viele sehen in Erasmus einen Mitverantwortlichen, wenn nicht den Urheber der Kirchenspaltung. Gewisse Werke des Erasmus haben es begünstigt, daß die Feuersbrunst des Luthertums sich ausbreiten konnte. Viele Leute hegen den Verdacht, daß Erasmus in zahlreichen Punkten mit Luther übereinstimmt. Für Luther und seine Anhänger war Erasmus der Quell, aus dem sie das Wasser geschöpft haben, mit dem ihre Giftpflanzen gedeihen konnten. In den Gärten des Erasmus haben sie die Saat des Verderbens gesammelt, um sie im Garten des Herrn auszustreuen. *Aut Lutherus erasmizat aut Erasmus lutherizat.* Das Urteil der Nachwelt wird lauten, daß Erasmus ein großer Mann gewesen wäre, wenn er nicht auf jede Art und Weise die lutherische Perfidie begünstigt hätte. Luther hat nichts Verderblicheres über die Autorität des Papstes geschrieben als Erasmus.[29]

Weihbischof Ambrogio Flandino 1531/32: Erasmus irrt in gleicher Weise wie Martinus. Erasmus benutzt die Sprache Luthers. Erasmus macht sich die Begriffe von Martinus zu eigen. Was Erasmus über die Beichte sagt, ist lutherisch. Was die Heiligenverehrung angeht, sind Martinus und Erasmus einer Meinung. Seine Auffassung zum Kirchenschmuck hat Martinus von Erasmus übernommen. Martinus ist von erasmischen Vorstellungen besessen. Martinus und Erasmus spalten den Glauben.[30]

Sepúlveda im Jahre 1532: Erasmus hat es Luther sehr erleichtert, das Mönchstum abzuschaffen. Zur lutherischen Ketzerei wäre es nie gekommen, wenn Erasmus nicht mit seinen Possen und verdrießlichen Beschwerden den Boden dafür vorbereitet hätte; und wäre es doch zu dieser Häresie gekommen, so hätte sie sich ohne Erasmus nicht so leicht durchgesetzt und so weit verbreitet. Aus den Scherzen des Erasmus ist bei Luther Ernst, aus den

---

[27] Brieger, *Aleander-Depeschen*, S. 52, 54, 51, 82, 83f., 271.
[28] *Racha*, fol. 6ʳ, 18ʳ.
[29] Pio, *In locos Erasmi retractandos*, fol. 2ᵛ, 10ᵛ, 35ʳ, 157ᵛ.
[30] Seidel Menchi, *Flandino-Quistelli*, S. 370-372.

zweiflerischen Bemerkungen des einen sind bei dem anderen assertorische Aussagen geworden.[31]

Giulio Cesare Scaligero im Jahre 1532: Erasmus hat an dem lutherischen Wahn nicht nur Anteil, er ist sein Urheber.[32]

Der Querschnitt von Aussagen zum Thema "Erasmus lutheranus", den wir aus sieben Quellen zusammengestellt haben, weist auf gewisse für diese Urteile charakteristische Wiederholungen hin. Denn öfters benützte die Polemik sehr ähnliche Argumentationsweisen. Das maßgebende argumentative Vorgehen bestand darin, die Aufmerksamkeit auf die konkreten, alltäglichen Auswirkungen der lutherischen Lehre zu lenken und auf deren Grundprinzipien nicht oder kaum einzugehen. Der Grundsatz *sola fide* oder die Lehre vom unfreien Willen wurden entweder ganz verschwiegen oder nur als Randfragen behandelt. In den Mittelpunkt stellte man dagegen Themen wie Beichte, Ablaßwesen, Kirchenbann, Schutzheilige, Wallfahrten, Gelübde, Fastengebote, die Beziehung Laie-Kleriker, — kurzum: jene Besonderheiten, die die religiöse Praxis der einfachen Gläubigen Tag für Tag bestimmten.

Eine solche Akzentsetzung bewirkte eine Umkehrung der theologischen Prioritäten. Zentrale Fragen der evangelischen Lehre wurden an den Rand gedrängt, periphere Elemente rückten in den Mittelpunkt. Die Behauptung einer theologischen Konvergenz von Erasmus und Luther war nur auf der Grundlage dieser Umwertung möglich. Der Vergleich zwischen den beiden Theologen wurde nicht anhand von Aussagen zu relevanten anthropologischen oder soteriologischen Fragen durchgeführt, wie es heute in der systematischen Theologie üblich ist, seine Grundlagen waren vielmehr Themen mit unmittelbarem Praxisbezug.

Die Auswirkung der Erbsünde auf die Natur des Menschen war ein Thema, das in vielen Fällen über den Horizont der italienischen Autoren hinausging, mit denen wir uns in diesem Kapitel beschäftigen; ob aber der hl. Sebastian für die Pest, die hl. Apollonia für Zahnschmerzen und die hl. Lucia für Augenleiden zuständig sei, dies war ein Problem, das es verdiente, erschöpfend behandelt zu werden.[33] Ob der Mensch durch Glauben oder durch Werke zum Heil gelange, war keine Frage, der unsere Erasmus-Kritiker größere Aufmerksamkeit schenkten;[34] wie aber der Mensch zu Gott

---

[31] Sepúlveda, *In Erasmum*, S. 626, 631.

[32] Scaliger, *Contra Erasmum*, S. 12.

[33] Pio, *In locos Erasmi retractandos*, fol. 119ᵛ-120ᵛ. Vgl. Erasmus in *Enchiridion, LB* V, Sp. 26EF. Ein Echo der Diskussion finden wir in der pastoralen Praxis und im Schrifttum des Bischofs Pier Paolo Vergerio (vgl. S. 71) sowie in italienischen Inquisitionsprozeßakten, z.B. ASV, Fasz. 4, *Atti di Annibale Grisonio, De Capo d'histria*, 3. Januar 1549, Widerruf von Giovanni de Brattis: "Me è parso strano che santa Lucia sia sopra gli occhi ..., san Rocho sopra la peste ..., altri sopra altre infirmità"; ein weiteres Beispiel: ASV, Fasz. 6, Akte *Lazzarino de Becchi*, fol. 11ʳ.

[34] Agostino Steuco zählte die Rechtfertigungslehre nicht zu den populärsten Lehren Luthers (Steuco, *Adversus lutheranos*, fol. 1ᵛ).

beten solle, ob mit langen Litaneien, wiederkehrenden Formeln, in vorgeschriebenen Haltungen oder — wie Erasmus meinte — in Momenten, in denen der Kopf klar sei, das Herz bewegt, war dagegen ein Problem, dem man primäre Bedeutung beimaß.[35]

Wenn wir das Quellenmaterial, das unserer Erörterung zugrunde liegt, unter diesem Aspekt untersuchen, stellen wir fest, daß Hieronymus Aleander in den Nuntiaturberichten, die Schritt für Schritt seine antilutherische Mission der Jahre 1520/21 dokumentieren, die Lehre von der Rechtfertigung *sola fide* mit keinem einzigen Wort erwähnt. Als Kern des Glaubensstreits betrachtete Aleander vor allem die Frage der Autorität des Papstes und des weiteren solche speziellen Probleme wie Beichte, Ablaßwesen, Kirchenbann, Scheidung, also Themen, die es erlaubten, gewisse Parallelen zwischen Erasmus und Luther zu ziehen.[36]

In den beiden anti-erasmischen Traktaten von Alberto Pio ist diese Verkehrung der theologischen Prioritäten noch ausgeprägter. Drei Themenkomplexe bilden die Pfeiler seiner Argumentation:
1. Kirchliche Traditionen und Zeremonien, mit besonderer Betonung der Fastengebote und des Schmucks der Gotteshäuser (diesen Fragen werden im Hauptwerk von Pio 5 von 21 Kapiteln, insgesamt 67 Seiten gewidmet);
2. Heiligenverehrung, Bilderverehrung und Gelübde (3 von 21 Kapiteln, insgesamt 68 Seiten);
3. Primat des Papstes, Gewalt der Bischöfe und Priester, Zölibat, Mönchtum und Keuschheit der Mönche (4 Kapitel, insgesamt 59 Seiten).

Das Thema der Rechtfertigung durch den Glauben oder durch Werke wird dagegen kurz und bündig auf 14 Seiten abgehandelt und ins viertletzte Kapitel des Buchs verbannt, die Lehre vom unfreien Willen überhaupt nicht angesprochen. Die distanzierte Art, die Alberto Pio bei der Behandlung des Themas des Verhältnisses zwischen Glaube und Werken an den Tag legt, ist ein weiterer Beweis für die geringe Bedeutung, die er dieser Frage beimißt. Ein skeptischer Satz von Erasmus zum Ablaßwesen, seine Definition der päpstlichen Gewalt als "Christi nomine palliata tyrannis", eine unehrerbietige Bemerkung über die Jungfrau Maria — dies sind die Punkte, die bei Alberto Pio Entrüstung auslösen und seinen recht kraftlosen Stil ein wenig lebendiger machen.[37] Die Erörterung des Prinzips 'sola fide' dagegen läßt jegliche Vehemenz vermissen.

---

[35] Pio, *In locos Erasmi retractandos*, fol. 87ᵛ-91ᵛ; Steuco, *Adversus lutheranos*, fol. 3ᵛ, 17ᵛ.
[36] Brieger, *Aleander-Depeschen*, S. 36, 82.
[37] Pio, *In locos Erasmi retractandos*, fol. 64ʳ (die folgende Stelle des *Encomium Moriae* betreffend: "Nam quid dicam de iis qui sibi fictis scelerum condonationibus suavissime blandiuntur ac purgatorii spatia veluti clepsydris metiuntur, secula, annos, menses, dies, horas, tanquam e tabula mathematica?"); fol. 157ᵛ (Kritik an einer Anspielung des Erasmus auf die päpstliche Gewalt als "Christi nomine palliata tyrannis"); fol. 125ᵛ (Anspielungen des Erasmus auf den Marienkult, die Alberto Pio aus den Anmerkungen zum Neuen Testament, aus dem Colloquium *Peregrinatio religionis ergo* und aus dem Colloquium *Naufragium* exzerpiert).

Die systematische Theologie von heute wäre wohl kaum bereit, dieses Werk von Alberto Pio, das der italienische Herausgeber den Lesern als "beinahe vollständige" Widerlegung der Lehre Luthers empfahl,[38] überhaupt als Auseinandersetzung mit dessen Theologie anzuerkennen, ausgenommen vielleicht die Teile, die sich mit ekklesiologischen Fragen befassen.

Auch Agostino Steuco legt in seiner Abhandlung den Akzent auf die Themen der päpstlichen Gewalt (dieser Frage ist eines der drei Bücher des Werks gewidmet), Zeremonien, Ohrenbeichte, Fastengebote, Keuschheit der Mönche, Zölibat, Bilderverehrung. Die Rechtfertigungslehre wird nicht erwähnt, die Lehre vom unfreien Willen nur beiläufig in Zusammenhang mit der Ablehnung der Ohrenbeichte genannt.[39] In den Augen von Agostino Steuco bestand die neue Ketzerei, deren "Führer Erasmus und Martinus" gewesen seien, im wesentlichen in der Verkürzung der Religion auf rein innerliche Frömmigkeit.[40]

Der Augustinereremit Ambrogio Flandino, der in seiner Streitschrift gegen Luther und Erasmus ganze Passagen aus dem Hauptwerk von Alberto Pio übernimmt, versucht die Kontroverse theologisch neu zu strukturieren. Die ersten vier Kapitel seines Traktats widmet er den Themen Glaube und Werke (Kapitel I), gute Werke und deren Notwendigkeit (Kapitel II), Erbsünde (Kapitel III), Willensfreiheit (Kapitel IV). Doch auch in diesem Fall zeigt das quantitative Verhältnis, welche Bedeutung der Autor den verschiedenen Themen beimaß. Die Kapitel V bis VII, in denen es um Buße und Ohrenbeichte (Kapitel V), Anrufung und Verehrung der Heiligen (Kapitel VI), Ordensgelübde und Zölibat (Kapitel VII) geht, beanspruchen 167 von 235 Doppelseiten, also zwei Drittel des Werks; die ersten vier Kapitel hingegen machen mit 68 Doppelseiten nur ein Drittel der Abhandlung aus. Allein das den Themen Ordensgelübde und Zölibat gewidmete Kapitel VII ist mit 92 Doppelseiten deutlich umfangreicher als alle den grundsätzlichen Fragen (Rechtfertigungslehre, Erbsünde, unfreier Wille) vorbehaltenen Kapitel zusammengenommen. Man kann also nicht sagen, daß die von Flandino versuchte theologische Systematisierung der lutherischen Streitfragen in vollem Umfang gelungen sei. Sie hatte allerdings zur Folge, die Mitverantwortlichkeit des Erasmus am Luthertum bedeutend geringer erscheinen zu lassen als sie von den Autoren der Parallelschriften eingeschätzt wurde. Im Unterschied zu Luther, dem hartnäckigen Ketzer, der alle Brücken hinter sich abgebrochen hatte, sah Flandino bei Erasmus die Möglichkeit einer Wiederaufnahme des theologischen Dialogs.

---

[38] Auf dem Frontispiz der venezianischen Ausgabe von 1531 liest man folgende Aufforderung an den Leser: "Cuncta haec candide lector diligenter considera, nam universum ferme Lutheri dogma in his confutatum invenies".

[39] Steuco, *Adversus lutheranos*, fol. 3ʳ. Die Lehre vom unfreien Willen wird im Werk von Agostino Steuco ein weiteres Mal (fol. 7ʳ), jedoch wiederum nur flüchtig erwähnt.

[40] Steuco, *Adversus lutheranos*, fol. 8ʳ: "Principes fuere Erasmus et Martinus".

Auch im Werk von Alberto Pio findet man deutliche Hinweise auf die Möglichkeit, mit Erasmus wieder ins Gespräch zu kommen, doch nach Pios Verständnis bedurfte dies eines einseitigen Positionswechsels: Erasmus müsse seine Fehler reuig eingestehen und sich dem kirchlichen Lehramt unterwerfen. Bei einer Annäherung, wie sie sich in Flandinos Schrift abzeichnet, müßten sich dagegen beide Seiten bewegen. Erasmus hätte zwar viele seiner Positionen zu berichten, aber Flandino seinerseits — und damit die Kirche, als deren Repräsentant er sich fühlte — wäre auch bereit, einige seiner Reformvorschläge zu akzeptieren.[41]

Aus dem Zeugnis von Bischof Flandino ergibt sich mit aller Klarheit, daß die Gleichung Erasmus = Luther nicht mehr aufging, sobald man begann, den theologischen Diskurs systematisch nachzuvollziehen. Doch die Schrift von Flandino, unvollendet und unveröffentlicht, hatte keinerlei Einfluß auf den Verlauf dieser Auseinandersetzung. Wirkung zeigte dagegen das theologische Prioritäten verkehrende Werk von Alberto Pio.[42]

Die Verkehrung der theologischen Prioritäten kennzeichnet die gesamte italienische Auseinandersetzung mit der Reformation. Diese Tendenz, die sich bei Anhängern wie Gegnern der Bewegung in gleicher Deutlichkeit abzeichnet, kann den Eindruck erwecken, daß die theologische Debatte südlich der Alpen auf niedrigerem Niveau geführt wurde als in anderen Teilen Europas. Verhältnismäßig selten spiegelt sich in italienischen Quellen aus dieser Zeit die Erkenntnistiefe der reformatorischen Theologie wider. In der großen Mehrheit der Fälle verliert die Erörterung an Niveau, indem sie sich auf Fragen der religiösen Praxis, der veräußerlichten Frömmigkeit, der seit Generationen tradierten Zeremonien und Verhaltensweisen konzentriert.

Eine quantitative Erhebung auf der Basis von 66 Fällen italienischer "Lutheraner", die zwischen 1540 und 1550 in Inquisitionsverfahren verwickelt wurden, verdeutlicht diese Orientierung an der religiösen Praxis. Bei 66 Befürwortern der Reformation habe ich ermittelt, welche Lehrmeinungen in diesen Kreisen auf die breiteste Zustimmung stießen. Die Untersuchung hat folgende Resultate ergeben. Größter Beliebtheit erfreute sich unter den religiösen Dissidenten Italiens die evangelische Kritik des Heiligenkults (51 Zeugen glaubten nicht an die Fürsprache der Heiligen und stellten ihre Verehrung in Frage; 21 Zeugen sprachen sich zudem — und häufig sehr energisch — gegen die Bilderverehrung aus). An zweiter Stelle steht die Leugnung des Fegefeuers (50 Zeugen erklärten, daran nicht zu glauben oder daran zu zweifeln). Die Popularität dieser Nebenaussage der evangelischen Lehre erklärt sich aus der Verbindung mit dem finanziellen Problem der Messen und Zeremonien für das Seelenheil der Verstorbenen, die zu bezahlen jede Familie gehalten war (in den von mir untersuchten Zeugenaussagen erfolgt die Leugnung des Fegefeuers sehr häufig zusammen

---

[41] Seidel Menchi, *Flandino-Quistelli*, S. 374-382.
[42] Zumindest in einem Fall gibt es den dokumentarischen Beweis, daß selbst die religiösen Dissidenten Erasmus indirekt aus dem Werk von Alberto Pio zitierten, vgl. Kap. 5, S. 161.

mit der Erklärung, daß diese Messen, insbesondere die Gregorsmessen, von keinerlei Nutzen für die Toten seien). An dritter Stelle folgt die Fastenfrage (40 Zeugen sprachen sich gegen das Verbot gewisser Nahrungsmittel während bestimmter Perioden des Jahres oder an bestimmten Wochentagen aus und beriefen sich dabei oft auf den Vers "Non quod intrat per os coinquinat hominem", Mt 15,11). An vierter Stelle steht die Frage der päpstlichen Gewalt (31 Zeugen stellten die Autorität des Papstes ganz oder teilweise — zum Beispiel auf Ablässe und Jubiläen bezogen — in Frage). Eine gewisse Relevanz schrieb man auch dem Thema der Ohrenbeichte zu: 23 Zeugen lehnten sie ab, einige kategorisch (man muß Gott beichten, nicht dem Priester), andere bedingt (man muß in allgemeiner Form beichten, nicht seine Sünden einzeln aufzählen; man soll den Beichtvater um Rat bitten, nicht um Absolution).

Ein deutlich schwächeres Echo fanden in denselben Kreisen die Grundaussagen der evangelischen Theologie. 23 Zeugen äußerten ihre Zustimmung zur Lehre von der Rechtfertigung durch den Glauben, 24 zu der vom unfreien Willen, 7 zur Prädestinationslehre. Selbst Randfragen der religiösen Praxis (bzw. Fragen, die uns heute als solche erscheinen) wie die, ob man Lichter auf Altären entzünden solle, erregten mehr Interesse als die großen theologischen Lehrsätze, die man nicht unmittelbar auf die religiöse Praxis zu beziehen wußte (29 Zeugen sprachen sich entschieden gegen die Sitte aus, vor Heiligenbildern Lämpchen oder Kerzen aufzustellen).[43]

---

[43] Die Erhebung wurde in den zwei Archiven der Inquisition durchgeführt, die über die breiteste Dokumentation der vierziger Jahre des 16. Jahrhunderts verfügen, d.h. im 'Archivio di Stato' in Modena und im 'Archivio di Stato' in Venedig. In dem erstgenannten habe ich die gesamte im Faszikel (= *busta*) Nr. 2 — dem einzigen Faszikel, der sich auf den von mir untersuchten Zeitraum bezieht — enthaltene Dokumentengruppe verwendet. Im zweiten Archiv habe ich eine homogene Gruppe von "spontanen" Aussagen herangezogen, die zu einer von Annibale Grisonio in Istrien 1549-50 nach der Flucht von Pier Paolo Vergerio durchgeführten Untersuchung gehören (ASV, Fasz. 4, *Atti di Annibale Grisonio, De Capo d'histria*). Während in Modena für diese Zeit keine weitere Dokumentation besteht, enthalten die Faszikel (= buste) 1-8 in Venedig sehr viel mehr Material, als ich benutzt habe. Die Untersuchung von Grisonio wurde anderem Material vorgezogen, da das Verfahren des freiwilligen Erscheinens dem Zeugen erlaubte, seine Gedanken eigenständig zu äußern, ohne sich den Fragen des Inquisitors unterordnen zu müssen. Trotz dieser Vorsicht ist die Verfasserin sich der Tatsache voll bewußt, daß eine Erhebung dieser Art höchstens Hinweise geben kann und erst dann beweiskräftig wäre, wenn sie auf breiterer Basis durchgeführt würde. Hier nun die Liste der Personen, die bei unserer Erhebung berücksichtigt worden sind. *Modena*: Antonio Filipello aus Montagnana (1540), Alessandro del Toso aus Gonzaga (1544), Agostino Fanegotta aus Gonzaga (1544), Agostino Nerli (1544), "Quidam predicator franciscanus conventualis" (1546), Giovanni Gerlo aus Campogalliano (1546), Bartolomeo Fonzio (1545), Tommaso Bavella (1545), Gabriele Falloppia (1545), Luca Magnano (1545), Gemignano Scurano (1545), Gabriotto Tassoni (1545), Vincenzo Zavarisi (1545), Girolamo Grasseto (1545), Angelo Mondadori (1545), Vincenzo di Prato (1545), Cassandra Piva und Simone barbitonsore (1545), Vincenzo Ferraroni (1546), Gemignano Manzolli (1546), Giovanni Rangoni (1546), Don Ludovico aus Sestola (1548), Lucia die Frau von Como (1548), Panfilo Ancarano (1549), Giovanni Grillenzoni (1547). *Istrien*: Pietro Basiaco, Nazario di Fedola, Domenico Vergerio, Giovanni de Maurutio, Bono de Vettori, Jacopo di Costantino, Domenico barbitonsore, Cristoforo di Claudio, Francesco

Die Konzentration auf die konkret-praktische Dimension des Glaubensstreits wird im weiteren Verlauf dieser Arbeit noch deutlicher hervortreten.⁴⁴ In der Tat war der Versuch, aus Erasmus einen Theoretiker des Protestantismus zu machen, in Italien auch deshalb so intensiv und über viele Jahrzehnte wirksam, weil die Annäherung der Italiener an die Reformation zumeist auf der Ebene der religiösen Praxis und in konkreten Einzelfragen erfolgte. Hinsichtlich solcher Fragen war es möglich, die Werke des Erasmus im protestantischen Sinne durch eine selektive Lektüre zu interpretieren, für die Diego López de Zúñiga und Alberto Pio das Modell geliefert hatten.⁴⁵

Die eher negative Beurteilung der italienischen Reformationsbewegung, zu der Delio Cantimori, der bedeutendste Forscher auf diesem Gebiet, gelangte, bezog sich vermutlich auf die Tendenz, die wir in diesem Abschnitt beschrieben haben. Cantimori kritisierte die mangelnde Stringenz des theologischen Diskurses in Italien, seine Zersplitterung in eine Vielzahl kurzfristiger Scharmützel, als theoretische Schwäche.⁴⁶ Eine solche Beurteilung berücksichtigt aber zu wenig den Charakter unserer Quellen. Die Akten der Inquisitionsverfahren, für die Untersuchung unseres Themas quantitativ und qualitativ von entscheidender Bedeutung, geben über die Reformationsbewegung aus der Sicht der einfachen Gläubigen Aufschluß; über deren Standpunkte erfahren wir sehr viel mehr als über die der professionellen Theologen. Und doch darf die Zersplitterung, die Unzahl bruchstückhafter Äußerungen, die diese spezifische Art des Quellenmaterials bietet, dem Historiker nicht den Blick auf eine Reihe einigender Prinzipien der Bewegung verstellen — Prinzipien wie das der evangelischen Freiheit oder das der unendlichen Barmherzigkeit Gottes, die im vierten bzw. sechsten Kapitel dieses Buches eingehend behandelt werden.

IV. SPRACHGEWANDTHEIT DER HÄRETIKER

Das polemische Argument der "Sprachgewandtheit" weist auf eine zweite, im antierasmischen Schrifttum der Jahre zwischen 1520 und 1535 ständig wiederkehrende Thematik hin, die sich auf die Parallele zwischen Erasmus und Luther hinsichtlich der Sprachform bezieht. Den italienischen Beobach-

---

Pellizari, Antonio Zaroti, Giovanni del Taco, Domenico del Bello, Giovanni di Tomado, Giovan Battista Grisonio, Giacomo Ricconboni, Stefano Riccoboni (alle 1548), Marina aus Pola, Nicolò di Tarsia, Antonio Apolloni, Giovanni Brati, Girolamo Zarotto, Pietro aus Spalato, Francesco Sereni, Antonia Apolloni, Antonio di Fedola, Giuseppe di Fedola, Girolamo Vida, Diana della Corte, Nicolò Scelvola, Martino di Pietro aus Gallesano, Matteo Fornasari, Michele Parenzani, Marino Marini, Michele Schiomera, Giovanni Potenti, Pasqualino aus Momaiano, Domenico di Rigo Menghi, Pignola Testa aus Lisignano, Martino di Pietro aus Gallesano, Pasqualino Vellica, Biagio Tessaro aus Gallesano (alle 1549).

⁴⁴ Kap. 4 und 5.
⁴⁵ Über das Thema der selektiven Lektüre: Seidel Menchi, *Erasme et son lecteur*, S. 36-41 und Kap. 5, S. 141f.
⁴⁶ Cantimori, *Atteggiamenti*, S. 11.

tern erschienen die beiden Theologen durch die Bildung einer Sprache verbrüdert, die unter Nutzung von Mustern der klassischen Rhetorik bewußt darauf abziele, bei einem breiten Publikum Gefallen zu erregen. "Täuschung", "Verzauberung", "Verführung" — mit diesen Begriffen beschrieb man die Wirkung eines solchen Stils. Selbst auf niedere soziale Schichten übe die ausdrucksstarke Sprache von Erasmus und Luther Anziehungskraft aus. Dank der Einbeziehung und Mobilisierung dieser Schichten löse die neue Häresie eine kulturelle Subversion aus und sei deshalb gesellschaftspolitisch gefährlich (im Eifer des Gefechts wurde Latein, was die kommunikative Wirksamkeit angeht, implizit mit den Volkssprachen gleichgestellt).

Diese Argumentationsweise findet sich schon in den 1520/21 verfaßten Depeschen von Hieronymus Aleander. Seit dieser Zeit betrachtete der Nuntius die Reformationsbewegung ihrem Wesen nach als rhetorisch-literarisches Phänomen. Die *translatio litterarum* von Italien nach Deutschland war nach seiner Einschätzung der Kraftquell der dreisten Empörung der Barbaren gegen Rom. "Nur mit Dichtung und Redekunst", schrieb der Nuntius, hätten die Aufrührer aus Deutschland und Flandern "beim Volk ein solches Ansehen erlangt", als hätten sie die wahre Lehre mit Füßen getreten. Unnütz, ja kontraproduktiv erschien es Aleander folglich, auf katholischer Seite Dogmatiker und Kontroverstheologen zu mobilisieren; was man brauche, seien vielmehr Rhetoriker und Dichter. "Man sieht, daß Stil jetzt sehr not tut", schrieb Aleander nach Rom und empfahl dem Kardinal-Vizekanzler Giulio de' Medici die Einleitung einer literarischen Gegenoffensive zur Reformationsbewegung.[47]

Angstvolle Unruhe ergriff den Nuntius, als er — vermutlich nicht zufällig — eine handgeschriebene Seite aus einem antiklerikalen Werk von Hutten in die Hände bekam. Als Humanist von Rang fielen ihm gleich die Spuren literarischer Leidenschaft, des hartnäckigen Ringens um den treffenden Ausdruck ins Auge: Das "Blättchen" von Hutten war "an mehr als hundert Stellen verbessert, fast alle Worte waren zehnmal ausgetauscht". Aus dieser mühsamen Kleinarbeit entstand der so verführerische Stil, mit dem es der "lästigen Sippschaft von Schullehrern und Poeten" gelungen war, die Reformation zu einer geistigen Strömung mit breitem Rückhalt im Volk zu machen: "Zum Hohn unserer Rhetoriker und Poeten dort in Rom", kommentierte der Nuntius bitter, "die zu nichts anderem taugen, als vier Verslein im Monat zu machen und sich wegen eines Wörtchens gegenseitig zu verleumden." Der Erfolg der Reformationsbewegung war in den Augen Aleanders Ergebnis der höheren kommunikativen Effizienz, die der von Erasmus beherrschte mitteleuropäische im Vergleich zum italienischen Humanismus erreicht hatte.[48]

---

[47] Brieger, *Aleander-Depeschen*, S. 126f.
[48] Brieger, *Aleander-Depeschen*, S. 126, 28.

Auch Alberto Pio, der vermutlich seine Schriften in engem Kontakt zu Hieronymus Aleander verfaßte, schätzte die Reformationsbewegung als Ketzerei von Dichterlingen und Grammatikfüchsen ein.[49] Angeleitet von Erasmus, hätten sich die deutschen Häretiker der rhetorisch-literarischen Kultur bemächtigt und aus ihr ein äußerst wirksames Instrument zur Beeinflussung und Aufwieglung des Volkes gemacht. Was den deutschen Humanismus von der traditionellen Kultur unterscheide und ihm einen Vorteil verschaffe, sei die Entdeckung der Sprache als Mittel, Gefallen zu erregen und folglich Macht zu erlangen. Während die aristotelische Philosophie (und die auf ihr beruhende traditionelle Theologie) sich einer bewußt komplizierten, schwerverständlichen Sprache bedient habe, die das Publikum fernhielt, setze sich der theologische Entwurf des Erasmus mit stilistischer Anmut durch. Die Ungebildeten, bisher zur Passivität derer verurteilt, die nichts verstehen, seien von jenem Sirenengesang, jenen honigsüßen Worten verführt worden. So seien der Bauer und der Koch, das einfältige Mütterchen und der Schuhmacher mit einem Mal in die Illusion verfallen, daß sie etwas verstünden, und beanspruchten, in theologischen Fragen mitzureden. Bisher wenigen Auserwählten vorbehalten, werde die Theologie nun dem einfachen Volk preisgegeben.[50]

Diese Entwicklung kündigte Alberto Pio zufolge nicht nur den Untergang der eifersüchtig gehüteten elitären — und in seinen Augen einzig wahren — Kultur an, sondern auch das Ende der Ehrfurcht vor der Heiligen Schrift. Er sagte voraus, daß sich die Ungebildeten in ihrer grenzenlosen Unverschämtheit berechtigt fühlen würden, die Schrift auszulegen, jeder auf seine Weise. Sehr bald werde sich jedermann anmaßen, als Theologe aufzutreten, die Ketzerei der Philologen und Rhetoriker sich damit zur Ketzerei der Schuhmacher und Köche entwickeln.[51]

---

[49] Pio, *In locos Erasmi retractandos*, fol. 12ᵛ: "Quid sibi non arrogant literatores isti et grammatistae?"

[50] Pio, *In locos Erasmi retractandos*, fol. 2ʳ (Bewertung der humanistischen Bildung des Erasmus, von dem man wußte, "maiorem ... operam dedisse humanioribus studiis, magisque oblectatum fuisse eloquentia et linguarum variarum peritia, quam severioribus disciplinis et philosophiae studiis"), fol. 134ᵛ ("dictio perbrevis et quodam modo astrusa" der aristotelischen Philosophie), fol. 5ʳ (Verkündigung des Prinzips: "indigni ... sunt sacra cognoscere, qui ad ea sola orationis suavitate allecti accedunt"), fol. 11ᵛ ("Quid enim commodi capiet rudis et expers literarum homo, delirus senex aut garrula mulier ex lectione Apocalypsis Ioannis aut primi capitis Evangelii ipsius?"), fol. 54ᵛ ("Non enim omnium iudicum aures ita verborum lenociniis et orationis suavitate capiuntur, ut rectum iudicium in ipsis pervertatur, nec non equidem prudentiorum hominum sensus muliebri Syrenarum cantu sopiuntur"), fol. 11ʳ ("Non probabatur ... sacras litteras cunctis passim communicandas et profanandas esse"), fol. 23ᵛ (die Anhänger Luthers seien "mellito nomine christianae libertatis allectos").

[51] Pio, *In locos Erasmi retractandos*, fol. 12ʳ ("Non idcirco sine discrimine Scripturas omnes profanare oportet"), ebd. ("Ex huiusmodi tractatione hoc proveniet incommodum vel maximum, quod omnis reverentia sacrarum litterarum peribit. Domestico enim usu et familiaritate ipsa divulgata doctrina contemneretur ab istis: et de illis pro suo quisque sensu ... iudicare auderet. Permagna est quippe vulgi temeritas, ingens imperitorum arrogantia. Quapropter aeque disserere atque statuere de divinis dogmatibus putabit agricola et coquus sibi licere, modo Scripturas

Weniger durchdacht wurden diese Vorwürfe auch von Giulio Cesare Scaligero wiederholt, der Erasmus beschuldigte, die christliche Gelehrsamkeit "geschminkt" und den Metzgern, Köchen, Fischverkäufern, Schmieden und Weibsleuten gleich einer Dirne ausgeliefert zu haben.[52]

In der Schrift von Agostino Steuco wird die Interpretation der Reformationsbewegung als kulturelle Subversion gefestigt und präzisiert. Der Augustinerchorherr aus Gubbio war kein Anhänger der scholastisch-aristotelischen Kultur wie Alberto Pio, sondern ein entschlossener Befürworter des Humanismus. Daß Erasmus die humanistischen Methoden auf die Theologie übertragen hatte, fand seine volle Zustimmung.[53] Diese Zustimmung verkehrte sich jedoch in dem Augenblick in Ablehnung, als die neue Theologie sich ein breiteres Publikum schuf. Agostino Steuco zufolge bestand der schwerwiegendste Irrtum der "Lutheraner" nicht in den Inhalten ihrer Lehre, sondern in deren wahlloser Vermittlung. An sich sei der theologische Entwurf der "Lutheraner" so beschaffen — ließ der Augustinerchorherr zwischen den Zeilen durchblicken —, daß man sich über ihn hätte einig werden können, vorausgesetzt daß die Diskussion auf die gebildeten Kreise begrenzt geblieben wäre. Das Prinzip der innerlichen Frömmigkeit, zu dessen Verfechter sich die Ketzer gemacht hatten, sei nichts Neues. Schon vor dem Auftreten von Erasmus und Luther sei sie von den Gebildeten praktiziert worden, während man die niedere, veräußerlichte Form der Frömmigkeit dem einfachen Volk überlassen habe. Die Lutheraner aber — und damit meinte Steuco immer auch Erasmus — hätten diese Unterscheidung aufgehoben, indem sie die Abschaffung religiöser Äußerlichkeiten proklamierten und das unwissende Volk den Gebildeten gleichstellten. Der Verzicht auf veräußerlichte Frömmigkeit beinhalte jedoch letztlich das Erlöschen der innerlichen Frömmigkeit, vielleicht nicht bei den Gebildeten, aber doch bei der breiten Masse, die unfähig zur höheren Form der erleuchteten Pietät sei. Auch für Agostino Steuco war die neue Ketzerei also eine Bewegung der Bäcker, Bauern und Matrosen, die mit einem Mal so dreist geworden waren, sich mit törichtem Gerede in Fragen der Religion einzumischen. "Doctique et indocti scribunt poëmata passim", bemerkte Steuco spöttisch zur kulturellen Situation in Deutschland.[54]

---

lectitaverit, aeque stupida anus et cerdo, ac doctissimus theologus"), fol. 135^v ("Simplex articulorum fidei notitia vel aliorum quorundam dogmatum longe distat ab habitu theologico. Quod si secus esset, sequeretur cerdones, coquos, rusticos et mulierculas, modo sacris Christi initiati et imbuti essent, quin immo promiscue universum populum christianum theologi nomine appellari debere, quod nemo sanus diceret"), fol. 136^v ("Quaeso te sublatis theologis quinam rogabuntur in huiuscemodi conciliis, cum de fide aut religione quaestio versatur? Numquid cerdones et coqui? — aberravi, dicere volui: Numquid gramatici aut rhetores?").

[52] Scaliger, *Contra Erasmum*, S. 34.
[53] Steuco, *Adversus lutheranos*, fol. 8^r.
[54] Steuco, *Adversus lutheranos*, fol. 8^r, 17^{rv}, 18^{rv}, und, zur sozialen Zusammensetzung der Bewegung, fol. 2^r ("iamque pistoribus, agricolis, nautis et omni hominum colluvie in res sacras dicteria et cavilla dictitantur, contemnuntur fana"). Das Horazzitat ("Scribimus indocti doctique

Die Sprachgewandtheit der Ketzer wurde ein Topos des antiprotestantischen Schrifttums italienischer Kontroverstheologen[55] — ein geläufiges Stichwort für den Einsatz neuer Kommunikationsformen. Für die Faszination solcher Kommunikationsformen waren die italienischen Widersacher des Erasmus alles andere als unempfänglich. Ihre Besorgnis hatte ihren Ursprung gerade darin, daß sie erlebten, wie außerordentlich stark diese stilistische Meisterschaft sie selbst beeindruckte. Die auf die Sprache des Erasmus bezogenen Metaphern "Honigsüße" und "Sirenengesang" sind Ausdruck einer Faszination, der sich sogar seine italienischen Kritiker nicht entziehen konnten.[56]

In drei der oben erwähnten Quellen — nämlich im *Racha* von Egidio da Viterbo und in den beiden Traktaten von Alberto Pio — steht das Thema "Sprachgewandtheit der Häretiker" in Zusammenhang mit der Anschuldigung, die Grammatik als Instrument religiöser Subversion zu gebrauchen. Dieses Mißtrauen gegenüber der Grammatik kommt besonders deutlich im *Racha* zum Ausdruck: Kardinal Aegidius wirft Erasmus vor, "das Erhabene und Göttliche zu entwürdigen, indem er es auf das niedere Niveau der elementaren Grammatik, welche die Kinder lernen, herabzieht", und "in der Art eines gemeinen Grammatikers" die Behandlung der Evangelien auf eine Diskussion über die Artikel zu reduzieren. Auch in anderen antierasmischen Dokumenten dieser Zeit, insbesondere in der Verurteilung durch die Sorbonne, wird Erasmus als Grammatiker angegriffen.[57]

Was so Subversives an der Grammatik sein soll, ist heute nicht unmittelbar einleuchtend, da wir durch die uns alle prägende humanistische Kultur daran gewöhnt sind, auf jeden Text, auch auf die Bibel, sogenannte grammatikalische, also philologische Kriterien anzuwenden. Ein Mann wie Kardinal Aegidius, unter anderem Anhänger der Kabbala, siedelte hingegen die Heilige Schrift in einem für die Philologie nicht zugänglichen Raum an, und zwar nicht nur das hebräische und griechische Original, sondern auch die durch die Tradition sanktionierte Übersetzung, die Vulgata.[58] Der Gedanke, daß direkt vom Heiligen Geist eingegebene Texte mit ähnlichen Überlieferungsfehlern behaftet sein könnten wie von Menschen verfaßte Schriften und daß der Grammatiker oder Philologe mit seinem Instrumentarium darin Irrtümer entdecken könnte, kam für Aegidius von Viterbo einer

---

poemata passim", *Epist.* II 1, 117) findet sich auf fol. 7ʳ.

[55] Vgl. z.B. Catarino, *Speculum*, fol. E viiiᵛ, F viʳ (ders. Catarino im *Compendio*, S. 392, bezeichnet Melanchthon als einen "retoricaccio").

[56] Zur Metapher der Sirenen vgl. Anm. 50; die Metapher des Honigs findet sich in Flandino, zit. von Seidel Menchi, *Flandino-Quistelli*, S. 376.

[57] *Racha*, fol. 2ʳ, 5ʳᵛ, 13ᵛ. Die Stellungnahme der Sorbonne findet sich in *Declarationes ad censuras*, S. 282: "Consulendum item fuit iis qui graecas nosse et hebraicas literas perfectam putant esse et consummatam theologiam, cum tamen qui eas norunt, si non alioqui in theologica disciplina fuerint instituti, grammatici censendi sunt, non theologi".

[58] Vgl. de Jonge, *Introduction*, S. 3-34. Zu Aegidius von Viterbo vgl. O'Malley, *Giles of Viterbo*, besonders S. 67-99.

Profanierung gleich. Von daher erklären sich die Beschwerden über den Grammatiker Erasmus, den man beschuldigte, den Heiligen Geist unter die Fuchtel von Donatus bringen zu wollen.[59] Dem entsprachen die Beschwerden über den Rhetor Erasmus, den man bezichtigte, dem Heiligen Geist Rhetorikunterricht erteilen zu wollen.[60]

In dem Topos von der Sprachgewandtheit der Häretiker wird ein Urteil über das Verhältnis zwischen Humanismus und Reformation ausgesprochen, das die Aufmerksamkeit der Historiker verdient. Für die italienischen Kontroverstheologen und Polemiker des Cinquecento war der Humanismus nicht nur eine Bewegung im Vorfeld der Reformation oder eine auf den Bereich von Philologie und Exegese begrenzte Komponente der Reformation. In ihren Augen lieferte der Humanismus der Reformation die kommunikative Dimension, die kulturelle Erfahrung, die der religiösen Bewegung eine Sprache bereitstellte und ein Publikum eroberte.[61]

V. Verteidigung Italiens gegen die Barbaren

Der Zusammenhang, der die einzelnen italienischen Streitschriften gegen Erasmus verbindet, tritt mit besonderer Deutlichkeit zutage, wenn man die Entwicklung des Themas "Verteidigung Italiens" verfolgt. Denn die Polemiker interpretierten die aktuellen Ereignisse im Licht des jahrhundertealten Konflikts zwischen Deutschland und Italien, der schon im Altertum in den Kriegen zwischen Römern und Germanen und dann im Mittelalter in den Auseinandersetzungen zwischen Kaisern und Päpsten Ausdruck gefunden hatte. Die lutherische Bewegung sahen sie als Wiederaufleben dieses Streits in verschärfter Form, als neuerlichen Ausdruck des altbekannten deutschen Neids auf die Vorherrschaft Roms. Als schwerwiegenden Nachteil in der aktuellen Auseinandersetzung betrachteten sie das von der deutschen Kultur inzwischen erreichte hohe Niveau.[62]

Daß die Deutschen sich die humanistische Kultur angeeignet und dabei die Italiener sogar überflügelt hatten, war eine Tatsache, die keiner unserer Polemiker bestreiten konnte, auch wenn einige es für ihre Pflicht hielten,

---

[59] *LB* VI, fol. **3ᵛ: "Obiiciunt [adversarii] indignum esse divinam Scripturam subiici regulis Donati" (eines der hundertelf "capita argumentorum contra morosos et indoctos", in denen Erasmus 1519 die Einwände der Gegner seiner Übersetzung des Neuen Testaments aufzählte, vgl. Holeczek, *Bibelphilologie*, S. 121).

[60] Der Satz steht in Pio, *In locos Erasmi retractandos*, fol. 4ʳ: "Illud tamen inter omnes convenit, non licuisse tibi eo genere dicendi uti in ea materia [d.h. in den Paraphrasen zu den Evangelien], ne agere praeceptorem eloquentiae Spiritus Sancti videreris".

[61] Wenn allerdings die Unterscheidung zwischen Form und Inhalt eine Abstraktion ist, wenn Denken und Sprache sich gegenseitig bedingen, dann ginge der Topos von der Sprachgewandtheit der Häretiker über die Form hinaus und beträfe auch die Inhalte der Reformationsbewegung. Die Theologie der Reformatoren mag den Italienern also als kommunikative Theologie par excellence erschienen sein.

[62] *Racha*, fol. 18ᵛ; Pio, *In locos Erasmi retractandos*, fol. 22ᵛ-23ʳ; Steuco, *Adversus lutheranos*, fol. 6ᵛ-7ʳ.

dies wenigstens zu versuchen. "Diese tollwütigen Hunde [Deutsche und Flamen] haben sich Kunst und Wissenschaft angeeignet und wissen sich wohl zu rühmen, daß sie keine geistlosen Barbaren mehr sind wie ihre Vorfahren, daß Italien seiner Vormachtstellung in der humanistischen Kultur verlustig gegangen ist *et quod Tibris defluxit in Rhenum*, weshalb sie mehr als gewohnt ... hochmütig und anmaßend geworden sind", schrieb Aleander schon 1521. In Agostino Steucos Schrift aus dem Jahre 1530 findet sich eine ähnliche Bemerkung: "Sie [die Lutheraner] sagen, daß der Tiber Rom verlassen hat und Minerva aus Athen ausgewandert ist, um zu ihnen zu kommen; sie sagen, daß Italien Geist, Gelehrsamkeit und Eloquenz verloren hat." Auch Alberto Pio schrieb 1526: "Sie [die Lutheraner] verkünden, daß die humanistische Kultur aus Italien nach Deutschland emigriert ist." Wie früher Aleander und später Steuco zeigte Pio sich davon überzeugt, daß die Kultur des Humanismus das Instrument sei, dessen sich die Rebellen bedient hätten, um ganz Deutschland in Aufruhr zu versetzen.[63]

Die Emigration der humanistischen Kultur aus Italien nach Deutschland wurde von Erasmus personifiziert. Er war es, der sich rühmte, "daß die römische Kultur und Eloquenz mit ihm nach Deutschland ausgewandert" seien. Er war es, der sich anmaßte — wie Battista Casali wütend schrieb —, Griechenland und Italien ihres höchsten Gutes beraubt zu haben, indem er die Relikte der literarischen Kultur mit sich in den Norden genommen habe.[64]

In der Tat war die von Erasmus markierte kulturelle Wende für seine Zeitgenossen deutlich sichtbar. Noch 1519 zeigte sich der Humanist Livio Guidolotto aus Urbino, der Kardinal Giulio de' Medici eine Übersetzung der *Dialoge* des Lukian ins Lateinische widmete, von der Gewißheit erfüllt, als Italiener auf dem Gebiet humanistischer Studien von Natur aus überlegen zu sein. Guidolotto wußte, daß Lukians *Dialoge* "von einem anderen" (von Erasmus) in Deutschland übersetzt und gedruckt worden waren, meinte aber, ein Deutscher sei kein beunruhigender Konkurrent für einen Italiener. Er forderte daher seinen Leser auf, die beiden Übersetzungen zu vergleichen. Der Leser werde feststellen, daß die von einem Italiener erarbeitete Übersetzung von der aus Deutschland hinsichtlich der terminologischen Genauigkeit und sprachlichen Schönheit so weit entfernt sei, "wie Italien von Deutschland durch Sprache, Sitten und Lebensart entfernt ist".[65] Eine wirklichkeitsfremde Überheblichkeit, die einige Jahre später für immer dahin sein sollte. Der Sarkasmus, mit dem die Italiener die Beinamen "Sonne

---

[63] Brieger, *Aleander-Depeschen*, S. 108; Steuco, *Adversus lutheranos*, fol. 6^r; Pio, *In locos Erasmi retractandos*, fol. 12^v, 10^v.

[64] Casali, *Invectiva*, fol. 83^v: "En tibi Germania egregium alumnum tuum: qui Graeciam Italiamque pulcherrima illa litterarum possessione spoliavit, unusque secum trans Alpes utriusque linguae naufragia relliquiasque asportavit ac natale solum ... illustravit"; vgl. ebd., fol. 84^v.

[65] BAV, Lat. 5802, fol. 1^r-2^r, *Livius ad lectorem*.

Deutschlands" oder "Sonne Hollands", mit denen die Bewunderer des Erasmus ihn bedachten, kommentierten, war nicht frei von Neid. Denn im Grunde räumten die südländischen Widersacher seit ungefähr 1524 dem holländischen Humanisten jene Vorrangstellung ein, die sie ihm von ihrer Programmatik her eigentlich streitig machen wollten.[66]

Die Frage des kulturellen Vorrangs muß schon 1522 in Rom ausführlich diskutiert worden sein. Denn der bayerische Humanist Jakob Ziegler, der sich in jenem Jahr in Rom aufhielt und die dortigen Gelehrtenzirkel frequentierte, fühlte sich herausgefordert, ein Opusculum mit dem programmatischen Untertitel *Pro Germania* zu verfassen, in dem die Verteidigung des Erasmus in eine Apologie der deutschen Kultur mündete. Erklärte Absicht von Ziegler war es, Erasmus gegen die Attacken des Spaniers Diego López de Zúñiga zu verteidigen, der in einem 1522 in Rom veröffentlichten Werk Kritik an der erasmischen Ausgabe des Neuen Testaments geübt hatte. Doch was als Verteidigung angekündigt wurde, erwies sich als Angriff. Bei der Einschätzung der Stellung des Holländers im europäischen Humanismus zog Ziegler einen Vergleich zu den Italienern, der in einer Apotheose des Erasmus gipfelte: "Während man sich in Italien bei der Wiederherstellung der humanistischen Wissenschaften und der übrigen schönen Künste fast drei Menschenalter lang unter der Zustimmung der Öffentlichkeit, mit der Gunst der Fürsten und mit Aussicht auf glänzende Ehrengaben unablässig abmühte, hat Erasmus seinen Versuch, die wahre Theologie wieder in ihr Recht einzusetzen, in nicht ganz zwei Lustren allein und ohne jede Unterstützung in vorzüglicher Weise ausgeführt und dadurch eine große Umwälzung in dem Bereich der Theologie hervorgerufen." Dieses Loblied auf die von Erasmus verwirklichte evangelische Renaissance verband sich mit einem Hymnus auf die Germania, die Reinheit ihrer Geschlechter, die Fruchtbarkeit ihres Bodens, die Blüte ihrer achthundert Städte und vor allem die Geschichte ihrer Freiheit als Ergebnis einer unbestrittenen militärischen Überlegenheit.[67]

Die Interpretation der evangelischen Bewegung als nationales Phänomen, die in diesem Opusculum mit gehöriger Naivität zum Ausdruck gebracht wurde, übte auf die Italiener des 16. Jahrhunderts einen stärkeren Einfluß aus, als die heutige Geschichtsschreibung anzuerkennen bereit ist. Die Mobilisierung der italienischen Kultur gegen den "Germanen" Erasmus, Verbündeter des "Germanen" Luthers, stellte sich als nationale Aufgabe dar. Jeder italienische Gelehrte hatte somit die Pflicht, dem Vaterland zu Hilfe zu eilen, dessen kulturelle Vorherrschaft und dessen stolzeste Institution, die katholische Kirche, bedroht waren.

---

[66] *Racha*, fol. 18ᵛ; Casali, *Invectiva*, fol. 85ʳ ("Bataviae sol").

[67] Jakob Ziegler, *Adversus Iacobi Stunicae maledicentiam pro Germania*, Basel, Froben, 1523, und hierzu Schottenloher, *Ziegler*, S. 63-76. Der zitierte Satz findet sich in *Pro Germania*, fol. g7ʳ. Zu diesem Themenkomplex vgl. jetzt D'Ascia, *Umanesimo romano*.

Die Tatsache, daß Erasmus aus Rotterdam stammte, wurde zu wenig beachtet, als daß sie dieses polemische Schema hätte korrigieren können. Möglicherweise bezogen sich die Gelehrten, die an der Polemik teilnahmen, auf die Zugehörigkeit der Grafschaft Holland zur burgundischen "Germania Inferior".[68] In einigen der von mir herangezogenen Quellen wird Erasmus in der Tat abwechselnd als Deutscher oder als Holländer bezeichnet.[69] Der Humanist selbst förderte diesen Sprachgebrauch, indem er von "Germania nostra" und den Deutschen als "nostrates" schrieb.[70] Auch das Gefühl, einer Belagerung ausgesetzt zu sein, trug dazu bei, daß von italienischer Warte aus die ethnischen Grenzen zwischen den Gebieten Mitteleuropas nur undeutlich wahrgenommen wurden. In diesen Jahrzehnten fühlte Italien sich allenthalben von Feinden bedroht, von Barbaren, deren Namen — wie es in einer Quelle aus dem Jahre 1562 heißt — "eine romanische Zunge nur mit Mühe aussprechen" konnte. Da hatte es wenig Bedeutung, ob diese Barbaren "Teutonen, Germanen oder Äthiopier" waren, ob sie "Roterodamus, Melanchthon oder Zwingli" hießen: allesamt stellten sie eine Bedrohung für Italien, seine Kirche, seine Kultur dar. Italien mußte sich ihrem verderblichen Einfluß verschließen.[71] Die mit dieser Stimmung einhergehende Xenophobie ließ die Distanz zwischen den transalpinen Ländern schwinden und verwischte deren ethnisch-kulturelle Unterschiede. Um das Jahr 1580 konnte sogar die Glaubenstreue einer streng katholischen Stadt wie Löwen in Zweifel geraten.[72]

---

[68] Ziegler, *Pro Germania*, fol. g9^r. Vgl. auch fol. i5^{rv}: "Sentio, nocuit Erasmo quod est Germanus natus".

[69] So lautet z.B. das Epigramm des Druckers, das der *Defensio pro Italia* von Corsi, fol. Kii^v-Kiii^r, beigegeben ist: *Antonius Bladus Platina calcographus ad lectorem* "Arma italis aufert calamo germanus Erasmus,/ Arma italis reddit Curtius eloquio./ Servarint armis alii sua moenia: dum sit/ Arma magis genti reddere adempta suae". Auch Nicolò Franco nannte Erasmus in seinen *Dialoghi piacevoli* (1539) "il tedesco miracoloso", vgl. Cantimori, *Erasmo I*, S. 45, und Kap. 11, S. 353. Für Teofilo Folengo (1526) war Erasmus "un tedesco o sia di Franza", vgl. Kap. I, S. 29.

[70] *LB* IX, Sp. 1120EF, *Responsio* von Erasmus an Alberto Pio: Vereor ne quibus videatur iniqua partitio, quod italis tuis vindicas sapientiam cum eloquentia coniunctam, nostratibus [germanis] nihil relinquens praeter inanem eloquentiam". Zum Topos "Erasmus germanus" vgl. James Tracy, *Erasmus Becomes a German*, Renaissance Quarterly, 21 (1968), S. 281-288, und Augustijn, *Erasmus von Rotterdam*, S. 40f.

[71] Die Zitate stammen aus einem Brief, den der Benediktinerabt Francesco Maurolico im Oktober 1562 an die Väter des Konzils von Trient schrieb und sogleich in seinem *Sicanicarum rerum compendium* veröffentlichte (Messina, Pietro Spira, 1562), fol. 218^r: "Itaque minime mirandum est, si Paulus quartus pontifex maximus tantopere excanduit ac fulminavit ad disterminanda et abolenda neotericorum delyria. Scatebant officinae bibliopolarum novorum authorum et praecipue germanorum opusculis, scholiis, proemiis, epistolis, dialogis. Quorum cognomina sive theutonica, sive germanica, sive aethiopica vix aut nunquam ore latino proferri poterant. Et iam pro Fabio, Cicerone ac Livio celebrabantur Roterodamus, Melanchthon, Zuinglius et alia Germaniae portenta". Vgl. Caponetto, *Spadafora*, S. 229.

[72] ASV, Fasz. 48, Akte *Bartholomeo Chemer*. Bei der Vernehmung am 2. Juni 1582 ließ der Inquisitor von Venedig, Angelo Marabino, flankiert vom päpstlichen Legaten Lorenzo Campeggi und vom Patriarchen Giovanni Trevisan, den aus Löwen stammenden, damals in

Die Mobilisierung der italienischen Kultur gegen Erasmus und Luther war Teil der von Aleander 1521 vorgeschlagenen gegenreformatorischen Strategie. "Es wäre gut", mahnte Aleander, "wenn unsere italienischen *et presertim* römischen Doktoren und Gelehrten sich ein wenig zu rühren, die Wissenden unter ihnen entschlossen auf diese Ketzerei zu antworten und andere etwas zur Ehre des Vaterlandes, dem diese Deutschen so wenig Achtung entgegenbringen, zu schreiben begännen."[73] Zumindest in zwei der zu Beginn dieses Kapitels aufgelisteten Schriften steht das Motiv der nationalen Erhebung im Mittelpunkt: in der *Invectiva in Erasmum Roterodamum* von Battista Casali und in der *Defensio pro Italia* von Pietro Corsi.

Mit der *Defensio pro Italia* setzte sich Pietro Corsi, Kanonikus in Terracina und einstiger Günstling Julius' II., das Ziel, die angeblich von Erasmus im Adagium *Myconius calvus* beleidigte militärische Ehre Italiens wiederherzustellen. Corsis Vorwurf entsprang einem übersteigerten Ehrbegriff, hatte Erasmus doch lediglich bemerkt, daß ein kriegerischer Italiener eine ebenso seltene Erscheinung sei wie ein gebildeter Skythe. So geriet die aus übertriebener Empfindlichkeit entstandene *Defensio pro Italia* zur Farce, sei es infolge des Mißverhältnisses zwischen der Geringfügigkeit des Anlasses und der schwülstigen Feierlichkeit der Replik, sei es wegen der larmoyanten Pedanterie, mit der Corsi das kriegstüchtige Volk der Italiener als vom Schicksal verfolgt, von Völkern jenseits der Alpen hinterlistig verraten oder durch die politische Zersplitterung belastet darstellte.[74] Das Lächerliche der Angelegenheit entging den Zeitgenossen nicht, am allerwenigsten Erasmus, der die *Defensio* des Pietro Corsi als Kampf gegen einen imaginären Feind bezeichnete.[75]

Die *Defensio pro Italia* ist zwar eine Farce, fügt sich aber dennoch hervorragend in jenen Aufbruch der italienischen Kultur ein, den Aleander 1521 herbeigesehnt hatte. Zur Stützung dieser Interpretation läßt sich anführen, daß Pietro Corsi Erasmus vorwarf, er habe sich noch vor dem Versuch, Italien die Waffenehre abzusprechen, angemaßt, dem Land seinen literarischen Ruhm zu rauben, diesen Ruhm für sich allein beansprucht und alle Italiener als kulturell minderwertig betrachtet. Der letzte Teil der

---

Venedig ansässigen Bartolomeo Chemer wissen, daß er wegen der verbotenen Bücher, die er in die Stadt gebracht hatte, der Ketzerei verdächtig sei, "um so mehr, berücksichtigt man seine Heimat, wo viele befleckt sind". Der Inquisit gab hierauf in seiner Verteidigung zur Antwort, "salva tamen semper reverentia huius sanctissimi tribunalis, falsum esse dictam civitatem lovaniensem ... unquam suspectam fuisse aut esse de heresi, quin immo semper fuisse et esse quasi propugnaculum fidei catholicae, prout est notorium". Ein Zeugnis der religiös begründeten Xenophobie liefert auch der Kanonist Gerardo Busdrago, vgl. Battistella, *Santo Officio in Friuli*, S. 34.

[73] Brieger, *Aleander-Depeschen*, S. 198.
[74] Corsi, *Pro Italia*, insbesondere fol. E2r-Fr, Hv.
[75] *EE* XI, ep. 3032.

Defensio ist daher vor allem der Verteidigung der literarischen Größe Italiens gewidmet.[76]

Unter diesem Gesichtspunkt ist die Schrift von Pietro Corsi allerdings weniger explizit als die seines Zeitgenossen und Freunds Battista Casali. Mit der *Invectiva in Erasmum Roterodamum* (ungefähr 1524) setzte sich der Kanonikus von St. Peter Casali das Ziel, die von Erasmus beleidigte Ehre der italienischen, speziell der römischen Literatur zu verteidigen. Tatsache ist, daß es zu dieser Zeit im literarischen Leben Italiens keinen Latinisten gab, den man mit Erasmus hätte vergleichen können. Dies war die Kränkung, die Erasmus Italien zugefügt hatte. Unbeschadet der gelegentlich — vor allem in Rom — unternommenen Versuche, sein Ansehen als Gräzist und Philologe zu schmälern,[77] blieb Erasmus als Stilist führend. Daß ein "Batave" die lateinische Sprache besser beherrschen sollte als sonst irgend jemand, konnte der Römer Casali nicht akzeptieren. Im Bereich des Lateinischen gebührte den Römern (und folglich auch den Italienern) der Primat — als Entschädigung für die verlorene politische Macht. Und nun maßte sich ein Holländer an, auch noch dieses Relikt der einstigen Größe an sich zu reißen?[78] Die einzige Persönlichkeit, die geeignet erschien, den Italienern diese Sorge zu nehmen und zu beweisen, daß nach wie vor niemand die lateinische Sprache besser beherrschte als ein Römer, war Cicero. Die *Invectiva* von Casali ist daher ein in ungehaltenem Ton vorgebrachter Vergleich zwischen Erasmus und Cicero. Die grimmigen Drohungen, die Anspielung auf ein mögliches Ende des Erasmus auf dem Scheiterhaufen, der gegen das *Encomium Moriae* erhobene Vorwurf der Gotteslästerung stellen daher erneut, wenn auch eher emotional als argumentativ, einen Zusammenhang zwischen der Verteidigung der literarischen Bedeutung Ciceros, Roms, Italiens und der angeblichen Gottlosigkeit oder Ketzerei des Holländers Erasmus her.[79]

Die Alternative Erasmus/Cicero, von Battista Casali ungeschickt angekündigt, von Erasmus im *Ciceronianus* herausfordernd erneut als Thema lanciert, von Giulio Cesare Scaligero in seinen beiden *Orationes pro Marco Tullio Cicerone* aggressiv aufgegriffen,[80] erregte in den Folgejahren mehrmals die Aufmerksamkeit der Italiener. Dieses Interesse belegen Schriften wie *Bellum inter Ciceronianos et Erasmicos* von Gaudenzio Merula aus Novara (von diesem Text konnte ich bisher noch kein Exemplar finden),[81] die Dialoge *Cicero relegatus* und *Cicero revocatus* von Ortensio

---

[76] Corsi, *Pro Italia*, fol. C^r, H^v-I2^v.
[77] Seidel Menchi, *Atteggiamenti*, S. 90.
[78] Casali, *Invectiva*, fol. 84^r ("latine apte copioseque dicendi facultatem, quod unum est reliquum romanis regnum"), 84^v, 85^{rv}.
[79] Seidel Menchi, *Atteggiamenti*, S. 103-105.
[80] Vgl. S. 36-38.
[81] Agostino Cotta, *Museo novarese*, Mailand 1701, S. 133-135. Vgl. auch Lando, *Funus*, fol. C^v-C2^r: "Sed tu, Merula iucundissime, quae tum abibis in loca? Ubinam delitesces? Quo te clypeo defendes adversus adventantes procellas? Lusisti tu bellum quidem erasmianum, quam

Lando[82] und — eher marginal — der *Terentianus*,[83] ebenfalls von Merula, der Traktat *De imitatione* von Bartolomeo Ricci,[84] zwei Briefe des Marcantonio Flaminio,[85] der Traktat *Dell'imitazione* von Giulio Camillo,[86] sowie einige Passagen der *Lectiones successivae* von Francesco Florido Sabino.[87] In all diesen Werken wird jedoch weniger heftig polemisiert und keine oder nur in abgeschwächter Form eine Verbindung zwischen dem Thema Sprachgewandtheit und der religiösen Frage hergestellt. Die Alternative Erasmus/Cicero reduzierte sich auf einen literarischen Disput, ein Paradox, eine scherzhafte Anspielung unter Gebildeten.[88]

VI

Bevor wir die Darstellung der gegen Erasmus zwischen 1520 und 1535 geführten Kampagne abschließen, soll noch auf einen weiteren durchgängigen Zug der Kontroverse verwiesen werden, der allerdings weniger stark hervortritt als die in den drei letzten Abschnitten erörterten Motive.

In zwei Quellen — nämlich in den Depeschen von Aleander und im *Racha* — wird die These vertreten, daß Erasmus Urheber und führender Theoretiker des lutherischen Schismas sei. Luther habe nichts weiter getan, als sich seine Auffassungen zu eigen zu machen und sie mit der alle Vorsicht außer acht lassenden Heftigkeit des Barbaren zu verbreiten. Dem Ungestüm Luthers verdankten die neuen Ideen ihre Popularität, doch ihr wahrer Vater sei der Luther geistig überlegene Erasmus, der vermutlich, schlau und verschlagen wie er sei, noch zersetzendere Ketzereien mit sich herumtrage als die von Luther verkündeten.

Diese These brachte Aleander 1520/21 in Umlauf. Deutlich ausgesprochen wurde sie im Nuntiaturbericht vom 29. April 1521, in dem der Nuntius auf ein Wiederaufleben der Häresie von Arius in Zusammenhang mit der lutherischen Bewegung hinwies und Erasmus die Schuld daran zuschrieb.[89] Auch danach blieben — wie aus seinen unveröffentlichten persönlichen

---

vero parum belle luseris, tum demum intelliges, cum senties infortunium".

[82] Seidel Menchi, *Fortuna di Erasmo*, S. 562-574. Zu den italienischen Gelehrten, die an dem ciceronischen Disput gegen Erasmus teilnahmen, gehörten auch Baldassarre Castiglione, Andrea Navagero, Lazzaro Buonamico, vgl. *EE* VI, ep. 1791, ll. 36-64, ep. 1720, ll. 48-54.

[83] Gaudenzio Merula, *Terentianus dialogus ultra omnem festivitatem urbanissimus*, s.l.a., aber ca. 1543, insbesondere fol. D^v. Siehe auch Nicolò Franco, *Dialoghi*, fol. 60^v-61^v.

[84] Ricci, *De imitatione*, S. 83f., zit. von Scarpellini, *Letterati romagnoli*, S. 389.

[85] Scarpellini, *Letterati romagnoli*, S. 388. Vgl. auch Longolius, *Epistolae*, fol. 128^r, 136^r.

[86] Camillo, *Due trattati*, S. 29.

[87] Francesco Florido Sabino, *In Marci Actii Plauti aliorumque latinae linguae scriptorum calumniatorem apologia ... De iuris civilis interpretibus liber ... De Caii Iulii Caesaris praestantia libri tres ... Lectionum successivarum libri tres ...*, Basel, s.n.t., 1540, S. 263f., 273f.

[88] Für eine eingehende Behandlung dieses Themas verweise ich auf D'Ascia, *Umanesimo romano*.

[89] Brieger, *Aleander-Depeschen*, S. 170f.

Notizen hervorgeht — der Philoarianismus und Antitrinitarismus des Erasmus fixe Ideen von Aleander.⁹⁰

Von Aleander, vielleicht auch von Diego López de Zúñiga, wurde wahrscheinlich Aegidius von Viterbo beeinflußt.⁹¹ Im *Racha*, den man aus gutem Grund Aegidius zuschreibt, erscheint der Rotterdamer Humanist nicht nur als Lehrmeister, der den Deutschen das theoretische Rüstzeug für den Kampf gegen die römische Kirche verschafft hat, sondern auch als eine Art "boshafter Dämon, dessen Ziel es ist, den Glauben ganz und gar zu erschüttern". Mit der Verteidigung des Arius habe Erasmus einen Weg eingeschlagen, auf dem ihm nicht einmal Luther und seine Anhänger — bei all ihrer abscheulichen Gottlosigkeit — hätten folgen mögen. Das Wiederaufleben des Arianismus fand — so Aegidius von Viterbo — in einer Textänderung Ausdruck, die Erasmus am Anfang des Johannesevangeliums vorgenommen hatte, nämlich der Ersetzung des überlieferten *verbum* durch *sermo*. Mit dieser Übersetzung verfolge Erasmus das Ziel, den Glauben an Christus als Wort Gottes zu erschüttern und Arius und seine Sekte zu rehabilitieren.⁹² Und als ob die Wiederbelebung der arianischen Ketzerei nicht schon ruchlos genug sei, habe Erasmus auch noch die Häresie des Helvidius erneut in Umlauf gebracht. Mit Arius beraube er Christus seiner Göttlichkeit, mit Helvidius spreche er Maria die Jungfräulichkeit ab.⁹³

---

⁹⁰ BAV, Chigi R II, 49, fol. 24ʳᵛ; Lat. 3927, fol. 81ʳᵛ; Lat. 3926, fol. 16ʳ, 199ᵛ, 232ʳ.
⁹¹ Die Beziehungen zwischen Aleander und Aegidius von Viterbo werden u.a. im Codex BAV, Lat. 8075, *Hieronymi Aleandri et aliorum epistolae*, der Briefe Aleanders an Aegidius (sowie an Alberto Pio) enthält, dokumentiert.
⁹² *Racha*, fol. 4ᵛ-5ʳ: "Sicuti in evangelio Iohannis ne verbum Deum credamus, sed Arrium suum, quem tantopere defendit, imitemur, docet apud Evangelistam verbi nomen aut non reperiri aut — quod idem est — in dubium revocari, mali demonis fidem undique infirmaturi officio functus, non 'in principio erat verbum', sed 'in principio erat sermo' transferre voluit". Ebd., fol. 6ʳ: "Legitima ... volumina desiderantur, quibus homines sentiant ex huius hominis [Erasmi] scriptis, ut collegerunt nonnulli et ostendi latius potest, Saxonie Germanieque hereticos adversus Romanam Sedem armatos veluti ex equo troiano prodiisse. Nisi quod discipuli illi ab hoc praeceptore quae contra Romanam Ecclesiam pugnant libenter accepere, in his quae evomuit contra Christi divinitatem, cum impia Arii defensione, ab eo discessere nec ullis persuasionibus ut illi haererent adduci potuere, tanquam ea in Deum impietate pugnaret, quam ne summi quidem illi heretici, quantumvis et impii et immanes, ferre non possent". Ebd., fol. 18ᵛ-19ʳ: "At quae in Arii defensionem impiissimam adversus verbum Dei et Christi divinitatem evomit, non modo primus sed solus est ausus. Nemo Germanorum discipulorum quantumvis impius, quantumvis preceptoris studiosus inventus est, qui tam immani praeceptoris sceleri potuerit acquiescere. Impii quidem illi et immanissimi, hoc tamen uno magistro meliores, quod omnia polluentes uni Deo parcendum duxerunt". Es war nicht die erste Anschuldigung dieses Tenors gegen Erasmus, vgl. de Jonge, *Introduction*, S. 10.
⁹³ *Racha*, fol. 14ᵛ: "Quod si conscius tibi es, castum habere cor (ut vestrorum verbis utar), vide qua te castitate hornatum speremus, qui Elvidium sepe apud Matheum excitans Virgini virginitatem tentas aut auferre aut suspectam facere docesque Germaniam decus ornatumque coeli afficere iurgiis, calumniis, contumeliis, quod dictum sit 'primogenitum'". (Aegidius von Viterbo bezieht sich auf den Kommentar des Erasmus zu Mt 1, 25, vgl. *LB* VI, Sp. 11B). Vgl. auch *Racha*, fol. 18ᵛ, wo Erasmus als derjenige bezeichnet wird, "qui primus antiquatum restituit Helvidii nomen ad eripiendam Virgini gloriam et virginitatem".

Clemens VII., dem der unvollendete Traktat *Racha* gewidmet werden sollte, und das Kardinalskollegium wurden aufgefordert, über Maßnahmen nachzudenken, die man gegen diesen Feind der Kirche, der all jene Ketzereien aussäe, ergreifen könnte.

Im *Racha* erreichte der gegen Erasmus erhobene Vorwurf des theologischen Radikalismus seinen Höhepunkt. Zwar unterließ es Alberto Pio nicht, auch diese Art von Beschuldigungen aufzuführen, doch wirkt das in seinem Traktat dem "Geheimnis der Dreifaltigkeit und Dogma von Arius" gewidmete Kapitel schwach und wenig überzeugend.[94] In den Schriften von Steuco und Flandino wird der angebliche Arianismus des Erasmus mit keinem Wort erwähnt.

Die Konzeption, in die sich der Vorwurf des Arianismus einfügte, nämlich die These, Erasmus sei der Urheber der Kirchenspaltung, wurde gegen Ende der zwanziger Jahre des 16. Jahrhunderts unhaltbar. Wahrscheinlich machte der Reichstag zu Augsburg 1530 auch denjenigen, die wie die Italiener weit vom Schauplatz der Ereignisse entfernt waren, endgültig deutlich, daß die Reformation mehr und mehr die Richtung einer gemäßigten, nicht die einer radikalen Bewegung einschlug und daß Luther dabei eine zwar nicht unbestrittene, aber dauerhafte Vormachtstellung zukam. Erasmus hatte sich in der Zwischenzeit als Katholik eingeordnet und verschiedentlich seine Treue zu Rom bekundet. Durch diese Entwicklung wurde die These, Erasmus sei der führende Theoretiker der Reformationsbewegung, hinfällig, auch wenn sich in der Schrift von Flandino noch hier und dort die Behauptung findet, Erasmus sei der Lehrer, Luther der Schüler gewesen.[95] Zeuge dafür, daß diese Auffassung nicht ganz und gar verschwand, ist Aonio Paleario, der noch 1534 die Autorität des Erasmus im protestantischen Lager so hoch einschätzte, daß er meinte, dieser könne die internen Konflikte ausräumen und die Protestanten verschiedener Bekenntnisse veranlassen, auf dem bevorstehenden Konzil als geeinte Kraft aufzutreten.[96]

VII

Wie wirkte die These "Erasmus lutheranus" auf die Italiener der damaligen Zeit? In welchem Maß war sie erfolgreich?

Bei der Beantwortung dieser Frage gilt es, die verschiedenen Empfänger, an die jene Botschaft sich richtete, voneinander getrennt zu betrachten. Der wichtigste Empfängerkreis war die römische Kurie. An den Kardinal-Vizekanzler Giulio de' Medici — und damit in Wirklichkeit an Leo X. — waren Aleanders Berichte aus den Jahren 1520/21 adressiert; eben diesem Prälaten, inzwischen als Clemens VII. Papst geworden, sollte vermutlich der

---

[94] Pio, *In locos Erasmi retractandos*, fol. 140ʳ-143ᵛ. Der Titel des Kapitels lautet: "De mysterio Trinitatis et dogmate Arrii, quod defendere in quibusdam videtur Erasmus".
[95] Vgl. S. 39.
[96] Vgl. Kap. 3, S. 81.

Racha gewidmet werden; der Traktat von Agostino Steuco war an Alessandro Farnese gerichtet; ebenfalls Alessandro, in der Zwischenzeit als Paul III. Papst geworden, widmete Pietro Corsi seine *Defensio pro Italia*; die *Antapologia* von Sepúlveda war dem Bischof von Faenza und späteren Kardinal Rodolfo Pio gewidmet. Meistens versuchten die Autoren, diese hohen und höchsten Vertreter der Kurie davon zu überzeugen, daß gewisse kirchliche Sanktionen gegen Erasmus unvermeidlich seien. Aleander, der die Verurteilung des Erasmus durch die Sorbonne als Vorspiel einer offiziellen Verurteilung durch die Kirche betrachtete,[97] war der Auffassung, daß Maßnahmen gegen den Humanisten getroffen werden sollten; der Verfasser des *Racha* hielt die Exkommunikation von Erasmus für einen angemessenen Schritt;[98] Alberto Pio setzte sich in seinem Hauptwerk das Ziel, diejenigen Passagen aus dem Werk des Erasmus zusammenzutragen, die dieser zu reinigen und von sich aus zu widerrufen hätte, wenn er es vermeiden wollte, offiziell zensiert zu werden; auch Agostino Steuco scheint repressive Maßnahmen zu befürworten, obwohl nicht deutlich wird, ob sie sich gegen die Person oder das Werk richten sollten; sogar Ambrogio Flandino forderte Erasmus eindringlich auf, seine Fehler zu bereuen.

Die römische Kurie zeigte sich nicht geneigt, diesem Drängen nachzugeben. 1521, als die Desorientierung und die Beunruhigung über den Verlauf der Auseinandersetzung mit Luther ihren Höhepunkt erreichten, gelang es Aleander zwar, in der Kurie gegen Erasmus Stimmung zu machen, doch war dies nicht von Dauer.

Der Einfluß Aleanders spiegelt sich in einem Breve Leos X. vom 6. August 1521 wider, das an Jacopo Sannazzaro gerichtet war. Die Kurie pflichtete hier dem Aufruf Aleanders an die italienischen Literaten bei, ihre Tätigkeit in den Dienst des Glaubens zu stellen. Denn auffallenderweise zollte Leo X. Sannazzaro größte Anerkennung, indem er dessen Poem *De partu Virginis* als Vorbild christlicher Dichtkunst hinstellte. Er beklagte ferner, daß die Kirche allenthalben von gottlosen Widersachern bedrängt werde, die gegen sie die Feder führten, um sich als Gelehrte einen Namen zu machen. Zwei dieser Widersacher wurden als besonders gefährlich bezeichnet: "ein wehrhafter Goliath und ein ungestümer Saul". Das Breve gab der Hoffnung Ausdruck, daß es Jacopo Sannazzaro — wie einem zweiten David — gelingen werde, den bewaffneten Goliath mit der

---

[97] Laemmer, *Monumenta*, S. 94, Brief von Aleander an Sanga vom 30. Dezember 1531: "La sententia parisina in materia fidei non è altro se non una vigilia de la condennation che poi fa la Chiesa catholica".

[98] So jedenfalls scheint mir der folgende Abschnitt des *Racha*, fol. 18ʳ, interpretierbar: "Tibi ad clavum sedenti haec dici oportuit, ut videas, si eos qui in procella navim deseruere diris egistis, aqua quoque et igne iure interdixistis, quid in eum animadvertatis, qui primus omnium post Iohannem Hus maria diu tranquillissima ab imo turbavit, primos fluctus commovit, tempestatem excivit, Carolostadios, Melanctones et id genus monstra peperit ...".

Schleuder zu bezwingen und den wütenden Saul mit dem Wohlklang der Lyra zu besänftigen.[99]

Daß mit dem Goliath Luther gemeint war, dürfte auf der Hand liegen; ob der Saul Erasmus sein sollte, ist weniger eindeutig, aber ziemlich wahrscheinlich, wenn man sich den Tenor der damaligen Berichte Aleanders und den der Antworten von Kardinal de' Medici vergegenwärtigt, der sich zu dieser Zeit von der Mitverantwortlichkeit des Erasmus am Luthertum überzeugt gab.[100]

Doch Vorsicht und Nachgiebigkeit setzten sich schließlich in der Kurie durch, wenn auch nicht aus Rücksicht gegenüber Erasmus, dann doch aus Rücksicht gegenüber seiner Anhängerschaft, deren Größe man als beträchtlich einschätzte. Als Kopf einer geistigen Bewegung mußte Erasmus geschont werden, wenn man nicht Gefahr laufen wollte, ihn ins reformatorische Lager zu drängen.[101] Diese Linie, die sich schon in den Depeschen des Kardinals Giulio de' Medici aus den Jahren 1520/21 deutlich abzeichnete, wurde während dessen Pontifikat gestärkt und konsolidierte sich unter Papst Paul III. endgültig. Wenn eine Schrift wie der *Racha*, in dem Erasmus heftig attackiert wurde, unvollendet blieb, wenn der gegen Erasmus gerichtete Traktat von Agostino Steuco nur in so wenigen Exemplaren überlebte, daß die Vermutung aufkam, der Autor selbst hätte die Verbreitung seines Werkes verhindert,[102] wenn Sepúlveda sich in seiner *Antapologia* in höchstem Lob über seinen Antagonisten erging, wenn Pietro Corsi sich mehr als höflich, beinahe ehrerbietig an Erasmus wandte — dann vielleicht deshalb, weil diese Geistlichen sich nicht offen gegen die von der Kurie verfolgte Linie stellen wollten. Mit großer Bitterkeit mußte Aleander zur Kenntnis nehmen, daß der von ihm als höchst gefährlich eingeschätzte Mann nicht nur verschont blieb, sondern mit Achtung behandelt wurde. Im Konfliktfall war die Kurie eher geneigt, zugunsten von Erasmus als zugunsten seiner Gegner zu intervenieren, wie der holländische Theologe und spätere Inquisitor Theodoricus Hezius 1525 gekränkt feststellte.[103]

---

[99] Das von Pietro Bembo verfaßte Breve findet sich in dessen *Opera*, Venedig 1729, Bd. 4, S. 261f.: "Gratulamur itaque tibi, quod tantum unus prestes, quantum antea nemo; Ecclesiae, quod quum vexetur lancineturque ab aliis, a te uno in coelum efferatur; nostro saeculo, quod fiet tui carminis luce celeberrimum; nobis denique ipsis, quibus imminente hinc Goliade armato, hinc Saule a furiis agitato, affuerit pius David, illum funda a temeritate, hunc lyra a furore compescens".

[100] Balàn, *Monumenta*, S. 296.

[101] Balàn, *Monumenta*, S. 281, 292, 295, 319. Hauptvertreter dieser Linie war Giovan Matteo Giberti, vgl. Prosperi, *Giberti*, S. 109.

[102] Freudenberger, *Steuchus*, S. 73.

[103] Vgl. die Briefe von Theodoricus Hezius an den päpstlichen Sekretär Paolo Blosio vom 26. Oktober 1525 und an Giovan Matteo Giberti vom 27. Oktober 1525, Balàn, *Monumenta*, S. 552-563. Die Reaktion Aleanders auf diese Haltung der Kurie gegenüber Erasmus spiegelt sich in seiner Korrespondenz mit Hezius von 1536 wider, vgl. Paquier, *Aléandre*, S. 297-307, insbesondere S. 306.

Unter Paul III. erreichte dieses Wohlwollen gegenüber Erasmus mit dem Plan, ihm die Kardinalswürde zu verleihen, seinen Höhepunkt.

Bei der Kurie blieb der These "Erasmus lutheranus" vorerst also der Erfolg versagt. Die antierasmische Botschaft erreichte hingegen die Gebildeten Italiens, auf die die zwischen 1520 und 1535 entfaltete Polemik nicht in erster Linie zielte. Der Dialog mit Erasmus, den die italienische Kultur etwa 1515 aufgenommen hatte, wurde folglich um das Jahr 1530 gestört. So schrieb beispielsweise Francesco Vettori im Juni 1529 aus Florenz an Filippo Strozzi, er habe nicht ohne Bedauern auf die Lektüre von Erasmus verzichten müssen, um nicht "als Lutheraner zu gelten".[104] Der Poet Teofilo Folengo, der Erasmus 1526 als Begründer einer neuen Sprache der Theologie, die glücklicherweise an die Stelle des "barbarischen Stils" der Scholastik getreten sei, begrüßt hatte, schleuderte ihm 1533 ein — nicht allzu — kryptisches Epigramm entgegen, das den Humanisten als Geist der schlimmen Lästerung beschreibt.[105] 1531 förderte der Bischof von Pola, Altobello Averoldi, dem Emilio Migli aus Brescia kurz zuvor die Übersetzung des *Enchiridion* von Erasmus gewidmet hatte, die venezianische Ausgabe der gegen Erasmus gerichteten Streitschrift des Alberto Pio.[106] Der Dominikaner Ambrogio Caterino Politi, der 1521 die Auffassungen von Erasmus und Luther als voneinander abweichend betrachtet hatte, näherte seit 1525 die beiden Theologen einander an und gab 1547 seinem Bedauern darüber Ausdruck, daß die Kirche den Holländer nicht beizeiten exkommuniziert habe: Denn zuerst habe dieser die Saat größten Verderbens im Garten des Herrn ausgestreut und danach gesagt "Es war nur ein Scherz, ich habe mich in Rhetorik geübt und es nicht ernst gemeint", was dem Geständnis gleichkomme "Ich habe zum Spaß gelästert".[107]

Um das Jahr 1530 wurde Erasmus in einem Atemzug mit Luther genannt oder sogar der Gottlosigkeit bezichtigt — in religiösen Streitschriften für das breitere Publikum wie dem *Incendio de zizanie lutherane* des Franziskaners

---

[104] ASF, Carte strozziane, Serie 5, 1209, fol. 80ʳ, Brief von Francesco Vettori an Filippo Strozzi, datiert Florenz, den 1. Juni 1529 (zit. von Devonshire Jones, *Vettori*, S. 6, 9, 209).

[105] Billanovich, *Folengo*, S. 195f.; Schalk, *Folengo*, S. 442, 448.

[106] Vgl. den vom 2. September 1531 datierenden Widmungsbrief des Luca Antonio Giunti an Altobello Averoldi, Bischof von Pola, der die venezianische Ausgabe des Werkes von Pio einleitet: "Albertum Pium comitem Carporum ... tu, velut alter Sertorius in milite deligendo, tuo illo singulari ac pene divino iudicio dignum merito iudicasti ut principem praeficeres aliis omnibus quotquot fuere, qui hactenus aliquid scripserunt adversus impiam et portentosam Lutheri haeresim, ut habeant caeteri quem sequantur et a quo ediscant".

[107] Aus seiner *Excusatio disputationis contra Martinum ad universas Ecclesias*, Florenz, Haeredes Philippi Juntae 1521, ergibt sich, daß Ambrogio Catarino Politi in dieser Phase seiner Tätigkeit als Kontroverstheologe Erasmus von Luther deutlich unterschied. Zu seiner späteren Position vgl. Lauchert, *Luthers Gegner*, S. 63-66. Aber vgl. auch Catarino, *Resolutione sommaria*, fol. 43ʳ, 45ʳ, 47ʳ, 52ᵛ (wo der Autor des *Sommario della Santa Scrittura* als "luterano et erasmiano marcio sfacciato" bezeichnet wird). Das Urteil des Jahres 1547 findet sich in Catarino, *Expurgatio*, S. 20f. Eine kurze Biographie von Catarino (Lancellotto dei Politi) mit Bibliographie findet sich in *CE* III, S. 105f.

Giovanni da Fano (Bologna 1532)[108] ebenso wie in gelehrten kontroverstheologischen Werken wie den *Annotationes in excerpta quaedam de commentariis Cardinalis Caietani* von Ambrogio Catarino Politi (Paris 1535),[109] in Versen bekannter Dichter wie Marc'Antonio Casanova von der Accademia Romana[110] ebenso wie in Gedichten von Provinzgrößen wie Daniele Caetani aus Cremona.[111]

Am deutlichsten ist der Erfolg der gegen Erasmus gerichteten Kampagne in den gebildeten Kreisen Italiens am Beispiel des Weihbischofs von Mantua Ambrogio Flandino zu zeigen. Von 1523 an erwies sich der Augustinereremit in seinen zum großen Teil unveröffentlicht gebliebenen homiletischen, theologischen und philosophischen Schriften als einer der bestinformierten italienischen Erasmus-Rezipienten. In einer Predigtsammlung aus dem Jahre 1523 ordnete er sich selbst ausdrücklich in jene religiöse Erneuerungsbewegung ein, zu der Erasmus und Lefèvre d'Etaples gehörten. In einem späteren, kurz vor 1530 zu datierenden homiletischen Werk sowie in zwei in eben diesem Jahrzehnt verfaßten Schriften gegen Pietro Pomponazzi und Martin Luther zog er in starkem Maße Texte des Erasmus heran. Eine Auflistung der von Flandino zitierten Stellen zeigt, daß er mit dem Werk des Erasmus gut vertraut war, von den *Adagia* bis zu den *Colloquia*, von der *Paraclesis* bis zum *Enchiridion*, von *De libero arbitrio* bis zum *Antibarbarorum liber*. Die Zitate erweisen zudem, daß es gerade der streitbare Erasmus war, der Flandino gefiel: ausgiebig benutzte der Weihbischof das Adagium *Sileni Alcibiadis* mit seiner schonungslosen Kritik an der Verweltlichung der Kirche und das 1518 geschriebene Vorwort zur zweiten Ausgabe des *Enchiridion*, den berühmten Brief an Paul Volz.

Vergegenwärtigt man sich diese Vorgeschichte, wird deutlich, welche Wende Ambrogio Flandino 1531/32 vollzog. Die Lektüre des Traktats von Alberto Pio machte aus ihm einen Gegner des holländischen Humanisten und regte ihn zu der Schrift *Examen vanitatis duodecim articulorum Martini* an, die wir weiter oben (S. 37) als Teil der literarischen Kampagne gegen Erasmus erwähnt haben. Flandino wechselte seine Gesinnung zwar nicht

---

[108] Giovanni da Fano, *Opera utilissima volgare chiamata Incendio de zizanie lutherane, cioè contra la pernitiosissima heresia di Martin Luthero*, Bologna, Giovanni Battista Faello, 1532, fol. 43ᵛ: "Luthero et Erasmo dicono che la [confessione auricolare] è cosa nova. A che devemo credere, a loro o a li sopradetti dottori santi?".

[109] Lauchert, *Luthers Gegner*, S. 63-66.

[110] BAV, Lat. 5227, *Nugae Casanovae* I, fol. 46ᵛ, Distichon des Marco Antonio Casanova *In Erasmum parvulae staturae qui Christo insaniam dedit*. Der Text des Epigramms lautet: "In superos fera bella geris: modo dictus eras mus,/ Factus es e parvo tam cito mure gigas" (Seidel Menchi, *Atteggiamenti*, S. 110). Dasselbe Wortspiel gegen Erasmus in Teofilo Folengo (Billanovich, *Folengo*, S. 195f.; Schalk, *Folengo*, S. 448).

[111] BSC, Fondo civico Aa 6, 26, Daniele Caetani da Cremona, *Hendecasillabi*, fol. 97ʳ (erstmals erwähnt bei Kristeller, *Iter Italicum* I, S. 51). Das Epigramm von Daniele Caetani *De Erasmo et Luthero* lautet: "Ignorantia docta, tersa tantum,/ Atque infantia pertinax, profunda,/ In certamen eunt periculosum,/ Quippe haec a Deo atque Trinitate/ Et mysteria quanta, quam tecta/ Christi Ecclesia quae iubet latere".

radikal, doch die Grundthese seines umfangreichen, durch seinen Tod unvollendet gebliebenen Manuskripts lautete, daß Erasmus und Luther in den meisten der von ihm untersuchten *articuli* übereinstimmten.[112]

VIII

Neben den Theologen, Klerikern und Literaten, die in dieser Phase eine religiös begründete Aversion gegen Erasmus entwickelten, gab es auch Männer der Kirche, die ihm gegenüber weiterhin offen blieben, zwar nicht mit Kritik sparten, es jedoch vermieden, sich der Meinung anzuschließen, daß Erasmus mitverantwortlich für die Spaltung der Kirche durch Luther sei.

Der profilierteste Vertreter dieser Gruppe ist Giovan Bernardo (Bernardino) Gualandi.[113] Der Florentiner Gelehrte, ein Bewunderer und Anhänger von Ficino und Pico della Mirandola, verfaßte 1525 in der lombardischen Zisterzienserabtei Morimondo eine kleine Abhandlung mit dem Titel *In Lutherum haereticum*, in der er sich auch mit Erasmus auseinandersetzte.

---

[112] Seidel Menchi, *Flandino-Quistelli*, S. 111.

[113] Über Giovanni Battista Gualandi liegt, abgesehen von Cherchi, *Gualandi*, keine moderne Untersuchung vor. Eine kurze bio-bibliographische Notiz findet sich in Negri, *Scrittori fiorentini*, S. 254, und in Francesco Inghirami, *Biografia degli uomini memorabili toscani*, Florenz 1844, S. 201 (ohne Kenntnis des wichtigsten Werks Gualandis: *In Lutherum*; auch Lauchert, *Luthers Gegner*, ist diese Schrift entgangen). Hier ein Überblick über die mir bekannten Schriften Gualandis:

1. *In Lutherum hereticum liber multae pietatis plenus ac Sacra Scriptura undique candidus autore Ioanne Bernardo Florentino monaco cisterciense*, Impressit ex Archetypo Antonius Bladus de Asula Romae anno subsequenti, Mense Martio (Widmungsbrief an Clemens VII. "Ex Morimundo in valle Ticini, a Mediolano miliario XV. anno a natali Christi M.D.XXV. tertio nonas Iulii"). Diesen Text werde ich hier nach dem Druck zitieren; aber auch das handgeschriebene Widmungsexemplar ist erhalten: BAV, Lat. 3640, *Ioannis Bernardi Florentini Monachi Cisterciensis In Martinum Lutherum haereticum liber ad Clementem VII. Pontificem Maximum*.

2. *De optimo principe dialogus. Authore Ioan. Bernardo Gualando Florentino. Eiusdem de liberali Institutione Dialogus. Oratio in honorem SS. Cosmi et Damiani, eodem authore*, Florentiae Apud Laurentium Torrentinum. MDLXI (Widmungsbrief an den Herzog Cosimo de' Medici "ex ludo literario Pistoriensi, Anno MDLXI, Mense Martio", ursprünglicher Widmungsbrief des Dialogs *De principe* "ad Franciscum II Vicecomitem Sfortiam Mediolani ducem", datiert "in hortis nostris ex valle Ticini Idibus Augusti 1523". Der *De liberali institutione dialogus* wird eingeleitet von einem Widmungsbrief an "Cosmum Medicem iuniorem", datiert "quarto Non. Octob. M.DXXXI. Florentiae" (hier bezeichnet sich Gualandi nicht mehr als Zisterzienser, sondern als "presbyter", was bedeutet, daß er inzwischen das Kloster verlassen hatte).

3. *De vero iudicio et providentia Dei, ac ipsius gubernatione mundi huius apologia*, Excudebat Florentiae Laurentius Torrentinus Anno M.D.LXII. Mense Septembri (Widmungsbrief, datiert "Florentiae Idibus Septembris M.D.LXII"). Auch in diesem Fall ist das handgeschriebene Widmungsexemplar erhalten: BAV, Lat. 3672, *Apologia de vero iudicio et providentia Dei, ac eiusdem humanarum rerum gubernatione* (Widmungsbrief an Paul III., datiert "VIII Idus Ianuarii M.D.XXXVII, Romae").

Außer diesen zwei letztgenannten Werken schreibt Inghirami Gualandi einen Aufsatz mit dem Titel *Sumpta grammatices elementaris* (Viterbo 1538) zu, den ich nicht auffinden konnte. Eine Liste der Übersetzungen Gualandis findet sich bei Negri, *Scrittori fiorentini*, S. 254.

Wiewohl seine Kenntnis der Schriften Luthers eher begrenzt war, erkannte er die zentrale Bedeutung der Frage des Verdienstes im Denken des Reformators. Deshalb konzentrierte er seine Aufmerksamkeit auf das Problem, ob man dem Menschen eine gewisse Autonomie bei der Entscheidung zwischen Gut und Böse zuschreiben könne. Aus dem Alten und Neuen Testament trug er Texte zusammen, die dem Menschen implizit ein gewisses Maß an ethischer Verantwortlichkeit zuerkennen. So kam es, daß Gualandi bei seiner Auseinandersetzung mit der Lehre Luthers einen ähnlichen Ansatz wie Erasmus fand, ohne vom Traktat *De libero arbitrio* abhängig zu sein.[114] Ein weiterer Zug, den Gualandi mit Erasmus gemeinsam hat, ist der eher moderate Tonfall, in dem er seine Kritik vorbrachte, wobei er eine Dämonisierung Luthers vermied, die für das italienische kontroverstheologische Schrifttum dieser Jahre charakteristisch war.

Von Erasmus hatte der Florentiner Zisterzienser genug gelesen — neben den *Adagia* und dem Traktat *De duplici copia verborum ac rerum* vor allem das *Enchiridion* —, um die Gefahr zu ahnen, daß die von Erasmus propagierte innerliche Frömmigkeit die Gläubigen davon abbringen könnte, die kirchlichen Zeremonien einzuhalten, wodurch die Religion, die nicht ohne äußere Zeichen und Symbole auskommen könne, in eine Krise gerate.[115] Die Polemik gegen die zeremonielle Frömmigkeit — vor allem gegen das repetitive und ausgedehnte Gebet — stelle eine Basis der Verständigung dar, die jedoch nicht dauerhaft sein könne, weil die beiden für zwei unterschiedliche Orientierungen stünden. Luther sei ein Ketzer, da er mehr auf seine persönliche Urteilskraft vertraue als auf die kirchliche Überlieferung.[116] Erasmus hingegen sei kein Ketzer, da er bloß eine "nicht näher bestimmte Reform der Kirche" herbeisehne. Daß diese "kindliche Erwartung" einer Reform, immer wieder auftretend und immer wieder

---

[114] Im Traktat *In Lutherum*, fol. V^v, bezeugt Gualandi: "Neque in Lutherum neque pro Luthero librum hactenus vidi nullum" (außer der *Assertio septem sacramentorum* von Heinrich VIII.), "qui variis perturbationibus agitatus, tumultuantibus hic quadriennio continuo rebus, si qua scripta essent perquirere haud vacavi".

[115] *In Lutherum*, fol. Niii^v-Niiii^r: "Quis unquam suae mentis compos profundere ad superos preces etiam multas rem inutilem et indecoram et nauci faciendam dicere presumpserit? Sed blatero hic noster blaterat forte orationes ... quemadmodum et fidem: corde videlicet tantum orandum, et quidem breviter, etsi haec non aperte seminat. Concedamus ita ipsum sentire; quanquam Erasmus in eo libro, cui titulum fecit Enchyridion militis christiani, libero calamo talia scribere non erubuit, acriter mordens qui plures psalmos concinunt et longas orationes orant. Vir alioqui gravissimus, suae reprehensionis immemor, deinceps orationem, quam sacrae Deiparae nuncupavit, multis verbis aedidit, dono cuidam nobilissimo principi mittens, quotidie eam ipsam lecturo. Ecce fetent, emarcent caetera, censores isti nauseantur, stomachantur, quum primum aliena viderint, ut salvus honor, certa fiducia, grave obsequium suis deferatur. Novi precones isti quanta tumiditate nova se publicare credunt. Cui non milies dictum est pauculum esse orationis fructum, si primum cordi ea meditatio non demissa fuerit?" Dieser Passus findet sich im achten Kapitel des Traktats: *Quod divina et humana cognitione convenientissime Dei cultum extrinsecis cerimoniis amplectimur*.

[116] *In Lutherum*, fol. B iii^r.

enttäuscht, ein Publikum aus einfältigen Bauern und Weiblein ansprechen könne (wie Gualandi es vor einiger Zeit in Sant' Ambrogio in Mailand erlebt hatte, wo sich die Menge um einen Exorzisten und nichtautorisierten Prediger scharte), dies fand der Zisterzienser nicht verwunderlich, wohl aber, daß ein so hochgebildeter Mann wie Erasmus sich in derartige Phantastereien hineinziehen ließ. Von der Behauptung, eine Reform, die wie eine "starke Medizin" dem Sittenverfall der Kirche abhelfen sollte, sei unumgänglich, fürchtete Gualandi schlimme Folgen.[117]

Gualandi betrachtete die Positionen des Erasmus als gefährlich für die Überlieferung der religiösen Literatur. Das unabhängige Urteil des Humanisten und seine kritische Haltung gegenüber gewissen kirchlichen Autoritäten — insbesondere gegenüber dem hl. Augustinus — empfand der Zisterzienser als Anmaßungen, die er in scharfer Form tadelte (die Abneigung des Erasmus gegenüber der Scholastik wurde dagegen von Gualandi geteilt).[118]

Die erasmische Kritik der Kirchenväter und der neueren Theologen hatte Gualandi so stark verunsichert, daß er sich beinahe nicht mehr in der Lage fühlte, sein Vorhaben, gegen Luther zu schreiben, auszuführen. Als er sein Werk dann doch vollendet hatte, konnte er einen gewissen Stolz auf seinen Beitrag zur Verteidigung der christlichen Religion nicht verhehlen. Wie hingegen würde Erasmus vor dem himmlischen Gericht seine Unterlassungssünde, die er mit der Weigerung, gegen Luther zu schreiben, auf sich geladen hatte, rechtfertigen können?[119] Mit dieser Bemerkung bezog sich der Zisterzienser auf zwei Briefe aus dem Jahre 1521, die er in einer Straßburger Ausgabe des Jahres 1522 gelesen hatte. Darin wehrte sich Erasmus gegen das Drängen von englischen Freunden, gegen Luther zur Feder zu greifen, indem er die von ihnen seiner Meinung nach unterschätzte Schwierigkeit des Unternehmens und die Genialität des Theologen Luther als Hinderungsgründe nannte.[120] Gegen diese gewundenen Ausreden machte Giovan Bernardo Gualandi das Argument geltend, daß Erasmus als unermüdlicher Gelehrter und rechtschaffener Mann sich — wenn schon nicht anders motiviert — aus ethischen Gründen Luther hätte entgegenstellen müssen, da die Lehren des Sachsen Müßiggang und Wollust Tür und Tor öffneten.[121]

Trotz der kritischen Einwände, die Gualandi auch in zwei weiteren Werken Erasmus nicht ersparte — in dem Francesco Sforza Herzog von

---

[117] In Lutherum, fol. S ii^v, *Contra eos qui Ecclesiae nescio quam reformationem anxie expectant*. Erasmus wird auf fol. V^r erwähnt.

[118] In Lutherum, fol. V^r-Vii^r. Daß Gualandi vor allem durch die Vorbehalte, die Erasmus gegenüber Augustinus geltend machte, verärgert war, ergibt sich auch aus dem Dialog *De optimo principe*, vgl. Anm. 122.

[119] Gualandi, *In Lutherum*, fol. Vii^v-Viii^r.

[120] Es handelt sich um die beiden in *EE* IV, ep. 1219 an William Blount Lord Mountjoy und ep. 1228 an William Warham, Bischof von Canterbury, veröffentlichten Briefe, die Gualandi zusammen mit der *Assertio septem sacramentorum* von Heinrich VIII. gelesen hatte.

[121] Gualandi, *In Lutherum*, fol. Viii^v-Viiii^r.

Mailand gewidmeten Dialog *De optimo principe* vom August 1523[122] und in dem Cosimo de' Medici gewidmeten Dialog *De liberali institutione*, Florenz, Oktober 1531[123] — ist offensichtlich, daß der Zisterzienser Erasmus als den legitimen Erben von Ficino betrachtete, als den Vorkämpfer einer gelehrten Frömmigkeit, der der Christenheit in diesen kritischen Zeiten den Weg weisen könnte.[124]

In den späteren Werken von Gualandi wird Erasmus hingegen nicht erwähnt. Für einen Gelehrten, der Wert auf gute Beziehungen zur Kurie legte und der 1537 seine Abhandlung *De vero iudicio et providentia Dei*[125] Papst Paul III. widmete, war es ratsam, den Namen des Humanisten ungenannt zu lassen. Jener Name blieb auch dann unerwähnt, als Gualandi die erasmischen *Apophthegmata* ins Italienische übersetzte: 1567 ließ er dieses Buch in Venedig als Werk des Plutarch drucken.[126]

---

[122] *De optimo principe dialogus*, S. 28-29. Am Schluß seiner Lobrede über den als den größten Philosophen aller Zeiten gepriesenen Augustinus schreibt Gualandi: "Hic obiter silentio supprimere nequeo nimiam Momi cuiusdam nostra tempestate insolentiam, ne dicam petulantiam, eius scilicet tertii Catonis, nuper e coelo delapsi, qui tot libros aedidit, imo qui aliorum placita sugillare rugata fronte contendit. Quem dicam optime nosti, qui antiquiores et recentiores, illos non plane doctos, parum certe accuratos, hos vero garrulos et nugaces, at Augustinum iuvenem quandoque audacem (o bone Deus), senem postremo paulominus quam indoctum et imprudentum expungere non veretur". Daß der auf diese Weise getadelte Momus Erasmus sei, ergibt sich aus dem in Anm. 123 zitierten Passus.

[123] *De liberali institutione*, S. 141f.: "Excerpsit ex optimis autoribus flosculos quosdam Erasmus aetate nostra, si intra proprios limites sese continuisset, iudicio meo vir cum omni antiquitate (cuius diligentissimus pervestigator) audacter comparandus: multarum certe vigiliarum et ipse librorum helluo sane quam promptus. Sed nimium immitem censuram gerit et impendio garrulum ac iniustum Momum omnibus se praestitit. Quem a me graphice pro hac genuina dicacitate palam reprehensum legitis in eo opere in Lutheranos paucis ab hinc annis a calcographis excusum. Item sub verborum involucris in De optimo principe dialogo non iniuria eundem sugillamus. Decerpsit inquam nonnulla sub titulo De rerum et verborum copia, perceptu, pueris adhuc, facilia, quibus familiarem interim loquendi venustatem et promptitudinem imbiberent".

[124] *In Lutherum*, fol. V iiii^r-^{v}: "Difficile est impugnare effoeminatum hominem? Quod bellum habuisset cum Trasone isto [Luthero] Marsilius Ficinus conterraneus meus, vir morum probitate aeque ac doctrina clarissimus, si non illi, pueris nobis, vitam cum morte commutare contigisset? Qui in eo libro, quem De christiana religione praenotavit, ... multis argumentis nostram sectam caeteris veriorem melioremque probavit ... Istum [Lutherum] Erasme laetaliter vulnerare ... non mediocriter erudito nedum tibi esset asperrimum".

[125] Vgl. Anm. 113.

[126] *Apoftemmi di Plutarco, motti arguti piacevoli, e sentenze notabili, così di principi come di filosofi*, Tradotti in lingua toscana per M. Giovan Bernardo Gualandi fiorentino, Venedig, Gabriel Giolito de' Ferrari 1567. In Wirklichkeit hatte Gualandi die *Apophthegmata* von Erasmus, nicht die von Plutarch übersetzt (vgl. Cherchi, *Gualandi*).

ANHANG ZUM 2. KAPITEL

VERGLEICH ZWISCHEN DEM FALL VERGERIO UND
DEM FALL NACCHIANTI

Der Vergleich zwischen den beiden Fällen, die wir hier im folgenden darlegen wollen, dient der Überprüfung der in Abschnitt III (Theologie als Richtschnur der religiösen Praxis) und in Abschnitt IV (Sprachgewandtheit der Häretiker) dieses Kapitels entwickelten Thesen.

Im Jahre 1549 wurden gegen zwei Bischöfe Verfahren wegen Verdachts auf "lutherische" Ketzerei geführt: betroffen waren der Bischof von Capodistria, Pier Pàolo Vergerio, und der Bischof von Chioggia, Iacobo Nacchianti. Die Lage der beiden kirchlichen Würdenträger wies einige Analogien auf. Beiden legte man Auffassungen zur Last, die theologisch betrachtet als nebensächlich erscheinen (die Anklagen betrafen die Heiligen- und Bilderverehrung sowie bestimmte kirchliche Zeremonien und Traditionen). Beide wurden nach Rom gerufen. Der mit der Untersuchung betraute apostolische Kommissar war zeitweise derselbe. Der Ausgang der beiden Verfahren jedoch war gegensätzlich. Vergerio flüchtete aus Italien, wurde als Ketzer verurteilt, verlor seine Bischofswürde und beschloß sein Leben als evangelisch-reformierter Theologe; Nacchianti ging nach Rom, wurde freigesprochen und behielt das Bischofsamt bis zu seinem Tode. Von der Forschung wird mehrheitlich die Auffassung vertreten, daß die Positionen der beiden Bischöfe dem Bereich des sogenannten "italienischen Evangelismus" zuzuordnen seien, was an sich noch keinen Bruch mit der Kirche beinhalte. Die Verurteilung von Vergerio sei nicht wegen der von ihm vertretenen Glaubensmeinungen, sondern wegen seiner Flucht erfolgt; wenn er wie Nacchianti nach Rom gegangen wäre und sich unterworfen hätte, wäre auch er freigesprochen worden.[127]

Ein genauerer Vergleich der beiden Fälle, der durch die Entdeckung eines bisher unbekannten Teils der Ermittlungen gegen Nacchianti ermöglicht wird,[128] legt die These nahe, daß der unterschiedliche Ausgang als Ergebnis zweier schon zur Zeit des Verfahrens divergenten Positionen zu betrachten ist.

Das Handeln des Bischofs von Capodistria war darauf ausgerichtet, in seiner Diözese eine Reform herbeizuführen, die recht krasse Formen der

---

[127] Jacobson Schutte, *Vergerio*, insbesondere S. 171-216; Buschbell, *Inquisition*, S. 155-173. Zum theologischen Schrifttum Nacchiantis vgl. Quetif und Echard, *Scriptores OP* II, S. 202f.

[128] ASV, Fasz. 8, Akte 11, *Inquisitione fatta per il reverendo messer Annibal Grisonio sopra la vita et costumi delli canonici e preti de Chioggia con il reverendo maestro Adriano Veneto dell' anno 1549*.

Heiligen- und Bilderverehrung sowie andere Aspekte einer veräußerlichten Frömmigkeit ins Visier nahm. Für diese Reform setzte Vergerio sich mit der Autorität seines Amtes ein und äußerte offen Kritik an Erscheinungen, die für ihn Mißbräuche darstellten.

Der Bischof von Chioggia gab hingegen seine wirkliche Meinung nur einem sehr kleinen Kreis zu erkennen. Die Belastungszeugen hoben hervor, daß sein privates Reden nicht mit seinem öffentlichen Handeln übereinstimme. Manch einer der Kanoniker seiner Kathedrale war Zeuge gewesen, daß der Bischof sich über die dieser oder jener Kirche gewährten Ablässe lustig machte, und hatte ihn sagen hören, daß die Ablaßpraxis ein Betrug zum Schaden des Volkes sei; nie aber habe er — so unterstrich der Zeuge — die Verkündigung dieser Indulgenzen behindert. Auch die Flagellantenbruderschaften, die "besonders in der Karwoche in die Kirche kamen und sich geißelten", forderten den Spott des Bischofs heraus, doch die Äußerung seiner Mißbilligung beschränkte sich auf ein Lächeln oder eine Bemerkung im privaten Kreis. In Chioggia war es Brauch, an Mariä Lichtmeß eine Prozession zu veranstalten, bei der zwei Kanoniker, begleitet von zwei Kindern mit brennenden Kerzen in der Hand und gefolgt vom übrigen Kapitel und den Gläubigen, einen Säugling in einer Wiege herumtrugen; der Bischof hielt diese Sitte für "Unfug" — als sich aber die Chorherren dagegen sträubten, sie abzuschaffen, weil sie "eine alte und für sie vorteilhafte Gewohnheit" sei, zog sich Nacchianti vorsichtig zurück.[129]

Vom Gesichtspunkt der systematischen Theologie aus gesehen, erscheinen die Positionen von Nacchianti fortschrittlicher als die von Vergerio, da der Bischof von Chioggia öffentlich die Lehre von der Rechtfertigung *sola fide* vertrat. Er tat dies allerdings auf eine Art, die nur wenigen verständlich war: der Bischof "predigte hochgelehrt" — sogar die Kanoniker hatten Schwierigkeiten, ihm zu folgen, die einfachen Gläubigen konnten es gewiß nicht. So sagte etwa ein Fischer aus: "Der Bischof mißfiel mir nicht deshalb, weil er Falsches sagte, sondern weil ich ihn nicht verstand".[130] Allgemein hütete sich der Bischof, bei den Gläubigen Anstoß zu erregen. "Es sind einfache Leute", sagte er und ließ ihnen ihre Art des Glaubens und der Frömmigkeit.[131] Die Kommunikationskraft von Nacchianti war gering; seine Botschaft erreichte seine Gemeinde nicht.

Der Bischof von Capodistria dagegen bediente sich einer klaren und einfachen Sprache. Von ihm geprägte Sätze gingen von Mund zu Mund, seine Zuhörer wurden zu Multiplikatoren seiner Meinungen. Die kom-

---

[129] ASV, Fasz. 8, Akte 11, *Inquisitione de Chioggia*, fol. 3ʳ, 2ᵛ, 5ʳ, 3ʳ, 5ᵛ.

[130] *Inquisitione de Chioggia*, fol. 24ʳ, 1ᵛ, 25ᵛ.

[131] *Inquisitione de Chioggia*, fol. 2ᵛ: "Più volte caminando con lui [mit dem Bischof] in chiesia et vedendo esso alcune donne ingenochiate inanci alle imagini, demandava a noi altri canonici che eramo con lui 'Che fa quella donna?' Et dicendo noi che la faceva le sue devotioni, lui se ne sorrideva in modo de soiar. Et dicendo noi 'Perché ridete monsignor?', lui seguitava el suo sorriso, et hora non rispondeva, hora diceva 'Sono persone simplici'".

munikative Kraft seiner Botschaft ist ein wiederkehrendes Motiv in den gegen ihn erhobenen Vorwürfen. "Über diese Dinge", sagten seine Gegner, "darf man im Volk nicht reden; man muß es bei seinen Andachtsformen lassen." Die Schuld des Bischofs von Capodistria bestand darin, keinen Unterschied zwischen dem "Volk" und den "Gebildeten" zu machen.[132]

Das den Fall Vergerio kennzeichnende Eindringen der neuen Ideen ins Bewußtsein unterschiedlicher Gesellschaftsschichten war Ergebnis der gefürchteten "Sprachgewandtheit der Häretiker". Die Angst vor dieser Rhetorik läßt sich z.b. indirekt aus der Haltung des Valerio Trono vor dem Inquisitionsgericht Genua erkennen. Der clevere Geistliche bekannte sich zwar zur Auffassung, die innerliche Frömmigkeit sei der äußerlichen vorzuziehen, hielt aber die Verbreitung dieser Idee ausschließlich "unter Gebildeten" für statthaft. Deshalb bezichtigte er sich des Fehlers, "zum einfachen Volk von diesen Spitzfindigkeiten gesprochen zu haben".[133] Wenn nämlich das einfache Volk sich mit ihnen beschäftigte, wurde aus diesen "Spitzfindigkeiten" die Realität der Reformation. "Difficilia fidei catholicae non esse tradanda rudi populo", schrieb der duldsame Tommaso Badia, *magister sacri palatii*, an den Rand der Predigten eines heterodoxen Augustiners namens Mainardi.[134]

Unter dem Gesichtspunkt der sozialen Penetration war die Lehre von der Rechtfertigung *sola fide* (Mittelpunkt des Lehrgebäudes) weniger umstürzlerisch als die Leugnung des Fegefeuers oder die Kritik an der Heiligenverehrung (Peripherie des Lehrgebäudes). Wie der Protonotar Pietro Carnesecchi 1567 bemerkte, führte die Rechtfertigungslehre, wenn man sich positiv und "ohne die Folgerungen und Schlüsse", welche die Ketzer aus ihr ableiteten, zu ihr bekannte, nicht direkt zum Bruch mit der Kirche. Sie veränderte das Verhältnis des Menschen zu Gott, nicht die irdischen Verhältnisse. Der wahre Kern des Konflikts mit den Protestanten war — so Carnesecchi — die Frage der Autorität des Papstes.[135] Mit dieser Aussage nahm er die Position von zwei Kirchenhistorikern unserer Zeit vorweg.[136] Tatsächlich wurde das Prinzip der Rechtfertigung *sola fide* im frühen 16. Jahrhundert von vielen Würdenträgern der katholischen Kirche — darunter einigen Kardinälen und ernsthaften Anwärtern auf den Heiligen Stuhl — akzeptiert, denen es offensichtlich gelang, diesen Grundsatz mit dem katholischen Glauben zu vereinbaren: sie zogen daraus nicht all "die Folgerungen und Schlüsse". Dagegen hatte die Leugnung des Fegefeuers oder die Kritik an der Heiligenverehrung sofortige Auswirkungen auf das

---

[132] Vergerio, *Otto difensioni*, fol. fiiii.ᵛ
[133] Vgl. Kap. 10, S. 318, Anm. 39.
[134] Zit. von Rozzo, *Cavalli*, S. 224 Anm. 4.
[135] *Processo Carnesecchi*, S. 333-335.
[136] Scheible, *Reform, Reformation, Revolution*, S. 117-119; Hubert Jedin, *Ist das Konzil von Trient ein Hindernis der Wiedervereinigung?* Ephemerides theologicae lovanienses, Bd. 38 (1962), S. 849.

religiöse Leben in einer Pfarrei oder Diözese: Zusammen mit der Autorität des Priesters schwanden auch seine Einkünfte, äußerlich gesehen wurde das religiöse Leben weniger ereignisreich, die Position der Kirche innerhalb der Gesellschaft veränderte sich. Es ist also nicht verwunderlich, daß Alberto Lino, Erzpriester von San Sebastiano in Verona, 1550 "deutlich" predigen konnte, daß "wir nur durch den Glauben gerechtfertigt sind", aber es nicht wagte, "so offen" über die Autorität des Papstes oder das Fegefeuer zu reden und "von diesen Dingen verdeckt sprach".[137] Und es ist auch nicht verwunderlich, daß der Bischof von Chioggia die Auffassung äußern konnte, "daß die Werke wie das Tuch einer menstruierenden Frau seien und daß die Werke, die wir für gut halten, keinerlei Bedeutung für die Rechtfertigung haben", ohne damit eine nennenswerte Reaktion auszulösen. Wenn er aber am Karsamstag die Weihwasserbecken nicht auffüllen ließ — um den Glauben zu bekämpfen, daß man für das laufende Jahr vor dem Tod durch Ertrinken geschützt sei, wenn man sich an diesem Tag mit Weihwasser segne —, dann begann "das Volk ... gegen den Bischof zu murren und zu sagen, er sei ein Lutheraner".[138]

Diese Verkehrung der theologischen Prioritäten wurde korrigiert, als die Dekrete des Tridentinischen Konzils sich in vollem Umfang auf die Verkündigung des Glaubens und die Praxis der Inquisition auszuwirken begannen, und damit die Rechtfertigungslehre für Prediger und Inquisitoren — und folglich auch für die Gläubigen und Inquisiten — mehr und mehr zum primären Kriterium bei der Unterscheidung zwischen Häresie und Orthodoxie wurde. Aber die Fälle Vergerio und Nacchianti gehören in die davorliegende Phase, als der Unterschied zwischen Kern- und Randaussagen der Lehre weniger bedeutend war als der zwischen geschlossenen und offenen Kreisen des häretischen Diskurses. Fast alle Vertreter des sogenannten italienischen Evangelismus wirkten in kleinen, geschlossenen Kreisen. War es für Vergerio vielleicht verhängnisvoll, die Erörterung öffentlich zu führen?

Wir halten es nicht für einen Zufall, daß die vom Bischof von Capodistria in seiner Diözese eingeleitete Reform von Erasmus inspiriert war, während der private Dissens des gleichfalls zu den Anhängern des Erasmus zählenden Bischofs von Chioggia[139] andere geistige Väter (wahrscheinlich Luther) hatte. Eben die Sprachgewandtheit, also die kommunikative Effizienz einer kritischen Sprache, die an den richtigen Punkten ansetzte und ein breites Publikum anzusprechen vermochte, war ja einer der Hauptgründe dafür, daß

---

[137] ASV, Fasz. 8, Akte 30, *Contra Bartholomeum dalla Barba* (1550), fol. 36^r.
[138] ASV, Fasz. 8, Akte 11, *Inquisitione de Chioggia*, fol. 24^r: "Et loquebatur [episcopus] de operibus absolute dicens ea esse tanquam pannus menstruate, et alia huiusmodi. Et dicebat quod opera, quae nos existimamus bona opera, nullius sunt momenti ... ad iustificationem nostram vel ... ad consequendam vitam eternam". Ebd., fol. 5^v, zum Volksbrauch, sich am Karsamstag mit Weihwasser zu waschen, und zum Versuch des Bischofs, diesem Brauch entgegenzutreten.
[139] Vgl. Kap. 9, S. 295f. und Anm. 68.

sich die italienische Reformationsbewegung mit Vorliebe der Schriften des holländischen Humanisten bediente.

Die Mißbräuche, die nach Meinung von Vergerio den "freien" christlichen Glauben überlagert hatten und ihn zu ersticken drohten, waren zum großen Teil schon von Erasmus beklagt worden. So fühlte sich der Bischof von Capodistria etwa berechtigt, der Praxis entgegenzutreten, Sterbenden oder manchmal sogar Toten die Franziskanerkutte anzuziehen, da er davon überzeugt war, daß das Schicksal einer Seele nicht davon beeinflußt werde, in welche Kleidung man den Körper hüllte, der sie beherbergt hatte (Erasmus hatte — schon vor seiner Kritik an dieser Praxis im Gespräch *Exequiae seraphicae* — im *Enchiridion* geschrieben: "In der Kutte des hl. Franziskus ins Grab zu gehen scheint dir eine große Sache; aber dieses Kleid wird dir als Toter nichts nutzen, wenn du dich als Lebender in deinem Verhalten nicht am hl. Franziskus ausgerichtet hast").[140]

Eine andere Entartung des Glaubens, der Vergerio Einhalt zu gebieten suchte, war die bei der Heiligenverehrung betriebene Spezifizierung. Grund für die Popularität einiger Heiliger war der Glaube, diese seien für bestimmte Krankheiten zuständig oder ermächtigt, gewisse Gefahren von dem fernzuhalten, der sie verehrte. Die ängstlichen Bemühungen der Gläubigen, sich bald diesem, bald jenem Heiligen anzubefehlen, um sich vor diesem oder jenem Risiko zu schützen, war eine sehr verbreitete Erscheinung, die Bischof Vergerio dadurch bekämpfte, daß er den Gläubigen erklärte, Gott habe die Krankheiten den Heiligen nicht wie Ämter zugeteilt. Doch kein Aspekt seiner Reform beleidigte das religiöse Empfinden seiner Zuhörer so schwer wie die Feststellung, "daß man nicht bei Augenkrankheiten die hl. Lucia, bei Zahnweh die hl. Apollonia, bei Brustleiden die hl. Agatha um Heilung bitten sollte" (Erasmus im *Enchiridion*: "Einer verehrt jeden Tag den hl. Christophorus ..., weil er davon überzeugt ist, daß er sich so für jenen Tag vor einem plötzlichen Tod schützt. Ein anderer betet zu einem gewissen Rochus ..., weil er glaubt, das nutze, die Pest von ihm fernzuhalten. Ein dritter wendet sich mit gemurmelten Litaneien an Barbara oder Georg, um nicht in die Hände der Feinde zu fallen. Ein anderer fastet

---

[140] Vergerio, *Otto difensioni*, fol. ev^r-eviii^r. Der entsprechende Text von Erasmus findet sich in *LB* V, Sp. 31D: "Magnum quiddam putas, si Francisci cucullo obvolutus sepulcro inferaris. Nil proderit vestis similis mortuo tibi, si mores fuerunt dissimiles vivo".

zu Ehren von Apollonia, um Zahnschmerzen vorzubeugen. Und wieder ein anderer neigt sich vor dem Standbild Hiobs, um keine Krätze zu bekommen").[141]

---

[141] Vergerio, *Otto difensioni*, fol. fiii^r-fiiii^r. Der entsprechende Text von Erasmus findet sich in *LB* V, Sp. 26EF: "Alius Christophorum singulis salutat diebus, ... quod sibi persuaserit sese eo die a mala morte tutum fore. Alius Rochum quemdam adorat, ... quod illum credat pestem a corpore depellere. Alius Barbarae aut Georgio certas preculas admurmurat, ne in manus hostium veniat. Hic ieiunat Apolloniae, ne doleant dentes. Ille visit divi Iob simulacra, ut scabie careat". Ein anderer Aspekt der Reform des Bischofs, auf den die Gläubigen empfindlich reagierten, war seine Kritik an den Legenden von St. Christophorus und St. Georg. Um seine Kritik zu untermauern, berief Vergerio sich ausdrücklich auf die Autorität von Erasmus. Vgl. *Otto difensioni*, fol. bviii^r.

3. KAPITEL

DIE GENERATION VON 1510

I

Ein Bologneser Schullehrer namens Ilario erhielt gegen 1542 ein ungewöhnliches Arbeitsangebot. Sein Mitbürger Girolamo Ranialdi, ein Gewürzhändler, wollte in die Lektüre des *Novum Testamentum* von Erasmus eingeführt werden. Girolamos Beschäftigung mit der Heiligen Schrift hatte sich bis dahin auf den italienischen Bibeltext beschränkt, da er kein Latein konnte. Der Erwerb des Bands von Erasmus, eines teuren und schwer zugänglichen Buchs, markierte einen Qualitätssprung im geistigen Leben dieses bolognesischen Händlers — seine Annäherung an die Hochkultur. Um Erasmus zu verstehen, wagte er sich an die Sprache der Gebildeten heran.[1]

Girolamo Ranialdi gehörte einem aus Handwerkern, Händlern und Schullehrern bestehenden protestantischen Konventikel an, das sich in jenen Jahren in Bologna gebildet hatte. Die Erfahrung der Zusammenkünfte und gemeinsamen Diskussionen "über die Prädestination, den freien Willen, die Verehrung der Jungfrau und der Heiligen und die an sie zu richtenden Gebete, über die Konzilien, den Glauben und die frommen Werke" regten Ranialdi an, mit diesen Ideen an die Öffentlichkeit zu treten. Als er am 14. Januar 1543 das frühsonntägliche gemeinsame Gebet einer Gruppe von Laien, wohl einer Bruderschaft, die regelmäßig im Oratorium Santa Maria della Vita zur Marienandacht zusammenkam, als Vorbeter leitete, reformierte er die Absolutionsformel in christozentrischem Sinn. "Precibus et meritis beatae Mariae semper virginis et omnium sanctorum perducat nos Dominus ad regna coelorum" — lautete die traditionelle Formel. "Precibus et meritis Domini nostri Jesu Christi" — soll dagegen Ranialdi gebetet haben. Und er soll es klar und deutlich gesagt haben, kam doch augenblicklich Unruhe unter den Zuhörern auf.[2]

---

[1] BAB, Inquisizione B 1927, Verhör des Girolamo Ranialdi vom 23. Januar 1543 (vgl. Rotondò, *Eresia a Bologna*, S. 137f.). Zu der Flucht einiger Mitglieder dieser Bologneser Gruppe vgl. Rotondò, loc. cit., und ASM, Fasz. 2, 5. März 1549, *Iste sunt depositiones iuridice in diversis processibus et depositionibus scripte contra magistrum Thomam Bavellinum de Bononia qui aufugit* (Tommaso Bavellino war ein "Komplize" des Girolamo Ranialdi).

[2] BAB, Inquisizione B 1927, Verhör des Girolamo Ranialdi vom 23. Januar 1543: "Ipse Hieronimus existens in oratorio Beate Marie de Vita et faciens officium hebdomadarium in matutino de nocte in dicto oratorio, dixit absolutionem tertie lectionis matutini sequenti forma, videlicet 'Precibus et meritis Domini nostri Jehsu Christi et omnium sanctorum perducat nos Dominus ad regna celorum', et sic Virginem non nominavit". Diesbezüglich erklärte der Gewürzhändler: "La mia intentione si è che si habbia a recorrer a Christo solo e non ad altri. Et così io credo ancho certo che io non dissi 'omnium sanctorum' per questa mia opinione. Et

Mit dieser Initiative, die den Gewürzhändler vor den Inquisitor von Bologna brachte, verband sich das Bedürfnis nach einer theologischen Konsolidierung der Glaubenslehre — und dieses Fundament erwartete Girolamo Ranialdi offensichtlich von Erasmus. Deshalb der Erwerb des *Novum Testamentum*, deshalb der Lateinunterricht. Die kleine Bologneser Episode beleuchtet eine Konstante der italienischen Religionsgeschichte des Cinquecento: die Integration des Erasmus in das kulturelle Umfeld der Reformation.

II

Eine zweite Episode datiert von 1541. Am 21. März ging, wie in den Akten der Inquisition überliefert wird, "ein großes Raunen" durch Modena. Tags darauf, am 22. März, schwoll das vorwiegend von der Geistlichkeit verbreitete Gemurre an, begann nach und nach sich zum "Geschrei" auszuwachsen. Der lauter werdende Unwille kam auch Tommasino Lancellotti, dem gewissenhaften und äußerst gründlichen Chronisten der Stadt, und Fra Domenico da Bergamo, Prior des Dominikanerklosters und Vikar des Inquisitors von Modena, zu Ohren. Die beiden versuchten zu klären, was im Hause des Patriziers Francesco Maria Molza, wo ein junger Priester aus Modena namens Giovanni Bertari, der als "Humanist und Bibelkenner" galt, seit ungefähr drei Monaten jeweils am Sonntagabend nach der Vesper unentgeltlich und für jedermann zugänglich die Paulusbriefe las und auslegte, am letzten Sonntag vorgefallen war. Das Haus Molza hatte man als Versammlungsort ausgewählt, weil Giovanni Bertari dort als Erzieher angestellt war und Unterricht gab, zu dem auch externe Schüler zugelassen waren.

Das Gerücht, Bertari sei "in den Meinungen der Lutheraner befangen", sicherte seinen Lesungen der Paulusbriefe Woche für Woche bei Geistlichen wie Laien ein waches Interesse. Bis Mitte März allerdings hatten auch die übelgesinntesten Teilnehmer am Bibelunterricht im Hause Molza nicht feststellen können, daß Bertari irgend etwas behauptete, das er nicht durch Rückgriff auf unangreifbare Autoritäten wie den hl. Thomas und dessen *Summa* hätte untermauern können. Am 20. März jedoch, dem dritten Fastensonntag, wagte Bertari sich aus der Deckung. Als die Teilnehmer der Versammlung an jenem Abend das Haus Molza verließen, kam in manch einem Kommentar das Wort "lutherisch" vor.

Aus den Berichten der Augenzeugen, die der Vikar des Inquisitors seit dem 22. März zusammentrug, erfahren wir, Thema der Lektion sei das Gebet

---

se pure io dissi quello 'omnium sanctorum', io lo dissi per dare il garbo alla absolutione, accioché io non dessi scandolo alli fratelli". Zu einer ähnlichen Kritik an der Marienverehrung in Imola: AVI, Fasz. 1, Akte *Contra magistrum Iulium Cicognolam*, fol. 2ʳ: "Dissero ancora [Alessandro Ressa und seine Komplizen] che l'intercessioni dei santi erano vane e si ridevano di quel detto, qual è una oratione nel'ofitiolo della Madonna, che dice 'Precibus et meritis beate Marie semper virginis et omnium sanctorum'".

gewesen. Bertari hatte, ausgehend von 1 Kor 14,19 ("... ich will in der Gemeinde lieber fünf Worte reden mit verständlichem Sinn ..., als zehntausend Worte in Zungen"), Kritik an der herrschenden Praxis des laut rezitierten und repetitiven Betens geübt. Seiner Ansicht nach sollte das Gebet von der Ebene des öffentlich und gemeinsam vollzogenen Rituals auf die subjektive Gewissensebene verlagert werden.

Was genau Bertari gesagt hat, läßt sich nicht mit letzter Sicherheit feststellen, da die Zeugenaussagen voneinander abweichen. So berichtete etwa ein Zeuge, "il Poliziano" — denn so nannte man Bertari in Modena — habe geäußert, "daß das laute Gebet, auch wenn es mit Andacht gesagt wird und aus dem Herzen kommt, keinerlei Wert hat, wenn der Beter den Sinn der Worte nicht begreift und darin eindringt; und wer so betet, ohne den Sinn der Worte zu begreifen und darin einzudringen, sündigt und beleidigt Gott". Ein anderer Zeuge entnahm der Bibelstunde vom 20. März, "daß das Gebet, gesprochen von einem, der die Worte, die er sagt, nicht versteht, sinnlos und eitel ist". Andere Zuhörer meinten dagegen, gehört zu haben, daß "wer laut bete, ohne den Sinn der Worte zu begreifen, sündige und Gott schwer beleidige, Gott lästere und über ihn spotte; Vorsatz und Andacht genügten beim Gebet nicht, vielmehr müsse man den Sinn und Geist der Worte ganz und gar begreifen". Nach der Version des Beschuldigten schließlich sollten seine Ausführungen lediglich darauf hinweisen, daß ein Gebet Gott wohlgefälliger sei, wenn der Beter sich bemühe, es zu verstehen, und daß sich daher jemand, der kein Latein könne, italienisch geschriebene Bücher kaufen solle, "um sich Klarheit zu verschaffen".[3]

Was auch immer Bertari genau gesagt haben mag — seine Bibelstunde zum Thema Gebet versetzte den Vikar des Inquisitors in helle Aufregung, brachte einen Prozeß in Gang, löste politische Spannungen aus, gab Anlaß zu einer Solidaritätsbekundung für Bertari im bischöflichen Palast,

---

[3] Die Rekonstruktion basiert auf folgenden Quellen: ASM, Fasz. 2, *Contra dominum Ioannem Bertarium* (eine lückenhafte und nicht paginierte Akte, mit in falscher Reihenfolge eingeordneten Seiten); Lancellotti, *Cronaca* VII, S. 27-31, 33f., 36. Aus der Akte im ASM habe ich folgende Aussagen benutzt: die Zeugnisse des Priesters Pier Giovanni Bartolomei vom 22. März 1541, des Pietro Macagnini vom 26. März, des Priesters Benedetto Artusi vom 22. März, des Girolamo Pellizeri vom 23. März, des Priesters Nicolò Papa vom 1. April; außerdem die Aussage eines mit unleserlichem Namen bezeichneten Zeugen, der am 1. April erklärte, daß er "adiverat lectionem domini Ioannis Bertarii legentis caput ultimum ad Ephesios", wobei "dominus Ioannes ... dixit et affirmavit quod orationes illorum qui orant et non intelligunt nec percipiunt sensum et intellectum verborum ipsius orationis sunt nullius valoris, dicens hanc esse doctrinam Christi et Spiritus Sancti per os Pauli dictatam, allegando ad hoc quartodecimum caput prioris ad Corinthios, et multa alia super hoc dixit, quibus non advertit, eo quia alteratus erat". Aus den Aussagen dieser Zeugen geht hervor, daß Bertari zum Thema Gebet Eph 6, 18 ("orantes omni tempore") erwähnt und, gleich wie Erasmus, diesen Vers mit 1 Kor 14, 19 ("sed in ecclesia volo quinque verba sensu meo loqui, ut et alios instruam, quam decem milia verborum in lingua") und mit Mt 6, 7 ("orantes autem nolite multum loqui sicut ethnici: putant enim quia in multiloquio suo exaudiantur") verbunden hatte. Die Version, die Bertari von dem Vorfall gab, findet sich bei Lancellotti, *Cronaca* VII, S. 27.

veranlaßte den Betroffenen zur Flucht und seine einflußreichen Dienstherren zu einer Reise nach Rom, um die Affäre so gut es ging beizulegen.[4] All dies geschah in jener ansonsten von außergewöhnlicher Nachsicht und Milde geprägten Phase vor der Reorganisation der Inquisition.

Es war dies nicht der erste effektvolle Auftritt Bertaris gewesen. Während der Hungersnot 1539/40 war er vor dem Rat der Stadt erschienen, um mit der Bibel in der Hand den Nachweis zu führen, daß die Ratsherren das Recht hätten, das Vermögen der Kirche zu konfiszieren — insbesondere die beweglichen und unbeweglichen Güter der wohlhabenden Mitglieder des Domkapitels —, um Getreide für die Armen zu kaufen.[5] Keine seiner öffentlichen Stellungnahmen rief jedoch ein so starkes Echo hervor wie seine Ausführungen zum Thema Gebet: zu verbreitet, zu tief verwurzelt und unangefochten war jene Praxis, die er damit in Frage stellte. Trotz des damals im allgemeinen nachsichtigen Vorgehens der Inquisition, trotz der Fürsprache seines Dienstherrn wurde Bertari gezwungen, öffentlich abzuschwören, wobei er zu erklären hatte, daß seine am 20. März geäußerten Ansichten über das Beten "gegen den katholischen Glauben" seien: wer glaube, was er damals gesagt habe, sei ein Ketzer. Das römische Urteil, das ihn dazu zwang, sich öffentlich selbst zu demütigen, trägt die Unterschrift von Hieronymus Aleander.[6]

Es war vermutlich die Stimme des Erasmus, die aus Giovanni Bertari sprach und die Bürgerschaft von Modena in jenem Frühling 1541 bewegte und erregte. Denn jener Satz aus dem Korintherbrief (1 Kor 14,19), von dem Bertari ausgegangen war, wird im *Enchiridion* des Erasmus an hervorgehobener Stelle zitiert und in dem Sinne interpretiert, daß "fünf Worte, gesprochen und verstanden", beim Gebet mehr wert seien "als zehntausend geplapperte und nicht verstandene". Wenn doch Christus selbst uns ermahnt, uns nicht in langen Gebeten zu ergehen, muß dann der Christ nicht der Überzeugung sein, daß der kurze Vers eines Psalms, wenn er durchdacht und sein innerster Gehalt erkannt wird, der Erbauung förderlicher ist als das mechanische Plappern des gesamten Psalters?[7] In seinem Kommentar zum

---

[4] Die Aufregung des Vikars wird daraus ersichtlich, daß er Bertari zwischen dem 23. und 24. März dreimal einbestellte; eine vierte Vorladung folgte am 26. März, also an dem Tage, an dem sich der Geistliche hätte vor Gericht einfinden müssen. Bei dieser letzten Vorladung wurde der Termin des "spontanen" Erscheinens auf den 29. März verschoben und am 29. März dann ein weiteres Mal verlängert. Von der Solidaritätsbekundung für Bertari beim Bischof berichtet Lancellotti, *Cronaca* VII, S. 29f. Zur Reaktion des bischöflichen Vikars, Giovanni Domenico Sigibaldi, vgl. auch dessen Brief an Giovanni Morone vom 6. April 1541, im ASP, Fondo Ansidei 25 (und zu Sigibaldi: Firpo, *Morone*, S. 237).

[5] Peyronel Rambaldi, *Cinquecento modenese*, S. 153.

[6] Zur Reaktion auf die Bibelstunde vom 20. März vgl. Lancellotti, *Cronaca* VII, S. 27 und den in Anm. 4 zitierten Brief von Sigibaldi an Morone. Zum Widerruf vgl. Lancellotti, *Cronaca* VII, S. 171f., 198, 328 und Firpo, *Morone*, S. 300-302. Ein Jahr später erhielt jedoch Bertari das Amt des Beichtvaters der Nonnen von San Paolo (Peyronel Rambaldi, *Cinquecento modenese*, S. 186f.).

[7] LB V, Sp. 5E, 6CD, 8F, 9A.

Neuen Testament hatte Erasmus sich wiederum mit dem paulinischen Satz von den fünf und den zehntausend Worten befaßt und ihn mit einer ausführlichen Anmerkung versehen (die sich die philoprotestantische deutschsprachige Publizistik zu eigen machte), in der er erneut die fehlende Einsicht beim Beten und die Gleichsetzung von Frömmigkeit mit dem rhythmischen Wiederholen gewisser Formeln, von denen der Gläubige vielleicht nicht ein einziges Wort verstand, mißbilligte. "Nach bestem Wissen frage ich mich: Welches Bild mögen diejenigen von Christus haben, die sich vorstellen, er könnte an einem derartigen lauten Getöse ein Wohlgefallen haben?"[8] Und in den Paraphrasen zum Matthäusevangelium hatte er ein weiteres Mal, schon im Vorwort, die "unwürdige und sogar lächerliche" Sitte angesprochen, die die Ungebildeten und die einfältigen Weiber ermuntere, wie Papageien ihre lateinischen Psalmen und Paternoster herunterzubeten.[9]

Die Integration des Erasmus in das kulturelle Umfeld der italienischen Reformationsbewegung, die im Fall von Girolamo Ranialdi aus Bologna lediglich tendenziell zu erkennen ist, wird in der Episode um Giovanni Bertari aus Modena konkret vollzogen.

III

Daß die Bürger Modenas, die an Giovanni Bertaris Bibelstunde vom 20. März 1541 teilgenommen hatten, mit einer Auffassung vom Beten konfrontiert wurden, die auf Erasmus zurückging, ist sehr wahrscheinlich, aber nicht eindeutig belegbar.[10] Gesichert ist dagegen, daß die Insassen des bischöflichen Gefängnisses zu Padua im Jahre 1568 die Ansichten des Erasmus zur Verkündigung des Evangeliums kennenlernten.

In jenem Gefängnis saß der fünfzigjährige Marziale Clementi. Er stand unter dem Verdacht der Zugehörigkeit zu calvinistischen Kreisen in Padua; ferner wurde ihm ein Briefwechsel mit Calvinisten in Lyon sowie Besitz verbotener Bücher zum Vorwurf gemacht. Der Gewürzhändler Baldassarre dal Cappello pflegte den Gefangenen zu besuchen und sich "an den Gitterfenstern des Gefängnisses" mit ihm zu unterhalten. Bei einem solchen Besuch bot Baldassarre dem Freund an, ihm zur Erleichterung der Haft ein "schönes Neues Testament und andere schöne Bücher" mitzubringen, die

---

[8] LB VI, Sp. 731f. Zur Verbreitung dieses Textes von Erasmus in den zur Reformation tendierenden Kreisen Deutschlands vgl. Holeczek, *Erasmus deutsch*, S. 81-108.

[9] LB VII, fol. **3ᵛ: "Indecorum vel ridiculum potius videtur quod idiotae et mulierculae psitaci exemplo psalmos suos et precationem dominicam immurmurant, cum ipsi quod sonant non intelligant".

[10] Ich möchte nicht ausschließen, daß Giovanni Bertari seine Ideen aus anderen Texten geschöpft haben könnte, z.B. aus Antonio Bruciolis Vorwort zum Neuen Testament, das Kardinal Gonzaga gewidmet ist (vgl. S. 94f.). Doch auch in diesem Fall wäre letztlich Erasmus die Quelle gewesen, denn das Vorwort Bruciolis folgt wörtlich einem Text des Erasmus (vgl. Anm. 66).

"ihm gefallen würden, wenn er sie sähe". Das Neue Testament im Sedezformat, das auf diese Weise in das bischöfliche Gefängnis zu Padua gelangte, hatte als Einleitung eine "Epistel des Erasmus von Rotterdam, in der er jedermann ermahnt, Christus nachzufolgen und die Lehre des Evangeliums zu beachten". Marziale Clementi fand Gefallen daran, diesen Text seinen Mitgefangenen laut vorzulesen. Auf diese Weise wurden die beiden Geistlichen aus Padua und der Flame, die mit Clementi im Gefängnis festgehalten wurden, in die Evangeliumslehre des Erasmus eingeführt.[11]

Die "Epistel ... von der evangelischen Lehre" war das Vorwort, das Erasmus zu einer vom Basler Drucker Andreas Cratander 1520 herausgegebenen Edition des *Novum Testamentum* in lateinischer Sprache geschrieben hatte. Ca. 1545 wurde die Epistel — elegant ins Italienische übertragen — in leicht zensierter Fassung einer anonymen Übersetzung des Neuen Testaments beigegeben. Der Zusammenstellung dieser beiden Texte war zwischen 1545 und 1551 in Venedig ein beachtlicher Erfolg beschieden; sie erlebte verschiedene Auflagen in kleinem Buchformat, von denen mir vier bekannt sind.[12] Das Neue Testament, das Baldassarre dal Cappello seinem Freund Marziale Clementi durch das Gitterfenster des Paduaner Gefängnisses reichte, muß ein ebensolches handliches Bändchen venezianischer Herkunft gewesen sein.[13]

Unter den programmatischen Schriften zur "evangelischen Philosophie", die Erasmus zu verschiedenen Zeiten verfaßt hatte, um seine Übersetzung des Neuen Testaments einzuleiten, war das Vorwort zu Cratanders Auflage nicht der gewagteste Text. Im Vorwort zur ersten Auflage — in der berühmten *Paraclesis* von 1516 — hatte er sich viel radikaler zum Spannungsverhältnis zwischen dem "einfachen", "für alle zugänglichen" Text des Evangeliums auf der einen und der "spitzfindigen" offiziellen Theologie auf der anderen Seite geäußert. Die Polemik gegen die spätscholastischen Philosophen und Theologen war im Vorwort zur Cratander-Ausgabe von 1520 weniger scharf, der Akzent hatte sich, im Einklang mit der traditionell vorgebrachten Forderung nach Sittenreform, auf die Kritik an den moralischen Schwachstellen des Klerus verlagert. In der italienischen Übersetzung, die Marziale Clementi benutzte, heißt es tadelnd: "Die Welt ist voller Prediger, und nichtsdestoweniger künden sie in der überwiegenden Mehrheit von den menschlichen statt von den göttlichen Dingen. Dies

---

[11] ASV, Fasz. 25, Akte *Contra Martial di Clemente* (1568), Verhör vom 9. Juli 1567 (Padua), Aussage des Priesters Giovanni vom 16. September 1568 (Padua), Verhöre vom 12. und 26. Oktober 1568 (Venedig).

[12] BEI, ad vocem; Del Col, *Bibbia*, S. 173. Zur Genese dieses Vorworts zum Neuen Testament, das in der erasmischen Forschung als *Nova Praefatio* bezeichnet wird, vgl. *EE* IV, ep. 1010, Einleitung; zur deutschsprachigen Rezeption vgl. Holeczek, *Erasmus deutsch*, S. 73-80.

[13] Der Zeuge Giovanni Zaghi erklärte, daß das ins bischöfliche Gefängnis zu Padua gelangte Neue Testament ein Sedezformat ("sextodecimo") gehabt habe; die mir bekannten Ausgaben haben auch ein Sedezformat.

geschieht, weil ihr Ziel nicht der Ruhm Gottes ist, sondern Gewinn oder Lebensgenuß in irgendeinem reichen Bistum oder irgendeiner fetten Abtei ... Sie halten sich eng an die Mächtigen, schmeicheln ihnen und hüten sich, ihnen zu widersprechen, um dafür belohnt zu werden; und sie mißachten und mißhandeln das arme und niedere Volk. Dem dürstenden Volk aus dem reinen Quell Christi zu trinken zu geben, ist heutzutage fast ebenso gefährlich ... wie es schon zu Zeiten Neros war."[14] Diese gemäßigte Kritik an der Verweltlichung von Regular- und Säkularklerikern löste 1568 bei den Zuhörern von Marziale Clementi im bischöflichen Gefängnis zu Padua Erschrecken aus. Einer seiner Mitgefangenen, der Priester Giovanni de Zaghis, zeigte ihn beim Inquisitor wegen dieser Lektüre an. Die Reaktion der anderen Schicksalsgenoßen — unter ihnen ein des Mordes Verdächtiger — war so geartet, daß sich der Besitzer veranlaßt sah, ostentativ einige Seiten des Buchs zu zerreißen. Zu dem Teil, der so geopfert wurde, gehörte vermutlich auch das Vorwort des Erasmus.[15]

IV

Die drei Fälle, die wir zu Beginn dieses Kapitels geschildert haben, sind nicht nur geeignet, die Hauptthese zu antizipieren, sondern stehen auch beispielhaft für die Art des Quellenmaterials, auf das diese These sich stützt. Für den gesamten Zeitraum, während dessen in Italien reformatorische Impulse sichtbar wurden, finden sich zahlreiche Inquisitionsdokumente, aus denen die Kooptation des Erasmus in diese geistige Bewegung hervorgeht. Die Phasen des Aufstiegs (etwa 1530 bis 1540) und des Niedergangs (etwa 1555 bis 1580) weisen in dichterer Folge solche Belege auf als die Blütezeit der Bewegung (etwa 1540 bis 1555), für die sie etwas seltener werden. Dieser Kurvenverlauf gilt nicht nur für die Gesamtbewegung, er zeigt sich auch bei der Einzelbetrachtung einiger Konventikel. Das Werk des Erasmus, auf das in der Phase expansiver Propaganda häufig Bezug genommen wird, tritt in der organisatorischen Phase — als die kleinen italienischen Gemeinschaften kirchliche Strukturen aufzubauen versuchen, sich an abweichende sakramentale Formen heranwagen, Mittel und Wege gegenseitigen Beistands und des Selbstschutzes entwickeln — eher in den Hintergrund und wird dann als Rückzugsposition wieder aktuell, als die gegenreformatorische Repression sich verschärft.

Die Generation der zwischen 1510 und 1520 Geborenen liefert uns die deutlichsten Zeugnisse der Kooptation des Erasmus für die reformatorische Bewegung. In Studien der letzten zwei Jahrzehnte sind bereits die Gestalten einiger Anhänger oder Sympathisanten des Protestantismus beschrieben worden, die sich in ihrem Dissens von Erasmus leiten oder bei der

---

[14] *Prima parte del Nuovo Testamento, ne la qual si contengono i quattro evangelisti, cioè Matteo, Marco, Luca e Giovanne*, Venedig, Al segno della Speranza, 1545, fol. 6*ʳ.
[15] Vgl. Anm. 11.

80   3. KAPITEL

Herausbildung ihrer religiösen Vorstellungen von seinen Werken anregen ließen. Herausragende Vertreter dieser Gruppe sind Giovanni Angelo Odoni und sein Mitstreiter Fileno Lunardi (beide um das Jahr 1510 geboren) sowie Ortensio Lando (zwischen 1510 und 1512 geboren), die Erstgenannten wegen der Ernsthaftigkeit ihres Engagements, der Letztgenannte wegen der Vielseitigkeit seines Wirkens. Auch Alessandro Milani (geboren 1512) und Achille Benvoglienti (geboren um das Jahr 1510), sowie der etwas ältere Aonio Paleario (geboren 1503) können dieser Gruppe italienischer Erasmusjünger zugerechnet werden.[16] Andere Vertreter der Generation von 1510/20 haben wir oben schon erwähnt oder werden wir im Laufe dieser Arbeit noch im einzelnen behandeln: den um das Jahr 1511 geborenen Giovanni Bertari, genannt "il Poliziano", und seinen Altersgenossen Pietro Lauro; des weiteren Francesco Porto (geb. 1511), Aurelio Cicuta (geb. 1513), Pier Giovanni Monzoni (geb. 1514), Sebastiano Castello (geb. 1515), Marziale Clementi (geb. 1517) und Bartolomeo Fontana (geb. um das Jahr 1518) sowie Girolamo Allegretti (geb. 1521). Keinen großen Altersabstand zur Generation von 1510 hatten der 1502 geborene Matteo Cizzo und der um das Jahr 1508 geborene Marco Valvason.[17]

Es ist vermutlich nicht als Zufall zu betrachten, daß bemerkenswert viele Befürworter einer von Erasmus inspirierten Reformation zur Generation von 1510/20 gehörten. Die erfolgreiche Verbreitung der Schriften des Erasmus in Italien erreichte zwischen 1520 und 1530 ihren Höhepunkt, als seine Werke — insbesondere die von ihm für den Schulgebrauch gedachten

---

[16] Seidel Menchi, *Fortuna di Erasmo*; zu Alessandro Milani vgl. Margolin, *Étude*, S. 246-257 (und zum Geburtsjahr Milanis vgl. Firpo, *Morone*, S. 257f.); zu Achille Benvoglienti als Erasmus-Leser vgl. Marchetti, *Gruppi senesi*, S. 69; zu Aonio Paleario vgl. Caponetto, *Paleario*.

[17] Von den hier erwähnten Personen ist auf den Seiten 74-77 (Bertari), 99 (Porto), 165f., 218 (Lauro), 300-333 (Cicuta), 100, 101 (Castello), 84 (Gelusio), 77-79 (Clementi), 161f. (Fontana), 263-268 (Allegretti), 146-151 (Cizzo), 407, 419 (Valvasone) die Rede. Ihr Alter läßt sich den hier im folgenden aufgeführten Quellen entnehmen bzw. auf ihrer Grundlage schätzen: *DBI* IX, S. 476 (Giovanni Bertari); Cavazzuti, *Castelvetro*, Anhang, S. 8f. (kurze Biographie des Pietro Lauro, die ihn derselben Generation wie Bertari und Milani zurechnet), außerdem Tiraboschi, *Biblioteca modenese* III, S. 76-81, und Valdrighi, *Note bibliografiche*, S. 48f. (Chronologie der Schriften des Pietro Lauro); Manoussakas und Panayotakis, *Frankiskos Portos*, S. 85 (Francesco Porto); ASV, Fasz. 6, Akte *Pietro da Spoleto*, fol. 8ᵛ (Pietro Gelusio); ASV, Fasz. 18, Akte *Aurelio Natale Cicuta*, erstes venezianisches Verhör vom 10. Mai 1563 (Aurelio Cicuta gab zu Protokoll, er sei "aetatis annorum quinquaginta in circa"); ASV, Fasz. 13, *Contra fratrem Sebastianum Castello*, fol. 10ʳ (beim Verhör vom 26. August 1551 gab Sebastiano Castello zu Protokoll, er sei "de anni trentasei in circa"); ASV, Fasz. 25, Akte *Contra Martial di Clemente* (in der Sitzung vom 9. Juli 1567 wird das Alter von Marziale Clemente "annorum super quinquaginta" geschätzt); ASV, Fasz. 23, Akte *Contra Bartholomeum Fontana* (in der Sitzung vom 18. Mai 1568 erklärte Bartolomeo Fontana, daß er "de anni cinquanta in circa" war); ASV, Fasz. 8, Akte 29, *Girolamo Allegretti* (im Verhör vom 2. September 1550 erklärte Girolamo Allegretti, er sei "de anni vintinove"); ASV, Fasz. 5, Akte *Matteo Cizzo* (in der Sitzung vom 30. August 1558 wird Matteo Cizzo als "etatis annorum ut videbatur quinquaginta sex" bezeichnet); ASV, Fasz. 24, Akte *Marco Valvason cancelliere di Torcello* (Denunziation des Priesters Romolo de Fabiis von 1568, in der der Angezeigte als "homo di età de anni sessanta in circa" bezeichnet wird).

Lehrbücher der lateinischen Grammatik und der Rhetorik — südlich der Alpen die größte Zahl der Neuauflagen erzielten.[18] Die Flut erasmischer Schriften erreichte folglich vor allem die Generation der um die Jahre 1510/20 Geborenen. Ihnen gaben ihre Lehrer die *Colloquia familiaria, De conscribendis epistolis, De duplici copia verborum ac rerum*, die *Adagia* und in gewissen Fällen auch das *Enchiridion* in die Hand,[19] noch bevor die katholischen Theologen jene Gleichung Erasmus = Luther konstruiert hatten, von der im vorhergehenden Kapitel die Rede war. Als infolge dieser Gleichsetzung Erasmus 1530/35 von einer Aura des Verdächtigen umgeben war, hatten die Angehörigen der Generation von 1510 das zwanzigste Lebensjahr erreicht. In diesem Alter mußte die Erfahrung, daß ihr Lehrer Erasmus als Häresiarch, als Helfershelfer jenes Luther gebrandmarkt wurde, von dem die Propaganda der Amtskirche ein diabolisches Bild verbreitete, zum Widerspruch reizen. Der Abschreckungseffekt der antilutherischen Propaganda zeigte bei dieser Generation dank ihrer Vertrautheit mit den Schriften des Erasmus nur geringe Wirkung. Die Verbindung zwischen dem Humanisten und dem Reformator konnte Luther in den Augen dessen anziehend machen, der gelernt hatte, Erasmus zu schätzen. So geriet Erasmus wahrscheinlich in die Rolle des Vermittlers, über den sich der Kontakt zu jenen Reformatoren herstellte, die er zur gleichen Zeit öffentlich mißbilligte und bekämpfte. Allerdings förderte die aus der Kenntnis dieser Reformatoren und der Vertrautheit mit ihren Ideen entstehende Gedankenprojektion auf das Werk des Humanisten eine Interpretation, die dem späten Erasmus vermutlich selektiv und parteiisch erschienen wäre.[20]

V

Wie die oben erwähnten Vorkommnisse aus Bologna (1542-43), Modena (1541) und Padua (1568) zeigen, ließ sich Erasmus in Italien in die Heterodoxie ohne erkennbare Vorbehalte integrieren. Aonio Paleario konnte deshalb 1543 den niederländischen Humanisten mit "Oekolampad, Melanchthon, Luther und Bugenhagen" gleichsetzen, nachdem er schon 1534 die Idee vertreten hatte, das Werk des Erasmus stelle eine Art Minimalprogramm und somit die Basis für ein geeintes Auftreten der verschiedenen reformierten Gruppierungen auf dem Konzil dar.[21] Pier Paolo Vergerio verallgemeinerte seine persönliche Erfahrung, als er erklärte, daß Erasmus der "Lehrer" und der "recht große Quell" sei, aus dem viele Theoretiker der Reformation ihre Lehren geschöpft hätten (1550).[22]

---

[18] Vgl. Kap. 15, S. 428, Abb. 1
[19] Seidel Menchi, *Spinola*, S. 90f.
[20] Das Thema wird ausgeführt in Kap. 5, S. 141f.
[21] Seidel Menchi, *Atteggiamenti*, S. 116-128, 130-133.
[22] Vergerio, *Catalogo*, fol. i7ʳ: "Erasmo è il maestro de molti et come un fonte assai grande ne tempi nostri; parecchi di questi autori condannati sono i discepoli e i rivi, che da lui hanno ricevuta la dottrina" (Hinweis von Silvano Cavazza).

Die Zusammensetzung der im folgenden zu besprechenden Bibliotheken der Häretiker wie auch der Tenor der "lutherischen" Predigten und die Analyse der religiösen Dissensliteratur bestätigen jene Kooptation des Erasmus durch die italienische Reformationsbewegung, für die Paleario und Vergerio explizite Zeugnisse liefern.

Im privaten Bücherbestand des Augustinereremiten Giulio da Milano, dem 1541 wegen seiner vom Protestantismus beeinflußten Predigten der Prozeß gemacht wurde, war Erasmus mit vier von insgesamt acht Werken zeitgenössischer Theologie vertreten.[23] Eine beachtliche Sammlung von Erasmus-Drucken (9 Bände, u.a. das *Novum Testamentum*, den Traktat *Modus confitendi*, die *Paraphrases in Evangelium Marci* und *in Evangelium Joannis*, die *Colloquia*, die *Methodus perveniendi ad veram theologiam* und das *Enchiridion* auf italienisch) enthielt die Bibliothek des Friauler Adligen Adriano da Spilimbergo, dessen evangelische Orientierung durch den Besitz des *Sommario della Santa Scrittura* und anderer eindeutig protestantischer Texte bezeugt wird.[24] Das *Testamentum novum per Erasmum Roterodamum* stand neben Werken neutestamentlicher Exegese von Bullinger und Brenz in der Bibliothek von Omobono Asperti, Pfarrer des in der Nähe von Verona gelegenen Ortes Tomba, der sich 1550 als Anhänger von "Zwingli, Bucer, Bullinger, Oekolampad" bekannte.[25] 1554 machte der Priester Agostino Casate seinen einflußreichen Gönnern, den religiös nach Genf orientierten Seidenhändlern Pellizzari aus Vicenza, die Mitteilung, von einem Inquisitor aus dem Dominikanerorden wegen des Besitzes dreier verdächtiger Bücher verfolgt worden zu sein — der *Colloquia* des Erasmus, des *Sommario della Santa Scrittura* und des *Beneficio di Cristo*.[26] Die Werke von Erasmus standen neben den Schriften von Oekolampad in der Bibliothek des Schullehrers Annibale Salato aus Amalfi, der 1567 vom Inquisitionsgericht Rom zu zehn Jahren Galeerenstrafe verurteilt wurde.[27] Die beiden Lieblingsbücher, die ein heterodoxer Priester aus Mogliano Veneto namens Natale bis zum Jahre 1570 verwahren konnte, waren die *Gespräche* von Erasmus in der Landessprache und ein nicht identifizierbarer *Libro de la institution de la vita christiana*.[28]

Als der Gutsverwalter Marco Antonio de Rubertis ca. 1566 von einem Diener eine Truhe öffnen ließ, die er in einem Mietshaus bei der Kirche San

---

[23] ASV, Fasz. 1, Akte *Processus magistri Iulii Mediolanensis*. Die Liste der am 19. April 1541 im Hause von Celio Secondo Curione beschlagnahmten Bücher des Giulio da Milano wurde in die Anklageschrift aufgenommen, die sich unter den Protokollen der Sitzungen vom 19. April bis zum 8. Juni 1541 befindet.

[24] Scalon, *Biblioteca di Adriano da Spilimbergo*, S. 59-61, 64, 69, 83-85.

[25] ASV, Fasz. 8, Akte 30, *Contra Bartholomeum dalla Barba* (1550), fol. 53^r, 55^v, 57^v.

[26] ASV, Fasz. 19, Akte *Nicolò Pellizzari*, Brief des Agostino Casate vom 2. Januar 1554 (*more veneto*).

[27] Lopez, *Inquisizione e censura*, S. 257-270 und generell für die süditalienische Rezeption De Frede, *Erasmo*.

[28] ASV, Fasz. 48, Akte *Contra Ioannem Zoncha*, fol. 28^v, 125^{rv}.

Salvatore di Collalto vorgefunden hatte, entdeckte er darin einen von Mäusen angenagten Sack mit etwa vierzig Büchern, "alle verboten und ketzerisch". Dem Verwalter fiel sofort auf, daß darunter einige Schriften des 'Erasmo Rotherodamo' waren; der eilends herbeigerufene Pfarrer von Refrontolo hingegen bemerkte als erstes "alle Werke Martin Luthers mit seinem Bildnis" sowie Texte von Zwingli, Bernardino Ochino, Brenz und Bullinger — meistens Bände "in sehr gutem Basler Druck und schön gebunden". Es handelte sich um die Bibliothek des Priesters Francesco Bartoldi, eines "Lutheraners", der Verbindung zur Gruppe von Lucio Paolo Rosello hatte.[29]

Der Schullehrer Marco Antonio Pichissino büßte 1558 mit öffentlicher Abschwörung seine Beteiligung an einer heterodoxen Gruppe in Gemona, deren Aktivität vor allem in der Lektüre und Diskussion von Büchern Luthers bestand. 1575 brachte ein zweites Inquisitionsverfahren zutage, daß der Lehrer, durch seine Erfahrung mit der Inquisition gewitzter geworden, aber nicht bekehrt, auf weniger verräterische Lektüren ausgewichen war: neben Guillaume Postel und der *Dialectica* von Melanchthon las er jetzt die Paraphrasen des Erasmus zum Matthäusevangelium.[30]

Manchmal läßt sich das Vorhandensein eines Buchs von Erasmus in einer Häretiker-Bibliothek nur auf indirektem Weg ermitteln. Eine Schrift von Agostino Vanzo, die in den Akten seines Prozesses überliefert ist, beweist, daß dieser Arzt aus Schio vom erasmischen Dialog *Iulius exclusus e coelis* genaue Kenntnis hatte. Denn in dem vor dem Bischof von Belluno 1579-80 geführten Prozeß bildete Agostino's *Dialogo di papa Leone e di San Pietro* den Hauptpunkt der Anklage. Sich eng an Erasmus' Schrift *Iulius exclusus* anlehnend, beschrieb Agostino Vanzo in diesem *Dialogo*, wie der hl. Petrus Papst Leo X. den Eintritt in den Himmel verweigerte.[31] Trotz der unleugbaren Analogien zwischen dem *Iulius exclusus* und dem *Dialogo di papa Leone e di San Pietro* kann die kurienfeindliche Gesinnung des sich zu seinen Überzeugungen frei bekennenden und deshalb den Tod erwartenden Dissidenten — "Ich weiß, daß mich Eure Hochwürden zu Tode verurteilen werden"[32] — nicht allein auf Erasmus zurückgeführt werden. Der Arzt aus Schio hatte den im Modell von Erasmus vorgegebenen Gegensatz zwischen dem Apostel Petrus und dem Nachfolger Petri radikal zugespitzt, indem er andeutete, der Papst sei der Antichrist. Diese Radikalität wird der Grund

---

[29] ASV, Fasz. 26, Akte *Vincenzo Bertoldi* (1569-70), Aussage des Priesters Leonardo aus Refrontolo vom 8. August 1569, protokolliert in Ceneda, und Aussage des Marco Antonio de Rubertis vom 27. August 1569, protokolliert in Bassano. Zu den Beziehungen von Francesco Bertoldi zu Lucio Paolo Rosello vgl. Del Col, *Rosello*, S. 457.
[30] ACAU, Fasz. 1, Akte 3, *Contra Dionisium de Rizardis glemonensem*, fol.. 13^r, 23^v-24^v, 25^r; ACAU, Fasz. 5, Akte 60, *Contra Marcum Antonium Pichissinum* (1575), Verhöre vom 16. und vom 24. Oktober 1581.
[31] AVBe, Diocesi, Atti vescovili e curiali, 11, *Processo contro Agostino Vanzo dy Vicenza*. Der *Dialogo* findet sich auf fol. 19^v-27^r.
[32] Ebd., fol.49^v.

3. KAPITEL

gewesen sein, weshalb das Heilige Offizium und das bischöfliche Gericht von Belluno den Fall des rückfälligen Dissidenten Agostino Vanzo mit Unnachgiebigkeit behandelten. Nicht einmal die Familie des Arztes fand Gnade, wurden doch die Gattin Arsilia und der Bruder Giulio als Komplizen betrachtet.[33] Nach meiner Vermutung ist die den *Dialogo di papa Leone e di Santo Pietro* kennzeichnende, radikal antipäpstliche Gesinnung das Resultat einer Lektüre des *Iulius exclusus* von Erasmus im Spiegel von Luthers *Passional Christi und Antichristi*. Wenn dies tatsächlich zuträfe, dann wären diese Schriften von Erasmus und Luther möglicherweise in der Bibliothek des Arztes aus Schio vereinigt gewesen.

Die Analyse der sich auf das Predigtwesen beziehenden Quellen bestätigt die These einer Integration des Erasmus in das kulturelle Umfeld der italienischen Reformation.

Die "wundervollen" Predigten, in denen der Franziskaner Antonio dalla Castellina 1539 "auf sehr geschickte Art das Alte und Neue Testament mit dem hl. Paulus, dem hl. Augustinus und anderen großen Kirchenlehrern" verknüpfte, trugen ihm eine Vorladung beim Inquisitionsgericht ein. Die Dominikaner von Modena hielten diesen Prediger für einen "von der Sekte Luthers, der die Sekte des Erasmus predigt".[34] Einige erasmische Motive lassen sich in den 1544 vom Augustinereremiten Ambrogio da Milano auf Zypern gehaltenen Predigten finden, die ihm einen in Venedig stattfindenden Prozeß wegen Ketzerei einbrachten (ein späterer, 1556 in Rom gegen ihn geführter Prozeß endete mit seiner Hinrichtung).[35] Von Erasmus geprägt erscheinen auch die — vor 1553 zu datierenden — Ansprachen, die der Dominikaner Pietro Gelusio nach seiner Rückkehr aus Basel, wo er u.a. Zwingli gelesen hatte, vor den Schwestern des Klosters Santa Caterina della Rosa in Spoleto hielt.[36] Der Prediger Girolamo Allegretti aus Split, ehemals Dominikaner, dann im Exil in Basel lebend und 1550 als Leiter der kleinen evangelischen Gemeinde von Gardone tätig, hielt dort Bibellesungen ab, die

---

[33] *Processo contro Agostino Vanzo* und TCD, Ms. 1225, Urteilspruch gegen Giulio Vanzo da Schio.

[34] Lancellotti, *Cronaca* VI, S. 148f.

[35] Seidel Menchi, *Fortuna di Erasmo*, S. 611f. (aber vgl. hierzu Rozzo, *Cavalli*, S. 249f.).

[36] ASV, Fasz. 6, Akte *Pietro da Spoleto*; ASV, Fasz. 13, Akte *Contra don Pietro da Spolleto* und, in demselben Faszikel, Aufzeichnungen des Gerichtes vom 7. Januar 1556 bis zum 4. Februar 1557, fol. 8ᵛ-12ʳ. Vgl. insbesondere folgende Sätze aus der Predigt Gelusios in Spoleto: "Ch'el mangiar carne il venerdì et sabbato non era tal peccato che non fusse più lo scandalo"; "che le prohibitioni, precetti et scommuniche de' superiori sonno cose fatte da homini, et che intrinsicamente et quanto a Dio non nocevano a chi le trapassava"; "che mangiare della carne non era prohibito né alcun peccato al tempo di Christo et non è peccato per ordine che Christo ha dato, ma la Chiesa l'ha commandato, et per non scandalezare le genti è male a mangiarne, cioè el venerdì o sabato o tempi prohibiti dalla Chiesa"; daß das Weihwasser "era una cerimonia dalli homini trovata"; "che li precetti et scommuniche de' superiori poco nocevano all'anima et che si doveva temere et haver paura della scommunica de Christo et non delli homeni" (ASV, Fasz. 6, Akte *Pietro da Spoleto*: vom "Commissario apostolico" Frater Matteo Lachi am 6. Juni 1553 im Konvent Santa Maria della Rosa in Spoleto gesammelte Zeugnisse).

sich — nach seinen eigenen Aussagen — an den Anmerkungen des Erasmus zum Neuen Testament orientierten, des weiteren an den Werken von Johannes Chrysostomos und von Wolfgang Musculus.[37]

VI

Der religiöse Dissens in Italien wies Erasmus nicht nur — in Analogie zu Luther — die Rolle des reformatorischen Theoretikers zu. Ebenso häufig teilte man ihm die bescheidenere Funktion des Wegbereiters der Reformation und/oder die eines Ersatzes für die streng verbotenen Reformatoren zu. Diese Funktionen finden wir in einem von Hieronymus Aleander im Jahre 1531 geschriebenen Brief umrissen, in dem der päpstliche Nuntius den Erfolg, der Erasmus in Spanien beschieden war, als einen Effekt des latenten iberischen Luthertums erklärte. Da die Anhänger der neuen Sekte sich nicht offen auf die Seite des von der Kirche offiziell verurteilten Ketzers Luther stellen könnten, höben sie Erasmus "in den Himmel" und trieben mit ihm einen wahren Kult, der sich — wie der Nuntius anführte — unter anderem in der wachsenden Zahl der Übersetzungen seiner Schriften — "ich meine der gefährlichen" — ins Spanische äußere.[38]

Auch wenn die erasmischen Schriften nur selten als — wie Aleander meinte — Surrogat der Reformationstraktate Verwendung fanden, so dienten sie doch im gesamteuropäischen Raum zur Vorbereitung der von Luther geführten Bewegung. In England wurde das erasmische Moment der Reformation von William Tyndale verkörpert, dessen Laufbahn mit der Übersetzung des *Enchiridion militis christiani* ins Englische begann und mit der des *Novum Testamentum* ihren Höhepunkt erreichte (1536 endet Tyndale auf dem Scheiterhaufen der Inquisition von Brüssel).[39] In Frankreich stand der Erasmus- und Luther-Übersetzer Louis de Berquin für diese Orientierung; 1529 wurde auch er nach seinem dritten Prozeß wegen Ketzerei in Paris verbrannt.[40] In den Niederlanden läßt sich das erasmische Moment bei Nicolaas van Broeckhoven (Nicolaus Buscoducensis) und Cornelis Schrijver (Cornelius Grapheus) ausmachen — der' erstere Leiter der humanistischen Schule, der zweite Stadtschreiber von Antwerpen.[41] In Spanien tritt dieselbe Tendenz im *Diálogo de doctrina christiana* von Juan

---

[37] ASV, Fasz. 8, Akte 29, *Girolamo Allegretti*, Verhöre vom 2. und vom 12. September 1550: "*Interrogatus* Di che dottori vi servii in le vostre lettione? *respondit* De Gresostomo, de Musculo, qual he prohibito et è de nation sguizaro, et delle annotation de Erasmo". Hierzu vgl. Kap. 8, S. 267.
[38] Laemmer, *Monumenta*, S. 94.
[39] Mozley, *Tyndale*, und — hinsichtlich einer neuen Interpretation — Holeczek, *Bibelphilologie*, S. 249-259, und *CE* III, S. 354f. (mit Bibliographie).
[40] Mann, *Erasme et la Réforme française*, S. 113-149. Eine vollständige Bibliographie findet sich in *CE* I, S. 135-140.
[41] *CDIN* IV, S. 105-110; Kalkoff, *Anfänge*; ders., *Nikolaus von Herzogenbusch*; Lindeboom, *Bijbelsch Humanisme*, S. 200-210. Hierzu neue Bibliographie in *CE* I, S. 204f. (Broeckhoven) und II, S. 123 (Schrijver).

de Valdés in Erscheinung, in dem unter dem Deckmantel des Lobpreises von Erasmus die Lehre Luthers propagiert wird.[42] Im deutschen Sprachraum sind bekannterweise "die meisten führenden Gestalten sowohl innerhalb des Luthertums ... als auch aus der schweizerisch-oberdeutschen Reformationsbewegung" in den 20er Jahren aus dem Kreis des biblischen Humanismus hervorgegangen, der Erasmus in den Mittelpunkt gestellt hatte.[43]

In Italien erweist sich in Extremfällen die Einbeziehung des Erasmus in das Programm der Reformation als bloßes Tarnungsmanöver. Eindeutige Belege für die Verwendung seines Namens aus taktischen Gründen liefern die zwischen 1526 und 1543 in Venedig gedruckten und in Umlauf gebrachten Übersetzungen von vier kleinen Schriften Luthers und Amsdorfs, als deren Verfasser Erasmus angegeben wird.[44] Der in vier Auflagen belegte (1526, 1532, 1540, 1543) Druck dieser ihrem Tenor nach katechetischen Werke ist als ein planmäßiger Versuch zu bewerten, Luther hinter der Maske von Erasmus zu verstecken.

---

[42] Gilly, *Valdés*, S. 257-278. Eine analoge Verbindung zwischen Erasmus und Luther besteht beim Fall Vergara, vgl. Longhurst, *Vergara*.

[43] Augustijn, *Erasmus*, S. 3, 14.

[44] Seidel Menchi, *Traduzioni di Lutero*, S. 61-64. In diesem Beitrag werden zwei Ausgaben des genannten pseudoerasmischen Drucks beschrieben:

1) *La declaratione delli dieci commandamenti: del Credo: del Pater noster: con una breve annotatione del vivere christiano per Erasmo Rotherodamo utile et necessaria a ciascuno fidele christiano*. Historiata. (Colophon: Stampata in Vineggia per Nicolò di Aristotile detto Zoppino, M.D.XXVI); 2) *La dechiaratione de li dieci commandamenti, del Credo, del Pater nostro, con una breve annotatione del vivere Christiano per Erasmo Roterodamo utile et necessaria a ciascuno fedele christiano* (Colophon: In Vinegia per Bernardino de Viano de Lexona Verzelese. Nel anno del Signore M.D.XXXXIII.).

Nach der Veröffentlichung dieses Beitrags habe ich zwei weitere Ausgaben des gleichen pseudoerasmischen Sammelbandes identifiziert:

3) *La dechiaratione delli dieci commandamenti: del Credo: del Paternostro: con una breve annotatione del vivere Christiano per Erasmo Roterodamo: utile et necessaria a ciascuno fedele Christiano*. Historiata (Colophon: Stampata in Vinegia per Nicolò di Aristotile detto Zoppino. Del mese di settembre 1532); 4) *La dichiaratione de i dieci commandamenti: dil credo e dil Pater noster: con una breve Annotatione dil vivere Christiano per Erasmo Roterodamo, utile, e necessaria a ciascuno fedele Christiano*. Historiata. M.D.X.L. (Aus dem Colophon ergab sich der Name des Verlegers und des Druckortes: Venedig, Nicolò di Aristotele Rossi, genannt Zoppino, 1540, vgl. Jacobson Schutte, *Religious Books*, S. 276). In der Ausgabe von 1540 waren den drei kleinen pseudoerasmischen Schriften zwei kurze Texte beigefügt worden, die auf dem Frontispiz wie folgt bezeichnet sind: *Opera nuova dilla dichiaratione dil nome di Giesù mirabile. Composta per Peregrino Moretto Mantoano, e Ferrarese, non più stampata. Da mihi bibere dilla Samaritana. Composta per il sopradetto Peregrino. Similmente non più stampata.*

Von den vier pseudoerasmischen Ausgaben ist m.W. jeweils ein einziges Exemplar erhalten: das Exemplar Nr. 1 befindet sich in der Koninklijke Bibliotheek von Den Haag, das Exemplar Nr. 2 in der Biblioteca Statale von Lucca, das Exemplar Nr. 3 in der Universitätsbibliothek von Gent, das Exemplar Nr. 4 in der Biblioteca Nazionale von Florenz. Das Exemplar Nr. 4 ist bei der Überschwemmung 1966 stark beschädigt worden und nur noch verstümmelt erhalten.

Komplexer erscheint die Funktion des Erasmus im reformatorischen Entwurf, den Giovanni Angelo Odoni und sein Mitstreiter Fileno Lunardi zwischen 1534 und 1536 in Straßburg skizzierten. Der aus Penne in den Abruzzen stammende Odoni, Student der Medizin in Bologna, war mit etwas mehr als zwanzig Jahren zur Lehre von Bucer und Capito konvertiert und hatte sich nach Straßburg begeben, um Theologie zu studieren. 1536 verfaßte er ein als Brief an Erasmus formuliertes Manifest des religiösen Protestes, das auf die italienischen Verhältnisse zugeschnitten war und sich auf den Humanisten als Schutzherrn berief. Dieses Manifest sollte als Einigungsgrundlage und Ausgangsbasis einer spiritualistisch orientierten Reformation dienen.[45]

Nach einer solchen Vorstellung konnte in Italien die Reformation nur Ergebnis propagandistischen Wirkens sein. Ihre Durchsetzung bei Klerus und Gläubigen sollte unter der erasmischen Devise von der Eintracht der Kirche erfolgen, also in der Perspektive einer Wiederversöhnung der Katholiken mit den Protestanten.[46] Diese Strategie läßt sich auf eine realistische Einschätzung der damaligen, durch die zentrale Machtstellung des Papsttums gekennzeichneten politischen Lage Italiens zurückführen. Den damals von der römischen Kurie sehr rücksichtsvoll behandelten Erasmus als Schirmherrn auszuwählen, bedeutete, einen frontalen Zusammenstoß zu vermeiden, bis die reformatorische Idee eine so breite Zustimmung gefunden hatte, daß man auf die Entscheidungsgremien der Kirche Druck ausüben konnte. Trotz der kalkulierten Vorsicht, mit der dieses Programm formuliert wurde, erscheint das erasmische Moment hier als Fassade, hinter der sich weitergehende, an Bucers Theologie orientierte Entwürfe verbargen.

Wegen der aus den uns erhaltenen Dokumenten zu erkennenden Klarheit des strategischen Entwurfs nimmt der Fall Odoni eine Sonderstellung ein. Es gibt jedoch zahlreiche Episoden innerhalb der italienischen Reformationsbewegung, die zumindest in die gleiche Richtung weisen. Im folgenden Abschnitt werde ich drei dieser Fälle darlegen, in denen das Werk von Erasmus als Propädeutik zur Reformation oder als Ausgangsbasis für weiterreichende religiöse Entwürfe benutzt wurde.

VII

Der Fall der Caterina Sauli

Die aus reicher Genueser Adelsfamilie stammende, in Padua wohnhafte Caterina Sauli war verheiratet mit Giovanni Gioacchino da Passano, Herrn von Vaux, dem diplomatisch-militärischen Koordinator französischer Aktionen in Italien, einer einflußreichen Persönlichkeit in der Politik des

---

[45] Seidel Menchi, *Fortuna di Erasmo*, S. 541-562 und hierzu die Biographie von Battista Fieschi in *CE* II, S. 30.
[46] Seidel Menchi, *Fortuna di Erasmo*, S. 560-562.

frühen 16. Jahrhunderts. In einem 1567 datierten Dokument begegnet uns Caterina Sauli als eine der zentralen Gestalten in dem von Venedig bis Mantua und von Padua bis Rovigo reichenden Netzwerk des norditalienischen Calvinismus,[47] zu dem u.a. Nicolò Buccella, Alessandro Trissino, Francesco Scudieri und Giovan Domenico Roncalli gehörten.[48] Ihre hohe soziale Stellung machte Caterina Sauli besonders dafür geeignet, religiöse Dissidenten unter ihren Schutz zu nehmen. Sie finanzierte Andersgläubige verschiedener Orientierung, indem sie sie als Hauslehrer ihrer Kinder in Dienst nahm — eine von italienischen Protestanten häufig geübte Form der Solidarität. 1547 erschien ihr Name in Zusammenhang mit einem Werk, das zwei Jahre später auf dem vom apostolischen Nuntius Giovanni della Casa erstellten Index verbotener Bücher stehen sollte: die *Esposizione letterale del testo di Matteo evangelista*. Der als Verfasser geltende paduanische Philosoph und Literat Bernardino Tomitano widmete dieses Werk Caterina Sauli. Sie, die verheiratete Frau und Mutter einer "prächtigen Kinderschar", die begüterte Dame, die als ebenbürtige Geschäftspartnerin des Herzogs von Mantua auftreten konnte, wurde als Leitbild der Nachfolge Christi dargestellt.[49]

Als Bernardino Tomitano im Jahre 1555 aus eigenem Antrieb vor dem Inquisitionsgericht von Venedig erschien, um die ihn gefährdende Autorschaft zu bestreiten, erklärte er, in Wirklichkeit stamme das Werk nicht von ihm, sondern von Erasmus; auch die Initiative zur Übersetzung sei nicht von ihm ausgegangen, sondern vom Ehemann der Caterina Sauli. Er selbst habe nichts weiter getan, als im Auftrag die Paraphrase des Erasmus zum Matthäusevangelium aus dem Lateinischen zu übersetzen, ein Werk, das bei Giovanni Gioacchino da Passano immer in Reichweite — "auf einem Tisch" — gelegen habe. Es sei dessen Wunsch gewesen, eine gute italienische Fassung dieser Schrift erstellen zu lassen, zuerst zum eigenen Gebrauch, später dann zur Verbreitung als Buch. Das Werk erschien in luxuriöser Ausstattung, deren Kosten Giovanni Gioacchino da Passano trug. Daß es seiner Frau gewidmet wurde, ist vermutlich nicht nur als Zeugnis seiner Liebe zu ihr, sondern auch als Zeichen dafür zu verstehen, daß beide Eheleute sich von den religiösen Idealen des Erasmus leiten ließen.

Bis zu welchem Grad Tomitano selbst in die Projekte des Giovanni Giacchino da Passano eingeweiht war, läßt sich nicht eindeutig sagen. Eindeutig ist dagegen die Verantwortung der Förderer, des wohlhabenden und einflußreichen Ehepaars aus Ligurien, für die Übersetzung der

---

[47] ASV, Fasz. 25, Akte *Isabella Frattina*, "Depositiones extractae ex processu sive ex actis et constitutis" von Caterina Sauli am 17., 22., 23. September 1567 und am 21. Oktober 1568. Die Aussagen der Caterina Sauli müssen durch die derselben Akte beigelegten Auszüge aus den Verhören des Silvio Lanzoni, des Alessandro Lanzoni und durch die Aussage des Ettore Donati vom 22. September 1567 ergänzt werden.

[48] Vgl. Olivieri, *Trissino*; Perini, *Perna II*, S. 371f.; Stella, *Antitrinitarismo*, passim; Malavasi, *Roncalli*; dies., *Testamento Roncalli*.

[49] Seidel Menchi, *Fortuna di Erasmo*, S. 619-624.

Paraphrasen des Erasmus ins Italienische. Die *Esposizione letterale del testo di Matteo evangelista* war nämlich der erste Teil eines umfassenderen Programms, zu dem alle vier Paraphrasen der Evangelien gehörten.[50]

Es ist nicht bekannt, ob Caterina Sauli schon 1547 dem Protestantismus nahestand. Wenn nicht, ist die Evangeliumslehre des Erasmus als prägendes Element einer vorübergehenden Phase ihrer religiösen Entwicklung zu betrachten. Wenn doch, muß ihr die theologische Sicht des Erasmus im Jahre 1547 als akzeptabler Kompromiß zwischen ihrer inneren Überzeugung und der zeremoniellen Frömmigkeit erschienen sein, die sie als Auswirkung der einsetzenden Gegenreformation allenthalben triumphieren sah. Gegen diese Frömmigkeit sagte Erasmus in den Paraphrasen nichts — oder nur wenig; aber er sprach sich auch nicht dafür aus. Und in jenen Jahren war auch Schweigen verdächtig. Zu den heikelsten Streitfragen gehörten damals — dem Zeugnis von Bernardino Tomitano zufolge — Heiligenverehrung, Wert der kirchlichen Überlieferung, Einschätzung frommer Werke. Bei diesen Themen ließ Erasmus — mit seinen "knappen Äußerungen", seiner "vorsichtigen und reservierten Art" und seinem "unschlüssigen und unklaren Vorgehen" — eine mehrdeutige Zurückhaltung walten, die den unterschiedlichsten Interpretationen Raum gab.[51]

Die Gruppe um Alessandro Ressa

Die Akten eines Inquisitionsprozesses, der in Imola stattfand, geben Auskunft über die Eigenart einer zwischen 1549 und 1551 aktiven kleinen Gruppe von Protestanten. Die wichtigsten Mitglieder der Imoleser Gruppe waren der Buchhändler und Uhrmacher Alessandro Ressa, der aus Tossignano stammende Meister Nocente, seines Zeichens Kleinschmied und Eisenwarenhändler, der Goldschmied Pietro Gentile aus Faenza sowie einige andere Handwerker wie Giovanni Zacone und Giovan Battista Guidotti; am Rande der Gruppe scheinen der Augustiner Raffaele aus Bergamasco und der als Schullehrer tätige Geistliche Don Filippo gestanden zu haben.

Der Zusammenhalt der Gruppe wurde dadurch gestärkt, daß man gemeinsam Predigten besuchte und diskutierte, geschlossen als Anhänger "christlicher" Prediger auftrat, die "pharisäischen" Prediger kritisierte, verbotene oder verdächtige Bücher untereinander weitergab und einander in den Werkstätten besuchte, um unvermittelt aufgetretene Fragen der Exegese zu besprechen. ("Wie verstehst du ... dieses Gleichnis?").[52] Der Stärkung

---

[50] ASV, Fasz. 12, Akte *Patris Marini Veneti alias dicti Zotto*; ASV, Fasz. 159, *Acta Sancti Officii* (1554-55), fol. 177^v-178^v, 186^v-188^r, 250^v-253^v, 289^v, 324^r, 344^r; Tomitano, *Oratione*, fol. 13^{rv}, 14^{rv} ("ma vedendo io che il libro era la isposition letterale d'Erasmo sopra Mattheo vangelista, il quale egli [il Signore da Passano] prima de gli altri tre desiderava che tradotto per me fosse ...").

[51] Tomitano, *Oratione*, fol. 21^r, 24^v, 26^r.

[52] AVI, Fasz. 1, Akte *Contra Alexandrum Rexam de Imola*, fol. 1^{rv}, 4^v, 6^r, 14^v, 16^{rv}, 21^r-22^r, 23^r, 24^r-25^r (Rotelli, *Sant'Uffizio a Imola*, S. 122-179).

des Dissensbewußtseins förderlich waren auch Besuche evangelischer Wanderprediger und sporadische Kontakte zu dem Kreis um die Herzogin Renata von Ferrara in Consandolo.[53] Doch die Tätigkeiten beschränkten sich nicht auf innere Konsolidierung der Gruppe. Ihre Mitglieder warben auch öffentlich für ihre Ideen und gingen bei der Wahl von dafür günstigen Gelegenheiten mit beachtlicher Intuition vor.

So griffen sie etwa ein, als eine Schar Jungen sich bei einer Prozession zur Verehrung der Madonna von Valverde ungehörig laut aufführte, hielten Nachtwache bei einem zum Tode Verurteilten, der auf seine Hinrichtung wartete, oder machten sich bemerkbar, als am Marktplatz von Imola ein als Eremit gewandeter Stegreifprediger auftauchte. Alessandro Ressa und seinen Gesinnungsgenossen boten solche Vorkommnisse Gelegenheit, den Stil ihrer anders gearteten Frömmigkeit konkret darzustellen, was unter den Anwesenden Verwirrung und Bestürzung auslöste, Streitereien und schließlich sogar Handgreiflichkeiten.[54]

Unter den Büchern, die die abweichenden Glaubensüberzeugungen der Gruppe von Imola inspirierten, war — neben den *Prediche* des Giulio da Milano und dem *Trattato dell' orazione* von Kardinal Fregoso — auch das *Enchiridion* des Erasmus auf italienisch. In Alessandro Ressa hatte diese kleine Schrift einen besonders aufmerksamen Leser gefunden; jedenfalls bediente er sich bei Disputen über Religion rhetorischer Muster, die typisch für Erasmus sind. Als sein Mitbürger Ser Giovanni Battista Bissolo ihm riet, sich nicht über die Evangelien den Kopf zu zerbrechen, und von sich sagte, daß "er sich nicht die Mühe mache, die Evangelien zu lesen, und nicht mehr wissen wolle, als er wisse", antwortete Alessandro Ressa, daß "der Christ, je fleißiger er sich um die Dinge dieser Welt kümmere, desto mehr wissen müsse, wie für seine Seele Sorge zu tragen sei". Das Argument *a fortiori*, dessen sich Ressa in diesem Gespräch bediente, gehört zu den von Erasmus bevorzugten rhetorischen Mustern und wird von ihm mit besonderer Beharrlichkeit im *Enchiridion* benutzt.[55]

Allerdings ist die Lektüre des *Enchiridion* bei der Gruppe von Imola einer Anfangsphase der Glaubensschulung zuzuordnen. Dies erkennen wir aus dem Verhalten von Alessandro Ressa vor dem Inquisitionsgericht. Durch einen unklugen Brief verraten, in den Turm von Imola eingekerkert und von einem scharfsinnigen Verhör in die Enge getrieben, wandte Ressa eine

---

[53] AVI, Fasz. 1, Akte *Contra Alexandrum Rexam*, fol. 7ʳ-8ʳ, 17ʳᵛ, und ebd., Akte *Contra magistrum Iulium Cicognolam*, fol. 1ʳᵛ (Rotelli, *Sant' Uffizio a Imola*, S. 175f.).
[54] AVI, Fasz. 1, Akte *Contra Alexandrum Rexam*, fol. 8ʳᵛ, 10ʳ, 11ʳᵛ, 12ʳᵛ, 13ʳ, 23ᵛ.
[55] Ebd., fol. 8ʳᵛ, 14ᵛ-15ʳ (Rotelli, *Sant' Uffizio a Imola*, S. 132f., 141). Zum Gebrauch des Arguments *a fortiori* im *Enchiridion* vgl. *LB* V, Sp. 3B, 3DE, 3F-4A, 4B ("Corpusculi vulnera quanta cautela depellimus, quanta sollicitudine medemur — et animae vulnera negligimus?"), 5B, 5D ("Armamus corpusculum hoc, ne timeamus sicam latronis — non armabimus mentem, ut in tuto sit?"), 16D und passim. In der Gruppe von Imola kursierten auch der Traktat *Beneficio di Cristo*, die Abhandlung *Unio dissidentium* von Hermannus Bodius, der *Alfabeto cristiano* von Juan de Valdés und eine Sammlung von Predigten des Savonarola.

dreifach abgestufte Verteidigungsstrategie an. Bei minder gravierenden Anklagen zeigte er sich ohne weiteres geständig, schwerwiegenden Beschuldigungen begegnete er mit hartnäckigem Leugnen, und bei Vorwürfen, die sich auf Verstöße von mittlerem Gewicht bezogen, sträubte er sich lange Zeit, bevor er eingestand, daß sie berechtigt seien. Hat man diese Strategie erkannt, läßt sich einschätzen, welchen Stellenwert Ressa den von ihm gelesenen Büchern gab. Ohne weiteres gestand er ein, das *Enchiridion* als auch verschiedene Exemplare des *Trattato dell'orazione* von Fregoso und des *Beneficio di Cristo* in Händen gehabt zu haben; lange sträubte und wand er sich, bis er zugab, im Besitz der *Prediche* des Giulio da Milano gewesen zu sein; bis zuletzt leugnete er, die *Prediche* des Bernardino Ochino besessen zu haben. Verglichen mit den *Prediche* des Ochino wich das *Enchiridion* des Erasmus in den Augen von Ressa nur so wenig von der offiziellen Lehre ab, daß er es für kaum gefährlich hielt, dessen Lektüre einzugestehen — eine kleine Zuwiderhandlung, mit der man die Inquisitoren ruhig beschäftigen konnte, in der Hoffnung, daß sie sich damit zufriedengäben und keine intensiveren Nachforschungen betrieben.

Der Fall des Domenico Mazzarelli

Im Jahre 1562 übernahm Domenico Mazzarelli nach dem Tode des Cavaliere Giovanni Domenico Roncalli die Führung der heterodoxen Gruppe, die sich zwischen 1550 und 1560 in Rovigo gebildet hatte. Mazzarelli war kein heimlicher Ketzer. Als "Prediger von Häresien" und als "Doktor der lutherischen Lehre" gab er sich seinen Mitbürgern zu erkennen. Seine religiöse Wende hatte er um das Jahr 1547 in Padua vollzogen. Es war eine Entscheidung gewesen, die all die wichtigen Stationen in seinem weiteren Leben bestimmen sollte. Von den religiösen Überzeugungen machte er die Wahl seiner Ehefrau abhängig, indem er eine gewisse Laura Pellegrini aus Venedig heiratete, "von der Domenico sagte, daß sie die gleichen schlimmen Ansichten habe wie er". Die gemeinsamen Überzeugungen veranlaßten das Paar, einen Schleichweg auszutüfteln, um ihren Sohn Timoteo von einem Geistlichen ihres Glaubens taufen zu lassen. Mazzarelli und seine hochschwangere Frau machten sich auf eine Reise nach Venedig und richteten die Etappen so ein, daß das Kind unterwegs, im Zimmer eines Gasthauses, zur Welt kam, wo es von dem rechtzeitig benachrichtigten calvinistischen Geistlichen Giovanni Antonio Manara getauft wurde.[56] Auch das Alltagsleben der Eheleute Mazzarelli war von dem gemeinsamen religiösen Eifer geprägt — sei es, daß Laura in Anwesenheit ihres Mannes einen Gast aufforderte, sie wieder einmal zu besuchen, weil sie ihm aus der

---

[56] ACVR, Fasz. 2, Akte *Processus de heresi contra Dominicum Mazzarellum* (1564), fol. 26ʳ, 47ʳ, 48ʳ-49ʳ, 58ʳ-59ʳ; ACVR, Fasz. 4, Akte *Contra Dominicum Mazzarelum de Rhodigio* (1570), fol. 3ʳ (Wahl der Ehefrau). Vgl. Malavasi, *Mazzarelli*. Das Todesdatum des Giovanni Domenico Roncalli (14. März 1562) ergibt sich aus ASV, Fasz. 19, Akte *Nicolò Pellizzari*, Brief der Margherita Roncalli vom 11. April 1562.

Bibel vorlesen wollte, sei es, daß Laura ihr Hausmädchen Luchina lehrte, "daß das Vaterunser, das wir sagen, nicht richtig ist", und versprach, "ihr ein anderes beizubringen."[57]

Auch außerhalb des engen Kreises der Familie wurde das Leben des Notars Mazzarelli durch seine Auffassung in Glaubensdingen geprägt. Durch sie setzte er seine Karriere aufs Spiel, die unter dem öffentlichen "Vorwurf des Luthertums" litt; sie führte durch einen verräterischen Brief, der in falsche Hände geriet, zur Verbannung von Antonio Maria, seinem Bruder und Mitgläubigen; sie verwickelte Domenico Mazzarelli in einen Prozeß (1564), nach dem er abschwören mußte, und löste einen zweiten Prozeß (1570) aus, der mit seiner Verbrennung *in effigie* endete; schließlich führte sie Mazzarelli — in Übereinstimmung mit der in seinem Kreis bezeugten Idee, daß "die Kirche von Genf die beste" sei — in die Stadt Calvins, wo er Pastor der italienischen Gemeinde wurde.[58]

Angesichts der eindeutig bezeugten Glaubensorientierung Mazzarellis erscheint es bedeutsam, daß Erasmus sich unter den Autoren befindet, deren der Notar sich bei der Werbung für seine Glaubenslehre bediente.

Mazzarelli gab dem Humanisten und Rhetoriker Antonio Riccoboni, als er den Versuch unternahm, ihn für seine Ideen zu gewinnen, die *Adagia* zu lesen.[59] Die Lektüre dieses Meisterwerks der humanistischen Kultur sollte Riccoboni — damals Lehrer in Rovigo, später Professor in Padua — vermutlich für eine kritische Haltung gegenüber der katholischen Kirche empfänglich machen. Man konnte ein Adagium wie *Sileni Alcibiadis* — so wahrscheinlich der Hintergedanke Mazzarellis — nicht lesen, ohne sich ernsthaft mit dem Problem der Verweltlichung der Kirche zu befassen. Nach und nach würde die Lektüre anderer Autoren — Pier Paolo Vergerio, Calvin[60] — dieses kritische Bewußtsein in eine konfessionell eindeutigere Richtung leiten. In dieser Funktion des Heranführens an eine kritische Haltung wurde Erasmus mit Lorenzo Valla gleichgestellt. In entsprechender Absicht bekam Domenico Stella, Schüler der öffentlichen Schule von

---

[57] ACVR, Fasz. 2, Akte *Processus de heresi contra Dominicum Mazzarellum*, fol. 5rv, 6r, 10v.

[58] Ebd., fol. 3v-4r, Aussage des Marco Tessari vom 13. September 1564 ("S'el [Mazzarelli] non havesse questa imputatione de lutterano, assai più lo adopereriano che non fano"); ACVR, Fasz. 2, Akte *Inquisitio contra Antonium Mariam Mazzarelum de Rhodigio ocasione heresis* (1562), Brief des Antonio Maria Mazzarelli vom 20. Mai 1562 an die Frau des Giovanni Domenico Roncalli; ACVR, Fasz. 2, Akte *Sententie contra Antonium Mariam Mazzarellum et dominas Margaritam Casalinam et Barbaram Ziliolam* (1564), fol. 6r; ACVR, Fasz. 2, Akte *Processus de heresi contra Dominicum Mazzarellum*, fol. 20r; ACVR, Fasz. 4, Akte *Contra Dominicum Mazzarelum de Rhodigio*. Zur Niederlassung des Mazzarelli in Genf vgl. Malavasi, *Mazzarelli*, S. 75f.

[59] ACVR, Fasz. 2, Akte *Processus de heresi contra Dominicum Mazzarellum*, fol. 32v. Zu Antonio Riccoboni vgl. Malavasi, *Mazzarelli*, S. 72-75.

[60] ACVR, Fasz. 2, Akte *Processus de heresi contra Dominicum Mazzarellum*, fol. 32v, Aussage des Antonio Riccoboni: "El [Mazzarelli] mi ha mostrato una littera heretica, che credo sia de Paulo Vergerio, nella qual el mostrava il viver della Elemagna. Et mi promesse ancho di mostrare non so che di 'l Calvino".

Rovigo, wo Mazzarelli damals unterrichtete, von seinem Lehrer den Traktat *De falso credita et ementita Constantini donatione* zu lesen.[61]

VIII

Die im letzten Abschnitt geschilderten Episoden dokumentieren zwar einerseits die Einbeziehung des Erasmus in das reformatorische Gedankengut, andererseits machen sie aber auch deutlich, daß es dabei durchaus Vorbehalte gab. Es fehlte nicht an kritischen Stimmen, die solche Vorbehalte äußerten. Die neuere Forschung wies auf italienische Schriften hin, in denen Erasmus wegen seiner schwankenden Position zwischen den religiösen Parteien mit ätzendem Spott belegt, wegen seiner Neigung, sich in den Elfenbeinturm der Philologie zurückzuziehen, verhöhnt oder, indem man ihn für seine Treue zu Rom mit einem triumphalen Einzug in den papistischen Himmel belohnt, lächerlich gemacht worden ist. Kritik solcher Art kam von Männern, die in der italienischen Reformationsbewegung stark engagiert waren: von Celio Secondo Curione (*Pasquino in estasi*, 1543),[62] Antonio Brucioli (zweites Buch der *Dialogi*, 1528)[63] und Ortensio Lando (*Funus*, 1540).[64] Von diesen antierasmischen Dokumenten — die alle drei chronologisch in die Expansionsphase der Reformationsbewegung gehören — enthält allerdings allein der *Pasquino in estasi* von Curione eine unmißverständliche Kritik.[65] Die beiden anderen Texte beschränken sich auf Anspielungen. Ortensio Landos Schrift ist verworren, gewunden und schwer zu interpretieren; Bruciolis Kritik wirkt eher wie eine augenzwinkernde Verständigung mit Eingeweihten als eine explizite Konfrontation.

Daß der einzige gegen Erasmus gerichtete Frontalangriff aus den Reihen der italienischen Reformationsbewegung von einem Exilierten wie Curione ausging, ist kein Zufall. In Italien erreichte die Bewegung weder je eine solche innere Stärke noch eine solche Zustimmung von außen, daß sie es sich hätte erlauben können, Erasmus *ad acta* zu legen, ihn als einen inzwischen überwundenen Vorläufer einer Entwicklung zu betrachten, die von Männern wie ihm mitausgelöst worden, dann jedoch über sie hinausgegangen war. Südlich der Alpen blieb die erasmische Phase der Reformation immer aktuell, weil sie nie verwirklicht wurde. Deshalb konnten zwei

---

[61] ACVR, Fasz. 2, Akte *Processus de heresi contra Dominicum Mazzarellum*, fol. 2ʳ, Aussage des Notars Domenico Stella aus Rovigo vom 13. September 1564. Zu der vielseitig bezeugten Präsenz des Erasmus in dieser Gruppe von Rovigo vgl. Malavasi, *Mazzarelli*, S. 70, und Kap. 8, S. 261.

[62] Cantimori, *Erasmo I*, S. 52f.; Biondi, *Simulazione*, S. 34-38 und, zum Entstehungsdatum der Schrift, Biondi, *DBI XXXI*, S. 446.

[63] Dionisotti, *Machiavellerie*, S. 48f.

[64] Seidel Menchi, *Fortuna di Erasmo*, S. 574-597. Die von mir in diesem Beitrag vorgeschlagene Interpretation des *Funus* bleibt m.E. trotz der von Conor Fahy in *Landiana* vorgenommenen Präzisierungen gültig.

[65] Vgl. Anm. 62.

der erwähnten Kritiker des Erasmus, Brucioli und Lando, in ihrer philoprotestantischen Publizistik weiterhin auf seine Schriften zurückgreifen.

Jene Reihe evangelischer Manifeste, die als an verschiedene geistliche und weltliche Persönlichkeiten gerichtete Widmungsbriefe dem erfolgreichsten Werk von Antonio Brucioli — seiner Übersetzung des Neuen Testaments ins Italienische — vorangestellt sind, belegen, daß der Florentiner Humanist die entsprechenden Arbeiten des Erasmus ständig zu Rate gezogen haben muß. Drei dieser Widmungsbriefe — der von 1530 an Kardinal Ercole Gonzaga,[66] der an den gleichen Adressaten gerichtete von 1538[67] und der an

---

[66] *Il Nuovo Testamento, di Greco nuovamente tradotto in lingua Toscana* per Antonio Brucioli, Venedig 1530, fol. +ij^r-viij^v, Widmungsbrief an Kardinal Ercole Gonzaga, insbesondere fol. v^v: "Il Signore et precettore nostro Giesù Christo ... dice 'Venite a me tutti che vi affaticate et siate aggravati, et io vi ricreerò ...'. Nessuno genere d'huomini esclude il Salvatore, di tanti quanti ne sono sopra la terra, perché tutti invita alla luce dello evangelio, non segregando Christo alcuno, né facendo differentia da l'huomo alla donna, dal giovane al vecchio, non dal servo al libero, non dal giudeo al gentile, non dal povero al riccho, volendo esso Salvatore che da tutti si vada a lui solo, per il refrigerio et per la vita" (übersetzt aus Erasmus, *LB* VI, fol. *2^v: "Apud Matthaeum Dominus ac praeceptor noster Iesus Christus loquitur ... 'Venite ad me omnes qui laboratis et onerati estis, et ego reficiam vos'. Nullum hominum genus a se repellit servator omnium, omnes invitat ad refrigerium ... Non discernit virum a foemina, non puerum a sene, non servum a libero, non privatum a rege, non divitem a paupere, non iudaeum ab ethnico, non sacerdotem a laico, non monachum a non monacho. Quicunque estis, qualescunque estis, si refrigerium quaeritis, ad me venite"); fol. vj^r: "La eternità ... non si acquista dallo spirito sophista, o dal pertinace dialetico, o dal versuto philosopho, ma dal puro et semplice animo del christiano, sublime in Christo et humile in sé stesso" (übersetzt aus Erasmus, *LB* VI, fol. *2^v: "[Evangelia] non requirunt spinosum sophistam, aut pertinacem dialecticum, aut versutum philosophum, animum requirunt in Christo sublimem, in sese humilem"); fol. vij^r: "Non si ved'egli manifestamente i Platonici, i Pittagorici, gli Accademici, gli Stoici, i Cinici, i Peripatetici, gli Epicurei conoscere i fondamenti delle loro sette, et benissimo ritenergli nella memoria, et per quelle acerbamente combattere, sono esse più tosto elegessin di morire che di cedere a uno altro il patrocinio del suo autore. Oh perché non dobiamo maggiormente dare tali animi al nostro autore et principe Christo? Che sia cosa turpe a uno philosopho non sapere i fondamenti della sua setta, et noi in tanti modi eletti et congiunti a Christo non pensiamo che sia mal fatto non sapere quali sieno le intentioni di Christo, le quali danno certissima felicità a tutti?" (übersetzt aus Erasmus, *LB* VI, fol. *3^r: "Platonici, Pythagorici, Academici, Stoici, Cynici, Peripatetici, Epicurei suae quisque sectae dogmata tum penitus habent cognita, tum memoriter tenent, pro his digladiantur illi vel emorituri citius quam auctoris sui patrocinium deserant. At cur non multo magis tales animos praestamus auctori nostro et principi Christo? Quis non vehementer foedum censeat, aristotelicam profitenti philosophiam nescire quid vir ille senserit ...? Et nos tot modis initiati, tot sacramentis adacti Christo, non foedum ac turpe putamus illius nescire dogmata, quae certissimam omnibus praestent felicitatem?"); fol vij^v-viij^r: "Essa dottrina evangelica ... non si può pigliare se non da gli evangelici libri et dall'apostolice lettere, maggiormente orando che argumentando, et studiando più tosto di trasformarsi che d'armarsi ... Niente fia che alla operatione della vita apartenga, che in questi santi libri non sia dimostrato et assoluto. Et se alcuna cosa desideriam di sapere, perché ci debbe piacere altro autore più di esso Christo? Se noi cerchiamo il fine del vivere, che ci può essere maggiore et migliore esemplo che esso Christo? .. Se noi desideriamo alcuno unguento alle moleste cupidità dell'animo, perché pensiamo essere altrove rimedio più commodo? Se noi desideriamo svegliare l'abietto et languido animo con la letione, dove si potranno trovare più efficaci et vive scintille di fuoco? Se alcuno vuol levar l'animo dalle molestie di questa vita, come gli potranno maggiormente piacere altre delitie? Perché vogliamo noi più tosto in un subito imparare dalle

DIE GENERATION VON 1510　　　　　　　　　　　　　　　　　　　95

Anna d'Este aus dem Jahre 1539[68] — weisen zahlreiche und längere erasmische Zitate auf. Sogar die Vision einer Volksbildung via Bibelkenntnis — es wäre "eine höchst löbliche und heilige Sache, wenn sogar der Bauer beim Pflügen einen Psalm in seiner Muttersprache sänge; wenn der Weber die Mühen seiner Arbeit am Webstuhl mit dem Evangelium linderte; wenn der Matrose, während er das Steuer hält, etwas aus dem Evangelium sänge ... und wenn die ehrbare Frau und Mutter bei ihrer Hausarbeit oder beim Spinnen der Wolle ihren kleinen Kindern und Enkeln eine Geschichte aus dem Evangelium erzählte"[69] —, sogar diese Wunschvorstellung ist nichts

---

lettere de gli huomini la sapientia di Christo che da esso Christo? Il quale tutto quello che ci ha promesso di haverci a fare, infino alla consumatione de' secoli, in queste divine lettere sopra modo ci può concedere" (übersetzt aus Erasmus, *LB* VI, fol. *4ʳ: "Existimo ... Christi philosophiam non aliunde ... hauriri quam ex evangelicis libris, quam ex apostolicis litteris, in quibus si quis pie philosophetur, orans magis quam argumentans, et transformari studens potius quam armari, is nimirum comperiet nihil esse, quod ad hominis felicitatem, nihil quod ad ullam huius vitae functionem pertineat, quod in his non sit traditum, discussum et absolutum. Sive quid discere cupimus, cur alius auctor magis placet quam ipse Christus? Sive vivendi formam requirimus, cur aliud nobis prius est exemplum, quam archetypus ipse Christus? Sive pharmacorum aliquod adversus molestas animi cupiditates desideramus, cur alibi putamus remedium esse praesentius? Sive cupimus desidem ac languescentem animum expergefacere lectione, quaeso, ubi reperias igniculos aeque vivos et efficaces? Sive visum est animum ab huius vitae molestiis avocare, cur aliae magis placent delitiae? Cur statim malumus ex hominum litteris Christi sapientiam discere quam ex ipso Christo? qui quod pollicitus est sese semper nobiscum fore usque ad consummationem saeculi, in his litteris praecipue praestat ...").

[67] *Il Nuovo Testamento, di Greco nuovamente tradotto in lingua Toscana, per Antonio Brucioli, con bellissime Prefationi, al Reverendiss. S. Hercule Gonsaga, Cardinale di Mantova,* Stampato nella nobile città Danversa, per Giovanni Grapheo, nel'anno di nostra salute .M.D.XXXVIII. (es handelt sich vermutlich um einen unerlaubt hergestellten Druck mit vorgetäuschtem Erscheinungsort Antwerpen), fol. a1ᵛ-a6ᵛ, zweiter Widmungsbrief an Kardinal Gonzaga. Die Abhängigkeit von Erasmus macht sich besonders auf fol. a6ʳᵛ bemerkbar.

[68] *Il Nuovo Testamento di Christo Giesù Signore et Salvatore nostro, di Greco nuovamente tradotto in lingua Toscana, Per Antonio Brucioli* (Colophon: In Vinegia a San Moyse, al segno di l'Angelo Raphael, Per Francesco di Alessandro Bindoni, et Mapheo Pasini. Del mese di Giulio .MDXXXVIIII.), fol. +ijʳ-+++vijʳ, Widmungsbrief an Anna d'Este. Die Abhängigkeit von Erasmus macht sich auf fol. +++ijʳᵛ, +++iijʳ, ++iiijʳ, +++vʳ-+++vjʳ bemerkbar. Hier ein Zitat aus fol. +++vjʳᵛ: "Vediamo che cosa ci dice esso Iddio per la voce mandata dal cielo: 'Questo è il figliuolo mio diletto, nel quale io mi sono compiaciuto, udite esso'. Et che cosa volse mostrarci, dicendo 'udite esso', se non che questo debbe essere nostro unico dottore? Inalzi pure con gli studi quanto vuole ciascuno il suo autore, di questo solo Christo Giesù Signore nostro è detto ... che esso solo si debbe udire, (übersetzt aus Erasmus, *LB* VI, fol. *4ʳ: "Hunc auctorem nobis ... ipse Pater coelestis divinae vocis testimonio comprobavit: 'Hic, inquit, est Filius meus dilectus, in quo mihi complacitum est, ipsum audite' ... Quid est 'ipsum audite'? Nimirum hic unicus est doctor, huius unius discipuli sitis. Attollat studiis suum quisque quantum volet auctorem, hoc de uno citra exceptionem dictum est Christo").

[69] *Il Nuovo Testamento di Christo Giesù*, fol. **Vʳᵛ. Dieselbe Stelle kommt in der in Anm. 67 zitierten Ausgabe, fol. a6ʳᵛ vor. Die Quelle ist Erasmus, *LB* VII, fol. **3ʳ: "Ego .. magnificum cum primis ac triumphale duxerim ..., si stivam tenens arator aliquid sua lingua decantet e psalmis mysticis, si textor assidens telae nonnihil ex Evangelio modulans soletur laborem, hinc nauclerus affixus clavo cantillet aliquid, denique ad colum sedenti matronae sodalis aut cognata hinc recitet aliquid" (ich zitiere aus dem die *Paraphrases in Novum Testamentum*, Basel, Froben, 1524, einleitenden Vorwort *Ad lectorem*, fol. a6ʳ).

anderes als ein freies Erasmus-Zitat. Daß Brucioli sich in der Frage der Popularisierung der Bibel wieder auf Erasmus besann, ist verständlich. War es legitim, die Heilige Schrift dem einfachen Volk, den Ungebildeten in die Hand zu geben? Diese Ausgangsfrage, mit der Brucioli als Übersetzer des Neuen Testaments zwangsläufig ständig konfrontiert war, stand im Mittelpunkt zweier kurzer Texte, die dem *Novum Testamentum* von Erasmus beigegeben waren, gemeint sind das Vorwort zur ersten Auflage oder *Paraclesis* (1516) und das Vorwort zu der 1520 von Andreas Cratander herausgegebenen Edition, die sogenannte *Nova praefatio*. Die Antwort des Erasmus auf diese Frage muß Brucioli wohl so zutreffend und erschöpfend vorgekommen sein, daß er sie sich weitgehend zu eigen machte.[70]

Was nun Ortensio Lando betrifft, den der Tod des Erasmus und dessen "Triumph im Papistenhimmel" 1540 zu einem bis ins Skurrile gehenden Spottdialog inspiriert hatten,[71] so ist darauf hinzuweisen, daß das *Enchiridion* eines der Bücher war, das er während der intensivsten Phase seiner Publizistik zwischen 1548 und 1552 ständig konsultiert hat. In Werken wie *Una breve prattica di medicina per sanare le passioni dell'anima* oder *Lettere della Signora Lucrezia Gonzaga*, in denen Ortensio Lando seine heterodoxe Propaganda entfaltete, finden sich seitenweise wortwörtlich aus dem *Enchiridion* übernommene Passagen.[72]

---

[70] Ähnliches vollzog sich, jedoch in weit größeren Ausmaßen, im deutschen Sprachraum, wo die in die Landessprache übersetzten Vorworte zum Neuen Testament des Erasmus großen Erfolg "als deutsche Reformationsflugschriften" hatten (Holeczek, *Erasmus deutsch*, S. 64-80).

[71] Vgl. Anm. 64.

[72] Seidel Menchi, *Fortuna di Erasmo*, S. 597-602; dies., *Circolazione clandestina*, S. 575, Anm. 7. Im folgenden beschränke ich mich auf ein einziges Beispiel für die im Text behauptete Abhängigkeit des Ortensio Lando von Erasmus. Lando, *Lettere Gonzaga*, Brief an Elena Vigonza, S. 250: "Io non vego qual più opportuno consiglio porger mi possa ai vostri affanni, che l'essortarvi di continuo a porvi Christo davanti a gli occhi, come unico berzaglio della vita vostra, al quale indirizzerete et riporterete tutti i studi et tutti i sforzi vostri. Rendetevi certa che questo nome Christo non è cosa vana o di poco momento, ma importa simplicitá, puritá, caritá, patientia et puritá, et brievemente tutto quello ch'egli ci ha insegnato. Guardate a Christo solo come ad unico et sommo bene, et di modo tale guardatelo che niuna altra cosa si ami et si desideri se non Christo, o vero per esso Christo. Et se l'occhio vostro sarà perverso, et che altrove miri, tutto quello che farete, o tenterete di voler fare, sarà senza frutto et forse ancho dannoso". Man vgl. mit dem von Emilio dei Migli übersetzten erasmischen *Enchiridion*, Brescia, 1531, fol. 51^v-52^r: "Questa ti sarà ... regola, che ti ti metta Christo inanzi a gli occhi come unico segno di tutta la tua vita, al quale tu dirizzi et riporti tutti i studi, tutti i sforzi tuoi, ogni tuo otio, ogni tua cura. Et pensa questo nome di Christo non essere cosa vana, ma niente altro importar che charità, simplicità, patienza, purità, et brevemente ciò che egli ha insegnato ... Guardi quest'occhio a Christo solo, come ad unico et sommo bene, tal che nulla cosa ami, di niente ti maravigli, niente desideri, se non Christo, o vero per Christo ... Che se l'occhio tuo sarà perverso, et che tu miri ad altro che a Christo, anchora che facesti alcune opere buone, tutte saranno senza frutto, overo etiandio perniciose" (lateinischer Text in *LB* V, Sp. 25A-C).

Konfrontiert mit der Aufgabe, in Italien eine evangelische Kultur zu fördern und eine neue Pietät zu erwecken, konnten nicht einmal die Kritiker des Erasmus auf dessen Opus verzichten.[73]

IX

In der Doppelrolle, die man Erasmus in Italien zugewiesen hatte — als maßgebender Theoretiker der Reformation und als deren Wegbereiter —, bewährte sich der Humanist so gut, daß seine Einbeziehung in die Strategie der Reformationsbewegung quasi unumstritten war. Und wirklich paßt dieser reibungslose Eingliederungsprozeß vollkommen zum Charakter der Bewegung in Italien und stimmt mit ihren Grundzügen überein. Zwei dieser Grundzüge wollen wir zum Abschluß dieses Kapitels hervorheben, um den Rahmen aufzuzeigen, innerhalb dessen sich die Assimilation des erasmischen Gedankenguts vollzog.

Erstens — die Tendenz der reformatorischen Bewegung in Italien, sich Elemente der humanistischen Tradition einzuverleiben.[74] Im Kulturverständnis einiger Vertreter der Generation von 1510 erscheinen Humanismus und Reformation als zwei wesensverbundene und miteinander verflochtene Bewegungen. Die reformatorische Evangeliumslehre wird als Verwirklichung einer religiösen Erneuerung begrüßt, die bei Dante, Petrarca, Boccaccio und Machiavelli schon als Bedürfnis spürbar war.[75] Entsprechend dieser Konzeption zeigen uns die italienischen Inquisitionsakten die Protagonisten des religiösen Dissenses als auf vielfache Weise im humanistischen Bereich tätige Menschen. Eine Gruppe von Handwerkern, Kaufleuten und Schullehrern trifft sich 1543 in Udine, um den lateinischen Text des Neuen Testaments mit dem italienischen zu vergleichen, und diskutiert über die Verläßlichkeit der Übersetzung des hl. Hieronymus; ein Schmied aus Siena liest den Traktat des Augustinus *Von der Prädestination der Heiligen*, "um seine Familie zu belehren" (1559); ein Zimmermann aus Verona zitiert *De vocatione gentium* von Ambrosius und Augustinus' *De praedestinatione sanctorum* (1550); Weber aus Modena tragen sich 1555 gegenseitig die antiklerikalen Sonette Petrarcas vor; ein alter Analphabet aus Legnaro führt 1544 in der Öffentlichkeit stets ein für ihn kostbares kleines Buch bei sich, vermutlich einen Luther-Katechismus in italienischer Übersetzung; die Einwohner von Pirano versammeln sich 1549 bei Sonnenuntergang gruppenweise vor einer Schule, um einer Lesung des *Dialogo di Mercurio e Caronte* — eines antiklerikalen Gesprächs erasmischer Prägung — beizuwohnen; ein Getreidehändler aus Gemona läßt 1557 die lateinische

---

[73] Selbst Celio Secondo Curione, der härteste Widersacher des Erasmus unter den italienischen Protestanten, gelangte später zu einer Neubewertung des Humanisten und einer Besinnung auf seine Botschaft, in der Auseinandersetzung mit dem Calvinismus, vgl. Seidel Menchi, *Circolazione clandestina*, und Prosperi, *Setta di Giorgio Siculo*.
[74] Seidel Menchi, *Humanismus*.
[75] *EE* XI, S. 93f.

Postilla von Luther stets aufgeschlagen auf dem Tisch liegen, um sie mit Freunden, die ihn besuchen, zu lesen und zu diskutieren; ein spanischer Soldat erklärt 1556, ein Buch von Johann Calvin — die *Institutio*? — "propter pulcherrimam eius latinitatem" zu besitzen; ein Pfarrer aus dem Umland von Modena bezeichnet 1564 einen verhaßten Ordensbruder bissig als "Ciceronianer" und gleichzeitig als Anhänger "lutherischer" Auffassungen, wohl in der Überzeugung, daß Sprachgewandtheit und Ketzerei miteinander verbunden seien; ein Schuhmacher aus Badia Polesine wendet sich 1566 an einen Juden, um sich in der Sprache des Alten Testaments unterrichten zu lassen.[76] Dies sind nur einige der vielen Zeugen für das Überdauern der Muster und Werte der humanistischen Kultur in den Konventikeln religiöser Dissidenten.

Von den Protagonisten der humanistischen Kultur unterscheiden sich allerdings ihre Epigonen des 16. Jahrhunderts durch ihre soziale Stellung. Vom religiösen Impetus geleitet, strebten kulturell neue Schichten danach, sich die Instrumente philologischen Wissens anzueignen. Auch in Italien war die Verbreitung der neuen religiösen Ideen mit einer Ausweitung von Kultur und Bildung verbunden. Die Reformationsbewegung stellte sich als ein

---

[76] Die hier erwähnten Episoden sind — entsprechend der Reihenfolge ihrer Erwähnung im Text — in folgenden Publikationen und Dokumenten belegt:
a)   ASV, Fasz. 1, Akte *Girolamo Venier, Alvise Cavallo, e altri*, fol. 5^r, 1^v;
b)   Marchetti, *Gruppi senesi*, S. 188 (ASS, Notarile antecosimiano 2776, Akte *Processus contra magistrum Bartholomeum de Nellis*, fol. 13^r-15^v);
c)   ASV, Fasz. 8, Akte 30, *Contra Bartholomeum dalla Barba* (1550), fol. 35^{rv};
d)   ASM, Fasz. 3, Akte *Contra Paolo da Campogalliano* (1555): "Essendo ne la bothega di messer Pietro Curione, esso maestro Pietro gli mostrò uno sonetto del Petrarcha che dice in questo modo: 'Fiamma dil ciel su le tue trezzie piova/Malvaggia che dal fiume e dalle giande/ Per altrui impoverire sei riccha e grande'; et esso maestro Pietro soprascritto disse che questi versi s'intendevano della Chiesa ..., et in confirmation di questo, esso maestro Pietro ... gli mostrò un verso del medemo poeta che dice 'Hor perché Costantin non torna', inferendo che Costantino haveva dottata la Chiesa";
e)   ASV, Fasz. 1, Akte *De Lignaro paduane diocesis. Contra quosdam hereticos, insbesondere Peron Maniero, Girolamo Bucella e altri*, Aussagen des Ser Tomeo de Lazaris und des Gregorio de Gnolo vom 11. Januar 1544: "Uno si chiama Pietro Maniero ditto Peron, qual sta in Legnaro, homo de cinquanta anni vel circa, et questo porta un libro sotto scaio anchor ch'el non sapia lezer, pur dove el si trova — in chiesia, su le piaze et in ogni loco dove el si ritrova, et ultimamente al molino al ponte de San Nicolò — va predicando et dicendo de queste sue pacie";
f)   zu der Gruppe von Pirano vgl. Kap. 5, Anm. 11;
g)   Seidel Menchi, *Immagine di Lutero*, S. 120;
h)   ASS, Notarile antecosimiano 2776, Akte *Processo contro Giuliano Carleval*, fol. 6^v;
i)   ASM, Fasz. 3, Akte *Contra dominum Ioannem Tremaninum presbiterum*, Brief des Don Francesco Magnani an Fra Vincenzo da Imola, Inquisitor in Modena, vom 18. August 1564;
j)   Seidel Menchi, *Humanismus*, S. 52.

Versuch neuer, beinahe ausschließlich städtischer Schichten dar, Zugang zur höheren Kultur der Gebildeten zu gewinnen.[77]

Curiosità (Wißbegier) — dieser in den Inquisitionsakten beharrlich wiederkehrende Begriff drückt m.E. die ursprüngliche Koinzidenz von Gewissensunruhe und Wissenwollen aus. "Wißbegier und menschlichen Hochmut" sah der Kontroverstheologe Ambrogio Catarino Politi 1544 als gemeinsame Wurzel aller Häresien und Sekten seines "unglücklichen Jahrhunderts". Als "wißbegieriger Mann" präsentierte sich der Humanist Giovan Battista Goineo 1550 dem Inquisitionsgericht Venedig. "Wißbegieriges Streben, die Lehren des hl. Paulus und des Evangeliums zu erfahren", wurde dem Kleinschmied Nocente da Tossignano 1551 zum Vorwurf gemacht. Als "cupidus et curiosus videndi [scilicet] legendi quid sentirent Germani" bezeichnete sich Pre Valerio Trono 1552, als er vor dem Inquisitor von Genua sein Verhalten zu rechtfertigen hatte. Und Bernardino Tomitano leugnete 1555 im Bemühen, sich vor dem Inquisitionsgericht Venedig zu entlasten, "jene moderne Wißbegier, die, ist sie bei anderen Dingen gefährlich, bei solchen der Religion ungemein gefährlich zu sein pflegt". Auf Unwissenheit, Wißbegier und teuflische Versuchung zugleich führte der Schullehrer Matteo Cizzo 1558 sein Abweichen von den gemeinsamen Glaubensüberzeugungen "der Katholiken und seiner Vorfahren" zurück: "Wißbegier, die ketzerischen und verworfenen Meinungen kennenzulernen, um zu wissen, wovor ... man sich hüten müsse", machte der spanische Soldat Giuliano Carleval 1556 zu seiner Rechtfertigung geltend. Mit der ihn als Humanisten, "homo de lettere", leitenden Wißbegier und Erkenntnisdrang ("curiosità di veder ogni cosa") erklärte Francesco Porto 1556 jene Art der Lektüre, die ihn ins religiöse Exil nach Genf führen sollte. Als "lesebegierig" bekannte sich Marziale Clementi 1567 vor dem Inquisitionsgericht Padua. Aus "Wißbegier" einige verbotene Bücher gelesen zu haben — darunter die *Gespräche* des Erasmus und den *Pasquino in estasi* von Curione —, gestand der Adlige Guido Rangoni aus Modena 1575 ein. "Wißbegier, die Meinungen der Häretiker zu erfahren", nannte 1567 der Luxemburger Franciscus Gottifridus, dem vor dem zentralen Inquisitionsgericht in Rom der Prozeß gemacht wurde, als Motivation seiner religiösen Abweichung.[78] Weitere Dissidenten, die sich einer solchen

---

[77] Erwähnungswürdig scheint mir in diesem Zusammenhang das Zeugnis des Schusters Nicolò dalle Monache aus Conegliano, der dem Podestà erklärte, daß der Besitz und das Studium der Bibel ihn dazu veranlaßt hatten, den Predigern aufmerksamer zuzuhören: denn die Prediger zitierten die "luoghi", die Bibelstellen, die er dann nach der Predigt zu Hause wiederzufinden suchte, "um des Lernens willen" (*per imparar*). Aufschlußreich scheint mir auch die Replik des Podestà zu diesem Argument: "Che te accade andar a guardar 'sti luoghi? èlla forse tua profession?" (ASV, Fasz. 7, *Contra Ricardo pittor et Nicolò dalle Monache*, Verhör vom 25. Mai 1549).

[78] Die zitierten Zeugnisse sind — entsprechend der Reihenfolge ihrer Erwähnung im Text — in folgenden Dokumenten und Publikationen belegt:
a)   Catarino, *Compendio*, S. 347;

"Wißbegier" schuldig bekannten, erwähne ich ausführlicher an anderer Stelle dieses Buches, so beispielsweise den Notar Domenico Mazzarelli (1564), den Augustinerchorherrn Leonardo da Venezia (1575), den Schriftsteller Alvise Groto (1567) und den Juristen Marcantonio Valgolio (1574).[79] Bis gegen 1550 schien die kirchliche Hierarchie allerdings geneigt, die *curiosità* als eine weniger schwerwiegende Form der Ketzerei zu betrachten. 1548 verlieh Paul III. den Bischöfen die Vollmacht, Gläubige, die aus Wißbegier "lutherische" Bücher gelesen hatten, in einem Akt der privaten Aussöhnung zu absolvieren.[80] Gegen 1570 jedoch galt die Wißbegier nicht mehr als entlastendes Moment.

Der zweite Grundzug der italienischen Reformationsbewegung, den es hier hervorzuheben gilt, läßt sich mit dem Stichwort *fantasia* bezeichnen. Dieser aus den Inquisitionsakten entnommene Ausdruck eignet sich gut zur Charakterisierung der geistigen Regsamkeit der heterodoxen Konventikel in Italien. Bei der Abfassung von Briefen und Traktaten, beim Schreiben von Gedichten, bei der intensiven Lektüre und Diskussion der Heiligen Schrift oder bei dem mit Predigern gesuchten Gespräch äußerte sich eine spontane Kreativität, die von der Verbreitung protestantischer Ideen ausgelöst wurde. Exemplarisch ist der Fall eines Schuhmachers aus Vicenza, der "zwei Finger einer Hand" dafür gegeben hätte, wenn er nur zwei Stunden im Dom hätte predigen dürfen.[81] Das Paradoxon des Erasmus, nach dem "jedem zusteht, Theologe zu sein",[82] wurde wörtlich genommen. Die Italiener, die ihre "Wiedergeburt" erlebt hatten, eigneten sich die Aussagen der evangelischen Lehre an, als hätten sie sie selbst erdacht, und fühlten sich berufen, eine

---

b)   Cavazza, Goineo, S. 168;
c)   AVI, Fasz. 1, Akte *Contra Alexandrum Rexam*, fol. 16ʳ;
d)   ASV, Fasz. 18, Akte *Aurelio Natale Cicuta*, Verhör vom 27. April 1553;
e)   Tomitano, *Oratione*, fol. 7ᵛ;
f)   ASV, Fasz. 5, Akte *Matteo Cizzo*, Verhör vom 13. März 1558 (Frage: "Per che causa lui non essendo prattricho più che tanto in la Scriptura no ha creduto ... quel che credeno li altri catholici et suoi vechii?" Antwort: "Per ignorantia, curiosità et perché el diavolo mi tentò");
g)   ASS, Notarile antecosimiano 2776, Akte *Processo contro Giuliano Carleval*, fol. 15ᵛ;
h)   Manoussakas und Panayotakis, *Frankiskos Portos*, S. 86, 92;
i)   ASV, Fasz. 25, Akte *Contra Martial di Clemente* (1568), fol. 7ʳ;
j)   ASM, Fasz. 6, Akte *Contra Guidum Rangonum et Hieronimum Ronchinum*, Aussage vom 28. März 1575;
k)   TCD, Ms. 1224, 30. Mai 1567, Sententia ... contra Franciscum Gottifridum luxemburgensem.

[79] Vgl. S. 91-93 (Domenico Mazzarelli), 355-57 (don Leonardo da Venezia), 365 (Alvise Groto), 408 (Marcantonio Valgolio). Zur Bezeichnung des Mazzarelli als "curioso" vgl. ACVR, Fasz. 2, Akte *Processus de heresi contra Dominicum Mazzarellum*, fol. 3ʳ; zur Bezeichnung des Valgolio als "curioso" vgl. ASV, Fasz. 37, Akte *Marcantonio Valgolio*, fol. 3ʳ.
[80] Buschbell, *Inquisition*, S. 229.
[81] ASV, Fasz. 8, Akte 30, *Contra Bartholomeum dalla Barba*, fol. 21ᵛ.
[82] *LB* VI, *Paraclesis ad lectorem pium*, *4ʳ: "Doctos esse vix paucis contigit: at nulli non licet esse christianum, nulli non licet esse pium, addam audacter illud, nulli non licet esse theologum".

eigene Theologie zu entwickeln, die von der Theologie aller anderen abwich. Insbesondere die Frage der Präsenz Christi im Abendmahl bot Gelegenheit zu einer unerschöpflichen Interpretationsvielfalt. Jeder hatte eine eigene Auffassung vorzubringen und zur Diskussion zu stellen. Die von dieser Situation ausgehende Tendenz zur dogmatischen Anarchie wurde durch das Fehlen einer anerkannten theologischen Führung weiter verstärkt. Die bekannte Renitenz der Italiener, sich der konfessionellen Disziplin der evangelischen Gemeinschaften (vor allem in der Schweiz und Deutschland),[83] bei denen sie Zuflucht fanden, zu unterwerfen, ist eine Folge des Klimas der freien Entfaltung, in dem ihr Dissens herangereift war. In Italien trug diese Vielfalt der Meinungen sicherlich dazu bei, eine Bewegung, die an sich schon schwierige Existenzbedingungen hatte, noch weiter zu schwächen.

Die Häufigkeit, mit der in den Inquisitionsakten der Begriff "Phantasie" und seine Synonyme vorkommen, kann als Indiz für die Leidenschaft gewertet werden, mit der die Italiener im religiösen Leben ihre Imagination einsetzten. So erklärte Don Pietro Beneventano aus Serravalle 1556: "Ich kann über den Ursprung meiner Irrtümer nichts anderes sagen, als daß lutherische Auffassungen meine Phantasie angeregt haben." Der Jurist Giulio Basalù aus Neapel gab 1555 an: "Die meisten meiner Überlegungen gründeten nicht auf der Heiligen Schrift, sondern stammten aus meiner Phantasie." Die venezianische Witwe Valeria Palmaroli sagte 1555 aus, der Priester Antonio Giustiniani aus Genua sei wegen gewisser "perverser Phantasien", zurückzuführen auf das Prinzip der evangelischen Freiheit, aus der Stadt verbannt worden. Claudio di Rudilia aus Modena leugnete 1555, daß gewisse Meinungen über Christus, die er verbreitet hatte, "seiner Phantasie" entsprungen seien. Der Venezianer Miniaturmaler Francesco erklärte 1568, die von ihm eingestandenen irrigen Auffassungen seien ihm von niemand Bestimmtem gelehrt worden, vielmehr "gingen sie mir als Phantasien bei der Arbeit durch den Kopf ..., und ich könnte Euch nicht sagen warum". Der venezianische Juwelier Bartolomeo Carpano beschrieb 1568 die geistige Verfassung, in der er sich den protestantischen Lehren angenähert hatte, als "eine Art Sinnesverwirrung". Der Lehrer für Schreiben und Rechnen Paolo Cataldo war "ein Mann mit schlechten Phantasien" (1559). Nicolò Sabbatino, der sich mit seinem Verwandten Bernardino della Zorza 1563 beim Prior der Dominikaner von Udine einfand, gab an, Bernardino habe "einige Wahnvorstellungen im Kopf"; der Prior sollte helfen, ihn davon zu befreien. Als "Phantasie" wurde eine 1559 von Alfonso della Torre in Portogruaro in Umlauf gebrachte Auffassung von der natürlichen Religiosität des Altertums bezeichnet. Über den Patrizier Guido Rangoni sagte 1575 ein ihm sehr gewogener Zeuge, daß ihm "keine Phantasie gegen den Glauben" zur Last gelegt werden könne. Der Inquisitor

---

[83] Cantimori, *Italienische Haeretiker*, S. VII.

102   3. KAPITEL

von Adria nannte 1564 die calvinistischen Überzeugungen von Domenico Mazzarelli "diese Eure Grillen". Für Francesco Magnani war die Phantasie die Verbündete der "Lutheraner": Nachdem die Gläubigen "jene Phantasten" — nämlich die neuen Prediger — gehört hätten, wollten sie nicht mehr an "die reine und einfache Wahrheit, die wir Priester verkünden ...", glauben, "sie bezeichnen uns sogar als Unwissende" (1564).[84] Die "neue Kirche" der Häretiker war, so der Literat Bernardino Tomitano, ein "Hirngespinst", ein "Traumgebilde".[85] Und als der Bischof von Arbe die Ideen, wegen derer der Lateinlehrer Matteo Cizzo 1557 vor das Inquisitionsgericht zitiert worden war, verächtlich als "Träume" bezeichnete, machte sich der Inquisit diese Definition stolz zu eigen: "Die Träume waren einst heilig", führte er aus, "und durch sie sahen unsere Vorfahren und die Propheten große und außerordentliche Dinge und prophezeiten sie uns".[86]

Ein "Summen", ein "Flüstern im Kopf" löste die Lektüre des Neuen Testament bei dem damals achtzehnjährigen, in Castelfranco Veneto wohnhaften Nicolò Guidozzo aus.[87] Und der alttestamentarische Vers "Quacunque hora ingemuerit peccator, omnium iniquitatum illius non recordabor" inspirierte ihm die "Phantasie", das Sakrament der Beichte zu unterlassen. Die berufliche Verantwortung, die Nicolò Guidozzo als im Dienst venezianischer Statthalter stehender Notar später zu übernehmen

---

[84] Die zitierten Zeugnisse finden sich der Reihe nach in folgenden Dokumenten:
a)   ASV, Fasz. 13, Protokoll des Inquisitionsgerichts vom 7. Januar 1556 bis zum 4. Februar 1557, fol. 37ᵛ, Verhör des Don Pietro Beneventano vom 9. April 1556;
b)   ASV, Fasz. 159, Akte *Acta Sancti Officii* (1554-1555), fol. 115ʳ, Verhör des Giulio Basalù vom 2. März 1555;
c)   Ebd., fol. 309ᵛ, Zeugenaussage der Witwe Valeria Palmaroli vom 26. September 1555;
d)   ASM, Fasz. 3, Akte *Processus absolutus contra Claudium de Rudilia*, Verhör vom 13. Januar 1555;
e)   ASV, Fasz. 23, Akte *Contra Bartholomeum Fontana* (1568), fol. 10ʳ;
f)   ASV, Fasz. 29, Akte *Contra Bartolamio Carpan orese*, Verhör vom 5. Januar 1568;
g)   ASS, Notarile antecosimiano 2776, Akte *Processus contra magistrum Paullum de Cataldis boloniensem*, fol. 13ʳ;
h)   ACAU, Fasz. 2, Akte 28, *Processus contra Bernardinum della Zorza utinensem* (1563), fol. 8ʳ;
i)   ASV, Fasz. 14, Akte *Costantino Cato, Tommaso della Torre, Giovanni Agostini e altri*, Memoriale di alcuni heretici essistenti in Portogruaro;
j)   ASM, Fasz. 6, Akte *Contra Guidum Rangonum et Hieronimum Ronchinum*, Aussage des Andrea Montanari vom 22. Dezember 1575;
k)   ACVR, Fasz. 2, Akte *Processus de heresi contra Dominicum Mazzarellum*, fol. 21ʳ;
l)   ASM, Fasz. 3, Akte *Contra dominum Ioannem Tremaninum presbiterum*, Brief des Don Francesco Magnani an Fra Vincenzo da Imola, Inquisitor von Modena, vom 18. August 1564.

[85] Tomitano, *Oratione*, fol. 12ʳ.

[86] ASV, Fasz. 5, Akte *Matteo Cizzo*, Selbstverteidigung von Matteo Cizzo, ohne Datum und Seitenangabe, Anlage zur Prozeßakte (*inc*. Coram vobis reverendissimo domino ... Vincentio Nigusantio decretorum doctori, *expl*. neque in ira tua corripias me): "Somnia enim sancta aliquando fuere et per ea patres nostri et prophete magna et excelsa viderunt et prophetarunt nobis".

[87] ASV, Fasz. 40, Akte *Nicolò Guidozzo* (1575-76), fol. 15ʳ, 41ᵛ.

hatte, dämpfte seine Imagination in religiösen Angelegenheiten keineswegs. So gab er sich in seinen reiferen Jahren der "Phantasie" hin, die Existenz des Fegefeuers sei zweifelhaft, und erlaubte sich des weiteren die "Phantasie", sich im Gebet an Gott allein und nicht an die Heiligen zu wenden. 23mal kommt der Begriff *fantasia* in dem Gerichtsprotokoll des Falls Guidozzo vor, meistens vom Inquisiten selbst gebraucht,[88] so daß die Akte gegen diesen aus Castelfranco Veneto stammenden Schreiber beinahe wie ein Prozeß gegen die religiöse Phantasie wirkt.

Die Präsenz des Erasmus als einer der ständigen Gesprächspartner religiöser Dissidenten in Italien förderte vermutlich die eine wie die andere dieser Tendenzen der reformatorischen Bewegung, die "Wißbegier" ebenso wie die "Phantasie". Die Integration von Werken wie den *Colloquia* oder den *Adagia* in den ideologischen Synkretismus dieser Bewegung stärkte die humanistische Komponente des italienischen Protestantismus. Und die Entfaltung der Imagination wurde sicherlich durch die Aufnahme eines Literaten und Rethors in den Kreis derer, die in Italien als Theoretiker der Reformation galten, ermutigt — eines Autors, der, wie es ein anonymer italienischer Leser des Cinquecento in sein Exemplar der *Colloquia* schrieb, als "Erasmus fantasmatibus undique plenus" galt.[89]

---

[88] Ebd., fol. 25^v, 35^r, 36^r. Es muß allerdings darauf hingewiesen werden, daß der Terminus "Phantasie" in den Dokumenten der Inquisition nicht immer in der heute vorherrschenden Bedeutung gebraucht wird. Zumeist wird er als Synonym für "Meinung" oder "Geist" verwendet (wie z.B. in der häufig vorkommenden Formulierung "Non vi ho posto fantasia").

[89] BAP, E 2081, *Familiarum colloquiorum Desiderii Erasmi Roterodami opus*, Venedig 1540. Der zitierte Satz steht auf dem letzten Deckblatt.

ANHANG ZUM 3. KAPITEL

ITALIENISCHE ZEUGNISSE ZUM STREIT ZWISCHEN
ERASMUS UND LUTHER ÜBER DEN FREIEN WILLEN

Wie verträgt sich die in diesem Kapitel entwickelte These mit der Existenz der von Erasmus verfaßten Diatribe *De libero arbitrio* und der von ihr ausgelösten Polemik?

In der Geschichtswissenschaft herrscht heute die Meinung vor, die Antinomie freier/unfreier Wille sei Ausdruck der unüberwindlichen Antinomie Erasmus/Luther, diese wiederum Ausdruck der grundsätzlichen Antinomie Humanismus/Reformation. Es ist dies eine Reihe von immer weitergehenden Implikationen, die dazu geführt hat, die Antinomie freier/unfreier Wille als einen Schlüssel zur Interpretation der Geistesgeschichte des 16. Jahrhunderts zu betrachten.[90] Der Leser möge es der Verfasserin erlauben, die Ausgangsfrage enger zu fassen und wie folgt zu formulieren: Welche Rezeption erfuhr in Italien die Abhandlung *De libero arbitrio*, mit der Erasmus auf Distanz zu Luther ging und die die Unüberbrückbarkeit ihres Konfliktes sichtbar machte?

Die italienischen Leser des Erasmus — und hier sind seine Anhänger wie seine Gegner gemeint — nahmen die Diatribe über den freien Willen nicht als antilutherisches Dokument zur Kenntnis. Diese Schlußfolgerung ergibt sich aus den von mir gesammelten Zeugnissen über die Zirkulation dieser Schrift und ihrer Fortsetzung, des *Hyperaspistes*. Die kennzeichnendsten Aspekte dieser Verbreitung sollen im folgenden dargelegt werden.

Im Dezember 1524 erschien in Venedig bei Gregorio de Gregoriis eine italienische Ausgabe des Traktats *De libero arbitrio*. Der bibliographischen Forschung ist diese Ausgabe unbekannt geblieben, da sie bis auf ein Exemplar verlorengegangen ist. Dieses Exemplar ist ein typisches Beispiel für jene formal wenig ansprechenden Drucke, als die fast alle italienischen Erasmus-Ausgaben der zwanziger Jahre erschienen: ein billiges Büchlein, ohne Widmung, ohne Inhaltsverzeichnis.[91] Der beinahe vollständige Verlust dieser Ausgabe ist wahrscheinlich Ergebnis der seit 1559 durch die Veröffentlichung des Index von Paul IV. ausgelösten Bücherverichtung. Der unterschiedslosen Verurteilung aller religiösen Werke des Erasmus durch die Verfasser des Index entsprach offensichtlich auf seiten seiner

---

[90] Kohls, *Erasmus oder Luther*.
[91] Vgl. *BEI*, ad vocem. Das einzige mir bekannte Exemplar dieses Druckes befindet sich in BAP IV N 1. Der von Grendler und Grendler, *Erasmus Holdings*, S. 11, verzeichnete Druck könnte ein zweites Exemplar darstellen.

lokalen Vollstrecker eine Haltung, die keinerlei Rücksicht auf die programmatische Orthodoxie dieses Bands nahm.

Wir haben bereits gesehen, daß die programmatische Orthodoxie des Traktats über den freien Willen den Bischof Ambrogio Flandino nicht sehr beeindruckte und ihn nicht davon abhielt, Erasmus in engen Zusammenhang mit Luther zu bringen.[92] An den Willen von Erasmus, sich definitiv von Luther zu distanzieren, glaubte m.E. auch Celio Calcagnini nur wenig. Dieser bekannte Ferrareser Professor für Griechisch, der Wert darauf legte, über Neuerscheinungen auf dem Laufenden zu sein, gehörte zu den ersten italienischen Lesern des Traktats *De libero arbitrio*. Sein Freund Bonaventura Pistofilo schenkte ihm ein Exemplar, das noch druckfrisch gewesen sein muß, denn schon vier Monate nach der Basler Erstausgabe der Diatribe schloß Calcagnini ein eigenes Werk mit dem Titel *Libellus elegans de libero arbitrio ex philosophiae penetralibus* ab, das auf Fürsprache des Erasmus 1525 von Froben verlegt wurde.[93] Mit dem *Libellus* wollte Calcagnini die Abhandlung des Erasmus auf gewisse Art fortsetzen. Dieser hatte das Alte und Neue Testament durchgesehen und Aussagen pro und contra Willensfreiheit gesammelt, sein Bewunderer aus Ferrara beschäftigte sich nun in gleicher Absicht mit der Philosophie der griechischen Antike. Ergebnis war ein Büchlein, dessen inkonsequenter Gedankengang offenkundig ist. Wenn die Schwäche eines literarischen Erzeugnisses ein Indiz für das geringe Interesse eines talentierten Autors für sein Thema ist, kann man nur den Schluß ziehen, daß Calcagnini an der Frage der Willensfreiheit recht wenig interessiert war. Sollte er sich die Aufgabe gestellt haben, den *Libellus* zu schreiben, um einer Anklage, Anhänger Luthers zu sein, vorzubeugen? Einige Indizien lassen es als naheliegend erscheinen, daß bei dem apostolischen Protonotar aus Ferrara eine solche Präventivmaßnahme angebracht sein mochte. Es ist nämlich nach heutigem Wissensstand eine fundierte Hypothese, daß er der Mann war, von dem die Initiative zur Verbreitung dreier kleiner Schriften Luthers unter dem Namen des Erasmus ausging, die — wie bereits erwähnt — zwischen 1526 und 1543 in Venedig mehrere Auflagen erlebten. Darauf deuten die folgenden Hinweise. Erstens fungierte Calcagnini als verlegerischer Berater des aus Ferrara stammenden Druckers Nicolò di Aristotele, genannt Zoppino, der drei Auflagen dieses pseudo-erasmischen Bändchens veröffentlichte.[94] Zu eben der fraglichen Zeit hielt sich — zweitens — der Humanist Jakob Ziegler als Gast im Hause Calcagnini auf. Ziegler, der als Übersetzer in Frage kommt, war damals ein ebenso entschiedener Anhänger der Reformation wie eifriger Bewunderer des Erasmus (wir wissen, daß der italienischen Übersetzung der kleinen

---

[92] Vgl. oben, S. 39, 62f.
[93] Celio Calcagnini, *Libellus elegans de libero arbitrio ex philosophiae penetralibus*, Basel, Froben, 1525.
[94] Vgl. S. 86 und Anm. 44. Die Zusammenarbeit zwischen Calcagnini und Nicolò di Aristotele ergibt sich aus Calcagnini, *Opera*, S. 133.

Schriften Luthers wahrscheinlich der deutsche Text zugrunde lag).[95] Drittens weist eine der Auflagen des pseudo-erasmischen Bändchens auf Ferrara, denn der Druck von 1540 enthält neben den drei lutherischen Schriften zwei fromme Betrachtungen des Ferrareser Humanisten Pellegrino Morato, Vater von Olimpia Morato und Freund von Calcagnini.[96] Sollten weitere Nachforschungen die Hypothese bestätigen, daß Celio Calcagnini jene pseudo-erasmischen Veröffentlichungen initiierte oder daran beteiligt war, dann wäre sein *Libellus de libero arbitrio* als taktisches Mittel einer Präventivverteidigung zu werten, inspiriert von jenem anderen taktischen Mittel der Präventivverteidigung, als das — akzeptiert man diese Rekonstruktion — Calcagnini die Diatribe *De libero arbitrio* des Erasmus betrachten mußte.

Insgesamt gesehen, erscheint in den Quellen der Inquisition der Traktat *De libero arbitrio* (und seine polemische Fortsetzung, der *Hyperaspistes*) als Randwerk im publizistischen Schaffen des Erasmus, als Schrift, die — im Gegensatz zu den *Colloquia*, dem *Enchiridion* oder den Vorworten zum *Novum Testamentum* — den Leser nicht zu beeindrucken vermochte und keinen dauerhaften Einfluß auf sein Bewußtsein ausübte. Zeugnisse, die sich auf diese Schrift beziehen, habe ich nur wenige finden können, und diese wenigen sind von geringer Bedeutung.

1561 wurde auf Betreiben des Hl. Offiziums ein gewisser Cinzio Polo aus Roncadelle festgenommen, weil er im Jahr zuvor, auf einer Reise von Motta nach Roncadelle von einem Gewitter überrascht und in die Kirche Madonna dei Miracoli geflüchtet, dort mit einem Wanderstock auf die Bildnisse des hl. Sebastian und des hl. Rochus eingeschlagen und dabei "Oh, schändliche Götzenbilder!" ausgerufen hatte. Bei der nach der Festnahme erfolgten Hausdurchsuchung wurden zwei Bücher des Erasmus beschlagnahmt: der *Hyperaspistes* und ein Traktat über die Ehe (vielleicht die *Institutio christiani matrimonii* oder eventuell das *Encomium matrimonii*). Der Gefangene, der eingestand, beide Bücher gelesen zu haben, gewichtete sie unterschiedlich. Er protestierte gegen die Beschlagnahme des Traktats über die Ehe, "der meines Wissens nichts Verbotenes enthält", während er gegen die des *Hyperaspistes* keinerlei Einwand erhob. Die Frage, weshalb er nicht das Argument anführte, daß diese Schrift eine heftige Attacke gegen Luther darstelle, bleibt offen.[97]

Die Diatribe *De libero arbitrio* findet auch Erwähnung in Zusammenhang mit dem Fall von Giovanni Antonio Maffei, einem in einer nicht näher bezeichneten Stadt der Diözese Padua tätigen Schullehrer. Maffei, der schon 1563 in Venedig als Häretiker angezeigt worden war (die Anzeige blieb allerdings folgenlos, da sie von den Zeugen nicht bestätigt wurde), wurde

---

[95] Schottenloher, *Ziegler*, S. 61.
[96] Vgl. Anm. 44. Zum Fulvio Pellegrino Morato vgl. Olivieri, *Trissino*, S. 55f., Anm. 5.
[97] ASV, Fasz. 17, Akte *Cinzio Polo* (1561), Aussage des Priesters Antonio Forteccia vom 4. Mai 1561; ebd., Verhör des Cinzio Polo vom 26. Juni 1561.

1566 in Padua festgenommen. Dieses Verfahren überstand er relativ unbeschadet, indem er einige Irrtümer zugab und ihnen öffentlich abschwor. Nach seiner erneuten Festnahme — zu welchem genauen Zeitpunkt, ist nicht bekannt, doch muß sie auf vor 1569 datiert werden — machte man ihm in Padua einen "langen Prozeß" (dessen Akten nicht erhalten geblieben sind), der mit seiner Verurteilung zu drei Jahren Gefängnis endete. Als er 1569 aus der Haft entfloh, war der Wunsch der Inquisitoren von Padua, seiner wieder habhaft zu werden, so stark, daß sie sich auf Manöver von Intriganten einließen. Wahrscheinlich wurde er wegen Rückfalls verurteilt und *in effigie* verbrannt; jedenfalls bat der Inquisitor von Padua in einem Brief vom Dezember 1569 — dem letzten Dokument des Falls Maffei — das Gericht Venedig um die Erlaubnis, in diesem Sinne zu verfahren. Der antilutherische Traktat des Erasmus erscheint hier als verbotenes und kompromittierendes Buch unter anderen gleicher Art, es wird mit Schriften wie *La tragedia del libero arbitrio* von Francesco Negri, dem *Pasquino in estasi* von Curione wie auch mit einem 'Zan Calvin' genannten Buch (die *Institutio*?), einem Bekenntnis zum calvinistischen Glauben und der *Vita della papessa Giovanna* von Vergerio auf die gleiche Stufe gestellt. Bei seinem zweiten Prozeß erklärte Maffei, sich all dieser Bücher (sowie Dantes *Komödie* und der Schriften von Petrarca) entledigt zu haben — er habe sie "alle ins Wasser geworfen"—; nur eine Bibel und ein nicht näher bezeichnetes Buch von Savonarola habe er behalten, offensichtlich, weil sie ihm weniger kompromittierend vorkamen.[98]

Schließlich wird die Diatribe *De libero arbitrio* auch schlicht und einfach als "lutherisches Buch" bezeichnet, also als Schrift, die man dem Umfeld der Reformation zuordnet — so in der Zeugenaussage eines Augustinerchorherrn gegen einen seiner Ordensbrüder. 1572 erstattete Don Apollinare da Ravenna Anzeige gegen seinen früheren Lehrer Don Raffaele da Cento, zu diesem Zeitpunkt Visitator der Kongregation von San Salvatore. Die Anzeige enthält eine lange Reihe — allerdings vager — Anschuldigungen. Es wird darin behauptet, Don Raffaele, ein ehemaliger Schüler des Buzio di Montalcino (1553 in Rom als Ketzer verbrannt) und der Bilderstürmerei verdächtig (in einem Kloster in Candiana, wo Don Raffaele sich aufhielt, waren alle Wandbilder zerstört worden), sei ein offener Anhänger Melanchthons. Während des Konzils von Trient habe er bei den ihm anvertrauten Novizen Nachrichten wie diese in Umlauf gebracht: "Heute sind Briefe gekommen, die davon berichten, Melanchthon sei auf dem Konzil erschienen und habe mit so vielen guten Gründen die Wahrheit seiner Lehre bewiesen, daß es auf

---

[98] ASV, Fasz. 20, Akte *Contro Giovanni Antonio Maffei*. Der Besitz des Buches von Erasmus ergibt sich aus der "Scriptura presentata in Sancto Officio per dominum Ioannem Antonium Maphei inquisitum ... sub die 27 Iunii 1566", Artikel 3: "Ho havuto Dante, tute opere del Petrarcha, il Sleidano, la Tragedia del libero arbitrio, Pasquin, una Colacion de Erasmo [= *De libero arbitrio diatribe sive collatio*], un Savonarola, un Zan Calvin, una confessione [di fede?] de' francesi, la vita della papessa Iovane [sic]".

dem Konzil keinen gab, der ihm hätte antworten können." Der junge Don Raffaele sei bei einem gewissen Don Cornelio da Carpi in die "ketzerische Schule" gegangen — so die Aussage eines anderen Kanonikers —; dort habe er den Unterschied zwischen der alten und der neuen Theologie gelernt. Don Cornelio habe die Paulusbriefe im Wechsel den alten und den jungen Ordensbrüdern gelesen: ein und denselben Text habe er den alten nach katholischer Lehre, den jungen "auf ketzerische Art" ausgelegt und über die ersteren gesagt: "Diesen Ochsen muß man Heu geben". Als Don Raffaele selbst mit der Ausbildung von Novizen betraut worden sei, habe er diese Unterrichtsform fortgesetzt. Zu seinen Schülern habe er "öffentlich schlecht über den päpstlichen Hof" gesprochen und ihnen — in Hinblick auf die Verteilung kirchlicher Würden in der Kurie — einen Apolog erzählt, der dem eifrigsten Protestanten nicht übel angestanden hätte. Der Besitz "lutherischer Bücher" wie des Traktats *De libero arbitrio* von Erasmus — daneben soll Don Raffaele die *Prediche* des Giulio da Milano, die Abhandlung *De incertitudine et vanitate scientiarum* des Agrippa von Nettesheim und allgemein Werke von "vielen deutschen Autoren" besessen haben — war in den Augen des Augustinerchorherrn, der diese Anzeige erstattete, ein Indiz des religiösen Dissenses, um den sich das Inquisitionsgericht pflichtgemäß zu kümmern hatte.[99]

Die Schlußfolgerung, die sich aus diesem Überblick ergibt, ist, daß die gegen Luther gerichtete Stellungnahme des Erasmus — außerhalb des lutherischen oder schon reformierten Raums — zuwenig Gewicht und Bedeutung für das konkrete Leben der Gläubigen hatte, um das verbreitete Bild eines an der Lancierung der Reformation beteiligten Erasmus verändern zu können. Folglich wurde der Traktat über den freien Willen, wenn nicht ignoriert, unter die Kategorie häretischer Bücher eingeordnet. Die einzig sichtbare Ausnahme von dieser Regel stellt der Benediktiner Isidoro Chiari dar. Seine *Adhortatio ad concordiam* (1540) ist meines Wissens die wichtigste italienische Reaktion auf die Diatribe von Erasmus. Wiewohl die heutige Forschung, geblendet vom Mythos einer eigenständigen, originalen Theologie der Benediktiner, nicht davon Kenntnis genommen hat,[100] tat Chiari nichts anderes, als den 1524 von Erasmus formulierten Kompromißvorschlag erneut aufzugreifen. Abgesehen von einer Übersetzung/Bearbeitung des Traktats *De libero arbitrio* von Marsilio Andreasi, über die man

---

[99] ASV, Fasz. 31, Akte *Don Raffaele de Cento*, Aussagen des Don Angelico da Venezia und Don Apollinare da Ravenna vom 31. Juli 1572. Don Apollinare da Ravenna, der in dieser Verhandlung die Rolle des Hauptanklägers übernimmt, wird selbst zum Angeklagten in AAP, Fasz. 2, Akte *Processo di don Apollinare da Ravenna*. Auf dieselbe Episode bezieht sich eine zweite Pisaner Akte, APP, Fasz. 1, Akte *Un constituto di don Agostino ferrarese priore di Nicosia* (1575), fol. 80-111.

[100] Isidoro Chiari, *Ad eos, qui a communi Ecclesiae sententia discessere, adhortatio ad concordiam*, Mailand, Francesco Minicio Calvo, 1540, vgl. Collett, *Benedictine Scholars*, S. 102-110.

nur Mutmaßungen anstellen kann,[101] war Chiaris *Adhortatio* in Italien der einzige ernsthafte Versuch, die Diatribe des Erasmus in scheinbar versöhnlichem, substantiell jedoch antiprotestantischem Sinn zu rezipieren.[102]

---

[101] Vgl. Kap. 6, S. 197.
[102] Collett, *Benedictine Scholars*, hat diesen Text analysiert, ohne die Abhängigkeit von Erasmus zur Kenntnis zu nehmen.

4. KAPITEL

VON DER FREIHEIT

> Cum a religando religio dicatur,
> qui pluribus vinculis alligatus est,
> magis religiosus esse dignoscitur.
>
> Alberto Pio an Erasmus (1530)

I

Die von Regnerus Post im Hinblick auf die Niederlande formulierte Bemerkung, für die Zeitgenossen sei an der Lehre Luthers der Aspekt der evangelischen Freiheit am aufsehenerregendsten und häufig auch am verlockendsten gewesen, kann auch für Italien gelten.[1] Äußerungen vieler zeitgenössischer Beobachter, vor allem katholischer Würdenträger und Kontroverstheologen, belegen, daß die evangelische Freiheit als Leitmotiv jener geistigen Strömung betrachtet wurde, die man heute der Kürze halber als italienische Reformation bezeichnet. Diese Beurteilung wird von Stimmen innerhalb der Bewegung eindeutig bestätigt.

So bezeichnete 1541 Giovanni Domenico Sigibaldi, Generalvikar der Diözese von Modena, in einem Brief an Bischof Morone die "christliche Freiheit" als das stolze Motto, unter dem die Lutheraner von Modena ihr glaubenszerstörerisches Werk betrieben.[2] In einer 1551 in Chiavenna gehaltenen Predigt stellte Sebastiano Castello, ein Franziskaner aus Perugia, die "evangelische Freiheit" als Devise der Reformation heraus. Seiner Meinung nach war es für die "Lutheraner" im Veltlin kennzeichnend, daß "sie sich laut rühmen, frei durch das Evangelium zu sein".[3] Das Prinzip der Freiheit des Evangeliums erschien dem Dominikaner Francesco Silvestri aus Ferrara 1525 als verlockendste der von den Neuerern in Umlauf gebrachten Ideen. Nach ihr betitelte er daher eine kleine Schrift, die der Ausbreitung der "lutherischen Seuche" in Italien Einhalt gebieten und Luther als "Verfechter einer diabolischen Freiheit" bekämpfen sollte.[4] Ein anderer Dominikaner, Ambrogio Catarino, verkürzte die Botschaft des *Beneficio di Cristo* — also

---

[1] Regnerus R. Post, *The Modern Devotion: Confrontation with Reformation and Humanism*, Leiden 1968, S. 587.

[2] ASP, Fondo Ansidei 25, Brief des Giovanni Domenico Sigibaldi an Bischof Giovanni Morone vom 20. Januar 1541.

[3] ASV, Fasz. 8, Akte *Contra fratrem Sebastianum Castello*, fol. 19ʳ, Verhör des Fra Sebastiano Castello vom 2. September 1551.

[4] Francesco Silvestri, *Opusculum de libertate evangelica*, 2. Ausgabe, Paris, Jean Bonhomme, 1552, fol. 4ʳᵛ.

der berühmtesten Schrift der italienischen Reformationsbewegung — auf die Proklamation der "christlichen Freiheit".[5] Dem Theatiner Antonio Caracciolo zufolge war "christliche Freiheit" auch das Motto von Prälaten und Kardinälen, die um das Jahr 1540 in Rom als Gegner der unnachgiebigen Haltung, wie sie der damalige Theatinerkardinal Gian Pietro Carafa (der spätere Papst Paul IV.) vertrat, eine Verständigung mit den Protestanten befürworteten.[6] Andrea di Lucio aus Argenta, den Sympathien für den Protestantismus um das Jahr 1550 nach Deutschland geführt hatten, kehrte — eigenen Angaben zufolge — nach Italien und in den Schoß der Kirche zurück, weil ihm die "freie Religion", zu der man sich in jener "fernen Gegend" bekannte, unerträglich war.[7] 1530 sprach Antonio Brucioli in dem an Kardinal Gonzaga gerichteten Widmungsbrief zu seiner italienischen Übersetzung des Neuen Testament vom "Evangelium des Friedens, der Freiheit und der Freude".[8] Analog dazu wurde im *Sommario della Santa Scrittura* proklamiert, daß "alle wahren Christen (...) in sich selbst und durch sich (...) wahrhaft frei" seien.[9] Das Prinzip der "christlichen Freiheit" stand im Mittelpunkt der von einem namentlich nicht bekannten Dominikaner im Advent 1540 in der Kirche San Pietro zu Bologna gehaltenen Predigten.[10] Protestantische Streitschriften wie Celio Secondo Curiones *Pasquino in estasi* (ca. 1543) oder Francesco Negris *Tragedia del libero arbitrio* (1546) vermittelten einem breiteren Publikum die Prinzipien der *libertà de l'Evangelo* oder *libertà christiana*, nach denen Christus "die Gewissen vom Joch des Gesetzes befreit hatte".[11] Auch der Söldnerführer Camillo Orsini sprach vom "Joch des Gesetzes", wobei er sich vermutlich auf den verführerischen Gedanken der Befreiung des Christen von der Last judaistischen Zeremoniells bezog.[12] Und der bereits erwähnte Franziskaner Sebastiano Castello betrachtete sich persönlich nicht mehr "der Knechtschaft und dem Joch des Gesetzes" unterworfen, sondern empfand sich als "nunmehr frei durch Christus".[13] Die provozierende Äußerung eines

---

[5] Catarino, *Compendio*, S. 348, 351.
[6] Firpo, *Processo Morone*, S. 130.
[7] ASM, Fasz. 3, Akte *Andree Lucii Argentini confessio* und *Andreas Lucius Argentinus Aegidio Fuscherario episcopo mutinensi*. Die Datierung der Deutschlandreise ist hypothetisch.
[8] *Il Nuovo Testamento di greco nuovamente tradotto in lingua toscana per Antonio Brucioli*, Venedig 1530, fol. +ii^r.
[9] *Sommario della Scrittura*, S. 233 (ich zitiere den *Sommario* nach der undatierten, von moderner Hand paginierten Ausgabe der Zentralbibliothek Zürich).
[10] Comba, *Giulio da Milano*, S. 322.
[11] [Celio Secondo Curione] *Pasquino in estasi, Nuovo, e molto più pieno ch'el primo* (Colophon: Stampato a Roma, nella botega di Pasquino, a l'istanza di Papa Paulo Farnese), S. 181; Francesco Negri, *Della tragedia intitolata Libero Arbitrio*, 2. Ausgabe, s.l., M.D.L., fol. R8^r-S2^r.
[12] *Processo Carnesecchi*, S. 205.
[13] ASV, Fasz. 8, *Contra fratrem Sebastianum Castello*, fol. 22^v: "E se io mi glorio della corona da dovermi esser renduta, et ch'io dico 'reddet mihi Dominus', intendo con l'honor del mio capo Christo, mihi non amplius existenti in lege, mihi non amplius sub culpa Ade, mihi

4. KAPITEL

venezianischen Dominikaners namens Angelo Andronico, der 1566 mit der Formel "Verbum Dei non est alligatum" (2 Tm 2,9) für sich selbst das Recht auf freie Predigt beanspruchte, könnte man sogar als Reminiszenz an Luthers Schrift *Von der Freiheit eines Christenmenschen* interpretieren, die in Italien auf lateinisch in Umlauf war und eine — wenn auch wenig geglückte — Übersetzung ins Italienische erfuhr.[14] Der *cancelliere* Nicolò Guidozzo vertrat die Ansicht, daß es "in der Freiheit eines jeden" liege, seine Religiosität und sein geistiges Leben auf eigene Art zu gestalten. Bei ihm fand diese Freiheit unter anderem darin Ausdruck, daß er die Heiligenverehrung ablehnte: "Frustra fit per plura, quod potest fieri per pauciora — wenn ich zu Gott beten kann, warum soll ich dann zu den Heiligen beten?"[15]

Die Überzeugung, der Freiheitsgedanke sei eines der Leitmotive der neuen Ketzerei, wurde auch von den Inquisitoren geteilt. So führten der Vikar des Patriarchen und der Inquisitor von Udine das Verhalten einer Gruppe von Protestanten aus Buia und Gemona, die 1558 vor ihnen erscheinen mußten, auf eine "ruchlose ... Freiheit" zurück.[16] Einige Jahre zuvor (1552) hatte der Vikar des Inquisitors von Modena es unerträglich genannt, daß der Häretiker Pietro Giovanni Biancolini weiterhin "secundum spiritum libertatis suae" lebe.[17] Ein im Januar 1575 von einem gewissen Fra Desiderio an den Inquisitor von Modena geschriebener Brief enthält eine indirekte Beschuldigung des Conte Pindaro Rangoni und seines Sohnes Guido, die vom Absender der Ketzerei verdächtigt und als "schädliche und boshafte Geister, die 'in spiritu libertatis' leben wollen", bezeichnet werden.[18] In der vom *commissario* der Inquisition von Udine Sante Citinio 1568 abgefaßten Anklageschrift im Verfahren gegen den Schmied Ambrogio Castenario wird

---

non amplius sub servitute et pondere legis, sed mihi iam per Christum libero, mihi iam existenti in evangelio".

[14] ASV, Fasz. 22, Akte *Angelo Andronico*. In der seinen Traktat *De libertate christiana* einleitenden *Epistola ad Leonem decimum* zitierte Luther zur Begründung der Auslegungsfreiheit der heiligen Schrift denselben Vers (2 Tm 2,9), WLA VII, S. 47, ll. 29f.: "Leges interpretandi verba Dei non patior, cum oporteat verbum Dei esse non alligatum, quod libertatem docet omnium aliorum". Zur italienischen Übersetzung des Traktats *De libertate christiana* vgl. Seidel Menchi, *Traduzioni di Lutero*, S. 89-93, und zu dessen Zirkulation in lateinischer Sprache ebd., S. 33f.

[15] ASV, Fasz. 40, Akte *Nicolò Guidozzo* (1575-76), fol. 27ʳ, Verhör vom 31. März 1576.

[16] ACAU, Fasz. 1, Akte 3, *Contra Dionisium de Rizardis glemonensem*, fol. 4ᵛ: "Dictus inquisitus ... multa contra veritatem et sanctae romanae et universalis Ecclesiae doctrinam et fidem negavit, haereticorum opiniones falsas et erroneas tenendo, necnon iuxta eorum impiissimam et nephandam licentiam et libertatem vel potius diabolicam servitutem vixit, cibos prohibitos statutis ab Ecclesia temporibus comedendo".

[17] ASM, Fasz. 3, Akte *Processus formatus contra ser Ioannem Blancholinum et per abiurationem absolutus* (1552), Entscheidung des Gerichts vom 25. April 1552, "hora decimaseptima": "Decrevimus non amplius a nobis permittendum, ut secundum spiritum libertatis tuae ambules quocunque tibi libeat".

[18] ASM, Fasz. 6, Akte *Contra Guidum Rangonum et Hieronimum Ronchinum* (1575).

diesem zur Last gelegt, "gemäß der ... ruchlosen Freiheit der Ketzer" gelebt zu haben.[19]

Mit welchem Inhalt wurde der Begriff "Freiheit" in diesen heterogenen Zeugnissen gefüllt? Antonio d'Alessio aus Neapel gibt uns eine Antwort auf diese Frage. Der wahrscheinlich theologisch gebildete d'Alessio bekannte, als er dem Inquisitor seine Glaubensabweichungen aufzählte, unter anderem der Überzeugung gewesen zu sein, "daß der Christ frei von den positiven Geboten", das heißt nicht den Geboten *de iure positivo* unterworfen sei (1552). Unter dem Prinzip der Freiheit wurde verstanden, daß nur die ausdrücklich in der Heiligen Schrift genannten Gebote der *caritas Dei* und der *misericordia proximi* für den Christen verbindlich seien; den Kirchengeboten dagegen — auch wenn man sie nicht als gottlos oder abergläubisch zurückwies — wurde keinerlei bindende Kraft zuerkannt.[20]

Es ist deutlich, daß die Lehre Luthers von der Freiheit eines Christenmenschen hier radikal verkürzt und teilweise verfälscht wiedergegeben wurde; doch was sie an theologischer Komplexität verlor, gewann sie an Wirkungskraft. Der vom Joch der zeremoniellen Frömmigkeit befreite Christ wurde "auf seine Weise"[21] gläubig, fühlte sich berechtigt, sein religiöses Leben — hinsichtlich Beichte, Gebet, Fasten usw. — selbst zu gestalten.[22] Hierfür prägte ein Geistlicher aus Modena eine prägnante Metapher. In einem seiner Briefe an einen Handwerker in Imola kam das Bild der Taube als Symbol des neuen Christen vor, des "Christen, der frei ist vom Fasten, von Bußen und anderen für das Heil notwendigen Werken, weil Jesus Christus diese Werke zur Genüge für ihn getan" habe. Von diesem Glauben beschwingt, fliege die Taube "leichten Sinns, wohin es ihr am besten gefalle" (1551).[23]

Das Bild der Taube steht in Einklang mit einigen der Zeugnisse, die weiter oben angeführt wurden und in denen der Begriff "Freiheit" in Zusammenhang mit Begriffen wie "Wonne", "Frieden" oder "Freude" erscheint.[24] Hier liegt der Grund dafür, warum Luther in Italien sich des

---

[19] ACAU, Fasz. 3, Akte 44, *Contra magistrum Ambrosium theutonicum fabrum*, fol. 14ᵛ. Die Akte 44 des ACAU ist in *Mille processi dell'Inquisizione*, S. 105-130, vollständig veröffentlicht worden.

[20] ASV, Fasz. 13, Akte *Giulio Basalù*, Quae habentur contra Iulium Basalù ... in scriptis ... exibitis per dominum Antonium de Alexio neapolitanum die 19 decembris 1552, art. 19: "Ho creduto che li precetti soli de Dio me obighino a peccato mortale et che li precetti della Chiesa anchor che siano buoni non me leghino a peccato: et cossì ho creduto che quadragesima, il venerdì et il sabbato in lo mangiar la carne non sia peccato, anchor ch'io non sia cascato in simil'errori, però ho creduto che'l christiano sia libero dalli precetti positivi, in quanto che nella loro transgressione non pecca mortalmente, nisi ex contemptu".

[21] Zu diesem Ausdruck vgl. S. 137f., insbesondere Anm. 95.

[22] Hierzu auch Francesco Negri, *Tragedia del libero arbitrio*, fol. R8ʳ-S2ʳ.

[23] AVI, Fasz. 1, Akte *Contra Alexandrum Rexam de Imola*, fol. 28ʳ (Rotelli, *Sant'Uffizio a Imola*, S. 157).

[24] Vgl. S. 111, Anm. 8.

Beinamens "dolce dottore" erfreuen konnte.[25] Der Mythos eines düsteren und quälerischen, lebensfeindlichen und wenig trostvollen Protestantismus war noch nicht entstanden.[26]

II

Von den Zeitgenossen eher intuitiv als rational und systematisch erfaßt, entwickelte das Prinzip der Freiheit des Evangeliums eine weitreichende Wirkung. Mehr als einzelne Kirchengebote erschütterte es die traditionellen Ausdrucksformen der Frömmigkeit. Die spätmittelalterliche Religiosität manifestierte sich in minuziös quantifizierten, geordneten und abgestuften Formen mit präziser Bindung an Orte und Zeiten. Das Prinzip der Freiheit besagte dagegen, daß für den Christen bei seiner Zwiesprache mit Gott weder Ort noch Zeit, weder Gegenstände noch Speisen oder Gewänder, weder bestimmte Gesten noch Worte Bedeutung haben, weil Christus das mosaische Gesetz und seine "Beschwernisse" ein für allemal aufgehoben hat.[27] Hier lag der Schnittpunkt der Polemik des Erasmus gegen die rituelle Frömmigkeit mit Luthers Kampf gegen die Rechtfertigung durch Werke.[28] Dadurch ergab sich eine gemeinsame Basis für Heterodoxe verschiedener Orientierung, unter Einschluß der Täufer. Daß Erasmus und Luther sich in diesem Punkt begegnen konnten, wurde durch das Fehlen antihumanistischer Züge in der lutherischen Lehre von der christlichen Freiheit begünstigt. Der Angelpunkt der Lehre — von Luther als der "fröhliche Wechsel" bezeichnet — bestand in der Vision einer Umgestaltung der menschlichen Natur, wobei der Reformator auch keine Scheu vor der humanistischen Formel von der *dignitas* des Menschen zeigte[29] (nicht zufällig machte sich der Verfasser des *Beneficio di Cristo* gerade dieses Thema zu eigen).[30]

Auch wenn bei der italienischen Rezeption des Prinzips von der christlichen Freiheit dessen zerstörerische Wirkungen in den Vordergrund traten, erlebten es die Zeitgenossen nicht als ein negatives Prinzip. Das

---

[25] ASV, Fasz. 4, Akte *Contra presbiterum Nicolaum Rossignolum de Pirrano*, 12. August 1550, Aussage des Pasquale Palmaleo.
[26] Vgl. Kap. 6, Anm. 12.
[27] Zu diesem Ausdruck vgl. ASM, Fasz. 2, Abschwörung des Agostino Nerli aus Gonzaga vom 15. April 1544.
[28] Duke, *Popular Religious Dissent*, S. 57. Der grundliegende theologische Unterschied zwischen den beiden Positionen wird von Augustijn, *Erasmus von Rotterdam*, S. 118, definiert.
[29] Mir ist bewußt, daß ich, was diesen spezifischen Punkt angeht, in Kontrast zu der lutherischen Interpretation der Abhandlung *Von der Freiheit eines Christenmenschen* stehe, wie sie sich in der Sekundärliteratur widerspiegelt, auf die ich in Anmerkung 55 hinweise. Die lutherischen Theologen führen in der Tat die Lehre vom unfreien Willen in die Schrift *Von der Freiheit eines Christenmenschen* ein. Obgleich Luther den Grundsatz des unfreien Willens 1520 schon erarbeitet hatte (vgl. hierzu *Disputatio Heidelbergae habita*, 1518), kommt er im Traktat *Von der Freiheit eines Christenmenschen* nicht vor. Die *servitus*, von der in der Schrift die Rede ist, ist die freiwillige Knechtschaft der Liebe, nicht die angeborene Knechtschaft des Willens.
[30] *Beneficio*, S. 27-30.

Sakrale erfuhr in ihren Augen keine Einengung, sondern eine Ausweitung. Die Grenze zwischen dem Sakralen und dem Profanen wurde gesprengt. Kein Ort sollte mehr als heilig oder weltlich gelten, keine Zeit war der Buße oder der Freude vorbehalten, kein Gegenstand der religiösen Verehrung oder dem täglichen Gebrauch bestimmt — denn der Christ sei frei und mache keine Unterschiede, er sei Christ "zu jeder Stunde, an jedem Ort, [im Umgang] mit jedem Gegenstand".[31] Die Mauern der Kirche beschrieben nicht länger die Grenzen des Sakralen. Weihwasser, heiliges Öl, geweihte Erde, Fastenspeise verloren ihre privilegierte Stellung im religiösen Leben. Die dem Schutzheiligen der Familie angezündete Kerze oder das ewige Licht am Straßenaltar wurden zu "Tollheiten" oder "Unfug". Das aschgraue Büßergewand anzulegen wurde als beschränktes Verhalten von Menschen empfunden, die sich vorstellten, Gott mit einer Verkleidung narren zu können.[32] Auch die heiligen Paramente betrachtete man als Maskerade.[33] Über den Rosenkranz und das dadurch begünstigte Quantifizieren der Gebete konnten Menschen, die das Leben als immerwährendes Gebet begriffen, nur lächeln.[34] Die Verehrung der Heiligen und ihrer Bildnisse verlor für den, der sich selbst und seinen Nächsten als "lebendiges Bild Christi" betrachtete, jeglichen Inhalt.[35] "Wir sind das Bild" — so lautet beispielsweise eines der Argumente gegen den traditionellen Bilderkult.[36]

Diese — vielleicht auch von Gedanken der Mystik mitgeprägten — Anschauungen verbreiteten sich wie ein Lauffeuer. Die Gleichartigkeit der eben genannten Grundüberzeugungen, wie sie sich in all den untersuchten Inquisitionsprozeßakten findet, muß überraschen, wenn man die Mannigfaltigkeit der "häretischen" Aussagen bedenkt.

Im folgenden sollen einige dieser Zeugnisse, nach drei Themengruppen geordnet, herangezogen werden:
a) das Gotteshaus als privilegierter Ort des Sakralen,
b) der Gebrauch von Kultgegenständen,

---

[31] WLA V, S. 333, l. 23f. (zitiert von Maurer, *Freiheit*, S. 26).

[32] ASV, Fasz. 6, Akte *Processus contra Ioannem Donatum della Columbina et alios* (1547), fol. 30ʳ.

[33] Ebd., fol. 11ʳ: "Brendolin disse ch'el prette, quando si apparava per dir messa, si faceva maschara". Vgl. auch ASM, Fasz. 3, Akte *Contra Ioannem Rangonum Mutinensem* (1563), Aussage des Giovanni Battista de Vecchi vom 13. Mai 1563: "Circa un anno fa ... si voltò il detto messer Giovanni [Rangoni] verso l'altare della Madonna, alla colonna, dove era un sacerdote parato che diceva la messa, et disse: 'Vedi colui? Non ti par che sia un mascherotto che faccia le bagatelle?'".

[34] ASV, Fasz. 159, *Acta Sancti Officii* (1554-1555), fol. 14ʳ, 8. Oktober 1554, *Contra fra Danielem de Brixia*. Dieser Bruder wird beschuldigt, er hätte "mettuto tutte le donne sottosopra, dicendo che ele non debba ... dir corone, perché l'è prosuntion numerar le oration a Dio". Vgl. auch ASV, Fasz. 6, Akte *Contra Ioannem Mariam Beatum*, fol. 11ʳ, Aussage der Witwe Maria Franzoni vom 17. Dezember 1551: "Quelle sue donne [di Giovanni Maria Beato] biasmavano il dire tante corone, dicendo che basta dire uno pater nostro con il cuore".

[35] ACAU, Fasz. 3, Akte 44, *Contra magistrum Ambrosium theutonicum fabrum*, fol. 12ᵛ.

[36] ASV, Fasz. 1, Akte *Girolamo Venier, Alvise Cavallo u.a.*, fol. 31ʳᵛ.

c) die liturgische Einteilung der Woche und des Jahres.
In zwei Folgeabschnitten werden wir uns mit zwei weiteren Auswirkungen der Lehre von der Freiheit befassen, mit der Diskussion über Wallfahrten und Fastengebote.

a) *Das Gotteshaus als privilegierten Ort des Sakralen* zu betrachten, war eine der Auffassungen, die sich mit der neuen Religiosität am wenigsten in Einklang bringen ließen. So verkündigt der Priester Patrizio aus Udine, daß "unsere Häuser mindestens so gut seien wie die Kirchen und daß folglich ein Gebet zu Hause einen ebenso großen Verdienst darstelle wie ein Gebet in der Kirche". Sein Glaubensbruder Francesco aus Mailand spricht zu einem Kirchengänger: "Noi siamo le chiese" (1543). Giovanni Taidino aus Pirano glaubt, "die Kirche sei überall und es sei deshalb gleichgültig, ob man zu Hause oder in der Kirche bete" (1549). In Venedig wird Costantino da Legnasco angezeigt, weil er gesagt habe, "die Weihe heiliger Stätten sei unbegründet, da Gott die Welt im ganzen geweiht habe" (1561). Lattanzio Cotoni aus Siena wird beschuldigt, "vielen Menschen zu sagen, einzureden und zu lehren, daß man zum Beten nicht in die Kirche gehen muß, weil man ebensogut im Wald, während man vielleicht Schafe hütet, beten kann wie in der Kirche" (1564). Giovanni della Guartanuta aus Piano d'Arta bekennt sich zur Meinung, "daß es ebensoviel wert sei, im Wald wie in der Kirche zu beten" und "daß es ebensoviel wert sei, in einem Gefäß aus Ton wie in einer Kirche beigesetzt zu werden, weil Gott die ganze Erde gesegnet habe". Ihm wird auch der Satz zugeschrieben, daß "die Mauern der Kirche ebenso heilig wie die des eigenen Hauses" seien (1564). Caterina Bertolosi aus Cressa bei Novara gibt der Überzeugung Ausdruck, "sie könne in ihrem frisch getünchten Haus genausogut den Rosenkranz beten wie ... in der Kirche" (1580). Camillo Evoli aus Rivalta bei Mantua sagt, "daß das Haus, in dem man wohnt, ein würdigerer Ort des Gebets ist als die Kirche" (1580). Der Drechsler Pietro aus Treviso bestreitet, daß unter "Kirche" das Gotteshaus zu verstehen sei. "Die Kirche", erklärt er, "sind wir Christen", also "muß man zum Beten nicht in die Kirche gehen, sondern ... geht man zum Beten nach Hause" (1547). Der venezianische *Cancelliere* Giovanni Battista Michiel meint, es habe "den gleichen Wert, daheim oder an einem anderen Ort zu beten, wie in die Kirche zu gehen; in diese Gotteshäuser und Kirchen zu gehen und dort die Altäre zu küssen, sie zu schmücken, Glocken zu läuten und andere Dinge, die man in diesen materiellen Kirchen tut", seien nicht notwendig "für das Heil" (1573). Ein anderer *cancelliere*, Nicolò Guidozzo aus Castelfranco Veneto, äußert die Meinung, "daß es wegen des Lärms der Leute besser ist, in Ruhe zu Hause zu beten als in der Kirche" (1575). Simone Sacardo aus Piano d'Arta erklärt mit Entschiedenheit, "daß man keine Kirchen mehr braucht, weil man Gott überall anbeten kann". Seine Gesprächspartner reizt er mit spöttischen Bemerkungen wie etwa: "Was für Kirchen, was für Kirchen — man kann überall beten." Ihm wird auch der Satz zugeschrieben, es sei "vergeudetes Geld, Kirchen zu bauen, weil man Gott überall anbeten sollte" (1580). Bernardino della Zorza aus

Udine belehrt einen Bekannten, der gerade auf dem Weg zur Kirche ist: "Ihr tätet besser daran, die Sonne anzubeten, als Euch Pfarrer anzuhören" (1563). Der Geistliche Giovanni Tremanini aus Modena wird 1564 angeklagt, einige Gläubige vom Besuch der Messe abgehalten zu haben, indem er ihnen sagte, daß "Christus im Wald genauso ist wie in der Kirche". Der Tischler Angelo Mondadori aus Modena kritisiert 1545 das Brauchtum, häufig vor Tabernakeln, Altären usw. niederzuknien, und führt es ad absurdum, indem er erklärt: "Man muß überall hinknien, weil Gott überall ist". Der Kunstmaler Riccardo Perucoli aus Conegliano Veneto wird 1549 gefragt, warum er bei der Messe nicht an der Wandlung und der Anbetung des Allerheiligsten teilnehme. "Ich glaube", antwortet er, "daß ich [den Herrn] immerfort anbete, weil ich glaube, daß er überall ist."[37] Antonio da Borgo aus Asolo vertritt 1547 die Meinung, daß "man einen Toten ebensogut irgendwo im Gebirge wie auf einem Gottesacker begraben kann ..., weil Gott die ganze Erde gesegnet hat". Ebenfalls in Asolo will der Schneider Francesco 1551 seinen verstorbenen Bruder im Garten begraben, weil er davon überzeugt ist, "daß die ganze Erde gesegnet und es gleich ist, ob er auf einem Friedhof oder im Garten bestattet wird". Auch der Franziskaner Stefano Boscaia aus dem Kloster Sant'Angelo zu Asolo verbreitet 1547 die Auffassung, daß es keinen Unterschied mache, "ob man sich auf einem Feld oder dem Friedhof begraben läßt".[38]

b) Aus den Inquisitionsprozeßakten dringen Stimmen zu uns, die das Ende des *Gebrauchs von Kultgegenständen* proklamieren. Die Ablehnung richtet

---

[37] Die zitierten Zeugnisse sind — entsprechend der Reihenfolge ihrer Erwähnung im Text — in folgenden Dokumenten und Publikationen belegt: ASV, Fasz. 1, Akte *Girolamo Venier, Alvise Cavallo u.a.*, fol. 8ᵛ, 29ʳ; ASV, Fasz. 4, *Atti di Annibale Grisonio. De Capo d'histria*, 8. Februar 1549; Martin, *Salvation and Society*, S. 229 (Costantino aus Lagnasco); ASS, Notarile antecosimiano 2776, Akte *Processo contro Lattanzio Cotoni*, Anklageschrift; ACAU, Fasz. 2, Akte 33, *Contra Ioannem della Guartanuta de villa Plani*, fol. 197ᵛ-198ᵛ; TCD Ms. 1225, 16./17. April 1580, Urteil und Widerruf der Caterina de Bertolosis, genannt del Bertina; TCD, Ms. 1225, 14. Februar 1580, Urteil gegen Camillo Evoli da Bozzuolo; ASV, Fasz. 6, Akte *Processus contra Ioannem Donatum della Columbina*, fol. 10ʳ, Aussage des Meisters Sebastiano aus Novale vom 10. Mai 1547; ASV, Fasz. 37, Akte *Contra Hieronimum Parto nodaro* (1572) *et Ioannem Baptistam Michael fratrem eius uterinum* (1573), fol. 32ʳ; ASV, Fasz. 40, Akte *Nicolò Guidozzo*, Verhör vom 11. Februar 1576, fol. 14ᵛ; ACAU, Fasz. 5, Akte 87, *Processo contro Simon Sacardo della villa de Piano*, fol. 8ʳ, 5ᵛ, 7ᵛ; ACAU, Fasz. 2, Akte 28, *Processus contra nonnullos de haeresi suspectos, et praecipue contra Bernardinum della Zorza utinensem* (1563); ASM, Fasz. 3, Akte *Contra dominum Ioannem Tremaninum presbiterum*, Aussage des Pre Luca dei Tedaldi vom 28. Juli 1564; ASM, Fasz. 2, Akte *Contra magistrum Angelum Mondadorum*; ASV, Fasz. 7, Akte *Contra Ricardo pittor et Nicolò dalle Monache*, Verhör des Riccardo Perucoli vom 25. Mai 1549.

[38] Die zitierten Zeugnisse sind — entsprechend der Reihenfolge ihrer Erwähnung im Text — in folgenden Dokumenten belegt: ASV, Fasz. 6, Akte *Contra Antonium del Borgo*, in *Exemplum processus contra hereticos de Asyllo*, fol. 6ᵛ, Verhör des Meisters Vittore "festaro" vom 18. März 1547; ASV, Fasz. 8, Akte *Contra Franciscum sutorem*, Aussage des Francesco di Paolo Ernatil (?) vom 23. September 1551; ASV, Fasz. 6, Akte *Exemplum processus contra hereticos de Asyllo*, fol. 14ʳ (man darf allerdings nicht vergessen, daß gègen 1550 diese Gruppe von Asolo zum Wiedertäufertum übergegangen war, vgl. Stella, *Antitrinitarismo*, S. 48f., 58).

sich gegen die Verwendung von Weihwasser, geweihtem Öl, gesegneten Ölzweigen, Kerzen und Andachtsbildern. Antonio da Borgo aus Asolo erklärt, "daß das fließende Wasser ebensoviel Wert hat, wie das der Weihwasserbecken, weil alles Wasser von Gott gesegnet ist" (1547). Auch der Lehrer Costantino aus Mailand lehrt seine Schüler in Serravalle, "daß das Wasser aus dem Meschio [der Serravalle durchfließt] genauso gut und wirksam ist wie Weihwasser" (1553). Giovanni della Guartanuta aus Piano d'Arta meint, daß "man weder Kerzen noch Ölzweige weihen soll, weil Christus alles gesegnet hat und ... niemand die Dinge besser machen kann als der Herrgott sie geschaffen hat". Weiter sagt er, "daß man ebensogut mit fließendem Wasser wie mit geweihtem Taufwasser getauft werden kann" (1564). Auf diesem Gedanken beruht auch die von Fra Tommaso Fabiani aus Mileto in Neapel vorgebrachte Meinung, "daß man das Sakrament der Taufe mit einfachem Wasser spenden soll, ohne Zeremonien" (1564). Bei einem Festmahl äußert sich der Notar Alvise Flacco aus Udine so: "Was für Weihwasser? Das Wasser aus dem Bach ist ebenso heilig wie das in der Kirche." Auf Einwände von Tischgenossen antwortet er: "Was für ein Papst? Was für eine Macht hat er, [das Wasser] zu segnen, wenn Gott zuvor alles Wasser gesegnet hat, als er es schuf?" (1565). Pellegrino Santini, ein Tuchhändler aus Lucca, vertritt die Ansicht, daß "man mit jedem beliebigen Wasser ebenso taufen kann wie mit geweihtem Taufwasser", und belächelt, daß die Priester es den Laien verwehren, Wasser aus dem Weihwasserbecken zu schöpfen; für ihn ist es "wie anderes Wasser" (1576). Martino della Sabbionara, ein Protegé des Conte Giulio da Thiene, nennt die Gewohnheit, "den Toten Kerzen anzuzünden, damit sie es heller haben als in der Sonne", einen "Hohn" (1555). Daniele Portunieri aus San Daniele im Friaul entfernt 1566, als er zu Besuch bei einem Nachbarn ist, die brennende Kerze, die dieser vor ein Christusbild gestellt hat, mit den Worten: "Willst du Gott Licht machen? Sieht Er ohne deine Kerze nicht?" Der bereits erwähnte Giovanni della Guartanuta gibt sich davon überzeugt, "daß es für nichts gut ist, mit Kreuzen und bei Glockengeläut in einer Prozession durch die Felder zu ziehen, und daß es besser wäre, Mist auf die Äcker zu streuen, als sie auf diese Art zu begehen".[39]

---

[39] Die zitierten Zeugnisse sind — entsprechend der Reihenfolge ihrer Erwähnung im Text — in folgenden Dokumenten belegt: ASV, Fasz. 6, Akte *Contra Antonium del Borgo*, in *Exemplum processus contra hereticos de Asyllo*, fol. 6ᵛ, Aussage des Meisters Vittore "festaro" vom 18. März 1547; ASV, Fasz. 12, Akte *Costantino milanese* (Costantino "milanese" ist mit Costantino Cato zu identifizieren, vgl. ASV, Fasz. 14, Akte *Costantino Cato u.a.*), Aussage des Giovanni Battista Broca vom 17. Februar 1554; ACAU, Fasz. 2, Akte 33, *Contra Ioannem della Guartanuta de villa Plani*, fol. 194ʳ, 197ʳ; TCD, Ms. 1224, Urteilsspruch vom 16. Dezember 1564 gegen Fra Tommaso Fabiano oder de Fabianis aus Mileto (Ordinis Franciscanorum Conventualium); ACAU, Fasz. 2, Akte 29, *Flacci notarii processus* (1563-68), fol. 83ʳ; AAP, Fasz. 1, Akte *In causa Peregrini quondam Iosephi Santini lucensis mercatoris pannorum*; ASV, Fasz. 159, *Acta Sancti Officii* (1554-1555), fol. 210ʳ, 6. Juli 1555, Contra Stephanum; ACAU, Fasz. 2, Akte 37, *Contra Danielem Portunerium a Sancto Daniele*, fol. 266ʳ; ACAU, Fasz. 2,

c) Lebhaft diskutiert wird auch *die liturgische Einteilung der Woche und des Jahres*. Der Priester Vittorio Raimondi aus Asolo wendet sich 1547 gegen die Unterscheidung von Zeiten der Buße und Zeiten der Freude: "Ich habe gesagt, daß wir nicht verpflichtet sind, die Fastenzeit einzuhalten, sondern daß der Mensch unausgesetzt recht handeln und enthaltsam sein soll ..., indem er keinen Unterschied zwischen verschiedenen Zeiten macht, sondern zur Ehre Gottes wirkt." Der Textilarbeiter Francesco Garzotto aus Udine verbreitet die Idee, "daß man das Fasten nicht an einem Tag mehr einhalten soll als an einem anderen, weil alle Tage von Gott geschaffen sind." Die gleiche Ansicht vertreten, ebenfalls in Udine, der Schullehrer Francesco und der Schuster Girolamo: "Alle Tage sind heilig, man darf nicht einen Tag mehr achten als den anderen"; "alle Tage sind gleich, und einer ist nicht mehr als der andere" (1543). Der Schuhmacher Giulio di Santa Corona aus Vicenza bezeugt 1552 im Hinblick auf sich und seine radikale Gruppe: "Wir machten keinen Unterschied zwischen einer Zeit des Jahres und einer anderen, sondern lebten zu jeder Zeit maßvoll." Der venezianische Schiffer Stefano de Ongari und ein namentlich nicht bekannter Kohlenfuhrmann stellen in einem in Brianza stattfindenden Gespräch übereinstimmend fest, "daß es keinen Unterschied zwischen den Tagen gebe und daß sie alle gleich seien ..., und daß man jeden Tag Gutes tun solle ..., und daß Gottes Gebot, den Sabbat zu heiligen, für jeden Tag gilt" (1555). Zu den teuren Festessen, die man während des Karnevals aufträgt, bemerkt der Pächter Carlo Mosconi aus dem Polesine: "Sie feiern Karneval und essen viele und verschiedene Speisen, weil sie dann vierzig Tage lang enthaltsam sein müssen. Aber ich mache keinen Unterschied zwischen Karneval und Fastenzeit" (1563). Giovanni Rangoni aus Modena spricht angesichts der Zügellosigkeit und Verschwendung während der Karnevalszeit den Gedanken aus: "Die ganze Christenheit ist aufgewühlt, in Frankreich ist Bürgerkrieg, ein Konzil tagt — und hier treibt man solche Tollheiten." Er kommt zu dem Schluß: "Wenn man die Fastenzeit abschaffte, gäbe es auch keinen Karneval mehr" (1563). Der *cancelliere* Nicolò Guidozzo weist in Parenzo seine Wirtschafterin Benvegniuda, die sich weigert, freitags und samstags Fleisch zu essen, zurecht: "Du Einfältige, was für einen Unterschied machst du zwischen Mittwoch oder Donnerstag und Freitag oder Samstag?" (1575).[40]

Für die meisten Menschen der damaligen Zeit war es eine erschütternde Vorstellung, das Sakrale nicht mehr mit bestimmten Zeiten, Orten und Gegenständen verbunden zu sehen. Aussprüche wie die von uns zitierten

---

Akte 33, *Contra Ioannem della Guartanuta de villa Plani*, fol. 193ᵛ.

[40] In diesem Abschnitt wurden folgende Dokumente zitiert: ASV, Fasz. 6, Akte *Exemplum processus contra hereticos de Asyllo*, fol. 25ᵛ; ASV, Fasz. 1, Akte *Girolamo Venier, Alvise Cavallo u.a.*, fol. 6ʳ, 8ʳ, 29ʳ; ASV, Fasz. 9, Akte 4, Verhör des Giulio da Santa Corona vom 17. März 1552; ASV, Fasz. 12, Akte *Stefano de Ongari*; ACVR, Fasz. 2, Akte *Processo contro Carlo Mosconi* (1563-66), fol. 7ʳ; ASM, Fasz. 3, Akte *Contra Ioannem Rangonum mutinensem*, Aussage des Giovanni Paolo Carandini vom 13. Mai 1563; ASV, Fasz. 40, Akte *Nicolò Guidozzo*, fol. 35ᵛ, Aussage des Paolo Dobrigna vom 10. Januar 1576.

klangen in den Ohren der Zuhörer wie Blasphemie. Entrüstung verrät die Aussage einer Zeugin aus Pirano, die 1549 den Inhalt eines Streits zwischen ihr und einer Nachbarin so zusammenfaßte: "Lucia hat mit mir gestritten, weil ich sagte, daß es besser ist, in der Kirche als woanders zu beten, und sie hat gesagt, daß man in einem Sumpf ebenso beten kann wie in der Kirche."[41]

Die Ausweitung des Sakralbegriffs, die sich aus dem Prinzip der evangelischen Freiheit ergab, bewirkte eine neue Definition der Heiligkeit. Heiligkeit wurde nicht länger exklusiv als Auszeichnung weniger Auserwählter verstanden, sondern als eine jedem Gläubigen offenstehende Dimension des religiösen Lebens. "Wir ... sind lebendige Heilige"[42] — diese Auffassung ahnt der Historiker hinter gewissen Formeln, von denen die Zeitgenossen erschrocken berichten; so etwa, daß ein Analphabet aus Legnaro gesagt habe, daß "der heilige Gregorius und der heilige Augustinus ... zu Lebzeiten Menschen wie wir waren", ein Schuster aus Udine: "Was für ein heiliger Petrus? Sie sind Menschen wie wir auch" und: "Die Jungfrau Maria ist eine Frau wie die anderen", ein römischer Arzt: "Die Madonna ist wie seine Frau", eine gewisse Dorotea aus Udine: "Die heilige Maria ist nicht mehr als eine von uns Frauen" (1543-44). "Deum optimum maximum fecisse et creasse omnes nos sanctos" predigte der Augustiner Ambrogio da Milano 1544 ohne Umschweife. Und der Pfarrer Patrizio aus Udine lehrte seine Mitbürger, "daß jeder von uns soviel wert sei wie ein Heiliger" (1543). In der Umgebung von Vergerio war die Überzeugung verbreitet, "daß man die Heiligenfiguren nicht verehren dürfe und daß man den lebendigen, nach dem Bilde Gottes geschaffenen Menschen mehr ehren solle als ein (...) lebloses Ding" und daß "es besser sei, einem lebendigen Menschen Achtung zu bezeigen" als den Heiligenbildern, die nur "Farben" seien (1548). Giovanni Rangoni aus Modena scheute sich nicht, Graziano und Maranello, seine Brüder im (häretischen) Glauben, als heiligen Paulus und heiligen Augustinus zu bezeichnen (1563).[43] Was die bestürzten Zuhörer als

---

[41] ASV, Fasz. 8, Akte *Processus de Pirano* (1549), fol. 35ʳ.

[42] ACAU, Fasz. 3, Akte 44, *Contra magistrum Ambrosium theutonicum fabrum*, fol. 12ʳ: "*[Ambrosius] interrogatus* Se crede che si debba pregar li santi che intercedano per nui, *dixit* Che i santi siano morti et che non dobbiamo altrimenti pregarli ... 'Io credo ... che noi, che siamo santi vivi, possiamo pregar un per l'altro'".

[43] Die zitierten Zeugnisse sind — entsprechend der Reihenfolge ihrer Erwähnung im Text — in folgenden Dokumenten belegt: ASV, Fasz. 1, Akte *De Lignaro paduane diocesis. Contra quosdam hereticos* (zur Akte *Peron Maniero, Girolamo Bucella u.a.* zugehörig), Aussage des Paters Angelo, Vizerektor der Pieve San Biagio, vom 7. Januar 1544; ASV, Fasz. 1, Akte *Girolamo Venier, Alvise Cavallo u.a.*, fol. 29ʳ (Girolamo "calegaro"), 6ʳ (Dorotea aus Udine), 8ᵛ (Pre Patrizio); ASV, Fasz. 159, *Acta Sancti Officii* (1554-1555), fol. 46ʳ, 30. Oktober 1554, Contra Petrum de Megis; ASV, Fasz. 1, Akte *[Processus] Fratris Ambrosii Mediolanensis* (1544), fol. 4ʳ; ASV, Fasz. 4, *Atti di Annibale Grisonio, De Capo d'histria*, 11. Dezember 1548, Pro Jacobo Riccoboni, 23. Dezember 1548, Pro Dominico Slavina; ASM, Fasz. 3, Akte *Contra Ioannem Rangonum*, fol. 9ᵛ.

Herabsetzung des Sakralen interpretierten, war von den Zeugen als Heiligung des Profanen gemeint.

III

Die Ablehnung der orts- und objektgebundenen Religiosität fand auch in der Diskussion über Wallfahrten Ausdruck. Eine Wallfahrt wurde gewöhnlich unternommen, um ein Gelübde einzulösen, das der Pilger in einer Gefahrensituation oder als Dank für einen in Erfüllung gegangenen Wunsch abgelegt hatte. Wenn jemand, der gelobt hatte, eine Wallfahrt zu unternehmen, sein Versprechen nicht selbst einzuhalten vermochte, konnte er einen engen Verwandten oder auch einen Fremden verpflichten, es an seiner Stelle zu tun. Offensichtlich war es keine Seltenheit, für einen anderen ein Gelübde einzulösen, wird diese Praxis doch von Erasmus in den *Colloquia* kritisiert.[44] Ein Vater z.B. konnte seinen Sohn verpflichten, die beträchtliche Summe von zehn Dukaten zusammenzubetteln und die dafür erworbene silberne Madonnenstatuette nach Loreto zu tragen.[45] Und unter den als skandalös empfundenen Sätzen, zu deren Widerruf man einen Augustiner aus Tournai 1532 zwang, war auch dieser: "Und wenn mein Vater auch hundert Gelübde für Wallfahrten abgelegt hätte, nicht eines würde ich erfüllen."[46]

Da der Gelobende oft nicht über die nötigen Mittel verfügte, um die versprochene Pilgerreise zu unternehmen, oder auch weil es Teil des Gelübdes war, sich das Geld für die Reise zusammenzubetteln, war der Pilger, der um Almosen bat, um nach Loreto, Santiago de Compostela oder Assisi zu wallfahren, im Italien des Cinquecento eine alltägliche Erscheinung. Die gewohnte Szene der Begegnung mit einem bettelnden Wallfahrer wurde gegen Mitte des Jahrhunderts um eine neue Variante bereichert. Ab und an zog einer der angesprochenen Passanten weder seine Geldbörse hervor noch ging er einfach seines Weges — er begann, mit dem Bittsteller zu diskutieren. Von diesen Stegreifdisputen sind uns viele Zeugnisse erhalten geblieben.

1550 war Meister Nocente, ein Schmied aus Tossignano, zu Pferde auf einer Straße in der Emilia unterwegs, als er auf eine Gruppe von Loreto-Pilgern traf. Einer der Wallfahrer fiel besonders auf, da er schwer an der Last eines großen Kreuzes trug. Von Meister Nocente gefragt, ob er die Absicht habe, dieses Kreuz bis nach Loreto zu schleppen, bejahte er dies. Indem er sich an die ganze Pilgergruppe wandte, fragte Meister Nocente herausfordernd, ob sie vielleicht Christus nicht im eigenen Haus fänden und

---

[44] ASV, Fasz. 40, Akte *Nicolò Guidozzo*, fol. 14ᵛ, Verhör vom 11. Februar 1576. Lane, *Navires et constructeurs*, S. 168f., und Lane und Mueller, *Money and Banking*, S. 617, zeigen, daß 10 Dukaten vier Monatslöhnen Lohn eines im venezianischen *Arsenale* angestellten Zimmermanns entsprachen.
[45] *ASD* I³, S. 471, ll. 20-35.
[46] Moreau, *Protestantisme à Tournai*, S. 76.

deshalb das Bedürfnis hätten, ihn woanders zu suchen. Sie wären besser daheim geblieben, als sich dieser "Tollheit einer Reise nach Loreto" zu verschreiben.

Zu einer weniger detailliert belegten, doch im wesentlichen gleichen Szene kam es Jahre später in Venedig. "Jemand bat mich um ein Almosen, um nach Loreto zu gehen", erinnerte sich 1570 der Weber Silvio aus Vicenza, "und ich sagte: Du Armer würdest besser daran tun, dieses Geld daheim auszugeben, um deine Kinder zu nähren, statt nach Loreto zu gehen."

Abgesehen von einigen Besonderheiten, geht es in einem Wortwechsel, zu dem es im Frühjahr 1545 in Modena kam, um dieselbe Frage. Der Sattlermeister Jacopo Piva wurde von einem Armen, der nach Santa Maria della Mirandola wallfahren wollte, um ein Almosen gebeten. "Warum bettelst du für einen solchen Zweck?" fragte der Angesprochene. "Hast du keine Söhne?" — "Ich habe Söhne und Töchter", antwortete der Bettler. — "Dann geh nach Hause und laß die Wallfahrt sein. Von deinem Gelübde entbinde ich dich." Eine Frau, die die Szene verfolgt hatte, fuhr den Sattler an: Was für ein Recht er habe, den Bettler von seinem Gelübde zu entbinden? "Das gleiche Recht wie jeder andere", versicherte Jacopo Piva, dem vielleicht die Lehre vom allgemeinen Priestertum bekannt war.

Ebenfalls in Modena erzählte der Weber Giovanni Terrazzani um das Jahr 1555 dem Notar Nicolò Morani eine Geschichte, die seiner Meinung nach das Verquere an der Wallfahrtspraxis offenbar werden ließ. Einem Pilger, der mit der Formel "um der Liebe Gottes willen" erfolglos gebettelt hatte, gab man von dem Augenblick an Almosen, als er sein Sprüchlein änderte, nicht mehr von der "Liebe Gottes" sprach, sondern um Geld für eine Wallfahrt zur Muttergottes von Loreto bat. Terrazzani wunderte sich darüber, daß Menschen zwar nicht auf die Erwähnung von Gott, wohl aber auf die von Loreto reagierten.

Das Thema Wallfahrt blieb in Modena auch in den Jahren verschärfter Repression aktuell, mit dem Unterschied, daß derartige Diskussionen nicht mehr auf den Straßen und Plätzen stattfanden — wie zwischen 1540 und 1550 —, sondern in den Häusern. Eines der von mir gesammelten Zeugnisse berichtet von einem (vor 1579 zu datierenden) Disput über die Verehrung der Madonna von Loreto, den der Samtweber Giovanni Francesco Tavani und sein Kollege Prospero aus Reggio in einer Tuchhandlung miteinander führten. "So viele Wunder sieht man die Madonna von Loreto tun, und du vertraust nicht auf sie?" fragte Prospero, worauf Giovanni Francesco zur Antwort gab: "Das ist nicht mehr als ein Bild und eine Statue; man muß sich an die wenden, die im Himmel ist." Zu Maria im Himmel sollte Giovanni Francesco Tavanis Wunsch gemäß seine kranke Tochter beten, der Prospero hingegen riet, der Annunziata von Florenz ein Gelübde abzulegen.

"Ruf die Jungfrau im Himmel an, nicht die von Florenz", erwiderte der Vater.[47]

Auch Frauen meldeten sich in der Diskussion über Wallfahrten zu Wort. In Modena hatte sich eine gewisse Francesca Melloni der Meinung des — 1567 als Ketzer verbrannten — Pietro Antonio aus Cervia angeschlossen, daß die Wallfahrt zur Jungfrau von Loreto unnütz sei, "weil die Madonna hier ebenso ist wie in Loreto". Beherzter vertrat Francesca Petronio, eine Nonne aus Pirano, ihre Ablehnung des Wallfahrens. Sie hatte um das Jahr 1547 eine Frauengemeinschaft um sich versammelt, die "es sich zur Regel gemacht hatte, an Festtagen nach der Vesper in San Francesco das Evangelium zu lesen". Bei einer dieser Versammlungen bat eine Zuhörerin die Nonne um ein Almosen, damit sie in Erfüllung eines Gelübdes nach Loreto wallfahren könne. Schwester Francesca aber — so die Bittstellerin — "versuchte mich auf jede Weise von meinem Vorhaben abzubringen und sagte, daß es eine Vergeudung sei und daß ich besser daran täte, das Geld, das diese Reise kosten würde, den Armen zu geben."[48]

Es sind uns Szenen überliefert, in denen die Ablehnung des Wallfahrens in Form einer feierlichen, sozusagen prinzipiellen Erklärung erfolgte; andere Male hingegen wurde sie ironisch-spöttisch zum Ausdruck gebracht, "als Scherz, um die Leute zum Lachen zu bringen". Recht feierlich erklärte der Bologneser Gewürzhändler Girolamo Ranialdi im Jahre 1543 seinen Standpunkt vor dem Inquisitor, als er der Überzeugung Ausdruck gab, "daß man keine Gelübde ablegen darf, weil sie ein Handel mit Christus und den Heiligen sind. Da Christus, die Jungfrau und die Heiligen immer in den Häusern der Christen anwesend sind, ist es nicht nötig, nach Santa Maria di Loreto, Santiago de Compostela oder San Francesco d'Assisi und andere Orte zu gehen. Diejenigen, die das tun, scheinen in gewisser Weise um das Heil feilschen zu wollen, wenn sie silberne Armbänder oder ähnliche Dinge dorthin bringen ... Es wäre besser, wenn diese Gaben zu Geld gemacht würden, das man in den Krieg gegen die Türken stecken oder den Armen geben könnte". Ein Textilhandwerker aus Asolo namens Giuseppe äußerte sich zum selben Thema mit Ironie. Um das Jahr 1578 sprachen einige Einwohner Asolos bei einer Zusammenkunft darüber, daß die Rückkehr einer Gruppe Bekannter, die eine gemeinsame Wallfahrt nach Loreto unternommen hatten, sich verzögerte. Allerlei Mutmaßungen über die

---

[47] Die zitierten Zeugnisse sind — entsprechend der Reihenfolge ihrer Erwähnung im Text — in folgenden Dokumenten belegt: AVI, Fasz. 1, Akte *Contra Alexandrum Rexam de Imola*, fol. 17ʳ; ASV, Fasz. 28, Akte *Contra Silvestrum Vicentin*, Verhör vom 26. Mai 1570; ASM, Fasz. 2, Akte *Contra Iacobum Pivam magistrum sellarum et Simonem barbitonsorem*, Aussage vom 22. Mai 1545; ASM, Fasz. 3, Akte *Processus absolutus in causa fidei contra Paulum de Campo Gaiano et Ioannem de Terrazzanis* (1555), fol. 3ʳ; ASM, Fasz. 6, Akte *Processus contra Ioannem Franciscum Tavanum mutinensem* (1576), Aussage des Prospero aus Reggio vom 15. April 1578; ACVR, Fasz. 2, Akte *Processo contro Carlo Mosconi*, fol. 7ᵛ.
[48] ASM, Fasz. 4, Akte *Francesca Melloni* (vgl. auch ebd., Akte *Laura de Mamanis uxor Petri Antonii de Cervia*); ASV, Fasz. 8, Akte 31, *Processus de Pirano*, fol. 24ʳ, 20ᵛ.

Gründe dafür wurden angestellt, und auch Giuseppe äußerte eine Vermutung: "Vielleicht lassen sie so auf sich warten, weil sie die Madonna nicht zu Hause angetroffen haben."[49]

IV

Die Ablehnung der an bestimmte Orte gebundenen religiösen Verehrung war zwar weit verbreitet, jedoch nicht die am häufigsten vorkommende Auslegung des Prinzips der Freiheit in den heterodoxen Kreisen Italiens. Die Sehnsucht, gemäß der Freiheit des Evangeliums zu leben, äußerte sich hier vor allem im Angriff auf die kirchlichen Fastengebote.

Auf die elementare Frage der Ernährung ließ sich das Prinzip der Freiheit des Christen konkret und allgemein verständlich anwenden. Daß freie Wahl der Nahrungsmittel die populärste aller Forderungen der italienischen Protestanten war, kann nur von dem als oberflächlich-reduktionistisches Verständnis der Botschaft des Evangeliums empfunden werden, der vergißt, wie unmittelbar abstrakte religiöse Ideen im 16. Jahrhundert auf das konkrete Alltagsleben bezogen wurden. (Zudem maß man dieser Frage nicht nur in Italien Priorität bei. In Städten wie Basel oder Zürich wurde als Bekenntnis zur Reformation an einem Fasttag ein öffentliches Mahl mit Fleischgerichten abgehalten.[50])

Wir verzichten hier darauf, die Ablehnung des Fastens anhand zeitgenössischer Zeugnisse aus Italien darzustellen, eben weil es zu diesem Punkt eine solche Fülle an Material gibt, daß sich eine Beweisführung durch Beispiele erübrigt. Tatsächlich bietet es Schwierigkeiten, einen Fall von Ketzerei zu finden, in dem die Fastengebote keine Rolle spielen. Welchen Stellenwert der Widerspruch in diesem Bereich für den religiösen Dissens gewann, ist eindeutig dadurch dokumentiert, daß im Italien des 16. Jahrhunderts "Lutheraner" als Bezeichnung für diejenigen gebraucht wurde, die am Freitag Wurst aßen, am Samstag Eier, am Vortag von Christi Himmelfahrt Butter, an einem der Quatember Käse oder auf irgendeine andere Art und Weise die Gebote einer recht komplexen und lokale Besonderheiten aufweisenden Fastenordnung übertraten.

Die katholische Kirche trug entscheidend dazu bei, aus der Ablehnung des Fastens das Hauptkriterium bei der Definition "Lutheraner" zu machen. Im ersten Viertel des 16. Jahrhunderts hatte man in Italien die Fastenordnung relativ liberal gehandhabt. Erasmus stellt mit Befriedigung fest, daß in Italien — im Unterschied zu anderen Regionen Europas — mehrere Metzgereien auch während der Fastenzeit geöffnet blieben, um Kranke, Alte oder Schwangere weiterhin mit Fleisch zu versorgen.[51] Nach dem Auf-

---

[49] BAB, Inquisizione B 1927, Verhör des Girolamo Ranialdi vom 23. Januar 1543; ASV, Fasz. 41, Akte *Giuseppe follator*, fol. 12ʳ.
[50] *ASD* IX¹, S. 3f., Augustijns Einleitung zur *Epistola de interdicto esu carnium*.
[51] *LB* IX, Sp. 206F.

begehren der Lutheraner stellte die katholische Kirche jedoch die Fastenordnung in den Vordergrund und machte sie — über ihre Theologen, Prediger und Beichtväter — zu einer vorrangigen Identitätsfrage für jeden Gläubigen. Mit besonderem Nachdruck wurde die Priorität des Problems bei den Inquisitionsprozessen betont: Die von den Inquisitionsgerichten an den Tag gelegte Pedanterie und Unnachgiebigkeit bei der Erforschung der Ernährungsgewohnheiten der Angeklagten mittels eindringlicher Verhöre und Zeugenbefragungen ließ diesen besonderen Aspekt der Abweichung von der Kirchendisziplin zu einem Charakteristikum der "lutherischen" Ketzerei werden.

Von allen konkreten Folgeerscheinungen des religiösen Dissenses war die Übertretung der Fastenordnung nicht nur die häufigste, sondern auch die langlebigste. Noch in der Phase des Niedergangs der evangelischen Bewegung reizte die von den Dissidenten als besonders anmaßend empfundene Regelung dieser Vorschriften zu spöttischer Unbotmäßigkeit. So etwa im Fall des Augustiners Don Raffaele da Cento, der "an den von der heiligen römischen Mutter Kirche gebotenen Vigilien ... mit Fleisch gefüllte Tortellini aß und sie Kichererbsen nannte" (1572).[52] Ähnlich verhielt sich 1575 der Schreiber Nicolò Guidozzo aus Parenzo, der einem Gast in der Fastenzeit "in Fleischbrühe gekochte Lasagne" auftischte und ihm vorschlug: "Die nennen wir Sardellen." Dann setzte er ihm ein Hähnchen vor und kommentierte: "Das nennen wir Meeräsche."[53]

Die Lockerung der Fastenordnung durch das II. Vatikanische Konzil hat wahrscheinlich mit dazu beigetragen, daß eine der populärsten Folgeerscheinungen des religiösen Protests im 16. Jahrhundert von der Geschichtsforschung heute kaum beachtet wird. In keinem anderen Bereich erscheint die Bemerkung, das Ende der Gegenreformation markiere das Ende der Reformation, so zutreffend wie hier.[54]

V

An diesem Punkt unserer Erörterung drängt sich die Frage auf, welcher Zusammenhang zwischen den Schriften des Erasmus und der Lehre von der Freiheit des Christen bestehe. Protestantische wie katholische Historiker und Theologen stimmen darin überein, Luther als Urheber dieser Doktrin zu betrachten.[55] In der immer umfangreicher werdenden Sekundärliteratur zu

---

[52] ASV, Fasz. 31, Akte *Don Raffaele da Cento*, Aussage des Don Angelico Buonriccio aus Venedig vom 31. Juli 1572.
[53] ASV, Fasz. 40, Akte *Nicolò Guidozzo*, fol. 35ᵛ, 37ʳ, Aussage des Pre Giorgio Griffoni vom 10. Januar 1576.
[54] John A.T. Robinson, *Eine neue Reformation?*, München 1965, S. 14, zitiert von Ebeling, *Frei aus Glauben*, S. 8.
[55] Karl Rahner, *Die Freiheit in der Kirche*, in *Schriften zur Theologie*, Einsiedeln, Zürich und Köln 1955, Bd. II, S. 95, zitiert von Ebeling, *Frei aus Glauben*, S. 10. Zu Luthers Traktat vgl. außerdem Maurer, *Freiheit*, Forster, *Freiheit-Verständnis*, Jüngel, *Zur Freiheit*.

4. KAPITEL

Erasmus dagegen sucht man vergebens nach einem Beitrag zum Begriff der christlichen Freiheit. Obwohl Augustin Renaudet und, in jüngster Zeit, Franz Bierlaire und Cornelis Augustijn die zentrale Stellung des Prinzips der Freiheit im Denken des Humanisten hervorgehoben haben — und James Tracy ihm ein wichtiges Kapitel seiner Schilderung des Werdegangs von Erasmus gewidmet hat —, hat bisher kein Historiker mit dem notwendigen theologischen Rüstzeug ein Thema in Angriff genommen, das immerhin die Grundlage einiger der inspiriertesten und erfolgreichsten Werke des Schaffens von Erasmus bildet.[56] Auch meine Untersuchung ist nicht in der Lage, diese Lücke zu schließen. Die wenigen Leitlinien, auf die ich meine Darstellung beschränken muß, dürften allerdings hinlänglich veranschaulichen, daß diesem Begriff in seiner Theologie primäre Bedeutung zukommt.

Meines Erachtens bildet sich der Freiheitsbegriff bei Erasmus in drei Phasen heraus. Die erste ist mit der Abfassung des *Enchiridion militis christiani* (1503) verbunden, die zweite durch die seiner Übersetzung des Neuen Testaments beigegebenen programmatischen Schriften gekennzeichnet (1516), die dritte spiegelt sich in den ersten Ausgaben der *Colloquia* und in der *Epistola apologetica de interdicto esu carnium* (1522-1526) wider.

a) Im *Enchiridion* formuliert Erasmus zum ersten Mal seine Vorstellung von einer neuen Art, Christ zu sein. Da er sich nicht einen Berufstheologen, sondern einen einfachen Gläubigen als Gesprächspartner ausgewählt hat, behandelt diese Schrift nicht eigentliche Lehrsätze, sondern Aspekte der alltäglichen Frömmigkeit. Der Gesprächspartner des Erasmus ist hier ein Anhänger jener Frömmigkeit, die wir veräußerlicht genannt haben; einer, der sich glücklich schätzt, einen Splitter des Kreuzes zu besitzen, der zur Erbauung die Kirchenmauer küßt, der sich in der wogenden Menge zur Verehrung des Schweißtuches Jesu drängt, kurzum: Der gehört zu denen, die über ihre Frömmigkeit sozusagen Buch führen. Diesem Gesprächspartner gibt Erasmus zu bedenken, daß solch eifrige Vergegenständlichung des Sakralen keine Heilskraft haben könne. Denjenigen, der zum Altar drängt, um das Schweißtuch zu küssen, erinnert Erasmus daran, daß das Seelenheil nicht vom leiblichen Kontakt mit dem Bild Christi, sondern von Versenkung und Einsicht in sein Wort ausgeht.

Der objektfixierten und quantifizierten Frömmigkeit, die er als "fleischlich" bezeichnet, setzt Erasmus die "geistige" Frömmigkeit entgegen, die ihren Ursprung und ihr Maß im "innerlichen Menschen", in seiner geistigen Einstellung hat. Nicht gemurmelte Gebete, sondern inniger Glaube und tiefe Andacht lassen den Menschen bei Gott Gehör finden.

Aus dieser Sicht tendiert Erasmus zu einer Abwertung des Mönchtums, indem er es dem Bereich der "fleischlichen" Frömmigkeit zuordnet. Ist es

---

[56] Renaudet, *Erasme et l'Italie*, S. 2, 37, 43; Bierlaire, *Erasme et ses Colloques*, S. 55, 57; Augustijn, *Erasmus*, S. 4; ders., *Erasmus von Rotterdam*, S. 46f., 131f. Die Relevanz des Themas der (auch politischen) Freiheit bei Erasmus wurde von Tracy, *Erasmus*, S. 167-196 hervorgehoben.

etwa nicht so, daß selbst die strengsten Ordensregeln ihr Hauptgewicht auf Zeremonien legen, ob sie nun Frömmigkeit als exakt geregeltes Psalmodieren oder Mühsal körperlicher Arbeit begreifen? Christen, die meinen, sich auf diese Weise einen privilegierten Zugang zu Gott zu verschaffen, sieht Erasmus als hilfsbedürftige Brüder, ewige Kinder des Christentums, die das Joch nicht abzuschütteln vermögen. Dagegen setzt er das Ideal der Freiheit des Geistes, die er als Kernpunkt der Lehre des heiligen Paulus begreift: "Ihr aber, liebe Brüder, seid zur Freiheit berufen". — "So stehet nun fest und lasset euch nicht wiederum in das knechtische Joch bringen!" — "Der Herr ist Geist, und wo Geist ist, da ist Freiheit."[57]

Damit ist die Losung der evangelischen Freiheit ausgegeben. Und wenngleich es sich in dieser ersten Phase eher um eine Formel als um eine Doktrin handelt, ist sie doch von nun an eng mit dem erasmianischen Ideal einer verinnerlichten Religiosität verbunden.

b) Etwa eineinhalb Jahrzehnte später greift Erasmus das Thema der evangelischen Freiheit in den Begleitschriften seiner Übersetzung des Neuen Testamtents, insbesondere in der *Ratio seu Methodus perveniendi ad veram theologiam*, erneut auf. Es sind die Jahre, in denen Luther beginnt, seine Briefe — einige davon an Erasmus gerichtet — mit dem Pseudonym Eleutherius zu unterschreiben. Unter dem Einfluß dieser programmatischen Wortbildung verändert er seinen ursprünglichen Familiennamen "Luder" (mit dem er bis dahin zumeist unterzeichnete) zu "Luther", wobei er eine Form wählt, in der das "Wahrheitsmoment" der Gleichung Luther = Eleutherius auf Dauer festgeschrieben wird.[58] Vermutlich ist dieser Luther nicht ohne Einfluß auf den Impetus, mit dem Erasmus sein altes Thema der evangelischen Freiheit erneut aufgreift.

Nun sind es die unzähligen Formen der seine Brüder in Christo bedrückenden Knechtschaft, auf die Erasmus seine Aufmerksamkeit lenkt. Die Aufgabe, jene Knechtschaft in der Vielzahl ihrer Ausprägungen darzustellen, stimuliert seine sprachliche Phantasie, die sich hier voll entfalten kann. Wohin er den Blick auch wendet, überall fallen ihm "Tyrannei", "Verknechtung", "Bande", "Fesseln", "Joche", "Lasten" ins Auge, die den Christen "beschweren", "bedrücken", "behindern", "befrachten", "hemmen" und seine Freiheit gefährden. Das Volk Christi scheint in einem feingesponnenen Netz aus Geboten und Zeremonien gefangen, die der Kirche der Apostel unbekannt waren. Das Ablegen von Gelübden hat sich zu einem System verwickelter und verfänglicher Zwänge gewandelt, dem man sich mitunter nur durch Aufwendung erheblicher Summen entziehen kann. Selbst das Gebet ist zur Last geworden, die täglich schwerer wird.

Die minuziöse Fastenordnung hat sich zu einem solchen Joch für den Christen entwickelt, daß Erasmus die Lage der Juden im Vergleich dazu beneidenswert erscheint. Manch ein obskurer Kleingeist fordert für den

---

[57] *LB* V, Sp. 6C, 35.
[58] Moeller und Stackmann, *Luther-Eleutherius*, S. 36.

Verstoß gegen das Verbot, an bestimmten Fasttagen Fleisch zu essen, die Todesstrafe. Sogar aus den Sakramenten sind Mittel zur Unterdrückung des schutzlosen Volkes geworden. Das Sakrament der Ehe hat man mit einer endlosen Zahl spitzfindiger und einschränkender Vorschriften, das der Beichte mit einem von Menschen ausgeklügelten Regelgespinst überzogen. Und wie verhalten sich die kirchlichen Würdenträger angesichts dieser Degenerationserscheinungen? Häufig tun sie nichts anderes, als dem Christen immer neue Lasten aufzubürden, ihm immer neue Fesseln anzulegen, um ihre Tyrannei über das Volk mehr und mehr zu perfektionieren.[59]

Joche, Bande, Fesseln, Zwänge, Lasten, Stricke — das ist die eine Seite der Medaille. Und in dieser Phase ist sie Erasmus weitaus konkreter präsent als die andere — die Freiheit. Das Negative tritt gegenüber dem Positiven in den Vordergrund. Die "Freiheit des Evangeliums" ist zu diesem Zeitpunkt nichts weiter als eine kurz aufleuchtende Vision, deren Verwirklichung noch in weiter Ferne liegt.

c) In der dritten Phase, in der Erasmus diesem Thema seine Aufmerksamkeit zuwendet — ungefähr zwischen 1522 und 1526 anzusetzen —, scheint die "evangelische Freiheit" näher gerückt und greifbarer geworden zu sein. Als Hoffnung auf Eintracht der Christen, als Lehre, die auch Nichtchristen anzieht, als Alternative zur zeremoniellen Frömmigkeit ist die evangelische Freiheit aktuell geworden.[60] Erasmus verkennt nicht, daß dies das Verdienst Luthers ist. Der Reformator gilt in den Augen vieler Zeitgenossen als "Verfechter und Bekenner der evangelischen Freiheit".[61] Wie skeptisch Erasmus Luther gegenüber auch geworden ist, nicht einmal die Angst, als Lutheranhänger zu erscheinen, kann ihn davon abhalten, sich mit dem ganzen Gewicht seiner Autorität für dieses Ideal einzusetzen. Mit all der Akribie, die seiner Exegese eigen ist, beschäftigt er sich immer und immer wieder mit den Schriften des Paulus, um den Apostel zu seinem Verbündeten gegen eine religiöse Reglementierung zu machen, die für ihn die Gefahr beinhaltet, "die christliche Freiheit zu unterdrücken" und "das Gewissen zu binden".[62]

Vor allem die Fastenordnung erscheint Erasmus zu dieser Zeit mit dem Prinzip der evangelischen Freiheit nicht mehr vereinbar. Seine kurze, an den Bischof von Basel gerichtete Abhandlung *Epistola apologetica de interdicto esu carnium* unterstützt in aller Form drei sekundäre Ziele der Reformation,

---

[59] *LB* V, Sp. 91A, 107E, 111f., VI, Sp. 64f. Dieser letzte Abschnitt — Anmerkung zu Mt 11,13 — stellt den wichtigsten Beitrag von Erasmus zum Thema der evangelischen Freiheit dar. In der heutigen Form einer kleinen Abhandlung ist die Anmerkung 1518 datiert: sie ist eine Einfügung zur zweiten Edition des Neuen Testaments (Augustijn, *Erasmus von Rotterdam*, S. 90).
[60] *ASD* I³, S. 505f., ll. 338-76; S. 503ff., ll. 281-303; *ASD* IX¹, S. 45, 22.
[61] Ebd., IX¹, S. 22, l. 115f.
[62] Ebd., IX¹, S. 45, ll.787-92.

nämlich die Beseitigung des bindenden Charakters der Fastenordnung, des Priesterzölibats und der kirchlichen Feiertage.[63]

Im Bewußtsein, daß der Begriff Freiheit sozialen Konfliktstoff birgt, bemüht sich Erasmus in der letzten der von uns genannten Phasen jedoch, die Grenzen der evangelischen Freiheit aufzuzeigen. Gewiß bestehe sie nicht darin, daß der Christ alles tun könne, was ihm beliebe. Paulus selbst, der große Verfechter der evangelischen Freiheit, habe sich zum Juden unter Juden gemacht, habe sich aus freien Stücken den Geboten und Zeremonien des Gesetzes unterworfen. Denn es lasse sich nicht leugnen, daß der stete Hang des Volkes zur Aufgabe moralischer Regeln im Zaum gehalten werden müsse.[64] Einmal mehr bezieht sich Erasmus hier auf Paulus (1. Korintherbrief) und nennt als Grenze der evangelischen Freiheit die Nächstenliebe. Wohl sei es erlaubt, alle Speisen zu sich zu nehmen, ohne Unterschiede zu machen, weil dem, der rein sei, alles rein sei, doch stehe es niemandem zu, auf diesem Recht zu beharren, wenn ein schwächerer Bruder sich dadurch verwirrt fühle und daran Anstoß nehme. Der Christ solle sich in diesem Fall nach seinem schwächsten Bruder richten und sich ihm gleichmachen, indem er sich den Fastengeboten unterwerfe. Daß jede Speise erlaubt sei, ergebe sich prinzipiell aus der evangelischen Freiheit. Doch die Nächstenliebe, die nie aus dem Auge verliere, was dem Heil des Bruders zuträglich sei, ließe häufig auf Erlaubtes verzichten und lieber einen Weg wählen, der für den Bruder von Vorteil sei, anstatt das eigene Recht auf Freiheit geltend zu machen.[65] Das Bemühen, die Brisanz der proklamierten Freiheit zu vermindern, war auch Luther eigen, der ebenso wie Erasmus als Schranke der Freiheit des Christen die Nächstenliebe genannt hatte. Zur Begründung der Dialektik christliche Freiheit / freiwillige Unterwerfung aus Liebe hatte Luther dieselben Bibelstellen wie Erasmus — nämlich einige Passagen aus den Paulusbriefen — herangezogen.[66]

In der Lehre von der Freiheit sah manch ein zeitgenössischer Beobachter das Bindeglied zwischen Erasmus und Luther. Dies bezeugt etwa das Vorwort, das Cornelius Grapheus 1521 zu seiner Edition des Traktats *De libertate christiana* von Johann Pupper von Goch verfaßte.[67] Auch von einigen katholischen Theologen wurde die Auffassung vertreten, daß Erasmus und Luther sich im Prinzip der Freiheit träfen. "Diese beiden", schrieb 1530 der Spanier Luis Carvajal, "zeichnen uns ein Christusbild mit unerhörten Farben der Freiheit, so daß er für uns ganz und gar unkenntlich wird."[68] Der Augustiner Ambrogio Flandino kommt 1531 zu dem Urteil,

---

[63] Ebd., I³, S. 520, ll. 929-34; IX¹, S. 29f.; I³, S. 248f., ll. 535-61; S. 250, ll. 592-95.
[64] Ebd., IX¹, S. 37f.
[65] Ebd., I³, S. 520, l. 935f.; IX¹, S. 22, ll. 100-114; LB V, Sp. 91A.
[66] ASD I³, S. 249, ll. 558-61 (dieselbe Idee, mit einer anderen Akzentsetzung, ebd., IX¹, S. 42f.). Zu Luther vgl. WLA VII, S. 65f., 67 (ll. 7-9), 71 (ll. 1-18). Einige Jahre später stellte Erasmus das Ideal der christlichen Freiheit in Frage, vgl. EE VII, ep. 1887.
[67] Vgl. oben, S. 85.
[68] Bataillon, *Erasmo y España*, S. 264f., Anm. 41.

daß Luther die Idee der Freiheit von Erasmus übernommen und dann in seiner berühmten Schrift weiter entwickelt habe. Agostino Steuco schreibt 1530 in seinem Traktat *Adversus lutheranos* den Lutheranern einen Freiheitsbegriff zu, der offensichtlich von Erasmus abgeleitet ist. Noch um das Jahr 1545 betrachtet der toskanische Dominikaner Giovanni Maria dei Tolosani die evangelische Freiheit als ein den beiden "Ketzern" — Erasmus und Luther — gemeinsames Ziel.[69]

In der Tat waren die Unterschiede zwischen den beiden Konzeptionen so beschaffen, daß sie meist nur von Berufstheologen wahrgenommen wurden. Für die einfachen Gläubigen hingegen, deren Äußerungen uns in den Inquisistionsakten überliefert sind, mußten die Analogien der beiden Lehren deutlicher hervortreten als die Diskrepanzen.

Nicht nur in Italien läßt sich beobachten, daß die Lehre von der Freiheit von den Protestanten der ersten Generation als Bindeglied zwischen Erasmus und Luther interpretiert wurde. Jüngste Untersuchungen der niederländischen Inquisitionsprozeßakten haben zu analogen Ergebnissen geführt. Auch hier gelangt der Forscher zum Resultat, daß — wiewohl Luther und Erasmus unterschiedliche Ziele verfochten — die praktischen Auswirkungen ihrer Lehren, unter dem Aspekt der evangelischen Freiheit betrachtet, so ähnlich waren, daß es öfters schwer fällt zu unterscheiden, ob im Einzelfall der Einfluß des einen oder des anderen bestimmend war.[70]

VI

Bisher haben wir einerseits Erasmus als Theoretiker der evangelischen Freiheit vorgestellt (Abschnitt V), andererseits die Verbreitung dieser Lehre in den heterodoxen Kreisen Italiens beschrieben (Abschnitte I-IV). Es bleibt aber die Frage, wie sich die Zirkulation erasmischer Ideen in den heterodoxen Kreisen konkret abspielte. Daß Erasmus von Notaren und Schullehrern gelesen wurde, bedarf keiner weiteren Erklärung. Wie aber konnten Schiffer und Kohlenhändler, Schmiede und Schlosser, Drechsler und Sattler Zugang zu seinen Gedanken finden? Auf diese Fragen versuchen wir im folgenden eine Antwort zu geben.

Bei einigen Gruppen und Personen, auf die sich die in den Abschnitten I-IV gesammelten Zeugnisse beziehen, läßt sich eindeutig beweisen, daß sie mit den Lehren des Erasmus in Berührung gekommen sind. Im wesentlichen sind drei Vehikel der Verbreitung seiner Ideen zu unterscheiden.

Selbstverständlich waren die Bücher des Erasmus die wichtigsten Vermittler. Insbesondere das *Handbüchlein des christlichen Streiters* wurde unter dem Aspekt der evangelischen Freiheit verstanden, wie sein Übersetzer ins

---

[69] Flandino, *Examen*, fol. 190^v-191^r; Steuco, *Adversus lutheranos*, fol. 17^r; Camporeale, *Tolosani*, S. 196-98.
[70] Duke, *Popular Religious Dissent*, S. 57; Trapman, *Sacramentaires*, S. 23 (vgl. auch zu diesem Themenkomplex Trapman, *Summa*, insbesondere S. 107-18).

Italienische, Emilio dei Migli aus Brescia, ausdrücklich bezeugt. (An dieser Stelle ist der Hinweis angebracht, daß das *Enchiridion* nicht nur die erste der Schriften des Erasmus war, die ins Italienische übersetzt wurde, sondern auch diejenige, deren italienische Fassung die meisten Auflagen erlebte; für den Zeitraum zwischen 1531 und 1543 sind fünf nachweisbar.)[71] Dokumentiert ist die Zirkulation des *Handbüchleins* in der Gruppe von Asolo, zu der Antonio dal Borgo, Francesco "Sartor" und Stefano Boscaia gehörten, und in der von Imola, zu deren Mitgliedern der Handwerksmeister Nocente da Tassignano zählte. Zu vermuten ist dessen Vorhandensein im neapolitaner Kreis um Fra Tommaso Fabiani.[72] Auch der Schmied Ambrosio Castenario aus Udine besaß "ein kleines Büchlein mit rötlichem Ledereinband, das heißt Inchiridion", wahrscheinlich die Schrift von Erasmus.[73] Andere seiner von der Idee der evangelischen Freiheit geprägten Werke — z.B. die *Colloquia* — kursierten in Capodistria unter den Anhängern des Bischofs Vergerio.[74]

---

[71] Folgende Ausgaben des *Enchiridion* in italienischer Übersetzung sind mir bekannt:
1. *Enchiridion di Erasmo Rotherodamo, dalla lingua latina nella volgare tradotto per M. Emilio de Emilij bresciano, con una sua canzone di penitenza in fine*. In Brescia M.D.XXXI. (Colophon: Nell'anno del Signore. 1531. Adì 22. del mese di Aprile);
2. *Enchiridion di Erasmo Rotherodamo, dalla lingua latina nella volgare tradotto per M. Emilio di Emilij bresciano, con una sua canzone di penitenza in fine*. In Venetia M.D.XXXIX. A l'insegna de S. Hieronymo. (Colophon: Stampato in Vinetia nelli anni del Signor. M.D.XXXIX. del mese di febraro);
3. *Enchiridion di Erasmo Roterodamo dalla lingua latina nella volgare tradotto per M. Emilio de Milli bresciano, con una sua canzone di penitenza in fine*. In Brescia per Lodovico Britannico. MDXXXX. (Colophon: Stampato in Brescia per Lodovico Britannico nell'anno del Signore. 1540. Del mese di Maggio);
4. *Enchiridion di Erasmo Roterodamo, dalla lingua latina nella volgare tradotto, per M. Emilio di Emilii bresciano, con una sua canzone di penitenza in fine*. In Vinegia MDXXXXII. (Colophon: In Vinegia, Per Giovanni Padovano. Nel anno del Signore. MDXXXXII.);
5. *Enchiridion di Erasmo Roterodamo, dalla lingua latina nella volgare tradotto per M. Emilio di Emilii bresciano, con una sua canzone di penitenza in fine*. Vinegia, Giovanni de Farri et Fratelli, 1543. (Colophon: Venetiis, Giovanni de Farri, et Fratelli, ad instantia di Giovanni da la Chiesa Pavese, 1543).
[72] ASV, Fasz. 6, Akte *Exemplum processus contra hereticos de Asyllo*, und ebd., Fasz. 6, Akte *Contra Ioannem Mariam Beatum*, fol. 4ʳ, Verhör des Giovanni Maria Beato vom 7. Dezember 1551 ("Io havea l'Enchiridion d'Herasmo, il Benefitio di Christo, et uno trattato d'oratione del cardinale Fregoso, li quali tutti gettai già uno anno nel necessario"); AVI, Fasz. 1, Akte *Contra Alexandrum Rexam*, fol. 8ʳᵛ (auf fol. 3ᵛ wird die "Oratione del Fregoso" erwähnt). Im Urteil gegen Fra Tommaso Fabiani (vgl. oben, Anm. 39) findet sich kein eindeutiger Hinweis auf Erasmus-Lektüren, denn der dort erwähnte Erasmus ist als Erasmus Sarcerius zu identifizieren. Doch besaß ein anderer Dissident, Giovanni Micro, der wie Fra Tommaso Fabiani in Neapel angeklagt, nach Rom überstellt und am 16. Dezember 1564 verurteilt worden war, das *Enchiridion* (im Text des Urteils zitiert als "il cavaliere christiano"). Vom *Enchiridion* hatte Giovanni Micro auch eine Abschrift angefertigt (TCD, Ms. 1224, Urteil gegen Giovanni Micro). Die geographischen und chronologischen Parallelen rechtfertigen die Annahme einer Verbindung zwischen den beiden Fällen.
[73] ACAU, Fasz. 3, Akte 44, *Contra magistrum Ambrosium theutonicum fabrum*, fol. 10ʳ.
[74] ASV, Fasz. 4, Akte *Contra Hieronimum de Pola* (1549), Verhör vom 16. Dezember 1547. Vgl. auch S. 388 und Anm. 4.

Als nicht minder wichtiges Vehikel der Verbreitung erasmischer Ideen ist eine Reihe von Büchern zu betrachten, deren Verfasser von Erasmus maßgeblich beeinflußt worden waren. Von diesen Werken waren in Kreisen italienischer Protestanten der *Sommario della Santa scrittura*, der *Dialogo di Mercurio e Caronte* von Alfonso de Valdés sowie — wenn auch etwas seltener — der *Trattato dell'orazione* von Kardinal Federico Fregoso verbreitet.[75] Auch die Zirkulation dieser Schriften ist in den Gruppen, auf die sich die oben angeführten Zeugnisse beziehen, belegt. Im Kreis von Pirano, zu der Schwester Francesca Petronio gehörte, wurden öffentliche Lesungen des *Dialogo di Mercurio e Caronte* abgehalten (auch der *Sommario* und der *Trattato dell'orazione* kursierten unter den Mitgliedern). Der *Sommario della Santa scrittura* war der Gruppe um Giovanni Terrazzani in Modena und dem Kreis um den Weber Giovanni Francesco Tavani bekannt; der *Trattato dell'orazione* wurde von Carlo Mosconi sehr geschätzt und auch in den Gruppen von Asolo und Imola gelesen.[76]

Als drittes Vehikel der Verbreitung erasmischen Gedankenguts ist die mündliche Weitergabe zu nennen. Prediger und Propagandisten der neuen religiösen Ideen brachten von Erasmus geprägte Sätze oder Formeln, die aus ihrem Zusammenhang herausgelöst worden waren, in Umlauf. Dabei geriet ihre Herkunft in Vergessenheit, und ihr ursprünglich moderater Charakter ging verloren. Für dieses unbewußte Zitieren des Erasmus gibt es in dem von mir untersuchten Quellenmaterial einige Beispiele. So wußte der oben erwähnte Girolamo Ranialdi aus Bologna vielleicht nicht, daß er Erasmus zitierte, als er Gelübde als Handel mit den Heiligen bezeichnete. (Erasmus: "Ich verhandle nicht mit den Heiligen."[77]) Auch von dem Schiffer Stefano de Ongari ist ein Satz überliefert, dessen mögliche Ableitung von Erasmus ihm als Analphabeten nicht bewußt sein konnte. Ongari sagte, daß "es keinen Unterschied zwischen den Tagen gebe, daß sie alle gleich seien",

---

[75] Zum *Sommario della Scrittura* und seiner erasmischen Orientierung vgl. Trapman, *Summa*, S. 57-65. Zum *Dialogo di Mercurio e Caronte* und seiner Abhängigkeit von Erasmus vgl. Bataillon, *Erasmo y España*, S. 387-404. Zum *Trattato dell'orazione* von Fregoso vgl. S. 199f.

[76] ASV, Fasz. 8, Akte *Processus de Pirano* (1549), fol. 32^r, 36^v ("libro de Acheronte", "libro de Mercurio et Acheronte"), und ebd., Testes assumpti ex officio contra presbiterum Iohannem de Ravalico ("cardinalis Fregosii de modo orandi et Summarium Scripturae cum annotationibus locorum"); ACVR, Fasz. 2, Akte *Processo contro Carlo Mosconi*, fol. 46^r: "Io ho comprato a Venetia uno libreto composto da uno cardinale che ha scrito de oratione et conclude [che] quando si ha ditto una volta il paternostro, basta, et non accade reiterar tante volte". Zur Verbreitung des *Trattato dell'orazione* von Fregoso in Asolo und in Imola vgl. oben, Anm. 72. Zur Verbreitung des *Sommario della santa Scrittura* in den Gruppen von Modena vgl. ASM, Fasz. 3, Akte *Processus absolutus in causa fidei contra Paulum de Campo Gaiano*, fol. 114^r, Aussage vom 20. Juni 1555. Es sei angemerkt, daß vermutlich die mehrmals zitierte Gleichsetzung von Weihwasser und Flußwasser (vgl. S. 118) ihre Quelle eben im *Sommario* hat, S. 12: "L'acqua del fonte della chiesa benedetta non ha maggiore virtù in lei che quella del fiume, perché così si può battizzarsi l'uomo nel fiume come nel ditto fonte".

[77] BAB, Inquisizione B 1927, Verhör des Girolamo Ranialdi vom 23. Januar 1543. Die Formulierung des Erasmus "Non paciscor cum divis" ist in *ASD* I^3, S. 329, l.119.

folglich "sich die Heiligung des Sabbats für jeden Tag verstehe". (Erasmus: "Es gab eine Zeit, in der man den Sabbat nicht einhielt; und es wird eine Zeit kommen, in der jeder Tag für die Frommen gleichermaßen heilig sein wird."[78]) Auch ein weiterer Satz von Ongari könnte seinen indirekten Ursprung bei Erasmus haben. Im Ablegen von Ordensgelübden sah Ongari eine Abwertung der Taufe, da der von den Mönchen als Inhalt ihrer Gelübde angegebene Eintritt in die Streitmacht Christi eben mit dem Taufsakrament schon vollzogen werde. (Erasmus: "Ich glaube, daß jeder Christ sich Gott in der Taufe weiht, indem er auf den eitlen Glanz und Genuß Satans verzichtet und mit dem Vorsatz in die Streitmacht Christi eintritt, sein Leben lang für ihn zu kämpfen". Daher sei das Fehlen der drei Gelübde des Ordenslebens "bei denen, die aufrichtig und rein jenem ersten und einzigen Versprechen, das sie Christus bei der Taufe gegeben haben, treu bleiben", nicht zu bedauern.[79]) Vielleicht bezogen sich auch jene verleumderischen Anklagen, die 1564 in Modena gegen einen gewissen Don Orrio Fiorentino erhoben wurden, auf eine Meinung, die ihren Ursprung letztlich bei Erasmus hatte. Dem Geistlichen wurde vorgeworfen, den "armen Weibsleuten", die den Rosenkranz beteten, gesagt zu haben, er halte es für eine "ungeheure Tollheit, mit diesem Gemurmel Christus zu belästigen, der doch weiß, wann man seine Gnade braucht, und sie allen durch seinen Tod schenkt". (Erasmus hatte die Frage gestellt, "ob es nötig sei, sich mit solch dauerndem Plappern von Gebeten an Gott zu wenden, da er doch unsere Bedürfnisse kennt und sie von sich aus befriedigt, wenn es unserem Heil nützt".[80]) Als einen Erasmus-Schüler, der sich dessen nicht bewußt war, dürfen wir vielleicht auch Meister Simone aus Modena, seines Zeichens Barbier und Chirurg, betrachten, der 1545 sagte, "daß ihn die zum Lachen bringen, die sich der heiligen Jungfrau von Mirandola, Bastia und Loreto anbefehlen — gibt es doch nur eine heilige Jungfrau, die im Himmel". (Von Erasmus stammt die Bemerkung, es sei "lächerlich", die Muttergottes an diesem oder jenem speziellen Wallfahrtsort anzurufen, "als ob die Heiligen ihre

---

[78] ASV, Fasz. 12, Akte *Stefano de Ongari*, Verhör vom 28. Mai 1555. Der entsprechende Satz bei Erasmus, *LB* VII, Sp. 178F: "Fuit olim tempus, quo nulla esset sabbati religio. Et futurum est, ut vere piis quivis dies sit aeque sacer". Dieselbe Idee in *LB* IX, Sp. 1199EF.

[79] *ASD*, I^3, S. 690, ll. 126-28 und *EE* III, ep. 858, ll. 569-72 (Vorwort zur zweiten, 1518 datierten Ausgabe des *Enchiridion*). Auch in diesem Fall läßt sich vermuten, daß der *Sommario della Scrittura* zur Verbreitung dieses Gedankens von Erasmus beitrug, vgl. S. 29: "Nessuno monacho può promettere più de quello che ha promesso al sacramento del battismo, quando vogliamo bene considerare che cosa contiene el battismo" (der entsprechende Satz von Stefano Ongari lautet: "Quando li frati si mutano el nome, renuntiano el batesmo, peroché essendo batezati in Christo in proprio nome, mutandoselo poi in reverentia de san Francesco over altri, renuntiano al batesmo").

[80] ASM, Fasz. 3, Akte *Contra dominum Ioannem Tremaninum presbiterum*, Brief des Don Francesco Mangani an Fra Vincenzo da Imola, Inquisitor in Modena, datierend vom 18. August 1564. Das erasmische Zitat stammt aus *De modo orandi Deum, LB* V, Sp. 1110E: "Deinde [quaeri poterit] quid opus sit assiduis ad Deum clamoribus, cum ille non ignoret, quid requirat nostra necessitas. Quod si tale est ut conducat saluti nostrae, ille ultro ... daturus est".

Wohnstätte nicht im Himmel hätten".[81]) Auch für Aussprüche wie den, es sei besser, sein Geld statt für eine Wallfahrt "zu Hause ... für die Ernährung seiner Kinder" auszugeben oder "den Armen zu schenken, was man für solch eine Reise aufwenden müßte",[82] lassen sich Bezugspunkte in Texten von Erasmus finden, wiewohl dieser sich niemals in so schroffem Ton dazu äußert. (Nur indirekt unterstützt Erasmus die Auffassung, daß "diejenigen, die daheim bleiben und sich um Frau und Kinder kümmern, klüger sind als diejenigen, die nach Rom, Jerusalem oder Compostela wallfahren, und daß es ein heiligeres Werk ist, das Geld, das die ... Reise kosten würde, zur Unterstützung bedürftiger und rechtschaffener Menschen zu verwenden."[83])

Die von uns bisher angestellten Überlegungen und Textvergleiche sind geeignet, das zu Beginn dieses Paragraphen formulierte Problem zu konkretisieren; lösen können sie es nicht. Die Beziehung zwischen der Zirkulation von Schriften des Erasmus und einer am Gedanken der evangelischen Freiheit orientierten geistigen Strömung ist ein Problem, das sich im Kern der Erfassung durch unser methodisches Instrumentarium entzieht. Die Mittel der Untersuchung, über die wir verfügen, sind für die Analyse der literarischen Rezeption entwickelt worden und deshalb geeignet, Phänomene zu erfassen, die auf die gebildeten Kreise beschränkt blieben. Wir sind hingegen dabei, das Schicksal von Büchern zu verfolgen, die aus den Studierstuben und Bibliotheken hinausgelangen, auf Plätzen, in Gasthäusern oder Werkstätten von Hand zu Hand gehen, Bücher, deren Gedanken das Gemeinschaftsleben bereichern, bis dahin latente Impulse und Bedürfnisse manifest machen, in eine Wechselbeziehung zu der alltäglichen Erfahrung der Menschen treten und sich durch diesen Kontakt verändern. Das monovektorielle Modell Vorbild/Nachahmung oder auch Quelle/Ableitung, das für Phänomene der literarischen Rezeption Gültigkeit hat, kann auf diese spezifische Art der Kommunikation nicht angewendet werden. Als viel geeigneter zur Erfassung des komplexen Kommunikationsprozesses, der die Expansionsphase der Reformation in verschiedenen Gebieten Europas begleitet und trägt, erweist sich das heuristische Modell der Interaktion und wechselseitigen Potenzierung vielfältiger Kommunikationsformen wie geschriebenes und gesprochenes Wort, Zeichen und Bild, Predigt und Aktion.[84] Die geistige Strömung, die wir in diesem Kapitel zu beschreiben

---

[81] ASM, Fasz. 2, Akte *Contra Iacobum Pivam magistrum sellarum et Simonem barbitonsorem*, Aussage vom 22. Mai 1545 (Meister Simone soll gesagt haben, "quod quidam faciunt eum ridere, cum invocant sanctam Virginem mirandulanam et de Bastia et de Loreto, quia non erat nisi una in coelo"). Hierzu vgl. Erasmus, ASD I³, S. 328, ll. 89-91.

[82] Vgl. oben, S. 122f.

[83] *EE* III, ep. 858, ll. 408-414: "Si quis admoneat rectius facere eos qui domi liberis et uxori moderandae dent operam, quam si visendi gratia Rhomam, Hierosolymam aut Compostellam adeant, eamque pecuniam quam insumunt in longam et periculosam profectionem, sanctius in bonos ac veros pauperes erogari, non damnat pium istorum affectum, sed antefert id quod propius est verae pietati".

[84] Scribner, *Flugblatt und Analphabetentum*.

versucht haben, muß als Ergebnis einer solchen Interaktion vielfältiger Kommunikationsformen betrachtet werden, von denen keine allein hinreichend ist, die Bewegung auszulösen und zu erklären. Die Zirkulation von Büchern wie dem *Enchiridion* oder den *Colloquia* war eine der verschiedenen Kommunikationsformen, die einen Beitrag zu diesem Prozeß leisteten. Über diese Feststellung hinauszugehen, ist beim gegenwärtigen Stand unserer Kenntnisse nicht möglich.

VII

Die Führer der evangelischen Bewegung in Italien waren so sehr im Kampf für ihre Ideen engagiert, daß sie sich auf die jeweils nächstliegenden Ziele konzentrierten. Das Leitmotiv der evangelischen Freiheit konkretisierte sich für sie etwa in der Forderung nach freier Wahl der Nahrungsmittel, im Anspruch, Gott an jedem beliebigen Ort anbeten zu können, oder in der Ablehnung kultischer Handlungen. Selten sind dagegen Fälle, in denen man sich auf das Prinzip als solches berief.[85] Und doch kursierte der Begriff "Freiheit" in der zweiten Hälfte des 16. Jahrhunderts in den Kreisen Italiens, die dem Protestantismus nahestanden. Er bezog sich dann primär auf Freiheiten, die in den Komplex von Werten gehören, die wir heute als bürgerliche Freiheitsrechte definieren, etwa Bekenntnis- und Kultusfreiheit oder Recht auf freie Meinungsäußerung — Freiheiten, von denen die Italiener annahmen, sie seien im protestantischen Teil Europas zumindest teilweise verwirklicht.

Aus der folgenden Reihe von Quellenzitaten geht deutlich hervor, daß die von italienischen Glaubensflüchtlingen in Zusammenhang mit dem Fall Servet entfaltete Propaganda keinen entscheidenden Einfluß auf den religiösen Dissens in Italien hatte. Auch nachdem Servet auf dem Scheiterhaufen gestorben war, dominierte bei der kleinen Minderheit der Italiener, die mit der Reformation sympathisierten, weiterhin die Vorstellung, Genf, Graubünden und Deutschland seien Gebiete, in denen jeder "auf seine Weise" leben könne.[86] Dieses Bild basierte auf konkreten, jedoch idealisierten historischen Erfahrungen — Zusammenleben von Katholiken und Reformierten in einigen Regionen Frankreichs und Deutschlands, Existenz gemischtkonfessioneller Gebiete in Graubünden und das Bestehen katholi-

---

[85] Tatsächlich war der in Italien meist gelesene Text Luthers nicht die *Opera divina della christiana vita* (die italienische Übersetzung des Traktats *De libertate christiana*), sondern der *Libro de la emendatione et correctione dil stato christiano* (die italienische Übersetzung des Traktats *An den christlichen Adel deutscher Nation von des christlichen Standes Besserung*). In diesem Buch wurde die Forderung nach christlicher Freiheit nicht als prinzipielle Frage erörtert, sondern konkret auf eine Reihe von Einzelreformen bezogen, die die verschiedensten Aspekte der Sakramentenlehre oder des Gewissenslebens berührten, etwa Ehe, Fasten, Mönchsgelübde etc. (Maurer, *Freiheit*, S. 43f.).

[86] Der Ausdruck kommt in den S. 137f. zitierten Zeugnissen vor.

scher Gemeinden in der unmittelbaren Umgebung von Genf.[87] Mühsam erreichte Kompromisse und zeitweilige Anerkennung eines Status quo erschienen den italienischen Beobachtern als Verwirklichung eines Programms friedlicher Koexistenz der Konfessionen, die hingegen auch im reformierten Europa eine Wunschvorstellung weniger isolierter Denker blieb.

So ist zum Beispiel belegt, daß in Badia Polesine das Gerücht kursierte, in Graubünden gebe es neben den "Kirchen der Lutheraner" auch "Kirchen der Katholiken". Einem Bewohner dieses Ortes wurde vor dem Inquisitor die Meinung zugeschrieben, daß in Graubünden "jeder auf seine Weise leben könne, weil die Herren dieser Gegend wollen, daß alle die Freiheit haben, zu leben, wie es ihnen gefällt."[88]

In neapolitanischen Handwerkerkreisen ist man 1578 der Auffassung, daß in Genf eine gewisse religiöse Toleranz herrsche. Die Kunde davon verbreitet Cesare Festasi, ein aus Modena stammender Handwerker, der in Genf gewesen ist und berichtet, daß es zwei Meilen vor der Stadt eine katholische Kirche gebe, in der jeden Sonntag die Messe gelesen werde. Eben wegen dieser Toleranz schien dem Handwerker "das Gesetz jener Gegend besser als das unsere, weil jeder auf seine Art leben könne" (doch nicht zufällig verknüpft sich hier die Erinnerung an die religiöse Toleranz mit dem Lob des reichhaltigen Fleischangebots auf dem Markt von Genf).[89]

Auch ein Färber aus Bassano, der sich auf — nicht näher bezeichnetem — "lutherischem Gebiet" aufgehalten hat, berichtet, daß es dort zwei Arten von Kirchen gebe, nämlich "die der Lutheraner, die nur aus den Mauern und der Kanzel bestehen, und die der Katholiken", die "Altäre mit dem Allerheiligsten" hätten. In eben dieser Gegend macht sich der Färber auf Arbeitssuche und erklärt, daß ihm dieses Land gefalle, "weil man niemanden zwinge zu glauben, was er nicht wolle".[90]

In einem Dokument aus dem Jahre 1581 wird der Begriff "Freiheit" im Sinne von "Meinungsfreiheit" verstanden. So gebraucht ihn der Augustinerchorherr Apollinare da Ravenna, zu jener Zeit Mitglied der Klostergemeinschaft von Nicosia bei Pisa. "Wenn die christliche [= katholische] Religion wahr wäre, wie verkündet wird", soll Don Apollinare bei mehr als einer Gelegenheit zu einem seiner Mitbrüder gesagt haben, "würde sie es jedem freistellen, die Bücher seiner Wahl zu lesen". Don Apollinare beklagt vor allem das Verbot jener "oltramontani" Autoren, deren "schöne Sprache" und "guten Stil" er so sehr schätzt (wobei er vielleicht an Erasmus und Melanchthon denkt, die sein Lehrer, Don Raffaele da Cento, seinerzeit

---

[87] Vgl. Anm. 88-92. Auch in dem Kreis der Pellizzari und des Alessandro Trissino in Vicenza sehnte man sich nach der religiösen Freiheit von Genf und Lyon (Olivieri, *Trissino*, S. 63). Doch beschränkte sich vielleicht in diesem Fall die ersehnte Freiheit auf die Ausübung des eigenen, des calvinistischen Glaubens.

[88] ACVR, Fasz. 3, Akte *Contra Franciscum de Zilibertis di Mareschalchis della Badia*.

[89] ASDN, Fasz. 90A/2, Akte *Contra Cesarem Festasium mutinensem* (1578), Aussage vom 8. Oktober 1578.

[90] ASV, Fasz. 44, Akte *Giuseppe Leonardi tentor*.

gelesen und bewundert hat). An dem zur Grundlektüre der Mönche deklarierten scholastischen Schrifttum dagegen "könne er keinen Geschmack finden".[91]

Mit besonderer Offenheit wird die Idee der Kultusfreiheit von einigen aus protestantischen Ländern stammenden Handwerkern verfochten, die in Italien leben und arbeiten. 1576 proklamiert der Franzose Goffredo Maimone — ein von tragischem Schicksal verfolgter Visionär — unerschrocken vor dem Inquisitionsgericht Neapel: "Mir gefallen die Sitten der Geistlichen nicht, und ich ziehe es vor, nach dem Gesetz der Hugenotten zu leben, denn diese leben frei und pflegen niemanden zu bestrafen; das Strafrecht steht allein dem König zu." Maimone ist bereit, die Autorität des Papstes anzuerkennen, beschränkt dies jedoch auf dessen Macht als weltlicher Fürst: "Wenn ich mich in Rom aufhalte, unterwerfe ich mich dem Papst, weil ich in seinem Hause bin; aber wenn ich in Frankreich bin, genieße ich die Freiheit, die mir der König gegeben hat, nämlich daß jeder auf seine Weise lebt." Ein anderer Handwerker aus Frankreich, dem man 1595 in Pisa den Prozeß macht, beruft sich bei seiner Verteidigung auf die "außerordentliche Freiheit" seiner Heimat. "Ich bin in einer freien Stadt aufgewachsen, zu jener Zeit, da jeder seine Religion frei bekannte; die Hugenotten sagten offen, daß sie Hugenotten seien und sein wollten, und die Katholiken bekannten sich offen als solche".[92]

"Auf seine Weise leben": auf diese Formel hat sich die Utopie der evangelischen Freiheit unter dem Druck der Verfolgung und bei wachsender Angst nach der Jahrhundertmitte reduziert. "Daß jeder auf seine Weise lebe, ist das Gesetz der Ketzer", hat ein unbekannter Leser des Cinquecento als Randbemerkung auf jene Seite der *Colloquia* geschrieben, wo Erasmus die Entwicklung zur veräußerlichten Frömmigkeit beklagt und vorschlägt, diese "Beschwernisse" zu beseitigen.[93] In die gleiche Richtung weist der Ausspruch jenes venezianischen Tischlers, der einem Schmied, welcher ihm zum Vorwurf macht, am Vorabend von Mariä Himmelfahrt Brot und Käse zu essen, die schroffe Antwort gibt: "Ich will auf meine Weise leben. Lebt Ihr auf die Eure." "Ich will auf meine Weise leben", erklärt auch ein Schreiber aus Neapel, als man ihm vor dem dortigen Gericht 1572 den Prozeß macht.[94] Ähnlich lautet die Äußerung eines jungen Händlers aus

---

[91] AAP, Fasz. 2, Akte *Processo di don Apollinare da Ravenna*, fol. 29ᵛ (vgl. auch die Aussagen des Don Agostino aus Bologna vom 14. und 19. August 1581).

[92] ASDN, Fasz. 56B, *Contra Goctifredum Maimonem gallum* (der Inquisit wurde am 19. April 1578 "dem weltlichen Arm", *brachio seculari*, überlassen); Sbrana, *Félix Brouxon*, S. 44.

[93] BCP, 844, Erasmus von Rotterdam, *I ragionamenti, overo colloqui famigliari*, Venedig, Vincenzo Valgrisi 1549, S. 336f. Die Randbemerkung des Lesers des 16. Jahrhunderts, die heute wegen der Randbeschneidung unvollständig erhalten ist, kann wie folgt ergänzt werden: "... [che] ogn'u[no] viva [a] suo m[odo] [è] legge [de]gli ere[tici]".

[94] ASV, Fasz. 159, *Acta Sancti Officii* (1554-55), fol. 149ʳ; ASDN, Fasz. 61A, *Processus de religione contra Iacobum Tramunti terre Campane provintie Calabrie* (1572), Verhör vom 30. November 1572.

Verona namens Bartolomeo dalla Barba, der seine Zustimmung zu den neuen religiösen Ideen 1550 in die Worte faßt: "Sum homo da mia posta."[95]

Am Ende dieses Kapitels soll ein Fall stehen, bei dem die Lektüre des *Enchiridion* mit der Sehnsucht nach Religionsfreiheit verknüpft ist. 1552 geht das Inquisitionsgericht Modena gegen den Notar Pietro Giovanni Biancolini vor, der unter anderem beschuldigt wird, behauptet zu haben, "daß die Prediger bei uns nicht die Wahrheit sagen und sie nicht sagen können, weil sie daran gehindert werden". Als lobenswertes Gegenbeispiel soll er "die Freiheit" gepriesen haben, "welche die Prediger in Deutschland genießen, zu predigen, was sie wollen". Hatte sich die im *Enchiridion* enthaltene Forderung nach evangelischer Freiheit im Denken des juristisch gebildeten Biancolini vielleicht mit der Forderung nach Bekenntnisfreiheit verbunden, wie er sie in seinem mythisch verklärten Deutschland verwirklicht glaubte? Wir wollen diese Frage offenlassen. Daß der Notar Biancolini das *Enchiridion* gelesen hatte, ist allerdings gesichert. Von den "lutherischen Büchern" in seinem Besitz, die ihm eine Anzeige seines Verwandten Ludovico Biancolini einbrachten, ist das *Enchiridion* das einzige ausdrücklich erwähnte.[96]

Mit gutem Grund weisen die Historiker des Protestantismus darauf hin, daß die christliche Freiheit nicht mit der Meinungsfreiheit zu verwechseln und zu verquicken ist, die ganz anderen historischen Ursprungs ist.[97] Im Quellenmaterial zur Inquisition in Italien finden sich allerdings Belege dafür, daß Vorstellungen aus beiden Ideenkomplexen in philoprotestantischen Kreisen Italiens vertreten wurden. Dabei ist eine chronologische Abfolge zu beobachten. Die evangelische Freiheit ist eine Grundidee des Protestantismus in seiner Expansionsphase. Nachdem die Repression eingesetzt hat, sehnen die religiösen Dissidenten Italiens Gewissens- und Meinungsfreiheit herbei, von denen sie meinen, sie seien in anderen Ländern Europas, die durch die Glaubensspaltung in utopische Ferne entrückt sind, verwirklicht.

---

[95] ASV, Fasz. 8, Akte 30, *Contra Bartholomeum dalla Barba* (1550), fol. 13^r (vgl. ebd., fol. 38^r, wo sich die Formel "da sua posta" auf die Ohrenbeichte bezieht: "El [Bartolomeo dalla Barba] mi disse che ciascuno podeva andar a confessarsi da sua posta a Dio").

[96] ASM, Fasz. 3, Akte *Processus formatus contra ser Ioannem Blancolinum* (1552), fol. 7^v-8^r, 9^{rv}, Anklageschrift: "Queste sono le cose le qual con il suo giuramento ha confessato et ratifica ser Giovanni Biancholino nel suo processo". Das Vorhandensein des *Enchiridion* unter den Büchern von Biancolini ergibt sich aus der Aussage des Ludovico Biancolini vom 7. Juli 1559.

[97] Vinay, *Riforma*, S. 9, 434f.

5. KAPITEL

GRAMMATIKSCHULE ALS SCHULE DER HÄRESIE[1]

I

Das Ausmaß, in dem die Schullehrer in Italien an der Verbreitung des Gedankenguts der Reformation beteiligt waren, ist bisher nicht gebührend gewürdigt worden. Allein aus dem Archiv des Heiligen Offiziums von Venedig ließe sich eine Dutzende von Fällen umfassende Liste "ketzerischer" Lehrer zusammenstellen,[2] und unter den dreitausend "Abtrünnigen", die nach Schätzung einer gutinformierten Quelle zwischen 1540 und 1550 in Neapel ansässig waren, bildeten bezeichnenderweise die Schullehrer die aktivste und meistbeachtete Gruppe.[3] Dementsprechend gab der päpstliche Nuntius in Venedig 1566 der Meinung Ausdruck, daß "die Seuche der Häresie" von diesen "Humanisten und Schullehrern" ausgehe.[4] Für die Mitglieder des venezianischen Heiligen Offiziums war eine solche Diagnose sicherlich nicht neu. Schon 1547 hatten die Inquisitoren alle Schullehrer der Stadt zusammengerufen, um sie zu ermahnen, die Schüler in der "guten und heilen Lehre" zu unterrichten, und ihnen damit implizit mitgeteilt, daß man sie im Auge behalte.[5]

"Unter dem Anschein, Grammatik zu lehren, lehrte er Häresie" — so wurde 1549 in Pirano die Tätigkeit eines örtlichen Schullehrers namens

---

[1] Der Titel dieses Kapitels ist aus dem in Anmerkung 6 zitierten Dokument abgeleitet. Darin wird der Ausdruck "Grammatik lehren" allerdings in der im 16. Jahrhundert üblichen Bedeutung gebraucht. Damals war die "Grammatikschule" eine Schule, in der Latein unterrichtet wurde. In der Kapitelüberschrift hingegen wird der Ausdruck "Grammatikschule" synekdochisch gebraucht. Neben Lehrern für "Grammatik" treten in diesem Kapitel in der Tat auch solche für Schreiben, Lesen und Rechnen auf, die in Schulen unterrichteten, für die die Bezeichnung "scuole volgari" (Volksschulen) vorgeschlagen worden ist. Vgl. hierzu Paul F. Grendler, *Come Zuanne imparò a leggere: Scolari e testi in volgare nelle scuole veneziane del Cinquecento*, in "Scienze, credenze occulte, livelli di cultura", Convegno internazionale di studi, Firenze 26-30 giugno 1980, Florenz 1982, S. 87-99; Pietro Lucchi, *Leggere, scrivere e abbaco: L'istruzione elementare agli inizi dell'età moderna*, ebd., S. 101-119.
[2] Olivieri, *Eresia a Venezia*, S. 504 (vgl. auch S. 487 und 509). Die Relevanz der Lehrer in der italienischen Reformationsbewegung ergibt sich auch aus Vinay, *Riforma*, S. 358, 373-76, 378, 382f., und aus Caponetto, *Spadafora*, S. 244, 256, 266.
[3] Firpo, *Morone*, S. 126.
[4] Olivieri, *Eresia a Venezia*, S. 480f.; Cairns, *Aretino and Venice*, S. 54.
[5] ASV, Fasz. 156, Akte *Decreta illustrissimi domini legati quoad reverendos plebanos, priores et guardianos ecclesiarum et monasteriorum civitatis Venetiarum*, 4. Juni 1547: "Fu ordinato al sopradeto nuntio [del tribunale] pre Aloisio Scortica che debba cum effetto citar tutti li maestri di schola ... a comparer personalmente dinanzi a Sue Signorie". Die Lehrer, 106 an der Zahl, erschienen tatsächlich am folgenden Donnerstag, dem 9. Juni.

Marco Petronio, genannt Caldana, beschrieben.[6] Die gleiche Einschätzung wurde hinsichtlich der Lehrtätigkeit von Jacopo di Costantino aus Capo d'Istria gegeben: Es sei nicht angebracht, daß man ihm "das Amt, Schüler zu unterrichten", übertrage, hieß es, "da er sie unter dem Vorwand, Grammatik zu unterrichten, Ketzereien lehre."[7] Die Zeugen, die diese Formulierungen prägten, trafen damit eine Feststellung von weit allgemeinerer Gültigkeit, als ihnen bewußt gewesen sein mag. Allein in Pirano lassen sich für den Zeitraum von 1547 bis 1549 vier Fälle nachweisen, in denen Lehrer als aktive Anhänger einer Glaubensauffassung in Erscheinung traten, die auf die Lehre von der Freiheit des Christen zurückgeführt werden kann.[8] Insbesondere die Schule von Marco Caldana bildete das Zentrum, von dem aus sich die Korollarien dieser Glaubenslehre in der Stadt verbreiteten und in alle Schichten und Altersklassen eindrangen. Die vom apostolischen Kommissar Annibale Grisonio zusammengetragenen 99 Zeugenaussagen sind Variationen zu einem mit vehementer Eindringlichkeit wiederkehrenden Thema: "Mein Sohn Zorzi ... sagt mir ..., daß man nicht zu den Gnadenorten gehen muß, weil Gott überall ist." — "Der Schuhmachermeister Forte ... sagte, daß mein Haus und jedes andere Haus genauso heilig ist wie die Kirche von San Giorgio und daß man zu Hause ebensogut beten kann wie in der Kirche." — "[Domenico Calafa] wollte mich davon abbringen, ein Gelübde zu erfüllen und nach Loreto zu gehen; er machte sich über mich lustig und sagte, daß die Madonna von Loreto hier genauso ist wie dort." — "Dominico Faiacono ... hat gesagt, daß die Madonna in unserem Hause genauso ist wie in Loreto." — "Zoan Bertuzzo ... mein Nachbar ... sagte mir, daß man zu Hause und im Wald ebenso beten kann wie in der Kirche." — Die Reihe der Beispiele ließe sich fortsetzen.[9]

Zu den Quellen, aus denen die Lehrer ihre religiösen Ideen schöpften, gehörten in erster Linie die Bücher von Erasmus. In den Händen der Protagonisten dieses Kapitels werden wir das *Enchiridion militis christiani*, die von Erasmus erstellte Edition des Neuen Testaments und das *Encomium Moriae* finden; die stärksten Impulse für die Verbreitung der Lehren des Erasmus im pädagogischen Bereich gingen jedoch von den *Colloquia familiaria* aus, die zur Erlernung des Lateinischen als lebendiger Sprache und gleichzeitig zur Erneuerung von Glaube und Sitte bestimmt waren.[10] Es gab auch Lehrer, die sich mit den Gedanken von Erasmus auf indirektem

---

[6] ASV, Fasz. 8, Akte 31, *Processus de Pirano* (1549), fol. 8ᵛ.

[7] ASV, Fasz. 5, Akte *Contra Iacobum Constantini iustinopolitanum*, Brief des Gerichts der Inquisition in Venedig an den "Podestà" von Muggia vom 23. November 1549. Auch Celio Secondo Curione wurde auf Anordnung des Kardinals Farnese (26. August 1542) mit der Begründung gesucht, daß er, "unter dem Anschein, Unterricht zu geben, fürs Luthertum werbe" (Albano Biondis Biographie des Curione, *DBI* XXXI, S. 444).

[8] ASV, Fasz. 8, Akte 31, *Processus de Pirano*, fol. 8ᵛ, 9ʳ (Pre Nicolò Rossignolo genannt Filomena, Marco Caldana, Zoan di Nicolò Cavazza), 30ʳ (Andrea Minghin).

[9] Ebd., fol. 9ʳ, 14ʳ, 20ʳ 23ᵛ, 25ᵛ.

[10] Bierlaire, *Erasme et ses Colloques*.

Weg vertraut machten, über den *Dialogo di Mercurio e Caronte* von Alfonso de Valdés, der vermutlich, wie die *Colloquia*, in den Schulen als Lektüretext gebraucht wurde.[11]

Der Kreis derer, an die der Lehrer die Botschaft aus den Schriften des Erasmus weitergab, ging über die Gruppe seiner eigentlichen Schüler hinaus. In einem Land, in dem die Alphabetisierung höchstens 14% der Bevölkerung erfaßt hatte,[12] fiel dem Schullehrer die Rolle zu, als Mittler zwischen dem Buch von Erasmus und jenem breiteren Publikum zu fungieren, bei dem zwar ein entsprechendes Interesse bestand, dem aber der direkte Zugang zum Buch versperrt war. Dank der Vermittlungsarbeit der Lehrer erreichte die Botschaft des Erasmus auch die Ungebildeten. War der Schulunterricht beendet, so setzte der "Häretiker" seine aufklärerische Tätigkeit damit fort, daß er den Erwachsenen, die sich um ihn versammelten, die Texte der neuen Lehre vorlas und erläuterte oder im persönlichen Gespräch um jeden einzelnen potentiellen Anhänger warb.[13] Wenn der Lehrer jedoch auf diese Weise als Multiplikator erasmischer Anschauungen wirkte, so wurde er bei deren Vermittlung an eine Zuhörerschaft, die keinen Zugang zu den Büchern hatte, gleichzeitig zum Interpreten, der die Gedankenwelt des Humanisten wesentlich umgestaltete. Wir müssen uns deshalb fragen, welche Veränderungen die erasmianischen Ideen im Laufe dieses Popularisierungsprozesses erfuhren.

Die Dokumente, die wir in diesem Teil der Arbeit zusammengestellt haben, eignen sich zur Darstellung der direkten und der indirekten Erasmus-Rezeption. Diese beiden Rezeptionsformen entsprechen den zwei unterschiedlichen Aspekten, unter denen die Protagonisten dieses Kapitels in der Dokumentation erscheinen, nämlich als Leser von Erasmus (direkte Rezeption) und als Vermittler, die die Lehren des Erasmus einem breiteren Publikum zugänglich machten (indirekte Rezeption). Die Veränderung, die jene Gedanken in der zunehmenden Entfernung von ihrer Quelle erfuhren, ist das eigentliche Thema der folgenden Erörterung, deren Resultate sich — um das vorweg zu sagen — in zwei Punkten zusammenfassen lassen:

1. Der italienische Leser ging mit dem Text von Erasmus selektiv, um nicht zu sagen tendenziös um. Er neigte bei seiner Auswahl dazu, die gewagteste Stelle einer Seite, die im höchsten Maße zugespitzte Formulierung einer Argumentation herauszulösen. So aus dem Zusammenhang gerissen und isoliert, erhielten die Sätze von Erasmus eine Schärfe, die sie ursprünglich nicht gehabt hatten. Unser Quellenmaterial läßt eine Lektüre ahnen, die nicht dianoetisch verlief, sondern dazu

---

[11] Siehe S. 168 und Anm. 95. Aus ASV, Fasz. 8, Akte 31, *Processus de Pirano*, fol. 32^r, 36^v, läßt sich m.E. auch entnehmen, daß der Gehilfe des Lehrers Marco Caldana einer aus einem Dutzend Personen bestehenden "Sekte" oder "Synagoge" abends vor den Toren der Schule den *Dialogo di Mercurio e Caronte* des Alfonso de Valdés vorlas.
[12] Grendler, *Schooling in Italy*, S. 42-47.
[13] Ein Beispiel für dieses Verhalten bietet das in Anm. 6 zitierte Dokument.

tendierte, sich auf einzelne Punkte zu konzentrieren — eine topische Lektüre.

2. Die Radikalisierung des Gedankenguts von Erasmus, welche die selektive Lektüre mit sich brachte, nahm bei der mündlichen Weitergabe noch zu. Mit dem Übergang von der direkten zur indirekten Rezeption erfuhr die bereits aus dem Zusammenhang gerissene und daher schärfer als ursprünglich wirkende Formulierung des Erasmus eine semantische Umgestaltung, die auf erhöhte kommunikative Wirksamkeit bedacht war. Dieser Prozeß lief oft auf eine Angleichung der erasmischen an die von den Reformatoren in Umlauf gebrachten Sätze hinaus. Es war dies kein rein italienisches Phänomen: Aus England ist ein Fall bekannt, in dem die Rezeption der *Colloquia* sehr ähnlich verlief wie bei den von uns im folgenden angeführten Beispielen; aus den Akten eines Inquisitionsprozesses in Löwen wissen wir von einem Erasmus-Leser, der das *Enchiridion* auf tendenziöse Weise selektiv interpretiert hatte.[14]

In seinen Antworten an Diego López de Zúñiga und Alberto Pio hat sich Erasmus gegen die selektive Lektüre gewehrt, die seine Gedanken entstellte oder verfälschte, indem sie sie aus dem Zusammenhang riß und umstürzlerische Akzente setzte, die dem Autor fremd waren.[15] Innerhalb einer Rezeptionsgeschichte, die dem zeitgenössischen Leser hohen historischen Rang zubilligt, erhält dennoch die selektive Lektüre — entgegen einer in der Erasmusforschung weit verbreiteten Ansicht — besondere Legitimität. Ihre Ablehnung durch Erasmus beraubt sie nicht eines für die damalige italienische Kultur maßgebenden hermeneutischen Werts. Die vom zeitgenössischen Leser bewirkte Radikalisierung war Ergebnis der unvermeidlichen Metamorphose, die das Denken erfährt, wenn es auf die Wirklichkeit trifft und zum Prinzip des Handelns wird.

Die Schullehrer, die wir in den Abschnitten II bis VIII dieses Kapitels vorstellen wollen, waren alle — direkt oder indirekt, über ihre Schüler — in Inquisitionsprozesse verwickelt. Die Rekonstruktion ihrer Einstellung zu den Büchern, die sie lasen, erweist sich daher als besonders schwierig. Den sozial schwachen (*pauperculus*[16]), oft kinderreichen Schullehrer belastete die Verwicklung in ein Inquisitionsverfahren um so stärker, als er damit rechnen mußte, daß ihm die Ausübung des Berufs untersagt würde, mit dem er sich und seine Familie ernährte. Denn der Verdacht auf Häresie brachte ein zumindest temporäres Lehrverbot mit sich. Entschiedener als andere Angeklagte war der Lehrer bestrebt, seine Position vor Gericht möglichst zu verbessern. Für die Interpretation der einzelnen Fälle bedeutet eine solche Haltung des Angeklagten, daß die Verläßlichkeit seiner Angaben geringer

---

[14] Thompson, *Erasmus and Tudor England*, S. 45; Van Santbergen, *Paul de Revere*, S. 50f.
[15] *LB* IX, Sp. 357E-F, 1104E-F, 1106E-F.
[16] So bezeichnete sich Matteo Cizzo, vgl. S. 414.

einzuschätzen ist und sich der Bereich vergrößert, in dem Zweifel angebracht sind. Die Unzulänglichkeit der einzelnen Aussage kann jedoch durch die Einordnung in eine Reihe verwandter Dokumente etwas korrigiert und ausgeglichen werden.

II

Modena im Jahre 1554. Ein vierzehnjähriger Junge, Martino Patulio, vertraute seinem Lehrer Paolo Cassano an, daß er die Absicht habe, Dominikaner zu werden. Zu dieser Zeit las der achtzehnjährige Cassano — so seine Worte — "ein von einem Lutheraner verfaßtes Büchlein" — das *Lob der Torheit* von Erasmus. Als ihm sein Schüler nun von seinen Zukunftsplänen erzählte, griff der Lehrer wahrscheinlich auf Argumente aus dieser kleinen Schrift zurück, um ihn von der *vita monastica* abzubringen.[17]

Im *Lob der Torheit* hatte Erasmus seinen Lesern eine polemische Vorschau auf das Jüngste Gericht gegeben — das Defilee der Mönche vor Christus dem Richter. Voll Vertrauen auf die eingehaltenen Riten und Gesetze werden die Mönche vor den Weltenrichter treten: der eine seinen mit Fischen gefüllten Bauch zur Schau tragen, der andere beladen mit einer Unzahl Psalmen daherkommen, ein dritter die erstaunliche Zahl eingehaltener Fasttage verkünden und noch ein anderer sich all der religiösen Feierlichkeiten, denen er beigewohnt hat, rühmen. Christus jedoch wird ihrer Prahlerei ein schnelles Ende bereiten und daran erinnern, daß er das Erbe des Himmels "nicht denen die Kutten tragen, Gebete plappern und fasten, sondern denen, die glauben und ihren Nächsten lieben" versprochen habe. Da das einzige von Christus selbst ergangene Gebot das der gegenseitigen Liebe ist, läßt sich voraussagen, daß er sich weigern wird, diese Mönche als seine Jünger anzuerkennen, und daß Matrosen und Reitknechte eher Zugang zum himmlischen Reich haben werden als sie.[18]

Wir können nicht wissen, ob Paolo Cassano gerade diese Stelle präsent war, als er mit Martino Patulio und einem anderen seiner Schüler über das Mönchtum sprach. Nachweisen läßt sich jedoch, daß sich die zentrale

---

[17] ASM, Fasz. 3, Akte *Contra Paulum Cassanum ludimagistrum* (1554), fol. 1ʳᵛ, 3ʳ. Daß es sich bei dem "von einem Lutheraner verfaßten Büchlein", das Paolo Cassano 1554 las, um das *Encomium Moriae* handelte, geht aus dem Tenor des Dokuments hervor, obwohl es nicht explizit gesagt wird. Der Vergleich der Zeugenaussagen von Martino Patulio (fol. 1ʳᵛ) und Paolo Cassano (fol. 3ʳ) erlaubt nämlich die folgende Rekonstruktion der Ereignisse. Am 19. Mai 1554 fand sich Martino bei dem Bischof von Modena, Egidio Foscarari, ein und sagte in seinem Paolo Cassano belastenden Zeugnis unter anderem, daß der Lehrer zu jener Zeit "legebat super quodam libello, ut ipse dicebat, composito a quodam luterano" (fol. 1ʳᵛ). Bischof Egidio Foscarari bestellte Paolo Cassano zu sich. Dieser gab in Anwesenheit des Bischofs zu, ein verbotenes Buch zu besitzen, "la Moria d'Erasmo" (fol. 3ʳ). Am 1. Juni 1554 sprach der Bischof Cassano in privater Form von der Exkommunikation frei, die der Besitz dieses Buches mit sich gebracht hatte. Aus dieser Rekonstruktion ergibt sich, daß das von Cassano gelesene Buch die *Moria* war.
[18] *ASD* IV³, S. 162.

Aussage des angeführten Abschnitts in dem Echo auf dieses Gespräch, das dem Bischof von Modena zu Ohren kam, wiederfindet: die Auffassung nämlich, daß die Entscheidung für den Mönchsstand nicht die sichere Rettung der Seele bedeute. Einer der beiden Schüler, die an dem Gespräch teilgenommen hatten, berichtete, daß — als Martino sein Vorhaben, Dominikaner zu werden, eröffnet habe — "Signor Paolo (Cassano) ihm abriet und sagte, er könne auch außerhalb der Religion sein Auskommen haben"; als nun Martino ausführte, daß er nicht in den Orden eintreten wolle, um sich materiell abzusichern, sondern um seine Seele zu retten, antwortete Cassano: "Wer recht tun will, kann seine Seele genauso außerhalb wie innerhalb des Mönchstandes retten." Allerdings muß Cassano seine Meinung in einer Weise vorgebracht haben, die auch eine radikalere Interpretation zuließ: Martino Petulio, der direkt Betroffene, deutete die Worte seines Lehrers nämlich dahingehend, daß "Brüder und Priester allesamt vom Teufel erfunden worden sind und alle zur Hölle fahren werden; und Christus nie gesagt hat ..., man solle Bruder oder Priester werden."[19]

Eine ähnliche Radikalisierung erlebte ein anderer Gedanke, den Paolo Cassano, kaum daß er ihn dem Büchlein von Erasmus entnommen hatte, seinen Zuhörern darlegte. Es ging um die Bilderverehrung. Im *Lob der Torheit* hatte Erasmus die Theologen seiner Zeit als Anhänger der Auffassung bezeichnet, daß "die mit Kohle auf eine Wand gekritzelte Figur die ganz und gar gleiche Verehrung verdient wie Christus persönlich, wenn sie den drei Erfordernissen genügt, die Hand mit zwei ausgestreckten Fingern zum Segen erhoben, lange Haare und einen Kreuznimbus zu haben".[20] Ich vermute, daß Paolo Cassano an diesen Abschnitt dachte, als er seine beiden Schüler davon zu überzeugen suchte, daß es nicht richtig sei, "gewissen schlechtgemalten Heiligenbildern Verehrung entgegenzubringen"; die beiden Jungen verstanden ihn jedoch dahingehend, daß es "unbedingt" falsch sei, Bilder zu verehren.[21]

Wenn auch unvollständig dokumentiert, kann der Fall Cassano uns doch als Beispiel für jenen Prozeß der Radikalisierung via Simplifizierung dienen, dem die Ideen von Erasmus bei zunehmender Distanz zur Originalquelle und Popularisierung unterworfen waren. Auch wegen eines anderen Aspekts verdient diese Episode aus Modena Erwähnung: An ihr lassen sich Verbindungen nachweisen, die über die Stadt hinausreichen. Ein Lehrer der Art Paolo Cassanos war in Wirklichkeit weniger isoliert, als er die

---

[19] ASM, Fasz. 3, Akte *Contra Paulum Cassanum*, fol. 2^r, 1^r

[20] *ASD* IV^3, S. 152f., ll. 441-44. In dem Kommentar — verfaßt von Gerardus Listrius und Erasmus — der das *Encomium Moriae* seit der Ausgabe von Froben (1515) häufig begleitet, wird präzisiert, daß Erasmus hier auf die *distinctio* 10 (heute 5) des dritten Buches der *Sententiae* des Petrus Lombardus anspielt, wonach "imagines rerum adorandarum eadem specie adorationis adorandas, qua ipsae res significatae".

[21] ASM, Fasz. 3, Akte *Contra Paulum Cassanum*, fol. 1^v, 4^v.

Inquisitoren glauben machen wollte. Aus seiner Vernehmung im Jahre 1570 geht hervor, daß Cassano in engem Kontakt zu Antonio Bendinelli gestanden hatte, also zu dem Lateinlehrer in Lucca, den wir weiter unten (S. 163) in Zusammenhang mit Paleario erwähnen werden. Für unbestimmte Zeit war Cassano von Modena nach Lucca übergesiedelt und hatte dort, dank der Vermittlung von Antonio Bendinelli, eine Anstellung als Erzieher im Hause einer Witwe namens Calandrini gefunden; dort aber — gestand Cassano — zirkulierten heterodoxe Schriften und Ideen und gingen deren Anhänger ein und aus.[22] Die Verbindung zwischen Lucca und Modena, die sich hinter dieser persönlichen Beziehung ausmachen läßt, ist um so wichtiger, als es sich um zwei Städte handelt, in denen die neuen Ideen auf besonders fruchtbaren Boden gefallen waren.

Bevor wir unseren Blick von Modena abwenden, wollen wir noch einen anderen Schullehrer erwähnen, der zwischen 1540 und 1550 zu den profiliertesten Persönlichkeiten des religiösen Dissenses in der Stadt gehörte und in den fünfziger Jahren sein Leben als Ketzer auf den Galeeren beschloß. Giovanni Maria Tagliati, in Modena wegen seiner Herkunft Maranello genannt, ist in unserem Zusammenhang als Erasmus-Leser von Interesse. In der diesbezüglichen Befragung durch den Inquisitor nannte Maranello in einem Atemzug die *Morréa* (*Moria*, also das *Lob der Torheit*), nicht näher bezeichnete weitere Schriften des holländischen Humanisten sowie den *Sommario della santa scrittura* und den Traktat *De trinitatis erroribus* von Servet.[23] Diese Aussage stellte die Veröffentlichungen von Erasmus, ein in Italien sehr erfolgreiches Kompendium der protestantischen Lehre und die bekannteste Schrift der Antitrinitarier des 16. Jahrhunderts in ein und dieselbe Reihe.

Zu den Schullehrern in Modena, bei deren Entwicklung zur Heterodoxie die Lektüre von Erasmus einen Einfluß ausübte, gehörten nicht nur Paolo Cassano und Giovanni Maria Tagliati. Wir können auch Giovanni Bertari, einen selektiven Leser par excellence, mit dem wir uns im dritten Kapitel beschäftigt haben, in diese Reihe stellen.[24] Unter die Vertreter derselben Richtung in Modena möchte ich schließlich Giacomo Macagnini zählen. Aufgrund einer "Lateinarbeit", also eines Aufsatzthemas oder einer Übersetzungsaufgabe, wurde der Lehrer Macagnini im Jahre 1566 beim Inquisitionsgericht angezeigt. Das Thema, das die Schüler bearbeiten sollten,

---

[22] Ebd., fol. 5ʳ.
[23] ASM, Fasz. 4, Akte *Contra Ioannem Mariam Taliatum a Maranello* (1567), Verhör vom 27. Januar 1567. In Zusammenhang mit dem Besitz des Buches von Servet mag der Hinweis interessant sein, daß Maranello außer den in heterodoxen Kreisen Modenas geläufigen Auffassungen (Ablehnung des Fegefeuers, der päpstlichen Gewalt und des Ritus der Messe) auch einen exegetisch begründeten "Zweifel" hinsichtlich der Kindtaufe eingestand: "Mosso dalle parole dell'Evangelio che dice 'Qui crediderit et baptizatus fuerit, salvus erit'", hatte er eine Zeit lang geglaubt, "che non si dovesse battezzare se non l'huomo adulto, acciò potesse havere in sé la fede col battesmo" (ebd., fol. 1ʳ).
[24] Vgl. S. 74-77.

betraf ein aktuelles religiöses Ereignis, eine Prozession, die in Modena große Beachtung gefunden haben muß. Mit dieser Prozession war ein Kreuz an einen Ort außerhalb der Stadt, der mehrmals von Blitz und Unwetter heimgesucht worden war, gebracht und dort feierlich aufgestellt worden. Die Lateinaufgabe, die der Lehrer seinen Schülern gestellt hatte, war nun so formuliert, daß sie eine ironische, wenn nicht gar spöttische Beurteilung derartiger Zeremonien erkennen ließ.[25] Wäre es zu gewagt, aus diesem Unterrichtsstil auf eine Vertrautheit des Lehrers mit den *Colloquia* zu schließen?

III

Während des gleichen Jahrzehnts, in dem Paolo Cassano seine Unterrichtstätigkeit in Modena aufnahm, hatte auf Arbe — einer Insel in der nördlichen Adria — Matteo Cizzo das Amt des örtlichen Schullehrers inne. Der Slawe, von der Gemeinde Arbe als Grammatiklehrer in Dienst genommen, übte diese Tätigkeit lange Jahre aus. Er verkehrte in den gesellschaftlich führenden Kreisen der Insel und erfreute sich der Unterstützung des venezianischen Gouverneurs Antonio Canale.[26]

In den Schriften von Erasmus fand Matteo Cizzo seine geistige Orientierung und Anregung für seinen Unterricht. Er las die erasmische Ausgabe des Neuen Testaments und die *Adagia*; außerdem kannte er die *Colloquia* und verwandte sie als Unterrichtslektüre. Unter den anderen, nicht näher bezeichneten Schriften des Erasmus, deren Besitz Cizzo später gegenüber dem Inquisitor eingestand, befand sich vermutlich auch dessen Abhandlung über die Beichte. Daß die Schrift *Exomologesis seu de modo confitendi* in diesem Jahrzehnt im venezianischen Raum in Umlauf war, geht unter anderem aus der Bücherliste hervor, die ein Beamter der Inquisition im September 1559 bei einem nicht namentlich genannten Buchhändler in Venedig beschlagnahmte; dort werden drei Titel des holländischen Humanisten aufgeführt: die *Colloquia*, die *Moria* und der *Modus confitendi*.[27]

Einer der Zeugen des gegen Matteo Cizzo gerichteten Inquisitionsverfahrens — 1558 in Arbe vom apostolischen Kommissar Annibale Grisonio eröffnet, 1559 vom Inquisitionsgericht Venedig abgeschlossen — führte die Glaubensabweichungen des Lehrers auf dessen Lektüre der Schriften von Erasmus, insbesondere der *Colloquia* und des Neuen Testaments zurück.[28]

---

[25] ASM, Fasz. 4, Akte *Giacomo Macagnini* (1566).
[26] ASV, Fasz. 5, Akte *Matteo Cizzo*.
[27] ASV, Fasz. 159, *Acta Sancti Officii* (1554-55), fol. 69^r.
[28] ASV, Fasz. 5, Akte *Matteo Cizzo*, Aussage des Subdiakons Paolo Antonio Paduario vom 23. Juli 1558: "Nicolò Persich Calafa è lutherano, che niega la confessione ...; par ancho che nieghi la virtù del sacramento del'altare, dicendo che nel'ultima cena che fece il Signore, quando el disse 'Hoc est corpus meum', non mostrò quel pane ch'el benedisse, ma mostrò il proprio corpo ... Di queste istesse cattive opinioni è infestato [un] maestro de scuola, chiamato

Auch der Text seiner schriftlichen Abschwörung läßt implizit eine Beziehung zwischen den von Matteo Cizzo eingestandenen "irrigen, unfrommen und ketzerischen" Auffassungen und der Lektüre gewisser "verderblicher und verderbter" Bücher erkennen. Cizzo verpflichtete sich, diese Bücher dem Bischof von Arbe auszuhändigen, und versprach, keines davon zurückzuhalten. (Tatsächlich hatte er sie sorgfältig versteckt, um zu verhindern, daß sie beschlagnahmt würden.)[29] Bei den Büchern, von denen Cizzo vor Gericht so abfällig sprach, handelte es sich — neben dem *Dialogo di Mercurio e Caronte* von Alfonso de Valdés — um das Neue Testament des Erasmus und "seine gottlosen und skandalösen *Colloquia*".[30]

Zwischen den Auffassungen, zu denen sich der Lehrer aus Arbe bekannte, und den Büchern von Erasmus, deren Lektüre er eingestand, läßt sich in der Tat eine Verbindung herstellen. So scheint es mir wahrscheinlich, daß Cizzos Einstellung zum Sakrament der Buße von dem Humanisten aus Rotterdam beeinflußt worden war, auch wenn er als Quelle, diese spezifische Frage betreffend, die Abhandlung von Contarini über die Sakramente angab.[31] Der Kontroverse über den Ursprung der Beichte widmet Contarini

---

Matthio Zizza, dalla bocca del quale ho sentito dire che in tutta la Scrittura sacra non si troverà che Dio habia ordinata la confessione ... Et le parole del sacramento, et delle altre de questa sorte, che dice el Calafa, vengono da costui, il quale havea il Colloqui d'Erasmo, il Testamento Novo tradotto da Erasmo". Hinter dieser Zeugenaussage verbirgt sich die Absicht, den Ursprung der "schlimmen Meinungen", die in Umlauf sind, zu bestimmen. Die Erwähnung der Bücher von Erasmus ist m.E. mit dieser Absicht verbunden. Nicolò Calafa habe — so gibt der Zeuge zu verstehen — seine irrigen Auffassungen von Matteo Cizzo, der seinerseits seine Ideen den Büchern von Erasmus entnommen habe. Der Subdiakon Paolo Antonio erweist sich als der genaueste und bestinformierte der von Annibale Grisonio in Arbe im Fall Matteo Cizzo befragten Belastungszeugen.

[29] Bei der am 30. August 1558 auf Anordnung des "commissario apostolico" Grisonio erfolgten Durchsuchung des Hauses von Matteo Cizzo wurde kein Buch von Erasmus oder anderer verdächtiger Autoren gefunden. Jedoch bekannte Matteo Cizzo in seinem am 11. März 1559 vorgelegten schriftlichen Geständnis (*inc.* Con quella sincerità, *expl.* Deus humilibus dat gratiam): "Per dir il vero hora mi attrovo haver in casa mia in Arbe lo Testamento Novo di Erasmo et Colloquii. Quali io ... me offerisco darli et presentarli allo reverendissimo vescovo ... Et non solo ditto Testamento et Colloquii, ma ancora li Proverbii, et altri libretti di esso autore, se ne haverò ... che conoscerò sospetti, tanto che non sconderò niuno".

[30] Text des 11. April 1559 "in officio sacre Inquisitionis" datierten Widerrufs des Matteo Cizzo.

[31] Autographisches Geständnis von Matteo Cizzo, verfaßt als Antwort auf die ihm vom Inquisitionstribunal Venedig schriftlich gestellten Fragen (*inc.* Con quella sincerità et verità, *expl.* Deus humilibus dat gratiam): "Vero è che io ho ditto nel processo ... che [la confessione] non sia [di origine] divina, et questo per transcorso, havendo letto in uno libretto del reverendissimo Cardinal Contarini di sacramenti, dove dice che Scotto non ha trovato la confessione nelle sacre litere; et che il reverendissimo Cardinal voria che tal parola o scrupolo Scotto non havesse ditto. Non di meno esso Scotto la tiene [la confessione] per la autorità della Chiesia, et così ancora io la tengo". Vgl. Gasparis Contareni cardinalis, *De sacramentis christianae legis, et catholicae ecclesiae libri quatuor* ..., Florenz, Lorenzo Torrentino, 1554, S. 94: "Scotus in quarto sententiarum conatur ostendere ex nullo sacrae scripturae loco hoc [confessionem auricularem a Christo fuisse institutam] nobis constare. Tenet tamen ob authoritatem Ecclesiae, sentiendum esse confessionem auricularem, inquam, esse de iure divino.

in seinem Traktat nämlich nicht mehr als ein paar flüchtige Bemerkungen; Cizzo hingegen setzte sich detailliert und differenziert mit dieser Frage auseinander, ähnlich wie Erasmus in seiner kleinen Schrift über die Beichte aus dem Jahre 1524. Im Verlauf ihrer Rezeption allerdings erfuhren die ursprünglich äußerst umsichtigen und behutsamen Stellungnahmen des großen Humanisten erhebliche Veränderungen: In der direkten Rezeption (in der Interpretation von Matteo Cizzo) kam es zu Akzentverschiebungen, in der indirekten Rezeption (bei den Zuhörern von Cizzo) handelte es sich um regelrechte Entstellungen.

Der Nachweis, daß die Ohrenbeichte *de iure divino* sei (wie es offizielle Kirchenlehre war), könne nicht erbracht werden — mit diesem Zugeständnis hatte Erasmus seine kleine Schrift eröffnet. "Ich bin nicht in der Lage", so Erasmus, "stichhaltige Aussagen der Heiligen Schrift und unwiderlegbare Argumente anzuführen, um den hartnäckigen Leugnern zu beweisen, daß ... die Beichte, so wie sie heute besteht, ihren Ursprung bei Christus oder zumindest bei den Aposteln hat; allerdings bin ich der Auffassung, daß alle frommen Menschen sie gewissenhaft als eine Einrichtung beachten sollten, die, wenn nicht auf mehr, auf eine nicht ohne Eingebung des Heiligen Geistes erfolgte Entscheidung der Oberhäupter der Kirche zurückgeht."[32] Ich stelle die Hypothese auf, daß dieser Passus (oder ein äquivalenter Abschnitt der *Ratio seu methodus perveniendi ad veram theologiam*)[33] Matteo Cizzo zur Überzeugung bewegte, daß die Ohrenbeichte "*de iure positivo* und nicht *de iure divino*" sei, daß also "der Papst" und nicht Christus sie eingeführt habe.[34] Während bei Erasmus diese Konzession an Luthers Argumentationsmethode jedoch auf die Exegese beschränkt blieb und die traditionelle Praxis der Beichte unangetastet ließ, begründete die Erkenntnis des nichtgöttlichen Ursprungs der Beichte für Cizzo Zweifel an der von der Kirche verfolgten sakramentalen Praxis. Zweifel, die er nicht für sich behielt. In der Fastenzeit von 1558 kam Cizzo bei einer Abendgesellschaft, zu der der venezianische Gouverneur von Arbe angesehene Persönlichkeiten der Insel eingeladen hatte, mit einem Franziskaner ins Gespräch, der sich zu dieser Zeit als Prediger in der Stadt aufhielt. Unter Bezug auf seine Erfahrungen als Beichtvater erklärte ihm der Frater, wie schwierig es sei, Frauen und insbesondere junge Mädchen zum Eingeständnis gewisser Verfehlungen zu bewegen. "Lachrimae lavant delictum, quod voce est pudor confiteri", bemerkte Cizzo hierzu und erklärte dem verdutzten Franziskaner, dies seien nicht seine Worte, sondern ein Zitat aus den Schriften des hl. Ambrosius. Ob ihm der Frater sagen könne, wie sich

---

Mihi certe subtilitas et diligentia Scoti hoc loco non satis probatur. Nollem iniecisse hoc scrupulum."
[32] *LB* V, Sp. 145C-146A.
[33] Ebd., Sp. 90CD.
[34] ASV, Fasz. 5, Akte *Matteo Cizzo*, Verhör vom 13. März 1558 (in Wirklichkeit 1559) und Widerruf vom 11. April 1559.

die Auffassung des hl. Ambrosius mit der Beichtpflicht vertrage? Einer der anderen Gäste, die jetzt aufmerksam dem Gespräch zuhörten, machte den Vorschlag, daß Cizzo selbst eine Antwort auf diese delikate Frage geben solle. Doch Matteo Cizzo weigerte sich: Er habe den Satz des hl. Ambrosius nur angeführt, "um zu lernen", dem Franziskaner komme es zu, dieses Problem zu lösen.[35]

Bei diesem Gespräch auf der Abendgesellschaft erleben wir bei Matteo Cizzo ein Verhalten, wie es sich Anhänger heterodoxer Ideen in Italien häufig zu eigen machten. Er streute Zweifel, trug seine abweichende Meinung nicht gleich als Überzeugung vor, sondern kleidete sie in die Form einer *dubitatio*. Welche Wirkung diese zweifelnden Fragen auf seine Zuhörer hatten, darüber geben uns die Zeugenaussagen Auskunft. So erklärte der Subdiakon Paolo Antonio als Zeuge, daß in der Schule von Cizzo ein von diesem selbst verfaßtes Manuskript in Umlauf sei, das "viele Sätze gegen den katholischen Glauben" enthalte, unter anderem den (oben zitierten) Ausspruch des hl. Ambrosius. Der Subdiakon hatte keinen Zweifel daran, wie dieses Zitat zu interpretieren sei: Es ziele offensichtlich darauf ab, "die Beichte abzuschaffen".[36]

Aus anderen Zeugenaussagen ergibt sich dagegen, daß Cizzo die Diskussion der Beichtfrage in all ihrer Komplexität kannte und wahrscheinlich versuchte, sie differenziert darzustellen. Doch seinen geistig unbeweglichen Gesprächspartnern erschien diese Art der Erörterung "weitschweifig", die differenzierte Argumentation "verwirrte" sie. So neigten sie unausweichlich dazu, den Diskurs des Lehrers zu vereinfachen, ihn auf eine klare und unmißverständliche Aussage zu reduzieren. Am Ende dieses Simplifizierungsvorgangs stand häufig eine Formel, die sich sehr weit jenen Thesen angenähert hatte, die die intensive gegenreformatorische Verkündigung jener Jahre den Protestanten zuschrieb. In der Frage der Ohrenbeichte wurde so die differenzierte Argumentation, die Matteo Cizzo wahrscheinlich von Erasmus übernommen hatte, auf die Aussage reduziert, daß es genüge, "sich vor Gott zu bekennen".[37]

Ein analoger Simplifizierungsprozeß erfolgte im Unterricht. Der Lehrer Cizzo hatte die "Kinder der Anfängerklasse Latein" einige *Colloquia* von

---

[35] ASV, Fasz. 5, Akte *Matteo Cizzo*, autographisches Geständnis des Angeklagten, verfaßt als Antwort auf die ihm vom Inquisitionstribunal Venedig schriftlich gestellten Fragen, zitiert oben, Anm. 31. Der Satz des Ambrosius findet sich in dessen *Expositio Evangelii secundum Lucam* X, 88 (*CCSL* XIV, S. 371): "Lavent lacrimae delictum, quod voce pudor est confiteri".

[36] ASV, Fasz. 5, Akte *Matteo Cizzo*, Aussage des Subdiakons Paolo Antonio Paduario vom 23. Juli 1558.

[37] Ebd., Aussage des Priesters Cristoforo Fabiani vom 25. Juli 1558: "Matthio Zizza è stato mio maestro e molte volte ha voluto ragionare con mi de queste openioni nuove, volendomi dechiarar de' passi della Scrittura. Metteva varie questioni in campo, del purgatorio, e del sacramento, e delle imagini, della confessione, di degiuni. Ma perché l'era tanto prolisso, el me confondeva nel suo ragionare, et non saprei recordarmi quello ch'el concludesse, se non questo, ch'el bastava a confessarsi a solo Dio, et che non era da ricorrer a' santi, ma a solo Christo".

Erasmus lesen und abschreiben lassen.[38] Später behauptete er, daß er diese Texte lediglich aufgrund ihrer sprachlichen Qualitäten — "des geschliffenen Stils wegen" — ausgewählt habe. Die Annahme ist jedoch berechtigt, daß die *Colloquia* die Schüler nicht nur sprachlich weiterbilden, sondern auch geistig erziehen sollten. Matteo Cizzo versuchte, seine Schüler auf eben den Weg zu bringen, auf dem sich seine eigene geistige Entwicklung vollzogen hatte — und dabei war die Lektüre der *Colloquia* ein wichtiger Wegstein gewesen. Diese Schlußfolgerung läßt sich zumindest ziehen, wenn man betrachtet, zu welcher Einstellung Cizzo bezüglich der kirchlichen Fastenordnung gefunden hatte. "Ich habe geglaubt", so räumte er hierzu vor dem Inquisitionsgericht Venedig ein, "daß es keine Sünde sei, an verbotenen Tagen Fleisch zu essen, weil ich das Wort unseres Herrn bei Matthäus 'Non quod intrat in os coinquinat hominem' falsch verstand; und ich habe gesagt, daß man Nichteinhaltung des Fastens nicht als Todsünde ansehen solle."[39] Dieser Satz wirkt wie eine Kurzversion jener beiden Thesen, die Erasmus in einem der längsten seiner Gespräche, dem *Fischgericht*, geschickt entwickelt hat.[40] Der literarisch gelungenste Teil dieses Gesprächs — der witzige Wortstreit zwischen einem Metzger und einem Fischverkäufer, die durch die angebliche Aufhebung der kirchlichen Fastenordnung zu direkten Konkurrenten geworden sind — war dem Bedürfnis nach Vereinfachung zum Opfer gefallen; die Verhaltensrichtlinien aber, die Cizzo aus dieser Lektüre abgeleitet hatte, entsprachen getreu den Positionen, auf die sich die beiden gegnerischen Händler schließlich einigen. Auch die Stelle Mt 15,11 hat im *Fischgericht* den gleichen Stellenwert, den Matteo Cizzo ihr in seiner Aussage gab.

Damit sich seine Schüler diesen Gedankengang leichter einprägen konnten, hatte ihn der Lehrer Cizzo allerdings drastisch vereinfachen müssen. Wie schon erwähnt, war unter Cizzos Schülern ein Heft in Umlauf, in das der Lehrer Bibelverse und Zitate der Kirchenväter eingetragen hatte, die den Jungen als Anhaltspunkte bei umstrittenen religiösen Fragen und Gewissenskonflikten dienen sollten. In diesem Manuskript war das Problem der Fastengebote auf einige Sätze aus dem Evangelium reduziert worden; unter anderem fand sich dort auch der Satz aus dem Lukasevangelium:

---

[38] "Vero è che sono anni otto o nove, se ben mi ricordo, li ho letto [i *Colloquia* di Erasmo] in scola alli putti del primo latino per la facilità del dire, ciò è La venatione, La piscatione, La equitatione, et altri tali, facendo scriverli in pena alli putti, perché non si trovava altri Colloquii salvo li mei" (autographisches Geständnis von Matteo Cizzo, verfaßt als Antwort auf die ihm vom Inquisitionstribunal Venedig schriftlich gestellten Fragen, zit. oben, Anm. 31). Um den Sinn dieses Geständnisses zu begreifen, muß man sich vergegenwärtigen, daß Matteo Cizzo nicht nur vorgeworfen wurde, daß er die *Colloquia* in der Schule gelesen habe, sondern auch, daß er sie seine Schüler habe kaufen lassen.

[39] Text des Widerrufs des Matteo Cizzo, datiert vom 11. April 1559.

[40] *ASD* I³, S. 495-536. Zu Mt 15, 11 vgl. ebd., S. 502, ll. 235f.

"Manducate quae opponuntur vobis" (Lk 10,8).[41] So aus dem Zusammenhang gerissen, kamen diese Bibelstellen einer Ablehnung der traditionellen Fastenordnung gleich.

Weil er die erwähnten Auffassungen sowie einige andere, die eindeutig protestantischen Ursprungs sind (etwa, daß Gott die Menschen "unabhängig von unserem freien Willen und unseren Werken" errette), vertreten hatte, wurde Matteo Cizzo vom Inquisitionsgericht Venedig dazu verurteilt, öffentlich abzuschwören, und zwar "in der größten Kirche von Arbe während des Hochamts und in Anwesenheit der Gemeinde ... am Sonntag oder an einem anderen feierlichen Festtag". Die Demütigung, das gelbe Ketzergewand anlegen zu müssen, wurde ihm erspart; jedoch untersagte man ihm die Ausübung der Lehrtätigkeit.[42]

Schon während des Prozesses hatte die Aussicht auf ein solches Verbot den Lehrer gequält. Mit tränenerstickter Stimme hatte er die Richter beschworen, an seine "arme Familie" zu denken, "die Frau und fünf heiratsfähige Mädchen im Alter über zwanzig", die dringend Mitgift benötigten, und zwei Söhne: "und alle leben von meiner Arbeit und würden, wenn ich diese verlöre, Hungers sterben und zugrunde gehen."[43] Das Urteil vom 11. April 1559 ließ diese Befürchtungen konkret werden. Aber schon elf Monate danach begab sich Matteo Cizzo persönlich nach Venedig, um bei Gericht das Bittgesuch zu stellen, seine Schule wieder eröffnen zu dürfen, damit er "in diesen so unglücklichen Zeiten ... mit dem Gehalt ... sich und seine vielköpfige Familie ernähren könne".[44] Für derartige Argumente war das Inquisitionsgericht im allgemeinen sehr empfänglich. Am 7. März 1560 erging der Beschluß, daß der Lehrer Cizzo den Unterricht wiederaufnehmen könne — mit einer Einschränkung: Er dürfe "weder Bibelunterricht geben, noch in irgendeiner Form religiöse Fragen behandeln, noch mit irgendjemandem über diese sprechen oder diskutieren, *sub pena relapsi*".

IV

Welchen Einfluß übte der an Erasmus orientierte Unterricht eines Lehrers wie Matteo Cizzo auf die Schüler aus? Da keiner der Schüler, die der Lehrer im Geiste der *Colloquia* erzog, als Zeuge in seinem Prozeß auftrat, kann uns das Dokument, auf das wir uns im vorhergehenden Abschnitt gestützt haben,

---

[41] ASV, Fasz. 5, Akte *Matteo Cizzo*, Verhör vom 13. März 1558 (in Wirklichkeit 1559). Der zitierte Satz steht in Lk 10, 8. Dazu siehe die Aussage des Kanonikers Nicolò Colich vom 22. Juli 1558.

[42] Ebd., Urteil gegen Matteo Cizzo, datiert vom 11. April 1559.

[43] Ebd., Verhör des Matteo Cizzo vom 7. März 1559.

[44] Ebd., undatierter Brief des Matteo Cizzo an das Inquisitionsgericht (*inc.* Reverendi et clarissimi signori, *expl.* quanto so et posso raccomando) und Brief des Syndicus der Gemeinde von Arbe an die weltlichen Mitglieder ("Tre savi sopra l'eresia") desselben Gerichts, datierend vom 15. Februar 1560.

keine Antwort auf diese Frage geben. Dieser Mangel läßt sich aber teilweise dank der Unterlagen zweier späterer Prozesse beheben, in denen die Angeklagten einige ihrer "Ketzereien" auf den Schulunterricht zurückführten.

Der Lehrer des einen Angeklagten (Girolamo Parto) war der in Venedig ansässige Geistliche Piero Siculo, der *su le fondamenta di San Giovanni Laterano* Schule hielt; später wurde er Pfarrer der Kirche San Lio. Seine Lateinschüler ließ Pre Piero ein Gedicht mit dem Titel *De vero cultu Dei* auswendig lernen. Da der Schüler, der uns den Wortlaut dieses Gedichts überliefert, es im Alter von acht Jahren gelernt hatte, muß es sich dabei um einen der ersten — wenn nicht den allerersten — der lateinischen Texte gehandelt haben, die der Geistliche im Unterricht heranzog. Dem Schüler Girolamo Parto prägten sich die Verse unauslöschlich ein. Noch nach Jahrzehnten waren sie ihm vertraut "wie das Vaterunser", "wie das Ave-Maria"; auch in Momenten starker innerer Erregung konnte er sie Wort für Wort rezitieren. Der ehemalige Zögling von Pre Piero, inzwischen Notar geworden, verwahrte in einer Kassette, in der er die von ihm redigierten Testamente verschlossen hielt, eine schöne Abschrift dieses Gedichts, um sich vor jedem möglichen Verlust seines geistigen Schatzes zu schützen. Die Bedeutung eines solchen Details entging dem Inquisitionsrichter nicht: Das Gedicht aus seiner Schulzeit war offenbar für den Notar ebenso wertvoll wie die vertraulichsten Dokumente und bestgehüteten Geheimnisse seines Berufs.[45]

Der Inquisitor hatte intuitiv die Wahrheit erkannt. Diese Verse waren für den Notar Girolamo Parto weit mehr als eine Kindheitserinnerung. Sie drückten sein Glaubensbekenntnis aus, in ihnen spiegelte sich seine religiöse Identität wider, die bereits 1553 durch einen Ketzerprozeß und eine *Abiuratio* in Frage gestellt worden war. Parto, der sich vor Gericht außergewöhnlich verstockt zeigte und sich hinter einer undurchdringlichen Mauer aus "ich weiß nicht", "ich erinnere mich nicht", "es könnte so oder so sein", "es ist mir entfallen" verschanzte, wurde mit einem Mal mitteilsam, als man ihn aufforderte, jene Verse zu rezitieren und zu übersetzen, die ihm einst als Kind Gottes Gegenwart geoffenbart hatten.

> Ah, genus infoelix, quid mortua templa frequentas?
> Quid gelidis infers oscula imaginibus?
> Ingredere in te ipsum, quoties vis templa videre:
> Nos et imago sumus vivaque templa Dei.
> Nos habitat, non saxa Deus, non ligna, nec aera.
> Spiritus in nobis qui viget, ampla facit.
> ...
> Non habitat templis manuum molimine factis
> Omnipotens, aedes aurea verus homo.

---

[45] ASV, Fasz. 37, Akte *Contra Hieronimo Parto nodaro* (1572) *et Ioannem Baptistam Michael fratrem eius uterinum*, fol. 12^v, 13^r.

(Unglückliches Geschlecht, wozu suchst du tote Tempel auf,
Wozu drückst du Küsse auf kalte Bilder?
Halte Einkehr bei dir selbst, wenn du in den Tempel willst:
Wir sind das Ebenbild und das lebendige Tempel Gottes.
In uns wohnt Gott, nicht in Stein, in Holz oder Bronze:
Wunderbar wirkt in uns die Kraft des Geistes.
...
Nicht in den mit der Hände Fleiß errichteten Tempeln
Wohnt der Allmächtige: Sein goldner Tempel ist der wahre Mensch).[46]

Parto erklärte, daß er diese Verse, die ihn ein katholischer Priester gelehrt hatte, "für katholisch und für gut" gehalten habe; von jedermann, dem er sie gezeigt habe, sei er darin bestätigt worden, daß sie "katholisch" seien.[47] Der venezianische Inquisitor ging jedoch nicht auf diese versteckte Einladung zu einer theologischen Diskussion ein. Ihm lag an der Feststellung von Tatsachen und nicht an einem Disput über Verse, die in seinem Ohr unbestreitbar ketzerisch klangen. Und Tatsache war, daß der Notar Girolamo Parto sich 1567 an der Abfassung eines von seinem Stiefbruder, dem Notar und Gerichtsschreiber Giovan Battista Michiel, erdachten anonymen Briefes beteiligt hatte. In dieser an einen Zölestiner gerichteten Schrift wurde die Heiligen- und Bilderverehrung als "furchtbare Gotteslästerung", und "Abscheulichkeit" bezeichnet. Die "Wahrheit des Evangeliums" lehre hingegen das *beneficium Christi*, die "allein durch Christi Barmherzigkeit und Erbarmen" bewirkte Erlösung.[48] Parto hatte seinem Bruder empfohlen, zur Stützung dieser These das Gedicht *De vero cultu Dei* zu zitieren, das er dem heiligen Kirchenvater Athanasius zuschrieb. Hinter dieser fiktiven Attribution verbirgt sich ein bisher nicht identifizierter Autor. Man kann allerdings in der Aufnahme des paulinischen Vergleichs des Menschen mit einem Tempel — im Sinne einer Gegenüberstellung von äußerlicher und innerlicher Frömmigkeit — der Einfluß des Erasmus vermuten. "Wenn du zu Christus gehen willst", so hatte Erasmus in dem in Italien wahrscheinlich meistgelesenen seiner religiösen Texte geschrieben, "so laß dich nicht von den Stimmen 'Schau, Christus ist hier auf dem Feld', 'schau, er ist hier in der Stadt' leiten. Das Reich Gottes ist nämlich in euch. Wenn du zu Christus gehen willst, so brich zu dir selbst auf."[49]

---

[46] Das Gedicht ist auf einem separaten, unpaginierten Blatt geschrieben, das der Akte *Contra Hieronimo Parto* beigelegt ist. Diesem Gedicht folgt auf demselben Blatt ein in Versen formuliertes *Symbolum apostolorum*, in dem jedem Apostel ein Satz des Glaubensbekenntnisses zugeschrieben wird.
[47] ASV, Fasz. 37, *Contra Hieronimo Parto*, fol. 13ʳ.
[48] Die beiden Briefe an den Zölestiner liegen im Original der Akte *Hieronimo Parto* bei. Die im Text zitierten Verse sind Bestandteil des zweiten Briefs, elf Blätter mit gesonderter Seitenzählung (*inc.* S'io havessi creduto, *expl.* l'istesso Filemone Tracio, fol. 6ʳ.
[49] *LB* VI, fol. 2ᵛ: "Non est quod emetiaris freta, non est quod ignotas adeas regiones: adest paratum Dei verbum in ore tuo, et in corde tuo. Non est cur te moveant hae voces 'Ecce hic Christus in agro, ecce hic in civitate', siquidem regnum Dei intra vos est. Si vis ad Christum

Der andere Lehrer, von dem wir indirekt durch die Erinnerung eines seiner Schüler Kenntnis haben, hieß Sebastiano Rossi (de Rubeis) und lebte in Castelfranco im Veneto. Der Schüler, der uns den Namen seines Lehrers überlieferte, hatte dessen Unterricht wahrscheinlich zwischen 1530 und 1540 besucht. Die Kinder lehrte Sebastiano Rossi eine Formel des Sündenbekenntnisses vor Gott, die sich wie folgt übersetzen läßt: "Jesus, allmächtiger Herr, ich bekenne vor Dir die schwere Sünde des Hochmuts [und alle anderen Todsünden]; daher bitte ich Dich, Jesus, allmächtiger Herr, um Vergebung meiner Sünden, nicht weil ich es verdiente, sondern um Deines Leidens willen."[50] Es ist zu vermuten, daß hier in der pädagogischen Praxis das von Erasmus in dem Gespräch *Pietas puerilis* entwickelte Modell des inneren Bekenntnisses zur Anwendung gekommen ist.[51] Der Notar und Gerichtsschreiber Nicolò Guidozzi, der diese Beichtformel als Schüler von Sebastiano Rossi gelernt hatte, zog daraus die Schlußfolgerung, daß es genüge, sich vor Gott zu bekennen, und das Bußsakrament somit überflüssig sei.

V

Der im folgenden dargestellte Fall führt uns zurück in die nördliche Adriaregion, ein Gebiet also, in dem unsere Untersuchung schon einige Anhaltspunkte gefunden hat. In den Quellen aus Istrien und Dalmatien kommen besonders häufig Lehrer vor, die "unter dem Anschein, Grammatik zu lehren, Häresie lehrten". Beispielsweise stand in Triest — zur Zeit des Episkopats von Pietro Bonomo — der aus Pirano stammende Humanist Antonio Petronio im Ruf, die Schüler der öffentlichen Schule in "lutherischen" Lehren zu unterweisen.[52] Von der dalmatinischen Insel Veglia erreichte den Inquisitor von Venedig 1559 ein Brief des Bischofs Alberto Duimi, in dem dieser einen dortigen "Lehrer der Kinder" namens Nicolò Zottini anzeigte, der unter den Ungebildeten Häresien verbreite, indem er ihnen bei geheimen Zusammenkünften aus der Heiligen Schrift und Büchern von Bernardino Ochino vorlese.[53] In Muggia waren die Ausgabe des Neuen Testaments von Erasmus und andere als häretisch eingestufte Bücher in der

---

accedere, fac accedas ad te ipsum". In italienischer Übersetzung findet sich diese Stelle in *Epistola esortatoria d'Erasmo*, in *Prima parte del Nuovo Testamento, ne la qual si contengono i quattro evangelisti* ..., Venedig, al segno de la Speranza, 1545, fol. 3ʳ (vgl. S. 77-79 und Anm. 11-14).

[50] ASV, Fasz. 40, Akte *Nicolaus Guidotus de Castello Franco*, Teil der Akte *Nicolò Guidozzo* (1575-76), fol. 34ʳᵛ. Zum Zeitpunkt des venezianischen Prozesses (1576) war Nicolò Guidozzo 53 Jahre alt (fol. 26ᵛ). Seine Schulzeit läßt sich also zwischen 1530 (7 Jahre) und 1540 (17 Jahre) ansetzen.

[51] *ASD* I³, S. 177f.

[52] Vinay, *Riforma*, S. 358.

[53] ASV, Fasz. 9, Akte 3, *Bernardino Prandino, Nicolò Zottino, fra Benedetto Quinzano*.

Schule des Augustinereremiten Paolo da Castiglione — mit seiner Duldung — bis 1575 ungestraft in Gebrauch.[54]

Leonardo Giardino, der im Mittelpunkt dieses Abschnitts stehen soll, bekleidete das Amt des Schullehrers auf der dalmatinischen Insel Pago zu eben der Zeit, als Matteo Cizzo auf der Nachbarinsel Arbe als Lehrer tätig war. Giardino war 1535 von der Gemeinde Pago als Lehrer angestellt worden und hatte dieses Amt auf der kleinen Adriainsel — mit einigen Jahren Unterbrechung — bis 1564 inne, als er wegen Häresie beim Inquisitionsgericht Venedig angezeigt wurde. Die Solidarität, die eine Reihe angesehener Bürger von Pago unter diesen Umständen ihm gegenüber zeigte, läßt vermuten, daß dieser Zwischenfall nicht das Ende seiner Lehrtätigkeit auf der Insel bedeutete.[55]

Im Bildungsgang des Lehrers von Pago waren die *Colloquia* von entscheidender Bedeutung gewesen. Diese Schlußfolgerung ergibt sich aus einer von Giardino verfaßten Dichtung in Dialogform, deren handschriftliche Fassung zu den Anlagen seiner Inquisitionsakte genommen wurde.[56] Daß der erste Sprecher im Dialog Erasmus heißt, kann als Indiz für die literarische Prägung des Autors betrachtet werden; doch auch ohne Erwähnung dieses Namens würde die Orientierung am Vorbild des holländischen Humanisten aus dem Inhalt deutlich werden.

Das Gespräch entwickelt sich aus einer zufälligen Begegnung von Erasmus mit Sebastianus; später gesellt sich ihnen ein dritter Gesprächspartner, Ermolaus, hinzu. Obwohl in der Unterhaltung weder Daten noch historische Namen explizit genannt werden, ergibt sich aus der Vernetzung der verschiedenen Anspielungen auf politische und religiöse Ereignisse eine zeitliche Zuordnung des Gesprächs auf die ersten Jahre des Pontifikats von Paul III.; wahrscheinlich ist es im Jahre 1535 anzusiedeln.[57] Sebastianus bittet Erasmus, der sich auf dem Weg von England nach Rom befindet, um Auskunft zu einigen aktuellen Fragen. Als erstes sprechen die beiden

---

[54] ASV, Fasz. 39, Akte *Fra Rinaldo da Firenze*. Der Augustinereremit Paolo da Castiglione wird in diesem Dokument als die Person genannt, die Anzeige erstattet. Aus der Quellenanalyse ergibt sich, daß seine Anzeige ein defensiver Akt war, zu dem er Zuflucht nahm, um einer eventuellen Anzeige des Franziskaners Rinaldo da Firenze gegen seine Person zuvorzukommen. Zum Neuen Testament von Erasmus erklärte Paolo da Castiglione folgendes: "Mi ricordo haver veduto in schola il Testamento Novo di Erasmo, venuto, per quanto si diceva, dalla casa di messer Ambrosio Vittore. E benché dicessi agli miei scholari che era prohibito, non però glielo tolsi, per dargli ansa et libertà non le portassono degli altri, acciò con destrezza potessi venir in cognition chi in Mugla havesse libri prohibiti". Unter den anderen Büchern, mit denen der zwielichtige Augustiner in Kontakt gekommen war, befanden sich Werke von Luther, Calvin, Melanchthon (*Rhetorica*) und das *Beneficio di Cristo*.

[55] ASV, Fasz. 20, Akte *Contra Leonardum Iardinum pedagogum*.

[56] Der Dialog besteht aus 4 unpaginierten Seiten (*inc.* Erasmus, Sebastianus, *expl.* Leonardus Iardinus ex Luiaco oriundus).

[57] In dem Dialog wird der Herzog von Mailand als noch lebend erwähnt. Da der letzte Herzog, Francesco Sforza, am 1. November 1535 starb, kann dieses Datum als *terminus ante quem* der Abfassung des Werks betrachtet werden.

Freunde über die Person des amtierenden Papstes sowie über die Autorität seiner Bullen (Sebastianus gibt zu bedenken, daß im Evangelium keine Rede von Bullen sei) und wenden sich dann der Person seines Vorgängers auf dem päpstlichen Stuhl zu. Das Urteil von Sebastianus über diesen Papst — es handelt sich um Clemens VII. — fällt sehr hart aus: Der Krieg, mit dem er die eigene Heimat überzog (Anspielung auf den Krieg von 1529-30 und das Ende der Republik Florenz), wird ebenso beklagt wie die blutdürstige Grausamkeit, die er nach dem Fall der Stadt den eigenen Mitbürgern gegenüber an den Tag legte. Diese Grausamkeit rechtfertigt den Vergleich Clemens VII. mit Catilina und Cäsar, die Verderbtheit seines Privatlebens den mit Sardanapal. Danach wendet man sich anderen Gesprächsthemen zu: dem von Rom geplanten Konzil und den Kriegsvorbereitungen gegen die Türken. Während Sebastianus die Meinung äußert, daß die christliche Ethik jede Form der Gewalt gegen Juden und Ungläubige ausschließe,[58] vertritt Erasmus die Auffassung, daß die Türken Jerusalem, das Gelobte Land, das von Rechts wegen Abraham und seinen Nachkommen zustehe, also — wenn wir Paulus folgen wollen — den Christen, zu Unrecht in Besitz hätten. Unter Berufung auf diesen Anspruch ist Erasmus bereit, den Krieg gegen die Türken als legitim und ehrenvoll zu betrachten, unter der Voraussetzung allerdings, daß er nicht zu jenem Kriegstaumel aus "Räubereien, Greueltaten, Plünderungen, Verheerungen, Bedrängnissen, Verwüstungen der Felder, Zerstörungen von Städten und Burgen, Drangsalen, Betrügereien, Täuschungen, Entmachtungen, Schmerzensschreien von Kindern, Wehklagen von Witwen, Schändungen von Mädchen"[59] entarte, der den Menschen seiner Zeit nur allzugut bekannt war. Als mögliche Kriegsherren im Kampf gegen die Türken werden der König von Frankreich (dessen Allianz mit dem Sultan mißbilligt wird), der König von England (dem man seinen Umgang mit dem Sakrament der Ehe sowie die eingeleitete Verfolgung des Erzbischofs Fisher zum Vorwurf macht) und die Republik Venedig genannt. Das Gespräch schließt mit einer Lobrede auf Bartolomeo Bembo, damals *Conte* von Pago — also venezianischer Gouverneur — und vermutlicher Gönner des Autors.

Mit der Verflechtung von politisch aktuellen Themen, humanistischem Bildungsgut und Erörterung religiöser Fragen, die den von Giardino verfaßten Dialog charakterisiert, wird die erfolgreiche Konzeption der *Colloquia* von Erasmus getreu nachgeahmt. Sprache und Stil von Leonardo Giardino weisen jedoch starke Eigentümlichkeiten auf. Giardino schreibt in einem so sonderbaren, die Grammatik mißachtenden Latein, daß die Interpretation seines Textes stark von den intuitiven Fähigkeiten des Lesers abhängt. Der Inhalt der Schrift läßt uns allerdings erkennen, daß dieser schwache Latinist für seine intellektuelle Betätigung keinerlei Grenzen sah.

---

[58] "Christiana lege ne iudeis vel paganis nulla posit fieri violentia cavetur".
[59] Ähnlich beschreibt Erasmus die Auswirkungen des Kriegs in *Dulce bellum inexpertis*, in *Adagia*, S. 204-213.

Das auffälligste Merkmal des literarischen Textes, dessen Inhalt wir kurz dargestellt haben, ist eben jene Diskrepanz zwischen der tatsächlichen Ausdrucksfähigkeit und dem intellektuellen Anspruch seines Verfassers, der sich mutig auf Fragen der antiken wie der zeitgenössischen Kultur einläßt, sich an die Definition heikelster theologischer Probleme heranwagt (z.B. die Trinitäts-Frage), sich zum unerschrockenen Richter der Mächtigen aufschwingt, ohne daß seine sprachlichen Unzulänglichkeiten ihn davon abhalten könnten. Haben wir es mit einem Fall literarischer Hochstapelei zu tun, ausgelöst durch die Lektüre der Schriften von Erasmus?

Eine solche Schlußfolgerung würde meines Erachtens dem historischen Wert eines derartigen Dokuments nicht voll gerecht. Der bizarre Text muß wohl als Ergebnis der literarischen Bemühungen eines Mannes betrachtet werden, der im Lateinischen ganz oder teilweise Autodidakt war. Der Fall Giardino steht folglich in Zusammenhang mit der in Kapitel 15 erläuterten These, daß mit der Verbreitung der Lehrbücher und pädagogischen Schriften von Erasmus in Italien der Bildungsbereich ausgeweitet und der Zugang von bis dahin ausgegrenzten Schichten zur humanistischen Bildung gefördert worden sei.[60]

In Anbetracht der Bedeutung, die in einem späteren Teil unserer Untersuchung (14. Kapitel) den Juristen zukommen wird, ist von Interesse zu vermerken, daß Leonardo Giardino gelegentlich auch als Advokat tätig war und somit zwei Berufe, den des Pädagogen und den des Juristen, in seiner Person vereinigte. In seiner Eigenschaft als Advokat trat Giardino einmal in einer Erbschaftsangelegenheit vor dem unter Vorsitz des Gouverneurs tagenden Gericht auf. Ein Einwohner der Insel Pago hatte seinem Gemeindepfarrer eine beträchtliche Summe testamentarisch vermacht, die dieser dafür verwenden sollte, vier Zyklen der Gregormessen für die Seele des Verstorbenen zu lesen. Als Vertreter der gesetzlichen Erben focht Giardino diese Klausel mit der Argumentation an, daß sich der Priester — der "wie gewöhnlich" das Testament abgefaßt hatte — von Rechts wegen nicht selbst begünstigen könne. Im Bekanntenkreis machte er zu diesem Gerichtsfall später "unter spöttischem Gelächter" folgende Bemerkung: "Dieser heilige Gregor hat mit seinen Messen reichlich zu tun."[61]

Solches sporadisches Aufflackern eines ironischen Geistes war für einen Priester in Pago, Pietro Carletta, Grund genug, den Lehrer beim Inquisitionsgericht Venedig anzuzeigen. Leonardo Giardino kam mit der *purgatio canonica* davon.

---

[60] Vgl. S. 418f.
[61] Andere ironische Bemerkungen von Leonardo Giardino gaben Anlaß zu Beschuldigungen und Verdächtigungen, beispielsweise der Satz "Io non trovo maggiore né altro purgatorio eccetto haver qualch'uno in casa tre o quattro fioli et non haverli da darli a mangiar", oder das Wortspiel, in dem er päpstliche Bullen ("bolle") mit Possen ("burle") verglich. Beunruhigt warnte ihn der Vikar des Inquisitors: "Per manco di questo tu puoi esser castigato".

VI

Mochte die kirchenkritische Haltung von Leonardo Giardino im Rahmen dessen bleiben, was man, zumindest in Dalmatien, einem "guten Christen" zubilligte, so stand dagegen hinter den Ansichten, die der Lehrer für Schreiben und Rechnen Paolo Cataldi in Siena propagierte, eine häretische Konzeption.[62] Cataldi war 1558 von Cornelio und Camillo Sozzini in seiner Vaterstadt Bologna angeworben und nach Siena geholt worden, wo er sich an der Kampagne zur Verbreitung protestantismusnahen Gedankenguts in Siena und Umgebung beteiligen sollte, mit deren Organisation die theologisch an der Genfer Reformation orientierten Brüder von Lelio Sozzini begonnen hatten. Nach einer etwa einjährigen Phase der Glaubensschulung, die teilweise auf dem Landgut der Sozzini in Scopeto erfolgt war, hatte sich Cataldi als Lehrer in Siena niedergelassen. Er nutzte den Zugang, den seine pädagogische Tätigkeit ihm bis in den privaten Bereich der Familien hinein eröffnete, dazu, religiös aufrührerische Ideen in Umlauf zu bringen. Zeugin dieser Aktionen war die Witwe Porzia Venturi, in deren Haus Cataldi während der Fastenzeit des Jahres 1560 verkehrte. Aus den Reden des Lehrers blieben Porzia Venturi hauptsächlich die negativen Sätze in Erinnerung: daß die Gewalt, die Christus dem hl. Petrus verliehen habe, nicht auf die Nachfolger Petri übergegangen sei und damit Ablässe völlig wertlos seien; daß Leib und Blut Christi in Brot und Wein nicht real präsent seien, sondern die Kommunion nur ein symbolisches Gedenken seines Leidens und Sterbens darstelle; daß man nur Gott und nicht dem Priester beichten dürfe.[63] Auch Andromola Ricci, eine weitere Gesprächspartnerin Cataldis, verkürzte die Ausführungen des Lehrers auf eine Reihe schematisierter und ausnahmslos destruktiver Formeln.[64]

Unter den wenigen theologischen Büchern, die der Lehrer besaß, befand sich das *Handbüchlein des christlichen Streiters* in der Übersetzung von Emilio dei Migli. Dieser Band erhielt in dem 1559 vom Inquisitor von Siena gegen Paolo Cataldi eingeleiteten Inquisitionsverfahren eine besondere Bedeutung. Folgt man der Anklageschrift, so hat das *Handbüchlein des christlichen Streiters* — neben zwei weiteren, nicht spezifizierten Büchern — Paolo Cataldi als Brevier irriger Sätze gedient, in dem er alle möglichen "ketzerischen Meinungen und Irrlehren" versammelt fand und zu dem er deshalb griff, wenn er Anregungen für die Indoktrination seiner Zuhörer suchte.[65] Aus dem Verhörsprotokoll ergibt sich mit aller Deutlichkeit, daß

---

[62] ASS, Notarile antecosimiano 2776, Akte *Processus contra magistrum Paullum de Cataldis boloniensem* (vgl. Marchetti, *Gruppi senesi*, S. 211-227).
[63] ASS, Notarile antecosimiano 2776, Akte *Contra P.aullum de Cataldis*, fol. 3ʳ.
[64] Ebd., fol. 11ʳᵛ
[65] Ebd., fol. 19ᵛ. Vgl. auch fol. 6ᵛ, Verhör vom 20. Juli 1560: "Apresso di me non ci ò altro [libro] di Sacra Scrittura si no uno Inchiridion di Erasmo vulgare, se ben mi ricordo, e uno altro tratatello di Sacra Scrittura".

neben dem Vertreter der Anklage der Inquisitor selbst der Schrift des Erasmus große Beachtung schenkte. Seiner Meinung nach konnte der Angeklagte nicht bei seiner Haltung bleiben, systematisch alle Beschuldigungen abzustreiten, da man doch das *Enchiridion* bei ihm gefunden habe — wenn Cataldi "keine irrigen Glaubensmeinungen habe, warum habe er dann das *Enchiridion* von Erasmus und andere verdächtige, ketzerische und beanstandete Bücher besessen?".[66]

Bei dem Versuch zu verstehen, in welchem Zusammenhang die besonnene Religionskritik des *Enchiridion* mit den aggressiv-kirchenfeindlichen Äußerungen stand, die Porzia Venturi und Andromola Ricci dem Lehrer aus Bologna zuschrieben, kommen uns die Zeugenaussagen zweier Jungen zu Hilfe, die als Schüler von Paolo Cataldi vernommen wurden. Wacher und aufnahmebereiter als ihre vielleicht von dem Schwarzweißdenken der damaligen Zeit konditionierten Mütter, registrierten Giulio (Sohn von Porzia Venturi) und Marcello (Sohn von Andromola Ricci) eher die Spezifika in den Äußerungen des Lehrers, die ihren Müttern entgingen. Giulio Venturi erinnerte sich, daß Cataldi gesagt habe, "so viele Figuren und Bilder von Christus und den Heiligen in den Kirchen und Häusern seien nicht notwendig, weil es allein ausreiche, Christus im Herzen zu haben";[67] Marcello Ricci war ein Ausspruch seines Lehrers gegenwärtig, in dem es hieß, "man dürfe nicht an die Kirche glauben, weil sie Mauer sei und daher nichts gelte".[68] In den hier Cataldi zugeschriebenen Äußerungen läßt sich — im ersten Fall deutlicher als im zweiten — der theologische Kerngedanke des *Enchiridion* wiederentdecken, nämlich die Gegenüberstellung von "Fleischlichkeit", also veräußerlichter, objektgebundener Frömmigkeit, und freier, alldurchdringender Pietät.

Aber auch in Siena, wie schon in Modena und Arbe, erleben wir, daß sich im Rezeptionsprozeß Abweichungen von der ursprünglichen Aussage des Erasmus einstellen. Maßvoll und unaufdringlich hatte Erasmus sich an seinen Leser gewandt: "Du achtest und verehrst das Bild des Antlitzes Christi, in Stein gehauen, oder aus Holz, oder gemalt; viel frömmer noch muß das Bild seines Geistes verehrt werden, dessen Ausdruck die Bücher des Evangeliums sind ... Du glaubst, daß ein Splitter von seinem Kreuz auf dem Altar von großem Wert sei; aber nichts ist dies verglichen damit, das

---

[66] Die anderen Bücher, die Paolo Cataldi besaß (*Contra Paullum de Cataldis*, fol. 7ʳ-8ʳ, Verhör vom 20. Juli 1560), waren: 1. ein anonymer *Tractatelo de la expositione che si ricerca a ricevere lo Spirito Santo*, 2. ein weiterer kleiner Traktat, ebenfalls anonym, mit dem Titel *Institutione del vivere christiano*, vielleicht eine italienische Übersetzung der *Institutio* von Calvin (zur Tarnung hatte Paolo Cataldi diese beiden Bücher unter einem Umschlag mit der Aufschrift *Exposition de santo Antonino* versteckt), 3. fünf handgeschriebene Werke über Magie, Astrologie, Nekromantie, voll von "caracteribus, signis et inmaginibus et nominibus incognitis".

[67] ASS, Notarile antecosimiano 2776, Akte *Contra Paullum de Cataldis*, fol. 4ʳ, Aussage vom 18. Juli 1560.

[68] Ebd., fol. 12ʳ.

Geheimnis des Kreuzes in Deinem Herzen zu tragen."[69] Verinnerlichte und zeremonielle Frömmigkeit erschienen hier als zwei unterschiedliche Grade der Religiosität: zwar wurde die erste über die zweite gestellt, doch auch letzterer ein propädeutischer Wert zuerkannt. Paolo Cataldi nun wich nicht nur vom Stil dieser Argumentation ab. Es sei unnötig, hatte er geäußert, in der Kirche oder im Haus Bilder von Christus zu haben; es genüge, Christus im Herzen zu tragen. So verstanden, wandelte sich das von Erasmus gemeinte Verhältnis gradualer Verschiedenheit (vollkommen — unvollkommen) tendenziell in ein antagonistisches (essentiell — überflüssig, wahrheitsgetreu — illusorisch). Die Zuhörer von Paolo Cataldi führten von sich aus diese inhaltliche Veränderung zu Ende, indem sie aus seinen Äußerungen den Schluß zogen, daß es überflüssig sei, "in den Häusern Darstellungen Christi, der Madonna und der Heiligen zu haben und sie auf irgendeine Weise zu verehren".[70] Aus den Abtönungen der Darstellung bei Erasmus war Schwarzweißmalerei geworden.

VII

In der im Friaul gelegenen Kleinstadt Portogruaro bekleidete um das Jahr 1555 der Geistliche Leonardo da Grizzo das Amt des Schullehrers. Nach Ende der Lektion pflegte er mit seinen Schülern noch Gespräche zu führen, in denen auch von Erasmus die Rede war. Dem Humanisten aus Rotterdam schrieb Pre Leonardo die Lehrmeinung zu, "daß die alten Römer, die die Standbilder von Jupiter, Mars und andere Götter verehrten, damit nicht abergläubisch handelten, weil sie nicht diese Statuen anbeteten, sondern über sie Gott verehrten".[71] Der Lehrer führte dazu aus, er habe diese Lehre einem Vorwort des Erasmus zu einem Werk Ciceros entnommen, bei dem es sich vielleicht — aber dessen war sich Pre Leonardo nicht sicher — um den Traktat *De natura Deorum* handelte.[72]

---

[69] *Enchiridion*, Hrsg. Holborn, S. 75, ll. 14-17, ll. 29-31.
[70] ASS, Notarile antecosimiano 2776, Akte *Contra Paullum de Cataldis*, fol. 15ᵛ.
[71] ASV, Fasz. 14, Akte *Costantino Cato, Tommaso della Torre, Giovanni Agostini u.a.*, Memoriale di alcuni heretici essistenti in Portogruaro. In diesem Schriftstück, verfaßt von Francesco Panigai und datiert vom 1. Mai 1559, wird die oben zitierte Lehre Alfonso della Torre zugeschrieben; aus dessen Aussage vom 29. Juli 1559 geht jedoch hervor, daß Pre Leonardo da Grizzo sie verbreitet hatte: "Già da tre o quattro anni fa, andando a scola, se raccorda haver sentito da un suo maestro di scola, chiamato pre' Leonardo da Griccio, maestro de scola di Portogruaro, ragionar dopo le lettion lette di tal materie de quella adoration [*scil.* l'adoratione de quelli antiqui romani et pagani fatta a l'idoli], et che lui diceva che quelle statue che adoravano quelli antiqui le referivano a Dio, e secondo che Iddio è summa podestà, referivano a Dio tal adoration". Alfonso della Torre erklärte außerdem, "che quel maestro di scola che teneva questa opinione diceva haverla ritrovata nele opere di Herasmo, in una epistola, o in Cicerone, videlicet (?) De natura deorum, ma non in le opere di Cicerone, ma in una epistola nuncupatoria di Erasmo".
[72] Erasmus gab den Traktat *De officiis* von Cicero (zweimal, mit verschiedenen Vorworten) und die *Tusculanae* (mit Vorwort) heraus. In diesen Vorworten vertrat er die These vom natürlichen Christentum Ciceros (die er später in den *Colloquia* explizit darlegte). Vgl. Vallese,

Bei einem Schüler von Pre Leonardo namens Alfonso della Torre hinterließ diese angeblich von Erasmus stammende These, die von der Annahme einer von der Offenbarung unabhängigen, natürlichen Intuition des Göttlichen ausging und auf eine mögliche Errettung der Heiden hindeutete, einen dauerhaften Eindruck. In den Werken des Erasmus wird man aber vergeblich nach dieser Aussage suchen. Die These, daß sich hinter der Götzenverehrung des Altertums eine natürliche Intuition des Göttlichen verberge, ging auf Alberto Pio da Carpi zurück, der sie dem Erasmus bei einer fiktiven Debatte über die Bilderverehrung in den Mund gelegt hatte.[73]

Das von Pre Leonardo im Gespräch mit seinen Schülern skizzierte Erasmus-Bild hatte seinen Ursprung also nicht in den Schriften des Humanisten — bezeugt ist in Portogruaro die Existenz des *Handbüchleins des christlichen Streiters* und/oder der *Paraphrasen* zum Neuen Testament —,[74] sondern im Werk seines eifrigsten Gegners.

VIII

In Venedig wachte ein Bild des Erasmus, das in der Schule hing, über den Unterricht des Lehrers für Schreiben und Rechnen, Bartolomeo Fontana. Vielleicht wurde das Porträt auch Zeuge der Zusammenkünfte, zu denen sich hier bei dem Lehrer Fontana seine beiden jüngeren Kollegen Alvise Leoni und Andrea Giusti, der Buchhändler Prospero Danza und der Miniaturenmaler Francesco, ein seltsamer, seit Jahren dem Wetten verfallener Mann, einfanden.[75] Bei den Treffen muß es lebhaft zugegangen sein: wirre

---

Erasme et Cicéron.
[73] Pio, *In locos Erasmi retractandos*, fol. 104ʳE (cap. De imaginum cultu): "Si autem diceres iis rationibus pariter defendi posse morem gentium sua idola colentium, inquiens illos non simulacra ipsa coluisse, sed numen illud quod simulacris repraesentari intelligebant — nanque et nonnulli eorum, teste Augustino in enarratione psalmi nonagesimisexti, ita causam suam tuebantur 'Non ego illum lapidem colo, nec simulacrum quod est sine sensu nec animam habet, sed adoro quod video et servio ei quem non video, numini scilicet invisibili quod praesidet illi simulacro' — respondendum quaestionem hanc aliam esse et longe diversam ab illa, de qua quaerimus ...".
[74] ASV, Fasz. 14, Akte *Costantino Cato, Tommaso della Torre, Giovanni Agostini e altri*, Memoriale di alcuni heretici essistenti in Portogruaro (1559): "Già alquanti anni adietro io ho visto nel suo studio [di Panfilo della Frattina] un libro d'Erasmo intitolato Encomion militis christiani". Im Verhör vom 23. Juli 1559 gab Panfilo della Frattina diesbezüglich zu, ein Buch des Erasmus besessen zu haben; nach einer Verlegenheitspause behauptete er, dies Buch sei "le paraphrase sopra el Testamento Novo" gewesen.
[75] ASV, Fasz. 23, Akte *Contra Bartholomeum Fontana* (1568), *Aloysyem quondam Petri et Franciscum quondam Antonii miniatorem*, insbesondere fol. 2ʳ: "Referì Alvise fante del Santo Officio di esser andato di ordine del Santo Officio alla casa del sopradetto Bartholomeo Fontana et di haver ritrovato in una camera in casa sua un quadro dove è ritratto la testa di Herasmo. La qual testa referisse il reverendo padre inquisitore che il detto Bartholomeo era stato advertito a non tenerla, perchè era la effigie di un lutherano, et esso la soleva tener in schola". Bartolomeo Fontana behauptete, das Erasmus-Porträt gekauft zu haben, ohne zu wissen, wer die dargestellte Person sei, und es in der Schule "zum Schmuck" an die Wand gehängt zu haben (aus dem Zusammenhang geht jedoch klar hervor, daß er, was dieses Bild und seine

Hoffnungen auf einen Sieg der Hugenotten in Frankreich und Pläne einer Emigration in die "heilige Stadt" (Genf) wurden geäußert; man betrieb unsachgemäße Bibelkritik, schlug libertinistische Töne an (Gleichsetzung von Religion und Magie), bekannte sich auch zum Atheismus.[76] Einer aus dem Kreis, vielleicht Fontana selbst, muß die *Colloquia* von Erasmus gelesen haben; doch um das Jahr 1568 war von dieser Lektüre nichts weiter geblieben als eine unklare Vorstellung, halb literarische Reminiszenz, halb Lebenserinnerung.[77]

IX

Das in diesem Kapitel herangezogene Quellenmaterial der Inquisition ist wenig geeignet, den quantitativen Einfluß von Erasmus auf das italienische Schulleben darzustellen. Auch wenn wir zu den zwölf Schullehrern, die hier erwähnt wurden, die sechs weiteren hinzufügen, um die es in anderen Teilen dieser Arbeit geht,[78] bleibt die Zahl irrelevant. Denn die Verwendung der Schriften von Erasmus als Lehrbücher war ein weitverbreitetes Phänomen. Nach einem Zeugnis aus dem Jahre 1536 fand *De duplici copia verborum ac rerum*, jene meisterliche Abhandlung stilistischer Fragen, nunmehr überall in den Schulen Italiens Verwendung; und den begabteren Schülern empfahlen die Lehrer nachdrücklich, auch die *Adagia*, die *Colloquia*, die *Apophthegmata*, die *Parabolae* und den Traktat *De conscribendis epistolis* zu lesen.[79] 1525 bediente sich — wie ein Brief eines seiner Schüler aus Portogruaro bezeugt — der Geistliche Lucio Paolo Rosello im Lateinunterricht der *Parabole sive similia*.[80] Bücher von Erasmus lagen vermutlich

---

Aufbewahrung anging, log). Daß die Unterhaltungen zwischen Fontana und seinen Freunden häufig in der Schule stattfanden, ergibt sich aus fol. 4^v, 5^r, 12^r, 14^r. Zu Francesco *miniatore* vgl. fol. 23^v, 24^v, 35^r (in Wirklichkeit 25^r), 36^v-37^r (in Wirklichkeit 26^v-27^r). In Venedig konnte man offenbar Wetten darauf abschließen, welche Patrizier in den Gran Consiglio gewählt würden.

[76] Ebd., fol. 5^r, 13^r, 17^r-18^r, 16^r, 23^r; 3^v-4^r, 15^{rv}, 13^r, 7^r; 9^{rv}.

[77] Die Erzählung eines Reiseerlebnisses des Bartolomeo Fontana auf der Fahrt nach Compostela scheint den *Colloquia* des Erasmus entnommen zu sein. Auf den Straßen Galiziens hatte der Lehrer aus Venedig einen Deutschen namens Konrad kennengelernt, der ihm eine Lektion in erasmischer Religiosität erteilte. Nachdem der Deutsche erfahren hatte, daß sein Gesprächspartner unterwegs nach Santiago sei und wegen dieser Reise Eltern und Kinder, die seiner dringend bedurft hätten, zurückgelassen habe, erklärte er ihm, daß seine Wallfahrt Sünde sei. Den damals jungen Fontana beeindruckte dies um so mehr, als ihm jener Konrad als Zeichen tätiger Barmherzigkeit ein ansehnliches Almosen gab (ebd., fol. 9^{rv}). Diese Lebenserinnerung Fontanas findet in zwei *Colloquia* des Erasmus (*De votis temere susceptis* und *Peregrinatio religionis ergo*) so genaue Entsprechungen, daß die Frage berechtigt ist, ob Fontana dem Deutschen Konrad in der realen Welt — auf den Straßen von Galizien — oder in der Welt der Literatur — in den *Colloquia* von Erasmus — begegnet war.

[78] Vgl. S. 74-77 (Bertari), 302, 318f. (Trono), 354f. (Galicier), 364-371 (Groto), 379-383 (Paterno), 384f. (Mazza). Siehe auch S. 82 (Salato).

[79] *EE* XI, ep. 3002, S. 96, ll. 625-29.

[80] ASV, Fasz. 10, Akte *Lucio Paolo Rosello*, Brief des Flavius Elladius Rizatus an Rosello vom 27. Mai 1525: "Cuperem ut super hanc Erasmi parabolam declamationem componeres eamque [sic] ad me iret ut a me ipsa latino donaretur sermone moreque solito a te castigaretur.

auch dem Unterricht von Celio Calcagnini, Professor für Rhetorik in Ferrara, zugrunde. Er plante 1525 — erfüllt von dem Wunsch, den Ruhm "unseres Erasmus", "so verdient um die humanistischen Studien", zu fördern, und eingedenk des Werts der *Colloquia* als Instrument sittlich-religiöser Erneuerung — eine italienische Ausgabe dieses Werks.[81] Daß Marco Bevilacqua, der im Oktober 1525 den Widmungsbrief zu der ersten italienischen Ausgabe der *Colloquia* unterzeichnete,[82] Celio Calcagnini und seinem Drucker — bei dem es sich vermutlich um Nicolò di Aristotele handelte — zuvorkam, ist ein weiterer Beweis für die Aktualität von Erasmus als Lehrbuchautor in den späten zwanziger Jahren des Jahrhunderts.

Als sicher kann gelten, daß die Bücher von Erasmus auch in den Schulen Luccas gebraucht wurden. Die Aufsicht über den Lateinunterricht in den dortigen Schulen hatte zwischen 1546 und 1554 Aonio Paleario, einer der profiliertesten italienischen Erasmus-Anhänger. Unter seinen Mitarbeitern waren mindestens zwei Männer, die wir als Nutznießer der Lehr- und Pädagogikbücher von Erasmus betrachten können: der Lateinlehrer Antonio Bendinelli, in Modena unter der Anklage der Ketzerei eingekerkert, und der *lector grammaticarum* Bastiano Monsagrati, 1567 als Häretiker angezeigt.[83] Und da sich der Humanist Francesco Luisini aus Udine in seinen *Parerga* (1551) als hervorragender Kenner der *Adagia* und als ein — allerdings nicht bedingungsloser — Bewunderer der in ihnen entfalteten "beeindruckenden Gelehrsamkeit" erwies, kann der Gebrauch der didaktischen Werke des Erasmus in der von Luisini geleiteten öffentlichen Schule von Reggio Emilia als relativ wahrscheinlich gelten.[84]

Die Verwendung von Werken des Erasmus bei der Lehrtätigkeit, die Francesco Gentile aus Fermo mit anhaltendem Erfolg bis 1568 auf der Insel Kreta ausübte, ergibt sich aus der Zusammensetzung der Bibliotheken des Lehrers und seiner Schüler. Von diesen Bibliotheken haben wir infolge eines Inquisitionsverfahrens Kenntnis, das im Juni jenes Jahres gegen Gentile und

---

Parabola autem huiusmodi est: 'Ut ferrum si non utaris obducitur rubigine, sic animi vigor nisi negociis tractandis exerceas'" (*LB* I, Sp. 563C).

[81] Calcagnini, *Opera*, S. 116, 118, 126. Die Verbindung zwischen Calcagnini und Nicolò Zoppino ergibt sich ebenfalls aus den Briefen des Calcagnini, ebd., S. 133.

[82] Die Bezeichnung "Erstausgabe" wird gebraucht, weil die *Colloquia* eine von den *Familiarium colloquiorum formulae* verschiedene Entwicklungsphase des Werks widerspiegeln (vgl. hierzu die Einleitung von Léon-E. Halkin zur kritischen Ausgabe in *ASD* I³, S. 3-16, und Bierlaire, *Erasme et ses Colloques*, S. 31-83). Die *Familiarium colloquiorum formulae* waren schon 1522 in Venedig veröffentlicht worden. Von der venezianischen Ausgabe des Jahres 1525 ist m.W. nur ein einziges, beschädigtes Exemplar erhalten geblieben in BAV, Racc. gen. Neolatini VI 126. Dem Exemplar fehlt das Frontispiz. Das Colophon lautet: "Venetiis per Ioannem Antonium et fratres de Sabio, sumptibus vero Laurentii Lorii portesiensis, Anno MDXXV, mense Novemb."

[83] Vgl. S. 81 und Adorni Braccesi, *Scuole di Lucca*, S. 566, 573f., 579-82. Zu Bendinelli vgl. S. 145 und Berengo, *Lucca*, S. 271f. Zu Monsagrati vgl. Adorni Braccesi, *Giuliano da Dezza*, S. 127, Anm. 141.

[84] Luisini, *Parerga*, S. 37, 41-50.

zwei seiner ehemaligen Schüler, Manusso Marano und Giovanni Cassimati, eröffnet wurde.[85] Von ihren Büchern — bei einer vereinten Aktion zu Beginn des Verfahrens gemeinsam mit denen des Adligen Giovanni Querini beschlagnahmt — sind nur Sammelverzeichnisse erhalten geblieben, die uns keinen Aufschluß über die Zusammensetzung der persönlichen Bibliotheken geben. Doch wie die calvinistische Lehre, mit der sich die drei beschäftigten, eine gemeinsame Erfahrung war, so gingen auch die Bücher aus ihrem Privateigentum in der Praxis durch häufiges Verleihen und gemeinsame Lektüre in eine Bibliothek ein, die man gemeinschaftlich nennen kann. Es war eine humanistische Büchersammlung von europäischem Niveau, in der die Erasmus-Ausgabe des Neuen Testaments neben dem Koran stand, das *Encomium Moriae* (auf französisch) ebenso erschien wie die *Utopia* von Thomas Morus und die *Adagia* genauso ihren Platz hatten wie die Werke von Machiavelli (*Principe*, *Discorsi*) und Boccaccio. Nicht einmal Sebastian Castellio fehlte. Der Hang zum Außergewöhnlichen, das sichere Gefühl für Qualität und die Aufgeschlossenheit, von den drei Kretern und ihrem Schicksalsgenossen Giovanni Querini bei der Zusammenstellung ihrer Bibliotheken bewiesen, wirken sich zugunsten von Erasmus aus, dessen Namen die Listen der in Candia beschlagnahmten Bücher beherrscht — auch aufgrund der starken Präsenz seiner Ausgaben der Kirchenväter (Hieronymus, Ambrosius, Hilarius, Cyprianus, sogar Origenes in der prachtvollen Ausgabe von 1536).[86] Auf der Grundlage dieser Erhebung kann man die

---

[85] ASV, Fasz. 27, Akte *Emanuele Marà, Giovanni Cassimati, Francesco Gentile* (1568). Zu Gentile vgl. Stefanos Kaklamanis, Εἰδήσεις γιά τή διακίνηση τοῦ ἔντυπου δυτικοῦ βιβλίου στόν βενετοκρατούμενο Χάνδακα (μέσα ΙΣΤ' αἰῶνα), Kretika chronica, Bd. 23 (1986), S. 170f., Anm. 2.

[86] Die in der Anmerkung 85 zitierte Akte enthält vier verschiedene Listen von Büchern und Manuskripten, die durch den Vikar und den Weihbischof von Candia 1568 beschlagnahmt wurden. Zu vermuten ist, daß all diese Beschlagnahmungen mit der Anklage gegen die drei gebildeten Männer in Zusammenhang standen, zu deren Prozeßakten die Listen als Anlagen genommen wurden. Jedoch ist nur die erste Liste belegbar mit einem der drei Inquisiten aus Candia in Verbindung zu bringen, da sie den Titel *Inventario delli scritti et libri heretici ritrovati in mano di Manusso Marà* trägt (vgl. Kap. 8, S. 269-273). Die in dieser Liste aufgeführten Bücher wurden nach Venedig geschickt, als das dortige Tribunal für das Verfahren gegen Marano zuständig wurde. Die zweite Liste wurde dem Heiligen Offizium von Venedig am 5. April 1569 mit dieser Erklärung aus Candia zugesandt: "Gefunden haben wir auch diese [Bücher, außer denen von Marano, aufgeführt in der ersten Liste], die auf dem folgenden Blatt genannt werden, über die wir noch nicht weiter entscheiden wollten." Die kirchlichen Behörden von Candia erbaten die Stellungnahme ihrer venezianischen Kollegen "zu jedem dieser Bücher, Drucke und Scholien, verzeichnet in dieser unserer Liste", da sie sich der Praxis des venezianischen Offiziums anpassen wollten. Auf dieser zweiten Liste stehen die meisten Werke von Erasmus (9 von insgesamt 26 Titeln), mit einer bemerkenswerten Präsenz von Ausgaben der Kirchenväter (6). Die dritte Liste (*inc.* Stephano Doleto, *expl.* molte scritture et litere straciate), ohne irgendeine Art von Hinweis oder Kennzeichen, ist kulturgeschichtlich betrachtet die interessanteste, da sie — außer dem *Novum Testamentum*, den *Adagia* und dem *Encomium Moriae* von Erasmus — den Koran, die *Utopia* von Thomas Morus und die Werke von Machiavelli verzeichnet. Ich vermute, daß dies die Liste jener "Bücher verurteilter Autoren" war, von denen es in einem auf den 5. April 1569 datierten, nach Venedig gesandten Bericht

Vermutung wagen, daß Francesco Gentile sich, zumindest bis 1559, in seiner Schule in hohem Maße der Werke von Erasmus bediente.

Zum Erfolg von Erasmus in den Schulen trugen sicherlich auch seine italienischen Übersetzer bei, von denen die meisten Pädagogen waren. Von Stefano Penello (Übersetzer der Abhandlungen *De preparatione ad mortem* und *De pueris statim et liberaliter instituendis*) wissen wir, daß er Erzieher im Hause der Patrizierfamilie Grimaldi in Genua war.[87] Francesco Coccio (Übersetzer der *Institutio principis christiani*) arbeitete als Lehrer in einigen venezianischen Patrizierhäusern.[88] Pietro Lauro (Übersetzer der *Colloquia*)

---

des Vikars und des Bischofs von Candia hieß, man habe sie "in den Händen von verschiedenen der Ketzerei Verdächtigen gefunden" (vermutlich Gentile und Cassimati) und "verbrennen lassen". Die vierte Liste schließlich, die Werke von humanistischem Interesse verzeichnet — die Briefe von Cicero, die Komödien von Terenz, die Komödien von Aristophanes etc. — trägt folgenden Vermerk: "Am 23. Juni 1569 erhielt ich, Zorzi Marà, von Pre Batista, Schreiber der Heiligen Inquisition von Venedig, einen Koffer mit den aufgeführten Büchern ...". Man kann vermuten, daß auch die in dieser Liste verzeichneten Bücher Manusso Marano gehörten und anläßlich seines Prozesses nach Venedig geschickt worden waren, um dann, insofern es sich um erlaubte Bücher handelte, einem Mitglied seiner Familie zurückgegeben zu werden. Während also die in der ersten Liste aufgeführten Bücher mit Sicherheit Manusso Marano gehörten und auch die der vierten Liste vermutlich aus seiner Bibliothek stammten, mußte es sich bei den Büchern auf der zweiten und dritten Liste um Werke handeln, die im einen Fall verdächtig waren (was es angezeigt sein ließ, sich in Venedig zu informieren, wie man mit ihnen verfahren sollte) und im anderen verurteilt; Werke, die in den Bibliotheken der beiden Häretiker Francesco Gentile und Giovanni Cassimati sowie in der Bibliothek einer dritten Person, Giovanni Querini — der aber offenbar nicht schwer belastet war, da er nicht festgenommen wurde —, gefunden worden waren. Wem nun der Koran, die *Utopia* von Morus, das *Novum Testamentum* und die *Paraclesis* von Erasmus sowie die anderen Schriften auf der dritten Liste tatsächlich gehörten, muß ich offenlassen, auch wenn wahrscheinlich ist, daß entweder Gentile oder Cassimati ihr Eigentümer gewesen sein muß. Von diesen beiden war Cassimati die intellektuell bedeutendere Persönlichkeit, vgl. Nikolaos M. Panayotakis, ΄Ο Ἰωάννης Κασσιμάτης καί τό Κρητικό Θέατρο, Ariadne 1 (1983), S. 86-102.

[87] Seidel Menchi, *Spinola*, S. 116.

[88] Das Leben des Literaten und Übersetzers Francesco Coccio aus Iano ist für den Zeitraum von 1538 bis 1557 lückenhaft dokumentiert. Aus einer ärmlichen Familie stammend, geboren in einem Ort nahe Arezzo, den er als Iano bezeichnet (Agliano im Tibertal?), dachte er zunächst daran, sein Glück als Höfling in Rom zu versuchen, wandte sich dann aber doch der literarischen Tätigkeit zu und ließ sich in Venedig nieder, stimuliert auch durch den Erfolg von Pietro Aretino, in dem er einen Fürsprecher zu finden hoffte. 1538 scheint er Hauslehrer bei Zaccaria Contarini in Padua gewesen zu sein. Zwischen Padua und Venedig verbrachte er die nächsten zwanzig Jahre, mit einigen Landaufenthalten, die sein Beruf als Hauslehrer zu seinem Bedauern mit sich brachte. In Venedig schloß er Freundschaft mit Pietro Aretino, mit dem er korrespondierte, wurde ein angesehenes Mitglied der literarischen Zirkel der Stadt und nahm an Diskussionen über aktuelle Themen wie die Beziehungen zwischen Kunst und Natur oder Poesie und Malerei teil. 1549 gehörte er zu den Gründungsmitgliedern der von Anton Francesco Doni angeregten und vom venezianischen Patriziat zur Erziehung seiner Söhne finanzierten *Accademia Pellegrina*. Hin und wieder war er versucht, sich anderswo ein einträglicheres Betätigungsfeld zu schaffen; so wandte er sich 1538 dem Hofe von Alfonso d'Avalos, Governatore des Stato di Milano, zu (dem Sohn von Alfonso, Francesco Ferdinando, widmete er die 1539 bei Francesco Marcolini in Venedig erschienene italienische Fassung der *Institutio principis christiani* von Erasmus). Daraus ergibt sich aber nicht, daß er das venezianische Gebiet verließ. Nach der letzten Nachricht, die wir von ihm haben, sehnte er sich 1557 danach,

unterrichtete, wie aus seinen Briefen hervorgeht, in Venedig; unter anderem zählten Kinder der dortigen Patrizierfamilien und Angehörige der deutschen Kolonie zu seinen Schülern.[89] Insbesondere ist die Annahme berechtigt, daß die *Colloquia* im Unterricht von Pietro Lauro eine privilegierte Stellung einnahmen. Aus ihnen — so hatte er in seinem an Renata von Frankreich, Herzogin von Ferrara, gerichteten Widmungsbrief geschrieben — "können die für die wahre Frömmigkeit empfänglichen Gemüter einen nicht unerheblichen Nutzen ziehen", auf sie gestützt "kann gleichsam das ganze Leben des Menschen in geistig-moralischer Vollkommenheit ausgebildet und geformt werden", mit ihrer Hilfe können "jedes Alter, jedes Geschlecht, jede Art von Menschen lernen, sich bei all ihrem Handeln klug zu verhalten" — dies alles verbunden "mit viel Freude und geistigem Vergnügen".[90]

Doch das wahre Ausmaß des Erfolgs von Erasmus in den Schulen wird uns durch die Aufregung, mit der führende Kreise der Kirche auf die Verwendung seiner Bücher reagierten, offenbar. Diese Besorgnis fand ihren bezeichnendsten Ausdruck im *Consilium delectorum cardinalium de emendanda ecclesia* von 1536, das von der Geschichtsschreibung als Auftakt der sogenannten "katholischen Reform" betrachtet wird. Es ist sehr aufschlußreich, daß die Kardinäle der beratenden Kommission — deren Aufgabe es war, Stellungnahmen zu den zahlreichen und drängenden organisatorischen Problemen der Kirche zu erarbeiten (Unregelmäßigkeiten bei Ordination und Kollation, Pfründenhäufung, Nichteinhaltung der Residenzpflicht durch Bischöfe und Pfarrer, Reform der päpstlichen Datarie etc.) — es für angebracht erachteten, einen Abschnitt ihres knappen Berichts

---

in Venedig (er war damals in Caonada del Montello) die Gesellschaft des Physikers und Alchemisten Ettore Ausonio zu genießen, der ihm seine Deutung des von Girolamo da Molino stammenden Liebesgedichts *La rosa* im alchemistischen Sinn gewidmet hatte. Der Name Coccio ist auch mit einigen Dichtungen verbunden, zum Teil Liebeslyrik, zum Teil von religiöser Inbrunst und tiefem Verständnis für die Schwäche und das Leid des Menschen erfüllte Poesie. Doch bedeutend war vor allem seine Arbeit als Übersetzer. Ins Italienische übersetzte er, außer der Abhandlung von Erasmus, die *Tavola di Cebete* (Vendig 1538, gewidmet Franceso Contarini) und die *Amori di Leucippe e Clitofonte* von Achilles Tatius (Venedig, Pietro e fratelli de Nicolini da Sabio, 1551), die einen beachtlichen Einfluß auf die italienische Literatur des Cinquecento haben sollten. Vgl. Aretino, *Lettere* I, II-IV passim; Grendler, *Critics*, S. 58; BAM, R 116 sup., fol. 119^r-201^v (Brief von Ettore Ausonio an Francesco Coccio) und ebd., D 178 inf. fol. 17 (Band mit Notizen und Zeichnungen von Ettore Ausonio, der u.a. einen Brief Coccios vom 1. November 1557 enthält); *Rime diverse di molti eccellentissimi autori nuovamente raccolte, libro primo* (Venedig, Gabriel Giolito de' Ferrari, 1549), S. 354-59; *Il sesto libro delle rime di diversi eccellenti autori, nuovamente raccolte* (Venedig, Al segno del Pozzo, 1553), S. 114^v-115^r.

[89] Lauro, *Lettere* I, fol. 211^{rv}, II, 15^v-16^r. Daß Lauro Kontakte zu den Mitgliedern der deutschen Kolonie hatte, ergibt sich aus der Häufigkeit, mit der unter den Empfängern seiner Briefe die Namen der in Venedig ansässigen Deutschen erscheinen. Was seine Zugehörigkeit zur Reformationsbewegung angeht, vgl. Kap. 7, S. 218.

[90] Erasmus von Rotterdam, *Colloqui famigliari ad ogni qualità di parlare et spetialmente a cose pietose accomodati*. Tradotti di latino in italiano per Pietro Lauro (Venedig, Vincenzo Valgrisi, 1545), fol. 3^r.

den Problemen des Bildungswesens zu widmen. Darin beklagten sie, daß Philosophielehrer an den höheren Schulen — "insbesondere in Italien" — die jungen Menschen in gottlosen Lehren unterrichteten und daß in den Kirchen Streitgespräche geführt würden, in denen man sich, wenn nicht der Gottlosigkeit, so doch äußerster Unehrerbietigkeit schuldig mache. Einen Kontrast zu diesen allgemein gehaltenen Betrachtungen, in denen keine Namen genannt werden, bildet die präzise und eindringliche Stellungnahme, mit der dieser Abschnitt des *Consiliums* schließt: "Da man heute in den Schulen die *Colloquia* von Erasmus zu lesen pflegt, in denen viele Passagen enthalten sind, die den noch bildbaren Geist an die Gottlosigkeit gewöhnen", so die Kardinäle, "sollten diese Lektüre und andere der gleichen Art an den humanistischen Schulen verboten werden."[91] In gewissem Sinne wurde Erasmus damit eine Ehre zuteil: Kein anderes Werk eines zeitgenössischen Autors wurde in dem berühmten Dokument explizit erwähnt. (Vermutlich bezog sich der Literat Nicolò Franco auf diesen Abschnitt des *Consiliums*, als er — in der 1539 gedruckten Erstausgabe seiner *Dialoghi piacevoli* — schrieb, daß das Kardinalskollegium den Verkauf der Bücher des Erasmus untersagt habe).[92]

Ein weiterer Hinweis auf den Erfolg der *Colloquia* als Lehrbuch kam zehn Jahre später von einem der konservativsten Vertreter des italienischen Episkopats. Am 11. März 1546 wies der Bischof Grechetto den Kardinal Farnese auf die Verbreitung dieses Buches in den Schulen hin; zwar sei das Phänomen alles andere als neu, ihm in seiner ganzen Tragweite aber erst vor kurzem bewußt geworden. "Die *Colloquia familiaria* von Erasmus sind um so gefährlicher, weil es — was mich sehr schmerzt — keinen Erzieher oder Lateinlehrer gibt, der sie nicht heranzieht und so den Kindern in diesem zarten Alter beibringt, über die wahre und heilige christliche Religion, die Gelübde, Heiligenbilder und alle Sakramente zu spotten. Auf diese Weise wird in den Kindern schon eine feindliche Einstellung zum christlichen Leben angelegt, bevor sie selbst zu denken beginnen." Der Bischof griff also die Tradition auf, bei Erasmus "die Anstiftung Luthers" zu sehen und schlug ein "generelles Verbot" vor, um dem Übel abzuhelfen: Zwar würde das Verbot verspätet ergehen, doch "besser später als nie".[93]

Sozusagen als Umsetzung des Urteils von Grechetto in die Praxis verbot die Kommune Siena im April 1548 unter Androhung harter Strafen den Besitz von "mit lutherischer Lehre befleckten Büchern", womit, unter anderem, der größte Teil der Schriften von Erasmus "und insbesondere die *Colloquia*" gemeint waren.[94] Ausschließlich gegen "die *Colloquia* von

---

[91] *Consilium delectorum cardinalium et aliorum praelatorum de emendanda Ecclesia*, Straßburg 1538, fol. B 3ᵛ. Hierzu Jedin, *Konzil von Trient* I, S. 339-41, Cantimori, *Erasmo I*, S. 49.
[92] Cantimori, *Erasmo II*, S. 44-46; Grendler, *Critics*, S. 112f.
[93] Buschbell, *Inquisition*, S. 255.
[94] Piccolomini, *Eresia a Siena*, S. 26f.

Erasmus" und gegen den *Dialogo di Mercurio e Caronte* des Alfonso de Valdés war ein Dekret des Inquisitionstribunals Venedig vom 22. Juni 1557 gerichtet.[95]

Daß der Erfolg des wichtigsten pädagogischen Werks von Erasmus nicht auf die wirtschaftlich-kulturellen Zentren Italiens beschränkt blieb, sondern sich bis in die Randzonen des Landes hinein ausbreitete, läßt sich aus einem Brief entnehmen, den der *Consejo de la Santa y General Inquisición* mit Datum vom 12. Februar 1537 an den Inquisitor von Sardinien sandte. Aus dem Schreiben geht hervor, daß 1536 eine nicht näher bezeichnete Anzahl von Exemplaren der *Colloquia* auf der Insel beschlagnahmt worden war.[96]

---

[95] ASV, Fasz. 56, Akte *Decretum contra impressores et vendentes libros, videlicet Colloquia Erasmi et Dialogos Mercurii et Carontis*, 22. Juni 1557.

[96] Madrid, Archivo Histórico Nacional, Sección de Inquisición, Band 322, fol. 107^r: Die Suprema an den Inquisitor von Sardinien, Valladolid, den 12. Februar 1537 (Hinweis von Agostino Borromeo).

6. KAPITEL

DER OFFENE HIMMEL
ODER
DIE UNENDLICHE BARMHERZIGKEIT GOTTES

Zu den Werken des Erasmus, die beim italienischen Publikum den größten Erfolg hatten, gehört ein Titel, der in der Erasmus-Forschung immer wieder übergangen wird, der Sermon *De immensa Dei misericordia* (1524). Wie sehr er in Italien geschätzt wurde, belegen drei unabhängig voneinander entstandene Übersetzungen (Brescia 1542, Venedig 1551, Florenz 1554), die von angesehenen und einflußreichen Kreisen gefördert wurden: dem Karmeliterorden und dem Hof von Mantua, den Spitzen des Benediktinerordens und den Literatenkreisen der *Accademia fiorentina*.

Wieso erregte diese kleine Erbauungsschrift in Italien ein so lebhaftes Interesse? Welcher Stellenwert kommt ihr innerhalb der damaligen religiösen Diskussion zu? Auf diese Fragen versucht das vorliegende Kapitel eine Antwort zu geben.

I

Der lutherische Grundsatz der Rechtfertigung allein aus Gnade verbreitete sich in Italien spontan und auf improvisierten, nicht kontrollierbaren Wegen. Er bildete sich zu einem Ganzen aus Erwartungen und Hoffnungen heraus, das wir als "Theologie des offenen Himmels" bezeichnen wollen. In der Lehre vom offenen Himmel bestand die Antwort auf die Heilsfrage in der Heilsgewißheit; die lutherische Dialektik zwischen dem Gott der Gerechtigkeit und dem Gott der Barmherzigkeit löste sich im Glauben an einen unendlich barmherzigen Gott auf; die Lehre von der Prädestination und der göttlichen Präszienz wurde auf ihre positive Alternative verkürzt und verwandelte sich in die Lehre von der Vorherbestimmung zur Gnade.

Ein starkes Bedürfnis nach Sicherheit hinsichtlich des eigenen Schicksals im Diesseits wie im Jenseits gab dieser Tendenz, die zwischen 1535 und 1555 große Zustimmung und Anhänger in allen sozialen Schichten fand, Auftrieb. In diese Strömung gehören die Übersetzungen des Traktats von Erasmus über die göttliche Barmherzigkeit, der — ebenso wie die unter dem Namen Erasmus in Italien zirkulierenden lutherischen Schriften[1] — eine insgesamt tröstliche Antwort auf die Heilsfrage gab.

---

[1] Vgl. Kap. 3, S. 86f., Anm. 44.

6. KAPITEL

Büchlein wie der *Beneficio di Cristo* und der *Trattato dell'orazione* von Federico Fregoso oder lutherische Manifeste wie *Una breve annotatione come se debbe havere et exercitare lo vero christiano*[2] waren Seelen-Vademekums, die einen ganz persönlichen Dialog mit dem Leser eröffneten, indem sie auf elementaren Erfahrungen wie Liebe zwischen Kindern und Eltern oder Mann und Frau aufbauten und die solchen Beziehungen eigene Wärme und Herzlichkeit in das Verhältnis Gott/Mensch einbrachten. Die Fähigkeit, die Gefühle der Zuhörer anzusprechen, wird in einem Zeugnis von 1547 aus Vicenza als Merkmal wirkungsvollen Predigens bezeichnet: der sei ein guter Prediger, dem es gelinge, im Zuhörer die Liebe zu Gott zu wecken, ihn "Gott ... umarmen" zu lassen.[3] Der Erfolg des auf italienisch erscheinenden religiösen Schrifttums aus dem Umfeld der Reformation beruht wesentlich auf der Erfüllung derartiger Erwartungen.

Durch diese Literatur wurde eine Art der Argumentation *ad personam* in Italien eingeführt, die Luther oft in seinen Erbauungsschriften angewandt hatte. Jenes "Du", das bei Luther die zweite tragende und neben Christus einzig weitere Gestalt des Erlösungsgeschehens bezeichnete, war der Dreh- und Angelpunkt derartiger Texte. "Glaubst du, so hast du", lehrte Luther.[4] Und an anderem Ort heißt es bei ihm, es sei Aufgabe des Predigers, einen Christus darzustellen, der nicht "nur Christus", sondern "Christus für dich und für mich" sei.[5] Intuitiv richtig paraphrasierte der Verfasser des *Beneficio di Cristo*: "Es genügt nicht, im allgemeinen an die Vergebung der Sünden zu glauben, sondern es ist notwendig, daß du im besonderen glaubst, daß dir deine Frevel durch Christus vergeben werden".[6] Diese Erfahrung war allerdings nicht zu verallgemeinern: Luther sprach strikt *ad hominem*.[7] Die Verlagerung der Argumentation vom Individuellen zum Überindividuellen — oder auch die Wandlung einer Erfahrung in ein Axiom — scheint ein Charakteristikum der religiösen Kultur Italiens gewesen zu sein. Aus der Gewißheit der eigenen Errettung wurde tendenziell ein Vertrauen auf die Errettung aller, aus dem Glauben an die persönliche Prädestination die Überzeugung von der allgemeinen Prädestination. Auch die Kluft zwischen christlicher und nichtchristlicher Welt wurde nicht als unüberbrückbar empfunden: Das Heilswirken aus göttlicher Barmherzigkeit wurde häufig, wie wir im folgenden noch sehen werden, auf Juden, Moslems und Bewohner der Neuen Welt ausgedehnt, unabhängig von ihrem jeweiligen Glauben.

---

[2] Vgl. Seidel Menchi, *Traduzioni di Lutero*, S. 100-105.

[3] ASV, Fasz. 6, Akte *Processus contra Ioannem Donatum della Columbina et alios*, fol. 28ʳᵛ, Verhör des Brendolino de Brendolari vom 25. Mai 1547.

[4] Zitiert von Jüngel, *Zur Freiheit*, S. 86f.

[5] WLA VII (*De libertate christiana*), S. 58f.: "Oportet autem, ut eo fine praedicetur, quo fides in eum promoveatur, ut non tantum sit Christus, sed tibi et mihi sit Christus, et id in nobis operetur, quod de eo dicitur et quod ipse vocatur". Vgl. Jüngel, *Zur Freiheit*, S. 84.

[6] *Beneficio*, S. 81.

[7] Maurer, *Freiheit*, S. 18; Althaus, *Luthers Theologie*, S. 169f.

In den drei folgenden Abschnitten werden wir eine Reihe von Zeugnissen aus Inquisitionsprozessen anführen, die die Verbreitung der "Theologie des offenen Himmels" innerhalb der Gruppen italienischer Dissidenten in all ihren Variationen dokumentieren: als auf sich selbst und auf alle Menschen bezogene Heilsgewißheit, als Glaube an die eigene und die allgemeine Prädestination, als festes Vertrauen auf die Barmherzigkeit Gottes und als Glaube an einen vorherbestimmten Heilsplan für die gesamte Menschheit.

Die Lehre Eloy Pruystincks aus Antwerpen[8] zeigt, daß die mit der Expansivphase der Reformation einhergehende geistige Überregsamkeit auch außerhalb Italiens die Vision einer durch die Barmherzigkeit Gottes insgesamt erlösten Menschheit hervorbringen konnte. Sogar in Spanien fand das Luthertum eines Juan del Castillo in der Überzeugung Ausdruck, daß "alle gerettet sind, Sünder und andere".[9] Doch die Häufigkeit derartiger in Italien nachgewiesener Sehnsüchte rechtfertigt den Verdacht, daß sie teilweise aus jener Strömung esoterischer Prophetie herrühren könnten, die noch 1540 in Venedig von Francesco Zorzi verkörpert wurde.[10] So bestätigt etwa die Akte, die sich auf den Franziskaner Andrea da Nimis bezieht — einen Leser des Traktats *De armonia mundi* von Zorzi — die Vermutung, daß Zorzis Prophetismus in der breiten protestantischen Bewegung aufgegangen ist. Der Franziskaner Andrea da Nimis, gegen den das venezianische Heilige Offizium 1570 wegen des Verdachts auf Ketzerei vorging, verteidigte — neben dem Prinzip der Rechtfertigung durch den Glauben — die Lehre von der universalen Vorherbestimmung zum Heil in einer beachtlichen Vielzahl von Varianten. Er predigte, daß alle Mitglieder der Kirche Christi gerettet seien und daß in diesem Punkt Einigkeit zwischen Katholiken und Häretikern bestehe. Ferner verkündete er, daß jeder Mensch fest glauben solle, daß er zum Heil vorherbestimmt sei, da Gott, der ja den Menschen nach seinem Ebenbild erschaffen, dies in der Absicht getan habe, alle zu erretten. Niemand sei von "dieser glücklichen Vorherbestimmung" ausgeschlossen — außer dem, der nicht daran glauben wolle.[11]

II

Der Glaube an das Heil ist das Heil. Dieses lutherische Prinzip, das im heutigen Italien offenbar aus dem kulturellen Gedächtnis verschwunden ist,[12] war den katholischen Kontroverstheologen des 16. Jahrhunderts sehr

---

[8] Braekman, *Pruystinck*.
[9] Bataillon, *Erasmo y España*, S. 480, Anm. 19.
[10] Zu Francesco Zorzi vgl. Cesare Vasoli, *Profezia e ragione*, Neapel 1974, S. 129-403.
[11] ASV, Fasz. 42, Akte *Andrea de Nimis*, fol. 12^{rv} (Aufstellung der bei dem angeklagten Franziskaner gefundenen Bücher), 37^r, 38^r, 45^v, 47^v und passim.
[12] Ginzburg und Prosperi, *Beneficio*, S. 71, 154, 160-62 und passim. Die Autoren dieses Buchs meinen, in der volkssprachlichen religiösen Literatur, die in Italien in der Mitte des 16. Jahrhunderts eine Blütezeit hatte, eine Antinomie zwischen einer autochthonen, als "benediktinisch-pelagianisch" definierten Strömung und einer von außen kommenden, durch die

präsent. Der schlichte Text des Artikels, mit dem auf dem Tridentinischen Konzil seine Verurteilung sanktioniert wurde, läßt nicht ahnen, welch langwierige und schwierige Diskussion vorausgegangen war, bis sich die Konzilsväter schließlich geeinigt hatten. Doch wie unterschiedlich die von den verschiedenen Teilnehmern unterstützten Positionen auch sein mochten — die Notwendigkeit einer Verurteilung des Prinzips der *certitudo salutis* blieb immer unangefochten.[13] Daß konservative Theologen wie Grechetto es besonders nachdrücklich verurteilten, erklärt sich aus der Anziehungskraft, die diese protestantische Lehre auf den einfachen Gläubigen ausübte.[14] Die Verbannung der Angst aus dem religiösen Erleben, das Schaffen eines von Vertrauen und Sicherheit geprägten Verhältnisses des Menschen zu Gott — dies waren in den Augen des Theologen Melchior Cano die wichtigsten psychologischen Auswirkungen des Luthertums.[15] Auch der Dominikaner Ambrogio Catarino beschäftigte sich in seiner Schrift zur Widerlegung des *Beneficio di Cristo* eingehend mit den Verlockungen einer Lehre, die den Menschen von der "Angst vor dem Teufel" und von jeder anderen heilsamen "Furcht" befreie, indem sie ihn ganz und gar "sicher" mache und ihm einen "wunderbaren Frieden" einflöße, was der katholische Kontroverstheologe als definitives Zeichen der Verdammnis betrachtete.[16]

Die Dokumente der Inquisition bestätigen die Hypothese, daß vom Prinzip der *certitudo salutis* oder der *certitudo electionis* eine ungemeine Faszination ausging. Dem Condottiere Camillo Orsini beispielsweise schrieb ein verläßlicher Zeuge die Ansicht zu, "daß der wahre Christ ein ruhiges und gutes Gewissen habe und ... seines Heils sicher sei" (1567). Der Franziskaner Stefano Aserbini hatte einem bei ihm beschlagnahmten und den

---

spezifischen lutherischen oder calvinistischen Einflüsse geprägten und als "augustinisch" bezeichneten Strömung feststellen zu können. Die "benediktinisch-pelagianische" Strömung soll sich durch folgende Charakteristika auszeichnen: "heiterer Tonfall", Heilsgewißheit, Lehre von der Prädestination als Vorherbestimmung zur Seligkeit, Hervorhebung der Barmherzigkeit Gottes, Beharren auf einer Botschaft der "Sanftheit", der Ermutigung und des Trostes. Die "augustinische" (also protestantische) Strömung wird (explizit oder implizit) durch folgende Merkmale gekennzeichnet: "düsterer Tonfall", Zweifel an der Errettung, Prädestination im "strengen calvinistischen Sinn" (also Betonung der Präszienz der Verdammnis), Verneinung oder Einschränkung des Wirkens der Barmherzigkeit Gottes, Beharren auf einer pessimistischen Botschaft, die zur Verzweiflung führt. Der Existenz und Trennung der beiden so charakterisierten Strömungen religiösen Denkens widersprechen die Quellen: an allererster Stelle die Schriften der Reformatoren und mehr noch die Quellen zur italienischen Reformationsbewegung. Die Autoren erklären außerdem nicht, aus welchen Quellen sie ihr Konzept des Augustinismus/ Protestantismus abgeleitet haben, von einem kleinen Werk Giorgio Siculos abgesehen. Die Thesen von Ginzburg und Prosperi sind kürzlich von Collett, *Benedictine Scholars*, S. 157-185, erneut vorgebracht worden. Zur Lehre der *certitudo salutis* bei Luther vgl. Althaus, *Luthers Theologie*, S. 215, 247, 373.

[13] Jedin, *Konzil von Trient* II, S. 162, 205f., 208, 210-13.
[14] Buschbell, *Inquisition*, S. 257f.
[15] Bataillon, *Erasmo y España*, S. 176.
[16] Catarino, *Compendio*, S. 380f., 403, 406f.

Flammen übergebenen Buch den Leitsatz entnommen, "daß der Mensch sicher sein soll, in der Gnade Gottes zu sein" (1549). 1550 gestand der Tischler Annibale aus Verona dem Inquisitor, gleich anderen Mitgliedern der "lutherischen" Gruppe, zu der er gehörte, der Auffassung gewesen zu sein, "daß jeder notwendigerweise verpflichtet sei, sich selbst als auserwählt zu betrachten". In Pirano stellte sich die protestantische Propaganda des Priesters Aloisi Mantino 1549 als Versuch dar, einen Gesprächspartner zu überzeugen, allein auf Christus zu vertrauen, und ihm die Sicherheit einzuflößen, daß er errettet sei. Den mit der Notwendigkeit guter Werke begründeten Einwänden des Gesprächspartners begegnete der Priester mit seiner festen Überzeugung, daß "zweifellos" gerettet werde, wer auf Christus vertraue. Die Heilsgewißheit ist eine der Glaubensmeinungen, die zu der 1567 vom Inquisitionsgericht Rom ausgesprochenen Verurteilung des Geistlichen Girolamo dal Pozzo aus Faenza führten. Auch der Angehörige einer ganz anderen Schicht, der "tonsor pannorum" Marco Magnavacca aus Modena, den man als rückfälligen Ketzer verbrennen sollte, erklärte sich "seiner eigenen Rettung gewiß" (1567/68). In gleicher Weise wurde einem Hutmacher namens Bernardino aus Padua 1572 seine "Gewißheit der Gnade" zur Last gelegt. Und ein unerhörter, allen Konventionen trotzender Satz stand am Anfang des Testaments, das der Calvinist Giovan Domenico Roncalli aus Rovigo im Dezember 1561 verfaßt hatte: "Von meiner Seele ... muß ich nicht sprechen, weil ich den Glauben gehabt habe, habe und immer haben werde, daß der ewige Gott sie so sehr geliebt hat, daß er seinen eingeborenen Sohn Jesus Christus gesandt hat, nur um sie zu retten, und weil dieser die Sühne für all ihre Sünden auf sich genommen hat."[17]

Mit der Verbreitung der Prädestinationslehre stellten sich eher terminologische als substantielle Varianten ein. "Jeder muß glauben, prädestiniert zu sein; und wenn es einen einzigen Prädestinierten gäbe, würde ich glauben, der zu sein", erläuterte der theologisch gebildete Pre Valerio Trono dem Inquisitor von Genua seinen Glauben an die Vorherbestimmung (1553). Jacopo Nacchianti, Bischof von Chioggia, soll gesagt haben, "daß er wisse, prädestiniert zu sein" (1549). In Verona hatte sich dieselbe Lehre durch

---

[17] Die zitierten Zeugnisse sind — entsprechend der Reihenfolge ihrer Erwähnung im Text — in folgenden Dokumenten belegt: *Processo Carnesecchi*, S. 348 (zu Camillo Orsini vgl. auch Miccoli, *Storia religiosa*, S. 1049-56); ASV, Fasz. 10, Akte *Contra Zuan Iacomo de Rana*, *Contra Francesco Machalupho* (das erwähnte Buch war *Modo che si deve tenere nell' insegnare e predicare il principio della religione christiana*, Rom, 1545, ein Text, den Massimo Firpo mit guten Gründen Marcantonio Flaminio zuschreibt, vgl. Firpo, *Valdesianesimo ed evangelismo*, S. 57); ASV, Fasz. 8, Akte 30, *Contra Bartholomeum dalla Barba*, (1550), fol. 35ʳ; ebd., Fasz. 8, Akte 31, *Processus de Pirano* (1549), fol. 35ᵛ (zur Identifizierung von Pre Aloisi vgl. ebd., fol. 26ʳ); TCD, Ms. 1224, *Contra Hieronimum del Pozo faventinum*, Urteilsspruch vom 20. September 1567; ASM, Fasz. 4, Akte *Contra Marcum Magnavacam mutinensem tonsorem pannorum*; ASV, Fasz. 32, Akte *Denunzie a solo nome* (1572-73), 7. Juli 1572, Anzeige des bischöflichen Vikars von Padua gegen Bernardino "berettaro"; ASPd, Notar Gaspare Villani von Padua, 1561, fol. 414ʳ-425ᵛ, Testament des Giovanni Domenico Roncalli. Die Erforschung von Testamenten evangelischer Tendenz ist nun von Ambrosini, *Testamenti*, weitergeführt worden.

einen gewissen Fra Nicola verbreitet, der in der Kirche Sant'Eufemia eine Reihe von Predigten über die Paulusbriefe gehalten hatte, von denen ein Ungebildeter wie der Textilhandwerker Bernardino "coltraro" beispielsweise die Überzeugung abgeleitet hatte, "daß wir alle auserwählt und prädestiniert sind, wir, die wir an Christus glauben; und wer nicht diesen Glauben hat, durch die Gnade Gottes zum ewigen Leben vorherbestimmt zu sein, glaubt auch nicht an Gott". Die Schlußfolgerung daraus war für den Handwerker Bernardino, daß "jeder notwendigerweise glauben muß, prädestiniert zu sein" (1550). Zu den ketzerischen Sätzen aus den lombardischen Predigten von Fra Serafino da Pontremoli, die man diesem vorhielt, zählt ebenso die Lehre von der Heilsgewißheit wie die von der Prädestination (1550).[18]

Diese als Beispiele ausgewählten Zeugnisse sollen nicht die These suggerieren, daß sich in Italien ausschließlich die positive Sicht der Erwählung und Prädestination verbreitet hätte. Es hieße, einseitig zu vereinfachen, wollte man den Eindruck erwecken, daß die Prädestinationslehre nur *sub specie lucis* betrachtet worden sei. Viele Gruppen der italienischen Reformationsbewegung haben diese Lehre in ihrer Ambivalenz erkannt und als Erwählung/Verwerfung, Prädestination/Präszienz begrifflich erfaßt. Es fehlt auch nicht an Verweisen auf Judas als Prototyp des Verworfenen, zur Verdammnis *ab aeterno* Bestimmten.[19] Sehr selten jedoch findet man m.E. die dunkle und beängstigende Seite der Prädestinationslehre isoliert und einseitig betont: der Fall von Francesco Spiera scheint untypisch gewesen zu sein.[20] Hingegen läßt sich eine erhebliche

---

[18] Die zitierten Zeugnisse sind — entsprechend der Reihenfolge ihrer Erwähnung im Text — in folgenden Dokumenten und Publikationen belegt: ASV, Fasz. 18, Akte *Aurelio Natale Cicuta*, Verhör vom 23. April 1553 "in vesperis"; ASV, Fasz. 8, Akte 11, *Inquisitione fatta per il reverendo messer Annibal Grisonio sopra la vita et costumi delli canonici et preti di Chioggia* (1549), fol. 25ʳ; ASV, Fasz. 8, Akte 30, *Contra Bartholomeum dalla Barba*, fol. 29ʳᵛ; Fumi, *Inquisizione*, S. 205-08.

[19] Ich beschränke mich in diesem Zusammenhang auf das Zitat des Zeugnisses von Bernardino della Zorza: ACAU, Fasz. 2, Akte 28, *Processus contra nonnullos de haeresi suspectos, et praecipue contra Bernardinum della Zorza utinensem* (1563), fol. 4ᵛ: "Mi ricordo anco che raggionando con esso Bernardino [della Zorza], dimandandolo io se lui teniva la predestinatione o non, mi rispuose che sì, rendendomi tal raggione, che se Juda fusse stato riguardato da Iddio con gl'occhii dell'animo, sì come riguardò Pietro — qual l'havea negato tre volte, come dice l'Evangelio, qual vene a penitenza et gli fu perdonato quel peccato —, et che se havesse così volsuto far a Juda, che anche egli sarebbe venuto a penitentia". Ein weiteres Beispiel findet sich in ASV, Fasz. 6, Akte *Processus contra hereticos de Asyllo*, fol. 4ᵛ, Aussage des Alessandro Trissino vom 26. Juni 1546: "Lui [Benedetto dal Borgo] perseverando in questa sua opinione, con certe raggione della sacra Scrittura tirata a suo modo, a tutto transito negò il libero arbitrio et a questo proposito, parlando de Juda, s'el se poteva salvar o non, lui Beneto tene ferma conclusion che era impossibile che si potesse salvar".

[20] Cantimori, *Italienische Häretiker*, S. 51 und Anm. 3. Allerdings findet sich ein Beleg für die Vorstellung, daß "uno prescito all'inferno non pò haver la gratia che l'aspetta di pervenir alla vita eterna, benché lo voglia": ASV, Fasz. 4, Akte *Giovanni Ravalico, De Capo d'histria*, fol. 21ᵛ, 10. Januar 1549, Pro Hieronimo de Vida. Eine Diskussion gleichen Inhalts findet sich in ASV, Fasz. 5, Akte *Contra Benedictum genuensem*, Aussage des Gaspare Tauri vom 3. September 1546.

Zahl von Zeugnissen anführen, bei denen der Gedanke der Prädestination offenbar von dem der göttlichen Präszienz losgelöst und auf den positiven Aspekt reduziert wurde. Der Grund für dieses Ungleichgewicht ist darin zu suchen, daß die Botschaft des Protestantismus eine persönliche und praktische war. Die Prädestination stellte sich nicht als abstrakte Lehre, sondern als Lebenserfahrung dar. Nicht über konventionelle Kanäle verbreitete sie sich, sondern durch leidenschaftlich engagierte, sich selbst als prädestiniert betrachtende Vermittler. Und so konnten die Verworfenen, die *praesciti*, immer nur die anderen sein. In diesem Sinne begriff die Prädestination etwa der Franziskaner Stefano Boscaia aus Asolo, der 1546 verkündete, "daß wir vorherbestimmt und, hätten wir auch alles Böse der Welt getan, am Ende gerettet sind, wenn wir unsere Schuld anerkennen". "Wenn einer prädestiniert ist, mag er recht oder unrecht tun, er ist doch gerettet", meinte 1548 der Geistliche Giovanni Zarotti aus Capo d'Istria, der als lutherischer Ketzer angeklagt war. In Pirano bekannte Giorgio Mercanzutti 1549: "Ich habe geglaubt und gesagt, daß wir alle prädestiniert sind und daß wir, ob wir nun recht oder unrecht tun, alle ins Paradies eingehen werden." Auch Zoan Cavazza, ebenfalls aus Pirano, glaubte, "daß wir alle prädestiniert sind und ins Paradies eingehen werden." Von dieser Auffassung war kein weiter Weg zur Erklärung des "coracinaro" Girolamo, "daß jeder zu den Erwählten und Prädestinierten gehöre" (Verona 1550). Noch 1560 hörte ein Francesco di Tita aus Zanco von der Kanzel der Kirche Santa Margherita in Treviso verkünden, "daß ein Prädestinierter als Prädestinierter nicht verdammt werden kann". Im Testament eines namentlich nicht bekannten Webers, das uns von Anton Francesco Doni überliefert worden ist, erscheint die Prädestination als Glaubenslehre, "durch die von jeher alle die berufen und erwählt sind, die gerettet werden". Die komplementäre Lehre von der Präszienz der Verworfenen wird in diesen Zeugnissen nicht erwähnt.[21]

---

[21] Die zitierten Zeugnisse sind — entsprechend der Reihenfolge ihrer Erwähnung im Text — in folgenden Dokumenten belegt: ASV, Fasz. 6, Akte *Exemplum processus formati in castro Asyli*, fol. 7ʳ, Verhör des Bernardino Nosadino vom 27. Juni 1546; ASV, Fasz. 4, Akte *Giovanni Ravalico*, Pro Ioanne de Zarottis, 28. Dezember 1548; ASV, Fasz. 8, Akte 31, *Processus de Pirano*, Widerruf des Giorgio Mercanzutti vom 12. Februar 1549; ebd., fol. 25ʳ, Aussage des Mainardo de Bertuzzi; ASV, Fasz. 8, Akte 30, *Contra Bartholomeum dalla Barba*, fol. 32ʳ; ACAU, Fasz. 1, Akte 25, *Processus contra Franciscum de Tita de Zancho*, fol. 6ʳ; Grendler, *Critics*, S. 251. Es ist zu vermerken, daß die Prädestinationslehre, auch dann, wenn ursprünglich bipolar dargestellt, in der Folge einseitig aufgefaßt wird: "Tutti siamo predestinati, itaché subito post mortem o siamo salvi o veramente danati, perché un predestinato, quantunque il pecchi alla giornata, tamen per detta predestination non gli è imputato a pena alcuna, perché il sangue de Christo l'ha scanzelato et scanzella tutti li peccati" (ASV, Fasz. 6, *Exemplum processus formati in castro Asyli*, fol. 6ʳ, 27. Juni 1546). Die gleiche Entwicklung läßt sich bei der Francesco di Tita betreffenden Zeugenaussage feststellen: "Questo Francesco disse che noi eramo predestinadi se dovemo esser salvi over danadi, che siamo fatti salvi tutti per la morte de Christo", ACAU, Fasz. 1, Akte 25, *Processus contra Franciscum de Tita de Zancho*, fol. 3ᵛ.

Die beruhigende Wirkung der Prädestinationslehre wird in Verbindung mit dem Glauben ans Fegefeuer besonders deutlich. Dessen durch die Theorie der Vorherbestimmung bedingtes Ende kam nie der Hölle, sondern regelmäßig dem Paradies zugute. Zwei Handwerker aus Verona, die sich 1550 über den Sinn von Totenmessen unterhielten, kamen zu dem Schluß, bei alldem handle es sich um Vergeudung, "weil wir alle nach dem Tod für den Ort des Heils bestimmt sind, da ja Christus für alle unsere Sünden mit seinem Blut gebüßt hat". Den hitzigen Debatten über religiöse Fragen, die in den Werkstätten Asolos geführt wurden, hatte der Schumacher Francesco Rimondo entnommen, "daß es kein Fegefeuer gibt, weil der Herrgott für uns gesühnt hat; so daß es genügt, und hätten wir auch alles Böse der Welt getan, im Augenblick des Todes zu bereuen" (1546).[22] Auch außerhalb des Kreises der bewußt Andersgläubigen führte der gelegentliche Kontakt mit den protestantischen Lehren zu Abwehrreaktionen gegenüber dem Dogma vom Fegefeuer und zu der Tendenz, es zugunsten des Paradieses zu "entleeren". "Wenn der Papst die Macht hat, die Seelen aus dem Fegefeuer zu befreien, warum holt er sie dann nicht heraus und befreit sie alle?" fragte Alessandro Vieri aus Siena und wünschte sich, daß der Papst jeden Morgen den Besen in die Hand nähme und alle Seelen aus dem Fegefeuer fegen würde, die sich über Nacht dort eingefunden hatten (1568). Nicht anders dachte Camillo Evoli aus Rivalta Mantovana: "Wenn der Papst die Seelen aus dem Fegefeuer befreien kann, warum befreit er sie dann nicht alle?" (1580). Ein gewisser Candido Pozzo aus Venticano erklärte, daß das Fegefeuer nicht existiere und daß "am Ende doch alle gerettet werden, selbst wenn es ein Fegefeuer gäbe" (1582). Dem abtrünnigen Benediktiner Giuliano Botticella aus der Gegend von Veroli zufolge war das Fegefeuer erfunden worden, um den Kindern Angst einzujagen (1567); Carlo Maldini aus Alessandria hielt Hölle und Fegefeuer für Erfindungen der Mönche (1580).[23]

Die Popularisierung und der Druck kollektiver Bedürfnisse mochten die Rechtfertigungslehre Luthers als Entdeckung einer Abkürzung auf dem Weg ins Paradies erscheinen lassen. Um das Jahr 1555 beispielsweise beruhigte ein Priester aus Pirano namens Aloise del Preto einen Gläubigen, den sein Gewissen quälte, weil er am Sonntag nicht zur Messe gegangen war, indem er ihm sagte: "Seid sicher, daß wir auf die eine oder andere Art alle errettet sind; und seid dessen deshalb sicher, weil Jesus Christus uns allen durch sein Blut das Paradies geschenkt hat." Der Geistliche war der Meinung, daß

---

[22] ASV, Fasz. 8, Akte 30, *Contra Bartholomeum dalla Barba*, fol. 37ᵛ-38ʳ; ASV, Fasz. 6, Akte *Exemplum processus formati in castro Asyli*, fol. XIʳ, 29. Juni 1546.

[23] ASS, Notarile antecosimiano 2777, Akte *Processo contro Alessandro Vieri*, fol. 5ᵛ, 7ʳ, 9ʳ (vgl. hierzu Luthers Ablaßthese 82, WLA I, S. 237, ll. 22-25); TCD, Ms. 1226, fol. 77-79, *Candido Pozzo di Venticano*; TCD, Ms. 1224, *Pro fisco contra dominum Iulianum Butticellam*, 28. April 1567; TCD, Ms. 1225, *Carolus Maldinus filius Christophori habitator Alexandriae*, Urteilsspruch vom 8. Dezember 1580.

"wir alle zweifelsohne gerettet sind, ob wir nun gut oder schlecht handeln". Ein anderer Priester, Giovanni Manfredi, der in der venezianischen Kirche Santa Maria Mater Domini zelebrierte und bei einer Familie Correr als Hauslehrer tätig war, soll einem seiner Verwandten einprägsam gesagt haben, daß er, wenn er gerettet sein wolle, glauben müsse, ihm seien "durch die Taufe alle Sünden vergeben, die vergangenen wie die gegenwärtigen und zukünftigen" (1550). Die Witwe Vittoria Palmaroli sagte 1555 vor dem venezianischen Tribunal aus, daß ein Pre Antonio Giustiniani aus Genua sie wiederholt gelehrt habe, "daß ein Geschöpf gleich nach dem Tod ins Paradies kommt". Und auf den Einwand der Witwe: "Wie ist es möglich, daß man im Stande des Todsünde ins Paradies kommt?" hatte der ehemalige Priester entgegnet, "daß man, wenn man die Sünde aufgibt und stirbt, sofort ins Paradies kommt, und daß es weder ein Fegefeuer noch eine Hölle gibt, weil Gott für uns am Holz des Kreuzes gebüßt hat." In Pola lehrte der Priester Biasio da Galesano seine Gläubigen um das Jahr 1549, "daß wir gerettet sind, gleichgültig ob wir das Gute oder das Böse tun, weil Christus für uns gestorben ist". Stefano Riccoboni aus Capodis, der 1549 gezwungen worden war, seine "lutherischen" Ketzereien zu widerrufen, vertrat 1558 erneut die Ansicht, daß nach dem Tode "alle Menschen in den Himmel kommen, ob sie nun gut handeln oder nicht". Francesco de Benedetti aus Cittadella äußerte die Meinung, daß "alle Getauften, mögen sie tun, was sie wollen, irgendwann, beim Tod oder nach dem Tod, notwendigerweise gerettet werden". Eine ähnlich beruhigende Überzeugung verbreitete in Lucca eine Frau, die in engen familiären Beziehungen zu Francesco Baroncini und Pellegrino Santini — zum damaligen Zeitpunkt (1576) zwei der Führer der lokalen Dissidentenkreise — stand, indem sie sagte, "daß das Paradies für uns gemacht ist und daß man nichts Gutes tun muß, weil wir auf jeden Fall dorthin kommen".[24]

Wenn die katholischen Kontroverstheologen der protestantischen Konkurrenz vorhielten, das Paradies zu verschleudern, indem sie alle "gestiefelt und gespornt"[25] in den Himmel schicke, konnten sie sich nicht auf die offizielle Theologie beziehen — die in der Zwischenzeit die Lehre von der begrenzten Zahl der Erwählten entwickelt hatte —;[26] sie bezogen

---

[24] Die zitierten Zeugnisse sind — entsprechend der Reihenfolge ihrer Erwähnung im Text — in folgenden Dokumenten belegt: ASV, Fasz. 13, Akte *Contra presbyterum Aloysium del Preto* (1556), Aussage des Nicolò Taidino aus Pirano vom 25. Februar 1556; ASV, Fasz. 8, Akte 10, *Contra presbyterum Ioannem de Manfredis* (1550), Aussage des Troilo Marcello vom 4. Dezember 1550; ASV, Fasz. 159, *Acta Sancti Officii* (1554-55), fol. 308ʳ, 26. September 1555, Contra pre Antonio Zustignan; ASV, Fasz. 4, Akte *Sumario mandato da Pola contra pre Biasio da Galesano*; ASV, Fasz. 4, Akte *Giovanni Ravalico*, fol. 25ʳ, Aussage des Michele Sanuto, des Sohnes des verstorbenen Bartolomeo; ASV, Fasz. 34, Akte *Francesco Benedetti da Cittadella* (1573); AAP, Fasz. 1, Akte *In causa Peregrini quondam Iosephi Santini lucensis mercatoris pannorum*, Aussage des Antonio Beluchi vom 25. Juni 1576.
[25] Catarino, *Compendio*, S. 359; Ginzburg und Prosperi, *Beneficio*, S. 159.
[26] Althaus, *Luthers Theologie*, S. 250f.

sich auf die populäre Interpretation der Rechtfertigung aus freier Gnade, die sich in unseren Zeugnissen niederschlägt.

III

Immer hatte es geheißen, man gelange auf einem "schmalen Pfad"[27] zum Heil — und nun war es ein "breiter Weg",[28] den die Ketzer vorschlugen. Was also bisher als Lohn eines Wegs voller Gefahren erschienen war, wurde durch jene neue Lebensauffassung, welche die Dissidenten Glauben nannten, offen und unmittelbar zugänglich. Allerdings galt dies nur für Christen, konnte nur daran teilhaben, wer getauft war. Jedenfalls beschränkten einige der von uns herangezogenen Zeugen das Wirkungsfeld der Gnade auf die Gemeinschaft der Getauften. Doch diese Grenze ließ sich überwinden: der spiritualistisch-radikale Flügel der reformatorischen Theologie betrachtete die Wirksamkeit der direkt erleuchtenden Gnade als von der Taufe unabhängig. Diese Gnade habe etwa die Heiligen Drei Könige zu Christus geführt.

Auf diese Doktrin, die im Werk des Ulrich Zwingli und des Martin Bucer einen Niederschlag fand,[29] bezog sich wahrscheinlich der Minorit Bartolomeo Fonzio, der um das Jahr 1540 in Modena die Lehre verbreitete, "daß die Taufe nicht notwendig ist, weil alle Prädestinierten ohne sie zum Heil gelangen können": das Wesentliche sei, zum "Kreis der Erwählten" zu gehören. Ebenfalls aus Modena ist belegt, daß die Auffassung, "alle Prädestinierten, einschließlich der Nichtgetauften, würden gerettet", auch im einfachen Volk verbreitet war.[30] In Faenza leitete der Priester Francesco Stanghi aus dem Prinzip der Rechtfertigung durch das Heilswerk Christi 1567 die Ansicht ab, daß damit alle Menschen gerettet seien, weil "wir uns das Paradies nicht durch unsere Werke verdient haben, sondern dort eingehen, weil Christus für uns gebüßt hat", folglich also auch "die Ungläubigen, die Nichtgetauften, wenn sie vom Evangelium Kenntnis haben und daran glauben, zum Heil gelangen können". In seinen *Dubbi religiosi* lehrte der Publizist Ortensio Lando — an dessen Absicht, protestantisches Gedankengut zu verbreiten, kein Zweifel mehr bestehen dürfte —, daß der Besuch der Heiligen Drei Könige als Zeichen dafür zu deuten sei, daß "die Erwählten ohne menschliches Zutun von Gott geleitet werden", man also

---

[27] Catarino, *Compendio*, S. 365.

[28] ASM, Fasz. 3, Akte *Andree Lucii Argentini confessio* (s.d.): "Ma havendo veduto la dottrina di quelli [luterani dell'Alemagna] piena di parole dell'Evangelio, senza frutto de pietà, con modo licentioso quello predicato, per il qual largo modo fa tutti li huomini venire alla vita epicurea, senza timore de Dio et scrupolo de relligione ..."

[29] Bucer, *Enarrationes*, fol. 8ᵛ.

[30] ASM, Fasz. 2, Akte *De quodam Bartholomeo Fontio veneto presbitero* (1545); ASM, Fasz. 5, Akte *Contra Franciscum Mariam Machellam* (er glaubte, "omnes predestinatos salvari, et qui non baptizantur"); vgl. auch ASM, Fasz. 4, Akte *Contra Marcum Magnavacam mutinensem tonsorem pannorum*.

nicht am Heil derer zu verzweifeln brauche, "denen es noch nicht gewährt worden ist, das Evangelium hören zu können".[31]

Solch unabhängige, dogmatisch kaum zu kontrollierende Anschauungen, konnten Perspektiven eröffnen, die mit der katholischen Orthodoxie unvereinbar und der protestantischen Lehre fremd waren. Zu diesen Aussichten gehörte der Untergang des christlichen Heilsmonopols.

Ein Beispiel dafür bietet uns 1572 der Seidenweber Pietro Antonio Ungari. Das Verständnis von Gnade als einer die Grenzen der christianisierten Welt überwindenden Kraft, wie es sich in den Äußerungen dieses venezianischen Handwerkers zeigt, weist in Richtung einer Erlösung der gesamten Menschheit. "Glaubt Ihr vielleicht, daß die Türken, Mohren und Juden, auch wenn sie nicht getauft sind, verdammt werden, wenn sie in der Gnade Gottes sterben?" fragte Ungari. Eine rhetorische Frage mit impliziter Verneinung: "Denn Gott wird nicht wollen, daß so viele seiner Geschöpfe der Verdammnis anheimfallen, wenn sie als rechtschaffene Menschen sterben." Wie ein Handwerker — so glaubte der Seidenweber Ungari — würde der Herrgott nicht untergehen lassen, was er liebevoll mit eigener Hand geschaffen hatte. "Denkt Ihr vielleicht, daß der Herrgott mit solcher Sorgfalt so viele Menschen gemacht hat und sie dann zum Teufel gehen läßt?" Ungaris Gesprächspartner zogen aus Äußerungen dieser Art den Schluß, daß "die Mohren, Türken und Juden innerhalb ihres Glaubens gerettet werden können".[32]

Noch eindeutiger ist das Zeugnis eines anderen venezianischen Handwerkers, des Schuhmachers Domenico Lorenzi. 1573 steht er unter der Anklage vor dem Inquisitionsgericht, in seinem Haus Bibellesungen mit anderen Handwerkern organisiert und dabei mit der Bibel in der Hand die Auffassung geäußert zu haben, daß "die Juden ohne Taufe gerettet sind, wenn sie gerecht handeln". Diese These von der Errettung rechtschaffener "Ungläubiger" wurde zum Gegenstand eines Gesprächs zwischen dem Schuhmacher und dem Inquisitor, das es verdient, hier wiedergegeben zu werden.

Inquisitor: Hat er [Domenico] je geglaubt, gedacht und gelehrt, daß jeder in seiner Religion gerettet werden kann?

Domenico: Ja, Herr, das habe ich gedacht, geglaubt und gelehrt ..., denn alle Menschen sind Gottes Geschöpfe, und er will, daß alle gerettet werden, wenn sie nicht aus Bosheit oder aus Hochmut ... sündigen ...

Inquisitor: Und ihr glaubt also, daß die Juden, Türken und Sarazenen, die nicht getauft sind, gerettet werden?

---

[31] Lanzoni, *Faenza*, S. 175, und TCD, Ms. 1224, *Contra don Franciscum de Stanghis faventinum*, Urteilsspruch vom 20. September 1567; Lando, *Dubbi*, S. 248.
[32] ASV, Fasz. 32, *Contra Petrum Antonium di Ungari* (1572), fol. 2^r, 7^r.

Domenico: Ja, Herr, wenn sie nicht aus Bosheit gegen den Heiligen Geist, sondern aus Unwissenheit sündigen, weil sie unseren Glauben nicht kennen.[33]

In diese Reihe von Zeugnissen ist vermutlich auch die Ketzerei des Müllers Menocchio aus dem Friaul einzuordnen, der sagte, daß "die göttliche Majestät den Heiligen Geist allen gegeben hat: den Christen und den Ketzern, den Türken und den Juden, und alle sind ihm teuer, und alle werden gleichermaßen gerettet" (1584).[34] In Venedig lehrte 1580 der Augustinereremit Lorenzo da Venezia, ein erklärter Gegner des Heiligen Offiziums, daß "Ungläubige jeder Art, wenn sie die Religion beachten, in die sie hineingeboren sind, gerettet werden müssen". Fünf Jahre später äußerte ein anderer Eremit, Fra Benigno da Cremona, Prior des Augustinerklosters zu Modena, in Anwesenheit zahlreicher Zeugen, daß "alle Völker gerettet werden können, wenn sie das Gesetz [ihrer Religion] einhalten". In Neapel löste ein abtrünniger Dominikaner, Giovan Girolamo Caracciolo, Empörung unter seinen Zuhörern aus, als er sagte, die "Ägypter" (die Moslems?) würden gerettet (1574-1577). In Rivalta Mantovana fragte der bereits erwähnte Camillo Evoli 1580 seine Gesprächspartner: "Glaubt ihr nicht, daß die Juden und Türken erlöst werden?"[35]

Juden und Moslems waren nicht die einzigen Gruppen, deren Schicksal für die Italiener des 16. Jahrhunderts zu einer Gewissensfrage wurde. "Jene Menschen der Neuen Welt ohne Gesetze und ohne Glauben ... werden sie gerettet werden können?" — mit dieser Frage wandte sich ein Augustinereremit aus Spilimbergo, Ippolito Bacusi, an einen dort ansässigen jüdischen Arzt. Nach dessen Meinung stand der Himmel auch den Menschen aus der Neuen Welt offen, konnte "jeder in seiner jeweiligen Lage errettet werden" (1573).[36] Ähnliche Sorgen darüber, welches Schicksal den erst vor kurzem entdeckten Völkern im Jenseits zugedacht sei, finden sich in den esoterischen Predigten des Arztes Basilio Albrisio aus Reggio, der sich für eine Reinkarnation Christi hielt und sich darauf vorbereitete, ein Leiden auf sich zu nehmen, das die Erlösung der gesamten Menschheit von Europa bis Amerika bedeuten würde (1559).[37]

Der Wunsch nach universaler Erlösung, der in diesen Episoden zutage tritt, scheint recht verbreitet gewesen zu sein, zumindest im Veneto. Die Motivationen, die im einzelnen dahinterstanden, waren allerdings heterogen,

---

[33] ASV, Fasz. 35, *Contra Dominico di Lorenzi callegaro*, fol. 8^v-9^r.
[34] Ginzburg, *Mugnaio*, S. 60.
[35] ASV, Fasz. 46, Akte *Fra Lorenzo da Venezia*, Verhör vom 11. September 1580; ASM, Fasz. 7, Akte 1, *Contra fra Benigno da Cremona*; ASDN, Fasz. 68, Akte *Contra dominum Ioannem Hieronimum Caracciolum olim fratrem OP*; TCD, Ms. 1225, Urteilsspruch gegen Camillo Evoli aus Bozzuolo, 14. Februar 1580.
[36] ASV, Fasz. 34, Akte *Domenico Massatutto*, Aussage des Fraters Ippolito Bacusi vom 1. Juni 1573.
[37] Biondi und Prosperi, *Albrisio*, S. XV.

reichten von der Sorge um das Schicksal ungetauft gestorbener Föten bis hin zu dem Bewußtsein, daß es ganze Kulturen gab, die vom Evangelium nicht erreicht worden waren. Auch die nach ihrer erzwungenen Emigration von der iberischen Halbinsel in Italien verstärkt präsenten Juden rückten die Möglichkeit ins Bewußtsein, daß es unendlich viele Wege zur Erlösung geben könnte; aus der Erfahrung des tagtäglichen Zusammenlebens mit ihnen mochte Toleranz als verlockendes Ziel erscheinen.[38]

Ausdruck verschafften diesem in Italien zwischen 1540 und 1580 verbreiteten Wunsch nach universaler Erlösung Mitglieder "lutherischer" Gruppen oder Menschen, die durch den Kontakt mit diesen sensibilisiert worden waren. Vermutlich machte die Erfahrung der Verfolgung durch die Inquisition, von der in jenen Jahrzehnten zu achtzig Prozent Protestanten betroffen waren,[39] diese Minderheiten empfänglich für die Aufnahme noch undeutlicher Signale des Protests gegen Diskrimination aus religiösen Gründen. Das Verständnis der Gnade als Kraft, die nicht an den Empfang der Sakramente gebunden ist, der Glaube daran, daß Gottes Geist die ganze — und nicht nur die evangelisierte — Welt überstrahlt, konnten diesen Impulsen in gewisser Weise eine theoretische Grundlage liefern. So sehen wir am Beispiel der "lutherischen" Gruppe von Asolo, die von den Brüdern Antonio und Benedetto dal Borgo geleitet wurde, wie das Prinzip der allerfassenden Gnade ermöglichte, die ungetauft gestorbenen "Kindlein" von Christen und dann auch die von Juden in den Kreis der Erlösten aufzunehmen (1546-47). Dem Glauben, daß "die Kindlein von Christen, die als Fehlgeburten verlorengehen, in die Hölle kommen", setzte Antonio dal Borgo seine Überzeugung entgegen, daß "Gott auch mit ihnen Erbarmen" habe, und fügte hinzu, daß er genausowenig glaube, daß "die von jüdischen Eltern stammenden Kindlein verdammt würden".[40] Ebenfalls in Asolo gewann ein Walker namens Giuseppe dreißig Jahre später (1578) aus einer Stelle bei Paulus, die er gelesen oder gehört hatte, die Überzeugung, "daß ein Neugeborenes auch dann gerettet ist, wenn es ohne Taufe sterben sollte". In Lucca stellte man in dem Grüppchen aus Bäckern und Webern, das der Schneider Giovan Battista Chiappino mit seinen philoprotestantischen

---

[38] Man darf vermuten, daß die Juden für das Ideal der Toleranz in besonderem Maße empfänglich waren. Eine Persönlichkeit wie der hochgelehrte Odoardo Gómez — der, aus Portugal stammend, sich der Zwangskonversion seiner Eltern bewußt war, die Emigration seiner Brüder nach Konstantinopel miterlebt hatte und als Arzt von den inneren Konflikten seiner Patientin und Geschäftspartnerin Beatrice di Luna, die zwischen dem nach außen praktizierten Christentum und der inneren Zustimmung zum Judentum gespalten war, wußte — mußte aus der eigenen Lebenserfahrung zur Anerkennung des Prinzips der Toleranz gelangen. Diese existentielle Erkenntnis fand in der Zusammensetzung seiner Bibliothek Ausdruck, zu der 1555 unter anderem zwei Exemplare des *Enchiridion* von Erasmus — ein spanisches und ein lateinisches —, der Traktat *Messias christianorum et iudeorum* von Sebastian Münster und die *Biblia* von Sebastian Castellio gehörten (vgl. Ioly Zorattini, *Processi contro ebrei* I, S. 280). Zur Bibel von Castellio vgl. Buisson, *Castellion* I, S. 301-23.
[39] Monter und Tedeschi, *Statistical Profile*, S. 133.
[40] ASV, Fasz. 6, Akte *Exemplum processus formati in castro Asyli*, fol. 8ᵛ.

Erörterungen anzog, 1576 die Frage: "Was meint Ihr, glaubt Ihr, daß die Türken errettet werden?" Chiappinos Antwort: "Wieso nicht? Sind sie nicht Gottes Geschöpfe wie wir?"[41]

IV

Wir wollen nun zu erfahren suchen, welche Auffassung die Protagonisten dieser Episoden von der göttlichen Barmherzigkeit hatten. Aus ihren Äußerungen dazu wird sich ergeben, daß die Berufung auf die göttliche Barmherzigkeit zur spezifischen Terminologie der protestantischen Bewegung gehörte und sich mit der Tendenz verband, das Paradies so vielen Menschen wie möglich zu öffnen. *Sola misericordia* ist die Formel, in der sich das etwas abstrakte Postulat *sola fide* konkretisierte.

Bei einer Versammlung der Modeneser Bruderschaft des hl. Petrus Martyr behandelte der mit der Predigt beauftragte Geistliche als Thema die guten Werke und ihre Bedeutung für das Seelenheil. Das Treffen wurde durch eine Intervention des Tuchmachers Gasparo aus Mailand geprägt, der kurze Zeit später (1555) wegen des Verdachts auf lutherische Ketzerei vor das lokale Inquisitionsgericht zitiert werden sollte. "Bedenkt, Brüder", verbesserte Gasparo den Redner, "daß die Barmherzigkeit Gottes größer ist als die guten Werke, da wir ja nicht so viele gute Werke tun können, daß wir nicht mehr tun müßten."[42]

1551 löste, ebenfalls in Modena, der Prediger Giovan Francesco da Bagnacavallo Unbehagen und Unruhe aus, als er bei einer deutlich von der protestantischen Lehre inspirierten Predigt den "Werken der Gerechtigkeit" die "Barmherzigkeit Gottes" als Heilsgrundlage gegenüberstellte. Auch als er von der Taufe sprach, "erweckte er den Eindruck, alles der Barmherzigkeit Gottes und dem Glauben zuzuschreiben, ohne ein Wort über die Werke zu sagen".[43] Ähnlich bekannte der Barbier Antonio Villani 1568, geglaubt zu haben, "daß unsere Werke, obschon im Stande der Gnade getan, nicht das ewige Leben einbringen, sondern daß Gott uns das Paradies einfach aus Barmherzigkeit gibt, wenn man auch", fügte er hinzu, "Gutes tun muß, um Gott zu gehorchen".[44]

In diesen Zeugnissen aus Modena wird das Wort "Barmherzigkeit" offensichtlich als Synonym für "Gnade" und antithetisch zu "Werke" gebraucht. In eben diesem Sinne verwendete es auch Giovanni della

---

[41] ASV, Fasz. 41, Akte *Giuseppe follator*, fol. 15ᵛ, Verhör vom 2. Juli 1577; AAP, Fasz. 1, *Contra Giovan Battista Chiappino sartore*, Aussage des Antonio Beluchi aus Lucca vom 19. Juni 1576.

[42] ASM, Fasz. 3, Akte *Processus absolutus per abiurationem Gasparis tobaliarii*, Aussage des Cesare di Cesare vom 14. November 1555.

[43] ASM, Fasz. 3, Akte *Giovan Francesco da Bagnacavallo*, Aussage des Jacopo Pellotto vom 26. August 1558 (die Untersuchung bezieht sich aber auf eine Predigt vom Februar 1551). Vgl. auch Ginzburg und Prosperi, *Beneficio*, S. 28.

[44] ASM, Fasz. 5, Akte *Contra Antonium Villanum barbitonsorem* (1568).

Guartanuta aus Piano d'Arta, ein Friauler, der über die Lektüre von Schriften Luthers und durch häufige Aufenthalte in "deutschen Landen" zu seinen religiösen Überzeugungen gekommen war. Er verstand die Rechtfertigungslehre so, daß diejenigen, "die barfuß herumlaufen oder andere Werke für ihr Seelenheil tun, das lassen können, weil wir allein durch die Gnade und Barmherzigkeit Gottes gerettet werden, durch den Glauben und nicht durch die Werke" (1564). 1574 gestand der Notar und Schreiber Giovan Battista Michiel aus Venedig, der Meinung gewesen zu sein, "daß wir uns von uns aus nichts ohne die Barmherzigkeit Gottes verdienen können". Die Vergebung der Sünden "durch die Barmherzigkeit Christi" war eines der Lieblingsthemen des venezianischen Buchmalers Antonio Bernerio, der 1547 wegen des Verdachts auf Ketzerei vor das Heilige Offizium beordert wurde. In einigen aus den Jahren 1548/49 stammenden Formulierungen aus dem Umkreis von Pier Paolo Vergerio erscheint das Prinzip der göttlichen Barmherzigkeit direkt mit dem der Rechtfertigung durch den Glauben verknüpft. Dies gilt etwa für die Äußerung, daß "der Glaube allein für das Heil ausreicht, damit nicht den Werken der Ruhm gebührt, sondern allein der Barmherzigkeit Gottes" (Domenico Vergerio genannt Slavina), oder für die Auffassung, daß "wir nicht durch unsere Werke, sondern allein durch die Barmherzigkeit Gottes gerettet werden" (Diana della Corte).[45]

In einem Zeugnis des Jahres 1546 aus Asolo stellt sich die Leugnung des Fegefeuers als Korollarium des Prinzips der göttlichen Barmherzigkeit dar. In der Spezereihandlung "della Colombina", dem dortigen Treffpunkt der Andersgläubigen, hatte ein Schuhmacher den Bastiano da Cornuta sagen hören, "daß die Barmherzigkeit Gottes übergroß ist; deshalb braucht man nicht zu glauben, daß es ein Fegefeuer gibt".[46]

Geradezu eine Garantie auf das Paradies schien manchen Lesern, was im *Beneficio di Cristo* zur göttlichen Barmherzigkeit ausgeführt wurde. Der Franziskaner Benedetto Benedetti teilte 1552 dem Inquisitor von Venedig mit, daß ein als "der Cavaliere" bekannter Händler mit verbotenen Büchern zu ihm Kontakt aufgenommen habe. Der "Cavaliere", der in anderen Dokumenten als Verbreiter heterodoxer Schriften Erwähnung findet, hatte Fra Benedetto veranlaßt, ein *Li beneficii di Giesù Christo* betiteltes Büchlein zu erstehen, indem er es ihm als "frommes und katholisch-christliches Werk" empfahl. Der Franziskaner fühlte sich irregeführt, da jenes Buch seiner Meinung nach "das Bild eines Gottes von so bedingungsloser Barmherzigkeit zeichnete, daß es schien, er gebe dem Menschen die

---

[45] ACAU, Fasz. 2, Akte 33, *Contra Ioannem della Guartanuta de villa Plani*, fol. 194r; ASV, Fasz. 37, Akte *Contra Hieronimo Parto nodaro* (1572), fol. 31r; ASV, Fasz. 6, Akte *Antonio Bernerio miniatore*, Aussage vom 24. Mai 1547; ASV, Fasz. 4, *Atti di Annibale Grisonio*, 23. Dezember 1548 (Domenico Vergerio genannt Slavina) und 10. Januar 1549 (Diana della Corte). Hierzu vgl. Althaus, *Luthers Theologie*, S. 217.

[46] ASV, Fasz. 6, Akte *Exemplum processus formati in castro Asyli*, fol. Xv, Aussage des Schustermeisters Iseppo vom 29. Juni 1546.

Erlaubnis zu sündigen, und daß uns die Barmherzigkeit Gottes gegen unseren Willen errette". Fra Benedetto behauptete, das schändliche Buch verbrannt zu haben.[47]

V

Die Resonanz auf die Vorstellung eines unendlich barmherzigen Gottes, wie sie sich in den von uns erwähnten Zeugnissen zeigt, macht verständlich, warum innerhalb von zwölf Jahren in drei kulturellen Zentren Italiens — nämlich Mantua, Venedig und Florenz — das Bedürfnis auftrat, die kleine Schrift *De immensa Dei misericordia* von Erasmus zu übersetzen. Die nun folgende Darstellung versteht sich nicht als Inhaltsangabe dieses Werks und noch weniger als theologische Auseinandersetzung mit ihm. Es geht allein darum darzulegen, wie diese Schrift von italienischen Lesern der damaligen Zeit verstanden wurde.

Die Abhandlung *De immensa Dei misericordia* kann als Beitrag des Erasmus zum Thema Rechtfertigung betrachtet werden. Sich 1524 in Basel mit dem Problem der Rechtfertigung zu beschäftigen bedeutete, sich mit Luther auseinanderzusetzen. Und tatsächlich bezieht sich Erasmus auf Luther — ohne allerdings seinen Namen zu nennen —, auch wenn in der wissenschaftlichen Erforschung der Kontroverse Erasmus/Luther die Schrift *De misericordia* als Komplement der so viel bekannteren Diatribe *De libero arbitrio* bisher offenbar nicht berücksichtigt worden ist. Zwar verrät die Wahl des Begriffs "Barmherzigkeit" — theologisch gesehen neutraler als "Gnade" — die Absicht von Erasmus, eine Erbauungsschrift zu verfassen und auf diese Weise das Terrain des Glaubensstreits zu meiden. Besser informierten Lesern gibt der Autor jedoch einen Hinweis, wie er sein Buch verstanden haben will, wenn er darauf aufmerksam macht, daß er "Barmherzigkeit" als Synonym für "Gnade" gebraucht.[48]

Vor zwei gleichermaßen großen Gefahren — so leitet Erasmus seine Schrift ein — muß der Mensch sich in seinem Erdenleben hüten: vor Selbstgewißheit und vor Verzweiflung. Zwischen den beiden muß der Christ sein Schifflein hindurchsteuern wie zwischen Skylla und Charybdis. Diese Dichotomie nimmt Erasmus als Ausgangspunkt seiner Abhandlung.

Schiffbruch wegen seiner Selbstgewißheit erleidet, wer meint, sich gegenüber Gott irgend etwas als Verdienst anrechnen zu können. Neben dem Prinzip der göttlichen Barmherzigkeit kann der trügerische Gedanke vom

---

[47] ASV, Fasz. 10, Akte *Contra fra Benetto di Benedetti*, Verhör vom 8. Februar 1552. Zur Identität des "Cavaliere" und seiner Aktivität als Verbreiter heterodoxer Drucke vgl. ASV, Fasz. 9, Akte *Bonifacio Milione detto il Cavaliere*.

[48] D. Erasmus Roterodamus, *De immensa Dei misericordia concio*, Basel, Froben, 1524, S. 68 ("Gratia, inquit [Paulus], Dei sum id quod sum. Quid est gratia Dei nisi misericordia Dei?"), und S. 74 ("Omnes huius [Pauli] epistolae crepant gratiae vocabulum, quod quoties audis, intellige tibi commendari Dei misericordiam"). Zur Genese der *Concio* vgl. *EE* V, epp. 1456, 1464 und 1474.

menschlichen Verdienst keinen Bestand haben.[49] Was ist dem Gerechten Hilfe? Die vielfältige Barmherzigkeit Gottes — lehrt uns der Psalmist —, nicht das eigene Verdienst. Das Vertrauen in die göttliche Barmherzigkeit, im Alten wie im Neuen Testament gepriesen, schließt das Vertrauen auf die eigenen Werke aus.[50] Wenn wir sagen, wir hätten nicht gesündigt, sind wir verlogen und ist in uns keine Wahrheit. Wenn nicht einmal die Sterne als rein vor Gott bestehen können, wenn Er sogar an den Engeln Böses gefunden hat, wenn niemand vor Gott ohne Makel ist, nicht einmal ein erst einen Tag altes Kind — wer wird sich da rühmen können, reinen Herzens zu sein? Viele erscheinen vor den Menschen gerecht, vor Gott aber ist keiner gerecht, sondern all unsere Gerechtigkeit ist wie das Tuch einer von der Menstruation befleckten Frau.[51] So unermeßlich unser Elend, so unermeßlich muß die göttliche Barmherzigkeit sein, die uns davon erlöst.[52]

Die göttliche Barmherzigkeit erlangt man durch Glauben. Vertraue auf einen barmherzigen Gott, und du wirst Barmherzigkeit finden. Folge dem Beispiel von Paulus, der die Rüstung des Glaubens anlegte, die uns nicht durch das Vertrauen auf unsere Werke, sondern durch das Vertrauen auf die göttliche Barmherzigkeit schützt. Folge dem Beispiel von David, der sich Reinheit nicht durch seine guten Werke, sondern durch Besprengen mit dem Blut des fehlerlosen Lamms versprach, und sich, wiewohl er wußte, daß er schon im Mutterschoß befleckt war, von dieser Reinigung eine Unschuld von makelloserem Weiß als der Schnee erwartete.[53]

Es nimmt nicht wunder, daß in diesem Zusammenhang die Lehre von dem Schatz an Verdiensten, Grundlage des Ablaßwesens, entschieden zurückgewiesen wird. Wenn es uns aus eigener Kraft nicht einmal gelingt, Gutes zu denken — fragt Erasmus —, wer sind dann diese Unverschämten, die an jedermann ihre guten Werke verkaufen, als hätten sie so viele davon, daß sie

---

[49] Erasmus, *De immensa Dei misericordia*, S. 74f.
[50] Ebd., S. 66: "Quibus autem praesidiis securus est iustus? 'Ego autem, inquit, in multitudine misericordiae tuae'. Ac paulo post: 'Domine, ut scuto bonae voluntatis tuae coronasti nos'. Cum audis 'bonae voluntatis', intelligis excludi fiduciam tuorum meritorum. Ubi deficiunt nos naturae vires, ubi merita destituunt, ibi succurrit misericordia".
[51] Ebd., S. 53-54 ("Sed quid ait Ioannes apostolus? 'Si dicimus nos non habere peccatum, mendaces sumus et veritas in nobis non est'. Si nec astra sunt munda in conspectu Dei, si et in angelis suis reperit iniquitatem, si nemo purus est in conspectu Dei, nec infans unius diei, quis nostrum gloriabitur se castum habere cor?") und S. 54 ("Apud homines multi iusti videntur, apud Deum nemo iustus est, sed omnes iusticiae nostrae sunt veluti pannus mulieris menstruo profluvio contaminatae"). Vgl. auch S. 20.
[52] Ebd., S. 59-65.
[53] Ebd., S. 109 ("Confide misericordi, et experieris misericordiam: fides nihil non impetrat a Christo"); S. 67 ("Induerat [Paulus] egregius bellator panopliam fidei, quae nos munit non operum fiducia, sed misericordiae divinae"); S. 135 ("Ita David, quum ingenue confessus esset peccatum suum, ac commeritam Dei vindictam, audi quantum spei conceperit ex misericordia Domini: 'Asperges me, inquit, Domine hysopo et mundabor, lavabis me et super nivem dealbabor'. Non ex suis benefactis, sed ex aspersione sanguinis agni immaculati pollicetur sibi mundiciem, quumque agnoscat sese ex utero matris sordibus inquinatum, tamen ex hoc lavacro sperat candorem innocentiae, cui cedat etiam candor nivis").

andere damit versehen könnten? Elend sind, die ihre guten Werke verkaufen, und verdammt, die auf die Werke der Menschen vertrauen.⁵⁴

Die hartnäckige Polemik von Erasmus gegen die religiösen Orden wird hier um eine neue Variante bereichert: Es sind vor allem die Bettelorden, die ihren Anhängern den Vorteil in Aussicht stellen, aus dem Schatz der von den heiligen Stiftern und anderen Ordensmitgliedern durch Askese und fromme Übungen angehäuften Verdienste Nutzen ziehen zu können. Diese fremden Verdienste, an denen der Gläubige teilhaben zu können hofft, werden von Erasmus (vielleicht in Analogie zu der Kutte, die die Franziskaner frommen Laien auf dem Sterbebett anziehen ließen)⁵⁵ mit einem Kleid verglichen. Warum willst du von dem ein Kleid, der sich als erbärmlich nackt erweist? fragt Erasmus seinen Leser. Warum erbittest du ein Almosen von einem Bettler?⁵⁶

Aus der klar formulierten Alternative göttliche Barmherzigkeit/ menschliches Verdienst geht deutlich hervor, mit welch großer Aufmerksamkeit Erasmus Luther gelesen hatte. "Mihi videtur gratia pertinere ad vocationem, vocamur autem per fidem ... Ea fides gratuitum est Dei donum et ob id quibus id contigit, debent divinae misericordiae." "Salus per fidem, fides per auditum." "Nemo potest salubriter odisse peccata sua, nisi Deus dederit, nisi auferat cor lapideum et inserat cor carneum."⁵⁷ Derartige Kryptozitate und Anklänge an Luther sind keineswegs selten; und teilweise haben sie ein solches Gewicht, daß der Eindruck entsteht, Erasmus habe sich sehr nahe an die lutherische Rechtfertigungslehre herangewagt.⁵⁸

---

⁵⁴ Ebd., S. 74-75 ("Gratiae est, quod purgati sumus a peccatis, gratiae quod credimus, gratiae quod per spiritum eius [Dei] charitas diffusa est in cordibus nostris, iuxta quam operamur ea, quae sunt pietatis. Nos enim non sumus sufficientes aliquid cogitare a nobis, quasi ex nobis, sed omnis sufficientia nostra ex Deo est. Si verum dixit Paulus, ubi sunt impudentes isti, qui vendunt quibuslibet sua bona opera, quasi tantum ipsis domi supersit, ut possint et alios ditare? Miserabiles sunt, qui sic venditant sua benefacta, maledicti sunt, qui confidunt in operibus hominum").

⁵⁵ Vgl. oben, S. 71.

⁵⁶ Erasmus, *De immensa Dei misericordia*, S. 76 ("Et tu petis ab homine vestem bonorum operum, qui hoc miserabilius est nudus, quo sibi videtur magnificentius vestitus? Agnosce tuam miseriam, et parata est misericordia") und S. 75.

⁵⁷ Ebd., S. 46-47 ("Etenim citra praeiudicium melioris sententiae, si quis adferet, mihi videtur gratia pertinere ad vocationem, vocamur autem per fidem, hoc est, credulitatem. Ea fides gratuitum est Dei donum et ob id quibus id contigit, debent divinae misericordiae"); S. 116 ("Nemo servare potest invitum. Salus autem per fidem, fides per auditum. Prope est sermo salutifer in corde tuo et in ore tuo"); S. 105 ("Nemo potest salubriter odisse peccata sua, nisi Deus dederit, nisi auferat cor lapideum et inserat cor carneum, nisi pro corde polluto creet in nobis cor mundum, nisi pro spiritu pravo, spiritum rectum innovet in visceribus nostris").

⁵⁸ Vgl. z.B. ebd., S. 133-134: "Quum peccator ex animo agnoscit turpitudinem suam seseque dignum supplicio fatetur, tunc iustificatur Dominus et vincit quum iudicatur, hoc est, quum iudicium defert homini velut ipse iudicandus. Caeterum qui suam iustitiam constituunt, Deum quodammodo faciunt iniustum et mendacem, qui misericordiam suam agnosci vult in omnibus, et gaudet nostram iustitiam in suam gloriam vertere, dum ubi exuberavit peccatum, ibi exuberat illius gratuita beneficentia".

Dieser Nachvollzug der erasmischen Gedanken basiert primär auf den Unterstreichungen und Randbemerkungen eines anonymen italienischen Lesers des 16. Jahrhunderts.[59] Die Interpretation, die sich aus dieser Art des Lesens ergibt, erfaßt allerdings nur einen Aspekt der Abhandlung, nämlich das Thema Selbstgewißheit. Bei der Entwicklung des komplementären Motivs, nämlich der Behandlung des Themas Verzweiflung, äußert Erasmus grundsätzliche Vorbehalte gegenüber der Theologie Luthers und geht zu ihr auf Distanz.

Verzweiflung ist in den Augen des Erasmus eine noch schlimmere Beleidigung Gottes als Selbstvertrauen. Es ist die einzige Sünde ohne Hoffnung.[60] Und dem Verzweifeln gibt die Lehre Luthers Nahrung. Der Sünder, der, vom Bewußtsein seiner Schuld in Schrecken versetzt, keine Hoffnung auf die Verzeihung Gottes hat, kann in der Antinomie zwischen Gesetz und Evangelium sein Schicksal eines heillosen Verworfenseins bestätigt sehen. Die Theoretiker dieser Antinomie — sprich: Luther — betrachtet Erasmus eher als "frenetici" denn als "haeretici", die ein zwiespältiges Gottesbild schaffen: einem alttestamentarischen Gott, der ein Gott der Gerechtigkeit und nicht der Barmherzigkeit sein soll, stellen sie einen neutestamentarischen Gott gegenüber, der ein Gott der Barmherzigkeit und nicht der Gerechtigkeit sein soll.[61] Erasmus widerspricht dem ersten Teil des Gegensatzpaares. Seines Erachtens zeigt sich der Gott des Alten Testaments nur selten als Gott der Rache und sehr viel häufiger als Gott jener Barmherzigkeit, die der Psalmist und die Propheten auf jeder Seite preisen. Überzeugt davon, daß zwischen dem Alten und dem Neuen Testament keine Antinomie, sondern lediglich ein gradueller Unterschied

---

[59] Der *Trattato della grandezza delle misericordie del Signore di Erasmo Roterodamo, di latino tratto in volgare per Francesco Monosini da Prato Vecchio*, Venedig 1551 — d.h. die in chronologischer Folge zweite Übersetzung des Traktats *De immensa Dei misericordia* von Erasmus, vgl. S. 190 — ist nur noch in einem einzigen Exemplar in der BGN erhalten. Dieses Exemplar muß von einem protestantischen Leser benutzt worden sein. Denn der Leser hat Abschnitte, die sich auf die Schwäche und Fehlbarkeit des Menschen beziehen, am Rande angestrichen. Hier einige Beispiele gekennzeichneter Passagen: Fol. Biiii^r: "Et Paulo a li Romani grida 'Non è differentia o distintione alcuna, tutti peccorno, et hanno hauto bisogno della gloria di Dio, acciò ch'ogni bocca si turi, e sia fatto a Dio tutto 'l mondo suggetto'"; fol. Eiii^r: "Appresso gli huomini molti paiono giusti, appresso Dio niuno è giusto, ma tutte le nostre opere et giustitie sono come il velo d'una donna che dal sopr'abondante humore del suo tempo è contaminata. Paulo sente la legge della carne nelli suoi membri repugnante alla legge della mente e grida: 'O infelice huomo, chi mi farà libero dal corpo di questa morte?' Job era tenuto giusto, et nientedimeno per il parlar di Dio si truova al tutto non esser senza peccato. Ha spavento anchora il profeta David del giuditio di Dio, se dalla molta misericordia non è lavato". Weitere Beispiele: fol. iiii^v, Fiii^r, Fiii^v, G^v, Gii^r, Iii^v, Iiii^r, K^v, Kiiii^r, L^r, Lii^r.

[60] Erasmus, *De immensa Dei misericordia*, S. 87.

[61] Ebd., S. 105: "Tota Veteris Instrumenti scriptura undique nobis praedicat, occinit, inculcat Dei misericordiam. Et ubi sunt illi phrenetici verius quam haeretici, qui duos ex uno faciunt deos, alterum Veteris Testamenti, qui tantum iustus fuerit, non etiam bonus, alterum Novi, qui tantum bonus fuerit, iustus non item?".

hinsichtlich der Offenbarung besteht,[62] versucht Erasmus, Barmherzigkeit sogar in der göttlichen Rache zu erkennen. Obschon er den Terminus Prädestination niemals gebraucht, sieht er frühzeitig die beängstigende Seite der Prädestinationslehre und bekämpft sie, indem er die metahistorische Kategorie der Verwerfung zurückweist.[63]

Diese Absicht wird bei der Interpretation der Gestalten Kains und Judas' deutlich. Diese Prototypen des verworfenen Menschen, nach der lutherischen Lehre *ab aeterno* vom Heil ausgeschlossen, erhalten bei Erasmus ihre Entscheidungsfreiheit zurück: sie können wählen zwischen Hoffnung und Hoffnungslosigkeit. Wenn Kain Gott um Barmherzigkeit angefleht, wenn Judas vor Gott seine Sünde bekannt hätte, wie er es vor den Pharisäern tat, wären sie in unendlicher himmlischer Gnade aufgenommen worden.[64] Die Möglichkeit der Errettung von Kain und Judas gehört zu einem Verständnis der göttlichen Barmherzigkeit, das sie bis in die Hölle hinein wirken sieht und die Hoffnung weckt, zuletzt werde die gesamte Menschheit erlöst. Diese Hoffnung ist der Zielpunkt, auf den hin Erasmus seine Erörterung ausrichtet. Denn schließlich bekennt sich der Humanist zu der Auffassung, daß sogar Dämonen und Verdammte wieder in Gnade aufgenommen werden können, wenn er sich auch bei diesem Bekenntnis hinter der Autorität eines ungenannten "großen Autors" (Origenes) versteckt.[65]

Mit dem Thema der Barmherzigkeit Gottes verknüpft Erasmus das der Würde des Menschen. Aus der Niedrigkeit des Skarabäus wird der Mensch durch die Liebe Gottes, der seine Herrlichkeit vor allem in ihm zum Ausdruck bringen will, zu den Engeln erhoben, ja sogar über sie.[66] Beseelt von dieser neu entdeckten Verknüpfung mit der humanistisch-neuplatonischen Tradition, macht Erasmus auch vor der gewagtesten Formulierung nicht Halt. Die göttliche Barmherzigkeit macht aus dem Menschen geradezu einen Gott, indem sie ihn mit dem Glanz und der Vielfalt einer anthropozentrischen Schöpfung umgibt.[67]

---

[62] Ebd., S 196f.

[63] Hieraus wird ersichtlich, weshalb der Traktat des Erasmus über die göttliche Barmherzigkeit mehr als ein Vierteljahrhundert nach seiner Abfassung gegen die calvinistische Prädestinationslehre herangezogen werden konnte. Es ist sicherlich kein Zufall, daß es ein nach Basel emigrierter Italiener war, der das Buch in diesem Sinne verwendete (Seidel Menchi, *Circolazione clandestina*, S. 585, aber vgl. hierzu auch Prosperi, *Setta di Giorgio Siculo*, S. 337f.).

[64] Erasmus, *De immensa Dei misericordia*, S. 87-101.

[65] Ebd., S. 57.

[66] Ebd., S. 69-73, insbesondere: "Quid scarabeis contemptius? At purus est scarabeus, si cum peccatoris sordibus conferatur. Quid angelis sublimius? Nonne supra modum omnem erat ex scarabeo facere angelum? Nunc hominem scarabeo abiectiorem fecit angelo maiorem, ausim dicere, fecit deum. Quur enim non ausim dicere, quod audet scriptura divina? 'Ego dixi: dii estis et filii excelsi omnes'. Quicquid adglutinatur corpori et spiritui Christi venit in consortium cognominum. Hic si nihil est quod tuis meritis possis ascribere, glorifica Dei misericordiam, adora Dei misericordiam, exosculare Dei misericordiam". Vgl. auch S. 19.

[67] Ebd., S. 42.

Wie wir oben gesehen haben, ließ sich der Inhalt des *De immensa Dei misericordia* bei gezielter Lektüre durchaus in gemäßigt lutherischem Sinn verstehen. Aber die Schrift eignete sich auch für eine zwar vom Bedürfnis nach theologischer Erneuerung bestimmte, doch konfessionell verträgliche Rezeption. Beleg für eine solche Interpretation ist die 1542 von dem Karmeliter Marsilio Andreasi erstellte und unter seinem Namen veröffentlichte Übersetzung.[68] Zumindest stellenweise verhielt sich Andreasi eher wie ein Revisor als ein Übersetzer. Hier änderte er einen Satz über die Unfähigkeit des Menschen zum Guten, dort ließ er einen zu offensichtlich im Sinne Luthers wirkenden Bibelverweis aus, zensierte die Kritik an der Lehre vom *thesaurus meritorum*[69] und fügte erbauliche Ausführungen nach Geschmack der traditionellen Homiletik hinzu. Insgesamt verlagerte er das Gewicht im konservativen Sinn.

Doch auch in dieser Form blieb die Schrift des Erasmus Ergebnis einer mit der post-tridentinischen Theologie unvereinbaren religiösen Kultur. Diesen Schluß läßt ein am 1. Oktober 1580 vom Inquisitionsgericht Mantua gegen Francesco Sbaraini gefälltes Urteil zu. Die Ansicht, zu der sich Don Francesco bekannte, nämlich daß "keinerlei Sünder in die Hölle kommen, außer denen, die an der Güte Gottes verzweifeln", ist m.E. als Echo auf den *Trattato dell'infinita misericordia di Dio* zu verstehen, der unter dem Namen von Marsilio Andreasi in kirchlichen Kreisen Mantuas in Umlauf geblieben war.[70] Zu diesen gehörte Francesco Sbaraini in seiner Eigenschaft als Kanoniker von San Marco. Gegen die von ihm vertretene erasmische These stand allerdings die konträre Behauptung, "daß unendlich viele Sünder in die Hölle kommen, weil sie sich zu sehr auf die Güte Gottes verlassen". Das Tribunal von Mantua befand in seinem Urteil, diese zweite Ansicht stimme mit der katholischen Lehre überein und verurteilte die andere als Quell "beträchtlichen Ärgernisses". Noch größeres Ärgernis verursachte Sbarainis unter Hinweis auf das Pauluswort "Deus vult omnes homines salvos fieri" (1 Tm 2,4) eingefügte Bemerkung, "daß auch, wer im Stande der Todsünde stirbt, gerettet wird".[71]

Verglichen mit der zu dieser Zeit sonst üblichen Strenge, sieht der Urteilsspruch gegen Sbaraini eine milde Strafe vor. Dieser späte Vertreter der Theologie des offenen Himmels wurde dazu verurteilt, sich Äußerungen zu religiösen Fragen für alle Zukunft zu enthalten.

---

[68] Vgl. S. 196f.
[69] Seidel Menchi, *Circolazione clandestina*, S. 598-99.
[70] BCM, Ms. A.1.29, 29, Francesco Andreasi, *Prediche*, fol. 65ʳ-72ᵛ. Aus dieser Predigt, die hauptsächlich von der Barmherzigkeit als menschlicher Tugend handelt, ist m.E. ein Echo auf den Traktat von Andreasi herauszuhören.
[71] TCD, Ms. 1225, in Mantua verkündigter Urteilsspruch gegen Don Francesco Sbaraini (Sbaraino) vom 1. Oktober 1580.

VI

Wir wollen unsere Aufmerksamkeit nun den Personen zuwenden, von denen die italienischen Übersetzungen der Schrift des Erasmus über die Barmherzigkeit Gottes verwirklicht oder gefördert wurden.

Die profilierteste Gestalt, der wir in diesem Abschnitt unserer Untersuchung begegnen, ist der Benediktiner Ippolito Ballarini aus Novara, dem die zweite, also die venezianische Übersetzung gewidmet ist. Der 1551 in Venedig gedruckte *Trattato della grandezza delle misericordie del Signore* stellt einen bisher von Bibliographen und Fachwissenschaftlern nicht berücksichtigten Aspekt der Erasmus-Rezeption in Italien dar.[72] Auch der Empfänger der Widmung, der Mönch Ippolito Ballarini, ist der italienischen Kirchengeschichte des 16. Jahrhunderts unbekannt. Selbst den gutinformierten Geschichtsschreibern seines Ordens ist Ballarini als Nachahmer des *Beneficio di Cristo*, Verteidiger des Prinzips der Rechtfertigung durch den Glauben und Anhänger von Erasmus entgangen.[73] Die Dokumente, deren wir uns bedienen werden, um ein Bild der Persönlichkeit Ballarinis zu zeichnen, sind — neben der bereits erwähnten Erasmus-Übersetzung — ein kleiner, von ihm selbst verfaßter Traktat mit dem Titel *De diligendis inimicis* (Venedig 1546 und, in italienischer Übersetzung, ebenda 1555) sowie das Manuskript eines von ihm stammenden *Sermone della natività del Signore*.

Ursprünglich Mitglied der *Congregazione di Santa Giustina*, wechselte der aus Novara stammende Ballarini 1533, in schon reiferem Alter, zur Kongregation von Camaldoli und legte im Kloster San Michele zu Murano das Gelübde ab. Die Geschicke dieses Klosters lenkte er zwischen 1545 und 1548 und dann erneut zwischen 1550 und 1552. Von 1553 bis 1555 war er Abt der *abbazia delle Carceri* bei Padua; ab 1556 dann stand er der *abbazia di Classe* in Ravenna vor. 1557 als General an die Spitze seines Ordens gewählt, verstarb er am 27. September 1558.

Schon in der kleinen Schrift *De diligendis inimicis* (1546) präsentiert sich Ballarini als Sympathisant der Reformationsbewegung. Vielleicht hatte ihm die Lehre von der rechtfertigenden Gnade, zu der er sich gleich zu Anfang des Büchleins bekennt, einiges an Aversion eingetragen, denn *De diligendis inimicis* läßt sich als autobiographisches Zeugnis verstehen, geboren aus der Notwendigkeit, einen Kodex des Verhaltens in einer feindlichen Umwelt zu

---

[72] Vgl. Anm. 59.

[73] Einzelne Angaben zu Ippolito Ballarini finden sich in: Augustinus Florentinus, *Historiae camaldulenses*, Florenz, 1575, S. 309-11 (vgl. auch Lazzaro Agostino Cotta, *Museo novarese*, Mailand 1791, S. 215f.); Mittarelli und Costadoni, *Annales camaldulenses* Bd. 8, S. 104f.; Johannes Benedictus Mittarelli, *Bibliotheca codicum manuscriptorum monasterii Sancti Michaelis Venetiarum prope Murianum*, Venedig 1779, Sp. 93f. Mittarelli und Costadoni schreiben Ballarini neben dem *Tractatus de diligendis inimicis* und dem *Sermone della natività del Signore* — von denen weiter unten die Rede sein wird — auch eine *Expositio in orationem dominicalem*, 1555, zu, die ich nicht ermitteln konnte. Ballarini stand in Briefwechsel mit Pietro Aretino, vgl. Aretino, *Lettere* III, fol. 219f.

entwickeln.⁷⁴ Ballarinis Ideen reichen, über das Gebot der Nächstenliebe hinausführend, bis zu einer die Verfolgung verklärenden Mystik, die in den Kreisen italienischer Andersgläubiger nicht ohne Parallelen ist.⁷⁵ Verfolgung scheint wie das Siegel, durch das die Berufung zum "evangelischen Soldaten" authentifiziert, die Gemeinschaft mit dem gekreuzigten Christus gefestigt wird. Daß es Verfolgung gibt, bedeutet jedoch nicht, daß der Christ sich ihr immer aussetzen muß; ein Teil des Büchleins beschäftigt sich daher mit dem Recht, sich der Verfolgung zu entziehen.⁷⁶

Spätestens 1550 erlitt Don Ippolito die Verfolgung am eigenen Leib. Ungefähr zwei Jahre zuvor hatte der Benediktiner, der damals das Amt des Abts im angesehenen Kloster zu Murano innehatte, den Brüdern zu Weihnachten einen *Sermone della natività del Signore* gehalten. Als dieser Text dem Inquisitionsgericht unterbreitet wurde, kam gegen seinen Verfasser ein Verfahren wegen Ketzerei in Gang.⁷⁷

Der *Sermone* kann als Dokument der Theologie des offenen Himmels betrachtet werden. Bei seiner Abfassung hatte sich Don Ippolito vom *Beneficio di Cristo* leiten lassen, für dessen Popularität im Benediktinerorden der *Sermone* ein gewichtiges Zeugnis darstellt. In den Vorbehalten,

---

⁷⁴ Hippolitus Novariensis, *Tractatus de diligendis inimicis, piis omnibus summe utilis*, s.l.a. (der Widmungsbrief "Ioanni Baptistae [Mazzolani] patavino Camaldulensium moderatori optimo ac totius ordinis generali" ist datiert "ex caenobio divi Michaelis de Muriano, Kalend. Ianuarii a Christo nato M.D.XLVI."), fol. Aiiʳ: "Verbum Dei est virtus et vis, R.P., quod in nobis eam parit vividam fidem, qua gratis apud Deum per Iesum Christum deputamur iusti, quae quidem etiam nobis singulari munere elargitur. Ex fide nanque ipsa iustificante gignitur in nobis dilectio eaque gemina, Dei videlicet et proximi. Ad quam alia omnia referuntur". Vgl. auch fol. Bʳ.
⁷⁵ Ebd., fol. Bᵛ-Biiʳ. Die Verherrlichung der Verfolgung in den Zirkeln italienischer Andersgläubiger zeigt sich in vielen Dokumenten der Inquisition, z.B. ASV, Fasz. 1, Akte *Ludovico de Medegini da Brescia*, fol. 1ʳ, Aussage des Girolamo Locadelli vom 14. März 1543.
⁷⁶ Hippolytus Novariensis, *De diligendis inimicis*, fol. Biiʳ, Biiiʳ.
⁷⁷ BMV, Ms. 4283. Das Manuskript beinhaltet:
a) *Sermone della natività del Signore* von Ippolito Ballarini (fol. 1ʳ-8ʳ);
b) die rechtfertigenden Anmerkungen und einen korrektiven Anhang von Ballarini selbst, was einem Bekenntnis zur tridentinischen Rechtfertigungslehre gleichkommt (fol. 8ʳ-14ᵛ);
c) die Antworten von Ballarini auf die Einwände, die der Legat Ludovico Beccadelli gegen einige Passagen des *Sermone* erhoben hatte (fol. 14ʳ-23ʳ);
d) einen notariellen Akt, der die Auffassung der von Beccadelli am 9. September 1550 zwecks Beurteilung der Orthodoxie des *Sermone* einberufenen Kommission venezianischer Theologen festhält (fol. 23ʳ-25ᵛ);
e) einen notariellen Akt vom 18. September 1550, der das vom Inquisitor Giulio da Quinzano über den *Sermone* gefällte Urteil widergibt und die vollzogene Unterwerfung des Abts Ippolito Ballarini hinsichtlich der Zensuren des Inquisitors bescheinigt (fol. 25ᵛ-26ᵛ);
f) Liste der von Giulio da Quinzano am *Sermone* vorgenommenen Zensuren (fol. 26ᵛ-31ʳ);
g) Beglaubigung der vorhergehenden Dokumente durch den Notar des päpstlichen Legaten, unterschrieben vom Legaten selbst am 13. Oktober 1550 (fol. 31ʳᵛ);
h) Aussage des Benediktiners Ignazio Pegolotti vom 19. April 1553 über die von Don Benedetto da Faenza gegen Ippolito Ballarini angezettelten Intrigen (fol. 139ʳ-143ʳ, vgl. Anm. 89);
i) Anmerkungen von Ippolito Ballarini zu der gegen ihn von Don Benedetto da Faenza ins Werk gesetzten Verfolgungs- und Beschuldigungskampagne (fol. 144ʳ-145ʳ).

Einwänden und zensorischen Eingriffen, die diese Predigt zuerst bei dem päpstlichen Legaten Ludovico Beccadelli und später beim Inquisitor Giulio da Quinzano auslöste, zeigt sich die Ablehnung der Theologie des offenen Himmels seitens der katholischen Kirche. Und diese Ablehnung wird entschiedener, wenn man von der Peripherie in das kirchliche Entscheidungszentrum, wenn man von Venedig nach Rom blickt.

Unter dem Einfluß des *Beneficio di Cristo* hatte der Abt von San Michele zwei Ideen entwickelt, die er zu Angelpunkten seines Sermons über die Geburt des Herrn machte. Die erste Idee ist die der Umwandlung der sündigen Natur durch Christus. Durch Christi Werk "ist unsere Natur dergestalt erneuert und geheiligt worden, daß Christus alles, was zu uns gehört, unsere angeborenen Fehler und unsere erworbenen Laster, auf sich genommen hat; und alles, was zu Christus gehört, ist heute durch seine Gnade uns gegeben worden. So hat Christus heute unser Fleisch angenommen, und wir seinen Geist; er hat unsere Frevelhaftigkeit angenommen, und wir seine Reinheit; er unsere Schwäche, und wir seine Kraft; er hat unsere Armut angenommen, und wir sind in ihm und durch ihn ganz und gar reich geworden. Er liegt in der Krippe bei den Tieren, um uns in den Himmel zu den Seligen zu versetzen; er ist in irdische Tücher gewickelt, um uns in das Kleid seiner Unsterblichkeit zu hüllen. Und schließlich — wie der Apostel Paulus lehrt — ist uns durch ihn Gerechtigkeit, Heiligung und Erlösung zuteil geworden".[78] Dieser Rollentausch zwischen Christus und dem Menschen, der als "divino et salutare commercio" bezeichnet wird, entspricht genau Luthers "fröhlichem Wechsel", den der Abt von San Michele durch den *Beneficio di Cristo* kennengelernt hatte.[79]

Das zweite Kernthema des Sermons war die Gewißheit des Heils. "Da es also, liebe Brüder, so ist, daß alle Gerechtigkeit und die Verdienste Christi auf uns und all unsere Frevel auf ihn übergegangen sind, sind wir dadurch nun losgesprochen und befreit von der Strafe und Verdammnis, die die Frevel mit sich bringen. Jesus Christus hat unsere Sünden angenommen und sie zu den seinen gemacht: er ist also der Schuldige und Sünder, der dafür die Strafe und den Fluch des Gesetzes auf sich nehmen muß; er hat sich verdammen lassen, um uns von dem Fluch des Gesetzes zu befreien."[80]

Zielpunkt dieser beiden Lehrsätze war der Sieg über die Hölle. "Der Gedankengang ist also klar, Brüder: Wenn unsere Sünden in Christus sind, sind sie nicht in uns; und wenn sie in uns sind, sind sie nicht in Christus. Johannes der Täufer sagt: 'Seht das Lamm Gottes, das hinwegnimmt die Sünden der Welt!' Ich nehme den Gedankengang wieder auf und sage: Wenn die Sünden von der Welt hinweggenommen sind, gibt es sie nicht mehr, und weil es sie nicht mehr gibt, gibt es folglich weder Tod noch

---

[78] Ballarini, *Sermone della natività del Signore*, fol. 1^v-2^r (vgl. hierzu *Beneficio*, S. 27-29).
[79] Ebd, fol. 2^r (vgl. hierzu *WLA* VII, S. 25, l. 34).
[80] Ebd., fol. 2^v.

Hölle, die Sündenstrafen sind."[81] Sieg über die Hölle und Barmherzigkeit Gottes sind für Don Ippolito miteinander verknüpft: "Weil Jesus Christus aus Barmherzigkeit der Gerechtigkeit des ewigen Vaters genügt hat ..., gibt es für uns weder Sünde, noch Tod, noch Verdammnis, noch Hölle." Eine tröstliche Botschaft, allerdings nur für den, der glaubt: "Wer Ohren hat zu hören, der höre: an diesen Schätzen und göttlichen Wohltaten habt Ihr nur in dem Maße teil, wie Ihr daran glaubt."[82]

Wir wollen hier auf eine Darlegung der im zweiten Teil des Sermons behandelten Fragen — Nachfolge Christi, Schwäche des Menschen und seine Unfähigkeit zum Guten, Fleischlichkeit und Geistigkeit des Menschen — verzichten, weil sie keine direkte Verbindung zu unserem Thema haben.[83] Statt dessen werde ich die Argumente untersuchen, die die Inquisitoren gegen diese Predigt geltend machten, da sich daraus die Reaktion der katholischen Kirche auf die Theologie des offenen Himmels ablesen läßt.

Zwei kirchliche Würdenträger, der Bischof Ludovico Beccadelli, päpstlicher Legat in Venedig, und der Dominikaner Giulio da Quinzano, "Inquisitor der hochwürdigen römischen Kardinäle", lasen den *Sermone*, versahen ihn mit Randbemerkungen und nahmen Veränderungen und Streichungen vor. Für den ersten der beiden Leser, Ludovico Beccadelli, war das Gefährlichste an dem Sermon die Lehre von der Gewißheit des Heils, wie sie sich aus den zwei Sätzen ergab, daß unsere Rechtfertigung ganz allein von Christus abhänge und daß mit dem Erscheinen Christi die Sünden von der Welt genommen seien. Daß "die Rechtfertigung gänzlich von Christus abhängt", nannte der Legat in einer Randnotiz ein Prinzip, "quod absurdum inter catholicos apparet",[84] nicht nur, weil es den freien Willen leugne, sondern vor allem, weil es die Sakramente überflüssig mache. Die Bedeutungslosigkeit der Sakramente und die Leugnung des Fegefeuers betrachtete des weiteren der Legat als unvermeidliche Konsequenz des Satzes, daß es keinen Tod, keine Sünde und keine Hölle mehr gebe. Auf diese Weise rückte die Sakramentenlehre in den Mittelpunkt der Einwände Beccadellis. Die Heilsbedeutung der Sakramente schien ihm durch den Glauben an die Wiedergeburt des Menschen durch die Wohltat Christi gefährdet.[85]

Die Eingriffe des von Rom abgeordneten Inquisitors konzentrierten sich auf die Abschnitte des Sermons, in denen Ballarini den Glauben an die Errettung als Garantie der Errettung darstellte und die Befreiung des

---

[81] Ebd., fol. 2ᵛ-3ʳ (vgl. *Beneficio*, S. 25f.).
[82] Ebd., fol. 2ʳᵛ.
[83] Da vom Traktat *Beneficio di Cristo* zwei verschiedene Fassungen existiert haben, könnte man sich fragen, ob der *Sermone della natività del Signore* nicht die erste Fassung, die ohne weiteres als Manuskript im Benediktinerorden in Umlauf gewesen sein könnte, widerspiegelt.
[84] BMV, Ms. 4283, fol. 20ᵛ-23ʳ, insbesondere fol. 22ʳ: "Quae propositiones nostri Sermonis reverendissimus dominus legatus voluit a nobis magis declarari cum oppositionibus eis factis".
[85] Ebd., fol. 22ᵛ.

Christen von der Angst vor der Hölle ansprach. Diese Angst wieder wachzurütteln, sie durch die zusätzliche Angst vor dem Fegefeuer zu verstärken war das Ziel des Inquisitors: "Seid wachsam, liebe Brüder, damit ihr nicht irregeht", lautete eine der dem Abt abgeforderten Ergänzungen. "Es gibt ... eine Hölle für jene Christen, die eine Todsünde begehen und sie nicht bereuen; und auch die Christen, die ihre Sünden bereuen, werden in dieser oder jener anderen Welt eine Strafe zu verbüßen haben." Dieser Satz sollte demjenigen angefügt werden, der im Original den Sieg über die Hölle verkündete.[86]

Schärfer als Beccadelli sah der abgeordnete Inquisitor, daß die Befreiung des Christen von Angst und Ungewißheit Ergebnis des "fröhlichen Wechsels" war, jenes Dialogs zwischen Christus und dem Menschen, für den Luther die glückliche Metapher der Hochzeit gefunden hatte. Die Unmittelbarkeit dieses Dialogs störte den Zensor aus Rom erheblich. Er ließ keinen Abschnitt des Sermons, der sich darauf bezog, unbeanstandet passieren und strich oder veränderte jeden Satz, der die Aussage enthielt, Laster und Sündhaftigkeit des Menschen seien auf Christus übergegangen.[87] Der Anspruch der Kirche auf ihre Mittlerstellung zwischen dem Gläubigen und Christus wurde durch die scharfsinnigen und systematischen Eingriffe des Dominikaners wiederhergestellt.

Die beiden Instanzen der Zensur, denen der *Sermone della natività del Signore* vorgelegt wurde, bewerteten ihn unterschiedlich. Die venezianische Instanz beschränkte sich darauf, vom Autor einen Akt der geistigen Unterwerfung zu verlangen. Der Abt von San Michele mußte seinem Sermon als Anhang eine Reihe von korrigierenden Bemerkungen beifügen, in denen Formulierungen wie "fides informis", "fides formata", "satisfactio ex operibus", "velle meritorium", "liberum arbitrium", "meritum ex congruo" oder "meritum ex condigno" erscheinen, insgesamt ein guter Teil des vom Tridentinum für gegenreformatorische Zwecke bereitgestellten dogmatischen Instrumentariums. Der inkriminierte Sermon war zwar mit diesem Anhang zu versehen, sein Text blieb jedoch unverändert; in Verbindung mit dem Anhang erklärte ihn eine Kommission von Theologen — deren Mitglieder u.a. der Franziskaner Marino "Zotto", ehemaliger Inquisitor von Venedig, der Franziskaner Nicolò Veneto, amtierender Inquisitor, und der Franziskaner Franceschino Visdomini aus Ferrara waren — für mit der rechten Lehre übereinstimmend.[88] Die zweite, die römische Instanz, die den Sermon überprüfte, nahm so schwere Eingriffe in den Originaltext vor, daß der Sinn völlig verkehrt wurde. An achtzehn Stellen des kurzen Textes hielt diese Instanz Änderungen und Streichungen für notwendig. Beide Instanzen waren allerdings der Meinung, daß der Sermon

---

[86] Ebd., fol. 28^v-29^r ("censura nona").
[87] Ebd., fol. 27^r ("censura prima"), fol. 27^v ("censura tertia" und "censura quinta"), fol. 28^r ("censura sexta").
[88] Ebd., fol. 23^r-25^r, Dokument vom 9. September 1550.

nicht in der ursprünglichen Form zirkulieren dürfe. Die in ihm spürbare Tendenz eines christlichen Glaubens ohne Angst rechtfertigte die Anklage wegen "lutherischer" Ketzerei.

Die Unterwerfung Don Ippolitos in der ersten wie in der zweiten Instanz führte seinen Freispruch herbei. Daß sein Orden mit ihm solidarisch war, läßt sich aus seinem Aufstieg zu immer höheren Ämtern ersehen. Offenbar war seine Rehabilitierung jedoch nicht vollständig, begann er doch 1553 Zeugnisse zu sammeln, die es ihm ermöglichten, die Angelegenheit als Mönchsintrige darzustellen.[89] Auf diese Weise räumte er die Hindernisse, die ihm noch den Zugang zur Würde des Ordensgenerals verwehrten, aus dem Weg. Hochbetagt wurde er schließlich 1557 in dieses Amt gewählt.

Innerhalb der Kongregation von Camaldoli hatte Ippolito Ballarini in Francesco Monosini aus Pratovecchio einen getreuen Gefolgsmann. Im Januar 1551, unmittelbar nachdem sich die Inquisition mit dem Fall Ballarini beschäftigt hatte, vollendete Monosini in der Klause zu Camaldoli seine Übersetzung der Schrift des Erasmus über die göttliche Barmherzigkeit. Der italienischen Fassung mit dem Titel *Trattato della grandezza delle misericordie del Signore* gab er einen herzlichen Widmungsbrief an seinen venezianischen Mitbruder und Studienleiter bei. Da bei anderen Übersetzungen aus der gleichen Zeit Ballarini als Initiator und Monosini als Ausfüh-

---

[89] Ebd., fol. 139ʳ-143ʳ, Zeugenaussage des Kamaldulensers Ignazio Pegolotti vom 19. April 1553. Aus dieser Zeugenaussage und den ihr beigefügten Anmerkungen von Don Ippolito (fol. 144ʳ-145ʳ) entsteht die Version, die letzterer von der ganzen Angelegenheit geben wollte. In dieser Version erscheint ein Don Benedetto da Faenza, persönlicher Feind von Don Ippolito, der gegen Ende der vierziger Jahre Abt der Abbazia delle Carceri bei Padua war, als Deus ex machina der Episode. Das unmittelbar bevorstehende Ordenskapitel von 1549, bei dem Don Ippolito gute Chancen hatte, zum General gewählt zu werden, soll eine hartnäckige Mönchsrasküne in eine Intrige verwandelt haben. Das erste von Don Benedetto da Faenza gegen den Abt von San Michele geschmiedete Komplott sei allerdings gescheitert. Zusammen mit einem Mitbruder, Don Ambrogio da Lodi, damals Kämmerer der Abbazia delle Carceri, hatte Don Benedetto den Plan gefaßt, in der Zelle des gemeinsamen Feindes ein nicht näher beschriebenes "lutherisches Buch" verstecken zu lassen. Eine Anzeige, vermutlich anonym, beim Inquisitionsgericht sollte zum Fund des Buchs führen und die Kandidatur von Don Ippolito für das Amt des Ordensgenerals unhaltbar machen. Der menschliche Faktor ließ den Plan scheitern. Die beiden Mönche, die den Plan ersonnen hatten, hatten zu seiner Ausführung einen Mitbruder, Don Ignazio Pegolotti, damals Prokurator des Convento delle Carceri, ausgewählt, der aus persönlichen Gründen eine Abneigung gegenüber Don Ippolito hatte. Dieser machte sich mit dem kompromittierenden Buch auf die Reise nach Venedig, überdachte unterwegs die Sache aber noch einmal und brachte das Buch, anstatt es in der Zelle des Abts zu verstecken, den beiden Anstiftern mit einer Entschuldigung zurück. Die zweite von Don Benedetto erdachte Intrige stützte sich auf den kompromittierenden Inhalt des *Sermone della natività del Signore*. Ein Brief von Don Ippolito, der den Text dieses Sermons enthielt, war Don Benedetto in die Hände gefallen (der nach Angaben Don Ippolitos regelmäßig die Korrespondenz seines Feindes abfing). Ausgerüstet mit diesem Text, soll sich Don Benedetto beim Ordenskapitel von Camaldoli eingefunden haben, wo es ihm tatsächlich gelungen sein soll, die Wahl Don Ippolitos zum General 1549 zu verhindern.

render erscheinen,[90] liegt die Vermutung nahe, daß auch in diesem Fall die Idee von dem Abt stammte. An der Gestalt des Abts von Camaldoli läßt sich somit die thematische Konvergenz des *Beneficio di Cristo* und des Traktats *De immensa Dei misericordia* nachweisen.

VII

Während die venezianische Übersetzung aus dem Jahre 1551 offenbar auf eine interne Initiative der Kongregation von Camaldoli zurückgeht, sind die beiden anderen italienischen Übersetzungen der Schrift über die Barmherzigkeit Gottes Ergebnisse des Zusammentreffens von Menschen aus unterschiedlichen Kreisen. Die mantuanische Übersetzung von 1542 ist auf die Begegnung eines Mitglieds des Karmeliterordens mit der Herzogin Margherita Paleologo zurückzuführen; die florentinische Übersetzung von 1554 verdankt ihren Ursprung dem Interessengleichklang einiger angesehener Literaten und der Herzogin von Piombino. Neben den Höfen von Mantua und Piombino, die eine gewisse Empfänglichkeit für die Lehren des Erasmus bewiesen, ist in diesem Zusammenhang als dritter der Hof von Urbino zu nennen, wo sich die Herzogin Eleonora Gonzaga unter dem Einfluß des Erzbischofs von Salerno, Federico, Fregoso seit den dreißiger Jahren des Jahrhunderts der Theologie der Barmherzigkeit zugewandt hatte.

Die mantuanische Übersetzung erschien unter dem Titel *Trattato divoto e utilissimo della divina misericordia* in Brescia bei Ludovico Britannico, jenem Drucker, der 1531, 1539 und 1540 die italienische Übersetzung des erasmischen *Enchiridion* veröffentlicht hatte.[91] Auf dem Titelblatt wurde als Autor die zentrale Gestalt dieser Episode der italienischen Erasmus-Rezeption, der Karmelit Marsilio Andreasi, genannt.

Marsilio Andreasi wurde 1508 in Mantua als Sohn des Gianfrancesco Andreasi und der Margherita Grossi geboren. Mit vierzehn Jahren trat er in die Kongregation der Karmeliten ein. Wiewohl er einige Abschnitte seines Lebens in den Häusern der Karmeliten in Lucca (1531) und Modena (1540) verbrachte, hielt er sich doch die meiste Zeit im Kloster seiner Vaterstadt

---

[90] Francesco Monosini aus Pratovecchio ist mir lediglich als Übersetzer von drei Werken bekannt:
1. Erasmus von Rotterdam, *Trattato della grandezza delle misericordie del Signore*, Venedig 1551, Ippolito Ballarini gewidmet;
2. Ippolito [Ballarini] da Novara, *Trattato d'amare i nimici*, Venedig 1555, Übersetzung des kleinen, ursprünglich in Latein veröffentlichten Werkes, vgl. Anm. 74 (die von Don Ippolito geförderte Übersetzung wurde Don Antonio da Pisa, damals General der Kamaldulenser, gewidmet);
3. Pier Damiani, *Vita del beatissimo Romoaldo romito*, Venedig 1556, erneut Ippolito da Novara gewidmet, mit einem vom 20. April 1555 datierten Widmungsbrief.

[91] *Trattato divoto et utilissimo della divina misericordia raccolto da diverse autorità delle scritture sacre, et da altri trattati d'alcuni catholici dottori di latino in volgare, per frate Marsilio Andreasio Mantovano dell'ordine carmelitano d'osservanza*, Brescia, Lodovico Britannico, 1542.

auf. Dokumentiert ist, daß er dort 1529 als einfacher Bruder, 1534 als Subprior und 1541 als Prior lebte. Sein Sterbejahr ist unbekannt.[92]

Literarisch betätigte sich Andreasi in geringerem Umfang, als von den Geschichtsschreibern seines Ordens im 18. Jahrhundert behauptet wurde. Nur zwei Werke lassen sich mit seinem Namen verbinden: der bereits erwähnte *Trattato della divina misericordia* und ein heute unauffindbares Manuskript mit dem Titel *Trattato del libero arbitrio*.[93] Erst vor kurzem wurde nachgewiesen, daß es sich bei dem bis dahin als Originalschrift von Marsilio Andreasi betrachteten Traktat über die Barmherzigkeit Gottes um eine Übersetzung der *Concio de Dei misericordia* von Erasmus handelt.[94] Die Vermutung liegt nahe, daß auch der *Trattato del libero arbitrio* nichts anderes als eine Übersetzung der Diatribe *De libero arbitrio* gewesen sei. Hatte der Karmelit aus Mantua vielleicht die zwischen diesen beiden Momenten des theologischen Diskurses von Erasmus bestehenden Zusammenhänge begriffen? Sein Engagement als Übersetzer beweist jedenfalls, daß er das Mißtrauen, mit dem Erasmus in Kreisen des italienischen Klerus bedacht wurde, nicht teilte. In seinen Augen war Erasmus gewißlich ein "catholico dottore".[95] Nicht so katholisch allerdings, daß man alles hätte übersetzen können, wie er es schrieb: hier und dort war schon ein wenig zu feilen, zu retuschieren, hinzuzufügen oder auszulassen, um das "Lutherische" der kleinen Schrift zu verwischen. Vor allem durfte der Name des in Ungnade gefallenen Verfassers nicht genannt werden. Eingedenk eines Beschlusses des Generalkapitels der mantuanischen Kongregation des Karmelitenordens, das 1539 in Salò in seiner Verurteilung Erasmus Luther gleichgesetzt und die Lektüre des einen wie des anderen verboten hatte, ließ Marsilio Andreasi den Text von Erasmus unter seinem eigenen Namen veröffentlichen.[96]

Gewidmet war diese Ausgabe Margherita Paleologo, Erbin der Markgrafschaft von Monferrato und Herzogin von Mantua. Wiewohl uns ihr Epistolar das Bild einer Fürstin vermittelt, die sich an die herkömmlichen Formen der Frömmigkeit wie Gelübde, Wallfahrten und Erwerb von Ablässen hielt,[97] war sie doch für eine Erneuerung der religiösen Ausdrucksformen aufgeschlossen. Beharrlich versuchte sie, Bernardino Ochino — der in seinen Predigten dieser Jahre gegen die Verzweiflung die unendliche Barmherzig-

---

[92] Diese kurze Biographie stützt sich — abgesehen von der in Seidel Menchi, *Circolazione clandestina*, zitierten Bibliographie — auf Baldini, *Andreasi*.

[93] Daß Andreasis literarische Produktion sich auf diese beiden Titel beschränkte, wird von Baldini, *Andreasi*, überzeugend nachgewiesen.

[94] Seidel Menchi, *Circolazione clandestina*, S. 584-601.

[95] Prosperi, *Setta di Giorgio Siculo*, S. 336-38.

[96] C. Vaghi, *Commentaria fratrum et sororum Ordinis beatissimae Mariae Virginis de Monte Carmelo*, Parma 1725, S. 126 (Mitteilung von Romeo De Maio).

[97] AGM, Fasz. 3001, *Copialettere della duchessa Margherita Paleologa* (1540-43), Brief vom 18. Oktober 1541 an Kardinal Ercole Gonzaga, Briefe vom 30. Januar, vom 6. und 29. März 1542 an Giovanna Orsini.

keit Gottes setzte[98] — dafür zu gewinnen, nach Mantua zu kommen. Gleichzeitig knüpfte sie enge Beziehungen zu dem Erzbischof Federico Fregoso, der Pate ihres zweitältesten Sohns wurde.[99] So trafen in der Familie von Margherita zwei Strömungen zusammen: erasmische Spiritualität und jene Art des bis zum heutigen Tage unzureichend untersuchten religiösen Dissenses, der seine Leitfigur in Federico Fregoso hatte.[100]

In diesem Teil unserer Untersuchung ist es angebracht, daß wir uns kurz Federico Fregoso, einem Verfechter des Prinzips der göttlichen Barmherzigkeit, zuwenden. Dem Kardinal und Erzbischof von Salerno ersparte der Tod (22. Juli 1541) jene Konflikte, die das Leben eines Vergerio oder eines Nacchianti prägen sollten. Nachdem er an einem der elegantesten Höfe der italienischen Renaissance, dem Hof von Urbino, gelebt und später gemeinsam mit seinem Bruder Ottaviano das von Machtkämpfen zerrissene Genua regiert hatte, wandte sich Federico Fregoso einer völlig neuen Aufgabe zu: der pastoralen Arbeit. In der Diözese Gubbio, wohin er sich nach dem gewaltsamen Tod seines Bruders Ottaviano zurückgezogen hatte und von wo aus er den Niedergang seiner Familie miterleben mußte, ließ der Erzbischof — wie sich aus seiner Korrespondenz mit dem Herzog von Urbino ergibt[101] — bei seiner Amtsführung ein ungewöhnlich hohes Maß an politischem Talent, Gerechtigkeitssinn und Wohltätigkeit erkennen.

Von welchen Ideen sich Fregoso in diesen Jahren (ca. 1530/40) leiten ließ, ist den beiden Büchlein zu entnehmen, die er in Gubbio verfaßte und Eleonora Gonzaga, der Herzogin von Urbino, deren geistlicher Berater er geworden war, widmete. Die Schrift *Della giustificazione, della fede e delle*

---

[98] Bernardino Ochino, *Prediche predicate nella inclita città di Vinegia del MDXXXIX*, Venedig 1541, fol. 6ᵛ-7ʳ: "Sono alcuni che entrano nel suo inferno, cioè nella consideratione delle miserie sue, voltando e rivoltando nell'abisso de suoi peccati e delle sue sporcitie — il che io ti conforto, ma non vorrei già che tu ti fermassi sempre in quelle e non ti partire mai da simil brutture; ma vorrei che quando sei in quelle facesti come diceva David: 'Abissus abissum invocat'. L'abisso de gli peccati tuoi ricerca e chiama un altro maggiore abisso, che è quello della bontà, della misericordia de Dio, dell'amor e charità sua, che è infinito e maggior abisso che non è quello delli peccati nostri, che sono infiniti ...". Die Versuche von Margherita, Ochino nach Mantua zu holen, ergeben sich aus AGM, Fasz. 3001, *Copialettere della duchessa Margherita Paleologa*, Briefe vom 3. und 26. März und vom 6. Dezember 1541 an Giovanna Orsini.

[99] AGM, Fasz. 3001, *Copialettere della duchessa Margherita Paleologa*, Briefe an Kardinal Federico Fregoso vom 29. März, 12. und 22. April 1541.

[100] Eine kurze Biographie von Federico Fregoso findet sich in Firpo, *Processo Morone*, S. 281f.

[101] ASF, Urbino I, G 255, insbesondere fol. 444f. (Gubbio, den 19. März 1533), fol. 443 (den 22. Januar 1533), fol. 439 (den 24. Oktober 1532), fol. 440 (den 21. Dezember 1532), fol. 442 (den 21. Januar 1533); außerdem I G 118, fol. 699f., fol. 708 (den 18. März 1541). Der Todestag des Fregoso ergibt sich aus einem Brief des Herzogs Francesco an Gian Giacomo Leonardi (ebd., I, G 233) vom 23. Juli 1541: "Il cardinal Fregoso nostro zio questa notte passata con molta religione et santimonia su le quattro ore finì il corso di questa vita".

opere[102] und der *Trattato dell'orazione* stellen zwei Höhepunkte der religiösen Literatur des Cinquecento dar; doch die erklärte Vorliebe ihres Verfassers für die Theologie der Gnade und seine Entscheidung zugunsten einer verinnerlichten, spiritualistischen Frömmigkeit bedingten die Ablehnung dieser Werke durch die Gegenreformation — eine Ablehnung, die die beinahe totale Zerstörung dieser Schriften zur Folge hatte.

Dem Prinzip der göttlichen Barmherzigkeit kommt in der ersten der beiden kleinen Schriften — mit der ich mich allerdings nicht näher beschäftigen will, da sie mir noch nicht zugänglich war — eine zentrale Bedeutung zu; doch auch in der zweiten ist es spürbar.[103] Der entsprechen-

---

[102] Das Manuskript dieses Traktats ist von Valerio Marchetti und gleichzeitig von Rita Belladonna entdeckt worden; Belladonna bereitet eine Veröffentlichung vor (vgl. Rita Belladonna, *Un nuovo testo dell'evangelismo italiano: I Trattati due sopra le quistioni della grazia e libero arbitrio, della fede e delle opere del cardinale Federico Fregoso*, z.Z. im Druck in den Akten des Kongresses über Vittoria Colonna, Neapel, Mai 1988). Aus einem Brief der Herzogin Eleonora Gonzaga della Rovere an Gian Giacomo Leonardi, Botschafter Urbinos in Venedig, vom 5. April 1543 und dessen Antwortschreiben an die Herzogin vom 18. April 1543 ergibt sich, daß in jenem Jahr das Gerücht umging, die Veröffentlichung dieses kleinen Werks stehe unmittelbar bevor. Die bevorstehende Publikation zog der Herzogin die Kritik der "Katholischen" zu, die schon zu diesem Zeitpunkt die kurze Abhandlung als gegen ihre Positionen gerichtet empfanden. Ich gebe hier den Abschnitt aus dem Brief der Herzogin Eleonora wieder, der sich auf die Veröffentlichung bezieht (ASF, Urbino I, G 235, fol. 596): "Egli è fuora una voce, ma non sappiamo con quale fondamento, che sia per darsi presto fuora in stampa una operetta del libero arbitrio, che fece e intitulò a noi il reverendissimo cardinale Fregoso di buona memoria, di che da questi catholici pare che si dia colpa a noi, con dire ch'ella sia uscita di casa nostra, cosa che non pensiamo potere essere, altrimenti che per haverne compiacciuto, come ve ne devete ben ricordare, il Trissino a rechiesta vostra, dal quale potria forsi essere che fosse stata fatta comodità a qualchuno di copiarla, et così si fosse venuto in pensiero di farla stampare. Il che noi non vorressimo, così per questo che viene detto de noi, come anche per rispetto di quello buon signore, il quale fecela quasi all'improviso, onde non poddé dire così copiosamente come haverebbe saputo con più tempo sopra tale suggetto l'intentione sua. Però sia per quale modo si voglia che detta opera sia venuta in mano d'altri, desideramo sopramente che per voi si faccia ogni possibile diligenza per intendere de ciò et vedere per l'uno et l'altro respetto d'impedire ch'ella non se stampi, sopra che ce sarà gratissima ogni buona opera che voi ce farete". Aus der Antwort des Gian Giacomo Leonardi (ASF, Urbino I, G 266, fol. 347): "Per tutta la diligentia che io medesmo in persona ho questa matina usato per intendere dove si stampa quel tratato de quella grata memoria, non vi ho trovato lume alchuno et tutthora più andrò cercando. E' ben vero che, se è suspetto, che si haverà fatica saperlo, pella prohibitione che vi fanno contro quelli che stampanno simili cose. E Vostra Excellentia si assicuri che né dal Tressino né dal magnifico Mula uscirà mai, così perché l'uno e l'altro sente il contrario, sonno molto lontani da travagliarse in cose simile. Et ho trovato che il capitano Camillo Cauli tre anni sonno che ne ha copia e mi dice essere in diverse mano. Questo dico perché, se pure si stampasse, che Vostra Excellentia sappi non essere in questo peccato per haverne consentito copia in quel gentilhomo".

[103] Vgl. z.B. *Trattato della oratione*, fol. 54ʳ: "Ma quelli che sono fideli, e fermamente credono la vita futura e la retributione dell'opere, non debbono secondo il giuditio nostro questa tanto intensa petitione della salute dell'anima porgere a Dio nelle loro orationi in modo alcuno, perché in tutto se debbono confidare nell'infinita misericordia e liberalità sua, senza domandare alcon premio, e massime tanto grande et eccellente e che d'infinita distantia trapassa il merito della più santa anima che mai fusse creata, per non essere da Dio imputati d'una temeraria

de Traktat von Erasmus ist Fregoso sicherlich nicht bekannt gewesen, aber ein anderes Buch des Humanisten gehörte wahrscheinlich zu der Lektüre, auf die er bei der Abfassung seines *Trattato dell'orazione* rekurrierte: der *Modus orandi Deum* (1524). Spuren dieser Lektüre erkennt man in der Klassifizierung der verschiedenen Arten des Gebets, mit der Fregoso seine Erörterung einleitet, in der Behandlung des formelhaft-mechanischen Betens,[104] in dem Hinweis auf die Mönche Ägyptens und der Thebais[105] und in der Argumentation *a fortiori*, die der Autor entwickelt, um von seinem Programm spirituellen Lebens zu überzeugen.[106] Liest man den *Modus orandi* und den *Trattato dell'orazione* parallel, erkennt man allerdings auch deutlich, wo Fregoso seinem Vorbild nicht folgen mochte. Es muß nicht nur die biblische und philologische Gelehrsamkeit gewesen sein, was Fregoso, der statt dessen eine sehr klare, für das einfache Volk verständliche Sprache benutzte, als Hemmnis erschien; ihm mißfiel auch die bewußt ambivalente Haltung, die Erasmus hinsichtlich Heiligenverehrung

---

impudentia et importunità, et che la loro servitù sia per causa di premio, e non per sincero amore." Aus der Analyse des Textes ergibt sich, daß Fregoso nicht an die Belohnung guter Werke glaubte, auch wenn er diese Vorstellung nicht frontal angreift.

[104] Fregoso, *Trattato della oratione*, fol. 18ᵛ-20ʳ: "Un ... dubbio suole occorrere in questa materia, se l'oratione deve essere lunga, o veramente brieve, conciosia che Giesù Christo insegnando d'orare ai suoi discepoli li dicesse 'Quando voi orarete, non vogliate parlare molto' — benché la parola greca, alla quale lingua il nostro Nuovo Testamento si deve referire, sì come il Vecchio all'hebrea, vuol significare 'non vogliate parlare molto e vanamente' — e poi seguita 'come fanno gl'infedeli, i quali pensano per le molte parole essere essauditi, non vogliate assomigliarvi a loro, perché sa il Padre vostro quello di che voi havete di bisogno, havanti che voi gliel domandiate'. Questa dottrina del maestro nostro dimostra l'oratione dover esser breve, et così le parole medesime che lui si ordinò et prescrisse sono di molta brevità ma di molta sostantia et significatione. Benché molte altre autorità vi sono del medesimo maestro e de i suoi discepoli, che paiono a questa contrarie, o diverse, come quando diceva a quelli 'Bisogna sempre orare e non desistere' ... L'apostolo Paolo insegnava a i Thesalonicensi che dovessero orare senza intermissione, e oltra l'altre molte simili auttorità, vi sono etiam gl'essempi conformi, perché si legge che Giesù Christo perseverava le notti intere nell'oratione ... Queste dunque auttorità et essempi, che nel primo aspetto paiono così contrarie, come contrarie non siano facilmente si comprende chi alquanto attentamente le considera, perché Giesù Christo non disse a i suoi discepoli 'Non vogliate molto orare', ma gli disse 'Non vogliate molto parlare'". Inhaltlich sehr nahe ist diese Stelle der Schrift *Modus orandi Deum* von Erasmus, *LB* V, Sp. 1110E, 1112.

[105] Fregoso, *Trattato della oratione*, fol. 21ᵛ (vgl. Erasmus, *Modus orandi*, LB V, Sp. 1128-1129).

[106] Fregoso, *Trattato della oratione*, fol. 28ᵛ: "Et se questo fanno gl'huomini di carne et sangue con tanta diligentia, volendo parlare a gl'altri huomini simili a loro, di che tanti libri ne sono pieni ..., perché non si deverà apparecchiare una povera anima con ogni industria e premeditatione d'appresentarsi con quel modo più condecente ch'ella potrà immaginare a quel Signore dovere essere accetto?". Vgl. Erasmus, *Modus orandi*, LB V, Sp. 1113: "Si cum Caesare sit loquendum, quanta sollicitudine sese componat, ne quid sit in cultu, in corpore, aut in verbis, quod Caesaris offendat oculos! Et tamen hic homini cum homine res est ... Multis apud principes mundi dicturis pudor ac reverentia sublimitatis, licet humanae, vocem simul ac mentem adimit; et tu oscitans ac velut aliud agens loqueris cum Deo tuo? Deo clamas ..., nec ipse percipis interim quae loqueris".

und mechanischen Betens eingenommen hatte. Mit ganz anderer Entschiedenheit verurteilte der Erzbischof von Salerno die Heiligenverehrung als "Verderbtheit"[107] und lehnte das leere Plappern ab, zu dem das Gebet verkommen war.[108]

Es mag nicht unangebracht sein, an dieser Stelle darauf hinzuweisen, daß Erasmus an den italienischen Renaissancehöfen nicht nur indirekt präsent war. Unabhängig davon, daß seine Gedanken durch Persönlichkeiten wie Andreasi und Fregoso vermittelt wurden, waren auch seine eigenen Bücher in diesen Kreisen sehr aktuell. Die *Colloquia* wurden beispielsweise von Francesco della Rovere, Herzog von Urbino, geschätzt, der 1534 seinen Botschafter in Venedig beauftragte, ihm eine Ausgabe "in kastilischer Sprache" zu besorgen (eine italienische Übersetzung gab es zu diesem Zeitpunkt noch nicht), da er sein Exemplar verschenkt habe.[109] Daß die italienische Übersetzung der *Colloquia* Anna d'Este, Tochter des Herzogs von Ferrara,[110] die der *Institutio christiani matrimonii* Vittoria Farnese, Herzogin von Urbino,[111] und die der *Institutio principis christiani* Ferrante Gonzaga, Sohn des Stadtgouverneurs von Mailand,[112] gewidmet wurden, zeigt gleichfalls, wie populär Erasmus in den ersten Kreisen der italienischen Gesellschaft vor seiner offiziellen Verurteilung war.

---

[107] Fregoso, *Trattato della oratione*, fol. 15ᵛ-16ʳ: "La ... imploratione et invocatione di santi in sussidio delle nostre dimande in nessun modo si puote né si deve chiamare oratione, se non equivocamente: perché questa saria quella falsa adoratione dannata nella Scrittura antica, e molto più da Giesù Christo maestro nostro ..., cioè di lasciare Dio e 'l creatore, per rivolgersi con le sue orationi alle cose create. Ma questa corruttela ... primieramente ha occupato la plebe più infima — come quella che sempre più [è] inclinata a ricevere queste vane superstitioni — e poi è anco salita alle parti più alte, et è entrato questo pessimo tentatore nella città santa, et è asceso insino al pinnacolo del tempio; e de lì tenta e perturba ogni cosa, rimovendo le misere e sciocche anime dal colto e adoratione del creatore, et convertendole alle creature ...".

[108] Fregoso, *Trattato della oratione*, fol. 55ᵛ: "Noi tenemo che non sia per niente lecito nel ragionare con Dio ... havere una cosa nel cuore e l'altra nella lingua ... Il che se è biasimevole usare ragionando con gl'huomini etiam a noi inferiori, quanto sarà più detestabile usarlo nel parlare con Dio? Il che hanno a pensare quelli che dicono verbi gratia il pater noster per ottenere una dignità temporale, overo il ... credo per liberare sé o altri da qualche pericolo; cum sit ch'el pater noster non parli della dignità che tu cerchi, né il credo parli di quello, che tu domandi ... Considerino adunque questo caso, quelli che fanno la loro oratione con recitare alcune orationi imparate a mente, o qualche hinno, o antiphona della Vergine, senza intendere quello ch'essi dicano: le quali orationi poco più valore o virtù pensiamo che habbiano, che se uno papagallo le havesse imparate e le ridicesse". Doch auch Erasmus hatte sich über dieses Thema recht kritisch geäußert, vgl. oben, S. 76.

[109] ASF, Urbino, I, G 232, Francesco della Rovere an Gian Giacomo Leonardi, den 16. Mai 1534: "Perché il nostro Livio spagnolo è contraposto, vedete se in Venetia ce ne sonno et mandatecene uno ligato, che sia tutto insieme et ordinato; et se ci sonno delli Colloquii di Erasmo in lingua castigliana, mandateceli similmente, perché habbiamo donato quello che havevamo".

[110] Vgl. *BEI*, ad vocem.
[111] Ebd., ad vocem.
[112] Ebd., ad vocem.

VIII

Zu den Fürstinnen, die sich von dem Thema der göttlichen Barmherzigkeit angesprochen fühlten, zählte auch Virginia Fieschi, Herzogin von Piombino. Die Herzogin aus dem berühmten Genueser Adelsgeschlecht, dem auch der Conte Battista Fieschi — ein großer Bewunderer von Erasmus (und von Luther) — entstammte,[113] erwähne ich hier, weil ihr die dritte Übersetzung der *Concio de Dei misericordia* gewidmet wurde, d.h. die florentinische Ausgabe von 1554. Die Initiative zu dieser Übersetzung ging allerdings nicht von der Herzogin, sondern von einer Gruppe angesehener Gelehrter aus.

Beginnend mit der Erstausgabe, erschien die *Concio de Dei misericordia* in beinahe allen Ausgaben des 16. Jahrhunderts zusammen mit der Erbauungsschrift *Virginis et martyris comparatio*. In dieser Kombination zirkulierte die *Concio de Dei misericordia* um das Jahr 1550 in Grosseto in der calvinistischen Gruppe von Achille Benvoglienti[114] und in Florenz in der *Accademia Fiorentina* nahestehenden Kreisen. In Florenz nun wurde eine Gruppe von Gelehrten, zu der Ludovico Domenichi, der Neuplatoniker Pompeo Dalla Barba, Mitglied der *Accademia*, Simone Dalla Barba und einige weniger bedeutenden Persönlichkeiten gehörten, auf das Buch aufmerksam. Im Laufe des Jahres 1554 ließen sie die beiden Schriften, die Erasmus dreißig Jahre zuvor in einem Band publiziert hatte, übersetzen und getrennt voneinander bei dem Drucker Lorenzo Torrentino veröffentlichen. Beiden Texten wurden poetische — auf Erasmus und die jeweilige Schrift bezogene — Lobreden beigefügt.

Und doch sind die beiden Bändchen aus der Druckerei von Torrentino voneinander recht verschieden. Der *Paragone della vergine e del martire*, eine in der asketischen Tradition stehende konventionelle Schrift, wurde "mit ausdrücklicher Erlaubnis des Vikars des hochwürdigsten Herrn Erzbischofs von Florenz" gedruckt;[115] für den Druck des *Sermone della grandissima misericordia di Dio* hingegen wurde die Erlaubnis entweder nicht erbeten oder nicht erteilt. Dem *Paragone* ist ein Widmungsbrief des Karmeliten Marco Antonio Aiardi aus Brignano vorangestellt; dem *Sermone della misericordia di Dio* gab kein Kleriker Deckung. Dem *Paragone* wurden ein kurzer frommer Text der anerkannten Autorität Pico della Mirandola, der *Commento del paternoster*, sowie ein Sonett des in der damaligen Floren-

---

[113] Vgl. hierzu die Biographie des Battista Fieschi in *CE* II, S. 30. Der Conte Giacomo Fieschi, ein Sohn von Battista, stand 1540 in Genua wegen Häresie vor dem Inquisitionsgericht (Rosi, *Bartoccio*, S. 595-97).

[114] ASS, Notarile antecosimiano 2777, Akte *Processo contro Fabio Cioni e Achille Benvoglienti* (1568), Liste der bei Fabio Cioni beschlagnahmten Bücher.

[115] Erasmus von Rotterdam, *Il paragone della vergine e del martire, e una oratione a Giesù Christo, tradotti per M. Lodovico Domenichi. Con una dichiaratione sopra il pater nostro del S. Giovanni Pico della Mirandola, tradotta per Frosino Lapino*. Florenz, Lorenzo Torrentino, 1554; ders., *Sermone della grandissima misericordia di Dio, tradotto per M. Giovann'Antonio Alati d'Ascoli*, Florenz, Lorenzo Torrentino, 1554.

tiner Gesellschaft einflußreichen Literaten Benedetto Varchi beigegeben; für den *Sermone della misericordia di Dio* mochte Varchi wohl kein Begleitsonett schreiben. Nur Ludovico Domenichi und Pompeo Dalla Barba — beide nicht ohne Erfahrung in der Auseinandersetzung mit Zensoren und Inquisitoren[116] — sowie der unbekannte Pietro Antonio Alati, der die Schrift auch übersetzt hatte, schrieben Verse zum *Sermone della misericordia di Dio*. Die unterschiedliche Behandlung der beiden früher in einem Band vereinten Schriften in Florenz weist darauf hin, daß sehr bald neue Zeiten anbrechen sollten.

Die durch Übersetzungen vermittelte Erasmus-Rezeption in Italien erreichte mit diesen beiden Florentiner Drucken vorerst ihren Endpunkt. Das Büchlein *Del costumare i fanciulli*, das beinahe gleichzeitig in Modena übersetzt wurde, mußte anonym veröffentlicht werden.[117] Für die Übersetzung des Erasmus ins Italienische stellt das Jahr 1555 eine gravierende Zäsur dar, denn in den nächsten zweihundert Jahren sollten keine weiteren Übersetzungen erscheinen. So gesehen, erhalten die drei von den florentinischen Literaten dem *Sermone della misericordia di Dio* beigegebenen Sonette die Bedeutung von Abschiedsworten der italienischen Kultur an Erasmus. Ein Abschied, der im Zeichen der Antinomie von Verdienst und Gnade, von Ohnmacht des Menschen und Barmherzigkeit Gottes steht:

"Non posso pensare alcuna cosa
Da me come da me, ma ogni mia forza
E' sol misericordia tua pietosa."[118]

---

[116] Zu Domenichi vgl. *Costituti Manelfi*, S. 25f. Die Vorbehalte der venezianischen Inquisition gegenüber einem Werk von Pompeo dalla Barba ergeben sich aus ASV, Fasz. 14, Akte ohne Titel, Verhör des Fra Michele di Freschi vom 14. März 1558. Zu Benedetto Varchi vgl. Negri, *Scrittori fiorentini*, S. 95-98 (Ein Porträt von Benedetto Varchi als Befürworter reformatorischer Lehren zeichnet jedoch Simoncelli, *Evangelismo*, Kap. VI).

[117] Vgl. Kap. 9, S. 296 und Anm. 69.

[118] Erasmus von Rotterdam, *Sermone della grandissima misericordia di Dio*, Florenz 1554, fol. iiii^r, Sonett von Ludovico Domenichi: "Se per tua gratia, et non per merto mio / Di fango, anzi di nulla et spiro et vivo, / Et per tuo dono a tanta altezza arrivo, / Che a Christo frate, a te figlio son io, / Se, tua bontà, tu sei mio padre, Dio, / Et sempre verso me d'orgoglio privo, / Perché non son d'offenderti più schivo? / Perché al mal sono io presto, al ben restio? / S'io non posso pensare alcuna cosa / Da me, come da me, ma ogni mia forza / E' sol misericordia tua pietosa: / Quanta superbia è in me, ti prego, ammorza / Et spirto humile, et mente desiosa / Di servir te, rinnova in questa scorsa". Ähnlich klingen die Sonette von Giovanni Antonio Alati, von Pompeo dalla Barba und das zweite Sonett von Ludovico Domenichi, die die Übersetzung begleiten (ebd., fol. iii^v-iiii^v). Zu Giovanni Antonio Alati vgl. Filippo Vecchietti und Tommaso Moro, *Biblioteca Picena*, Osimo 1790, Bd. 1, S. 66-67 und Mazzucchelli, *Scrittori d'Italia*, I, S. 267.

ANHANG ZUM 6. KAPITEL

THEORIE UND PRAXIS DER BEICHTE

I

Der Gläubige, der 1552 zur Beichte in das Augustinerkloster zu Modena geht, kann sich mit einer ungewohnten Situation konfrontiert sehen. Einer der dortigen Brüder nimmt die Beichte auf eine Art ab, die nicht der gültigen Praxis entspricht. Wenn der Gläubige sich anschickt, wie er es gewohnt ist, die Sünden, die seine Gewissenserforschung zutage gefördert hat, aufzulisten, läßt der Augustiner ihn nicht ausreden. Von minuziösen Aufzählungen will er nichts wissen. Einfühlsam leitet er den Beichtenden zu einem globalen Sündenbekenntnis an. Er mag ihn nach der Sünde der Unkeuschheit fragen, wird ihn aber daran hindern, Einzelheiten zu schildern, und so eine der Gefahren der traditionellen Beichte, nämlich das Abgleiten des Beichtgesprächs ins Schlüpfrige, abwenden. Was den Glauben angeht, zeigt sich der Augustiner nicht weniger unabhängig von der herrschenden Praxis, da er sein Nachfragen auf die *fundamentalia fidei*, die Sätze des Glaubensbekenntnisses, beschränkt. Überraschend klingt auch die von ihm in Hinblick auf die Absolution vertretene Theorie: Die Absolution sei eine Gnade, um die man Gott bitten müsse, nicht den Beichtvater, da der Beichtvater lediglich ein Ratgeber sei, an den man sich wende, um Zweifel in Glaubens- und Sittenfragen zu klären. Eines der Probleme, das zu klären dem Augustiner am Herzen liegt, ist der von seinen Beichtkindern regelmäßig gehegte Zweifel an der Gültigkeit der von ihm praktizierten Art der Beichte. Aus diesem Grunde widmet er einen beträchtlichen Teil des Beichtgesprächs dem Zitieren von Bibelautoritäten und Kirchenvätern, "ad comprobandum modum confitendi quo ipse utitur". Das Außergewöhnliche dieser Art der Beichte spiegelt sich auch in der eher symbolischen Buße wider — wie Beten eines Vaterunsers auf der Straße —, die der Augustinereremit seinen Gläubigen auferlegt. Die anderen Beichtväter Modenas pflegen den Gläubigen hingegen "harte Bußen" aufzubürden.[119]

Aus dieser Episode ergibt sich die Frage, ob der namentlich nicht bekannte Augustinereremit als Zeuge *sui generis* der Erasmus-Rezeption in Italien zu betrachten ist, der die Aussagen des Humanisten zum Thema Beichte praktisch erprobt. Zu zahlreich sind die Analogien zwischen der Theorie des Erasmus und der Praxis des Bruders in Modena, als daß die Hypothese einer zufälligen Übereinstimmung wahrscheinlich wäre. Erasmus

---

[119] ASM, Fasz. 3, Akte *Contra quendam heremitanum cuius nomen non exprimitur*, 19. April 1552.

ist es, der dem Gläubigen von der detaillierten Beichte abrät, da sie seiner Meinung nach den Beichtvater mit unwichtigen Einzelheiten belastet und gleichzeitig den Beichtenden mit überflüssigen Skrupeln quält.[120] Erasmus ist es, der dem Beichtvater zu größtmöglicher Diskretion im sexuellen Bereich rät und ihm empfiehlt, sich jeder nicht unbedingt notwendigen Frage zu enthalten.[121] Erasmus ist es, der auf das Apostolikum als Maßstab hinweist, an der der Büßer seinen Glauben prüfen kann.[122] Daß das Wesentliche der Beichte im Dialog zwischen Gott und dem Menschen besteht, ist gleichfalls eine Lehre von Erasmus; und es ist dies eine Anschauung, die den Dialog zwischen Beichtvater und Beichtkind auf eine dem Heil dienliche, doch nicht unverzichtbare Praxis abwertet.[123]

Es kann als wahrscheinlich gelten, daß der Augustiner aus Modena den von Erasmus verfaßten Traktat *Exomologesis sive modus confitendi*, zu dessen Verbreitung auch eine vermutlich unerlaubte italienische Ausgabe von 1525 beiträgt, gelesen hat.[124] Wie viele andere italienische Leser dieser Zeit liest der Augustinereremit seinen Erasmus allerdings selektiv.[125] Durch die Reduktion einer detaillierten Erörterung auf eine Reihe knapper Formeln, das Auslassen der im Originaltext reichlich vorhandenen *forsitan* und *quasi*, die Mißachtung der wohlerwogenen Konzessionen an die herrschende Praxis, mit denen der Verfasser ein Gegengewicht zu seinen kühnen Ansichten schafft, verleiht der italienische Augustiner dem Diskurs von Erasmus eine Schärfe, die dieser ursprünglich nicht besitzt. Aus der vorsichtigen Reformbestrebung des Humanisten wird, durch den selektiven Leser als Mittler, ein Bruch mit dem Bestehenden. In diesem Fall aus Modena drückt sich der Unterschied zur traditionellen Beichte vor allem im

---

[120] *LB* V, Sp. 151: "Iam complures anxie confitentur etiam illa, quae inter venalia sunt levissima, nonnunquam etiam frivola, veluti de pollutionibus nocturnis ... Haec anxie ac singulatim confiteri et audientem onerat supervacuis et confitentem inutili metu perturbat".
[121] Ebd., Sp. 153: "Primum autem videtur haec admissorum inter homines communicatio nonnihil inficere simplicitatem illam et innocentiam naturalem, qualem videmus in pueris ac puellis nondum infectis huius vitae corruptelis ... Sunt enim quaedam libidinum species, quas nemo prudens vellet narrari apud filios et filias suas ... Unde tutius est haec ignorari quoad licet ... Et insita est fere ingeniis hominum vitiosa curiositas, titillans animum cognoscendi libidine ..."; Sp. 162: "Rursus in peccatis quae libidine committuntur, quidam libidinosa quadam curiositate percontantur quae non oportet ..."; Sp. 168: "Tutior autem erit auditor ..., si percontationes suas non ultra proferat quam necesse sit ad criminis cognitionem", usw.
[122] Ebd., Sp. 162: "Haec, arbitror, sufficere laicis, ad examinationem conscientiae, si modo cognoscant symbolum apostolicum et summam evangelicae doctrinae".
[123] Ebd., Sp. 152: "Quamquam qui criminum suorum odium iam accepit a Deo, liberatus est a reatu, ut demus confessionem, quae fit homini, non esse simpliciter necessariam"; Sp. 157: "Primum itaque Deo confitendum est. At huic confiteri difficillimum est, qui non audit nisi vocem cordis. Quod si contigerit, iam facile est confiteri hominibus. Proinde prior illa pars huius negotii tanto studio tractanda est, quasi sola sufficiat", usw.
[124] *Exomologesis sive modus confitendi*, per Erasmum Roterodamum, opus nunc primum et natum et excusum, cum aliis lectu dignis, quorum catalogum reperies in proxima pagella. M.D.XXIIII. (Colophon: M.D.XXV. Mense Januario). Vgl. hierzu *BEI*, ad vocem.
[125] Zur selektiven Lektüre vgl. oben, S. 141f.

Schwinden des charismatischen Moments aus. Die Beichte, wie der Augustiner sie abhält, hat aufgehört, ein Sakrament zu sein. Sie ist zu einer für Rat, Trost und Klärung von Glaubensfragen zuständigen Instanz geworden.[126]

II

Was der namentlich unbekannte Augustiner in Modena praktiziert, ist eine der möglichen Formen einer anderen Beichte, wie sie von den religiösen Dissidenten Italiens gefordert werden. Die in den Dissidentenkreisen anzutreffende Unduldsamkeit gegenüber der herrschenden Beichtpraxis hat ihren Grund bisweilen in konkreten Mißbräuchen, auf die Erasmus seinerzeit hingewiesen hat. Die Unschuld eines jungen Mädchens kann beispielsweise durch Fragen eines wenig einfühlsamen Beichtvaters schweren Schaden nehmen. Der Landpächter im Polesine, nach dessen Auffassung die Väter ihren jungen Töchtern nicht erlauben sollten, zur Beichte zu gehen, führt zur Rechtfertigung seiner Meinung "einige unanständige Ausdrücke, die ein Frater einer Jungfrau in Venedig bei der Beichte gesagt hat", an und fügt hinzu, daß auch der Pfarrer der Pincara "unanständige Worte bei der Beichte eines Mädchens gebraucht hat".[127]

Die immer latente Gefahr eines Bruchs des Beichtgeheimnisses ist ein weiteres Argument, das die Kritiker der Institution anführen. Der Verdacht, daß aus dem Kloster in Verona, wo eine seiner Bediensteten zur Beichte geht, eine "sehr geheime Sünde" durchgesickert sei, wird den Juristen Agostino Dolcetto bei der Beichte vermutlich eher vorsichtig sein lassen (1550).[128] Auch nicht besonders eifrig wird jener — namentlich nicht bekannte — Bürger Bolognas zur Beichte gegangen sein, der (nach 1543) auf das Deckblatt eines seiner Schulbücher schreibt: "Wer seine Geheimnisse sagt und nicht wahrt / Geh' zu den Tieren und fresse Gras."[129] Die Überzeugung, daß die Beichte erfunden worden sei, "um die Sachen der anderen zu erfahren" (Legnaro 1544), der Widerwille, Pfarrern und Mönchen "sein Geheimnis sagen" zu sollen (Murano 1559), die Bemerkung, es sei eine "große Dummheit, hinzugehen und anderen seine Geheimnisse zu erzählen" (Imola 1550), und ähnliche Formulierungen sind Ausdruck einer mißtrauischen Ablehnung, die der Mensch des 16. Jahrhunderts gegenüber jenem anderen Menschen hegen kann, dem ein Kirchengebot das Recht gibt, den verborgensten Winkel seines Herzens zu erforschen.[130] Viele Gläubige

---

[126] Hierzu vgl. Erasmus, *LB* V, Sp. 152.
[127] ACVR, Fasz. 2, Akte *Processo contro Carlo Mosconi* (1563-66), fol. 2ᵛ-3ʳ, 27ʳ.
[128] ASV, Fasz. 8, Akte 30, *Contra Bartholomeum dalla Barba* (1550), fol. 62ᵛ.
[129] BUB, V Z VII² 21: *Catonis Distica moralia latinae* [sic] *et graece cum scoliis Des. Erasmi Roterodami*, s. l. 1543.
[130] ASV, Fasz. 1, Akte *De Lignaro paduane diocesis. Contra quosdam haereticos* (1544), These 7 ("Item negant confessionem sacramentalem vocalem et auricularem dicentes 'La è sta' trovada questa confession per saper li fatti di altri et per guadagno de preti e frati' et quod

stellen sich die Gewissensfrage, ob es wirklich notwendig ist, sich diesem Gebot zu beugen. "Du weißt, daß es schlimm ist, anderen den guten Ruf oder das Leben zu nehmen", argumentiert ein Frater aus Imola 1550 bei dem Versuch, einen seiner Gesprächspartner von der Beichte abzubringen, "nun bedenke, daß es noch schlimmer ist, sich selbst bei der Beichte den guten Ruf und das Leben zu nehmen."[131]

Die Zeugnisse, in denen präzise Mißbräuche angeprangert werden, sind allerdings selten. Die Bereitschaft zur Veränderung ist sehr viel verbreiteter als die sachlich begründete Kritik an der herrschenden Praxis.

Zur Illustration der vielfachen Forderung nach einer anderen Art der Beichte sollen hier einige Zeugenaussagen angeführt werden, die sich zum größten Teil auf die Phase beziehen, in der die Verbreitung protestantischer Ideen in Italien ihren Höhepunkt erreichte. In Asolo heißt es von Benedetto dal Borgo, "daß er die Beichte nicht verurteilt, sondern sogar lobt, aber daß es für ihn keinen Unterschied macht, ob man einem Geistlichen oder einem Laien beichtet, und daß es unnötig ist, alle Sünden zu beichten und einzeln aufzuzählen, sondern genügt zu sagen: 'Peccavi, Domine, miserere mei'" (1546). In Verona erklärt der Tischler Annibale: "Gewiß ist es notwendig, zum Priester zu gehen, aber ich muß ihm nicht meine Sünden einzeln aufzählen; es genügt, ihm allgemein zu sagen, daß ich gesündigt habe." (1550). Ebenfalls aus Verona ist uns das Zeugnis des Handschuhmachers Giovanni überliefert, der "seine Sünden nicht eine nach der anderen erklärte, sondern sich lediglich allgemein aller seiner Sünden schuldig bekannte", indem er folgende Formel benutzte: "Vater, ich bekenne mich all der von mir begangenen läßlichen und Todsünden schuldig, sie alle tun mir leid, und ich bereue, wenn ich Gott und meinen Nächsten damit gekränkt habe." (1550). In Rovigo erzählt Giovanni Maria Beato, daß ihm ein "lutherischer" Franziskaner die Absolution "im Stehen" erteilt habe, als er ihm "ohne weitere Umstände" seine Sünden anvertraute (1551). Auch Fra Tommaso Fabiani aus Mileto ist der Meinung, "daß es genügt, seine Sünden in allgemeiner Form zu bekennen, ohne ihre Anzahl, Art und Umstände anzugeben" (1564).[132]

Die Beichtväter, die bereit sind, "eine allgemeine und nicht ins einzelne gehende Beichte abzunehmen", ziehen die religiösen Dissidenten an; etwa

---

tantum sufficit confiteri Deo in spiritu"); ASV, Fasz. 14, Akte *Contra Zuanne di Agustini cancellier de la comunità de Muran*, Aussage des Antonio Casseler vom 22. Juni 1559. Zu Imola vgl. die Anm. 131.

[131] AVI, Fasz. 1, Akte *Contra Alexandrum Rexam de Imola*, fol. 20^r.

[132] ASV, Fasz. 6, Akte *Exemplum processus formati in castro Asyli*, fol. 6^v, Verhör des Pre Vittore Raimondi vom 27. Juni 1546 (bezüglich der Stellungnahme des Benedetto dal Borgo); ASV, Fasz. 8, Akte 30, *Contra Bartholomeum dalla Barba*, fol. 34^r (Stellungnahme des Tischlers Annibale); 49^r, 46^r (Stellungnahme des Handschuhmachers Giovanni); ASV, Fasz. 6, Akte *Contra Ioannem Mariam Beatum*, fol. 11^v, Aussage der Maria Franzoni vom 16. Dezember 1551; TCD, Ms. 1224, 16. Dezember 1564, Urteilsspruch gegen Fra Tommaso Fabiano (de Fabianis) aus Mileto.

jener Don Lorenzo Maioli, Pfarrer der Kirche Santi Apostoli, über den die Mitglieder der "lutherischen" Gruppe in Verona sagen: "Wir betrachteten ihn als Mann, der unsere Überzeugungen teilte und es daher unterließ, [in der Beichte] nach Einzelheiten zu fragen." (1550).[133] Eine starke Anziehungskraft üben auch die Beichtväter oder die Prediger aus, die noch unklaren Bedürfnissen der Gläubigen entgegenkommen und ihnen die Theorie einer anderen Beichte anbieten, die bisweilen gleichzeitig in die Praxis umgesetzt wird. Der Franziskaner Stefano Boscaia aus Asolo beispielsweise erklärt den Gläubigen, die zu ihm kommen, "daß es genügt, sich allgemein schuldig zu bekennen, ohne seine Sünden im einzelnen aufzuzählen", und löst damit Verwirrung und ernste Gewissensskrupel bei denjenigen aus, die "ihre Sünden nach dem Gebot der heiligen Kirche beichten" möchten (1547). Ähnlich erklärt in Imola der Augustiner Raffaele di Bressana seinen Gesprächspartnern, "daß die Beichte nicht *de iure divino*, sondern von der Mutter Kirche eingeführt worden sei, und daß der heilige Augustinus im Buch seiner Bekenntnisse meine, daß der Mensch nicht beichten müsse, und daß der gleichen Auffassung (...) der heilige Johannes Chrysostomos sei", woraus er den Schluß zieht, die Beichte sei zwar gut, nicht aber notwendig (1550).[134] Von primärer Bedeutung ist die Frage der Beichte in den Predigten, die ein anderer Augustiner, Fra Clemente di Nono, in der Fastenzeit des Jahres 1539 in Cremona hält. Zu den Lehren, die er verbreitet und am 29. März auf Anordnung des Vikars der Inquisition feierlich widerrufen muß, gehören in erster Linie folgende Sätze:

1) die Ohrenbeichte ist nicht *de iure divino* und nicht zum Heil notwendig, auch wenn sie gut und nützlich ist;
2) dem, der bereut und beichtet, darf man keine äußerliche Buße auferlegen, sondern ihm nur sagen: "Geh hin in Frieden und sündige nicht mehr";
3) jeder Geistliche kann von jeder Sünde lossprechen, und der Papst hat nicht das Recht, sich Fälle vorzubehalten; die von Christus mit den Worten "Tibi dabo claves etc." dem Petrus verliehene Macht ist allen Priestern — bzw. Petrus als Vertreter aller Priester — verliehen worden;
4) der Beichtvater spricht nicht von den Sünden los, sondern beschränkt sich auf die Erklärung, daß der Beichtende von Gott losgesprochen worden ist.[135]

Auch der Augustiner aus Modena, den wir eingangs in diesem Exkurs erwähnt haben, gehört zur Gruppe der Reformatoren der Ohrenbeichte.

---

[133] ASV, Fasz. 8, Akte 30, *Contra Bartholomeum dalla Barba*, fol. 39ʳ, 46ʳᵛ.

[134] ASV, Fasz. 6, Akte *Exemplum processus contra hereticos de Asyllo* (1547), fol. 17ʳ, Aussage des Pre Apollonio Bonetti; ASV, Fasz. 1, Akte *Contra Alexandrum Rexam*, fol. 20ʳ (Rotelli, *Sant' Uffizio a Imola*, S. 147).

[135] AGA, Fondo Congregazione di Lombardia, Cod. N.

III

Die Unduldsamkeit gegenüber der Beichte "secundum formam sanctae romanae Ecclesiae", die sich in den oben angeführten Zeugnissen widerspiegelt, ist nicht nur als Verneinung, als Ablehnung einer Gefahren ausgesetzten und durch Mißbräuche belasteten Institution zu erklären. Überzeugender scheint es, den Grund dafür bei einer Bejahung der reformatorischen Theologie zu suchen. Meines Erachtens wird der Unwillen gegenüber der traditionellen Beichte durch die Lehre von der Barmherzigkeit Gottes beeinflußt. Als Einrichtung, die das Gewähren der Verzeihung Gottes regelt,[136] wird das Bußsakrament von jener veränderten religiösen Sensibilität in Frage gestellt, die Gott im Zeichen seiner unendlichen und bedingungslosen Barmherzigkeit sieht.

Die Verbindung zwischen der Lehre von der Barmherzigkeit Gottes und dem Bedürfnis nach einer Reform der Ohrenbeichte findet in einer Predigt Ausdruck, die Professor Guido Panciroli aus Padua seinen Studenten in der Fastenzeit des Jahres 1555 hielt. Die Neufassung des Konzepts der göttlichen Barmherzigkeit, die der paduanische Philosoph der Lektüre des *Beneficio di Cristo* entnommen hatte, bringt ein neues Verständnis der Buße mit sich, das dieses Sakrament auf einen essentiell innerlichen Akt der Reue und den festen Vorsatz der Besserung reduziert. Die Vorstellung von der mystischen Hochzeit zwischen dem Gläubigen und Christus als auch die von der Gütergemeinschaft der beiden Brautleute, wird konkret im Glauben an den unmittelbaren Nachlaß der Sünden durch "die unendliche Barmherzigkeit Gottes", gemäß dem Psalm (32,5): "Ich will dem Herrn meine Übertretungen bekennen. Da vergabst du mir die Schuld meiner Sünde."[137]

Es ist dies nicht der einzige Fall, bei dem die Ablehnung der traditionellen Beichte mit dem Prinzip der göttlichen Barmherzigkeit verbunden wird. Beispielsweise antwortet Bartolomeo dalla Barba aus Verona, die herausragende Figur der 1550 zerschlagenen häretischen Gruppe, auf die Frage des Inquisitors nach der Beichte mit einem Bekenntnis seines Glaubens an einen Gott, "so barmherzig, daß er dem verzeiht, der sich von Herzen an ihn wendet und seine Sünden bereut". Ein solcher Glaube macht es überflüssig, "zu beichten und dem Priester seine Sünden zu bekennen". Ein anderes Mitglied derselben Veroneser Gruppe, der Tischler Annibale, "glaubte, daß es nicht notwendig sei, dem Priester zu beichten, sondern daß es genüge, zu ihm zu gehen, ohne ihm unsere Geheimnisse zu enthüllen, und zu glauben, daß wir durch das Blut des Leidens Christi reingewaschen sind". In Vicenza ist der Schuhmacher Brendolino da Brendole von dem Vorschlag beeindruckt, den ihm ein Prediger macht: "Daß ich, wenn ich beichten will, zuerst

---

[136] Tentler, *Sin and Confession*.
[137] ASV, Fasz. 11, Akte *Guido Panciroli*, Zusammenfassung der von Guido Panciroli in der Fastenzeit des Jahres 1555 gehaltenen Ansprache (*inc. Indignum quidem me esse, expl.* et deleas iniquitates nostras).

Gott beichten und dann äußerlichen Gehorsam leisten, zum Priester gehen und ihn um die Absolution bitten soll"; und sollte der Geistliche ihm diese verweigern "und auch der Papst mich nicht lossprechen wollen, solle ich auf das Leiden Jesu Christi vertrauen und dem Beichtvater sagen, daß ich darauf vertraue, daß das Leiden Christi meine Sünden getilgt hat und daß der Priester mich deshalb lossprechen muß" (1547).[138]

Der Gläubige, dessen Horizont vom Gedanken der göttlichen Barmherzigkeit erleuchtet ist, wird für den Beichtvater ein unbequemer Gesprächspartner. Er kommt nicht, um die Absolution zu erbitten, sondern lediglich, um aus dem Mund des Priesters eine Vergebung bestätigt zu erhalten, von der er glaubt, daß Gott sie ihm schon gewährt hat. Wenn der Priester sich nicht in diese untergeordnete Rolle fügt, wenn er seinen Gesprächspartner in das Schema der traditionellen Beichte pressen will, macht der Beichtende energisch seine Argumente geltend. Und so mag sich die Beichte in einen Disput verwandeln. Sogar die Frauen wagen es, in dieser Phase des religiösen Lebens in Italien, sich gegen den Beichtvater aufzulehnen.[139] Wenn hingegen der Dissident im Beichtvater einen Glaubensgenossen findet, wird er zu einem eifrigen Beichtkind. Vielleicht drückt er seine Unabhängigkeit durch Ablehnung der traditionellen Terminologie aus, wie jener Franziskaner aus Venedig, "der keinen Beichtvater, sondern einen Berater wollte, weil er nicht beichtete, sondern sich beriet" (1574), oder wie Giovanni Maria Beato, der meint, beichten "ist wie mit jemandem etwas besprechen" (1551).[140] Wenn sein Beichtvater zusätzlich ein "gelehrter Mann" ist, wird der religiöse Dissident ihn besonders gerne aufsuchen, da er hofft, "in der Unterhaltung und beim Meinungsaustausch mit ihm... Schönes lernen" zu können.[141] Er wird auch nicht zögern, seine Frau und seine Töchter zu ihm zu schicken. Und der nichtkonformistische Beichtvater wird zuweilen auf seine Rolle als Spiritus rector zugunsten des Ehemanns oder Vaters verzichten. "Ich brauche Euch, la mia madonna, nichts weiter sagen", erklärt der Veroneser Don Alberto Lino der Ehefrau des Tischlers Annibale, die zu ihm zur Beichte gekommen ist, "da Ihr Meister Annibale habt, der als rechtschaffener Mann Euch bestens anzuleiten und zu lehren

---

[138] ASV, Fasz. 8, Akte 30, *Contra Bartholomeum dalla Barba*, fol. 14ʳ, 34ʳ; ASV, Fasz. 6, Akte *Processus contra Ioannem Donatum della Columbina* (1547), fol. 29ʳ.

[139] ASV, Fasz. 8, Akte 30, *Contra Bartholomeum dalla Barba*, fol. 10ʳ; ASV, Fasz. 6, Akte *Exemplum processus contra hereticos de Asyllo*, fol. 11ᵛ, Aussage des Fra Clemente, Kustos des Konvents San Girolamo, vom 19. März 1547: "Uno di questi giorni li fu una femena per confessarsi al monastero, et perché lei stava in queste opinioni [lutherane], la fu mandata via senza confessione insieme con sua figlia".

[140] ASV, Fasz. 37, Akte *Fra Valerio da Venezia*, Aussage des Fra Girolamo da Venezia vom 23. März 1547; ASV, Fasz. 6, *Contra Ioannem Mariam Beatum*, fol. 3ᵛ, Verhör des Giovanni Maria Beato vom 7. Dezember 1551.

[141] AVI, Fasz. 1, *Contra Alexandrum Rexam*, fol. 20ʳ, von Alessandro Ressa Meister Nocente aus Tossignano zugeschriebene Meinung: "Io non ti niego che, andando l'huomo a confessarsi da un uomo dotto, nel discorrere et ragionare seco non possa imparare di belle cose; ma in quanto che la confessione sia de iure divino, io nol credo et non lo trovo".

weiß".¹⁴² Die befreiende Wirkung der Beichte wird so auf die Gemeinschaft der Ehe übertragen.

IV

Die Tendenz, die Ohrenbeichte durch Reform zu erhalten, kann sich zum Wunsch entwickeln, den sakramentalen Akt durch ein rein privates Handeln zu ersetzen. "Ich habe geglaubt, daß die Ohrenbeichte zwar nicht notwendig, aber doch gut sei, und deshalb bin ich beichten gegangen, abgesehen davon, daß ich Gott fünfzigmal am Tag klagend und seufzend beichte", erklärt Dionisio de Rizardis aus Gemona (1557).¹⁴³ Wenn die beiden Tendenzen nicht, wie bei de Rizardis, in ein und derselben Person nebeneinander bestehen, so doch in ein und demselben Kreis. In den Gruppen, denen wir unsere Aufmerksamkeit zugewandt haben, finden wir neben Gläubigen, die auf eine andere Art der Beichte hoffen, solche, die sich für die Beschränkung der Beichte auf eine Zwiesprache mit Gott aussprechen.

In Verona bekennt der Textilhandwerker Bernardino, "daß die Gott abgelegte Beichte, die man die geistige nennt, ausreichend und es darüberhinaus nicht erforderlich ist, zum Priester zu gehen und seine Sünden zu beichten, was man die mündliche Beichte nennt; notwendige Voraussetzung ist allerdings die Wiederversöhnung mit dem Bruder, der sich auf irgendeine Weise von mir beleidigt fühlt, und die Rückgabe von Sachen, die anderen gehören" (1550). In Grignano im Polesine sagt ein gewisser Gregorio Padovano, den Pietro Vagnola geschult hat, "daß man seine Sünden (...) weder Pfarrer noch Mönch beichten darf, sondern daß man aus dem Geist oder Herzen zu Gott sprechen und ihm beichten soll" (1547). Giovanni Battista Chiarati wiederholt die gleiche Lehre in der Form, "daß die Beichte nicht von der [Ur]kirche eingerichtet ist, und daß wir mit reuevollem Herzen vor ein Christusbild treten, unsere Sünde beichten und uns schuldig bekennen können, was besser ist, als sie einem Priester zu sagen" (1547). Michele Arzerano, einem weiteren Schüler von Pietro Vagnola, wurde gelehrt, "daß die Beichte nicht von Gewicht ist und Christus sie nie eingesetzt hat, aber daß wir unsere Schuld Christus und Gott beichten müssen" (1547). Wiederum in Verona vertritt Girolamo "coracinaro" gegenüber einem Kollegen die Lehre, "daß jeder auf seine Weise Gott beichten könne und daß es nicht nötig sei, zu diesen schurkischen Priestern oder Mönchen beichten zu gehen, denen man seine Angelegenheiten nicht erzählen solle, und daß es ausreiche, sich vor Gott zu bekennen" (1550). In Asolo schlägt Benedetto dal Borgo dem Guardian des dortigen Franziskanerklosters vor, sich mit ihm in einem öffentlichen Disput über die Beichte zu messen, wobei er die These vertreten will, daß "die Beichte *de iure divino* sei, aber das Beichten bei Gott, und nicht bei Priestern und

---

¹⁴² ASV, Fasz. 8, Akte 30, *Contra Bartholomeum dalla Barba*, fol. 39ᵛ.
¹⁴³ ACAU, Fasz. 1, Akte 3, *Contra Dionisium de Rizardis glemonensem*, fol. 8ʳ.

Mönchen" (1547). Ebenfalls in Asolo erklärt Giovanni Battista di Calvi, "daß es eine Torheit ist, bei Priestern oder sonstigen Geistlichen zu beichten (...), weil sie nicht die Macht haben, loszusprechen"; dagegen "müssen wir Christus beichten, weil er die Macht hat, uns zu verzeihen" (1546). Auch Peron Manero aus Legnaro beichtet nicht dem Priester und antwortet, wenn ihm jemand diese Unterlassung vorhält, "daß er Gott beichtet im Geiste" (1544). Der Tischler Angelo Mondadori aus Modena sagt, "daß die Beichte nicht notwendig ist, sondern daß es genügt, Gott zu beichten", und daß "die Mönche uns nicht die Absolution geben, sondern daß es Gott ist, der uns lospricht" (1545). Ludovico Medegini aus Brescia lehrt, "daß es nicht nötig ist, nach der üblichen Art der Kirche zu beichten, sondern ausreiche, sich vor Gott zu bekennen" (1543). Nicolò Guidozzo gibt zu, in seiner Jugend der Auffassung gewesen zu sein, "daß es genüge, Gott zu beichten, ohne zur Beichte zu Priestern oder Mönchen zu gehen" (1576). Antonio da l'Oio ist so unnachgiebig in seiner Überzeugung, "daß man nicht vor einem Priester, sondern vor einer Mauer beichten muß", daß er sie mit Gewalt seiner sterbenden Mutter aufzwingt: "Wenn Ihr beichten wollt, beichtet mir oder dieser Mauer" sagt er zu ihr, und läßt sie — so der Zeuge — "auf Grund dieser verdammten Phantasterei ohne irgendeine Beichte sterben" (1556).[144]

Meine Anordnung der Zeugenaussagen könnte den Schluß nahelegen, beim Thema Beichte ließe sich zwischen einer moderat reformwilligen und einer radikal auf Abschaffung drängenden Position unterscheiden. Der Traktat von Erasmus und die darauf zurückführbare religiöse Praxis — etwa die des am Anfang dieses Anhanges erwähnten Augustiners in Modena — wären Ausdruck der gemäßigten Haltung; die Einstellung eines Antonio da l'Oio würde die unnachgiebige Position repräsentieren. Dennoch bezweifle ich, daß eine solche Unterscheidung der Überprüfung eines erweiterten Quellenmaterials wirklich standhält. Die von mir durchgeführte begrenzte Erfassung erlaubt lediglich die Aussage, daß der Unterschied zwischen der gemäßigten und der radikalen Position sich abschwächt und tendenziell verschwindet, wenn die Kritik am Bußsakrament als Emanation des Prinzips

---

[144] ASV, Fasz. 8, Akte 30, *Contra Bartholomeum dalla Barba*, fol. 29ᵛ; ASV, Fasz. 6, Akte *Contra Petrum Vagnolam senensem*, Aussagen des Gregorio Padovano, des Giovanni Battista Chiarati und des Michele Arzeraño vom 8. März 1547; ASV, Fasz. 8, Akte 30, *Contra Bartholomeum dalla Barba*, fol. 38ʳ; ASV, Fasz. 6, Akte *Exemplum processus contra hereticos de Asyllo*, fol. 10ᵛ-11ʳ, Aussage des Fra Clemente, Kustos des Konvents San Girolamo, vom 19. März 1547 (betreffend Benedetto dal Borgo) und ebd., Fasz. 6, Akte *Exemplum processus formati in castro Asyli*, fol. 9ᵛ, Aussage des Jacopo de Calvi vom 28. Juni 1546 (betreffend Giovanni Battista de Calvi); ASV, Fasz. 1, Akte *De Lignaro paduane diocesis, Contra quosdam haereticos*, Aussage von Pre Angelo, dem Vikar der Kirche San Biagio, vom 7. Januar 1544; ASM, Fasz. 2, Akte *Contra magistrum Angelum Mondadorum*; ASV, Fasz. 1, Akte *Ludovico de Medigini da Brescia*, Aussage des Giovanni da Reggio vom 27. März 1543; ASV, Fasz. 40, Akte *Nicolò Guidozzo (1575-76)*, fol. 14ᵛ-15ʳ; ASV, Fasz. 6, Akte *Contra Antonio da l'Oyo et compagni*, fol. 4ʳᵛ, Aussage des Pre Tiziano aus Ponte vom 15. Mai 1556.

der göttlichen Barmherzigkeit betrachtet wird. Die beiden Einstellungen erscheinen dann als Projektionen zweier unterschiedlicher, jedoch in gleicher Weise legitimer Interpretationen derselben Erfahrung: der Hingabe an einen Gott, der durch das Blut Christi zum unerschöpflichen Quell von Gnade und Verzeihen geworden ist.

7. KAPITEL

EHELICHE LIEBE UND GOTTESLIEBE

I

Hinsichtlich der Sakramentenlehre zeigt die italienische Reformationsbewegung auf den ersten Blick wenige Besonderheiten. Im Großteil der Zeugnisse zu diesem Thema spiegeln sich, bei unterschiedlichem Verständnisniveau und Informationsstand, die Hauptrichtungen der reformatorischen Lehre. Ebenso wie jenseits der Alpen zeichnet sich in Italien ein klarer Konsens bezüglich zweier Glaubensartikel ab: Taufe und Eucharistie behalten ihren sakramentalen Charakter. Bei der Buße dagegen ist diese Qualität in den italienischen Zeugnissen umstritten, vermutlich infolge der auseinandergehenden Interpretationen, die sich aus der Lehre der Reformatoren und der Praxis ihrer Kirchen ableiten ließen.[1] Allerdings gab es m.E. doch ein Sakrament, zu dem die italienische Reformationsbewegung eine eigenständige Position vertrat: die Ehe. Während die evangelische Lehre jenseits der Alpen die Ehe als heilig, jedoch nicht länger als Sakrament betrachtete, neigten einige Gruppen der italienischen Reformationsbewegung dazu, neben Taufe und Eucharastie auch die Ehe als Sakrament anzuerkennen.

Als Sakrament verstand die Ehe der Häretiker Aonio Paleario (um 1540). Taufe, Eucharistie und Ehe galten als Sakramente in der von Pietro Antonio aus Cervia, der 1567 erhängt und verbrannt wurde, geleiteten Gruppe von Modena. Auch der berühmte Fanino Fanini kritisierte zwar die Sakramentenlehre, sparte dabei jedoch, so die ferraresischen Chronisten, Taufe und Ehe aus. Ludovico Biscazza aus Rovigo erkannte als Sakramente nur Taufe, Eucharistie und Ehe an (1569). Die gleiche Auffassung vertrat in Turin eine aus Mailand stammende Frau namens Francesca Vismara, der 1581 der Prozeß gemacht wurde. In eben diesem Jahr wurde ein Giulio Vanzo aus Schio des Glaubens überführt, daß von den sieben Sakramenten nur drei gültig seien, "Taufe, Ehe und Abendmahl". Auch wenn vier Sakramente anerkannt wurden, war die Ehe eines davon. So betrachtete etwa der in Forlì wohnhafte Drechsler Giacomo Locatelli aus Bergamo, der 1567 vor Gericht stand, Taufe, Konfirmation, Eucharistie und Ehe als Sakramente; für den Schreiber Giovan Battista Michiel aus Venedig, gegen den 1573 ein Verfahren lief, waren es Taufe, Eucharistie, Buße und Ehe. Auf die Tendenz, die diese Zeugnisse erkennen lassen, läßt sich auch die Position des Tuchhändlers Biagio Balbani aus Lucca zurückführen, der bei einer

---

[1] Klein, *Beichte*; Schwab, *Sakramententheologie*, S. 133-144; TRE VII, S. 465-473. Zur Lehre der Buße und zur Praxis der Beichte in Italien vgl. S. 204-213.

Hochzeitsfeier äußerte, die Ehe sei als Sakrament höher zu bewerten als die Eucharistie (1576).[2]

Daß man die Ehe als Sakrament anerkannte, war vermutlich die theoretische Umsetzung einer Lebenserfahrung, die unter den italienischen Andersgläubigen des 16. Jahrhunderts recht häufig gewesen sein muß, nämlich daß die eheliche Gemeinschaft zugleich auch religiöser Mikrokosmos war.

Die Notwendigkeit, verdeckt zu handeln, zwang die Sympathisanten des Protestantismus in Italien beinahe immer, auf jede Form des Gemeinschaftslebens zu verzichten oder es extrem zu beschränken. Von daher die besonders in der Phase nach 1550 feststellbare Neigung zur Bildung geschlossener Kreise, innerhalb deren sich das religiöse Gemeinschaftsleben mit geringerem Risiko entfalten konnte. Dadurch daß man die Ehe hochschätzte und als erprobte Gemeinschaft begriff, wurde der Ehepartner in Italien zum ersten Ziel protestantischer Bekehrungsarbeit. In der Praxis stellte sich das Teilhaben an den neuen religiösen Ideen als Erfahrung heraus, die die Beziehung zwischen den Eheleuten ideell beleben und die Gefühlsbindung festigen konnte. Eheliche Liebe und Liebe zu Gott verstärkten sich gegenseitig. Dies ist der Grund dafür, daß in den Dokumenten der italienischen Inquisition die Kernfamilie oft nicht nur als bevorzugtes Terrain protestantischer Überzeugungsarbeit, sondern auch als Keimzelle alternativen Glaubenslebens erscheint.

Einige protestantische Gemeinschaften, beispielsweise die von Rovigo, bestanden zum guten Teil aus Ehepaaren, die das religiöse Leben auf der häuslichen Ebene organisierten (Giovan Domenico und Margherita Roncalli, Domenico und Laura Mazzarelli, Ottaviano und Barbara Zilioli).[3] Die Erfahrung lehrte den örtlichen Inquisitor, bei der Vernehmung eines Verdächtigen immer gleich die Ehefrau als Komplizin anzunehmen. Gelegentlich erwies sich der Verdacht als begründet. So reagierte 1569 Ludovico Biscazza zutiefst verstört auf die Frage des Inquisitors nach der Beteiligung seiner Ehefrau. Sein schweres Atmen, seine Beinahe-Ohnmacht an dieser Stelle des Verhörs, sein geflissentlich vom Schreiber festgehaltenes Klagen ("mein ganzes Blut ist in Wallung"), all dies waren für den

---

[2] Die im Text erwähnten Zeugnisse sind in folgenden Quellen belegt: Caponetto, *Paleario*, S. 145; Tedeschi und Henneberg, *Pietro Antonio da Cervia*, S. 257; Tre Re, *Condanne per eresia*, S. 281; ACVR, Fasz. 4., Akte *Contra Ludovicum Biscatia*, Verhör vom 26. Oktober 1569; TCD, Ms. 1226, Urteilsspruch vom 23. Juni 1581 gegen Francesca Vismara aus Mailand, wohnhaft in Turin; TCD, Ms. 1225, Urteilsspruch gegen Giulio, den Sohn des Francesco Vanzo aus Schio; TCD, Ms. 1224, Urteilsspruch vom 31. Mai 1567 *Contra magistrum Iacopum de Locatellis*; ASV, Fasz. 37, Akte *Contra Hieronimo Parto nodaro* (1572) *et Ioannem Baptistam Michael fratrem eius uterinum* (1573), fol. 31ʳ; AAP, Fasz. 1, Akte *In causa Raffaelis quondam Ioannis Antonii de Camaiore* (1576).

[3] ACVR, Fasz. 2, Akte *Inquisitio contra Antonium Mariam Mazzarelum de Rhodigio*, 1562; ebd., *Sententie contra Antonium Mariam Mazzarellum, et Dominas Margaritam Casalinam et Barbaram Ziliolam*, 1564. Zum Ehepaar Domenico und Laura Mazzarelli vgl. Kap. 3, S. 91-93.

Inquisitor "allzu deutliche Indizien" dafür, daß beide Eheleute an der Ketzerei teilhatten.⁴ Auch in der Modeneser Gruppe von Pietro Antonio aus Cervia traten Eheleute gemeinsam zum Protestantismus über, so daß das religiöse Leben sich oft im Familienkreis vollzog.⁵ Bezeichnenderweise traf 1567 in Faenza die Repression vorwiegend Ehepaare und ganze Familien.⁶ In den Akten der Inquisition stoßen wir allerdings auch auf Fälle, bei denen die Grundlage religiöser Gemeinschaft ein Vater-Sohn-Verhältnis ist (Marco und Andrea Zaccaria aus Nikosia, 1562/1563).⁷

Daß es eine Stärkung der monogamen Beziehung bedeutete, wenn die Eheleute beide praktizierende Protestanten waren, geht eindeutig aus einem Zeugnis hervor, das aus dem Jahre 1566 stammt und in Zusammenhang mit der calvinistischen Gruppe von Modena steht. Dort war ein Mitbruder an der Seite einer Dirne in der Kutsche durch die Stadt gefahren. Seine Glaubensgenossen fanden dies tadelnswert und bedachten ihn deshalb mit dem freundschaftlichen Hinweis darauf, daß sich eine solche Gesellschaft "für uns Brüder, die wir uns mit unseren Ehefrauen begnügen müssen, nicht schicke". Nicht zufällig war es ein Andersgläubiger aus Mantua, der in seiner Frau die engste Vertraute in Glaubensdingen gefunden hatte, welcher der allgemeinen Mißbilligung Ausdruck gab. Was sich in seinem Tadel spiegelte, war nicht nur calvinistische Strenge, sondern auch praktische Lebenserfahrung eines religiösen Dissidenten.⁸

Wie die Suche nach einer Frau gleichen Glaubens Reisen bis in die "partes pedemontanas"⁹ rechtfertigte, so machte die ganze Gruppe die Bekehrung einer Frau, die sich für die neuen religiösen Ideen unempfänglich zeigte, zum gemeinsamen Gebetsanliegen. Für den calvinistischen Edelmann, der sich 1562 den Gebeten der Mitbrüder empfahl, war das Verharren der Ehefrau im katholischen Glauben "ein unermeßlicher und allzu starker Schmerz"; und die Aussicht darauf, daß der Herrgott "seiner ... Gemahlin den Weg der Wahrheit offenbaren" würde, schien ihm als Gnade, die wohl "zehntausend Skudi in bar" wert sei, wie ein Zeuge es ein wenig unpassend ausdrückte.¹⁰

---

⁴ ACVR, Fasz. 4, Akte *Contra Ludovicum Biscatia*, Verhör vom 26. Oktober 1569.

⁵ Tedeschi und Hanneberg, *Pietro Antonio da Cervia*; ASM, Fasz. 4, Akte *Laura de Mamanis, uxor Petri Antonii de Cervia*.

⁶ Tre Re, *Condanne per eresia*, S. 284, 286.

⁷ ASV, Fasz. 19, Akte *Contra Marcum Zacharia et Andream eius filium* (1562/1563) und hierzu Vasoli, *Patrizi*.

⁸ ASM, Fasz. 4, Akte *Contra Cataldum Buzzalum qui abiuravit*, Verhör des Gaspare Canossa vom 22. Juli 1566.

⁹ ACVR, Fasz. 2, Akte *Sententie contra Antonium Mariam Mazzarellum, et Dominas Margaritam Casalinam et Barbaram Ziliolam*, Verhör vom 23. Oktober 1564.

¹⁰ ASV, Fasz. 19, Akte *Processus inceptus contra illos de Pelizariis de Vincentia*, Brief des Alessandro Trissino an Giovanni Battista Trento, datiert vom 28. Juni 1562, fol. 7ʳ; ebd., Akte *Sequentia processus in causa heresis contra dominum Alexandrum de Trissino*, fol. 37ʳ, Verhör vom 20. April 1563 (hierzu Olivieri, *Trissino*, S. 61, Anm. 9).

Die religiösen Ausdrucksformen innerhalb einer Familie Andersgläubiger könnten, auch wenn sich zu diesem Thema wenig aufschlußreiche Dokumente finden, durch gezielte Nachforschungen über das Leben von Ehepaaren wie Marco und Isabella della Frattina,[11] Zuane dei Lonardi und seiner Frau Piera, Zuan Jacopo *spadaio* (Waffenschmied) und Frau Angelica[12] oder Simone und Apollonia Sacardo[13] rekonstruiert werden. Insbesondere die Familie Sacardos aus Friaul, zu der außer dem Ehepaar zwei Töchter und ein Schwiegersohn gehörten, bietet uns ein Verhaltensmuster, das über den Einzelfall hinaus Geltung gehabt haben dürfte. Sonntags versammelte der Vater die Familie zur Bibelstunde um sich, wobei dafür Sorge getragen wurde, daß sich zufällige Besucher hinzugesellen konnten (für Lesungen des Evangeliums im Familienkreis haben wir auch Zeugnisse aus Siena und Corné Polesine).[14] Der alternative Gottesdienst des Gastwirts aus Piano d'Arta wurde besonders von dessen Frau Apollonia geschätzt, die davon überzeugt war, daß ihr Mann das Evangelium "besser als der Priester am Altar" oder auch, wie der Inquisitor bissig bemerkte, auf "evangelischere" Art auslege.[15] Auf fruchtbaren Boden fiel die Glaubensschulung auch bei den beiden Töchtern. Die ältere Tochter Caterina hatte von ihrem Vater gelernt, daß die persönliche Beichte überflüssig sei und die gemeinschaftliche genüge, die der Gläubige während der Messe ablegt, wenn er mit dem Pfarrer das Confiteor betet; weiter hatte sie gelernt, daß die von der Kirche ausgesprochene Exkommunikation nicht zu fürchten sei, da Gott allein exkommunizieren könne, und in diesem Sinne belehrte sie die Bauern, die ihre Pflugschar oder den Ring ihrer Frau als Pfand zum Pfarrer brachten, um der Exkommunikation zu entgehen, die jedem drohte, "der nicht Pfänder oder Zahlungen ... für die Kirchensteuern leistete".[16]

Die Tendenz zur Endogamie, die sich aus der Untersuchung der philoprotestantischen Gruppen in Italien ergibt, hatte ihren Ursprung in dem Wunsch nach geistiger Gemeinschaft, entsprach aber auch dem Bedürfnis, die innere Sicherheit der Gruppe zu erhalten, die durch das Hinzukommen

---

[11] ASV, Fasz. 25, Akte *Isabella Frattina*. Daß auch Marco, der Mann von Isabella, die religiösen Vorstellungen seiner Frau teilte, geht hervor aus ASV, Fasz. 14, Akte *Costantino Cato, Tommaso della Torre, Giovanni Agostini u.a.*, insbesondere aus dem Brief des Vikars von Ceneda an den Bischof von Ceneda vom 16. Februar 1559.

[12] Zum Ehepaar Zuane und Piera dei Lonardi vgl. ASV, Fasz. 21, Akte *Contra Zuane de i Lonardi dalla Badia*. Zu Zuan Jacopo "spadaro" und seiner Frau vgl. ASV, Fasz. 11, Akte *Contra anabaptistas*.

[13] ACAU, Fasz. 5, Akte 87, *Processo contro Simon Sacardo della villa di Piano*.

[14] *Processo contro Simon Sacardo*, fol. 6^r, 7^r, 11^r, 12^v, 19^v, 22^v, 25^v-26^r. Zu Siena vgl. Marchetti, *Gruppi senesi*, S. 190f.; zu Corné Polesine vgl. ACVR, Fasz. 4, Akte *Inquisitio de heresi contra Matheum Ritium de Corneto* (1569) und Kap. 12, S. 359f.

[15] ACAU, Fasz. 5, Akte 87, *Processo contro Simon Sacardo*, fol. 22^r, 26^r.

[16] *Processo contro Simon Sacardo*, fol. 6^r, 9^v, 12^r, 15^r, 17^r, 22^r, 27^r, 31^v. Caterina leugnete, daß ihr Vater sie gelehrt habe, die Beichte sei überflüssig; doch ihre vom Schreiber registrierte Reaktion an diesem Punkt des Verhörs — "in qua interrogatione magnam fecit mutationem et presertim erubescit" — beweist m.E. das Gegenteil.

nicht vollständig integrierbarer Mitglieder bedroht war. Auch aus diesem Grunde waren die wohlhabenderen Gruppenmitglieder bereit, endogamische Verbindungen finanziell zu unterstützen. Um das Jahr 1560 versprach der Calvinist Giovanni Domenico Roncalli dem Literaten Pietro Lauro, die Mitgift einer seiner Töchter um zehn Dukaten zu erhöhen, falls das Mädchen einen Mann heirate, der — wie man es in solchen Fällen ausdrückte — "Kenntnis vom wahren Glauben" habe.[17] Der Brief, in dem Roncalli seine (zudem im Testament bestätigte) Zusage bekräftigte, stellt den schriftlichen Beleg dafür dar, daß Pietro Lauro, italienischer Übersetzer der *Colloquia* von Erasmus, Verbindung zu evangelisch-reformierten Kreisen im Untergrund hatte und wie andere Übersetzer des Humanisten die neuen Glaubensmeinungen teilte.[18]

Ich habe Grund zu der Annahme, daß eine Untersuchung der Testamente die in diesem Abschnitt aufgestellte These bestätigen würde. Als sensibler Indikator innerfamiliärer Gleichgewichte ist das Testament ein verläßlicher Spiegel des Integrationsprozesses des Paars und Gradmesser des Vertrauensverhältnisses zwischen den Eheleuten. Dank der Testamentforschung wissen wir, daß der italienische Familienvater des 15. und 16. Jahrhunderts nicht wünscht, daß seine Frau nach seinem Tode zum Oberhaupt der Familie wird. Der Witwe werden also bei der Vormundschaft über die minderjährigen Kinder und der Verwaltung des Vermögens die Brüder, Onkel oder andere Verwandte des Mannes bzw. — als Zeichen des Vertrauens zu ihr — der eigene Bruder oder Vater zur Seite gestellt. In jedem Fall wird die Gruppe der Testamentsvollstrecker so beschaffen sein, daß die Entscheidungsfreiheit der Witwe äußerst eingeengt ist.[19] Von dieser herrschenden Tendenz setzt sich eine Art des Testaments ab, in dem der Mann seiner Frau "largam et amplam baliam et facultatem administrandi tam bona quam personas filiorum" verleiht. Mit Zustimmung bloß eines der übrigen Testamentsvoll-

---

[17] ASV, Fasz. 21, Akte *Odo Quarto*, Brief des Giovanni Domenico Roncalli an Pietro Lauro, datiert vom 11. November 1561. Auf das Testament von Roncalli (ASPd, Notar Gaspare Villani in Padua, 1561, fol. 414^r-425^v), in dem die Hinterlassung von 10 Dukaten "alla figliuola di messer Pietro Lauro maestro di scuola maritata in Venetia" bestätigt wird, bin ich von Stefania Malavasi hingewiesen worden. Ein weiterer Fall von religiöser Endogamie ergibt sich aus ASV, Fasz. 44, Akte *Giuseppe Felino e Alvise Capuano* (aus diesem Dokument stammt das Zitat "Kenntnis vom wahren Glauben", *cognizione della vera fede*).
[18] Die Verbindung von Pietro Lauro mit den reformierten Kreisen Norditaliens ergibt sich auch aus einer Aussage von Ambrogio da Milano (Ambrogio Cavalli), Almosenier von Renata da Ferrara, der 1557 in Rom als Ketzer verbrannt wurde. Vgl. Archivio di Stato di Modena, Archivio Fiaschi, Fasz. 42, fol. 171^v: "Pietro Lauro da Modena, del quale havemo detto de sopra, non so se stia a Modena, il qual Pietro io l'ho per lutherano, ma de audito proprio non ne so niente, et adesso non me recordo per che causa lo tenghi tale, ma fu a Ferrara a torre le lemosine". Ein ähnlicher Hinweis in bezug auf Pietro Lauro findet sich in dem den Akten der Caterina Sauli beigelegten Zeugnis des Ettore Donati vom 22. September 1567, in ASV, Fasz. 25, Akte *Isabella Frattina* ("In Venetia ho sentito dire che messer Lauro modenese era infetto").
[19] Herlihy und Klapisch Zuber, *Les Toscans*, S. 595, Anm. 55; Berengo, *Lucca*, S. 38f., 43, 48.

strecker (unter ihnen ihr Vater und ihr Bruder) kann sie jede Entscheidung bezüglich der Verwaltung des Familienvermögens und der Erziehung der Kinder treffen; im Falle, daß die Kinder vor ihr sterben, wird sie, vor seinem Bruder, Universalerbin des Vermögens ihres Mannes; und während sie nicht zur Rechtfertigung ihrer Vermögensentscheidungen vor Gericht zitiert werden kann, hat sie die Möglichkeit, von einem Schwager, bei dem die Verwaltung eines Teils des Grundeigentums der Familie verblieben ist, auf dem Rechtsweg Rechenschaft zu verlangen.[20] Die Frau, welcher der Erblasser, "attenta ... eius integritate, fide, continentia et ceteris eius laudatissimis moribus", dieses Zeugnis der Wertschätzung ausstellt, besitzt nach dem Tode des Mannes innerhalb der Familie maßgebliche Autorität. Noch höher mag die Autorität einer Gattin sein, die ihr Ehemann als "Frau besten Gewissens" schätzen gelernt hat. Abgesehen von einer Vergütung der Mitgift, erbt sie persönlich die Hälfte des Familienvermögens, wird zur einzigen Testamentsvollstreckerin ernannt und beauftragt, die Verteilung der anderen Vermögenshälfte auf die drei Kinder, zwei Mädchen und ein Junge, die zu gleichen Teilen erben, vorzunehmen. Die mit der Androhung des Ausschlusses vom Erbe versehene Klausel, daß keines der Kinder von der Mutter bezüglich ihrer Vermögensentscheidungen Rechenschaft verlangen darf, stattet die Frau mit einer Verfügungsgewalt aus, die der Erblasser mit dem Hinweis auf seinen "festen Glauben" an die Fähigkeit seiner Gemahlin, sein eigenes "Wollen" voll und ganz zu begreifen und zu verwirklichen, rechtfertigt.[21]

Meines Erachtens ist es kein Zufall, daß die Verfasser dieser außergewöhnlichen Testamente, in denen die Zuneigung und das Vertrauen zur Ehefrau so deutlich zum Ausdruck kommen, zur Reformationsbewegung gehörten oder ihr nahestanden — so der Graf Battista Fieschi aus Genua und der Juwelier Alessandro Caravia aus Venedig.[22]

Zu den theoretischen Voraussetzungen dieser Intensivierung des ehelichen Dialogs, für die es in der italienischen Reformationsbewegung eine Vielzahl von Indizien gibt, gehört vermutlich die in Italien durch Ausgaben, Übersetzungen und Überarbeitungen seiner Schriften zur Ehe verbreitete

---

[20] ASG, Notare, Battista Strata, I, 29, holographisches, mit Verbesserungen versehenes Testament des Battista Fieschi, datiert vom November 1502 (die Angabe des Tages konnte ich nicht entziffern). Zu Fieschi vgl. Kap. 6, S. 202 und Anm. 113.

[21] Archivio di Stato di Venezia, Notarile, Testamenṭ des Alessandro Caravia, datiert vom 1. Mai 1563. Zu Caravia vgl. Kap. 9, S. 274-276. In die Kategorie der "philogamen" Testamente gehört auch dasjenige des Vincenzo Malpigli, datiert vom 21. November 1585, ASL, Notarile, Ser Ludovico Orsi, Testamenti 144, fol. 189^r-193^v, 198^r (Hinweis von Simonetta Adorni Braccesi).

[22] Dies ist ein Aspekt der Untersuchung, der nicht weiterverfolgt werden konnte und auf den ich hier lediglich hinweisen kann. Während das Testament Caravia sehr wahrscheinlich von der venezianischen Erasmus-Rezeption der vierziger Jahre beeinflußt ist, wurde das Dokument des Fieschi vor jeder möglichen Beeinflussung durch Erasmus abgefaßt. Hier sind wir also mit dem Zeugnis einer schon vor der Verbreitung des erasmischen Gedankenguts bestehenden Tendenz konfrontiert, zu deren Interpret sich Erasmus mit seinen Schriften zur Ehe machte.

Philogamie des Erasmus. Die Neigung, die Ehe als die beste Form eines evangelischen Lebens zu begreifen und die Liebe der Eheleute zueinander als Ausdruck ihrer Religiosität aufzufassen, kann von den Gedanken, die Erasmus im *Encomium matrimonii* oder in den Gesprächen über die Ehe äußerte, nicht unbeeinflußt gewesen sein. Das vorliegende Kapitel sammelt die Zeugnisse zu diesem spezifischen Aspekt der italienischen Erasmus-Rezeption.

II

Die Philogamie des Erasmus bildete die Gegenposition zu einem Lebensverständnis, das Jungfräulichkeit an die Spitze der persönlichen und sozialen Werte stellte. Den zweiten Rang in dieser Wertordnung nahm die dauernde Enthaltsamkeit ein, also der Stand desjenigen, der sich nach einem ehelichen Zwischenspiel wieder der Keuschheit verschrieb. Auch die Ehe wurde als würdevoller Stand betrachtet, was sich in ihrer Erhebung in den Rang eines Sakraments ausdrückte. Auf der Skala der Vollkommenheit nahm sie jedoch nach der Jungfräulichkeit, deren Vertreter sich rühmten, dem Beispiel Christi zu folgen, und der dauernden Enthaltsamkeit nur den dritten Platz ein.

Die biblische Grundlage dieses Verständnisses hatte man im Gleichnis vom Sämann (Mt 13,23 und Mk 4,8) gefunden, in dem es heißt, daß der auf gutes Erdreich gefallene Same nicht immer gleiche Frucht bringe, sondern manchmal dreißig-, manchmal sechzig- und manchmal hundertfältig. Dem hl. Hieronymus diente dieses Gleichnis dazu, Jungfräulichkeit, dauernde Enthaltsamkeit und Ehe als unterschiedliche Stufen christlicher Perfektion quantitativ (mit 100, 60, bzw. 30 Punkten) zu bewerten. Von Augustinus leicht variiert erneut aufgegriffen (er hatte Märtyrer mit 100, Jungfrauen mit 60 und Eheleute mit 30 bewertet), war diese Interpretation in die *Glossa ordinaria* und die *Postilla super Bibliam* des Nikolaus von Lyra gelangt[23] und somit zu einem Topos geworden. Im 16. Jahrhundert wurde dieser Topos wiederholt gegen Erasmus ins Feld geführt, wenn dieser in Umkehrung des traditionellen Wertsystems die Ehe ganz oben auf die Skala der Vollkommenheit setzte.[24] (Auch die Theologen von Avila, die 1531 aufgerufen wurden, zu einem Urteil über die spanische Erasmus-Anhängerin Maria de Cazalla zu kommen — sie betrachtete die Ehe als verdienstvoller

---

[23] Das Zeugnis des hl. Hieronymus findet sich in *Adversus Iovinianum* I 3 (*PL* XXIII, Sp. 222-224) und in *Commentarii in Mathaeum* II, 13, 23 (*CCSL* LXXVII, S. 105f.). Der Text des hl. Augustinus findet sich in *Quaestiones Evangeliorum* I 9 (*PL* XXXV, Sp. 1325f.). Zur entsprechenden Stelle der *Glossa ordinaria* vgl. *PL* CXIV, Sp. 131. Das Zeugnis bei Nikolaus von Lyra: *Biblia cum postillis Nicolai de Lyra*, s. l. a., IV, fol. ccvii^v-ccviii^r und *Moralia super totam Bibliam fratris Nicolai de Lira*, s. l. a., unpaginiert, zu Mt 13. Bibliographische Hinweise zur Weiterentwicklung dieses Themas in Spätantike und Mittelalter bei: Antonio Volpato, 'Corona aurea' e 'corona aureola': Ordini e meriti nella ecclesiologia medievale, Bullettino dell'istituto storico italiano per il Medio Evo e archivio muratoriano, 91 (1984), S. 115-182.

[24] Ein Beispiel: Pio, *In locos Erasmi retractandos*, fol. 167^v.

als die Jungfräulichkeit und vertrat die Meinung, daß "estando en el acto carnal con su marido estava mas allegada a Dios que si estoviese en la mas alta oracion del mundo" —, griffen auf die herkömmliche Auslegung des Gleichnisses vom Sämann zurück, um zu bekräftigen, daß die Jungfräulichkeit höher zu bewerten sei als der Ehestand.[25])

Mit der Ausarbeitung, Erweiterung und Verbesserung seiner ehefreundlichen Lehre befaßte sich Erasmus sein ganzes Leben lang. Nachdem er sie bereits bruchstückhaft in seinen Anmerkungen zum Neuen Testament vorweggenommen hatte (1516), legte er sie geschlossen im *Encomium matrimonii* dar (1518), eine Lobrede auf die Ehe, die er später mit nur wenigen Abänderungen in *De conscribendis epistolis* (1522) aufnahm. Danach schrieb er noch eine Reihe von Dialogen zum Thema Ehe, in denen er seine ehefreundliche Konzeption auf allgemein zugängliche Art anhand von Beispielen aus dem Alltag darlegte (1523/ 1524). Jenen Gegnern, die ihn wegen des *Encomium matrimonii* der Ketzerei bezichtigten, antwortete er 1526 mit der *Institutio matrimonii christiani*, einem schweren und trockenen Text, bei dem sein Bemühen, sich von jenen Anschuldigungen reinzuwaschen, die visionäre Kraft beeinträchtigte, die ihn im *Encomium* beflügelt hatte.[26]

Die Ehe, als deren Apologet Erasmus auftritt, will eine auf gegenseitigen Trost und Beistand, Konsolidierung des Familienvermögens, Zeugung und Erziehung gottesfürchtiger Kinder ausgerichtete Lebensgemeinschaft sein. Erotische Anziehung und Leidenschaft werden bei dem Zustandekommen und Fortbestehen einer solchen Gemeinschaft nur minimale Bedeutung haben. Man wird sich bei der Eheschließung vom gesunden Menschenverstand leiten lassen und das Ziel verfolgen, eine in bezug auf soziale Stellung, Alter und Bildung passende Verbindung herzustellen. Mit anderen Worten: es wird nicht aus Liebe geheiratet, sondern aus Vernunft; die Liebe wird sich dann schon einstellen.[27] Besonders günstig ist es, wenn die Familien von Braut und Bräutigam eine lange Bekanntschaft verbindet. Auf jeden Fall aber kann die Heirat nur dann erfolgen, wenn die Eltern die Wahl ihrer Kinder billigen.[28]

Die Ehepraxis der frühen Neuzeit, die diesem Eheverständnis des Erasmus offenbar zugrunde liegt, erfährt darin eine wichtige Veränderung. Die bürgerliche Ehe des 15. und 16. Jahrhunderts ist in erster Linie eine Abmachung zwischen zwei Sippen, die heiratsfähige Söhne und Töchter wie Figuren in einem Spiel einsetzen, bei dem die persönlichen Wünsche der

---

[25] *Proceso Cazalla*, S. 33-35.
[26] Zu dieser Chronologie und einer vollständigen Übersicht über die Schriften des Erasmus zum Thema Ehe: Telle, *Erasme*, S. 71-125, 153-187, 293-314, 347f. In der Bewertung der *Institutio matrimonii christiani* weiche ich von Telle ab.
[27] *ASD* I³, S. 377, ll. 84-85 ("Alii prius diligunt quam deligant. Ego iudicio delegi quam diligerem").
[28] *ASD* I³, S. 284 und zur Einwilligung der Eltern S. 287.

Eheschließenden kaum beachtet werden.[29] Hingegen sieht Erasmus den entscheidenden Faktor bei der Eheschließung in der Übereinkunft des Paares und bemißt den Erfolg der Verbindung am Zusammenhalt des ehelichen Verhältnisses. Nicht mehr Sippe, Geschlecht oder Clan mit ihren wirtschaftlichen oder gesellschaftlichen Zielsetzungen stehen bei der Heirat im Mittelpunkt, sondern zwei Menschen mit ihren Gefühlen und ihrem Wunsch, eine Verbindung einzugehen.[30]

Als Verwirklichung eines zwischenmenschlichen Dialogs von höchster Intensität ist die Ehe in der Sicht des Erasmus, mag sie auch auf Vernunft begründet und durch Umsicht gefestigt sein, ein Quell zarter Gefühle. In einer unsicheren Welt bietet sie emotionale Sicherheit, eine Oase des Friedens im Existenzkampf, Trost im Alltag mit seinen Sorgen, während sich die Freude im anderen spiegelt und dadurch größer wird. Ehe bedeutet auch das Erleben von Vaterschaft und Mutterschaft, das Entdecken von Zauber und Hingabe der Kindheit, die Erfahrung des eigenen Weiterlebens in den Kindern.[31] Die Philogamie des Erasmus spiegelt sich vielleicht am deutlichsten in den meisterlichen Familienbildnissen, wie sie zu eben jener Zeit in Europa entstanden, wider. Ein Gemälde wie *Die Familie des Pieter Jan Foppesz* von Martin van Heemskerck (ca. 1530) läßt sich unter einigen Aspekten im Sinne von Erasmus interpretieren.[32]

Erasmus betrachtet die Ehe aus männlicher Sicht. Die von ihm gerühmte liebevolle Zuneigung gewährt die Ehe hauptsächlich dem Mann, an dessen Seite eine Gefährtin steht, die auf seine Launen eingeht, ihm die Wünsche von den Lippen abliest, seine Vorlieben kennt und das gesamte Familienleben auf sein Wohlergehen hin ausrichtet, indem sie traurig wird, wenn er traurig ist, und froh, wenn er sich freut. Selbst wenn er die Ehe bricht, wird die Frau sanft und liebevoll bleiben, immer auf das Wohlergehen des Mannes bedacht, sogar bereit, seine Kupplerin zu werden (der Ausdruck wird von Erasmus gebraucht), um ihm gefällig zu sein.[33] Auch die Sexualität, deren Rolle in der Ehe Erasmus nicht überbewerten, jedoch auch nicht verschweigen will, ist ganz auf den Mann ausgerichtet.[34] Die Vorteile, welche die Frau in der Ehe findet, sind sozialer Natur (was gibt es Trostloseres als eine alte Jungfer?) und liegen in der Bestimmung der Frau

---

[29] Herlihy und Klapisch Zuber, *Les toscans*, S. 588, 589-590, 594-595; Berengo, *Lucca*, S. 38, 40-41.
[30] *ASD* III^1, S. 277-288; I^5, S. 392, 406-408.
[31] *ASD* I^5, S. 406-410.
[32] Herbert Malecki, *Die Familie des Pieter Jan Foppesz*, Kasseler Hefte für Kunstwissenschaft und Kunstpädagogik 4, Kassel 1983.
[33] *ASD* I^3, S. 301-313 (*Uxor mempsigamos*).
[34] *ASD* I^3, S. 309, ll. 294-301. Die Bedeutung der Erotik und Sexualität in der Ehe wird in *ASD* I^5, S. 408, sehr diskret abgehandelt.

zur Mutterschaft.[35] Ökonomische Gründe fallen nicht ins Gewicht: Die Bräute bei Erasmus stammen aus guter Familie und sind selbst vermögend. Trotz der überwiegend männlichen Sehweise bedeutet dieses positive Verständnis der Ehe eine soziale Aufwertung der Frau. Weder wird die Frau als Versucherin darstellt noch der Umgang mit ihr für den nach christlicher Vollkommenheit Strebenden als hinderlich empfunden. Sexualität ist für Erasmus "von Natur aus schön und heilig" und wird nur "durch unsere Phantasie schändlich gemacht".[36] Das heiratsfähige wohlerzogene Mädchen aus guter Familie wird so eine begehrte Partnerin, deren Einwilligung und tätige Mithilfe bei der Herstellung einer Verbindung, die Glück auf Erden und Vorspiel ewiger Glückseligkeit sein soll, unverzichtbar sind.[37] Wenn man sich vor Augen hält, welche Rolle Jungfräulichkeitskult und Ehefeindlichkeit in der damaligen religiösen Volkskultur, insbesondere in den Heiligenlegenden und -darstellungen spielten, wird hier der Bruch mit der Tradition überdeutlich.[38] Tatsächlich erscheint Erasmus die Ehe unter günstigen Bedingungen als der Stand, in dem der Mensch seine irdischen und überirdischen Ziele am ehesten verwirklichen kann. Seine Philogamie ist eine *ratio bene beateque vivendi*, die das Eheleben als den heiligsten, tugendhaftesten und vollkommensten Stand darstellt, den der Mensch auf Erden erreichen kann.[39] Die Betonung des heiligen Charakters der Ehe als Quelle und Trägerin aller Charismen unterscheidet die Position des Erasmus von der italienischer Humanisten der vorhergehenden Generationen.[40] Anders als in der italienischen humanistischen Tradition verdrängt das Eheleben im Denken von Erasmus *expressis verbis* das Mönchstum vom Gipfel der Vollkommenheit. Auf diese Weise stellt das Lob der Ehe das Gegenstück zur Kritik am Mönchswesen dar.[41]

III

Ebenso wie die positive Seite der ehefreundlichen Lehre des Erasmus, also sein Lob des Ehelebens, wurde auch die negative, die Kritik am Mönchstum, in Italien rezipiert. Herausragendes Beispiel für die Aufnahme dieses

---

[35] *ASD* I³, S. 184f., ll. 281-283 ("Quid prodigiosius anu virgine?") und ll. 265-267 ("Dic mihi, si tibi esset elegans pomarium, optares illic nihil unquam gigni praeter flores? An malles delapsis floribus videre arbores maturis pomis gravidas?").
[36] *ASD* I⁵, S. 400: "Nos imaginatione foedum reddimus, quod suapte natura pulchrum ac sanctum est".
[37] *ASD* I³, S. 285.
[38] Weinstein und Bell, *Saints and Society*, S. 73-99.
[39] Im *Encomium matrimonii* wird das "coniugium" sechsmal als "sanctissimum", noch öfters als "sanctum" und "religiosum" qualifiziert.
[40] Herlihy und Klapisch Zuber, *Les Toscans*, S. 586-588 (der humanistische Lobpreis der Ehe betont die Aspekte Freude und Vernunft, nicht jedoch die Heiligkeit). Zur Ehe als Trägerin aller Charismen: Telle, *Erasme*, S. 153-184.
[41] Hier ziehe ich die Interpretation von Telle derjenigen von Margolin, *ASD* I⁵, S. 367-381, vor.

letztgenannten Aspekts ist ein um das Jahr 1517 entstandener Text in Briefform, den Andrea Alciato an einen Freund in Pavia richtete. Der Freund hatte sich überraschend entschlossen, eine aussichtsreiche Karriere als Jurist in der Verwaltung aufzugeben, um in das Minoritenkloster von Sant'Iacopo einzutreten. In seinem Brief sammelt Alciato die von Erasmus auf diverse Schriften verteilten Angriffe auf das Mönchstum und bringt sie in geordneter Form vor. Die kritische Auseinandersetzung mit der Tradition der Askese, von Erasmus im *Enchiridion militis christiani*, im *Encomium Moriae*, in der *Vita* des hl. Hieronymus (1516) wie auch in den Anmerkungen zum Neuen Testament (1516) wiederholt in Angriff genommen, wird von dem Juristen aus Mailand nun konsequent durchgeführt.[42]

Das Hauptargument, mit dem Andrea Alciato seinen Freund aus Pavia, Bernardo Mattia, vom Eintritt ins Kloster abzuhalten versucht, ist nicht die Dekadenz des Mönchstums, sondern dessen Überflüssigkeit. Als Laie in der Welt und ohne die Bindung durch Gelübde Zeugnis für Christus abzulegen, ist in den Augen von Alciato eine achtbarere und Gott wohlgefälligere Lebensentscheidung als die Verpflichtung zur Frömmigkeit, wie sie der Mönch eingeht.[43] Der Wunsch nach einem spontanen und freien Christentum, wie er in dieser Aussage spürbar wird, entspricht einem Ideal des Erasmus. Daran orientiert sind die meisten der von Alciato gegen den Anspruch der Mönche, die vollkommenste Art christlichen Lebens zu verkörpern, ins Feld geführten Argumente.

So bestreitet er das Recht der Mönche, für sich den Ruhm in Anspruch zu nehmen, Erben des apostolischen Christentums zu sein, indem er darauf hinweist, daß die Apostel, wiewohl selten verheiratet, doch nicht an den Zölibat gebunden gewesen seien, ebensowenig an die Observanz bestimmter Ernährungsregeln oder spezifischer Kleidervorschriften. Nicht anders als die Apostel hätten die Gläubigen der ersten Jahrhunderte keine Unterscheidungen nach Bekleidung, Regeln und Orden gekannt; alle hätten sich gegenseitig als *fratres* betrachtet, und niemand habe das Bedürfnis verspürt, anders bezeichnet zu werden als mit dem gemeinsamen Namen: Christen.[44] Der Anspruch der Mönche auf das Erbe der Apostel war schon von Erasmus zurückgewiesen worden, der sich kurze Zeit später auf ähnliche Weise wie

---

[42] Andrea Alciato, *Tractatus contra vitam monasticam*, Den Haag 1740. Vgl. Paul Emile Viard, *André Alciat 1492-1550*, Bordeaux 1926, S. 134-136 und besonders Barni, *Alciato e le idee della Riforma*. Zur Frage der Abhängigkeit der *Emblemata* Alciatos von den *Adagia* verweise ich auf die angekündigte Untersuchung von Callahan (vgl. *Erasmus-Alciati*, S. 133). Eine rein biographische Rekonstruktion der Beziehungen zwischen Erasmus und Alciato in *CE* I, S. 23-26.

[43] Alciato, *Contra vitam monasticam*, S. 4 (auch S. 28): "Hoc est quod ipse contendo, multo acceptiorem Deo illorum vitam, qui sacris soluti christianorum more vivunt, eumque modum amplectuntur, qualem tu prius sequebaris."

[44] *Contra vitam monasticam*, S. 6-8.

Alciato in diesem Brief gegen die Vielfalt der Orden und Ordenstrachten wenden sollte.[45]

Alciato bestreitet des weiteren eine Kontinuitätsbeziehung zwischen Mönchs- und Koinobitentum. Die Zönobiten zur Zeit des hl. Hieronymus, so die Argumentation des mailändischen Juristen, seien weder bei ihrer Nahrung noch bei ihrer Kleidung an bestimmte Regeln gebunden gewesen. Ohne Besitz an Grund und Boden hätten sie von der eigenen Hände Arbeit gelebt und keine Tätigkeit als zu niedrig oder zu schwer erachtet, um damit nicht ihren Lebensunterhalt zu verdienen oder ihren bedürftigen Brüdern Hilfe leisten zu können.[46] Auch an dieser Stelle seiner Argumentation folgt Alciato getreu der von Erasmus vorgezeichneten Linie. Dieser hatte in seiner *Vita* des hl. Hieronymus das Koinobitentum als ein ungebundenes und freiheitliches Zusammenleben beschrieben, ohne Regeln und ohne Zwänge.[47]

Die Aussage, daß es würdiger sei, seinen Lebensunterhalt durch Arbeit als durch Bettelei zu verdienen, kehrt in einem Vergleich wieder, den Alciato zwischen den Ordensbrüdern seiner Zeit und den Essenern anstellt. In der Sekte der Essener sieht er den Prototyp der Mönchsorden, vergißt jedoch nicht, deren demütigen Fleiß der Untätigkeit der Mönche gegenüberzustellen. Die Hingabe an Kontemplation und Gebet findet er als Rechtfertigung für das Nichtstun der Mönche wenig überzeugend, da er beides nicht als Vollzeitbeschäftigung betrachten kann.[48] Seine Skepsis impliziert den Verdacht des Schmarotzertums; abschätzig spricht Alciato von den Mönchen als eine für die Erde nutzlose Last ("inutilia terrae pondera"). In dem Familienvater, der im Schweiße seines Angesichts tagtäglich arbeiten muß, um seine Kinder ernähren zu können, sieht er das Ideal christlicher Frömmigkeit eher verwirklicht als in dem Mönch, der keine anderen Sorgen hat als zu beten und zu singen.[49] In dem Fall von Bernardo Mattia ist die Entscheidung für das Kloster ganz besonders unerquicklich, weil der junge Mann eine mittellose Mutter und halbwüchsige Brüder hat, die auf seine Unterstützung angewiesen sind. Wenn der Novize Bernardo Mattia sie alle

---

[45] Telle, *Erasme*, S. 90. Zur Polemik des Erasmus gegen die Vielfalt der Ordenstrachten vgl. *EE* III, ep. 858, ll. 452, 499-503, und *Encomium Moriae*, *ASD* IV³, S. 160, ll. 539-548.

[46] Alciato, *Contra vitam monasticam*, S. 9f.

[47] Erasmus, *Vita Hieronymi*, S. 145f. Vgl. Telle, *Erasme*, S. 95 ("cenobitisme informe, libertaire, et sentimentalement érudit et 'déréglé'").

[48] Alciato, *Contra vitam monasticam*, S. 14-16: "Laborabant Essaei propriis manibus, mechanicaque et vilissima officia exercebant, ut inde sibi victum compararent. Vos obtusi sedetis, praeterque verbula, quibus linguam et vocem exercetis, nullum aliud opus facitis. Mihi quidem persuadebit nunquam aliquis posse hominem, quantumvis optimum, integrum diem celestium speculationi incumbere".

[49] Alciato, *Contra vitam monasticam*, S. 28: "Quis enim pauperem virum multis filiis oppressum solis manibus suis et sibi et familiae suae victum indies parantem, Dei tamen nihilominus memorem, non credat longe magis coelitibus acceptum, quam illi sunt, qui nullam aliam habent curam, quam orandi cantandive?". Der Ausdruck "inutilia terrae pondera" findet sich auf S. 22.

ihrem Elend überläßt, verstößt er gegen das Gebot der Nächstenliebe, das gemeinsam mit dem der Gottesliebe für den Christen an erster Stelle steht. Der Stand der Mönche hat sich insgesamt, so Alciatos Überlegungen, den Weg versperrt, dieses Gebot erfüllen zu können, weil die von ihnen gelobte Armut sie von dem Besitz dessen ausschließt, was man für tätige Nächstenliebe braucht: Geld. Die Möglichkeit, die Liebe am Nächsten durch Gebete zu praktizieren, beurteilt Alciato eher skeptisch.[50]

Ebenfalls zu Unrecht — so meint der Verfasser der *Epistola* — rühmen sich die Mönche der Nachfolge Christi in Armut. Wie schon Erasmus argumentiert Alciato, daß Armut an sich noch keine Tugend sei; eher, so lehre die Erfahrung, begünstige sie die Sünde sogar — so zeige die tagtäglich zu beobachtende Jagd der Mönche auf Erbschaften —, verleite zu unmoralischem Verhalten. Die Armut Christi, erklärt Alciato, müsse im Sinne einer unmittelbaren Weitergabe der Güter verstanden werden, nicht als völliger Verzicht darauf.[51] Wie vertrage sich außerdem die Armut, der sich die Mönche rühmen, mit dem Aufwand, den sie beim Bau ihrer Klöster treiben?[52]

Auch die Ordensregel des Gehorsams wird zur Diskussion gestellt. Die Unterschiede der Temperamente und Konstitutionen, argumentiert Alciato, seinem Lehrer Erasmus folgend, mache die Unterwerfung aller unter eine einheitliche Ordensregel, insbesondere im Bereich der Ernährung, unmöglich, ja beinahe unmenschlich. Besser sei es, gibt der Text zwischen den Zeilen zu verstehen, wenn jeder sich die Art der Askese suche, die zu ihm selbst am besten passe.[53] Und wie die asketische Tradition eine Parallelität zwischen Fasten und Keuschheit herstellt, so verbindet Alciato — ganz wie Erasmus — den Gedanken der Aufhebung von Fastengeboten mit der Verteidigung der Heiratserlaubnis für den Klerus.[54] Dem Ideal der Keuschheit als bindende Verpflichtung wird der keusche Ehebund entgegengestellt, der Alciato (wie Erasmus) auch für Mönche und Priester empfehlenswert scheint, besonders wenn man sich vergegenwärtige, wie sehr die Zeiten sich gewandelt hätten.[55] In Zeiten, da Scharen von jungen Männern in die Berufe des Mönchs und Priesters drängten, wird Erasmus argumentieren, könne man das Gebot der Keuschheit nicht beibehalten, denn die Erfüllung eines solchen Gebots sei jeweils nur wenigen vorbehalten. Doch auch

---

[50] Alciato, *Contra vitam monasticam*, S. 16f., 21f. Zu Erasmus' Meinung über den Müßiggang der Mönche und die *vita activa* vgl. Telle, *Erasme*, S. 92, 123.

[51] Alciato, *Contra vitam monasticam*, S. 31-34. Zu Erasmus' Interpretation der Armut Christi vgl. Telle, *Erasme*, S. 91.

[52] Alciato, *Contra vitam monasticam*, S. 39f.

[53] Alciato, *Contra vitam monasticam*, S. 35, 27f. Hierzu Erasmus, *Encomium Moriae*, ASD IV³, S. 160, ll. 542-544.

[54] Telle, *Erasme*, S. 193; Weinstein und Bell, *Saints and Society*, S. 25, 31, 38 und passim.

[55] Alciato, *Contra vitam monasticam*, S. 18f.

abgesehen davon sei die Jungfräulichkeit eine Tugend, die das Leben und also auch sich selbst zerstöre, wenn man sie über alle Maßen liebe.[56]

Die enge Verbindung zwischen Alciato und Erasmus wird besonders im Schlußteil des Briefes deutlich. Hier werden die Klöster als Brutstätten einer künstlichen und sophistischen Kultur, die ihre Ursprünge bei den Aposteln und Kirchenvätern vergessen hat, dargestellt. Das fromme Befolgen der Klosterregel wird als Haften an menschlichen Traditionen und Entfremdung vom Evangelium betrachtet. Mit ähnlichen Worten wie Erasmus in der *Paraclesis* zeichnet Alciato das Bild des Franziskaners, der immer und überall seine Regel bei sich trägt und sie ständig auswendig von vorn bis hinten aufsagt, während er sich nicht darum kümmert, auch nur einen Abschnitt des Evangeliums zu memorieren.[57] Am *Lob der Torheit* orientiert sich dagegen die Kritik Alciatos an den Predigtinhalten der Mönche: seiner Meinung nach haben hier unfruchtbare und verfängliche Fragen die Oberhand gewonnen, so daß jeder Bezug zu konkreten moralischen Problemen verlorengegangen ist.[58] Abschließend wendet sich der Autor einer allgemeineren Frage zu, indem er sich mit der Auffassung auseinandersetzt, Mönchstum sei sichtbares Zeichen einer Erwählung und mehr wert als gewöhnliches Christsein. Alciato bestreitet dies mit Hinweis auf die Taufe als Zeichen eines einheitlichen Christentums, dem jede Hierarchie der Vollkommenheit fremd ist.[59] Mit dieser wahrhaft erasmischen Bemerkung[60] endet die kleine Abhandlung des Mailänder Juristen.

Zwischen Erasmus und Alciato fand tatsächlich ein Gedankenaustausch zum Thema Mönchstum statt. Auch wenn der erste dazu den wichtigeren Beitrag leistete, brachte der zweite doch einige eigene Gedanken als Ergänzung ein, die Erasmus später aufnahm. Der begrenzte missionarische Eifer der Mönche und ihre geringe Neigung zum Martyrium[61] ist beispielsweise ein von Alciato eingeführtes Motiv, das Erasmus sich später zu eigen machte.[62] Unter diesem Gesichtspunkt kann der Traktat *Contra vitam*

---

[56] Telle, *Erasme*, S. 92. Zum Thema des lebensverneinenden Ideals der Jungfräulichkeit vgl. Alciato, *Contra vitam monasticam*, S. 19 ("Ad Venerem properate omnes, nam tollere posset/ Vitam hominum nimius virginitatis amor") und Erasmus, *Encomium matrimonii*, ASD I^5, S. 404, ll. 227-229, und *Colloquia*, ASD I^3, S. 285, ll. 282-284.

[57] Alciato, *Contra vitam monasticam*, S. 36-38, und Erasmus, *Paraclesis*, Hrsg. Holborn, S. 147, ll. 2-7, *LB* VI, fol. *4 (hierzu Telle, *Erasme*, S. 95).

[58] Alciato, *Contra vitam monasticam*, S. 43: "Venio ad concionatores vestros, qui officii sui immemores ea potissimum attingunt, quae nihil ad mores faciunt. Quot genera sint sanguinis disputant, quot beatorum sint ordines, quonam modo Deus creet animas, ... stultas quaestiones ...". Vgl. *Encomium Moriae*, ASD IV^3, S. 146.

[59] Alciato, *Contra vitam monasticam*, S. 48: "Unum est baptisma omnium et omnes christiani sumus fratres".

[60] *EE* III, ep. 858, ll. 569-572.

[61] Alciato, *Contra vitam monasticam*, S. 7.

[62] *Adagia*, Hrsg. Seidel Menchi, S. 270. Wie aus dem kritischen Apparat dieser Ausgabe hervorgeht, ist der Abschnitt über die geringe Neigung der Mönche zum Martyrium eine Ergänzung aus dem Jahre 1523 und damit nach dem Brief Alciatos geschrieben.

monasticam als Ergebnis einer trotz der räumlichen Distanz verwirklichten literarischen Zusammenarbeit betrachtet werden.[63]

Andrea Alciato hatte Mut bewiesen, indem er sich an dieses heikle, von Erasmus nur fragmentarisch behandelte Thema ohne Umschweife heranwagte. Doch er ging nicht so weit, seine Schrift zu veröffentlichen. Den Text *Contra vitam monasticam* erhielten nur wenige vertraute Freunde, unter ihnen Erasmus. Francesco Minicio Calvo überbrachte ihm um das Jahr 1518 eine Kopie.[64] Einige Jahre später, als das Thema durch die Ausbreitung des Luthertums nicht nur heikel, sondern auch der Ketzerei verdächtigt war, machte sich Alciato wegen der bei Erasmus hinterlegten Kopie große Sorgen und versuchte mehrmals, das kompromittierende Manuskript zurückzubekommen. Der Brief an Mattia, zweifellos eines der bedeutendsten Zeugnisse für das Einwirken des Erasmus auf die italienische Kultur, sollte nach Meinung des Autors vernichtet werden.

IV

Die Rezeption des positiven Aspekts der Philogamie des Erasmus fand in Italien in der venezianischen Ausgabe des *Encomium matrimonii* (1526) und der Übersetzung der *Institutio matrimonii christiani* (1550) Ausdruck.[65] Eine 1546 vom Drucker Melchiorre Sessa beabsichtigte Übersetzung des *Encomium matrimonii* fand hingegen den Weg zur Drucklegung nicht.[66] Die Ehe in der Hierarchie christlicher Vollkommenheit höher einzustufen als die Keuschheit, war vermutlich zu diesem Zeitpunkt schon zu kühn. In der Tat schlugen im Jahr darauf die Väter des Tridentinischen Konzils — unter Bezugnahme auf Erasmus — die Verurteilung dieser Auffassung vor.[67] Aber das erasmische Loblied auf die Ehe hatte sich schon Eintritt in den italienischen Sprachraum verschafft, wenn auch in überarbeiteter Form und unter dem Namen des Übersetzers. Antonio Brucioli, der uns schon früher (Kapitel 3) als Verbreiter von Schriften des Erasmus begegnet ist, fügte in seine *Dialogi* eine gekürzte Übersetzung des *Encomium matrimonii* ein.

---

[63] Es muß allerdings darauf hingewiesen werden, daß der Brief von Alciato deutliche Beziehungen zur literarischen Tradition des italienischen Humanismus erkennen läßt. Die Polemik gegen das "solitarium vitae genus" der Mönche, gegen ihr Eingeschlossensein in Zellen, gegen ihre "Trägheit", insbesondere der Verweis auf ein Edikt der Kaiser Valentinian, Valens und Gratian (*Contra vitam monasticam*, S. 24), sind auf die von den Humanisten entwickelte Alternative zwischen aktivem und kontemplativem Leben rückführbare Motive (vgl. Herlihy und Klapisch Zuber, *Les toscans*, S. 586f.).

[64] *EE* IV, ep. 1201, IX, ep. 2464. Vgl. auch *AK* III, ep. 1473, ll. 45-49.

[65] *BEI*, ad voces.

[66] Brown, *Privilegi*, S. 512f.: Erteilung eines Privilegs an Marchio Sessa für die Übersetzung u.a. des *Encomium matrimonii* von Erasmus, datiert vom 28. August 1546 (Hinweis von Anne Jacobson Schutte).

[67] Jedin, *Konzil von Trient* III, S. 152f. und Anm. (*CT* IV^2, S. 102, VI^1, S. 453, l. 4f., IX, S. 460).

Bruciolis Dialog *Del matrimonio*, angesiedelt in einem patrizischen und um familiäre Kontinuität besorgten Florenz, entwickelt sich bei einem Abendessen im engen Kreis, als man auf das Schicksal einer befreundeten Familie zu sprechen kommt[68] (die Ausgangssituation entspricht der des *Encomium matrimonii* von Erasmus). Der letzte Sproß dieser Familie, der noch in der Lage ist, das Geschlecht vor dem Aussterben zu bewahren, ist ein wohlerzogener und sehr vermögender junger Mann, den die Freunde des Hauses gerne verheiratet sähen. Doch wiewohl die ihm angebotene Partie überaus verlockend ist, weigert sich der Jüngling beharrlich, da ihn das mönchische Keuschheitsideal anzieht. In der Florentiner Version des erasmischen Vorbilds wird der renitente junge Mann von Iacopo Ammannati, der Freund der Familie, der ihn umzustimmen sucht, von Zanobi Buondelmonti verkörpert. Buondelmonti läßt Bruciolis die These vorbringen, daß die Ehe eine allerheiligste und ehrwürdige Einrichtung sei, der Zölibat hingegen "unfruchtbar und wenig menschlich". Als Beweise für die Heiligkeit der Ehe werden die Gesetzgebungen von Rom, Sparta und Athen sowie das mosaische Gesetz angeführt: Überall seien finanzielle Benachteiligung oder gesellschaftliche Diskriminierung jener Mitglieder der Gemeinschaft vorgesehen, die außerhalb des Ehestands lebten, während Eheleute und Väter einer großen Kinderschar geehrt würden. Doch das positive Recht sei nur ein zweitrangiger Zeuge für die Würde der Ehe. Hauptzeuge sei das Naturrecht, nicht auf Gesetzestafeln, sondern in die Herzen der Menschen geschrieben. Der Bund der Ehe und die Weitergabe des Lebens seien universale Gesetze, argumentiert Zanobi Buondelmonti, gültig für Tier- und Pflanzenwelt. Sogar die Fruchtbarkeit der Erde wird als Ergebnis ihrer kosmischen Umarmung mit dem Himmel dargestellt. Die Liebe zur Gefährtin und die zärtliche Sorge um die Nachkommen erscheinen in diesem leidenschaftlichen Plädoyer für die Ehe als elementare Regungen, die die tiefe Harmonie der Schöpfung offenbaren und den Thraker mit dem Griechen, den Tiger mit der Taube verbinden. Bei der menschlichen Rasse werde der Geschlechtstrieb durch die Heiligkeit des ehelichen Bundes geadelt; den nämlich habe Christus selbst eingesetzt, geehrt und über jede andere menschliche Bindung, sogar über die unantastbare Kindesliebe gestellt. In der Ehe vereinige sich das Naturgesetz in wunderbarer Harmonie mit dem Gesetz der Gnade. Die Sinne erscheinen nicht als Feinde, sondern als Mittel der Vervollkommnung. Keuschheit steht ehelicher Liebe nicht entgegen, sondern wird darin in ihrer höchsten Form verwirklicht.[69]

---

[68] Brucioli, *Dialogi*, S. 33-44 (dem Herausgeber ist die Abhängigkeit dieses Dialogs von Erasmus entgangen).

[69] Brucioli, *Dialogi*, S. 36-40, 42-45. In diesem Teil folgt der Dialog Bruciolis fast wörtlich dem *Encomium matrimonii*, ASD I⁵, S. 386-394. Ich beschränke mich hier auf ein einziges Beispiel dieser Abhängigkeit. *Encomium*, ASD I⁵, S. 392-394, ll. 114-125: "Sed quid de scriptis legibus agimus? Naturae haec lex est, non in tabulis aereis exarata, sed animis nostris penitus insita, cui qui non paret, nec homo quidem sit existimandus, nedum bonus civis. Nam si, ut Stoici homines acutissimi disputant, recte vivere est naturae ductum sequi, quid tam naturae

Während dieser rhetorisch-deklamatorische Teil des Dialogs eine recht geglückte und zumeist wörtliche Übersetzung des Textes von Erasmus darstellt, stammen die eingestreuten Angriffe auf das Mönchstum von Brucioli selbst. Während Erasmus sich darauf beschränkt hatte, Ehe und Zölibat einander gegenüberzustellen und es klugerweise vermied, das Mönchstum in die Diskussion hineinzuziehen, werden im Florentiner Dialog Zölibat und Entscheidung für das Klosterleben ausdrücklich miteinander verbunden. Der junge Alemanni, der sich, "verführt" von diesem "Mönchsgesäusel", einer Heirat widersetzt, gibt Buondelmonti Gelegenheit, gegen den fortdauernder Unruhe und den Regungen von Wollust und Lüsternheit ausgesetzten Mönchstand vom Leder zu ziehen. Auch wenn er dies mit einer für die protestantische Polemik typischen grobschlächtigen Vehemenz tut, ist sein stichhaltigstes Argument doch eines von Erasmus: die Überflüssigkeit der "Religionen" (der Orden) für den, der sich zur "einen und einfachen" Religion Christi bekennt, "die eine Mönchskappe nicht vervollkommen kann".[70]

Bei Erasmus wiederum borgt sich Buondelmonti die Worte, um die zärtlichen Gefühle der Vaterschaft zu preisen: das Sichwiderspiegeln in den Kindern, das Erfassen des tröstlichen Versprechens, daß mit ihnen das Leben weitergeht. Von Erasmus holt sich Buondelmonti seine Argumente, um die Frauenfeindlichkeit der asketischen Tradition zu bekämpfen, die Gespenster treuloser Ehefrauen, Giftmischerinnen und Mörderinnen, die seit Jahrhunderten das spirituelle Schrifttum bevölkerten, zu verjagen und Beispiele keuscher und bis zum Tod und darüber hinaus treuer Frauen aus Mythologie und Geschichte dagegenzusetzen.[71] Nicht ganz so begeistert wie der

---

consentaneum, quam matrimonium? Nihil enim tam a natura, non hominibus modo, verumetiam reliquo animantium generi insitum est, quam ut suam quodque speciem ab interitu vindicet et propagatione posteritatis tanquam immortalem efficiat. Quod sine coniugali coniunctione fieri non posse quis ignoret? Turpissimum autem videtur, muta pecora naturae parere legibus, homines Gigantium more naturae bellum indicere". Brucioli, *Dialogi*, S. 43f.: "Ma che vogliamo noi più delle scritte leggi servirci, essendo questa maggiormente legge della natura, non in tavola di bronzo scritta, ma del tutto negli animi nostri messa, alla quale chi non obedisce non è veramente da stimarsi per uomo, nonché buono cittadino. Perché sì come gli stoici, uomini acutissimi, affermano che 'l vivere drittamente è seguitare il corso della natura, così è solamente utile agli uomini seguire quella in tutte le loro azioni, non essendo presso di quegli cosa giusta che utile non sia. E che cosa è più secondo la natura che 'l matrimonio? Essendo naturale tale copula non pure agli uomini, ma ancora a ogni altro genere degli animati, il farsi con la propagazione immortali, il che senza il matrimoniale congiungimento nessuno è che giudichi potersi per modo alcuno conseguire acconciamente. E turpissima cosa certo sembra che le mute bestie obbediscano alle leggi della natura e che gli uomini si contrapongano a quella".

[70] Brucioli, *Dialogi*, S. 40f. Dasselbe Argument bei Erasmus, *EE* III, ep. 858, ll. 499-502: "Ego certe sic optarim, nec dubito quin idem optent omnes vere pii, Evangelicam religionem sic omnibus esset penitus cordi, ut hac contenti Benedictinam aut Franciscanam nullus ambiat".

[71] Zu den Kindern: Brucioli, *Dialogi*, S. 45 (vgl. Erasmus, *ASD* I^5, S. 408-410); Widerlegung der Misogynie: Brucioli, *Dialogi*, S. 46f. (vgl. Erasmus, *ASD* I^5, S. 410, ll. 320-324); zu den Ehebrecherinnen und Giftmischerinnen: Brucioli, *Dialogi*, S. 47 (vgl. Erasmus, *ASD* I^5, S. 410, ll. 331-333); mythologische und historische Vorbilder guter Ehefrauen: Brucioli, *Dialogi*, S. 47

Junggeselle Erasmus äußert sich der Ehemann Brucioli hingegen zu innerer Harmonie und anhaltender Eintracht in der Ehe. Die Illusion einer ungetrübten Idylle ist in dieser italienischen Überarbeitung des *Encomium matrimonii* nur zum Teil wiederzufinden.

V

Die ehefreundliche Lehre des Erasmus verbreitete sich in Europa nicht nur über das *Encomium matrimonii*, sondern auch über die *Colloquia* zu Ehefragen, die den volksnahen Ausdruck dieser Theorie darstellen. Zur Rezeption der Ehegespräche in Italien haben sich aus meiner Untersuchung einige neue Erkenntnisse ergeben, die unser Wissen in diesem Bereich ergänzen können.[72]

Unter den Übersetzungen erasmischer Schriften, die bisher der Aufmerksamkeit der Fachwelt entgangen sind, ist ein 1542 in Venedig gedrucktes Bändchen mit dem Titel *Dialogo erasmico di due donne maritate, in nel qual l'una mal contenta del marito si duole, l'altra la consiglia e con eficaci esempi la induce a ben vivere*. Das Heftchen muß sich eines gewissen Zuspruchs erfreut haben, erschien doch 1550, wiederum in Venedig, eine Neuauflage unter dem kürzeren Titel *La moglie. Dialogo erasmico di due donne maritate*.[73]

Daß der Anstoß zu dieser Übersetzung aus Lucca kam, läßt sich daraus ersehen, daß der ältere der beiden Drucke Ludovico Buonvisi, einem überaus reichen Kaufmann und bedeutenden Politiker der kleinen toskanischen Republik, gewidmet ist. Als Verehrer von Erasmus ist Buonvisi schon durch ein in seiner Interpretation umstrittenes Werk von Ortensio Lando aus dem

---

(vgl. Erasmus, *ASD* I⁵, S. 410-412, ll. 333-340). Zur mittelalterlichen Tradition der Misogynie: Herlihy und Klapisch Zuber, *Les toscans*, S. 586.

[72] Die in der folgenden Anm. erwähnten Ausgaben sind den Herausgebern der *Colloquia*, *ASD* I³, S. 301, unbekannt geblieben.

[73] *Dialogo Erasmico di due donne maritate, in nel quale l'una mal contenta del marito si duole, l'altra la consiglia e con eficaci esempi la induce a ben vivere, opera molto utile per le donne maritate. Tradotta per Andronico Collodio di latino in vulgare.* M.D.XLII. (Colophon: Stampato in Venetia ad instantia di Damon fido pastore detto il Peregrino nato et nutrito sopra la foresta di Corzona inter oves et boves). Von diesem Druck sind mir zwei Exemplare bekannt, das eine in der Biblioteca Correr in Venedig (Hinweis von Silvano Cavazza), das andere in der Folger Shakespeare Library in Washington (Hinweis von Anne Jacobson Schutte, vgl. Jacobson Schutte, *Religious Books*, S. 168). Der Druck von 1550 hingegen ist m.W. in einem einzigen Exemplar erhalten in BNN (XLII C 49²). Der vollständige Titel dieses zweiten Druckes lautet: *La moglie. Dialogo erasmico di due Donne maritate Intitulato La moglie, in nel quale l'una mal contenta del marito si duole, l'altra la consiglia, e con eficaci esempi la induce a ben vivere, opera multo utile per le donne maritate. Tradotto nuovamente di latino in Vulgare.* (Colophon: Stampato in Vineggia per Bernardino Bindoni Milanese del Lago Maggiore ad instantia de Mattio Pagan in Frezzeria all'insegna della fede, l'anno della salutifera Incarnatione .M.D.L. Regnante il serenissimo Principe Francesco Donato). Die Übersetzung stimmt mit der aus dem Jahre 1542 von Andronico Collodio überein; allerdings fehlen die Widmung und der Name des Übersetzers.

Jahre 1540 bekannt, den Dialog *In Desiderii Erasmi Roterodami funus*. Darin teilt Lando uns mit, daß Ludovico Buonvisi und sein Mitbürger Martino Gigli, eben weil sie Erasmus bewunderten, den Plan gefaßt hätten, die italienische Übersetzung seiner Werke zu finanzieren.[74] Der *Dialogo di due donne maritate* ist somit als einziger erhaltener oder verwirklichter Teil eines weitaus ehrgeizigeren, von Kaufmannskreisen Luccas geförderten Übersetzungsprogramms zu betrachten. Der Übersetzer des *Dialogo*, der sich in der Ausgabe von 1542 hinter dem Pseudonym Andronico Collodio verbirgt, war sicherlich derselbe Ortensio Lando, wandlungsfähiger Propagandist protestantischer Schriften in Italien. Der dem *Dialogo* in der 1542er Ausgabe vorangestellte Widmungsbrief des Andronico Collodio an Ludovico Buonvisi weist für den Kenner den unverwechselbaren Duktus der Prosa Landos auf, in der heitere Elemente und ätzender Spott sich mischen.[75]

Der *Dialogo di due donne maritate* ist die italienische Übersetzung des Gesprächs *Uxor mempsigamos*, das im 16. Jahrhundert und auch danach recht erfolgreich war, wie viele Einzelausgaben belegen.[76] In Italien war es der einzige Teil der *Colloquia*, der aus dem Gesamtwerk herausgelöst und getrennt übersetzt wurde. Neben Landos Übersetzung haben wir Kenntnis von einer weiteren italienischen Fassung, die Giovanni Angelo Odoni 1535 in Straßburg anfertigte und seinen Schwestern nach Penne in den Abruzzen sandte.[77] Es nimmt nicht wunder, daß es Antonio Brucioli war, der als dritter italienischer Literat von diesem gelungenen Text des Erasmus angezogen wurde: Dem Dialog *Del matrimonio* ließ er einen weiteren mit

---

[74] Seidel Menchi, *Fortuna di Erasmo*, S. 581; Caponetto, *Paleario*, S. 81.

[75] *Dialogo Erasmico*, 1542, fol. A^v: "A M. Ludovico Bonvisi Andronico Collodio. Ritrovandomi a' giorni passati, honorando M. Lodovico, a ragionare col vostro prete Andrea Controni, tra diverse altre cose mi disse che voi haveresti molto a caro che il dialogo di Eulalia e Zantippe a documento delle donne maritate fusse tradutto in vulgare. Onde io, che ho sempre desiderio compiacervi et servirvi, et che del continuo priego Dio vi conceda ciò che desiderate, mi sono misso a tradurlo, dedicando a voi questa mia povera tradutione. La quale trovarete per diversi amaestramenti essere utile per li homini et più per le donne maritate, massimamente per quelle sono un poco pazzarelle, che si sogliono lamentare di gamba sana, et per le impatienti et ritrose, che tutte non sono come la nostra qui Madonna Eulalia, che vuol dire buona parlatrice. Zantippe è interpretata cavalla rossa; ma io, che anchora non posso fare ch'io non porti amore et affettione alle donne, non la voglio però assimigliare a una bestia, ma si bene quasi a un' altra Zantippe, moglie di Socrate, che fu pazza, malvagia, garosa, furiosa et bestiale, infino a gettarli da le finestre della orina addosso, gridato et molto ben svilanegiato che l'hebbe. Al che il buon Socrate in luogo di ffilosofarsi solamente disse: 'Io sapea ben che doppo i lampi e tuoni, haverà a venir giù folgori o acqua'. Operate hora voi Messer Lodovico mio osservandissimo che le donne per ben loro la possino leggere: e se alcuna ci sia a chi giovi, come non può non essere, riconoscane l'obligo da voi, al quale sempre mi raccomando".

[76] Für das 16. Jahrhundert verzeichnet die *BE* zwölf Einzelausgaben von Übersetzungen des Dialogs *Uxor mempsigamos*. Diese Zahl ist zu niedrig. Weder sind die vier zwischen 1527 und 1528 erschienenen spanischen Einzelausgaben (Bataillon, *Erasmo y España*, S. LII f.) noch die beiden hier besprochenen italienischen Drucke berücksichtigt (*ASD* III^1, S. 301-313).

[77] Seidel Menchi, *Fortuna di Erasmo*, S. 555.

dem Titel *Dell'ufficio della moglie* folgen, der sich als eine wenig überarbeitete Übersetzung des *Uxor mempsigamos* erweist.[78]

VI

In dem Chor der Stimmen, die sich aus den Reihen konservativer Theologen erhoben, um die ehefreundliche Lehre des Erasmus mit dem Bannfluch zu belegen, sind — wie Emile Telle herausgearbeitet hat — auch solche italienischer Herkunft. Mit der energischsten Kritik aus Italien wollen wir uns hier kurz beschäftigen, da sie bis jetzt der Aufmerksamkeit der Spezialisten entgangen ist.[79]

Die 1518 unter dem Titel *Encomium matrimonii* von Erasmus veröffentlichte Apologie der Ehe wurde 1522 als Beispiel eines suasorischen Briefs erneut vorgelegt. Diesen Text fügte der Verfasser in seine auch in Italien sehr erfolgreiche Abhandlung *De conscribendis epistolis* ein.[80] Unter den tausenden von Schülern, die im Laufe ihrer Studien *De conscribendis epistolis* in Händen hatten, war auch Clemente Politi aus Siena. Da seine Eltern früh verstorben waren, lebte er im Hause seines Onkels väterlicherseits, des Dominikanertheologen Ambrogio Catarino Politi, der die Studien des Neffen verfolgte und ein Auge auf dessen Lektüre hatte. In dem ehefreundlichen Brief des Traktats *De conscribendis epistolis*, einer "damals übliche und überall verbreitete Lektüre", sah der wachsame Dominikaner einen typischen Ausdruck der "Verschlagenheit" des Erasmus, ganz darauf ausgerichtet, "das Licht des katholischen Glaubens zu verfinstern oder die christliche Moral zu verderben und den Atheismus zu begründen".[81] Um den schädlichen Folgen entgegenzuwirken, verfaßte Ambrogio Catarino einen Gegenbrief, in dem er die Argumente seines Kontrahenten Revue passieren ließ und einem nach dem anderen widersprach. Seine Fantasielosigkeit verleitete ihn dazu, die erasmische Konzeption so weit zu übernehmen, daß sein Opusculum dadurch jegliche Originalität verlor. Die Bedeutung der Schrift *De coelibatu* besteht lediglich darin, daß es eine adäquatere Würdigung des *Encomium* im Rahmen der zeitgenössischen Kultur ermöglicht. Die erasmische Apologie des Ehelebens, die uns heute infolge der Veränderung kultureller Perspektiven als rein rhetorische Übung erscheinen könnte,[82] erweist sich durch den Vergleich mit der Gegenschrift von Catarino als Manifest eines kühnen Sittenwandels. Um dessen Tragweite erfassen zu können, genügt die Feststellung, daß die sittsame Ehe, wie Erasmus sie versteht, für Catarino eine Lebensform ist, aus der die Begierde

---

[78] Seidel Menchi, *Circolazione clandestina*, S. 576-578.
[79] Siehe, neben Telle, *Erasme*, Margolin in *ASD* I², S. 184-196. In *CE* III, S. 106, ist der Traktat *De coelibatu* von Ambrogio Catarino neuerdings berücksichtigt.
[80] *ASD* V¹, S. 400-428. Zu den italienischen Nachdrucken des Traktats *De conscribendis epistolis* vgl. *BEI*, ad voces.
[81] Catarino, *De coelibatu*, S. 9-11.
[82] Vgl. die Einleitung Margolins in *ASD* V¹, S. 367.

spricht, "die Lüsternheit des Fleischs zu befriedigen", ein Sichergeben in die "rasende und zügellose Wollust". In der natürlichen Vereinigung von Mann und Frau in der Ehe sieht Catarino den Menschen auf die Stufe der Tiere hinabsinken (während die Ehelosigkeit ihn zur Vollkommenheit der Engel erhebe); für ihn drücken sich darin fleischliche Schande und Qual, Triumph innerer Anfechtungen und Unterwerfung unter die Herrschaft des Weibes aus.[83] Vor allem die Empfehlung des Erasmus, Priestern und Mönchen die Heirat zu erlauben, wird als "überaus schlechter und insgesamt schändlicher Vorschlag, der den größten Vorzug und die Schönheit der tugendhaftesten Braut Christi, der Kirche, zunichte machen würde", eingeschätzt.[84]

Erasmus, der Theoretiker derartiger Ruchlosigkeiten, wird ohne Umschweife als Anhänger des Atheismus, Zyniker, Pelagianer, als Mann, "dazu geboren, Verführung und Anstoß in der Kirche Gottes zu erregen", bezeichnet.[85] Der Empfänger, an den Catarino seinen Gegenbrief richtet, wird gut daran tun, die Episteln und überhaupt alle Schriften dieses Teufelsschülers, dessen Name aus dem Gedächtnis der Menschen getilgt werden sollte (und in der Tat wird Erasmus in *De coelibatu* nie bei seinem Namen genannt, sondern immer als "Cosmophilus", Freund der Welt, bezeichnet), wie die Pest zu meiden.[86]

---

[83] Catarino, *De coelibatu*, S. 12, 17f., 23, 45, 48f., 83.
[84] Catarino, *De coelibatu*, S. 61.
[85] Catarino, *De coelibatu*, S. 45, 48f., 60.
[86] Catarino, *De coelibatu*, S. 62, 84f., 11.

ANHANG ZUM 7. KAPITEL

DER FALL LUDOVICO CORTE

Welche juristische Bedeutung und strafrechtlichen Konsequenzen hatte die Alternative zwischen Zölibat und Ehe im Italien des 16. Jahrhunderts? Eine Antwort auf diese Frage bietet uns der Fall Ludovico Corte. Ich habe ihn aus einer Reihe ähnlicher Zeugnisse ausgewählt, weil er, was kanonische Fragestellungen angeht, besonders gut dokumentiert ist (auch wenn diese Dokumentation in unserem Zusammenhang nicht vollständig genutzt und ausgewertet werden kann).

Am 10. Mai 1567 ordnete das Heilige Offizium zu Venedig die Festnahme des Advokaten Ludovico Corte an. Die gegen ihn erhobenen Vorwürfe, welche zu dieser — sofort vollzogenen — Maßnahme geführt hatten, waren zweierlei Art.

Die erste Gruppe der Anschuldigungen bezog sich auf die religiöse Einstellung des Ludovico Corte. 1546, also mehr als zwanzig Jahre vor der Festnahme, hatte er, damals Mitglied des Karmeliterordens, in Verona eine Reihe von Predigten gehalten; sie waren von den anwesenden Theologen, insbesondere von Vincenzo Nigusanzio, dem bischöflichen Vikar, mit Unruhe und Mißfallen aufgenommen worden. Die These, daß Gott menschliche Werke nicht als Verdienste anerkenne, die Meinung, daß sich die Macht *solvendi et ligandi* des Klerus auf die Androhung der Exkommunikation und die Freisprechung davon beschränke, die Weigerung, zwischen Geboten und Ratschlägen des Evangeliums zu unterscheiden, die Einschätzung des Wallfahrens als "abergläubisches Tun", die Kritik an der traditionellen bildlichen Darstellung der Dreieinigkeit ("abergläubische und gottlose Dinge"), die Ablehnung gewisser Aspekte der Heiligen-, Bilder- und Reliquienverehrung, die implizite Leugnung des Fegefeuers — all dies waren Punkte, die den ausdrücklich gegen den Mönch erhobenen Vorwurf des "Luthertums" rechtfertigten. Nach Beratung mit einigen Veroneser Theologen suspendierte ihn Vincenzo Nigusanzio von seinem Amt als Prediger und verwies ihn auf unbestimmte Zeit aus der Stadt; härterer Maßnahmen, wie etwa einer Einkerkerung, enthielt er sich, da der in den Amtssitz des Bischofs beorderte Mönch dort in Begleitung einer "sehr großen Menge" Anhänger erschien, deren Verhalten das Ausbrechen eines "Tumults" befürchten ließ.[87]

---

[87] ASV, Fasz. 28, Akte *Contra Ludovicum Corte*, fol. 2ʳ-6ʳ, 9ʳ-11ʳ, 12ᵛ-18ʳ, und Verhör des Ludovico Corte vom 16. Mai 1570 (ohne Seitenangabe). Erwähnungswürdig ist m.E. die kritische Stellungnahme des Corte zu der traditionellen Darstellung der Dreieinigkeit in seiner Veroneser Predigt von 1546 (Akte *Contra Ludovicum Corte*, fol. 3ʳᵛ: "Cum enarraret [frater

Die zweite Gruppe der gegen Ludovico Corte erhobenen Vorwürfe bezog sich auf seinen Lebensweg. Nach seinen eigenen Angaben, die von den Zeugen im wesentlichen bestätigt wurden, war er als Sechzehnjähriger, nachdem er seinen Geburtsort Crema verlassen hatte, um an der Universität Padua zu studieren, die Ehe mit der gleichaltrigen Andriana Pellegrini, Tochter eines venezianischen Schreibers, eingegangen. Nachdem das junge Paar kurze Zeit in Venedig im Hause der Pellegrinis zusammengelebt hatte, trennte es sich: Andriana fuhr mit ihrem Vater nach Zakynthos, Ludovico setzte seine Studien fort und kehrte dann nach Crema zurück. Ihre Trennung sollte vierzehn Jahre dauern; entscheidenden Anteil daran hatte der Onkel und Vormund Ludovicos, ein Mann namens Bastiano Guarino, genannt "il Pagliarino", von Beruf vermutlich Söldner. Um der Gefahr vorzubeugen, sich für die ungeschickte oder betrügerische Verwaltung des Erbes seines Mündels vor Gericht verantworten zu müssen, hatte er diesen für das Klosterleben bestimmt. Ludovico war nicht in der Lage, sich gegen die Pressionen und Einschüchterungen jenes "grausamen und entsetzlichen, an das Morden gewöhnten Menschen" zu widersetzen. Nicht mehr als zwei Jahre nach seiner Hochzeit waren vergangen, als der junge Mann im Augustinerkloster zu Crema das Gelübde ablegte. In den nächsten sieben Jahren erhielt er alle Weihen, bis hin zur Priesterweihe, integrierte sich allerdings nie in die Klostergemeinschaft. 1541 legte er bei einem Aufenthalt in Modena die Mönchskutte ab und ging nach Genua, wo er als Philosophie- und Musiklehrer seinen Lebensunterhalt verdiente. Dort fand ihn der erbarmungslose Pagliarino wieder: Bei dem zufälligen Zusammentreffen der beiden auf der Straße griff dieser "durch und durch grausame" Mann zum Dolch und fügte seinem Neffen eine Brustverletzung zu. Aus Angst, der Onkel könnte ihn töten, beugte sich Ludovico ein weiteres Mal seinem Willen. Seine Apostasie hielt ihn allerdings von der Rückkehr in den Augustinerorden ab. Er wurde deshalb Karmelit, wobei er seine Mitbrüder über seine Vergangenheit als Augustinereremit in Kenntnis setzte.[88]

Als Karmelit kam Fra Ludovico da Crema 1546 nach Verona und hielt dort die ketzerischen Predigten, die den bischöflichen Vikar veranlaßten, ihn aus der Stadt zu weisen. Während er sich noch darum bemühte, die Predigterlaubnis zurückzuerhalten, erreichte ihn in Rovereto die Nachricht vom Tode seines Onkels. Zum zweiten Mal zog Ludovico die Kutte aus, nahm wieder Kontakt zu seinem Schwiegervater, damals Schreiber in Bergamo, auf und kehrte zu seiner Andriana zurück. Nachdem sie eine

---

Ludovicus] preceptum Domini 'Non facies tibi sculptile', dixit impium esse et peccatum effigiare Deum, maxime figuram Trinitatis, quam effigiavit ipse derisorie dicendo 'Fano uno vechio anticho con quattro palmi di barba et un mondo in mano, con un crucifisso tra le gambe et una colomba che rapresenta il Spirito Santo, cose superstitiose et empie'"). Vgl. Olivieri, *Trissino*, S. 58.

[88] ASV, Fasz. 28, Akte *Contra Ludovicum Corte*, fol. 11ʳᵛ, 23ᵛ, 26ʳᵛ, 29ᵛ, 30ʳ-31ᵛ, 38ʳ, 41ʳᵛ, und Zeugenaussage des Girolamo Regetino oder Regatini aus Lendinara, protokolliert am 8. Oktober 1569 in Rovigo (ohne Seitenangabe).

Zeitlang in Padua gewohnt hatten, zogen die beiden 1549 nach Venedig. Hier lebten sie zunächst in großer Armut, die manchmal durch milde Gaben der *Congregazione dei poveri vergognosi* gemildert wurde. Den Adligen Giovan Battista Contarini, damals Advokat und Mitglied der Bruderschaft, erbarmte diese Familie in Not. Er machte Ludovico Corte das Angebot, als sein Protegé ebenfalls die Advokatur auszuüben. Der Name und das Ansehen seines Gönners verschafften dem ungelernten, jedoch nicht unbegabten Advokat Corte auch Klienten; das Elend der Familie hatte somit ein Ende. 1558 starb Andriana. Ludovico reagierte wie jener Mauricius, dessen Fall Erasmus in seinem Brief zum Lobe der Ehe schildert: Mauricius (alias Thomas Morus) hatte kaum einen Monat nach dem Tode der über alles geliebten Frau zum zweiten Male geheiratet.[89] Ludovico verheiratete sich nach zwei Monaten wieder. Wie die Figur bei Erasmus konnte er vielleicht die Einsamkeit nicht ertragen. Für in der asketischen Tradition verankerte Theologen und Kleriker war ein solches Verhalten als "schändliche Wollust" zu brandmarken;[90] wenn wir hingegen dem Betroffenen Glauben schenken wollen, so verheiratete sich Corte "wegen der Versorgung der fünf armen ... Kinder" aus erster Ehe wieder. Aus der Verbindung mit seiner zweiten Frau, Laura di Bruolo, gingen vier weitere Kinder hervor. Der einundfünfzigjährige Corte, der am 10. Mai 1567 vor dem venezianischen Tribunal erschien, war also Vater von neun Kindern, die meisten von ihnen noch klein.[91]

In den Augen der venezianischen Richter war der Fall Corte sehr wichtig und der Angeklagte schwer belastet. Und es waren nicht einmal die Inhalte der dem Gericht in allen Einzelheiten bekannten Veroneser Predigten von 1546, sondern vielmehr der wiederholte Wechsel zwischen Kloster- und Eheleben, was Ludovico Corte in die größten Schwierigkeiten brachte.[92] Gewiß wurde er durch die Predigten der Ketzerei verdächtig, doch konnte man diese als vorübergehend einschätzen; ein Widerruf würde hier Genüge tun. Sein Wechseln zwischen Mönchs- und Ehestand dagegen wies darauf hin, daß er ein überführter, verstockter und unbußfertiger Ketzer sei, verweigerte der Inquisit doch in diesem Punkt ein Schuldgeständnis. "Da Ihr

---

[89] *ASD* I², S. 425: "Mauricius meus, cuius eximia prudentia tibi non est incognita, nonne ab obitu coniugis, quam unice deamabat, altero mense duxit in thalamum novam sponsam? Non adeo libidinis impatientia, sed negabat sibi vitam videri vitam absque coniuge rerum omnium consorte".

[90] Catarino, *De coelibatu*, S. 76: "Etenim illum Mauritium nescio quem, virum tibi notum, effert in authoritatem et exemplum, qui post defunctam primam uxorem, mirifice, ut ait, a se adamatam, mense altero novam nuptam in suum thalamum introduxit. Quod si verum est, certe probavit homo ille se non tam uxoris amantem, quam probrosae libidinis".

[91] ASV, Fasz. 28, Akte *Contra Ludovicum Corte*, fol. 23ʳ, 26ʳ-27ʳ, 28ᵛ-29ʳ, 39ʳ-40ʳ.

[92] Diese Schlußfolgerung ergibt sich aus der Anklageschrift, die der päpstliche Legat dem Inquisiten übermittelte und in der die Predigten in Verona erst an letzter Stelle genannt werden (Akte *Contra Ludovicum Corte*, fol. 31ʳ), sowie aus dem undatierten Urteil (ohne Seitenangabe, *inc*. Invocato il nome di Giesù Christo, *expl*. che abbiamo potuto et potemo).

zum Priester geweiht und folglich dem Keuschheitsgelübde verpflichtet seid, wie habt Ihr da eine Frau genommen, besonders zu der Zeit, da Ihr das Gelübde halten konntet?" — in dieser Frage fand ein Kernpunkt der Anklage Ausdruck.[93] Ludovico bot all seine juristischen und theologischen Kenntnisse auf, um seine Entscheidung zu legitimieren. Er vertrat die Ansicht, Ehe und Priesterweihe seien miteinander inkompatible Sakramente, und zwar mache das zuerst gespendete das spätere ungültig. Seine erste Eheschließung, vor dem Ablegen der Ordensgelübde erfolgt, mache diese und damit auch das Keuschheitsgelübde ungültig, womit er dann wiederum das Recht gehabt habe, nach dem Tode seiner ersten Frau die zweite Ehe einzugehen.[94] Weniger geradlinig verlief die Argumentation der vom Heiligen Offizium zu diesem Fall konsultierten Kanonisten. In einer der kanonistischen Stellungnahmen, die sich in den Anlagen der Prozeßakte finden, wird die Priesterweihe jedenfalls als "unauslöschlich" bezeichnet. Das Prinzip "semel sacerdos, semper sacerdos", in dem diese Doktrin Ausdruck fand, scheint das Kriterium gewesen zu sein, auf dessen Grundlage das Heilige Offizium den Fall Ludovico Corte löste. Für die venezianischen Inquisitoren und Kirchenrechtler, die mit diesem Fall konfrontiert wurden, waren Ehe und Priesterweihe keine gleichwertigen Sakramente. Die Priesterweihe besaß nämlich ihrer Ansicht nach die Kraft, die nach ihr erfolgte Eheschließung ungültig zu machen; der Ehe dagegen wohnte nicht die Kraft inne, die später erteilte Priesterweihe ungültig zu machen. Für die venezianischen Richter war Ludovico Corte ein Geistlicher, der die Schuld auf sich geladen hatte, öffentlich und feierlich die Ehe (mit der zweiten Frau) einzugehen, nachdem er zum Priester geweiht worden war und die Messe gefeiert hatte. Dieser Umstand machte ihn der Ketzerei verdächtig. Da er sich weigerte, seine Schuld anzuerkennen und sich reuig zu zeigen, galt er als "hereticus negativus ultimo supplicio plectendus".[95]

Mit einem undatierten Urteil stellte das venezianische Tribunal fest, "Fra" Ludovico sei ein Ketzer, und verurteilte ihn dazu, "sein ganzes Leben lang in dem La Forte genannten Gefängnis bleiben zu müssen, ohne jede Hoffnung auf Begnadigung, so daß das Leben ihm Strafe, der Tod Erleichterung sei".[96]

---

[93] Akte *Contra Ludovicum Corte*, Verhör vom 13. Januar 1568. Die Akte enthält zwei voneinander nicht unerheblich abweichende Redaktionen der ersten Verhöre des Ludovico Corte (die eine mit, die andere ohne Seitenangabe). Der im Text zitierte Satz findet sich in der unpaginierten Fassung. In der paginierten Fassung steht der entsprechende Satz auf fol. 20ʳ-21ʳ.
[94] Akte *Ludovico Corte*, Verhör vom 13. Januar 1568 (vgl. auch fol. 21ʳ-22ᵛ).
[95] Anonymes juristisches Gutachten in der Anlage der Akte *Contra Ludovicum Corte* (*inc.* Contracto et de consensu utriusque coniugis consumato matrimonio, *expl.* in perpetuum carcerem, ubi vita sit ei mors, detrudi debeat. Adnotata in capite penultimo de haereticis in antiquis et capite ut commissi eodem titulo libro VI).
[96] Der zu den Akten genommene Urteilsspruch (vgl. Anm. 92) basiert auf dem in der vorhergehenden Anmerkung zitierten juristischen Gutachten. Corte wird zu lebenslanger Haft verurteilt und entgeht einer schlimmeren Strafe vielleicht nur deshalb, weil er in einem am 25.

Die leidgeprüfte Familie, deren einzige Stütze Ludovico Corte gewesen war, zerfiel nach seiner Einkerkerung. Offenbar schlich sich ein nicht näher identifizierter Geistlicher unter dem Vorwand, den Verlassenen mit Rat und Tat beistehen zu wollen, in das Haus und — jedenfalls vermutete Ludovico dies — auch in das Bett des Gefangenen ein. Seine Frau jagte — sei es, weil sie unter den Einfluß des Eindringlings geraten war, sei es der Not gehorchend — seine Söhne aus erster Ehe aus dem Haus. Mittellos streunten die Jungen durch die Stadt und bettelten abends vor dem Gefängnis, wo ihr Vater eingekerkert war, um Brot.[97] Girolamo, der älteste Sohn, auf dessen literarisches Talent Ludovico Corte große Hoffnungen gesetzt hatte, war schon 1567, angezogen vom Ideal religiöser "Freiheit", nach Genf geflohen und erhielt nie den schmerzvollen Brief, den sein Vater zwei Tage vor seiner Festnahme an ihn gerichtet hatte.[98] Die anderen Söhne waren zu jung, um sich mit Erfolg gegen die Stiefmutter wehren zu können.

Die Haft von Ludovico Corte war hart. Von allen verlassen, von seinen Mitgefangenen wegen einer Reihe schwerer und abstoßender Krankheiten gemieden, war er darauf angewiesen, vom "Brot von Sankt Markus" und den Mahlzeiten, die mildtätige Menschen ihm ins Gefängnis schickten, zu leben. Mit ungewöhnlicher Härte wurden beinahe alle Gesuche, mit denen sich der Gefangene im Laufe von acht Jahren an das Gericht wandte, um seine Qualen zu lindern oder seine Familie vor dem Ruin zu schützen, zurückgewiesen oder ignoriert. Nur seine Söhne aus erster Ehe hielten weiterhin zu ihm. Im Frühling 1575 organisierten Alessandro und Andrea Corte, nachdem ein letztes Gnadengesuch abgelehnt worden war, für ihren kranken Vater eine wohldurchdachte Flucht. Alessandro, der es in der Zwischenzeit zum Notar gebracht hatte, lieh ein Clavicembalo und ließ es in einem eigens dafür bestellten Kasten ins Gefängnis bringen. Die Wärter pflegten bei der Ankunft von Kisten und Kästen für die Gefangenen ein Auge zuzudrücken; aus Milde oder Nachlässigkeit duldeten sie sogar, daß Andrea Corte in der Zelle bei seinem Vater schlief, um den Kranken zu pflegen, und offenbar auch, weil er keine andere Unterkunft hatte. Das Clavicembalo war, zur Freude der Gefangenen, die ab und an darauf spielten, seit etwa drei Wochen im Gefängnis, als der den Wärtern gut bekannte Andrea Corte eines frühen Sonntagmorgens an der Pforte erschien und sagte, er sei gekommen, das Instrument abzuholen. Erst einige Stunden, nachdem sich das Tor hinter Andrea und einem von ihm gedungenen Träger geschlossen hatte, sollen die Wärter bemerkt haben, daß sich in dem weggetragenen Kasten nicht das

---

September 1571 dem Tribunal vorgelegten Brief erklärte, seine zweite Heirat zu bereuen und bereit zu sein, den Rest seines Lebens im Kloster zu verbringen.

[97] Bittschrift von Ludovico Corte vom 4. August 1568 und Brief desselben an die Inquisitoren, vorgelegt am 2. November 1569.

[98] Brief des Ludovico Corte an den Sohn Girolamo, datiert Venedig, 8. Mai 1567 (Anlage zu der Akte *Contra Ludovicum Corte*).

Clavicembalo, sondern der Gefangene Corte befand.[99] So gewann der ehemalige Advokat am 8. Mai 1575 seine Freiheit zurück. Mit Hilfe des Andrea fand er im Hause von Bartolomeo dalla Barba in Ptuj Zuflucht.[100] Die letzte Nachricht von Bedeutung, die Ludovico Corte betrifft, stammt aus Graz, wo er im Herbst 1575 zum ordentlichen Arzt der Stadt ernannt wurde.[101]

---

[99] Von Alessandro Corte dem Tribunal der Inquisition am 4. Juni 1575 vorgelegte Schrift und Verhör des Alessandro Corte vom 13. Mai 1575. Vgl. auch den Bericht des "Blasius officialis", datiert vom 10. Mai 1575. Zur Betreuung der mittellosen Gefangenen in Venedig — allerdings zu späterer Zeit — vgl. Scarabello, *Condizione carceraria*, S. 327.

[100] Aussage des Costanzo da Crema vom 25. August 1575 (Bartolomeo dalla Barba wurde 1550 von der Inquisition als "Lutheraner" verurteilt: vgl. ASV, Fasz. 8, Akte 30, *Contra Bartholomeum dalla Barba*).

[101] ASV, Fasz. 28, Akte *Contra Ludovicum Corte*, Brief des Andrea Corte an Alessandro Corte aus Graz vom 13. März 1576.

8. KAPITEL

DER ZWEIFEL

> Tu scepticis tuis fave. Spiritus sanctus
> non est scepticus, nec dubia aut opiniones
> in cordibus nostris scripsit, sed assertiones
> ipsa vita firmiores.
>
> (Luther an Erasmus, *De servo arbitrio*, 1525)

Auf den Einsatz des Zweifels als Kommunikationstechnik des religiösen Dissenses hat schon Delio Cantimori in seinen Studien über die italienischen Häretiker des 16. Jahrhunderts hingewiesen.[1] Die von ihm angestellten Überlegungen lassen sich jedoch in zweierlei Hinsicht ergänzen: zum einen blieb die Anwendung dieses Hilfsmittels nicht auf einzelne Protagonisten der Bewegung beschränkt, zum anderen wurde aus dem Zweifel mehr als ein bloßes Hilfsmittel. Aus den Akten der italienischen Inquisition läßt sich die Verbreitung des Zweifels in vielen Dissidentenkreisen sowie dessen tendenzielle Wandlung von einer Kommunikationstechnik zu einem *habitus mentis* belegen.

Die Darstellung dieses besonderen Aspektes des religiösen Dissenses in Italien, der sich auf das Motiv des Zweifels zurückführen läßt, ist das erste Ziel des vorliegenden Kapitels; als zweites Ziel wird die Klärung der Frage angestrebt, in welchem Maße die italienischen Adepten der *ars dubitandi* unter dem Einfluß des Erasmus standen, der für Europa als Erfinder und erster Meister dieser Kunst betrachtet werden kann.

Nach einigen kurzen Bemerkungen zur Funktion des Zweifels im Denken des Erasmus und seines geistvollen Schülers Sebastian Castellio (Abschnitte I-II) soll in diesem Kapitel dargelegt werden, wie der Zweifel im allgemeinen (Abschnitte III-IV) und in einigen konkreten Momenten der italienischen Reformationsbewegung (Abschnitte V-IX), in denen er besondere Bedeutung erlangte, eingesetzt wurde.

I

In den Jahren 1526/27 setzte sich die theologische Fakultät der Sorbonne, die schon die Erasmus-Übersetzungen von Louis de Berquin verurteilt hatte, mit einigen Werken des Humanisten direkt auseinander — insbesondere mit den *Colloquia*, den *Paraphrases* zu den Evangelien und den Apostelbriefen

---

[1] Cantimori, *Italienische Häretiker*, S. 123-129 und Rotondò, *Introduzione a Sozzini*.

und der *Epistola de interdicto esu carnium* — und entnahm ihnen eine Reihe von Sätzen, die jeweils als skandalös, blasphemisch, oder als häretisch bezeichnet wurden.[2] Einer der Aspekte des erasmischen Diskurses, den die Pariser Theologen ins Visier nahmen, war die Semantik des Zweifels, deren sich der Basler Humanist in jenen Werken mit Vorliebe bedient hatte. Die Zweifel, welche die Theologen der Sorbonne in den Schriften des Erasmus gefunden hatten, waren verschiedener Art. Einige betrafen den Ursprung von Teilen der Heiligen Schrift sowie von alten dogmatischen und liturgischen Kirchentexten. Beispielsweise zweifelte Erasmus an der Autorschaft des Briefs an die Hebräer, den die Kirche dem hl. Paulus zuschrieb ("über den Verfasser des Briefs an die Hebräer hat es immer Zweifel gegeben, und ich muß sagen, daß ich weiterhin Zweifel habe"), er zweifelte an der Autorschaft der traditionell dem hl. Johannes zugeschriebenen Offenbarung ("an der Offenbarung ist lange gezweifelt worden, und zwar nicht von Ketzern, sondern von Rechtgläubigen") und an der Herkunft des apostolischen Symbols ("ob das apostolische Symbol auf die Apostel zurückgeht, weiß ich nicht").[3] Daneben machte er Zweifel an einigen vorrangigen Lehrsätzen und Gebräuchen deutlich; dazu gehörten etwa der verpflichtende Charakter der Ohrenbeichte, die Art und Weise des Vollzugs der Wandlung, der Status der Seele nach dem Tode, die Wirksamkeit päpstlicher Ablässe. Erasmus gab zu verstehen, daß er keineswegs davon überzeugt sei, daß die Ohrenbeichte auf Christus oder die Apostel zurückgehe; er bedauerte, daß Paulus sich nicht klarer über die Liturgie der Eucharistie oder den Status der Seele im Jenseits geäußert und damit allen Streitigkeiten in diesen Fragen ein Ende gemacht hatte. Er zweifelte daran, daß das englische dem menschlichen Wesen überlegen sei, und ebenso, daß Maria die doppelte, menschliche und göttliche Natur ihres Sohnes geoffenbart worden sei.[4]

Die 1526 von den Theologen der Sorbonne erstellte Sammlung von Zweifeln des Erasmus ist erweiterungsfähig. Auch die sehr viel längere, aus demselben Jahr stammende Liste von Alberto Pio von Carpi kann keinen Anspruch auf Vollständigkeit erheben.[5] Den Theologen der Sorbonne und dem Fürsten von Carpi entgingen verschiedene Aspekte des Zweifels bei

---

[2] Farge, *Orthodoxy and Reform*, S. 173f., 186-196.

[3] *Censurae Facultatis Theologiae parisiensis*, S. 104, 109, 113. Die Beanstandungen wurden von Erasmus selbst, zusammen mit seinen Antworten, unter dem Titel *Declarationes Desiderii Erasmi Roterodami ad censuras Lutetiae vulgatas sub nomine Facultatis Theologiae parisiensis*, Basel, Froben, 1532, veröffentlicht. Die Quellen der im Text zitierten Sätze, die die Pariser Theologen aus den Werken von Erasmus exzerpiert hatten, finden sich in *LB* VII, Sp. 273f. (= *EE* V, ep. 1381, ll. 98f.) und *LB* IX, Sp. 453AB, 542 (Brief an die Hebräer), Sp. 497C (Apokalypsis), VII, fol. **3ʳ (Apostolisches Glaubensbekenntnis).

[4] *Determinatio Facultatis sacrae Theologiae in Academia parisiensi super Familiaribus colloquiis Desiderii Erasmi Roterodami* und *Censurae Facultatis Theologiae parisiensis*, beide veröffentlicht in Erasmus, *Declarationes*, S. 316, 75-77, 260, 256. Die Quellen dieser Sätze finden sich in: *LB* VII, Sp. 849f., 853f., IX, Sp. 499A, 505D.

[5] Pio, *In locos Erasmi retractandos*, fol. 3ᵛ.

Erasmus. Welcher Art die Beziehung zwischen den Personen der Dreieinigkeit sei, inwieweit die Ehe unauflösbar sei, wie der Leib Christi aus dem geschlossenen Grab hinausgelangt sei — all dies waren Probleme, bei denen der Humanist sich weigerte, sich einer dogmatischen Definition zu unterwerfen.[6] In den *Colloquia* erweckte er mittels einer Reihe verfänglicher Fragen Zweifel an der bischöflichen Gerichtsbarkeit in Sittenangelegenheiten und stellte den bindenden Charakter der päpstlichen Vorschriften in Frage.[7]
In der *Liturgia* für die Santa Casa in Loreto empfahl er eine schlichte Art der Marienverehrung, ohne den Inhalt des dortigen Marienkults — also den Glauben, das Haus Mariens sei von Engeln nach Loreto gebracht worden — auch nur mit einem Wort zu erwähnen (diese Zurückhaltung erklärt, wieso es gerade Anhänger des Protestantismus mit einem hohen Grad an Bewußtheit waren, die diese kleine Schrift des Erasmus in Italien übersetzten und verbreiteten).[8]
Zweifel, Vorbehalte und Schweigen waren die Formen, die Erasmus wählte, um seine Distanz oder seinen Dissens in bezug auf Glaubenslehren und kultische Handlungen deutlich zu machen, die in der kirchlichen Praxis der damaligen Zeit tief verwurzelt waren und deren Ursprung die Kirche zum Teil bei den Aposteln sah. Auf diese Weise stellte er die Existenz eines mündlich von den Aposteln überlieferten Korpus von Wahrheiten in Frage, zu dessen Hüterin sich die Kirche erklärte und mit dem sie die Gültigkeit vieler ihrer Lehrsätze, Riten und Zeremonien begründete. Folglich bezeichneten die Theologen der Sorbonne die Zweifel von Erasmus als skandalös, anmaßend und schismatisch. Keinem Christen komme es zu — so ihre Stellungnahme —, an Lehrmeinungen, bei denen die Kirche eine Entscheidung getroffen habe, zu zweifeln oder zweiflerisch darüber zu disputieren. Und ebensowenig sei es erlaubt, größere Klarheit zu wünschen, da die Kirche alles schon erschöpfend erläutert habe. Wer sich gegen den allgemeinen Konsens der Kirche stelle, indem er Zweifel vorbringe und nach überflüssigen Klarstellungen rufe, verdiene nicht Belehrung und Berichtigung, sondern Unterdrückung und Bestrafung.[9] Ohne so weit zu gehen, den religiösen Zweifel mit Ketzerei gleichzusetzen, gaben die Pariser

---

[6] *LB* VII, fol. **3ʳ, VI, Sp. 696f. (zur Relevanz des Zweifels bei Erasmus siehe auch *LB* VI, 692F).

[7] *ASD* I³, S. 515, 507-511. Bezüglich der päpstlichen Gewalt siehe auch *LB* VI, Sp. 696EF: "Imo quî fit, ut pontificis huius decreta cum illius pugnent decretis? ... Innocentius tertius et Celestinus de matrimonio dirimendo prorsus pugnantia definierunt".

[8] *Virginis matris apud Lauretum cultae liturgia adiecta concione*, *ASD* V¹, S. 89-109. Zur Übersetzung dieses Werks ins Italienische auf Initiative von Anhängern der Reformation vgl. Seidel Menchi, *Fortuna di Erasmo*, S. 555. 1526 erschien eine Ausgabe dieser Schrift in Venedig in der Werkstatt des Druckers Nicolò di Aristotele, genannt Zoppino, der in jenen Jahren Texte Luthers in italienischer Übersetzung veröffentlichte (vgl. S. 86, Anm. 44).

[9] *Censurae Facultatis Theologiae parisiensis*, in Erasmus, *Declarationes*, S. 76, 77-80, 104-106, 108f, 110f, 113f.

Theologen der Meinung Ausdruck, daß das eine ebenso verfolgt werden müsse wie das andere.

Die These, daß Zweifel und Häresie eng miteinander verwandt seien, wird von Alberto Pio von Carpi in seinem Brief an Erasmus aus dem Jahre 1526 deutlich ausgesprochen. In der Sicht des Fürsten von Carpi wurde der Unterschied zwischen Erasmus und Luther darauf reduziert, daß dort, wo Erasmus einen Zweifel vorbrachte, Luther eine theologische Definition erarbeitete, dort, wo Erasmus sich vorsichtig äußerte, Luther mit arroganter Dreistigkeit vorging, dort, wo Erasmus auf eine Mehrdeutigkeit hinwies, Luther einen Glaubenssatz verkündete. Diese Einschätzung muß in Italien recht weit verbreitet gewesen sein. In einem Brief von Bischof Grechetto an Kardinal Farnese aus dem Jahre 1546 finden wir sie bestätigt: "All das, was Erasmus in den Anmerkungen zum Neuen Testament in Zweifel gezogen hat, ist von Luther bekräftigt und frech erweitert worden." Gegen Ende des Jahrhunderts war aus dieser Einschätzung, wie Giovanni Botero bezeugt, eine geläufige, ja beinahe abgedroschene Redensart geworden: "Erasmus innuit Lutherus irruit, Erasmus dubitat Lutherus asseverat."[10]

II

Neben dem kritisch-umstürzlerisch wirkenden Zweifel, für den wir oben einige wenige Beispiele angeführt haben, findet sich im Werk von Erasmus auch ein Zweifel, in dem sich Nachgiebigkeit und Wille zur Bewahrung ausdrücken. Dieser zweite Aspekt seiner Argumentation ist von Theologen wie von Kulturhistorikern bereits eingehend untersucht worden, so daß wir uns auf einige Bemerkungen beschränken können und für eine vertiefende Auseinandersetzung mit diesem Thema auf spezifische Untersuchungen verweisen.

Als Prinzip der Bewahrung spielte der Zweifel eine wesentliche Rolle im Streit zwischen Erasmus und Luther, der heute nicht als Disput über Freiheit oder Unfreiheit des Willens, sondern als semantischer Kontrast zwischen dem "assero" von Luther und dem "non delector assertionibus" von Erasmus interpretiert wird. Erasmus selbst verkürzte diese Debatte auf eine Auseinandersetzung zwischen der Denkart dessen, der untersucht ("inquisitor"), und der Denkart dessen, der urteilt ("dogmatistes"). Er räumte ein, daß sein Gegenspieler in der Frage des unfreien Willens über stichhaltige Argumente aus der Schrift verfüge, und schloß nicht aus, daß er recht haben könne, warf ihm jedoch einen semantischen Mißgriff vor, also den Versuch, das Ungewisse in ein Dogma zu fassen. Der lutherischen Semantik der "assertio" stellte Erasmus die Semantik der "collactio" entgegen, das heißt, er

---

[10] Pio, *In locos Erasmi retractandos*, fol. 2ʳ; Buschbell, *Inquisition*, S. 356; Grendler und Grendler, *Erasmus in Italy*, S. 6. Auch Bernardino Tomitano warf in seiner 1555 datierten Rede gegen Erasmus dem Humanisten "procedere dubbioso et indistinto" in Grundfragen vor (vgl. S. 89 und Anm. 51).

konfrontierte Bibelstellen, die für und gegen die diskutierte These sprachen.[11] Auf diese Weise stellte er die Mehrdeutigkeit der Heiligen Schrift in der Frage der Knechtschaft oder Freiheit des Willens klar heraus. War es angesichts dieser Mehrdeutigkeit — so seine Schlußfolgerung — nicht klüger, sich eines Urteils zu enthalten? Ein Vorschlag, der seinen Ursprung in der ausdrücklichen Unterordnung der Dogmatik unter die Ethik hatte. Der Glaubenslehre von der Freiheit oder Unfreiheit des Willens und anderen traditionell umstrittenen Dogmen — menschliche oder göttliche Natur Christi, Frage der Dreieinigkeit etc. — maß Erasmus keine entscheidende Bedeutung für das Leben des Christen bei. Eine solche Bedeutung hatte für ihn nur die Sittenlehre, die "bene vivendi praecepta", bei der Frieden und Eintracht als moralische Forderungen vorrangig waren. Hatten die Glaubensstreitigkeiten der ersten Jahrhunderte nicht nur zu Kriegen und Blutvergießen geführt?, fragte Erasmus und deutete an, daß das Thema unfreier Wille ein neuer Herd jahrhundertelanger Zwietracht werden könnte.[12]

Die Diskussion von Glaubenssätzen einzustellen und sich im Bereich der dogmatischen Theologie einer skeptischen Haltung zu befleißigen, gereichte allerdings der bestehenden Kirche zum Vorteil. Sich weiterer Dispute zu enthalten, bedeutete, sich mit den traditionellen Definitionen zufriedenzugeben und jener Kirche beizupflichten, hinter der — wie Erasmus hervorhob — die große Schar der Gelehrten und Heiligen stand.[13]

Für den damals von seiner theologischen Reflexion und seiner seelsorgerischen Tätigkeit äußerst in Anspruch genommenen Luther kam der Vorschlag einer Einstellung der doktrinellen Auseinandersetzung und eines Akzeptierens des Status quo einer Provokation gleich. Dementsprechend fiel die Reaktion Luthers aus. Er wäre durchaus bereit gewesen einzuräumen, daß es in Theorie und Praxis einen Bereich des Zweifelhaften gebe, innerhalb dessen man auf einen Disput besser verzichte — daß Erasmus jedoch Themen wie die Unfreiheit des Willens oder die Dreieinigkeit in diesen Bereich verbannt hatte, brachte ihn in Harnisch. Voller Empörung griff er zur Feder und zeichnete das Bild eines skeptischen und spöttischen Erasmus, der, von Mißtrauen gegenüber Menschen erfüllt, die bereit sind, für ihre Überzeugung in den Tod zu gehen, dazu neigt, sein Mißtrauen von diesen Menschen auf ihre Überzeugungen auszudehnen. Für Luther ist Erasmus das Beispiel eines schwankenden Taktikers; er dagegen bekennt sich als Anhänger jener absoluten Gewißheit, die Märtyrern eigen ist.[14]

Etwa dreißig Jahre später wurde der Gegensatz Zweifel/Gewißheit im Streit zwischen Johannes Calvin und Sebastian Castellio erneut aktuell. Doch ging es nun nicht mehr um einen Theoriekonflikt, sondern um eine Frage der Kirchenpolitik, nämlich darum, wie man sich gegenüber Dissidenten und

---

[11] Bader, *Assertio*.
[12] *LB* IX, Sp. 1215D, 1216BC, 1217AB.
[13] Popkin, *History of Scepticism*, S. 1-8.
[14] *WLA* XVIII, S. 605.

Nonkonformisten verhalten sollte. Um sie und jede andere religiöse Minderheit zu schützen, schlug Castellio vor, dem Zweifel zum Nachteil der Gewißheit mehr Raum zuzugestehen. Daß Gewißheit todbringend sein, Zweifel dagegen Blutvergießen verhüten konnte, dies war die Erkenntnis, die den Humanisten aus Savoyen in Gegensatz zu seinem ehemaligen Schutzherrn, dem Genfer Reformator, brachte. Verglichen mit den Zeiten von Erasmus und Luther hatten sich die Rahmenbedingungen der Diskussion jedoch wesentlich verändert. Die Andersgläubigen von gestern, bereit zum Martyrium, solange sie schwach und in der Minderheit waren, hatten sich zu Verfolgern gewandelt, sobald sie in Machtpositionen saßen. Castellio betrachtete diese Metamorphose als ein Ergebnis der Gewißheit. In seiner mit Erläuterungen versehenen Anthologie *De haereticis an sint persequendi* und deutlicher noch in seiner (allerdings erst in unserem Jahrhundert veröffentlichten) Abhandlung *De arte dubitandi* trat Castellio als Apologet des Zweifels auf, den er als bestes Gegenmittel gegen die Scheiterhaufen, Verfolgungen und Leiden betrachtete, für die der Dogmatismus in Europa verantwortlich war. Castellio schlug vor, all jene Glaubenssätze in den Bereich des Zweifels zu verbannen, derentwegen sich die Koryphäen des reformierten Europas seit Jahrzehnten bekämpften: Taufe und Eucharistie, Rechtfertigung und Prädestination waren seiner Meinung nach Fragen, bei denen man nicht nur zweifeln durfte, sondern beinahe mußte: "Wenn die Christen einige Zweifel gehabt hätten, hätten sie sich nicht mit so vielen ruchlosen Morden besudelt."[15] Die Gegner, die es zu bekämpfen galt, waren für Castellio also diejenigen, die sich im Besitz der Gewißheit dünkten, jene "Sorte Menschen, die keine Zweifel, keine Wissenslücken kennen, die nur apodiktische Behauptungen von sich geben, und die dich, wenn du mit ihnen uneins bist, ohne Zögern verurteilen, die, nicht zufrieden damit, selbst keine Zweifel zu haben, nicht einmal ertragen, daß die anderen welche haben".[16] Calvin, gegen den sich diese Polemik wandte, war der geistige Bruder jenes Luther, an den Erasmus seine Abhandlung über die Willensfreiheit gerichtet hatte. Auf der Gegenseite scheint es hier zwischen Erasmus und Castellio eine verborgene Übereinstimmung in dem Verdacht zu geben, daß die Märtyrer aus dem gleichen Stoff wie die Henker seien. Denn jene, die für einen Lehrsatz freudig in den Tod gingen, seien möglicherweise auch bereit, andere für eben dieses Dogma in den Tod zu schicken.

Doch wenn beinahe die gesamte Dogmatik in den Bereich des Zweifels verbannt wurde, in welcher Sphäre bestand dann Gewißheit? Den Bereich des Gesicherten behielt Castellio der christlichen Ethik vor.[17] Ebenso wie

---

[15] Castellio, *De arte dubitandi*, S. 347. Zum Streit zwischen Calvin und Castellio vgl. Buisson, *Castellion*, und Popkin, *History of Scepticism*, S. 8f.

[16] Castellio, *De arte dubitandi*, S. 345. Vgl. ders., *De haereticis an sint persequendi*, Basel, Johann Oporinus 1554, S. 6.

[17] Castellio, *De arte dubitandi*, S. 355.

bei Erasmus lief die *ars dubitandi* des Sebastian Castellio auf eine Abwertung der Dogmatik zugunsten der Ethik hinaus. Die Priorität der persönlichen und gesellschaftlichen Moral war die Wurzel, aus der das Ideal der Toleranz, der friedlichen Koexistenz verschiedener Bekenntnisse oder Religionen wuchs.

III

Welche Formen nahm der Glaubenszweifel in Italien an?

Die *dubitazioni* (Zweifelsfragen) und *ambiguità* (Doppeldeutigkeiten), die die Verbreitung reformatorischer Ideen in Italien begleiteten, waren ursprünglich taktischer Art. Was man nicht als Gewißheit aussprechen konnte, wurde als Zweifel getarnt. In einer Gesellschaft mit begrenzter Meinungsfreiheit war Zweifeln eine zweckmäßig-gewandte Kommunikationstechnik, deren Wirksamkeit durch einen hochgradig sensibilisierten Empfängerkreis garantiert wurde.

Ein Beispiel dafür bietet uns der Franziskaner Daniele da Brescia, der in einer um das Jahr 1550 in Rovato gehaltenen Predigt zu seinen Zuhörern gesagt haben soll: "Vom Fegefeuer spreche ich dir nicht, da ich es noch nicht in der Schrift gefunden habe; sobald ich es finde, werde ich es dir erläutern." Der Augustiner Giacomo Nerucci soll bei einer 1562 oder 1564 in Grosseto gehaltenen Reihe von Fastenpredigten, nachdem er die Existenz von Paradies und Hölle mit Belegen aus der Schrift nachgewiesen hatte, das auf die Behandlung des Fegefeuers wartende Volk so entlassen haben: "Man sagt, es gebe einen dritten Ort; da sich jedoch dazu keine stichhaltigen und zuverlässigen Schriftbelege finden lassen, werde ich darüber nur sagen, daß die Kirche meint, daß dieser dritte Ort existiert — aus diesem Grunde ist es gut, daran zu glauben."[18]

Der Zweifel konnte als hypothetischer Satz in die Rede eindringen, wie etwa jene Zwischenbemerkung "Angenommen, der heilige Apostel Petrus ist in Rom gewesen", die der Dominikaner Damiano da Brescia in eine 1546 oder kurze Zeit davor in Bergamo gehaltene Bibelstunde einfließen ließ.[19] Geschickter soll Bernardino Ochino vorgegangen sein, von dem es heißt, er habe 1540 als Prediger in Neapel den Sinn eines Spruchs des heiligen Augustinus verdreht, indem er ihn einfach im Frageton aussprach. Der Satz "Qui fecit te sine te non salvabit te sine te" soll in der Predigt des berühmten Kapuziners zur Frage "Qui fecit te sine te, non salvabit te sine te?" geworden sein. Diesem Augustinus-Zitat muß ein gewisser Erfolg

---

[18] ASV, Fasz. 159, *Acta Sancti Officii* (1554-1555), fol. 79ʳ, 18. Dezember 1554, Contra fra Daniel; ASS, Notarile antecosimiano 2777, Akte *Processo contro Fabio Cioni e Achille Benvoglienti* (1568), fol. 48ʳ.
[19] BAB, Inquisizione B 1927, 14. Juni 1546.

beschieden gewesen sein, da der gleiche Satz nachweislich 1558 in Arbe als Frage und 1580 in Alessandria als Behauptung aufgetreten ist.[20]

Besonders häufig wurden solche Scheinzweifel in Privatgesprächen vorgebracht. In der Kirche und auf der Straße, in Werkstätten und Spezereihandlungen, den damaligen Zentren sozialen Lebens, hörte man Fragen wie "Wo in der Schrift steht, daß die Heiligen für uns bitten?" (1545); "Welche Kirche hat das Fasten angeordnet?" (1545); "Wo findet ihr das Fegefeuer im Evangelium? Es ist dort keine Rede davon, vom Paradies und der Hölle aber wohl" (1552).[21]

Klöster veranstalteten Debatten über die päpstliche Gewalt, bei denen man zwei Redner beauftragte, entgegengesetzte Thesen zu vertreten. Unter dem Titel *Disquisitiones in selectiora divinae Scripturae loca* (1540/41) oder *Dubbi religiosi* (1552) wurden Bücher geschrieben, die — bezugnehmend auf effektiv stattgefundene Gespräche — für die evangelische Lehre warben. Aus einem Veroneser Zeugnis des Jahres 1550 geht unmißverständlich hervor, daß die Schulung der Mitglieder einer lokalen "lutherischen" Gruppe über die Formulierung und Lösung von Zweifelsfragen verlief.[22]

---

[20] Tacchi Venturi, *Vita religiosa*, S. 337. Der Satz des Augustinus lautet: "Qui ... fecit te sine te non iustificat te sine te" (*Serm.* 169, 11, *PL* XXXVIII, Sp. 923). Daß dieser als Frage umformulierte Satz in Arbe zirkulierte, geht hervor aus ASV, Fasz. 5, Akte *Matteo Cizzo*, Widerruf des Matteo Cizzo vom 11. April 1559 ("Ho creduto che 'l signor Dio ci salvasse senza il nostro libero arbitrio et senza le nostre opere, però ho letto quell'auttorità di santo Augustino 'Qui fecit te sine te, non salvabit te sine te' con il punto interrogativo") und passim. Die Kenntnis dieses Satzes in Alessandria wird bezeugt durch TCD, Ms. 1225, 8. Dezember 1580: "Carolus Maldinus ... habitator Alexandriae" wurde u.a. überführt, gesagt zu haben, "Deum, sicut nos sine nobis fecit, ita nos salvos facere sine nobis"). Auch Jacopo Nacchianti, Bischof von Chioggia, kannte und verbreitete die Formel: ASV, Fasz. 8, Akte 11, *Inquisitione fatta per il reverendo messer Annibal Grisonio sopra la vita et costumi delli canonici et preti di Chioggia* (1549), fol. 34ʳ.

[21] ASM, Fasz. 2, Akte *Contra Hieronymum Grassetum*, Aussage vom 15. April 1545; ASM, Fasz. 2, Akte *Contra Thomam Bavellam bononiensem*; ASM, Fasz. 3, Akte *Processus formatus contra ser Ioannem Blancholinum*, fol. 9ʳ.

[22] ASV, Fasz. 8, Akte 29, *Girolamo Allegretti*, Verhör vom 13. September 1550 und Verhör desselben Tages "post prandium". Zu den Titeln *Disquisitiones in selectiora divinae Scripturae loca* und *Dubbi religiosi* vgl. Seidel Menchi, *Fortuna di Erasmo*, S. 591-597 und dies., *Lando*, S. 256f. Das die Veroneser Gruppe betreffende Zeugnis findet sich in ASV, Fasz. 8, Akte 30, *Contra Bartholomeum dalla Barba* (1550), fol. 21ʳᵛ: "Da quatro in cinque volte mi constituto [Giovanni guantaio], Zuampier tentor, Andrea tentor et Anibal marangon tuti insieme siamo riduti in casa de messer Tiberio Olive a parlar de queste cose della Scrittura e per haver information da lui di quel che se doveva creder et tenir, come da quello che era dottor, al quale nui se riportavemo grandemente in tutti li nostri dubii che ne venevan nella testa ... Noi rasonavemo del purgatorio, del sacramento della eucharestia, della giustificatione et del libero arbitrio. Et hora maestro Anibal e maestro Zuampier movevano questione a questo modo, se si trovava purgatorio al'altro mondo, et messer Tiberio concludeva ch'el vero purgatorio era il sangue del nostro Signore Jesù Christo ... Similmente li preditti Zuampier tinttor, maestro Anibal et anche Andrea tentor proponevano il dubio della eucharestia et dimandavano se nella eucharestia era il vero corpo et sangue de Jesù Christo, come se crede nella chiesa, o come se dovesse credere che li fusse; et messer Tiberio li concludeva che si doveva creder che'l corpo di Christo fosse nella hostia in corpo et sangue, come crede la chiesa. Et questo i' lo conclude

Aus den Quellen der Inquisition läßt sich die Verbreitung von Zweifeln belegen, die als Wortspiele auftraten (purgatorio = pagatorio), hermeneutisch formuliert waren oder rationalistisch klangen. ("Ich habe immer geglaubt, daß das Altarsakrament wahrhaft Leib und Blut Christi ist, aber als ich hörte, daß es schimmlig wird, begann ich zu zweifeln.")[23] Manche Zweifel beruhten auf Reiseerfahrungen, aus denen Verwirrung in Glaubensdingen entstehen mochte, waren auf das Kennenlernen fremder Gebräuche zurückzuführen, das Gewissenskonflikte auslösen konnte. "Was bedeutet es, daß man in Italien das allerheiligste Sakrament nicht allen in beiderlei Gestalt gibt wie in Deutschland?" lautete die zweiflerische Frage, die einige Besucher einem Fra Geremia aus Udine 1564 stellten. "Ich will zum Prediger gehen und mir einen Zweifel verjagen lassen, den ich am Fegefeuer habe", kündigte 1573 der Schuhmacher Domenico Massatutto aus Spilimbergo an; und dem als Inquisitor fungierenden Geistlichen erklärte er, daß ihm dieser Zweifel am Fegefeuer gekommen sei, "weil er mit vielen Schweizern umgegangen war". 1573 berief sich der venezianische Notar Girolamo Parto zur Rechtfertigung seiner abweichenden Meinung zur Bilderverehrung auf Erfahrungen, die er als Schreiber auf Kreta gemacht hatte: "Ich habe gesehen, daß die Griechen beim Gottesdienst in der Kirche nicht niederknien, und dennoch wird diese Liturgie von der heiligen römischen Kirche nicht mißbilligt."[24]

Mit ihren — zumeist fiktiven — Zweifeln wandten sich die Zweifelnden an Prediger, Beichtväter, Gemeindepfarrer und scheuten sich nicht, sich auf

---

perchè li prediti Zuampier tintor, Anibal et Andrea dubitavano di questo et dubitavano a qual modo i dovessono creder ch'el ge fosse, realmente o spiritualmente — perchè havevano sopra di questo alditto a dir a diversi modi —. Et mi ricordo che volendo messer Tiberio confirmar il suo ditto, disse: 'Come volivu dubitar di questo, se Martin Luter proprio tien anche lui ch'el corpo de Christo sia nella hostia come ve dico?'".

[23] ASM, Fasz. 2, Akte *Contra Pamphilum Ancharanum*, 1549 (purgatorio = pagatorio). Ein Beispiel des hermeneutischen Zweifels: ASV, Fasz. 10, Akte *Contra fra Benetto di Benedetti*, 10. Februar 1552: "Circa li nomi delle persone che sono venute per domandarmi tal dubii io non li so, ma erano de diverse sorte et qualità di persone. Li dubii erano diversi, ma quanto che mi ricordo che mi fu adomandato che havendo predicato quel evangelio che dice 'Dixit Dominus Domino meo, etc. donec ponam inimicos tuos', perché io dissi che quel 'donec' voleva dire tempo infinito, mi disse un tale ... 'Donec vuol dire fin a tanto'. Io gli dissi che non bisognava il senso della grammatica a intender la Scrittura et che li espositori esponevano in tal modo". Der Satz bezüglich der Verderblichkeit der Hostien stammt aus ASV, Fasz. 5, Akte *Matteo Cizzo*, Verhör vom 7. März 1559. Andere Beispiele von Zweifelsäußerungen: ASM, Fasz. 2, Akte ohne Titel (5 Widerrufe, datiert in Gonzaga, 15. April 1544), Widerruf des Alessandro del Toso; ASM, Fasz. 3, Akte *Processus absolutus contra Claudium de Rudilia*; ASM, Fasz. 5, Akte *Contra Franciscum Mariam Carettam* (1568), 24. April 1568.

[24] ACAU, Fasz. 2, Akte 32, *Contra fratrem Hieremiam de Utino* (1564), fol. 168^r, 23. November 1564; ASV, Fasz. 34, Akte *Domenico Massatutto*, Zeugenaussage des "ser Ioseph nuncupatus Spilis" vom 19. August 1573 und des Fra Ippolito Bacusi vom 1. Juni 1573, Verhör des Domenico Massatutto vom 18. Juni 1574; ASV, Fasz. 37, Akte *Contra Hieronimo Parto nodaro* (1572), fol. 82^r.

einen Disput mit diesen einzulassen. Manchmal wurde sogar den Inquisitoren diese oder jene Zweifelsfrage vorgelegt.[25]

Zumindest bis zur Mitte des Jahrhunderts, in Einzelfällen bis ca. 1560, legten die katholische Kirche und ihre Vertreter gegenüber dem Glaubenszweifel eine recht flexible Haltung an den Tag. Diese Flexibilität läßt sich zum Teil damit erklären, daß die Zweifelnden direkt oder indirekt an die scholastische Tradition der theologischen Disputation anknüpften, die im Kirchenleben des 16. Jahrhunderts immer noch sehr lebendig war, ob nun in Form öffentlich-feierlicher Streitgespräche, wie sie von manchen Orden anläßlich ihres Kapitels veranstaltet wurden, oder in Form interner Diskussionen, die zur täglichen Praxis im theologischen Studium der Fratres gehörten. Auf diese Ausbildung bezog sich beispielsweise der Augustiner Andrea Ursio aus Catania, um den Ursprung seiner Zweifel hinsichtlich der Realpräsenz Christi in der geweihten Hostie zu erklären. Diese abweichenden Ideen, so der Augustiner, stammten aus der Zeit, "da ich als Kursor und Lektor jeden Morgen bei unseren Disputationen im Konvent als Übung die Aufgabe hatte, gegen die Wahrheit zu argumentieren" (1559). Der zum Kloster in Pesaro gehörige Dominikaner Damiano da Brescia, den man wegen des Verdachts, ein Lutheraner zu sein, nach Bologna beorderte, verteidigte sich mit der Behauptung, die ketzerischen Meinungen, die man ihm zur Last legte, "non assertive neque dogmatizando, sed disputative vel quaestiones proponendo" vertreten zu haben (1546). Wir haben Kenntnis von einer öffentlichen Disputation, die um das Jahr 1560 im venezianischen Konvent Santo Stefano stattfand, bei der die These "Sola morte Iesu Christi salvi sumus" diskutiert wurde (dem Dominikaner, der die Gegenseite zu vertreten hatte, fiel kein stichhaltigeres Argument zur Zurückweisung dieses Satzes ein als "Destruit purgatorium, ergo falsa".) Auch Sebastiano Caretti, Pfarrer von Fontana bei Imola, berief sich 1568 auf die Tradition der theologischen Disputation, um sein Recht zu wahren, hinsichtlich der Vertreibung von Adam und Eva aus dem Paradies eine andere Version als die allgemein verbreitete zu vertreten: "Pater, wenn wir alle das gleiche sagten, gäbe es keine Disputation. Was ich gesagt habe, war des Disputierens wegen."[26]

Auf die Diskussionsfreiheit, in deren Genuß die Mönche auf diese Weise kamen, beriefen sich auch die Laien. 1533 sicherte sich ein venezianischer

---

[25] ASM, Fasz. 4, Akte *Giacomo Gandolfo*, 1568 (Gandolfo formulierte vor seinen Beichtvätern die protestantischen Lehren in Form von "dubbi"); ASM, Fasz. 6, Akte *Processus contra Ioannem Franciscum Tavanum* (1579), Zeugenaussage der Camilla Tavani vom 3. Oktober 1579. Als Beispiel dafür, daß selbst einem Inquisitor Glaubenslehren in Form von "dubbi" vorgelegt wurden, siehe ASV, Fasz. 40, Akte *Nicolò Guidozzo* (1575/76).

[26] ASV, Fasz. 14, *Contra fra Andrea da Catania siculo*, ein an das Inquisitionstribunal von Venedig adressiertes Geständnis des Andrea da Catania, datiert in Venedig, 5. August 1559; BAB, Inquisizione B 1927, 14. Juni 1546; ACVR, Fasz. 4, Akte *Processo de Girolimo Biscazza*, 26. Dezember 1569; AVI, Fasz. 1, Akte *Contra dominum Sebastianum Carettum*, fol. 3^v, 7^v.

Tischler, dessen "lutherische" Meinungen den päpstlichen Legaten wie auch weltliche Stellen alarmiert hatten, die Solidarität eines Priesters seiner Pfarrei, indem er diesen überzeugte, daß er "eher disputiere als behaupte". Ebenfalls in Venedig sprach 1550 Franzino Singlitico, ein aus Zypern stammender protestantischer Händler, öffentlich über damals aktuelle "lutherische Themen", immer jedoch "per modum disputationis". Carlo Mosconi, ein Landpächter aus Lendinara, verbreitete sich im Gespräch mit seinen Nachbarn über das Fegefeuer, die Autorität des Papstes und den Sinn guter Werke, aber nur "einfach zum Disputieren" (1563). Der Rektor der Pfarrkirche von Guidizzolo, der sich in einem Gespräch mit einem Dominikaner, bei dem es um das Thema Fegefeuer ging, ein wenig zu weit vorgewagt hatte, versuchte den Verdacht seines Gesprächspartners zu zerstreuen, indem er ihm versicherte, er habe dies nur gesagt, "um zu disputieren" (1568).[27]

Neben einer Kommunikationstechnik bot der Zweifel den italienischen Andersgläubigen eine Verteidigungsstrategie. Viele Angeklagte in Inquisitionsprozessen nahmen Zuflucht zu einer Verteidigung, die darin bestand, ihre Zustimmung zu häretischen Lehren als "zweiflerisch" zu bezeichnen. Gewiß, diese Ideen, die man ihnen zur Last lege, hätten sie gehabt, aber sich doch "eher wankelmütig und zaudernd mit ihnen befaßt als hartnäckig und beharrlich".[28]

IV

Die Grenze, an der die Kommunikationstechnik des Zweifels sich in einen *habitus mentis* verwandelte, ist fließend, der Übergang schwierig festzustellen. Daß es letzteres auch gab, geht allerdings aus den Quellen der italienischen Inquisition deutlich hervor.

In der "lutherischen" Gruppe, die 1550 in Verona bestand — und von der weiter oben schon die Rede war —, blieb der Zweifel fiktiv, solange es sich um das Thema Fegefeuer handelte, substantiell aber wurde er bei der Frage der Eucharistie. Dem geistigen Führer der Veroneser Gruppe, der in der Abendmahlsfrage der Ansicht Luthers zuneigte, gelang es nicht, den Einfluß anderer Mitglieder zu neutralisieren, die eher der Meinung Zwinglis waren.[29] Die Divergenzen und Konflikte innerhalb des Protestantismus bezüglich dieses besonderen Aspekts der Glaubenslehre begünstigten ein Klima der Unsicherheit, in dem man sich lieber eines Urteils enthielt.

---

[27] Gaeta, *Riforma in Venezia*, S. 31; ASV, Fasz. 10, Akte *Contra Franzinum Singlithico processus*, Zeugenaussage des Dominikaners Lorenzo da Bergamo vom 17. April 1550; ACVR, Fasz. 2, Akte *Processo contro Carlo Mosconi* (1563/1566), Zeugenaussage des Albano dal Conte vom 29. Mai 1563; ASV, Fasz. 25, Akte *Contra presbiterum Paulum de Guidiciolo*.

[28] Ein Beispiel unter vielen: ASS, Notarile antecosimiano 2777, Akte *Processo contro Fabio Cioni e Achille Benvoglienti*, Verhör vom 26. Februar 1568.

[29] Siehe das aus einem Veroneser Prozeß von 1550 stammende Zitat, Anm. 22.

Jener Aloise di Preto, Pfarrer in Pirano, der die Gläubigen mit den Worten zur Kommunion einlud "Kommt andächtig zu diesem allerheiligsten Sakrament, doch ich sage Euch nicht, daß es der wahre Leib Christi ist oder nicht ist, denn dies sind hohe Dinge", machte von einem dilatorischen Mittel Gebrauch, das ihn der Pflicht enthob, sich in einer umstrittenen Glaubensfrage festzulegen. Auch Giovanni Tremanini, ein Priester aus dem Umland von Modena, hatte — falls wir einem böswilligen Denunzianten Glauben schenken — seine Entscheidung in der Abendmahlsfrage aufgeschoben. Man erzählte sich, er habe gesagt, daß er noch nie einem Menschen begegnet sei, der in der Lage gewesen wäre, ihm zu erklären, wie Christus "wahrhaft und persönlich in der Hostie" anwesend sein könne, wenn Christus selbst die Feier des Abendmahls zu seinem eigenen Gedächtnis angeordnet habe: "Wenn dieses Sakrament ein Gedenken ist", argumentierte der Priester, "dann ist darin niemand präsent; und wenn einer darin präsent ist, dann ist es kein Gedenken."[30]

In der Weigerung, sich in der Abendmahlsfrage an eine präzise Formel zu binden, in dem Einspruch, daß niemand Geheimnisse wie dieses ergründen könne, drückte sich vermutlich tatsächliche Unschlüssigkeit aus. Menschen, die in anderen Punkten ohne Vorbehalt den protestantischen Lehrsätzen zustimmten, schwankten in der Abendmahlsfrage zwischen den verschiedenen Auffassungen. Die beiden Hauptmeinungen, die in Italien in vereinfachter Form rezipiert wurden, machten aus der Eucharistie entweder ein "einfaches Brot, gegeben als Zeichen und zum Gedächtnis des Todes Christi", oder ein "sakramentales geistiges Brot, was den vom Himmel herabgestiegenen Christus als wahres lebendiges Brot bedeutete".[31]

Zu dieser Unschlüssigkeit konnte sich ein Quentchen intellektueller Stolz gesellen, wie etwa im Fall des abtrünnigen Dominikaners Giuliano Botticella aus Veroli, der sich seiner Zweifel bezüglich des Altarsakraments beinahe

---

[30] ASV, Fasz. 13, Akte *Contra presbiterum Aloysium del Preto*, Zeugenaussage des Sebastiano di Giovanni di Nicola Nicolai vom 25. Februar 1556 und des Ser Pietro Petroneo vom 1. März 1556; ASM, Fasz. 3, Akte *Contra dominum Ioannem Tremaninum presbiterum*, Zeugenaussage des Giovanni Antonio Pino vom 23. August 1564 (und des Pre Luca di Tebaldi vom 28. Juli 1564).

[31] ASM, Fasz. 3, Akte *Processus formatus contra ser Ioannem Blancholinum*, fol. 36ʳ, Zeugenaussage des Ludovico Biancolini: "Io ... ho udito [Giovanni] dir che il corpo di Christo entra nell'ostia in quella forma che a lui pare et niuno lo può sapere". Siehe vor allem ASM, Fasz. 3, Akte *Andree Lucii' Argentini confessio* (s.d.): "Dico et confesso havere dubbitato et variamente creduto et detto del sacramento della communione, hora dicendo quello essere semplice pane dato per segno et memoria della morte de Christo, hora tenendo esser pane sacramentale et spirituale, qual significava il vero pane vivo Christo desceso dal cielo" (die Überzeugung in anderen Glaubensfragen begründete jedoch die Emigration des Andrea di Lucio nach Deutschland). Ein weiteres Beispiel: TCD, Ms. 1224, Urteilsspruch *Contra Ioannem Micro*, Rom, 16. Dezember 1564: "Hai accettato esteriormente che non fosse il vero corpo di Christo nell'hostia consecrata, quando ti era detto questo da persone heretice, ma stavi in dubio fra te se fosse o non fosse veramente il corpo de Christo nell'hostia consecrata" (die Überzeugung in anderen Glaubensfragen begründete jedoch die Emigration des Giovanni Micro nach Genf).

rühmte: "Die Gebildeten zweifeln in solchen Dingen", sagte er, "nicht die Ignoranten". Auch Nicolò Guidozzo, ein Schreiber aus Castelfranco Veneto, erfuhr den Zweifel in der Abendmahlsfrage als geistige Versuchung: "Beim Reiten kam mir plötzlich jener Zweifel, und ich dachte drei Stunden über dieses Thema nach, und der Teufel versuchte mich damals und sagte: 'Was willst du anbeten? Es ist ungesäuertes Brot.'" (1575)[32]

In dem unsicheren Bereich, der zwischen fiktivem und substantiellem Zweifel liegt, finden wir eine kleine Gruppe italienischer Andersgläubiger, in der die Erasmus-Leser überwiegen. In welchem Maße war die zweiflerische und unschlüssige Haltung, die den Menschen in den nun folgenden Fällen eigen war, durch die Lektüre von Erasmus begünstigt?

V

Daß die Lektüre von Erasmus, insbesondere seiner Schriften zum Neuen Testament, eine gute Anleitung zum radikalen Zweifeln sein konnte, geht aus den Zeugnissen hervor, die sich auf den Kreis von Girolamo und Matteo Busale, Giulio Basalù, Lorenzo Tizzano und Giovanni Laureto beziehen.

In dieser neapolitanischen Gruppe, deren Zusammensetzung und Aktivität schon eingehend untersucht worden sind,[33] wurde der Zweifel eingesetzt, um neue Anhänger zu gewinnen. Wir wissen beispielsweise, wie einer der Köpfe der Gruppe, der Spanier Juan de Villafranca, den Jurastudenten Matteo Busale indoktrinierte. Anfangs wandte sich Villafranca — erinnerte sich der Jurist Busale später an die zwischen 1542 und 1545 gemachten Erfahrungen — "ganz behutsam" den damals diskutierten theologischen Fragen zu, etwa der Rechtfertigung durch den Glauben, führte dann dazu verschiedene Bibelstellen an, "gab sich den Anschein, als zweifle er" an deren traditioneller Auslegung, "und sagte: 'Nun, wie würdet Ihr dies verstehen?' So brachte er mich zuerst dazu, an der traditionellen Auslegung zu zweifeln, und sagte danach, als ich zu zweifeln begonnen hatte: 'Nun denn, wenn man die Stelle so und so deuten würde, findet Ihr nicht, daß es richtig wäre?'" Von Zweifel zu Zweifel brachte Juan de Villafranca seinen Schüler zu den Überzeugungen, daß es keine Dreifaltigkeit gebe, sondern einen einzigen Gott, daß Christus nicht Gott sei, sondern Gott Christus innewohne, daß Maria noch einen zweiten Sohn gehabt habe, dies allerdings "dubitativamente", als Zweifel formuliert.[34]

Das systematische Zweifeln führte bei einigen Mitgliedern der neapolitanischen Gruppe zu fortschreitender Radikalisierung und nahm ihnen die Fähigkeit, innerhalb irgendeines Bekenntnisses oder Glaubens zur Ruhe zu kommen. Der auf den Text des Evangeliums angewandte hermeneutische

---

[32] TCD, Ms. 1224, *Pro fisco contra dominum Iulianum Butticellam*, 28. April 1567; ASV, Fasz. 40, Akte *Nicolò Guidozzo*, fol. 37ᵛ-38ʳ.
[33] Pommier, *Itinéraire*; Stella, *Anabattismo*, S. 33-38, 44-61 und passim; ders., *Antitrinitarismo*, S. 14-44 und passim (mit weiteren bibliographischen Hinweisen), und *DBI* XV, S. 475-479.
[34] ASV, Fasz. 13, Akte *Giulio Basalù*, Verhör des Matteo Busale vom 5. Juli 1553.

Zweifel — gemäß der Überzeugung, die Heilige Schrift sei "entstellt und verfälscht" worden — führte zu exegetischen Spekulationen, die um so dreister ausfielen, je kleiner die Gruppe war, und löste eine abenteuerliche Jagd auf Einschübe und Widersprüche im Evangelium aus (wobei letztere als Indizien für erstere galten). Die Sehnsucht nach Textauthentizität und Rückkehr zu den Quellen, aus der diese exegetische Betriebsamkeit entstand, führte manch ein Mitglied der neapolitanischen Gruppe bis nach Saloniki oder Alexandria, um Aufnahme in den lokalen jüdischen Gemeinden zu finden und dort die Originalsprache der Offenbarung gründlich zu lernen (dies war bei Giovanni Laureto der Fall). In zumindest einem Fall stand am Ende der Kette von Zweifeln der Atheismus. Bei der Auffassung angelangt, daß "die Seele eines jeden zusammen mit dem Körper sterbe", brach für Giulio Basalù das Vertrauen auf jede Art der Religion zusammen: er kam zu der Überzeugung, daß "all die Religionen menschliche Erfindungen seien, um die Menschen zu einer sittlichen Lebensführung zu veranlassen".[35]

Daß die Mitglieder der antitrinitarischen Gruppe von Neapel ihre exegetische Unruhe mit der Lektüre des Neuen Testaments von Erasmus wachhielten, geht aus den Dokumenten hervor. Hier stehen wir am Ursprung jener radikalen Interpretation von Erasmus, von der sich so viele Spuren in den Schriften der Führer des extremen Flügels der Reformation finden.[36] Insbesondere in den Gesprächen, die zwei Mitglieder des Benediktinerordens, der Apostat Lorenzo Tizzano und Don Girolamo Capece von der Klostergemeinschaft in Monteoliveto, zu einem nicht genau bestimmbaren Zeitpunkt zwischen 1543 und 1547 miteinander führten, wurde der Name Erasmus immer wieder genannt. Wie Erasmus bewiesen habe — so die Argumentation der beiden —, sei das Neue Testament in derart unterschiedlichen Versionen in Umlauf gewesen, daß der Text nicht mehr als verläßlich gelten könne. Deshalb müsse man sich eher auf das Alte Testament beziehen, dessen Text in seiner Authentizität von den Juden immer sorgfältig bewahrt worden sei. (Tatsächlich hatte Erasmus in seiner *Apologia* und zuvor noch in seiner *Ratio seu methodus perveniendi ad veram theologiam* die Unzuverlässigkeit der neutestamentarischen Textüberlieferung und die Vielzahl der textverfälschenden Faktoren, die dabei wirksam geworden waren, mit überzeugenden Argumenten dargestellt und dabei insbesondere auf die Auswirkungen der Glaubenskämpfe in den ersten Jahrhunderten hingewiesen.)[37]

---

[35] ASV, Fasz. 13, Akte *Giulio Basalù*, Denkschrift des Giulio Basalù vom 21. Mai 1555; Pommier, *Itinéraire*, S. 318.

[36] Stella, *Antitrinitarismo*, S. 30; Rotondò, *Introduzione a Sozzini*, S. 27f., 46, 53, 58f.

[37] ASV, Fasz. 13, Akte *Giulio Basalù*, Verhör des Girolamo Capece vom 7. Juni 1553: "Ho tenuto et creduto che, secondo dice Erasmo, per la varietà di testi greci et latini, che ci harrebbe possuto esser agionto o manchato per lo scrivere et stornitione di stampa al Testamento Nuovo, et per questa cagione si deve credere più al Vecchio, per esser sempre serbato con diligentia. Et questo mi fu persuaso dallo don Lorenzo [Tizzano], per corroborare che Christo non era Dio". Entsprechende Erwägungen in Erasmus: *LB* VI, fol. **2-**3 (*Apologia*), V, Sp. 78

Auf Erasmus berief man sich auch, um die traditionelle Auslegung einiger Stellen der Heiligen Schrift zu entkräften oder zu widerlegen, auf die sich das Dogma von der göttlichen Natur Christi gründete (vor allem Phil 2,6, eine Stelle, für die Erasmus eine von der offiziellen Interpretation abweichende Auslegung vorgeschlagen hatte, da er sie nicht auf die Gottheit Christi bezogen sah).[38]

Die Tendenz, die Anmerkungen des Erasmus zum Neuen Testament im radikalen Sinn zu rezipieren, war nicht auf die beiden erwähnten Benediktiner beschränkt. Wir finden sie auch bei anderen Mitgliedern der Gruppe belegt, etwa bei Giulio Basalù, der erklärte, aus der Lektüre des Neuen Testaments von Erasmus den Eindruck gewonnen zu haben, der Humanist "verneine die Gottheit Christi".[39]

Die religiöse Erfahrung, die zur gleichen Zeit Bruder Marco, ein Dominikaner aus Split, durchlief, weist einige Ähnlichkeit mit der unserer radikalen Neapolitaner auf. Auch in diesem Fall verband sich eine schwankende Haltung und anhaltende Unschlüssigkeit in bezug auf zentrale Glaubenslehren — wie die von der Gottheit Christi — mit der Lektüre des *Novum Testamentum* von Erasmus.[40]

Mit dem Glaubenszweifel zu leben, war vermutlich eine beunruhigende Erfahrung. Daß der Zweifler die Kontrolle darüber verlieren und in eine Art psychische Labilität abgleiten konnte, geht aus einer Aussage des bereits erwähnten Lorenzo Tizzano über den Benediktiner Girolamo Capece hervor: "Fra Girolamo ... schien immer zu zweifeln und fragte mich, und ich antwortete", erklärte Tizzano 1555 den venezianischen Inquisitoren. "Aber ich wüßte nicht zu sagen, zu welchen Schlußfolgerungen er kam, denn ... das, was er heute zu glauben schien, zog er morgen in Zweifel."[41]

Die geistige Unruhe der Neapolitaner, die wir in diesem Abschnitt kurz vorgestellt haben, mündete zumeist — wie übrigens auch im Fall des Bruders Marco aus Split — in die Rückkehr zum Katholizismus. Wer in den schwindelerregenden Abgrund des totalen Zweifels geschaut hatte, sehnte sich danach, in den sicheren Schoß der Mutter Kirche zurückzukehren, wünschte sich den "Frieden", den sie geben konnte. In den Geständnissen und Widerrufen von Männern wie Giulio Basalù, Lorenzo Tizzano und

---

(*Ratio*).

[38] ASV, Fasz. 13, Akte *Giulio Basalù*, Verhör des Girolamo Capece vom 7. Juni 1553: "Alcune autorità del ... Testamento Nuovo [Lorenzo Tizzano] diceva intendersi altrimente che li dottori della Chiesa hanno interpretato, come ... quello di san Paolo 'Cum in forma Dei esset, non rapinam etc.', secondo pare che Erasmo l'espone". Vgl. die entsprechende erasmische Anmerkung in *LB* VI, Sp. 867.

[39] ASV, Fasz. 159, *Acta Sancti Officii* (1554/55), fol. 115ʳ: "Ho letto ... qualche pocho delle annotation de Erasmo et l'ho laudato perché me pareva che negasse la divinità in Christo". Siehe auch Stella, *Antitrinitarismo*, S. 29.

[40] Vgl. in diesem Kapitel, Abschnitt VIII.

[41] ASV, Fasz. 11, Akte *Benedetto Florio*, undatierte Denkschrift des Benedetto Florio (alias Lorenzo Tizzano) an das Tribunal der Inquisition.

Giovanni Laureto wirkt der stereotype Ausdruck "sinus sanctae matris" durchaus authentisch.

VI

Zwischen fiktivem und echtem Zweifel erstreckte sich — zumindest in der ersten Phase der italienischen Reformationsbewegung — ein relativ ausgedehnter unsicherer Bereich. Eine präzisere Zuordnung der einzelnen Fälle innerhalb dieser Spannweite wäre wünschenswert, ist jedoch nicht immer möglich. Die Zweifel der radikalen Neapolitaner beispielsweise sind offensichtlich als echt zu betrachten. Doch von welcher Natur waren die Zweifel des Franziskaners Vincenzo Grasso?

Als "ausgezeichneter Musiker" und geschätzter Virtuose auf dem Cembalo bekleidete Vincenzo Grasso zwischen 1547 und 1560 in verschiedenen friaulischen Städten — Spilimbergo, Fagagna, San Daniele — das Amt des Organisten. Sein Ansehen als Musiker ermöglichte ihm, außerhalb des Klosters (das er mit Erlaubnis seiner Oberen verlassen hatte) ein angenehmes Leben zu führen, seine Eltern zu unterstützen und zwei verwaiste Neffen bei sich aufzuziehen. Zu diesem Leben in Wohlstand gehörte auch der Erwerb von Büchern und die Entwicklung seiner humanistischen Bildung.

Die Gemeinden im Friaul wetteiferten, sich die Dienste des Musikers Vincenzo Grasso zu sichern; und als er sich 1560 nach nur einem Jahr Aufenthalt in Fagagna entschloß, die Gemeinde zu verlassen, um ein Arbeitsangebot in San Daniele anzunehmen, waren die Bürger von Fagagna verärgert. Der verletzte Lokalstolz trug vielleicht dazu bei, ihnen gewisse Äußerungen in Erinnerung zu rufen, die der Bruder Organist während seines Aufenthalts in der Stadt, vor allem gegenüber seinen Musikschülern (vier an der Zahl, alle erwachsene Männer, darunter zwei Geistliche), getan hatte.

Nach der Version, die Fra Vincenzo von diesen Ereignissen gab, hatte es sich dabei um so etwas wie sondierende, der Ketzerei vorbeugende Gespräche gehandelt, in denen er seine Gesprächspartner auf die Probe gestellt hatte, "um zu sehen, ob sie katholisch seien". In der Version seiner Schüler erscheint der Bruder dagegen als Versucher, der das Instrument der *quaestio* geschickt handhabte, indem er die Neugier seiner Zuhörer weckte und eine für sich günstige Resonanz zu erzeugen versuchte — als Zweifler ebenso virtuos wie als Cembalist.

In den Aussagen der Schüler finden sich Beispiele für diese Meisterschaft. Warum habe David seine Sünden nie einem Priester, sondern nur Gott allein gebeichtet? wollte der Musiker von Pre Francesco Contardo wissen. Was bedeute der Vers aus den Psalmen "Quotiescunque ingemuerit peccator, amplius peccatorum suorum non recordabor"? fragte er Leonardo Corvino. Bezüglich der Deutung der Bibelstelle Joh 10,1 "Qui intrat per os et non aliunde", bemerkte er, daß nicht jedermann in der Lage sei, deren tieferen Sinn zu begreifen: man müsse sehr sorgfältig die Bedeutung dieses Wortes *aliunde* abwägen. Manchmal waren die Fragen von Fra Vincenzo suggestiv.

Guglielmo aus Fagagna etwa stellte er die *quaestio de confessione* folgendermaßen: Welche der drei bestehenden Arten der Beichte — die stille, die innerliche oder die öffentliche — halte er für wirksam? Bewußt ließ der Fragesteller eine vierte Art unerwähnt, die Ohrenbeichte nämlich, um die der Streit zwischen Katholiken und Protestanten ging.

Die Zweifel äußerte Fra Vincenzo, unterbrochen von Schweigephasen, nur bei Begegnungen unter vier Augen. Die Anwesenheit von Zeugen wurde sorgfältig vermieden. Die Zuhörer, vom Trommelfeuer der tridentinischen Propaganda eingestimmt, verwandelten jeden Zweifel unverzüglich in einen Lehrsatz. So wurde die Frage bezüglich der Stelle über die Vergebung der Sünden — die nicht in den Psalmen steht, sondern, beträchtlich anders formuliert, bei Hesekiel (Hes 18, 21-22) — als Leugnung des Fegefeuers interpretiert, die Frage hinsichtlich des *aliunde* (Joh 10, 1) als Ablehnung der Fürsprache der Heiligen. Die Reihe der Beispiele ließe sich fortsetzen.[42]

Von den Ideen, die Vincenzo Grasso 1560 in die Form von Zweifeln kleidete, war er 1548 überzeugt gewesen. Nach seiner eigenen Aussage — die in dem Teil, der ihn belastet, sicherlich verläßlich ist — hatte 1548 ein aus Deutschland kommender Fremder, der sich als Neffe von Bernardino Ochino ausgab, in Spilimbergo Station gemacht. In drei Tagen intensiver Schulung überzeugte der Reisende den Frater aus dem Friaul, daß die Fürbitte der Heiligen und die Bilderverehrung dem Evangelium widersprächen, daß es keine andere gültige Beichte gebe als das stille Sündenbekenntnis, daß das einzige Fegefeuer das Blut Chisti sei und daß es sich bei Gelübden und Ablässen um menschliche Erfindungen handle. Die Indoktrinierung erfolgte außerhalb der Stadtmauern, bei langen Spaziergängen durch die stille Winterlandschaft. Die Kernpunkte der Argumentation bildeten einer italienischen Ausgabe des Neuen Testaments entnommene Bibelstellen und Abschnitte aus einer Predigtsammlung von Bernardino Ochino, die der Neffe stets bei sich trug. Die Bibelstellen, die Fra Vincenzo 1560 seinen Gesprächspartnern als Zweifelsfragen vorlegte, hatten sich ihm in jenen drei Tagen des Jahres 1548 ins Gedächtnis eingegraben.

Die Begegnung mit dem Fremden, der nach drei Tagen Spilimbergo für immer verlassen haben soll, stellte einen Wendepunkt im geistigen Leben von Fra Vincenzo dar, dem die Inhalte jener Gespräche von Tag zu Tag mehr "ins Herz drangen". Sein Sündenverständnis, sein Beichtverhalten, Art

---

[42] ACAU, Fasz. 1, Akte 23, *Processo contro Vincenzo Grasso*, fol. 1ʳ-2ᵛ, 4ᵛ. Die biographischen Einzelheiten finden sich fol. 4ᵛ, 7ᵛ, 8ʳ, in der "Confessione di fra Vincenzo da Udene della vita tenuta in Spilimbergo 1548 sino al 1555", in dem "Documento in difesa di fra Vincenzo Grasso" datiert von Udine, 1. März 1561, sowie in den Aussagen zweier Zeugen der Verteidigung vom 1. und 8. März 1561 und in einem notariellen Zeugnis zugunsten von Fra Vincenzo Grasso, datiert vom 14. März 1561. Hinsichtlich der beiden im Text zitierten Bibelstellen und ihrer Verwendung in den *quaestiones* von Vincenzo Grasso ist zu vermerken, daß weder die eine noch die andere in der Vulgata diesen Wortlaut hat: die erste ist eine freie Bearbeitung von Hes. 18, 21-22 (oder von Is 43, 25), die zweite ist in Anlehnung an Joh 10,1 formuliert.

und Zeit des Gebets, gewisse Andachtsübungen wie das Entzünden von Kerzen vor Heiligenbildern — all dies erfuhr eine radikale Veränderung. 1548 führte Vincenzo Grasso seine kleine private Reformation durch.[43]

Die Klarheit dieser Entscheidung schwächte sich vermutlich im Laufe der Jahre ab. Das Schweigen und die Einsamkeit, zu denen sein abweichender Glaube Fra Vincenzo verurteilte, brachten seine Überzeugungen vielleicht ins Wanken.[44] Wie lange kann ein nur im Inneren gehegter Glaube überleben?

In dem Geständnis, das Fra Vincenzo 1561 nach seiner Einkerkerung dem Inquisitionsgericht Udine vorlegte, behauptete er, schon 1555 bereut und seitdem wieder die überlieferten Glaubensregeln beachtet zu haben. Er habe sogar den vollkommenen Ablaß erworben. Die in Fagagna geäußerten Zweifel seien nichts weiter als ein Spiel "zum Zeitvertreib" gewesen; nicht im eigenen Namen habe er sie vorgebracht, sondern indem er sich "als ein Dritter" verkleidete.[45] Das wichtigste Mitglied des Gerichts, der Generalvikar Jacopo Maracco, bezeichnete dieses wortreich ausgeschmückte Geständnis allerdings als "simuliert und erlogen". An die Reue und Umkehr des Franziskaners glaubte Maracco ganz und gar nicht, dessen Zweifel waren für ihn öffentliche Äußerungen von Ketzerei: und als öffentlicher Ketzer müsse der Angeklagte denn auch behandelt werden. Der neben Maracco sitzende Inquisitor, ein um die Ehre seines Ordens besorgter Franziskaner, empfahl dagegen, den Mitbruder rücksichtsvoll zu beurteilen. Der Statthalter von Udine unterstützte ihn dabei.[46]

Bei dieser Meinungsverschiedenheit zwischen Maracco und dem franziskanischen Inquisitor konnte der Generalvikar seine Argumentation mit dem Hinweis auf die Vorliebe von Vincenzo Grasso für die Bücher des Erasmus stützen. Die 1561 bei dem Bruder durchgeführte Hausdurchsuchung hatte lediglich zwei Bücher voll "gottloser Ketzerei" zutage gefördert: die *Colloquia* und die *Paraphrasen* von Erasmus (außer ihnen wurde noch ein Buch voll "pestilenzialischer Zauberei", die *Clavicola von Salomo*, beschlagnahmt). In dem ersten Abschnitt des am 1. März 1562 verkündeten Urteils wurden Besitz und Lektüre dieser "ketzerischen Bücher" erwähnt und in Verbindung mit jenen "irrigen Meinungen und ruchlosen Lehren"

---

[43] ACAU, Fasz. 1, Akte 23, *Processo contro Vincenzo Grasso*, "Confessione di fra Vincenzo da Udene", fol. 1ʳ-5ʳ.

[44] Bezeichnend ist der (gescheiterte) Versuch von Fra Vincenzo, in Spilimbergo zu einer kleinen Gruppe von Sympathisanten der neuen Ideen Kontakt zu finden: vgl. "Confessione di fra Vincenzo da Udene", fol. 5ᵛ.

[45] "Confessione di fra Vincenzo da Udene", fol. 5ᵛ-9ᵛ.

[46] ACAU, Fasz. 1, Akte 23, *Processo contro Vincenzo Grasso*, fol. 8ᵛ, Verhör vom 5. Februar 1561; Briefe des Jacopo Maracco an Kardinal Rodolfo Pio von Carpi vom 23. Mai 1561 und an Kardinal Michele Ghislieri vom selben Tag.

gebracht, denen Vincenzo Grasso in der Hauptkirche von Fagagna abschwören mußte.[47]

Daß die Lektüre dieser Schriften (insbesondere der Evangelienparaphrasen) einen Einfluß auf die Option von Vincenzo Grasso für den Zweifel als Kommunikationsform hatte, ist eine Hypothese, die sich an den ausweichenden Antworten des Franziskaners nicht verifizieren läßt.[48] Und ebenso unmöglich ist es festzustellen, ob die Zweifel von Fra Vincenzo 1560 echt oder fiktiv waren. Man kann vermuten, daß der Franziskaner zur Zeit des Prozesses innerlich zwischen den Polen des fiktiven und des tatsächlichen Zweifels hin und herschwankte — zwischen zwei Polen, deren Abstand in jenen Jahren im Urteil der Kirche immer geringer wurde, wie im folgenden Abschnitt zu zeigen sein wird.

VII

Seit den sechziger Jahren des Jahrhunderts wurde die seitens kirchlicher Autoritäten geübte Toleranz gegenüber dem Glaubenszweifel deutlich geringer, auch wenn sie nicht ganz und gar verschwand. In einem Urteil des römischen Inquisitionsgerichts vom 21. Februar 1581 findet sich beispielsweise eine Formulierung, die Zweifel und Unglauben gleichstellt: "Du hast am Glauben der heiligen römischen Kirche gezweifelt und bist daher ungläubig gewesen." Auch in einem venezianischen Prozeß des Jahres 1570 wird die Legitimität des Zweifels ernsthaft in Frage gestellt. Der Angeklagte, ein Goldschmied, hatte als Milderungsgrund für seine ketzerischen "Phantastereien" die Predigtfreiheit der vergangenen Jahrzehnte angeführt, in denen widersprüchliche Lehren in Umlauf gekommen waren. "Auch wenn es stimmt, daß schlechte Prediger irrige Lehren gepredigt haben", wies ihn der Inquisitor zurecht, "mußtet Ihr deshalb in Dingen des Glaubens zweifeln? Wißt Ihr nicht, daß es immer schlechte Prediger gegeben hat und daß es immer welche geben wird und daß man bei alledem niemals an den

---

[47] *Processo contro Vincenzo Grasso*, fol. 9ʳᵛ, Verhör vom 5. Februar 1561, und Nachfrage beim Heiligen Offizium zu Rom seitens Jacopo Maracco, datiert Udine, Mai 1561. Im Verlauf des Prozesses kommen auch andere verbotene Bücher, die Vincenzo Grasso gelesen hat, zur Sprache, insbesondere die erwähnten Predigten von Bernardino Ochino, der Traktat *Beneficio di Cristo*, die *Esposizione sulla epistola di san Paolo ai Romani* von Bernardino Ochino, die Schrift *Immagini della morte*, der *Sommario della Scrittura* und der Traktat *De incertitudine et vanitate scientiarum* von Agrippa von Nettesheim (fol. 5ʳ). Doch aus den Aussagen vom 26. Januar und 5. Februar 1561 (fol. 5ʳ, 9ʳᵛ) geht hervor, daß die einzigen Bücher, die man im Hause des Franziskaners bei der Durchsuchung fand, die beiden Bände von Erasmus und die *Clavicola von Salomon* waren, denn nur zu ihnen wird der Gefangene verhört. Auf diese bezieht sich auch Maracco bei seiner Rückfrage in Rom vom Mai 1561 und in den beiden — in Anmerkung 46 zitierten — Briefen, wenn er diese Bücher als "reperti" im Hause von Grasso bezeichnet.

[48] *Processo contro Vicenzo Grasso*, fol. 9ᵛ: "*Interrogatus* se ha trovato nelli Colloquii di Erasmo alcuna cosa prohibita, *dixit*: Signor, io non ne ho letto se non 3 o 4 carte di quelle locutione et non altro". Er hatte allerdings "una parte della Parafrasi di Herasmo sopra san Gioianni" gelesen (fol. 6ʳ).

Dingen des Glaubens zweifeln darf?" Bei einem anderen venezianischen Prozeß, der 1573 mit der Verurteilung des Angeklagten zum Tode endete, notierte der Inquisitor am Rande der Prozeßakte die Passagen der Vernehmung, die ihm besonders kompromittierend erschienen. Aus diesen Randvermerken geht hervor, daß man Zögern und Unschlüssigkeit des Angeklagten als Ketzerei betrachtete. "Man beachte die zweiflerischen Antworten, wenn es notwendig gewesen wäre, auf katholische Art zu antworten"; "Der Angeklagte zauderte dort, wo man eine katholische Antwort geben müßte"; "Er antwortet mit Zögern auf katholische Fragen" — so der Tenor der Anmerkungen.[49]

Zu einer ausdrücklichen Gleichsetzung von Glaubenszweifel und Ketzerei kam es im Fall des Girolamo Biscazza. Dieser angesehene Bürger aus Rovigo wurde mit einem Urteil, das ihn als "hereticum impenitentem ac veraciter relapsum in haereticam pravitatem" bezeichnete, am 1. April 1570 der weltlichen Gewalt übergeben. Durch den von zeitgenössischer Hand auf das Deckblatt der Prozeßakte geschriebenen Vermerk "combustus" wissen wir, daß das Urteil vollstreckt wurde.[50]

Zweimal wurde Girolamo Biscazza mit dem Inquisitionsgericht von Rovigo konfrontiert, und zwar im Herbst 1564 und im Herbst/Winter 1569. Im September 1564 wurde er als Zeuge im Prozeß gegen Domenico Mazzarelli vorgeladen. Von den calvinistischen Überzeugungen seines Mitbürgers und Freundes Mazzarelli hatte Girolamo Biscazza direkte Kenntnis, da er und sein Bruder Ludovico verschiedentlich an Treffen der kleinen Gruppe Andersgläubiger teilgenommen hatten, auf die Domenico Mazzarelli entscheidenden Einfluß ausübte. Dieses Wissen erklärt zumindest teilweise den Zustand äußerster Erregung, in dem sich Biscazza befand, als er vor Gericht erschien. Die Nervosität des Zeugen erreichte ihren Höhepunkt, als der die Vernehmung durchführende Bischof von Adria ihn hinsichtlich eines Sonetts über die "Rechtfertigung aus reiner Gnade" befragte. Es handelte sich dabei um ein Bekenntnis zur protestantischen Lehre, das Domenico Mazzarelli verfaßt und unter seinen Anhängern in Umlauf gebracht hatte. Die emotionale Wirkung des Sonetts und die Aufregung durch die Umstände waren für den empfindsamen Biscazza zuviel: er fiel in Ohnmacht. Als er auf dem Bett, auf das ihn die Inquirenten gelegt hatten, wieder zu sich kam, war jede Widerstandskraft gegenüber diesen gewichen. Seine Antworten gingen nun über die Fragen, die ihm gestellt wurden, hinaus. Eingehend beschrieb er die Rechtfertigungslehre, der Mazzarelli anhing, und fügte, bevor man ihn danach fragte, hinzu: "Das ist

---

[49] TCD, Ms. 1226, Urteilsspruch gegen Giovanni Donnini del Conte aus Morbegno im Veltlin, datiert vom 21. Februar 1581; ASV, Fasz. 29, Akte *Contra Bartholamio Carpan orese*, Verhör vom 5. September 1570; ASV, Fasz. 37, Akte *Contra Hieronimo Parto nodaro*, fol. 14[r], 14[v], 15[r]: "Cunctabundus respondet ad interrogationes catholicas", "Tergiversatur quando danda esset catholica responsio", "Nota dubias responsiones ... quando esset catholice respondendum".
[50] ACVR, Fasz. 4, Akte *Processo de Girolimo Biscazza*.

noch meine Auffassung." So machte sich der Zeuge *ex se* zum Angeklagten.[51]

Am 6. Oktober 1564 unterschrieb Girolamo Biscazza vor dem Inquisitionsgericht ein Geständnis seiner Irrtümer, dem am 23. November der Widerruf folgte. Die dabei eingestandenen und widerrufenen Irrtümer reduzierten sich auf fünf Punkte, von denen vier nicht als Überzeugungen, sondern als "Zweifel" formuliert waren. Der reuige Ketzer hatte gezweifelt:

1. an der Gewalt von Papst und Priestern;
2. an der Existenz des Fegefeuers;
3. an der Ohrenbeichte (nämlich ob sie *de iure divino* sei);
4. an den Auswirkungen der Bilderverehrung auf die "Einfältigen" (nämlich ob diese dadurch "zum Götzendienst verführt" würden).

Aus einer späteren Vernehmung Biscazzas, die den Ursprung dieser Zweifel klären sollte, geht hervor, daß er den ersten Zweifel mit dem Namen Erasmus verband. Es sei das *Novum Testamentum* von Erasmus gewesen, von Leo X. gebilligt und von Paul IV. feierlich verurteilt, das ihn veranlaßt habe, an der absoluten Gewalt des Papstes zu zweifeln, gab Biscazza zu Protokoll.[52] Der Lektüre von Schriften des Erasmus mochte auch der dritte Zweifel entsprungen sein, nämlich der hinsichtlich der Ohrenbeichte, wie wir schon im Falle des Lehrers Matteo Cizzo (Kap. 5) gesehen haben.

Das Verfahren des Jahres 1564 ließ bei Girolamo Biscazza ein Gefühl der Frustration zurück. Die von der Inquisition in den Jahren davor verfolgte Praxis hatte ihn möglicherweise ermutigt, das Inquisitionsgericht als eine Art theologische Beratungsstelle zu betrachten. Doch seine Richter waren zwar nachsichtig, verweigerten sich aber einem Dialog. "Als er seine Zweifelsfragen dem Amt der Inquisition vorlegte", faßte ein Informant des Heiligen Offiziums später zusammen, was ihm Girolamo Biscazza anvertraut hatte, "bat er um deren Lösung; doch er bekam daraufhin nur die Antwort, er solle

---

[51] ACVR, Fasz. 2, Akte *Processus de heresi contra Dominicum Mazzarellum* (1564), fol. 11ʳ-12ᵛ, 15ʳ, 33ᵛ-36ʳ. Der Text des Sonetts von Domenico Mazzarelli (geschrieben als Entgegnung auf einen Prediger, der die tridentinische Rechtfertigungslehre verteidigt hatte) wurde dem Gericht von Biscazza mitgeteilt. Es lautet: "Quella viva pietà che spinse Iddio/ Vestirsi come noi di carne humana/ Volga la lingua tua bugiarda e vana/ A miglior uso et a miglior disio./ Ella crudel sovente si sentio/ Dilacerar con voce horida e insana/ Li meriti di Christo che risana/ Le anime sol, che sol per noi morio./ Leggi Paolo, Agustin, leggi il Vangello,/ Grisostomo, Girolamo, altri cento,/ Quel che habbin detto dell'arbitrio et gratia:/ Quanto dell'opre et della fe' li sento/ Ben ragionar, dell'eletion del cielo/ Et giustification per mera gratia."

[52] ACVR, Fasz. 2, Akte *Abiurationes secrete facte de anno 1564*, Geständnis und Widerruf des Girolamo Biscazza, datiert vom 6. Oktober 1564 (der fünfte Punkt des Widerrufs betraf das Bücherverbot, an das Biscazza sich nicht gebunden gefühlt hatte); ACVR, Fasz. 4, Akte *Processo de Girolimo Biscazza*, fol. 6ʳ. Das Dokument wird weiter unten im Wortlaut zitiert, vgl. S. 397f. Die Akte des ACVR bezüglich Girolamo Biscazza muß mit der gleichnamigen Akte (*Contra Hieronymum Biscazza*) des ASV, Fasz. 27, integriert werden.

abschwören." So kam es, daß Biscazza nach Abschluß des Verfahrens "zweifelte wie zuvor".[53]

1569 wurde er in einen zweiten Prozeß verwickelt. Im Oktober jenes Jahres ließ das Inquisitionsgericht Girolamo Biscazzas Bruder Ludovico inhaftieren. In gut informierten Kreisen Rovigos ging man davon aus, daß auch die Festnahme Girolamos unmittelbar bevorstehe. Anstatt daß er auf dieses Gerücht hin die Flucht ergriffen hätte, stellte er sich freiwillig der Inquisition. "Ich habe an denselben Punkten gezweifelt, die ich schon früher bezweifelte", gestand er am 10. November 1569 in einer dramatisch verlaufenden Sitzung, die — wie das damalige Verfahren im September 1564 — von einer Ohnmacht unterbrochen wurde (dabei handelte es sich vielleicht um epileptische Anfälle, die durch die Anspannung bei dem Verhör ausgelöst oder verstärkt wurden).[54]

Mit der Sitzung vom 10. November 1569 nahm das Verfahren eine Wende. Giulio Canani, der Bischof von Adria, bestand darauf, den bis dahin auf freiem Fuß lebenden Girolamo festzunehmen. Da sich der Capitano von Rovigo — unter Vermeidung eines offenen Widerspruchs — gegen diese Maßnahme sträubte, einigte man sich auf einen Kompromiß. Gegen eine Kaution von 1000 Dukaten wurde Girolamo Biscazza Arrest im Konvent Sant'Antonio zu Rovigo gewährt.[55]

Die Höhe der Kaution hätte Biscazza signalisieren müssen, wie kritisch seine Lage war. Doch er ließ sich auch diese letzte Chance zur Flucht, die ihm der Aufenthalt im Konvent bot, entgehen. Im Dezember bekam der Podestà von Rovigo, nachdem sich das venezianische Inquisitionsgericht in das Verfahren eingeschaltet hatte, aus Venedig Anordnung, den Angeklagten "in ein geschlossenes und sicheres Gefängnis" zu bringen. Dort verfaßte Biscazza eine Verteidigungsschrift, in der es hieß, nicht "Zweifel", sondern "Wißbegier" sei das rechte Wort, um zu bezeichnen, was ihn in den letzten Jahren erfüllt habe; nicht "Hartnäckigkeit", sondern "wahrer religiöser Eifer" sei die Grundlage seiner Zweifel gewesen.[56]

Der Standpunkt von Bischof Canani im Fall Biscazza kommt in dem lapidaren Satz "dubius in fide est haereticus" zum Ausdruck, mit dem der

---

[53] ACVR, Fasz. 4, *Processo de Girolimo Biscazza*, fol. 11^{rv}, Zeugenaussage des Antonio Riccoboni vom 29. Dezember 1569.

[54] ACVR, Fasz. 4, *Processo de Girolimo Biscazza*, fol. 1^{r}, 4^{v}. Daß es in der Familie Biscazza Epilepsie gab, ist eine Hypothese, die dadurch erhärtet wird, daß auch Girolamo Biscazzas Bruder Ludovico während des Verfahrens eine "agonia", d.h. eine Krise, hatte und bewußtlos wurde (ACVR, Fasz. 4, Akte *Contra Ludovicum Biscatia*, Verhör vom 21. November 1569). In seinem Brief vom 22. April 1570, mit dem der Podestà von Rovigo den letzten Versuch unternahm, Girolamo Biscazza das Leben zu retten, wies er das venezianische Gericht auf dessen psychische Labilität hin (ASV, Fasz. 27, Akte *Contra Hieronymum Biscazza*). Vielleicht war diese psychische Labilität mit der Epilepsie verbunden.

[55] ACVR, Fasz. 4, *Processo de Girolimo Biscazza*, fol. 5^{rv}.

[56] *Processo de Girolimo Biscazza*, fol. 9^{r}, 15^{v}, 17^{rv}, 18^{r}-19^{r} (Selbstverteidigungsschrift von Girolamo Biscazza). Vgl. auch fol. 8^{rv}.

Bischof am 10. November 1569 seine Forderung nach Festnahme Biscazzas begründete.[57] Schon 1564 hatte man diesen mahnend darauf hingewiesen, es sei "von Übel, ja wirkliche Ketzerei, an den Lehrsätzen zu zweifeln, welche von der Kirche als heilig erkannt, geboten und gepredigt werden".[58] Doch was 1564 eine Ermahnung gewesen war, wurde 1569 zum Schuldspruch. Der Gerichtsbeschluß vom 1. April 1570, mit dem Girolamo Biscazza der weltlichen Gewalt übergeben und sein gesamtes Vermögen konfisziert wurde, bekräftigte die Rechtmäßigkeit des bischöflichen Verdikts.

Aus der Sicht des Bischofs Canani und des Inquisitors von Adria, des Patriarchen, des päpstlichen Legaten und des Inquisitors von Venedig sowie aus der Sicht der römischen Kongregation des Heiligen Offiziums, vertreten durch Kardinal Durante, bestand zwischen der Position des Ludovico Biscazza ("Ich habe geglaubt ..., daß der Papst der Antichrist sei"[59]) und der von Girolamo Biscazza ("Ich habe an der absoluten Gewalt des Papstes gezweifelt") nur der formaljuristische Unterschied zwischen einem *lapsus* und einem *relapsus*. Der zweiflerische Girolamo wurde als Rückfälliger zum Tode verurteilt, der überzeugte Ludovico nach achtzehn Monaten Haft im Mai 1571 aus dem Gefängnis entlassen.

VIII

Rief die Lektüre des Erasmus den Habitus des Glaubenszweifels hervor? Auf diese Fragen geben die von uns im vorliegenden Kapitel geschilderten Episoden keine eindeutige Antwort. Im Fall der radikalen Gruppe von Neapel (Abschnitt V) wie in dem von Girolamo Biscazza (Abschnitt VII) ist vermutlich die Kenntnis des exegetischen Werks von Erasmus und seiner widersprüchlichen Beziehung zur katholischen Kirche Ursprung des Zweifels; im Fall von Vincenzo Grasso (Abschnitt VI) dagegen ist eine Verbindung zwischen Erasmuslektüre und Zweifel in Glaubensdingen nicht aus den Quellen zu belegen. In dem im folgenden geschilderten Fall geht es erneut um die Hypothese einer solchen Verbindung, jedoch in umgekehrter Richtung: Hier ist es nicht die Lektüre von Erasmus, die Zweifel einflößt oder nährt, sondern macht der schon gehegte Zweifel für die Theologie von Erasmus empfänglich.

Im Sommer 1550 eröffneten die venezianischen Statthalter von Brescia auf Befehl des Rats der Zehn eine Untersuchung gegen die Ketzer von Gardone. In Gardone hatte sich eine kleine philoprotestantische Gemeinschaft gebildet, die zu jener Zeit versuchte, sich einen Platz im öffentlichen Leben zu erobern. Dies Unterfangen fiel mit der Ankunft eines fremden Theologen zusammen, der die Gemeinde geistlich betreute. Gestärkt durch

---

[57] *Processo de Girolimo Biscazza*, fol. 5ʳ.
[58] ACVR, Fasz. 2, Akte *Abiurationes secrete facte de anno 1564*, fol. 6ʳ.
[59] ACVR, Fasz. 4, Akte *Processo de Girolimo Biscazza*, fol. 13ᵛ (vgl. auch die zum selben Faszikel gehörende Akte *Contra Ludovicum Biscatia*).

seine Anwesenheit, versuchten die Anhänger des Protestantismus in Gardone als erstes, das gerade vakante Amt des Gemeindepfarrers in die Hand zu bekommen. Girolamo Allegretti, der Neuankömmling, begann sonntags in der Kirche San Marco zu predigen. Auch im Rathaussaal hielt er eine Predigt, die er dem Thema Reue widmete, wobei er die lutherische Lehre, wahre Reue sei "Umkehr im Denken und Leben", darlegte. Daneben hielt er zur Erbauung seiner "Sekte" eine tägliche Bibelstunde in einem Privathaus. Kurz darauf setzten die Protestanten beim neuen Pfarrer von Gardone, kaum daß er im Amt war, einige Konzessionen bezüglich der Taufliturgie (die sich zumindest teilweise auf italienisch vollziehen sollte) und der Meßliturgie durch (das Evangelium sollte vor und nicht während der Messe gelesen werden, damit die Mitglieder der "Sekte" es hören konnten, ohne am Gottesdienst teilzunehmen).[60]

Der Versuch der protestantischen Gruppe, sich einen gewissen Raum im Gemeindeleben zu erobern, gipfelte in der Abfassung eines Glaubensbekenntnisses. Von Allegretti unterzeichnet, wurde es dem Adeligen Girolamo Baitello übergeben, der das Bekenntnis dem *Consiglio dei Deputati* von Brescia vorlegen sollte. Das Bekenntnis von Gardone, das uns leider nicht überliefert ist, war Bestandteil des Vorhabens, aus dem Ort eine "Heimstatt der Lutheraner" zu machen. Die wegen des Evangeliums Verfolgten von überallher sollten zwischen den unbezwingbaren Felswänden der Valtrompia, zu denen die Protestanten von Gardone vertrauensvoll hochschauten, Zuflucht finden: "Undenkbar, daß irgend jemand hierherkommt, um uns zu unterwerfen!"[61]

Die Tatsache, daß es sich bei dem fremden Geistlichen, dessen Ankunft der Gemeinde von Gardone derartigen Auftrieb gegeben hatte, um einen wankelmütigen Mann voller Zweifel handelte, ist für die theologische Schwäche der italienischen Reformationsbewegung symptomatisch. 1521 in Split geboren, war Girolamo Allegretti im Alter von vierzehn Jahren in den Dominikanerkonvent seiner Heimatstadt eingetreten, hatte im Konvent San Domenico zu Zadar als Bruder Marco aus Split das Gelübde abgelegt und danach im Konvent in Perugia zu studieren begonnen. In Città di Castello zum Subdiakon, in Florenz zum Diakon und in Trau zum Priester geweiht, war er nach Abschluß seines Studiums als Lektor in den Konvent zu Split zurückgekehrt. Hier hatte ihm ein älterer Mitbruder, Domenico aus Split, einige Bücher geliehen und ihn später, auf dem Sterbebett, zum Verwahrer seiner Bibliothek bestimmt. Unter diesen Büchern waren zwei, die ihr

---

[60] ASV, Fasz. 8, Akte 29, *Girolamo Allegretti*, Verhöre vom 12. und 13. September 1550; Zeugenaussage des Pre Giovanni Martinelli, protokolliert in Brescia am 3. September 1550 (bezüglich der Veränderungen in der Taufliturgie und in der Meßliturgie). Zum *Consiglio dei Deputati* von Brescia siehe Ioanne M. Ferraro, *Feudal-Patrician Investments in the Bresciano*, Studi Veneziani, Bd. 7 (1983), S. 36. Zur lutherischen Idee der Reue als "mutatio vitae" siehe *Sermo de poenitentia*, WLA I, S. 320f., l. 41, S. 321, l. 6.

[61] ASV, Fasz. 8, Akte 29, *Girolamo Allegretti*, Verhöre vom 12. und 13. September 1550 "post prandium".

Eigentümer dem jüngeren Mitbruder heimlich übergeben hatte, weil sie verboten waren: die *Epistole* von Graziadio di Montesanto und die *Institutio christianae religionis* von Johannes Calvin.[62]

Nachdem er diese Bücher gelesen hatte, verspürte Girolamo Allegretti das Bedürfnis, "in das Land der Bündner und Schweizer zu gehen, um ihre Lebensart, ihre Riten, Sitten und Gebräuche kennenzulernen". So legte der junge dalmatinische Frater in der Osterzeit 1549 nach dreizehn Jahren Klosterleben das Ordenskleid ab und machte sich auf die Reise ins Veltlin. Über Venedig, Chiavenna und Poschiavo gelangte er schließlich nach Basel (Frühjahr bis Herbst 1549). Überall nahm Allegretti mit den profiliertesten Persönlichkeiten unter den italienischen Glaubensflüchtlingen Kontakt auf: in Chiavenna mit Agostino Mainardi, in Caspano mit Camillo Renato, in Poschiavo mit Pier Paolo Vergerio und auch mit Baldassare Altieri, in Basel mit Celio Secondo Curione. Diese Begegnungen ließen ihn erkennen, mit welcher Schärfe die theologische Diskussion damals im reformierten Europa geführt wurde. Die Schweiz und Graubünden, wo der Glaubensflüchtling eine ruhige, der Festigung einer Entscheidung förderliche Atmosphäre erwartet hatte, erlebte er statt dessen als Schauplatz heftiger Auseinandersetzungen, deren Wortführer sich gegenseitig exkommunizierten und sich am liebsten "die Augen ausgekratzt hätten".[63]

"Die geringe Sicherheit der neuen Lehre" war der bestimmende Eindruck, den Girolamo Allegretti bei der Begegnung mit der reformierten Welt gewann und — nach seinen eigenen Angaben — auch der Grund, der ihn nach Italien zurückkehren ließ. Versehen mit einem Brief Vergerios, der ihn der "Kirche von Cremona" — also einer der ganz wenigen organisierten protestantischen Gemeinden in Italien — vorstellte, kam Allegretti gegen Ende des Jahres 1549 nach Italien zurück. Durch die Gemeinde von Cremona gelangte der ehemalige Dominikaner in die zwar sehr engen, jedoch nicht mittellosen Kreise geheim organisierter religiöser Dissidenten.[64] Zunächst brachte die Kirche von Cremona den jungen Theologen als

---

[62] Akte *Girolamo Allegretti*, Verhör vom 11. September 1550. Zu den *Epistole di Graziadio di Montesanto* vgl. Jacobson Schutte, *Religious Books*, S. 109.

[63] Der entsprechende Teil des Verhörs vom 11. September wurde in Camillo Renato, *Opere*, S. 232-235, veröffentlicht.

[64] ASV, Fasz. 8, Akte 29, *Girolamo Allegretti*, Verhör vom 13. September 1550; vgl. auch Chabod, *Milano*, S. 172-178. Es mag von Interesse sein, daß ein wichtiges Mitglied der Kirche von Cremona Nicolò Fogliata war, von dem es hieß, sein Bruder Agostino habe ihn zur Ketzerei angeleitet (Chabod, *Milano*, S. 177, Anm. 5). Agostino Fogliata war zunächst Mitglied des Kreises von Erasmus-Anhängern in Ferrara gewesen (*EE* XI, ep. 2956, S. 21), dann war er Mitglied des Kreises um die Herzogin Renata geworden. Er ist vermutlich mit jenem Augustiner aus Cremona identisch, der 1536 in Ferrara ketzerische Lehren predigte (Fontana, *Renata di Francia* Bd. 1, S. 324, Bd. 3, S. IX). Eine Liste seiner Werke findet sich in David A. Perini, *Bibliographia augustiniana cum notis biographicis: Scriptores itali*, Florenz, 1932, Bd. 2, S. 76. 1550 versuchte Nicolò Fogliata immer noch eine "Espositione di fra Agostin Fogliado sopra il paternostro" außerhalb Italiens mit der Unterstützung von Vergerio zu veröffentlichen (Akte *Girolamo Allegretti*, Verhör vom 12. September "post prandium" und

Erzieher im Hause von Elena Rongoni unter und veranstaltete zur Behebung seiner finanziellen Not zumindest eine Sonderkollekte (Ende 1549 bis Juni 1550). Dann wurde Allegretti zusammen mit einem Mitglied der Kirche von Cremona nach Gardone geschickt, wo man ihm vorschlug, Pfarrer der kleinen protestantischen Gemeinde zu werden, die sich dort auf Betreiben des Adligen Gian Marco Rampini, eines gewissen Settembrino Mistrozanni und des Arztes Stefano Giusti gebildet hatte. Offiziell fungierte Allegretti in Gardone als Hauslehrer der Söhne und Neffen von Rampini, der ihm ein eigenes Haus zur Verfügung stellte. Doch seine wahre Aufgabe bestand darin, "die neue, gegen die katholische Kirche gerichtete Lehre zu unterrichten".[65]

Während der sechs oder sieben Wochen, in denen Girolamo Allegretti das Amt des Pfarrers der evangelischen Gemeinde von Gardone bekleidete, schwankte er innerlich zwischen mehreren Alternativen. Einerseits erwog er seine Rückkehr in den Konvent von Split und hatte offenbar schon seit mehreren Monaten in diesem Sinne sondiert.[66] Andererseits faszinierten ihn die radikalen Lehren, mit denen er über Camillo Renato und Curione in Berührung gekommen war. Auch wenn er kein Befürworter der Wiedertaufe war — wie es gerüchtweise in Cremona hieß —, so hegte er doch ernsthafte Zweifel an der göttlichen Natur Christi. Jedenfalls begann er die Lesung des Matthäusevangeliums — der die sonntäglichen Versammlungen der "Sekte" gewidmet waren — nicht mit dem ersten Kapitel (Maria empfängt Jesus vom Heiligen Geist), sondern mit dem zweiten Kapitel (Bußpredigt Johannes des Täufers).[67] Die dritte Alternative — auf Glauben wie auf Beruf bezogen —, die sich dem ehemaligen Dominikaner bot, war die Leitung der kleinen Gemeinde von Gardone. Zwischen diesen Möglichkeiten galt es zu wählen.[68]

Brief des Nicolò Fogliata an Girolamo Allegretti vom 20. Juni 1550).

[65] ASV, Fasz. 8, Akte *Girolamo Allegretti*, Verhöre vom 11. und 13. September 1550.

[66] Akte *Girolamo Allegretti*, Verhör vom 11. September 1550. Seit Januar 1550 soll Allegretti versucht haben, mit seinem Onkel, der Provinzial von Dalmatien war, in Kontakt zu kommen, weil er hoffte, mit dessen Unterstützung diskret und ohne Nachteile oder Disziplinarstrafen ins Kloster zurückkehren zu können. Siehe auch die Verhöre vom 12. September 1550 und vom selben Tage "post prandium", vom 13. September 1550 und vom selben Tage "post prandium".

[67] Akte *Girolamo Allegretti*, Verhör vom 12. September 1550: "Ogni sera el dì de lavor legevo una lettione di Atti di apostoli et la matina di festa legevo li Evangelii, comenzando dal secondo capitolo di Matheo della predicatione de Giovani". Auch die Mitglieder der norditalienischen Täuferbewegung, die in diesen Jahren eine Expansionsphase erlebte, betrachteten das erste Kapitel des Matthäusevangeliums als eine Fälschung. Sie kommentierten den Satz des Evangeliums "Christo Signore nostro esser nato de Spirito Santo" mit der Bemerkung: "Noi volemo che sia nato di seme di Ioseph" (*Costituti Manelfi*, S. 64).

[68] Girolamo Allegretti war, wie aus der Akte hervorgeht, vielfachem Druck ausgesetzt: von seiten der Mitglieder der Kirche von Cremona, der Evangelischen von Gardone und auch der Auswanderer *religionis causa* wie Giulio da Milano. Man wollte ihn dazu bringen, sich endgültig der Bewegung anzuschließen, sie mit seiner Arbeit als Übersetzer zu unterstützen, etc.

Die Option für die Theologie des Erasmus, die Girolamo Allegretti in dieser Phase seiner religiösen Entwicklung vollzog, war wie eine Flucht vor den ihn quälenden Zweifeln, die von Erasmus erdachte Methode des Umgangs mit dogmatischen Streitfragen — nämlich das Hintansetzen der Dogmatik — für seinen Fall genau die richtige. "In meinen Lesungen habe ich mich bemüht, eher die Sitten als die Dogmen zu behandeln", bezeugte Allegretti. Das Verdrängen der Dogmatik und die Konzentration auf die Sittenlehre prägten seine Predigtarbeit in Gardone, zu deren Grundlagen, wie er ausdrücklich erwähnte, das *Novum Testamentum* von Erasmus gehörte (ein Exemplar des Werks wurde denn auch bei seinen Büchern gefunden).[69]

Was uns bezüglich des Inhalts der Lesungen von Girolamo Allegretti in Gardone überliefert worden ist, bestätigt, daß eine erasmische Denkweise seinen Unterricht prägte. Beispielsweise verweilte der Pfarrer von Gardone, als er die Heilung des Lahmen durch Petrus kommentierte (Apg 3, 1-10), bei dem Satz des Apostels "Aurum et argentum non est mihi" und nahm ihn zum Anlaß einer flammenden Rede gegen den Reichtum und die Habgier der zeitgenössischen Päpste, "die dann den Anspruch erheben wollen, Nachfolger Petri und Stellvertreter Christi zu sein". Auch Erasmus hatte der Bericht über die Wundertaten Petri (Apg 5, 14-16) zu einem bitteren Vergleich der Sitten der Apostel und derjenigen der zeitgenössischen Päpste — insbesondere auf deren Geldgier und Machthunger bezogen — veranlaßt.[70] Analog dazu benutzte Allegretti bei der Erläuterung der Bibelstelle, an der es heißt, die Apostel hätten die Gewohnheit des Brotbrechens beibehalten (Apg 2, 42), die Übersetzung des Erasmus ("in fractione panis") und nicht die Vulgata ("in communicatione fractionis panis"). Indem er diesen Satz als Zeugnis "gegen" die Eucharistie interpretierte, d.h. sich weigerte, einen Hinweis auf die Eucharistie darin zu sehen, zog er aus der entsprechenden Anmerkung von Erasmus Nutzen.[71]

Mitte August 1550 verließ Girolamo Allegretti aus eigenem Antrieb die Kirche von Gardone und ging nach Venedig, um von dort aus seine

---

[69] Akte *Girolamo Allegretti*, Verhör vom 12. September 1550. Siehe auch das Verhör vom 13. September 1550: "Et questo confesso, che non mi son troppo impazato sopra la dottrina di dogmati". Die Bedeutung von Erasmus als Quelle von Allegrettis Predigt ergibt sich aus dem Verhör vom 12. September (das vom Schreiber Bartolomeo Capello auf Anordnung des Inquisitionsgerichts vom 19. August 1550 erstellte Inventar der "libri et robe" Girolamo Allegrettis bestätigt die Existenz eines erasmischen *Novum Testamentum* in seinem Besitz).

[70] Akte *Girolamo Allegretti*, Verhör vom 13. September 1550. Die entsprechende Anmerkung des Erasmus findet sich in *LB* VI, Sp. 455F (vgl. auch Sp. 82CD). Auch in den *Adagia* (*ASD* II⁵, S. 182) zitierte Erasmus Apg 3,6 zur Untermauerung seiner Kritik am Papsttum. Zur Rezeption dieser Polemik in Spanien vgl. Bataillon, *Erasmo y España*, S. 310f.

[71] Akte *Girolamo Allegretti*, Verhör vom 13. September 1550 (die entsprechende Übersetzung und Anmerkung des Erasmus findet sich in *LB* VI, Sp. 446DE). In seinem Kommentar zu dieser Stelle hatte Erasmus bemerkt, daß der Passus nicht als ein Verweis auf die Eucharistie zu verstehen sei — wie sie üblicherweise gedeutet wurde —, sondern als Hinweis auf die Gewohnheit in der Urkirche, zur Feier der Begegnung von Aposteln oder anderen Dienern der Kirche das Brot miteinander zu brechen.

Rückkehr in den Konvent von Split vorzubereiten. Auch wenn dieser Plan wegen seiner am 19. August auf Anordnung des Rats der Zehn erfolgten Festnahme fehlschlug, kann an der Echtheit seiner Absicht kein Zweifel bestehen.[72] Im Fall Allegretti erwies sich die Entscheidung für die Theologie des Erasmus als Vorspiel für die Rückkehr in den Schoß der Kirche. Ein italienisches Beispiel für jene Art des in eine konservative Haltung mündenden Zweifels also, die Erasmus in seinem Disput mit Luther geltend gemacht hatte — auch wenn vermutet werden kann, daß es nicht nur die "geringe Sicherheit" der Glaubenslehre anderer, sondern auch die geringe Sicherheit der eigenen Zukunft war, die Girolamo Allegretti "in sinum sanctae matris" zurückführte.[73]

IX

In der Abhandlung *De arte dubitandi* von Sebastian Castellio war, wie wir gesehen haben, die Apologie des Zweifels eng mit der Forderung nach Toleranz verknüpft. Angesichts dieser Verknüpfung verdient die seitens italienischer Zweifler in Glaubensdingen vorgebrachte Forderung nach religiöser Toleranz besondere Aufmerksamkeit. In zwei der von uns in diesem Kapitel geschilderten Fällen wird das Toleranzprinzip — oder besser: das Prinzip der juristischen Nichtverfolgbarkeit des religiösen Dissenses — ausdrücklich erklärt und angewandt. In der radikalen neapolitanischen Gruppe (Abschnitt V) stoßen wir auf die Überzeugung, daß "die Ketzer nicht verbrannt werden dürfen, sondern: 'vivant et convertantur'".[74] Die gleiche Auffassung kommt in einer Vielzahl von Varianten bei der Gruppe von Rovigo, der Girolamo Biscazza angehörte (Abschnitt VII), zum Ausdruck. Hier hieß es etwa, "daß es nicht gut sei, die Ketzer zu verfolgen, sondern daß sie auf ihre Weise leben sollten" (Ludovico Biscazza), "daß man die Ketzer weder verfolgen noch verbrennen solle", "daß niemand gezwungen werden dürfe, sich zu einem bestimmten Glauben zu bekennen", "daß es jedermann zustehe, *ad libitum* zu glauben" (Ottaviano Zilioli), "daß man die Ketzer nicht verfolgen, sondern ermahnen solle" (Antonio Maria Mazzarelli"), "daß die Ketzer weder verfolgt noch verurteilt werden sollten, sondern daß alle *ad libitum sue voluntatis* glauben sollten und dürften" (Cesare Aldiverti). Girolamo Biscazza selbst verkündete das Prinzip nicht, aber er handelte danach. Obwohl feierlich dazu verpflichtet, unterließ er es, Giacomo Maria Beato, den Bruder des ins Exil gegangenen Wiedertäufers Giovanni Maria Beato, der dessen Glaubensflucht mit den verräterischen

---

[72] Akte *Girolamo Allegretti*, Verhör vom 12. September 1550 "post prandium".

[73] Akte *Girolamo Allegretti*, Verhöre vom 11. und 12. September 1550 und Brief der Kirche von Cremona an Girolamo Allegretti, datiert vom 5. Juli 1550 (aus dem hervorgeht, daß Kollekten abgehalten worden waren, um Allegrettis finanzielle Not zu lindern).

[74] ASV, Fasz. 13, Akte *Giulio Basalù*, Denkschrift des Antonio d'Alessio vom 19. Dezember 1552.

Worten "Es ist wahrlich schön, sein Brot zu haben und es in Freiheit essen zu können", kommentiert hatte, bei der Inquisition anzuzeigen.[75]

Die Wertung dieser Zeugnisse und des Umfelds, in das sie eingebettet sind, läßt allerdings die Besonderheit der Situation in Italien noch deutlicher erkennen. Nördlich der Alpen waren die theoretische Beschäftigung mit dem Zweifel und die Forderung nach Toleranz aus dem Kampf gegen die konfessionelle Entwicklung des Protestantismus in Genf entstanden. In Italien dagegen gingen der Habitus des Zweifels und der Ruf nach Toleranz mit einer Idealisierung der protestantischen Welt einher, vor allem mit einer Idealisierung von Genf als Sitz der "wahren Kirche der Christen" (Ludovico Biscazza), "wahren Kirche Christi und Gemeinschaft der Auserwählten" (Ottaviano Zilioli), "guten Kirche" (Cesare Aldiverti).[76] Da in Italien nicht die historische Situation eintrat, bei der aus der Reformation des Zweifels die Reformation der Gewißheiten wurde und sich deshalb der Konflikt zwischen diesen beiden niemals herausbilden konnte, blieben der Habitus des Zweifels und das Thema Toleranz charakteristische Bestandteile der Reformationsbewegung.

M. E. steht ein Fall, der aus Gründen der dokumentarischen Vollständigkeit am Ende dieses Kapitels noch erwähnt werden soll, in keinem Widerspruch zu dieser Schlußfolgerung. Einzig und allein die Zusammensetzung der Bibliothek, von der wir in diesem Fall erfahren, bringt ihn in Verbindung mit dem Thema des vorliegenden Kapitels. In dieser Bibliothek waren das *Psalterium* in der Übersetzung von Sebastian Castellio, die (schon von Luther lancierte) *Theologia germanica* in der Ausgabe desselben und der Traktat *De haereticis a civili magistratu puniendis* von Theodor Beza vertreten. "Legendus totus", hatte ein Leser — der Lateinlehrer Francesco Gentile — auf diesem letztgenannten Buch vermerkt, bei dem es sich um die offizielle Replik der calvinistischen Kirche in Genf auf *De haereticis an sint persequendi* von Sebastian Castellio handelt (Castellios Schrift wird darin so detailliert erörtert, daß sie als Ganzes rekonstruiert werden kann). Weitere Bände zeugten von dem Interesse, das der Besitzer dieser Bibliothek für die reformatorische Lehre hegte: so eine Kopie des Traktats *De legitima vindicatione christianismi veri et sempiterni* von Theodor Bibliander, die *Definitiones appellationum ecclesiasticarum* von Melanchthon, ein Band der

---

[75] ACVR, Fasz. 4, Akte *Contra Ludovicum Biscatia*, Verhör vom 26. Oktober 1569 und ebd., Akte *Inquisitio contra Octavianum Ziliolum ferrariensem nec non contra Barbaram Roncaleam eius uxorem*; ACVR, Fasz. 2, Akte *Sententie contra Antonium Mariam Mazzarellum et dominas Margaritam Casalinam et Barbaram Ziliolam*, Verhör vom 25. Oktober 1564; ACVR, Fasz. 1, Akte *Inquisitio de heresi contra Aristotilem et Caesarem de Aldivertis seu Picerinos* (1559), Verhör vom 4. November 1564; ACVR, Fasz. 4, Akte *Processo de Girolimo Biscazza*, Verhör vom 6. November 1564.

[76] ACVR, Fasz. 4, Akte *Contra Ludovicum Biscatia*, Verhör vom 26. Oktober 1569; ebd., Akte *Inquisitio contra Octavianum Ziliolum nec non Barbaram Roncaleam*; ebd., Fasz. 1, Akte *Inquisitio de heresi contra Aristotilem et Caesarem de Aldivertis*, Verhör vom 26. Oktober 1564.

Werke des Augustinus, der den Traktat *De libero arbitrio* und vielleicht auch *De praedestinatione sanctorum* enthielt. Der Traktat *Contra parvas datas et abusus curiae romanae* des Juristen Charles Du Moulin (Carolus Molinaeus) brachte einen Hauch von Antiklerikalismus in die Sammlung.[77]

Zu der Bibliothek gehörte auch eine Reihe von heute nicht mehr auffindbaren Manuskripten, vermutlich aus der geheimen Produktion der italienischen Reformationsbewegung: ein Einschübe über die Prädestinationslehre enthaltender Traktat gegen das Fegefeuer in Briefform, datiert auf Padua, den 27. September 1545; eine Abhandlung *Contra Petrum, petram et Ecclesiam*; ein Lied "gegen den Stand der Kleriker"; ein Gedicht auf italienisch, "in dem es um die Prädestination ging"; ein weiteres Gedicht, "in dem der Verfasser mit Freude von den Fortschritten der Feinde der Kirche kündete" (möglicherweise hatte es die Religionskriege in Frankreich zum Thema).[78] Ein anderer Teil der Bibliothek zeugte von dem Interesse ihres Besitzers für den biblischen Humanismus (*Testamentum Novum* mit der *Paraclesis ad lectorem* von Erasmus, *Paraphrases in Acta Apostolorum* desselben, ein "griechisches Testament gebunden nach französischer Art, mit Anmerkungen und Hervorhebungen auf griechisch und lateinisch").[79]

Besitzer der Bibliothek war Manusso Marano (oder Maras), ein Kreter griechisch-orthodoxen Glaubens. Von seiner Familie wissen wir, daß sein Vater Michele Notar war und sein Bruder Marco ebenfalls diesen Beruf gewählt hatte, nachdem er in Nikosia zur Lateinschule des Francesco Gentile gegangen war.[80] Auch der 1543 geborene Manusso war Schüler Gentiles gewesen, bis er nach Padua ging, um dort Medizin und Philosophie zu studieren. Die Jahre 1560-68 hatte er in Padua und Venedig verbracht und sich dann, nach seiner Promotion, als Arzt in Kreta niedergelassen. Dort

---

[77] ASV, Fasz. 27, Akte *Emanuele Marà, Giovanni Cassimati, Francesco Gentile* (1568), in Candia veranstalteter Prozeß, fol. 8ʳ, 12ʳᵛ, 16ᵛ; ASV, Fasz. 159, *Protokoll des Inquisitionsgerichtes* (1569-1571), fol. 21ʳ-23ᵛ, 24ᵛ-28ᵛ, 53ʳ-55ʳ, 81ᵛ-83ʳ, 86ʳ-87ʳ, 89ʳ-90ʳ, 98ᵛ, 100ᵛ-101ʳ, 184ʳ-185ᵛ, 187ʳ-188ᵛ. Zu dem *Psalterium* von Castellio siehe Buisson, *Castellion* Bd. 1, S. 249; zu seiner Ausgabe der *Theologia germanica* siehe ebd., Bd. 2, S. 99f. Zum Werk des Beza *De haereticis a civili magistratu puniendis libellus adversus Martini Bellii farraginem et novorum accademicorum sectam*, Genf, Robert Estienne, 1554, siehe ebd., Bd. 2, S. 18-28. Die *Definitiones multarum appellationum, quarum in Ecclesia usus est* von Melanchthon bilden einen Anhang zu den *Loci communes*, vgl. CR XXI, S. 1075-1106.

[78] ASV, Fasz. 27, Akte *Contra Manussum Marano doctorem*, Protokoll des in Candia veranstalteten Prozesses (der Akte *Emanuele Marà, Giovanni Cassimati, Francesco Gentile* beigelegt), fol. 6ᵛ-9ʳ, 13ᵛ, 15ʳᵛ; ASV, Fasz. 159, Protokoll des Inquisitionsgerichtes (1569-1571), fol. 21ʳ-28ᵛ.

[79] Vgl. Kap. 5, Anm. 86. Die im Text aufgezählten Werke stehen auf der ersten von den vier Listen, die zu der Akte *Marà, Cassimati, Gentile* gehören, d.h. auf der Liste mit dem Titel "Inventario delli scritti et libri heretici ritrovati in mano di Manusso Marà".

[80] Zu Gentiles Schule vgl. Kap. 5, S. 159f. Die Register des Vaters von Manusso, des Notars Michele Marano, sind im Archivio di Stato zu Venedig erhalten (Konstantinos Mertzios, Σταχυολογήματα ἀπό τά κατάστιχα τοῦ νοταρίου Κρήτης Μιχαήλ Μαρᾶ (1538-1578), Kretika chronica, Bd. 15-16 (1961-62), S. 228-308.

wurde er am 14. Juni 1568 festgenommen und ein Prozeß gegen ihn eröffnet, der — von Nikosia nach Venedig überwiesen — die außergewöhnliche Dauer von drei Jahren erreichte. Der Prozeß endete mit der Abschwörung und der Verurteilung zu fünf Jahren Gefängnis sowie lebenslänglicher Verbannung aus Kreta. Die Gefängnisstrafe wurde allerdings sechs Monate später zu Zwangsaufenthalt in einem Privathaus umgewandelt.[81]

Das Bild Manusso Maranos, das sich aus den Prozeßakten ergibt, läßt sich kaum mit dem Eindruck vereinbaren, den der Bestand seiner Bibliothek vermittelte. Die Hartnäckigkeit, mit der er immer wieder bekräftigte, er sei "wahrer orthodoxer Katholik und treuer Christ nach dem griechischen Ritus", "echter wahrer treuer orthodoxer und katholischer Christ", "katholischer und guter Christ nach dem griechischen Ritus" etc., macht bis zu einem gewissen Grad die Version, die Marano selbst von der Herkunft seiner Bibliothek gab, für den Historiker glaubhaft. Diese Bibliothek sei, so ihr Besitzer, zufällig zusammengekommen. Das Buch *De haereticis a civili magistratu puniendis* von Beza sei per Zufall in seinen Besitz gelangt, weil er es in einem von ihm in Padua gemieteten und zuvor von einem flämischen Studenten bewohnten Zimmer gefunden habe; die ketzerischen Gedichte habe er, ebenfalls in Padua, auf einer öffentlichen Toilette gefunden; der Traktat über das Fegefeuer sei ihm in Kreta von einem durchreisenden Weinhändler zum Kopieren gegeben worden; die Psalmenübersetzung von Castellio habe er "wegen der lateinischen Sprache" behalten; den Traktat gegen die päpstliche Gewalt und die *Theologia germanica* habe er abgeschrieben und verwahrt, um die Meinungen der Ketzer zu kennen und "sie mit der Reinheit der katholischen Wahrheit ... irrezumachen" — und weiter auf diese Art.[82]

Wahrscheinlicher ist allerdings, daß diese Beharrlichkeit Teil einer Verteidigungsstrategie war, die auf der Annahme beruhte, die emphatisch erklärte und durch eine feste Familientradition untermauerte Treue zum "katholischen und apostolischen Glauben" wiege den Besitz von "einigen Büchern" auf.[83] Manusso Marano setzte darauf, daß die Richter angesichts des zwischen seiner Bibliothek und seinen Erklärungen bestehenden Widerspruchs den Fall als ambivalent betrachten und nach dem Prinzip "in dubio pro reo" entscheiden würden. Auf diese Weise hoffte er, freigelassen zu werden, ohne abschwören zu müssen. Dem Widerruf wollte er sich unter

---

[81] Erst am 21. April 1571 entschloß sich Manusso Marano zum Geständnis einiger Häresien; er ergänzte diese Aussage am 10. Mai. Urteil und Widerruf folgten unmittelbar darauf (12. Mai). Am 16. November 1571 wurde der Gefangene aufgrund eines ärztlichen Attests über seinen schlechten Gesundheitszustand in ein Privathaus verlegt; am 29. März 1572 wurde ihm Bewegungsfreiheit innerhalb der Stadt Venedig zugestanden.

[82] ASV, Fasz. 27, Akte *Contra Manussum Marano*, in Candia veranstalteter Prozeß, fol. 6ʳ-10ʳ, 12ʳ-15ʳ, 19ᵛ-21ᵛ, 24ʳ-31ᵛ, 32ᵛ-34ᵛ.

[83] ASV, Fasz. 159, Protokoll des Inquisitionsgerichtes (1569-1571), fol. 23ʳᵛ: "Sì che fidatomi io nella mia fede catholica et apostolica, secondo credeva mio padre et bisavo et altri mei parenti, non ho dubitato di essere infettato da qualche libro".

keinen Umständen unterwerfen. Es bedurfte einer fast dreijährigen Haft, um ihn in diesem Punkt gefügiger zu machen.[84]

Seine Richter hingegen erklärten ihm von den ersten Tagen des Prozesses an — und bekräftigten es in der Folge immer wieder —, daß sie ihn als überführt betrachteten. Die geheime Bibliothek, die man in einem verschlossenen Kasten auf seinem Dachboden gefunden hatte — während die erlaubten Bücher in seiner Praxis zur Schau gestellt waren —, war nur einer der Belastungspunkte. Zusätzlich belastete ihn nämlich die enge Freundschaft mit dem Lehrer Francesco Gentile aus Fermo, einem geständigen Ketzer.

Tatsächlich war Manusso Marano infolge der Ermittlungen festgenommen worden, welche die erzbischöfliche Kurie von Nikosia gegen Gentile eröffnet hatte. Unfreiwillig in Gang gebracht hatte diese Ermittlungen der Lehrer selbst. Ein am 6. Juni 1568 auf Kreta veröffentlichtes Dekret des Rats der Zehn machte es allen Schullehrern zur Pflicht, sich innerhalb eines Monats vom Ordinarius ein Zeugnis der katholischen Rechtgläubigkeit ausstellen zu lassen. Wer dieses Zeugnis nicht erhielt, dem war die Lehrerlaubnis entzogen. Als Francesco Gentile, "princeps preceptor" von Nikosia, dieses Zeugnis beantragte, eröffnete die Kurie gegen ihn eine Untersuchung, die innerhalb weniger Tage dazu führte, daß er selbst sowie seine ehemaligen Schüler Manusso Marano und Giovanni Cassimati verhaftet und ihre Bibliotheken vollständig beschlagnahmt wurden. Nach Aussage Gentiles hatte die Freundschaft zwischen ihm und seinen ehemaligen Schülern den Charakter einer heterodoxen Bruderschaft, getragen vom Austausch und der Diskussion von Texten wie *De praedestinatione sanctorum* des Augustinus und *De haereticis a civili magistratu puniendis* von Beza.[85]

Nach anderen Zeugenaussagen, die das Inquisitionsgericht Nikosia einholte, war es Marano schon als Student in Padua nicht gelungen, seine heterodoxen "Phantasien" vollständig zu verbergen. Unter anderem hatte ihn ein Mitschüler, Giovanni Defin, den Wunsch äußern hören, sich endlich einmal zu erkennen zu geben und "die Wahrheit zu predigen", worauf er allerdings "nach Genf" werde fliehen müssen. Da Marano der bei einer Verleihung der Doktorwürde üblichen Eidesleistung — der Titel wurde mit einem Schwur auf die katholische Religion verliehen — sich nicht

---

[84] ASV, Fasz. 27, *Contra Manussum Marano*, Protokoll des in Candia veranstalteten Prozesses, fol. 42r, und außerdem fol. 29rv (siehe auch fol. 38rv, 39rv, 40r, 42v und passim).

[85] Akte *Contra Manussum Marano*, Protokoll des in Candia veranstalteten Prozesses, passim (siehe auch ASV, Fasz. 159, Protokoll des Inquisitionsgerichtes, fol. 86rv), und zu Francesco Gentile Akte *Contra Manussum Marano*, Protokoll des in Candia veranstalteten Prozesses, fol. 1r-3r, 10r-11v.

unterziehen wollte, nahm er zu einer komplizierten und nicht risikolosen Lösung Zuflucht.[86]

Der Tenor der Dokumente ist zwar ausweichend, aber läßt doch erkennen, daß Manusso Marano — ebenso wie sein Lehrer Gentile — ein verkappter Calvinist war, der über den Fall Servet und den darauf folgenden Streit zwischen Calvin und Castellio Bescheid wußte. Dennoch geriet seine calvinistische Überzeugung — und dies ist der einzig mögliche Schluß aus dieser Episode — nicht ins Wanken.[87]

---

[86] Akte *Contra Manussum Marano*, Protokoll des in Candia veranstalteten Prozesses, fol. 45ᵛ-46ʳ, 47ʳ (zur Verleihung der Doktorwürde). Soweit sich dies aus der Gesamtdokumentation entnehmen läßt (Fasz. 159, Protokoll des Inquisitionsgerichtes, 1569-1571, fol. 25ᵛ, 54ʳᵛ), wurde Marano von einem Augustiner, Agostino de Sosteneis oder Agostino Fregoso, der den Titel eines Cavaliere und Pfalzgrafen trug, in Gegenwart einiger Mediziner, die mit der Reformation sympathisierten (unter anderen Agostino Gadaldino) zum Arzt promoviert. Die Promotionsurkunde wurde vom Notar Francesco Michiel di Tommaso aufgesetzt (Akte *Emanuele Marà, Giovanni Cassimati, Francesco Gentile*, Brief des Weihbischofs von Candia an das venezianische Inquisitionsgericht vom 5. April 1569).

[87] Daß Gentile — vermutlich auch Manusso Marano — das Buch von Beza gelesen hatte und daher den Fall Servet und den Stand der diesbezüglichen Diskussion kannte, ergibt sich aus ASV, Fasz. 27, Akte *Contra Manussum Marano*, Protokoll des in Candia veranstalteten Prozesses, fol. 16ʳ: "L'è mia ditta soprascrittione [scil. "legendus totus"] — gab Francesco Gentile zu Protokoll — ma il libro [*De haereticis a civili magistratu puniendis*] è del dottor Maran, che trata contra Serveti etc." Der Genitiv "Serveti" ohne zugehöriges Substantiv, sowie das "etc." lassen ahnen, daß Gentile bereit war, mehr über dieses Buch zu sagen und vermutlich auch mehr sagte; doch der Schreiber hat seine Erklärungen leider nicht protokolliert.

9. KAPITEL

UM DAS JAHR 1559

I

Der Strang der literarischen läuft parallel zu dem der religiösen Rezeption von Erasmus, und mitunter kommt es zu einer Verflechtung. Zumindest bis zum Jahre 1555 lesen die italienischen Gelehrten die Werke des umstrittenen Humanisten jedenfalls weiterhin "mit Hingabe".[1] Für manche ist er ein Gott; andere preisen ihn als "candidus, gravis, elegans, iucundus" und meinen, seine Schriften seien im Unterricht denen von Cicero und Terenz vorzuziehen; wieder andere vergleichen seinen glänzenden Stil mit dem unergiebigen Dozieren von bekannten Professoren wie Lazzaro Buonamico.[2] Diese Popularität trägt Früchte: Von der Dialektdichtung bis zum politischen Traktat, von der Epistolographie bis zum lateinischen Lehrgedicht gibt es praktisch keinen literarischen Bereich, wo die Präsenz von Erasmus nicht spürbar ist. In diesem Abschnitt wollen wir auf einige der Werke hinweisen, die von ihm beeinflußt wurden.

Das bedeutendste Dokument der Rezeption des Erasmus auf dem Gebiet der Dialektdichtung ist ein von dem venezianischen Juwelier Alessandro Caravia um das Jahr 1550 verfaßtes kleines Werk mit dem Titel *La verra antiga de Castellani, Canaruoli e Gnatti, con la morte de Giurco e Gnagni in lengua brava*. In volkstümlichen Oktaven geht es darin um die Schlägereien, die sich gegnerische Gruppen unter lebhafter Beteiligung der Bevölkerung auf den Brücken von Venedig zu liefern pflegten. Die Erzählung gipfelt im Tod der beiden Widersacher Giurco und Gnagni, von dem in zwei einander gegenübergestellten Szenen berichtet wird. Dieser letzte Teil des anonym veröffentlichten Gedichts sollte 1556 ein Inquisitions-

---

[1] Muzio, *Tre testimoni*, fol. 93^r: "Più giorni sono che vedendo io con quanta affettione da alcuni de' nostri Italiani senza distintione so lette et commendate le opere di Erasmo, ho in animo di voler rispondere ad alcuna delle sue opere maggiori ..., per mostrare il veleno della sua dottrina, a fine che que' tali si possano avvedere quanto ingiustamente lo lodino et con quanto pericolo di quella lettura si dilettino" (1555).

[2] Merola, *Terentianus*, fol. D^v-Dii^r: "Tunc Ambrosius Bamphius Linianensis: Felicius, inquit, adolescentes horas in Erasmicis elucubrationibus collocabitis quam in Terentio. Est enim ubique sui similis, hoc est candidus, gravis, elegans, iucundus. Sed quid ego noctuas Athenas? hoc est Erasmum, qui Deus est tibi [scil. Antonio Bellino], apud te laudo?" (ca. 1543). Zum Vergleich mit Lazzaro Buonamico siehe *Ad Lazarum Bonamicum epistola expostulatoria incerti authoris* [Giovanni Giustiniani aus Kreta?], [Padua?] 1552, fol. Aii^r, Aiiii^r. Ein weiterer Zeuge der italienischen Erasmus-Rezeption ist Marco Mantova Benavides, vgl. *Dialogo, nel quale si contengono varii discorsi, di molte belle cose, et massimamente de Proverbi* [Padua], Grazioso Percacino, 1561, fol. 13^v.

verfahren in Gang bringen, das darauf abzielte, den Drucker, insbesondere aber den Verfasser, der durch den Tenor des Werks in den Verdacht der Ketzerei geraten war, ausfindig zu machen. Der Eifer, den das Heilige Offizium bei der Behandlung dieses Falls an den Tag legte, hat bewirkt, daß sich die Forschung dem Gedicht mit besonderem Interesse zuwandte.[3] Bei ihrer wiederholten Beschäftigung mit *La verra antiga de Castellani, Canaruoli e Gnatti* haben Historiker und Literaturwissenschaftler die Verse der evangelischen Strömung in der italienischen Literatur zugeordnet, ohne den Hauptquell, aus denen ihr Verfasser schöpfte, zu erkennen — die *Colloquia* von Erasmus.

Das Muster, an dem sich *La Morte di Giurco e Gnagni* orientiert, ist das Gespräch *Funus*, bei dem zwei Arten des Sterbens einander gegenübergestellt werden: die eine voller Qual und Sorge, einen zornigen Gott zu besänftigen, die andere demütig und im stillen Vertrauen auf einen Gott der Barmherzigkeit. Der Venezianer Gnagni ist auf dem Niveau der volkstümlichen Dichtung das Ebenbild des Georgius Balearicus, der negativen Figur der Dyade im *Funus*. Zwar wird in dem Volksgedicht auf die Darstellung des Mönchsgezänks am Sterbebett zugunsten der Linearität der Erzählung verzichtet, das Spezifische an der Szene bei Erasmus jedoch getreu wiedergegeben: auf der einen Seite das Bedürfnis des Sterbenden, getröstet zu werden, auf der anderen Seite das unangemessene Versicherungsritual, das die Mönche um ihn herum entfalten. Und wie die Mönche die Angst von Georgius Balearicus nutzen, um sich zum Nachteil von dessen Frau und Kindern quasi seines gesamten Vermögens zu bemächtigen, so gelingt es dem Beichtvater von Gnagni, dessen wertvollen Ring in seinen Besitz zu bringen, um damit Fürbittmessen zu finanzieren, und den Sterbenden bei der Abfassung seines Testaments dahingehend zu beeinflussen, daß er bestimmt, der größte Teil seiner Güter sei zu verkaufen und der Erlös für sein Seelenheil zu verwenden.[4] Auch was den Entschluß, sterbend die Franziskanerkutte anzulegen, und die Entscheidung für eine allzu feierliche Beerdigung mit vielen Priestern und Mönchen angeht, folgt die Erzählung des venezianischen Volksdichters der seines berühmten Vorbilds von jenseits der Alpen.[5]

---

[3] Der Text des Inquisitionsverfahrens gegen Alessandro Caravia — dessen Original sich im ASV, Fasz. 13, befindet — ist von Benini Clementi, *Caravia*, veröffentlicht worden. Auf diesen Beitrag verweise ich für eine weiterführende Bibliographie zu Caravia, die durch *Négociations diplomatiques de la France avec la Toscane*, Hrsg. Giuseppe Canestrini und Abel Desjardins, Bd. 3, Paris 1865, S. 366-368, zu vervollständigen ist. Caravias Testament wurde in Kap. 7, S. 219 und Anm. 21, erwähnt.

[4] *La morte de Giurco e Gnagni* (BMV, Misc. 1945, Nr. 31), fol. Cii^v-Ciii^r. Das erasmische Vorbild dieser Szene findet sich in *ASD* I^3, S. 541-547. Vermutlich hatte der des Lateins unkundige Caravia ("Ma d'una cosa sol mi despiace,/ Che ne la mente mia non c'è grammatica") die *Colloquia* in der italienischen Übersetzung des Pietro Lauro gelesen.

[5] *La morte de Giurco e Gnagni*, fol. Ciii^r: "Co sarò morto voio esser vestio/ Co va de san Francesco tutti i frati/ E con l'habito in dosso seppellio./ Diese dopiere con diese Giesuati/ Che

Bei den jeweiligen Gegenfiguren, dem vermögenden Cornelius Montius in den *Colloquia* und Giurco, dem Mann aus dem Volke in der *Verra*, wird die geistige Übereinstimmung ebenso deutlich. Der eine weist jede Aussicht auf Teilhabe an den Verdiensten anderer von sich und meint, es könne schon allein der Gedanke an Verdienste "den Herrn veranlassen, mit seinem Knecht ins Gericht zu gehen", ist er doch der Überzeugung, daß "kein Mensch sich vor Ihm rechtfertigen wird"; der andere bringt die gleiche Idee in seiner direkteren Sprache zum Ausdruck, wenn er erklärt: "Aus mir heraus habe ich nie ein gutes Werk getan." Und wie der eine Zuflucht nimmt "von der Gerechtigkeit zur unermeßlichen und unaussprechlichen Barmherzigkeit" Gottes, so setzt der andere seine Hoffnung auf die "unendliche Barmherzigkeit" eines Gottes, "der uns mit seinem Blut ewiges Leben erkauft hat".[6]

Das auf den Text von Erasmus angewandte selektive und integrative Verfahren bringt es mit sich, daß die von ihm abgeleitete Version eine Stoßkraft aufweist, die dem Original fehlt. Als eine der kühnsten theologischen Neuheiten, die das Dialektgedicht charakterisieren und von dem Text des Erasmus unterscheiden, ist die literarische Behandlung der von der katholischen Tradition abweichenden Art der Beichte zu nennen. Der im Sterben liegende Giurco begegnet der Aufforderung, seine Sünden zu bekennen, mit dem Hinweis auf die persönliche Beichte, die er Christus ablegt, dem gegenüber er sich "immerfort" schuldig erklärt; und als er dann doch in die Beichte einwilligt, wird daraus nicht jene minuziöse Auflistung von Sünden, wie sie Gnagni dem Beichtvater in der Parallelszene geboten hatte. Vielmehr beschränkt sich Giurco auf eine nicht näher ins einzelne gehende Erklärung, daß er es bereut und es ihn schmerzt, Gott unendlich oft beleidigt zu haben. Auch das Prinzip der Rechtfertigung durch die göttliche Barmherzigkeit wird in dem Dialektgedicht offensiver vertreten als bei Erasmus. Der Gläubige, dem man "das Gute mit der Waage wiegt" und der sich deshalb bemüht, gute Werke und Spenden auf der Waagschale anzusammeln, wird mit dem Gläubigen evangelischer Prägung kontrastiert, der in der Überzeugung lebt und stirbt, daß "durch das Blut Christi sich rechtfertigt / wer Christ ist, und nicht durch anderes".[7]

Als Dokument der Erasmus-Rezeption auf der Ebene der volkstümlichen Literatur steht *La morte di Giurco e Gnagni* nicht allein. Daß der Diskurs von Erasmus soziale Schichten zu erreichen vermochte, die am Rande der

---

me accompagna davanti e da drio,/ El capitolo e tutti i chieregati,/ De la contra' e de l'hospedal i putti,/ A sepellirme voio che sia tutti". Das erasmische Vorbild findet sich in *ASD* I³, S. 544f., ll. 254-273.

[6] *La morte de Giurco e Gnagni*, fol. Ciiiᵛ. Das erasmische Vorbild in *ASD* I³, S. 549f., insbesondere ll. 445-449: "Absit ... ut instructus meritis ac diplomatibus provocem Dominum meum, ut in iudicium veniat cum servo, certus quod in conspectu eius non iustificabitur omnis vivens. Ego ab illius iustitia appello ad eiusdem misericordiam, quoniam immensa est et ineffabilis". Zu diesem Themenkomplex vgl. Kap. 6.

[7] *La morte de Giurco e Gnagni*, fol. Ciiiʳ.

Reichweite der lateinisch-humanistischen Kultur geblieben waren, dies belegt auch das literarische Werk von Pietro Nelli. Die *Satire alla carlona*, die er zwischen 1540 und 1550 unter dem Pseudonym Andrea da Bergamo veröffentlichte, gehören zu jener Art kultureller Chronik in Versen, die als Satire auf Sitten und Gebräuche fungiert und zum baldigen Gebrauch bestimmt ist. Die *Satire alla carlona* spiegeln in der Polemik gegen die religiösen Äußerlichkeiten, in der Stilisierung des Gebets als innerliches Geschehen oder in der Kritik an der Gewohnheit, in der Todesstunde die Franziskaner- oder Dominikanerkutte anzulegen, Motive von Erasmus wider.[8] Pietro Nelli hatte wahrscheinlich das *Handbüchlein des christlichen Streiters* präsent, doch es darf vermutet werden, daß er auch die Abhandlung *Lingua*[9] sowie die *Colloquia* kannte. Bei der Lektüre der *Colloquia* muß eben jene Figur des Georgius Balearicus seine Phantasie beflügelt haben, von der auch Alessandro Caravia zu seinen Versen inspiriert wurde.[10]

Im Bereich der lateinischen Lyrik bezeugen Marcello Palingenio Stellato und Aurelio Buzzi die Rezeption des Erasmus. Der *Zodiacus vitae* von Marcello Palingenio Stellato — ein Lehrgedicht in der Manier des Lukrez, das wegen der Prägung seines Verfassers durch das Gedankengut der Reformation weniger südlich als nördlich der Alpen Erfolg haben sollte — ist von Reminiszenzen an das *Encomium matrimonii* und das *Encomium Moriae* übersät und weist außerdem Abschnitte auf, die deutlich vom pazifistischen Denken des Erasmus beeinflußt sind.[11] Auch in den *Moralia*

---

[8] *Il primo e secondo libro delle satire alla carlona* di messer Andrea da Bergamo, Venedig, Paolo Gherardo, 1548, fol. 9^v-10^v, 14^r. Als Beispiel zitiere ich aus dem ersten Buch den Abschnitt über religiöse Äußerlichkeiten und stilles Gebet, fol. 9^v-10^v: "Hor perché tutto 'l mio tempo non spendo/ Con le ginocchia nude, un santo choro/ Di colli torti mi vanno pungendo,/ Con dir ch'io sono un huom vie' la vie' loro,/ Ch'io mi fo beffe fin della porrata,/ Ch'io non servo lo stil che servan loro.// Io non dico ogni dì l'intemerata,/ O le sette allegrezze, o 'l verbum caro,/ O l'oration di santa Liberata.// Lascio ungere e frustar l'antidotaro/ A gianelli, a chietini. Io buonamente/ leggio i salmi assegnati in breviaro.// E se pur Dio m'illumina la mente/ E mi dà pentimento de' peccati,/ Dico a lui quel ch'egli mi spira a mente.// Il porger preghi su libri stampati/ E' proprio un dir a Dio le sue faccende/ Per bocca altrui come gli spiritati.// Egli, o volgare, o latino, ne intende,/ A cui solo un pensier del nostro cuore/ Senza diceria lunga si distende.// Dunque oltr'a legger salmi, e il prego all'hore/ Dovute, se m'invitano i fervori,/ Parlo, e talhor tacendo, al mio Signore."

[9] *Satire alla carlona, Libro secondo*, fol. 39^r-41^v, knüpft an die Thematik des erasmischen Traktats *Lingua*, ASD IV^1, S. 233-370, an.

[10] *Satire alla carlona, Libro primo*, fol. 14^r: "Morendo un capitan le membra involse/ Ne' panni bigi e cinsesi una corda,/ E farsi frate in l'altro mondo volse./ Ma quando con la vitta non concorda,/ Se voi vestiste ben da scappuccino,/ Non lava habito santo anima lorda." Vgl. Erasmus, *Colloquia*, ASD I^3, S. 546-547, insbesondere ll. 328-335: "*Phaedrus*. Instrata est tunica franciscana ... Confirmant daemoni nullum esse ius in eos qui sic moriuntur. Sic aiunt praeter alios mortuum sanctum Martinum et Franciscum. *Marcolphus*. Sed huic morti illorum vita responderat".

[11] Marcello Palingenio Stellato, *Zodiacus vitae*, Lyon, Ioannes Tornaesius et Guilelmus Gazeius, 1552, S. 76f., 114f., 118 (Philogamie), 137 (Philautie als Quell der Torheit), 157 (die Zahl der Toren ist unendlich), 82, 188f. (Lob des Friedens und Porträt des Kriegs). Siehe hierzu Giuseppe Borgiani, *Marcello Palingenio Stellato e il suo poema lo "Zodiacus vitae"*, Città di

christiana von Aurelio Buzzi, ein im zweiten Viertel des Jahrhunderts in Mailand lebender Verfasser von Lehrgedichten, spiegeln sich Gedanken aus dem *Enchiridion militis christiani* und dem *Encomium Moriae* wider.[12]

Innerhalb der pädagogischen Literatur beeinflußte das Denken von Erasmus Andrea Ghetti da Volterra bei der Abfassung seines *Discorso sopra la cura et diligenza che debbono havere i padri et le madri verso i loro figliuoli sì nella civiltà come nella pietà christiana*.[13] Das Opusculum stellt sich als Frucht der Begegnung zwischen dem Bologneser Patrizier Gaspare Bocchi und dem Augustiner aus Volterra dar, der 1551 nach Bologna gekommen war, um dort eine Reihe von Predigten zu halten. In den Gesprächen zwischen dem im Geruch der Ketzerei stehenden Mönch und seinem Bologneser Schirmherrn, welche die beiden nach der ersten Kontaktaufnahme sowohl in der Stadt als auch in einem Haus auf dem Land miteinander führten, stand das Thema Kindererziehung im Mittelpunkt. Das erzieherische Konzept, das der Augustiner damals entwickelte und zwanzig Jahre später im *Discorso sopra la cura dei figliuoli* vorlegte, war zum großen Teil von der Abhandlung *De pueris statim et liberaliter instituendis* inspiriert. Auch wenn Andrea da Volterra es manches Mal vorzieht, bis zu den klassischen Quellen, aus denen Erasmus geschöpft hatte — insbesondere Plutarch[14] —, zurückzugehen, sind viele Abschnitte seines *Discorso* nichts anderes als eine auf das Verständnis des Bologneser Publikums zugeschnittene Wiedergabe der Erziehungstheorie des holländischen Humanisten. Der Vergleich zwischen der Sorgfalt einerseits, die Familienväter auf die Mehrung ihres Vermögens verwenden, indem sie mit großem Bedacht nach einem fähigen Verwalter ihrer Güter suchen, und ihrer Nachlässigkeit andererseits, bei der Auswahl des Pädagogen, der den Erben des Vermögens erzieht, ist ein Thema, das Andrea da Volterra von Erasmus übernommen hat.[15] Die kluge Verwendung klassischer Zitate, um die Bedeutung der Erziehung für die Charakterbildung zu unterstreichen, ist eine weitere Lektion, die der italienische Augustiner von dem großen Humanisten gelernt hat.[16]

Doch statt weitere Beispiele dafür aufzuzählen, daß Andrea da Volterra sich an Erasmus orientierte, wollen wir darauf verweisen, wie der geistige Weg dieses Mannes verlief. Er, der sich zwischen 1540 und 1550 als

---

Castello 1913 und zur Identität des Palingenio: Bacchelli, *Marcello Palingenio Stellato*.

[12] Buzzi, *Moralia christiana*, fol. C^r (militia Christi), und ebd., *Christianae Institutiones*, fol. D^r, Diiii^{rv} (gegen die Zeremonien und die äußerliche Pietät), Giii^r (Porträt des Kriegs).

[13] Bologna, Alessandro Benacci, 1572. Das Leben von Andrea Ghetti aus Volterra beschreibt Firpo, *Processo Morone*, S. 254-257; dort finden sich auch bibliographische Hinweise. Zur theologischen Position des Augustiners siehe Simoncelli, *Evangelismo*, S. 343f.

[14] Andrea da Volterra, *Cura de figliuoli*, fol. C3^v.

[15] Andrea da Volterra, *Cura de figliuoli*, fol. D2^{rv} (die erasmische Quelle: *ASD* I^2, S. 26, ll. 14-21).

[16] Andrea da Volterra, *Cura de figliuoli*, fol. B2^v (das erasmische Vorbild: *ASD* I^2, S. 29, ll. 10-13).

Wortführer der Theologie der Gnade einen Namen — und nicht nur Freunde — gemacht hatte, wich auf das Werk des Erasmus zurück, als sich abzeichnete, daß die Theologie der Gnade sich nicht würde durchsetzen können. Nicht nur als Leser der theologischen Werke des Humanisten — des *Enchiridion*, der *Colloquia* und des Traktats *De amabili Ecclesiae concordia* —, trat er hervor, sondern auch als Adept seiner Pädagogik. Damit wurde er zum Vorläufer jener Bewegung, die Erasmus als Rückzugsposition benutzte. Ähnliche Fälle aus dem Bereich des religiösen Dissenses in Italien habe ich im Laufe dieser Arbeit schon hervorgehoben.[17]

Die Wirkung des Erasmus auf die politische Literatur Italiens ist von Leandro Perini und mir bereits am Beispiel der Schriften von Ludovico Spinola, Antonio Brucioli und Lucio Paolo Rosello dargestellt worden.[18] Hier werde ich mich darauf beschränken, die Reihe der von Erasmus beeinflußten politischen Schriften, die im Italien des 16. Jahrhunderts zirkulierten, um den *Ragionamento di un gran prencipe ad un suo figlio primogenito* zu ergänzen, den ein nicht näher identifizierter Accademico Occulto 1542 als Anhang zu einer kleinen Abhandlung von Fausto da Longiano mit dem Titel *De lo istituire un figlio d'un principe da li dieci infino a gl'anni della discretione* veröffentlichte.[19] Die erasmische Utopie des christlichen Fürsten — ein unpersönliches Muster an Fleiß, Bescheidenheit und ethischer Strenge, überzeugter Pazifist und unermüdlicher Arbeiter im Dienste des öffentlichen Interesses, dynastischen Heiraten abgeneigt und bestrebt, die Steuerlast der weniger begüterten Untertanen zu vermindern — war dem italienischen Leser vier Jahre zuvor durch die von Francesco Coccio ein wenig hastig angefertigte Übersetzung der *Institutio principis christiani* vorgestellt worden. In dem nur wenige Seiten umfassenden Opusculum *Ragionamento di un gran prencipe ad un suo figlio primogenito* wird dem italienischen Leser die gleiche Utopie in einer Form vorgelegt, die an Wirkungskraft gewinnt, was sie an detaillierter Exemplifizierung verliert.[20] Allein in Hinblick auf die Rechtfertigung des Kriegs gegen die

---

[17] Vgl. Kap. 3, S. 79, 83.
[18] Seidel Menchi, *Spinola*, S. 104-107, 122-130; dies., *Circolazione clandestina*, S. 581-584; Perini, *Machiavelli*, S. 893-896.
[19] Venedig, 1542. Der *Ragionamento che fece su 'l partire di questa vita un gran prencipe ad un suo figlio primogenito* findet sich auf fol. E^v-Fii^v. Die Schrift ist Giovanni Giacomo Trivulzio, Sohn des Markgrafen von Vigevano, die kleine Abhandlung von Fausto da Longiano der Giulia Trivulzio, Gräfin von Misocco und Markgräfin von Vigevano, gewidmet. In dem Widmungsbrief behauptet der Accademico Occulto, den *Ragionamento* aus der kastilischen Sprache übersetzt zu haben.
[20] Ich beschränke mich auf folgende zwei Stellen als Beweis für die Abhängigkeit des *Ragionamento* von der *Institutio principis christiani*:
1. *Ragionamento*, fol. Eii^{rv}: "Habbi [piuttosto] cura di migliorare che non d'accrescere il tuo imperio, procurando imitar quelli che ben governarono suo stato, e non quelli che lo acquistarono et augmentarono. Molti cercando l'altrui perderono il suo"; *Institutione del principe christiano*, Venedig 1539, Übers. Coccio, S. 129: "Molti ... antiqui sono stati in questo errore ..., di porre tutte le sue forze non per fare migliore il suo dominio, ma per renderlo maggiore.

Türken weicht der Verfasser des *Ragionamento*, der wahrscheinlich ursprünglich in kastilischer Sprache geschrieben hatte, von seinem Vorbild ab.[21]

II

Die Dokumente der literarischen Rezeption von Erasmus, die wir im vorhergehenden Abschnitt angesprochen haben, können nur den Stellenwert von Beispielsfällen haben. Im Lichte der jüngsten Entdeckung erasmischer Muster selbst im Werk von Pietro Aretino[22] (weniger überraschend ist, daß sich auch Ludovico Dolce dieser Modelle bediente) stellt sich die literarische Rezeption von Erasmus in Italien in der Mitte des 16. Jahrhunderts als Phänomen dar, für das es mehr Beispiele als die hier herangezogenen gibt.[23] Doch selbst wenn eine systematische Untersuchung die Zahl der Fälle, in denen italienische Literaten nachweislich von Erasmus beeinfußt wurden, verdoppeln sollte, bliebe die Literatur weiterhin ein sekundäres Feld der Auseinandersetzung der italienischen Kultur mit Erasmus. Gegen Mitte des Jahrhunderts vollzieht sich diese Auseinandersetzung immer noch primär auf der Ebene des theologischen Disputs. In dem Jahrzehnt vor der Veröffentlichung des Index von Paul IV. (1559) und in den Jahren unmittelbar darauf wurde diese Debatte erneut so lebhaft, daß sie die literarische Erasmus-Rezeption in den Schatten stellte. Hauptziel dieses Kapitels ist die Rekonstruktion der theologischen Auseinandersetzung um den Humanisten gegen Mitte des 16. Jahrhunderts.

Ai quali vediamo che spesse volte accade che mentre si affaticano di accrescere lo imperio, perdano quel che posseggono" (*ASD* IV¹, S. 212, ll. 421-425).
2. *Ragionamento*, fol. F: "Manco costa edificare una città nel tuo regno che acquistarne un'altra in altrui paesi"; *Institutione del principe christiano*, Übers. Coccio, S. 137: "Molte fiate roviniamo un castello con maggior fatica e spesa che non si sarebbe fatto in farne un altro di nuovo" (*ASD* IV¹, S. 217, ll. 575f.).

[21] *Ragionamento*, fol. F: "Contra infideli tu dei muover guerra". Bekanntlich hielt Erasmus es nicht für die erste Pflicht des christlichen Fürsten, Krieg gegen die Muselmanen zu führen.

[22] Cairns, *Aretino and Venice*, S. 58-62, 132-140, belegt überzeugend, daß Aretino erasmische (vermutlich über Ludovico Dolce vermittelte) Redewendungen aus *De conscribendis epistolis* übernommen hat. Weniger überzeugend ist der Nachweis für andere Teile des Werks von Aretino, beispielsweise für den *Ipocrito* (angeblich von den *Sileni Alcibiadis* abgeleitet) und die *Talanta* (angeblich vom *Encomium Moriae* abgeleitet). Auch bei Ludovico Dolce stellt Cairns Beeinflussungen durch Erasmus fest (*Aretino and Venice*, S. 132-140). Zur Kenntnis erasmischer Schriften seitens Pietro Aretino vgl. auch Giovanni Falaschi, *La manipolazione della fonte: Erasmo (Apoftemmi) e le lettere*, in: *Progetto corporativo e autonomia dell'arte in Pietro Aretino*, Messina und Florenz 1977, S. 181-208.

[23] Der literarischen Rezeption können m.E. auch Teile des Werks von Lorenzo Davidico zugeordnet werden, beispielsweise das *Labirinto de' Pazzi*, Venedig, Giovanni Padovano, 1555. Vgl. hierzu Ossola, *Beneficio*.

III

Nach der antierasmischen Welle zwischen 1520 und 1535 war die Kontroverse um Erasmus abgeebbt. Hinterlassen hatte sie jedoch als dauerhaften Bodensatz eine feindselige Haltung gegenüber ihm, der nun allgemein als Gegner der katholischen Kirche betrachtet wurde. Für den Conte Girolamo Perbuono beispielsweise, der unter dem Einfluß von Alberto Pio schrieb, war Erasmus einer, der Europa vergiftete, ein Schriftsteller, der die Beichte in Zweifel zog und es wagte, die heilige Schrift zu paraphrasieren, ein Befürworter der "ruchlosen Lehren" von Luther, deren Verbreitung er durch sein Stillschweigen begünstigte, und — um es kurz zu machen — ein Verbündeter des Reformators bei dem Angriff auf die päpstliche Macht (1533).[24] Für den Bischof von Lucca und späteren Kardinal Bartolomeo Guidiccioni war Erasmus ein Mann, der das Trinitätsdogma in Frage stellte und deshalb von jeder Güte und Frömmigkeit verlassen war. Daher seien all seine Werke zu verbieten, und nicht nur die *Colloquia*, wie das *Consilium de emendanda Ecclesia* empfohlen hatte (ca. 1538).[25] Für Paolino Bernardini gehörte Erasmus in die Reihe der Ketzer, die sich gegen die Eintracht der Kirche vergangen hatten (1552). Für Bartolomeo Camerario waren die Werke von Erasmus, insbesondere das *Enchiridion*, ein Quell, aus dem die Protestanten ihre Themen schöpften (1556).[26] Ähnliche Stellungnahmen und Bewertungen wurden immer wieder auf dem Tridentinischen Konzil geäußert.[27]

In diesem Klima verbreiteter Feindseligkeit zeichnet sich eine gewisse Diskrepanz zwischen der kontroverstheologischen Literatur in lateinisch und der in der Landessprache ab. Die lateinisch schreibenden Kontroverstheologen wußten, daß dieser Feind der katholischen Kirche nicht eigentlich ein Freund der reformierten Kirchen war: Gelegentlich bezog man sich auf die Abhandlung *De libero arbitrio*, bezeichnete Erasmus nicht als Lutheraner, sondern als Pelagianer, ignorierte seine Bekenntnisse zum katholischen Glauben nicht vollkommen.[28] Insgesamt zeigten sich die lateinisch schrei-

---

[24] Perbuono, *Oviliarum opus*, fol. XVI^r, XXIX^v (hierzu Lauchert, *Luthers Gegner*, S. 336f.).
[25] *CT* XII^1, S. 232f.
[26] Bernardini, *Concordia ecclesiastica*, S. 329f. (Lauchert, *Luthers Gegner*, S. 566); Camerario, *De ieiunio*, fol. 99^v-100^r (Lauchert, *Luthers Gegner*, S. 629).
[27] *CT* V^2, S. 854, VI$^{3/2}$, S. 10, 35, 461, 486, VI$^{3/4}$, S. 103f., VII$^{4/2}$, S. 538 (Alfonso de Castro, 1551: "Sed mihi in hoc errore videtur primus fuisse Erasmus, qui et lutheranis occasionem praebuit erroris"), S. 555, VII$^{4/1}$, S. 390, IX, S. 379, 688, 693, XII^1, S. 515f.
[28] Die Bezeichnung des Erasmus als "a vobis [protestantibus] partim deficiens, identidem et in multis a catholica Ecclesia romana" findet sich in Camerario, *De ieiunio*, fol. 99^v. Der erasmische Traktat *De libero arbitrio* wird von Oriano, *De libero arbitrio*, fol. Dvi^r (Lauchert, *Luthers Gegner*, S. 347f.) und von Contarini, *Confutatio articulorum Lutheri*, S. 568 (Lauchert, *Luthers Gegner*, S. 375) erwähnt. Zum Vorwurf des Pelagianismus gegen Erasmus vgl. Catarino, *De casu hominis et peccato originali*, S. 106, zit. von Lauchert, *Luthers Gegner*, S. 78. Die Erkenntnis, Erasmus sei ein Pelagianer, hindert Catarino nicht, ihn in anderen Werken in engen Zusammenhang mit Luther zu bringen, z.B. in den *Annotationes in excerpta*

benden Kontroverstheologen zu differenzierteren Urteilen fähig als ihre italienisch publizierenden Kollegen, die allesamt am Stereotyp eines ketzerischen und vom Glauben abgefallenen Erasmus festhielten. Für Alvise Lippomano, Weihbischof, später Bischof von Verona, der auf italienisch für das einfache Volk schrieb, war Erasmus der Vater der gefährlichen Idee, die heilige Schrift in die Landessprachen zu übersetzen, der Vertreter der falschen Lehre vom verständigen Beten, der ungläubige Kritiker der Heiligenverehrung. Das abschließende Urteil des Bischofs muß als repräsentatives Beispiel für die damals in der italienischen Predigt übliche Einschätzung des Erasmus betrachtet werden: "Erasmus war ein großer Frevler, glaubte wenig an Jesus Christus und noch weniger an die Heiligen ...; doch nun ist er an einem Ort, wo er für seinen Unglauben bestraft wird."[29]

Mehr oder weniger differenzierte Aussprüche und Sentenzen dieser Art traten in den Jahren 1536-1548 an Stelle der massiven Attacken und voluminösen Werke, die für die vorhergehenden fünfzehn Jahre charakteristisch gewesen waren.[30] Doch ab 1548 lebte die antierasmische Polemik wieder auf. Im Laufe von fünfzehn Jahren ließ sie die folgende Reihe sowohl hinsichtlich Engagement als auch Umfang beachtlicher Schriften entstehen:

1548 *Opusculum de veneratione et invocatione sanctorum in Desiderium Erasmum Roterodamum*, ein von dem Kanonisten Antonio Solieri aus Carpi, Kanoniker von Bayeux, in Paris veröffentlichtes Buch mit einer Widmung an Kardinal Rodolfo Pio, seit kurzem eines der leitenden Mitglieder des römischen Heiligen Offiziums.[31]

1550-55 *Annotationes in Novum Testamentum* [contra Erasmum], die Guglielmo Sirleto, Kustos der Vatikanischen Bibliothek, im Auftrag des damaligen Kardinals Marcello Cervini zur Verteidigung der Vulgata schrieb.[32]

---

cardinalis Caietani, S. 152, 204f., und passim, zit. von Lauchert, *Luthers Gegner*, S. 63, 65f., und im Traktat *De veneratione sanctorum*, S. 31-88, zit. von Lauchert, *Luthers Gegner*, S. 84. Übrigens wurde Luther selbst im Umfeld der tridentinischen Diskussionen des Pelagianismus beschuldigt, vgl. CT V², S. 212.

[29] Lippomano, *Confirmatione*, fol. 32^r, 33^r, 145^v-146^r, 159^v-160^r.

[30] Hinsichtlich des Traktats *De purissima veritate divinae Scripturae adversus errores humanos* des toskanischen Dominikaners Giovanni Maria Tolosani (BNF, Conventi soppressi, J I 25), dessen Bedeutung hier nicht nochmals wiederholt zu werden braucht, verweise ich auf Camporeale, *Tolosani*.

[31] Paris, Jean André, 1548. Zur Entstehung dieser Schrift und insbesondere zur Geschichte des ihr vorangestellten Briefs an Rodolfo Pio siehe Mercati, *Codici Pico, Grimani, Pio*, S. 42-44. Zum Verfasser siehe Achille Sammarini, *Bibliografia di autori carpigiani*, Carpi 1879-80, S. 153; Tiraboschi, *Biblioteca modenese* V, S. 135f.

[32] BAV, Lat. 6132-6143 und Lat. 6151. Siehe dazu Höpfl, *Sirlets Annotationen*. Eine vollständige Bibliographie zu Sirleto: Backus und Gain, *Sirleto*.

ca. 1555   *Adnotationes et censurae contra interpretationes Erasmi in Novum Testamentum*, Manuskript eines unvollendeten Traktats, das der Humanist Giulio Ercolani den mit "operis Erasmi condemnandis" befaßten Mitgliedern der Indexkongregation zugedacht hatte.[33]

1555   *Tre testimoni fedeli: Basilio Cipriano Ireneo*, ein von dem Literaten Girolamo Muzio geschriebenes und Vittoria Farnese, Herzogin von Urbino, gewidmetes kleines Werk, dessen Hauptziel in der Zurückweisung der von Erasmus vorgenommenen Interpretation von Cyprianus und Irenäus bestand.[34]

ca. 1557/1562   *Oratio adversus impios errores Erasmi et confessionem Augustanam*, Manuskript einer kleinen Abhandlung, in der Gerardo Rambaldi, Bischof von Civita, die Augustinus-Edition von Erasmus (und in zweiter Linie auch die Edition des Traktats *De civitate Dei* von Ludovico Vives) einer theologischen Analyse unterzieht. Die Schrift wurde den Kardinälen Rodolfo Pio von Carpi und Michele Ghislieri, beide Mitglieder des Heiligen Offiziums, gewidmet.[35]

ca. 1559   *De beatissima Virgine*, Manuskript eines von Giulio Ercolani begonnenen Traktats gegen jenen Teil des erasmischen *Novum Testamentum*, der sich auf die Jungfrau bezieht,

---

[33] BVR, R 6, fol. 1ʳ-25ʳ. Auf das Manuskript ist von Kristeller, *Iter italicum* II, S. 130, hingewiesen worden; vom selben Autor nennt Kristeller außerdem (ebd., S. 490) ein im 'Archivio Capitolare Vaticano', G 8, befindliches Werk mit dem Titel *De sacrosanctae basilicae praestantia* und weitere Schriften apologetischen Tenors. Mir ist nicht bekannt, ob eine verwandtschaftliche Beziehung zwischen Giulio Ercolani und Vincenzo Ercolani, Bischof von Sarno, bestand, der von Pastor, *Geschichte der Päpste* VIII, S. 139, in Zusammenhang mit einer Visitation im Jahre 1571 erwähnt wird; es entzieht sich ferner meiner Kenntnis, ob unser Verfasser der Bruder von Giulio Antonio Ercolani, apostolischer Protonotar und Kanonikus von San Pietro zu Bologna, war; vgl. Giovanni Fantuzzi, *Notizie degli scrittori bolognesi*, Bologna 1785, Bd. 5, S. 274f. (siehe auch Anm. 51).

[34] Bartolomeo Cesano, Pesaro, 1555. Vielleicht wurde mit der Widmung dieses kleinen Werks antierasmischer Polemik an Vittoria Farnese eine Korrektur der Dedikation der italienischen Fassung der *Institutio christiani matrimonii* von Erasmus (Venedig, Francesco Rocca e fratelli, 1550) an dieselbe Fürstin beabsichtigt. Denn durch die sich abzeichnende Verurteilung aller Werke von Erasmus mußte sich Vittoria Farnese in arger Verlegenheit fühlen. Zu Muzio siehe Alessandro Morpurgo, *Girolamo Muzio*, Triest 1893.

[35] BAV, Ottob. lat. 887 (auf das Manuskript ist von Kristeller, *Iter italicum* II, S. 415, hingewiesen worden). Zur Datierung vgl. Mercati, *Codici Pico, Grimani, Pio*, S. 47. Kristeller, *Item italicum* II, S. 120, weist auf ein anderes Manuskript desselben Autors, einen Kardinal Morone gewidmeten Traktat *De invocatione sanctorum*, in BNR, Fondi minori 59 (1626) hin. Zu Rambaldi siehe Luigi Federici, *Elogi istorici de' più illustri ecclesiastici veronesi*, Verona 1818-19, Bd. 3, S. 13A, und Scipione Maffei, *Verona illustrata*, Mailand 1825, Bd. 2, S. 392.

insbesondere gegen die Übersetzung und Interpretation des ersten Kapitels des Lukasevangeliums.[36]

ca. 1560/1570 *In omnes Divi Hieronymi Epistolas eruditissima scholia, in quibus mille et amplius menda, quibus eas deformatas reliquit Erasmus, tolluntur, sexcentis eiusdem erroribus confutatis*, eine Sammlung von Anmerkungen, mit denen der Humanist Mariano Vittori aus Rieti seine zwischen 1565 und 1571 in Rom veröffentlichte Ausgabe der Briefe des hl. Hieronymus versah. Auch die der Edition vorangestellte *Vita Divi Hieronymi, olim falso ab aliis relata* ist als Gegenstück zur *Vita Hieronymi* von Erasmus zu verstehen. Mariano Vittori bereitete diese römische Edition der Briefe des hl. Hieronymus und seiner Traktate gegen die Häretiker im Auftrag von Pius IV. vor.[37]

1562 *Ad Reverendissimos Tridentinae Synodis legatos et Antistites epistola*, ein Brief, den der sizilianische Benediktinerabt Francesco Maurolico schrieb, um — unter anderem — die Verurteilung des Erasmus durch den Index von Paul IV. zu kommentieren.[38]

In dem Kapitel, das wir der ersten, zwischen 1520 und 1535 anzusetzenden Phase der gegen Erasmus gerichteten Polemik gewidmet haben, wurde auf eine Einzelanalyse der Dokumente verzichtet und statt dessen eine globale Bewertung vorgenommen. Dieses Verfahren werde ich auch auf den zweiten Zyklus der gegen Erasmus gerichteten Schriften anwenden. Die Dokumente

---

[36] BVR, R 6, fol. 25ʳ-42ʳ. Der kleine Traktat *De beatissima Virgine* (oder *De laudibus beatissimae Virginis*) ist von einem Bibliothekar des 18. Jh. der BVR als "tractatus auctoris anonymi" katalogisiert worden. Trotzdem ist wahrscheinlich, daß es sich um ein Werk Ercolanis handelt, da es von derselben Hand geschrieben worden ist, die auch eine Reihe von Korrekturen, bei denen es sich zweifellos um solche des Autors handelt, in dem mit ihm zusammengebundenen Traktat der *Adnotationes et censurae contra interpretationes Erasmi in Novum Testamentum* von Ercolani, vorgenommen hat. Hinsichtlich der Datierung berufe ich mich einerseits auf die Tatsache, daß in der Einleitung von Paul IV. als verstorbenem Papst die Rede ist, andererseits auf die Überlegung, daß eine Abhandlung dieses Tenors nur im Rahmen der Diskussionen um die Erstellung der Indexe verbotener Bücher von Paul IV. und Pius IV. sinnvoll sein kann.

[37] *Epistolae divi Hieronymi Stridoniensis, et libri contra haereticos, ex antiquissimis exemplaribus mille et amplius mendis ex Erasmi correctione sublatis, nunc primum opera ac studio Mariani Victorii reatini emendati eiusdemque argumentis et scholiis illustrati. Adiecta est operis initio vita divi Hieronymi, olim falso ab Erasmo aliisque relata, quam idem Marianus ex eius scriptis collectam primus edidit*, Rom, In aedibus Populi Romani (Paolo Manuzio), 1565-1571. Die Anmerkungen, erklärtermaßen antierasmisch, finden sich im Anhang zum dritten Band, Rom 1565, S. 283-458; die *Vita divi Hieronymi*, in polemischer Anspielung auf die *Vita* von Erasmus verfaßt, steht am Anfang des ersten Bandes, fol. aʳ-b3ʳ. Auf Autographe von Vittori hat Kristeller, *Iter italicum* II, S. 229, 348, 451, hingewiesen. Zum Verfasser siehe Sacchetti Sassetti, *Vittori*.

[38] *Sicanicarum rerum compendium Maurolyco abbate siculo authore*, Messina 1562, fol. 218ʳ-220ᵛ (vgl. Caponetto, *Spadafora*, S. 229).

dieses zweiten sollen bei der Interpretation in Verbindung mit denen des ersten Zyklus gesehen werden, um die Analogien und Divergenzen zwischen den beiden Phasen der Kontroverse festzustellen.

IV

Ruchloser Ketzer. Weggefährte der neuen Häretiker, Schismatiker und Ungläubigen. Verbreiter neuer Lehren und Sohn des Teufels. Anstifter zum Abfall vom Glauben. Aus dem Schoße der Kirche Verstoßener. Böser Geist. Meister einer vom Teufel stammenden Bestialität. Tollwütiger Hund. Gefährte der Satansschüler. Gotteslästerer. Barbar. Abtrünniger. Verdorbener Apostat. Urheber gottloser und ketzerischer Ideen. Verbreiter von aus der Hölle stammenden Neuheiten. Förderer des Kriegs gegen den Himmel und des Weltbrandes. Blasphemischer Schreiber, der sich des hl. Hieronymus bedient, die Evangelisten der Lüge, des hl. Johannes Chrysostomos, die Jungfrau der Sünde zu bezichtigen. Verächter und Verfälscher von Gottes Wort. Vorkämpfer derer, die die Heilige Schrift besudelt haben. Einer aus jener Brut, die versucht, die Gelübde abzuschaffen. Aus keiner theologischen Schule, sondern aus der Hölle hervorgegangen. Vorzüglicher Nachahmer Epikurs, der glänzend und wohlgenährt aus den Freudenhäusern und Tavernen Deutschlands herunterkommt, um jede Art von Religion zu beseitigen und entwurzeln. Ungeheuer aus Deutschland. Neidisches und böses Lästermaul. Den Lutheranern immer sehr gefällig. Harpyie, die die Heilige Bibel und die Schriften der Kirchenväter mit Anmerkungen, kritischen Bemerkungen und Vorworten beschmutzt hat. "Familiaris inimicus", der sich zum Katholizismus bekennt, um sein Gift als Gegengift auszugeben, und während er mit der einen Hand Brot anbietet, schleudert die andere einen Stein.[39]

Diese kleine Auswahl von Werturteilen, die wir den im vorhergehenden Abschnitt genannten Texten entnommen haben, läßt die Höhepunkte erkennen, die die gegen Erasmus geführte Polemik in ihrer zweiten Phase erreichte. Der Leser, der mit kontroverstheologischen Formulierungsgewohnheiten vertraut ist, wird aus unserer Zitatensammlung die Schlußfolgerung ziehen, daß die Auseinandersetzung noch verhältnismäßig "moderat" geführt wurde. Dieser "gemäßigte" Ton hängt vermutlich damit zusammen, daß die

---

[39] Muzio, *Tre testimoni*, fol. 105ʳ, 93 bisʳ (= M5ʳ), 93ʳ (= M4ʳ), 88ᵛ, 82ʳ, 80ʳ, 78ᵛ, 77ᵛ, 78ʳ, 68ᵛ, 67ʳ, 65ᵛ, 65ʳ; Ercolani, *Contra interpretationes Erasmi*, fol. 3ʳ, 4ʳ; ders., *De Virgine*, fol. 27ʳ, 34ʳᵛ, 40ʳ, 40ᵛ: "[Erasmus] ex lustris propinisque germanicis, velut ex altera schola veterum et sanctorum patrum, venit ad nos pinguis et nitidus imitator egregius Epicuri, qui infringi, tolli et penitus destrui omnem religionem vellet". Maurolico, *Epistola*, fol. 218ʳᵛ: "Sacra Biblia, theologorum tot et tanta volumina, quippe quae a praedictis harpiis contaminata atque postillis, censuris et praefationibus infecta, ne quid suspicionis superesset, aut funditus abolenda aut incendio tradenda fuerunt". Vittori, *Epistolae Hieronymi*, Widmungsbrief an Pius IV.: "Nulla maior pestis ... quam familiaris inimicus. Huius generis Erasmus Rhoterodamus fuit, qui catholici hominis partes professus, antidoti nomine venenum fudit: et altera manu panem ostendens, altera lapidem iecit".

Erasmus-Kritiker der zweiten Generation auf dem Werk ihrer Vorgänger der Jahre 1520 bis 1535 aufbauen konnten und somit von der schwierigsten Aufgabe befreit waren, nämlich der theologischen Einordnung von Erasmus. Sie schien Mitte des Jahrhunderts unumstößlich festzustehen. Auch wenn der Vorwurf des Unglaubens ("infidelitas", "impietas") manchmal den der Ketzerei ersetzte, hatten die Polemiker der zweiten Generation von ihren Vorgängern doch die Auffassung übernommen, daß Erasmus in theologischer Sicht mit den Urhebern der Reformation gleichzustellen sei. Diese Überzeugung bildete die Prämisse ihrer Beiträge zur Auseinandersetzung mit Erasmus.

Die Kontinuität zwischen den beiden Phasen der Kontroverse findet in der Wiederkehr bestimmter Formeln — etwa die Annäherung von Erasmus an die "Lutheraner"[40] — und der Neuauflage bestimmter Vorwürfe — wie der des Arianismus[41] — Ausdruck. Insbesondere die *reductio Erasmi ad Lutherum* erreichte im zweiten Zyklus eine ans Groteske grenzende Einseitigkeit. Der Traktat *Adversus impios errores Erasmi* etwa, der schon im Titel Erasmus mit dem Augsburger Bekenntnis verbindet, belegt, wie der Bischof Gerardo Rambaldi gewichtig und hartnäckig gegen einen Erasmus kämpft, der "tollit liberum arbitrium".[42]

Die zweite Phase der antierasmischen Kontroverse war allerdings mehr als eine einfache Verlängerung der ersten. Tatsächlich hatte sie innerhalb der Diskussion eine spezifische, von neuen Aufgaben bestimmte Funktion.

In den Jahren zwischen 1520 und 1535 bestand die eigentliche Absicht der Kontroverse darin, den Nachweis zu erbringen, daß Erasmus als Theologe der Reformation betrachtet werden müsse, um damit die Voraussetzungen für seine Verurteilung durch die Kirche zu schaffen. Die Auseinandersetzung wurde argumentativ geführt, man zitierte Erasmus ausführlich und stellte Textvergleiche an. Ein Werk wie die *Tres et viginti libri in locos Erasmi retractandos* von Alberto Pio kommt deshalb einer

---

[40] Dieses Thema wird vor allem in den Schriften von Solieri, *De veneratione sanctorum*, von Rambaldi, *Adversus errores Erasmi*, von Muzio, *Tre testimoni*, entwickelt, und außerdem im Brief des Abtes Maurolico.

[41] Höpfl, *Sirlets Annotationen*, S. 112.

[42] Rambaldi, *Adversus errores Erasmi*, fol. 2ᵛ-11ᵛ, insbesondere fol. 5ʳ: "Quare nunquam debuerat Erasmus, si recta patres legit, quorum multa edidit volumina, animum inducere ut scriberet quod viva Christi membra non habeant propria merita"; fol. 8ᵛ: "Ita patet ut Pelagius et Erasmus alter ad dexteram alter ad sinistram declinavit. Nam tollens Erasmus merita, liberum arbitrium tollit"; fol. 11ᵛ: "Quid igitur Erasmus pelagianos appellat, qui merita iustorum hominum laudant? Voluit autem calumniator, id quod nunc eius sectatores affirmant, coronam sola misericordia hominibus a Christo donari" (das letzte Zitat steht in Verbindung mit dem Thema der göttlichen Barmherzigkeit, das ich im 6. Kapitel behandelt habe). Diese Einwände von Bischof Rambaldi bezogen sich auf eine Randbemerkung von Erasmus in seiner Ausgabe von Augustinus, Basel, Froben, 1528. Im ersten Band dieser Augustinusausgabe, S. 529, hatte Erasmus einem Satz von Augustinus ("Non enim nunc de fide, sed de vita dicere institui, per quam meremur scire quod credimus") folgende Randbemerkung hinzugefügt: "Meremur: ita Pelagius".

reichhaltigen Anthologie der religiösen Gedanken von Erasmus gleich. In der zweiten Phase der Auseinandersetzung hingegen wurde die Zugehörigkeit des Humanisten zum Umfeld der Reformation schon als gegeben vorausgesetzt. Das Verfahren war nicht mehr argumentativ, sondern axiomatisch. Die Kenntnis des Opus von Erasmus war äußerst begrenzt. Oft beschränkte man sich auf einen einzigen Text. Die Zitate waren punktuell und deshalb kaum repräsentativ. Die großen Werke des Humanisten, etwa die *Colloquia* oder das *Encomium Moriae*, wurden übergangen oder an den Rand der Debatte gedrängt. Die Aufmerksamkeit konzentrierte sich auf seine kommentierte Ausgabe des Neuen Testament sowie seine Editionen der Kirchenväter.

Wie ist diese Wandlung in der Sprache und in den Zielen der Kontroverse zu verstehen?

V

Die zweite Welle der antierasmischen Schriften wurde von Männern angeregt und gefördert, die die Geschicke der Kirche lenkten — von Päpsten und Kardinälen. Daß sie es waren, die hinter Literaten wie einem Sirleto oder einem Vittori standen, verleiht einigen der oben von uns aufgeführten Schriften den Charakter von offiziellen oder offiziösen Stellungnahmen, denn es handelt sich tatsächlich um Auftragswerke, welche die Indices von Paul IV. (1559) und Pius IV. (1564), deren berühmtestes Opfer Erasmus war, begleiten und kommentieren sollten.[43] Folglich gehören die Dokumente, mit denen wir uns in diesem Kapitel beschäftigen, primär in eine (noch zu schreibende) Geschichte der Beziehungen zwischen Erasmus und der

---

[43] Wie sich das Verbot der Werke von Erasmus in den verschiedenen Indices entwickelte, ist von Grendler und Grendler, *Erasmus in Italy*, S. 2-6, nachgezeichnet worden. Die Autoren werten den Index von Pius IV. als moderate Lösung des durch das Corpus der Schriften von Erasmus dargestellten Problems und heben die Liberalität dieses Index im Vergleich zu demjenigen von Paul IV. hervor. In der Praxis jedoch wurden die bereinigten Ausgaben der Werke von Erasmus, deren Zirkulation der Index von Pius IV. erlaubte, niemals veröffentlicht, ausgenommen die von Paolo Manuzio gesäuberten *Adagia* und *Apophthegmata* (die zudem auf eine Art bereinigt waren, daß es zweifelhaft ist, ob sie noch als Werke von Erasmus betrachtet werden können, vgl. S. 439). Zumindest in Italien blieb der Index von Paul IV. in der Erinnerung der Zeitgenossen als die Norm bestehen, an der sich Inquisitoren und als Inquisitoren fungierenden Bischöfe bei ihrem Vorgehen orientierten, eine Norm, der Index von Pius IV. nicht widersprach (siehe Kap. 13 und Anm. 78 des vorliegenden Kapitels). Mir sind nur sehr wenige Fälle von Lesern und Bewunderern des Erasmus bekannt, die sich, als sie vom Heiligen Offizium verfolgt wurden, auf den Index von Pius IV. als eine Norm beriefen, die den vorhergehenden Index abschwächte. Zwei von ihnen sind Nicolò Franco und Girolamo Borri (vgl. S. 352-354, 404). Insbesondere Girolamo Borri schreibt in seiner Selbstverteidigung vom 23. August 1564 (AAP, Fasz. 1), daß sein Bruder Silvio und andere Zeugen der Anklage ihm zur Last legten, "die Werke des heiligen Augustinus mit den Briefen des Erasmus und andere ähnliche [Bücher], verboten allein wegen der Briefe, ... wegen der Anmerkungen, wegen der Übersetzungen oder wegen anderer ähnlicher Dinge", besessen zu haben, und verteidigt sich mit dem Hinweis, daß man diese Bücher "behalten dürfe kraft des zweiten und dritten Index, deletis nominibus".

katholischen Kirche und nur sekundär in die Geschichte der Beziehungen zwischen Erasmus und der italienischen Kultur.[44]

Es soll nun untersucht werden, welche Belege dafür angeführt werden können, daß es sich bei den Mitte des Jahrhunderts gegen Erasmus gerichteten Texten um offizielle oder offiziöse Stellungnahmen handelt. Der Kustos der Vatikanischen Bibliothek und spätere Kardinal Guglielmo Sirleto übernahm 1550 im Auftrag des Kardinals Marcello Cervini, der später als Marcellus II. Papst wurde, die Aufgabe, das *Novum Testamentum* von Erasmus zu analysieren, es zu widerlegen und zu beweisen, daß die Vulgata ihm überlegen sei.[45] Die Arbeit von Sirleto, der in fünf Jahren dreizehn Bände mit gelehrten Anmerkungen füllte, wurde direkt aus der päpstlichen Kasse bezahlt.[46] Über Cervini, der päpstlicher Nuntius in Trient war, nahmen die Konzilsväter die Ergebnisse dieser Arbeit auf und integrierten sie bei der Ausarbeitung der Canones.[47] Giulio Ercolani, der zweite Kritiker der Erasmus-Ausgabe des Neuen Testaments auf unserer Liste, behielt bei seiner Arbeit die Indexkongregation im Auge. Als diese sich an die Aufgabe machte, "die Schriften des Erasmus zu verurteilen", ließ Ercolani den der Kongregation angehörenden Kardinälen seine *Adnotationes et censurae contra interpretationes Erasmi in Novum Testamentum* zukommen. Die Aussicht, damit in Konkurrenz zu Sirleto zu treten, der durch seine Beziehung zu Cervini und die Möglichkeit, die Kodizes der Vatikanischen Bibliothek zu nutzen, bevorteilt war, konnte Ercolani nicht von seinem Vorhaben abhalten. Der Gelehrte vertraute darauf, daß die hochgestellten Empfänger seine Arbeit nicht als Repetition, sondern als Ergänzung des Parallelunternehmens betrachten würden.[48] In Kreisen der Kurie muß man einen so dringlichen Bedarf an antierasmischen Schriften gehabt haben, daß die Furcht vor Wiederholungen oder doppelter Arbeit verdrängt wurde.

Dieser Nachfrage seitens der Kurie kam auch der ebenfalls von Giulio Ercolani verfaßte Text mit dem Titel *De beatissima Virgine* entgegen, eine Schrift, die sich voller scharfer Polemik mit den Stellen aus dem erasmischen *Novum Testamentum* auseinandersetzt, die sich auf Maria beziehen. Ercolani verfaßte den Text, um ein Paul IV. gegebenes Versprechen einzulösen und sich nachträglich dem Papst gegenüber dankbar zu zeigen, der einem seiner Brüder ein Kanonikat an der (Bologneser?) Cattedrale di San Pietro übertragen hatte.[49] Auf ähnliche Weise ließ Gerardo Rambaldi,

---

[44] Selbstverständlich wird hier nicht eine systematische Darstellung der Diskussion über Erasmus innerhalb der katholischen Kirche angestrebt. Die Dokumentation der Vatikanischen Bibliothek und des Vatikanischen Archivs konnte ich nicht erschöpfen.

[45] Höpfl, *Sirlets Annotationen*, S. 12-16.

[46] Höpfl, *Sirlets Annotationen*, S. 25.

[47] *CT* X[1], S. 935, 938, 951; Denzler, *Sirleto*, S. 17-21.

[48] Ercolani, *Contra interpretationes Erasmi*, fol. 1[r]: "Cuius [Erasmi] scriptis condemnandis cum videam vos supersedere, patres, decrevi haec nostra qualiacumque sint in manus vestras dare. Puto enim non pauca esse quae alii non attigerint aut aliter attigerint".

[49] Ercolani, *De Virgine*, fol. 26[r].

Bischof von Civita, indem er seine gegen Erasmus gerichtete Schrift den Generalinquisitoren Rodolfo Pio von Carpi und Michele Ghislieri (dem späteren Pius V.) widmete, durchblicken, daß er darauf vertraute, einem Bedürfnis des Heiligen Offiziums entgegenzukommen. Das von Rambaldi verfolgte Ziel bestand darin, den beiden Kardinälen Argumente zur Verfügung zu stellen, mit denen sich nachweisen lassen sollte, daß die von Erasmus erstellte Edition der Werke von Augustinus gottlos, fehlerhaft und deshalb von der Kirche auszumerzen sei.[50]

Die Arbeit von Gerardo Rambaldi hat mit der von Giulio Ercolani gemein, daß sie sich ebenso wie diese als Antizipation eines größeren Werks darstellt. Die beiden Literaten signalisierten ihre Bereitschaft, sich einer systematischen Widerlegung von Erasmus zu widmen, sobald sie den Auftrag dazu bekämen. Mit ihren Traktaten, beide unvollendet, bewarben sich Rambaldi und Ercolani also um den offiziellen Auftrag, Erasmus auf dem Feld der Bibelphilologie (Ercolani) bzw. dem der Patristik und Kirchengeschichte (Rambaldi) zu widerlegen. Um sich auf die Kritik der von Erasmus besorgten Augustinus-Edition zu konzentrieren, hatte Bischof Rambaldi eine Streitschrift gegen das Augsburger Bekenntnis, der er sich vorher gewidmet hatte, unvollendet gelassen. Gegen Erasmus zur Feder zu greifen, erschien ihm offenbar zu jenem Zeitpunkt eine lohnendere geistige Beschäftigung, als gegen die lutherischen Kirchen zu schreiben. Diese Schlußfolgerung wird von der Stelle in Ercolanis Traktat über die Jungfrau Maria bestätigt, an der er sich auf Paul IV. bezieht; man gewinnt dort den Eindruck, daß dieser Papst sich sehr darum bemühte, Autoren zu finden, die die nötigen Qualitäten hatten, um gegen Erasmus schreiben zu können.[51] Doch offenbar dachte man weder von Rambaldi noch von Ercolani, daß sie der Aufgabe gewachsen wären; jedenfalls wurde keine ihrer antierasmischen Schriften in Druck gegeben.

Eine Aufgabe im Rahmen der päpstlichen Initiativen gegen Erasmus erhielt statt dessen der Humanist Mariano Vittori. Im Auftrag von Pius IV. ließ er eine Hieronymus-Ausgabe drucken, die sich als Alternative zu der berühmten Basler Ausgabe von 1516 präsentierte. Mit der Ernennung zum Bischof von Amelia (1571) und danach zum Bischof von Rieti (1572) wurde Vittori vermutlich für die jahrelange Arbeit, die er in das Unternehmen investierte, belohnt. Der an Pius IV. gerichtete Widmungsbrief ließ noch

---

[50] Rambaldi, *Adversus errores Erasmi*, fol. 1ᵛ-2ʳ: "Siquidem ea semper mea fuit sententia, ut ad ecclesiae beneficium plurima, quae in praeclaris Augustini operibus ab hac impiorum nepharia conspiratione sparsa sunt, a vobis, quos summus pontifex elegit, ut haereses corrigatis, et qui obstinate in ipsis perseverant, puniatis ..., illa inquam ut impia et erroris plena declarentur et extra ecclesiam eiiciantur".

[51] Ercolani, *De Virgine*, fol. 26ʳᵛ: "Hoc ... modo me non oblitum immemoremque factum esse ostendam, cum immensae benignitatis Pauli IIII pont. max. erga fratrem, quem ad summum canonicatus honorem basilicae Petri evexit, tum promissionis meae, qui iam tum illi viventi literis et carminibus, quasi quibusdam primitiis, quas illi obtuli, prae me ferebam talem, qui scribere possem in Erasmum, in luteranos dissidentesque omnes ab Ecclesia sancta".

einmal die Verbindung zwischen dieser verlegerischen Initiative und dem Verbot der Werke des Erasmus deutlich werden. Mariano Vittori präsentierte seine Arbeit wie eine nachträgliche Rechtfertigung des Index der verbotenen Bücher. Da der Heilige Stuhl die von Erasmus erstellte Edition verurteilt habe, so die Erklärung des Gelehrten, sei der Nachweis angebracht, daß hinter einer solchen Maßnahme nicht Mißgunst oder Willkür stünden, sondern die Feststellung, daß die Schriften von Erasmus "erfüllt und verseucht von Irrtümern, Fehlern und falschen Lehren" seien, dergestalt, daß die Gläubigen, die sie in die Hand nähmen, "statt Nahrung daraus zu ziehen, ihr Gift aufsögen". Es gelte auch zu zeigen, fuhr Vittori fort, daß die katholische Kirche nicht allein zu destruktiven Maßnahmen, und eine solche sei das Einziehen von Büchern, sondern auch zu konstruktiven Schritten in der Lage sei, indem sie diese Schriften durch andere ersetze, die wissenschaftlich wertvoller und dem Heil förderlicher seien.[52] Der offizielle Charakter dieser Ausgabe, schon in der Widmung so überdeutlich, wird des weiteren dadurch bestätigt, daß die Kardinäle Guglielmo Sirleto, Giovanni Morone und Marco Antonio Amulio dem Herausgeber Mariano Vittori bei der Ausführung seines Unternehmens mit Rat und Tat zur Seite standen.

Aus dem Gesagten ergibt sich eindeutig, daß sich in der zweiten Phase der Auseinandersetzung mit Erasmus das Verhältnis zwischen Polemikern und Kirchenfürsten umgekehrt hatte. In der ersten Phase ging die Initiative von den Autoren aus, die mit geringem Erfolg versuchten, Päpste und Kardinäle in ihre Kampagne einzubeziehen; nun ergriff die Führung der Kirche die Initiative und lenkte die auf dem Markt verfügbaren intellektuellen Potenzen mit Belohnungsversprechen auf die Auseinandersetzung mit Erasmus. Diese Feststellung gilt nicht für die beiden Autoren, die am Rande der Szene wirkten, Antonio Solieri und Girolamo Muzio, wie sehr sich auch ihr Beitrag, zumindest tendenziell, in den von uns rekonstruierten Rahmen einordnen mag.[53]

---

[52] Vittori, *Epistolae Hieronymi*, Widmungsbrief an Pius IV.: "Movit ... nos ad hoc opus peragendum multum, quod cum Apostolica haec Sedes, a qua, uti a ceterarum matre, fidei doctrina omnis emanat, indicem librorum qui legi aut reiici debeant, edidisset, et virus ab alimento secrevisset, consentaneum videbatur, ut aliqua ratione ostenderet, se id iure fecisset, et libros non ob livorem aut commodum aliquod proprium, ut criminantur haeretici, reiecisse, sed quod erroribus, mendis et doctrinis falsis repleti et maculati illi essent, propereaquod alimentorum loco venenum fideles inde acciperent. Additur huic rationi altera ab ea dependens, quae nos permovit, nihilo minor: quod necessarium nobis videbatur eorum os obstruere, qui Romanam Ecclesiam aptam quidem esse ad demoliendos, non autem ad restituendos dicerent libros. Voluimus enim facto ipso ostendere, hanc solam Ecclesiam vere esse, quae ex Christi oratione illudi non possit, et a qua ceterae illusae veritatem edoceri et confirmari in fide debeant; et quod si Erasmi lectionem fidelibus interdixit, iure optimo interdixit".

[53] Antonio Solieri widmete seine Abhandlung Kardinal Rodolfo Pio, der kurz zuvor in das das Heilige Offizium leitende Kardinalsgremium berufen worden war (Pastor, *Geschichte der Päpste* V, S. 711, Anm. 1); Girolamo Muzio hatte, als er sein Buch Vittoria Farnese widmete, vielleicht Kardinal Farnese, den mächtigen Verwandten der Herzogin von Urbino, im Auge.

VI

Warum jedoch waren Päpste und Kardinäle daran interessiert, die gegen Erasmus gerichtete Polemik zu fördern? Die These, daß die Kirchenführung das Bedürfnis verspürt habe, vor einer vollständigen Verurteilung — die Erasmus mit dem Index von Paul IV. traf und im wesentlichen durch den Index von Pius IV. bestätigt wurde — theologische Gutachten einzuholen, ist unhaltbar. Keines der Dokumente, die zu der zweiten Welle des antierasmischen Schrifttums gehören, kann als theologisches Gutachten charakterisiert werden, mit Ausnahme des Werks von Antonio Solieri, der vom Schauplatz der entscheidenden Ereignisse weit entfernt war und nur einen schwachen Abklatsch der Schrift von Alberto Pio vorlegte. Es steht auch nicht zu vermuten, daß die Indexkongregation hinsichtlich Erasmus einen Bedarf an theologischer Beratung hatte, da sie über Gutachten in ausreichender Zahl verfügte. In den Quellen finden sich nämlich präzise Hinweise darauf, daß sich die Kongregation bei ihrer Arbeit der gegen Erasmus gerichteten Schriften aus den zwanziger Jahren des Jahrhunderts bediente, wobei sie sich insbesondere nach den Stellungnahmen großer theologischer Fakultäten wie der Sorbonne richtete,[54] aber auch Werke wie die von Zúñiga berücksichtigte.[55] Dreißig oder vierzig Jahre alte theologische Kontroversen und Urteile wurden wieder aktuell und von der Indexkongregation als Orientierungshilfen bei ihren Entscheidungen herangezogen.

Durch die Übernahme solcher Urteile war der Ausschluß des Erasmus aus dem Kreis der Rechtgläubigen so gut wie vollzogen. Seine schöpferisch bedeutsamsten theologischen Werke standen somit nicht mehr zur Debatte. Mit Ausnahme von Antonio Solieri, bei dem es sich um eine Randfigur handelt, beschäftigte sich tatsächlich keiner der Polemiker der zweiten Generation mit dem *Enchiridion* oder den *Colloquia*. Auf der Basis der uns bisher bekannten Quellen müssen wir als Tatsache hinnehmen, daß es in der tridentinischen und posttridentinischen Ära keine repräsentative Persönlichkeit der katholischen Kirche in Italien gewagt hätte, eine Schrift wie das *Enchiridion* zu verteidigen. Theologische Ansätze dieser Art wurden nicht mehr diskutiert.[56]

---

[54] BAV, Lat. 6207, insbesondere fol. 167ʳ-168ᵛ. Dieser Kodex, der Stellungnahmen und "correctiones" bezüglich der Tätigkeit der Indexkongregation in der zweiten Hälfte des 16. Jahrhunderts sammelt, enthält auch eine Reihe kommentierter Eingriffe der Zensur in das Vorwort von Erasmus zu den Paraphrasen zum Matthäusevangelium (Simoncelli, *Indice*). Nun sind diese zensierten Stellen nichts weiter als ein Exzerpt aus den Beanstandungen, die die Sorbonne 1526 gegenüber Erasmus formuliert hatte (vgl. S. 241f., 346). Die Indexkongregation, konfrontiert mit dem Problem der Übersetzung der Heiligen Schrift in die Volkssprachen, griff also auf das mehrere Jahrzehnte alte Urteil der Sorbonne über Erasmus zurück.

[55] Höpfl, *Sirlets Annotationen*, S. 76.

[56] Bei einer Sitzung des tridentinischen Konzils im Jahre 1546 unterstützte der Römer Jacopo Cortesi, Bischof von Vaison, den Vorschlag, eine *lectio theologalis* in den einzelnen Diözesen einzurichten (*CT* V², S. 117). Aus den Regesten der Sitzung geht hervor, daß dieser Bischof als

Die Verurteilung von Erasmus war also eine ausgemachte Sache, und es blieb nur die Frage, wie weit sie gehen würde. Die Entscheidung, ob sie sein ganzes Werk oder Teile davon betreffen sollte, war noch offen. Als Philologe und Herausgeber hatte sich der große Humanist mit einem Schrifttum befaßt, das unverzichtbarer Teil der kirchlichen Überlieferung war. So hatte er die Werke der Kirchenväter — darunter die *opera omnia* von Hieronymus, Augustinus, Irenäus und Cyprianus — herausgegeben sowie als erster den griechischen Text des Neuen Testaments publiziert und in das Zentrum der Exegese gestellt. Auf die Rettung dieses Teils seines Lebenswerks konzentrierten sich die Freunde, die Erasmus noch immer in der Kirche hatte.

Nur in ganz seltenen Fällen wagten die italienischen Erasmus-Anhänger, sich zu seiner Verteidigung zu Wort zu melden.[57] Doch seine Ausgaben der Kirchenväter und sein *Novum Testamentum* eigneten sich für verdeckte Parteinahme, bei der die Absicht, ihm eine gewisse Daseinsberechtigung in der Kirche zu erhalten, mit Nützlichkeitserwägungen bemäntelt wurde. Solche Argumentationen zurückzuweisen, machten sich die Polemiker der zweiten Generation zur Aufgabe. Sie griffen für die Partei der Unnachgiebigen zur Feder, unterstützten die Befürworter einer vollständigen Verurteilung des Erasmus. Obwohl diese Vertreter eines harten Kurses die Vormachtstellung innehatten, konnten sie es sich doch nicht erlauben, die "defensores Erasmi" ganz zu ignorieren.[58] Die Aufgabe, sich mit diesen auseinanderzusetzen, wurde daher qualifizierten und erwiesenermaßen rechtgläubigen Gelehrten wie Sirleto und Vittori übertragen. Ihre Werke waren Teil der kircheninternen Debatte, welche die Verurteilung des Erasmus durch die Indexe von Paul IV. und Pius IV. begleitete. Die im vorliegenden Kapitel behandelten Dokumente vermögen uns einen gewissen Eindruck von dieser Debatte, deren Verlauf ansonsten völlig im dunkeln liegt, zu vermitteln.

Aus den Schriften, die zur zweiten Phase der Polemik gehören, können wir zum Beispiel entnehmen, daß eines der zur Verteidigung von Erasmus ins Feld geführten Argumente der Hinweis auf das wissenschaftliche Niveau seines *Novum Testamentum* war. Die Kirche könne zwar die darin enthaltenen Interpretationen zurückweisen, sich aber doch der in dem Werk zum

---

Lektüretext bei derartigen Lesungen das *Enchiridion militis christiani* von Erasmus vorschlug. Dieser Vorschlag steht in so diametralem Gegensatz zu der damaligen Bewertung des *Enchiridion* seitens der Kirche, daß er mit äußerster Vorsicht betrachtet werden muß. Trotz der Autorität von Jedin (*Konzil von Trient* II, S. 463) neige ich dazu, mich der Meinung der Herausgeber der Konzilsakten anzuschließen, die der Auffassung sind, daß der Name Erasmus ein Versehen des protokollierenden Schreibers sei, und vermuten, daß der Bischof von Vaison sich statt dessen auf das *Enchiridion locorum communium* von Johannes Eck bezog.

[57] Siehe Kap. 11.
[58] Der Ausdruck "defensores Erasmi" kommt bei Maurolico, *Epistola*, fol. 218ʳ (siehe S. 294) und bei Rambaldi, *Adversus errores Erasmi*, fol. 15ᵛ ("Quid dicent Erasmi defensores?"), vor.

Ausdruck kommenden Gelehrsamkeit nicht ganz und gar verschließen.[59] Die Antwort der Unnachgiebigen auf dieses Argument bestand in der punktuellen, häufig pedantischen Analyse, der Guglielmo Sirleto und Giulio Ercolani diese Ausgabe unterzogen. Sie nahmen den lateinischen Text, den Erasmus als Alternative zur Vulgata erarbeitet hatte, unter die Lupe und sichteten peinlich genau die von ihm dazu gemachten Anmerkungen. Das Ziel bestand in beiden Fällen weniger darin, nachzuweisen, daß die Fassung von Erasmus die Glaubenslehre verfälschende Abweichungen enthalte;[60] vielmehr wies man auf Grammatikfehler und auf terminologische und syntaktische Mängel hin. Die von Sirleto und Ercolani veranstaltete Jagd auf Fehler machte aus dem denkwürdigen Werk so etwas wie die von einem unbequemen Schüler abgelieferte Arbeit, die von einem rechthaberisch-kleinlichen Lehrer korrigiert wird. "Infinitos esse qui passim se offerunt erasmianos errores", lautete ihr einstimmig verkündetes Urteil. Dem großen Erasmus sei der Gebrauch des griechischen Artikels unbekannt und die Funktion des Partizips unklar, er verwechsle Worte und könne den Aorist nicht vom Imperfekt unterscheiden — und weiter auf diese Art.[61]

Die Freunde von Erasmus versuchten das *Novum Testamentum* auch dadurch zu verteidigen, daß sie sich auf die Autorität von Leo X. beriefen, der es gebilligt hatte.[62] Hier antworteten die Vertreter der harten Linie, daß Leo X. hinsichtlich Erasmus zwei Fehler vorzuwerfen seien; das eine Mal habe er eine Unterlassungssünde begangen, das andere Mal leichtfertig gehandelt. Die Unterlassung bestehe darin, daß er Erasmus nicht zuvor-

---

[59] Das Argument ergibt sich indirekt aus dem Tenor der *Annotationes in Novum Testamentum* von Sirleto und der *Adnotationes et censurae contra interpretationes Erasmi in Novum Testamentum* von Ercolani. Zu berücksichtigen ist auch, daß Jacopo Nacchianti, Bischof von Chioggia (vgl. Anhang zum Kap. 2, S. 67-69), bei einer Sitzung des Tridentinischen Konzils im Jahre 1546 im Laufe einer Diskussion über die zu genehmigenden Ausgaben der Heiligen Schrift folgende Position vertrat: "Aliae [Bibliae, *scil.* extra Vulgatam] non reiiciantur. Non placet quod secernantur illae editiones [*scil.* Sacrae Scripturae] quae ab haereticis [factae sunt], quia si doctrina, non interpretatio reiicienda ... Ita quia aliae editiones, puta Erasmi, quae a Leone approbata est" (*CT*, V², S. 63). Der Satz bezüglich der von Häretikern besorgten Ausgaben der Heiligen Schrift, die nach Nacchiantis Meinung nicht verboten werden sollten, gibt meines Erachtens nur dann einen logischen Sinn, wenn man von einem Lapsus des Schreibers ausgeht und annimmt, daß die ursprüngliche Formulierung "quia si interpretatio, non doctrina [haereticorum] reiicienda" lautete.

[60] "Non errores Erasmi in facultate theologica persequimur" lautet in der Tat Ercolanis programmatische Erklärung, "sed errores tantum generatim ac per capita subindicamus, qui ex defectu ac ignoratione multarum rerum praesertimque grecae linguae committuntur, cuius peritia atque cognitio non tanta fuit, quanta fuisse perhibitur in hoc homine" (*Contra interpretationes Erasmi*, fol. 1ʳ).

[61] Ercolani, *Contra interpretationes Erasmi*, fol. 1ᵛ, 8ʳ, 16ᵛ, 17ᵛ, 18ᵛ, 19ʳ. Zur Stellungnahme Vittoris siehe S. 295. Weitere Bemerkungen zur Ignoranz und Unfähigkeit von Erasmus finden sich bei Ercolani, *De Virgine*, fol. 30ʳ, und bei Rambaldi, *Adversus errores Erasmi*, fol. 29ʳᵛ, 39ᵛ. Hierzu auch Höpfl, *Sirlets Annotationen*, S. 76.

[62] Vgl. Anm. 59 (Stellungnahme des Bischofs von Chioggia vor dem Konzil) und Reusch, *Index* I, S. 320.

gekommen sei, indem er die Aufgabe der Edition und Kommentierung des Neuen Testaments auf griechisch, "quod alemanica barbaries infeliciter ausa est", nicht einem Gelehrten von erprobter Treue zum katholischen Glauben anvertraut habe; leichtsinnig habe er gehandelt, indem er mit seiner päpstlichen Autorität für ein Werk gebürgt habe, das gefährlich sei. "Atque utinam olim non laudasset quod postea condemnavit!" seufzte der Abt Maurolico und meinte die Haltung, die der Heilige Stuhl zum *Novum Testamentum* eingenommen hatte.[63] In den Augen der unnachgiebigen Kritiker lastete die Verantwortung dafür, die Gefährlichkeit von Erasmus nicht recht erkannt zu haben, nicht nur auf Leo X.; wenn Giulio Ercolani klagte, die umstürzlerischen Ideen des Humanisten seien durch das Stillschweigen und die Gleichgültigkeit derer gefördert worden, die die Pflicht gehabt hätten, ihm Einhalt zu gebieten und ihn unschädlich zu machen, bezog er sich vermutlich auf Paul III. und vielleicht auch auf Clemens VII.[64] In Verbindung mit Erasmus wurde ein ganzes Zeitalter päpstlicher Geschichte mißbilligt.

Doch die Abwertung des Humanisten war die geeignetste Taktik, um Versuchen, Teile seines Werks zu retten, ein Ende zu machen. Eine Taktik, die man nicht nur auf das *Novum Testamentum*, sondern auch auf die Ausgaben der Kirchenväter anwandte, die die Erasmus-Verteidiger dadurch schützen wollten, daß sie geltend machten, sie seien unersetzlich.[65] Wie könne die Kirche auf ihren Gebrauch verzichten, fragten die Erasmus-Anhänger, ohne sich den Errungenschaften der humanistischen Philologie zu verschließen? Was dieses Problem betrifft, muß der Widerstand innerhalb der Kirche gegen die Kulturpolitik, wie sie sich im Index von Paul IV. abzeichnete, besonders hartnäckig gewesen sein, bemerkt doch der Abt Maurolico: "O quoties ego contra defensores Erasmi stomachabor, cum nondum reprobatus esset!" Die "defensores Erasmi" wiesen darauf hin, daß es keinen Kirchenvater, keinen lateinischen oder griechischen Klassiker gebe, von dem Erasmus oder Melanchthon nicht Ausgaben von schon kanonischem Wert erstellt hätten. An diesem Punkt nun nahmen Maurolico und seine Mitstreiter zur Taktik der Abwertung Zuflucht. Erasmus, entgegneten sie, genieße zu Unrecht hohes Ansehen. Sein Werk als Philologe und Herausgeber sei mißglückt. Die Kirche könne gut ohne seine Ausgaben der Kirchenväter auskommen, da sie von Fehlern wimmelten. Ständig wiederholte Vorwürfe der "ignorantia", "inscitia", "imperitia" oder

---

[63] Maurolico, *Epistola*, fol. 218ʳᵛ.

[64] Ercolani, *De Virgine*, fol. 26ᵛ: "Non erat haec mea tunc arrogantia, quae me ita cogebat loqui, sed pietas extimulata multorum scriptorum nostri temporis impudentia, qui multum sibi assumentes audent ... firma stabiliaque inviolabilique semper lege servata confundere retractare rescindere, silentibus et dissimulantibus multis ad quos prosilire in medium pertinebat, qui, si tam temerariis ausis se opposuissent, istos humani generis hostes debellassent".

[65] Reusch, *Index* I, S. 320.

"stupiditas" charakterisieren dementsprechend diese zweite Phase der Polemik gegen Erasmus.

Klar und deutlich zeichnet sich die Taktik, Erasmus herabzusetzen, in dem Vorwort ab, das Mariano Vittori seiner Ausgabe der Briefe des hl. Hieronymus voranstellte. Die Entdeckung verfälschender Ketzereien in der Ausgabe von Erasmus erschien Vittori nicht das grundlegend Neue an seiner Arbeit, denn hier waren ihm andere schon zuvorgekommen — "ut iam [Erasmus] a catholicorum albo eiectus exulet". Originär an seinem Beitrag war hingegen, die "imperitia" und "incuria", die "errores" und "ignorantiae" jenes zu Unrecht berühmten Mannes herausgestellt zu haben. Der Nachweis, wie oft Erasmus sich geirrt habe, wenn er Texte der Kirchenväter emendierte, wie viele Fehler ihm bei deren Interpretation unterlaufen und wie lügenhaft und unverläßlich seine historischen Rekonstruktionen seien — dies war das Ergebnis, auf das Vittori stolz sein zu können meinte.[66] Triumphierend verkündete er, wie hoch er die Gesamtzahl der Änderungen und Berichtigungen ansetze, die er in den ersten drei Bänden der von Erasmus erstellten Ausgabe vorgenommen hatte: eintausendfünfhundert.

Genau an diesem Punkt entzündete sich die Kritik der Polemiker der zweiten Generation an ihren Vorgängern, die zwischen 1520 und 1535 die erste Phase der Kontroverse bestritten hatten. Scharfe Polemik gegen Erasmus war bei diesen häufig mit aufrichtiger, wenn auch etwas widerwilliger Bewunderung einhergegangen. Die Anerkennung seiner überragenden Kompetenz als Gräzist und seiner Führungsrolle innerhalb der humanistischen Kultur bildete in jener Phase der Polemik den Kontrapunkt zu dem Vorwurf der Abweichung in Glaubensdingen. Dem Gegner einen derartigen Respekt zu zollen, sei die unpassendste Art, sich wirkungsvoll mit ihm auseinanderzusetzen, wandte Ercolani um das Jahr 1559 dagegen ein. Vielmehr müsse man an der Vorstellung festhalten, daß der Kontrahent ein Ignorant sei.[67]

VII

Wer waren die Männer der Kirche, die versuchten, sich dem Ausschluß des Erasmus aus der katholischen Tradition entgegenzustellen? Einige ihrer Namen, die von den an der Polemik gegen Erasmus Beteiligten systematisch verschwiegen wurden, kann man den Dokumenten des Tridentinischen Konzils entnehmen. Beispielsweise werden dort der Bischof von Chioggia

---

[66] Vittori, *Epistolae Hieronymi*, Widmungsbrief an Pius IV.
[67] Ercolani, *De Virgine*, fol. 26ᵛ: "Nonne multi fuere ac sunt qui hoc faciunt [*scil*. in Erasmum scribere]? Vere multi sunt. At quam victoriam aliquot illorum reportaturos speramus, qui ante scriptis suis doctissimos esse luteranos testantur, quam coeperint digladiari ...?" Ebd., fol. 30ʳ: "Illi [Erasmus et lutherani] crediti sunt multarum rerum cognitionem habere, et maxime graecae linguae, quod ex magna parte falsum esse hec nostra pertractatio edocebit".

Jacopo Nacchianti und der Augustinergeneral Girolamo Seripando erwähnt.[68] Auch der Dominikaner Egidio Foscarari, Bischof von Modena, gehörte zur Gruppe der Verteidiger von Erasmus. Den dokumentarischen Beweis dafür liefert uns ein um das Jahr 1555 in Modena anonym veröffentlichtes Bändchen mit dem Titel *Operetta utile del costumare i fanciulli*, bei dem es sich — wie vom Besitzer des einzigen erhaltenen Exemplars entdeckt wurde — um die italienische Übersetzung der Erziehungsschrift *De civilitate morum puerilium* von Erasmus handelt.[69] Die Initiative zu dieser Veröffentlichung ging von Bischof Foscarari aus, der den Humanisten Alessandro Milani aus Modena mit der Übersetzung und Antonio Gadaldino mit dem Druck betraute. Hinter dem bescheidenen Bändchen aus der Druckerei Gadaldinos verbirgt sich also ein Einvernehmen zwischen dem Bischof einer Stadt, die zu den am schlimmsten "infizierten" Italiens gehörte, einem Humanisten, der "lutherischer" Sympathien dringend verdächtig war, und einem durch die Verteilung häretischer Bücher wie des *Sommario della Santa Scrittura* oder des *Beneficio di Cristo* kompromittierten Drucker.[70] Ziel dieser einvernehmlichen Zusammenarbeit war es, die Gegenwart eines Autors zu bekräftigen, der in Rom kurz vor seiner Verurteilung stand. Ob der Inquisitor von Modena, mit dessen Druckerlaubnis das Bändchen veröffentlicht wurde, auch zu der kleinen Verschwörung gehörte, ist eine Frage, die wir offenlassen müssen.

Bischof Foscarari muß sich aus pastoralen Gründen für Erasmus interessiert haben. In dem Humanisten sah er vermutlich einen Verbündeten bei seinem Versuch, den Dialog mit der "lutherischen" Gruppe in Modena fortzuführen. Männer wie Alessandro Milani, Antonio Gadaldino oder Ludovico Castelvetro, die seit fünfzehn oder mehr Jahren im Dissens verharrten, waren nicht mehr dafür zu gewinnen, sich den herrschenden religiösen Normen unterzuordnen. Erasmus jedoch bot die ideale Grundlage

---

[68] Zur diesbezüglichen Position des Nacchianti siehe Anm. 59; zur Position Seripandos: *CT* XII¹, S. 756. Die Meinungsäußerungen von Seripando und Nacchianti stammen beide aus dem Jahre 1546. Wir können nicht sicher sein, daß diese beiden Prälaten zehn Jahre später noch zur Gruppe der Verteidiger von Erasmus gehörten.

[69] *Operetta utile del costumare i fanciulli portata di latino in volgare*. In Modona per Antonio Gadaldino, s.a. Das einzige mir bekannte Exemplar dieses Drucks befindet sich in Zürich in der Erasmus-Sammlung Schäfer. Jörg Schäfer, dem Eigentümer der Sammlung, kommt das Verdienst zu, das anonyme Opusculum als Übersetzung der Schrift *De civilitate morum puerilium* von Erasmus identifiziert zu haben. Ich möchte Herrn Schäfer meinen Dank dafür aussprechen, daß er mir erlaubt hat, diese seine Entdeckung zu publizieren, und mir eine Kopie des Drucks, auf dessen Existenz ich von Peter Bietenholz hingewiesen wurde, zukommen ließ. Daß Alessandro Milani um das Jahr 1555 eine pädagogische Schrift von Erasmus übersetzt hatte, war zwar ein bekanntes Faktum, da Castelvetro in seiner kurzen Milani-Biographie davon berichtet (Cavazzuti, *Castelvetro*, Anhang, S. 9f.), doch bisher nahm man an, daß es sich um den Traktat *De pueris statim ac liberaliter instituendis* (Margolin, *Étude*, S. 246-257) handelte.

[70] Die Biographien von Milani und Gadaldino sind von Firpo, *Processo Morone*, S. 257f., 238-240, dargestellt worden. Zu Gadaldino siehe auch Ossola, *Castelvetro*, S. 252. Zu Foscarari siehe Quétif und Echard, *Scriptores OP* II, S. 184, 269.

für eine Begegnung, weil sein Name für eine Fülle von Gedanken stand, die den Dissens in Modena kontinuierlich beeinflußt hatten. Besonders zwischen 1540 und 1555, doch auch in der Folgezeit, waren die Werke von Erasmus in den Händen aller Philoprotestanten Modenas und jener Mitglieder der katholischen Kirche, die sie schützten. Erasmus (*Enchiridion, Paraphrases in Evangelia, Novum Testamentum*) las der Priester Domenico Morando, über den Giovanni Morone die allzu eifrigen Sympathisanten der Reformation kontrollieren ließ.[71] Erasmus lasen Giovanni Bertari, Pier Giovanni Biancolini und die Männer der *Accademia* wie Ludovico Castelvetro.[72] Im Hause von Pindaro Rangoni wurden die *Gespräche* gelesen.[73] Noch 1575 besaß der Geistliche Benedetto Passarini ein *Novum Testamentum* von Erasmus;[74] und dessen Ausgaben des hl. Hieronymus und des hl. Cyprianus wurden bei Pre Pier Giovanni Monzoni gefunden, einem Anhänger der "neuen Lehre", der sechsunddreißig Jahre im Dissens verharrt hatte.[75]

Indem er Alessandro Milani zur Übersetzung einer Schrift des Erasmus und Antonio Gadaldino zu deren Drucklegung ermutigte, zielte Bischof Foscarari also darauf ab, den pastoralen Dialog mit den Andersgläubigen seiner Diözese in Gang zu halten. Diese Linie verfolgte er auch, als er Ludovico Castelvetro den Auftrag gab, eine kleine Abhandlung über die Messe zu schreiben.[76]

Das Experiment hatte keinen glücklichen Ausgang. Alle, die daran beteiligt waren, wurden im Laufe weniger Jahre von der Inquisition gefaßt. Den Drucker Gadaldino beorderte man nach Rom, wo er eingekerkert und gezwungen wurde abzuschwören; der Übersetzer Milani mußte damals um sein Schicksal bangen und später einen Prozeß erdulden; Castelvetro konnte zwar 1555 eine Vorladung nach Rom abwenden, doch machte man ihm 1560 den Prozeß, worauf er ins Exil floh und dort starb; der Bischof selbst wurde nach Rom beordert, eingekerkert und vor Gericht gestellt.[77]

---

[71] Vgl. Kap. 13, S. 392, Anm. 18.
[72] Vgl. Kap. 3, S. 74-77, Kap. 4, S. 138, und zu Castelvetro, Kap. 13, S. 403 und außerdem Margolin, *Étude*, S. 251.
[73] ASM, Fasz. 6, Akte *Contra Guidum Rangonum et Hieronimum Ronchinum*, Indicia contra Pindarum Rangonum, Verhör vom 29. Oktober 1575.
[74] ASM, Fasz. 6, Akte *Benedetto Passarini*, Verhör vom 7. April 1575.
[75] ASM, Fasz. 6, Akte *Pier Giovanni Monzoni*, Verhör vom 19. Mai 1575.
[76] Die *Breve dichiarazione della messa stampata non senza licenzia del molto reverendo padre inquisitore dell'heretica pravità*, Modena, Antonio Gadaldino, 1556, wurde — gemäß einer lokalen, von Tiraboschi bestätigten Tradition — von Ludovico Castelvetro im Auftrag von Foscarari geschrieben (Tiraboschi, *Bibliotheca modenese* I, S. 473-475). Eine Biographie von Castelvetro mit bibliographischen Angaben findet sich bei Firpo, *Processo Morone*, S. 304f. Siehe auch Ossola, *Castelvetro*.
[77] Emilio Paolo Vicini, *La stampa nella provincia di Modena*, in "Tesori delle biblioteche d'Italia", Bd. 3, Emilia e Romagna, Mailand 1932, S. 509, veröffentlichte einen Abschnitt aus einem Brief, den Cornelio Gadaldino, ältester Sohn von Antonio, während des Gefängnisaufenthaltes seines Vaters an Ludovico Castelvetro schrieb. Cornelio Gadaldino forderte Castelvetro auf, sich an der Zahlung einer Summe an die Familie Gadaldino zu beteiligen, um den

9. KAPITEL

Das Scheitern der irenischen Alternative, das sich im Schicksal dieser Männer widerspiegelt, bedeutete auch für Modena die Sanktionierung der Position, nach der Erasmus ein grundsätzlich verbotener Autor war — "omnia opera Erasmi esse prohibita". An diesem Prinzip orientierte sich in den folgenden Jahrzehnten die Praxis der Inquisitoren Modenas.[78]

Buchhändler für die ihm entstandenen Unkosten zu entschädigen, und gab zu verstehen, daß Alessandro Milani nicht abgeneigt sei, sich an der Wiedergutmachung zu beteiligen. Der Briefschreiber begründete seine Bitte damit, daß der Vater "era in prigione per la cosa comune a tutti et che il dovere era che ognuno conferisse alla spesa".

[78] Es mag angebracht sein, hier den Abschnitt aus dem Verfahren gegen Pier Giovanni Monzoni wiederzugeben, der sich auf die Ausgaben des hl. Hieronymus und des hl. Cyprianus, die in seinem Besitz gefunden wurden, bezieht (ASM, Fasz. 6, Akte *Pier Giovanni Monzoni*). Im Laufe eines Gesprächs zwischen Monzoni und dem Dominikanerprediger Fra Domenico da Faenza über den Satz "Presbyterum avarum fuge tanquam pestem" des hl. Hieronymus hatte der Geistliche seine Ausgabe jenes Kirchenvaters aus einem Kasten gezogen. Beim Durchblättern hatte der Dominikaner bemerkt, daß es sich um die Ausgabe von Erasmus handelte, und Monzoni darauf aufmerksam gemacht, daß diese Bücher wegen der Anmerkungen, mit denen Erasmus sie versehen hatte ("per rispetto delli ... scoli") verboten seien. Der Geistliche verteidigte sich zuerst gegenüber dem Dominikaner, dann vor dem Tribunal von Modena, indem er seine Unkenntnis beteuerte. Doch der Vikar des Inquisitors trieb ihn mit einem Verhör, dessen Inhalt sehr bezeichnend ist, in die Enge. Ich gebe im folgenden die Fragen und Antworten jener Sitzung vom 19. Mai 1575 wieder:

Monzoni	Vi dico da vero religioso che io non sapeva che [i volumi di san Girolamo e di san Cipriano ritrovati nella cassa] fusserno prohibiti, essendo che mai non haveva visto i scogli posti havante a ciascheduna epistola.
Vikar	Quomodo id esse potest, cum confessus sit se legisse illam predictam hautoritatem contra presbiteros avaros, cum principio cuiuslibet epistolae sint scolia ipsius Erasmi?
Monzoni	Padre, io tengo de haverli letti, ma non sapeva che fusserono prohibiti, idest i scolii detti.
Vikar	Quomodo non sciebat predicta scolia Erasmi esse prohibita, cum dicit scivisse dictum Erasmum esse prohibitum?
Monzoni	Padre, ancora che io sapesse che Erasmo era prohibito, non però sapeva che li detti scolii fussero prohibiti.
Vikar	Quomodo fateri potest [nesciisse] scolia Erasmi [esse prohibita], si fatetur [sciisse] omnia opera Erasmi esse prohibita?
Monzoni	Mi pensava che li detti scolii non fusserono prohibiti, poiché erano inserti con le Epistole di san Hieronimo.
Vikar	Si audierat aliquando libros doctorum sanctae matris Ecclesiae continere similia scolia, que precipiuntur a sancta Synodo [tridentina] aboleri et toli?
Monzoni	Padre, io ho sentuto dire che simili scolii inserti ne i libri chatolici dovevano esser levati.
Vikar	Come potete dunque dire che non sapeste che simili scolii de Erasmo inserti nelle Epistole di san Hieronimo non fusserono prohibiti, se hora hora confessate di saper che simili scolii dovevano esser tolto da tali libri come prohibiti?
Monzoni	Circa hanc rationem factam a Vestra Paternitate io non saprei che dire.

Wie aus diesem Verhör hervorgeht, hatte, zumindest in Modena, der Index von Pius IV., der sogenannte Tridentinische Index, nicht die Kraft, die durch den Index von Paul IV. vorgenommene Gesamtverurteilung von Erasmus zu korrigieren. Nach dem Index von Pius IV. waren die von Erasmus besorgten Ausgaben der Kirchenväter nach vorheriger Tilgung der Scholien erlaubt; dies mußte der Vikar von Modena wissen (wohl deshalb vermied er die Behauptung, Erasmus sei vollständig verboten). Doch sein Verhalten und die von ihm gewählte Sprache zielten darauf ab, bei seinem Gesprächspartner die Auffassung, es gebe ein vollständiges Verbot, zu festigen. Tatsächlich verschlechterte der Besitz von zwei Erasmus-Ausgaben der Kirchenväter vermutlich die Position von Pier Giovanni Monzoni in diesem Prozeß, genügte allein allerdings nicht, eine Sanktion gegen ihn auszulösen. Fra Domenico da Faenza, der Dominikaner, der den unerlaubten Besitz jener Bücher entdeckt hatte, erlegte Monzoni auf, sich vorübergehend der Feier des Meßopfers und der Spendung der Sakramente zu enthalten, doch sprach ihn dann, nachdem er sich brieflich beim Vikar der Inquisition von Reggio Rat geholt hatte, von der Irregularität, in die er geraten war, frei und erlaubte ihm, sein Amt wieder wahrzunehmen. Die Ausgaben der Kirchenväter wurden von dem Dominikaner in Gewahrsam genommen und zur Aufbewahrung in das Kloster seines Ordens in Reggio gegeben.

10. KAPITEL

ERASMUS LEHREN UND FRANKREICH DIENEN
DER FALL AURELIO CICUTA

Diente die Propagierung der neuen religiösen Ideen in Italien gelegentlich zur Tarnung von politischen Aktivitäten oder Militärspionage im Dienste Frankreichs? Diese Frage wirft der Fall des Aurelio Cicuta aus Veglia auf, der im folgenden rekonstruiert werden soll. Die Quellen sind die Akten des Inquisitionsprozesses, der 1552-1553 gegen ihn in Genua geführt wurde, und eines weiteren Verfahrens, dem er sich zwischen 1563 und 1565 in Venedig stellen mußte, sowie einige Dokumente aus Graubünden und die einzige uns von Cicuta erhaltene Schrift, ein Buch über Militärtechnik.[1]

Der Fall des Aurelio Cicuta lehrt, daß das Gedankengut des Erasmus sich auch als Deckmantel politischer Intrigen und kühl kalkulierter Machtspiele mißbrauchen ließ. Es zeigt sich hier die Grenze der in diesem Buch bevorzugten religiösen Interpretation. Die Frage, wieviele Cicutas sich unter unseren Protagonisten verstecken — d.h. die Frage, wie oft die hier als Gewissensentscheidungen aufgefaßten Bekenntnisse und Handlungen durch und durch weltliche Motivationen hatten —, wird sich die künftige Forschung von Fall zu Fall erneut stellen müssen.

I

In der an der Westküste Korsikas gelegenen Stadt Calvi erschien 1548 ein Fremder, der das Ordenskleid der Franziskaner trug und sich der höchsten religiösen Autorität des Ortes, dem Vikar des Bischofs von Sagona, als Fra

---

[1] Aurelio Cicuta ist lediglich als Verfasser des Werks *Della disciplina militare* bekannt (vgl. Mazzuchelli, *Scrittori d'Italia* I, S. 150). Seine Auseinandersetzungen mit der Inquisition und seine politischen Aktivitäten waren bisher unbekannt. Meine diesbezügliche Quelle ist: ASV, Fasz. 18, Akte *Aurelio Natale Cicuta*. Die Akte, ohne Seitenzählung, enthält:
1) eine Kopie des Genueser Prozesses der Jahre 1552/53, die der Notar Domenico Conforto auf Anweisung des Inquisitors von Mailand, Fra Angelo da Cremona, anfertigen ließ und die von letzterem nach Venedig geschickt wurde (die Abschrift, beglaubigt am 16. November 1563, ist fehlerhaft und weist zahlreiche Durchstreichungen auf, die der Genueser Inquisitor Girolamo Franchi vorgenommen hat, denn die durchgestrichenen Passagen "acusabant certas personas particulares"; wenn die Namen der im Prozeß erwähnten Personen nicht durchgestrichen sind, sind sie in der Regel ausgelassen oder durch den Buchstaben N ersetzt);
2) den venezianischen Prozeß, einschließlich der in Mailand gesammelten Zeugnisse und der vom Mailänder Inquisitor Fra Angelo da Cremona geschriebenen Briefe;
3) einige beigefügte Dokumente zu den Aurelio Cicuta vor und nach seiner Verurteilung betreffenden Ereignissen (u.a. seine Verlegungen von einem zum anderen der ihm als Gefängnis zugewiesenen Orte).

Bonaventura Cosmio vorstellte, mit weltlichem Namen Valerio Trono aus Venetien.² Die Selbstsicherheit, Bildung und Beredsamkeit des Franziskaners hätten genügt, die Aufmerksamkeit der korsischen Gemeinde auf seine Person zu lenken; sein bisheriges Leben aber mußte als geradezu spektakulär empfunden werden. Fra Bonaventura nahm für sich in Anspruch, die Franziskanerschulen Norditaliens besucht, darüber hinaus an der Sorbonne theologische Studien betrieben und in Deutschland Griechisch gelernt zu haben (Deutschland — unter Einschluß von Basel und Straßburg — galt zu dieser Zeit als führend auf dem Gebiet der griechischen Philologie). Seine in drei verschiedenen Ländern Europas erworbene Bildung verband der Franziskaner sowohl mit der Kenntnis der islamischen Welt (nach seinen Angaben war er, und zwar "als Türke verkleidet", auf den Galeeren des Chaireddin Barbarossa gefahren — in dieser Aufmachung hatte ihn auch jemand in Genua gesehen) als auch mit Erfahrungen, die er in der Neuen Welt gesammelt hatte. So legte er dem Vikar des Bischofs von Sagona einen Brief mit Siegel des "Vikars und Generaloberen vom Heiligen Kreuz" vor, ausgestellt auf der "Insel Kuba, in der neuen Welt", der seine dortige Anwesenheit bestätigte. Die Vermutung liegt nahe, daß die Einwohner von Calvi — die nicht wissen konnten, daß der Überbringer den Brief, einschließlich Siegel, wenige Monate zuvor eigenhändig gefälscht hatte — sich einbildeten, über diese vielseitige Persönlichkeit näher mit dem aufregenden Zeitgeschehen in Berührung zu kommen, dessen Echo nur spärlich bis zu ihrer abgelegenen Insel drang. Sicherlich erschien die Anwesenheit des Neuankömmlings als Gewinn für die ganze Gemeinde: jedenfalls waren der Bischof von Sagona und sein Vikar der Auffassung, über die Irregularität von Fra Bonaventura, der als Franziskaner in einer Gemeinschaft seines Ordens hätte leben müssen, hinwegsehen zu können, und erlaubten ihm, in Calvi zu bleiben und dort Unterricht in Grammatik und Logik zu erteilen. Nach einiger Zeit erhielt Fra Bonaventura von der päpstlichen Kanzlei eine Bulle — sie kostete ihn 25 Dukaten —, die seine Regularität wiederherstellte und ihn von der Verpflichtung, das Ordenskleid eines Franziskaners zu tragen und im Kloster zu leben, entband. Gleichzeitig mit der Mönchskutte gab er auch den Namen Fra Bonaventura auf und nannte sich nun Pre Valerio.³

---

[2] Das Jahr der Ankunft von Fra Bonaventura in Calvi wird aus seiner Behauptung abgeleitet, "vor ungefähr vier Jahren" nach Korsika gekommen zu sein (Aussage vom 5. März 1552). Aus dem Vergleich der Aussage vom 5. März und derjenigen vom 20. April 1552 geht außerdem hervor, daß der Angeklagte auf der Reise nach Korsika, und zwar in Nizza und Genua, aus eigenem Antrieb die Ordenstracht der Kapuziner angelegt hatte; nachdem ihm in Genua das Predigen verboten worden war, hatte er, wiederum aus eigenem Antrieb, erneut die Franziskanerkutte angelegt.

[3] Diese Rekonstruktion stützt sich auf folgende Dokumente der Akte *Cicuta*: Text des Genueser Widerrufs von Pre Valerio Trono, Art. 12 (Studien in Deutschland); Aussage vom 5. März 1552 (Absolvierung von Studien beim Franziskanerorden in Italien), Aussage vom 27. April (Studien an der Sorbonne), Aussage vom 15. Dezember (Studium des Griechischen in

Sobald Pre Valerio seinen Unterricht aufnahm, geriet er in Konflikt mit den örtlichen Franziskanern. Gegenüber Mönchen im allgemeinen und gegenüber diesen *fratres* im besonderen legte der Neuankömmling sogleich ein aggressives Verhalten an den Tag. Seine Beleidigungen und sein beißender Spott konzentrierten sich hauptsächlich auf einen gewissen Fra Andrea, der als Verfasser einer neuen lateinischen Grammatik hervorgetreten war. Pre Valerio, der diese Grammatik einer eingehenden Prüfung unterzogen und sie für fehlerhaft befunden hatte, zögerte nicht, deren Verfasser als "Verfälscher der lateinischen Sprache und somit Feind aller schönen Wissenschaften und Künste" zu bezeichnen, und füllte seine Unterrichtsstunden mit wortreichen Attacken gegen "die krasse Unwissenheit eines gewissen frenetischen Mönchleins". Die Angriffe des Pre Valerio zielten aber über die Person des Fra Andrea hinaus auf die Institution des Mönchtums als Ganzes: Unkenntnis der Wissenschaften und Geringschätzung der Bildung bezeichnete er als einen Grundzug der Klosterbrüder, deren Ursache nicht ihre demütige Haltung sei — wie diese vorgaben —, sondern schlicht und einfach ihre Faulheit. Von der Polemik des Erasmus inspiriert, gab der damit offen erklärte "Krieg gegen die Barfüßer" dem Unterricht von Pre Valerio einen aggressiven Tenor, der das Gefallen seiner Zuhörer fand: mit jugendlicher Rebellionslust griffen die Schüler die respektlosen Reden ihres Lehrers auf und trugen sie aus der Schule hinaus auf die Straßen und in die Familien.[4]

Die Angriffe auf das Mönchtum hatten einen Beigeschmack von Ketzerei. Den direkt provozierten Mönchen wären die Anzeichen für die häretische Einstellung des Neuankömmlings auch dann nicht entgangen, wenn dieser sich vorsichtiger verhalten hätte. Aber Pre Valerio ließ jede Vorsicht außer acht. Seit seiner Ankunft hatte er von Erlebnissen berichtet, die geeignet waren, ihn als umherziehenden Wegbereiter der neuen religiösen Gedanken erscheinen zu lassen, die zwischen 1540 und 1550 — also in der Zeit, in der die religiöse Unruhe in Italien ihren Höhepunkt erreichte — auch auf dem abgelegenen Korsika Widerhall fanden. Gerade in diesen Monaten war ein für die Durchsetzungskraft jener Ideen symptomatisches Ereignis zu

---

Deutschland), Aussage vom 10. Mai (Fahrt auf den Galeeren des Barbarossa), Aussage vom 21. April (Schreiben mit Ortsangabe "in insula Cubae, apud Mundum Novum", und Erlaubnis des Bischofs von Sagona, Unterricht zu erteilen). Der Preis der Bulle ist den der venezianischen Prozeßakte beiliegenden autobiographischen Dokumenten entnommen (*Breve discorso della vita et costumi di Aurelio Natale Cicuta, ditto Scytharcha, dottor etc.*, und *Avertimenti di matura consideratione cercha il caso del Scytharcha*, vgl. Anm. 67).

[4] Genueser Widerruf von Pre Valerio Trono, Art. 8, und Aussage vom 23. April 1552 (Polemik gegen Fra Andrea und diesbezügliche Reaktion der Schüler); Aussagen vom 11. Juli, 15. und 16. Dezember 1552 (Krieg gegen die Mönche und Quellen der Polemik gegen das Mönchtum). Die Konkurrenz mit den Franziskanern auf Korsika, auf die Pre Valerio in seiner Aussage vom 15. Dezember 1552 anspielt, wird insbesondere in einer der venezianischen Prozeßakte beigegebenen Verteidigungsschrift mit dem Titel *Articoli degni di matura consideratione*, Artikel 1, dargestellt.

verzeichnen: An der Küste Korsikas hatte ein aus Genua kommendes Schiff mit Zielhafen Messina angelegt, dessen Ladung zu einem guten Teil aus in der Volkssprache geschriebenen protestantischen Büchern bestand (insbesondere die Schrift *Beneficio di Cristo* war mit vielen Exemplaren vertreten). Der Kontakt mit diesen Büchern wie die Erklärungen der Männer, die sie brachten, taten unverzüglich ihre Wirkung: "Und sogleich hob in der Stadt ein lautes Murren an, und es hieß, daß es nicht nötig sei, 'Sancta Maria, ora pro nobis' zu sagen".[5]

Ob es zufällig oder vorhergeplant war, daß diese Bücher Korsika kurz nach der Ankunft von Pre Valerio erreichten, läßt sich nicht feststellen; sicher ist, daß die Menschen sich mit ihren von Lektüre dieser Art geweckten oder geförderten Bedürfnissen, mit ihrem Wissensdurst und ihrer Unruhe sehr bald bevorzugt an Pre Valerio wandten. Für diese Funktion des kompetenten Ratgebers hatte er sich nicht nur durch seinen "Krieg gegen die Barfüßer", sondern auch, wie schon angedeutet, durch eine ganze Reihe von Zeugnissen qualifiziert, für deren gebührende öffentliche Beachtung er Sorge getragen hatte. Pre Valerio behauptete nicht nur, an den Universitäten Deutschlands Griechisch gelernt, er ließ auch verstehen, Theologie studiert zu haben; er gab an, er habe dort mit bekannten Häretikern, insbesondere mit Bernardino Ochino, gesprochen und jenen gebeten, ihm bei der Vertiefung seiner theologischen Kenntnisse ("ut proficeret in rebus istis hereticis") beizustehen; des weiteren erzählte er, in Genf mit Calvin zusammengetroffen zu sein und mit ihm ein langes Religionsgespräch geführt zu haben; er ließ verlauten, er habe am Konzil von Trient teilgenommen und dort "die Auffassungen der Lutheraner vertreten"; er besaß ein Exemplar der Schrift *Pasquillus exstaticus* von Celio Secondo Curione, aus der er die Stellen über Beichte, Kommunion und Fegefeuer ins Italienische übersetzte — "alles Dinge gegen den katholischen Glauben und die römische Kirche" —, sowie andere Schlüsseltexte der italienischen Reformationsbewegung.[6] Auf derartigen Befähigungen und Erfahrungen, die sehr bald im Verhalten des Neuankömmlings eine Bestätigung fanden (unter anderem erzählte man sich, daß er einige seiner Schüler ironisch getadelt

---

[5] Akte *Aurelio Natale Cicuta*, Aussage vom 20. April 1552 (und zum Traktat *Beneficio di Cristo* Aussage vom 21. April 1552).

[6] Akte *Aurelio Natale Cicuta*, Aussage vom 15. November 1552 und Genueser Widerruf, Artikel 11 (Studien in Deutschland, Begegnungen mit Bernardino Ochino und mit Johannes Calvin); Aussage vom 11. Juli 1552 (Teilnahme am Konzil von Trient). Zum *Pasquillus exstaticus* und anderen verbotenen Büchern vgl. Aussage vom 20. April 1552. Unter den Büchern von Pre Valerio wurden die Predigten von Bernardino Ochino, die Predigten von Giulio da Milano, ein nicht näher bestimmtes Buch von Melanchthon und die *Dialogi* von Antonio Brucioli gefunden. Außer dem *Pasquillus exstaticus* auf lateinisch besaß der Geistliche einen Teil davon in handgeschriebener italienischer Übersetzung, den er später, unter Mitwirkung seines Gefängniswärters, aus dem Belastungsmaterial verschwinden lassen konnte (Aussagen vom 7. Mai und vom 27. April 1552). Der Erklärung des Angeklagten, diesen Teil des *Pasquillus* (von dem schon eine italienische Übersetzung existierte) übertragen zu haben, um ihn zu widerlegen, ist mit Skepsis zu begegnen.

habe, weil sie beim Ave-Maria-Läuten niedergekniet waren), gründete sich der Ruf von Pre Valerio als eines Experten in Sachen Häresie. Wer auf diesem Gebiet, das als beherrschender Themenkomplex der damaligen Jahre betrachtet werden kann, Fragen oder Probleme irgendwelcher Art hatte, wandte sich an ihn. "Einige fragten mich nach der Beichte", das heißt, "ob es sie schon immer gegeben hätte, andere nach der Eucharistie und wieder andere nach dem Fasten und nach sonstigen Dingen". Denjenigen, die ihn um Rat angingen, "erzählte er von den verschiedenen Glaubensauffassungen"; er stellte also das angesprochene Thema von unterschiedlichen Standpunkten aus dar, erläuterte es gemäß der Lehre und den Dekreten der katholischen Kirche, "aus der Sicht der Deutschen, also der Lutheraner" und "nach Auffassung der Pelagianer". Obwohl er als Angeklagter vor dem Inquisitionsgericht später aussagte, die Pelagianer nur herangezogen zu haben, "um zu zeigen, daß es keine neuen, sondern nur alte Ketzereien" gebe und "daß es immer Menschen gab, die im Glauben irregingen", ist recht wahrscheinlich, daß "Pelagianer" in seinen damaligen Ausführungen als Äquivalent für "Papist" fungierte.[7]

Sein Ruf als Mann, der "die ganze Welt gesehen" hatte, seine philologischen Kenntnisse (eines seiner Bücher war "in der Sprache der Türken" geschrieben), die Beratertätigkeit in religiösen Fragen, die er entfaltete, seine theologische Kompetenz, die von der Zeit der Kirchenväter bis hin zu den neuen Entwicklungen in Deutschland reichte, all dies machte Pre Valerio sehr bald auch außerhalb von Calvi bekannt. Aus anderen Städten Korsikas versuchten die Anhänger der neuen Ideen, Kontakt mit ihm aufzunehmen. So teilte ihm etwa ein gewisser Enofrio Revelo, Schullehrer in Ajaccio, sein Vorhaben mit, "sich an die Universitäten Deutschlands oder Savoyens begeben zu wollen, um das Evangelium Gottes zu hören".[8] Bei dieser Art von Bekanntheit blieben Spannungen mit den religiösen Autoritäten von Calvi, deren Aufmerksamkeit wahrscheinlich durch eine Anzeige seitens der von Pre Valerio attackierten Mönche geweckt worden war, nicht aus. In der Fastenzeit des Jahres 1550 verpflichteten ihn ein gewisser Fra Domenico da Reno (in der Eigenschaft als Inquisitor?) und der Vikar des Bischofs von Sagona, in Calvi eine Reihe von Predigten zu halten: darin mußte Pre Valerio die katholische Sakramentenlehre erläutern, um seine Rechtgläubigkeit unter Beweis zu stellen und den Gerüchten, die über ihn in Umlauf waren, ein Ende zu setzen (er verfaßte auch, vielleicht zu eben dieser

---

[7] Akte *Aurelio Natale Cicuta*, Aussagen vom 27. April (Tadel der Schüler, die niedergekniet waren) und vom 22. Juni 1552 (Tätigkeit der theologischen Beratung).

[8] Akte *Aurelio Natale Cicuta*, Aussage vom 7. Juli 1552. Die Wörter "Enofri Reveli magistri scolarum Ayacii" sind unter der in der Abschrift des Genueser Verfahrens vom Inquisitor Girolamo Franchi (vgl. Anm. 1) vorgenommenen Streichung lesbar.

Gelegenheit, "etwa hundert lateinische Verse" zum Lob der Eucharistie, die er in Stein schlagen und in der Kirche von Calvi anbringen ließ.[9]

Einen Beweis seiner Bekanntheit erhielt Pre Valerio, als ihm — wahrscheinlich im Jahre 1551 — das Amt des Gemeindelehrers in Bastia angeboten wurde. Bastia, von größerer Bedeutung als Calvi, war Sitz des Gouverneurs der Insel. Aus den Quellen geht allerdings nicht hervor, ob sich unter den Männern, die ihren Einfluß in der Gemeinde Bastia geltend machten, um die Einstellung von Pre Valerio zu erreichen, auch — wie die weitere Entwicklung der Angelegenheit vermuten lassen könnte — der Gouverneur befand.

Gouverneur von Korsika im Auftrag des *Banco di San Giorgio*, dem die Insel gehörte, war damals Franco Pasaggio, Mitglied einer genuesischen Patrizierfamilie. Aufgrund entsprechender Anhaltspunkte, die sich aus dem Prozeß gegen Pre Valerio in Genua ergeben, läßt sich Franco Pasaggio als ein Vertreter jener zum Protestantismus tendierenden Adelskreise erkennen, für die sich Beispiele in Genua, Venedig und Mailand finden. In der ersten Hälfte des 16. Jahrhunderts treffen wir innerhalb der politischen Führungsschicht der Stadtstaaten auf Persönlichkeiten, die ihre auf unmittelbarer Erfahrung der kurialen Praktiken beruhende (und vielleicht durch humanistische Bildung — Petrarca, Valla, Poggio — befestigte) antiklerikale Haltung in den frühen Schriften Luthers theologisch begründet fanden.[10] Als diese Politiker den italienischen Antiklerikalismus dank des Kontakts mit reformatorischem Gedankengut theoretisch untermauern konnten, gelang auch der Schritt zur Umsetzung in die Praxis. Franco Pasaggio war zum einen über die Wortverkündigung (in Rom hatte er den Magister Cornelio da Piacenza über die Prädestinationslehre predigen hören), zum anderen durch Druckerzeugnisse (den 1541 in Rom gelesenen *Pasquillus exstaticus* kannte er auswendig) in Berührung mit den Ideen der Reformation gekommen. Nachdem er Gouverneur von Korsika geworden war, unternahm er nun den Versuch, diese Ideen in die Tat umzusetzen.[11]

Wenn auch die von ihm angestrebte Ausweisung aller Kleriker, seien sie nun Priester oder Mönche, über seine Kompetenzen hinausging, so nahm er doch jede Gelegenheit wahr, sie zu demütigen und ihrem Einfluß entgegenzutreten. Den Vikar des Bischofs von Aleria ließ er ins Gefängnis werfen,

---

[9] Akte *Aurelio Natale Cicuta*, Aussage vom 20. April 1552 (Predigt in Calvi und lateinische Verse) und Aussage vom 15. Dezember 1552 (Anzeige gegen Pre Valerio durch die korsischen Fratres).

[10] Als Vertreter dieses Patriziats betrachte ich Battista Fieschi aus Genua (*CE* II, S. 30), den nicht näher identifizierten Mailänder Senator A.F. (Seidel Menchi, *Traduzioni di Lutero*, S. 38) und den venezianischen Patrizier, der für die Übersetzung der Abhandlung Luthers *An den christlichen Adel deutscher Nation* ins Italienische eintrat (ebd., S. 65, 72).

[11] Akte *Cicuta*, Aussagen des Franco Pasaggio vom 22. Oktober 1552 (Lektüre des *Pasquillus exstaticus*) und vom 26. Oktober 1552 (Predigt des Magisters Cornelio da Piacenza). Siehe auch Aussage vom 24. Oktober 1552 (Predigt eines Serviten in der Genueser Kathedrale San Lorenzo).

10. KAPITEL

den des Bischofs von Nebbio hinderte er an der Exkommunikation eines Gemeindemitgliedes, seinen Hofkaplan jagte er davon und ersetzte ihn durch einen Mann seiner Wahl, mit dem Vikar des Bischofs von Mariana lag er im Streit, die Verkündigung eines Generalablasses verhinderte er in der Gemeinde Corte und verzögerte sie in den anderen Teilen Korsikas.[12]

Zwischen einem Mann dieses Zuschnitts und einem Pre Valerio konnte eine Verständigung nicht ausbleiben. Kaum daß sich der Geistliche in Bastia niedergelassen hatte, vertraute ihm der Gouverneur schon die Erziehung seines Sohnes an und gewährte ihm dafür Unterkunft im Palast und einen Platz an seiner Tafel. Auf diese Weise sicherte sich Franco Pasaggio die ständige Nähe eines Experten in theologischen Fragen. Es war vereinbart, daß Pre Valerio dem Gouverneur an Festtagen zur Seite stand: während dieser seine aufwendige Festkleidung anlegte, sprach der gebildete Fremde zu ihm "vom Glauben, der ohne Werke rechtfertigt", und "von der Prädestination" und erläuterte ihm jene Stellen des Alten und Neuen Testaments — insbesondere der Paulusbriefe —, die die Reformatoren zur Stützung dieser Lehren anführten. Zu den Aufgaben von Pre Valerio gehörte es außerdem, bei abendlichen Zusammenkünften im Kreise Gleichgesinnter aus protestantischen Schriften vorzulesen (hier treffen wir erneut auf den *Pasquillus exstaticus* von Curione) und die Tagesereignisse aus religionskritischer Sicht zu kommentieren. "Im Gespräch mit dem Gouverneur stimmte ich ihm in einigen Dingen zu", sagte Pre Valerio später aus, "wie etwa, als ...er von einem sardischen Bischof sprach, der mit einer großen Summe Geld aus Sardinien zurückkehrend durch Bastia fuhr, und der nach Meinung des Gouverneurs sein Bistum nur zu diesem einen Zweck besuchte, nämlich um Geld einzutreiben".[13]

---

[12] Akte *Cicuta*, Aussage des Pre Valerio vom 30. April 1552; Aussagen des Franco Pasaggio vom 22., 24. und 26. Oktober 1552. Vor dem Inquisitionsgericht versuchte Franco Pasaggio die von Pre Valerio gegebene Darstellung der Ereignisse zu leugnen und die genauen und ausführlichen Angaben, die der Geistliche zur Unterstützung seiner Version gemacht hatte, abzuschwächen; seine Teilgeständnisse und seine Gesamthaltung bei den drei oben zitierten Verhören machen die Aussagen des Pre Valerio jedoch glaubhaft.

[13] Diese Rekonstruktion stützt sich auf die Aussagen vom 22. Oktober (abendliche Lektüre des *Pasquillus exstaticus*), vom 24. Oktober (Unterweisung des Gouverneurs an Festtagen), vom 15. Dezember (Reise des sardischen Bischofs durch Korsika) und vom 16. Dezember 1552 (Darlegung der Lehren von der Rechtfertigung und der Prädestination anhand von Aussagen des Evangeliums). In dem Zitat zur Reise des sardischen Bischofs durch Korsika habe ich aus Gründen der Verständlichkeit die im Text erscheinende Bezeichnung "Messer N." durch "den Gouverneur" ersetzt, da sich aus dem Zusammenhang eindeutig ableiten läßt, um wen es sich bei der nichtgenannten Person handelt. Was die Bibelstellen angeht, die Pre Valerio heranzog, um dem Gouverneur die Rechtfertigungs- und die Prädestinationslehre zu erläutern, so werden sie in einem Abschnitt der Aussage vom 16. Dezember 1552 erwähnt: "*Interrogatus*: A quibus didicit positiones illas per eum confessas et cum Domino N. [*scil*. Franco Pasaggio] collationatas, videlicet quod sola fide iustificamur, *respondit*: Io l'ho tirato delle parole di San Paolo ad Romanos, tertio, quarto et tertiodecimo, presertim in quelle parole dove dice ' Ei enim qui operatur, merces non imputatur ei, non ex gratia, sed ex debito; non operanti vero sed credenti fide, putatur ad iustitiam'. E l'altra positione, quod predestinatis non imputantur

Durch die Anwesenheit von Pre Valerio stieg das Niveau der theologischen Tischgespräche, wie sie insbesondere an Festtagen im Gouverneurspalast stattfanden: sie nahmen den Charakter von häretischen Konventikeln an. Pre Valerio hatte dabei die Aufgabe, der katholischen Auslegung des Evangeliums, die der Gouverneur und sein Gefolge kurz zuvor in der Kirche gehört hatten, die Interpretation der Protestanten gegenüberzustellen. Mit der Einstellung von Pre Valerio war der Gouverneur wahrscheinlich bestrebt gewesen, sich die Dienste eines jener Männer zu sichern, die zu dieser Zeit als Werber für den Protestantismus durch die Lande zogen und die Gruppen italienischer Sympathisanten aufsuchten, um ihnen Stärke im Glauben und menschlichen Trost zuzusprechen.[14] Tatsächlich berief der Gouverneur sich jedesmal, wenn in seinem kleinen Kreis Zweifel oder Widerspruch laut wurden, auf die Autorität von Pre Valerio: "Fragt Messer Valerio, der mehr weiß als jeder von euch".[15]

Daß der Fremde neben seiner Kompetenz in theologischen Fragen auch über Kenntnisse in Magie und Alchimie, über Erfahrungen mit Zauberei und Geisterbeschwörung verfügte, stärkte dessen Ansehen in den Augen des Gouverneurs, der ihm für derartige Beschäftigungen ein Landhaus in Carbonara zur Verfügung stellte.[16] Die "deutsche" Theologie, die "Kosmologie" (verstanden als Kenntnis verschiedener Länder und Kulturen), die Magie und möglicherweise die Alchimie, die Philologie und die Rhetorik als Kunst der Wortbeherrschung, all dies muß Franco Pasaggio als miteinander verwandt betrachtet haben — dem kühnen Versuch des Pre Valerio folgend, eine Verbindung zwischen Humanismus, Reformation und Naturwissenschaften herzustellen.

Geistig-kulturelle Experimentierfreude wurde mit Erfolg und Wohlstand assoziiert. Und Pre Valerio trat als reicher Mann auf. Er besaß Kreditbriefe lyonesischer Kaufleute über 1800 Scudi; auf Korsika hatte er zumindest eine neapolitanische Fregatte für 52 Dukaten erworben (an anderem Ort spricht er von zwei Fregatten zum Preis von 120 Dukaten); er war in der Lage, dem Gouverneur Geld zu leihen (als Beitrag für den Freikauf seines von türkischen Seeräubern gefangengenommenen Neffen stellte er ihm 40 Golddukaten zur Verfügung) und als Kreditgeber der Stadtkasse von Bastia aufzutreten (die ihm gegenüber zum Zeitpunkt seiner Festnahme mit 440 Lire verschuldet war). Sein Wohlstand fand auch in seinem persönlichen Besitz Ausdruck: Edelsteine (ein mit einem Karneol besetzter Goldring, ein

---

peccata, l'ho tirata da quelle parole 'Beati quorum remisse sunt iniquitates et quorum tecta sunt peccata' et 'Beatus vir, cui non imputavit dominus peccatum' et successive". Die von Pre Valerio zitierten Stellen: Rm 4,4 (ungenaues Zitat) und Ps 31, 1-2.

[14] Vgl. Anm. 38.

[15] Akte *Cicuta*, Aussage vom 15. Dezember 1552.

[16] Aussagen vom 27. April (über den Besitz eines handgeschriebenen Buches *De arte magica*) und vom 30. April 1552 "in vesperis" (Fragen über magische und alchemistische Praktiken), Aussage vom 10. Mai, Aussage vom 13. Juli, Aussage vom 22. Oktober 1552 (magische Experimente von Pre Valerio in Franco Pasaggios Landhaus in Carbonara).

Ring mit einem Beryll sowie einer mit einem Hyazinth, ein weiterer Goldring, ein goldenes Herz, eine Uhr), Kleidung ("übergenug Sachen zum Anziehen") und für die damalige Zeit "viele Bücher", nämlich "mehr als 15 Stück".[17]

II

Im Januar 1552 erhielt der Gouverneur von Korsika überraschend die Anordnung, Pre Valerio in Haft zu nehmen und ihn bis zur Ankunft des Schiffes, das ihn nach Genua bringen würde, als Gefangenen zu behandeln. Der *Ufficio di San Giorgio*, von dem diese Anordnung ergangen war, begründete sie mit der Formel "Staatsangelegenheiten".[18] Festnahme also aus politischen, nicht aus religiösen Gründen. Der Gouverneur, der dem *Ufficio di San Giorgio* unterstellt war und seinen politischen Gegnern auf Korsika keinen Anlaß für Kritik bieten durfte, führte die Anordnung aus: es ist anzunehmen, daß die Gefangennahme von Pre Valerio unverzüglich erfolgte. Im Gefängnis jedoch wurde der Geistliche "potius tamquam liber quam captivus" behandelt. Die Gefängnistore standen offen: von Anfang an

---

[17] In der Aussage vom 30. April 1552 "in vesperis" rekapituliert Pre Valerio seine Vermögenssituation nach der zweiten Festnahme wie folgt: "Gli furono tolte a Porto Vecchio dal luocotenente [in seguito all'incarceramento] lire 140 di moneta in più et [egli stesso] diede in Porto Vecchio ducati 54 et mezzo d'oro a Nicolosino Biancho che gli guardassi, per portargli poi in terra ferma". Außerdem gab er zu Protokoll, daß er besaß "una fregata grande che mi costa ducati 52, comprata dal signor Achille Cibo"; zudem "ducati 20 ho datto ad Orlandino Morlas mio procuratore ..., et ducati 28 a Lazaro Sanbuseto similmente mio procuratore mandato a Genova". Und er fuhr fort: "Né altri denari ho in Corsica, ma vi ho delle robe assai da vestire e un oriuolo, le quali cose possono valere ducati 70 o 80 ... Et ho lasciato ancora doe anella, cioè un diamante berillo di valuta di doi o tre scudi, et uno giacinto, che può valere uno scudo, et un cuore d'oro, che valeva doi o tre scudi" (diesen Schmuckstücken müssen diejenigen hinzugefügt werden, die bei Pre Valerio bei der Gefangennahme entnommen wurden: "dua anela d'oro, cioè una con corniola, di valuta di 3 o 4 ducati, et una fede d'oro"), "et molti libri, più di pezzi 15". Sein beachtlichstes Kapital erwähnt Pre Valerio zuletzt: "In Francia mi ritrovo 1800 scudi, in mano di certi mercadanti lionesi, nominati nelle mie carte". Auf die Frage der Inquirenten, "unde habuerit dictas pecunias", antwortete Pre Valerio, "che li ha guadagnati di sua industria, in disegni di fortificatione, et ad insegnare lettere, et con altre sue vertù, come si può in parte vedere per le sue scritture, che gli sono state prese". Vermutlich waren diese "scritture" seine handgeschriebenen Werke, von denen auf S. 318-320 die Rede ist. Von den anderen von Pre Valerio gegebenen Krediten zeugen die Aussage von Franco Pasaggio vom 24. Oktober 1552 (Verleihen von 40 Gold-Scudi an den Gouverneur für den Freikauf des Neffen) und die Aussage von Pre Valerio am 30. April 1552 (Vergabe eines Kredits von 440 Lire an die Stadtkasse von Bastia). In der Selbstverteidigungsschrift *Breve discorso della vita et costumi di Aurelio Natale Cicuta*, die dem venezianischen Prozeß beigefügt ist, behauptete Cicuta, daß er in Korsika zwei Fregatten für die Summe von 120 Dukaten gekauft habe.

[18] Aussage des Franco Pasaggio vom 26. Oktober 1552: "El me scrisse el magnifico Ufficio che lo dovesse fare retinere et incarcerare per cose pertinenti allo stado loro". Das Datum des Januars 1552 ergibt sich aus einer Erklärung von Franco Pasaggio (Aussage vom 24. Oktober 1552), daß der Aufenthalt von Pre Valerio in Bastia sich "dal luglio [1551] fino al genaro" erstreckt habe. Zwischen der Verhaftung des Geistlichen und seinem ersten Verhör, das am 5. März 1552 in Bastia stattfand, ereignete sich die gescheiterte Flucht.

konnte der Häftling seiner Lehrtätigkeit weiter nachgehen und ungehindert seine Schüler empfangen, darunter den Sohn des Gouverneurs. Die Türen wurden nur dann verschlossen, wenn Pre Valerio den Wunsch äußerte, daß "nicht so viele Leute kommen und ihn belästigen sollten". Der Gefängnisaufseher, Bartolomeo Costa, erkundigte sich bei dem Häftling gar danach, ob dieser Teile des zu seiner Belastung gesammelten Beweismaterials — also dieses oder jenes der bei seiner Festnahme beschlagnahmten Dokumente, Bücher und Manuskripte — verschwinden lassen wolle: so wurden unter eigenhändiger Mitwirkung des Gefängniswärters von den Schriftstücken, die man im Besitz von Pre Valerio gefunden hatte, zwei auf französisch verfaßte Dokumente, die übersetzten Auszüge aus dem *Pasquillus exstaticus* und eine Handschrift mit dem Titel *Contra hypocritas* vernichtet.[19]

Diese Vorzugsbehandlung ging auf Anweisungen des Gouverneurs zurück, dessen Fürsorge auch in den Besuchen zum Ausdruck kam, die er dem Gefangenen von Beginn seiner Haft an abstattete. Nach den Erklärungen von Pre Valerio suchte der Gouverneur ihn im Schutz der Dunkelheit auf, um sich mit ihm heimlich zu beraten. Während dieser nächtlichen Treffen wurde ein Fluchtplan ausgearbeitet, der so beschaffen war, daß der Gouverneur nicht in den Verdacht der Beihilfe kommen konnte. Unter anderem sah der Plan vor, daß der Gefangene sich eine gewisse Anzahl Arkebusen verschaffte (die er sich tatsächlich ins Gefängnis bringen ließ) und die 440 Lire zurückerstattet bekam, die die Gemeinde Bastia ihm schuldete (die Rückzahlung erfolgte direkt durch den Gouverneur). Man traf Vorsorge dafür, daß der Flüchtling mit Proviant versehen und an einem bestimmten Punkt der Küste von einem Boot erwartet wurde. Zu gegebener Zeit "vergaß" ein Handwerker, der den Auftrag bekommen hatte, gewisse Reparaturarbeiten im Gefängnis auszuführen, einen Hammer in Reichweite von Pre Valerio. Mit Hilfe dieses Hammers, eines Meißels und anderer Werkzeuge konnte der Ausbrecher ein Loch in den Boden graben und — in einer Nacht, in der der Gouverneur "absichtlich die Wachen abgezogen hatte" — aus der Zitadelle entkommen. Den praktischen Teil des Unternehmens übernahmen einige Häftlinge, mit denen Pre Valerio sich zur Flucht zusammengetan hatte. Bei den Mittätern handelte es sich um Mohammedaner, unter ihnen der Kapitän einer türkischen Galeere, ein sogenannter Rais, also ein Mann von Rang. Während der Vorbereitung und Ausführung der Flucht entwickelte sich zwischen dem Rais und Pre Valerio eine so enge Beziehung, daß der Türke dem Christen anbot, diesen bei der Vernichtung all seiner Feinde auf Korsika zu unterstützen. Ein Angebot, von dem Pre Valerio später versicherte, es zurückgewiesen zu haben.[20]

---

[19] Diese Rekonstruktion basiert auf dem Vergleich der Aussagen vom 30. April 1552 "in tertiis", vom 7. März und vom 10. Mai 1552 "in tertiis".

[20] Aussagen vom 30. April 1552 "in tertiis" und vom 13. Juli (Rekonstruktion der Flucht nach Pre Valerio); Aussage vom 24. Oktober (der Gouverneur bestätigt, Pre Valerio im Gefängnis die 440 Lire zurückerstattet zu haben, die die Stadtkasse von Bastia ihm schuldete);

Unklar ist, ob die Ausbrecher in ihren Plänen die Insel Montecristo oder die Stadt Marseille als Fluchtziel vorgesehen hatten: jedenfalls warfen widrige Winde sie zurück an die Küste Korsikas, wo sie nach einer Kette von Mißgeschicken in die Hände der Soldaten des Gouverneurs fielen. "Gegen das Schicksal läßt sich nicht steuern", sagte Pre Valerio dem Gouverneur, als diesem "zu seiner großen Bestürzung" die in Ketten gelegten Ausbrecher wieder vorgeführt wurden. Dieses Mal war die Gefängnishaft strenger. Der Gouverneur konnte nicht umhin, seinen Amtspflichten Genüge zu tun und Pre Valerio foltern zu lassen, damit dieser gestehe, wer ihn bei seiner Flucht unterstützt und begünstigt hätte: doch während der Gefangene am Strick hing, gab ihm vom Fenster aus ein Schwager des Gouverneurs, Francesco Chiarella, Zeichen zu schweigen, indem er einen Finger vor den Mund hielt. Um Pre Valerio zum Stillschweigen zu veranlassen, griff man auch zu der Drohung, seinen "Selbstmord" im Gefängnis zu inszenieren — ein Einschüchterungsversuch, der bei dem Gefangenen keine Angst auslöste, sondern ihn in seiner Ehre verletzte: als ob jemand der "ungeheuerlichen Verleumdung" Glauben schenken könne, daß er "sich aus Verzweiflung selbst umbringen wollte, wie Judas".[21]

Der Grund, der den Gouverneur von Korsika — "persona publica in dignitate et magistratu constitutus, civis ianuensis bonae conditionis et famae, vir prudens et circumspectus" — veranlaßte, sich durch die Beihilfe zur Flucht eines Gefangenen, für dessen Bewachung er die Verantwortung trug, so schwerwiegend zu kompromittieren, war die Sorge um sein persönliches Schicksal. Die vom *Ufficio di San Giorgio* zur Begründung der Festnahme seines Vertrauten Pre Valerio angeführten "Staatsangelegenheiten" hatten Franco Pasaggio keineswegs überzeugt. In Wirklichkeit, so seine Einschätzung, wurde gegen den Geistlichen in Genua ein Prozeß wegen Häresie vorbereitet, in den auch er selbst hineingezogen werden sollte.

Franco Pasaggio besaß genügend politischen Instinkt, den sich vollziehenden Umbruch, die Veränderung des Zeitgeistes zu registrieren: die "lutherische" Episode, in gewisser Hinsicht eine Zeit der intellektuellen Wagnisse, ging ebenso ihrem Ende entgegen wie die Periode des Experimentierens auf politisch-religiösem Feld, wie er selbst sie auf Korsika eingeleitet hatte — "es war nicht mehr die Zeit, in der man in Genua die Inquisitoren verprügelte". Der Gouverneur war davon unterrichtet, daß man gegen eine Reihe von Personen, die ihm gut bekannt sein mußten und vermutlich zur selben religiösen Gruppe gehörten — wie etwa gegen Anton Francesco Copola oder einen Gewürzhändler namens Bartolomeo — Ketzerprozesse eröffnet hatte. Zum Teil waren in diesen Verfahren Galeerenstrafen ausgesprochen worden, was im Falle schwacher körperlicher Konstitution des Verurteilten der

---

Aussage vom 5. März 1552 (Angebot des Rais gegenüber Pre Valerio, dessen Feinde zu vernichten).
[21] Aussagen vom 30. April "in vesperis" und vom 10. Mai 1552.

Todesstrafe gleichkam. "Ich will auf keinen Fall, daß ihr als Gefangener nach Genua geht", erklärte der Gouverneur gegenüber Pre Valerio während eines seiner nächtlichen Besuche, "weil ich glaube, daß all diese Angriffe gegen mich gerichtet sind. Und ich weiß aus Briefen meines Vetters Cristoforo, daß der *Ufficio di San Giorgio* über mein Verhalten vollkommen unterrichtet ist. Ihr wißt, daß es schon früher derartige Beschuldigungen [wegen Ketzerei] gegen mich gegeben hat: viele meiner Gefährten sind inquiriert, ich aber bin geschont worden. Und nun fürchte ich, daß die Feinde, die ich mir hier durch mein Verhalten gemacht habe, so viel gegen mich zusammengetragen haben, daß ich mich nicht mehr verteidigen kann". Pasaggio erinnerte an all seine antiklerikalen Aktionen auf Korsika, angefangen bei der Einkerkerung des Vikars des Bischofs von Aleria bis hin zur unterbundenen Verkündigung des Generalablasses in Corte. Er war sich der Tatsache voll bewußt, daß seine Eingriffe in die Kompetenzen der kirchlichen Gerichtsbarkeit seinen zahlreichen und mächtigen Gegnern in Genua solides Material für eine Anklage gegen ihn liefern konnten. Daher erschien ihm die Festnahme von Pre Valerio und die Ankündigung eines Verfahrens gegen ihn als Manöver, das man in Szene gesetzt hatte, um über den Knecht den Herrn zu treffen: "Wenn Ihr als Gefangener nach Genua geht, werden sie von Euch, da Ihr zu meinem vertrauten Kreis gehört, alle Beschuldigungen gegen mich bezeugt haben wollen".[22]

Das Taktieren des Gouverneurs, durch Pre Valerio im Prozeß von Genua unter Angabe einer Fülle von Details offengelegt, hatte zur Folge, daß sich die Aufmerksamkeit der Richter auf die Anklage wegen Häresie konzentrierte. Franco Pasaggio wurde vorgeladen, um sich wegen Verdachts der gemeinschaftlich mit dem Angeklagten begangenen Ketzerei zu verantworten; er mußte eine demütigende Gegenüberstellung mit seinem ehemaligen Vertrauten hinnehmen und eine Reihe von Zeugnissen seiner Rechtgläubigkeit beibringen. Obwohl die Richter ihn begünstigten, erschien er ihnen danach so stark kompromittiert, daß er von seinem Amt entbunden wurde.[23]

---

[22] Die Rekonstruktion basiert auf dem Vergleich der Aussagen vom 30. April 1552 "in tertiis" und vom 26. Oktober 1552 "in vesperis". Von den beiden sich widersprechenden Versionen, die Pre Valerio und der Gouverneur vertraten, ist derjenigen des Geistlichen eher Glauben geschenkt worden; diese erweist sich — sei es infolge der Teilgeständnisse des Gouverneurs (Aussage vom 22. Oktober 1552), sei es als Ergebnis der direkten Gegenüberstellung der beiden Beteiligten (Aussagen vom 24. und 26. Oktober 1552) — als kohärenter, sicherer und durch Erwähnung von Zeugen konsolidiert. Zu bemerken ist noch, daß der "Gewürzhändler" Bartolomeo, dessen Prozeß den Gouverneur Pasaggio erschreckt hatte, sich tatsächlich als Bartolomeo Alessio unter den Genuesen befindet, von denen wir wissen, daß ihnen der Prozeß wegen Ketzerei gemacht wurde (vgl. Rosi, *Bartoccio*, S. 597f.).

[23] Aussagen vom 22. Oktober "in vesperis", vom 24., 25., 26. Oktober 1552. Daß Franco Pasaggio vorzeitig von seinem Amt als Gouverneur Korsikas entbunden wurde, läßt sich aus Antonio Pietro Filippini, *Istoria di Corsica*, Pisa 1832, Bd. 3, S. 268, entnehmen.

III

Wie sehr auch Häresie das bei weitem beherrschende Thema des Prozesses in Genua war, so läßt doch die Art und Weise, in der die Ermittlungen geführt wurden, erkennen, daß man Pre Valerio verdächtigte, als Agent für eine fremde Macht zu arbeiten. Einige Abschnitte des Dokuments berechtigen sogar zu der Annahme, daß seine Verhaftung vorwiegend aufgrund von Befürchtungen militärstrategischer Art erfolgt war. Dieser Komplex rückte zwar dadurch in den Hintergrund, daß der Angeklagte Glaubensabweichungen eingestand; doch mußte der kirchliche Inquisitor ständig mit der Konkurrenz der weltlichen Inquirenten rechnen, die als Vertreter des *Banco di San Giorgio* und somit der Republik Genua ihm zur Seite saßen. Die Wahl der Verhandlungsorte kann dafür als Indiz gelten: die Vernehmungen von Pre Valerio fanden hauptsächlich "in den Gefängnissen des ... Podestà von Genua" oder "im Zimmer des Pretore" sowie "im Turm des Palastes der Signoria" und nicht "im Zimmer des Inquisitors, das sich im Konvent San Domenico befand", statt.[24] Noch bezeichnender sind jedoch einige Stellen aus dem Untersuchungsprotokoll. Beispielsweise lautete eine der Fragen, die die Inquirenten an den Angeklagten richteten, wie folgt: Hatte der Angeklagte vor oder nach seiner Festnahme oder zu irgendeinem anderen Zeitpunkt daran gedacht oder mit jemandem verabredet, französischen Truppen oder Korsaren oder anderen ausländischen Nationen ("nationes extraneas") in Bastia oder an einer anderen Stelle Korsikas Einlaß zu verschaffen? Mit Vehemenz versuchte Pre Valerio zu verhindern, daß die Untersuchung sich in diese Richtung bewegte: "Signori, um es knapp auszudrücken: ich sage Euch, wenn sich ein einziger glaubwürdiger Mensch findet, der aussagt, daß ich etwas ... gegen diesen hochachtbaren Staat ... betrieben habe, so soll man mir auf der Stelle den Kopf abschlagen".[25] Zur Äußerung eines ähnlichen Verdachts kam es in einer anderen Sitzung: Warum — so wollten die Inquirenten wissen — habe der Angeklagte gesagt, im Einvernehmen mit den Triremen Frankreichs zu stehen? Wieder war die Reaktion des Angeklagten heftig: "Nie habe ich ähnliche Dinge gesagt und sollte sich je erweisen, daß ich gesagt habe, mit den französischen Galeeren im Einvernehmen zu stehen ..., so soll man mir den Kopf abschlagen".[26]

---

[24] "In camera reverendi patris inquisitoris sitta in conventu Sancti Dominici de Genua" findet das erste Verhör von Franco Pasaggio statt (Aussage vom 22. Oktober 1552). Die weiteren Vernehmungen des Gouverneurs, dessen Gegenüberstellung mit Pre Valerio und alle Vernehmungen Pre Valerios finden in Regierungsgebäuden statt.

[25] Aussage vom 30. April 1552 "in vesperis" (die Frage der Inquirenten lautet: "Si post suam carcerationem, vel ante, ullo unquam tempore cogitavit vel cum aliquo tractavit de introducendo legiones gallicas vel piratas vel alias nationes extraneas in loco Bastite, vel in alio loco insule Corsice, et quod dicat quomodo et quando et cum quo vel quibus").

[26] Aussage vom 22. Juni 1552 (die Frage der Inquirenten lautet: "Ad quid dicebat quod habebat intelligentiam cum triremibus Gallorum et Francorum et quod non possint inde [scil. a Monte Christi] transire aliqua navigia, quin viderentur ab eis, et cum intelligentia cappi posse

Doch die Inquisitoren beharrten auf diesem Punkt: Der Angeklagte habe mit dem Rais niemals darüber gesprochen, auf welche Art man Bastia einnehmen könnte?[27] — und: Was bedeuteten die aus Marseille, "von den Galeeren des Königs von Frankreich" stammenden chiffrierten Briefe, die man bei dem Angeklagten gefunden hatte? Die ausweichende Antwort von Pre Valerio — in diesen Briefen ging es um das Bündnis zwischen dem französischen König und dem türkischen Sultan[28] — veranlaßt den Historiker, sich die Frage zu stellen, ob nicht eine Beziehung zwischen den Briefen und dem Plan zur Invasion Korsikas, den der Abenteurer Nicolas de Villegagnon in eben diesem Jahr (1552) dem Admiral Montmorency unterbreitete (Vorspiel zur kurzfristigen Besetzung Korsikas durch die Franzosen in den Jahren 1553-1555), bestanden hat, oder auch eine Verbindung zu der Aktivität, die Roberto Strozzi, Prior von Capua, in den Jahren zuvor mit der französischen Flotte im Tyrrhenischen Meer entfaltet hatte.[29]

Besonders dubios erschien den Genueser Inquirenten die um die Insel Montecristo kreisende Betriebsamkeit des Pre Valerio. Das Gericht hatte Kenntnis davon, daß der Angeklagte seine Fregatte mit sechs Mann Besatzung nach Montecristo geschickt hatte, um — nach seinen Angaben — dort eine verlassene Benediktinerabtei wieder instandzusetzen. Der Gouverneur, der über das Vorhaben unterrichtet war, hatte Pre Valerios Männer dazu ermächtigt, sich Holz für die Gebäudereparatur zu verschaffen. Der einstmals ausgedehnte Grundbesitz, den die Abtei in Korsika hatte, war nach deren Niedergang in Nutznießung der Pächter ("livellari") verblieben; jetzt aber hatte Pre Valerio vom Prokurator der Abtei das "Pachtbuch" erhalten, um die Pachteinnahmen einzutreiben und für die Instandsetzung des Klosters zu verwenden. Zur Erklärung von so viel Eifer und Weitblick berief der Angeklagte sich auf die fromme Absicht, die ihn beseelt habe: die Wiederbegründung einer Klostergemeinschaft auf Montecristo. Im Laufe der

---

ipsa").

[27] Aussage vom 7. März 1552.

[28] Aussage vom 13. Juli 1552 ("Interrogatus ut explicet et declaret litteras, in modum caraterum, existentis in quibusdam litteris sibi scriptis ex Massilia, videlicet litteris que posite erant in triremibus regis Francorum, respondit quod non potest declarare, quia non potest comunicare quod sibi voluerit dicere rex. Interrogatus nonne paulo ante dixerat dictas litteras significare rex Francorum confederatus <sic> regi Turcarum, respondit quod secundum suam opinionem quod sic, et quod putat quod rex Galorum habet fedus cum rege Partorum").

[29] Nicolas Durand de Villegagnon, *Note par lui adressée en 1552 par le connétable de Montmorency sur les opérations à faire en Corse avec l'appui des Turcs* (publiée par l'abbé Marcand), Bulletin historique et philologique du Comité des travaux historiques et scientifiques, 1901, S. 558, 560-61, 565-568. Vgl. auch BNP, Ms. italien 2101, S. 156-246 (zu den Operationen von Roberto Strozzi, Prior von Capua, im Golf von Marseille). Aus dem gedruckten Inventar der Bibliothèque Nationale geht hervor, daß dieses Manuskript eine *Relation d'un evoyé du roy Henri II en Corse* enthalten soll, die ich jedoch nicht aufzufinden vermochte (vgl. Pierre Flament, *Table alphabétique des manuscrits du Fonds Italien de la Bibliothèque National*, Paris 1901, S. 96).

Vernehmung jedoch stellte sich dieses Kloster schließlich als Festung dar, besser geeignet, "waffentragende Männer" als Mönche zu beherbergen.[30]

Wie lassen sich die vielfältigen Unternehmungen des Angeklagten und dieser Argwohn der Inquirenten erklären? Wer war Pre Valerio wirklich? Und welcher Art war sein Auftrag?

IV

Der Mann, der sich auf Korsika Pre Valerio Trono genannt hatte, hieß in Wirklichkeit Aurelio Natale Cicuta, geboren gegen 1510 auf der Adriainsel Veglia — die damals zum Herrschaftsbereich der Republik Venedig gehörte — als Sohn einer der bedeutendsten der dort ansässigen Familien. Sein Vater war Sopracomito der Galeere von Veglia, und Ludovico, der Bruder Aurelios, wurde später sein Nachfolger in diesem Amt. Hinter Aurelio Cicuta lag eine Vergangenheit als Mitglied des Franziskanerordens, dem er als Fra Bartolomeo angehört hatte. Die Gelübde hatte er vielleicht im *Convento di Sant'Antonio* zu Padua abgelegt. Mit Erlaubnis des Ordensgenerals, Magister Lorenzo Spada aus Bologna, hatte er das Kloster verlassen, um an der Sorbonne Theologie zu studieren, und unterwegs die Franziskanerkutte gegen die Kleidung eines Cavaliere vertauscht.[31] In Paris hatte sich der ehemalige Franziskaner nicht nur mit dem Studium der Theologie beschäftigt: er hatte Kontakt zu den vielen und einflußreichen Gruppen italienischer Emigranten aufgenommen, die ihr persönliches Schicksal mit dem der pro-französischen Partei in Italien verknüpft hatten und ihren Besitz, oft auch ihr Leben, dafür einsetzten, das Herzogtum Mailand oder das Königreich Neapel wieder unter die Herrschaft Frankreichs zu bringen. Diese Leute, die damit beschäftigt waren, dunkle und abenteuerliche Komplotte zu schmieden, in dieser oder jener Stadt Verschwörungen gegen den Kaiser anzustiften und ein Agenten- und Spionagenetz aufrechtzuerhalten, tendierten oft dazu, Wunsch und Wirklichkeit zu verwechseln und wie selbstverständlich von der Realisierbarkeit ihrer gewagten Pläne auszugehen. Nach dem Tod von Franz I. erlangten die Gruppen italienischer Emigranten (zu denen neben Adligen und Soldaten auch Schriftsteller und Künstler, Heeresbaumeister und Militäringenieure gehörten) wieder Einfluß bei Hofe: der neue König, Heinrich II., schenkte ihren Hoffnungen und Phantasmen Gehör. Ab 1548 unternahm Frankreich in Italien eine neue Offensive, deren akute Phase erst 1557 mit der endgültigen Niederlage im Krieg von Siena zu Ende ging, und deren Höhepunkte der Krieg von Parma (1551-1552), der Krieg im Mittelmeer (1553-1555), mit der Eroberung

---

[30] Akte *Cicuta*, Aussage vom 22. Juni 1552.
[31] Akte *Cicuta*, *Breve discorso della vita et costumi di Aurelio Natale Cicuta*, verfaßt von Cicuta selbst und als Anlage zu den Akten des venezianischen Verfahrens genommen (vgl. Anm. 67). Zu Lorenzo Spada aus Bologna, 1537 zum General der Franziskaner-Konventualen gewählt und 1543 zum Bischof von Calvi in Süditalien erhoben, siehe Lucas Waddingus, *Scriptores Ordinis minorum*, Rom 1906, S. 159.

großer Teile Korsikas, und der Krieg von Siena (1552-1555) waren.[32] Bei dem neuerlichen französischen Vorstoß wirkten viele Italiener an führender Stelle mit: etwa jener Pietro Strozzi, der im Krieg von Siena ein französisch-schweizerisches Heer befehligte, oder jener Roberto Strozzi, Prior von Capua, dem in eben diesen Jahren beträchtliche Mittel für die Reorganisation und den Ausbau der in Marseille liegenden französischen Flotte zur Verfügung gestellt wurden, oder jener Galeotto Pico della Mirandola, den Pre Valerio auf einer Reise nach Genf begleitet hatte.[33]

Pre Valerio Trono, alias Fra Bonaventura Cosmio, war eine Figur in diesem großangelegten Schachspiel. Auch wenn er in den französischen Quellen nicht erwähnt wird — was vermuten läßt, daß seine wirkliche Funktion sehr viel bescheidener war,[34] als er vorgab, und daß seine Beziehungen in Paris keineswegs in die Zentren der Macht hineinreichten — so ist doch seine Aussage bezüglich der Mission, die ihn nach Korsika geführt hatte, aufschlußreich und soll deshalb hier angeführt werden:

"Seine Allerchristlichste Majestät hatte in seinem geheimen Rat beschlossen, Korsika zu erobern. Zur genauen Auskundschaftung des Territoriums schickte er einen toskanischen Ingenieur namens Domenico da Cortona mit dem Auftrag auf die Insel, Skizzen aller dortigen Festungen anzufertigen und ihm die Zeichnungen vorzulegen, damit die Schwierigkeiten des Unternehmens genau eingeschätzt und seine Ausführung sorgfältig vorbereitet werden könnten. Der Ingenieur ging nach Korsika, kundschaftete alles aus und

---

[32] Lucien Romier, *Les origines politiques des guerres de religion*, Paris 1913-1914.
[33] Akte *Cicuta*, Aussage vom 15. Dezember 1552 "in terciis". Aus dieser Aussage gebe ich eine Passage wieder, da die Bemerkungen zu Calvin von Interesse sind: "Io sono stato", gab Pre Valerio zu Protokoll, "in Genevra con il conte della Merandula e con il duca d'Atria, et non in altro luogho de Alemagna. Et essendo a Genevra, andai a visitare Giovan Calvin, il quale è ministro e rettore della giesia di Genevra, il quale io conosceva per heretico. E parlai longamente con lui delli studii, perché era francese, et per che cosa era partito di Franza, et che studii erano li soi stati prima. Et lui rispondeva a tutte queste cose, et presertim ch'era partito di Franza perché lui haveva letto et tenuto in Franza tutte queste cose lutherane et heresie, e perché vede fare mirida honorabile o vero recantare un certo magnifico Magreto. Et perché lui era in gran sospitione per havere letto come ho detto, era partito. E non ho visto altro heretico famoso se non lui, né parlato con altri. Et lì steti otto dì e non gli parlai se non una volta". Der Angeklagte äußerte mehrfach, daß all seine anderen "lutherischen" Qualifikationen (die theologischen Studien in Deutschland, die Begegnung mit Bernardino Ochino, der Auftritt beim Konzil von Trient) Erfindungen seien, das Treffen mit Calvin aber wirklich stattgefunden habe. Zur führenden Rolle von Galeotto Pico della Mirandola in der französischen Partei siehe Anm. 91.
[34] Weder den Namen Aurelio Cicuta noch eines der verschiedenen Pseudonyme, unter denen er auftrat (vgl. Anm. 68), habe ich in einer der folgenden gedruckten Quellen aufgefunden: *Ordonnances des rois de France. Règne de François I*, Academie des sciences morales et politiques, Paris 1902-1919; *Collection des ordonnances des rois de France. Catalogue des actes de Henry II*, Paris 1979; Martin und Guillaume Du Bellay, *Memoires*, Hrsg. V.L. Bourilly und Fleury Vindry, Paris 1908-1912; Pierre de Bourdeilles de Brantôme, *Oeuvres complètes*, Hrsg. Ludovic Lalanne, Paris 1864-1882. Weder kommt sein Name in den Quellen vor, welche in den Anm. 36 und 53 zitiert sind, noch findet seine Tätigkeit als Architekt Bestätigung in Léon de Laborde, *Les comptes des bâtiments du roi (1528-1571)*, Paris 1877-1880.

erstattete darüber Bericht. Aber es stellte sich heraus, daß seine Zeichnungen — nach dem Urteil aller Experten und insbesondere der korsischen Hauptleute im Dienste Seiner Majestät — wenig verläßlich, ja unzutreffend waren. So wurde beschlossen, daß ich — obwohl ich in Frankreich äußerst beschäftigt war — mich nach Korsika begeben und unter Vermeidung jeglichen Aufsehens die ganze Insel und ihre Festungen und Häfen auskundschaften und alle Aufzeichnungen mittels zu diesem Zweck abgeordneter Vertrauenspersonen dem Hofe zukommen lassen sollte, damit die Eroberung der Insel auf gesicherten Grundlagen und nach dem Ratschluß und Willen des Königs erfolgen könnte. Ich ging also nach Korsika, verschaffte mir einen Gesamtüberblick, erledigte mit höchster Sorgfalt meinen Auftrag und erstattete über alles Seiner Majestät gewissenhaft Bericht".[35]

Wenn auch alle autobiographischen Angaben dieses Mannes mit äußerster Vorsicht zu behandeln sind, bietet die hier zitierte Aussage doch die Möglichkeit, viele sonst schwer einzuordnende Elemente der geschilderten Ereignisse in einen Erklärungszusammenhang zu stellen: die Ansiedlung eines so ruhelosen Mannes auf einer relativ abgelegenen Insel, die beträchtlichen Geldmittel, über die er verfügte, der Kauf einer Fregatte, die Verdachtsmomente der Richter in Genua, sowie die Verbrüderung mit den mohammedanischen Gefangenen, die im Kleinen die Allianz zwischen dem französischen König und dem Sultan widerspiegelte. Auch die auf Montecristo gerichteten Aktivitäten werden in diesem Zusammenhang verständlich: im Rahmen von Operationen auf Korsika und an der Küste der Toskana, sollte Montecristo offensichtlich der französischen Flotte und ebenso den mit Frankreich verbündeten nordafrikanischen Korsaren als Basis dienen (zu dieser Zeit erreichte Cosimo de' Medici von toskanischen Verbindungsleuten in Paris die warnende Empfehlung, Elba als wahrscheinliches Ziel eines Angriffs unter strenge Bewachung zu stellen).[36] Wenn man Aurelio Cicuta Glauben schenken will, war ihm zugesagt worden, daß er — nach erfolgtem Wiederaufbau der Abtei von Montecristo und ihrer Umwandlung in ein Kapuzinerkloster — dort das Amt des "Abts" übernehmen sollte.[37] Aus diesem Grund hatte sich der "Abt" in spe das Verzeichnis aller Pächter verschafft, von denen der umfangreiche Grundbesitz des Klosters auf Korsika bewirtschaftet wurde.

Es läßt sich nicht feststellen, ob die von Aurelio Cicuta zwecks Erfüllung seines Auftrags gewählte Tarnung als Propagandist der neuen religiösen Ideen einem übergreifenden politischen Konzept entsprach (Reaktivierung

---

[35] Akte *Cicuta, Breve discorso della vita et costumi di Aurelio Natale Cicuta, ditto Scytharcha*, dem venezianischen Verfahren beigelegt.

[36] *Négociations diplomatiques de la France avec la Toscane*, Hrsg. Giuseppe Canestrini und Abel Desjardins, Bd. 3, Paris 1865, S. 265.

[37] Akte *Cicuta, Breve discorso della vita et costumi di Aurelio Natale Cicuta ditto Scytharcha*.

der profranzösischen Partei in Italien als Träger der Forderungen nach religiöser Erneuerung), oder ob es sich dabei nur um eine für den Einzelfall erdachte Scheinidentität handelte. Das ungemein starke Bedürfnis nach Information über die neuen Glaubenslehren einerseits, die Verbannung der diesbezüglichen Diskussion in die Grauzone zwischen Legalität und Illegalität andererseits, hatte zum Auftreten von "evangelischen" Wanderpredigern geführt. Zur Verbreitung der neuen Ideen in unterschiedlichem Maße autorisierte und qualifizierte Männer waren überall in Italien unterwegs, überbrachten Nachrichten von den evangelischen und reformierten Gemeinschaften jenseits der Alpen, hielten die Kontakte zwischen den verschiedenen italienischen Gruppen aufrecht, sprachen den Menschen Trost zu, klärten theologische Fragen und fungierten als oberste Instanz bei Zweifeln an der Auslegung der Glaubenslehre. Dem Erscheinungsbild derartiger Wanderprediger — deren Existenz sich durch Akten der Inquisitionsprozesse belegen läßt — versuchte Aurelio Cicuta sich offensichtlich während seines Aufenthalts auf Korsika anzupassen. Der erfundene Bericht über seine philologischen und theologischen Studien an deutschen Universitäten, die angebliche Begegnung und Unterredung mit Bernardino Ochino und anderen "großen Häretikern", sein Phantasiegespinst, auf dem Konzil von Trient für die "Lutheraner" gesprochen zu haben, das Treffen mit Johann Calvin, die von der Gnadenlehre geprägten Predigten, die er bei sich trug[38] — sicherlich sollte all dies den Korsen glaubhaft machen, Pre Valerio wolle die neuen religiösen Gedanken verbreiten. Gleichzeitig sollte dadurch von eventuell in Genua aufkommenden Verdachtsmomenten bezüglich der wahren Natur seiner Mission abgelenkt werden.

V

Die religiösen Anschauungen, die Pre Valerio auf Korsika vertrat, enthielten Elemente unterschiedlicher Provenienz, dominierend jedoch war der Einfluß erasmischen Denkens. Aus der detaillierten Vernehmung des Gefangenen durch die Inquirenten in Genua geht klar hervor, daß Pre Valerio, alias Aurelio Cicuta, die Methode der philologischen Auseinandersetzung mit dem Neuen Testament von Erasmus her bekannt war. Die von Erasmus erstellte und mit einem dichten Netz von Anmerkungen versehene Ausgabe des Neuen Testaments hatte ihn gelehrt, sich der Heiligen Schrift mit wachem Geist zu nähern, ohne sich aus Ehrfurcht vor dem Text ein kritisches Weiterdenken zu versagen. Die Ergebnisse dieser exegetischen Arbeit

---

[38] Akte *Cicuta*, Genueser Widerruf des Pre Valerio Trono, Artikel 7. Zum Auftreten von Wanderpredigern in diesen Jahren in Italien vgl. Marchetti, *Gruppi senesi*, S. 73. Der Einsatz umherziehender Verkünder der neuen Lehren wird explizit im Prozeß gegen Alessandro Ressa aus Imola bezeugt, AVI, Fasz. 1, Akte *Contra Alexandrum Rexam de Imola*, Brief des Alessandro Ressa an die Inquisitoren vom 30. Juni 1551, fol. 24r: "Ogni anno viene qualche messo di Alamagna con qualche operetta della Scrittura, et fanno capo qui a Consandolo, di poi vanno in volta visitando le congregationi et chiese dei christiani".

brachte Pre Valerio alsdann in die öffentliche Diskussion ein: so wurden die raffiniertesten "Spitzfindigkeiten" auch für "die einfachen Leute" verständlich.[39]

Stellen wir dies an einem Beispiel dar: Pre Valerio vertrat unter anderem die Meinung, daß das Vaterunser in seiner von der Kirche gutgeheißenen Fassung nicht mit dem Wortlaut im griechischen Urtext des Evangeliums übereinstimme. Als Quelle für diese Behauptung führte er die Ausgabe des Neuen Testaments von Erasmus an: es war Erasmus gewesen, der in seiner Edition einen in der Vulgata fehlenden Teil des Vaterunsers wiederaufgenommen und die Maßgeblichkeit des griechischen Textes gegenüber der von der Kirche tradierten lateinischen Fassung geltend gemacht hatte.[40]

Die Vertrautheit Pre Valerios mit der von Erasmus eingeführten philologischen Bibelkritik zeigte sich nicht nur in Gesprächen und Diskussionen. Zum Zeitpunkt seiner Verhaftung war er eben dabei, *Annotationes* zum Neuen Testament zu verfassen, in denen der Einfluß von Erasmus deutlich spürbar gewesen sein muß. In der Schrift — der ihr Autor so viel Wert beimaß, daß er argwöhnte, der Inquisitor von Genua trachte danach, sie in seinen Besitz zu bringen — wurde die Bibelübersetzung des Hieronymus einer recht herben Kritik unterzogen. Um es mit den Worten von Pre Valerio auszudrücken: "In den genannten ... Anmerkungen zu den Evangelien" habe er sich die Freiheit genommen, "dem als Säule der Kirche und Kirchenlehrer hochgeachteten hl. Hieronymus wiederholt vorzuhalten, daß er das Evangelium nicht richtig aus dem Hebräischen und aus dem Griechischen zu übersetzen wußte". Das Beispiel des Erasmus hatte diesen seinen italienischen Adepten ermutigt, an das Neue Testament mit so respektloser Akribie heranzugehen, daß er sich im Vorwort zu seinem Buch rühmen konnte, "in dem heiligen Wort Gottes, wie es die katholische Kirche bewahrt und billigt" — also in der Vulgata —, gut "sechshundert verfälschte und irreführende" Stellen gefunden zu haben.

Der philologische Eifer hatte in Pre Valerio die Überzeugung entstehen lassen, — auch dies fand in der Einleitung des genannten Buches Ausdruck —, daß die Heilige Schrift "Geheimnisse von größter Bedeutung" berge, die

---

[39] Akte *Cicuta*, Aussage vom 16. Dezember 1552 "in tertiis": "S'egli è errore, egli è per haver parlato tra li simplici di queste suttilità" sagt Pre Valerio in bezug auf eine Predigt, die er in Nizza gehalten hatte (vgl. S. 320).

[40] Akte *Cicuta*, Aussage vom 13. Juli 1552 "in vesperis": "Interrogatus super positionem quam alias manu sua confessus fuit, quod oratio dominica est deffectiva, cum non concordet cum testu greco, nam testus grecus plus continet quam latinus — ut dicat quid contineat plus testus grecus. Respondit quod in testu greco, priusquam ventum sit ad 'amen' est 'quoniam tibi est honor et laus et potestas in secula' et huiusmodi, ut facile est videre in testu, et quoniam Augustinus inquit, si aliquid difficultatis subortum fuerit in codicibus latinis, ut recurramus ad grecos. Et ne hoc videatur alicui mirum, Leo papa decimus approbavit versionem testi erasmiani, ubi ipse addit e greco testu hec verba, que videntur deesse testui latino. Interrogatus quomodo potest scire, quod hoc scripserit papa Leo, respondit, quia legit eius epistolam impressam in frontispicio Testamenti Novi".

von all ihren Lesern und Interpreten seit der Zeit der Evangelisten unentdeckt geblieben seien: er versprach, diese Geheimnisse als erster so vollkommen offenzulegen, daß sein Kommentar den letzten Zweifel und die letzte Ungewißheit hinsichtlich der "biblischen Ereignisse" beseitigen würde.[41] Dergestalt verkehrte sich das Vertrauen der Humanisten auf die Methoden der Philologie in schwärmerischen Dünkel.

Auch ein weiteres Werk von Pre Valerio, das im Prozeß von Genua Erwähnung findet, kann als ein Zeugnis der Nachahmung von Erasmus betrachtet werden. Es handelt sich um eine kleine Schrift mit dem Titel *Contra hypocritas*, eine scharfe Polemik gegen das Mönchtum. Hier finden wir ein konstantes Element des erasmischen Denkens wieder, nämlich die Ablehnung des kontemplativen Lebens. Gegenüber den Inquirenten, deren Verdacht durch das Verschwinden dieses Manuskripts erregt worden war, erklärte der Angeklagte, daß das Buch "auf den von Erasmus in der *Moria* dargelegten Theorien" basiere (an anderer Stelle sagte Pre Valerio aus, daß er außer bei Erasmus auch in der *Oratio in hypocritas* von Leonardo Bruni Anregungen für seine Schrift gefunden habe).[42] Als die Inquirenten den Verdacht äußerten, daß sein *Contra hypocritas* ketzerisch sei und in ihm "praesertim opiniones lutheranas" enthalten sein könnten, verschanzte sich der Angeklagte hinter Erasmus: "Es mag sein, daß ich gesagt habe, daß das Buch ketzerisch sei, aber in Wahrheit ist es dies nicht", zumindest dann nicht, wenn die "Anschauungen von Erasmus", von denen er sich habe leiten lassen, nicht "verurteilt oder verdächtig" seien.[43]

Daß Pre Valerio, im Unterschied zu Erasmus, in seiner Kritik am Mönchtum jedoch sehr wohl zum erbitterten Frontalangriff übergehen konnte, davon zeugt ein anderes Schriftstück, das in dem Widerruf von Genua Erwähnung findet. Bei diesem Dokument handelte es sich um einen Brief, in dem der ehemalige Franziskaner der Meinung Ausdruck gab, die Mönchsorden seien "Sekten, Schismen und von gottlosen Menschen erfundene Spaltungen, die dem Zweck dienen, Christus endgültig zu begraben und den menschlichen Ehrgeiz maßlos zu fördern", und die Mönche als "unverschämte Gauner" brandmarkte, "die sich ... nicht schämen, wie Faulenzer zu betteln, ja wie Diebe Almosen zu stehlen, die von Rechts wegen den wahren Armen in Christo zustehen".[44]

Von Erasmus kannte und benutzte Pre Valerio neben der kommentierten Ausgabe des Neuen Testaments und dem *Lob der Torheit* auch das *Enchiridion militis christiani*. Die Akten des Prozesses von Genua über-

---

[41] Akte *Cicuta*, Genueser Widerruf, Art. 9, 14, 15.
[42] Akte *Cicuta*, Aussagen vom 16. Dezember 1552 "in tertiis" und vom 15. Dezember "in terciis". Als dritte Quelle seiner Schrift *Contra hypocritas* erwähnte Pre Valerio — neben dem *Encomium Moriae* und der *Oratio in hypocritas* von Bruni — den Traktat *De incertitudine et vanitate scientiarum*, Kap. *De religiosis*, des Agrippa von Nettesheim (hierzu vgl. Zambelli, *Agrippa ed Erasmo*).
[43] Akte *Cicuta*, Aussage vom 15. Dezember 1552 "in terciis".
[44] Akte *Cicuta*, Genueser Widerruf des Pre Valerio vom 30. April 1553, Art. 8.

liefern uns die Zusammenfassung einer Predigt, die der ehemalige Franziskaner in der Kapuzinerkirche von Nizza — wahrscheinlich im Jahre 1548 auf der Durchreise nach Genua — gehalten hatte. Ausgehend von einer Stelle im Lukas-Evangelium, 21, 25 — "Und es werden Zeichen sein an Sonne, Mond und Sternen ..." — hatte Pre Valerio sich dem grundlegenden Thema des erasmischen Spiritualismus zugewandt: der Gegenüberstellung von innerem Erleben des Menschen und äußerlicher Frömmigkeit. Gott, der Schöpfer der Sonne, des Monds und der Sterne — so der Grundtenor der Predigt —, findet keinen Gefallen daran, wenn ihm Kerzen oder andere äußere Lichter als Opfergaben entzündet werden: sie können nichts sein als ein matter Abglanz himmlischer Lichter; dagegen ist es Gott wohlgefällig, wenn ihm die inneren Lichter geweiht werden: Geist, Gedächtnis und Wille. Der Mensch soll sich also hüten zu glauben, mit Wachskerzen und anderem materiellen Licht dem Schöpfer des Firmaments gefallen zu können. "Ma mère" — wandte Pre Valerio sich ermahnend an ein frommes Mütterchen unter seinen Zuhörern —, hoffe nicht, mit Hilfe Deiner Kerzen, Lampen, Rosenkränze oder anderer Äußerlichkeiten näher zu Gott zu kommen: Gott bedarf dieser Dinge nicht. Ganz anderes erwartet er von Dir. Hier betest Du mit der Kerze in der Hand: wenn Du aber in Deinem Innersten Haß gegen jemanden hegst, ist das Licht der Liebe in Dir erloschen. Wenn Du erlittene Schmähungen in Deinem Gedächtnis bewahrst, nützt es Dir nichts, zu fasten und von Kirche zu Kirche zu pilgern: das Licht des Gedächtnisses in Dir ist trübe. Wenn Du sinnliche oder eitle Gedanken hast, hilft es Dir nichts, zur Messe oder zur Vesper zu gehen, weil das Licht Deines Geistes nicht leuchtet. Deswegen — so schloß der Prediger — sind alle äußeren Werke vergebliche und verlorene Mühe, wenn der Mensch sein inneres Licht nicht brennen läßt.

Dem Einwand der Inquisitoren von Genua, diese Predigt halte davon ab, gute Werke zu tun, begegnete Pre Valerio ganz in der Logik erasmischen Denkens: in seiner Predigt sei er von der Überzeugung ausgegangen, "sich so katholisch wie nur denkbar zu äußern", da in ihr der inneren Einstellung des Menschen Vorrang eingeräumt werde, ohne deshalb die Werkfrömmigkeit zu verurteilen.[45]

Ob Pre Valerio sich in zwei weiteren Schriften, die er auf Korsika verfaßt hatte und die sich auf seine Tätigkeit als Lehrer bezogen — *Legge de' scolari* und *Modo di studiare* —, erasmisches Gedankengut zunutze machte, läßt sich nicht feststellen, da die Prozeßakten von Genua lediglich die beiden Titel überliefern.[46]

---

[45] Akte *Cicuta*, Aussage vom 15. Dezember 1552 "in terciis".
[46] Akte *Cicuta*, Aussage vom 20. April 1552.

VI

Der Prozeß, der zwischen dem 20. April und dem 19. Dezember 1552 in Genua gegen den als Valerio alias Natale Sicuta di Veglia bezeichneten Angeklagten geführt wurde, fand am 30. April 1553 in der Kathedrale San Lorenzo seinen Abschluß. An diesem Sonntag verlas Pre Valerio nach der Vesper von der Kanzel herab in Anwesenheit "einer großen Menschenmenge" und der vom Tribunal bestellten Zeugen den eigenhändig zu Papier gebrachten Widerruf von fünfzehn dem Prozeßprotokoll entnommenen irrigen und häretischen Sätzen. Aus diesem — möglicherweise vom Angeklagten selbst entworfenen — Widerruf spricht tiefe Zerknirschung. Pre Valerio erklärte, er sei "ein Abtrünniger, Exkommunizierter und Irregulärer, ein Verfälscher und Religionsloser, ein verwegener, dünkelhafter und ruhmsüchtiger Mensch" und verdiene "harte Bestrafung". Die Sätze, die er widerrief, bezeichnete er von Fall zu Fall als "teuflische lutherische Ketzerei, die jede Tugend zunichte macht", "verfluchte Ketzerei", "verdammte Ketzerei", "Teufelswerk", "pestilenzialisches Gift" von "ketzerischer Verworfenheit" und "unglaublicher Vermessenheit und Anmaßung". Auf klug-theatralische Weise bekannte er sich schuldig, in die Irre gegangen zu sein und bat "den allmächtigen Gott ... und diese ganze ehrenwerte Gemeinde ... um Vergebung" für die "schweren, schwersten Irrtümer und teuflischen Ketzereien", denen er verfallen sei.[47]

Am 10. Juni 1553 schloß das Tribunal die Akten des Falls mit einem Urteilsspruch, der entschieden von der Norm abweicht. Der der Ketzerei geständige Angeklagte wurde lediglich der Apostasie (wegen langer Abwesenheit vom Orden) und der Irregularität (weil er als Apostat die Messe gefeiert hatte) für schuldig befunden. Das Tribunal von Genua überstellte den Verurteilten in die Zuständigkeit des Tribunals von Rom, unter dessen Aufsicht er eine Gefängnisstrafe von drei Jahren oder länger, "nach Ermessen des Inquisitors von Rom", abbüßen sollte. Pre Valerio hatte dafür Sorge zu tragen, in Genua eine Kaution in Höhe von tausend Goldscudi zu hinterlegen oder hinterlegen zu lassen, um sicherzustellen, daß er innerhalb von dreißig Tagen persönlich vor dem Inquisitor von Rom — damals Michele Ghislieri — erscheinen würde. Zudem wurde er für immer aus Korsika und dem gesamten Herrschaftsbereich Genuas verbannt und zur Übernahme der Prozeßkosten verurteilt. Dieses inkonsequente Urteil erweckt den Eindruck, daß das Tribunal von Genua sich des unbequemen Falls gerne entledigen wollte.[48]

Die Prozeßkosten und die mit tausend Scudi hohe Kaution wurden bezahlt (später gab Pre Valerio an, daß ihm "gemäß Anordnungen aus Frankreich

---

[47] Akte *Cicuta*, Genueser Widerruf des Pre Valerio.
[48] Genueser Urteil vom 10. Juni 1553, Pre Valerio im Dominikanerkonvent am 10. Juni 1553 mitgeteilt.

gewisse Personen mit Geld und anderen Mitteln geholfen" hätten).[49] Bis zur Abreise nach Rom wurde der Verurteilte in den Dominikanerkonvent verbannt. Von dort flüchtete er einige Wochen später.

VII

Er ging nach Chur. Später behauptete er, daß er zwischen seinem Verschwinden aus Genua und der Ankunft in Chur in Paris gewesen sei, wo er den Auftrag erhalten habe, in Graubünden mit dem französischen Botschafter, Jean des Monstiers, Bischof von Bayonne, Kontakt aufzunehmen.[50] In Chur erschien es dem wandlungsfähigen Mann vorteilhaft, in die Rolle des Flüchtlings *religionis causa* zu schlüpfen. Als solchen gab er sich gegenüber Pier Paolo Vergerio aus und nannte sich Aurelio Scitarca. In einem Brief an Heinrich Bullinger vom 3. September 1553 berichtete Vergerio über ihn mit folgenden Worten: "Kürzlich ist aus den Gefängnissen Genuas ein Mann von seltener Gelehrsamkeit entwichen, der wegen seines Bekenntnisses zum Evangelium drei Jahre lang diesem Miasma ausgesetzt war". Aurelio Scitarca unterrichtete Vergerio über die Kampfhandlungen der türkischen Flotte im Mittelmeer; darüber hinaus trat er möglicherweise in Kontakt mit dem französischen Gesandten in Chur, der sich zu eben diesem Zeitpunkt (September 1553) außergewöhnlich gut über den Stand des Krieges auf Korsika informiert zeigte.[51]

Zwischen Herbst 1553 und Herbst 1558 hielt sich Aurelio Scitarca hauptsächlich in Chur und Vicosoprano auf. Zumindest während eines Teils dieser Zeit schmückte er sich mit dem Titel eines Ritters von Rhodos und zog, da er die Insignien dieser Würde — Goldkette und Samtrock — trug, manche Kritik wegen seines pompösen Äußeren auf sich.[52] Mit Sicherheit nachweisen läßt sich, daß er sich in Graubünden in zweierlei Hinsicht betätigte.

Zum einen trat er als Sekretär in den Dienst des französischen Gesandten. Für seine Behauptung, als enger Mitarbeiter von Jean des Monstiers, dem Bischof von Bayonne, an dessen Mission in Graubünden in den Jahren 1553/1554 beteiligt gewesen zu sein, findet sich in den mir bekannten

---

[49] Akte *Cicuta, Breve discorso della vita et costumi di Aurelio Natale Cicuta*, der venezianischen Prozeßakte beigefügt.

[50] *Breve discorso della vita et costumi di Aurelio Natale Cicuta*: "[Lasciata Genova,] me partite et ritornai alla corte de Sua Maestà, dove fui molto ben venuto et hebbe per parte della mia riconpensa ll'abatia de Montechristo con tuti li sui priorati et anple intrate. Ma perché Sua Maestà Cristianissima moveva guera in Toschana contra il duca di Fiorenza, di subito mi mandò nel paese de' Grisoni per asistente del episcopo di Baiona et vice ambasciator di Sua Maestà".

[51] Bullinger, *Korrespondenz* I, S. 321, 326.

[52] Bullinger, *Korrespondenz* II, S. 44. Zur Kritik gegen das pompöse Äußere Scitarcas: Akte *Cicuta*, Zeugnis des Andrea, des Sohnes des Augusto de Salis aus Soglio, vom 9. Februar 1564, der venezianischen Prozeßakte beigefügt.

Dokumenten kein Beleg;[53] dagegen ist sicher, daß Scitarca in den Jahren 1557/1558 Sekretär bei Jean Jacques de Cambrai war, dem Nachfolger des Bischofs von Bayonne als Gesandter in Chur. Seine Aufgaben als Sekretär bestanden darin, den Kontakt zwischen dem französischen Gesandten und den drei Bundeshäuptern aufrechtzuerhalten, die drei Bundeshäupter und die reformierten Pastoren über die jeweiligen Entwicklungen an der Front in der Picardie zu unterrichten und die Zahlung der Pensionen mitzuorganisieren, die der französische König (unter Verstoß gegen die Gesetze des Bundes) heimlich jedes Jahr den wichtigsten Soldunternehmern zukommen ließ, um sich deren Unterstützung in den Bundestagen zu sichern. Diese Betätigungen im diplomatischen Bereich brachten Aurelio Scitarca in Kontakt zu einer Frau, die er später als Bündner Adlige bezeichnete. Das Haus dieser Witwe, die ein recht reges Gesellschaftsleben führte, wurde von den französischen Gesandten als zentrale Informationsquelle benutzt. Zwischen ihr und Scitarca entstand eine sehr vertrauliche Beziehung, die zu anhaltenden Gerüchten Anlaß gab: "Manche hielten sie für meine Frau, andere für meine Konkubine".[54]

Zum anderen versah Aurelio Scitarca in der Gemeinde Vicosoprano im Bergell das Amt des reformierten Pastors sowie das des Schullehrers. In dieser Funktion (die auch seine persönlichen Kontakte zu Bullinger erklärt) beobachtete ihn um 1555 der Dominikaner Angelo da Cremona, der von der zentralen Inquisitionsbehörde nach Chur gesandt worden war, um dem dortigen Bischof als theologischer Berater während des Bundestages zur Seite zu stehen. Etwa fünf Jahre darauf bezeugte der Dominikaner, daß Aurelio Scitarca sein Amt zur vollen Zufriedenheit seiner Gemeindemitglieder, "die ihn wegen seiner Gelehrsamkeit und seiner Predigten sehr loben", ausgeübt habe. Nach Aussage eines anderen Zeugen soll Scitarca das Pastorenamt in Vicosoprano in den Jahren 1554, 1556 und 1557 innegehabt, dafür ein Gehalt von 100 Gulden jährlich bezogen und seine Pflichten mit großem Eifer erfüllt haben.[55] Ebenfalls in Vicosoprano hatte Scitarca

---

[53] Jean Des Monstiers, *Un évêque ambassadeur au XVIe siècle, Jean des Monstiers, seigneur Du Fraisse, évêque de Bayonne*, Limoges 1895; Edouard Rott, *Histoire de la représentation diplomatique de la France auprès des cantons suisses* Bd. 1, Bern 1900. Ergebnislos sind auch die Nachforschungen in folgenden Manuskripten der BNP verlaufen: fr. 3132 (fol. 31r-47v, Zahlungsbuch des Königs Heinrich II.), 500 Colbert 391, 500 Colbert 393, 500 Colbert 396, fr. 3124, fr. 4129, fr. 6617, fr. 17981, fr. 23192, fr. 25950 (diese Manuskripte enthalten Teile der diplomatischen Korrespondenz der französischen Gesandten in der Schweiz und in Graubünden während der Jahre 1553 bis 1560).

[54] Bullinger, *Korrespondenz* II, S. 44, 69, 70, 71, 109 und Akte *Cicuta, Breve discorso della vita et costumi di Aurelio Natale Cicuta* (Mithilfe bei der Zahlung der französischen Pensionen in Graubünden und Beziehungen zu der "adligen Dame dieses Landes", über die sich Aurelio Cicuta ausführlich ausläßt).

[55] Akte *Cicuta*, Zeugnis des Fra Angelo da Cremona OP, Inquisitor von Novara und Prior von Vigevano, vom 24. Mai 1560 vor Fra Angelo da Verona OP, Generalinquisitor im Herzogtum Mailand; Zeugnis des Andrea, des Sohnes von Augusto de Salis, vom 9. Februar 1561 (eine am 14. Februar 1564 nach Venedig geschickte Kopie dieser Zeugnisse ist der

wieder begonnen, als Schullehrer zu wirken und seinen Unterricht in Latein mit dem der "lutherischen Lehren" zu verbinden: "An jedem Festtag" — so ein Zeuge aus Graubünden im Jahre 1564 — "gingen wir Schüler zu seiner Predigt".[56]

Als er später als Angeklagter vor dem Tribunal von Venedig aufgefordert wurde, für seine Betätigung als "lutherischer Prediger" Rechenschaft abzulegen, war seine Verteidigung zwar dem Anschein nach weitschweifig und gewunden, im Grundsatz erwies sie sich jedoch als relativ gradlinig. Cicuta rechtfertigte nämlich seine zweite Tätigkeit in Graubünden — die des Predigers — als Folge der ersten, also der des französischen Agenten. "Ich ging nicht nach Graubünden, um dort Häresien zu predigen oder zu lehren, sondern als Beauftragter des Königs von Frankreich, um dessen Interessen zu vertreten". Seine Aufgabe war, Schweizer Söldner für den Einsatz in Italien anzuwerben. Da er aber im Bergell und insbesondere im Gebiet von Vicosoprano auf "starken Widerstand und Opposition" in der aus wirtschaftlichem Interesse mit der kaiserlichen Partei verbundenen Bevölkerung gestoßen war, hatte er das Amt des Predigers zu dem Zweck übernommen, "die Bevölkerung zu überzeugen, die Sache Ihrer Allerchristlichsten Majestät zu unterstützen", und dieses Amt solange ausgeübt, "bis es erreicht war, daß einige Kompanien Schweizer Söldner sich Richtung Toskana in Marsch setzten, um am Krieg von Siena teilzunehmen". Die Inquisitoren sollten nicht glauben, daß "er sich von der Absicht hätte leiten lassen, Häresien zu predigen und das schändliche Leben eines Abtrünnigen zu führen", im Gegenteil: Er habe "all dies zwangsläufig getan, um den Anforderungen im Fürstendienst zu entsprechen".[57]

In diesem Selbstzeugnis stellt sich die Spaltung der Christenheit in verschiedene Konfessionen als Gegebenheit dar, derer man sich zur Erreichung politischer Ziele vorteilhaft bedienen kann. In einem anderen Abschnitt der schon zitierten Verteidigungsschrift, die Cicuta dem Tribunal von Venedig vorlegte, wird diese Auffassung noch näher erläutert. Die Triebfeder seines Handelns, so erklärt er ein weiteres Mal, sei nicht darin zu sehen, daß er Sekten habe gründen oder irgendeine Irrlehre unterstützen oder verteidigen wollen; vielmehr habe er als treuer Fürstendiener seine

---

venezianischen Prozeßakte beigefügt). Während Scitarca in Petrus Dominicus Rosius de Porta, *Historia Reformationis Ecclesiarum Raeticarum*, Chur 1772-1774, nicht vorkommt, wird er von Emil Camenisch in *Geschichte der Reformation und Gegenreformation in den italienischen Südtälern Graubündens*, Chur 1950, S. 86, als Nachfolger von Vergerio im Amt des evangelischen Pastors von Vicosoprano für den Zeitraum 1553-1558 erwähnt. Aus den Karteien des Staatsarchivs zu Zürich, der Zentralbibliothek zu Zürich und des Staatsarchivs Graubünden in Chur ergibt sich bezüglich Aurelio Scitarca nichts über das hinaus, was sich dem Briefwechsel zwischen Bullinger und den Graubündnern entnehmen läßt.

[56] Akte *Cicuta*, Zeugnis des Paolo, des Sohnes von Giovanni Pietro aus Castromuro, vom 9. Februar 1564 vor Fra Angelo da Cremona, Inquisitor von Mailand.

[57] Akte *Cicuta*, Aussage des Aurelio Cicuta vor dem venezianischen Gericht vom 17. Juni 1564; *Breve discorso della vita et costumi di Aurelio Natale Cicuta*.

Fähigkeiten und seinen Fleiß in diesem Dienst beweisen wollen, wobei er "je nach den Umständen zur Tarnung hier die Religion und dort irgendeine andere Konstruktion oder List" verwendet habe. Für Aurelio Cicuta war der Grundsatz, demzufolge "der Kluge sich verstellen, Zeit und Umständen anpassen können muß", gleichbedeutend mit dem paulinischen Wort: "Omnia omnibus factus sum" (1 Kor 9, 22). Wie Paulus sich auf die Menschen in ihrer Verschiedenheit eingestellt hatte, um alle für Christus zu gewinnen, so tarnte sich Aurelio Cicuta den Gegebenheiten entsprechend, um Anhänger für den König von Frankreich zu werben. Bezeichnend ist, daß er sich zur Verteidigung seines chamäleonartigen Verhaltens auf die Praxis der französischen Diplomaten seiner Zeit berief, die in ihrer Anpassungsfähigkeit so weit gegangen waren, nicht nur mit den deutschen Protestanten, sondern auch mit den Türken gemeinsame Sache zu machen. "Wenn man sich als Diplomat betätigt und im Fürstendienst steht", so Cicuta in seinem Selbstzeugnis, "pflegt man sein Verhalten zu ändern ..., wie es alle die tun, die an Tyrannenhöfen dienen ...: sie verstehen es, sich je nach Zeit und Ort anzupassen, zu heucheln, zu täuschen, sich zu tarnen, Namen, Auftreten und Gewohnheiten zu ändern, erfinderisch und listenreich zu sein, sich tausendfach zu verwandeln, Proteus und Vertumnus zu werden und sich auf die jeweiligen Gegebenheiten und Notwendigkeiten einzustellen. Dann aber, wenn sie ihren Auftrag erfüllt haben, führen sie wieder ein ruhiges und geordnetes Leben und kehren ... zu ihren normalen Lebensgewohnheiten zurück. Für diese Verhalten könnte ich viele Beispiele nennen, Namen von bekannten Persönlichkeiten aus Kirche und Staat, von denen manche, obwohl sie Geistliche sind, verkleidet durch ganz Deutschland gereist sind, um die dortige Entwicklung auszukundschaften, andere sogar in Konstantinopel mit den Ungläubigen verhandelt haben".[58]

Der von Aurelio Cicuta in seinem Prozeß in Venedig verfolgten Verteidigungsstrategie lag ein Wertsystem zugrunde, das der Politik Priorität gegenüber der Religion einräumte und der Durchsetzung von Machtinteressen höhere Verbindlichkeit zuerkannte als Kirchengesetzen aller Art. Häresie war für den ehemaligen Franziskaner "eine Sache, die sich wiedergutmachen läßt", Akkomodation im spirituellen Bereich immer möglich; bei der Politik dagegen, dem "Fürstendienst", den "Interessen Frankreichs", handelte es sich um Dinge von "äußerster Wichtigkeit", bei denen es "keinerlei Nachsicht" gab.[59] Auf diese Rangordnung der Werte berief sich Aurelio Cicuta auch, um sein Verhalten in dem 1552/1553 gegen ihn in Genua geführten Prozeß zu rechtfertigen. Den Richtern in Venedig bot Cicuta folgende Darstellung

---

[58] Diese Rekonstruktion basiert auf einigen Selbstverteidigungsschriften, die Aurelio Cicuta dem venezianischen Gericht vorgelegt hatte: *Articoli degni di matura consideratione, Avertimenti di matura consideratione cercha il caso di Aurelio, Breve discorso della vita et costumi di Aurelio Natale Cicuta*, vgl. Anm. 67.

[59] Akte *Cicuta, Articoli degni di matura consideratione; Breve discorso della vita et costumi di Aurelio Natale Cicuta*.

der Ereignisse: In Genua hatte man in zweierlei Hinsicht gegen ihn Verdacht geschöpft — einerseits hatten ihn die korsischen Franziskaner der Ketzerei angeklagt und somit Zweifel an seiner Rechtgläubigkeit aufkommen lassen, andererseits hatten die auf Wiedereroberung der Stadt abzielenden ständigen Komplotte der Franzosen und sein Kauf einer neapolitanischen Fregatte ihn in den Augen der Genuesen der Verschwörung gegen den Staat verdächtig gemacht (aus der gleichen Zeit sind nämlich andere Fälle bekannt, in denen Mönche als Geheimagenten eingesetzt wurden).[60] Für ihn hatte sich also die Notwendigkeit ergeben, "wenigstens eine der beiden Anklagen einzugestehen, nicht die zutreffende und wichtige, die sich auf den Staat bezog, sondern die andere, die in Wahrheit falsch war, aber wiedergutzumachen". Folglich hatte er sein Prozeßverhalten so ausgerichtet, daß sich der Verdacht auf Häresie verstärkte, um damit noch größere Schwierigkeiten zu vermeiden — "so wie Petrus, als er den Herrn verleugnete". Keine der gegen ihn erhobenen religiösen Beschuldigungen war durch Zeugenaussagen Dritter bestätigt worden: der Angeklagte selbst hatte in diesem Verfahren die Rolle des Belastungszeugen übernommen, "um zu verhindern, daß man von der Meeresfestung Montecristo und den neapolitanischen Fregatten, die ich gekauft hatte, sprach etc., weil dies Angelegenheiten des Staates waren". Aus Angst, irgend etwas von seiner Tätigkeit im Dienste Frankreichs sei durchgesickert, war er aus der Zitadelle in Bastia entflohen und hatte sich dann, als man ihn erneut gefaßt und bezüglich der Flucht verhört hatte, gezwungen gesehen, in die Rolle des religiösen Dissidenten zu schlüpfen. Tatsächlich konnten die Genuesen, voller "Angst und Argwohn" bezüglich der Sicherheit ihres Staates, eine Verbindung zwischen seiner Flucht und den "Manövern Frankreichs" herstellen. Um sie von derartigen Gedanken abzubringen, hatte der Angeklagte die gemeinschaftlich mit dem Gouverneur Franco Pasaggio begangene Ketzerei als Köder ins Spiel gebracht: "In Wahrheit kam es mir gelegen, daß ich über einige religiöse Fragen verhört wurde, und ich leistete geschickt dem Eindruck Vorschub, manches Mal einer Irrlehre zugestimmt zu haben; nicht ... weil es in Wirklichkeit so war, sondern um meine Flucht plausibel zu machen und jeden Verdacht, den diese Herren bezüglich der Angelegenheiten Frankreichs geschöpft hätten, zu zerstreuen".[61]

So wenig glaubwürdig Aurelio Cicuta auch sein mag, diese Aussage stimmt vollkommen mit dem überein, was in der verläßlichsten der uns außerhalb der Prozeßakten erhaltenen Quellen über ihn berichtet wird. Einige Briefe des Bündner Pastors Johannes Fabricius aus dem Jahre 1558 belegen, daß für den in Graubünden unter dem Namen Aurelio Scitarca bekannten Ritter die Interessen der französischen Krone gegenüber der Sache der

---

[60] Akte Cicuta, *Breve discorso della vita et costumi di Aurelio Natale Cicuta*. Zum Einsatz von Franziskanern als Geheimagenten in Italien vgl. Pellicier, *Correspondance*, S. 98f.

[61] Akte Cicuta, *Articoli degni di matura consideratione*; *Breve discorso della vita et costumi di Aurelio Natale Cicuta*.

Reformation die gleiche Priorität hatten wie für Pre Valerio die "Angelegenheiten Frankreichs" gegenüber der Lehre der katholischen Kirche. Die Episode der diplomatischen Tätigkeit Scitarcas, auf die die genannten Briefe sich beziehen, stellt sich wie folgt dar. Im März 1558 gelangte die Nachricht nach Chur, daß in Lyon auf Anordnung des Königs einige Calvinisten hingerichtet worden seien. Dieser Vorfall veranlaßte die beiden Bündner Pastoren Fabricius und Gallicius, sich in einem gemeinsamen Brief an Aurelio Scitarca zu wenden: darin wurde der Sekretär des französischen Gesandten aufgefordert, über Jean Jacques de Cambrai den König zu veranlassen, die Hugenottenverfolgung einzustellen, unter Androhung, die Kündigung des Bündnisvertrags zu bewirken, der dem König erlaubte, auf dem Territorium des Bundes Söldner anzuwerben. Die Pastoren drohten sogar, die Angelegenheit in ihren Predigten zur Sprache zu bringen und dazu beizutragen, daß der französische Gesandte ausgewiesen werde: "Wir streiten nämlich für den König der Könige: wehe uns, wenn der König des Himmels erkennen würde, daß es uns an jener Tugend des Gehorsams mangelt, den Ihr Eurem König gegenüber leistet". Die beiden Pfarrer hatten sich in dieser Angelegenheit mit unmißverständlicher Härte geäußert, weil sie Aurelio Scitarca als Überbringer ihres Protestes mißtrauten. Offensichtlich teilte der Pastor von Vicosoprano keineswegs ihre Überzeugung von dem Vorrang der Religion gegenüber der Politik. "Gegenüber dem Herrn Aurelio", schrieb Fabricius an Bullinger, "mußten wir recht unnachgiebig auftreten, weil wir ihn als einen Mann kennen, der seinem König ganz und gar ergeben ist, und Grund haben anzunehmen, daß, wenn wir die Bedeutung der Angelegenheit nicht hervorgehoben hätten, er sie heruntergespielt und dem Gesandten so vorgetragen hätte, 'als wäre es pfaffenwerch'".[62]

VIII

Am 31. Oktober 1558 übermittelte Aurelio Scitarca dem Fabricius die Nachricht, die den französischen Gesandten eben per Boten erreicht hatte: Heinrich II. von Frankreich und Philipp II. von Spanien hatten einen Waffenstillstand geschlossen.[63] Dies war das Vorspiel zum Vertrag von Cateau-Cambrésis. Für die italienischen Parteigänger Frankreichs bedeutete dieser Vertrag, mit dem Frankreich seine Ansprüche in Italien aufgab, nicht nur das Ende der Hoffnungen und Intrigenspiele, die bis dahin ihr Leben bestimmt hatten, sondern auch einen drastischen Rückgang der französischen Zahlungen und Pensionen. Untätigkeit und finanzielle Not waren des öfteren die Folgen.

Auch Aurelio Scitarca fand sich seiner Arbeit beraubt, wenn nicht gar von materiellem Elend bedroht. Wenn es sich bei dem ungenannten Sekretär, den Jean Jacques de Cambrai mit einem auf den 9. November 1558 datierten

---

[62] Bullinger, *Korrespondenz* II, S. 61f., 67.
[63] Ebd., S. 109.

Brief an den Grand Connétable Montmorency schickte, um Scitarca handelte (wie vermutet werden kann), so war die letzte Aufgabe, mit der seine französischen Herren ihn betrauten, recht undankbar: Der Sekretär sollte bei Hofe eine Aufstellung der in den letzten Jahren von den französischen Gesandten in Graubünden eingegangenen Zahlungsverpflichtungen vorlegen sowie ein Bündel Briefe überbringen, in denen Bündner Pensionisten und Söldner finanzielle Ansprüche verschiedener Art gegenüber dem französischen Staat geltend machten. Der Inhalt dieser Schriftstücke, die der Sekretär von Jean Jacques de Cambrai mit sich nach Paris nahm (de Cambrai selbst empfahl Montmorency "ses petites affaires"), vermittelt uns einen Eindruck der panikartigen Reaktionen, die die Ankündigung des französisch-spanischen Friedensschlusses in den Kreisen auslöste, die von dem Krieg zwischen den beiden Ländern gelebt hatten.[64] Nach etwa zwei Jahrzehnten im Dienste Frankreichs mußte Aurelio Scitarca sich einen neuen Herrn suchen.

Durch seine Tätigkeit als Sekretär und Mitarbeiter des französischen Gesandten in Chur waren Scitarca die Namen der Hauptleute und Politiker in Graubünden bekannt, die insgeheim Pensionen aus Frankreich bezogen. Scitarca entschied sich, diese wertvollen Informationen demjenigen anzubieten, der das stärkste Interesse daran hatte: dem Herzog von Sessa, Gouverneur Philipps II. im Herzogtum Mailand. Ausgestattet mit einem Geleitbrief, der ihm Immunität zusicherte, suchte Scitarca 1559 oder 1560 den Herzog von Sessa auf und rühmte sich ihm gegenüber, neben seinen Erfahrungen als Militärbaumeister — die er angeblich in Frankreich und insbesondere bei den Kämpfen in der Normandie gesammelt hatte —, auch seiner Informationen über Graubünden. Offenbar hatte er eine Namenliste aller Bündner Pensionisten erstellt, die er dann zu einem "großen Buch" mit dem Titel *Apochalipsi de pensionati* erweitert haben soll: darin will er "den tiefen Sumpf all ihrer schmutzigen Praktiken und Unternehmungen und insbesondere, wie sie ihre Freiheit einmal diesem und einmal jenem Fürsten verkaufen", offengelegt haben. In einem späteren Abschnitt des gleichen Dokuments sind aus dem Buch über die Pensionisten — entsprechend der für Selbstzeugnisse Scitarcas typischen Tendenz zur Übertreibung — "einige Bücher" gegen die "käufliche Freiheit" der Graubündner geworden, "von solcher Bedeutung, daß der Herzog von Sessa sie an Seine Katholische Majestät nach Spanien schickte". Wenn auch der Bericht über die Entwicklung der Angelegenheit als überzogen betrachtet werden muß, so steht doch fest, daß dem Herzog von Sessa die von Scitarca angebotenen Informationen nicht irrelevant schienen: er kaufte sie für 200 Scudi und nahm den Informanten für ein Monatssalär von 25 Goldscudi in seinen Dienst.[65]

---

[64] BNP, fr. 23192, S. 66, 43-46.

[65] Die Rekonstruktion basiert auf folgenden Dokumenten der Akte *Cicuta*: *Breve discorso della vita et costumi di Aurelio Natale Cicuta*; *Avertimenti di matura consideratione cercha il caso del Scytharcha*; der venezianischen Prozeßakte beigefügte Bittschrift des Aurelio Scitarca

Aurelio Scitarca hatte sich erst seit kurzem in Mailand niedergelassen, als er — wahrscheinlich Anfang 1560 — festgenommen und in das Gefängnis des *capitano di giustizia* eingewiesen wurde. Über die Haftgründe geben die mir bekannten Quellen keine Auskunft. Nach drei Monaten wurde Scitarca infolge der Aussage eines aus Graubünden stammenden Hauptmanns namens Schier oder Schero dei Prevosti, daß der Gefangene dafür bekannt sei, "in Visorano im Bergell ... in den Jahren 1554, 1556 und 1557 öffentlich die lutherische Lehre gepredigt" zu haben, aus dem staatlichen Gefängnis in das der Inquisition verlegt. Die Anzeige des Söldners, deren Motiv möglicherweise private Rachegelüste oder Nützlichkeitserwägungen waren, wurde durch die Aussage einer angesehenen Persönlichkeit bestätigt: am 24. Mai erschien der Dominikaner Angelo da Cremona, der im Bergell von Aurelio Scitarca gehört und ihn auch gegen 1555 in Chur gesehen hatte, als Zeuge vor dem Inquisitionsgericht Mailand und identifizierte den Gefangenen mit Sicherheit als "lutherischen" Prediger von Vicosoprano. Da beide Zeugen über die frühere Verurteilung des Gefangenen in Genua unterrichtet waren, wurde der Inquisitor von Mailand davon in Kenntnis gesetzt, daß Scitarca "wegen Glaubensangelegenheiten in der Hand des hochwürdigen Inquisitors von Genua gewesen" und von dort geflohen sei.[66]

Die Inquisitionsmaschinerie arbeitete zu dieser Zeit erheblich effektiver als zehn Jahre zuvor. Auf Einladung des Inquisitors von Mailand kam der Inquisitor von Genua — eben jener Girolamo Franchi, der den Prozeß gegen Pre Valerio Trono geleitet hatte — in Begleitung eines Sekretärs der Republik Genua nach Mailand und bezeugte, daß der Gefangene mit dem Ketzer identisch sei, der sich 1553 durch Flucht aus dem Dominikanerkonvent der Verpflichtung entzogen hatte, sich in Rom zu melden und dort eine dreijährige Gefängnisstrafe abzubüßen. Obwohl Scitarca unter Berufung auf seinen Geleitbrief Protest einlegte und der mit der Untersuchung des Falls betraute Senator Baldassarre Molina eine Stellungnahme zugunsten des Gefangenen abgab, wurde dieser nicht aus der Haft entlassen. Ihm wurde aber auch nicht der Prozeß gemacht. Vermutlich wollte man die Rückkehr des Gouverneurs von Mailand, der sich in Spanien aufhielt, abwarten. Im Frühjahr 1562 gelang Scitarca nach etwa zwei Jahren Gefängnis die Flucht. Alle Häscher des Herzogtums wurden auf seine Spur gehetzt — ohne Erfolg. In Venedig tauchte der Flüchtling wieder auf.[67]

---

vom 19. Juli 1560 an eine namentlich nicht erwähnte Persönlichkeit (den Herzog von Sessa?).

[66] Die Rekonstruktion basiert auf folgenden Dokumenten der Akte *Cicuta*: Bittschrift des Aurelio Scitarca vom 19. Juli 1560 an eine namentlich nicht erwähnte Persönlichkeit; Zeugnis des Bündner Hauptmanns Schero vom 13. Mai 1560 vor dem Inquisitor von Mailand; Zeugnis des Fra Angelo da Cremona, des Inquisitors von Novara, vom 24. Mai 1560 vor Fra Angelo da Verona, Inquisitor von Mailand.

[67] Akte *Cicuta*, Aussage des Aurelio Natale Cicuta vom 15. Januar 1564 vor dem venezianischen Gericht. Berücksichtigt worden sind außerdem die vier Dokumente, die Aurelio Scitarca zu seiner Verteidigung vorlegte (die Schriftstücke sind nicht datiert, wurden jedoch vom Gefangenen am 30. Mai 1564 vorgelegt, wie aus einem mit diesem Datum versehenen

10. KAPITEL

Damit beginnt das letzte Kapitel des wechselvollen Lebens von Aurelio Cicuta, alias Fra Bonaventura Cosmio, alias Pre Valerio Trono, alias Aurelio Scitarca.[68] Statt eines gutdotierten Postens als Militär- und Bauingenieur im Dienste der Republik Venedig — auf den er gehofft und für den er günstige Voraussetzungen dadurch zu schaffen versucht hatte, daß er dem Dogen einen zum großen Teil erfundenen, glänzenden Bericht über seine Tätigkeit im Dienste der französischen wie der spanischen Krone zukommen ließ[69]

Vermerk in den Unterlagen des venezianischen Prozesses hervorgeht). Es handelt sich um folgende Dokumente: 1) *Breve discorso della vita et costumi di Aurelio Natale Cicuta*, 2) *Articoli degni di matura consideratione*, 3) *Avertimenti di matura consideratione cercha il caso del Scytharcha*, 4) *Avertimenti di matura consideratione cercha il caso di Aurelio*. Berücksichtigt wurden auch die auf den 19. Juli 1560 datierte Bittschrift Aurelio Scitarcas an eine nicht genannte Person und das von Giovanni Andrea Cassali unterschriebene Schriftstück vom 11. Juli 1560, das mit der Anmerkung "Reperitur in actis existentibus ad officium capitanatus Iustitiae Mediolani inter alia sic fore scriptum ut infra, videlicet ..." bei den Akten des venezianischen Verfahrens verwahrt wird.

[68] In der Anlage zu Cicutas Prozeß in Venedig findet sich ein Schriftstück dieses Wortlauts: "*Nomi che si mutava questo Aurelio*. Il proprio nome, in lingua di Dalmatia, è Bosig, che vuol dire in la nostra lingua Natale, et per prenome Aurelio, di modo che vien a chiamarsi Aurelio Natale. Et il cognome ha in Schiavonia è Sicutig et in greco Sitarcha. Li nomi mutati sono questi. In Corsica si chiamava pre' Valerio Trono, vestito da frate franciscano. In la rivera di Genoa si chiamava pre' frate Bonaventura. Nella guerra di Pichardia verso Bologna si chiamava pre' Natale Valdovero". Auf der Rückseite weist dieses Schriftstück folgende Anmerkung auf: "Die XV Maii 1563. Presentata per Reverendum P. Lectorem viceinquisitorem". Daß Aurelio Cicuta sich in der Picardie Natale Valdovero genannt haben soll, wird allein in diesem Dokument gesagt. In der Akte *Cicuta* wird sonst dieses Pseudonym nie erwähnt.

[69] Akte *Cicuta*, undatierter, dem venezianischen Verfahren beigefügter Brief des Aurelio Scitarca an den Dogen und den Senat von Venedig. Der Brief lautet: "Serenissimo Principe, Illustrissimi et sapientissimi Signori. A quel obligo, con il quale io Aurelio Scytharcha Dottor etc. son nasuto di servir alla Serenità Vostra come suo suddito et humil servitore, certo è conforme il desiderio continuo che porto meco di dedicarle in perpetuo il mio servitio, et ho sempre portato per il spatio de anni 33 che ho servito la corona di Franza, Carlo Quinto Imperator et la Catholica Maestà, con honorevoli gradi et provisioni di scudi 600 et 700 al'anno, come par per più mie patente. Né per altro ho ritardato tanto ad offerirgli ogni mia servitù, se non perché nella passata età per la non compita cognitione et esperientia delle cose, conosceva non dover esser di tanto giovamento et servitio, di quanto haverei volsuto esser. Hor poi che in longo corso di tempo con la mia continua industria parmi haver aquistato la scientia et prattica delle fortificationi et architettura, et poi che è stato in piacer de Dio reservarmi a questa matura età, ho reputato conveniente offerirmi alla Serenità Vostra et alle Signorie Vostre Illustrissime, come a quelle che rettamente stimano et largamente recompensano coloro nelli quali conoscano virtù congionta con fede. Et a fine che la Serenità Vostra intenda quanto si possa prometter di me et in che servirsi, dirò con brevità parte delle ation mie fatte in tempo che ho servito a diversi principi.

Al tempo del re Francesco di Francia fui applicato a far molti desegni di fortificationi, et tra gli altri il grande porto del'Ablo de Gratia in Normandia; del castel della guardia, del porto di Marsiglia; di Nantes, di Brest, di Sam Malò in Britagna; della fortezza di Ardres in Picardia; fece il desegno di fortificar Parigi et feci il simile di Roham al tempo che li Anglesi preseno Bologna. Fortificai Troia et Cialon in Campagna, quando l'esercito imperial era sotto San Didier; feci forte Narbona in Aquitania al tempo della guerra di Perpegnano; instaurai Dieppa et Albavilla al tempo ch'el re d'Ingilterra discese in Picardia; defese Perona et Landersi, quando Carlo quinto gli era acampato atorno; et fui in Marsiglia al tempo ch'el esercito imperial la

— erwartete ihn in Venedig ein zweiter Prozeß wegen Ketzerei, der verhängnisvoll für ihn ausgehen konnte.

Jener Fra Angelo da Cremona, der schon als Zeuge gegen ihn ausgesagt hatte und ihn für einen "großen Häretiker" hielt, war inzwischen Inquisitor von Mailand geworden. Mit derartigen Männern begann ein neuer Funktionärstyp in der Inquisition Fuß zu fassen, eine bürokratischere und restriktivere Amtsauffassung setzte sich durch: die Inquisition verlor ihre ausgleichend-vermittelnde Funktion und wurde als Instrument zur Bekämpfung eines als Ketzerei spezifizierten kriminellen Tatbestands begriffen. Wenn ein Inquisitor mit einem solchen Amtsverständnis eine Akte angelegt hatte, war er auch bestrebt, sie zu schließen. Als Fra Angelo da Cremona — vielleicht durch einen Informanten — erfuhr, daß Aurelio Scitarca sich in

---

combateva. Mostrai al re Henrico la secura via di espugnar Cales, Tionvvilla, Lucemburg et tutta la isola di Corsica, e perché l'impresa mi reuscisse, con habito finto fui prima a vederla et a considerar il sito de quel paese.

Al tempo di pace ho posto mano alli palazzi regali come San Germano, Lovre, Fonteneblo et Ciamburg. Et oltra il lume delle dette cose, essendo stata conosuta la mia intiera fede in Francia, son stato adoperato in più importanti manezzi di fuori, onde fui mandato ambassador dal re Francesco al re di Scotia et al re di Danesmarch al tempo delle guerre di Bologna, dove ottenni — come havea per fine — che le lor maestà se mossero contra l'Inghilterra in favore della Francia. Fui, doppo la presa del Signor Contestabile di Francia et perdita di San Quintino, mandato dal re Henrico in Sassonia, di dove feci venir in suo aiuto cercha 12 millia lancechenechi, con il soccorso delli quali fu impedito alli nimici l'intrar in Picardia. Fui dal medesimo re mandato nelle Tre Leghe per espedir in Toscana, come feci, 7 insegne de Grigioni al tempo della guerra di Siena. Et dal medesimo re Henrico fui mandato al presente imperator per trattar con Sua Maestà delle cose del re Stefano et della Transilvania.

Essendo al servitio di Carlo Quinto fui con sua maestà in Algieri et alla espugnation della Golletta et di Tunese, visitai Bona, Sarcelle et Oran, fortezze di Sua Maestà in Barbaria; et per suo comandamento designai il castel famoso di Gant al tempo che li Gantesi si volsero dar alla corona di Francia. Designai le mura di Anversa verso il mar, restaurai le regal stantie di Brucelles et di Malines in Fiandra; et poi per Sua Maestà Catholica son stato sopra tutte le fortezze del'Italia, et specialmente di Napoli, di Sicilia et di Lombardia, servendo di ingegnero general sì a Sua Maestà Catholica come alla Cesarea Maestà di suo padre.

Et alla fin, seguendo il mio natural desiderio et inclinatione, et essendo stato invitato da molti clarissimi ambassatori et sollicitato per più littere et messi del illustre signor conte Hyppolito da Porto et altri degni capitani et cavalieri, son venuto ad offerir alla Serenità Vostra ogni mio studio, diligentia, industria et arte. Et ringratio Iddio che anche in mia absentia sia sta fatta bona et honorata relatione della persona mia alla Serenità Vostra dal illustrissimo signor Sforcia Pallavicino, general della militia di questa Serenissima Republica, et anche doppo il suo partir habbia scritto honorate littere in mio favor. Et me è hanche sommamente a charo che alli clarissimi signori proveditori delle fortezze habbia piaciuto il mio giuditio et parer datto per scritto circa il Turrione dell'Alicorno et tutta la fortezza de Padoa. Supplicando la Serenità Vostra humilmente che conoscendomi atto a far servitio a questo amplissimo stato, accetti la mia servitù et devotissimo animo, tenendo per certo che — havendo io alli esterni principi fatto tanto util et fidel servitio in tante cose importantissime —, sia per far molto più in servitio di questa felicissima republica, della quale son nasuto vasallo, et in servitù della quale per antiqua heredità delli mei maggiori debbo viver et morir; et specialmente ad esempio et imitation del padre mio, il quale doppo molti signalati servitii et honorate imprese, è morto sopracomito alla Cania, lassando essempio alli suoi posteri di seguirlo, et non mai degenerar dalle laudate vestigie delli nostri passati et maggiori. Etc.".

Venedig aufhielt, wandte er sich mit einem Brief vom 4. Mai 1563 an den Inquisitor von Venedig, ließ diesem eine Abschrift zweier in Mailand aufgenommener belastender Zeugenaussagen zukommen und unterrichtete ihn über die Vorgeschichte, die dieser Fall in Genua gehabt hatte. Am 16. Mai wurde Aurelio Scitarca vor den Inquisitor von Venedig zitiert. Nach einem ersten Verhör — bei dem sich der Vernommene in totales Leugnen geflüchtet hatte — wurde der vom venezianischen Gerichtsschreiber als "hochgewachsener Mann mit langem schwarzen Bart, hagerem Gesicht, auf ausländische Art gekleidet, ungefähr 50 Jahre alt" beschriebene Scitarca in das Gefängnis von San Giovanni in Bragora eingewiesen.[70] Der Prozeß in Venedig dauerte über ein Jahr. Während dieser Zeit sammelte der rührige Fra Angelo da Cremona weitere Zeugenaussagen zur Tätigkeit von Scitarca als Pastor der reformierten Gemeinde von Vicosoprano, die er nach Venedig weiterleitete, und besorgte sich über Fra Girolamo Franchi eine Abschrift der Akten des Genueser Prozesses. Zu seiner Verteidigung legte auch der Angeklagte verschiedene Schriftstücke vor, in denen er sich — wie oben ausgeführt — auf die Verhaltenszwänge im Fürstendienst berief. Am 13. Juli 1564 erging das Urteil des Gerichts von Venedig. Seiner Verkündung war eine Beratung vorausgegangen, in der neun venezianische Theologen als Gutachter aufgetreten waren. Die Sachverständigen wichen in ihrer Einschätzung zwar stark voneinander ab, eine dominante gemeinsame Tendenz ging jedoch dahin, den Angeklagten einerseits als Rückfälligen zu betrachten, andererseits aber ein mildes Urteil zu empfehlen, um seiner Einsicht und Reue Rechnung zu tragen.

Entsprechend dem Tenor der Gutachten wurde Aurelio Natale Cicuta zum öffentlichen Widerruf und zu lebenslanger Haft verurteilt; jedoch wurde er vom Kirchenbann befreit und mit der Kirche versöhnt.[71] Die Formulierung des Urteils stellte sogar eine Milderung der Strafe in Aussicht. In der Tat gaben die Mitglieder des Gerichts am 19. Dezember 1565 "aus Erbarmen mit dem bemitleidenswerten Zustand des Gefangenen Aurelio Cicuta" und in Erwägung seines "guten religiösen und christlichen Lebens" einem von ihm gestellten Bittgesuch statt und erlaubten ihm, vom Gefängnis in den Kapuzinerkonvent an der Giudecca überzusiedeln. Die Kaution, auf den stattlichen Betrag von 2000 Dukaten festgesetzt, wurde am 23. April 1566 von Giovanni Cicuta aus Veglia, der im Namen seines Vaters Ludovico handelte, geleistet. In einem Brief des Provveditore der Insel Veglia, den Giovanni Cicuta bei sich trug, wurde Ludovico Cicuta, der Bruder von Aurelio und Sopracomito der Galeere von Veglia, als "Edelmann, der auf dieser Insel Güter aller Art und insbesondere Ländereien im Werte von mehreren tausenden Dukaten besitzt" (also weit mehr als die Summe, für die er sich verpflichten mußte), bezeichnet. Auch der Bischof von Veglia, Pietro

---

[70] Akte *Cicuta*, Brief des Inquisitors von Mailand, Fra Angelo da Cremona, an den Inquisitor von Venedig vom 4. Mai 1563; Aussage des Aurelio Cicuta vom 16. Mai 1563.

[71] Akte *Cicuta*, Urteil gegen Aurelio Cicuta, 13. Juli 1564.

Bembo, verbürgte sich in einem Brief an den Patriarchen von Venedig für Ludovico Cicuta, charakterisierte ihn als einen Mann "von einzigartiger Güte" und versicherte, "wenn ... er nur geringste Bedenken oder den kleinsten Zweifel an der Beständigkeit der Reue seines Bruders ... hätte, würde er sich nicht für ihn verpflichten".[72] Am 20. Juni gleichen Jahres wurde der Verurteilte auf Bitten der Kapuziner, die erklärten, "Aurelio Cicuta nicht länger in ... ihrem Konvent behalten zu können", in das *la Ca' Grande* genannte Minoritenhaus verlegt.

Danach wurde es zunächst still um Aurelio Natale Cicuta. Am 22. April 1570 jedoch erging auf Gesuch von Girolamo Zane, Admiral der venezianischen Flotte, und Sforza Pallavicino, Oberkommandeur der Landstreitkräfte im Krieg gegen die Türken, ein Beschluß des Inquisitionsgerichts, der für Cicuta die letze Veränderung seiner Lebensumstände bedeutete. Die beiden Offiziere hatten das Gericht darum gebeten, über Cicuta verfügen zu dürfen, um sich dessen militärstrategische Erfahrung am Kriegsschauplatz zunutze zu machen. Dieser nunmehr sechzigjährige, an Epilepsie erkrankte und ins Kloster verbannte Mann besaß offenbar so hohes Ansehen als Stratege und Militäringenieur, daß zwei hochrangige Offiziere der Republik Venedig sich um seine Mitarbeit bemühten. Nach vier gänzlich religiösen Übungen gewidmeten Jahren, in denen er eine ans Salbungsvolle grenzende Frömmigkeit an den Tag gelegt hatte, kehrte der ehemalige Abenteurer zu jenen "weltlichen Geschäften" zurück, in denen er einst den Sinn seines Lebens gesehen hatte.[73]

Wenn wir dem Herausgeber des einzigen Werkes, das uns von Cicuta erhalten geblieben ist, Glauben schenken wollen, so verlor Aurelio im Kampf gegen die Türken, mit denen der zwanzig Jahre früher im Gefängnis von Bastia gemeinsame Sache gemacht hatte, sein Leben.[74]

---

[72] Akte *Cicuta*, Brief des Provveditore von Veglia, Ludovico Memo, vom 14. April 1566; Brief des Bischofs Pietro Bembo vom 15. April 1566 aus Veglia.

[73] Der Akte des venezianischen Prozesses sind beigefügt, die, datiert auf den 2. April 1570, vom Schreiber der Inquisition in dem Minoritenkloster gesammelt wurden "pro habenda informatione circa res spectantes ad sanctam fidem et de bono eius [Aurelii Cicutae] regimine" (in diesem Dokument wird Aurelio Cicuta mit dem Titel "Magister" bedacht). Offensichtlich hatte das Gericht der Entlassung des Verurteilten aus dem Kloster und seiner Überstellung an den Kriegsschauplatz unter der Bedingung zugestimmt, daß die Aussagen seiner Mitbrüder keinen Zweifel an seiner Reue ließen; eine andere Bedingung muß wohl gewesen sein, daß der Bruder Ludovico Cicuta seine Kaution in Höhe von zweitausend Dukaten als Garantie dafür erneuerte, daß "finita la presente impresa della guerra .., il detto reverendo suo fratello ritornerà al monasterio dei reverendi padri frati minori in Venetia senza alcuna contraddittione". Die Kaution wurde am 9. Juli 1570 "nella città di Corfù sopra la galea del magnifico messer Ludovico Cicutta nobile da Veglia et degnissimo sopracomito" erneuert.

[74] Siehe Anm. 104.

IX

Das Beziehungsgeflecht, in das Aurelio Cicuta eingebunden war, konfrontiert uns mit einer Frage, die über die Besonderheiten dieses Falls hinausverweist: Bestand möglicherweise eine Verbindung zwischen dem noch überall in Italien verbreiteten und lebendigen Parteigängertum für Frankreich — auf politischer, diplomatischer oder militärischer Ebene — und der Unterstützung einer an den Lehren des Erasmus orientierten Forderung nach religiöser Erneuerung, die die "Kirche der Vielfalt" (*chiesa molteplice*) zum Ideal erhob? Die Duldung des Nebeneinanders verschiedener Riten, vielleicht auch eine gewisse interkonfessionelle Mobilität, wie dieses Programm sie vorsah, findet — wie in diesem Abschnitt bewiesen werden soll — durchaus Parallelen in der Praxis der französischen Diplomatie im Zeitalter von Franz I. und Heinrich II.

Der Schlußstrich, der mit dem Frieden von Cateau-Cambrésis unter die dynastischen Ambitionen und expansionistischen Bestrebungen der französischen Krone in Italien gezogen wurde, verleitete manches Mal die Geschichtsschreibung dazu, die Hartnäckigkeit, die Entschlossenheit und den militärischen und finanziellen Aufwand herunterzuspielen, mit denen Frankreich die Durchsetzung seiner Ansprüche bis zum Jahre 1558 betrieb. Es besteht die Neigung, im 1529 geschlossenen Frieden von Cambrai das Ende des politisch-militärischen Engagements Frankreichs in Italien zu sehen, damit die Auswirkungen, die erst der Vertrag von Cateau-Cambrésis hatte, um etwa drei Jahrzehnte vorzudatieren und einen Faktor zu unterschätzen, der auch nach 1529 intensiv und vielfältig wirksam blieb. Wenn wir die Hintergründe der Ereignisse untersuchen, die Italien während dieser drei Jahrzehnte erschütterten — die Besetzung Piemonts, die Verschwörung der Fieschi, die Kriege von Parma und Siena — stoßen wir immer wieder auf den französischen Expansionismus.

Für die geplante Wiedereingliederung eines oder mehrerer Teile Italiens in den französischen Herrschaftsbereich engagierten sich Politiker und kirchliche Würdenträger, deren Tätigkeit durch historische Forschungen und Quellenstudien der zweiten Hälfte des 19. Jahrhunderts beleuchtet worden ist. Staatsmänner wie der Bischof von Lavaur, Georges de Selve, der Bischof von Montpellier, Guillaume Pellicier, der Bischof von Orléans, Jean de Morvillier, der Bischof von Bayonne, Jean des Monstiers, Guillaume du Bellay, etc. verfolgten das Ziel, Frankreich in ein weitgespanntes und verzweigtes Bündnisnetz einzuflechten, das von Konstantinopel bis London, von Krakau bis Algier, von Kopenhagen bis Venedig und Rom reichte.[75]

---

[75] Guillaume Pellicier, *Correspondance*; Gustave Baguenault de Puchesse, *Jean de Morvillier évêque d'Orléans*, Paris 1870; Jean Des Mostiers, *Un évêque ambassadeur au XVIᵉ siècle, Jean des Monstiers seigneur du Fraisse, évêque de Bayonne*, Limoges 1895; Mary F.S. Hervey, *Holbein's "Ambassadors"*, London 1900 (zu Georges de Selve); Ernest Charrière, *Négociations de la France dans le Levant* Bd. 1, 2, Paris 1848-1850; Victor L. Bourrilly, *Guillaume du*

Dabei ergab sich zwangsläufig die Notwendigkeit einer Kooperation mit Fürsten verschiedener Religion und Konfession. Mit dem Erbfeind des Christentums, dem Türken, vereinbarten die französischen Diplomaten eine strategische Zusammenarbeit, in deren Folge die französischen Galeeren im Mittelmeer gemeinsam mit den Kaperschiffen des verhaßten Chaireddin Barbarossa operierten; einige Frankreichs Interessen vertretende katholische Bischöfe verhandelten mit den deutschen Protestanten und gewährten den evangelischen Landesfürsten im Kampf um das Überleben mächtige politische Unterstützung; dank dem Einsatz französischer Diplomaten gaben die von reformierten Pastoren stark beeinflußten Bündner Parlamente ihre Zustimmung dazu, daß ein König, der die Reformierten hinrichten ließ, in den Bünden Fußtruppen anwerben durfte. Bei dem Bischof von Bayonne, Jean des Monstiers, ging die politisch-diplomatische Zusammenarbeit mit lutherischen Fürsten und reformierten Pfarrern mit einer gewissen Bereitschaft zum interkonfessionellen Dialog einher, in dem Elemente erasmischen Denkens erkennbar sind.[76]

Da Bücher wie die *Colloquia* und die *Adagia* im Bildungsgang dieser Generation eine wesentliche Rolle gespielt hatten, ist es nicht verwunderlich, bei ihren Angehörigen eine theologische Flexibilität und eine Bereitschaft zum Dialog über die Konfessionsgrenzen hinweg anzutreffen, die nicht nur auf dipomatisches Geschick zurückzuführen sind. Boisrigault und Lambert Mégret, Agenten Frankreichs in der Schweiz, galten als Leser protestantischer Bücher;[77] Jean de Dinteville und Georges de Selve, Bischof von Lavaur, konnten sich Luthers Kirchenlied "Kom heiliger Geyst" als Ausdruck ihrer persönlichen Religiosität zu eigen machen;[78] Jean des Monstiers, Bischof von Bayonne, stand in dem Ruf, ein "Lutheraner" zu sein, und erweckte bei dem Pastor der reformierten Kirche von Chur, dem mißtrauischen Gallicius, den Eindruck, es mit einem Freund des Evangeliums zu tun zu haben;[79] ermutigt durch die unabhängige Haltung des französischen Königs dem Konzil von Trient gegenüber, befürworteten hochgestellte Persönlichkeiten wie Guillaume du Bellay Religionsgespräche mit den Protestanten;[80] der französische Botschafter in Venedig nahm an

---

Bellay seigneur de Langey, Paris 1904.

[76] Jean des Monstiers, *Un évêque ambassadeur au XVIᵉ siècle*, zit., S. 10-24 (diplomatische Mission in Deutschland); Bullinger, *Korrespondenz* I, S. 300f. (Bullinger an Jean des Monstiers), 316f., 323, 330 (Jean des Monstiers an Bullinger). In dem kleinen Werk von Jean des Monstiers, *Belli inter Franciscum Galliae regem et Carolum quintum imperatorem 1542 incohati historia, apologo expressa*, das als Anhang zu der oben erwähnten Monographie veröffentlicht wurde, läßt sich m.E. der Einfluß des Adagiums *Scarabeus aquilam quaerit* des Erasmus feststellen.

[77] Ernest Lavisse, *Histoire de France*, Paris 1904, V², S. 72.

[78] Hervey, *Holbein's "Ambassadors"*, S. 219-223 (*WLA* XXXV, S. 448).

[79] Bullinger, *Korrespondenz* I, S. 298. Zu dem Ruf, ein "Lutheraner" zu sein, den der Bischof von Bayonne in Graubünden genoß, vgl. Akte *Cicuta*, Aussage des Graubündner Hauptmanns Schero vom 13. Mai 1560 vor dem Inquisitionsgericht Mailand.

[80] Bourrilly, *Guillaume du Bellay*, S. 173-213 passim.

den Zusammenkünften italienischer calvinistischer Kreise teil;[81] der schon erwähnte Bischof von Lavaur verfaßte Schriften, in denen der Protestantismus als rituelle Variante der gemeinsamen christlichen Religion gedeutet wird, eine Variante, die den Kern der Offenbarung, die Erlösung durch Christus, unangetastet läßt.[82]

Auf einem theoretisch weniger bewußten, eher an den Erfordernissen der Praxis orientierten Niveau wurde die interkonfessionelle Tendenz der französischen Außenpolitik durch Abenteurer und Diplomaten wie Nicolas de Villegagnon verkörpert (sein Plan zur Eroberung Korsikas wurde oben auf S. 313 erwähnt). Missionen beim Großtürken in Konstantinopel, Zusammenarbeit mit Barbarossa im Mittelmeerraum, Aufträge im Dienste von Guillaume Pellicier, Botschafter in Venedig, und von Guillaume du Bellay, Gouverneur von Piemont, — all diese persönlichen Erfahrungen bildeten die Voraussetzung dafür, daß Nicolas de Villegagnon in Brasilien eine als Basis der Expansion Frankreichs in der Neuen Welt dienende Kolonie in Form einer calvinistischen Gemeinde gründen konnte, ohne deshalb daran zu denken, sich persönlich von der katholischen Kirche zu lösen.[83]

Zur theoretischen Begründung eines derartigen Verhaltens wird des öfteren die Formel "Wiedervereinigung der Kirche" herangezogen. Um das Spezifische am Fall Cicuta zu erfassen, halte ich die Definition "Kirche der Vielfalt" (*chiesa molteplice*) für angemessener — eine vielgestaltige Institution, innerhalb derer verschiedene Riten und Kulte ihren Platz hatten, ohne daß deshalb die grundsätzliche Einheit im Glauben gefährdet wurde, eine Kirche, die den unmittelbaren Zugang zu Gott als eine allen Menschen gemeinsame Möglichkeit anerkannte und sich deshalb auch gegenüber nichtchristlichen Religionen offenhielt.

Die Definition "Kirche der Vielfalt" geht auf Aurelio Cicuta zurück.[84]

---

[81] ACVR, Fasz. 1, Akte *Inquisitio de heresi contra Aristotilem et Caesarem de Aldivertis seu Piceninos* (1559), Aussage des Cesare Aldiverti vom 4. November 1564.

[82] Diese Auffassung klingt in vielen religiösen Werken von Georges de Selve, Bischof von Lavaur, an, die in ihrer Tonart gegenüber den Protestanten sehr offen sind. Vgl. Georges de Selve, *Oeuvres*, Paris 1559, insbesondere fol. A^r-Aviii^v, *Sermon faict par Georges de Selve ... au commencement qu'il arriva à son diocese*; D^v-Dii^v, *Lettre escripte par Georges de Selve ... à un religieux qu'il tenoit en son evesché pour prescher*; Diiii^r-Dv^r, *Lettre d'instruction et exhortation, escripte par Georges de Selve ... à un sien amy*.

[83] Arthur Heulhard, *Villegagnon roi d'Amérique*, Paris 1897.

[84] Akte *Cicuta*, Aussage des Pre Valerio vom 11. Juni 1552 in Genua. Hier der Teil des Verhörs, der die Schrift *Sacrosanctae theosophiae compendium* betrifft, im Wortlaut: "Interrogatus si recognoscit quendam libellum manu scriptum, cum titulo in principio ipsius libelli videlicet *Sacrosancte theosophie compendium MDXXXXVII*, respondit quod sic, et quod est scriptum manu sua in pluribus locis et partibus, et in pluribus locis et partibus manu aliena. Interrogatus si est scriptum manu sua in loco ubi dicit de multiplici ecclesia, respondit quod sic. Interrogatus si pariter fuit scriptum manu sua in illa parte sibi ostensa, ubi dicit de fide, respondit quod sic. Interrogatus si est sua manu scripta in ea parte ubi dicitur de persona sua, et fingit alium scripsisse literas cuidam prelato, respondit quod sic. Interrogatus si in multis locis dicti libri scripsit in dedecus et infamiam religiosorum, respondit quod non recordatur, sed

Sie wurde in einer seiner Handschriften mit dem Titel *Sacrosanctae theosophiae compendium* erläutert. Die Akten des Genueser Prozesses erwähnen diese Schrift in Zusammenhang mit Cicutas Polemik gegen das Mönchtum, ohne darüber weitere Informationen zu liefern. Wir wissen jedoch, daß das *Sacrosanctae theosophiae compendium* 1547 entstand, also kurz bevor Pre Valerio seine Mission auf Korsika antrat. Durch diese Datierung erhält die Formel "Kirche der Vielfalt" einen programmatischen Charakter: sie wird in gewissem Sinne zur theoretischen Rechtfertigung jener interkonfessionellen Mobilität, die Aurelio Cicuta in Calvi und Bastia erprobte und später in Graubünden in die Tat umsetzte.

X

Um das Umfeld, in das der Fall Aurelio Cicuta eingeordnet werden muß, möglichst vollständig zu erschließen, soll darauf verwiesen werden, daß die Koppelung von Parteinahme für Frankreich und Empfänglichkeit für die neuen religiösen Gedanken im Italien des 16. Jahrhunderts durchaus Parallelen hat. In der italienischen Anhängerschaft von Erasmus gab es zahlreiche Interessenverbindungen mit Frankreich. Der Adlige Giovan Gioacchino da Passano, der 1547 die italienische Übersetzung der erasmischen Paraphrasen zum Matthäus-Evangelium finanzierte, war Diplomat und Spitzenagent im Dienste Frankreichs.[85] Ortensio Lando, der, durchdrungen von den Ideen des Erasmus, listig wie kaum ein anderer sich in Italien für ihre Verbreitung einsetzte, hatte mehrere Jahre in Frankreich und eine zeitlang am französischen Hofe gelebt.[86] Celio Secondo Curione, italienischer Erasmusschüler und Flüchtling *religionis causa*, suchte 1540 Kontakt zu Guillaume Pellicier, dem französischen Botschafter in Venedig.[87] Zu einer eng mit dem Geschick Frankreichs verknüpften Familie gehört der Kardinal Federico Fregoso.[88] Eine wirtschaftliche Verflechtung mit den Interessen Frankreichs liegt bei den Luccheser Erasmusanhängern Ludovico Buonvisi und Martino Gigli vor.[89]

Erwähnenswert ist auch die häufige Präsenz französischer Agenten in den heterodoxen Gruppen in Italien. Agent für Frankreich war der als Verfechter

---

semper revera habuit contentionem cum fratribus, et materna lingua 'guerra con fratri soccolanti'".

[85] Vgl. Kap. 3, S. 87-89. Über die Tätigkeit des Giovanni Gioacchino da Passano als Diplomat im Dienst Frankreichs vgl. Picot, *Italiens en France* (1901), S. 278f.

[86] Zu Ortensio Lando und Celio Secondo Curione als Erasmus-Leser vgl. Seidel Menchi, *Fortuna di Erasmo*. Die Beziehung des Ortensio Lando zum "divinissimo monsignor di Langié" (Guillaume du Bellay) ergibt sich aus Landos *Dialogo di messer Filalete cittadino di Utopia contra gli huomini letterati*, BNM, AC XIII 6, Fasz. 8, fol. 9ᵛ.

[87] Die Beziehung des Celio Secondo Curione zu Guillaume Pellicier ergibt sich aus Curiones *Aranei encomium*, Venedig 1540, das Pellicier gewidmet ist.

[88] Picot, *Les Italiens en France* (1901), S. 95-98.

[89] Caponetto, *Paleario*, S. 81. Zu den wirtschaftlichen und kommerziellen Verbindungen der Buonvisi mit Frankreich vgl. *DBI* XV, S. 340-344.

protestantischer Ideen bekannte Vincenzo Maggi.[90] Der Graf Galeotto Pico, Ritter des Ordens des hl. Michael, bezog eine beträchtliche Pension aus Frankreich; seine Herrschaft Mirandola diente als Ausgangsbasis aller militärischen Operationen der Franzosen in Italien und gleichzeitig als Zufluchtsort italienischer Reformationsanhänger.[91] Eine Bindung an Frankreich liegt auch bei der Familie vor, in die die Schwester von Galeotto Pico, Lucrezia Pico Rangoni, die in Modena Kontakte zu heterodoxen Gruppen unterhielt, einheiratete.[92] Der Übergang des Fürsten von Salerno, Ferrante Sanseverino, von der Partei der Habsburger zu der der Franzosen erfolgte gleichzeitig mit seiner Konversion zum Calvinismus.[93] Im Sold Frankreichs standen Camillo und Niccolò Orsini, der eine der Ketzerei verdächtig, der andere der Ketzerei angeklagt.[94] In den Jahren vor seiner Flucht aus Italien kann auch Pier Paolo Vergerio als französischer Agent betrachtet werden.[95] Einer Erwähnung wert sein dürfte schließlich, daß philoprotestantische Autoren wie Antonio Brucioli, Lucio Paolo Rosello und Giovanni Antonio Pantera den französischen Hof um Unterstützung angingen,[96] und daß die Namen der italienischen Parteigänger Frankreichs mit ihren Familienangehörigen außerordentlich oft in einigen Werken von Ortensio Lando vorkommen, die als Propagandaschriften der Reformation einzustufen sind.[97]

---

[90] Church, *Riformatori italiani* I, S. 147-152.

[91] Picot, *Italiens en France* (1901), S. 123. Doch die Bedeutung von Galeotto Pico della Mirandola für die französischen Pläne in Italien ergibt sich vor allem aus Pellicier, *Correspondance*, sub voce "Mirandola". Zur Mirandola als Zufluchtsort italienischer Protestanten vgl. Fontana, *Renata di Francia* II, S. 242-248, 253. Zur Teilnahme Galeotto Picos an Versuchen philoprotestantischer Erhebung vgl. Stella, *Utopie*, S. 150, Anm. 4 und S. 153, Anm. 1 (wie sich aus der Anm. 33 ergibt, begleitete Aurelio Cicuta Galeotto Pico auf einer Reise nach Genf).

[92] Die Beziehungen der Familie Rangoni zu Frankreich werden von Picot, *Italiens en France*, 1901, S. 113-115, dargelegt. Zu den Kontakten der Lucrezia Pico Rangoni mit den Dissidentenkreisen in Modena vgl. Firpo, *Processo Morone*, S. 348.

[93] Picot, *Italiens en France* (1901), S. 102f.; Lucien Romier, *Les origines politiques des guerres de religion*, Paris 1913-1914, sub voce Ferrante Sanseverino.

[94] Picot, *Italiens en France*, 1901, S. 115f. Zu Camillo Orsini: Miccoli, *Storia religiosa*, S. 1049-1056.

[95] Jacobson Schutte, *Vergerio*, S. 143-145, 150f., 226. Nach einer Aussage von Aurelio Cicuta bezog Vergerio zwischen 1550 und 1560 noch eine französische Pension.

[96] Antonio Brucioli suchte 1540 in Venedig Kontakte zu Guillaume Pellicier (Pellicier, *Correspondance*, S. 192). Lucio Paolo Rosello widmete Caterina de' Medici seine Übersetzung von Theodoret (Picot, *Italiens en France*, 1903, S. 120). Giovanni Antonio Pantera widmete zuerst (1545) Franz I., später (1548) Henry II. seine *Monarchia di Cristo* (Picot, *Italiens en France*, 1903, S. 16, 26).

[97] Falls tatsächlich Ortensio Lando als "lutherischer" Pastor durch die Lande gezogen sein sollte (Seidel Menchi, *Lando*, S. 274), so könnte ein Verzeichnis seiner zahlreichen Gönner hinsichtlich einer Einschätzung der Verbreitung der neuen Glaubenslehren — die in Landos Gesprächspartnern vielleicht nicht unbedingt Anhänger, aber zumindest Sympathisanten oder Neugierige gefunden haben mußten — in Italien nützlich sein. Auf einer solchen Liste würden auffällig viele Personen stehen, die Emile Picot als französische Pensionsempfänger oder Agenten dargestellt hat, von Giovanni Caracciolo, Fürst von Melfi, bis Galeotto Pico della

Unter den Parteigängern für Frankreich, die philoprotestantische Positionen einnahmen, ist allerdings nur Alfonso Ariano als Freund des Aurelio Cicuta quellenmäßig bezeugt. Die Verbindung dieser beiden Namen erweist sich jedoch als sehr aufschlußreich. Alfonso Ariano, ein aus Ferrara stammender Hauptmann im Sold der Franzosen, stand zwischen 1569 und 1571 als Angeklagter in einem Ketzerprozeß vor dem Inquisitionsgericht Rovigo.[98] Die zwischen ihm und Aurelio Cicuta bestehenden Bindungen werden durch die einzige uns erhaltene Schrift des Cicuta dokumentiert, den Traktat *Della disciplina militare*, gedruckt 1566 in Venedig von Ludovico Avanzo.

Die Erstausgabe dieses Buches erschien weder unter dem Namen von Aurelio Cicuta noch unter einem seiner zahlreichen Pseudonyme: als Verfasser wurde Alfonso Ariano angegeben. Der Verzicht des Autors auf die Nennung seines Namens erklärt sich aus dem Erscheinungsdatum. Der an den Dogen Girolamo Priuli gerichtete Widmungsbrief ist nämlich auf den 20. Februar 1565 datiert — zu diesem Zeitpunkt aber verbüßte der Verfasser gerade den härtesten Teil seiner Gefängnisstrafe wegen Ketzerei. Da ein überführter Ketzer dem Dogen kein Buch widmen konnte, war der Autor gezwungen, ein *alter ego* zu finden, eben jenen Alfonso Ariano, dessen Leben ähnlich wie das seine verlaufen war und dem die zahlreichen persönlichen Erinnerungen und Erfahrungen, von denen die Schrift berichtet, zugeschrieben werden konnten.[99]

Alfonso Ariano war wie sein Bruder Domenico — der innerhalb der profranzösischen Partei seit der Zeit von Guillaume Pellicier als Botschafter in Venedig eine führende Stellung einnahm[100] — in den Dienst der Franzosen getreten und hatte viele Jahre lang als deren Söldner gedient. Beide Brüder standen heterodoxen Kreisen nahe. Domenico Ariano finden wir lediglich in dem gegen Pier Giovanni Gherlinzoni in Modena geführten Prozeß als Verbreiter heterodoxer Schriften erwähnt;[101] Alfonso dagegen

---

Mirandola, von Pallavicino Visconti bis Camillo Orsini, von Ferrante Sanseverino, Fürst von Salerno, bis Ludovico und Lucrezia Rangoni, von Costanza Rangoni Fregoso bis Lucrezia, Gemahlin des Diplomaten Vincenzo Maggio, von den Birago aus Mailand zu den Ariano aus Ferrara, usw.

[98] ACVR, Fasz. 3, Akte *Inquisitio de haeresi facta contra Alfonsum de Ariano ferrariensem* (1569-1571). Auf diese Akte hat mich Stefania Malavasi aufmerksam gemacht. Die Akte aus Rovigo muß mit den zwei Briefen über die Verhaftung und den Prozeß von Ariano ergänzt werden, die in ASV, Fasz. 30, *Akte Mazzarello*, aufbewahrt sind.

[99] Alfonso Ariano, *Della disciplina militare*, Venedig, Ludovico Avanzo, 1566. Die Widmung "Al Serenissimo Hieronimo Prioli duce della republica di Venetia, et a gli illustrissimi senatori di quella" ist auf Venedig, 20. Februar 1565, datiert und vom Hauptmann Alfonso Ariano unterzeichnet. Aurelio Scitarca erscheint in dieser Ausgabe lediglich als Verfasser eines lateinischen Gedichts zum Lobe des Textes, der unmittelbar auf die Widmung folgt.

[100] Pellicier, *Correspondance*, S. 525, 534, 563, 574, und passim.

[101] ASM, Fasz. 3, Akte *Contra Petrum Iohannem Gherlinzonum* (1555), Aussage vom 5. Dezember 1556: Von Angelo Valentini einbestellt und befragt, ob er ein Buch von Fra Bernardino da Siena habe, antwortet Gherlinzoni, "quod iam duobus annis preteritis habebat

wurde der Prozeß wegen Ketzerei gemacht. Der Schuldspruch brandmarkte den ehemaligen Soldaten als "haereticus obduratus". Auf Anordnung des Podestà von Rovigo vom 4. September 1571 wurde er durch den Strang hingerichtet, seine Leiche verbrannt.[102]

Die Verurteilung von Alfonso Ariano erfolgte aufgrund einer Anklage wegen Calvinismus, die an dieser Stelle nicht näher erörtert werden soll. Es mag hier der Hinweis genügen, daß Ariano neben anderen Irrtümern die Leugnung des Fegefeuers zur Last gelegt wurde, da er die Auffassung vertrat, daß nach dem Tode alle ins Paradies kommen würden, nicht nur alle Christen, sondern alle Menschen unabhängig von ihrem Glauben, wobei er insbesondere die "Türken, Juden und Mauren" erwähnte.[103] Es ist verlockend, in dieser Aussage eine Verbindung der Lehre vom "offenen Himmel" mit dem Ideal der "Kirche der Vielfalt" zu sehen.

1572 erschien in Venedig eine zweite Auflage der *Disciplina militare*, in der nun Aurelio Cicuta als Autor genannt wurde. Obwohl Cicuta der tatsächliche Verfasser sei — so der Drucker Ludovico Avanzo mit merklicher Verlegenheit in seinem Vorwort —, sei die erste Auflage nicht unter seinem Namen erschienen, weil er das Manuskript seinem Freund, dem Hauptmann Alfonso Ariano, zum Geschenk gemacht habe und dieser der Auffassung gewesen sei, es unter seinem Namen veröffentlichen zu dürfen.[104] In Wirklichkeit war für die Neuauflage des Buches unter dem Namen von Cicuta der gleiche Grund ausschlaggebend, der es bei der Erstausgabe hatte geraten erscheinen lassen, Alfonso Ariano als Verfasser zu nennen: damals war der wirkliche, jetzt der vorgebliche Verfasser wegen Ketzerei verurteilt worden — mit dem Unterschied, daß man letzteren hingerichtet hatte.

---

illum [librum] mutuo a domino Dominico Ariano ferrariensi et illum reddidit".

[102] ACVR, Fasz. 3, Akte *Contra Alfonsum de Ariano*.

[103] ACVR, Fasz. 3, Akte *Contra Alfonsum de Ariano*, Zeugnis der Elisabet, Gattin des Sigismondo Ariano, vom 7. September 1569.

[104] Aurelio Cicuta, *Disciplina militare*, Venedig, Ludovico Avanzo, 1572. Im Geleitwort, fol. a2r, führt Ludovico Avanzo aus, er habe "da lui proprio [Cicuta] havuto una copa [dell'opera] meglio corretta, ordinata et riformata, avanti ch'esso partisse per questa santa impresa contra i Turchi con carichi honorati, nella quale ha poi reso l'anima al Signore".

11. KAPITEL

ERASMUS CATHOLICUS

I

Die These "Erasmus lutheranus" hatte um das Jahr 1530 keineswegs bei allen Mitgliedern des italienischen Klerus Zustimmung gefunden; ebensowenig fand gegen Mitte des Jahrhunderts die Einschätzung von Erasmus als Ketzer ungeteilten Beifall. Bis zum Jahre 1559 stoßen wir unter den Vertretern der katholischen Kirche nicht nur auf solche, die sich weiterhin an den Ideen von Erasmus orientieren, sie für ihre Predigten heranziehen oder als Grundlage ihrer seelsorgerischen Arbeit nutzen,[1] sondern auch auf erklärte Anhänger des Rotterdamer Humanisten. Zwar sind Zeugnisse für diese letztgenannte Einstellung relativ selten, weder quantitativ noch qualitativ mit denen zu vergleichen, die das Bild eines "lutherischen" oder "ketzerischen" Erasmus zeichneten; doch muß das Fortbestehen einer offen pro-erasmischen Strömung innerhalb der Kirche als Indiz für eine flexible Haltung in Glaubensfragen betrachtet werden, eine Situation also, in der die Bücher von Erasmus vor der Vernichtung bewahrt werden und bis zum Ende des Pontifikats von Paul IV. in regem Umlauf bleiben konnten.

Die Bereitschaft einer Reihe katholischer Geistlicher und Laien, sich zu Garanten der Rechtgläubigkeit des Erasmus zu machen, soll im folgenden an vier Beispielen dargestellt werden, die mir für die Vielfalt in der Kontinuität dieser Haltung repräsentativ erscheinen.

1527 erschien in Venedig auf Kosten jenes Lorenzo Lorio, von dessen verlegerischer Tätigkeit im Schlußkapitel die Rede sein wird, eine Sammlung von Gedichten des Erasmus, von der lediglich drei Exemplare erhalten geblieben sind.[2] Der Widmungsbrief verlieh diesem Bändchen den Wert eines Zeugnisses der Rechtgläubigkeit, dem Erasmus ausgestellt von zwei italienischen Mitgliedern des Dominikanerordens. Treibende Kraft hinter dieser Ausgabe und Verfasser der Widmung war Costantino Bresciani aus

---

[1] Indirekte Auswirkungen des Gedankenguts von Erasmus zeigen sich m.E. in der Tätigkeit von Anastasio Zordan, Pfarrer von Sant'Agnese in Venedig (ASV, Fasz. 20) und in der von Pre Stefano Stefanelli aus Piove di Sacco (ASV, Fasz. 12). Ein Beispiel für einen von Erasmus beeinflußten Prälaten bietet Egidio Foscarari, Bischof von Modena, vgl. Kap. 9, S. 296-298.

[2] *Epigrammata Des. Erasmi Roterodami, nunquam amplius visa* (Colophon: Impressum Venetiis per Ioannem Antonium et Fratres de Sabbio, Sumptibus vero Laurentii Lorii Portusiensis. Anno domini M.D.XXVII. mense novembr.) Von diesem Druck kenne ich zwei Exemplare, das eine in der Biblioteca Trivulziana zu Mailand, das andere in der Gemeente Bibliotheek zu Rotterdam. Roger Mynors hat auf ein drittes Exemplar in der Bodleian Library zu Oxford hingewiesen.

Treviso, ein Dominikaner, der zwei Jahre zuvor zum *magister studentium* des venezianischen Konvents Santi Giovanni e Paolo ernannt worden war.[3] In der ersten Zeile des Vorworts erklärte der Dominikaner programmatisch, daß diese Gedichte, von Erasmus zu verschiedenen Zeiten geschrieben und verstreut veröffentlicht, in ihrer Gesamtheit "das göttliche Werk eines vorzüglichen Katholiken" darstellten. In der Tat bot sich dem italienischen Leser in dieser Gedichtsammlung das Bild eines Erasmus, der die Jungfrau und die hl. Anna verehrte, Engel und Erzengel pries sowie Beichte, häufige Kommunion und "alle anderen von der heiligen Mutter Kirche anerkannten Sakramente" befürwortete. In der Absicht des Herausgebers lag es, durch die Veröffentlichung dieses Bändchens all die zum Schweigen zu bringen, die versuchten, Erasmus als Anhänger Luthers hinzustellen. Das *Lob der Torheit* — das diesen Gegnern von Erasmus die Argumente lieferte, den großen Theologen als prolutherisch zu präsentieren — war in den Augen von Fra Costantino eine Jugendsünde, die man nicht allzu ernst nehmen sollte.[4]

Dieser Widmungsbrief war an einen wichtigen Mann im Dominikanerorden gerichtet, an Leandro Alberti, damals Provinzial von Terra Santa, später Inquisitor von Bologna.[5] Indem dieser — explizit oder implizit — die Widmung annahm, in der er als Bewunderer von Erasmus bezeichnet wurde, stellte sich der angesehene Theologe als Garant der Rechtgläubigkeit an die Seite seines Mitbruders Costantino da Treviso.

Ein weiterer Verteidiger des Erasmus meldete sich im folgenden Jahrzehnt zu Wort. Wenn auch in seiner Schrift Erasmus nur einmal erwähnt wird, scheinen mir die darin entwickelten Überlegungen zum Pluralismus der Lehrmeinungen innerhalb der Kirche doch deutlich von dessen Geist geprägt. 1536 veröffentlichte der Augustinereremit Antonio Rocca Contrada in Venedig ein *Libro de pace et armonia christiana*, in dem wir neuplatonische und kabbalistische Motive mit pazifistischen Elementen verbunden finden. Mit der Würdigung des politischen Friedens — dessen Wert-

---

[3] *Epigrammata Des. Erasmi Roterodami*, fol. A^v: "Leandro Bononiensi theologo provintiali Terrae Sanctae ordinis Praedicatorum viro doctissimo F. Constantinus Brix. Tarvisinus S.P.D." Der Widmungsbrief ist datiert "Venetiis in aedibus sanctorum Ioannis et Pauli, MDXXVII". Daß im Jahre 1525 ein Fra Costantino da Treviso als Lehrer der Klosterschüler von Santi Giovanni e Paolo eingestellt wurde, geht, wie mir von Pater Raimondo Creytens OP mitgeteilt wurde, aus den Urkunden des Generalkapitels von 1525 hervor. Raimondo Creytens verdanke ich auch die folgenden Mitteilungen über Fra Costantino da Treviso: am 31. Mai 1517 wohnte ein Mönch dieses Namens im Kloster Santi Giovanni e Paolo (Maria Teresa Casella und Giovanni Pozzi, *Francesco Colonna: Biografia e opere*, Padua 1959, Bd. 1, S. 138, Anm. 89); am 13. Juli 1523 wurde Fra Costantino da Treviso ein Zimmer im Kloster zu Treviso zugewiesen; am gleichen Tag wurde Fra Costantino als Student in Padua bestätigt (Gilles Meersseman und Dominikus Planzer, *Magistrorum ac procuratorum generalium OP registra litterarum minora 1469-1523*, Monumenta ordinis fratrum praedicatorum historica 21, Rom 1947, S. 153, Nr. 96, 98).

[4] *Epigrammata Erasmi*, fol. A^v: "Taceant igitur eum Luthero favere Moriae opusculo hactenus praedicantes, nam eo iuvene ut caeteris studiosis ludere sic licuit".

[5] *DBI* I, S. 699-702.

schätzung gerade die Erfahrung des Blutbads, das durch Parteienkämpfe in kleinen Ortschaften der Marken wie San Severino angerichtet wurde, gesteigert — verband Fra Antonio den Vorschlag, im religiösen Bereich mehr Toleranz gegenüber abweichenden Lehrmeinungen zu zeigen.[6]

"Einige Dissonanzen", die die Kinder der Kirche augenscheinlich entzweien, sind — in der Sicht des Augustiners — keineswegs schädlich, sondern "vernünftig und wertvoll", da sie die Erkenntnis der Wahrheit fördern. Es gebe Fälle — so Fra Antonio —, in denen die Uneinigkeit Werk des Heiligen Geistes sei, der sich ihrer zum größeren Ruhme des Namens Jesu bediene. Hier werde die Uneinigkeit "göttliche Dissonanz"; ein Beispiel dafür sei die in der Apostelgeschichte beschriebene Unstimmigkeit zwischen Paulus und Barnabas, die zur Bekehrung von Zypern führte. Die Katholiken sollten sich also vor Augen halten, daß "aus Uneinigkeit in Glaubensdingen nicht immer Häresie entsteht und folgt" und daß nicht alle, deren Meinung von der ihren abweiche oder ihr entgegenstehe, als Ketzer zu brandmarken seien.[7]

Zur Erläuterung seiner Auffassung interpretiert Fra Antonio das Verhältnis zwischen römisch-katholischer und griechisch-orthodoxer Kirche als exemplarischen Fall der *concordia discors*. Die griechisch-orthodoxe Kirche hat nach ihrer Abspaltung von der katholischen Kirche eine Vielzahl von Lehrsätzen entwickelt, die als "Irrtümer im Glauben und in den Sitten" erscheinen müssen: sie leugnet das Fegefeuer und die Transsubstantiation und weicht in Kernpunkten von der katholischen Lehre ab, etwa in Hinblick auf Fürbitten und Gebete, das Eucharistiesakrament, die Strafen der Verdammnis, den Heiligen Geist (man beachte die thematischen Analogien zu der damals aktuellen Diskussion mit den Protestanten). Trotz solch gravierender Divergenzen "duldet die barmherzige und heilige Römische Kirche, geleitet vom Heiligen Geist, diese ihre Gegner in Güte und Friedfertigkeit" und fühlt sich nicht berufen, auch wenn Konzilien und Synoden sich mehrfach zu den umstrittenen Punkten geäußert haben, die Griechisch-Orthodoxen als Häretiker zu verurteilen. Fra Antonio schlägt eine Unterscheidung zwischen "Ketzern" und denjenigen vor, die er als "mit uns uneins und von uns getrennt" bezeichnet. Häretiker sind danach solche, deren Sinnen und Trachten darauf gerichtet ist, "neue und ungewohnte, dem christlichen Glauben und der christlichen Moral widersprechende Meinungen" einzuführen, die an diesen Lehren mit Hartnäckigkeit festhalten und

---

[6] *Libro de Pace et Armonia Christiana, copioso di passi del novo et vecchio testamento, con molti sensi spirituali et Cabalistici, pieno di bellissimi discorsi circa tutte le parti del mondo, per i quali apertamente si vedano i mali causati de le discordie et i beni de la pace et unità, abundantissimo de historie antique.* Novamente stampato. MDXXXVI. (Colophon: In Vinegia per Nicolò de Aristotele da Ferrara detto Zoppino. MD.XXXVI.). Der Verfasser wird erwähnt in AGA, Dd 13, fol. 122^r, 11. Januar 1520: "Fratrem Antonium de Roccha cursorem facimus ad instantiam Rev.i Domini Sacriste Pont.". Aus einer Stelle des oben erwähnten Buchs, fol. 34^r, ergibt sich, daß Fra Antonio auch einen "latino trattato de l'huomo christiano" verfaßt hatte.

[7] *Libro de pace*, fol. 25^{rv}, 22^v.

11. KAPITEL

deren Zurücknahme verweigern, wie zum Beispiel "das Luthertum in Deutschland"; "uneins und getrennt" sind hingegen solche Christen, die ein echtes Bedürfnis nach Wahrheitsfindung leitet und die auf ihrer Auffassung nicht beharren. Um diese Unterscheidung zu verdeutlichen, führt Fra Antonio den Fall Origenes an. Trotz vieler in seinen Schriften vorkommender "Extravaganzen" ist Origenes nicht als Ketzer zu betrachten — wie auch Pico della Mirandola sagt —, da er nicht uneinsichtig auf seinen Positionen beharrte. An dieser Stelle der Argumentation wird eine weitere Unterscheidung eingeführt: Wenn eine Lehre wirklich gefährlich erscheint, schlägt Fra Antonio vor, sie als ketzerisch zu bezeichnen, ohne den Verfasser als Häretiker zu verurteilen.[8]

Im Kern wird im *Libro de pace et armonia christiana* den kirchlichen Autoritäten nahegelegt, sich des Gebrauchs der Bezeichnung "Häresie" soweit als möglich zu enthalten. Wenn die Kirche mit abweichenden Lehrmeinungen konfrontiert wird, soll sie, anstatt diese übereilt zurückzuweisen, ihr eigenes Wesen als "allgemeine Nährerin" aller Menschen, "Juden, Heiden, Abtrünniger und Ketzer", deutlich herausstellen, sie alle als zu ihr gehörig betrachten, "indem sie jedes verlorene und in die Irre gegangene Schäflein wiederaufnimmt, im Wunsch, es in die Einheit der Christenheit zurückzuführen".[9]

Antonio da Rocca Contrada schrieb sein *Libro de pace et armonia christiana* noch zu Lebzeiten des Erasmus, als die Gerüchte über eine mögliche Verurteilung des Humanisten durch die Kirche noch nicht verstummt waren.[10] Daß mit dem Buch die Absicht verfolgt wurde, eben dieser Tendenz entgegenzutreten, und daß Origenes hier als Synonym für Erasmus erscheint, ist eine These, zu deren Stützung zwei Argumente angeführt werden können. Erstens war Erasmus eines der Vorbilder, an denen sich der Verfasser orientiert (er wurde von Fra Antonio explizit und implizit herangezogen[11]). Zweitens war das theologische Werk des Erasmus gerade zu dieser Zeit im Augustinerorden sehr aktuell. Es soll hier nicht näher auf die geistigen Verbindungen zwischen Erasmus und Augustinern wie Ambrogio Flandino, Ambrogio Quistelli, Giulio da Milano, Ambrogio

---

[8] *Libro de pace*, fol. 22^v-23^r
[9] *Libro de pace*, fol. 43^r.
[10] Die von mir benutzte zweite Ausgabe (vgl. fol. 2^r, Brief "al reverendo padre frate Antonio Rochense eremitano P.S.") datiert von 1536, folglich ist das Werk noch zu Lebzeiten des Erasmus redigiert worden. Zu den Gerüchten über eine mögliche Verurteilung von Erasmus vgl. Kap. 2, S. 59.
[11] *Libro de pace*, fol. 14^v (Erwähnung der *Lingua* von Erasmus), 29^r (Bezugnahme auf die *Querela pacis* des Erasmus: "Viva la pace, della conservatione et persecutione della quale siamo advertiti molti ... haverne facto saluberrimi tractati"). Die wiedererkennbaren Elemente der pazifistischen Thematik von Erasmus in verschiedenen Abschnitten des Werks (fol. 9^v, Aufzählung der schlimmen Folgen des Kriegs; fol. 19^r, "effigie de discordia"; fol. 20^v, Vorschlag, die Türken "con il cortello de la parola evangelica" zu bekämpfen; fol. 21^v-22^r, Lehre vom mystischen Körper; etc.) müssen nicht unbedingt den Schriften des Erasmus entnommen sein; sie könnten auch eine indirekte Rezeption bezeugen.

Cavalli oder Andrea da Volterra eingegangen werden.[12] Ich möchte nur darauf hinweisen, daß die pazifistischen Formulierungen des Erasmus im Orden so weit verbreitet waren, daß sie sich sogar in der offiziellen Korrespondenz des Generals Gabriele della Volta nachweisen lassen.[13] Um das Jahr 1540 übersetzte zudem einer der angesehensten Theologen der Augustiner, Fra Nicolò da Fivizzano, ehemaliger Sekretär des Generals Gabriele della Volta, die Paraphrasen des Erasmus zu den Evangelien ins Italienische.[14] Es kann als wahrscheinlich gelten, daß der Augustinerorden in diesen Jahren das Frömmigkeitsmodell von Erasmus auf seine Tauglichkeit hin erprobte; die Veröffentlichung der Schrift von Antonio da Rocca Contrada ist vermutlich in diesen Zusammenhang einzuordnen.

Eine Veröffentlichung aus dem Jahre 1549 führt zum Beweis der Rechtgläubigkeit des Erasmus das gleiche Argument an, das Fra Antonio zur Verteidigung von Origenes herangezogen hatte: die Bereitschaft zum Dialog.

1539 war in Köln eine Ausgabe des Traktats *Adversus omnes haereses* des spanischen Minoriten Alfonso de Castro erschienen. Dem umfangreichen Werk — in dessen Erstausgabe (Paris 1534) der spanische Theologe dem Erasmus wahre Frömmigkeit und hohe Gelehrsamkeit zuerkannt und die Meinungsverschiedenheiten zwischen ihnen beiden als "Dissens unter Katholiken" bezeichnet hatte — fügte der Kölner Drucker eine Anmerkung hinzu, die in ihrer geradezu gewundenen Vorsicht die damalige Diskussion um Erasmus im deutschen Katholizismus widerspiegelte.[15] "Wie du siehst, verehrter Leser", hieß es in der Nachbemerkung, "ist jener Erasmus von Rotterdam, den manche zu Unrecht in die Reihe der Häretiker stellen, nach Meinung des Verfassers dieses Buchs (Alfonso de Castro) und nach Ansicht anderer gelehrter und rechtschaffener Männer frei von dem Vorwurf der Häresie, da er sich mehr als einmal dazu bereit erklärt hat, seine Irrtümer dem Urteil der Kirche zu unterwerfen." Der anonyme Verfasser der Anmerkung konzedierte allerdings, daß die Schriften des Erasmus kritikwürdig seien, und ersparte ihm nicht den Vorwurf, sich heiligen Dingen in

---

[12] Vgl. S. 28 und Anm. 24, S. 62, 82, 84, 278f.
[13] AGA, Dd 15, Brief des Ordensgenerals "ad magistrum Paulum neapolitanum Romae concionaturum in proxima quadragesima", datiert von Venedig, 3. (?) März 1527: "Haud quidem te latere existimamus, quo christianos principes produxerint dissidia, ut undique armorum infrendens sonitus ac tumultus immanis scateant, mortalium quieti usquam tutus sit locus". Zweck des Briefes war es, dem Prediger zu raten, seinen pazifistischen Elan zu dämpfen und die kriegslustigen "summi principes" nicht allzusehr zu reizen.
[14] Rozzo, *Giulio da Milano*, S. 83.
[15] Alfonso de Castro, *Adversus omnes haereses* (Köln, Melchior Novesianus, 1539), fol. MN 4ᵛ: Geleitwort zum Leser. Das Werk wurde 1543 vom selben Drucker mit denselben Beifügungen erneut aufgelegt. Bemerkenswert ist, daß in beiden Auflagen das Urteil des Alfonso de Castro über Erasmus, auf das das Geleitwort Bezug nimmt (vgl. Bataillon, *Erasmo y España*, S. 504f.) nicht vorkommt (zensiert worden ist?). Auch diese Inkongruenz ist möglicherweise als Indiz dafür zu werten, wie lebhaft die Auseinandersetzung um die konfessionelle Zugehörigkeit von Erasmus in Deutschland zu dieser Zeit geführt wurde.

naiver Gedankenlosigkeit und unangemessener Leichtfertigkeit zu nähern. Daher merkte er an, daß es in den Schriften des Erasmus Abschnitte gebe, die zu beanstanden seien, andere, die man berichtigen und fraglos auch solche, die man entfernen müsse. Mit Rücksicht auf die Katholiken, die gegenüber Erasmus Argwohn hegten oder Vorbehalte hatten — Katholiken, von denen sich der Verfasser der Anmerkung jedoch distanzierte —, wurde als Anhang an die Schrift des Alfonso de Castro erneut das Urteil abgedruckt, das die theologische Fakultät der Sorbonne gegen den holländischen Humanisten gefällt hatte.

Die Verurteilung stammte aus dem Jahre 1526. Die Theologen der Sorbonne gaben ihre Zustimmung dem Werk eines Mitglieds der Fakultät, Noël Beda, der aus den Werken von Erasmus, insbesondere aus seinen Paraphrasen zu den Evangelien, eine Reihe von Sätzen herausgelöst, die er von Fall zu Fall als gewagt, gottlos, ketzerisch oder lutherischer, waldensischer, hussitischer und anderer Irrlehren verdächtig bezeichnet hatte. Die Verurteilung wurde von einer Stellungnahme derselben Fakultät zu den *Colloquia* ergänzt. Mit professoraler Gravität hatte das Pariser Kollegium dem Verfasser der *Colloquia* vorgeworfen, zu glauben oder glauben zu machen, daß die Kenntnis des Griechischen oder Hebräischen zum Theologen qualifiziere (während sie nach Auffassung der Sorbonne höchstens zum Philologen machte), und als erleuchtete Wahrheit auszugeben, was nur glänzender Stil sei (während hingegen "goldene Gefäße manchmal tödliches Gift enthalten"). Die Schlußfolgerung, daß die Schriften des Erasmus allgemein zu meiden seien, da sie das Gift von Wycliffe und Luther in sich trügen, wurde für die *Colloquia* in besonders scharfer Weise formuliert: Die Lektüre dieses Textes, der die christliche Religion mit ihren heiligen Zeremonien und Gebräuchen verspotte, verhöhne, angreife, beleidige und untergrabe und die Jugend unter dem Vorwand, sie zur Beredsamkeit zu erziehen, verderbe, sollte für jedermann verboten sein, das Buch aus den von Christen bevölkerten Gebieten verbannt werden.[16]

Die damalige Auseinandersetzung um Erasmus wurde in katholischen Kreisen des Rheinlands offensichtlich mit solcher Schärfe geführt, daß der Herausgeber in Köln es für notwendig hielt, die antierasmischen Gutachten der Sorbonne in voller Länge (33 Seiten) als Gegengewicht zu der oben zitierten, bloß bedingt proerasmischen Stellungnahme der Anmerkung für den Leser (9 Zeilen) abzudrucken. In der Gesamtanlage des Buchs behielten sich die Kölner Freunde des Erasmus jedoch das letzte Wort vor. Gleichsam als Berichtigung des Urteils der Sorbonne wurde diesem ein Dokument nachgestellt, das im Widerspruch dazu stand. Es handelte sich dabei um einen 1527 geschriebenen Brief des Erasmus an einen befreundeten Mönch,

---

[16] Alfonso de Castro, *Adversus omnes haereses*, fol. NN4^v-QQ5^r, *Determinatio Facultatis Theologiae in Schola parrhisiensi, super quam plurimis assertionibus Desiderii Erasmi Roterodami*. Die zitierten Urteile finden sich auf fol. QQ2^v. Siehe auch Farge, *Orthodoxy and Reform*, S. 190-192.

der sich, verführt von den schillernden Verlockungen der "Freiheit", mit dem Gedanken trug, das Kloster zu verlassen. Erasmus würdigte im Ton resignativer Melancholie den klösterlichen Frieden und stellte ihm das haltlose Leben der Schar vagabundierender Abtrünniger entgegen, die zusammen mit ihren Frauen überall in den Städten Deutschlands anzutreffen waren. Das Schauspiel, das diese Menschen in ihrer Rast- und Ruhelosigkeit boten, so Erasmus, lasse es ihn bedauern, mit seinen Büchern zur Verbreitung des Ideals der "libertas spiritus" beigetragen zu haben, die sich nun als Falle erweise: "Was ist das für eine Freiheit, die es nicht erlaubt zu beten, die Messe zu feiern, die Fasten- und Nüchternheitsgebote zu erfüllen?"[17] Wenn man diesen Brief mit gewissen Passagen aus berühmteren Schriften des Erasmus verglich, so kam er beinahe einem Widerruf gleich.

1549 griff die venezianische Druckerei "all'insegna della Speranza", — in deren verlegerischem Programm die Neuauflagen von Girolamo Savonarola besonderes Gewicht hatten — die Kölner Initiative auf, nahm jedoch den ersten und wichtigsten Teil, die Abhandlung des Alfonso de Castro, aus dem Buch heraus. Infolge dieser Auslassung rückte nun Erasmus selbst gänzlich in den Vordergrund. In der venezianischen Ausgabe stand die Anmerkung für den Leser am Anfang, es folgte das Urteil der Sorbonne, schließlich der Brief des Erasmus an seinen Freund im Kloster. Ihre proerasmische Tendenz verbarg die venezianische Ausgabe jedoch hinter einem irreführenden Titelblatt: im Titel erschien nämlich lediglich das Urteil der Sorbonne.[18] Inwieweit dieser Titel der Tarnung diente, ist eine Frage, die wir unbeantwortet lassen müssen. Mit Gewißheit läßt sich sagen, daß einige Jahre darauf — sicherlich nach Veröffentlichung des römisches Index — diese vorsichtige Initiative zugunsten von Erasmus als gewagtes Unternehmen erschien. Dies beweist ein in Siena verwahrtes Exemplar der venezianischen Ausgabe. Der erste Teil des Buchs, die Anmerkung für den Leser, wurde hier stark zensiert, der Brief des Erasmus an seinen Freund im Kloster herausgetrennt. Der Inhalt des Buches entsprach nun genau dem Titelblatt.[19]

---

[17] Alfonso de Castro, *Adversus omnes haereses*, fo. QQ5ʳᵛ, *Erasmus Roterodamus monaco cuidam S.D.* (*EE* VII, ep. 1887).

[18] *Determinatio Facultatis Theologiae in Schola parisiensi super quamplurimis assertionibus Desiderii Erasmi Roterodami*, Venedig, "Ad signum Spei", 1549. 1546 hatte dieselbe Druckerei den Traktat von Alfonso de Castro gedruckt, ohne weitere Texte hinzuzufügen. Zum verlegerischen Programm der Druckerei "ad signum Spei" vgl. Jacobson Schutte, *Religious Books*, S. 454f.

[19] Siena, Biblioteca Comunale, XLIII K 7 (3). Zwei vollständige Exemplare dieses Drucks befinden sich in der Biblioteca Malatestiana in Cesena und in der Biblioteca Marciana in Venedig.

Am 24. Juni 1558 wandte sich der Humanist Primo Conti, damals Lehrer der Heiligen Schrift am Mailänder Collegio Ambrosiano,[20] mit einem Brief, in dem er den seiner Meinung nach zu Unrecht als Häretiker beschuldigten Erasmus verteidigte, an den Inquisitor Giovan Battista Clarino aus Cremona.[21] Die Entstehungsgeschichte dieses Briefs läßt sich folgendermaßen rekonstruieren. Am 23. Juni dieses Jahres hatte Primo Conti, nachdem er Nachricht über die im Zusammenhang mit den vorbereitenden Arbeiten für den Index Pauls IV. stehende Erasmus-Diskussion erhalten hatte, aus eigener Initiative den Dominikaner Giovan Battista aus Cremona besucht, um Zeugnis über die Rechtgläubigkeit von Erasmus abzulegen. Bereits am folgenden Tag verfaßte der gelehrte Mailänder auf Anraten des Inquisitors eine Niederschrift seiner Aussagen.[22]

Der erste Teil des Briefs enthält — in Analogie zu den Zeugnissen, wie sie für die *purgatio canonica* verlangt wurden — Aussagen über Leben und Sitten des Erasmus zur Rechtfertigung seiner Strenggläubigkeit, die dadurch an Gewicht gewannen, daß sie von einem höchst angesehenen, mit Erasmus persönlich bekannten Zeugen stammten.[23] Der zweite Teil stellt eine mit rechtlichen und kirchenpolitischen Gründen argumentierende Verteidigung dar. Primo Conti wollte folglich in dem *post mortem* an der römischen Kurie geführten Prozeß gegen Erasmus sowohl die Rolle eines Zeugen wie das Amt eines Verteidigers einnehmen.

Das Bild des holländischen Humanisten, das Primo Conti im ersten Teil seines Briefs entwirft, wirkt stark vereinfacht, wenn nicht sogar verzerrt. Das literarische Werk ist auf vier Schriften reduziert: auf die *Epistola fratribus Germaniae inferioris et Frisiae orientalis*, die *Institutio hominis christiani*, den Kommentar zu den *Disticha Catonis* und die *Dilucida et pia explanatio symboli*. Im sozialen Umfeld von Erasmus findet man bloß Henricus

---

[20] Argelati, *Bibliotheca*, I², S. 447-449; Paltrinieri, *Primo del Conte*; Paschini, *Spinola*, S. 162-170; ders., *La riforma del seppellire nelle chiese nel secolo sedicesimo*, La scuola cattolica, Bd. 22 (1922), S. 179-200; Giuseppe Landini, *San Girolamo Miani*, Rom 1947; Marco Tentorio, *Primo de Conti al Concilio di Trento e nella Controriforma*, Rivista della Congregazione di Somasca, Bd. 16 (1940), S. 17-24 (mit Bibliographie); ders., *Una lettera inedita di Saverio Bettinelli e alcune note su padre Primo de Conti*, Rivista dell'ordine dei Padri Somaschi, Bd. 34 (1959), S. 88-90; ders., *Altre informazioni biografiche su Primo de Conti*, ebd., Bd. 38 (1963), S. 147-149; *Primo processo per san Filippo Neri*, Hrsg. Giovanni Incisa della Rocchetta und Nello Vian, Città del Vaticano, 1957-1963, Bd. I, S. 297. Weitere Sekundärquellen über das Leben von Primo Conti sind von Pater Marco Tentorio CRS gesammelt worden und befinden sich in Archivio Storico dei Padri Somaschi in Genua. Pater Marco Tentorio hat auch auf die Existenz eines Briefs von Primo Conti, datiert auf Mailand, 29. Juni 1573, im Archivio della Curia Arcivescovile in Mailand, Spirituale, Abteilung 10, Band 7, hingewiesen (es handelt sich um die Gründung eines Waisenhauses in Como). Der einzige erhaltene Brief von Primo Conti an Erasmus ist in *EE* XI, ep. 2959, veröffentlicht.

[21] Ich konnte nicht feststellen, ob Giovan Battista aus Cremona 1558 das Amt des Inquisitors in Cremona oder in Mailand bekleidete.

[22] BUB, Ms. 1621, fol.47ʳ-50ʳ. Vgl. Bacchelli, *Su Erasmo*.

[23] *EE* XI, ep. 2959.

Glareanus und den Sekretär, Quirinus Telesius, genannt. Eines der moralischen Hauptprobleme des in Basel wirkenden Humanisten scheint nach dieser Darstellung die Rechtfertigung seiner im übrigen durch ein päpstliches Breve abgesegneten Übertretung des Fastengebots gewesen zu sein, die ihm erlaubt, auch freitags Hühnerfleisch zu genießen. Die Auseinandersetzung mit der Reformation wird auf der Ebene des banalsten antiprotestantischen Schrifttums dargestellt ("Quale, inquiebat, monstrum attulit nobis Saxonia!"). Die Gegnerschaft zu Oekolampad wird zum kirchenrechtlich-inquisitorischen Streit herabgewürdigt ("ab Oecolampadii colloquio constanter abstinebat ut ab excomunicato"), in den selbst Oekolampads Sprachunterricht einbezogen wird; denn Primo Conti überliefert, Erasmus habe seinen italienischen Gast unter Androhung eines Endes der Gastfreundschaft von dem Besuch der Hebräisch-Lektion des Oekolampads abgehalten. Bei der Gestaltung dieses Porträts schreckte Primo Conti selbst vor der Verfälschung von gravierenden Tatsachen nicht zurück. So behauptete er beispielsweise, Erasmus habe einige ihm von seinen katholischen Gegnern Diego López de Zúniga und Alberto Pio sowie den Doktoren der Sorbonne vorgeworfene theologische Irrtümer anerkannt. Auch versuchte Conti das Gerücht zu verstärken, der Humanist habe vor seinem Tod in Basel die Beichte abgelegt und das Sterbesakrament empfangen ("accersito prius presbytero catholico ... sacramenta accepit, ut a nonnullis audivi; sed hoc mihi non constat").

Die den zweiten Teil des Briefs bildende Verteidigung von Erasmus gründet auf folgenden beiden Argumentationen. An erster Stelle wird die Bereitschaft des Erasmus zur Unterwerfung unter die Autorität der Kirche genannt, gleichsam als Gegenbild zur "pertinacia", d.h. jener Haltung, die im kanonischen Recht vor allem den Häretiker kennzeichnet: "Erasmus ... frequenter testatur se submittere omnia sua iudicio Ecclesiae et paratum corrigi ... Quisquis autem cedit auctoritati Ecclesiae iure dici non potest haereticus, nullus enim haereticus cedit authoritati Ecclesiae, quod si faceret haereticus esse desineret".[24] Das zweite Argument, das Conti vorträgt, fügt sich stärker in die aktuelle kirchenpolitische Diskussion ein. An das Prinzip der Einheitlichkeit der Kirchenlehre appellierend, unterstreicht der Mailänder Gelehrte die Gefahren, die sich aus einer kurialen Verurteilung von Schriften ergäben, die frühere Päpste ausdrücklich gutgeheißen hätten: "Iam trium pontificum iudicio Erasmus videtur commendatus, Leonis, Clementis et Adriani, quorum diplomata impressa circumferri videmus inter libros Erasmi; si autem videbuntur discrepare iudicia summorum pontificum, non parum fortasse scandalizabitur Christi Ecclesia".[25] In diesem Sinne kann man Conti zu jenen "defensores Erasmi" zählen, die versuchten, eine Verurteilung

---

[24] Bacchelli, *Su Erasmo*, S. 275-80.
[25] Vgl. oben S. 293.

des Humanisten unter Hinweis auf das Gebot einer konsequenten Haltung der Kirche zu verhindern.[26]

Das im Brief vom 24. Juni 1558 skizzierte Erasmus-Porträt spiegelt also weit mehr den Charakter seines Autors, Primo Conti, wider, als die Persönlichkeit des holländischen Humanisten. Die recht kleinliche Unerbittlichkeit gegenreformatorischer Observanz, die den Tenor dieser Schrift prägt, kennzeichnet allein ihren Verfasser.

Solche gegenreformatorische Tendenzen fehlen hingegen in einer 1540 datierten, von mir Primo Conti zugeschriebenen Druckschrift. Es handelt sich um eine Neuauflage der *Disticha Catonis* in der von Erasmus bearbeiteten Fassung, versehen mit Anmerkungen eines Philologen, der sich selbst als "Schüler und Geschöpf von Erasmus" bezeichnet und deshalb Philerasmus nennt. Ich vermute, daß sich hinter dem Pseudonym Philerasmus Pietro Conti verbirgt — eine Annahme, zu der ich durch Ausschließen anderer Möglichkeiten gekommen bin, da es in Mailand zu dieser Zeit keinen anderen Gelehrten gab, der sich als Schüler von Erasmus hätte bezeichnen können.

Während seines letzten Englandaufenthalts hatte Erasmus eine kommentierte Ausgabe der *Disticha Catonis*, einer kleinen didaktischen Dichtung, die sich während des gesamten Mittelalters eines außerordentlichen Erfolgs als Unterrichtswerk erfreut hatte, vorbereitet. Dieser Text erschien 1540 in Mailand bei dem Drucker Francesco Minicio Calvo in einer schön gestalteten Neuauflage, die Girolamo de Soria, dem Sohn des Mailänder Agenten Karls V., Lopez de Soria, gewidmet war. Im Widmungsbrief wies der Drucker, der das Werk als "Büchlein aus purem Gold" lobte, in dem "die heilsamsten Regeln der Moral und die schönsten Sinnsprüche berühmter Männer" versammelt seien, darauf hin, daß er dem Text einige Anmerkungen hinzugefügt habe, die ihm ein hochgelehrter Mann — eben Philerasmus — angeboten habe.[27]

Gegenüber Erasmus ließ Philerasmus, den es mit "Freude und Stolz" erfüllte, "Schüler und Geschöpf" des Basler Humanisten zu sein, eine fast religiöse Verehrung erkennen. Wer Erasmus angriff, sei es auch nur auf rein philologischem Terrain, war für ihn mit jenem Frevler des Altertums vergleichbar, der den Artemistempel zu Ephesus in Brand gesteckt hatte, um seinen eigenen Namen unsterblich zu machen. Philerasmus ging zwar nicht bis zu einem "Sancte Erasme, ora pro nobis", aber weit davon entfernt mag er nicht gewesen sein.

---

[26] Vgl. oben S. 295f. und Anm. 68. Hinsichtlich der Beziehungen von Gelehrten aus Como und Mailand zu Erasmus vgl. Calabi Limentani, *Benedetto Giovio a Erasmo*.

[27] *Catonis Disticha moralia cum scholiis D. Erasmi Roterodami. Reliqua, quae adiuncta sunt, aeque ad mores pertinentia, versa pagella indicabit*, Mailand, Francesco Calvo, 1540, insbesondere fol. 17, 18, 21, 60. Von diesem Druck kenne ich direkt nur ein Exemplar in der Biblioteca Trivulziana in Mailand. Ein weiteres Exemplar befindet sich in der Biblioteca Casanatense in Rom (Grendler und Grendler, *Erasmus Holdings*, S. 21).

II

Unter den italienischen Katholiken, die bereit waren, Erasmus ein Zeugnis der Rechtgläubigkeit auszustellen, war vermutlich auch ein Inquisitor, der Franziskaner Marino Veneto, genannt "il Zotto". Fra Marino hatte das Amt des Inquisitors von Venedig zwischen 1543 und 1550 inne. In dieser Eigenschaft stellte er Erasmus ein Zeugnis der Orthodoxie aus, indem er einer Schrift mit dem Titel *Espositione letterale del testo di Mattheo evangelista*, die ihm der paduanische Literat Bernardino Tomitano zur Billigung vorgelegt und dabei als eigenes Werk ausgegeben hatte, die Druckerlaubnis erteilte. In Wirklichkeit handelte es sich bei der *Espositione* um eine Übersetzung der Paraphrase des Erasmus zum Matthäusevangelium.[28]

Bevor er den Text guthieß, behielt ihn der Franziskaner einige Tage lang ein und nahm eine Reihe von Änderungen daran vor, die darauf abzielten, die von Tomitano vorgelegte Fassung der tridentinischen Rechtfertigungslehre anzupassen. Wie Fra Marino dies bewerkstelligte, soll hier anhand des wichtigsten Beispiels gezeigt werden. Am Anfang der Paraphrase heißt es bei Erasmus, daß allein aus der Gnade Christi "totius orbis populi, non per circuncisionem ..., sed per fidem evangelicam, in ius et charitatem filiorum asciti, coelestis regni consortium sortirentur"; Tomitano hatte übersetzt, daß "alle Menschen auf Erden als wahre und rechtmäßige Kinder Gottes das Himmelreich nicht durch Beschneidung, ... sondern nur durch den Glauben an das Evangelium ... besitzen werden". Mit festem Blick auf das tridentinische Dekret zur Rechtfertigungslehre hatte Fra Marino einen ganzen Satz hinzugefügt, wodurch die Stelle nun lautete, daß "alle Menschen auf Erden als wahre und rechtmäßige Kinder Gottes das Himmelreich nicht durch Beschneidung, ... sondern nur durch den Glauben an das Evangelium ... besitzen werden, wobei die Werke des Glaubens mitwirken, die zusammen mit dem Glauben für die ewige Glückseligkeit notwendig sind."[29] Die auf diese Weise erfolgende Anpassung des Textes an die Kirchenlehre ließ den Grundzug der Schrift unberührt. Vor allem blieb jene Aufforderung zur Popularisierung des Evangeliums erhalten, die der Übersetzer im Widmungsbrief so zusammengefaßt hatte: "Viele glauben, daß die Heilige Schrift nur von Doktoren und hochgelehrten Männern zu verstehen sei: von Hochmut bewegt, wollen sie nicht, daß die einfachen Leute etwas vom

---

[28] ASV, Fasz. 12, Akte *Patris Marini Veneti alias dicti Zotto*, und Fasz. 159, *Acta Sancti Officii* (1554-1555), fol. 177^v-178^v, 186^v-188^r, 250^v-253^v, 289^v, 324^r, 344^r. Siehe auch Del Col, *Controllo della stampa*, S. 487-489, und Kap. 3, S. 87-89.

[29] [Erasmus von Rotterdam,] *Espositione letterale del testo di Mattheo evangelista di messer Bernardin Tomitano* (Venedig, Giovanni Griffio, 1547), fol. 3^v. Siehe dazu ASV, Fasz. 159, *Acta Sancti Officii* (1554-1555), fol. 177^v-178^v, Verhör des Bernardino Tomitano vom 21. Mai 1555. Von den beiden Versionen, der Tomitanos und der Fra Marinos (ASV, Fasz. 12, Akte *Patris Marini Veneti*, Verhör vom 5. August 1555), ist die von Tomitano glaubwürdiger, da sie objektiv am Text überprüft werden kann.

einfachen und allgemeinen Heil begreifen. Das halte ich für ganz falsch ... Wenn wir nämlich das Leben Christi lesen, sehen wir, daß er in Wahrheit ganz demütig, sanft, arm und einfach war. Davon zeugen die Gleichnisse, Vergleiche, Sinnbilder und Beispiele, deren sich der Herr bedient, um seine Botschaft verständlich zu machen."[30]

Das Buch, das 1547 mit Genehmigung des venezianischen Inquisitors in Umlauf gekommen war, stellte 1555 ein so kompromittierendes Dokument dar, daß sich nicht nur der Übersetzer vor dem Heiligen Offizium zu rechtfertigen hatte, sondern daß man auch dem ehemaligen Inquisitor den Prozeß machte. Die den Paraphrasen des Erasmus erteilte Druckerlaubnis war nicht der einzige Punkt, den man Fra Martino zur Last legte, wohl aber einer der wichtigsten. Der vom Inquisitor zum Inquisiten gewordene Franziskaner erklärte, das Buch nicht als Werk des Erasmus erkannt zu haben, und stritt die Erteilung der Druckerlaubnis ab. Möglicherweise sagte er weder im ersten noch im zweiten Punkt die Wahrheit.

In den Zeugenaussagen, die das venezianische Heilige Offizium im Laufe dieses Verfahrens zusammentrug, wird die Amtsführung des Inquisitors Fra Marino Veneto als nachgiebig charakterisiert, ganz darauf bedacht, einen Bruch zu vermeiden, und immer zu jenem Dialog mit den Protestanten bereit, der in Erasmus seinen Theoretiker hatte. Seine aktive Solidarität mit heterodoxen Predigern, sein Einsatz zugunsten des wegen Ketzerei angeklagten Bischofs Vergerio, seine sofortige Bereitschaft, sich zum Garanten der Rechtgläubigkeit von Antonio Brucioli zu machen, seine kritische Einstellung zur zeremoniellen Frömmigkeit — all dies machte aus Fra Marino Veneto eine einzigartige Erscheinung im religiösen Leben des Cinquecento, einen Inquisitor, der sich dem erasmischen Gedankengut nicht verschloß.[31]

III

Seit 1559 ist die Verteidigung der Rechtgläubigkeit des Erasmus innerhalb der katholischen Kirche kein Thema mehr. Die Verurteilung ist einhellig. Die einzige mir bekannte Ausnahme bildet ein Mann, der von der Inquisition zum Tode verurteilt wurde. Daß dieser Zeuge seine proerasmische Einstellung wenige Monate, bevor das Todesurteil gegen ihn gefällt wurde, vor dem römischen Heiligen Offizium bekräftigte, zeigt deutlich, in welch tragischer Isolierung er sich befand.

Seit den Tagen seiner Jugend hatte der Publizist Nicolò Franco (1515-1570) den Humanisten aus Rotterdam geschätzt und ihm nachgeeifert. Schon in seinen *Dialoghi piacevoli* aus dem Jahre 1539 hatte er den "großen Erasmus" verteidigt und ihn als "beredt, katholisch, bewundernswert" und

---

[30] [Erasmus von Rotterdam], *Espositione di Mattheo evangelista*, fol. aiij^v.
[31] Seidel Menchi, *Inquisizione come mediazione*, S. 69-74. Eine eingehendere Untersuchung des Falls findet sich bei Jacobson Schutte, *Marino da Venezia*.

vollkommen frei vom Makel der Häresie bezeichnet. Der junge Literat war sich durchaus darüber im klaren, daß der holländische Humanist sich bei der römischen Kurie nur geringer Gunst erfreute, glaubte jedoch entdeckt zu haben, daß diese Feindseligkeit ihren Grund in der Angst der korrupten Kleriker vor der Feder des Erasmus habe. "Weißt du, warum sie ihn ausgeschlossen haben?" fragt eine Figur in den *Dialoghi piacevoli* in bezug auf Erasmus. "Weil der außerordentliche Deutsche, *il tedesco miracoloso*, dieser ganzen Gesellschaft das Leder gegerbt hat. Und deshalb haben sie sich gegen diesen tüchtigen Mann gestellt und wollen nicht, daß Erasmus in Rom publiziert wird, um zu vermeiden, daß ihre Makel gerade dort ausposaunt werden, wo sie ihre Triumphe feiern."[32] Nach Nicolò Franco hatte Erasmus also nicht im Glauben geirrt, sondern lediglich den korrupten Klerus auf wirksame Art attackiert.

Diese Interpretation des Falls Erasmus wurde von Nicolò Franco in seinem Buch gegen Paul IV. bekräftigt. Die Schrift, die zum größten Teil um das Jahr 1560 entstand, wurde von den Inquisitoren schon als Manuskript beschlagnahmt. Franco warf Paul IV. darin vor, sich seiner Kritiker einfach dadurch entledigt zu haben, daß er sie zu Ketzern erklärte: "Und deshalb sind viele gute und wertvolle Autoren verboten worden, weil der Schurke nicht wollte, daß etwas über die Schurkereien seiner heuchlerischen und verdorbenen Kumpane gelesen würde. Doch man wird sie zur Schande seines Andenkens lesen." Nicolò Franco vertraute darauf, daß sich die Zeiten bald ändern und die von Paul IV. verurteilten "guten und wertvollen Autoren" — vor allem Erasmus — rehabilitiert würden: "Es werden hochheilige und wahre Päpste kommen, welche die guten und katholischen Autoren aus der unwürdigen Verbannung zurückrufen werden, und unter ihnen wird der christliche, katholische und unvergleichliche Erasmus sein."[33]

Doch statt der "hochheiligen und wahren Päpste", auf die Nicolò Franco seine Hoffnung gesetzt hatte, kam Pius V. Sein Pontifikat schuf das geeignete Klima für die Einleitung des Verfahrens gegen Nicolò Franco und die Verhängung der Todesstrafe. Der Angeklagte wurde für schuldig befunden, ein diffamierendes Buch gegen Paul IV. verfaßt zu haben. Seine Stellung im Prozeß wurde sicherlich nicht dadurch erleichtert, daß er in diesem Buch einen Autor wie Erasmus, der — wie die Inquisitoren hervorhoben — "reprobatus veluti hereticus" war, verteidigt hatte.[34]

Nur der Verlust des Wirklichkeitssinns und die Flucht in eine Scheinwelt ermöglichten es Nicolò Franco über das Jahr 1559 hinaus, auf seiner katholischen Interpretation von Erasmus zu beharren. Aus den Akten des

---

[32] Franco, *Dialogi*, fol. 110ᵛ-111ʳ (zit. von Cantimori, *Erasmo I*, S. 44-46, und von Grendler, *Critics*, S. 112f.)

[33] Mercati, *Franco*, S. 128f. Francesca Romana de' Angelis hat meine Aufmerksamkeit auf dieses Dokument gelenkt.

[34] Mercati, *Franco*, S. 130.

römischen Prozesses geht hervor, daß er ein Sonderling geworden war, der sich eine eigene Welt geschaffen hatte, in der Erasmus auf Verlangen des Kaisers vom Tridentinischen Konzil rehabilitiert worden war und in der die "Moderationes" des Index von Paul IV. bedeuteten, daß Erasmus "frei von jedem Tadel" sei.[35]

IV

Wie wir in den beiden folgenden Kapiteln sehen werden, gingen die Inquisitionsgerichte gegen die Leser von Erasmus mit einer Härte vor, die der Unnachgiebigkeit, welche die Inquisitoren bei der Beurteilung des Humanisten zeigten, in nichts nachstand. Allerdings sind auch Fälle zu verzeichnen, in denen das Heilige Offizium Milde walten ließ. Es kann nicht ausgeschlossen werden, daß diese gelegentliche Milde als Indiz einer anhaltenden Ambivalenz einiger kirchlicher Würdenträger gegenüber Erasmus zu betrachten ist.

Insbesondere in zwei Fällen war das Heilige Offizium offenbar geneigt, Erasmus-Leser mit Nachsicht zu beurteilen.

Die Inquisitionsgerichte ließen Milde gegenüber Lesern des Erasmus walten, die sich als gläubige Katholiken erwiesen und außeritalienischer Herkunft waren. Ein Vorfall, der sich 1570 in Venedig ereignete, ist ein Beispiel für diese Nachsicht. Drei Jahre zuvor hatte sich der Franzose Jean Galicier in der Stadt niedergelassen; hinter ihm lag eine unruhige Vergangenheit als Soldat auf im Mittelmeer stationierten französischen Galeeren. In Venedig nun hatte er sich als Lehrer betätigt, zuerst im Convento di San Giorgio Maggiore, später als Privatlehrer. Bei der auf eine Anzeige hin erfolgenden Durchsuchung seines Hauses wurde eine Anzahl von Büchern des Erasmus gefunden, derer er sich offensichtlich im Unterricht bediente: die *Adagia* und die *Apophthegmata* in italienischer Übersetzung, die *Parabolae sive similia* und die *Disticha Catonis* auf Latein. Aus dem parallel laufenden Fall des Lehrers Bartolomeo Fontana wissen wir, daß sich die venezianischen Schullehrer ca. 1568 einer Prüfung ihrer Rechtgläubigkeit hatten unterziehen müssen und bei dieser Gelegenheit auch vor der Verwendung der Schriften von Erasmus gewarnt worden waren. Auch Jean Galicier hatte sich dieser Prozedur zu unterwerfen.[36]

---

[35] Ebd. Welche Position das Tridentinische Konzil tatsächlich gegenüber Erasmus einnahm, geht aus den in Kap. 9 zitierten Dokumenten hervor, vgl. S. 281, Anm. 27.

[36] ASV, Fasz. 28, Akte *Giovanni Galicier*. Daß auch dieser Lehrer einer Überprüfung seiner Rechtgläubigkeit unterzogen worden war, geht aus folgendem Passus der Akte hervor: "Interrogatus se lui ha fatto la sua profession et si s'ha presentato dinanzi l'illustrissimo monsignor patriarca di Venetia, respondit: Signor sì, dui anni sono" (Verhör vom 10. November 1570). Aus einem Dokument von 1568 ergibt sich, daß die venezianische Republik eine Anordnung erlassen hatte, wonach alle Schullehrer verpflichtet waren, ihre Rechtgläubigkeit beim Patriarchat überprüfen zu lassen (ASV, Fasz. 24, Akte *Contra Franciscum Baronum, Ioseph Cinganum, Gabrielem de Strigariis, Aloysium de Coltis*, Verhör des Alvise de Colti).

Im Mittelpunkt der gerichtlichen Vernehmung stand der Besitz der Bücher von Erasmus. Auf die obligatorische Frage des Inquisitors, ob der Beschuldigte nichts vom Verbot der Werke des Erasmus gewußt habe, gestand Galicier, nachdem er über die Herkunft der Bücher Auskunft gegeben hatte, ein, daß ihm dieses bekannt gewesen sei. Zur Rechtfertigung seines Zuwiderhandelns brachte er zwei Argumente vor. Das erste war faktischer Natur: Die Bücher des Erasmus wurden "vor aller Augen" verkauft, d.h., sie waren noch relativ ungehindert in Umlauf. Das zweite Argument war autoritativer Art: Jean Galicier hatte erfahren, daß ein Mönch des Convento di San Giorgio Maggiore vom Abt die Erlaubnis erhalten hatte, die theologischen Schriften des Erasmus unter der Bedingung weiterhin in seinem Besitz zu behalten, daß er den Namen des Verfassers vom Titelblatt entfernte. "Deshalb", so schloß Galicier, "habe ich gedacht, daß die nicht-theologischen Schriften nicht gefährlich seien."

Wir haben keine Kenntnis darüber, zu welchem Ergebnis die Inquisition im Fall Galicier gekommen ist; aus Erfahrung läßt sich aber annehmen, daß die Unvollständigkeit der diesbezüglichen Akten dahingehend zu deuten ist, daß die Angelegenheit niedergeschlagen wurde. Vermutlich wurde dieser gewissenhaft Vigilien und Fasttage einhaltende Katholik vom Heiligen Offizium entlassen, ohne daß er mehr zu beklagen gehabt hätte als den Verlust seiner Bücher. Da jenseits der Alpen das geistige Erbe des Erasmus von der kirchlichen Obrigkeit sehr viel milder beurteilt wurde als in Italien, liegt die Frage nahe, ob die Nachsicht, die das venezianische Gericht im Fall Galicier zeigte, nicht als ein Akt klugen Respekts vor den regionalen Besonderheiten innerhalb der Kirche zu betrachten ist.

Die Strenge des Inquisitionsgerichts gegenüber Besitzern von Büchern des Erasmus milderte sich auch dann, wenn der Angeklagte Angehöriger des geistlichen Standes, insbesondere des Mönchsstandes, war. Aus der oben zitierten Aussage von Jean Galicier hinsichtlich des venezianischen Convento di San Giorgio Maggiore läßt sich schon ein Eindruck von dem innerhalb von Klostergemeinschaften üblichen Umgang mit verbotenen Büchern gewinnen. Der Abt oder Prior konnte kraft seiner Autorität das Verbot der Schriften von Erasmus zu einer Formalität werden lassen.

Weniger angenehm als die Lage des von Jean Galicier erwähnten Mönchs aus dem Convento di San Giorgio, jedoch immer noch privilegiert im Vergleich zu Laien, die sich desselben Vergehens schuldig machten, war die Situation, in welche Don Leonardo da Venezia, Regularkanoniker der Congregazione di San Salvatore, geriet. Zwischen 1573 und 1574 war es ihm gelungen, eine Sammlung verbotener Bücher anzulegen, in der Schriften von Erasmus (7 Bände von insgesamt 29) und von Pietro Aretino (4 Bände) überwogen, aber auch zahlreiche Klassiker aus der Tradition des italienischen Humanismus vertreten waren (das *Decameron*, die *Rime* von Berlin, die *Facezie* von Poggio und die Werke von Gian Battista Gelli). Die Beschaffung solcher Bücher war nicht schwierig: Aus Gewinninteresse betrieben viele Buchhändler, insbesondere weniger begüterte, diese Art von Geschäft. Und so war denn auch einer der beiden Buchhändler, die Don Leonardo belieferten, "ein armer Kerl", der einen Bücherstand in Rialto hatte.[37]

Hatte sich der junge Kanonikus diese Bücher auch ruhigen Gewissens besorgt, so achtete er doch sorgfältig darauf, sie gut versteckt zu halten. Einmal jedoch zeigte Don Leonardo, den man im Kloster für "eitel" und "dünkelhaft" hielt, die Paraphrasen des Erasmus zum Matthäusevangelium einem Mitbruder, um sich mit diesem verbotenen Besitz zu brüsten. Die Reibereien innerhalb der Klostergemeinschaft, die man hinter dieser Angelegenheit vermuten kann, trugen sicherlich dazu bei, den anderen Kanonikus, Don Giovanni Maria da Bologna, in einen entschiedenen Verfechter des Index zu verwandeln. Für den Besitz und die Lektüre verbotener Bücher wie der des Erasmus — bemerkte Don Giovanni Maria denn auch gleich, als sein Blick auf das Buch fiel — bedürfe es einer Sondererlaubnis: Ob er, Don Leonardo, diese Erlaubnis habe? Don Leonardo, der nichts dergleichen besaß, entfuhr bei dieser beunruhigenden Wendung der Ereignisse eine undeutliche Bemerkung, fast ein Seufzer: "Mich wundert's". Eben dieser unvollständige Kommentar zog die Aufmerksamkeit des Gerichts auf sich, dem Don Giovanni Maria Mitteilung von dem Vorfall gemacht hatte. "Was meinte dieser Pater", fragte der Inquisitor, "als er in diesem Zusammenhang jenes 'Mich wundert's' sagte?" Don Giovanni Maria wurde gleich vom Informanten zum Interpreten und erklärte: "Was mich anbelangt, so verstehe ich es so, daß er sagen wollte — und auch tatsächlich sagte —, daß man sich um solche Genehmigungen nicht kümmern und ihnen keinen Wert beimessen müsse."

Nach Durchsuchung seiner Zelle und Beschlagnahme seiner Bücher wurde der Schuldige vorgeladen, um sich zu rechtfertigen. "Ich habe es", so Don Leonardo, "aus reiner Neugierde getan, weil ich Freude an der Beschäftigung mit verschiedenen Künsten habe, insbesondere an der Rhetorik, für die mir Aretino sehr empfohlen wurde"; "der Bücher wollte ich mich als Beispiele für Redekunst, wie etwa für Ausschmückungen, bedienen, nicht aber in Glaubensangelegenheiten" (für eine ähnliche Argumentation bei einem Laien vergleiche man den im 12. Kapitel dargelegten Fall des Alvise Groto). Die Werteordnung, die sich hinter diesem Geständnis abzeichnete, stieß beim Inquisitor auf keinerlei Verständnis. "Ihr habt also", sagte er zusammenfassend in seiner Entgegnung, "so wenig Gottesfurcht gehabt, Euch Euer Gewissen und die Ehre dieses Klosters so wenig angelegen sein lassen, daß Ihr Euch — wie Ihr sagt — aus Neugierde freiwillig der Exkommunikation und den anderen Kirchenstrafen habt aussetzen wollen?"

---

[37] ASV, Fasz. 38, Akte *Fra Leonardo da Venezia*, fol. 1ʳᵛ. Den beiden Buchhändlern, die Don Leonardo beliefert hatten, wurde vom Heiligen Offizium der Prozeß gemacht. Man entzog ihnen die Erlaubnis, den Handel mit Büchern weiter zu betreiben (ASV, Fasz. 37, Akte *Bartolomeo da Sabio*), begnadigte sie dann jedoch sofort. Vgl. Kap. 15, S. 442f. und Anm. 39.

Die Entdeckung, daß Don Leonardo, wissentlich im Stande eines Exkommunizierten, weiterhin täglich die Messe gelesen und an den Sakramenten teilgenommen hatte — und dies über einen Zeitraum von anderthalb Jahren — verschlechterte die Lage des jungen Kanonikers noch weiter. Nach Auffassung des Gerichts ließ sein hartnäckiges Ignorieren des Kirchenbanns gegen ihn den Verdacht aufkommen, daß er "die Gültigkeit von Verboten und die Amtsgewalt der heiligen Kirche bezüglich Exkommunikationen" nicht anerkenne. Auch abgesehen von weiteren Gerüchten, die über Don Leonardo in Umlauf waren, reichten die festgestellten Tatbestände aus, den Kanoniker "der Ketzerei dringend verdächtig" werden zu lassen und eine strenge Bestrafung zu rechtfertigen, für die sich auch der Abt des Klosters "als Exempel für seine Mönche" aussprach. Das Urteil erscheint dagegen relativ milde. Vermutlich wirkte es sich zugunsten von Don Leonardo aus, daß er sich reuig zeigte und mehrmals weinend und um Barmherzigkeit flehend vor seinen Richtern auf die Knie fiel. Sicherlich trug aber auch seine Zugehörigkeit zum Mönchsstand dazu bei, seine Strafe auf einen Akt der Unterwerfung zu beschränken, der sich, mochte er auch erniedrigend sein — er mußte seine Mitbrüder kniend und mit einer Schlinge um den Hals um Verzeihung bitten, wurde mit einem dreijährigen Predigtverbot belegt und verlor für den gleichen Zeitraum jeglichen Rang und das aktive und passive Stimmrecht —, doch immerhin hinter den Klostermauern vollzog.[38]

---

[38] ASV, Fasz. 38, Akte *Fra Leonardo da Venezia*, fol. 1^{rv}, 10^{v}, 4^{rv}, 9^{rv}, 14^{rv}.

12. KAPITEL

INTELLECTUS CAPTIVUS
BUCH UND LESER ZWISCHEN 1559 UND 1580

I

Die repressive Rückentwicklung, von der das kulturelle Leben in Italien zwischen 1555 und 1559 erfaßt wurde, bewirkte, daß sich das Augenmerk der Inquisition in den beiden folgenden Jahrzehnten primär auf das Medium Buch richtete. Kann man auch davon ausgehen, daß bis etwa 1555 Predigt und andere Formen mündlicher Vermittlung im Vergleich zum Buch als Träger der neuen Gedanken eine wohl wichtigere Funktion hatten, so zwang doch die gegen 1555 einsetzende repressive Entwicklung die Prediger, die heterodoxen Gedankengängen anhingen, sich nur noch verschlüsselt zu äußern, was nach und nach zu ihrer totalen Anpassung führte. Gleichzeitig läßt sich ein Rückzug der geschwächten und in die Defensive gedrängten heterodoxen Gruppierungen aus der Öffentlichkeit beobachten, deren Entwicklung hin zu esoterischen Zirkeln, die eher auf die Ermutigung und Festigung der schon bestehenden "Bruderschaft" als auf den Gewinn neuer Mitglieder ausgerichtet waren.

In dieser Situation wurde das Buch zum sichersten Medium für jene Ideen, die man zwanzig Jahre zuvor relativ ungehindert öffentlich hatte vertreten können; nicht selten stellte es für die kleinen Gruppen Andersdenkender in Italien, deren Kontakte mit den Gemeinschaften jenseits der Alpen gefahrvoll und sporadisch wurden, auch den wichtigsten Bezugspunkt zur Lehre dar. In der Tat gab es zwischen 1560 und 1570 Konventikel Andersgläubiger, die sich um ein Buch oder um mehrere Bücher scharten. Die gemeinsame Lektüre dieser Bücher, die Verantwortung für ihre Verwahrung, allein das Wissen um ihre Existenz, trugen wesentlich dazu bei, Gruppen wie der um den Kaufmann Giacomo Catinari in Forlì, der um den Samtweber Cataldo Buzzale, um Tommaso Capellina und Gaspare Chiavenna in Modena oder der um Domenico Mazzarelli und die Brüder Aldiverti in Rovigo einen festen Zusammenhalt zu geben.[1]

---

[1] TCD, Ms. 1224, Urteilssprüche vom 20. September 1567 *Contra magistrum Baptistam quondam magistri Joannis de Catinaris merzarium de Forolivio*, *Contra Johannem quondam Sebastiani de Catinaris de Forolivio merciarium*, *Contra magistrum Franciscum Baptistae de Catinaris de Forolivio*, *Contra Petrum Martirem quondam magistri Johannis de Providone de Forolivio*; ASM, Fasz. 4, Akte *Contra Cataldum Buzzalum qui abiuravit* (hierzu Bianco, *Movimento ereticale modenese*, S. 648-653); ACVR, Fasz. 1, Akte *Inquisitio de heresi contra Aristotilem et Caesarem de Aldivertis seu Piceninos*, Briefe des Vikars von Badia an den bischöflichen Vikar von Rovigo, datiert vom 10. Juli 1559, und an Sebastiano Bonifacio vom

Von Hand zu Hand gereicht wie ein wertvolles und rares Gut, in Dachböden verborgen, in Strohkammern versteckt, in Truhen unter Hirse vergraben, in Herden eingemauert, auf verschiedene Weise unkenntlich gemacht und beschädigt, stand das Buch im Mittelpunkt eines dramatischen Geschehens;[2] eines Geschehens, das öfters damit endete, daß der durch den immer unerträglicher werdenden Besitz belastete Eigentümer das Buch zerstörte. Wieviele Bücher in dieser Zeit insgeheim vernichtet wurden, läßt sich nicht feststellen; jedoch kann man annehmen, daß ihre Zahl nicht geringer als die der Schriften war, die bei öffentlichen Bücherverbrennungen auf dem Scheiterhaufen endeten.[3]

In der Dokumentation kommen allerdings auch Leser vor, die die mit dem Besitz verbotener Bücher verbundene Spannung über einen beträchtlichen Zeitraum hin zu ertragen vermochten. Für diese Leser stieg der Wert des Buches in Proportionalität zur zunehmenden Gefahr, der sie sich aussetzten, um es weiter zu behalten. Das Buch als Wert zu erhalten, ließen sich auch Menschen angelegen sein, die aus diesem Wert keinen unmittelbaren Nutzen ziehen konnten, wie zum Beispiel in solchen Fällen, in denen ein lateinisches Buch von jemandem versteckt gehalten wurde, der selbst kein Latein verstand.

Die Bindung, die sich zwischen dem verbotenen Buch und seinem Besitzer entwickelte, läßt sich am Fall des Matteo Rizzi darstellen. Matteo Rizzi, wohnhaft in Corné, in der Nähe von Arquà Polesine, besaß zwei verdächtige Bücher: eine Bibel auf italienisch, die er von einem gewissen Bardeghino erhalten, und die Paraphrasen des Erasmus zum Matthäus-Evangelium, die er von seinem Schwager Pietro Antonio Malombra, Karmeliter aus Venedig, geerbt hatte. Während die Bibel jedermann zugänglich gemacht und gemeinschaftlich genutzt wurde, war die lateinisch verfaßte Schrift des Erasmus sowohl dem Ehepaar Rizzi als auch den anderen Bewohnern von Corné unverständlich. Dessen ungeachtet verteidigte

---

21. August 1559, Zeugenaussagen des Priesters Giovanni Collatto vom 10. August 1559, des Antonio Martir vom 14. August 1559, des Bernardino de Quantis vom 30. September 1564 und des Girolamo Biscazza vom 7. Oktober 1564; ACVR, Fasz. 4, Akte *Contra Ludovicum Biscatia*, Verhöre des Ludovico Biscazza vom 21. November 1569 und vom 5. Januar 1570.

[2] ASDN, Fasz. 64 A/5, Akte *Contra Baptistam Casellam alias de Vessano ianuensem*, Verhör des Battista Casella vom 11. Mai 1574: "Esso Vincentio disse: 'Io sotto quelli furnielli ce ho nascosti certi libri, fabricati sotto detti fornelli, quali libri non si possino mostrare'"; ASV, Fasz. 35, Akte *Contra Aquilinam Loscam vicentinam* (Verheimlichung des Traktats *Beneficio di Cristo*). Zum Verstecken verbotener Bücher in einer Strohkammer vgl. S. 378, in einem Kasten mit Hirse vgl. ASV, Fasz. 26, Akte *Vincenzo Bertoldi* (die Bücher von Francesco Bertoldi waren von seinem Bruder Vincenzo in einem mit Hirse gefüllten Kasten verborgen worden).

[3] Beispielsweise wurden im Dezember 1569 auf der Piazza di San Francesco in Siena am Sonntag nach der Vesper "in presentia populi ibidem coadunati" Bücher "in magno numero", nämlich "ultra tria milia", verbrannt. Das Volk war durch Edikte, angeschlagen an den Kirchentoren, und durch Predigten zu dem Scheiterhaufen zusammengerufen worden (ASS, Notarile antecosimiano 2776, Akte *Processi contro librai senesi*, Bücherverbrennung in Siena vom 11. November 1569).

Matteo Rizzi seinen Besitz mit Hartnäckigkeit. Als ein Priester, Don Ventura Talasso, ihm auferlegte, das Buch von Erasmus zu verbrennen, nahm der Besitzer eine Reihe Eingriffe vor. Zuerst löste er den Buchdeckel ab und befestigte ihn an einem anderen Buch; dann entfernte er einige Textteile mit einem Hackmesser ("col manareto"). Schließlich teilte er dem Priester mit, er habe das Buch des Erasmus verbrannt, in der Hoffnung, daß er aufgrund dieses vorgeblichen Opfers die Erlaubnis bekomme, das andere bedrohte Buch, die Bibel in der Volkssprache, zu behalten.

1569 kam der Inquisitor von Adria als Fastenprediger nach Arquà Polesine; ein Teil seiner Predigten beschäftigte sich mit dem Thema der verbotenen Bücher, für deren Aushändigung eine allerletzte Frist gesetzt wurde. Infolge dieser Mahnung drängte Don Ventura sein Pfarrkind erneut, die beiden Bücher, die er mit Recht noch in dessen Besitz vermutete, dem Inquisitor zu übergeben und wies mit Nachdruck darauf hin, daß bei Zuwiderhandeln die Exkommunikation drohe. Als Don Ventura von Matteo Rizzi die ungeduldige Antwort "Exkommunikationen kümmern mich nicht" erhielt, zeigte er ihn an. Während die beiden Bücher nun doch den Flammen zum Opfer fielen, bezahlte Matteo Rizzi die hartnäckige Verteidigung seines Besitzes mit Gefängnis, einer Kaution von 100 Dukaten (von seinem Bruder bereitgestellt), der *purgatio canonica* und einer Geldstrafe von 25 Lire, zu entrichten an das Hospital von Arquà.[4]

Diese Episode zeigt exemplarisch einen Fall, in dem der Besitz verbotener Bücher nichts mehr mit religiösem Dissens zu tun hat. Denn Matteo Rizzi war ein Katholik, der regelmäßig zur Messe und zu den Sakramenten ging. Sein Verstoß gegen den Index erklärt sich wahrscheinlich allein aus der Ablehnung der allgegenwärtigen kirchlichen Kontrolle. Nicht zufällig konzentrierte sich die Aufmerksamkeit der Inquirenten auf seinen als frevlerisch betrachteten Ausspruch "daß er sich um Exkommunikationen nicht kümmere".

II

Zwischen 1540 und 1550 war der Besitz verbotener Bücher noch lediglich als Tatbestand betrachtet, der die Anklage wegen Ketzerei wohl stützen, aber nicht allein rechtfertigen konnte. Ein Beschuldigter konnte damals freigesprochen und vom Gericht entlassen werden, obwohl ihm der Besitz einer beträchtlichen Anzahl verbotener Bücher, darunter solche von Luther, Calvin und Melanchthon (*Loci communes*), nachgewiesen wurde.[5] Um 1550 ging

---

[4] ACVR, Fasz. 4, Akte *Inquisitio de heresi contra Matheum Ritium de Corneto* (1569).

[5] ASV, Fasz. 6, Akte *Fra Bonaventura Clozio*, Urteil vom 22. Oktober 1547. Obwohl das Gericht Fra Bonaventura für "innocentem et inculpabilem, ab omnibus diffamationibus, denuntiis et accusationibus ... absolvendum et liberandum" hielt, konnte es ihn nicht von der durch unerlaubten Besitz verbotener Bücher erfolgten Exkommunikation lossprechen, da weder der Auditor noch der Inquisitor diese Befugnis hatten. Für diese Lossprechung verwies das Gericht den Franziskaner an den Heiligen Stuhl, verhängte keine weiteren Strafen oder

man zwar gegen verbotene oder häretische Bücher vor, konzentrierte sich jedoch auf deren Ursprung, Herstellung und Vertrieb: betroffen waren Verfasser, Drucker und Buchhändler.[6] Erst ab 1555 nahmen die Inquisitionsprozesse zu, in denen der Besitz oder der Gebrauch von Büchern den zentralen oder sogar den einzigen Anklagepunkt bildete.[7]

Neben der Veröffentlichung des Römischen Index trug auch die Rückzugsstimmung, die sich in den Kreisen der Dissidenten verbreitet hatte, dazu bei, daß das Buch in den Mittelpunkt der Inquisitionsverfahren rückte. Da die Anhänger des Protestantismus nunmehr in die Defensive gedrängt waren, wurden vor Gericht kaum dezidiert häretische Auffassungen vertreten. Die Angeklagten äußerten sich vorsichtig, neigten dazu, sich ins Leugnen zu flüchten, und sorgten im vorhinein dafür, den Anschein von Konformismus zu erwecken. All dies führte dazu, daß der Besitz verbotener Bücher zum konkretesten Punkt der Anklageerhebung wurde. "Wenn seine Bücher ohne Vorwarnung beschlagnahmt werden", schrieb Fra' Vincenzo da Brescia 1563 mit Bezug auf einen Verdächtigen, der seine Unschuld beteuerte, "wird er sicherlich gestehen müssen."[8] Der von zwei Geistlichen gegen einen ihrer Mitbrüder geschmiedete intrigante Plan — sie beabsichtigten, in dessen Haus drei verbotene Bücher zu verstecken, im Vertrauen darauf, daß dies genügen werde, ihn zum Ketzer zu stempeln und zugrunde zu richten, "weil sie sagten, wenn man einen ruinieren will, genügt es, ihn der Ketzerei anzuklagen" — ist ein bezeichnendes Indiz für das 1564 gegenüber Büchern herrschende Klima.[9]

Formal betrachtet, zeigt sich die erhöhte Bedeutung des Buches in der Gliederung der Anklageschriften, Urteile und Widerrufe. Bei diesen drei Dokumenttypen geht in den Jahren 1560 die Tendenz dahin, dem Besitz bzw. der Lektüre verbotener Bücher vorrangige Bedeutung einzuräumen. Außerdem läßt sich feststellen, daß nun der Satz, daß "es erlaubt sei, sich verbotene Bücher zu beschaffen, sie zu besitzen und zu lesen", für sich

---

Sanktionen und empfahl implizit Nachsicht.

[6] Grendler, *Inquisition and Press*, S. 80-134; vgl. auch Del Col, *Controllo della stampa*.

[7] Siehe z.B. ASS, Notarile antecosimiano 2776, Akte *Processo contro Giuliano Carleval*, Testes contra Julianum Carleval (1556): Dieser Spanier wurde festgenommen, "quia fuerunt apud eum reperti quidam libri suspecti et scandalosi circa heresim"; ASS, Notarile antecosimiano 2776, Akte *Processus contra magistrum Bartholomeum de Nellis* (1559); ACAU, Fasz. 1, Akte 13, *Depositio contra fratrem Joannem Rubeum seu Savornianum Ordinis predicatorum* (1558); TCD, Ms. 1224, Urteilsspruch vom 5. Juli 1567 gegen Giulio Piacentini aus Bologna; ACAU, Fasz. 3, Akte 46, *Giovan Battista Clario* (1568); ASS, Notarile antecosimiano 2777, Akte *Andreas quondam Antonii de Nontivano*; ASV, Fasz. 32, Akte *Contra Mattheum Brunum*; ASV, Fasz. 32, Akte *Contra Vincentium Marchesium bergomensem*; TCD, Ms. 1225, *Sententia in Franciscum Fugatiani*, Bergamo, 22. Februar 1580; TCD, Ms. 1225, *Contra Ambrosium de Guidis medicum phisicum*, Urteilsspruch vom 10. Februar 1580; TCD, Ms. 1225, Urteilsspruch des Inquisitionsgerichts von Pavia vom 17. Januar 1580 gegen Don Samuele da Cremona.

[8] ASV, Fasz. 19, Akte *Nicolò Pellizzari*, Brief des Kapuziners Fra Vincenzo da Brescia.

[9] ASV, Fasz. 25, Akte *Contra Martial di Clemente*, Verhör des Marziale Clementi vom 12. Oktober 1568.

allein genommen als ketzerisch eingestuft wird, ebenso wie die Weigerung, der Kirche das Recht zuzuerkennen, "Bücher der Ketzer zu verbieten, um deren Namen gänzlich auszulöschen" (1580).[10]

Die Dämonisierung des verbotenen Buches ließ schließlich auch das nichtverbotene Buch verdächtig erscheinen. "Legebat libros" lautet der argwöhnische Randvermerk, mit dem der Gerichtsschreiber des Heiligen Offiziums von Venedig die Aussage einer gewissen Grandonia versah, die 1572 zu Protokoll gab, daß der Goldschmied Giuliano "im Hause einer meiner Nachbarinnen Bücher über Gott las".[11] Der Schuhmacher Domenico von Spilimbergo zog aus der Begegnung mit einem Prediger, der von ihm die sofortige Aushändigung seiner drei Bücher verlangt und diese auf der Stelle zerrissen hatte, die lapidare Lehre: "Ich schwor, nie mehr zu lesen" (1574).[12] Im Verfahren gegen Nicolò Zanino, einen in Neapel lebenden jungen Seidenweber aus Genua, stellten sich zwei harmlose Arithmetikbücher, eine Ausgabe der *Satiren* Juvenals und eine der *Soliloquia* des hl. Augustinus in den Zeugenaussagen als hochverdächtiges Schrifttum dar. Aus dem einfachen Grunde, daß eines dieser Bücher, die *Soliloquia*, vierzig oder fünfzig Jahre zuvor gedruckt worden war, galt es ohne weiteres als verboten.[13] Wir haben Kenntnis von Inquisitionsurteilen, in denen dem Verurteilten zur Auflage gemacht wurde, "daß er keinerlei Bücher in der Volkssprache lesen dürfe".[14] Es kann als sicher gelten, daß in diesem Klima harmlose Bücher aus übertriebener Vorsicht vernichtet wurden.[15]

III

Aus der vergleichenden Analyse des Quellenmaterials zur Inquisition geht hervor, daß kein Autor von dieser Verengung der Optionen, wie sie die italienische Kultur als Folge der Veröffentlichung des Index von Paul IV. erlebte, so stark in Mitleidenschaft gezogen wurde wie Erasmus.[16] Derar-

---

[10] TCD, Ms. 1225, Urteilsspruch gegen Francesco Vidua aus Verona vom 25. April 1580; TCD, Ms. 1225, Urteilsspruch des Inquisitionsgerichts von Pavia gegen Don Samuele da Cremona vom 17. Januar 1580; ACVR, Fasz. 3, Akte *Luigi Groto*, fol. 6ʳ.

[11] ASV, Fasz. 32, Akte *Contra Fratrem Hieronimum de Padua*, fol. 13ᵛ, Aussage der Donna Grandonia vom 29. Januar 1572.

[12] ASV, Fasz. 34, Akte *Domenico Massatutto*, Verhör des Domenico genannt "Tacconai" vom 18. Juni 1574.

[13] ASDN, Fasz. 69A, Akte *Originalis processus super crimine heresis contra Nicolaum Zanninum de Castello ianuensem*, Aussagen des Angelo alias Angelecto aus Genua vom 24. Mai 1574, des Battista Carbaglino vom 21. Mai 1574, des Girolamo Fogliaccio und des Nicolò Zannino vom 24. Mai 1574.

[14] ASV, Fasz. 32, Akte *Denunzie a solo nome* (1572/73), *Contra Bernardino baretaro relapso*, Brief des Vikars von Padua Nicolò Galiero vom 7. Juli 1572.

[15] ASV, Fasz. 34, Akte *Domenico Massatutto*, Verhör des Domenico "Tacconai" vom 18. Juni 1574 und Aussage des Fra Ippolito Bacusi vom 1. Juni 1573: "Un libro ... vulgar de bataia" (*Orlando furioso*?) wird zusammen mit einem Neuen Testament in der Volkssprache und dem *Decameron* von Boccaccio verbrannt.

[16] Siehe Kap. 15, S. 433 und Anm. 13.

tige Gewissenskonflikte löste kein anderer Autor aus, keiner wurde so hartnäckig verteidigt, für das Werk keines anderen Autors (mit Ausnahme der Bibel) war der italienische Leser bereit, vergleichbar hohe existentielle Risiken auf sich zu nehmen.

In diesem Kapitel sollen vier Inquisitionsfälle zusammenfassend dargestellt werden, bei denen der Besitz und die Verteidigung der Bücher von Erasmus im Mittelpunkt stehen: der Fall des Lehrers Alvise Groto, genannt der Blinde von Adria (1567), der des neapolitanischen Arztes Giovan Francesco Brancaleone (1569/70), der des Spezereienhändlers und späteren Lehrers Giovanni Antonio Paterno aus Neapel (1569/1575) und schließlich der des Schullehrers Angelo Mazza aus Campagna in Kalabrien (1580). Bei allem, was diese Fälle voneinander unterscheidet — sie tragen sich in verschiedenen Gegenden Italiens zu, die soziale Stellung und die Beweggründe der Betroffenen sind sehr unterschiedlich —, weisen sie doch eine Reihe von Ähnlichkeiten auf, die es berechtigt erscheinen lassen, sie in einen gemeinsamen Zusammenhang zu stellen:

1. Bei den Beispielen, die hier herangezogen werden sollen, ist der Besitz von Büchern des Erasmus kein Indiz für religiösen Dissens: wie Matteo Rizzi aus Arquà folgen die hier vorkommenden Personen in Glaubensdingen der Lehrauffassung des Konzils von Trient.
2. In diesen Prozessen geht es eher um den Grammatiker und Humanisten Erasmus als um den Theologen. Bescheidene Lehrbücher der Rhetorik wie der Traktat *De duplici copia verborum et rerum*, der Kommentar zu den *Disticha Catonis* oder ein Handbuch des Briefschreibens wie *De conscribendis epistolis* erscheinen hier gleichermaßen als Objekte von Zuneigung und Verfolgung wie die berühmtesten wissenschaftlichen und literarischen Leistungen des Humanisten (die *Adagia*, die *Colloquia*, das *Lob der Torheit*). Im Vergleich zu den religiösen Werken erweisen sich die didaktischen Schriften des Erasmus — dank der Überzeugung, daß Grammatik und Linguistik in einem neutralen Feld, abseits der aktuellen theologischen Diskussion, anzusiedeln seien — als widerstandsfähiger gegenüber der Verfolgung.
3. Die vier hier zu behandelnden Fälle kennzeichnen jene Phase der historischen Entwicklung, in der das programmatisch zur Bekämpfung abweichender Glaubenslehren errichtete System der Inquisition in das kulturelle Leben eingriff. Die lähmende Wirkung, die dieses System auf die vom Humanismus geprägte italienische Kultur ausübte, traf gleichermaßen die führenden Talente in ihrer Suche nach neuen Denk- und Ausdrucksformen (Fall Groto) wie die bescheidensten Vermittler des überlieferten Wissens (Fall Paterno).
4. In drei von vier Fällen sind die Protagonisten dieser Prozesse Lehrer. Vergleicht man die einzelnen Episoden, so wird allerdings ein generationsbedingter Unterschied deutlich. Während die zu Beginn des Jahrhunderts geborenen Vertreter der älteren Generation (Brancaleone,

Paterno) das Bücherverbot als kontingente, voraussichtlich nicht dauerhafte Disziplinarmaßnahme betrachten, haben die gegen Mitte des Jahrhunderts geborenen Angehörigen der jüngeren Generation (Groto) die Vorschriften des Index so weit verinnerlicht, daß sie ein Zuwiderhandeln als "Sünde" empfinden, die schwere Gewissenskonflikte auslöst.

5. Dem diffusen Widerstand, der in diesen Episoden zutage tritt, mangelt jede konzeptionelle Klarsicht. In pragmatischer Weise wird versucht, weiterhin die Möglichkeiten eines immer enger werdenden kulturellen Freiraums wahrzunehmen. Nicht als Erneuerer erscheinen deshalb die Personen, die im Mittelpunkt dieses Kapitels stehen, sondern als Bewahrer einer Geisteshaltung, wie sie dem Humanismus und der Renaissance eigen war.

6. Der Besitz der Bücher des Erasmus verbindet sich in zwei der hier diskutierten Fälle mit dem Interesse für Schriften der Alchimie, Chiromantie, Physiognomik und Magie (insbesondere *De occulta philosophia* von Agrippa von Nettesheim). Von daher gesehen, können die im folgenden erörterten Fälle nur als Stichproben einer umfassenderen Kasuistik betrachtet werden, in der auch der Prozeß des Paolo Cataldi (der im 5. Kapitel behandelt wurde)[17] oder die Vita von Antonio Pellegrini, dem Übersetzer der *Laus stultitiae* ins Italienische, der seine literarische Tätigkeit mit einem Buch über Physiognomik fortsetzte,[18] Berücksichtigung finden müßten.

IV

Alvise Groto, genannt der Blinde von Adria (1541-1585), ist der Literaturwissenschaft als Rhetoriker, Poet, Epistolograph und insbesondere als erfolgreicher Bühnendichter des Cinquecento bekannt. Als der Römische Index veröffentlicht wurde, war Alvise Groto achtzehn Jahre alt und in seiner Heimatstadt Adria schon durch frühzeitige Beweise seines rhetorischen und literarischen Talents bekannt. Intensiv war er darum bemüht, die Bildungsschwierigkeiten, die sich für ihn als Blinden ergaben, zu überwinden. Als Gegenleistung für den unentgeltlichen Unterricht, den er in lateinischer Grammatik und Interpretation literarischer Texte erteilte,

---

[17] Ein analoger Fall wird von Lopez, *Inquisizione e censura*, S. 269f., behandelt.

[18] Vgl. *La Moria d'Erasmo nuovamente in volgare tradotta*, Venedig, Giovanni della Chiesa pavese, 1539. Der Übersetzung ist ein Widmungsbrief des Antonio Pellegrini "Al clarissimo messer Pietro Zeno, illustrissimo capo del Consiglio de' Dieci" vorangestellt, in dem sich Pellegrini als Übersetzer bezeichnet. Zweimal wurde dieser Text nachgedruckt, 1544 (Venedig, Giovanni della Chiesa) und 1545 (Venedig, s.n.t.). 1545 veröffentlichte Antonio Pellegrini in Venedig bei Giovanni de Farri ein physiognomisches Werk mit dem Titel *I segni de la natura ne l'huomo*, erneut aufgelegt 1623 in Mailand bei Giovanni Battista Bidelli unter dem Titel *Della fisionomia naturale*. 1568 widmete Pellegrini Papst Pius V. ein Werk zum Lob des Mönchtums mit dem Titel *De la vita solitaria et de lo sprezzamento de la morte*, Venedig, Giovanni Griffio, 1568.

übernahmen seine Schüler — oft Altersgenossen — für ihn bereitwillig Sekretariatsaufgaben. "Ich leistete ihm aller Art Dienste, weil er mich im Humanismus unterwies", so der Kanonikus Marco Sacchetta aus Adria in seiner Aussage zu der Beziehung, die ihn Jahre zuvor mit seinem Schulkameraden Groto verbunden hatte.[19] Die Kameraden und Schüler betätigten sich für ihren Lehrer als Vorleser und Schreiber. Mit ihrer Hilfe versah Groto eine Reihe von Texten — von lateinischen Klassikern über die *Divina Commedia* bis hin zu zeitgenössischen spanischen Schriften — mit seinen Anmerkungen.

An seinem abgelegenen Wohnort suchte der junge Blinde im intensiven Kontakt mit Büchern Befriedigung seiner "curiosità" und "schöne Ideen" für die Werke, die er "zu schreiben gedachte".[20] Unter den Schriften, die zu dieser Zeit für ihn als Intellektuellen und Lehrer bestimmend waren, standen die *Colloquia* von Erasmus an vorderster Stelle. Groto hatte sein Exemplar der *Colloquia* von Scipione Gesualdo aus Neapel, einem von ihm verehrten Lehrer, geerbt; auch ein anderer seiner Lehrer, der berühmte Celio Calcagnini, bevorzugte die *Colloquia* als Unterrichtswerk.[21] Der Römische Index, der die *Colloquia* unter strengstes Verbot stellte, unterbrach nun jäh und irreversibel diese Kette der Wissensweitergabe. Wahrscheinlich führte die Wahrnehmung dieser Zäsur dazu, daß Alvise Groto seine Bücher nicht preisgab.

Als der junge Literat den Vorschriften des Index zuwiderhandelte, vertraute er auf die konziliante Haltung, die die Kirche gegenüber punktuellen Abweichungen von der Glaubenslehre und Mißachtung des Bücherverbots noch wenige Jahre zuvor eingenommen hatte. In der Beichtpraxis und bei der Einschätzung gelegentlicher Verirrungen hatte diese konziliante Haltung auch über 1560 hinaus Bestand, wie Alvise Groto persönlich erfahren konnte. Groto trug sich mit einem Glaubenszweifel, der ihm "den Geist verwirrte", nämlich die "Auffassung der Böhmen", also die Frage der Gültigkeit der nur in einer Gestalt gereichten Kommunion. Jahr um Jahr bekannte er seinen Zweifel dem Beichtvater, und Jahr um Jahr traf er auf einen nachsichtigen Gesprächspartner, der ihm die offizielle Kirchenlehre darlegte, bis sich der Zweifler "beruhigte" — wenngleich er den Beichtvater des nächsten Jahres mit demselben Zweifel beschäftigte.[22] Zu den Ar-

---

[19] ACVR, Fasz. 3, Akte *Luigi Groto*, fol. 11^{rv}, 12^r. Die Akte *Groto* wurde von Mantese und Nardello, *Due processi per eresia*, S. 11-50, veröffentlicht. Eine Bibliographie zu Luigi Groto (als Vornamen bevorzuge ich hier die im Prozeß verwendete Form Alvise) findet sich ebd., S. 11.

[20] Akte *Groto*, fol. 8^{rv}: "Io l'ho tenuti [i libri proibiti] per curiosità ... et rittrovava dentro [i libri] delle cose che, non tratando de relligione, erano belle, et a proposito delle opere ch'io pensava de fare".

[21] Akte *Groto*, fol. 6^r. Zu Calcagninis Bewunderung für die *Colloquia* siehe S. 163. Daß Calcagnini der Lehrer von Groto gewesen war, geht aus Mantese und Nardello, *Due processi per eresia*, S. 11, hervor.

[22] Akte *Groto*, fol. 4^{rv}.

gumenten aus der Hl. Schrift und denen des gesunden Menschenverstandes, die die Beichtväter heranzogen, um die Bedenken dieses Zweifelnden zu zerstreuen, gesellte sich die Forderung nach geistiger Unterwerfung: dem einfachen Gläubigen stehe es nicht zu, sich allzu viele Fragen zu stellen, er solle "seinen Intellekt gemäß den Anordnungen der Kirche bändigen" ("captivar l'inteletto a quello ch'haveva ordinato essa Chiesa").[23]

Mit der Gesprächsbereitschaft, die die Beichtväter und sogar der Bischof gegenüber ihrem Beichtkind hinsichtlich dessen punktueller Abweichung von der Lehre der Kirche zu erkennen gaben, ging jedoch eine unnachgiebige Haltung in Fragen des Bücherverbots einher. In der Fastenzeit von 1566 wurde Groto die Absolution verweigert, als der die "Sünde" des Bücherbesitzes beichtete. Auch der Bischof reagierte auf die vorsichtigen Bemühungen Grotos um eine Genehmigung der Lektüre verbotener Bücher mit klarer Ablehnung.[24] Der Gewissenskonflikt, in den der junge Schriftsteller somit geriet, verschärfte sich von Jahr zu Jahr, als sich die Zeichen zunehmender inquisitorischer Härte verdichteten, die Zahl der Prozesse, freiwilliger Exile und Verbrennungen *in effigie* anstieg, von denen auch ihm nahestehende Personen betroffen waren, insbesondere der Gründer und die Mitglieder jener *Accademia degli Addormentati*, zu der auch Groto gehörte.[25]

Der Konflikt, der auf diese Weise in das Dasein von Alvise Groto eingedrungen war, führte ihn in einen Zwiespalt: hier sein Leben als Intellektueller, dort sein Leben als gläubiger Katholik. Weiterhin vertiefte er sich in die Bücher, die er vor der Vernichtung bewahrt hatte, insbesondere in die *Colloquia* von Erasmus, die ihn lehrten, die verfänglich-mechanistische Einhaltung von Fasten- und Nüchternheitsgeboten, die berechnende Praxis der Seelenmessen und der Votivgaben zu belächeln. Gleichzeitig verlief das Leben des Christen Groto nach einem von Fasttagen, Vigilien, Fürbitten und Zeremonien vorgegebenen Rhythmus, der in dem Maße dichter und starrer wurde, wie Grotos innere Unsicherheit wuchs. So konnte dieser aufmerksame italienische Leser der *Colloquia* mit Nachdruck versichern, daß er "alle Fastenzeiten, alle Vigilien, die vier Quatember, die Freitage und die Samstage, wie es die Kirche verlangt, seit Ende der Kindheit" eingehalten habe. "Ich habe Gelübde abgelegt und habe sie erfüllt, ... ich habe der Todestage meines Lehrers und meiner Mutter gedacht und jedes Jahr Messen für ihre Seelen lesen lassen". Daß sich bei ihm Intellektualität und Frömmigkeit voneinander losgelöst hatten, dessen war sich Groto bewußt: "Ich habe" — so seine Aussage — "alle Werke getan, die die

---

[23] Akte *Groto*, fol. 4^r.

[24] Akte *Groto*, fol. 4^v (Verweigerung der Absolution im Jahr 1566), 15^r (der Bischof verweigert Groto die Erlaubnis zur Lektüre verbotener Bücher).

[25] Akte *Groto*, fol. 14^r: Verbindung Grotos zur *Accademia degli Addormentati*. Zu dieser *Accademia* als Zentrum des religiösen Dissenses vgl. Malavasi, *Roncalli*; dies., *Mazzarelli*.

Heilige Römische Kirche befiehlt, und ganz das Gegenteil dessen, was die verbotenen Bücher, die ich besaß, lehrten".[26]

Der Dialog zwischen Groto und Erasmus wurde durch diesen Zwiespalt empfindlich gestört. Die Lektüre der *Colloquia* war von dem angstvollen Bemühen geprägt, Form und Inhalt voneinander getrennt zu halten, in der Absicht, sich die Form zu eigen zu machen, den Inhalten jedoch sich zu verschließen. "Ich begann, mich mit den *Colloquia* des Erasmus zu beschäftigen, als ich noch ein Kind war", — so Alvise Groto — "und ich achtete auf diesen erlesenen Stil und das gute Latein, und wenn ich irgend etwas gegen die Kirche fand, schaute ich nur auf die stilistische Eleganz und vertiefte mich nicht in den Inhalt ... Und ich schnitt die Seiten nicht heraus, um die Bücher nicht zu verderben, schenkte dem behandelten Thema jedoch keinerlei Aufmerksamkeit".[27]

Im nachtridentinischen Italien war die Entscheidung für Erasmus als literarisches Vorbild also nicht nur objektiv unergiebig (der italienische Adept wußte, daß erasmisch geprägte Schriften an der Zensur gescheitert wären, daß "die Inquisitoren ihren Druck nicht zugelassen hätten"[28]), sondern auch subjektiv eine Entscheidung voller Vorbehalte und Widersprüche. Wie sehr Alvise Groto auch von dem unersetzbaren literarischen Wert seines Vorbilds überzeugt war, so hatte er doch Mühe, sich mit ihm zu identifizieren: "Ich fand in den *Colloquia* literarische Werte, die mir fast unersetzlich schienen"; doch "ich hätte lieber gehabt, daß Erasmus anstatt von religiösen Dingen über andere Themen gesprochen hätte". In den Randbemerkungen, die Alvise Groto in das Buch schreiben ließ, fand dieses Mißtrauen Ausdruck: "Weil ... ich Erasmus für einen Ketzer hielt, setzte ich, wenn ich in Zorn geriet und den Text nicht mehr ertragen konnte, wohl Bemerkungen hinzu, wie daß Erasmus das Feuer verdiene oder daß er kein Christ sei".[29]

Ein in der Stadtbibliothek von Padua verwahrtes Exemplar der *Colloquia* beweist, daß der Fall Groto durchaus Parallelen hatte. Auch jener italienische Leser, der das Exemplar von Padua mit Anmerkungen versah, schwankte zwischen Beifall und Mißtrauen. Das "wirkliche Bild des Erasmus von Rotterdam", das der paduanische Leser auf eine Leerseite des Bandes in Form einer sorgfältigen Nachzeichnung eines Portraits des Humanisten einfügte, wie auch die überall im Buch verstreuten Zeichen der Zustimmung (Unterstreichungen, Randornamente, Fingerzeige) sind Ausdruck einer spontanen Bewunderung. Der wird jedoch — zumindest formell — durch Randvermerke widersprochen, in denen sich Distanz und Unduldsamkeit

---

[26] Akte *Groto*, fol. 15ᵛ.
[27] Akte *Groto*, fol. 8ᶦᵛ. Das Geständnis, daß Groto "riputava peccato tenir quel libro [Colloquia]", findet sich auf fol. 7ʳ.
[28] Akte *Groto*, fol. 9ʳ: Ein von Erasmus inspiriertes Werk "l'inquisitori non l'haveriano lassato stampare".
[29] Akte *Groto*, fol. 9ʳ, 6ᵛ.

ausdrücken: "Ketzer Erasmus", "Ketzer, die die Anrufung der Heiligen nicht zulassen", "Übliche Ketzerei gegen Anrufung der Heiligen".[30]

V

Im Frühjahr 1567 wurde gegen Alvise Groto ein Inquisitionsverfahren eröffnet, das der junge Literat selbst in Gang gebracht hatte. Die unmittelbar bevorstehende Karwoche und die traditionell damit verbundene Teilnahme an den Sakramenten der Buße und der Kommunion trieben ihn zu einem Schritt, den man als Selbstanzeige betrachten kann. Groto — dem im Vorjahr wegen des Besitzes verbotener Bücher die Absolution verweigert worden war — vertraute sich dem Fastenprediger Matteo Acquario an. Er hatte wenig Hoffnung, einen Dispens zu erlangen, der ihm erlauben würde, einige seiner Bücher zu behalten; jedoch rechnete er mit der Befugnis des Geistlichen, ihm die Absolution zu erteilen, da er bereit war, die inkriminierten Bände zu verbrennen. Diese Befugnis hatte der Geistliche nicht: verbotener Bücherbesitz war ein *casus reservatus*, den der Beichtvater dem Bischof melden mußte.[31]

Auf das von Fra Matteo vorgebrachte Anliegen reagierte der Bischof Giulio Canani unverzüglich und entschlossen: "In dem Wunsch, besagten Alvise in dem Maße, wie er vom rechten Weg abgekommen war, in den Schoß der Kirche zurückzuführen",[32] ließ er sich, begleitet von einem Schreiber und einigen Kanonikern, zum Hause des Schriftstellers tragen. Der Aufforderung des Bischofs, die inkriminierten Bücher vorzulegen, kam Alvise Groto, der diese schon ausgesondert hatte, bereitwillig nach. Der Schreiber erstellte ein Verzeichnis der Bücher, die der Bischof sogleich mitnahm. Das gleiche Schicksal traf einige Manuskripte, die das Interesse Grotos an theologischen Fragen dokumentierten. Soweit die Ereignisse in der Karwoche 1567.[33]

Am 5. Juni desselben Jahres leistete Alvise Groto einer Ladung vor das Inquisitionsgericht Rovigo Folge. Die Anklage stützte sich hauptsächlich auf siebenundzwanzig Bücher aus seinem Besitz: darunter die *Istorie fiorentine* von Nicolò Machiavelli, den *Decameron* von Boccaccio, die Schriften *De incertitudine et vanitate scientiarum* und *De occulta philosophia* des Agrippa von Nettesheim, viele Werke von Pietro Aretino, ein Buch über Physiognomik, eines über Physiognomik und Chiromantie, ein weiteres über

---

[30] Erasmus von Rotterdam, *I ragionamenti overo colloqui famigliari*, Venedig, Vincenzo Valgrisi, 1549, in BCP, N. 844. Die zitierten Randvermerke finden sich auf den Seiten 442, 164, 298 (Rekonstruktion der zweiten und dritten Bemerkung — unvollständig, da die Ränder des Bands beschnitten wurden — durch Konjektur).

[31] Akte *Groto*, fol. 5^r, 15^r.

[32] Akte *Groto*, fol. 1^r.

[33] Akte *Groto*, fol. 1^r, 5^v.

Traumdeutung wie auch — als einziges häretisches Buch im engeren Sinne — die *Dialogi* von Bernardino Ochino.[34]

Ungeachtet dieser Bandbreite konzentrierte sich die Aufmerksamkeit der Inquirenten auf die Bücher von Erasmus, die wegen ihres zahlenmäßigen Anteils an den beschlagnahmten Bänden ins Auge fielen. Groto besaß die *Colloquia*, die *Adagia*, die *Apophthegmata* und die Abhandlung *De immensa Dei misericordia* auf italienisch. Aber noch bedeutungsvoller als die Zahl erschien dem Gericht die Wirkung, die diese Bände auf den Leser ausgeübt hatten. Groto selbst war es, der dies offenkundig machte und im Verhör die Aufmerksamkeit arglos auf Erasmus lenkte. Die ihm über "die Bücher" im allgemeinen gestellten Fragen bezog er auf "die Werke des Erasmus", vor allem auf die *Colloquia*.[35] Die Randbemerkungen, mit denen Groto sein Exemplar der *Colloquia* versehen hatte, lieferten ein weiteres Indiz für enge Vertrautheit des Angeklagten mit diesem Text.

Bei der Deutung der Marginalien brachte die Vernehmung ein Interpretationsproblem ans Tageslicht, auf das hier näher eingegangen werden soll.

---

[34] Akte *Groto*, fol. 2ʳᵛ. Die Liste der beschlagnahmten Bücher lautet gemäß dem Original der Akte:
1) I quattro libri della humanità di Christo di messer Pietro Aretino; Uno libro di carta scritto a man con dui sermoni, uno dell'incarnation del figliuol di Iddio, l'altro della carità verso i nimici; 2) Il quinto libro de le lettere di messer Pietro Aretino; 3) Dialogi sette del reverendo padre frate Bernardino Occhino capuccino; 4) Le historie costumi et successi della provincia delli boemi di Pio II sommo pontefice; 5) La vita di Maria Vergine di messer Pietro Aretino; 6) Le historie di Nicolò Malchiavegli al summo pontefice Clemente VII; 7) Le astutie, scelerità etc. che usano le cortegiane, di messer Pietro Aretino; 8) I tre primi canti di battaglia di messer Pietro Aretino; 9) I sette salmi della penitenza di David di messer Pietro Aretino; 10) Il quarto libro delle lettere di messer Pietro Aretino; 11) Le historie di Nicolò Malchiavegli al summo pontefice Clemente VII; 12) Expositione de gli insomnii tradute di greco in latino per Leone Toscano et date in luce per il Tricasso mantuano; 13) La Macharonea; 14) Il Decamerone di messer Giovanni Boccaccio; 15) Il marescalco di messer Pietro Aretino; 16) La vita di Catherina vergine composta per messer Pietro Aretino; 17) Trattato della grandezza delle misericordie del Signore di Erasmo Roterodamo; 18) Il genesi di messer Pietro Aretino; 19) Miracoli della Madona istoriati; 20) Adagiorum Desiderii Erasmi Roterodami; 21) Henrici Cornelii de occulta philosophia; 22) Familiarium colloquiorum Desiderii Erasmi Roterodami; 23) Chiromancie et physiognomie par le regard des membres de l'homme, faite par Jan de Indagine; 24) Excellentissimi et singularis viri in chiromantia exercitatissimi magistri Andreae Corvi mirandulensis; 25) Apophthegmatum ex optimis utriusque linguae scriptoribus per Desiderium Erasmum Roterodamum; 26) Henrici Cornelii Agrippae ab Nettesheym; 27) Uno tractato de una anima de un che si chiamava Rigo dal Boscho todescho, la quale apparve più volte a un giovane che si chiamava per nome Arnoldo.

Neben dem Besitz der Bücher legte das Urteil Alvise Groto auch zwei Glaubensirrtümer zur Last: a) die oben, S. 365, angeführte "opinio boemorum circa sanctissimum sacramentum altaris", b) den Abschnitt eines von ihm verfaßten Sermons "De incarnatione", in dem er schreiben ließ, daß Christus "spoliatus deitate vestivit se nostra humanitate". Die geringe Bedeutung dieser beiden Artikel wird durch die Prozeßakte, insbesondere zu Punkt 2 durch fol. 10ʳᵛ, 12ᵛ-13ᵛ belegt.

[35] Akte *Groto*, fol. 5ᵛ, 6ʳ, 6ᵛ.

Bischof (B.)
    Wußtet Ihr, was die Bücher enthielten und welche Dinge sie behandelten?
Angeklagter (A.)
    Ja, Signor ...
B. Wie wußtet Ihr dies, da Ihr doch nicht sehen könnt?
A. Ich habe sie mir vorlesen lassen.
B. Von wem?
A. Von meinen jungen Schülern.
B. In welchem Alter waren diese Kinder?
A. Im Alter von 10, 12 oder 15 Jahren.
B. Und nicht älter?
A. Ich könnte das Alter nicht genau sagen.
B. Wer waren die, die Euch diese Bücher vorgelesen haben?
A. Die *Colloquia* von Erasmus hat mir Gian Paolo Guarniero aus Adria vorgelesen ...
B. Habt Ihr die *Colloquia* mit Marginalien versehen lassen?
A. Ja, Padre.
B. Von wem?
A. Von dem, der sie mir vorlas ...
B. Erinnert Ihr Euch, welche Dinge Ihr Euch habt vermerken lassen?
A. Ich habe mir vermerken lassen, was im Buch behandelt wurde.
B. Und außerdem habt Ihr Euch noch andere Vermerke machen lassen?
A. Ich erinnere mich nur, daß ich am Ende das Datum habe aufschreiben lassen, an dem ich das Studium des Buches abgeschlossen hatte, und auch mein Name muß dabeistehen. Und manchmal setzte ich, weil ich Erasmus für einen Ketzer hielt — wenn ich in Zorn geriet und den Text nicht mehr ertragen konnte — wohl Bemerkungen hinzu, wie daß Erasmus das Feuer verdiene oder daß er kein Christ sei, und anderes dieser Art mag dastehen.
B. Könntet Ihr Euch erinnern, wie viele Anmerkungen Ihr habt machen lassen, als Ihr in Zorn gegen Erasmus gerietet?
A. Ich erinnere mich nur an diese beiden.
B. Als ihr schreiben ließet, daß dieses Buch das Feuer verdiene, ließet Ihr da schreiben, welche Art von Feuer?
A. Natürliches Feuer.
B. Habt Ihr schreiben lassen "Hic Herasmus dignus est igne devoto"?
A. Ich habe schreiben lassen "Hic Erasmus est dignus de igno" und dann folgte "de votis", weil in diesem Abschnitt "de votis" die Rede gewesen sein muß.[36]

Die den Fall Groto kennzeichnende Ambivalenz wird in der Mehrdeutigkeit dieser Randbemerkung offenkundig: "Erasmus verdient das Feuer der

---

[36] Akte *Groto*, fol. 6ʳ-7ʳ.

devotio" oder "Erasmus verdient für das, was er über Gelübde sagt, verbrannt zu werden"? Die Interpretation des gesamten Falls läßt sich auf diese Alternative reduzieren. Die erste Deutungsvariante entspricht der Annahme eines subtilen Einverständnisses zwischen Erasmus und seinem italienischen Adepten, ein Adept, der im gewandten Gebrauch der Ironie sich als gelehriger Schüler seines Meisters erwiesen hätte. Die zweite Interpretationsmöglichkeit verweist auf eine, sicherlich von außen erzwungene, effektive Loslösung des Alvise Groto von Erasmus.[37]

Am 9. Juli 1567 erging das Urteil gegen Alivse Groto: es beinhaltete neben dem Verlust der Bücher die private Abschwörung vor dem Bischof und dem Inquisitor sowie eine Reihe geistlicher Strafen. Erspart blieben Groto das Gefängnis und die demütigende öffentliche Abschwörung. Da aber die Schaffung einer gewissen Publizität essentieller Bestandteil des Inquisitionssystems war, mußte auch Groto dieser Gepflogenheit seinen Tribut entrichten: er wurde verurteilt, an vier Feiertagen während der gesamten Dauer des Hochamts mit einer brennenden Kerze in der Hand vor dem Altar der Kathedrale von Adria zu stehen, was einer öffentlichen Erklärung gleichkam, daß man ihn eines der Ketzerei ähnlichen Vergehens überführt habe. Des weiteren hatte Groto die Prozeßkosten zu tragen. Für die Zukunft wurde ihm jede Form der Lehrtätigkeit untersagt. Von allen Strafen war diese für Alvise Groto sicherlich die härteste. Neun Jahre später (1576) versuchte er denn auch, den Unterricht wieder aufzunehmen. In einem Mahnbrief bekräftigte der Bischof unverzüglich das Verbot, öffentlichen oder privaten Grammatikunterricht an Kinder zu erteilen, "sub poena relapsi".[38]

VI

Im Mittelpunkt des zweiten Prozesses, mit dem wir uns hier beschäftigen wollen, steht der neapolitanische Adlige Giovan Francesco Brancaleone.[39] Der zu Beginn des Jahrhunderts geborene Brancaleone hatte Medizin studiert und war durch hervorragende Leistungen schließlich zu einer Koryphäe der Medizin seiner Zeit geworden. Neben seinem Beruf hatte er sich humanistischen Studien gewidmet. Seine Kontakte und Interessen auf diesem Gebiet

---

[37] Ein analoges Interpretationsproblem stellt sich bezüglich einer Randbemerkung, die Alvise Groto in seinem Exemplar des Traktats *De occulta philosophia* des Agrippa von Nettesheim hatte schreiben lassen. Diese Randbemerkung lautete: "Henricus Cornelius Agrippa christianissimus Aloysii Groti ceci adriensis, lectus et absolutus a me Ludovico Nasello XV Kal. maggias sabato in albis, vigilia pentecostes 1563, circa horam 22". Die Aufmerksamkeit des Gerichts konzentrierte sich auf die Bezeichnung des Cornelius Agrippa als "christianissimus". Auf die Frage des Bischofs, ob ein von der heiligen Mutter Kirche verdammter Ketzer diese Bezeichnung tatsächlich verdiene, antwortete Groto, er habe "per ironia" gesprochen.

[38] Akte *Groto*, fol. 24ʳ.

[39] Zu Brancaleone vgl. *DBI* XIII, S. 806f. (diese Biographie basiert, hinsichtlich der Schilderung des Prozesses, auf Amabile, *Santo Officio*, S. 304-307) und Lopez, *Inquisizione e censura*, S. 62, Anm. 136.

lassen sich aus den Gedichtsammlungen von Giano Anisio, durch seine Beziehungen zu Humanistenkreisen in Rom und aus den Titeln geplanter Veröffentlichungen belegen (*Epistolae, Enciclicae quaestiones, Paradoxa, Dialogi*[40]). Seine philosophische und theologische Bildung wird durch die von ihm in Entgegnung auf Pomponazzi verfaßte kleine Schrift über die Unsterblichkeit der Seele dokumentiert,[41] ferner durch den Titel eines Werkes, das er zu schreiben beabsichtigte (*Disputationes theologicae*). 1535 verkehrte Brancaleone in Rom in den Palästen der Kardinäle Campeggio, Corner und Medici — später behauptete er auch, Papst Paul III. behandelt zu haben[42] — und widmete dem Papst eine kleine Schrift über die Heilkraft von Bädern, die bald in Paris und Nürnberg nachgedruckt wurde.[43] Aus dieser Schrift geht auch hervor, daß Brancaleone während seines Aufenthalts in Rom den Neffen und Botschafter des portugiesischen Königs, Martin von Portugal, erfolgreich behandelt hatte; von ihm scheint er nach dessen Rückkehr ins Heimatland verlockende Berufsangebote erhalten zu haben.[44]

Ein konkreterer Eindruck von der so umrissenen Persönlichkeit des Brancaleone läßt sich aus seinem Verhalten in einer vermögensrechtlichen Streitsache gewinnen, die sich in den vierziger Jahren abspielte und bei der wir unter anderem den Erzbischof von Neapel, Kardinal Ranuccio Farnese, auf der Gegenseite finden. Ein uns glücklicherweise erhaltenes Exemplar des von Brancaleone persönlich verfaßten und vorgetragenen Verteidigungsplädoyers ermöglicht eine relativ vollständige — wenn auch einseitige — Rekonstruktion des Falles. Brancaleone hatte einer verwitweten Schwester und ihren Kindern, seinen Patenkindern, einen Bauernhof mit dazugehörigem Grundbesitz, den er Jahre zuvor erworben hatte, geschenkt. Der Besitz war nach Belastung durch eine Hypothek — Brancaleone hatte

---

[40] Anisio, *Varia poëmata*, fol. 19^v, 56^r; Brancaleone, *Pro praedio*, fol. B^v.

[41] Giovan Francesco Brancaleone, *Breve discorso de la immortalità de l'anima, con una stupenda visione sovra di ciò a lui apparsa*, Neapel, Mastro Mathio Cance da Bion, 1542.

[42] ASDN, Fasz. 39, Akte *Inquisitio in causa sanctae fidei contra magnificum Ioannem Franciscum Brancaleone de religione*, fol. 44^r: "Brancaleone ... è dottor in filosophia et medicina et professor in theologia et in tutte le scientie ... et ... è stato medico di papa Paulo terzo in Roma con molta ripotatione ... et ... have composto libri ... et ... è stato capo di due accademie con molta repotatione ... et ... li libri suoi sono stati ristampati in Parise de Franza". Dieser Lebenslauf, in Form von Fragen formuliert, wurde wahrscheinlich von Brancaleone selbst diktiert; er gehört zu den Akten der Verteidigung. Es erweist sich als richtig, daß Brancaleone zu den Gründern und Vorsitzenden der am 14. März 1546 eingerichteten *Accademia dei Sereni* gehörte (*DBI* XIII, S. 806). Die Akademie wurde von Don Pedro de Toledo kurz nach ihrer Entstehung aufgehoben; gleichzeitig aufgelöst wurden auch die 1546 gegründeten *Accademia degli Ardenti* und *Accademia degli Incogniti*, vgl. Amabile, *Santo Officio*, S. 196.

[43] Brancaleone, *Pro praedio*, fol. Aij^v. Der kleine Traktat Brancaleones *Quam salubria balnea sint, cum ad sanitatem tuendam, tum ad morbos curandos, dialogus adversus neotericos medicos*, wurde zuerst von Antonius Bladus in Rom 1535 gedruckt.

[44] Brancaleone, *Quam salubria balnea sint*, fol. Aij^r. In der Rede *Pro praedio*, fol. Aiiij^v, gibt Brancaleone zu verstehen, daß er eine Einladung nach Portugal bekommen hatte.

dem Vorbesitzer, einem gewissen Pietro Pirozio, die Summe zur Verfügung gestellt, die dieser benötigte, um dem Schuldgefängnis zu entgehen — definitiv in das Eigentum von Brancaleone übergegangen, da Pietro Pirozio die Hypothek nicht hatte tilgen können. Innerhalb weniger Jahre mußte der Neueigentümer seine Rechte auf den Besitz jedoch in zwei verschiedenen Gerichtsverfahren verteidigen. Den ersten Prozeß gegen Brancaleone strengte die Tochter des Vorbesitzers, Virginia Pirozio, an. Sie berief sich auf einen von ihrem Vater an sie gerichteten, eben diesen Besitz betreffenden Schenkungsakt (es gibt Gründe anzunehmen, daß es sich um eine rückdatierte Schenkung handelte, zu der Pirozio sich entschlossen hatte, um den gefährdeten Besitz zu retten). Zu dem zweiten Rechtsstreit kam es, nachdem Brancaleone den Prozeß gegen Virginia Pirozio gewonnen hatte und die Schenkung an seine Schwester und Neffen schon erfolgt war: als Gegner trat jetzt der Erzbischof von Neapel auf, der seine Ansprüche auf den Streitgegenstand aus einem von Pietro Pirozio unterzeichneten Verkaufsvertrag herleitete, der auf einen vor der Aufnahme der Hypothek liegenden Zeitpunkt datiert war. Die Gefahr, die dieser zweite Rechtsstreit für Brancaleone barg, resultierte nicht aus dem Kaufvertrag, sondern aus der besonderen Rechtsstellung seines neuen Gegners. In der Tat bestritt der Erzbischof kurz nach Prozeßeröffnung die Zuständigkeit der staatlichen Gerichtsbarkeit. Wenn seine Auffassung, daß der Fall vor den bischöflichen Gerichtshof gehöre, sich durchgesetzt hätte, wäre damit — wie Brancaleone hervorhob — eine der beiden Prozeßparteien zum Richter gemacht worden. Brancaleone richtete seine Verteidigung darauf aus nachzuweisen, daß hinter dem Erzbischof seine Prozeßgegnerin von ehemals stand — Virginia Pirozio, die in der Zwischenzeit den Barbier des Erzbischofs geheiratet hatte.

Um zu verhindern, daß der bischöfliche Gerichtshof für den Fall zuständig würde, wandte sich Brancaleone mit einer Bittschrift, in der er an die Krone als Wahrerin der Rechte des Laienstandes gegen Übergriffe des Klerus appellierte, an den Vizekönig Don Pedro von Toledo. Der Vizekönig, dem Brancaleone 1542 seine Schrift *De animorum immortalitate* gewidmet hatte, übertrug die Entscheidung des Falles dem *Consiglio Collaterale*, vor dem Brancaleone persönlich als Verteidiger der Rechte seiner Schwester und seiner Neffen das uns erhaltene Plädoyer hielt.[45]

Obwohl diese Angelegenheit, deren Ausgang mir nicht bekannt ist, in keinem direkten Zusammenhang mit den Vorgängen steht, wegen derer wir uns mit Brancaleone beschäftigen, schien es mir nicht unangebracht, sie hier kurz zu behandeln, da sich aus dem Verhalten Brancaleones in dieser Sache zusätzliche Anhaltspunkte zur Einschätzung der Persönlichkeit dieses

---

[45] Ich habe diesen Rechtsstreit nach der Rede *Pro praedio* rekonstruiert. Der Hinweis auf die Krone als Beschützerin der Laien findet sich auf fol. Aiij^v-Aiiij^r: "Nos viribus longe inferiores, et si pares nequaquam armis contendissemus, protinus ad principem accurrimus, supplicique libello poscimus, ut regia pro laicis adversus clericorum violentiam lege, nos ab illorum iniuria vindicaret".

Mannes ergeben: — ein neapolitanischer Adliger, privilegiert durch soziale Herkunft und Reichtum, Wissen und Bildung, ein angesehener Arzt, der wie selbstverständlich mit der gesellschaftlichen Elite seiner Zeit verkehrt und der genügend Intuition und Entschlossenheit besitzt, den Vermögensstreit, bei dem er den Erzbischof von Neapel zum Gegner hat, auf die Ebene eines Konflikts zwischen staatlicher und kirchlicher Gewalt zu verlagern.

Dieser Konflikt konnte ein fruchtbarer Boden für religiösen Dissens werden. Daß Giovan Francesco Brancaleone nicht gänzlich gegen Glaubensanfechtungen gefeit war, ist eine These, zu deren Stützung sich das ein oder andere Indiz anführen läßt — wie etwa sein Kontakt zu dem neapolitanischen Kreis der Freunde und Bewunderer von Juan de Valdés[46] oder seine möglichen Beziehungen zu Ortensio Lando.[47] Einige andere Indizien ergeben sich aus dem 1569/1570 gegen Brancaleone geführten Inquisitionsprozeß, auf den wir unten zu sprechen kommen. Aus einer Vielzahl von Zeugenaussagen geht zum Beispiel hervor, daß unter der Dienerschaft des Hauses Brancaleone über die angeblich ketzerische Einstellung des Hausherrn "gemunkelt wurde". In seiner Abwesenheit nannten die Bediensteten ihn sogar einen "alten Lutheraner"; die Aussicht darauf, ihn auf dem Scheiterhaufen enden zu sehen, gab ihnen Anlaß zu allerlei Scherzen und Spötteleien. "'Weißt du schon, daß unser Herr ... ein Lutheraner ist', sagte im Spaß der Küchenjunge Marco Antonio zur Magd Menechella, 'eines Tages soll er brennen'".[48] Einen präziseren Hinweis, dem ein gewisser Grad an Authentizität zukommt, enthält die Aussage eines anderen Zeugen, der auf Brancaleone die Behauptung bezieht, daß "er den Sinn der Heiligen Schrift verstand, wie es ihm beliebte, und ihn sich zurechtlegte, wo es ihm beliebte"[49] — was als unbeholfene Formulierung des Prinzips der Auslegungsfreiheit betrachtet werden kann. Aus den zu den Anlagen des Prozesses genommenen Akten der Verteidigung läßt sich zudem die Schlußfolgerung ziehen, daß die Gespräche über theologische Fragen, die Brancaleone mit dem Erzpriester von Frasso führte, von solcher Freimütigkeit waren, daß der Erzpriester der Hoffnung Ausdruck geben konnte, die Häretiker mögen sich beim Konzil von Trient durchsetzen (nicht ohne den Nebengedanken, daß er dann "haveria potuto pigliar moglie").[50]

Wie intensiv Brancaleones Beteiligung an der Dissensbewegung auch gewesen sein mag, zwischen 1560 und 1570 hatte er einen radikalen Positionswandel vollzogen. Seine Religiosität, wie sie sich nach Zeugenaussagen angesehener Männer (u.a. nach der von Giovan Francesco Lombardo,

---

[46] Anisio, *Varia poëmata*, fol. 19ᵛ-20ᵛ, 23ᵛ, 56ʳ.

[47] [Ortensio Lando], *Commentario delle più notabili et mostruose cose d'Italia et altri luoghi, di lingua aramea in italiana tradotto*, Venedig, Giovanni Bariletto, 1569, fol. 12ᵛ (Anspielung auf die Familie Brancaleone).

[48] ASDN, Fasz. 39, Akte *Contra Ioannem Franciscum Brancaleone*, fol. 5ʳᵛ, 9ʳ.

[49] Akte *Brancaleone*, fol. 32ᵛ.

[50] Akte *Brancaleone*, fol. 41ʳ, Artikel 13 des vom Angeklagten verfaßten Fragebogens, der den Belastungszeugen vorgelegt werden sollte.

Generalvikar des Erzbischofs von Neapel) darstellt, wird durch ein ausgeprägtes Bemühen um konformistisches Verhalten gekennzeichnet. Der Adlige war zu einem entschiedenen "Verteidiger der katholischen Lehre und der Autorität des Apostolischen Stuhls" geworden, zeigte sich "voller Haß auf die ketzerische Sekte von Luther, Melanchthon und ähnlichen". Wenn er gegen die Lutheraner sprach, "ereiferte er sich mit großer Vehemenz".[51] Heftigkeit spricht auch aus einem von ihm verfaßten Distichon, das Luther in eine Reihe neben Satan und Mohammed stellt:

> Pessimus est Satan, Maumethes proximus illi,
> Peior ab Arctoo Lutherus orbe venit.[52]

Der konformistische Eifer hatte Brancaleone sogar dazu bewegt, Anzeigen wegen Ketzerei zu erstatten und sich freiwillig als Zensor zu betätigen.[53]

Die gegenreformatorische Anpassung erreichte ihren Höhepunkt in der Rede, die Brancaleone am 17. Januar 1566 — dem Krönungstag von Pius V. — in der Chiesa dello Spirito Santo im Auftrag der Bruderschaft des Hospitals gleichen Namens hielt. Aus diesem Dokument spricht eine integralistische Auffassung vom Papsttum. Als Verwahrer der Schlüssel des Himmels, Träger der *potestas solvendi et ligandi*, Fels auf den die Kirche gebaut ist, in der Nachfolge Petri Erbe eines christusgleichen Charismas, Garant der Einheit der Kirche, ausgestattet mit der Macht, Könige zu salben und Kaiser zu krönen und abzusetzen, erscheint der Papst in dieser Rede als Mittelpunkt der Kultur der nachtridentinischen Ära. Brancaleone sieht diese charismatische Institution, verkörpert durch den ehemaligen Inquisitor Ghislieri, vor allem in der Funktion eines Bollwerks gegen die Türkengefahr.[54] Die unnachgiebige und systematische Kontrolle der Einhaltung von Glaubenslehre und Kirchengesetz, für die sich der neapolitanische Adlige in diesem Dokument aus seinen letzten Lebensjahren einsetzt, ist deshalb vor dem Hintergrund der drohenden Invasion der Türken zu verstehen.

VII

Brancaleone hatte es zwischen 1560 und 1570 also verstanden, sich mit einem Panzer der Rechtgläubigkeit zu umgeben, der jedoch immer noch eine verwundbare Stelle aufwies: die weiter anhaltende Bindung des bejahrten

---

[51] Akte *Brancaleone*, fol. 123ʳᵛ, Aussage des Giovan Francesco Lombardo vom 31. Januar 1570.
[52] Akte *Brancaleone*, fol. 81ʳᵛ.
[53] Akte *Brancaleone*, fol. 78ᵛ-79ʳ, und außerdem fol. 79ʳᵛ und 129ʳ, Aussage des Dominikaners Tommaso Elisio, des Autors des Traktats *Piorum clypeus adversus haereticorum pravitatem fabrefactus*, Venedig, Al segno della Salamandra, 1563.
[54] Akte *Brancaleone*, S. 788-799 (alte Paginierung fol. 153ʳ-158ᵛ), *Oratio habita Neapoli in templo Spiritus Sancti die coronationis beatissimi pontificis nostrique domini Pii V optimi maximi per Ioannem Franciscum Branchaleonem Alexandri filium*.

Aristokraten an seine Bibliothek, insbesondere an einige Werke des Erasmus. An diesem wunden Punkt setzte der Inquisitionsprozeß von 1569 an. Allerdings war ein Teil der Anklagen, die Brancaleone vor das Inquisitionstribunal brachten, aus Vermögensinteressen konstruiert worden, in der Absicht, ihn zur Preisgabe eines Landguts zu zwingen.

In der Region Frasso, aus der Brancaleone stammte, besaß er unter anderem ein Landgut mit Namen *la Corte*, zu dem Obstgärten, Weinberge, Olivenhaine und ein herrschaftliches Wohngebäude gehörten. La Corte war zum Gegenstand eines Privatkriegs zwischen Fabrizio Gambacorta, Baron von Frasso, der das Gehöft kaufen wollte, und Brancaleone geworden. Dieser weigerte sich, das Gut zu verkaufen, es sei denn, die Familie Gambacorta wäre bereit, seine sämtlichen Besitzungen im Frasso zu erwerben. Der Streit hatte Zwischenfälle aller Art ausgelöst: Viehdiebstähle, Brandstiftungen, Schlachten von Tieren als Vergeltung, Beschimpfungen und Einschüchterungen unterschiedlicher Natur, Drohungen, die Türen einzuschlagen, Steinwürfe an die Fenster bis hin zur Einkerkerung des minderjährigen Sohns von Brancaleone im Turm des Barons — der die niedere Gerichtsbarkeit ausübte — unter der Anklage der Gotteslästerung.[55] Die Vermutung liegt nahe, daß die Anzeige bei der Inquisition das letzte Glied in dieser langen Kette von Repressalien und Übergriffen war. Für diese These spricht, daß der wichtigste Zeuge der Anklage, Gregorio Rainone, ein Neffe von Gambacorta war, und alle anderen Zeugen aus dem Gebiet von Frasso stammten, also Vasallen des Barons Gambacorta waren, auch wenn sie zum Teil bei Brancaleone im Dienst standen.

Der einzige konkrete Anklagepunkt war der Besitz einer verbotenen Bibliothek. Unter dem Bett Brancaleones fanden die Büttel des Heiligen Offiziums eine Truhe, die eine Sammlung im Index verzeichneter Bücher enthielt, vor allem Werke des Erasmus: "die *Moria* von Erasmus und die *Adagia* des Erasmus und die *Lingua* und andere Schriften von Erasmus", d.h. die *Apophthegmata*, die *Institutio principis christiani*, die *Apologiae* und vielleicht auch die *Paraphrases in evangelia*. Die anderen Autoren, die in der geheimen Bibliothek von Brancaleone vertreten waren, bestätigten indirekt die tonangebende Rolle von Erasmus, da sie sich in den Rahmen eines erasmisch geprägten Bildungsinteresses einfügen (Lucian auf griechisch, Reuchlin, Melanchthon[56]).

---

[55] Akte *Brancaleone*, fol. 65ʳ-66ʳ, *Ecceptiones, defensiones et iura, que exibentur in curia archiepiscopali neapolitana per magnificum artis et medicine doctorem Ioannem Franciscum Branchaleonem in causa pretense inquisitionis formate ... contra ipsum*.

[56] Akte *Brancaleone*, fol. 33ᵛ: "Et ostensis libris repertis in domo ... Brancaleonis, et primo li Apotegamo [*sic*] de Erasmo, dice esser stato suo; Policratico dice esser suo; Testamento Novo vecchio non si ricorda bene si è suo; Lingua de Erasmo dice esser suo et esserli stato robbato gran tempo; la Moria de Erasmo con lo annotamento di mano sua dice esser suo; Luciano in greco dice esser suo; li Adagii de Erasmo dice esser suo; le epistole di Iacobo Fabro in le epistole de Paulo, Anotation de Erasmo non si ricorda esser suo; Gramatica de Melantone coperto de tabolelle dice esser suo; Ioanne de Reuclin dice esser suo, et essere al numero deli

Als Brancaleone am 26. Dezember 1569 mit dem Inhalt seiner Truhe konfrontiert wurde, den der Vikar des Erzbischofs Stück für Stück protokollierte, versuchte er die Bedeutung des Funds durch abschätzige Beurteilung der Bücher zu mindern. Nach seinen Worten handelte es sich um "Bücher von geringem Wert und geringem Nutzen, zum größten Teil verrottet und beschädigt": "sie sind nicht wert oder gut genug, noch mir so nötig, daß ich sie in meinem Hause hätte verwahren wollen, unter so großer Gefahr für mein Leben, meine Ehre und mein Ansehen".[57] Dennoch gelangt man bei sorgfältiger Prüfung des Prozeßmaterials zu der Überzeugung, daß er genau dieses Risiko eingegangen war.

Zwischen 1557 (Redaktionsschluß des Index von Paul IV.) und 1559 (Inkraftsetzung desselben) hatte Giovan Francesco Brancaleone seine Bibliothek freiweillig "gereinigt", indem er "eine Anzahl Bücher, die man nicht behalten durfte", verbrannte.[58] Einen Teil der verbotenen Texte hatte er jedoch versteckt, in der Überlegung, daß "nicht alle verbotenen Bücher ketzerisch seien". Das Verbot der Werke des Erasmus betrachtete Brancaleone — so meine Interpretation — als kontingente, vermutlich vorübergehende Disziplinarmaßnahme, die keine bindende Kraft für das Gewissen hatte. Vor sich selbst rechtfertigte er wahrscheinlich diese Ansicht mit der Tatsache, daß "in den Jahren 1552, 1553, 1554 bis zum Jahr 1557" die inkriminierten Bände, "die Moria von Erasmus und die Adagia von Erasmus und die Lingua und andere Bücher von Erasmus" nicht verboten gewesen seien.[59]

War es die persönliche Erfahrung der Freiheit humanistischer Kultur, die Brancaleone in die Lage versetzte, ausreichende Distanz zu einer kirchlichen

---

libri li son stati robbati; Erasmo Sarcerio dice esser il suo; Herasmo Sarcerio — dove sonno notationi di soa mano cattholiche — dice esser il suo; perhò Melantone Moralis filosofia dice esser suo et esserli stato robato; lo Pogio dice non essere il suo; Filosofia divina dice esser il suo; De institutione principis dice esser il suo, et have decessette anni che non lo have visto; Paulo Manutio et Grolio sopra Cicerone dice esser suo; L'Apologie de Erasmo dice esserno sue; Lingua de Erasmo dice esser suo; Parafrasi de Erasmo sopra li Evangelii dice non esser suo. Et molti di questi libri dice essernoli stati robbati, et poi sopposti fraudulentemente in soa casa, acciò havesse fastidio in questo tribunale, et per tradirlo".

[57] Akte *Brancaleone*, fol. 34r.

[58] Akte *Brancaleone*, fol. 121rv, Aussage des Francesco della Cava aus Sant'Agata dei Goti vom 27. Januar 1570. Die Durchsuchung der neapolitanischen Bibliotheken durch den Vikar ergibt sich aus folgender Frage des Gerichts: "Nonne verum est quod loco et tempore a testibus specificatis quosdam libros prohibitos abscondidit ..., tempore quo per predecessores reverendissimos vicarios visitabantur bibliopole seu loca studiorum omnium, de quibus suspictio aliqua habebatur?" Vgl. auch ebd., fol. 44r, Artikel 13 des vom Angeklagten verfaßten Fragebogens, der den Belastungszeugen vorgelegt werden sollte.

[59] Dieser Gedankengang ist dem von Brancaleone verfaßten Fragebogen entnommen, dem sich die Belastungszeugen unterziehen mußten. Vgl. Akte *Brancaleone*, fol. 44v, Artikel 34: "La Moria di Erasmo et li Adagii d'Erasmo et Lingua et altri libri d'Erasmo ... erano libri prohibiti li ... anni dal '52, '53, '54, insino al '57, eran prohibiti o non?" wollte Brancaleone die Belastungszeugen gefragt haben; ferner wollte er wissen, ob "tutti li libri prohibiti sono heretici" und ob "tutti li autori delli libri prohibiti sono heretici".

Maßnahme zu wahren, sie in ihrer historischen Relativität zu begreifen? Aus dem Vergleich des Falls Brancaleone mit dem Fall Groto ergibt sich dies als berechtigte Frage. Das Kirchengesetz, das der sechzigjährige Brancaleone als kontingente Maßnahme betrachtete, wurde für den sechsundzwanzigjährigen Groto zu einem kategorischen Imperativ, dessen Nichtbeachtung heftige Gewissenskonflikte auslöste.

Für die Bücher, die er vor dem Feuer bewahrt hatte, brauchte Brancaleone ein Versteck. Daß er einen Teil davon über dem Herd seines Hauses hatte einmauern lassen, wird nur von einigen Zeugen behauptet;[60] als relativ sicher kann gelten, daß er einen anderen Teil in einem als "Strohkammer" bezeichneten Vorratsraum, in dem man das Brot lagerte, verborgen hatte. In diese Vorratskammer flüchtete sich der Hausherr heimlich, um die verborgenen Bände zu lesen. Möglicherweise war eines der "kleinen Bücher", die die Dienstmagd Menechella nach ihren Angaben unter dem Stroh gefunden hatte, jenes Exemplar der *Moria*, in dem den Inquirenten Randbemerkungen von der Hand Brancaleones auffielen.[61]

Das sonderbare Bild des hochgebildeten Aristokraten, der gezwungen ist, sich zum Lesen zu verstecken, ergibt sich in aller Klarheit aus der Aussage einer seiner Dienstmägde, der zwölfjährigen Menechella aus Frasso. Da man versucht hatte, das Mädchen durch Pressionen verschiedener Art, vielleicht auch durch Täuschungen, zu einer vorher abgesprochenen Aussage zu bewegen, erschien die Zwölfjährige vor Gericht in einem Zustand der Verängstigung, die sich zu Schrecken auswuchs, als ihr der Inquisitor — sicherlich ohne es ernst zu meinen — mit Folter drohte. Nach einer ersten Aussage, in der sie sich zuungunsten Brancaleones hatte beeinflussen lassen, sah sie nur noch einen Ausweg aus ihrer Verwirrung — die Wahrheit zu sagen. Der letzten Aussage des verängstigten Mädchens kommt — unter all den vermutlich parteiischen und falschen Aussagen, die die Akten dieses Prozesses füllen — eine hohe Glaubwürdigkeit zu. "Bei der Sache mit den Büchern, die unter dem Stroh ... versteckt waren, ist die Wahrheit, daß ich und Giulia, die Magd des Herrn Giovan Francesco, die Bücher unter dem Stroh gesehen haben, und einmal haben wir gesehen, wie der Herr Giovan Francesco ein Buch in der Strohkammer gelesen hat, wo wir die versteckten Bücher gesehen haben, und dann haben wir gesehen, wie der Herr Giovan Francesco das Buch, das er gelesen hat, unter das Stroh legte. Aber der Herr Giovan Francesco hat nicht gemerkt, daß ich und Giulia da waren ... Und

---

[60] Akte *Brancaleone*, fol. 4^r.

[61] Akte *Brancaleone*, Zeugenaussage der "Menechella dele Frasse, etatis annorum duodecim vel circa", vom 2. Dezember 1569; ebd., fol. 49^r-50^r, Menechella erscheint unter den "testes repetiti" (9. März 1570). Zu den handschriftlichen Randbemerkungen Brancaleones auf den Seiten des *Encomium Moriae* vgl. Anm. 56.

wir sind nach oben gegangen, wo der Herr Giovan Francesco war, weil wir Brot holen wollten, und da haben wir das gesehen".[62]

Nach etwa siebenmonatiger Haft wurde Giovan Francesco Brancaleone am 28. Juni 1570 gegen Zahlung einer Kaution und auf die Versicherung hin, jeder weiteren Ladung Folge zu leisten, freigelassen. Mit dieser Anordnung machte sich das Inquisitionsgericht von Neapel im wesentlichen die These des Angeklagten bezüglich des fiktiven Charakters der Beschuldigungen zu eigen und akzeptierte seine Erklärung für die Existenz der verbotenen Bücher in seinem Hause: sie seien ihm viele Jahre zuvor gestohlen und dann in betrügerischer Absicht zurück in sein Haus geschafft worden, um ihn zu kompromittieren.[63]

VIII

Parallel zu dem Verfahren gegen Francesco Brancaleone verhandelte das Inquisitionsgericht Neapel den Fall Giovanni Antonio Paterno.[64] Doch diese beiden Männer, die die Erfahrung des Inquisitionsgefängnisses teilten, der begüterte Brancaleone und der Spezereienhändler Paterno, der sein Brot als Hauslehrer in Secondigliano verdienen mußte, trennte ein erheblicher gesellschaftlicher Abstand — ein Unterschied, der auch das Verhalten des Gerichts gegenüber den beiden Angeklagten beeinflußte. Während Brancaleone bei noch schwebendem Verfahren die Gefängniszelle gegen ein Zimmer im bischöflichen Palais eintauschen konnte, hatte man Paterno ins Verlies geworfen, wo er in solcher Verlassenheit dahinvegetierte, daß er beinahe verhungert wäre.[65]

---

[62] Akte *Brancaleone*, fol. 51ʳ. Auf die im Text zitierte Stelle folgt: "Ma che lo signor Ioan Francesco ce havesse detto che non havissemo toccati quelli libri stavano sotto la paglia non è verità, che questo ce lo havesse ditto, perché non ci vedde, quando noi veddemo esso legerli lo libro et ponerlo sotto la paglia, et questo fue al Vico dele Cite. Et reformando la mia prima examina [vom 2. Dezember 1569], ho dicto altrimente et più di questo, lo dissi allhora perché hebbi pagura del signor vicario, che mi disse che mi volea dare la corda se non diceva la verità". Zur früheren Aussage von Menechella vgl. Anm. 61.

[63] Akte *Brancaleone*, fol. 218ʳᵛ. Zur These vom Diebstahl der Bücher vgl. ebd., fol. 75ᵛ (Artikel 78 und 79 der von Brancaleone ausgearbeiteten Befragung, der die Belastungszeugen unterzogen werden sollten). Bei den ihm gestohlenen Büchern handelte es sich allerdings hauptsächlich um wertvolle und umfangreiche Werke ("Svetonio Tranquillo de stampa de Aldo enaurato, Cicerone De oratore, la Rettorica et De claris oratoribus et le Partitione ligati in un volume, inaurati de stampa de Aldo") und nicht um "kleine Bücher" wie die *Moria*, um die es im Prozeß ging. Offensichtlich hatte der Dieb die kostbarsten Bände ausgesucht. Es ist allerdings möglich, daß die "kleinen Bücher" aus dem Versteck, in dem Brancaleone sie verborgen hatte, herausgenommen und von denen, die ihn beschuldigten, in die sich unter dem Bett befindliche Kassette gelegt wurden, um nach der Erstattung der Anzeige ihr Auffinden zu erleichtern.

[64] ASDN, Fasz. 42A, Akte *Acta originalia in causa religionis pro curia archiepiscopali neapolitana, contra Ioannem Antonium Paternum de Neapoli*.

[65] Von der Gefahr, den Hungertod zu sterben, ist in einer undatierten, von Paterno bei Gericht eingereichten Bittschrift die Rede, die zwischen den Aussagen Paternos vom 6. November und vom 4. Dezember 1569 eingetragen ist.

Der sechzigjährige Paterno, der am 6. November 1569 von einigen Häschern der Inquisition aufgefordert wurde, ihnen in den erzbischöflichen Palast zu folgen, zeigte sich im anschließenden Verhör von einer einzigen Sorge geplagt, nämlich der, sein Besitzrecht an den Büchern klarzustellen, die bei seiner Festnahme beschlagnahmt worden waren. "All die Bücher, die auf diesem Tisch liegen, gehören mir; sie sind heute morgen aus meinem Zimmer mitgenommen worden, wo sie in zwei verschlossenen Kassetten lagen; sie wurden von mir als mein Eigentum verwahrt". Gemessen an der Gefahr, seine Bücher zu verlieren, wurde das persönliche Risiko für Paterno zweitrangig; ohne auf die Verschlechterung der eigenen Situation zu achten, schrieb der alte Mann in jedes einzelne Buch seinen Namen. "Diese Bücher zeichne ich nun, eines nach dem anderen, in Eurer Anwesenheit eigenhändig auf diese Weise, also mit 'mei Ioannis Antonii de Paterno', damit man weiß, daß sie mir gehört haben und gehören und damit sie nicht verlorengehen".[66]

Die Bücher der bescheidenen Bibliothek, die das einzige irdische Gut des Giovanni Antonio Paterno darstellte, lassen sich drei Kategorien zuordnen: Schriften von Erasmus (mit drei Werken vertreten: *Moria*, *Adagia* und *De duplici copia verborum ac rerum*), Schriften von Machiavelli (mit zwei Werken präsent: *Discorsi* und *Istorie fiorentine* — außerdem mit einem als *Princeps christianus* betitelten Buch, bei dem es sich um seinen *Principe* handeln könnte, aber ebensogut um die irrtümlich Machiavelli zugeschriebene *Institutio principis christiani* von Erasmus) und okkultistisches Schrifttum (Chiromantie, Geomantie, Onomantie, Traumdeutung), das mit acht Büchern — zum Teil von Paterno selbst angefertigte Kopien — vertreten ist.[67] Der Hang zu den okkulten Wissenschaften und das Beharren auf dem Besitz eines Buches des Erasmus, *De copia verborum ac rerum*, sollten dazu führen, daß das Schicksal Paternos eine tragische Wende nahm.

Giovanni Antonio Paterno hatte, nachdem er in verschiedenen Gegenden Italiens herumgezogen war und sich in Venedig, Bologna und Ferrara als Gewürzhändler betätigt hatte, 1560 einen Spezereienhandel in Secondigliano, einem Flecken bei Neapel, eröffnet. Etwa im Jahre 1564 hatte er nach Aufgabe des Geschäfts im gleichen Ort eine Anstellung gefunden, zuerst im Hause von Giulio Lo Sapio, später bei dem Adligen Gasparro del Monte und seiner Frau Lucrezia Sanchez. Man traf die Vereinbarung, daß das Ehepaar für den Unterhalt Paternos aufkommen solle; als Gegenleistung sollte er den

---

[66] ASDN, Fasz. 42A, Akte *Contra Ioannem Antonium Paternum*, Verhör des Giovanni Antonio Paterno vom 6. November 1569.
[67] Akte *Contra Ioannem Antonium Paternum*, Vermerk vom 6. Dezember 1569. Die bei Giovanni Antonio Paterno beschlagnahmten Bücher waren: "Classis prima: Ioannes Gastius in S. Augustini epitome [sic] 4°; Nicolò Machiavelli Discorsus, historiae, et princeps christianus. Classis seconda: Boccatii decades folio; Erasmi Moria quarto; Adagia seu proverbia; De copia verborum. Classis terza: Chiromantia Tricasssi n° 5; Chiromantia simul cum physionomia; Chiromantiae introductio; Onomantia del cavalier Fontana; Geomantia Geber; Geomantia Petri de Ebano [sic]; Insomniorum expositio; Serpoldi de stellis".

vier kleinen Kindern der Familie das Lesen beibringen, da er die "Anfangsgründe der Grammatik" beherrschte.[68]

Auf die Bücher von Erasmus legte Paterno deshalb Wert, weil sie ihm sein Auskommen sicherten. Für einen Mann nunmehr fortgeschrittenen Alters, der "weder Einkommen noch Vermögen" hatte, stellten diese Bücher — insbesondere der Traktat *De duplici copia* — das Handwerkszeug für die einzige Arbeit dar, die er noch tun konnte; vielleicht kam ihr Besitz geradezu einem Lehrbefähigungsnachweis gleich. Dagegen stand hinter der Bindung an die Bücher und Handschriften über Physiognomik, Chiromantie und Magie eine aus reiner Wißbegierde betriebene Liebhaberei, mit der sich Giovanni Antonio Paterno den einsamen Lebensabend verschönte.

In der Tat stellte sich heraus, daß der Angeklagte sich mit astrologischen Vorhersagen von Naturereignissen beschäftigte: "Es machte ihm Freude vorherzusagen, ob es Regen, Mangel oder Überfluß geben würde". Verschiedene Zeugen sagten aus, gesehen zu haben, wie er seine Künste der Chiromantie und Physiognomik an Einwohnern von Secondigliano demonstrierte, indem er ihren Charakter ("naturalità") aus den Formen und Linien von Hand und Gesicht ablas, "weil er sagte, daß es ihm Freude mache".[69] Auf dem Gebiet des Okkulten versuchte sich Paterno auch als Autor: "Das Buch ... mit Zeichnungen", so erklärte er, "habe ich ganz mit eigener Hand geschrieben und illustriert; es handelt von der Kunst der Physiognomik und der Chiromantie, an der ... ich Vergnügen finde; ich habe es aus anderen Büchern, aus denen ich gelernt habe und die hier unter meinen Büchern sind, zusammengefaßt".[70]

Unter seinen Schriftstücken wurden verschiedene selbstgefertigte magische Zeichnungen gefunden: Quadrate und Kreise "ad fortunam impetrandam", Berechnungen zur Vorhersage der Dauer eines Pontifikats, Formeln und Zaubersprüche "ad amorem captandum" sowie "ad disolvendas omnes facturas". Eine weitere Frage, auf die Antonio Paterno seine wahrsagerischen Fähigkeiten verwandt hatte, war die nach dem Geschlecht noch ungeborener Kinder, das er aus dem Aussehen der Schwangeren zu erkennen glaubte.[71]

Insgesamt betrachtete der ehemalige Spezereienhändler die magischen Künste als "Vergnügen"; bei ihrer Anwendung war er nicht auf finanziellen Gewinn aus. Alle Zeugen verneinten die Frage, ob er "Beschwörungs-

---

[68] Akte *Contra Ioannem Antonium Paternum*, Verhör des Giovanni Antonio Paterno vom 6. November 1569.

[69] Akte *Contra Ioannem Antonium Paternum*, Zeugenaussagen vom 4. Dezember 1569 "in villa Secondeliani" (Bernardino Fologna, Pier Paolo Murule, Lucrezia dell'Annunziata und Isabella de Rogiere).

[70] Akte *Contra Ioannem Antonium Paternum*, Verhör des Giovanni Antonio Paterno vom 6. November 1569.

[71] Akte *Contra Ioannem Antonium Paternum*, Verhöre des Giovanni Antonio Paterno vom 22. Dezember und vom 6. November 1569.

formeln" zur Anrufung des Teufels gebraucht habe.[72] Seine Vorhersagen, die sich ausschließlich auf Kenntnis der Planetenkonjunktionen gründeten, waren der Anerkennung göttlicher Allmacht untergeordnet. Zu dem Prinzip, daß "alles in Gottes Macht steht", bekannte sich Paterno auch in der Beichte, als der Pfarrer von Secondigliano, Cosmo Volpicella, ihm auferlegte, physiognomische Spekulationen und astrologische Berechnungen zu unterlassen.[73]

Der Inquisitor von Neapel war nicht unempfänglich für die Herzenseinfalt dieses Angeklagten. Nach einem Versuch, ihn dadurch, daß man ihn an den Strick band (jedoch ohne Absicht, ihn zu foltern "stante eius gravi etate et roctura evidenti"), einzuschüchtern und dazu zu bringen, eventuelle Mittäter zu nennen, sah man von allen Zwangsmaßnahmen gegen ihn ab und verurteilte ihn zu Bußen rein geistlicher Art.[74]

Im Jahre 1574 jedoch brachten Wahrsagerei sowie Besitz zweier verbotener Bücher Giovanni Antonio Paterno erneut vor den Inquisitor. Obwohl er sich am Ende seines Prozesses 1569 verpflichtet hatte, jegliche Form von Wahrsagerei sowie verbotene Bücher zu meiden, hatte der greise Paterno keines dieser beiden Versprechen eingehalten. Aus der Aussage seiner neuen Brotgeberin, Claudia Tolomei verwitwete del Sapio, die ihn 1572 in ihr Haus aufgenommen hatte und ihm als Gegenleistung für den Unterricht, den er ihren drei Kindern erteilte, Kost und Logis gewährte, läßt sich entnehmen, mit welchem Eifer Paterno seine physiognomischen Studien wiederaufgenommen hatte. "Ich habe ihn mehrmals dabei angetroffen, wie er Bilder zeichnete, und zwar Köpfe von Männern, Frauen, kleinen Kindern und vollständige Körper von Kindern; er zeichnete eine Figur mit weit auseinanderstehenden Zähnen, eine mit eng zusammenstehenden Zähnen und eine mit einem Muttermal im Gesicht ... Und als ich ihn fragte, was diese Figuren bedeuteten, antwortete er mir, daß sie die Physignomielehre des Aristoteles illustrierten".[75]

Die Leidenschaft, mit der Paterno sich stundenlang in seine Studien vertiefte, war so stark, daß sie ihn selbst das Essen vergessen ließ; und das Bedürfnis, seine Erkenntnisse mitzuteilen, war so drängend, daß er ihm unterschiedslos jedem potentiellen Zuhörer gegenüber nachgab. Sogar Clemenza, der zwölfjährigen Tochter von Claudia del Sapio, legte der Hauslehrer seine physiognomischen Theorien dar. Andererseits waren Paternos Studien auch dazu angetan, in der kleinen Welt der Familie del Sapio bewundernde Zustimmung zu finden: "O wie schön diese Figuren sind", sagte die kleine Clemenza, als sie die von ihrem Hauslehrer

---

[72] Akte *Contra Ioannem Antonium Paternum*, Verhör des Giovanni Antonio Paterno vom 6. November 1569; Zeugenaussagen vom 4. Dezember 1569 "in villa Secondeliani".

[73] Akte *Contra Ioannem Antonium Paternum*, Aussage des Cosmo Volpicella, des Pfarrers von Secondigliano, vom 10. Dezember 1569.

[74] Akte *Contra Ioannem Antonium Paternum*, Urteilsspruch des neapolitanischen Inquisitionsgerichtes vom 23. Dezember 1569.

[75] Akte *Contra Ioannem Antonium Paternum*, Zeugenaussage der Claudia Tolomei, verwitweten del Sapio, vom 2. Juni 1574.

gezeichneten physiognomischen Typen bestaunte, und auch ihre Mutter betrachtete Paternos Vertrautheit mit der Physiognomielehre des Aristoteles als "Tugend".[76]

Bei der auf eine Anzeige am 23. Juni 1574 erfolgten Durchsuchung von Paternos Zimmer wurden unter seinen Papieren zwei verbotene Bücher entdeckt: die *Fisionomia* des Tricasso von Mantua und die Schrift *De duplici copia verborum ac rerum* von Erasmus.[77] So sehr hatte Paterno an seinen 1569 beschlagnahmten Büchern gehangen, daß er die beiden, die er für unentbehrlich erachtete, durch Neukauf ersetzt hatte. An das zweite Buch klammerte er sich noch heftiger als an das erste. Schickte sich der alte Mann in leiser Resignation in den Verlust des Tricasso, so unternahm er einen pathetischen Versuch, das Werk des Erasmus zu retten: "Wenn Euer Hochwohlgeboren mir die Gnade erweisen würden, das Buch von Erasmus zurückzugeben, so werde ich dafür sorgen, daß es gereinigt wird — und wenn es nicht geht, mag es verbrannt werden".[78]

Sowohl hinsichtlich der Wahrsagerei als auch des Besitzes des erasmischen Buchs hatte Giovanni Antonio Paterno den Anordnungen des Gerichts zuwidergehandelt, weil er, wie er darlegte, "die Sache nicht für so wichtig hielt, da es nicht um Dinge ging, die die heilige Schrift betreffen".[79] Somit verwahrte er sich gegen die kategorische Polarisierung des Geisteslebens, die die Entscheidungen des Heiligen Offiziums kennzeichnete, indem er neben den Kategorien "Rechtgläubigkeit" und "Häresie" einen dritten, gleichsam neutralen Bereich der intellektuellen Betätigung postulierte.

Der Urteilsspruch vom 12. April 1575 bezeichnete Giovanni Antonio Paterno als "der Ketzerei in hohem Maße verdächtig" und verurteilte ihn zum feierlichen Widerruf im Büßerhemd in der Kathedrale und zu lebenslangem Gefängnis. Eine nach wenigen Wochen erfolgte Urteilsmilderung, die dem alten Mann erlaubte, vom Gefängnis in ein Privathaus überzusiedeln, erleichterte seine letzten Lebensjahre.[80]

---

[76] Akte *Contra Ioannem Antonium Paternum*, Zeugenaussage der Clemenza del Sapio vom 12. Juni 1574; zur Haltung der Mutter siehe Anm. 75.

[77] Akte *Contra Ioannem Antonium Paternum*, Vermerk vom 23. Juni 1574. Der "Tricasso mantovano", der auch als Herausgeber eines von Alvise Groto besessenen Buches in Anm. 34 erscheint, ist Paride Ceresara, genannt Tricasso (Tiraboschi, *Letteratura italiana* VII, S. 489f., und *DBI* XXIII, S. 720f.).

[78] Akte *Contra Ioannem Antonium Paternum*, Verhör des Giovanni Antonio Paterno vom 30. Dezember 1575 (in Wirklichkeit 1574).

[79] Akte *Contra Ioannem Antonium Paternum*, Verhör des Giovanni Antonio Paterno vom 8. März 1575.

[80] Akte *Contra Ioannem Antonium Paternum*, Urteilsspruch gegen Giovanni Antonio Paterno vom 12. April 1575; Bittgesuch des Giovanni Antonio Paterno vom 18. April 1575. Der Erzbischof gibt dem Gesuch von Paterno am 23. Juli 1575 gegen Hinterlegung einer Kaution von fünfzig Unzen statt. Wer diese Kaution geleistet hat, ergibt sich aus der Akte nicht.

IX

Alvise Groto und Giovanni Antonio Paterno gehören der Berufsgruppe der Erzieher und Schulmeister an, die von der 1559 einsetzenden Repression besonders betroffen war. Vom Verlust ihrer Lehrmittel bedroht, in ihren Denkgewohnheiten verunsichert, leisteten italienische Pädagogen gegen den Index Pauls IV. einen hartnäckigen, wenngleich lediglich passiven Widerstand.

Für die Langlebigkeit dieses Widerstandes spricht ein Urteil, das der Bischof von Campagna und Sartriano am 31. Juli 1580 gegen Angelo Mazza fällte.[81]

Mazza war als Schullehrer in Campagna tätig, als vor dem bischöflichen Inquisitionsgericht in drei Punkten gegen ihn Anklage erhoben wurde. Er wurde beschuldigt, seinen Schülern "schmutzige, obszöne und unanständige" lateinische Texte diktiert und zur Übersetzung gegeben zu haben; zudem hatte man bei ihm eine Anzahl humanistischer Texte — verfaßt oder kommentiert von verbotenen Autoren, insbesondere von Erasmus — gefunden; schließlich verdächtigte man ihn, sich, unterstützt von einem durchreisenden Juden, mit einer nicht näher bezeichneten Art von "abscheulicher Verquickung und teuflischen Hirngespinst und abergläubischer Tollheit" zu beschäftigen.[82]

Aus dieser Anklageerhebung läßt sich ersehen, daß dem Lehrer in seiner Kleinstadt an den Grenzen Kalabriens die fortschreitende Einengung des Ideen- und Äußerungsspielraums entgangen war. Er hatte die Bücher behalten, die er für den Lateinunterricht benötigte: Zwei Exemplare des Traktats *De duplici copia verborum ac rerum* von Erasmus, ein Exemplar der ebenfalls von Erasmus verfaßten Schrift *De conscribendis epistolis*, die *Disticha Catonis* mit der Interpretation von Erasmus, die *Elegantiae* von Valla mit den Paraphrasen von Erasmus, die *Epistolae familiares* von Cicero mit den Anmerkungen von Erasmus und von Johannes Rivius Attendoriensis sowie andere Lehrbücher dieser Art. Angelo Mazza war jenem Erziehungskonzept treu geblieben, das der humanistischen Tradition und den Lehren des Erasmus verpflichtet war und in dem auch die erotische Literatur ihren Platz fand. Vielleicht hatte er auch Geschmack daran gefunden, in die Erkenntnisbereiche von Magie und Kabbala vorzudringen, obwohl der dritte Anklagepunkt nicht mit Sicherheit dahingehend interpretiert werden kann.

Mit entblößtem Haupt still in reuevoller Demut verharrend, mußte Angelo Mazza an der feierlichen Verbrennung der inkriminierten Hefte teilnehmen und sich schriftlich verpflichten, es in Zukunft zu keinem ähnlichen Fehlverhalten kommen zu lassen. Vielmehr sollte er "immer lateinische Texte, Briefe und Übungen in lateinischer Sprache seinen Schülern geben

---

[81] Tedeschi, *An Italian Erasmian*.
[82] TCD, Ms. 1225, Urteilsspruch des Girolamo Scarampi, des Bischofs von Campagna und Satriano, gegen Angelo Mazza, datiert vom 31. Juli 1580.

und ihnen diktieren, schreiben und verfassen, die anständig, von der christlichen Religion gutgeheißen und mit keinerlei Obszönität und Unzüchtigkeit behaftet sind". Als Sühne für seine Verfehlung wurde ihm auferlegt, während der gesamten Dauer seiner Tätigkeit als Lehrer in Campagna seinen Schülern jeden Samstag Kathechismusunterricht zu erteilen. Die Bücher, die Gegenstand des zweiten Punktes der Anklage waren, wurden beschlagnahmt und zum größten Teil unter Verschluß gehalten — hierzu zählten alle Bücher, in denen der Name Erasmus, und sei es auch nur als Verfasser der Anmerkungen, auftauchte. Außerdem mußte der Lehrer sich dazu verpflichten, einmal pro Jahr, am Tage des Patronatsfestes, vor dem Bischof zu erscheinen, um ihm eine Aufstellung aller Bände seiner Bibliothek vorzulegen. Darüber hinaus wurde Mazza dazu verurteilt, "gratis et amore Dei" drei Kinder aus den ärmsten Familien der Stadt in seine Schule aufzunehmen und sich ihnen "mit der gleichen Sorgfalt zu widmen wie jedem anderen, zahlenden Schüler".

X

An den Anfang eines Buches, das die Leser im katholischen Glauben bestärken und gegen die Attacken der "modernen Ketzer" wappnen sollte, stellte Luigi Lippomano, bischöflicher Koadiutor in Verona, die Verkündung des Prinzips des *intellectus captivus*: "In Glaubensdingen muß man den Geist in Ehrfurcht vor Christus gefangennehmen und darf sich nicht auf das trügerische Denken der Menschen verlassen" (1553).[83]

Die Formulierung, die recht verbreitet gewesen sein muß, kehrt häufig in den Dokumenten der Inquisition wieder. Wir finden sie beispielsweise in dem Widerruf des Arztes Pietro Cittadella: "Ich bedauere und beklage, daß ich erhabene Dinge beurteilen und die Heilige Schrift auf meine Weise auslegen wollte ... Nun jedoch unterwerfe ich mich in allem und nehme mein Denken unter das Urteil der heiligen katholischen Mutter Kirche gefangen." Und in einem Brief an Bernardino Scardeoni schreibt er: "Feci captivum me et intellectum meum et volo credere quicquid nostra mater Ecclesia et sancti doctores eius credi volunt" (1551). Zuane de Honestis erklärt: "Ich füge mich in christlicher Einfalt der heiligen apostolischen römisch-katholischen Kirche, in Gefangennahme all meines klugen Denkens und aller Menschenklugheit ('in captivation di ogni mia prudentia e di ogni prudentia humana'), in Verzicht auf alles Denken und Widersprechen aus dieser Menschenklugheit und in Gehorsam zur katholischen Lehre" (1552). Der aus Kreta stammende Humanist Francesco Porto: "Ich bekenne, daß ich besagte verbotene Bücher mit einigem Vergnügen las, da ich ihre Gelehrsamkeit und Beherrschung der Sprachen schätzte, so daß ich mich manches Mal versucht fühlte, einer darin geäußerten Meinung beizupflichten ...; dann widerstand ich dieser Versuchung und ließ nicht zu, daß irgendeine nicht-

---

[83] Lippomano, *Confirmatione*, fol. 1ʳ. Dieselbe Formel in Davidico, *Opuscoli*, fol. 6ᵛ.

katholische Meinung in mein Denken Eingang fand oder sich dort festigte, sondern nahm meine Gedanken gefangen ('cattivato l'intelletto') und unterwarf mich dem Joch des wahren christlichen Glaubens ..." (1558). Alvise Groto: "Es schien mir, es sei besser, auch den Wein zu weihen und den Laien die Kommunion sub utraque specie zu reichen ...; und der Beichtvater antwortete mir, daß es nötig sei, die Gedanken unter die Lehre der Kirche gefangenzunehmen ('captivar l'intelletto a quello ch'haveva ordinato essa Chiesa') und darauf zu vertrauen, daß es die Väter des heiligen Konzils besser wüßten als ich" (1567). Der Humanist Giacomo Brocardo: "Ich meine ..., daß alle Untertanen ihr Denken gefangennehmen müssen ('debbono captivar il suo intelletto'), daß sie alle Zweifel fahren lassen, sich der heiligen Römischen Kirche unterwerfen, in Gottesfurcht bleiben und alles Fragen ... aufgeben sollen" (1568). Ein Verwandter des in Rom eingekerkerten Achille Benvoglienti: "Der vom Heiligen Offizium Verurteilte möge lernen, sich in Glaubenssachen zu demütigen und seinen Geist der heiligen Kirche gefangen zu geben ('captivar l'intelletto a la testimonianza de la santa Chiesa')" (1569).[84]

Ich habe die Formulierung *intellectus captivus* aus diesen Dokumenten herausgelöst und dem vorliegenden Kapitel als Überschrift vorangestellt in der Meinung, daß sie die entscheidende Verbindung zwischen den von uns angeführten Fällen trefflich verdeutlicht. Nicht für die Auseinandersetzung mit den Ketzern gedacht, sondern für die interne Disziplinierung der katholischen Welt, bot das Prinzip des *intellectus captivus* die Theorie für den Verzicht auf die Neugier und den Zweifel, die die Leser von Erasmus bewegten. Die Formel legitimierte außerdem den Einsatz von Zwangsmitteln gegen Zuwiderhandelnde, weil sie auf dem zweiten Brief an die Korinther basierte, wo davon die Rede ist, diejenigen zu strafen, die sich nicht dem Gehorsam Christi vollständig unterwerfen.[85]

---

[84] ASV, Fasz. 8, Akte 27, *Pietro Cittadella*, "Retrattion de Pietro Cittadella" vom 14. Juli 1551 und in derselben Akte Brief des Pietro Cittadella an Bernardino Scardeoni vom 6. Juni 1551; ASV, Fasz. 10, Akte *Contra Ioannem de Honestis* und hierzu Del Col, *Rosello*, S. 447f. (der Widerruf des Zuane de Honestis befindet sich versehentlich in der Akte *Contra fratrem Ioannem Baptistam Vinchi ordinis Sancti Francisci*). Zu Francesco Porto siehe Manoussakas und Panayotakis, *Frankiskos Portos*, S. 86. Zu Groto: ACVR, Fasz. 3, Akte *Luigi Groto*, fol. 4ʳ. Zu Brocardo: ASV, Fasz. 25, Akte *Isabella Frattina*, Verhör des Giacomo Brocardo vom 29. Juli 1568. Zu Benvoglienti: Piccolomini, *Eresia a Siena*, S. 186f.

[85] 2 Kor 10, 4-6.

13. KAPITEL

ERASMUS VOR DEM INQUISITOR

Wie wurde Erasmus bei den Verfahren vor den Tribunalen der Inquisition eingeschätzt? Wie beurteilten ihn die geistlichen Richter? Welche Bedeutung hatte er für die Angeklagten? Solche Fragen lassen sich auf Grund der italienischen Inquisitionsprozeßakten differenziert beantworten. Die Dokumentation der spanischen Inquisition, die einzige, die hinsichtlich der Erasmus-Rezeption mit der italienischen verglichen werden kann, enthält nur in seltenen Fällen ähnlich direkte Informationen. Der streng formelle Ablauf des Verfahrens, wie er in diesen Quellen festgehalten ist, engt die Möglichkeiten der Beteiligten ein, sich zu Fragen zu äußern, die nicht unmittelbar zur Sache gehören. Bei den spanischen Verfahren begegnen wir Stellungnahmen zu Erasmus nur dann, wenn der Fall direkt — wie bei dem berühmten theologischen Streitgespräch von Valladolid aus dem Jahr 1527 — mit ihm zu tun hat.[1] Die kolloquiale Art, in der italienische Inquisitionsverfahren geführt werden, begünstigt dagegen Meinungsäußerungen, die in keiner direkten Beziehung zum verhandelten Fall stehen. Das informelle Gespräch, das sich zwischen den gegnerischen Seiten entspinnt, bietet Raum für Randbemerkungen, impulsive Reaktionen und schlagfertige Antworten. Ziel des vorliegenden Kapitels ist es, die in den Inquisitionsakten verstreuten Bezugnahmen auf Erasmus zusammenzutragen, und zwar sowohl überlegte Stellungnahmen, wie sie in einer Anklageschrift oder einem Urteilsspruch zum Ausdruck kommen, als auch spontane Äußerungen, wie sie in einem offenen Gespräch erfolgen. Zum einen soll untersucht werden, wie sich die durch die Indices verbotener Bücher sanktionierte Verurteilung der Werke des Erasmus auf das Denken und Handeln der Inquisitoren auswirkt, zum anderen, welches Bild die in Prozesse verwickelten Menschen von ihm haben. Und schließlich soll es auch darum gehen, den begrenzten Einblick in die italienische Kultur jener Zeit, den wir über unsere Quellen gewinnen, zu einer Rekonstruktion der Diskussion um Erasmus zu nutzen, wie sie außerhalb der Gerichtssäle bei Gesprächen im privaten Kreis oder gesellschaftlichen Rahmen geführt wurde.

---

[1] Hierzu: Bataillon, *Erasmo y España*, S. 226-278, und Avilés, *Erasmo y la Inquisición*. Hinsichtlich weiterer Urteile der spanischen Inquisition über Erasmus vgl. den Prozeß von Juan de Vergara (Longhurst, *Vergara*) und den Fall des Juan de Valdés (Longhurst, *Valdés*).

13. KAPITEL

I

In der Phase vor 1555 äußerten sich die italienischen Inquisitoren nur sporadisch zu Erasmus. Es fehlten die Voraussetzungen für eine Stellungnahme. Der Vikar der Inquisition von Modena, der 1539 in Erasmus den Anführer einer "lutherischen" Sekte sah, oder der Vikar der Inquisition von Genua, der 1542 einen Dominikaner von seinem Amt als Prediger suspendierte und dafür als Begründung u.a. anführte, dieser habe Erasmus zitiert und ihn als "gelehrt" bezeichnet, sind isolierte Zeugen einer lediglich individuellen Ablehnung.[2] Die Verurteilung des Erasmus durch die Kirche, von den Vertretern einer harten Linie gedanklich schon vollzogen, hatte noch keine legale Grundlage. Schon damals schauten die Intransigenten auf den zu erstellenden Katalog verbotener Bücher als das normative Instrument, mit dem man Erasmus aus dem Bereich der Rechtgläubigkeit ausschließen würde. Dieses Vorhaben zeigt sich in einem Brief, den der apostolische Kommissar Annibale Grisonio 1549 nach Rom schrieb. Grisonio, aufgrund der entscheidenden Rolle, die er im Falle Vergerio und den damit verbundenen Prozessen spielte, bekannt, unterstrich die Notwendigkeit, bei der Erstellung des Katalogs der verbotenen Bücher die Werke des Erasmus einzubeziehen, "die der ganzen Ketzerei die Tür geöffnet haben".[3] In Erwartung einer solchen Verurteilung registrierte Annibale Grisonio bei den Prozessen, denen er vorsaß, sorgfältig das Auftauchen von Büchern des Erasmus, ob es sich nun um Geschenke von Vergerio an die Gemeindemitglieder handelte oder ob sie ohne dessen Zutun in der Diözese kursierten.[4]

Die gegen Erasmus gerichtete Regelung, die Grisonio 1549 herbeiwünschte, war 1555 nahezu Wirklichkeit. Bei den Inquisitionsverfahren nahmen von diesem Jahr an die Hinweise auf Erasmus zu. Die Unsicherheit der Inquisitoren in Zusammenhang mit ihm gehörte der Vergangenheit an. Diesen Eindruck gewinnt man aus Quellen, die sich auf die Tätigkeit des venezianischen Heiligen Offiziums beziehen.

Januar 1555: Ein französischer Karmelit namens Nicolò Traborello, in dessen Besitz man die *Paraphrases in universas epistolas apostolorum ab Ecclesia receptas* gefunden hatte, mußte sich beispielsweise in diesem Ton anfahren lassen: "Ob er weiß oder gehört hat, daß Erasmus von Rotterdam ein Ketzer ist und als solcher betrachtet wird, und ob er gleichfalls weiß, daß seine Werke ketzerisch oder verdächtig sind?" In seiner Antwort gab der

---

[2] Prosperi, *Negri*, S. 250. Zum Modeneser Zeugnis von 1539 vgl. Kap. 3, S. 84.
[3] Grendler und Grendler, *Erasmus in Italy*, S. 3.
[4] ASV, Fasz. 4, Akte *Giovanni Ravalico, inc.* Pro Jacomo Ricchobon, fol. 12^r, Pro Christophoro Claudii barbitonsore: "Questo Testamento Novo tradotto in volgare con una epistola d'Erasmo in principio ... hebbi da monsignor nostro [Pier Paolo Vergerio], et per essere informato della verità delle cose che si denno credere, et esser aiutato se fussi in qualche errore". Ebd., fol. 15^v, Pro presbitero Francisco Pellizario: "Ho letto le Paraphrasi d'Erasmo, et le ho imprestate a Merigo de Sabini". Vgl. auch Kap. 4, S. 131.

Frater zu, gewußt zu haben, daß jene Werke als verdächtig, nicht jedoch, daß sie als ketzerisch eingestuft wurden: "Ich weiß, daß Erasmus und einige seiner Werke in Verdacht geraten sind; aber ich habe nicht gewußt, daß seine humanistischen Schriften, mit Ausnahme der *Colloquia*, verboten worden sind." Der Inquisitor verfolgte das Thema beharrlich weiter: "Ob er weiß, daß die Paraphrasen des Erasmus zur Heiligen Schrift verdächtig und verboten sind?" Dies war dem Karmeliter bekannt. "Wenn er wußte, daß dieses Buch verdächtig und verboten ist, warum hat er es dann an andere verliehen und es nicht verbrannt oder ausgehändigt?" Der Karmeliter antwortete mit einem Hinweis auf die damalige permissive Praxis: "Als ich schon gehört hatte, daß sie verboten seien, habe ich gesehen, daß man sie offen in den Läden verkaufte." Das Argument entband ihn nicht von der Pflicht, sich bei dem Widerruf des Irrtums zu bezichtigen, "häretische Bücher besessen und anderen zugänglich gemacht zu haben".[5]

Bei der Vernehmung eines weiteren Karmeliters namens Pietro Veneto, der das *Encomium Moriae* und andere verbotene Bücher gekauft hatte, nahm der Inquisitor eine ebenso unnachgiebige Haltung ein, war jedoch vorsichtiger bei der Wahl seiner Worte. "Wußte er damals", als er die Bände kaufte, "daß die genannten Bücher verboten sind, oder hat er es nachher erfahren?" wollte der Inquisitor wissen. "Damals, als ich sie kaufte, wußte ich nicht, daß sie verboten waren", lautete die Antwort, "und wenn ich es gewußt hätte, hätte ich sie nicht gekauft. Es ist ungefähr anderthalb Jahre her, daß ich sie nach dem Tode des vorigen Priors gekauft habe ... Und dann habe ich vom ... Auditor erfahren, daß alle Werke von Erasmus verboten sind."[6]

Die feindliche Haltung gegenüber Erasmus, die die Mitglieder des venezianischen Heiligen Offiziums inzwischen eingenommen hatten und bei diesen Verhören aus dem Jahre 1555 an den Tag legten, zog auch Bernardino Tomitano in Mitleidenschaft. Der Humanist aus Padua hatte 1546 die Paraphrasen des Erasmus zum Matthäusevangelium als Auftragsarbeit übersetzt und im Jahr darauf zugestimmt, daß das Werk unter seinem Namen veröffentlicht wurde. Die *Espositione letterale del testo di Mattheo evangelista* war im venezianischen Index aus dem Jahre 1549 als Werk von Bernardino Tomitano verzeichnet worden, ohne daß der vermeintliche Verfasser das Bedürfnis verspürt hätte, den Irrtum bezüglich der Autorschaft richtigzustellen. Dieses Bedürfnis meldete sich erst 1555. Ob er nun aus eigenem Antrieb handelte oder einer Aufforderung der Inquisitoren nachkam

---

[5] ASV, Fasz. 159, *Acta Sancti Officii* (1554-1555), fol. 100ᵛ-101ʳ, Verhör vom 26. Januar 1554 *more veneto* und im selben Archiv, Fasz. 12, Akte *Nicolò francese*, Widerruf vom 30. März 1555. Der Randvermerk "Contra fra Daniel", der sich auf fol. 100ᵛ des Registers *Acta Sancti Officii* (1554-55) findet, ist ein Lapsus des Schreibers, der in derselben Akte viele Befragungen bezüglich Fra Daniele da Brescia aufgenommen hat.

[6] ASV, Fasz. 159, *Acta Sancti Officii* (1554-1555), fol. 104ʳ-105ʳ, Verhör vom 9. Februar 1555.

— jedenfalls erschien Tomitano vor Gericht, um sich dafür zu rechtfertigen, daß er Erasmus übersetzt hatte. Das entscheidende Argument, das er zu seiner Verteidigung anführte, nämlich daß er das Buch übersetzt habe, als die Werke des Erasmus noch nicht verboten gewesen seien, setzt ein sowohl beim Angeklagten wie bei seinen Richtern vorhandenes deutliches Bewußtsein voraus, daß sich in der Zwischenzeit eine radikale Wende in der offiziellen Beurteilung des Humanisten vollzogen hatte. Die dem reuigen Übersetzer vom Heiligen Offizium auferlegte Strafe bestand darin, daß er eine Rede gegen Erasmus verfassen und veröffentlichen solle. Diese Entscheidung kann als weiteres Indiz dafür gelten, daß Erasmus zu diesem Zeitpunkt zu den Autoren gehörte, die von der Inquisition am heftigsten bekämpft wurden.[7]

Eine Beobachtung, die von einem Zeugnis aus der Lombardei bestätigt wird. Der Geistliche Agostino Casate berichtet in einem Brief aus Gravedona davon, daß die *Colloquia* 1553 noch eine statthafte Lektüre gewesen seien, so daß ein Inquisitor sich bereit gezeigt habe, dem Eigentümer den Besitz des Buchs zu erlauben, während 1554 ein anderer Inquisitor den Band unter Hinweis auf eine kürzliche Änderung der Normen ohne Umschweife beschlagnahmt und vernichtet habe.[8]

Die verhärtete Haltung des Heiligen Offiziums gegenüber dem Werk des Erasmus ist wahrscheinlich mit der Aufstellung des ersten römischen Index in den Jahren 1554 und 1555 in Verbindung zu bringen; ein Index, der zwar bald aufgehoben wurde, aber die Orientierung der römischen Kurie offenbarte und deshalb dauerhafte Folgen hatte. Von den beiden Fassungen, einer mailändischen und einer venezianischen, in denen uns der Index überliefert ist, verbietet die zweite eine so große Zahl der Schriften des Erasmus — unter anderem die Paraphrasen zum Neuen Testament —, daß die Behauptung des Auditors des päpstlichen Legaten in Venedig, alle Werke des Erasmus seien verboten, der Wahrheit recht nahekommt.[9]

Die Kenntnisnahme des römischen Index von 1554/55 veränderte also spürbar eine bis dahin weitgehend permissive Praxis. Vorbehalte und Mißtrauen gegenüber Erasmus hatten bis zu diesem Zeitpunkt die Verbreitung seiner Bücher nicht erheblich behindert. So konnte 1547 in Perugia ein Benediktinerprior, wegen des begründeten Verdachts auf "lutherische" Ketzerei Insasse des Klostergefängnisses und vom Kapitel in ein Felsenkloster an der illyrischen Küste strafversetzt, vor seiner Abreise dorthin

---

[7] Seidel Menchi, *Fortuna di Erasmo*, S. 616f.; dies., *Inquisizione come mediazione*, S. 69-75. Zu den Begleitumständen der Niederschrift der Rede Tomitanos gegen Erasmus siehe ASV, Fasz. 159, *Acta Sancti Officii* (1554-1555), fol. 178ᵛ.

[8] ASV, Fasz. 19, Akte *Nicolò Pellizzari*, Brief des Priesters Agostino Casate an Nicolò und Pier Paolo Pellizzari aus Gravedona, 2. Januar 1554 (m.E. ist diese Jahresangabe als *more veneto* zu interpretieren und der Brief auf 1555 zu datieren), *inc.* Cugini e fratelli carissimi, *expl.* Agostino Casate.

[9] Grendler, *Inquisition and Press*, S. 93-102. Zum Urteil des Auditors des päpstlichen Legaten siehe Anm. 6.

öffentlich die Bücher von Erasmus aus seinem Besitz an die Mitbrüder verteilen (es handelte sich um die Paraphrasen zu den Evangelien, die Paraphrasen zu den Paulusbriefen und ein Kompendium der Anmerkungen zum Neuen Testament).[10] Und ebenso konnten 1553 im Karmeliterkonvent zu Venedig die Bücher des kurz zuvor verstorbenen Priors, unter denen sich das *Encomium Moriae* befand, öffentlich und in Anwesenheit des Provinzials unter den Fratres versteigert werden.[11] Der oben erwähnte Karmeliter Nicolò Traborello benutzte nicht nur die erasmischen Paraphrasen zu den *Elegantiae* des Lorenzo Valla, sondern gab auch, ohne besondere Vorsichtsmaßnahmen, die Paraphrasen des Rotterdamers zu den Apostelbriefen an seine Mitbrüder weiter.[12] Noch 1552 konnte sich ein Propagandist heterodoxer Ideen bei einem Inquisitionsprozeß hinter dem Namen Erasmus verschanzen.[13] Als Paul IV. den päpstlichen Stuhl bestieg, hatte diese permissive Praxis ein Ende. Die Dokumente sind in dieser Hinsicht explizit: "Unter Paul IV." wurden die Bücher von Erasmus "von den Inquisitoren als verbotene Bücher beschlagnahmt".[14]

Das vollständige Verbot der Schriften des Erasmus, als Tendenz im Index von 1554/55 schon wahrnehmbar, wurde im Index von 1559 eine Tatsache. Im folgenden wird untersucht, wie die Inquisitoren und die anderen Mitglieder der kirchlichen Gerichte, die bei der Ausübung ihres Amtes tagtäglich auf den Namen Erasmus stießen, den paulinischen Index in die Praxis umsetzten.

Zunächst sollen zwei Urteile des römischen Heiligen Offiziums betrachtet werden, denen durch die Autorität dieses Gerichts besondere Bedeutung zukommt. Im ersten, das auf den 8. Juni 1566 datiert ist, wird die Meinung, daß Erasmus nichts Irriges verbreitet habe, als "Irrtum und Ketzerei" bezeichnet und der Spanier Juan Ximénes de Concha, der sie vertreten hatte, zum Widerruf gezwungen. In dem römischen Urteil erscheint dieser Spanier als Vertreter jener kulturellen Strömung, die — in Angleichung an den Sprachgebrauch der Inquisitoren — als "erasmische Ketzerei" bezeichnet werden könnte. Neben der These, daß Erasmus nichts Irriges verbreitet habe, mußte Juan Ximénes folgende Auffassungen widerrufen:

1. daß hartnäckige Ketzer nicht verbrannt werden müßten;
2. daß die scholastische Theologie schlecht sei;
3. daß die Exkommunikationen des Tridentinischen Konzils keine Gültigkeit hätten;
4. daß man die Leser ketzerischer Schriften nicht exkommunizieren solle.

---

[10] ASV, Fasz. 26, Akte *Eusebio Borello* (in Wirklichkeit Ambrogio Borello aus Neapel, 1569 Gefangener der römischen Inquisition wegen Verdachts der Ketzerei), Berichterstattung des Don Basilio d'Istria vom 29. Juli 1569.
[11] ASV, Fasz. 159, *Acta Sancti Officii* (1554-1555), fol. 104^v-105^r.
[12] Vgl. oben, S. 388f.
[13] Vgl. Kap. 10, S. 319.
[14] ASV, Fasz. 26, Akte *Eusebio Borello*.

Es wäre allerdings nicht legitim, aus der Gesamtheit dieser Sätze die Schlußfolgerung zu ziehen, daß Juan Ximénes de Concha ein Vertreter jenes gemäßigten Dissenses innerhalb des Systems war, den eine ganze Forschergeneration als Erasmianismus theoretisiert hat. Die der Haltung des Spaniers innewohnende subversive Kraft wird nämlich in einer weiteren ihm zugeschriebenen These offenbar — der Meinung, daß "der Papst der Antichrist" sei.[15]

Ein kurz darauf vom Inquisitionsgericht Rom im Fall des Lothringers Petrus Cephalot gefälltes Urteil stellte Erasmus mit den Führern der Reformation auf eine Stufe. Der Lothringer wurde für schuldig befunden, "Werke von Martin Luther, von Philipp Melanchthon und von Erasmus, die *Institutio* von Calvin und Bücher anderer Ketzer, mit denen er Kontakt hatte", besessen und gelesen zu haben. In diesem Dokument wird zwischen Erasmus und den Reformatoren der ersten Generation keinerlei Unterschied gemacht.[16]

Noch deutlicher geht die Auffassung der römischen Inquisitoren aus der 1569 stattfindenden Vernehmung des Literaten Nicolò Franco hervor. Das Gericht hege Zweifel an seiner Rechtgläubigkeit, mußte sich der Angeklagte sagen lassen, weil er in einem Manuskript "verschiedene Ketzer oder der Ketzerei Verdächtige, unter ihnen Erasmus", gelobt habe. Jener Erasmus, präzisierte der Kardinal Inquisitor, der zu der Zeit, da Nicolò Franco sein Buch geschrieben hatte, "als Ketzer verworfen worden war".[17]

Die ganze Tragweite dieser Bewertung begreift man erst, wenn man sie mit der vergleicht, die eben dieses Gericht zwölf Jahre zuvor beim Prozeß gegen Kardinal Giovanni Morone ausgesprochen hatte. Um die Werke des Erasmus, die Domenico Morando, der Vertraute von Morone, vermutlich gelesen hatte, zu qualifizieren, hatte sich der damalige Inquisitor des Ausdrucks "libros lutheranos et de haeresi suspectos" bedient. Das Urteil, das 1557 noch auf die Bücher beschränkt blieb, war 1569 von den Büchern auf den Verfasser übertragen worden.[18]

Als ebenso schwerwiegend erweisen sich die Bewertungen der lokalen Gerichte. Schon 1559 zählte ein nach Portogruaro abgeordneter Inquisitor bei einer dortigen Untersuchung Erasmus ohne Umschweife zu den Ketzern, indem er an einen Verdächtigen die Frage richtete, "si modo habeat an

---

[15] TCD, Ms. 1224, Urteil vom 8. Juni 1566.
[16] TCD, Ms. 1224, Urteil vom 8. Juni 1566.
[17] Mercati, *Franco*, S. 128-130 ("Erasmus tempore quo scripsit dictum librum erat reprobatus veluti hereticus").
[18] ASP, Fondo Ansidei 25, fol. 584ʳ: "[Dominicus Morandus] interrogatus an unquam habuerit, tenuerit et legerit aliquos libros lutheranos et de haeresi suspectos, respondit: Io non ho hauto mai né letto libri che habbi saputo che fossino né heretici né suspecti. Et dicentibus dominis an unquam legerit opera Erasmi aliqua, respondit: Ho lecto l'Incheridion de Erasmo, et parte delle Parafrase, et parte delle Annotatione in quel tempo che ero al servitio de messer Ioanne Domenico vicario; et erano soi ... Ma in quel tempo non sapevo che fossino prohibite" (Hinweis von Massimo Firpo).

habuerit aliqua opera Erasmi aut alicuius alterius heretici". Der Verdächtige gestand ein, die Paraphrasen zum Neuen Testament besessen zu haben. Eben dieses Werk und des weiteren ein Exemplar der *Colloquia* fanden sich auch 1561 in Udine bei der Durchsuchung des Hauses von Vincenzo Grasso, seines Zeichens Organist. Diese beiden Bücher wurden vom Protonotar Jacopo Maracco als Schriften von "gottloser Ketzerei" bezeichnet.[19]

1567 führte Giulio Canano, Bischof von Adria, den Vorsitz in einem Inquisitionsprozeß gegen Alvise Groto, dessen Hauptschuld — wie im vorigen Kapitel dargestellt — darin bestand, einige verbotene Bücher, insbesondere die *Colloquia* und andere Schriften des Erasmus, besessen zu haben. Als der junge Gelehrte "Wißbegier" und Gefallen an dem "erlesenen Stil" von Erasmus als Beweggründe für sein Verhalten anführte, schlug ihm der Bischof, nachdem er vorausgeschickt hatte, daß "in den Schriften des Erasmus viele Ketzereien" seien, eine Alternative vor: "Wenn Ihr diese Bücher wegen ihres erlesenen Stils und aus Wißbegier besessen habt, warum gabt Ihr sie dann nicht auf, als Ihr erfuhrt, daß sie ketzerisch sind, und weshalb bedientet Ihr Euch nicht des Cicero und anderer wertvoller Autoren, die nicht verurteilt sind?"[20] Indem er das literarische Modell Erasmus dem literarischen Modell Cicero gegenüberstellte, bezog sich der Bischof von Adria wissentlich oder unwissentlich auf eine vierzig Jahre alte Polemik, wobei Erasmus als Vertreter der "Ketzer" galt, Cicero als Vertreter der "wertvollen Autoren, die nicht verurteilt sind" (vgl. Kap. 2, Abschnitt V).

Fast zur gleichen Zeit kommt es in einem Verfahren in Venedig zu einer expliziten Gleichstellung von Erasmus mit dem Häresiarchen Arius. 1568 wurde der Humanist Giacomo Brocardo vor das dortige Gericht zitiert. Er war in das Verfahren gegen die Adlige Isabella della Frattina da Passano (Tochter der im dritten Kapitel erwähnten Caterina und Giovan Gioacchino da Passano), in deren Haus er als Erzieher angestellt war, hineingezogen worden. Die Entdeckung eines verbotenen Buchs — der *Annotationes in Matthaei hebraicum Evangelium* von Sebastian Münster — hatte Brocardos Stellung vor Gericht verschlechtert und ihn zum Mitangeklagten werden lassen. Hinsichtlich dieses Buchs wurde er einer strengen Vernehmung unterzogen, bei der er sich auf sein Interesse als Gelehrter humanistischer Prägung berief: Er habe die *Annotationes* gekauft, um Hebräisch zu lernen, und es "nur" für eine Reihe von Textvergleichen "zum Studium der Sprache" benutzt. Die "schlimmen Stellen voller Ketzerei" habe er nicht entfernt, weil er ihnen keine Aufmerksamkeit gewidmet habe. Die Verteidigungsstrategie basierte auf der Voraussetzung, die Philologie sei eine neutrale Wissenschaft. "Ich habe gedacht", erläuterte Brocardo, "daß Grammatiken, Übersetzungen und ähnliches, was mit der Sprache zu tun hat, nicht verboten seien." Mit Bezug auf die Beispiele Erasmus und Arius legte

---

[19] ASV, Fasz. 14, Akte *Costantino Cato, Tommaso della Torre, Giovanni Agostini e altri*, Verhör des Panfilo della Frattina vom 23. Juli 1559. Zu Vincenzo Grasso vgl. Kap. 8, S. 258.
[20] ACVR, Fasz. 3, Akte *Luigi Groto*, fol. 6ʳ.

ihm der Inquisitor dar, wie wenig man der Philologie vertrauen könne: "Es wurde ihm gesagt, daß man sich bei ... Übersetzungen um so mehr in acht nehmen müsse, weil man durch Übersetzungen größeren Schaden im Glauben nehmen kann als durch Schriften anderer Art. Da die Häretiker das Original [der Heiligen Schrift] nämlich untreu übersetzen, um sich seiner zur Stützung ihrer irrigen Meinungen bedienen zu können, erwächst daraus unermeßlicher Schaden. Wir wissen, daß in alter Zeit Arius dies versuchte, in unserer Zeit Erasmus."[21]

Einige Jahre später stellte der Inquisitor von Venedig bei der Vernehmung des wegen Besitzes von Werken des Erasmus 1574 angezeigten Juristen Marco Antonio Valgolio die *Adagia* in die Reihe der Bücher, "die die Kirche vernichten wollten".[22]

Entschlossen und unmißverständlich nahm das venezianische Heilige Offizium im Prozeß gegen den Grammatik- und Arithmetiklehrer Bartolomeo Fontana zu Erasmus Stellung. Nachdem man im Mai 1568 bei Fontana eine Hausdurchsuchung durchgeführt hatte, ließ der zuständige Beamte des Heiligen Offiziums zu Protokoll nehmen, daß "ein Bild, das den Kopf des Erasmus zeigt", gefunden worden sei, welches der Lehrer "in der Schule aufzubewahren pflegte". In den auf die Durchsuchung folgenden Verhören stellte sich heraus, daß man Bartolomeo Fontana mindestens zweimal vor Erasmus gewarnt hatte. Zum ersten Mal im Jahre 1567, als der Patriarch die Lehrer der Stadt zusammengerufen hatte, damit sie Rechenschaft über ihren Glauben ablegten. Schon damals war Fontana gesagt worden, daß "Erasmus ein Ketzer" sei. Da ihn dies nicht gehindert hatte, in seiner Schule ein Porträt des Erasmus aufzuhängen, hatte ihm ein Priester des Castello-Viertels, "als er eines Tages durch diese Straße kam", gesagt, "daß dies das Bild des Erasmus sei und daß man es nicht behalten dürfe". Als man dieses Porträt als Anlage zu den Prozeßakten nahm, wurde der Inquisitor deutlich: es handle sich um "das Bildnis eines Lutheraners", "die Darstellung des Ketzers Erasmus".[23]

Kam das Verbot der Bücher des Erasmus durch die Indizes der tridentinischen Ära in seinen praktischen Folgen einer Verurteilung des Humanisten wegen Ketzerei gleich? Eine solche Einschätzung würde sicherlich in der Erasmus-Forschung auf starke Vorbehalte treffen. Und doch ergibt sich genau dies als Schlußfolgerung aus den von mir gesammelten und in diesem Abschnitt zitierten Belegen. Zwar gab es auch Männer der Kirche, die sich gemäßigt und behutsam äußerten — wie der Inquisitor von Siena, der sich 1560 darauf beschränkte, das *Handbüchlein des christlichen Streiters* von Erasmus zu den "verdächtigen, häretischen und beanstandeten Büchern" zu

---

[21] ASV, Fasz. 25, Akte *Isabella Frattina*, Verhör des Giacomo Brocardo vom 9. August 1568.
[22] ASV, Fasz. 37, Akte *Marcantonio Valgolio*, Verhör vom 4. Mai 1574.
[23] ASV, Fasz. 23, Akte *Contra Bartholomeum Fontana* (1568), fol. 2ʳ, 11ʳ (vgl. Kap. 5, Anm. 75).

zählen, ohne weiter ins einzelne zu gehen[24] —, doch zumeist tendierten die Richter dazu, die Verurteilung von den Büchern auf den Verfasser zu übertragen. Aus dem Inhalt des Index von 1555 und mehr noch aus dem des Index von Paul IV. zogen die mit deren Anwendung beauftragten Inquisitoren den Schluß, daß Erasmus ein Ketzer sei. Insbesondere der Index von 1559 kam in ihren Augen einem Prozeß *post mortem* gleich, aus dem Erasmus als Verurteilter hervorgegangen war.

II

Wie verhält sich nun der Erasmus-Leser? Wie reagiert er auf die Klassifizierung des Humanisten als Ketzer? Wie stellt er sich darauf ein, daß er bei jedem Buch, in dessen Titel der Name Erasmus erscheint, vom Prediger oder Vikar, dem er es vorlegt, zu hören bekommt: "Dies da wollen wir"?[25]

Bei der Antwort auf diese Frage gilt es zu unterscheiden, ob der Leser als religiöser Dissident zu betrachten ist oder ob er am katholischen Glauben festhält. Der Letztgenannte wird sich, wenn er auf irgendeine Weise in ein Inquisitionsverfahren verwickelt wird, prinzipiell der Lehrmeinung der Kirche anschließen. Häufig wird er der Verurteilung von Erasmus formal beipflichten, indem er auf das Titelblatt oder den Seitenrand vorbeugend, um sich von vornherein zu decken, Sätze wie "Erasmus hereticus", "Hic Erasmus dignus est igne", "In his epistolis multa fronte animoque hereticali Erasmus monachus impius in monachos resque sacras debacchatur" oder ähnliche Bemerkungen schreibt.[26] Aber oft wird er die Bücher trotz des Index behalten. Daß der Index Pauls IV. in der Praxis weitgehend mißachtet wurde, ist eine Tatsache, für die sich zahlreiche Belege anführen lassen.

So wissen wir beispielsweise, daß der Augustinereremit Andrea Ursio aus Catania 1558 in der Küche seines Konvents in Venedig die von Erasmus interpretierten *Disticha Catonis* sowie Bücher von Brucioli und Aretino verbrannte; gleichzeitig jedoch versteckte er in einem Privathaus die von

---

[24] ASS, Notarile antecosimiano 2776, Akte *Processus contra magistrum Paullum de Cataldis boloniensem*, Verhör vom 20. Juli 1560 ("libri sospetti, eretici e riprovati"). Eine ähnliche Formulierung — die Werke des Erasmus seien verboten — findet sich in den Verfahren gegen Buchhändler aus Siena, vgl. Anm. 32.

[25] ASS, Notarile antecosimiano 2777, Akte *Processo contro Fabio Cioni e Achille Benvoglienti*, fol. 3ʳ, Verhör des Notars Achille Benvoglienti vom 10. September 1568: "L'altro anno ... uno vice inquisitore francischano ... venne in Grosseto e predicò; e così con il vicario ragionandosi e tratandosi de libri prohibiti, io da questo mosso gli apresentai uno Testamento Nuovo della tradutione di Erasmo ... alla porta di Santo Francesco alla presentia di due altri frati. Il quale inquisitore lo prese e disse 'Questo lo voliamo noi'".

[26] Zur ersten und zweiten Formulierung vgl. S. 367f., 370. Die dritte Formulierung findet sich als Bemerkung in einem Exemplar der Briefsammlung *Auctarium selectarum aliquot epistolarum* von Erasmus, (Venedig, Gregorio de Gregoriis und Lorenzo Lorio, 1524), das in Forlì, Biblioteca Romagnola Piancastelli, Sala O, De Gregori 102, verwahrt wird. Beispiele für mißbilligende Randvermerke, deren Inhalt allerdings zweideutig ist, bietet ein Exemplar der *Ratio seu methodus perveniendi ad veram theologiam*, Venedig, Gregorio de Gregoriis und Lorenzo Lorio, 1522, das in der Collezione Guicciardini der BNF verwahrt wird.

Erasmus edierten Werke des hl. Augustinus und des hl. Johannes Chrysostomus, "weil es mir zu hart vorkam, sie wie die anderen zu verbrennen". Aus dem gleichen Grund, also "aus Angst vor der Zensur von Erasmus", verbarg ein weiterer Augustiner, Fra Domenico Veneziano, "li suoi agostini", die Werke des Heiligen mit den Anmerkungen von Erasmus, im Hause seiner Mutter.[27] Eine 1559 im Kloster San Bartolomeo zu Brescia durchgeführte Visitation brachte zutage, daß es einem Fra Bartolomeo gelungen war, ein Exemplar der *Precationes* von Erasmus zu behalten, die er jeden Morgen andächtig las.[28]

Selbst der Vikar und Weihbischof von Candia, dem man sicherlich nicht die Absicht unterstellen kann, den Index boykottieren zu wollen, zögerte, alle Werke des Erasmus, die er im Juni 1568 in drei privaten Bibliotheken beschlagnahmt hatte, zu verbrennen. Daß einige dieser Bücher — das *Encomium Moriae*, das *Novum Testamentum*, die *Adagia* — im Feuer enden sollten, stand nicht zur Diskussion. Über das Schicksal von anderen jedoch entschied der Vikar zunächst nicht und bat beim Heiligen Offizium in Venedig um Rat. So kam es, daß eine ansehnliche Sammlung erasmischer Drucke, darunter die *Paraphrases* zum Neuen Testament, die *Paraclesis*, die Basler Ausgaben des hl. Hieronymus, des hl. Ambrosius, des hl. Hilarius, des hl. Cyprianus und des Origenes, ungefähr ein Jahr lang, in Erwartung einer Entscheidung, bei der Kurie von Candia lagerte.[29]

Die Laien waren nicht weniger abgeneigt als die Geistlichen, sich von ihren Erasmus-Bänden zu trennen, besonders wenn es sich um seltene und wertvolle Ausgaben der Kirchenväter handelte. Der paduanische Capitano Giustiniano Contarini, der "Johannes Chrysostomos in der Übersetzung und mit den Anmerkungen von Erasmus besaß", mißachtete die Aufforderung zur Aushändigung; ebenso verhielt sich, gleichfalls in Padua, ein nicht näher bekannter Giovanni Fasuolo, "dessen Bibliothek fast gänzlich aus Schriften mit Anmerkungen des Erasmus bestand". Der Zeuge, dem wir die Kenntnis dieser Einzelheiten verdanken, gibt an, daß in Padua diese Haltung unter

---

[27] ASV, Fasz. 14, Akte *Contra fra Andrea da Catania siculo*, schriftliches Geständnis von Fra Andrea, gerichtet an das Inquisitionsgericht, datiert vom 5. August 1559 "in vinculis": "Confesso havere tenuto in casa della madre del padre corsor Domenico Venetiano tutte l'opere di santo Agostino et tutte l'opere di san Giovan Chrisostomo. Et questo l'ho fatto perché mi pareva forte abrusciarli come l'altri, ma pensavo venderli più presto che fosse stato possibile, per pagura della censura d'Erasmo. Poi non sono stati banditi, et così l'havemo venduti". Der letzte Satz kann nur als Hinweis auf die verspätete Veröffentlichung des seit 1557 zur Publikation fertigen, doch erst 1559 in Kraft getretenen Index von Paul IV. verstanden werden; eine Verzögerung, die den beiden Augustinern den Verkauf der patristischen Werke ermöglichte. Der Index von 1559 verurteilte die Ausgaben der Kirchenväter von Erasmus ebenso wie alle seine anderen Schriften.

[28] AVB, Visite pastorali 8/8, fol. 44ʳᵛ (Hinweis des Archivars Don Antonio Masetti Zannini).

[29] ASV, Fasz. 27, Akte *Emanuele Marà, Giovanni Cassimati, Francesco Gentile*, Brief des Vikars von Candia an das Inquisitionsgericht von Venedig vom 5. April 1569 (vgl. Kap. 5, S. 164f. und Anm. 86).

"Doktoren und Scholaren" recht weit verbreitet gewesen sei.[30] 1564 gestand Professor Girolamo Borri ein, gegen die Vorschriften verstoßen zu haben, indem er "die Werke des hl. Augustinus mit den Episteln des Erasmus" und andere verbotene Bücher, 25 oder 30 an der Zahl, behalten habe; gleichzeitig erklärte er, daß all seine Kollegen an der Universität Pisa sich ebenso verhalten hätten.[31] Aus anderen Universitätsstädten sind Fälle von Lesern belegt, die sich, auch nach Veröffentlichung des Index, Bücher von Erasmus besorgten, vor allem dessen humanistische Schriften: so etwa jener Giulio Piacentini aus Bologna, bei dem man im Jahre 1567 die *Apophthegmata* und die *Adagia* fand, oder jener namentlich nicht bekannte Student in Siena, der 1565 die *Adagia* erwarb.[32]

All diese Leser, die den Index mißachteten — wie übrigens auch jene, von denen an anderem Ort in unserer Arbeit die Rede ist — vermieden allerdings eine prinzipielle Diskussion über Erasmus und über dessen Verurteilung. In Frage gestellt wurde die Legitimität dieser Verurteilung dagegen von einigen Vertretern des religiösen Dissenses, die sich kritisch mit der Autorität der Kirche auseinandersetzten. Anhand des Beispiels Erasmus ließ sich in einer solchen Diskussion gut argumentieren, weil das Schicksal eines seiner berühmten Werke, des *Novum Testamentum* — von einem Papst, Leo X., gebilligt und gelobt, von einem anderen Papst, Paul IV., verurteilt und verboten — die Widersprüchlichkeit und historische Bedingtheit der Kirchendisziplin offenbarte, vor allem des Bücherverbots.

In der Tat wurde das päpstliche Breve, mit dem Leo X. 1518 die erste Ausgabe des von Erasmus edierten Neuen Testaments gebilligt hatte,[33] in mehreren Fällen als Argument herangezogen, um das Vertrauen in den Index Pauls IV. zu erschüttern. Schon in einem Dokument aus Genua, das aus dem Jahre 1552 stammt und in dem die Argumentation noch unvollständig ist, geht es um dieses Breve.[34] Der vollständig entwickelten Argumentation begegnen wir 1569 in einem Prozeß in Rovigo, mit dem wir uns bereits im achten Kapitel beschäftigt haben. Girolamo Biscazza, Mitglied der heterodoxen, calvinistisch orientierten Gruppe um Domenico Mazzarelli, führte das Neue Testament von Erasmus an, um die Zweifel zu begründen, die er — wie er eingestand — hinsichtlich der Autorität des Papstes und der bindenden Kraft seiner Erlasse hege. "Ich habe Bücher gesehen", so Biscazza, "die mit Privilegien von Päpsten versehen waren, die von anderen

---

[30] ASV, Fasz. 31, Akte *Odo Quarto, Contra Odo Quarto da Monopoli* (1566), Selbstverteidigungsschrift des Oddo Quarto an das Inquisitionsgericht, wörtlich zitiert in Anm. 38. Die zweierlei Schreibweise des Namens rührt daher, daß der Archivar die Akte mit "Odo" überschrieben, während der Inquisit stets mit "Oddo" gezeichnet hat.
[31] AAP, Fasz. 1, Akte *Autodifesa di Girolamo Borri*, 23. August 1564, fol. 6ʳ.
[32] TCD, Ms. 1224, Urteilsspruch vom 5. Juli 1567 gegen Giulio Piacentini aus Bologna. Zu Siena: ASS, Notarile antecosimiano 2776, *Processi contro librai senesi* (Catoni, *Librai senesi*, S. 523).
[33] *EE* III, ep. 864.
[34] Vgl. Kap. 10, Anm. 40.

Päpsten widerrufen worden sind; und mir kamen Zweifel, ob es in der Macht des einen oder des anderen gestanden hat, dies zu tun." Da nun der Inquisitor zu wissen wünschte, auf "welche Art von Büchern und Privilegien" Biscazza anspiele, führte dieser genauer aus: "Ich habe die Übersetzung des Neuen Testaments von Erasmus gesehen, der ein Brief von Leo X. vorangestellt war, aus dem hervorgeht, daß er diese Übersetzung billige. Und später ist eben dieses Neue Testament verboten worden."[35]

Des gleichen Arguments hatte sich schon 1563 der Verwalter des Zeughauses von Nikosia, Marco Zaccaria, bedient. Gegen seinen Sohn Andrea, Student in Padua, war ein Untersuchungsverfahren eröffnet worden, in das auch der Vater verwickelt wurde. In der Bibliothek des Vaters wurde nun, neben der Bibel von Brucioli, "das Neue Testament in Latein, übersetzt von Erasmus, in Oktav gedruckt zu Venedig 1524" gefunden. Ob Marco Zaccaria keine Kenntnis davon gehabt habe — so fragte diesbezüglich der Inquisitor —, daß alle Schriften von Brucioli und Erasmus "vom Index verbotene Bücher" seien, die für jeden, der sie lese oder besitze, die Exkommunikation mit sich brächten? Der Zeuge und Mitangeklagte antwortete, daß er das "Buch des Erasmus" nicht "für ein verbotenes Buch gehalten habe, da es mit Billigung von Papst Leo X. ... gedruckt sei".[36]

Bei einem weiteren Juristen, Matteo Avogari aus Verona, dem 1567 der Prozeß gemacht wurde, in dem er sich als der Häresie schuldig bekannte, war ein von ihm mit minuziösen Anmerkungen versehenes Exemplar des Neuen Testaments von Erasmus gefunden worden. Matteo Avogari führte das Breve von Leo X. zu seiner Entlastung an und machte gleichzeitig die stilistische Meisterschaft des Erasmus als Milderungsgrund für sich geltend. Er gestand vor Gericht, daß er sich 1528 oder 1529 die Übersetzung des Neuen Testaments von Erasmus verschafft hatte; er habe angenommen, es sei erlaubt, sie zu behalten, "da jene Übersetzung ein Vorwort von Leo X. habe, das sie gutheiße". Frage des Inquisitors: "Wußtet Ihr nicht, daß die Werke von Erasmus alle verboten sind?" Darauf Matteo: "Das wußte ich

---

[35] ACVR, Fasz. 4, Akte *Processo de Girolimo Biscazza*, Verhör vom 26. Dezember 1570 (in Wirklichkeit 1569). Zur Charakterisierung der Gruppe von Domenico Mazzarelli siehe Malavasi, *Mazzarelli*. Die Zugehörigkeit von Girolamo Biscazza zu der Gruppe von Mazzarelli geht aus dem oben schon behandelten Prozeß hervor (vgl. Kap. 8, S. 260-63).

[36] ASV, Fasz. 19, Akte *Contra Marcum Zacharia et Andream eius filium*, Verhör des Marco Zaccaria vom 8. Juli 1563. Die venezianische Ausgabe des Neuen Testaments von Erasmus, die im Prozeß mit Genauigkeit beschrieben wird, ist das *Testamentum Novum omne, ad graecam veritatem, latinorumque codicum emendatissimorum fidem iterum diligentissime a D. Erasmo Roterodamo recognitum* (Colophon: Venetiis in Aedibus Gregorii de Gregoriis impensis Laurentii Lorii Portesiensis Mense Aprili. Anno M.D.XXIIII). Von diesem äußerst seltenen Druck kenne ich lediglich zwei Exemplare, eines in der Biblioteca del Seminario Vescovile zu Padua, das andere in der Gemeente Bibliotheek von Rotterdam (das Breve Leos X. findet sich auf Fol. Aiʳ). Zum Prozeß gegen Marco und Andrea Zaccaria vgl. Vasoli, *Patrizi*.

wohl"; er habe sie aber behalten und gelesen, "weil ich mich an diesem erlesenen Stil erfreute".[37]

Die Verbindung zwischen Kritik am Index und Bezugnahme auf Erasmus, wie sie sich aus den dargestellten Beispielen ergibt, fand ihren deutlichsten Ausdruck im Verfahren gegen Oddo Quarto. Als sich der aus Apulien stammende ehemalige Söldneroffizier Quarto 1563 und in den folgenden Jahren Verfolgung und Gefängnis ausgesetzt fand, gelang es ihm, das gegen ihn eröffnete Inquisitionsverfahren zu einer Konfrontation mit seinen Richtern werden zu lassen. Zu den dabei angesprochenen Themen zählte auch das Bücherverbot, dessen bindenden Charakter für das Gewissen Oddo Quarto — auf den Fall Erasmus bezugnehmend, ohne dessen Namen zu nennen — nicht anerkannte. "Ich bekenne, daß ich wegen des Bücherverbots keine Gewissensbisse hatte ..., weil ich gesehen habe, daß das, was ein Papst gebilligt und erlaubt hat, ein anderer mißbilligt und verboten hat", schrieb der Gefangene. Nachdem er erklärt hatte, daß er sich gerade wegen der Widersprüchlichkeit dieser Maßnahmen berechtigt gefühlt habe, den Index nicht zu beachten, ging er in die Offensive: "Ich habe geglaubt, daß es nicht die Bücher seien, die der Kirche Schaden zufügen, sondern sündiger Lebenswandel und Mißbräuche." Denn: "Wenn die Menschen lesen, glauben sie deshalb nicht gleich, was sie lesen", in dem Sinne, "daß man meist aus Neugier und Wissensdurst liest und nicht, um irrigen Auffassungen beizupflichten".[38]

---

[37] ASV, Fasz. 22, Akte *Contra Mattheum de Avoga' doctorem et Alexandrum eius filium*, Verhör des Matteo Avogari vom 17. April 1567.

[38] ASV, Fasz. 21, Akte *Odo Quarto, Contra Odo Quarto da Monopoli* (1566), von Oddo Quarto den Inquisitoren vorgelegte Verteidigungsschrift (*inc. Sacratissimo et illustrissimo tribunale. Primamente, expl. della santissima Inquisitione in Venetia*). Ich gebe die das Bücherverbot betreffenden Passagen dieser Schrift zur Vervollständigung der oben angeführten Zitate wider: "Et confesso che de la prohibition de libri io non me ne facea conscientia et per questo non recusai al cavalliere [Giovanni Domenico Roncalli] di riceverli in casa. Et questo sì perché ho visto che quel che have approbato et privileggiato un papa, un altro ha improbato et prohibito, sì ancho perché essa istessa Serenissima Signoria nostra non volse che lo Indice fusse divolgato, et a me pareva non poteva errare in seguir il sapientissimo iudicio di miei signori. Et per tanto non mi curai né di haverlo né di leggerlo. Et finalmente mi pareva che tali prohibitioni non si facessono per zelo spirituale et santo, ma per affetto mondano et carnale, ateso che si son prohibiti libri (come era la fama) che tassano solamente li vitii; et Averroi et Porphirio, capitalissimi nemici de la nostra relligione, si leggono publicamente per le scole. Et ho creduto che li libri non sian quelli che facciano la guerra alla Chiesa, ma la mala vita et gli abusi. Perciochè se bene gli homini leggono, non per questo subito si crede quel che si legge. Et molti leggono lo Evangelio et la Santa Scrittura, et par loro una favola; et molti leggono Epicuro, Lucretio et Luciano, et li parono cose buonissime et verissime. Et il più de le volte si legge per curiosità, et per voler sapere, et non per acconsentire alle false opinioni, et partirsi da la dottrina vera et cattholica, come saria anche intravenuto a me, se havessi havuto tempo di leggere. Si aggiunge che molti, che si trovavano havere de tali libri proibiti nell'Indice, non si volseno privar di quelli, et erano homini catholichissimi: tra quali fu il clarissimo messer Iustinian Contarini allhora capitano in Padoa, che si trovava haver san Gioanni Grisostomo tradotto et con le annotation di Erasmo. Similmente messer Zuan Fasuolo, che si trovava haver quasi tutta la sua libraria con l'annotationi di Erasmo. Et così credo habbiano fatto tutti gli altri

In der Auseinandersetzung mit seinen Richtern scheint Oddo Quarto sogar nahe daran, die Inquisition als Instrument der Gesinnungskontrolle in Frage zu stellen. Der Inquisitor hatte ihn gefragt, ob er an die Gültigkeit der vom Papst gewährten Ablässe und Privilegien glaube. Im Dilemma zwischen einem schwierigen Ja und einem nicht minder schwierigen Nein, hatte der sechzigjährige Gefangene eine Eingebung, die ihn über diese Alternative wie auch über das System, das ihm eine solche Entscheidung abverlangte, erhob: "Ich glaube nicht, auf solche Fragen antworten zu müssen, die nur das Gewissen betreffen. Ihr werdet mir vergeben, Ehrwürdiger Vater, über diese Dinge dürftet Ihr mich nicht befragen noch sie erforschen."[39]

Betrachtet man die in diesem Abschnitt zusammengestellten Belege in ihrer Gesamtheit, so ergibt sich eine abschließende Frage: Warum waren es gerade die Anhänger der Reformation, die sich die Sache des Erasmus zu eigen machten? Männer wie Marco Zaccaria und Oddo Quarto oder auch Mitglieder des Kreises von Rovigo, dem Girolamo Biscazza nahestand, hatten in ihrer Entwicklung die religiöse Position des Erasmus seit geraumer Zeit überwunden. Die Schriften, die ihre religiöse Orientierung bestimmten, standen der Theologie der Genfer (Beza) oder der Züricher Reformatoren (Bullinger) näher als der des Erasmus.[40] In einigen der Gruppen, zu denen die oben erwähnten Personen gehörten, feierte man das Abendmahl nach "hugenottischer Art". Das hierbei zum Ausdruck gebrachte konfessionelle Bewußtsein setzte ein Abrücken von den religiösen Vorstellungen des Erasmus voraus.[41] Die Analyse der Quellen läßt allerdings annehmen, daß für die italienischen Reformationsanhänger der Kampf für Erasmus als Kampf für die Erhaltung einer Kirche galt, die Andersdenkenden noch einen Bewegungsspielraum zubilligte. Den erbat Oddo Quarto für sich und seine Brüder, als er sich auf das Prinzip der "christlichen Nächstenliebe" berief, welche die Möglichkeit zulasse, "verschiedenen Riten in verschiedenen Kirchen" zu folgen.[42] In seinen Ausführungen — wie in denen des

---

dottori et scolari. Et nisciuno si volse privar né di Petrarca né di Boccaccio. Et si raggionava che li confessori li libri prohibiti che si facevano dar da li confitenti, essi li vendevano ad altri che non erano così scrupulosi."

[39] Akte *Contra Odo Quarto da Monopoli*, Verhör des Oddo Quarto vor dem Inquisitionsgericht von Padua vom 2. Januar 1563. Die im Text zitierte Antwort von Oddo Quarto endet mit dem Satz: "... ma procedere contra di mi se havessi dicto in contrario".

[40] ASV, Fasz. 19, Akte *Contra Marcum Zacharia et Andream eius filium*, Verhör des Andrea Zaccaria vom 13. Juli 1563; ASV, Fasz. 21, Akte *Odo Quarto, Contra Odo Quarto da Monopoli*, von Oddo Quarto den Inquisitoren vorgelegte, undatierte Verteidigungsschrift (*inc.* Santissimi et illustrissimi Signori. Con tutto che io creda, *expl.* et in fede etc.) bezüglich der Bücher von Beza, die der Cavaliere Giovanni Domenico Roncalli ins Haus von Oddo Quarto gebracht hatte.

[41] Malavasi, *Mazzarelli*, S. 69.

[42] ASV, Fasz. 21, Akte *Odo Quarto, Contra Odum Quartum processus formatus Paduae* (1563), Verhör des Oddo Quarto vor dem Inquisitionsgericht von Padua vom 2. Januar 1563: "Interrogatus se lui lauda o biasema il modo de la cena che usano queli ugonoti secondo la opinione del Calvino ..., respondit ... che se loro el fano mangiando, bevendo et squaquarando,

Spaniers Juan Ximénez — steht der Name Erasmus in Zusammenhang mit dem Ideal der religiösen Toleranz. Auch im Kreis von Girolamo Biscazza bekannte man sich zu dem Prinzip, "daß es nicht gut sei, die Häretiker zu verfolgen, sondern daß sie auf ihre Weise leben sollten".[43]

III

Die Diskussion über Erasmus fand nicht nur vor den Tribunalen der Inquisition statt. Vermutlich sind die Zeugnisse, mit denen wir uns in diesem Kapitel bisher beschäftigt haben, nur Bruchstücke einer breiteren Debatte. Die Inquisitionsprozeßakten ermöglichen es, einen Einblick in diese Auseinandersetzung zu nehmen und einen Eindruck davon zu gewinnen, wie man in gebildeten Kreisen Italiens auf die Ereignisse des Jahres 1559 reagierte.

Als erstes soll ein privates Gespräch nachgezeichnet werden, das 1559 in Imola im Hause eines Studenten der Universität Bologna, Cristoforo Quaino, stattgefunden hat. Als man im Kreis von Verwandten und Bekannten, die sich zu einem Krankenbesuch bei dem jungen Mann eingefunden hatten, auf die Bücherverbrennung zu sprechen kam, trat der Goldschmied Alessandro Ressa durch die Schärfe seiner Kritik hervor. Der Papst, so sagte er, habe unrecht daran getan, die *Adagia* von Erasmus, "aus denen man großen Nutzen für die lateinische Sprache zieht und die vor allem für die Gebildeten wertvoll sind", verbrennen zu lassen. Es fällt auf, daß der Goldschmied — der acht Jahre zuvor in ein Inquisitionsverfahren verwickelt und zum Widerruf gezwungen worden war — für seine Kritik ein abgesichertes Terrain gewählt hatte. Er versuchte nicht, erklärtermaßen theologische Schriften (wie das *Handbüchlein des christlichen Streiters*, das er selbst gelesen hatte) zu verteidigen, sondern machte das philologische Werk des Erasmus zum Gegenstand seines Widerspruchs und sich selbst damit zum Verteidiger der humanistischen Tradition. Welche Werte mit der Verteidigung dieser Tradition zu verbinden wären, geht aus einer anderen Äußerung des Goldschmieds hervor, über die einer der Anwesenden die folgende Aussage machte: "Alessandro Ressa sagte, daß er ein aus dem Griechischen übersetztes Neues Testament besitze, das er dem Herrn Vikar gezeigt habe. Auf die Erklärung des Vikars, daß das Buch verboten und zu verbrennen sei ..., habe Alessandro erwidert, daß die Geistlichen unrecht

---

questo è da biasmare; ma se loro non si partiseno dal instituto de Iesù Christo et dalla observatione delli sancti apostoli et de la primitiva Chiesia, ... mi pareria non fusse da biasmare né contendere cum loro su questa cosa, ma cedere a la cristiana caritade et admetere che 'l si potesse fare diversi riti in diverse Chiesie, purché non fusse contrarie a le institutioni de Christo."

[43] ACVR, Fasz. 4, Akte *Contra Ludovicum Biscatia*, Verhör vom 26. Oktober 1569. Im Prozeß gegen Girolamo Biscazza wurde diese Überzeugung etwas weniger deutlich vorgetragen: "Credidit quod audire fundamenta opinionum hereticorum malum non esset" (ACVR, Fasz. 4, Akte *Processo de Girolimo Biscazza*, Verhör vom 26. Dezember 1570, in Wirklichkeit 1569).

daran täten, ein solches Buch zu verbrennen, ohne den Grund dafür anzugeben". Offenbar versuchte der Goldschmied, unter den Anwesenden eine Diskussion über den Index in Gang zu bringen, indem er sich auf die allgemein anerkannten Werte der Bildung und der Rationalität berief. Auf dieses Wertsystem ist auch die von ihm geäußerte Meinung zurückzuführen, "daß man die Messe auf italienisch und nicht auf lateinisch lesen sollte, so daß jedermann, sei er auch unwissend und ungebildet wie ein Bauer, sie verstehen könnte". Der von Ressa verfochtenen Sache der Bildung und Rationalität stellte ein der Diskussion beiwohnender Priester das Prinzip der kirchlichen Autorität entgegen: "Und ich antwortete ihm", so Don Bernardo Babini in seiner Aussage, "daß dies Gebot der Kirche sei, der größeren Andacht wegen die Messe auf lateinisch zu halten, und ... es mir daher scheine, daß gemäß der Autorität der Kirche die Messe lateinisch gelesen werden solle".[44]

Zu einer ähnlichen Diskussion kam es im Oktober 1560 in Udine, wo sich die Gebildeten und Honoratioren des Ortes zu einem abendlichen Gesprächskreis im Hause des Adligen Mario Savorgnan einzufinden pflegten. Gegenstand der Unterhaltung waren theologische und aktuelle Fragen, man kam auf den Index verbotener Bücher zu sprechen. Einer der Anwesenden, vermutlich der Jurist Luisino Luisini (in dessen Familie Erasmus Bewunderer, ja sogar einen Übersetzer hatte[45]), vertrat die Auffassung, daß der Index wenig Wirkung zeige. Viele hätten die verbotenen Bücher nicht verbrannt — so Luisini —, weil darunter "einige seien, in denen nichts Häretisches stehe und die zu verbrennen nicht notwendig scheine". Mit dieser Meinung erregte Luisini Widerspruch bei einem anderen Teilnehmer der abendlichen Gesprächsrunden im Hause Savorgnan, Gian Domenico Scevolino, der den Namen Erasmus in die Debatte warf. "Seine Heiligkeit", so Gian Domenico Scevolinos Replik, "habe gut daran getan, dieses Verbot zu erlassen", das Luisini mißbilligte, "— auch wenn manche dieser Bücher keine ketzerischen Dinge enthielten, wie einige von denen des Erasmus —, und sei es nur, um aus dem Gedächtnis der Menschen den Namen des verderblichen Autors zu tilgen". Der Zweifel, den Luisini bezüglich der Angemessenheit des Index geäußert hatte, wurde von den Zeitgenossen als

---

[44] AVI, Fasz. 1, Akte *Contra Alexandrum Rexam de Imola*, fol. 41ʳᵛ (Rotelli, *Sant'Uffizio a Imola*, S. 171f.).

[45] Liruti, *Letterati del Friuli*, Bd. 2, S. 153, ad vocem Federico Luisini oder Lovisini. In diesem Artikel verweist Liruti auf einen unveröffentlichten Brief Federico Luisinis, den dieser am 1. August 1550 aus Udine an Manini, seinen Onkel mütterlicherseits, geschrieben hatte. Daraus geht hervor, daß Federico Luisini ein religiöses Werk von Erasmus ins Italienische übersetzt hatte, dessen Titel allerdings nicht genannt wird: "Solo si raccoglie che il detto suo zio gliel'avea l'anno innanzi donata, e che avendone esso fatto la versione in lingua italiana, mandava questa in dono al Manini". Derselbe Literat war auch Verfasser eines *Liber proverbiorum*, das Liruti mit den *Adagia* von Manuzio in Verbindung bringt, das aber wahrscheinlich von den *Adagia* des Erasmus beeinflußt war. Erasmus wurde auch von einem anderen Mitglied der Familie Luisini geschätzt, vgl. Kap. 5, S. 163.

ein indirekter Angriff gegen das Prinzip der päpstlichen Autorität verstanden. "Bei diesem Stand der Auseinandersetzung", fuhr denn auch Scevolino in seiner späteren Aussage fort, "kamen wir auf die Autorität des Heiligen Vaters zu sprechen, hinsichtlich derer man mir gegenüber viele Zweifel äußerte, auf die ich in katholischer Weise antwortete". Giovan Domenico Scevolino vertrat diesbezüglich folgende These: Da der Papst das Bücherverbot erlassen habe, sei es dem Christen nicht erlaubt, bei den verbotenen Büchern Unterschiede zu machen; die Bücher müßten verbrannt werden, "ohne darauf zu schauen, ob sie gut oder schlecht seien", weil "dieses Urteil allein Seiner Heiligkeit zustehe, der alle Christen zum Gehorsam verpflichtet sind".[46]

Daß die Diskussion über Erasmus nicht auf die Jahre 1559/60 beschränkt blieb — in denen das Thema Bücherverbot durch die Veröffentlichung des Index aktuell war —, wird durch ein Dokument von 1574 aus Modena belegt. Dalida, eine Adlige aus dem Hause Carandini, unterhielt eine vertraute Beziehung zu dem Jesuiten Bonfio de Bonfi, mit dem sie zur gegenseitigen Erbauung Gespräche über spirituelle Fragen zu führen pflegte. Im Laufe einer solchen Begegnung empfahl die adlige Dame, die eine Schülerin von Ludovico Castelvetro war, ihrem Gesprächspartner die Schrift *Von der Vorbereitung auf den Tod* von Erasmus. Auf die Entgegnung des Geistlichen, "daß die Werke des Erasmus von der Kirche verboten seien und man sie nicht lesen könne, ohne zu sündigen und Gefahr zu laufen, in der Sache unseres heiligen Glaubens irregeleitet zu werden", antwortete Dalida, daß sie sich nicht an dieses Verbot halte, weil sie wisse, daß die Schriften des Erasmus "gut und voller guter Lehren" seien. "Dies sei Ketzerei, für gut zu erklären, was die heilige Kirche als schlecht verurteilte", entgegnete vehement der Jesuit. Infolge seiner Einwände verlagerte sich auch diese Diskussion vom Thema des Verbots der Schriften von Erasmus auf die Frage der Autorität des Papstes. Dalida Carandini ging so weit zu erklären, daß "der heilige Vater nicht die oberste Gewalt habe". Sie lehnte die sichtbare Kirche ab, indem sie äußerte, sie glaube "nur an die Gemeinschaft der Auserwählten". Schließlich führte sie das Bücherverbot als Beweis für die Fehlbarkeit der Institution Kirche an: "Sie behauptete, es sei falsch gewesen, daß man verboten habe, das Evangelium und die Bibel auf italienisch zu lesen, und daß, da Christus ja gekommen sei, alle zu erretten, alle an der Lehre Christi teilhaben müßten.[47]

IV

Imola, Udine, Modena. In diesen drei Momentaufnahmen erscheint Erasmus als Symbol der geistigen Autonomie und der Gewissensfreiheit im Widerstreit mit dem Prinzip der kirchlichen Autorität. Vervollständigt wird

---

[46] ACAU, Fasz. 1, Akte *Processus fratris Ioannis Dominici Scevolini*, fol. 3ᵛ, 9ʳ.
[47] ASM, Fasz. 6, Akte *Dalida Carandini* (Mitteilung von Prof. Antonio Rotondò).

das Bild noch dadurch, daß sein Name in einem aus Pisa stammenden Dokument aus dem Jahre 1564 mit der Idee der dichterischen Freiheit verbunden wird. Schon im Jahr 1526 hatte Erasmus seine *Colloquia* gegen die Attacken der Theologen mit dem Argument verteidigt, es handle sich bei ihnen nicht um religiöse Unterweisung, sondern um dichterische Phantasie; das Werk könne deshalb legitimerweise nicht als Glaubensbekenntnis des Verfassers betrachtet werden. Diese Selbstverteidigung hatte die Verurteilung des Buchs nicht verhindert. Wenn jedoch seine erklärtermaßen poetische Natur ein Werk nicht vor der kirchlichen Zensur bewahren könne — so die in dem Pisaner Dokument vorsichtig entwickelte Argumentation —, müsse man daraus schließen, daß der Dichter, welcher der Phantasie "bei der Darlegung seiner poetischen Fiktionen" freien Lauf lasse, der Verfolgung durch die Inquisition ausgesetzt sei, was eine große Gefahr für die künstlerische Kreativität darstelle. Der Philosoph und Literat Girolamo Borri, der diese Argumentation zur Verteidigung seines *Ragionamento della perfettione delle donne* entwickelte, drückte sich mit einer Vorsicht aus, die den Gefangenen der Inquisition wohl seine zweijährige Haft gelehrt hatte. Aus dem Zusammenhang geht jedoch deutlich hervor, daß einerseits die Inquisitoren sich auf den Präzedenzfall Erasmus beriefen, um ihre Anklage gegen Borri zu rechtfertigen, andererseits der Angeklagte nicht abgeneigt war, eine gewisse Analogie zwischen seinem eigenen Fall und dem des berühmten Humanisten festzustellen.[48]

Aus der Gesamtheit dieser fragmentarischen Zeugnisse wird eine Tatsache deutlich, die den Historikern, die sich mit der italienischen Kultur des 16. Jahrhunderts und ihren Beziehungen zur Zensur beschäftigt haben, bisher entgangen ist. Wenngleich das Bücherverbot und die systematische Anwendung des Index Italien einen bedeutsamen Teil seines kulturellen Erbes dadurch entzog, daß die Verbreitung von Autoren wie Boccaccio und Machiavelli, Valla und Aretino eingeschränkt oder verhindert wurde — keiner dieser Namen konnte den Funken zu einem bewußten Dissens überspringen lassen und deutlichen Protest auslösen. Dissens und Protest gegen eine Auffassung vom geistig-moralischen Leben, die in Bücherverbot

---

[48] AAP, Fasz. 1, Akte *Autodifesa di Girolamo Borri*, 23. August 1564, fol. 13ᵛ: "Se il libro istesso [*Ragionamento della perfettione delle donne*, Lucca, Vincenzo Busdrago, 1561] sé stesso chiama una grave burla amorosa, honestissimamente scritta, che fra Matteo [Lachi, inquisitore di Perugia] al dispetto del libro voglia che lo autore altro non creda che quello che quivi è scritto, a niuno huomo di sano giuditio si persuaderà già mai. Dicono [gli avversari, e probabilmente l'inquisitore] che anche Erasmo et gli altri hanno talvolta scritto poeticamente; però sono stati condannati. Si risponderebbe che le cose da loro scritte sono credibili, da gli animi impii almeno, se non da gli animi pii, et eglino stessi, mentre poeticamente scrivano, chiaro dicono credere quello che esce dalla loro penna; et di più in altri libri, [dove] da dovero trattano le medesime cose, quali prima haveano trattato come poeti, le hanno insegnate et persuase come verità. Il che non ha mai fatto il Borro nel trattar le sue poetice fittioni, per lor natura incredibili da qual si voglia animo, o pio o impio; anzi le sue fittioni non hanno che fare colla religione né molto né poco."

und Zensur ihren Niederschlag fand — sie entzündeten sich am Fall Erasmus.

14. KAPITEL

NOTAI UND CANCELLIERI

> Seroit convenable que les seigneurs présidens et chiefz de consaulx prinsissent bon regard sur l'estat et vie des conseillers, advocatz et procureurs des cours esquelles ils président et tiennent la main à ce que iceulx advocatz, qui bien souvent sont jeusnes gens venans recentement des estudes et imbuz des colloques d'Erasme et aultres livres plains de dérisions des cérémonies de l'église et de l'estat ecclésiasticque plus que de loix et bonne doctrine se déportent en tables et bancquetz mordre, detracter et irriter les gens d'église, affin de capter par ce moyen la grace et voghe du populaire.
>
> Bericht von Charles de Croy, Bischof von Tournai, an Karl V., Tournai 1555.

I

Bei einem 1547 in Asolo zwecks Einschüchterung eines Personenkreises, der den religiösen Frieden der Gemeinschaft störte, durchgeführten Ermittlungsverfahren fragte der Inquisitor einen Schuhmacher, ob er Anzeichen dafür bemerkt habe, daß es in der Stadt "Lutheraner" gebe. "Ja, Messere", lautete die Antwort. "Es gibt viele Notare, die in der Stadt herumlaufen und dozieren". Das hatte der Schuhmacher nicht nur so dahingesagt. Unter den sieben Bürgern Asolos, die man 1547 als Andersgläubige angezeigt hatte, waren drei Notare; und die Notariatskanzlei ("cancelleria di nodari") war der Ort, wo die Sympathisanten der neuen Ideen ihre Konventikel abhielten und gemeinsam die Paulusbriefe lasen.[1]

Die Episode aus Asolo, in der "lutherani" und "nodari" spontan identifiziert werden, habe ich an den Anfang dieses Kapitels gestellt, da wir uns der Frage zuwenden wollen, welche Beziehung zwischen dem Beruf des

---

[1] ASV, Fasz. 6, Akte *Exemplum processus contra hereticos de Asyllo* (1547), fol. 14^r; ebd., fol. 1^r, Anzeige wegen Luthertums gegen sieben Bürger Asolos (darunter drei Notare: Benedetto dal Borgo, Antonio da Cornuda, Benedetto Santoni) seitens des *procurator fiscalis* der Kurie von Treviso, Francesco de Lazaris; ASV, Fasz. 6, Akte *Exemplum processus formati in castro Asyli*, fol. XIII^{rv}, Verhör vom 2. Juli 1546.

Notars und der Teilhabe an einem von Erasmus angeregten und direkt oder indirekt der Reformationsbewegung zuzuordnenden religiösen Dissens besteht.

Die Notai bilden einen Berufsstand, mit dem der Historiker auf dem Gebiet der italienischen Reformationsbewegung ständig konfrontiert wird. Die Protokollführer der Inquisition sind in der Regel Notare, immer wieder aber auch die Personen, gegen die das Verfahren geführt wird, das der neben dem Inquisitor sitzende Kollege protokolliert. Daß die Empfänglichkeit der Notare für die neuen religiösen Ideen ein überall in Italien auftretendes Phänomen war, wird durch Fälle wie die von Giovanni Battista Ponte in Genua (1540), Marco Caula (1541 und 1567) und Pier Giovanni Biancolini (1552 und 1559) in Modena, Francesco Puccerelli in Florenz (1549/50), Fabio Populo da Terraguso in Benevento (1564), Barbato Ungaro da Terraguso im neapolitanischen Raum (1566), Fabio Cioni in Grosseto (1568) und Matteo dalle Tombe in Faenza (1568) belegt.[2] Die größte Bedeutung erreicht das Phänomen jedoch im venezianischen Raum. Eine empirische Auswertung der Dokumente zur Inquisition im Veneto und im Friaul legt die Hypothese nahe, daß Notare und Juristen den Berufsstand darstellen, der von der religiösen Repression in der Niedergangsphase der Reformationsbewegung (ungefähr 1555-80) am stärksten betroffen war.[3] Die Gruppe, deren Porträt wir im folgenden — gestützt auf Quellen aus Venedig, Udine und Rovigo — zeichnen wollen, umfaßt vierzehn Notare, die zum Teil ihren Beruf selbständig ausübten, zum Teil den Statthaltern in den von Venedig beherrschten Gebieten als Leiter der Kanzlei zur Seite standen. Zu dieser Gruppe gehören der Notar und Advokat Vincenzo Marchesi aus Bergamo (1552, 1556/60, 1572/73), der ehemalige Gerichtsschreiber von Gemona Pietro Asquino (1557/58), der Gerichtsschreiber Gian Marco von Arbe (1558/59), der Notar Alvise Flacco aus Udine (1563-68), der Notar Gregorio dal Sacco aus Durlo (1564/65), die Brüder Domenico und Sebastiano Mazzarelli aus Rovigo, beide Notare (1564 und 1570/71), der Gerichtsschreiber von Torcello Marco Valvasone (1568), der Notar und Gerichtsschreiber Vincenzo Bertoldi aus Oderzo (1569/70), der Notar Francesco Rosso genannt Zeccotto aus Tolmezzo (1570), der Notar Giovan Battista Codessa aus Gonars (1571), der venezianische Notar und Gerichts-

---

[2] Vgl. Rosi, *Bartoccio*, S. 598f. (Giovanni Battista Ponte); Bianco, *Movimento ereticale modenese*, S. 642 (Marco Caula) und Kap. 4, S. 138. (Pier Giovanni Biancolini). Zu Puccerelli: Salvatore Caponetto, *Un 'luterano' fiorentino del Cinquecento: il notaio ser Francesco Puccerelli*, in *I Valdesi e l'Europa*, Torino 1983, S. 267-283. Zu Fabio Populo und Barbato Ungaro: ASDN, Fasz. 4C, Urteil gegen den Notar Fabio Populo aus Terraguso, wohnhaft in Benevento, Rom, Dezember 1564; ebd. Akte *Originalis processus super crimine heresis contra notarum Barbatum Ungarum de Terracuso* (1573), fol. 122f. (man beachte insbesondere den gegen den Notar Ungaro in Rom 1566 verkündeten Urteilsspruch). Zu Fabio Cioni: ASS, Notarile antecosimiano 2777, *Processo contro Fabio Cioni e Achille Benvoglienti* (1568). Zu Matteo dalle Tombe: Tre Re, *Condanne per eresia*, S. 294.

[3] Hierzu Olivieri, *Eresia a Venezia*, S. 504.

schreiber Girolamo Parto und sein Halbbruder, der Gerichtsschreiber Giovan Battista Michiel (1572/73), sowie der Gerichtsschreiber von Parenzo Nicolò Guidozzo (1575/76).[4] Im Hintergrund erscheinen, zur Vervollständigung des Gruppenbilds, einige Vertreter des Berufsstands der Juristen: der Advokat Francesco Stella aus Portobuffolé (1549), der Doktor der Rechte Nicola de Negri aus Vicenza (1569), der Doktor der Rechte Matteo Avogari aus Verona und sein Sohn Alessandro (1571), der Ankläger Marcantonio Valgolio aus Brescia (1574). Die Zugehörigkeit zu einer Familie, in der der Beruf des Notars ausgeübt wird, erlaubt es, den Holzhändler Francesco Salon aus Chiusaforte gleichfalls in diese Untersuchung einzubeziehen (1569 und 1581/ 83).[5]

Mit Ausnahme von Francesco Stella und Domenico Mazzarelli[6] sind die Angehörigen unserer Gruppe den Historikern nicht bekannt. Das Notariat im Italien des Cinquecento hingegen ist ein gut erforschtes Thema. In den letzten Jahrzehnten haben sich die Historiker der Figur des Notarius aufmerksam zugewandt. Sozialgeschichtsforscher wie Berengo und Martines und Vertreter der Rechtsgeschichte wie Abbondanza und Costamagna haben die Stellung des Notaio in politischen Gefügen wie den Republiken Lucca

---

[4] ASV, Fasz. 32, Akte *Contra Vincentium Marchesium Bergomensem*; ACAU, Fasz. 1, Akte 2, *Processo informativo contro Pietro Asquino* (1557); ASV, Fasz. 5, Akte *Matteo Cizzo* (zu Gian Marco aus Arbe); ACAU, Fasz. 2, Akte 29, *Flacci notarii processus* (1563-1568); ASV, Fasz. 20, Akte *Gregorio dal Sacco*; ACVR, Fasz. 2, Akte *Processus de heresi contra Dominicum Mazzarellum* (1564); ACVR, Fasz. 4, Akte *Contra Dominicum Mazzarelum de Rhodigio* (1570) und ebd., Akte *Inquisitio contra nonnullos assertos fautores Dominici Mazzarelli de Rhodigio excommunicati, condemnati et brachio curiae secularis relicti* (1571); ASV, Fasz. 24, Akte *Marco Valvason, cancelliere di Torcello* (1568); ASV, Fasz. 26, Akte *Vincenzo Bertoldi* (1569-1570) und zum Bruder Pre Francesco Bertoldi, der ebenfalls Cancelliere war, Del Col, *Rosello*, S. 457; ASV, Fasz. 159, Protokoll des Inquisitionsgerichts (1569-1571), fol. 83ʳ-84ᵛ, *Contro Matteo Bruno* (zu Francesco Rosso); ACAU, Fasz. 3, Akte 50, *Contra Ioannem Baptistam Codessa de haeresi diffamatum*; ASV, Fasz. 37, Akte *Contra Hieronimo Parto nodaro* (1572) *et Ioannem Baptistam Michael fratrem eius uterinum* (1573) — von Girolamo Parto sind uns außerdem 5 Faszikel von Testamenten und einige Einzelakten erhalten (Archivio di Stato di Venezia, Notarile, Fasz. 779-783 und Fasz. 6617); ASV, Fasz. 40, Akte *Nicolò Guidozzo* (1575/76). Auch Francesco Pirochin, der Freund von Francesco Stella, war Notar (Del Col, *Rosello*, S. 425); in den Prozeß gegen Vergerio wurde zudem sein Schreiber, der Notar Giuliano del Bello, verwickelt (ASV, Fasz. 5, Akte *Giuliano del Bello*). Der Fall des Schullehrers und Gerichtsschreibers von San Daniele, Paolo Vasio aus Spilimbergo, dem 1592 der Prozeß gemacht wurde (Battistella, *Santo Officio in Friuli*, S. 66f.) kann hier aus chronologischen Gründen nicht mehr berücksichtigt werden.

[5] ASV, Fasz. 7, Akte *Francesco Stella di Portobuffolé* (1549); ASV, Fasz. 22, Akte *Contra Mattheum de Avoga' doctorem et Alexandrum eius filum*, 1567 (zur Gruppe der in dieser Akte erwähnten heterodoxen Juristen gehörte auch Ludovico Corte, vgl. Kap. 7, Anhang); ASV, Fasz. 30, Akte *Processus contra Nicolam de Nigris doctorem* (1571); ASV, Fasz. 37, Akte *Marcantonio Valgolio*; ACAU, Fasz. 3, Akte 47, *Contra Franciscum Salonum de Venetiis* (1569) und ebd., Fasz. 6, Akte 95, *Francesco Salon e Martino Thiller* (1581). Die Zugehörigkeit von Notaren zur Familie Salon ergibt sich aus Akte 95, fol. 22ᵛ. Hinweise auf weitere Prozesse gegen Juristen finden sich bei Battistella, *Santo Officio in Friuli*, S. 85.

[6] Zu Francesco Stella: Perini, *Perna II*, S. 368 und Del Col, *Rosello*, S. 425. Zu Domenico Mazzarelli siehe Kap. 3, S. 91-93, und Malavasi, *Mazzarelli*.

und Florenz, der Stadt Perugia oder der Republik Genua mit Genauigkeit und Nuancenreichtum beschrieben und die sozio-kulturellen Rahmenbedingungen der Entwicklung dieses Berufsstands umrissen.[7] Diesen Forschungen zufolge haben sich in der Figur des Notars zwei Grundwerte der italienischen Renaissancegesellschaft verkörpert:

1. der Gemeinsinn der städtischen Oligarchien, die aus der Schicht der Notare und Juristen ihre Verwalter und Bürokraten rekrutierten und manchmal die Ideologen des Systems dort fanden;
2. die rhetorisch-literarische Bildung humanistischer Prägung, welche die Notare kennzeichnete.[8]

Die sozio-kulturelle Physiognomie des italienischen Notarius und Juristen im Cinquecento, wie sie aus den oben erwähnten Forschungen hervorgeht, bildet die Voraussetzung, auf der meine Untersuchung aufbaut.

II

Der Widerstreit zwischen staatlicher Macht und kirchlicher Autorität, ein Pflichtkapitel jeder Monographie über die italienische Sozialgeschichte des Cinquecento, zeigt sich vor allem in zwei Bereichen des öffentlichen Lebens:

1. bei der Steuerpolitik des Staates, ver- oder behindert durch das Netz von Pfründen, Privilegien und unveräußerlichen Gütern der Kirche;
2. bei der Jurisdiktion, wo die Tätigkeit des bischöflichen Gerichts, das Asylrecht in Kirchen und Konventen und die Kontrolle über die Nonnenklöster ständige Anlässe für Interferenzen und Spannungen zwischen Klerikern und Laien schaffen.

Zu diesen beiden hauptsächlichen Reibungsflächen kommt im Laufe des Jahrhunderts eine dritte, die sich aus der Einführung und Tätigkeit der Inquisitionsgerichte ergibt. Die Führungsschichten der italienischen Staaten sehen sich, vor allem nach der Wiederbelebung der Inquisition, mit einer juristischen Instanz konfrontiert, die von einem außerstaatlichen Machtzentrum abhängig ist. Der Staat hat, wenigstens grundsätzlich, keine Befugnis, sich in die Tätigkeit dieses Tribunals einzumischen; vielmehr ist er gehalten, den geistlichen Richtern den weltlichen Arm zu leihen, den diese gegen seine Untertanen gebrauchen. Von Lucca bis Modena, von Florenz bis Mailand fügt sich die Aversion der regierenden Schichten gegen die

---

[7] Berengo, *Lucca*, S. 53-64; zu Martines vgl. Anm. 8; Giorgio Costamagna, *Il notaio a Genova tra prestigio e potere*, Rom 1970, S. XVIf., 104, 106-110, 125f., 157f., 176f.; *Il notariato a Perugia*, Hrsg. Roberto Abbondanza, Rom 1973. Hinsichtlich der Rolle der Notare im Staat Venezien finden sich einige Angaben bei Angelo Ventura, *Nobiltà e popolo nella società veneta del Quattrocento e del Cinquecento*, Bari 1964, S. 353-365.
[8] Martines, *Lawyers*, S. 5, 14f., 34-38, 46, 50, 54-56, 79, 164-166, 170-172, 220f., 253-255, 400; ders., *City-States*, S. 202-204.

Inquisition in den Rahmen des schon vorher bestehenden Widerstreits zwischen weltlicher und geistlicher Macht, wodurch das Verhältnis noch spannungsgeladener wird.[9]

Die Republik Venedig verfolgt auf diesem Feld eine flexible Politik. Einerseits stimmt sie der Reorganisation und Verstärkung des auf ihrem Territorium tätigen Inquisitionstribunals zu, andererseits lehnt sie einige besonders anstößige Aspekte der Inquisitionspraxis — etwa die Konfiskation der Güter — ab und behält sich das Recht vor, die Tätigkeit dieses geistlichen Gerichts zu kontrollieren. Die venezianischen Statthalter auf dem Hoheitsgebiet der Republik erhalten die Weisung, den Sitzungen des lokalen Inquisitionsgerichts beizuwohnen und die Zentralregierung über dessen Initiativen auf dem laufenden zu halten.[10]

Diese Weisung kann in dem Sinne ausgelegt werden, daß die venezianischen Rettori befugt seien, in besonderen Fällen in die Tätigkeit der örtlichen Inquisitoren einzugreifen.[11] Bei mancher Gelegenheit gerät der Vertreter Venedigs, ein Laie, tatsächlich in Konflikt mit dem Bischof, der dem örtlichen Inquisisitionstribunal vorsitzt; doch bemüht sich die kluge Regierung Venedigs umsichtig darum, daß diese Auseinandersetzungen keine Spuren in den Quellen hinterlassen.[12]

Der Statthalter Venedigs hat verschiedene Möglichkeiten, sich in die Tätigkeit der Inquisition einzuschalten. Er kann es unterlassen, der Zeugenvernehmung beizuwohnen, die ohne seine Anwesenheit nicht rechtskonform ist; er kann sich weigern, den Angeklagten in Untersuchungshaft zu nehmen, indem er behauptet, im Gefängnis keinen Platz zu haben; er kann Zuflucht zu Verzögerungsmanövern nehmen, den Verlust eines Briefs des Rats der Zehn vorgeben und darauf hinweisen, daß er keine Verhaftung durchführen lassen könne, ohne sich über dessen Absichten Gewißheit zu verschaffen; er kann die Rettung in extremis eines Rückfälligen versuchen, indem er ihn für wahnsinnig erklärt; er kann sogar die Haftentlassung eines Angeklagten fordern und damit drohen, anderenfalls seine eigene Befugnis zu diesem Zweck zu nutzen; er kann bei der Urteilsverkündung eingreifen, indem er direkt oder indirekt Freispruch oder eine sehr milde Strafe vorschlägt.[13] Bei einem Angeklagten, den der

---

[9] Berengo, *Lucca*, S. 357-399; Chabod, *Milano*, S. 66-91; Fumi, *Inquisizione*; Peyronel Rambaldi, *Cinquecento modenese*, S. 237-240.
[10] Del Col, *Inquisizione e potere politico*.
[11] Siehe S. 412 und Anm. 16.
[12] Del Col, *Inquisizione e potere politico* (vgl. insbesondere den Fall von Rovigo, der von Del Col im Anhang dokumentiert wird).
[13] Das erste Hilfsmittel wurde vom Conte Antonio Canal in Arbe genutzt (vgl. S. 413). Raumnot im Gefängnis führte 1569 der Capitano von Rovigo an, um die vom Bischof gewollte Gefangennahme Girolamo Biscazzas nicht durchführen zu müssen (ACVR, Fasz. 4, *Processo de Girolimo Biscazza*, fol. 5^r). Der Verlust eines Briefs vom Rat der Zehn wurde im Fall Carlo Mosconi als Argument angeführt (ACVR, Fasz. 2, *Processo contro Carlo Mosconi*, 1563/66, fol. 15^r-16^r; ASV, Fasz. 21, Akte *Contra Carolum Mosconum*); der Versuch in extremis zur

örtliche Bischof "pro convicto de crimine heresis" hält, schlägt einer der beiden den Statthalter flankierenden "consultores" Freispruch, der andere eine *purgatio canonica* und anschließende Entlassung in die Freiheit vor; bei einem geständigen Ketzer schlagen der Vicario des Podestà und ein "consultor" zwar die Abschwörung vor, lehnen aber — mit dem Hinweis, daß "etiam publica abiuratio sit non modica pena, imo maxima" — jede Strafmaßnahme ab. Der Podestà selbst verwendet sich für einen Angeklagten, den der Bischof durch Indizien schwer belastet, und fordert seine Freilassung, "quia erit vir bonus et optimus christicola".[14]

Es ist nicht überraschend, daß in diesem Klima ein bischöflicher Vikar auf die Durchführung der Festnahme eines Verdächtigen verzichtet, weil er vermutet, daß der Podestà mit diesem solidarisch ist; überraschend ist hingegen die Entdeckung, daß ein Podestà es wagt, das heilige Tribunal offen herauszufordern, indem er die Vorgehensweise von Bischof und

---

Rettung vor dem Tod wurde vom Podestà Rovigos zugunsten Girolamo Biscazzas unternommen (ASV, Fasz. 27, *Contra Hieronymum Biscazza*, Brief des Podestà vom 22. April 1570). Zu einer Forderung nach Freilassung eines Angeklagten vgl. ASV, Fasz. 6, Akte *Exemplum processus contra hereticos de Asyllo*, fol. 18ᵛ-19ʳ, Anmerkung vom 20. März 1547: "Cum magnificus Dominus potestas Asylli videlicet Dominus Franciscus Nani misisset ad requirendum Reverendum Dominum Vicarium ut se conferret in palacio ad colloquendum ei, qui dum esset in brevibus pro abeundo et eundo ad civitatem Tarvisii, se contulit in palacio Suae Magnificentiae. Qui magnificus dominus potesta requisivit eumdem Reverendum Dominum Vicarium ut relaxaret de carceribus Antonium de Burgo, quia obligavit sua bona de se presentando. Reverendus Dominus Vicarius respondit quod dictus Antonius non habebat bona de consideratione, et quod suus casus non erat de relaxando cum fideiussionibus seu obligationibus. Qui magnificus etc. respondit quod nisi relaxetur, quod ipse eumdem Antonium relaxabit cum obligatione de se presentando sub obligatione suorum bonorum. Qui Reverendus Dominus Vicarius eidem respondit quod Sua Magnificentia erat potestas dicti loci et quod poterat facere pro suo libito, et quia ipse Reverendus Dominus Vicarius id facere non poterat absque ordine Reverendissimi Domini Legati apostolici Venetiarum seu cum consensu Reverendi Domini Inquisitoris. Et Sua Magnificentia replicavit quod ipsum volebat relaxare et non intendebat quod aliter procederetur, nisi habitis literis Excellentium Capitum Consilii X. Quibus ipse intendebat scribere. Tunc Reverendus Dominus Vicarius, videns quod praefatus magnificus Dominus potestas perstabat in opinione relaxandi dictum Antonium de Burgo, requisivit eumdem Dominum Magnificum Potestatem et rogavit ut ipsum Antonium nollet relaxare, donec ipse Reverendus Dominus Vicarius mittat copiam presentis processus Reverendissimo Domino Legato apostolico" (der Vikar ließ die Diskussion vom Schreiber der bischöflichen Kurie von Treviso protokollieren). Aus derselben Akte, fol. 27ʳ, geht hervor, daß Antonio dal Borgo sich kurze Zeit später nicht mehr im Gefängnis befand. Er war entweder befreit worden oder geflohen. Weiterhin wird in dieser Akte, fol. 22ᵛ, bezeugt, daß ein anderer Podestà Asolos, Nicolò Pisani, die reformatorische Schrift *Tragedia del libero arbitrio* von Francesco Negri in die Stadt gebracht und verbreitet hatte.

[14] ACVR, Fasz. 2, Akte *Processo contro Carlo Mosconi*, fol. 91ʳ (von den beiden *consultores* empfiehlt der eine am 19. Juli 1565 für Carlo Mosconi die *purgatio canonica*, der andere spricht sich dafür aus, daß der Angeklagte "omnino absolvendum" sei; am 20. Juli wird Mosconi gegen Kaution freigelassen); ACVR, Fasz. 2, *Processus de heresi contra Dominicum Mazzarellum*, fol. 60ᵛ-61ʳ; ACVR, Fasz. 1, Akte *Processus de heresi formatus contra Ioannem Iacobum Beatum et dominam Constantiam Beatam uxorem Ioannis Iacobi*, Vermerk vom 19. September 1562.

Inquisitor als "ungerecht und gottlos und ganz und gar den Absichten, Gesetzen und Anordnungen dieses [venezianischen] Dominiums widersprechend" bezeichnet und erklärt, er könne folglich nicht "mit gutem Gewissen" der Abschwörung eines geständigen Ketzers beiwohnen.[15]

Einige Häretiker, die der Inquisition ins Netz gegangen sind, betrachten den Vertreter der weltlichen Macht als potentiellen Verbündeten gegen die Inquirenten der Kirche. So bittet etwa Pietro Vagnola, ein Sieneser, der sich in Grignano Polesine niedergelassen hat, um den dortigen Bauern die neue Lehre zu predigen, den Podestà, als Richter zu fungieren und ihn nicht "von Geistlichen richten zu lassen"; er rechtfertigt dies mit dem Hinweis, daß "diese Geistlichen sich der freien Verkündigung der Wahrheit des Evangeliums widersetzen, indem sie in Venedig die Prediger anweisen, nur auf die alte Art zu predigen". Vagnola, der eine juristische Ausbildung hat, interpretiert die Weisung des Rats der Zehn, "daß niemand ohne Einschaltung des ... hochverehrten ... Rats in Glaubensdingen verurteilt werden darf", dahingehend, daß der Podestà das Recht habe, das gegen ihn laufende Inquisitionsverfahren in die Hand zu nehmen (1547).[16] Selbst ein Handwerker kann auf den Gedanken kommen, den latenten Konflikt zwischen weltlicher und kirchlicher Macht zu seinen Gunsten zu nutzen. Vor das Inquisitionstribunal Venedig zitiert, legt der Samtweber Agostino Oriani aus Castiglione delle Stiviere ein leidenschaftliches Bekenntnis zur Serenissima Repubblica ab, die es in ihrer Weisheit nicht gestatte, daß die Güter der als Ketzer Verurteilten konfisziert würden; "denn außerhalb Venedigs", so der Handwerker, "erlaubt man, daß die Güter derer, die Ketzereien verbreiten, in die Hand der Mönche fallen, was mir ungerecht scheint und von jedermann getadelt wird". Die Absicht des Angeklagten, das Tribunal zu entzweien, könnte nicht offensichtlicher sein. Der Patriarch, der päpstliche Legat und der Inquisitor werden mit den profitgierigen Mönchen in Zusammenhang gebracht; den drei Vertretern der weltlichen Macht schmeichelt der Samtweber, indem er ihr Staatsbewußtsein anspricht und sie als Repräsentanten einer Regierung lobt, die die Rechte ihrer Bürger zu schützen weiß, während etwa in Mantua "diese Dominikanerbrüder sich große Übergriffe ... erlauben, sich als Herren aufspielen und die Menschen in Gefangenschaft halten".[17]

Bei manchem venezianischen Statthalter finden derartige Appelle durchaus ein offenes Ohr. Eine elementare politische Klugheit rät jedoch dem Staatsmann, sich nicht selbst zu exponieren. Also tritt die untergeordnete

---

[15] ASV, Fasz. 14, Akte *Costantino Cato, Tommaso della Torre, Giovanni Agostini et altri*, Brief des Vikars von Ceneda vom 16. Februar 1559; ASV, Fasz. 21, *Contra Carolum Musconum*, Brief des Podestà von Rovigo, Lorenzo Bragadin, an die "Tre savi sopra l'eresia" vom 2. Juli 1566.

[16] ASV, Fasz. 6, Akte *Contra Petrum Vagnola senensem*, Forderung nach Unterredung mit dem Podestà, vorgebracht von Pietro Vagnola am 12. März 1547.

[17] ASV, Fasz. 36, Akte *Contra Augustinum mantuanum samitarium* (1573), Verhör vom 28. September 1573.

Gruppe der Kanzlisten, Stellvertreter oder Berater, die in der Regel Notare oder Juristen sind, in Aktion. An sie delegiert der Politiker die Aufgabe, den kirchlichen Inquirenten die Stirn zu bieten. In Rovigo handeln der Vicario und die weltlichen "consultores", die für dringend der Häresie Verdächtige oder geständige Ketzer Freispruch oder äußerst milde Strafen vorschlagen, vermutlich im Einvernehmen mit dem Podestà Nicolò da Mula, der sich im Hintergrund hält (1562, 1564, 1565).[18] Auf der Insel Arbe delegiert der Conte Antonio Canal an seinen Kanzlisten Gian Marco die Aufgabe, Matteo Cizzo, einen durch Indizien schwer belasteten Häretiker (siehe Kapitel 5), zu verteidigen und dem vom Bischof in Gang gesetzten Inquisitionsverfahren zu entziehen. Im Namen und zum Schutz von Matteo Cizzo verfaßt der Schreiber Gian Marco zwei Texte hohen rhetorischen Niveaus, in denen die rechtliche Argumentation in eine ethisch-religiöse Erörterung mit deutlich protestantischen Anklängen übergeht (1558/59).[19]

Die Jurisdiktion des Bischofs wird in Frage gestellt. Das gegen Cizzo eröffnete Verfahren wird wegen formaler Fehler, zum Beispiel die Abwesenheit des Conte bei der Zeugenbefragung, für ungültig erklärt. Gegen den Bischof legt man Berufung ein "ad sanctissimum et iustissimum Dominium Venetum et seu ad clarissimos et illustrissimos Dominos super heresim alme civitatis Venetiarum", das heißt man appelliert an die weltliche Gewalt, insbesondere an die "tre Savi sopra l'eresia". Nur dann erklärt sich der Kläger bereit, die Appellation zurückzuziehen, wenn der Bischof das eingeleitete Verfahren einstellt in der Absicht "denuo cum presentia et assistentia clarissimi Domini Comitis procedere et novum processum formare". Die Forderung nach Einschaltung der weltlichen Autorität wird damit begründet, daß die kirchliche ihre Legitimation verwirkt habe; ein Argument, das mit äußerster Vorsicht eingebracht, jedoch mit Entschieden-

---

[18] Vgl. Anm. 14.
[19] ASV, Fasz. 5, Akte *Matteo Cizzo*. Die beiden Texte des Schreibers befinden sich in der Anlage zu der Akte in einer von Matteo Cizzo handgeschriebenen Fassung. Das zuerst verfaßte Schriftstück, dreizehn numerierte Seiten (*inc.* In Christi nomine. Coram vobis reverendissimo et illustrissimo domino Vincentio Nigusantio, *expl.* et illorum superiorum ut supra etc. cum reservatione), wurde am 3. Januar 1559 dem Bischof von Cizzo "arroganter" vorgelegt (vgl. Anmerkung zum Prozeß unter diesem Datum). Das zweite Schriftstück, sechs nicht numerierte Seiten (*inc.* Coram vobis reverendissimo domino domino Vincentio Nigusantio, decretorum doctori, episcopo arbensi, *expl.* neque in ira tua corripias me), wurde von Cizzo Nigusanzio übergeben. Das Datum der Übergabe ist nicht festgehalten worden, jedoch geschah sie sicherlich kurz nach dem 3. Januar, da es sich um die Antwort von Cizzo auf den an eben diesem Tag an ihn ergangenen Befehl handelt, sich innerhalb von dreißig Tagen vor dem Tribunal von Venedig einzufinden. Ein drittes, zwei Seiten umfassendes Schriftstück (*inc.* Coram vobis reverendissimo decretorum doctori domino Vincentio Nigusantio, *expl.* contra quoscunque prout melius de iure fuerit), ist später als die anderen verfaßt worden und wiederholt deren Argumenten mit weniger Überzeugung, sich damit durchsetzen zu können. Wer der Verfasser der drei Schriftstücke war, geht aus der Aussage Cizzos vom 16. Februar 1558 hervor (*more veneto*): "Interrogatus: Chi è sta' collui che vi ha composte et dittate quelle scripture? respondit: Me le ha fatte et dittade el cancellier del magnifico conte de Arbe presente, qual ha nome Zanmarco".

heit verfolgt wird, wenn auch unter gewundenen Förmlichkeiten. Das Verfahren gegen Cizzo wird als eine "persecutio sicophantium et malignantium" bezeichnet. Der apostolische Kommissar Grisonio und der Bischof Nigusanzio — der eine leitete das Verfahren ein, der andere setzte es fort — sind "Christi et veritatis persecutores et sub simulata religione tanquam Sathani". Vom Ehrgeiz besessen, Bischof (Grisonio) beziehungsweise Kardinal (Nigusanzio) zu werden, wüten diese "inimici crucis Christi, quorum finis interitus, quorum Deus venter est" (Phil 3,19), in unmenschlicher Weise gegen Cizzo und treiben ihn und seine arme und große Familie in die Verzweiflung und in den Ruin. Auf eben diese Weise wurde seinerzeit Christus verfolgt. Und deshalb wird Christus, "cui e principio superbi non placuerunt sed tantum humilium et mansuetorum semper placuit deprecatio", angerufen, daß er seine schützende Hand über den "pauperculus" und unschuldigen Cizzo halte. Der Verfasser des Dokuments vertraut fest darauf, daß sich der venezianische Statthalter hier zum Interpreten des göttlichen Willens machen und dem Verfolgten Schutz gewähren werde. In der Person des Conte von Arbe werde Matteo Cizzo einen Richter finden, der über die Reinheit der Religion wacht, sich dem Aberglauben widersetzt und das unheilvolle Handeln des Bischofs wirksam ausgleicht.

Es besteht kein Zweifel daran, daß die Initiative des Gerichtsschreibers Gian Marco aus Arbe vom Conte Antonio Canal unterstützt wird. Bischof Nigusanzio ist sich vollkommen der Tatsache bewußt, daß hinter der schriftlichen Äußerung des einen die Autorität des anderen steht, und versucht nicht ernsthaft, Cizzo festnehmen zu lassen, sondern überweist den Fall, "da er keinerlei Hoffnung mehr hat, ihn und seine Komplizen bestrafen zu können", an das venezianische Heilige Offizium.[20]

Die Solidarität der Vertreter der weltlichen Macht mit einem Opfer der Inquisition zeigt sich auch in einer Episode, die sich im Folgejahrzehnt in Rovigo zuträgt. Gegen Ende 1570 zirkuliert dort ein juristisches Gutachten zugunsten des Notars Domenico Mazzarelli, der kurz zuvor vom Inquisitionsgericht der Stadt wegen Rückfalls in die Ketzerei verurteilt wurde. Verfasser dieses Gutachtens ist der Stellvertreter des Podestà von Rovigo, der Jurist Nicolò de Verci aus Capodistria. Das gegen Domenico Mazzarelli ergangene Urteil sei null und nichtig, so die Argumentation des Vicario, "weil es gefällt worden war, ohne die Anordnungen des Serenissimo Domino [von Venedig] zu beachten, wonach die Zeugen in Anwesenheit des hochverehrten Herrn Podestà und im Beisein zweier Doktoren vorgeladen und vernommen werden müssen".[21]

Der juristische Eifer des Vicario erschöpft sich nicht in dieser schriftlichen Stellungnahme. Gemeinsam mit Sebastiano Mazzarelli, dem Bruder von

---

[20] Ebd., Brief des Vincenzo Nigusanzio an Annibale Grisonio vom 10. (?) Januar 1559.
[21] ACVR, Fasz. 4, Akte *Inquisitio contra nonnullos assertos fautores Dominici Mazzarelli de Rhodigio excommunicati, condemnati et brachio curiae secularis relicti* (1571), fol. 13ʳ, 15ʳ. Dazu auch ASV, Fasz. 30, Akte *Mazzarello*.

Domenico, auch er Notarius, erdenkt der Vicario eine Vorgehensweise, die zur Revision des Verfahrens und der Rehabilitierung des Verurteilten führen sollte. Die Aktion sieht die Beschwerde beim höchsten Gerichtshof und Exekutivorgan, dem Rat der Zehn, vor. Als er dem Rat der Zehn das vom Vicario Verci verfaßte Gutachten vorlegt, erreicht Sebastiano Mazzarelli die Aussetzung des Urteils gegen seinen Bruder. Sogleich erscheint der aus Angst vor dem Vollzug der Todesstrafe geflüchtete Domenico wieder in Rovigo. Und seine Rückkehr ist keine heimliche. Der rückfällige Ketzer, schon *in effigie* öffentlich verbrannt, läßt sich an der Seite des Podestà in der Messe sehen, frequentiert den Palazzo della Ragione und geht ostentativ auf der Piazza und unter der Loggia der Kommune spazieren. Das offizielle, von Bischof und Inquisitor dem Podestà gegenüber vorgebrachte Verlangen, "die Wache auszuschicken, um jenen Domenico Mazzarelli zu ergreifen und ins Gefängnis zu werfen", zeigt keine Wirkung.[22] Während der Verurteilte Domenico wieder am gesellschaftlichen Leben der Stadt teilnimmt, sammelt Sebastiano von Notaren und anderen angesehenen Bürgern unterschriebene Erklärungen, die Domenicos Anwesenheit in Rovigo belegen. Mit dieser notariellen Feststellung der öffentlichen Präsenz nimmt die Gemeinde Rovigo in gewisser Weise Domenico Mazzarelli wieder in ihren Schoß auf, aus dem ihn der Kirchenbann vertrieben hat. Es kann nicht verwundern, daß der Bischof sich herausgefordert fühlt und unverzüglich reagiert.[23] Doch der Stellvertreter des Podestà fährt unbeirrt fort, die Initiative zugunsten Mazzarellis tätig zu unterstützen und juristisch zu beraten. Sebastiano, der eine Vorladung vor das Inquisitionstribunal wegen des Verdachts der Begünstigung eines Ketzers erhält, rät der Vicario, dieser nicht Folge zu leisten, da er dem Bruder "ratione sanguinis" geholfen habe und sein Handeln daher nicht kriminalisiert werden könne. Auch die Unterzeichner der Erklärungen seien nicht gehalten, der Aufforderung, sich bei Gericht einzufinden, nachzukommen, erklärt der Vicario, da sie kein Verbrechen begangen hätten, "indem sie die Wahrheit gesagt und bezeugt haben, welche von Jesus Christus ist".[24]

---

[22] ACVR, Fasz. 4, Akte *Inquisitio contra fautores Mazzarelli*, fol. 3^{rv}, 4^{rv}, 5^v, 6^r, 8^v, 11^{rv}; ACVR, Fasz. 4, Akte *Contra Dominicum Mazzarellum de Rhodigio* (1570), fol. 8^r-10^r: Forderung nach Eingreifen des *brachium seculare* gegen Mazzarelli vom 26. Dezember (der Podestà hatte sich schon am 23. Dezember zugunsten von Mazzarelli eingeschaltet).

[23] *Inquisitio contra fautores Mazzarelli*, insbesondere fol. 13^r (der spezifische Grund, der angeführt wurde, um das Sammeln dieser Erklärungen zu begründen, ist, daß sie, wie Sebastiano Mazzarelli erläuterte, "facevano fede che mio fratello era sta' fuora de casa et fino in palazzo della Raggione, et ch'el non era venuto clam come in sentenzia").

[24] *Inquisitio contra fautores Mazzarelli*, fol. 23^r-24^r (Brief des Bischofs von Adria an den venezianischen Inquisitor vom 24. Januar 1571), 25^v (Verhör des Sebastiano Mazzarelli vom 25. Februar 1571) und 26^r-28^r (Verhör des Nicolò de Verci vom 25. Februar 1571). Zum Ausgang dieser Angelegenheit ist auch ASV, Fasz. 30, Akte *Mazzarello*, zu berücksichtigen. Eine ähnliche Gemeinschaftsaktion zugunsten eines der Ketzerei Verdächtigen wurde 1556 in Capodistria organisiert: An der Sammlung von Aussagen zugunsten von Agostino Sereni beteiligten sich der Jurist Giuseppe Verona, ehemaliger Anhänger Vergerios, der "sindaco" von

Die Aktion des Vicario und der beiden Brüder Mazzarelli hat keinen Erfolg. Domenico verläßt rechtzeitig die Stadt, doch Sebastiano wird verurteilt, sich der Begünstigung schuldig gemacht zu haben, und muß abschwören, wie auch die Unterzeichner der Erklärungen sich unterwerfen müssen. Gegen den Vicarius des Podestà wird ein Verfahren eröffnet, in dessen Verlauf er seine Initiative mit schweren Demütigungen bezahlt.

Die Frage, ob der Stellvertreter eines Podestà zugunsten eines schon öffentlich verurteilten und exkommunizierten Ketzers ohne die stillschweigende oder ausdrückliche Zustimmung seines Vorgesetzten initiativ werden kann, müssen wir offenlassen. Doch man kann vermuten, daß der Vicario de Verci in Rovigo die gleiche Rolle spielt wie der Cancelliere Gian Marco auf Arbe. Beide machen sie sich zu Interpreten des sich in der regierenden Schicht Venedigs regenden Widerstandes gegen das Inquisitionstribunal. Dieser Impuls kommt politisch ungelegen, da sich die Serenissima seit 1547 in die Rolle eines katholischen Staates begeben hat, der sich in Fragen der Rechtgläubigkeit eng an Weisungen Roms hält und die Kirche im Kampf gegen die Ketzerei tätig unterstützt. Das Wissen um die Interessen der Republik und die Position, die sie im Rahmen der internationalen Politik zu wahren hat, zwingt die gesamte venezianische Führungsschicht dazu, jedem antiklerikalen Impuls einen Dämpfer aufzusetzen und jeden Verdacht der Sympathie für heterodoxe Auffassungen zu vermeiden. Diese Staatsdisziplin lockert sich in der Schicht der Notare und Juristen, der Berufsgruppe, aus der die Regierenden ihre engsten Mitarbeiter rekrutieren. Auf dieser untergeordneten Rangstufe wandeln sich antiklerikales Mißtrauen und Argwohn einer auf ihre Vorrechte bedachten politischen Führungsschicht zu einem kämpferischen und nicht unprovokanten Laizismus.[25] Seine Berufsausbildung, die den Notarius in den Stand versetzt, eine allgemeine politische Weisung in die konkrete Verwaltungs- und Kanzleisprache zu übersetzen, macht ihn besonders geeignet dafür, eine antiklerikale Gärung, mag sie auch erst im Ansatz vorhanden sein, zu registrieren und ihr in seinen Handlungen Ausdruck zu verleihen.

Ein Einvernehmen zwischen dem venezianischen Statthalter und seinem Schreiber oder Stellvertreter, der sich auf einen Konflikt mit dem Bischof einläßt oder den Inquisitor herausfordert, ist, wie wir oben gesehen haben, nur in seltenen Fällen zu beweisen oder zu vermuten; es gibt jedoch andere Fälle, in denen der in ein Inquisitionsverfahren verwickelte Notar oder Jurist auf die Solidarität der Vertreter der weltlichen Macht zählen kann. Der

---

Capodistria Alvise de Verci, der Richter Leandro Zarotti und der Notar Giovanni Maria Costantino, Verfasser des Briefs, der die Rechtgläubigkeit Serenis bezeugte (ASV, Fasz. 5, Akte *Giuseppe Verona*).

[25] Die beste Darstellung dieses Themas, die ich kenne, ist das Referat *Chiesa e città fra Medio Evo ed Età moderna*, mit dem Marino Berengo den Kongreß "Città italiane del Cinquecento tra Riforma e Controriforma", Lucca, 13.-15. Oktober 1983, eröffnete. Der Beitrag liegt noch nicht gedruckt vor.

Advokat Francesco Stella findet in Pietro Cocco, dem Podestà von Albona, einen Schirmherrn. Dem Notar Gregorio dal Sacco ersparen der Podestà und der Capitano von Vicenza die Erniedrigung eines öffentlichen Widerrufs.[26] Im Friaul gewährt der Statthalter dem Holzhändler Francesco Salon eine fortgesetzte Unterstützung, die es ihm ermöglicht, mit Listen und Gegenlisten, mit Vertagungen und Sondergenehmigungen die geistlichen Inquirenten monatelang in Schach zu halten und Vikar wie Inquisitor in eine Art Blindekuhspiel zu verwickeln, das dem Ansehen des Gerichts schlecht bekommt.[27]

Daß auch unter günstigsten Bedingungen die Unterstützung eines venezianischen Regenten keine dauerhafte Garantie auf Straffreiheit darstellt, ergibt sich deutlich aus dem Ausgang der Episoden, die wir in diesem Abschnitt angesprochen haben. Wenn der Konflikt über den lokalen Rahmen hinausgeht, wenn das Eingreifen der Zentralgewalt gefordert ist, dann bekommen außenpolitische Überlegungen Vorrang. Das höhere Interesse des venezianischen Staates, das die Erhaltung guter Beziehungen zum Papst verlangt, nimmt dem gesellschaftlichen und rechtlichen Widerstand gegen das Heilige Offizium jede Entwicklungsmöglichkeit. Ein klares Bewußtsein dieser Begrenzung läßt der Jurist Nicola de Negri aus Vicenza erkennen, der auf die Frage nach seinen Glaubensüberzeugungen antwortet: "Ich glaube das, was meine venezianischen Herren glauben." Und was glauben die durchlauchtigsten venezianischen Herren? "Sie glauben das, was ich glaube." Eine Argumentation, die sich im Kreis dreht und in der sich die Summe der von einem religiösen Dissidenten in den Jahren der einsetzenden Gegenreformation gemachten Erfahrungen niederschlägt — und die Bitterkeit, die sich in dieser Argumentation verbirgt, wird in einem Zusatz spürbar: "Wer in diesen Zeiten leben will, muß das glauben, was die Herren glauben."[28]

III

In den Bibliotheken der Notare und Juristen, die im Mittelpunkt dieses Kapitels stehen, ist Erasmus der insgesamt am besten repräsentierte Autor. Sein didaktisches Werk ist in der Bibliothek des Notars Giovan Battista Codessa mit dem Traktat *De conscribendis epistolis*, den *Parabolae sive similia*, dem Opusculum *De civilitate morum puerilium*, den *Colloquia* (in einer Überarbeitung für den Gebrauch in der Schule) sowie den *Disticha Catonis* vertreten; in der Bibliothek des Anwalts Marco Antonio Valgolio mit *De duplici copia verborum ac rerum*, mit *De octo orationis partium*

---

[26] ASV, Fasz. 7, Akte *Francesco Stella di Portobuffolé*; ASV, Fasz. 20, Akte *Gregorio del Sacco*, Brief der Führer des Rats der Zehn an den Podestà von Vicenza, Vincenzo Giustinian, datiert Venedig, 8. Mai 1565.

[27] ACAU, Fasz. 3, Akte 47, *Contra Franciscum Salonum*, fol. 9ᵛ, 12ʳᵛ, 13ʳᵛ, 14ʳ, 16ʳ, 22ᵛ, 26ʳ-28ʳ.

[28] ASV, Fasz. 30, *Processus contra Nicolam de Negris*, Verhör vom 22. März 1569, und fol. 1ʳ.

14. KAPITEL

constructione und nochmals mit den *Disticha Catonis*. Sein humanistisches und philologisch anspruchsvolleres Werk ist unter den Büchern des Notars Vincenzo Bertoldi mit den *Apophthegmata* und den *Adagia* präsent. Die *Adagia* finden sich auch in den Bibliotheken von Domenico Mazzarelli und Marcantonio Valgolio (der außerdem die *Apophthegmata* und *De recta latini graecique sermonis pronunciatione* besitzt).[29]

Für die theologischen und exegetischen Schriften des Erasmus zeigen diese Rechtsgelehrten ein noch deutlicheres Interesse. Unter den Büchern, die der Advokat Francesco Stella verborgen hält, befindet sich die *Exhortatione* des Erasmus zum Studium der Heiligen Schrift (eine unbekannt gebliebene Übersetzung der *Exhortatio ad studium evangelicae lectionis* in Erasmus' Matthäus-Paraphrasen?). Zu der Bibliothek von Marcantonio Valgolio gehören die *Precationes quibus adolescentes assuescant cum Deo colloqui*, das pazifistische Manifest *Dulce bellum inexpertis* und ein nicht näher beschriebener Paraphrases-Band. In der Büchersammlung von Giovan Battista Codessa finden wir die *Evangelia et epistolae quae diebus dominicis leguntur* in der Übersetzung von Erasmus, in der von Vincenzo Bertoldi gehüteten Bibliothek dessen *Parafrasis in Evangelium Ioannis*. Matteo Avogari hat unter seinen Büchern ein von ihm mit zahlreichen Bemerkungen versehenes Exemplar der venezianischen Ausgabe des *Novum Testamentum* von 1526. In der Bibliothek von Francesco Salon stehen die *Annotationes* von Erasmus zum Neuen Testament sowie dessen *Precationes*, deren Lektüre Francesco Salon vor Gericht eingesteht. Francesco Marchesi besitzt von Erasmus die *Paraphrases in universas epistolas Apostolorum ab Ecclesia receptas*. In der Büchersammlung von Matteo Bruno, dem mutmaßlichen Komplizen des Notars Francesco Rosso aus Tolmezzo, findet man nicht spezifizierte Werke von Erasmus neben Büchern von Luther, Zwingli, Melanchthon, Bullinger, Vermigli, Ochino und Vergerio.[30] Auch die beiden Werke von Ortensio Lando, die *Dubbi* und die *Paradossi*, die in

---

[29] ACAU, Fasz. 3, Akte 50, *Contra Ioannem Baptistam Codessa de haeresi diffamatum*, undatiertes Blatt mit der Aufschrift "Inventario de libri del Codessa, che sono nel sacco", und Vermerk vom 14. Dezember 1571, fol. 1^r-2^r (*inc*. Factum fuit inventarium dictorum librorum in sacco); ASV, Fasz. 26, Akte *Vincenzo Bertoldi*, Verhör vom 10. Januar 1570 in Oderzo. Zum Vorhandensein des *Adagia* unter den Büchern Mazzarellis siehe Kap. 3, S. 92. Zu Marcantonio Valgolio siehe ASV, Fasz. 37, Akte *Marcantonio Valgolio*, Verhör vom 24. Mai 1574, und Verzeichnis der bei Valgolio aufgefundenen Bücher (*inc*. Gloriosi Christi martyris, *expl*. Sancti Officii).

[30] Zu Francesco Stella siehe Perini, *Perna II*, S. 393. Zu Valgolio und Codessa siehe Anm. 29. Die Zusammensetzung der übrigen Bibliotheken ergibt sich aus ASV, Fasz. 26, Akte *Vincenzo Bertoldi*, Verhör vom 10. Januar 1570 in Oderzo ("le Parafrase di Erasmo Rotherodamo in Evangelium Ioannis"); ASV, Fasz. 22, Akte *Contra Mattheum de Avoga' doctorem*, Verhör vom 17. April 1567; ACAU, Fasz. 3, Akte 47, *Contra Franciscum Salonum*, fol. 18^r, 32^r, 42^r, 32^v-33^r; ASV, Fasz. 32, Akte *Contra Vincentium Marchesium, Ex libro actorum Inquisitionis Bergomi*, fol. 5^v-6^v; ASV, Fasz. 159, Register der Protokolle des Inquisitionsgerichts (1569/1571), fol. 83^v-84^v (Matteo Bruno).

der Bibliothek des Nicolò Guidozzo beziehungsweise des Francesco Salon stehen, kann man als zur erasmischen Strömung gehörig hier anschließen.[31]

Die Präsenz von Erasmus zeigt sich nicht nur in der Zusammensetzung der Bibliotheken, sondern auch in der von diesen norditalienischen Notaren und Juristen gebrauchten Sprache. Die oben angeführte Formulierung, mit der der Vicentiner Nicola de Negri den Fragen seiner Mitbürger bezüglich seiner religiösen Überzeugungen ausweicht, ist von Erasmus übernommen. In seiner kleinen Abhandlung *De praeparatione ad mortem* empfiehlt der Humanist sie als Mittel im Kampf gegen Glaubenszweifel. Wenn der Teufel dich versucht, indem er dir einen Glaubenszweifel eingibt, lehrt Erasmus seinen Leser, so sollst du seinen Angriff mit der Entgegnung zurückweisen, daß du glaubst, "was die Kirche glaubt". Und wenn der Teufel dich mit der Frage bedrängt, was die Kirche glaube, so sollst du antworten: Die Kirche glaubt, "was ich glaube". Innerhalb dieses Zirkelschlusses sei der Christ in Sicherheit vor jeder Gefahr, folgert der resignierte Humanist.[32] Die Übereinstimmung dieser Argumentation mit der von dem Juristen de Negri gebrauchten Formulierung ist zu genau, um sie als zufällig erklären zu können, um so mehr als der Traktat *De praeparatione ad mortem* seit 1539 in Italien in der Volkssprache zirkuliert. Auch die von Marco Valvasone, Gerichtsschreiber in Torcello, verwendete Sprache verrät eine gewisse Vertrautheit mit den Schriften von Erasmus, wenn er beispielsweise sagt, daß "die Anbetung, die man Gott schuldet, aus dem Innersten des Herzens kommen muß, daß die Äußerlichkeiten Heuchelei sind und daß die Verbeugungen [vor den Bildern] für die Menschen gemacht werden, die nicht das Herz sehen können, nicht aber für Gott, der das Innere sieht".[33]

Die erasmische Komponente ist auf die humanistische Bildung zurückzuführen, die in der Renaissance zum Curriculum jedes Notars und Juristen gehört. In Italien, nicht anders als in anderen Ländern Europas, werden die humanistischen Studien innerhalb der juristischen Ausbildung häufig anhand des didaktischen Werks von Erasmus betrieben.[34] Dem italienischen Notar des 16. Jahrhunderts ist der Name Erasmus noch vertrauter als dem Juristen, da Grammatik und Rhetorik eindeutig die Stärken seiner Bildung ausmachen. Die Forschungen von Lauro Martines, die auch außerhalb der Republik Florenz Gültigkeit haben, beweisen, daß die juristische Ausbildung

---

[31] ASV, Fasz. 40, Akte *Nicolò Guidozzo*, fol. 39ʳ; ACAU, Fasz. 3, Akte 47, *Contra Franciscum Salonum*, fol. 32ʳ.

[32] *LB* V, Sp. 1314E-1315A.

[33] ASV, Fasz. 24, Akte *Contra Marcum Valvasonum*, Aussage des Francesco Salvioni, des Erzdiakons der Kirche von Torcello, vom 5. Februar 1568.

[34] Der Stellenwert, den Werke des Erasmus beispielsweise bei der Ausbildung von Juristen in den Niederlanden hatten, wird in einem Bericht dargestellt, den Charles de Croy, Bischof von Tournai, 1555 an Kaiser Karl V. sandte: Moreau, *Protestantisme à Tournai*, S. 134 (vgl. das diesem Kapitel vorangestellte Zitat). Zur Verwendung von Werken des Erasmus in den italienischen Lateinschulen, wo Juristen und Notare ihre Ausbildung begannen, vgl. Kap. 5, S. 162-168.

lediglich die letzte — und nicht die ausgedehnteste — Phase der Vorbereitung zum Notariat ist. Bevor man ihn lehrt, verschiedene Vertragstypen zu unterscheiden, und ihn mit der Rechtssprache vertraut macht, wird der Notar im Italien der Renaissance im geschickten Umgang mit der Sprache und in der Beherrschung persuasorischer Techniken, sei es als diplomatischer Korrespondent, sei es als öffentlicher Redner im Dienst der Kommune, ausgebildet. Diese Unterweisung gestattet dem gebildeten Notar, in der ersten Phase des Humanismus eine fundamentale Rolle zu spielen und später, im Laufe des 15. und 16. Jahrhunderts, in den italienischen Stadtstaaten die Schlüsselposition des Kanzlers zu besetzen.[35]

Der spezifische Charakter des venezianischen Rechts — ein Recht, das neben den Statuten auf dem "arbitrium" des Rettore oder, anders gesagt, auf dem Grundsatz des "gesunden Rechtsempfindens" basiert — erhöht für den Juristen den Wert einer literarischen Bildung. Der Experte für römisches Recht, der sich auf seine Kenntnis der justinianischen Gesetzessammlungen beruft, erweckt kaum Gefallen bei dem venezianischen Richter, der für "Beredtheit", also eine rhetorisch glänzende Argumentation, empfänglicher ist als für eine legalistische. Gegen Ende des 16. Jahrhunderts kann ein qualifizierter Beobachter bezeugen, daß "irgendeine Sentenz eines Dichters oder anderen Schriftstellers" vor einem venezianischen Tribunal mehr bewirke als das Zitieren "irgendeines römischen Gesetzes". Auch wenn diese Regel nicht für alle Teile des venezianischen Herrschaftsbereichs gilt, auch wenn Venedig bei der Besetzung gewisser Ämter nicht ohne die im römischen Recht ausgebildeten Absolventen der Universität Padua auskommt, privilegiert doch die Berufung auf ein pragmatisch orientiertes "Naturrecht" im Curriculum eines Juristen das rhetorisch-literarische Moment zum Nachteil des fachlich-rechtskundigen.[36] Am venezianischen Gerichtshof kann ein Mann humanistisch-theologischer Bildung wie jener Ludovico Corte, dem wir im siebten Kapitel dieses Buches begegnet sind, als erfolgreicher Advokat auftreten, obwohl er kein gelernter Jurist ist.[37]

Der Gebrauch der Lehrbücher von Erasmus in den Lateinschulen, die Notare und Juristen durchlaufen, erklärt die Bekanntheit seines Namens in diesen Kreisen. Doch das Ausmaß und die Dauerhaftigkeit seines Erfolgs sind letztlich nur durch sein Wirken als Kritiker von Gesellschaft und Kirche zu verstehen. Die schwungvolle Rhetorik, die Erasmus als Kirchenkritiker entfaltet, ist reich an präzisen Anspielungen auf Theorie und Praxis der römischen Kurie im Zeitalter von Julius II.[38] Die traumatische Erinnerung an den Konflikt mit Julius II., durch ständige Streitereien mit dem Klerus um Rechtsprechung, Steuern und Pfründen wach gehalten, prädisponiert also einen Teil der regierenden Schicht von Venedig dafür, sich die Kirchenkritik

---

[35] Siehe die in den Anmerkungen 7 und 8 zitierte Bibliographie.
[36] Cozzi, *Giustizia*, S. 217-318, insbesondere S. 315-317.
[37] Vgl. Anhang zum Kap. 7, S. 235-240.
[38] Erasmus, *Adagia*, S. LII-LV.

von Erasmus anzueignen. Hier wird der Grund dafür zu suchen sein, daß die venezianische Ausgabe der *Querela pacis* (1518) dem Sekretär des Rats der Zehn, Gaspare della Vedova, das *Encomium Moriae* in italienischer Übersetzung (1539, 1544, 1545) dem Vorsitzenden des Rats, Pietro Zeno, gewidmet sind.[39]

Tatsächlich neigt der Lesertypus, den wir in diesem Kapitel vorstellen, dazu, seine Aufmerksamkeit auf die antiklerikale Komponente des Werks von Erasmus zu konzentrieren. In den *Adagia* bemerkt er als erstes — wie wir einer Notiz in dem Exemplar des Juristen Marcantonio Valgolio entnehmen können — die Gefahr, in die sich Erasmus begibt, "nimia licentia lasciviret in ecclesiasticos, qui tangi nolunt".[40] Scharf antiklerikal ist auch der Tenor des im folgenden zu besprechenden Textes, der am deutlichsten den Erfolg der von Erasmus geprägten Rhetorik in venezianischen Notariatskreisen zur Zeit der beginnenden Gegenreformation dokumentiert.

In Durlo, einer Kleinstadt in den Vicentiner Voralpen, liest der Notarius Gregorio dal Sacco "vielen frevelhaften Vertrauten und Anhängern" ein Werk "gegen die Heilige Römische Kirche" vor, "wodurch er in dieser Gebirgsgegend den Seelen dieser einfachen Leute viel Schaden und Verderben zufügt". Der Priester Zuane Sferzer, der die Anzeige erstattet hat, führt es auf diese Lesungen zurück, daß "viele ... nicht mehr in die Kirche gehen und auch weder den Priestern noch der Heiligen Römischen Kirche irgendeine Achtung entgegenbringen".[41] Bei dem inkriminierten Werk, das der Priester 1564 in die Hände bekommt und an das Heilige Offizium von Venedig weiterleitet, handelt es sich um eine in Essay-Form verfaßte Auslegung eines Sprichworts, für die Erasmus mit seinen *Adagia* das Vorbild geliefert hat. Mit der gleichen Freiheit, mit der Alfonso de Valdés in seinem *Dialogo di Mercurio e Caronte* das literarische Modell der *Colloquia* interpretiert, orientiert sich der Verfasser dieses Büchleins an dem Vorbild eines erasmischen Adagiums wie der *Sileni Alcibiadis*. Der in Durlo verlesene Text kann somit zu Recht als Produkt der Schule des Erasmus betrachtet werden, auch wenn die Kritik mit einer Grobheit vorgebracht wird, die Erasmus völlig fremd ist.

---

[39] *BEI*, ad voces. In den deutlichen Hinweisen auf die Kriege von Julius II. wird auch der Grund dafür zu suchen sein, daß der venezianische Botschafter in London, Sebastiano Giustinian, 1517 mit großem Vergnügen die langen *Adagia* politischen Inhalts wie *Dulce bellum inexpertis* las (*EE* II, ep. 591, ll. 34-49).

[40] ASV, Fasz. 37, Akte *Marcantonio Valgolio*, Verhör vom 4. Mai 1574: "Nel libro delli Proverbii di Erasmo" wirft der Inquisitor Valgolio vor "havete scritto di vostra mano queste parole, videlicet: 'Advertat lector quisquis sit, quod volumen istud Adagiorum inscriptum Erasmo male sibi dicari, quandoquidem eorum non est auctor, sed diligens collector et interpres. Quare non iniuste Concilio Tridentino visum est remitti fore alterius correctioni, si forte nimia licentia lasciviret in ecclesiasticos, qui tangi nolunt'".

[41] ASV, Fasz. 20, Akte *Gregorio dal Sacco*, undatierte Anzeige des Priesters Zuane Sferzer an das Heilige Offizium von Venedig.

14. KAPITEL

Entsprechend dem von Erasmus vorgeführten Modell beginnt der Text mit einer philologisch-gelehrten Erörterung des Titels, *Fucus inter apes*, der anhand einer Reihe klassischer Zeugnisse erläutert wird. Dieser Einleitung folgt eine lange Tirade, über der der Autor sein Vorhaben, ein Sprichwort auszulegen, vergißt; stattdessen bringt er heftige Kritik zur Sprache. Seine Kritik richtet sich gegen den Klerus — gegen die Säkularkleriker im ersten, die Regularkleriker im zweiten Teil seiner Schrift.

Die Trägheit und die Gier der mit Drohnen (*fuci*) verglichenen Priester und Bischöfe bilden den Ausgangspunkt für die flammenden Anklagen gegen den Säkularklerus. Habgier, Heuchelei und Gewalttätigkeit sind die gewichtigsten Vorwürfe, die dabei erhoben werden. Sie verkaufen Christus, verleiben sich die Häuser der Witwen ein, beuten die lebendigen Abbilder Christi aus, machen Profit mit gierigem Blick auf Gold und Spenden, bereit, harte Strafen anzudrohen, wenn sie ihre Zehnten und Almosensammlungen in Gefahr sehen; sie sind dreiste und lüsterne Ausbeuter der Kirchengüter, die eigentlich den Armen zustehen; Leute, die sich von den Sünden des Volkes kleiden und ernähren und so prächtig gedeihen; Päpste, welche die Aufgabe des Pontifex schlechthin, das Amt der Predigt, anderen übertragen, um sich ganz und gar dem Erlaß ihrer Gesetze und dem Einstreichen kirchlicher Nebeneinkünfte zu widmen — in solchen und ähnlichen Schmähungen konkretisiert sich der Vorwurf der Habgier. Heuchler, die Gutes tun, um von den Menschen gesehen zu werden, blinde, falsche und betrügerische Führer, Natterngezücht, getünchte Gräber; nach außen hin sind sie fromm, doch ihre ganze Frömmigkeit besteht aus Mitren, Priestermützen, Kutten und Mönchskappen, innerlich sind sie voller Schmutz, Heuchelei, Bosheit, Hurenböcke, Zotenreißer, Kuppler etc.; Leute, die in Pomp und Prunk jedweden Tyrannen übertroffen haben, obwohl sie sich rühmen, die Stützen von Religion und Kirche zu sein — dies einige der Anklagen, in denen sich der Vorwurf der Heuchelei konkretisiert.

Die Anklagerede gewinnt an Aktualität, als sie sich dem Thema Gewalttätigkeit zuwendet. Beispiele für den Einsatz von Gewalt sind die Kämpfe, die um den Heiligen Stuhl entbrennen und manches Mal die Weihe eines Papstes mit Bruderblut beflecken. Gewaltmenschen sind die Bischöfe, die zu dieser Würde durch ihre diplomatisch-militärischen Aktivitäten emporgestiegen sind; eine Betätigung, die mit dem Argument gerechtfertigt wird, sie diene der Verteidigung und Verbreitung des Glaubens — "als ob Christus gewollt hätte, daß sein Evangelium auf der Welt nicht durch Verkündigung, sondern mit Waffen, nicht durch Herzensbekenntnis und Martyrium, sondern prunkend mit militärischer Macht und Einschüchterung, mit kriegerischer Gewalt, mit Bluttaten und Gemetzel verbreitet wird". Das Schwert, das die gegenwärtigen Kirchenführer in der Hand halten, das Schwert, unter dem jeder sein Haupt neigen soll, ist nicht das metaphorische des Evangeliums, sondern eine blutbeschmierte Waffe, gerichtet gegen Wahrheit, Gerechtigkeit und Aufrichtigkeit. Wer gegen die Willkür der mit diesem Schwert bewaffneten Kleriker Widerstand leisten, sich ihren Geboten widersetzen will, muß gewärtig sein, das Martyrium für Christus zu erleiden, will sagen als Ketzer verbrannt zu werden, wie schon Girolamo Savonarola in Florenz als auch Johannes Huss und Hieronymus von Prag, den berühmten in Konstanz verbrannten Märtyrern, geschehen.

Diese Attacke gegen die Inquisitionstribunale schließt den Teil, der den Säkularklerikern gewidmet ist, ab. In dem Abschnitt, der sich dem Regularklerus zuwendet, wird ein besonderer Akzent auf die Straflosigkeit gelegt, welche die kirchlichen Privilegien den Mönchen garantieren. Kraft dieser Straflosigkeit werden aus Klöstern Schlupfwinkel für Verbrecher. Hinter Klostermauern suchen Männer Zuflucht, die sich nirgendwo sonst der gesetzlichen Strafe entziehen könnten, die sich Kapitalverbrechen schuldig gemacht, durch ihre Sittenlosigkeit Schande auf sich geladen, sich durch Verschwendungssucht an den Bettelstab gebracht haben oder die andere, nicht weniger unpassende Gründe zur Entscheidung für ein Leben drängen, zu dem sie nicht berufen sind. Was die Mitglieder dieser heterogenen Gesellschaft gemeinsam haben und miteinander verbindet, ist eine lügnerische Frömmelei, Kutte und Mönchskappe, dreiste Bettelei und das berühmte "Mare magnum", in dem neben anderen Fischen auch Leviathan und Behemoth, Haie, Wale und Schlangen in großer Zahl gedeihen. Von dieser Art also sind die, welche für sich allein die Bezeichnung *religiosi* gelten lassen wollen und sich rühmen, Freunde Christi und Nachfolger der Apostel zu sein. Wie weit sie in Wahrheit von dem einen und den anderen entfernt sind, offenbart ihr ruchloses Leben unter dem Zeichen von Habgier, Wollust, Gefräßigkeit, Ehrgeiz, Unverschämtheit und befleckt mit Verbrechen jeder Art, die — dank des Mantels der Religion — immer ungestraft bleiben.[42]

Trotz der Zeugenaussage des Priesters Zuane Sferzer ist es nicht sehr wahrscheinlich, daß ein venezianischer Provinz-Notarius einen lateinisch so gewandt formulierten und — unter den gegebenen Umständen — so mutigen Text verfaßt hat.[43] Wichtiger als die Frage der Autorschaft, die man wohl

---

[42] Der Text des Adagiums *Fucus inter apes* liegt in einer nicht numerierten, grammatikalisch sehr fehlerhaften Kopie der in Anmerkung 41 zitierten Akte bei (*inc. Fucus inter apes, expl.* finiens gutas dinumerat). Die kurze Darstellung, die ich von dem Text gebe, hat selektiven Charakter. Ihre Absicht ist, einen Eindruck von der Tonart der Schrift zu vermitteln, nicht ihren Inhalt vollständig wiederzugeben.

[43] Daß der Notar selbst der Verfasser der Schrift sei, erklärt Pre Zuane Sferzer in seiner undatierten Anzeige beim Heiligen Offizium (der Notar dal Sacco "è stato così perfido, che havendo scritto opere contro la Santa Romana Chiesia, sfacciatamente ... le ha predicate"). Ich bin nicht in der Lage, diese Aussage zu entkräften, da es mir nicht gelungen ist, einen Beweis für die Verbreitung des Adagiums *Fucus inter apes* als Druck zu finden. Unter den Werken des Sekretärs von Erasmus, Gilbert Cousin, der ebenfalls eine Sammlung klassischer Sprichwörter erstellt hatte, erscheint ein Adagium *Fucus*, dessen Inhalt im wesentlichen, und an einigen Stellen wörtlich, mit dem Anfang des *Fucus inter apes* übereinstimmt (Gilbert Cousin, *Opera*, Basel, Henricus Petri, 1562, S. 150, Nr. 395). Allerdings ist dieses Adagium von Gilbert Cousin sechs Zeilen lang, während die handgeschriebene venezianische Kopie des *Fucus inter apes* sechseinhalb Seiten umfaßt. Das Adagium *Fucus* erscheint in einigen Ausgaben der *Adagia*, in

offenlassen muß, erscheint überdies, wie sich der religiöse Dissens um einen Text wie *Fucus inter apes* kristallisiert.

Der "antirömische Affekt", der sich bei Juristen und Notaren im öffentlichen Dienst aus den Erfahrungen der letzten Jahrzehnte herausgebildet hat, bedarf einer adäquaten Sprache, die im posttridentinischen Italien nicht leicht zu finden ist. Auf dieser Suche resorbiert man die humanistische Kritik (der Traktat *De Constantini donatione* von Lorenzo Valla steht in zwei Bibliotheken dieser Notare)[44], findet man schließlich jedoch zu der Kirchenkritik erasmischer Prägung. Die mit dem moralischen Antiklerikalismus spätmittelalterlicher und humanistischer Tradition übereinstimmende erasmische Argumentation entspricht dem Erwartungshorizont eines kritischen italienischen Lesers des 16. Jahrhunderts. Mit der Frage nach der Legitimität der Inquisitionstribunale und der äußerst scharfen Kritik an den kirchlichen Privilegien, die den Regularklerus der weltlichen Gerichtsbarkeit entziehen, bringt insbesondere der *Fucus inter apes* Probleme zur Sprache, die gerade für venezianische Administratoren und Juristen von brennender Aktualität sind.

IV

Der Antiklerikalismus, der in der einen oder anderen Form in allen von uns untersuchten Fällen zum Ausdruck kommt, stellt nur einen Aspekt der in dieses Kapitel einfließenden Dokumentation dar. Um der Polyvalenz dieser Quellen gerecht zu werden, ist hier in aller Kürze wenigstens eine weitere Tendenz, die sie sichtbar machen, zu erwähnen — der biblische Legalismus, der umstrittene Gewissens- und Religionsfragen aus dem Wortlaut der Bibel herauslösen will. Diese Neigung ist zweifellos in der gesamten italienischen Reformationsbewegung anzutreffen; bei den Protagonisten des vorliegenden Kapitels jedoch ist sie besonders stark ausgeprägt. Notare und Kanzler beziehen sich auf die Bibel wie auf eine Rechtsquelle, zitieren Bibelsprüche

---

denen die Sammlung von Erasmus um spätere Autoren, unter ihnen Gilbert Cousin, erweitert wird (z.B. Des. Erasmus Roterodamus, *Adagiorum Chiliades quatuor cum sesquicenturia, ex postrema authoris recognitione*, Basel, Episcopius, 1572). Man kann die — allerdings etwas komplizierte — Hypothese in Betracht ziehen, daß Gilbert Cousin eine längere Version des Adagiums *Fucus* — nämlich eben die in Venedig verwahrte handschriftliche — verfaßt, sich aber darauf beschränkt hatte, den Anfang zu veröffentlichen, um Konflikte mit den kirchlichen Autoritäten zu vermeiden (Cousin starb 1572 im Gefängnis, wo er wegen des Verdachts auf Ketzerei einsaß). Der nicht publizierte Text könnte als Handschrift in Venezien, wo sich Gilbert Cousin zwischen 1558 und 1560 aufhielt, in Umlauf gewesen sein (Pierre-André Pidoux de Maduère, *Bibliographie historique des oeuvres de Gilbert Cousin*, Bibliographie moderne, Bd. 15, 1911, S. 132-171). Die andere Möglichkeit ist, daß ein protestantischer Autor das Sprichwort von Cousin erweiterte (ebd., S. 134) und in einem mir unbekannten Druck veröffentlichte.

[44] Die zwei im Text erwähnten Bibliotheken sind die des Francesco Stella (Perini, *Perna II*, S. 394) und die des Domenico Mazzarelli (siehe Kap. 3, S. 92). Den Ausdruck "antirömischer Affekt" habe ich Jedin, *Konzil von Trient* I, S. 163, entnommen.

wie Gesetzestexte und fordern implizit ihre Gegner heraus, doch eine gleichwertige Autorität anzuführen.

"Existiert vielleicht irgendein Kirchengesetz, das mich verpflichtet, eine gemalte Figur anzubeten? Zeigt es mir, ich habe es noch nie gesehen", fährt der Cancellarius Guidozzo den päpstlichen Legaten in Venedig an. "Ein solches Gesetz ist auch im Alten Testament nicht enthalten. 'Unum cole Deum nec iures vana per ipsum' — steht geschrieben, und nicht, daß ich gemalte Figuren anbeten soll." Im Gefängnis äußert er im Gespräch mit einem anderen Häftling: "Dem Bischof zum Trotz bin ich so christlich, wie man auf der Welt christlich sein kann. Sie, die Inquisitoren, wollen, daß ich die Heiligen anbete. Sie sollen mir ein Gesetz zeigen, dann bete ich sie an" (1576).[45] Girolamo Parto, Giovan Battista Michiel und Marco Valvasone liefern uns weitere Beispiele eines solchen Biblizismus, der offenbar der *forma mentis* von Juristen entspricht. Einem venezianischen Inquisitor, der seine Mißbilligung der Ansicht, daß "man nicht zur Kirche gehen müsse", deutlich erkennen läßt, widerspricht der Notar Girolamo Parto: "Sankt Paulus sagt genau dies: 'Templum Dei estis vos, et spiritus Domini habitat in vobis'" (1574).[46] Ein außervenezianisches Beispiel bietet der Notarius Fabio Cioni aus Grosseto, der auf den Rahmen eines Marienbilds in seinem Hause schreibt: "Simulachra gentium aurum et argentum opera manuum hominum", Ps 113 B, 4 (1568).[47]

Während der Antiklerikalismus, auch wenn er sich mit großer Heftigkeit äußert, zur Tradition der katholischen Reformbestrebungen gehört, ist der biblische Legalismus ein Indiz für die Orientierung am protestantischen Lager. Tatsächlich ist ein guter Teil unserer Juristen und Schreiber — wie sich auch aus der starken Präsenz protestantischer Schriften in ihren Bibliotheken entnehmen läßt — dem Protestantismus zuzuordnen (Francesco Stella und Domenico Mazzarelli in leitenden Positionen, des weiteren Girolamo Parto, Matteo Avogari, Giovan Battista Michiel, wahrscheinlich auch Nicola de Negri und Giovan Battista Codessa), während andere innerhalb der katholischen Reformbewegung bleiben (Marcantonio Valgolio, Marco Valvasone, vielleicht Nicolò Guidozzo). Eine deutlich sichtbare Zäsur zwischen beiden Gruppen läßt sich allerdings nicht feststellen, eher legen die Quellen den Gedanken eines allmählichen Übergangs von der einen zur anderen Position nahe.

---

[45] ASV, Fasz. 40, Akte *Nicolò Guidozzo*, fol. 11^r, 21^r.
[46] ASV, Fasz. 37, Akte *Contra Hieronimo Parto*, fol. 13^{rv}. Siehe auch in derselben Akte, fol. 14^r: "Mi pare che 'l sia bon orar in ogni loco, così dicendo san Paulo, 'Orate sine intermissione'".
[47] ASS, Notarile antecosimiano 2777, Akte *Processo contro Fabio Cioni*, fol. 24^v, 43^r. Siehe auch bezüglich Matteo Avogari ASV, Fasz. 22, *Contra Mattheum de Avoga'*, Verhör vom 17. April 1567: "Io credeva che 'l fusse come dice l'Evangelio, cioè 'Ubi sunt duo vel tres congregati, in medio eorum sum'".

V

Von Prozessen bedroht, von Häschern des Heiligen Offiziums verfolgt, eingekerkert und abgeurteilt, beziehen unsere Schreiber und Juristen zunehmend härtere, sogar kämpferische Positionen, zeigen ein herausforderndes Benehmen, bieten ihren Richtern die Stirn. Unmißverständlich widersetzen sich der Notar Vincenzo Bertoldi und der Kanzler Gaspare de Rubertis dem Inquisitionsgericht (1569/70).[48] Ein unverhohlener Angriff auf die Werte, die das Heilige Offizium vertritt, ist die Antwort des Kanzlers Nicolò Guidozzo, als man ihn bezüglich seiner Nachlässigkeit beim Befolgen des Sonntagsgebots befragt: "... Wenn ich das ganze Jahr ohne Essen auskommen könnte, wie ich ohne Messe auskomme, so würde ich mir das Essen ersparen. Denn ich sehe, daß die Kleriker bei der Messe für alle beten. Ob ich nun dabei bin oder nicht, bleibt sich gleich. Beten die Priester etwa nicht für alle?" (1575) Auch Marcantonio Valgolio, bei dem man verbotene Bücher gefunden hat, zeigt sich widerspenstig; vergebens versucht das venezianische Tribunal, ihm ein Wort der Reue zu entlocken. Inquisitor: "Begreift Ihr nicht, daß man, wären diese Bücher nach Eurem Tode gefunden worden, Eure Leiche aus der geweihten Erde ausgegraben hätte?" Valgolio: "Was macht mir das aus, ob mein Staub in den Wind gestreut worden wäre?" (1575)[49] Andere, strengen Verhören unterworfen und von Folter bedroht, reagieren mit Schärfe und Härte: "Fragt, was Ihr wollt, Ihr werdet nichts weiter von mir erfahren" (1570).[50]

Der in Venetien gelegentlich aufflackernde Widerstand gegen die Inquisitionstribunale beruht auf dem Legitimitätsverlust der Richter, die in jenen Tribunalen sitzen. Vermutlich erscheint das Heilige Offizium den Angeklagten in den hier behandelten Prozessen als politische Instanz, als Inkarnation jenes hartnäckigen Machtwillens, der die Kirche in immer neue Konflikte mit der staatlichen Autorität verwickelt. Eine luzide Beschreibung dieser Überzeugung hat der mehrmals erwähnte Jurist Nicola de Negri gegeben. Nicola "sagte, daß die Kleriker es geschickt eingerichtet hätten, eine solche Macht zu erreichen, womit er meinte, daß sie mit der Angst vor Bann und Kirchenstrafen die Menschen dazu bringen, sie zu respektieren und ihr Ansehen und ihre Macht zu mehren" (1569).[51]

---

[48] ASV, Fasz. 26, Akte *Vincenzo Bertoldi*, passim, und insbesondere Aussage des Gaspare de Rubertis vom 29. November 1569.
[49] ASV, Fasz. 40, Akte *Nicolò Guidozzo*, fol. 11^v; ASV, Fasz. 37, Akte *Marcantonio Valgolio*, Verhör vom 4. Mai 1574.
[50] ASV, Fasz. 26, Akte *Vincenzo Bertoldi*, fol. 3^r. Eine ähnliche Reaktion bei Nicola de Negri, ASV, Fasz. 30, Akte *Processus contra Nicolam de Negris*, fol. 5^r.
[51] Ebd., fol. 13^v.

15. KAPITEL

DER AUSSCHLUß VON ERASMUS
EIN EPILOG

I

Die Erstellung des Index der verbotenen Bücher und seine Anwendung durch die Staaten der italienischen Halbinsel bedeuteten den Ausschluß von Erasmus aus dem kulturellen Leben Italiens. Die Tabelle zur Darstellung der verlegerischen Rezeption seiner Schriften zeigt die unmittelbare Auswirkung dieses Ereignisses. (Abb. 1)

Dieses Schaubild der italienischen Erasmusausgaben faßt die Resultate einer in den italienischen und bedeutendsten ausländischen Bibliotheken durchgeführten Untersuchung zusammen. Das wichtigste Ergebnis dieser Nachforschungen, ein Verzeichnis der italienischen Erasmusdrucke im 16. Jahrhundert, wird Gegenstand einer gesonderten Veröffentlichung sein.[1] Hier werde ich mich darauf beschränken, diejenigen Aspekte der bibliographischen Erhebung vorwegzunehmen, die sich quantifizieren lassen. Sechs Punkte können wir dabei festhalten:

a) Erasmus war mit seinen Schriften in Italien weitaus stärker präsent als aufgrund der bisher bekannten Daten angenommen wurde. 217 italienische Erasmusdrucke im 16. Jahrhundert wurden im Laufe der Untersuchung von mir identifiziert und lokalisiert (in dieser Zahl sind die Veröffentlichungen, zu denen Erasmus lediglich philologische Anmerkungen beisteuerte, wie viele von ihm besorgte Ausgaben klassischer Autoren, nicht enthalten). Verglichen mit den 79 italienischen Ausgaben, die — bei gleichen Katalogisierungskriterien — in der *Bibliotheca Erasmiana*, dem auch heute noch unersetzlichen Nachschlagewerk, aufgeführt sind, bedeutet die festgestellte Anzahl der Drucke also eine Zunahme von ungefähr 175%. Insbesondere verdoppelt sich die seinerzeit von Benedetto Croce mit 15 angegebene Zahl der im Druck erschienenen Übersetzungen; ich konnte 30 feststellen, ohne daß 8 geplante oder ausgeführte, aber unveröffentlichte Übersetzungen, von denen im Quellenmaterial die Rede ist, hinzugezählt

---

[1] Mein Katalog der italienischen Erasmus-Ausgaben im 16. Jahrhundert, *Bibliotheca erasmiana italica: Sixteenth Century Italian Editions of Erasmus' Works*, wird demnächst erscheinen.

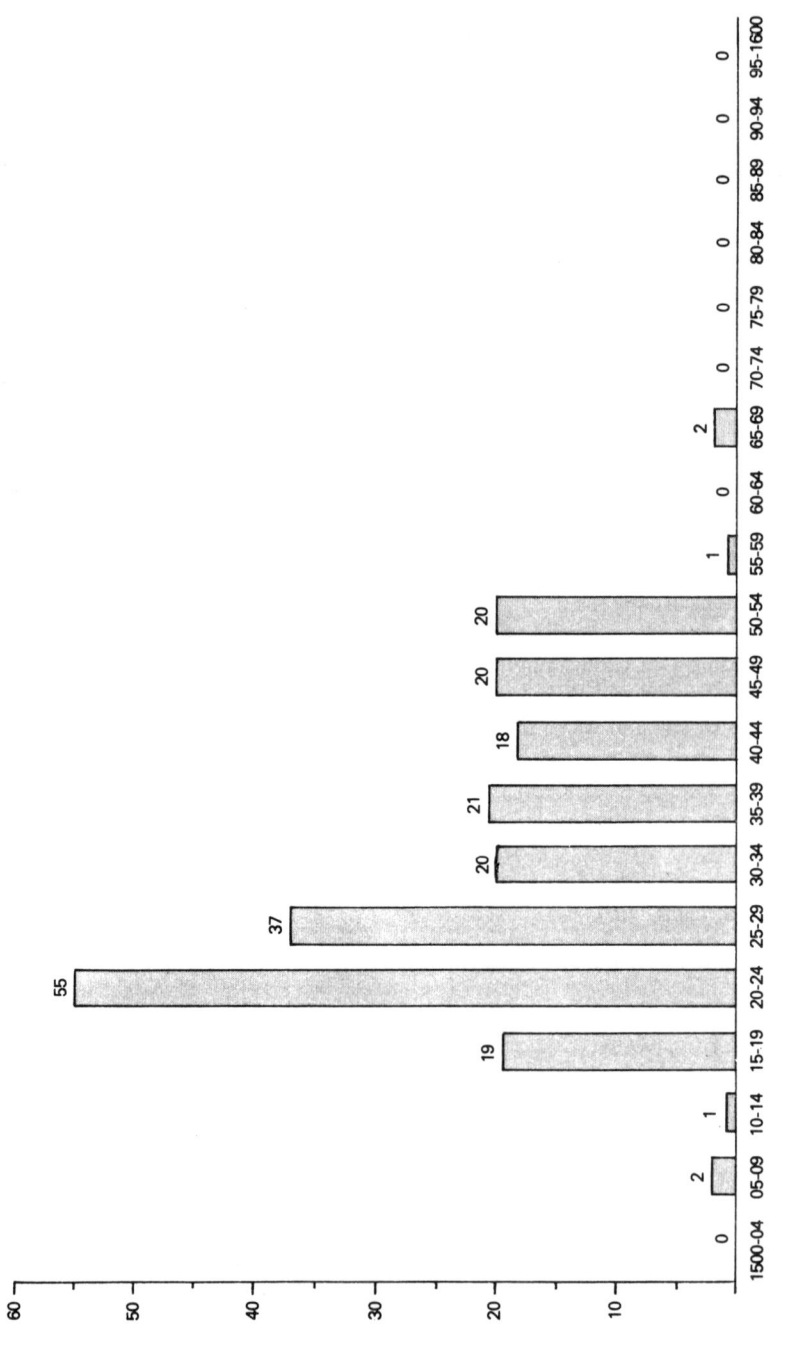

Abb. 1. Im 16. Jahrhundert in Italien ohne Eingriffe der Zensur veröffentlichte Werke von Erasmus

worden wären.² Wenn man diese Zahlen mit denen vergleicht, die Marcel Bataillon für die iberische Halbinsel ermittelt hat (121 Erasmusdrucke im 16. Jahrhundert, inklusive der in Antwerpen und Venedig erschienenen spanischen Übersetzungen), scheint Erasmus in Italien in beachtlichem Maße mit Veröffentlichungen präsent.³ In der verlegerischen Rezeption des Humanisten wird Spanien von Italien um ein gutes Stück übertroffen; berücksichtigt man allerdings nur die Übersetzungen in die Landessprache, kehrt sich dieses Verhältnis zugunsten Spaniens um: für das 16. Jahrhundert verzeichnet Bataillon 84 Erasmusdrucke auf spanisch.

b) Der verlegerische Erfolg von Erasmus in Italien erreichte seinen Höhepunkt in den Jahren zwischen 1520 und 1525. Das Interesse der italienischen Drucker für Erasmus blieb zwar auch danach lebhaft, doch die Produktion ließ spürbar nach, was vermutlich als Ergebnis jener von italienischen Theologen zwischen 1520 und 1530 betriebenen *reductio Erasmi ad Lutherum* zu betrachten ist (vgl. Kap. 2).

c) Das *biennium* 1554/55 stellte für den Druck von Schriften des Erasmus in Italien eine Jahrhundertzäsur dar (Abb. 1). In jener Zeit kamen die letzten Bände aus italienischen Druckpressen, die nicht durch die Zensur entstellt wurden. Die einzige Ausnahme, ein wahrscheinlich um das Jahr 1568 in Lucca heimlich gedrucktes Bändchen — das die *Disticha Catonis* sowie das Opusculum *De civilitate morum puerilium* enthält —, bestätigt nur die Regel.⁴ Beinahe zweihundert Jahre sollten vergehen, bevor der Name Erasmus wieder auf dem Titelblatt eines in Italien gedruckten Buchs erscheint. Doch auch da, mitten im 18. Jahrhundert, ist ein Erasmusdruck nicht ohne Tarnung möglich.⁵

d) Die Bereitschaft der italienischen Drucker, Übersetzungen von Erasmus-Schriften zu finanzieren und herauszubringen, erreicht ihren Höhepunkt in

---

² Croce, *Traduzioni*, S. 416. Hinsichtlich der Dokumentation der im Text genannten Zahlen verweise ich auf *BEI* (bei der Zählung der Übersetzungen wurde selbstverständlich die *Dechiaratione delli dieci commandamenti*, eine kleine Anthologie von Schriften Luthers, die in Italien unter dem Namen von Erasmus erschienen ist, nicht berücksichtigt, vgl. Kap. 3, S. 86, Anm. 44). Bei der Zählung der italienischen Übersetzungen, die in Abbildung 2 graphisch dargestellt ist, und folglich auch bei dem in Abbildung 1 gezeigten Gesamtüberblick über die italienischen Ausgaben, habe ich die unter den Büchern von Francesco Stella gefundene *Exhortatione* von Erasmus unberücksichtigt gelassen, da es mir nicht gelungen ist, ein Exemplar zu finden; ebenfalls nicht zu den italienischen Übersetzungen gezählt wurden die *Apoftemmi*, die Giovanni Bernardo Gualandi 1567 in Venedig als Werk von Plutarch veröffentlichte, die sich aber in Wirklichkeit auf das gleichnamige Buch von Erasmus stützen (vgl. Kap. 2, S. 66), da es sich bei diesem Druck eher um eine freie Bearbeitung als um eine Übersetzung handelt.
³ Bataillon, *Erasmo y España*, S. LI-LX.
⁴ *Catonis disticha moralia latine et graece cum scoliis Desiderii Erasmi Roterodami. De civilitate morum puerilium per Erasmum Roterodamum. Reliqua quae adiuncta sunt aeque ad mores pertinentia versa pagina indicabit*, s.l.a., und hierzu Adorni Braccesi, *Dissenso religioso lucchese*, S. 238. Wie in der Folge noch erklärt werden wird, betrachte ich die zensierten Bücher der *Adagia* und der *Apophthegmata*, die im letzten Viertel des 16. und zu Beginn des 17. Jahrhunderts in Italien erschienen sind, nicht als vollwertige Erasmus-Ausgaben.
⁵ *BB*, E 939.

430   15. KAPITEL

der Zeit zwischen 1540 und 1554 (Abb. 2). Von den 30 Drucken seiner
Werke in italienischer Sprache fallen 23 in diesen Zeitraum. Das Interesse
des landessprachlichen Lesers war also in eben jener Zeitspanne am
intensivsten, als sich reformatorisches Gedankengut des stärksten Zuspruchs
erfreute. Es ist zu vermuten, daß zwischen diesen beiden Phänomenen ein
Zusammenhang besteht (siehe oben Kapitel 3 bis 7).

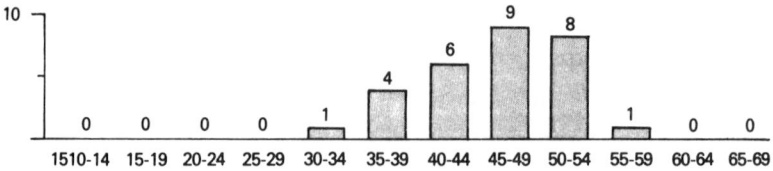

Abb. 2. Im 16. Jahrhundert in italienischer Übersetzung veröffenlichte
Werke von Erasmus

e) Der dynamischste Unternehmer auf diesem Feld war der Venezianer
Gregorio de Gregoriis. Im Kolophon der von ihm veröffentlichten Werke des
Erasmus steht sein Name neben dem von Lorenzo Lorio aus Portesio, der
als Geldgeber dieser Initiativen auftritt.[6] Mit insgesamt 31, in einem
Zeitraum von 7 Jahren (1520-26) gedruckten Werken steht das Paar de
Gregoriis/Lorio mit weitem Abstand an der Spitze aller in diesem Zweig des
italienischen Büchermarkts tätigen Typographen.

f) Besonders gut verkaufte sich Erasmus in Italien als Verfasser humanis-
tisch geprägter Schulbücher. Mag auch die Einteilung seines Schaffens in
Lehrbücher, philologische Arbeiten, religiöse Schriften, philologisch-
didaktische und theologisch-didaktische Werke, die ich der hier publizierten
graphischen Darstellung zugrunde gelegt habe, etwas allzu schematisch
ausgefallen sein, so geht doch das Interesse der italienischen Drucker an den
didaktischen und humanistischen Schriften von Erasmus mit unmißverständlicher Klarheit aus dieser bibliographischen Erhebung hervor
(Abb. 3). Wiederum kann uns ein Vergleich mit der iberischen Halbinsel
helfen, die Eigenarten der Rezeption in Italien zu erkennen. Im iberischen
Raum werden 84 Ausgaben religiöser Schriften und 37 Ausgaben humanistischer Werke gezählt — es besteht also ein Verhältnis von 2,5 zu 1 —; in

---

[6] Pastorello, *Tipografi*, S. 27f. (Gregorio de Gregoriis), 51f. (Lorenzo Lorio). Vgl. auch Paul
Kristeller, *Die italienischen Buchdrucker- und Verlegerzeichen bis 1525*, Straßburg 1893, S. 94f.
Lorenzo Lorio di Giovanni, der 1536 Buchhändler in Udine ist, ist vielleicht nicht mit dem
venezianischen Unternehmer gleichen Namens identisch (Antonio Battistella, *Udine nel
sedicesimo secolo*, Udine 1932, S. 36).

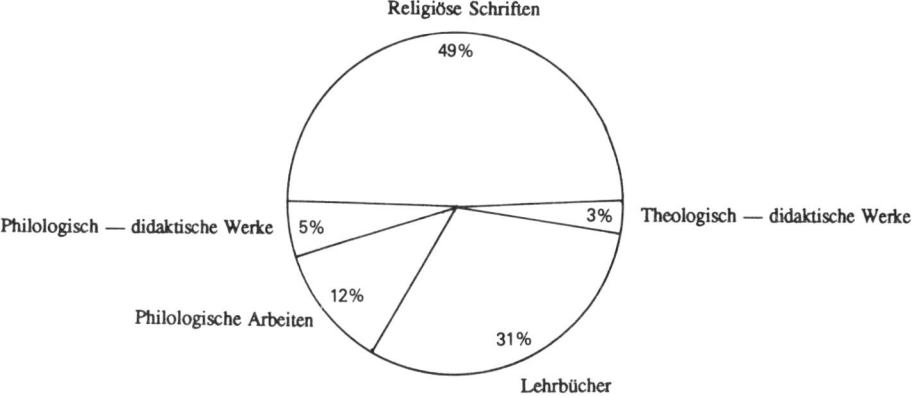

Abb. 3. Thematische Verteilung der italienischen Ausgaben von
Werken des Erasmus

Italien dagegen sind Werke aus diesen beiden Themenbereichen gleichgewichtig vertreten. Daraus geht hervor, daß sich auf der iberischen Halbinsel das Interesse eindeutig auf Erasmus als Verfasser religiöser Schriften konzentrierte, während er in Italien als Humanist ebenso erfolgreich war wie als Theologe. Im Stammland des Humanismus konnte er, historisch gesehen als Letzter gekommen, zu den heimischen Gelehrten auf ihrem ureigenen Gebiet in Konkurrenz treten. Eine der möglichen Erklärungen dafür ist, daß Erasmus eine Lücke auf dem Büchermarkt schloß. Die Vermutung liegt nahe, daß er den Bedürfnissen kulturell aufstrebender Schichten entgegenkam, bei denen von den Humanisten vorausgegangener Generationen eine Nachfrage geschaffen worden war, um deren Befriedigung sie sich nicht gekümmert hatten. Orientiert an einer elitären, oft nur Eingeweihten zugänglichen Kultur,[7] hatten die italienischen Humanisten jene sozialen Schichten vernachlässigt, deren Streben — nach der Alphabetisierung[8] — es nun war, Zugang zur Sprache der Gebildeten, dem Lateinischen, zu finden. Für Angehörige dieser Schichten, die sich selbst um ihre Weiterbildung kümmern mußten, war Erasmus als Gesprächspartner hervorragend geeignet. Mit seinen nach dem Grundsatz der Zweckdienlichkeit und Anschaulichkeit konzipierten Handbüchern der Rhetorik und Stilistik, seinen anregend zu lesenden lehrhaften Schriften kam Erasmus einem Typ des Lesers entgegen, dessen Lernwille nicht durch sein soziales Umfeld unterstützt wurde, sondern der bei seinem einsamen Streben der Motivierung bedurfte. Und was hätte als Motivierung mitreißender sein können als die Aussicht, an jener religiösen und moralischen Erneuerung teilzuhaben, die sich in den Lehrschriften des Erasmus abzeichnete?

---

[7] Garin, *Educazione*, S. 119-159, insbesondere S. 132.
[8] Dario Balestracci, *La zappa e la retorica*, Florenz 1984, S. 15-31.

II

Wie von den Wissenschaftlern, die sich mit der Erforschung der Zensur beschäftigen, bereits deutlich gemacht wurde, kam es infolge der Veröffentlichung und Anwendung des Index zu einer jahrhundertelangen Unterbrechung der Osmose zwischen europäischer und italienischer Kultur. Nicht nur die Werke Luthers und Calvins, Bucers und Zwinglis, Oekolampadius' und Bullingers wurden südlich der Alpen aus dem Handel gezogen; dieses Verdikt betraf auch die Schriften zahlreicher anderer Autoren, die sich nicht ausschließlich mit Theologie befaßt hatten: die Traktate von Melanchthon und Agrippa von Nettesheim, Ulrich Zasius und Theodor Zwinger, Leonard Fuchs und Johannes Oldendorp waren dem italienischen Leser nicht mehr zugänglich. Zu einer Revision kam es bei Werken, die aus dem Handel genommen oder verurteilt worden waren, nur selten und spät.[9] Eine weiterhin lebhafte Nachfrage konnte nur mit Drucken von jenseits der Alpen oder Lagerbeständen, die den Bücherverbrennungen von 1559 entzogen worden waren, befriedigt werden. Das Einschleusen transalpiner Drucke in den italienischen Markt und der Handel mit illegalen Lagerbeständen hingen davon ab, wieviel Initiative und Mut die Buchhändler zeigten. Mit einem Mal rückte die Gestalt des Buchhändlers in den Vordergrund der Kulturgeschichte.

Für die italienischen Buchhändler, die sich in den Jahren zwischen 1555 und 1585 den Gefahren des Handels mit verbotenen Büchern aussetzen, ist Erasmus ein besonders gewinnträchtiger Autor. In den Dokumenten, die sich auf den illegalen Buchhandel jener Jahre beziehen, kehrt sein Name regelmäßig wieder. Seine Werke sind es, die der Buchhändler als erste zu verbergen sucht, wenn die Abgesandten des Heiligen Offiziums überraschend in seinem Laden erscheinen, um eine der periodischen Kontrollen durchzuführen.[10] Trotz der Versuche, die Bücher zu verstecken, führen unangekündigte Inspektionen zu dieser Zeit fast immer zur Beschlagnahme beachtlicher Mengen Erasmusdrucke. Im folgenden soll anhand einiger Beispiele aufgezeigt werden, wie die Inquisition gegen Buchhändler vorging, die dem Index zuwiderhandelten.

Im November 1564 führen zwei Notare der Kurie von Siena, begleitet vom Vikar des Inquisitors, im Laden des Buchhändlers Antonio Zenoli eine

---

[9] Rotondò, *Censura*, S. 1406-1414, 1449-1454; Grendler, *Inquisition and Press*, S. 147f.

[10] ASV, Fasz. 14, Akte *Vincenzo Valgrisio e altri* (1547-1570), fol. 61ʳ, 22. August 1570. Der Kommissar der Inquisition Fra Felice da Vicenza und der Lektor Fra Costanzo berichteten "qualmente andorno a visitar il magazen di messer Francesco Ziletto, il quale li fecero aspettar più di due hore a venire, et mandò ultimamente il suo servitore, et visitorno parte di esso magazeno. Et facendo vedere i titoli delli libri, che erano ad alto, il predetto servitore accusava il bollettino falso. Et esso padre lettore, riguardando con un'altra scala nel medesimo titolo, s'accorse che 'l servitore non haveva voluto manifestar il titolo di Herasmo. Et allhora esso padre commissario disse ad esso servitor: 'Gioto, tu non hai letto questi bollettini secondo che dicono, ma alla roversa'".

überraschende Kontrolle durch. Von den dabei registrierten 119 verbotenen Büchern sind 27 von Erasmus (24 Exemplare der *Moria*, die Paraphrase zu den Paulusbriefen, *De praeparatione ad mortem* in italienischer Übersetzung, die *Querela pacis* sowie zwei Exemplare der pseudoerasmischen *Dechiaratione delli dieci commandamenti*). Nachdem Zenoli vergeblich versucht hat, sich zu verteidigen, indem er die Verantwortung auf seinen venezianischen Lieferanten Francesco Bindoni abwälzt, wird der sienesische Buchhändler mit dem Verlust der Bücher und einer zusätzlichen Geldbuße von 50 Goldscudi belegt. Die Zahlung einer solchen Summe liegt jenseits der Möglichkeiten des Buchhändlers, der deshalb die Mitgift seiner Braut antasten muß.[11]

Ebenfalls in Siena führen ähnliche Kontrollvisiten im Oktober 1566 zur Beschlagnahme zweier Exemplare der *Adagia* von Erasmus im Laden von Adriano Cattanei und einer nicht genannten Zahl von Erasmusdrucken, darunter erneut die *Adagia*, in der Buchhandlung von Vincenzo di Giovanni. Beide Händler bezahlen ihr Zuwiderhandeln mit — wenn auch kurzer — Haft und der vorübergehenden Schließung ihrer Läden.[12]

1569 wird bei der erzbischöflichen Kurie von Neapel Anzeige gegen die Florentiner Händler Francesco und Antonio Bonaventura erstattet. Sie werden beschuldigt, von ihren Geschäftsfreunden in Lyon, den notorischen Hugenotten Enrico und Gabriele Gabbiani, illegale Drucke zu beziehen. Auch diese Anzeige setzt hauptsächlich auf den Abschreckungseffekt des Namens Erasmus, von dem die Bonaventura drei Werke aus Lyon eingeführt haben (zwei von ihnen, die *Expositio orationis dominicalis* und die *Apophthegmata*, sind in der Zwischenzeit bei einer der periodischen Kontrollen der Kurie vernichtet worden; das dritte, *Lingua*, wird prompt bei dem Buchhändler Simone Maffiolo gefunden). Als Folge der Anzeige werden den Bonaventura ganze Ladungen Bücher beschlagnahmt und zusammen mit einem Teil ihrer Geschäftskorrespondenz in den Bischofspalast geschafft.[13]

Die Aufmerksamkeit des Heiligen Offiziums erregen auch die Venezianer Pietro di Nicolò, Buchhändler "all'insegna del Gesù", Ludovico Avanzo, Buchhändler "all'insegna dell'Albero", und Marco Bindoni, Buchhändler "al'insegna della Giustizia". Erasmus ist der Verfasser eines erheblichen Teils der verbotenen Bücher, die man im Sommer 1571 in ihren Geschäften

---

[11] AAS, Fasz. 5505, *Cause criminali*, cc. 1ʳ-26ʳ (hierzu Catoni, *Librai senesi*, und Marchetti und Catoni, *Stampa proibita*).

[12] ASS, Notarile antecosimiano 2776, Akte *Processi contro librai senesi*. Es ist mir nicht gelungen, das Inventar der in Siena bei Camillo Bellinghi beschlagnahmten Bücher zu finden, auf das Marchetti und Catoni — jedoch ohne Angabe der Quelle — in *Stampa proibita*, S. 205, hinweisen.

[13] ASDN, Fasz. 14, Dokument aus zwei unpaginierten Seiten, ohne Titel, *inc.* Die sexta Iunii 1569, *expl.* pro reverendissimo archiepiscopo negociari.

findet.[14] Ein anderer venezianischer Buchhändler, der rechtzeitig vor einer unmittelbar bevorstehenden Inspektion gewarnt wird, deponiert anno 1570 über 200 Bände im Haus eines benachbarten Kaufmanns, kann sich aber dem Zugriff des heiligen Tribunals dennoch nicht entziehen. Unter diesen auf dem Campo San Moisè verbrannten Bänden befindet sich eine beträchtliche Zahl Erasmusdrucke.[15] Opfer des Eifers der Inquisitoren ist auch Francesco Ziletti, Buchhändler "all'insegna della Stella". 1582 vor das venezianische Tribunal beordert, hat er zu erklären, wieso sich in seinem Laden zehn verbotene Bücher befanden, fünf davon Ausgaben des *Novum Testamentum* von Erasmus. Der Vikar der Inquisition ist von einem namentlich nicht genannten Franziskaner, der sich in der Buchhandlung zum Stern ein Exemplar des erasmischen *Novum Testamentum* zum persönlichen Gebrauch gekauft hat, auf Ziletti angesetzt worden. Und der Vikar, der im Laden als an "griechischen und lateinischen Neuen Testamenten in der Übersetzung von Erasmus" interessierter Kunde auftritt, bekommt von Ziletti ohne weiteres sein ganzes Sortiment verbotener Ausgaben vorgelegt. Ziletti geht nicht nur seiner Bücher verlustig, muß nicht nur die Schmach ertragen, daß sie vor seinem mit einer entehrenden Inschrift versehenen Laden öffentlich verbrannt werden, sondern wird auch noch zu einer Geldbuße von 30 Dukaten verurteilt, die auf verschiedene kirchliche Einrichtungen verteilt werden.[16]

1575 lenkt eine anonyme Anzeige die Aufmerksamkeit des Inquisitors von Udine auf Antonio Occhiali, Drogist und Buchhändler, der beschuldigt wird, in seinem Haus eine gewisse Anzahl verbotener Bücher aufzubewahren, "vor allem Werke des Erasmus von Rotterdam". Der anonyme Denunziant behauptet, Occhiali beabsichtige, diese Bücher in das habsburgischer

---

[14] ASV, Fasz. 156, Akte *Libri proibiti, massime cathaloghi* (1545-1571), Sitzungen vom 30. August, vom 13. und 20. September und vom 8. Oktober 1571.

[15] ASV, Fasz. 30, Akte *Francesco Ziletti e Vilio Bonfadini*, erwähnt von Grendler, *Inquisition and Press*, S. 165 und von Grendler und Grendler, *Erasmus in Italy*, S. 8. Der Akte liegen zwei verschiedene Inventare ein und desselben Bestands von Büchern bei, die der Buchhändler im Hause des Nachbarn versteckt hatte und die später vom Heiligen Offizium beschlagnahmt und verbrannt wurden. Diese beiden Listen, die von mir zu einem einzigen Inventar zusammengefaßt wurden, sind zusammen mit neunzehn anderen Verzeichnissen von — hauptsächlich bei Buchhändlern — beschlagnahmten Büchern zur Berechnung des prozentualen Anteils von Erasmus-Drucken an den vom Heiligen Offizium konfiszierten und vernichteten Büchern herangezogen worden (siehe S. 436f.). Es muß allerdings darauf hingewiesen werden, daß eine zahlenmäßig exakte Angabe der von Bonfadini versteckten Bücher unmöglich ist, sei es wegen der Ungenauigkeit einiger seiner Formulierungen (z.B. "Alcune speza de Adagia Erasmi, io non so del certo se el ne sia uno in tel mazo che dise 'varia', credo ben che ne sia di Copia verborum et di Reta latine [De recta latini graecique sermonis pronunciatione]"), sei es, weil er die Zahl der versteckten Exemplare nicht immer präzise angibt (z.B. "Dotrina cristiana, 10 over dodese salvo il vero"). Was das Inventar Bonfadini angeht, handelt es sich also um eine Berechnung mit Näherungswerten.

[16] ASV, Fasz. 49, Akte *Constitutum Francisci Gisletti librarii in merciaria ad insigne Stelle*.

Gerichtsbarkeit unterstehende Görz zu schaffen, um sie dort ungestört verkaufen zu können.[17]

1582 entdeckt ein Dominikaner, der sich am Bücherstand, den ein ambulanter Händler im Portikus vor dem Haus des Richters von Codroipo aufgestellt hat, ein wenig umschaut, die *Colloquia* von Erasmus und beschlagnahmt das Buch. Der Buchhändler führt zur Rechtfertigung seine Unwissenheit an.[18]

Am repräsentativsten für die Gruppe der Buchhändler, die auf eigene Kosten erfahren, wie unnachgiebig das Heilige Offizium in Sachen Bücherverbot ist, erscheint mir Vincenzo Valgrisi, "il libraio al segno d'Erasmo". Der gebürtige Franzose Vincent Vaugris läßt sich 1531 in Venedig nieder und eröffnet dort eine Buchhandlung, die er um 1540 mit dem Bildnis des Erasmus schmückt. Der Name des Humanisten kommt des weiteren im Markenzeichen der Bücher vor, die Valgrisi herausgibt. Die Geschäfte des Händlers, der inzwischen seinen Namen italianisiert hat, müssen recht gut gegangen sein, da er gegen Mitte des Jahrhunderts Filialen in Bologna, Macerata, Foligno, Recanati und Lanzano besitzt sowie Inhaber eines Ladens in Frankfurt ist. Aus dem Verlagsprogramm der "Werkstatt im Zeichen des Erasmus" ragen die beiden einzigen Ausgaben der *Colloquia* in italienischer Übersetzung, die bis zum 19. Jahrhundert südlich der Alpen veröffentlicht wurden, und eine Ausgabe der *Apophthegmata*, auch sie in italienischer Übersetzung, heraus.[19] Der Literat, den Valgrisi mit dem Auftrag, die *Colloquia* zu übersetzen, betraut, ist Pietro Lauro aus Modena, ein Anhänger der Reformationsbewegung.[20] Auch andere Sympathisanten der neuen religiösen Ideen finden bei Valgrisi Arbeit, so daß die "erasmische Werkstatt" in den Vierzigerjahren wie ein Diskussionszentrum für kontroverse Glaubensdinge — beispielsweise das Prinzip der "Barmherzigkeit Christi" — erscheint.[21]

Seit dieser Zeit hat das Heilige Offizium ein Auge auf den Buchhändler "im Zeichen des Erasmus" und bestellt ihn ein, wenn sich in der Stadt ein besonders aufsehenerregender Fall von Verbreitung ketzerischer Schriften ereignet; doch erst 1559 beginnt man, sich ernsthaft in seine Geschäfte einzumischen. Anfang des Jahres wird Valgrisi von Abgesandten des

---

[17] Cavazza, *Libri proibiti*, S. 41.
[18] ACAU, Fasz. 7, Akte 111, *Contra quemdam ingnotum bibliopolam libros prohibitos vendentem in loco Quadruvii* (erwähnt von Cavazza, *Libri proibiti*, S. 62).
[19] *BEI*, ad voces.
[20] Siehe Kap. 7, S. 218.
[21] ASV, Fasz. 14, Akte *Vincenzo Valgrisio e altri*. Siehe auch Grendler und Grendler, *Erasmus in Italy*, S. 7f., mit Bibliographie. Ich vermag nicht anzugeben, welche Beziehung zwischen diesem Valgrisi und dem aus Lyon stammenden Konstanzer Buchhändler und Erasmus-Vertrauten Benedictus Vaugris, der Kontakt mit Venedig hatte (*EE* V, ep. 1359, VIII, S. 78, IX, S. 179), bestand. Daß Valgrisi Leute als Korrektoren beschäftigte, die den neuen religiösen Ideen offen gegenüberstanden, ergibt sich aus ASV, Fasz. 6, Akte *Antonio Bernerio miniatore*, Aussage vom 24. Mai 1547, und ASV, Fasz. 6, Akte *Antonio Clario da Eboli* (1547).

Heiligen Offiziums genötigt, jenes Ladenschild mit dem Bild des Erasmus zu entfernen, das ihm viele Jahre lang nicht bloß als Kennzeichen seines Geschäfts gedient, sondern darüber hinaus sein unternehmerisches Programm symbolisiert hat. Im Sommer dann muß sich Valgrisi vor Gericht unterwerfen und dafür entschuldigen, an einer gemeinsamen Aktion der venezianischen Buchhändler gegen das Inkrafttreten des Index Pauls IV. teilgenommen zu haben. Die Anordnung, eine Liste der in seinem Lager vorhandenen verbotenen Bücher aufzustellen — Bücher, die dann abzuliefern sind —, läßt schwere finanzielle Einbußen erwarten. Es werden nicht die einzigen Verluste bleiben. 1571 werden bei einer unangekündigten Durchsuchung 1277 verbotene Bücher in Valgrisis Lager beschlagnahmt. Dieses Mal muß sich Valgrisi der *purgatio canonica* unterwerfen und wird zu einer Geldbuße von 50 Dukaten verurteilt, die man auf sein Bittgesuch hin auf 20 Dukaten herabsetzt. Weitere zwölf Jahre später beschlagnahmt man bei Vincenzo Valgrisis Sohn Giorgio ein *Novum Testamentum* von Erasmus. Gleichzeitig wird ein anderer Sohn, Felice, zu einer Geldbuße verurteilt, weil er Büchersendungen aus Lyon hat öffnen lassen, ohne die Ankunft eines Beamten der Inquisition abzuwarten, wie es verpflichtend vorgeschrieben ist.[22]

Eine quantitative Erhebung auf der Grundlage von 20 Inventaren verbotener Bücher ergibt, daß — wie schon die oben erwähnten Fälle nahelegen — Erasmus tatsächlich in jener Zeit der bestvertretene Autor auf dem Schwarzmarkt für Bücher ist. In 18 Fällen handelt es sich dabei um Verzeichnisse von zwischen 1555 und 1587 bei italienischen Buchhändlern beschlagnahmten Bänden, die beiden restlichen Listen führen die bei zwei Inquisitionsgerichten nach der Beschlagnahme lagernden Bestände auf. Berücksichtigt wurden hierbei vorwiegend die in Buchhandlungen konfiszierten Drucke, weil diese die Marktentwicklung nach Inkraftsetzung des Index besser widerspiegeln als die Listen beschlagnahmter Bücher aus Privatbesitz, bei denen das Erwerbsdatum meist unsicher ist.

Chronologisch angeordnet, handelt es sich bei den Inventaren, auf denen unsere Erhebung basiert, um folgende:

1. Inventar der dem Heiligen Offizium zu Venedig von dem Buchhändler Tommaso Giunti im Mai 1555 übergebenen Bücher;
2. Inventar der dem Heiligen Offizium zu Venedig von dem Buchhändler Marchionne Sessa im Mai 1555 übergebenen Bücher;
3. Inventar der dem Heiligen Offizium zu Venedig von dem Buchhändler Gabriele Giolito im Mai 1555 übergebenen Bücher;
4. Inventar der vom Heiligen Offizium von Venedig bei einem ungenannten Buchhändler im September 1555 beschlagnahmten Bücher;

---

[22] ASV, Fasz. 14, Akte *Vincenzo Valgrisio e altri*; ASV, Fasz. 49, Akte *Constitutum Francisci Gisletti librarii in merciaria ad insigne Stelle*, 4. Dezember 1582, und ebd., Akte *Contra Felicem Valgrisium librarium*, 4. November 1582.

5. Inventar der nach der Beschlagnahme beim Heiligen Offizium von Venedig im September 1556 lagernden Bücher;
6. Inventar der bei dem Buchhändler Antonio Zenoli in Siena im November 1564 beschlagnahmten Bücher;
7. Inventar der vom Heiligen Offizium von Neapel bei Battista Cappello, Kommissionär des Druckers Gabriele Giolito, im Januar 1565 beschlagnahmten Bücher;
8. Inventar der vom Heiligen Offizium von Venedig bei Vincenzo Valgrisi im August 1570 beschlagnahmten Bücher;
9. Inventar der für Paolo Maggieto, Buchhändler in Padua, bestimmten und im Geschäft von Vincenzo Valgrisi im August 1570 beschlagnahmten Bücher;
10. Inventar der bei Ludovico Avanzo, Buchhändler "all'insegna dell'Albero", im August 1570 in Venedig beschlagnahmten Bücher;
11. Inventar der bei Giovanni Guarisio 1579 in Venedig beschlagnahmten Bücher;
12. Inventar der bei Vilio Bonfadini, Buchhändler "all'insegna del Diamante", vom Heiligen Offizium zu Venedig im Februar 1571 beschlagnahmten Bücher;
13. Inventar der vom neapolitanischen Heiligen Offizium bei dem Buchhändler Marco Antonio Passero im Juli 1574 beschlagnahmten Bücher;
14. Inventar der vom neapolitanischen Heiligen Offizium bei dem Buchhändler Marco Romano im Juli 1574 beschlagnahmten Bücher;
15. Inventar der im Geschäft des Buchhändlers Marco Antonio Passero in Neapel im August 1574 beschlagnahmten Bücher (von dieser Liste habe ich lediglich die vom Inquisitor als verbotene Bücher gekennzeichneten Bände berücksichtigt);
16. Inventar der vom venezianischen Heiligen Offizium bei Stefano Bindoni, dem Sohn des ehemaligen Buchhändlers "all'insegna della Giustizia" Agostino, im Januar 1580 beschlagnahmten Bücher;
17. Inventar der vom venezianischen Heiligen Offizium bei dem Buchhändler Bartolomeo Chemer im November 1582 beschlagnahmten Bücher;
18. Inventar der vom venezianischen Heiligen Offizium bei Francesco Ziletti, Buchhändler "all'insegna della Stella", im Dezember 1582 beschlagnahmten Bücher;
19. Inventar der nach der Beschlagnahme beim Heiligen Offizium von Udine im Juni 1584 lagernden Bücher;
20. Inventar der vom venezianischen Heiligen Offizium bei dem Buchhändler Gioacchino Bugnoli im April 1587 beschlagnahmten Bücher.[23]

---

[23] Die von mir für diese Erhebung genutzten Inventare sind zum Teil veröffentlicht, zum Teil unveröffentlicht. Sie sind in folgenden Publikationen erschienen bzw. werden in hier verzeichneten Archiven verwahrt. Inventare Nr. 1-5: Del Col, *Controllo della stampa*, S. 498-509; Inventar Nr. 6: siehe oben, Anm. 11; Inventar Nr. 7: Bongi, *Annali Giolito*, Bd. 1,

Von den insgesamt 3425 auf diesen Listen inventarisierten Büchern sind 604 von Erasmus verfaßte oder kommentierte Werke. Mit einem Anteil von 17,6% geht Erasmus als der mit weitem Abstand in diesen drei Jahrzehnten auf dem Schwarzmarkt gefragteste Autor aus meiner Untersuchung hervor. Die Erhebung zeigt, daß, bei der großen Zahl der in diesen Jahren beschlagnahmten und vernichteten Büchern, beinahe jedes fünfte den Namen des Erasmus trug. Der große Abstand zu den nach ihm meistgefragten Autoren Pietro Aretino (7% bzw. 241 Titel) und Philipp Melanchthon (4,4% bzw. 149 Titel) unterstreicht die besondere Vorliebe des italienischen Publikums für den holländischen Humanisten.[24]

III

Ein Rückblick auf die Ergebnisse unserer Untersuchung zeigt, daß Erasmus im letzten Viertel des 16. Jahrhunderts aus den Katalogen der italienischen Drucker verschwunden ist, Einfuhr und Verkauf seiner Bücher mit beträchtlichen Risiken verbunden sind, der Bestand von Erasmusdrucken, die in privaten Bibliotheken überlebt haben, infolge von Selbstanzeigen der Eigentümer und von Denunziationen dahinschwindet. Kann man unter diesen Umständen noch von einem Überleben der erasmischen Tradition nach 1575 in Italien sprechen?

Wissenschaftler unterschiedlicher Prägung und Forschungsrichtung stimmen darin überein, daß Erasmus im letzten Viertel des Jahrhunderts aus

---

S. LXXXV-XCII; Inventar Nr. 8: ASV, Fasz. 14, Akte *Vincenzo Valgrisio e altri*, S. 39-43 (erwähnt von Grendler, *Inquisition and Press*, S. 311-14); Inventar Nr. 9: ASV, Fasz. 14, Akte *Vincenzo Valgrisio e altri*, S. 43f.; Inventar Nr. 10: ebd., S. 37, im August 1570, [*Inventario fatto*] *en el magazen de Messer Lodovico Avanzo, libraro all'alboro*; Inventar Nr. 11: ebd., S. 35, im August 1570, *Inventario delli libri ritrovati nelli magazeni di messer Zuane Guarisio*; Inventar Nr. 12: siehe oben, Anm. 15; Inventare Nr. 13-15: Lopez, *Inquisizione e censura*, S. 275-277, *Libri proibiti inventi apud Marcum Antonium Passerum bibliopolam*, im Juli 1574, S. 277-280, *Libri prohibiti inventi apud Marcum Romanum bibliopolam*, im Juli 1574, S. 283f., *Libri trovati in la poteca di messer Marco Antonio Passaro*, am 6. August 1574 (innerhalb dieser neapolitanischen Inventare habe ich es für legitim erachtet, die Exemplare der in Neapel veröffentlichten *Defensio pro Erasmo contra theologos parisinos* des Spaniers Alfonso Enriquez wie Bücher des Erasmus zu behandeln); Inventar Nr. 16: ASV, Fasz. 46, Akte *Stefano Bindoni figliolo di Agostino Bindoni libraro all'insegna della Iustitia*; Inventar Nr. 17: ASV, Fasz. 48, Akte *Bartholomeo Chemer* (erwähnt von Grendler, *Inquisition and Press*, S. 319f.); Inventar Nr. 18: ASV, Fasz. 49, Akte *Constitutum Francisci Gisletti librarii in merciaria ad insigne Stelle*, 4. Dezember 1582; Inventar Nr. 19: Cavazza, *Libri proibiti*, S. 71; Inventar Nr. 20: ASV, Fasz. 59, Akte *Gioachino Brugnoli* (erwähnt von Grendler, *Inquisition and Press*, S. 320f.). Die gedruckten Inventare sind anhand der Originaldokumente überprüft und korrigiert worden, jene ausgenommen, die im ASDN verwahrt sind.

[24] Der Buchhändler Vilio Bonfadini allerdings zählt Erasmus nicht zu den gefragtesten Autoren. Vgl. ASV, Fasz. 30, Akte *Francesco Ziletti e Vilio Bonfadini*, Verhör vom 13. Februar 1571: "*Interrogatus* Quali libri prohibiti hanno maggior domanda ...? *respondit* Le cento novelle, le Bibie volgari et Testamenti Novi volgari, le opere del Machiavelli".

der italienischen Kultur ausgeschlossen wurde.²⁵ Einige vertreten jedoch die These, die Operation gegen Erasmus in der tridentinischen und post-tridentinischen Ära sei voller Milde und Rücksichtnahme vonstatten gegangen, und mögen nicht ausschließen, daß erasmisches Gedankengut sich — allerdings in geringerem Maße — in Italien auch gegen Ende des 16. Jahrhunderts und darüber hinaus weiter verbreitet habe.²⁶

Das konkreteste Argument, das zur Stützung dieser These angeführt wird, ist der Hinweis darauf, daß Erasmus auch nach dem Inkrafttreten des Index Pauls IV. weiterhin verlegt worden sei. Stark zensiert, werden einige Werke — namentlich die *Adagia* und die *Apophthegmata* — im letzten Viertel des 16. Jahrhunderts und sogar zu Beginn des 17. Jahrhunderts neu aufgelegt (Abb. 4).²⁷ Auch wenn es sich nur um acht Drucke handelt — sie widersprechen doch der These einer radikalen Zäsur. Auch der Gebrauch von Lehrbüchern des Erasmus in Jesuitenschulen wird zur Stützung der These, daß die Verdrängung des Humanisten aus der katholischen Kultur mit geringer Konsequenz verfolgt worden sei, herangezogen.²⁸ Noch im Jahre 1650 erscheint in Mailand eine Ausgabe des Traktats *De utraque verborum ac rerum copia* unter dem fiktiven Namen Calipius Poliphrastus.²⁹

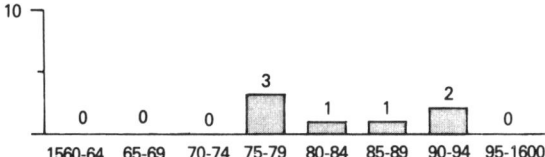

Abb. 4. In Italien unter dem Namen Paolo Manuzio erschienene zensierte Ausgaben von Werken des Erasmus

Ich möchte dem Argument der Präsenz von Erasmusdrucken im gegenreformatorischen Italien gleich geringes Gewicht und gleich geringen Wert zuerkennen, wie den Erasmusausgaben, auf die diese Argumentation sich stützt. Die im letzten Viertel des 16. Jahrhunderts und den direkten Folgejahren erschienenen Werke von Erasmus sind von der Zensur in

---

²⁵ Rotondò, *Censura*, S. 1424, 1426 und Anm., 1435f.; Cavazza, *Libri proibiti*, S. 62-64; Grendler und Grendler, *Erasmus in Italy*.
²⁶ Grendler und Grendler, *Erasmus Holdings*.
²⁷ *BEI*, ad voces.
²⁸ Scaduto, *Laínez e l'Indice*, S. 19-23.
²⁹ Calipius Poliphrastus, *De utraque verborum ac rerum copia libri duo, ad sermonem et stylum formandum utilissimi, in gratiam studiosae iuventutis novissime editi*, Mailand, Ludovico Montia und Antonio Petrarca, 1650.

solchem Maße entstellt worden, daß sie m.E. jede tatsächliche Beziehung zu ihrem Verfasser verloren haben. Diese Verstümmelungen betreffen eben jene ethisch-politisch-religiöse Komponente, die den Diskurs von Erasmus prägt und ihn so unverwechselbar macht. Wird diese Komponente zerstört, dann reduzieren sich die *Adagia* oder die *Apophthegmata* auf Dokumente klassischer Gelehrsamkeit oder Monumente des Sammlerfleißes, aus denen der kreative Funke und der Gärstoff kritischen Denkens verbannt worden sind. Weit entfernt davon, den Triumph von Erasmus über die Zensur zu beweisen, beweisen diese Ausgaben, die man eigentlich nicht als Erasmusdrucke bezeichnen sollte, den Triumph der Zensur über Erasmus. Nicht einmal ein kleines Meisterwerk maliziöser und anspielungsreicher Ironie wie das Adagium *Scarabeus aquilam quaerit* überlebt die Zensur der posttridentinischen Theologen in Italien.

Die Haltung der Jesuiten gegenüber Erasmus erfordert eine differenziertere Bewertung. Die Tatsache, daß auch von einflußreichen Mitgliedern der Gesellschaft Jesu die Verurteilung von 1559 beklagt wird, die Tatsache, daß die Jesuiten expressis verbis Erasmus von den Ketzern unterscheiden, verleiht dem in ihren Kollegien üblichen Gebrauch seiner Lehrbücher die Bedeutung einer bewußten Distanzierung von der im paulinischen Index enthaltenen Verurteilung. Es ist dies allerdings eine Abweichung, die ordensintern bleibt und nach außen hin nicht deutlich wird. Auch die Jesuiten hüten sich, ihren Schülern die Bücher von Erasmus ohne vorbeugende Textänderungen in die Hand zu geben, und beschränken deren Gebrauch auf die humanistischen Werke didaktischen Zuschnitts wie die Traktate *De octo orationis partium constructione, De conscribendis epistolis* und *De duplici copia verborum ac rerum*. Selbst die *Adagia* werden als Buch betrachtet, das in die Obhut des Rektors des Kollegs gehört, nur von Lehrern konsultiert werden darf und für dessen Gebrauch besondere Vorsichtsmaßregeln zu treffen sind. Vertrautheit mit den religiösen Ideen von Erasmus ist mit der Zugehörigkeit zur Gesellschaft Jesu ebenso unvereinbar wie mit der Mitgliedschaft in den anderen Orden der posttridentinischen Ära. Die einzige Ausnahme von dieser Regel bildet der belgische Pater Arnaud Conche, dessen Fall allerdings mit dem Ausschluß aus dem Jesuitenorden endet.[30]

Die Entfernung des Namens Erasmus von den Titelseiten der zensierten italienischen Ausgaben der *Adagia*, der *Apophthegmata* und der von den Jesuiten geförderten Umarbeitungen seiner didaktischen Werke kommt einer Absichtserklärung gleich. Diese Neuausgaben stellen recht eigentlich eine geistige Enteignung des Humanisten dar, da die Verwertung seiner klassischen Bildung und seines pädagogischen Talents mit der Verdrängung

---

[30] *MPSJ* I, S. 97, 99f., 138f., 168f., 223, 438f., 452, 557; II, S. 130, 153f., 425f., 589, 599, 714f., 741, 759; III, S. 87, 108, 140, 144, 251, 260, 282, 535-537. Zu Arnaud Conche, dem erasmischen Jesuiten, ebd., III, S. 258f. Eine ausgewogene Einschätzung der Haltung der Gesellschaft Jesu gegenüber Erasmus: Codina Mir, *Pédagogie des Jésuites*, S. 310-315.

seines Namens aus dem Gedächtnis der Menschen einhergeht. Das Plündern seines Werks folgt seiner "Verniemandung".[31]

Das andere Argument zur Stützung der These, daß Erasmus in Italien auch im späten 16. Jahrhundert weiterhin präsent gewesen sei, bezieht sich auf das materielle Überdauern des Buchs. Trotz Festnahmen und Prozessen, Durchsuchungen und Enteignungen, Geldstrafen und Scheiterhaufen bleibt eine gewisse Anzahl von Erasmusdrucken in den italienischen, sogar in den römischen Bibliotheken erhalten.[32] Das Vorhandensein dieser Bücher rechtfertigt die Vermutung einer gewissen Kontinuität in der Gewohnheit, Erasmus zu lesen. Dafür sprechen auch einige Dokumente der Inquisition.

Der über siebzigjährige Jurist Marcantonio Valgolio aus Brescia, der seinen Besitzerstolz nicht verhehlen kann, als der Inquisitor von Venedig ihm — neben anderen verbotenen Büchern — seine neun Erasmusbände als Corpus delicti vorlegt; der Augustinerchorherr Leonardo da Venezia, dem es gelungen ist, ein halbes Dutzend Erasmustexte als Modelle der Rhetorik zu sammeln (1574); der Notar Giovanni Battista Codessa aus Gonars, in dessen Bibliothek die exegetischen und religionskritischen Schriften von Erasmus ebensogut vertreten sind wie die humanistischen (1571); der venezianische Erzieher Domenico Nogarola, der *De duplici copia verborum ac rerum* als Lehrbuch benützt (1587); der Jurist Giovan Battista Prevedello, der dem Inquisitor eine Bücherliste vorlegt, auf der die Erasmusausgaben des *Novum Testamentum* und der Briefe von Hieronymus stehen (1587); der Capitano von Görz, Giorgio della Torre, dessen Bibliothek die gewagtesten Schriften von Erasmus nebst einer stattlichen Sammlung von Büchern Luthers umfaßt (1592); der Arzt Iacopo Clapiz aus Spilimbergo, dem es gelingt, seine Erasmusbände bis zu seinem Tode zu behalten (1596); der Adlige Bertoluccio Bertolucci aus Udine, der dem Inquisitor gesteht, den Traktat *De conscribendis epistolis* und die *Disticha Catonis* zu besitzen (1600); Giovanni Battista Pascali, ebenfalls ein Jurist in Udine, der den Besitz humanistischer Schriften des Erasmus zugibt (1600); schließlich der Trödler Giovanni Franceschini aus Gemona, der mitten im 17. Jahrhundert (1647) in den Besitz einer umfangreichen "ketzerischen" Bibliothek aus dem vorhergehenden Jahrhundert gelangt, zu der auch vier Werke von Erasmus gehören, und sie in seinem Geschäft zum Verkauf anbietet — sie alle sind Zeugen für das materielle Überdauern der Bücher von Erasmus im gegenreformatorischen Italien. Erfolglos sucht der Historiker in dieser langen Kette von Zeugnissen nach einer definitiven Zäsur.[33]

Die Analyse der diesbezüglichen Akten offenbart, daß es Nischen gab, in denen der Handel mit und der Besitz von Büchern des Erasmus straffrei

---

[31] Das Wort wurde von Hilde Domin, *Aber die Hoffnung*, München 1982, S. 162, geprägt.
[32] Grendler und Grendler, *Erasmus Holdings*.
[33] Grendler und Grendler, *Erasmus in Italy*, S. 9; dies., *Erasmus Holdings*, S. 6; Cavazza, *Libri proibiti*, S. 42, 47f., 49f., 53-55. Zu Fra Leonardo da Venezia siehe Kap. 11, S. 355-357; zu Marcantonio Valgolio siehe Kap. 14, S. 408, 417f., 421.

blieb, und fördert Indizien einer relativ flexiblen Praxis der Inquisition zutage, der Kompromisse nicht fremd sind.[34] Wiederholt bezeugen Leser des späten Cinquecento, daß Bücher von Erasmus in Venedig öffentlich zum Kauf angeboten werden.[35] Wird ein Buchhändler nach dem *Novum Testamentum* von Erasmus gefragt, dann verhält er sich nicht vorsichtig wie jemand, der sich anschickt, etwas Illegales zu tun, sondern breitet vertrauensvoll alle Ausgaben des Werks, die er gerade im Laden hat, vor dem Unbekannten aus.[36] Auch das Gerücht — mag es nun zutreffen oder nicht —, daß der Inquisitor von Piacenza die dort beschlagnahmten "Bücher von Erasmus" auf dem Markt von Venedig wieder verkaufen lasse, spricht für eine gewisse Laxheit bei der Anwendung der Zensurvorschriften.[37] Das venezianische Tribunal zeigt sich jedenfalls recht versöhnlich, was den Handel mit verbotenen Büchern angeht, wenn der Täter ein schlichter und mittelloser Mann ist. Ein solcher Buchhändler wird, auch wenn man ihn in flagranti ertappt, mit einer einfachen Ermahnung davonkommen, ohne eine Strafe zahlen zu müssen, "attenta eius paupertate et simplicitate".[38] In einem anderen Fall ist das Urteil dem Anschein nach strenger, erschöpft sich jedoch in einem Akt demonstrativer Pflichterfüllung seitens der Inquisition und nutzt den gegebenen Rahmen für Strafmaßnahmen keineswegs aus. Den schuldigen Buchhändler kettet man eine Stunde lang an die Schandsäule in Rialto — die mit der Inschrift "Wegen des Verkaufs verbotener Bücher" versehen ist —, läßt ihn jedoch zu seinem Gewerbe — "considerata paupertate et inhabilitate ad alia exercenda" — wieder zu, kaum daß er das

---

[34] Siehe Kap. 11, Abschnitt IV.

[35] ASV, Fasz. 9, Akte *Constitutum Francisci Gisletti librarii in merciaria ad insigne Stelle*, Aussage des Fra Vincenzo Bobio, Vikars des Inquisitors, vom 4. November 1582: "Sono da 15 giorni in circa ch'io andai da un padre de San Francesco zocholante qual è pugiese, ... al qual domandai se haveva compratto nissun libro tradotto da Erasmo ... El ditto padre zocholante me rispose de sì, che haveva comprato un Testamento Novo greco et latino tradotto da Erasmo. Et domandandoli da chi, mi rispose: 'N'hanno quasi tutti li librari et in particolar ho comprato questo da quel libraro che tien la stella, sta in merzaria.'" (Siehe auch Kap. 11, S. 355).

[36] Ebd., Fortsetzung der Aussage des Fra Vincenzo Bobio: "Et con questa delatione me ne andai in marzaria da messer Francesco Giletti libraro all'insegna della Stella et li domandai se haveva Testamenti Novi greci et latini tradutti da Erasmo. Mi respose de sì e fece portare un mazzo de libri, quali sono questi de sopra inventariati che ho presentato io" (unter anderem fünf Exemplare des Neuen Testaments in der Ausgabe des Erasmus).

[37] ASV, Fasz. 159, Register der Protokolle des Inquisitionsgerichtes (1569-1571), fol. 95ʳ, Vermerk vom 5. September 1570, Contra Hieronimum Scoto: "Il reverendo padre frate Felice dell'Ordine de predicatori commissario del ... inquisitore, essendo andato ... alla Doaria di mar per visitar alcuni libri, sopravenne messer Hieronimo Scoto, il quale havendo veduto esso padre, li disse parole stranie et obbrobriose, et specialmente che li inquisitori pigliavano li libri, et non li restituiscono ma li vendono, sì come hanno fatto delli altri inquisitori ... Et disse di uno particolarmente, il quale vendete una Bibia qui in Venetia alli librari, dil che ne ha molti testimonii ... Et di più che l'inquisitor di Piacenza, havendo trovato delli libri con Herasmo in Piacenza, li tolse, et li mandorno poi a vendere qui in Vinetia."

[38] ASV, Fasz. 156, Akte *Libri proibiti, massime cathaloghi* (1545-1571), fol. 22ʳ, Vermerk vom 13. September 1571.

Tribunal gebeten hat, "um des Unterhalts seiner Familie willen mit seinem Elend Mitleid zu haben".[39]

Nicht nur eine gewisse Kompromißbereitschaft mildert die Härte der geltenden Bücherverbote; vielmehr gibt es unter den Inquisitoren und Zensoren auch Männer, denen die Vorschriften des Index zu streng erscheinen und die dazu neigen, sie aus eigenem Antrieb abzuschwächen. Die "Grammatikbücher mit Anmerkungen von Erasmus und Melanchthon", welche die Bürger von Pirano gemäß dem Index von Paul IV. 1561 abliefern, werden von Fra Valengo Tisano, dem Inquisitor von Istrien, als harmlose Lektüre eingeschätzt. Für den Vikar des Bischofs von Padua ist die "Paraphrase von Erasmus zu den Distichen von Cato", die man im Hause des Schullehrers Angelo Basgapé, der in Venedig der Ketzerei angeklagt und verurteilt wurde, gefunden hatte, ein "harmloses und triviales" Büchlein, dessen Besitz im legitimen beruflichen Interesse des Angeklagten liege. Und auch Santo Sbais, Pfarrer in einer kleinen Gemeinde des Patriarchats Aquileia, hat keine Schwierigkeiten mit dem Heiligen Offizium, als man 1568 die *Disticha Catonis* in seinem Besitz findet. Der Jurist Marcantonio Valgolio aus Brescia schließlich, der nicht nur eine beachtliche Anzahl verbotener Bücher besitzt, sondern auch deutlich zu verstehen gibt, daß ihn der Index ganz und gar nicht kümmert — "indem er sagt, daß der Index der verbotenen Bücher, trotz der Autorität des Papstes, eine Bagatelle sei" —, wird vom Tribunal gegen Zahlung einer Kaution in Höhe von 200 Dukaten auf freien Fuß gesetzt, "attenta eius decrepita etate et paupertate". Das Verfahren gegen ihn wird eingestellt.[40]

Als letztes Beispiel in dieser Reihe möchte ich den Serviten Lorenzo da Lucca vorstellen. Gegen 1580 beauftragt ihn der Bischof von Lucca, die Buchhandlungen und Bibliotheken der Stadt zu überwachen. Aber Fra Lorenzo fällt es sehr schwer, sich von den verbotenen Büchern zu trennen, die während seines zwanzigjährigen Verweilens im Amt in seine Hände geraten sind. Eine von oben angeordnete Inspektion seiner Zelle führt im November 1600 zur Entdeckung einer für diese Zeit außerordentlichen Ansammlung von verbotenen Büchern, unter denen sich die lateinische *Institutio principis christiani* des Erasmus, seine *Moria* und sein *Liber de praeparatione ad mortem* auf italienisch befinden.[41]

---

[39] ASV, Fasz. 37, Akte *Bartolomeo de Sabio*. Bartolomeo de Sabio war der Buchhändler, der Fra Leonardo da Venezia mit Büchern von Erasmus versorgt hatte, siehe Kap. 11, S. 355f.

[40] ASV, Fasz. 17, Akte *Pre Francesco Bertoldo di Oderzo*, Brief des Fra Valengo Tisano, des Inquisitors von Istrien, adressiert an das Inquisitionsgericht von Venedig, datiert aus Pirano, am 4. Dezember 1561; ASV, Fasz. 18, Akte *Contra Baptistam Nassanum et Angelum Basgapé*, Brief vom 13. August 1561 des Weihbischofs von Padua an das Inquisitionsgericht von Venedig; ASV, Fasz. 23, Akte *Contra presbiterum Sanctum Sbais* (1568); ASV, Fasz. 37, Akte *Marcantonio Valgolio*, fol. 1^r, Anzeige des Antonio de Amicis aus Aquila vom 17. April 1574 und Vermerk vom 8. Mai 1574.

[41] BAV, Vat. lat. 11286, fol. 28^r-47^v, 158^r. Auf dieses Manuskript wurde ich von Prof. Mario Rosa, Rom, aufmerksam gemacht.

Begünstigen die Flexibilität und Weitsicht einiger Inquisitoren und Zensoren tatsächlich das Überdauern des erasmischen Gedankenguts in Italien?

IV

Die These vom materiellen Überdauern der Erasmusdrucke im Italien des späten 16. Jahrhunderts muß in zweierlei Hinsicht eingeschränkt werden.

Die erste Begrenzung ist eine geographische. Die Dokumente, auf die sich diese These stützt, stammen meistens aus Venetien oder aus dem Friaul, zwei Regionen also, die nicht als repräsentativ für das kulturelle Klima in Italien zu Beginn der Gegenreformation betrachtet werden können. Aufgrund seiner geographischen Lage und seiner politischen Situation unterhält das Friaul mit den gemischtkonfessionellen österreichischen Gebieten so enge Beziehungen, daß das religiöse Leben davon nicht unbeeinflußt bleibt und die kirchlichen Stellen veranlaßt werden, sich in der Praxis der Inquisition etwas zu mäßigen.[42] Venedig stellt mit seiner Weltoffenheit und kulturellen Regsamkeit — ein Klima, in dem eine Persönlichkeit wie Paolo Sarpi heranreifen kann — im Italien des späten 16. Jahrhunderts eine Ausnahme dar.[43] Außerhalb dieser beiden Gebiete führt die Suche nach Dokumenten, die sich auf das Überdauern von Erasmus beziehen, selten zu Ergebnissen; und findet man solche Quellen, so zeugen sie meist von der Repression.

In Venedig und im Friaul ist das Auffinden von drei oder vier Erasmusdrucken in einer privaten Bibliothek bis 1580 noch kein besonders seltenes Ereignis, in Modena ein außergewöhnliches. In der Stadt der Este genügt der Besitz eines einzigen Titels von Erasmus, auch wenn er so wenig mit Glaubensfragen zu tun hat wie der Traktat *De conscribendis epistolis*, den Eigentümer in einen Zustand angstvoller Unruhe zu versetzen.[44] In Venedig kann es als normal betrachtet werden, daß ein Schullehrer die *Disticha Catonis* in seiner Bibliothek hat; in Pisa löst das gleiche, vermutlich in Lucca gedruckte Buch entschlossene repressive Maßnahmen auf kirchlicher und politischer Ebene aus.[45] In Görz kann ein Adliger, der ein hohes politisches Amt bekleidet, bis 1590 und darüber hinaus ungestört seine Bibliothek, in der auch Luther und Erasmus vertreten sind, benutzen; in Rom müssen sogar Kardinäle ihre Erasmusbände den Kollegen vom Heiligen

---

[42] Battistella, *Santo Officio in Friuli*; De Biasio, *Eresia in Friuli*.

[43] Rotondò, *Censura*, S. 1470.

[44] ASM, Fasz. 1, Carteggio 1329-1601, *Contra Ludovicum Politianum*, 3. August 1579, Aussage des Bartolomeo Lodo. Ludovico Poliziano war der Neffe von Giovanni Bertari, genannt "il Poliziano" (siehe Kap. 3, S. 74-77), und wie dieser Schullehrer. 1579 saß er wegen Schulden im Gefängnis, als er erfuhr, daß der bischöfliche Vikar sich anschickte, seine Bibliothek zu untersuchen. Daraufhin beauftragte er einen ehemaligen Schüler, seine Bibliothek durchzusehen, in der sich der Traktat *De conscribendis epistolis* von Erasmus und der Traktat *De disciplina puerorum* von Otto Brunfels befanden.

[45] Adorni Braccesi, *Dissenso religioso lucchese*, S. 238.

Offizium aushändigen. 1559 übergibt beispielsweise Kardinal d'Este an Kardinal della Minerva acht Bücher von Erasmus, mehrheitlich Schriften neutestamentarischer Exegese, deren prachtvolle Einbände aus schwarzem Samt mit vergoldeten Schließen zeigen, welchen Wert sie für ihren Besitzer haben.[46] In Padua finden sich gegen 1600 im Konvent der Augustinereremiten zehn erasmische Ausgaben der Kirchenväter (acht in der gemeinsamen Bibliothek, zwei im Besitz eines Bruders);[47] in Süditalien aber füllt eine von der Index-Kongregation zur Feststellung der Klosterbibliotheksbestände durchgeführte Erhebung in einem Zeitraum von fünf Jahren (1598-1603) 61 Bände mit Inventaren, in denen der Name Erasmus sehr selten vorkommt.[48] Für eine Bibliothek wie die der Congregazione di San Giovanni a Carbonara, die noch seine *Apologia in Stunicam*, seine *Proverbia* und seine *Moria* neben einigen gereinigten Ausgaben der Kirchenväter aufweist, findet man Dutzende von Klosterbibliotheken, die keinen Titel von Erasmus registrieren.[49]

Die These vom Überdauern des Werks von Erasmus in Italien muß nicht nur geographisch, sondern auch hinsichtlich der Proportionen enger gefaßt werden. Es ist nicht erstaunlich, daß in einer für starre Regelungen unempfänglichen Gesellschaft wie der italienischen des 16. Jahrhunderts kulturelle Nischen bestehen, die sich der Kontrolle der Inquisitoren entziehen und in denen eine gewisse Zahl verbotener Bücher, insbesondere Schriften von Erasmus, die Phase massiver Vernichtung überstehen kann. Doch aus der Existenz dieser Bestände kann keinerlei Schluß gezogen werden, da wir nicht wissen, in welcher Menge Erasmusdrucke in Italien gegen Mitte des 16. Jahrhunderts, also in der Phase vor den Vernichtungen, in Umlauf waren. Die uns überlieferten Indizien lassen vermuten, daß es sich dabei um eine Größenordnung handelte, gegenüber der die Zahl der erhalten gebliebenen Drucke gering erscheint. Allein die Bibliothek von Kardinal Rodolfo Pio, deren Zusammensetzung vor den Vernichtungen des Jahres 1559 ein handgeschriebenes Inventarium belegt, umfaßt 66 Erasmusbände; alle exegetischen, theologischen, ethischen und politischen Schriften, ganz zu schweigen vom philologischen und humanistischen Werk dieses Autors, sind

---

[46] Pacifici, *Ippolito d'Este*, S. 374-376.

[47] BAV, Vat. lat. 11286, fol. 152ᵛ-153ʳ.

[48] Auf die zwischen 1598 und 1603 durchgeführte Erhebung der italienischen Klosterbibliotheken wurde erst von De Maio, *Riforme e miti*, S. 365-373, hingewiesen. Nun liegt eine Katalogisierung dieser Manuskripte vor: *Bibliothecae Apostolicae Vaticanae Codices manu scripti recensiti iussu Joannis Pauli II Pontificis Maximi Praeside Alfonso Stickler. Codices Vaticani Latini 11266-11326*, Recensuerunt Magdalena Lebreton et Aloisius Fiorani (Inventari di biblioteche religiose italiane alla fine del Cinquecento), Città del Vaticano 1985. Vgl. hierzu Rosa, *Note erasmiane*.

[49] BAV, Vat. lat. 11286, fol. 150ʳ (Congregatio Sancti Joannis ad Carbonariam). Aber die im selben Manuskript aufgelisteten Bestände der sizilianischen Bibliotheken weisen selten erasmische Titel auf (ebd., fol. 387ʳ-417ᵛ).

hier — oft doppelt — vertreten.⁵⁰ Was diese Zahl bedeutet, erschließt sich erst vollständig, wenn man bedenkt, daß der Bestand an Erasmusschriften aus dem entsprechenden Zeitraum, über den die Markusbibliothek zu Venedig verfügt, heute 49 Bände umfaßt. In einer einzigen — gewiß außergewöhnlich reichen, aber immerhin doch privaten — Bibliothek des 16. Jahrhunderts ist Erasmus also beträchtlich besser vertreten als in der öffentlichen — im Laufe der Jahrhunderte durch eine ansehnliche Menge privater Bestände aufgestockten — Bibliothek einer Stadt, die im 16. Jahrhundert die Hauptstadt des Druckwesens und auch eines der kulturellen Zentren Italiens war.⁵¹

Das unbemerkte und zufällige Überdauern einiger Bücher des Erasmus in dieser oder jener Nische des kulturellen Lebens im Cinquecento wiegt die in Äußerungen von Vertretern der kirchlichen Macht über Gestalt und Werk des Humanisten durchgängig feststellbare Ablehnung nicht auf. Von dem bekannten Prediger Francesco Panigarola, der Erasmus als "Entfacher aller Ketzereien" bezeichnet, über den Historiker Giovanni Botero, der ihn als "Urheber der Verderbtheit Deutschlands" brandmarkt,⁵² den Dominikaner-theologen Tommaso Elisio, der ihn mit den Häresiarchen gleichstellt,⁵³ bis hinunter zu jenem Pfarrer im Veltlin, der 1559 in einem Brief an Laínez darüber klagt, daß einer seiner Neffen, der in Rom studiert, den Namen Erasmus trägt ("weil ich zu diesen Zeiten diesen Namen nicht mag"),⁵⁴ sehen wir einen bruchlosen Konsens. Daß sich diese negative Bewertung dann von Kleriker- auf Laienkreise ausdehnt, geht beispielsweise aus der Anzeige hervor, die ein gewisser Jacomo Garzoto gegen Zuan Jancomo Galupo und seine Frau Franceschina aus Bergamo erstattet, öffentliche "Lutheraner und Ketzer", die "viele Schriften und Predigten von Erasmus und von vielen anderen Ketzern" besitzen.⁵⁵ Auch Literaten, die wenige Jahre zuvor Erasmus gerühmt und imitiert hatten, wie Ludovico Dolce, beeilen sich, ihre Anpassung anzuzeigen und in den Chor der Mißbilligung einzustimmen: "Erasmus würde als einer der gelehrtesten und schönsten

---

⁵⁰ BAM, I 110 inf., *Index librorum cardinalis Carpensis*, fol. 46ʳ-103ᵛ (Abteilung Theologie). Mir ist bewußt, daß die Aussagekraft dieses numerischen Vergleichs durch die Tatsache gemindert wird, daß Kardinal Rodolfo Pio die Bibliothek seines Onkels Alberto Pio da Carpi geerbt hatte, vgl. Freudenberger, *Steuchus*, S. 40f.

⁵¹ Die Rechnung basiert auf dem von Grendler und Grendler, *Erasmus in Italy*, S. 15-22, veröffentlichten Inventar der heutigen Bestände der Markusbibliothek.

⁵² Ebd., S. 6.

⁵³ Elisio, *Piorum clypeus*. In der am Anfang stehenden Aufzählung der "nomina haereticorum", von denen die Dogmen bestritten werden, finden wir Erasmus mit Luther, Bucer, Melanchthon, Zwingli, Calvin, Bullinger etc. gleichgestellt.

⁵⁴ ASSJ, Ital. 115, fol. 15ʳ-16ʳ, Brief des Marco Antonio Quadrio an Laínez, datiert Ponte, 8. Juli 1559 (Mitteilung von Prof. Mario Scaduto SJ).

⁵⁵ ASV, Fasz. 19, Akte *Nicolò Pellizzari e Alessandro Trissino*, Querela contra ser Zuan Jancomo Galupo da Bergamo, Venedig, 21. März 1564.

Geister Europas gelobt, wenn er sich nicht mit der lutherischen Krankheit angesteckt hätte."⁵⁶

Unnachgiebig hält die Kirche daran fest, daß diese Werke — nicht nur die theologisch-religiösen, sondern auch die humanistischen — aus dem Verkehr gezogen und vernichtet werden müssen. "Hinsichtlich der *Apophthegmata* von Erasmus denke man nicht an Purgation, sondern an Vernichtung, denn in Rom erlaubt man kein Werk von Erasmus, mag es sein, wie es will", schreibt Fra Damiano Rubeo im April 1576 an den Inquisitor von Bologna.⁵⁷ "Bezüglich der von vielen erbetenen Erlaubnis, deletis erroribus die Schriften von Erasmus und Machiavelli zu behalten, wird gesagt, daß niemandem diese Erlaubnis erteilt wird", erhält der Inquisitor von Venedig, der sich gestattet hat, auf Drängen von Gelehrten in Rom nachzufragen, wie ernst die offiziellen Bestimmungen zu nehmen seien, von dort als Antwort.⁵⁸

Erst gegen Ende des Jahrhunderts wird man sich, dem gregorianischen Index entsprechend, weniger unnachgiebig zeigen;⁵⁹ erst dann werden die italienischen Bibliotheken langsam wieder beginnen können, Bücher des Humanisten anzuschaffen.⁶⁰ Es werden dies lateinische Bücher sein, gelehrte Werke für die gebildeten Schichten. Und die Zeit, da Erasmus ein Lehrmeister der Lebensführung war, wird nicht wiederkehren.

V

Die These von der Erhaltung der erasmischen Tradition in Italien ist nicht nur geographisch enger zu fassen und hinsichtlich der Proportionen einzuschränken. Es handelt sich auch um ein sozial begrenztes Überdauern; und diese Grenze ist die starrste von allen.

Auch wenn wir unser Beobachtungsfeld auf die Republik Venedig beschränken, erkennen wir, daß es sich bei den Nischen, in denen die Bücher von Erasmus überdauern, um das Jahr 1580 um Patrizierhäuser und Kabinette bekannter Gelehrter handelt. Ein Exemplar des *Novum Testamentum* ist im Landhaus des Händlers Giovanni Zonca versteckt, der seine verbotenen Bücher in Antwerpen erworben hat, und dem sein Vermögen erlaubt, als er in einen Inquisitionsprozeß verwickelt wird, die Gerichts-

---

⁵⁶ Cairns, *Aretino and Venice*, S. 81.
⁵⁷ Rotondò, *Documenti per l'Indice*, S. 157, zit. von Grendler und Grendler, *Erasmus in Italy*, S. 6.
⁵⁸ Grendler und Grendler, *Erasmus in Italy*, S. 6.
⁵⁹ Cavazza, *Libri proibiti*, S. 75f. (im Jahre 1600 gestattet der Inquisitor von Udine dem Bertoluccio Bertolucci "per triennium" den Gebrauch von zwei Büchern, die dieser Adlige ihm übergeben hatte, d.h. des Traktats *De conscribendis epistolis* und der *Disticha Catonis* mit den Anmerkungen von Erasmus).
⁶⁰ Die heute in den italienischen Bibliotheken vorhandenen Bücher von Erasmus sind zu einem hohen Prozentsatz Drucke aus dem 17. Jahrhundert, wie aus den von Grendler und Grendler, *Erasmus in Italy* und *Erasmus Holdings*, veröffentlichten Inventaren hervorgeht.

schreiber durch Bestechung für sich einzunehmen.[61] Ein so reicher Mann wie Gian Vincenzo Pinelli aus Padua kann Erasmus auch weiterhin bewundern und sogar ein Autograph von ihm suchen.[62] Führende Intellektuelle wie Giordano Bruno, Tommaso Garzoni oder Giovan Battista Marino finden Mittel und Wege, Erasmus nach wie vor zu lesen und sich von ihm leiten zu lassen.[63]

Doch das direkte oder indirekte Eindringen von Vorstellungen des Erasmus in die Kreise von Handwerkern und kleinen Händlern, Schullehrern und Landpfarrern, Frauen und Ungebildeten wird blockiert. Die Repression wird der Inquisition hier durch die soziale Schwäche der Zuwiderhandelnden erleichtert; deren wirtschaftliche Lage ist oft so prekär, daß ein Prozeß — unabhängig davon, wie er ausgeht — genügt, sie an den Rand des Ruins zu bringen. Und Angehörige dieser Schichten sind nicht nur wirtschaftlich, sondern auch kulturell gesehen wehrlos. Doppeldeutigkeiten, taktisches Verhalten und strategische Rückzüge sind ihrer Denkweise fremd. Ihr Mangel an Flexibilität, die naive Proselytenmacherei, die sie sogar noch vor Gericht entfalten, verleiten die Richter dazu, sie als verstockte Ketzer zu klassifizieren. Das Heilige Offizium neigt dazu, gegen sie mit einer Härte vorzugehen, die sonst meist nur angedroht wird.

Vielleicht ist es auch die kulturelle Aufbruchstimmung dieser Ungebildeten, die sich einer autoritären Argumentationsweise nicht mehr beugen wollen, die die Inquisitoren ungnädig stimmt. Die Weber und Händler, Barbiere und Schuhmacher, die mit Texten von Erasmus umgehen, durchbrechen geltende kulturelle Schranken. Einige versuchen, aus eigener Kraft das Analphabetentum zu überwinden; manche befinden sich schon auf halbem Weg zum Verständnis des Lateinischen. Der mit dieser Tendenz verbundene Anspruch, Glaubensdinge zu verstehen und dabei mitreden zu können, stellt die traditionelle Verteilung der kulturellen Rollen, die eine der gesellschaftlichen Voraussetzungen des Lehramts der Kirche bildet, in Frage.

Außerhalb der traditionellen Kreise des kulturellen Lebens scheint der Ruhm von Erasmus vor allem mit der Popularisierung der Bibel und ihrer spontanen Auslegung verbunden. Wir haben gesehen, daß der Bologneser Drogist Girolamo Ranialdi 1542 sich daran macht, Latein zu lernen, um das *Novum Testamentum* von Erasmus lesen zu können (Kap. 3).[64] In Pirano finden wir das Neue Testament auf italienisch "mit einem Brief von Erasmus

---

[61] ASV, Fasz. 48, Akte *Contra Ioannem Zoncha*, fol. 50ʳ: "Inventarium librorum suspectorum repertorum in domo Ioannis Zuncha: Et primo una Bibia in foglio stampata in Basilea del 1538 con la version de Erasmo del Testamento Novo, con alcune sue epistole".

[62] Grendler und Grendler, *Erasmus in Italy*, S. 10.

[63] Zu Giordano Bruno siehe Ciliberto, *Bruno*, S. 191f., 194-198 und passim; zu Garzoni siehe Cherchi, *Garzoni*; zu Marino siehe Croce, *Traduzioni*, S. 416f. Der erasmische Einfluß ist bemerkbar auch in *Tre capitoli sopra la pazzia*, die im Anhang zu der Schrift Garzonis *L'hospidale de' pazzi incurabili nuovamente formato et posto in luce, con tre capitoli infine sopra la Pazzia*, Piacenza, Giovanni Bazachi, 1586, veröffentlicht sind.

[64] Siehe Kap. 3, S. 73f.

als Einleitung" in der Hand des Barbiers Cristoforo di Claudio, der es als Geschenk von Bischof Vergerio bekommen hat, "um über die Wahrheit der Dinge, die man glauben muß, unterrichtet zu werden" (1548).[65] Analog dazu liest und deutet der Weber Cataldo Buzzale aus Modena gemeinsam mit einem anderen aus seiner Bruderschaft das von Erasmus eingeleitete Neue Testament (1566).[66] In Padua findet das Neue Testament mit dem Einleitungsbrief von Erasmus in dem Gewürzhändler Baldassarre del Cappello einen Bewunderer (1567).[67] In Vicenza ist es ein Spinner namens Camillo, der zusammen mit einem Kollegen "die Bibel auf italienisch von Erasmus" liest und auslegt (etwa 1570).[68] Diese Menschen, von denen wir deshalb wissen, weil sie in — zumeist dramatisch verlaufende — Prozesse verwickelt waren, sind Vertreter von Schichten, bis zu denen Namen wie Poliziano oder Giovanni Pico della Mirandola nicht vordringen konnten. Der Name Erasmus ist ihnen vertraut. Wie groß sein Erfolg war, wird erst in seiner Rezeption durch die ungebildeten Schichten ganz und gar verständlich. Und es handelt sich um ein Phänomen, das — mag es auch begrenzt sein — die sozio-kulturellen Implikationen der Reformationsbewegung, die Erasmus als einen der Ihren begreift, deutlich macht.

Einen weiteren Beweis für die Verbreitung des oben erwähnten erasmischen Einleitungsbriefs zum Neuen Testament in ungebildeten Kreisen liefert ein im bischöflichen Archiv von Belluno überlieferter Inquisitionsprozeß. Aus diesem ergibt sich, daß 1577 der Pfarrer von Mussolente eine sich im Besitz des Textilarbeiters Gaspare di Giuseppe "follador" befindliche Kopie des "Neuen Testaments in der Volkssprache, dem eine zum christlichen Leben auffordernde Epistel des Erasmus vorangestellt war", beschlagnahmte. Das Buch war von einem heterodoxen Geistlichen, Pre Lunardo, von Venedig nach Mussolente gebracht worden, um auf diese Weise das antiklerikale Bewußtsein einer kleinen Dissidentengruppe zu stärken, die sich in dem Städtchen gebildet hatte. Vor allem lehrte Pre Lunardo seine Schüler in Mussolente, die Epistel des Erasmus zu lesen und auswendig zu lernen, indem er sagte, "daß man durch diese Epistel das wahre christliche Leben kennen lerne". Als dann ein Mitglied der Gruppe, der Textilarbeiter Benedetto Brenzo, wegen Verdachts der Häresie verhaftet wurde, erschien

---

[65] ASV, Fasz. 4, Akte *Ravalico Giovanni*, 12. Dezember 1548, Pro Christophoro Claudii barbitonsore.

[66] ASM, Fasz. 4, Akte *Contra Cataldum Buzzalum qui abiuravit*, Verhör des Tommaso Capellina vom 17. Dezember 1566: "Ci ritirassimo in Terranova sopra il Belriguardo e ivi Cataldo lesse un pezzo sopra il Testamento Novo che all'hora io havevo comprato, et mi andava dicchiarando li passi". Daß es sich um das Neue Testament mit der vorangestellten *Epistola* von Erasmus handelt, resultiert aus der im selben Fasz. enthaltenen Akte *Contra Thomam Capelinum*, Verhör vom 17. Dezember 1566: "Io ho havuto et tenuto il Testamento Novo vulgare, et gli levai via una epistola di Erasmo di commissione di Cataldo, anzi lui la levò con le sue mani".

[67] Siehe Kap. 3, S. 77f.

[68] ASV, Fasz. 50, Akte *Achille Rubini da Vicenza*, S. 29f.

sein Kollege Gaspare di Giuseppe, dieses Buch in der Hand haltend, beim Pfarrer von Mussolente, in der Absicht, Benedetto Brenzo mit Hilfe der Bibel von der schweren Anklage zu verteidigen. Der Pfarrer wollte in seinem an den Bischof von Belluno gerichteten Bericht die gefährliche Bedeutung dieses "Neuen Testaments in der Volkssprache" — und der damit verbundenen Epistel des Erasmus — als Sprengsatz gegen die Autorität der Kirche sogleich erkannt haben: "Ich habe zu Gaspare gesagt, daß dieses Buch verboten sei... und folglich verbrannt werden müsse. Da antwortete mir Gaspare mit wie inspirierter Stimme, daß, wenn Gott dieses Buch verboten habe, es verboten bleiben soll; wenn es hingegen nicht von Gott verboten sei, so glaube er nicht, daß es verboten sei".[69]

Der letzte Zeuge für den Erfolg des Erasmus in der Schicht der Ungebildeten, auf den ich bei meiner Untersuchung gestoßen bin, ist Achille Rubini, Spinner von Beruf. Der Kollege und Schüler des bereits erwähnten Camillo aus Vicenza fand durch die "Bibel von Erasmus", die um das Jahr 1570 zu einer Seltenheit geworden war, Geschmack am Studium des Evangeliums. Für Rubini war diese Erfahrung von einschneidender Bedeutung. Er vernachlässigte seine Arbeit und "verzehrte" sich bei der Lektüre. Es nutzte nichts, daß sein Vater die Bibel verbrannte. Es nutzte nichts, daß das Heilige Offizium ihn zum Widerruf zwang. Bibellektüre, Schulung durch Camillo da Vicenza und Meditation fügten sich bei diesem Handwerker zu einem spiritualistischen Verständnis des Christentums, das vor allem in der Ablehnung einer ritualisierten Frömmigkeit Ausdruck fand. Um das "materielle" Gotteshaus aus Stein und Holz kümmerte sich Achille Rubini nicht, weil für ihn Gott in den Herzen der Menschen wohnte. Jene abgeschiedene Kammer, in die man sich nach Christi Wort zum Gebet zurückziehen solle, interpretierte er als Metapher für das menschliche Herz. Unter Berufung auf Jesu mahnende Worte an die Samariterin — es komme die Zeit, da die wahren Anbeter den Vater weder auf dem Berge noch zu Jerusalem anbeten würden, sondern im Geist und in der Wahrheit — lehrte Rubini seine Anhänger, nicht zur Kirche zu gehen, da jeder Ort heilig sei.[70] Es sind dies Sätze, die an die Lehre des Erasmus von der evangelischen

---

[69] AVBe, Diocesi, Storia Diocesana, Fasz. 8, *Processo per sospetta eresia di Giuseppe follador e altre persone di Mussolente*.

[70] Ebd., S. 16: "Et già 15 anni lessi el Testamento volgare et la Bibia de Erasmio ... et io me consumava nel legger"; S. 30: "Camillo è stato quello che m'ha instrutto in tute queste heresie et mi mostrava i passi sopra una Bibia vulgar d'Erasmo"; S. 20f.: "Io gli dissi che el nostro Signor Iesù Christo parlando nel Evangelio con la Samaritana disse che venirà tempo che né sui monti né in Hierosolima sarà i veri adoratori, ma i veri adoratori adorerà Iddio in spirito et verità. Et per questo diceva che era bona cosa adorar per tuto, ma non che io tolesse l'andar in chiesa a adorar Dio ... *Ei dictum* che la prova o essempio che lui dava l'è proprio de li heretici, che escludono l'andare nelle chiese materiali, però è verissimile che havendo lui deto et allegato la deta authorità, l'habia intesa in quel medesmo senso". Unter der "Bibia vulgar d'Erasmo" wird man eine jener Mitte des Jahrhunderts in Venedig gedruckten Ausgaben des Neuen Testaments in der Landessprache, denen die paränetische *Epistola* von Erasmus vorangestellt war, verstehen müssen (Kap. 3, S. 78).

Freiheit denken lassen und auch Reminiszenzen an die Theologie von Bucer enthalten.[71] Vielleicht handelt es sich um die letzten Ausläufer des Apostolats von Giovanni Angelo Odoni, einer der Vertreter der Generation von 1510, dessen Spuren sich gegen 1550 verlieren.[72]

Im Venedig der Jahre um 1580, in dem Plan und Finanzierung der *Chiesa del Redentore* intensiv diskutiert wurden,[73] mußte der radikal gefärbte Spiritualismus von Achille Rubini als hoffnungslose Verirrung erscheinen. Von Tag zu Tag, von Verhandlung zu Verhandlung verschärfte sich der Ton der Richter, die im Frühjahr 1587 das zweite Verfahren gegen Rubini führten. Und da der Handwerker fünf Jahre zuvor naiv genug gewesen war, von sich aus vor Gericht zu erscheinen und — in der Hoffnung, sich so vor eventuellen Anzeigen zu schützen — seine abweichenden Ideen zu bekennen, war das Urteil, das ihn als Rückfälligen einstufte, von ihm selbst ermöglicht worden. Das Urteil, ihn im Meer zu ertränken, "außerhalb der zwei Kastelle und so, daß er in diesem Meer keine Luft mehr bekommt und sterben muß" wurde in der Nacht vom 30. auf den 31. Juli 1587 vollstreckt.

---

[71] Bucer, *Enarrationes, Enarratio in Evangelion secundum Iohannem*, fol. 34ʳᵛ (zu Jh 4,1-23): "Cum hic Dominus ait 'Appropinquat hora, cum neque in monte hoc neque Hierosolymis adorabitis Patrem', significare voluit omnem illum externum cultum Dei certum locum requirentem situmque in externis istis sacrificiis aliisque ceremoniis abolendum ... Vel hic unus locus satis est, ut omnes pii certo videant, nunc nullas Deum in sui cultu cerimonias probare ... Significatur enim hoc dicto, sicut Deus mens est, mente quoque coli ipsum oportere" usw. Doch ebenso explizit ist die Exegese dieser Stelle bei Erasmus in *Enchiridion* (*LB* V, Sp. 30EF).

[72] Seidel Menchi, *Fortuna di Erasmo*, S. 563.

[73] Paolo Ulvioni, *Cultura politica e cultura religiosa a Venezia nel secondo Cinquecento: un bilancio*, Archivio Storico Italiano 141, 1983, S. 602-607.

VERZEICHNIS DER ABKÜRZUNGEN

Archivalische und bibliothekarische Abkürzungen

AAP	Pisa, Archivio Arcivescovile, Fondo Inquisizione
AAS	Siena, Archivio Arcivescovile
ACAU	Udine, Archivio della Curia Arcivescovile, Fondo Santo Ufficio
ACVR	Rovigo, Archivio della Curia Vescovile, Fondo Cause Criminali
AGA	Rom, Archivio della Curia Generalizia degli Agostiniani
AGM	Mantova, Archivio di Stato, Archivio Gonzaga
ASDN	Neapel, Archivio Storico Diocesano, Fondo Santo Ufficio
ASF	Florenz, Archivio di Stato
ASG	Genua, Archivio di Stato
ASL	Lucca, Archivio di Stato
ASM	Modena, Archivio di Stato, Fondo Inquisizione
ASP	Perugia, Archivio di Stato
ASPd	Padua, Archivio di Stato
ASS	Siena, Archivio di Stato
ASSJ	Rom, Archivio Storico della Compagnia di Gesù
ASV	Venedig, Archivio di Stato, Fondo Santo Ufficio
AVB	Brescia, Archivio Vescovile
AVBe	Belluno, Archivio Vescovile
AVI	Imola, Archivio Vescovile, Fondo Inquisizione
BAB	Bologna, Biblioteca dell'Archiginnasio
BAM	Mailand, Biblioteca Ambrosiana
BAP	Perugia, Biblioteca Comunale Augusta
BAV	Città del Vaticano, Biblioteca Apostolica Vaticana
BCB	Bergamo, Biblioteca Civica
BCM	Mantova, Biblioteca Comunale
BCP	Padua, Biblioteca del Museo Civico
BGN	Neapel, Biblioteca Governativa dei Gerolamini
BMV	Venedig, Biblioteca Nazionale Marciana
BNF	Florenz, Biblioteca Nazionale
BNM	Mailand, Biblioteca Nazionale
BNN	Neapel, Biblioteca Nazionale
BNP	Paris, Bibliothèque Nationale
BNR	Rom, Biblioteca Nazionale
BPP	Parma, Biblioteca Palatina
BSC	Cremona, Biblioteca Statale
BUB	Bologna, Biblioteca Universitaria
BVR	Rom, Biblioteca Vallicelliana
TCD	Dublin, Trinity College

Abgekürzt zitierte Literatur

Die in diese Liste aufgenommenen Handschriften sind durch einen Stern gekennzeichnet.

ADORNI BRACCESI, *Dissenso religioso lucchese*
    Simonetta Adorni Braccesi, *Il dissenso religioso nel contesto urbano lucchese della Controriforma*, in: «Città italiane del Cinquecento tra Riforma e

Controriforma: Atti del Convegno internazionale di studi, Lucca, 13-15 ottobre 1983» (Lucca 1987) S. 225-39.

ADORNI BRACCESI, *Giuliano da Dezza*
Simonetta Adorni Braccesi, *Giuliano da Dezza caciaiuolo: nuove prospettive sull'eresia a Lucca nel sedicesimo secolo*, Actum Lucae 9 (1980) S. 89-138.

ADORNI BRACCESI, *Scuole di Lucca*
Simonetta Adorni Braccesi, *Maestri e scuole nella repubblica di Lucca tra Riforma e Controriforma*, Società e storia, Bd. 9 (1986) S. 559-94.

AK *Die Amerbachkorrespondenz*, Hrsg. Alfred Hartmann und Beat Rudolf Jenny (Basel 1942-).

ALCIATO, *Contra vitam monasticam*
Andrea Alciato, *Contra vitam monasticam ad Bernardum Mattium epistola* (Den Haag 1740), Erstausgabe 1695.

ALTHAUS, *Luthers Theologie*
Paul Althaus, *Die Theologie Martin Luthers* (Gütersloh 1983^6), Erstausgabe 1962.

AMABILE, *Santo Officio*
Luigi Amabile, *Il Santo Officio dell'Inquisizione a Napoli* (Città di Castello 1892).

AMBROSINI, *Testamenti*
Federica Ambrosini, *Ortodossia cattolica e tracce di eterodossia nei testamenti veneziani del Cinquecento*, Archivio Veneto 136 (1991) S. 5-64.

ANDREA DA VOLTERRA, *Cura de figliuoli*
Andrea Ghetti da Volterra, *Discorso sopra la cura et diligenza che debbono havere i padri et le madri verso i loro figliuoli sì nella civiltà come nella pietà christiana* (Bologna, Alessandro Benacci 1572).

ANISIO, *Varia poëmata*
Giano Anisio, *Variorum poëmatum libri duo* (Neapel, Ioannes Sulzbacchius 1536, Erstausgabe 1531).

ANTONIO DI ROCCA CONTRADA, *Libro de pace*
Antonio di Rocca Contrada, *Libro de pace et armonia christiana, copioso di passi del Novo et Vecchio Testamento, con molti sensi spirituali et cabalistici, pieno di bellissimi discorsi circa tutte le parti del mondo per i quali apertamente si vedano i mali causati de le discordie et i beni de la pace et unità* (Venedig, Nicolò di Aristotele da Ferrara detto Zoppino 1536).

ARETINO, *Lettere*
Pietro Aretino, *Il primo — sesto libro de le lettere*, 6 Bde. (Paris, Matteo il Maestro 1609).

ARGELATI, *Bibliotheca*
Filippo Argelati, *Bibliotheca scriptorum mediolanensium*, 2 Bde in 4 Teilen (Mailand 1745).

ASD s. Erasmus von Rotterdam, *Werke*

AUGUSTIJN, *Erasmus*
Cornelis Augustijn, *Erasmus*, in «Theologische Realenzyklopädie», Bd. 10 (Berlin und New York 1982) S. 1-18.

AUGUSTIJN, *Erasmus von Rotterdam*
Cornelius Augustijn, *Erasmus von Rotterdam: Leben, Werk, Wirkung* (München 1986).

AVILES, *Erasmo y la Inquisición*
Miguel Avilés Fernández, *Erasmo y la Inquisición: El libelo de Valladolid y la Apología de Erasmo contra los frailes españoles* (Madrid 1980).

BACCHELLI, *Marcello Palingenio Stellato*
Franco Bacchelli, *Note per un inquadramento biografico di Marcello Palingenio Stellato*, Rinascimento 25 (1985) S. 275-292.

BACCHELLI, *Su Erasmo*
    Franco Bacchelli, *Di una lettera su Erasmo ed altri appunti da due codici bolognesi*, Rinascimento 28 (1988) S. 257-287.

BACKUS und GAIN, *Sirleto*
    Irena Backus und Benoît Gain, *Le cardinal Guglielmo Sirleto (1514-1585), sa bibliothèque et ses traductions de Saint Basile*, Mélanges de l'École Française de Rome, Moyen Age Temps Modernes 98 (1986) S. 889-955.

BADALONI, *Erasmo in Italia*
    Nicola Badaloni, *Erasmo e la diffusione del suo pensiero in Italia*, in: *Cultura e vita civile tra Riforma e Controriforma*, Bari 1973.

BADER, *Assertio*
    Günter Bader, *Assertio: Drei fortlaufende Lektüren zu Skepsis, Narrheit und Sünde bei Erasmus und Luther*, Hermeneutische Untersuchungen zur Theologie 20 (Tübingen 1985).

BAINTON, *Erasmo e l'Italia*
    Roland H. Bainton, *Erasmo e l'Italia*, Rivista storica italiana 79 (1967) S. 944-51.

BALAN, *Monumenta*
    Monumenta Reformationis lutheranae ex tabulariis secretioribus Sanctae Sedis, Hrsg. Pietro Balàn (Regensburg, New York und Cincinnati 1884).

BALDINI, *Andreasi*
    Antonella Baldini, *Il 'Trattato divoto et utilissimo della divina misericordia' di Marsilio Andreasi da Mantova*, Diss., Facoltà di Lettere e Filosofia dell'Università degli Studi di Pisa, Jahrgang 1977-78, Maschinenschrift.

BARNI, *Alciato e le idee della Riforma*
    Gianluigi Barni, *Andrea Alciato, giureconsulto milanese, e le idee della Riforma protestante*, Rivista di storia del diritto italiano 21 (1948) S. 169-209.

BATAILLON, *Erasmisme*
    Marcel Bataillon, *Vers une définition de l'érasmisme*, in «Colloquia erasmiana turonensia», Centre d'études supérieures de la Renaissance de Tours, De Pétrarque à Descartes 24 (Paris 1972) Bd. 1, S. 21-33.

BATAILLON, *Erasmo y España*
    Marcel Bataillon, *Erasmo y España*, span. Übersetzung (Mexico-Stadt, Madrid und Buenos Aires, 1983²). Originalausgabe: 1937.

BATTISTELLA, *Santo Officio in Friuli*
    Antonio Battistella, *Il Santo Officio e la Riforma religiosa in Friuli* (Udine 1895).

BB   *Bibliotheca erasmiana: Bibliographie des oeuvres d'Erasme*, Separatdruck von *Bibliotheca belgica*, Hrsg. Ferdinand van der Haeghen und Andere, 8 Bde. (Gent und Den Haag 1897-1908).

BE   *Bibliotheca erasmiana: répertoire des oeuvres d'Erasme. Liste sommaire et provisoire des diverses éditions de ses oeuvres* (Gent 1893).

BEI   *Bibliotheca erasmiana italica: Sixteenth Century Italian Editions of Erasmus' Works*, Hrsg. Silvana Seidel Menchi (in Vorbereitung).

BÉNÉ, *Erasme et saint Augustin*
    Charles Béné, *Erasme et saint Augustin, ou influence de saint Augustin sur l'humanisme d'Erasme*, Travaux d'Humanisme et Renaissance 103 (Genf 1969).

Beneficio
    Benedetto da Mantova, *Il beneficio di Cristo*, Hrsg. Salvatore Caponetto, Corpus reformatorum italicorum (Florenz und Chicago 1972).

BENINI CLEMENTI, *Caravia*
    Enrica Benini Clementi, *Il processo del gioielliere veneziano Alessandro Caravia*, Nuova rivista storica 65 (1981) S. 628-52.

BERENGO, *Lucca*
    Marino Berengo, *Nobili e mercanti nella Lucca del Cinquecento* (Turin 1965).
BERNARDINI, *Concordia ecclesiastica*
    Paolino Bernardini, *Concordia ecclesiastica contra tutti gli heretici, ove si dichiara qual sia l'authorità della Chiesa, del concilio, della sedia apostolica et de santi dottori* (s.n.t., Florenz 1552).
BIANCO, *Movimento ereticale modenese*
    Cesare Bianco, *La comunità dei 'fratelli' nel movimento ereticale modenese del Cinquecento*, Rivista storica italiana 92 (1980) S. 621-79.
BIERLAIRE, *Colloques*
    Franz Bierlaire, *Les Colloques d'Erasme: Réforme des études, réforme des moeurs et réforme de l'Eglise au XVIe siècle*, Bibliothèque de la Faculté de Philosophie et Lettres de l'Université de Liège, 222 (Paris 1978).
BIERLAIRE, *Erasme et ses Colloques*
    Franz Bierlaire, *Erasme et ses Colloques: Le livre d'une vie*, Travaux d'Humanisme et Renaissance 159 (Genf 1977).
BIJL, *Erasmus in het Nederlands*
    Simon Willem Bijl, *Erasmus in het Nederlands tot 1617* (Nieuwkoop 1978).
BILLANOVICH, *Folengo*
    Giuseppe Billanovich, *Tra don Teofilo Folengo e Merlin Cocaio* (Neapel 1948).
BIONDI, *Simulazione*
    Albano Biondi, *La giustificazione della simulazione nel Cinquecento*, in «Eresia e Riforma nell'Italia del Cinquecento», Corpus reformatorum italicorum, Miscellanea I (Florenz und Chicago 1974) S. 5-68.
BIONDI und PROSPERI, *Albrisio*
    Albano Biondi und Adriano Prosperi, *Il processo al medico Basilio Albrisio, Reggio 1559*, Contributi 2 (Reggio Emilia 1978).
BONGI, *Annali Giolito*
    Salvatore Bongi, *Annali di Gabriel Giolito de' Ferrari da Trino stampatore in Venezia*, 2 Bde. (Rom 1890-95).
BOTERO, *Relationi*
    Giovanni Botero, *Le relationi universali: Parte terza* (Venedig, Alessandro Vecchi 1618). Erstausgabe: 1595.
BOURILLY, *Guillaume du Bellay*
    Victor L. Bourilly, *Guillaume du Bellay seigneur de Langey* (Paris 1904).
BRAEKMAN, *Pruystinck*
    Emile M. Braekman, *Un cas de dissidence à Anvers: Eloy Pruystinck*, in «Les dissidents du XVIe siècle entre l'Humanisme et le Catholicisme: Actes du Colloque de Strasbourg, 5-6 février 1982», Hrsg. Marc Lienhard, Bibliotheca dissidentium, Scripta et studia 1 (Baden-Baden 1983) S. 191-204.
BRANCALEONE, *Pro praedio*
    Giovanni Francesco Brancaleone, *Pro praedio a se donato ad regios consiliarios oratio* (s.l.a.). Benutztes Exemplar: Neapel, Biblioteca Nazionale, 23 D 20 (2).
BRIEGER, *Aleander-Depeschen*
    Theodor Brieger, *Aleander und Luther 1521: Die vervollständigten Aleander-Depeschen nebst Untersuchungen über den Wormser Reichstag*, Quellen und Forschungen zur Geschichte der Reformation 1 (Gotha 1884).
*BROWN, *Privilegi*
    Horatio F. Brown, *Privilegi veneziani per la stampa concessi dal 1527 al 1597*, Venedig, Biblioteca Marciana, Mss. ital. cl. VII, 2500-02 (12 077-79).
BRUCIOLI, *Dialogi*
    Antonio Brucioli, *Dialogi*, Hrsg. Aldo Landi, Corpus reformatorum italicorum (Neapel und Chicago 1982).

BUISSON, *Castellion*
    Ferdinand Buisson, *Sébastien Castellion*, 2 Bde. (Paris 1982).
BULLINGER, *Korrespondenz*
    Bullingers Korrespondenz mit den Graubündnern, Hrsg. Traugott Schiess, 3 Bde, Quellen zur Schweizer Geschichte, 23-25 (Basel 1904-06).
BUSCHBELL, *Inquisition*
    C. Gottfried W. Buschbell, *Reformation und Inquisition in Italien um die Mitte des 16. Jahrhunderts*, Quellen und Forschungen aus dem Gebiet der Geschichte 13 (Paderborn 1910).
BUCER, *Enarrationes*
    Martin Bucer, *Enarrationes perpetuae in sacra quatuor Evangelia, recognitae nuper et locis compluribus auctae* (Straßburg, Georgius Ulricherus 1530).
BUZZI, *Moralia christiana*
    Aurelio Buzzi (Albucius), *Moralia christiana* (Mailand, Ioannes Antonius Burgensis 1542).
CAIRNS, *Aretino and Venice*
    Christopher Cairns, *Pietro Aretino and the Republic of Venice: Researches on Aretino and His Circle in Venice 1527-1556*, Biblioteca dell'Archivum romanicum, Folge 1, 194 (Florenz 1985).
CALABI LIMENTANI, *Benedetto Giovio a Erasmo*
    Ida Calabi Limentani, *La lettera di Benedetto Giovio a Erasmo*, Acme 25 (1972) S. 5-37.
CALCAGNINI, *Opera*
    Celio Calcagnini, *Opera aliquot* (Basel, Froben und Episcopius 1544).
CALLAHAN, *Erasmus-Alciati*
    Virginia Woods Callahan, *The Erasmus-Alciati Friendship*, in «Acta Conventus neo-latini Iovaniensis: Proceedings of the First International Congress of Neo-Latin Studies, Louvain 23-28 August 1971» (München 1973) S. 133-41.
CAMERARIO, *De ieiunio*
    Bartolomeo Camerario, *De ieiunio, oratione et eleemosyna* (Paris, Michel de Vascosan 1556).
CAMILLO, *Due trattati*
    Giulio Camillo Delminio, *Due trattati: L'uno delle materie, che possono venir sotto lo stile dell'eloquente; l'altro della imitatione* (Venedig, Farri 1544).
CAMPOREALE, *Tolosani*
    Salvatore I. Camporeale OP, *Giovanmaria dei Tolosani OP 1530-1546: Umanesimo, Riforma e teologia controversista*, Memorie domenicane, N.F. 17 (1986) S. 145-252.
CANTIMORI, *Atteggiamenti*
    Delio Cantimori, *Atteggiamenti della vita culturale italiana nel secolo sedicesimo di fronte alla Riforma*, Rivista storica italiana 53 (1936) S. 83-110, zitiert nach: *Umanesimo e religione nel Rinascimento* (Turin 1975) S. 3-39.
CANTIMORI, *Erasmo I*
    Delio Cantimori, *Erasmo e la vita morale e religiosa italiana nel secolo sedicesimo*, in: «Gedenkschrift zum 400. Todestage des Erasmus von Rotterdam» (Basel 1936) S. 98-112, zitiert nach: *Umanesimo e religione nel Rinascimento* (Turin 1975) S. 40-59.
CANTIMORI, *Erasmo II*
    Delio Cantimori, *Note su Erasmo e l'Italia*, Rivista di studi germanici 2 (1937) S. 147-70, zitiert nach: *Umanesimo e religione nel Rinascimento* (Turin 1975) S. 60-87.
CANTIMORI, *Italienische Haeretiker*
    Delio Cantimori, *Italienische Haeretiker der Spätrenaissance* (Basel 1949), Originalausgabe: Florenz 1939.

CAPONETTO, *Erasmo*
    Salvatore Caponetto, *Erasmo e la genesi dell'espressione 'beneficio di Cristo'*, Annali della Scuola Normale Superiore di Pisa, N.F. 37 (1968) S. 271-94.
CAPONETTO, *Paleario*
    Salvatore Caponetto, *Aonio Paleario, 1503-1570, e la Riforma protestante in Toscana* (Turin 1979).
CAPONETTO, *Spadafora*
    Salvatore Caponetto, *Bartolomeo Spadafora e la Riforma protestante in Sicilia nel secolo sedicesimo*, Rinascimento 7 (1956) S. 219-341.
*CASALI, *Invectiva*
    Battista Casali, *Invectiva in Erasmum Roterodamum*, in *Ioannis Baptistae Casalii epistolae, orationes, libelli suplices et alia id generis*, Mailand, Biblioteca Ambrosiana, G. 33 inf., Teil 2, fol. 82ʳ-87ʳ.
CASTELLIO, *De arte dubitandi*
    Sebastian Castellio, *De arte dubitandi*, in Delio Cantimori und Elisabeth Feist (Hrsg.), «Per la storia degli eretici italiani del secolo sedicesimo in Europa», Accademia d'Italia, Studi e documenti 7 (Rom 1937) S. 277-430.
CATARINO, *Annotationes in excerpta cardinalis Caietani*
    Ambrogio Catarino Politi, *Ad reverendissimum patrem ac generalem magistrum Ioannem de Fenario, et caeteros patres ac magistros Ordinis praedicatorum, annotationes in excerpta quaedam de commentariis reverendissimi cardinalis Caietani Sancti Sixti dogmata* (Paris, Simon Colinaeus 1535).
CATARINO, *Compendio*
    Ambrogio Catarino Politi, *Compendio d'errori et inganni luterani contenuti in un libretto senza nome de l'autore intitolato Trattato utilissimo del benefitio di Christo crucifisso* (Rom, Girolamo Cartolari per Michele Tramezzino 1543), zitiert nach: Benedetto da Mantova, *Il beneficio di Cristo*, Hrsg. Salvatore Caponetto, Corpus reformatorum italicorum (Florenz und Chicago 1972) S. 343-422.
CATARINO, *De coelibatu*
    Ambrogio Catarino Politi, *Opusculum de coelibatu adversus impium Erasmum* (Siena, Luca Bonetto 1581).
CATARINO, *De veneratione sanctorum*
    Ambrogio Catarino Politi, *De certa gloria, invocatione ac veneratione sanctorum disputationes atque assertiones catholicae adversus impios*, in *Opuscula, magna ex parte iam aedita et recognita ac repurgata et a catholicis doctisque viris diligenter expensa atque probata, ut quae ad resolutionem claram multarum quaestionum, quae ab haereticis ingeruntur, plurimum conducant* (Lyon, Mathieu Bonhomme 1542).
CATARINO, *Expurgatio*
    Ambrogio Catarino Politi, *Expurgatio adversus apologiam fratris Dominici Soto, Ordinis praedicatorum et sacrae theologiae magistri* (Lyon, Mathieu Bonhomme 1551)
CATARINO, *Resolutione sommaria*
    Ambrogio Catarino Politi, *Resolutione sommaria contra le conclusioni luterane estratte d'un libretto senza nome de l'autore intitolato Il sommario de la Sacra Scrittura, libretto scismatico, heretico et pestilente* (Rom, Girolamo Cartolari per Michele Tramezzino 1544).
CATARINO, *Speculum*
    Ambrogio Catarino Politi, *Speculum haereticorum* (Krakau, Ioannes Haeliz 1540).
CATONI, *Librai senesi*
    Giuliano Catoni, *Processi a librai senesi del Cinquecento*, in «Studi di storia medievale e moderna per Ernesto Sestan» (Florenz 1980) Bd. 2, S. 519-28.

CAVAZZA, *Goineo*
    Silvano Cavazza, *Umanesimo e Riforma in Istria: Giovanni Battista Goineo e i gruppi eterodossi di Pirano*, in «L'Umanesimo in Istria», Hrsg. Vittore Branca und Sante Graciotti (Florenz 1983) S. 91-117.

CAVAZZA, *Libri proibiti*
    Silvano Cavazza, *Inquisizione e libri proibiti in Friuli e a Gorizia tra Cinquecento e Seicento*, Studi goriziani 43 (1976) S. 29-80.

CAVAZZA, *Rorario*
    Silvano Cavazza, *Girolamo Rorario e il dialogo 'Iulius exclusus'*, Memorie storiche forogiuliesi 60 (1980) S. 129-64.

CAVAZZA, *Tranquillo Andronico*
    Silvano Cavazza, *Tranquillo Andronico e la guerra contro i Turchi: 1569-1571*, Rivista di Studi Ungheresi 1 (1969) S. 21-39.

CAVAZZUTI, *Castelvetro*
    Giuseppe Cavazzuti, *Ludovico Castelvetro* (Modena 1903).

CCSL   *Corpus christianorum, Series latina* (Turnhout 1954-).

CDIN   *Corpus documentorum Inquisitionis haereticae pravitatis neederlandicae*, Hrsg. Paul Frédéricq, 5 Bde. (Gent und Den Haag 1889-1906).

CE   *Contemporaries of Erasmus: A Biographical Register of the Renaissance and Reformation*, Hrsg. Peter G. Bietenholz und Thomas B. Deutscher, 3 Bde. (Toronto, Buffalo und London 1985-87).

CERRETANI, *Dialogo*
    Bartolomeo Cerretani, *Storia in dialogo della mutazione di Firenze*, Hrsg. Joseph Schnitzer, in «Quellen und Forschungen zur Geschichte Savonarolas», Bd. 3 (München 1904) S. 83-105.

CHABOD, *Milano*
    Federico Chabod, *Per la storia religiosa dello Stato di Milano durante il dominio di Carlo V* (Rom 1962). Erstausgabe: 1938.

CHERCHI, *Garzoni*
    Paolo Cherchi, *La 'Sinagoga degli ignoranti' di T. Garzoni e gli 'Adagia' di Erasmo*, Giornale storico della letteratura italiana, Bd. 146 (1969) S. 391-95.

CHERCHI, *Gualandi*
    Paolo Cherchi, *Giovan Bernardo Gualandi: Per la fortuna d'Erasmo in Italia*, in «Studies in the Italian Renaissance in Memory of Arnolfo B. Ferruolo», Hrsg. Giovan Paolo Biasin, Albert N. Mancini und Nicolas T. Perella (Neapel 1985) S. 208-25.

CHIARI, *Epistolae*
    Isidoro Chiari, *Epistolae ad amicos* (Modena 1705).

CHOMARAT, *Grammaire et rhétorique*
    Jacques Chomarat, *Grammaire et rhétorique chez Erasme*, 2 Bde. (Paris 1981).

CHURCH, *Riformatori italiani*
    Frederic C. Church, *I riformatori italiani*, ital. Übersetzung, 2 Bde. (Florenz 1935). Originalausgabe: 1932.

CILIBERTO, *Bruno*
    Michele Ciliberto, *La ruota del tempo: Interpretazione di Giordano Bruno* (Rom 1986).

CODINA MIR, *Pédagogie des jésuites*
    Gabriel Codina Mir, *Aux sources de la pédagogie des Jésuites: Le 'modus parisiensis'*, Bibliotheca Instituti Historici Societatis Jesu 28 (Rom 1968).

COLLETT, *Benedictine Scholars*
    Barry Collett, *Italian Benedictine Scholars and the Reformation: The Congregation of Santa Giustina of Padua* (Oxford 1985).

COMBA, *Giulio da Milano*
    Emilio Comba, *Giulio da Milano*, Rivista cristiana 15 (1887) S. 269-77, 304-33, 345-56.
CONTARINI, *Confutatio articulorum Lutheri*
    Gaspare Contarini, *Confutatio articulorum seu questionum Lutheri*, in *Opera* (Paris, Sebastianus Nivellius 1571) S. 564-80.
CORSI, *Pro Italia*
    Pietro Corsi, *Defensio pro Italia ad Erasmum Roterodamum* (Rom, Antonio Blado 1535).
Costituti Manelfi
    Carlo Ginzburg (Hrsg.), *I costituti di don Pietro Manelfi*, Biblioteca del Corpus reformatorum italicorum (Florenz und Chicago 1970).
COZZI, *Giustizia*
    Gaetano Cozzi, *Repubblica di Venezia e Stati italiani: Politica e giustizia dal secolo sedicesimo al secolo diciottesimo* (Turin 1982).
CR   *Corpus reformatorum*, Hrsg. Carl Gottlieb Bretschneider und andere (Halle und Braunschweig 1834).
CRAHAY, *Le procès d'Erasme*
    Roland Crahay, *Le procès d'Erasme à la fin du XVIe siècle: Position de quelques jésuites*, in «Colloque érasmien de Liège: Commémoration du 450° anniversaire de la mort d'Erasme», Hrsg. Jean-Pierre Massaut, Bibliothèque de la Faculté de Philosophie et Lettres de l'Université de Liège (Paris 1987) S. 115-33.
CROCE, *Traduzioni*
    Benedetto Croce, *Appunti bibliografici sulle traduzioni italiane dell' 'Elogio' e dei 'Colloqui' di Erasmo*, zitiert nach: *Aneddoti di varia letteratura* (Bari, 1953²) Bd. 1, S. 411-24. Erstausgabe: 1914.
CT   *Concilium tridentinum: Diariorum, actorum, epistularum, tractatuum nova collectio*, Hrsg. Societas Goerresiana (Freiburg i.B. 1901-).
D'ASCIA, *Capella*
    Luca d'Ascia, *Galeazzo Flavio Capella traduttore di Erasmo*, Lettere italiane 24 (1990) S. 66-88.
D'ASCIA, *Umanesimo romano*
    Luca d'Ascia, *Erasmo e l'umanesimo romano* (Florenz 1991).
DA SILVA DIAS, *O erasmismo em Portugal*
    J.S. Da Silva Dias, *O erasmismo e a Inquisiçao em Portugal, O processo de Fr. Valentin da Luz*, Universidade de Coimbra, Instituto de História e Teoria das Ideas, 1979.
DAVIDICO, *Opuscoli*
    Lorenzo Davidico, *Opuscoli* (Perugia, Andrea Bresciano 1554).
DAVITT ASMUS, *Erasmus in Parma*
    Ute Davitt Asmus, *Amor vincit omnia. Erasmus in Parma oder Europa in Termini nostri*, Mitteilungen des Kunsthistorischen Instituts in Florenz 34 (1990) S. 296-340.
DBI   *Dizionario biografico degli italiani* (Rom 1960-).
DE BIASIO, *Eresia in Friuli*
    Luigi De Biasio, *L'eresia protestante in Friuli nella seconda metà del sedicesimo secolo*, Memorie storiche forogiuliesi 52 (1972) S. 71-154.
Declarationes ad censuras
    s. Erasmus von Rotterdam, *Werke*.
DE FREDE, *Erasmo*
    Carlo De Frede, *Rapporti tra Erasmo e il mondo meridionale nel cinquecento*, Studi Storici Meridionali 1 (1988) S. 29-51.

DEJOB, *Influence du Concile de Trente*
>Charles Dejob, *De l'influence du Concile de Trente sur la littérature et les beaux-arts chez les peuples catholiques*, Paris 1884.

DEL COL, *Bibbia*
>Andrea Del Col, *Appunti per una indagine sulle traduzioni in volgare della Bibbia nel Cinquecento italiano*, in «Libri, idee e sentimenti religiosi nel Cinquecento italiano: Giornate di studio dell'Istituto di studi rinascimentali di Ferrara, 3-5 aprile 1986», Hrsg. Adriano Prosperi (Ferrara 1987) S. 165-88.

DEL COL, *Brucioli*
>Andrea Del Col, *Il secondo processo veneziano di Antonio Brucioli*, Bollettino della Società di studi valdesi 146 (1979) S. 85-100.

DEL COL, *Controllo della stampa*
>Andrea Del Col, *Il controllo della stampa a Venezia e i processi di Antonio Brucioli, 1548-1559*, Critica storica 17 (1980) S. 457-510.

DEL COL, *Inquisizione e potere politico*
>Andrea Del Col, *L'Inquisizione romana e il potere politico nella repubblica di Venezia (1540-1560)*, Critica Storica 28 (1991) S. 189-250.

DEL COL, *Massimo Teofilo*
>Andrea Del Col, *Il Nuovo Testamento tradotto da Massimo Teofilo e altre opere stampate a Lione nel 1551*, Critica storica 15 (1978) S. 642-75.

DEL COL, *Rosello*
>Andrea Del Col, *Lucio Paolo Rosello e la vita religiosa veneziana verso la metà del secolo sedicesimo*, Rivista di storia della Chiesa in Italia 32 (1978) S. 422-59.

DE MAIO, *Riforme e miti*
>Romeo De Maio, *Riforme e miti nella Chiesa del Cinquecento* (Neapel 1973).

DENZLER, *Sirleto*
>Georg Denzler, *Kardinal Guglielmo Sirleto, 1514-1585: Leben und Werk. Ein Beitrag zur nachtridentinischen Reform* (München 1964).

DEVEREUX, *English Translations*
>Edward J. Devereux, *Renaissance English Translations of Erasmus: A Bibliography to 1700*, Erasmus Studies 6 (Toronto, Buffalo und London 1983).

DEVONSHIRE JONES, *Vettori*
>Rosemary Devonshire Jones, *Francesco Vettori Florentine Citizen and Medici Servant*, University of London Historical Studies 34 (London 1972).

DIONISOTTI, *Machiavellerie*
>Carlo Dionisotti, *Machiavellerie (V): La testimonianza del Brucioli*, Rivista storica italiana 91 (1979) S. 26-51.

DOUGLAS, *Sadoleto*
>Richard M. Douglas, *Jacopo Sadoleto, 1477-1547, Humanist and Reformer* (Cambridge, Mass. 1959).

DUKE, *Popular Religious Dissent*
>Alastair C. Duke, *The Face of Popular Religious Dissent in the Low Countries, 1520-1530*, Journal of Ecclesiastical History 26 (1975) S. 41-67.

EBELING, *Frei aus Glauben*
>Gerhard Ebeling, *Frei aus Glauben* (Tübingen 1968).

EE   s. Erasmus von Rotterdam, *Werke*.

ELISIO, *Piorum clypeus*
>Tommaso Elisio, *Piorum clypeus adversus veterum recentiorumque hereticorum pravitatem fabrefactus* (Venedig, All'insegna della Salamandra 1563).

Epistolae ad Nauseam
>*Epistolarum miscellanearum ad Fridericum Nauseam blancicampianum episcopum viennensem etc. singularium personarum libri decem* (Basel, Johann Oporinus 1550).

ERASMUS VON ROTTERDAM, *Werke*
Adagia
Erasmo da Rotterdam, *Adagia: Sei saggi politici in forma di proverbi*, Hrsg. Silvana Seidel Menchi (Turin 1980).
ASD
Opera omnia Desiderii Erasmi Roterodami recognita et adnotatione critica instructa notisque illustrata, Hrsg. J.H. Waszink, L.E. Halkin, C. Reedijk und C.M. Bruehl (Amsterdam und Oxford 1969).
Declarationes
Declarationes Erasmi Roterodami ad censuras Lutetiae vulgatas sub nomine Facultatis Theologiae Parisiensis (Basel, Froben 1532).
EE
Opus epistolarum Desiderii Erasmi Roterodami, Hrsg. P.S. Allen, H.M. Allen und H.W. Garrod, 12 Bde. (Oxford 1906-52).
Enchiridion, Hrsg. Holborn
Desiderius Erasmus Roterodamus, *Ausgewählte Werke*, In Gemeinschaft mit Annemarie Holborn herausgegeben von Hajo Holborn, München 1933, S. 22-136.
Enchiridion, Übers. Migli
Enchiridion di Erasmo Rotherodamo, dalla lingua latina nella volgare tradotto per messer Emilio di Emilij bresciano, con una sua canzone di penitenza in fine (Brescia, Ludovico Britannico 1531).
De immensa Dei misericordia
Erasmus von Rotterdam, *De immensa Dei misericordia concio* (Basel, Froben 1524).
Iulius exclusus
Iulius: Dialogus viri cuiuspiam eruditissimi, festivus sane ac elegans, quomodo Iulius II P.M. post mortem coeli fores pulsando ab ianitore illo Petro intromitti nequiverit (s.l.a., aber um 1517), zitiert nach der kritischen Ausgabe: *Erasmi Opuscula: A Supplement to the Opera omnia*, Hrsg. Wallace K. Ferguson (Den Haag 1933) S. 65-124.
LB
Desiderii Erasmi Roterodami opera omnia, Hrsg. Jean Leclerc, 10 Bde. in 11 Teilen (Leiden 1703-06).
Vita Hieronymi
Beati Hieronymi stridonensis vita, in *Omnium operum divi Eusebii Hieronymi tomus primus (...) quae ad vitam recte instituendam pertinent complectens (...) una cum argumentis et scholiis Desiderii Erasmi Roterodami, cuius opera potissimum emendata sunt quae antehac erant depravatissima et instaurata quae prius erant mutila* (Basel, Hieronymus Froben 1516) fol. 5^r-8^v, zitiert nach der kritischen Ausgabe *Erasmi Opuscula: A Supplement to the Opera omnia*, Hrsg. Wallace K. Ferguson (Den Haag 1933) S. 125-90.
*ERCOLANI, *Contra interpretationes Erasmi*
Giulio Ercolani, *Adnotationes et censurae contra interpretationes Erasmi in Novum Testamentum*, Rom, Biblioteca Vallicelliana, R 6, fol. 1^r-25^r.
*ERCOLANI, *De Virgine*
[Giulio Ercolani], *De beatissima Virgine*, Rom, Biblioteca Vallicelliana, R 6, fol. 26^r-42^v.
FAHY, *Landiana*
Conor Fahy, *Landiana*, Italia medievale e umanistica 19 (1976) S. 325-59.

FALASCHI, *Erasmo*
  Giovanni Falaschi, *La manipolazione della fonte: Erasmo (Apoftemmi) e le lettere*, in *Progetto corporativo e autonomia dell'arte in Pietro Aretino* (Messina und Florenz 1977) S. 181-208.
FARGE, *Orthodoxy and Reform*
  James K. Farge, *Orthodoxy and Reform in Early Reformation France: The Faculty of Theology of Paris, 1500-1543*, Studies in Medieval and Reformation Thought 32 (Leiden 1985).
FERRERI, *Hymni novi*
  Zaccaria Ferreri da Vicenza, *Hymni novi ecclesiastici iuxta veram metri et latinitatis normam* (Rom, Ludovico degli Arrighi, genannt il Vicentino, und Lautizio di Meo de' Rotelli perugino 1525).
FIRPO, *Morone*
  Massimo Firpo, *Il processo inquisitoriale del cardinal Giovanni Morone*, Kritische Ausgabe, Bd. 1 *Il Compendium* (Rom 1981).
FIRPO, *Valdesianesimo ed evangelismo*
  Massimo Firpo, *Valdesianesimo ed evangelismo: Alle origini dell'Ecclesia Viterbensis* (1541), in «Libri, idee e sentimenti religiosi nel Cinquecento italiano», Hrsg. Adriano Prosperi, Ferrara 1988, S. 53-71.
*FLANDINO, *Examen*
  Ambrogio Flandino, *Examen vanitatis duodecim articulorum Martini ad veritatis disciplinae christianae censuram*, Parma, Biblioteca Palatina, Ms. 974.
FONTANA, *Renata di Francia*
  Bartolommeo Fontana, *Renata di Francia duchessa di Ferrara*, 3 Bde. (Rom 1889-99).
FORSTER, *Freiheit-Verständnis*
  Hans Forster, *Das Freiheit-Verständnis bei Thomas von Aquin und Martin Luther* (Göttingen 1965).
FRANCO, *Dialogi*
  Nicolò Franco, *Dialogi piacevoli* (Venedig, Gabriel Giolito de' Ferrari 1539).
FREGOSO, *Trattato della oratione*
  Federico Fregoso, *Pio et christianissimo trattato della oratione, il quale dimostra come si debbe orare et quali debbono essere le nostre preci a Iddio per conseguire la eterna salute et felicità* (Venedig, Gabriel Giolito de' Ferrari 1543).
FREUDENBERGER, *Steuchus*
  Theobald Freudenberger, *Augustinus Steuchus aus Gubbio, Augustiner Chorherr und päpstlicher Bibliothekar, 1497-1548, und sein literarisches Lebenswerk*, Reformationsgeschichtliche Studien und Texte 64/65 (Münster 1935).
FUMI, *Inquisizione*
  Luigi Fumi, *L'Inquisizione romana e lo Stato di Milano*, Archivio storico lombardo, F. 4, Jahrgang 37 (1910) Bd. 13, S. 5-124, 285-414, Bd. 14, S. 145-220.
GAETA, *Riforma in Venezia*
  Franco Gaeta, *Documenti da codici vaticani per la storia della Riforma in Venezia*, Annuario dell'Istituto storico italiano per l'età moderna e contemporanea 7 (1956) S. 5-53.
GAMBARO, *Introduzione al Ciceroniano*
  Angiolo Gambaro, *Introduzione* zu: Erasmo da Rotterdam, *Il Ciceroniano o dello stile migliore*, Hrsg. Angiolo Gambaro (Brescia 1965) S. XXI-XCII.
GARIN, *Echi italiani*
  Eugenio Garin, *Echi italiani d'Erasmo e di Lefèvre d'Etaples*, Rivista critica di storia della filosofia 24 (1971) S. 88-90.

GARIN, *Educazione*
: Eugenio Garin, *L'educazione in Europa, 1400-1600* (Bari 1957).
GARIN, *Erasmo e l'Umanesimo italiano*
: Eugenio Garin, *Erasmo e l'Umanesimo italiano*, Bibliothèque d'Humanisme et Renaissance 33 (1971) S. 7-17.
GERINI, *Memorie della Lunigiana*
: Emanuelle Gerini, *Memorie storiche d'illustri scrittori e di uomini insigni dell'antica e moderna Lunigiana*, 2 Bde. (Massa 1829).
GIACCARO, *Enchiridio*
: Vincenzo Giaccaro, *Enchiridio christiano qual è specchio della sincera vita christiana et vero magisterio di riformar se stesso in ogni grado di persone al puro stato evangelico* (Venedig, Luca Antonio Giunti 1538).
GILLY, *Valdés*
: Carlos Gilly, *Juan de Valdés: Übersetzer und Bearbeiter von Luthers Schriften in seinem 'Diálogo de doctrina christiana'*, Archiv für Reformationsgeschichte 74 (1983) S. 257-305.
GILMORE, *Apologetic Works*
: Myron P. Gilmore, *De modis disputandi: The Apologetic Works of Erasmus*, in «Florilegium historiale: Essays Presented to W.K. Ferguson», Hrsg. John G. Rowe und William H. Stockdale (Toronto 1971) S. 71-81.
GILMORE, *Erasmus and Pio*
: Myron P. Gilmore, *Erasmus and Alberto Pio, Prince of Carpi*, in «Action and Conviction in Early Modern Europe: Essays in Honor of E.H. Harbison», Hrsg. Theodore K. Rabb und Jerrold E. Seigel (Princeton, NJ 1969) S. 299-318.
GILMORE, *Italian Reactions*
: Myron P. Gilmore, *Italian Reactions to Erasmian Humanism*, in «Itinerarium italicum: The Profile of the Italian Renaissance in the Mirror of its European Transformations. Dedicated to Paul Oskar Kristeller on the occasion of his 70th birthday», Hrsg. Heiko A. Oberman und Thomas A. Brady jr (Leiden 1975) S. 61-115.
GINZBURG, *Mugnaio*
: Carlo Ginzburg, *Il formaggio e i vermi: Il cosmo di un mugnaio del Cinquecento* (Turin 1976).
GINZBURG und PROSPERI, *Beneficio*
: Carlo Ginzburg und Adriano Prosperi, *Giochi di pazienza: Un seminario sul Beneficio di Cristo* (Turin 1975).
GODIN, *Erasme lecteur d'Origène*
: André Godin, *Erasme lecteur d'Origène*, Travaux d'Humanisme et Renaissance 190 (Genf 1982).
GOLLOB, *Nausea*
: Hedwig Gollob, *Bischof Friedrich Nausea* (Nieuwkoop 1967).
GRENDLER, *Critics*
: Paul F. Grendler, *Critics of the Italian World, 1530-1560: Anton Francesco Doni, Nicolò Franco and Ortensio Lando* (Madison, Milwaukee und London 1969).
GRENDLER, *Inquisition and Press*
: Paul F. Grendler, *The Roman Inquisition and the Venetian Press, 1540-1605* (Princeton, NJ 1977).
GRENDLER, *Schooling in Italy*
: Paul. F. Grendler, *Schooling in Renaissance Italy: Literacy and Learning*, Baltimore und London 1989.
GRENDLER und GRENDLER, *Erasmus Holdings*
: Marcella Grendler und Paul F. Grendler, *The Erasmus Holdings of Roman and Vatican Libraries*, Erasmus in English 13 (1984) S. 2-29.

GRENDLER und GRENDLER, *Erasmus in Italy*
    Marcella Grendler und Paul F. Grendler, *The Survival of Erasmus in Italy*, Erasmus in English 8 (1976) S. 2-22.
GUALANDI, *De liberali institutione*
    s. Gualandi, *De optimo principe.*
GUALANDI, *De optimo principe*
    Giovanni Bernardo Gualandi, *De optimo principe dialogus. De liberali institutione dialogus. Oratio in honorem sanctorum Cosmi et Damiani* (Florenz, Lorenzo Torrentino 1561).
GUALANDI, *In Lutherum*
    Giovanni Bernardo Gualandi, *In Lutherum hereticum liber multae pietatis plenus ac Sacra Scriptura undique candidus* (Rom, Antonius Bladus 1526).
GUERRINI, *Amici di Erasmo*
    Paolo Guerrini, *Due amici bresciani di Erasmo*, Archivio storico lombardo 50 (1932) S. 172-80.
GUICCIARDINI, *Storia*
    Francesco Guicciardini, *Storia d'Italia*, Hrsg. Silvana Seidel Menchi (Turin 1970).
HALKIN, *Erasme en Italie*
    Léon E. Halkin, *Erasme en Italie*, in «Colloquia erasmiana turonensia», Centre d'études supérieures de la Renaissance de Tours, De Pétrarque à Descartes 24 (Paris 1972) Bd. 1, S. 37-47.
HALKIN, *Erasme parmi nous*
    Léon E. Halkin, *Erasme parmi nous*, Paris 1987.
HERCOLANI, *Illustri romagnuoli*
    Antonio Hercolani, *Biografie e ritratti di uomini illustri romagnuoli*, 4 Bde. (Forlì 1834-39).
HERLIHY und KLAPISCH ZUBER, *Les toscans*
    David Herlihy und Christiane Klapisch Zuber, *Les toscans et leurs familles*, Editions de l'Ecole des Hautes Etudes en Sciences Sociales (Paris 1978).
HERVEY, *Holbein's 'Ambassadors'*
    Mary F.S. Hervey, *Holbein's 'Ambassadors'* (London 1910).
Hieronymi Epistolae
    s. Vittori, *Epistolae Hieronymi.*
HOLECZEK, *Bibelphilologie*
    Heinz Holeczek, *Humanistische Bibelphilologie als Reformproblem bei Erasmus von Rotterdam, Thomas More und William Tyndale*, Studies in the History of Christian Thought 9 (Leiden 1975).
HOLECZEK, *Erasmus deutsch*
    Heinz Holeczek, *Erasmus deutsch*, Bd. 1 (Stuttgart und Bad Cannstatt 1983).
HÖPFL, *Sirlets Annotationen*
    Hildebrand Höpfl, *Kardinal Wilhelm Sirlets Annotationen zum Neuen Testament: Eine Verteidigung der Vulgata gegen Valla und Erasmus*, Biblische Studien 13/2 (Freiburg i.B. 1908).
IOLY ZORATTINI, *Processi contro ebrei*
    Processi del Sant'Uffizio di Venezia contro ebrei e giudaizzanti, Hrsg. Pier Cesare Ioly Zorattini, Storia dell'ebraismo in Italia: Studi e testi 2-3 (Florenz 1980-83).
IJSEWIJN und IJSEWIJN-JACOBS, *Perisauli en Erasmus*
    Jozef Ijsewijn und Jacqueline Ijsewijn-Jacobs, *De 'Triumphus Stultitiae' van Faustinus Perisauli en de 'Laus Stultitiae' van Erasmus*, Handelingen van de Koninklijke Zuidnederlandse Maatschappij voor Taal- en Letterkunde en Geschiedenis 20 (1966) S. 241-50. Deutsche Übersetzung: *Die 'Stultitiae laus'*

des Erasmus und die 'De triumpho stultitiae libri tres' des Faustinus Perisauli, Meander 22 (1967) S. 327-39.

JACOBSON SCHUTTE, *Evangelism*
    Anne Jacobson Schutte, *The 'Lettere Volgari' and the Crisis of Evangelism in Italy*, Renaissance Quarterly 28 (1975) S. 639-88.

JACOBSON SCHUTTE, *Marino da Venezia*
    Anne Jacobson Schutte, *Un inquisitore al lavoro: Fra Marino da Venezia e l'Inquisizione veneziana*, in «I Francescani in Europa tra Riforma e Controriforma», Atti del tredicesimo Convegno internazionale della Società internazionale di Studi Francescani (Assisi, 17-19 ottobre 1985), Assisi 1987, S. 169-196.

JACOBSON SCHUTTE, *Religious Books*
    Anne Jacobson Schutte, *Printed Italian Vernacular Religious Books 1465-1550: A Finding List*, Travaux d'Humanisme et Renaissance 194 (Genf 1983).

JACOBSON SCHUTTE, *Vergerio*
    Anne Jacobson Schutte, *Pier Paolo Vergerio: The Making of an Italian Reformer*, Travaux d'Humanisme et Renaissance 160 (Genf 1977).

JEDIN, *Konzil von Trient*
    Hubert Jedin, *Geschichte des Konzils von Trient*, 4 Bde. in 5 Teilen (Freiburg i.B. 1977³).

JONGE, *Introduction*
    Hendrik de Jonge, *Introduction* zu: Erasmus von Rotterdam, *Apologia respondens ad ea quae Iacobus Lopis Stunica taxaverat in prima Novi Testamenti aeditione*, ASD IX², S. 3-34.

JÜNGEL, *Zur Freiheit*
    Eberhard Jüngel, *Zur Freiheit eines Christenmenschen* (München 1981), Erstausgabe: 1978.

KALKOFF, *Anfänge*
    Paul Kalkoff, *Die Anfänge der Gegenreformation in den Niederlanden* (Halle 1903).

KALKOFF, *Nikolaus von Herzogenbusch*
    Paul Kalkoff, *Der Inquisitionprozeß des Antwerpener Humanisten Nikolaus von Herzogenbusch i.J. 1522*, Zeitschrift für Kirchengeschichte 24 (1903) S. 416-29.

KLEIN, *Beichte*
    Laurentius Klein, *Evangelisch-lutherische Beichte, Lehre und Praxis*. Konfessionskundliche und kontroverstheologische Studien 5 (Paderborn 1961).

KOHLS, *Die Theologie des Erasmus*
    Ernst Wilhelm Kohls, *Die Theologie des Erasmus*, 2 Bde. (Basel 1966).

KOHLS, *Erasmus oder Luther*
    Ernst Wilhelm Kohls, *Erasmus oder Luther: Luthers Theologie in der Auseinandersetzung mit Erasmus*, 2 Bde. (Basel 1972-78).

KRISTELLER, *Erasmus from an Italian Perspective*
    Paul Oskar Kristeller, *Erasmus from an Italian Perspective*, Renaissance Quarterly 23 (1970) S. 1-14.

KRISTELLER, *Iter italicum*
    Paul Oskar Kristeller, *Iter italicum: A Finding List of Uncatalogued or Incompletely Catalogued Humanistic Manuscripts of the Renaissance in Italian and Other Libraries*, 3 Bde. (London und Leiden 1965-83).

LAEMMER, *Monumenta*
    Monumenta Vaticana historiam ecclesiasticam saeculi XVI illustrantia, Hrsg. Hugo Laemmer (Freiburg i.B. 1861).

LANCELLOTTI, *Cronaca*
    Tommasino de' Bianchi detto de' Lancellotti, *Cronaca modenese*, Hrsg. Carlo Borghi, 8 Bde., Monumenti di storia patria delle province modenesi, Serie delle cronache 2-9 (Parma 1862-71).

LANDO, *Dubbi*
        Ortensio Lando, *Quattro libri de dubbi con le solutioni a ciascun dubbio accomodate. La materia del primo è naturale, del secondo è mista (benché per lo più sia morale), del terzo è amorosa et del quarto è religiosa* (Venedig, Gabriel Giolito de' Ferrari 1552).

LANDO, *Funus*
        [Ortensio Lando], *In Desiderii Erasmi Roterodami funus: Dialogus lepidissimus, nunc primum in lucem editus* (s.n.t., vermutlich Basel, Balthasar Lasius 1540).

LANDO, *Lettere Gonzaga*
        [Ortensio Lando], *Lettere della molto illustre signora la signora donna Lucretia Gonzaga da Gazuolo con gran diligentia raccolte, et a gloria del sesso femminile nuovamente in luce poste* (Venedig, Gualtero Scotto 1552).

LANE, *Navires et constructeurs*
        Frederic C. Lane, *Navires et constructeurs à Venise pendant la Renaissance* (Paris 1965).

LANE und MUELLER, *Money and Banking*
        Frederic C. Lane und Reinhold C. Mueller, *Money and Banking in Medieval and Renaissance Venice*, Bd. 1 *Coins and Money of Account* (Baltimore und London 1985).

LANZONI, *Faenza*
        Francesco Lanzoni, *La Controriforma nella città e diocesi di Faenza* (Faenza 1925).

LAUCHERT, *Luthers Gegner*
        Friedrich Lauchert, *Die italienischen literarischen Gegner Luthers* (Freiburg i.B. 1912).

LAURO, *Lettere*
        Pietro Lauro, *De le lettere il primo libro* (Venedig, Michele Tramezzino 1558); *Delle lettere: libro secondo* (s.n.t. Venedig 1560).

LB   s. Erasmus von Rotterdam, *Werke*.

LEBRETON und FIORANI, *Inventari*
        Bibliothecae Apostolicae Vaticanae Codices manuscripti recensiti iussu Ioannis Pauli II Pontificis Maximi Praeside Alfonso Stickler. Codices Vaticani latini 11266-11326 recensuerunt Maria Magdalena Lebreton et Aloisius Fiorani (*Inventari di biblioteche religiose italiane alla fine del Cinquecento*), Città del Vaticano 1985.

LINDEBOOM, *Bijbelsch Humanisme*
        Johannes Lindeboom, *Het Bijbelsch Humanisme in Nederland* (Leiden 1913).

LIPPOMANO, *Confirmatione*
        Luigi Lippomano, *Confirmatione et stabilimento di tutti li dogmi catholici, con la subversione di tutti i fondamenti, motivi et ragioni delli moderni heretici sino al numero 482* (Venedig, Al segno della Speranza 1553).

LIRUTI, *Letterati del Friuli*
        Giovanni Giuseppe Liruti, *Notizie delle vite ed opere scritte da' letterati del Friuli*, 3 Bde. (Venedig und Udine 1760-80).

LONGHURST, *Valdés*
        John E. Longhurst, *Erasmus and the Spanish Inquisition: The Case of Juan de Valdés*, University of New Mexico Publications in History (Albuquerque 1950).

LONGHURST, *Vergara*
        John E. Longhurst, *Alumbrados, erasmistas y luteranos en el proceso de Juan de Vergara*, Cuadernos de historia de España (Buenos Aires), Bd. 27-28 (1958) S. 99-163, 102-65; Bd. 29-30 (1959) S. 266-92; Bd. 31-32 (1960) S. 322-56; Bd. 35-36 (1962) S. 337-54; Bd. 37-38 (1963) S. 356-71.

LONGOLIUS, *Epistolae*
Christophorus Longolius, *Orationes duae pro defensione sua in crimen lesae maiestatis. Oratio una ad luterianos. Eiusdem epistolarum libri quatuor. Epistolarum Bembi et Sadoleti liber unus* (Florenz, Eredi di Filippo Giunta 1524).

LOPEZ, *Inquisizione e censura*
Pasquale Lopez, *Inquisizione, stampa e censura nel regno di Napoli tra Cinquecento e Seicento* (Neapel 1974).

LOWRY, *Manutius*
Martin Lowry, *The World of Aldus Manutius* (Oxford 1979).

LUISINI, *Parerga*
Francesco Luisini, *Parergon libri tres, in quibus tam in graecis quam in latinis scriptoribus multa obscura loca declarantur* (Venedig, Vincenzo Valgrisi 1551).

MAIORAGIO, *Orationes*
Marco Antonio Maioragio, *Orationes et praefationes omnes nunc primum a Ioanne Petro Ayroldo Marcellino philosopho et medico aeditae* (Venedig, Angelo Bonfadio 1582).

MALAVASI, *Mazzarelli*
Stefania Ferlin Malavasi, *Intorno alla figura e all'opera di Domenico Mazzarelli, eterodosso rodigino del Cinquecento*, Archivio veneto, Folge 5 109 (1977) S. 67-91.

MALAVASI, *Roncalli*
Stefania Ferlin Malavasi, *Giovanni Domenico Roncalli e l'Accademia degli Addormentati di Rovigo*, Archivio veneto, Folge 5 95 (1972) S. 47-58.

MALAVASI, *Testamento Roncalli*
Stefania Ferlin Malavasi, *Intorno al testamento di Giovanni Domenico Roncalli eterodosso rodigino del Cinquecento*, Archivio veneto, Folge 5 97 (1972) S. 5-9.

MANN, *Erasme et la Réforme française*
Margaret Mann, *Erasme et les débuts de la Réforme française, 1517-1536* (Paris 1934).

MANN PHILLIPS, *Visages d'Erasme*
Margaret Mann Phillips, *Visages d'Erasme*, in «Colloque érasmien de Liège: Commémoration du 450e anniversaire de la mort d'Erasme», Hrsg. Jean-Pierre Massaut, Bibliothèque de la Faculté de Philosophie et Lettres de l'Université de Liège (Paris 1987) S. 17-29.

MANOUSSAKAS und PANAYOTAKIS, *Frankiskos Portos*
Manousous I. Manoussakas und Nikolaos M. Panayotakis, Η Φιλομεταρρυθμιστική δρασή τοῦ Φραγκίσκου Πόρτου στή Μόδενα καί Φερράρα καί η δίκη του από τήν ιερά εξέταση τῆς Βενετίας, Thesaurismata 18 (1981) S. 7-118.

MANSFIELD, *Interpretations*
Bruce Mansfield, *Phoenix of His Age: Interpretations of Erasmus c. 1550-1750*, Erasmus Studies 4 (Toronto, Buffalo und London 1979).

MANTESE und NARDELLO, *Due processi per eresia*
Giovanni Mantese und Mariano Nardello, *Due processi per eresia: La vicenda religiosa di Luigi Groto, il 'Cieco di Adria', e della nobile vicentina Angelica Pigafetta-Piovene* (Vicenza 1974).

MARCEL, *Dettes d'Erasme envers l'Italie*
Raymond Marcel, *Les dettes d'Erasme envers l'Italie*, in «Actes du Congrès Erasme, Rotterdam 27-29 octobre 1969», Hrsg. Cornelis Reedijk (Amsterdam und London 1971) S. 159-73.

MARCHETTI, *Gruppi senesi*
Valerio Marchetti, *Gruppi ereticali senesi nel Cinquecento* (Florenz 1975).

MARCHETTI und CATONI, *Stampa proibita*
> Valerio Marchetti und Giuliano Catoni, *Sulla circolazione della stampa proibita in Siena dal 1541 al 1569*, in «La nascita della Toscana: Convegno di studi per il quarto centenario della morte di Cosimo I de' Medici» (Florenz 1980) S. 201-05.

MARGOLIN, *Bibliographie I*
> Jean-Claude Margolin, *Quatorze années de bibliographie érasmienne (1936-1949)*, De Pétrarque à Descartes 21 (Paris 1969).

MARGOLIN, *Bibliographie II*
> Jean-Claude Margolin, *Douze années de bibliographie érasmienne (1950-1961)*, De Pétrarque à Descartes 6 (Paris 1963).

MARGOLIN, *Bibliographie III*
> Jean-Claude Margolin, *Neuf années de bibliographie érasmienne (1962-1970)*, De Pétrarque à Descartes 33 (Paris, Toronto und Buffalo 1977).

MARGOLIN, *Etude*
> Jean-Claude Margolin, *Etude de la 'Declamatio de pueris statim ac liberaliter instituendis'*, in: Erasmus von Rotterdam, *De pueris statim ac liberaliter instituendis*, Hrsg. Jean-Claude Margolin, Travaux d'Humanisme et Renaissance 77 (Genf 1966) S. 11-364.

MARGOLIN, *Travaux érasmiens 1970-1985*
> Jean-Claude Margolin, *Quinze années de travaux érasmiens (1970-1985)*, Bibliothèque d'Humanisme et Renaissance 48 (1986) S. 585-619.

MARTIN, *Salvation and Society*
> John Martin, *Salvation and Society in Sixteenthcentury Venice: Popular Evangelism in a Renaissance City*, "Journal of Modern History" 60 (1988) S. 205-233.

MARTINES, *City-States*
> Lauro Martines, *Power and Imagination: City States in Renaissance Italy* (New York 1979).

MARTINES, *Lawyers*
> Lauro Martines, *Lawyers and Statecraft in Renaissance Florence* (Princeton, NJ 1968).

MASSA, *Intorno a Erasmo*
> Eugenio Massa, *Intorno a Erasmo: Una polemica che si credeva perduta*, in «Classical, Mediaeval and Renaissance Studies in Honor of Berthold Louis Ullman», Hrsg. Charles Henderson jr (Rom 1964) Bd. 2, S. 435-54.

MASSAUT, *Erasme et saint Thomas*
> Jean-Pierre Massaut, *Erasme et saint Thomas*, in «Colloquia erasmiana turonensia», Centre d'études supérieures de la Renaissance de Tours, De Pétrarque à Descartes 24 (Paris 1972) Bd. 2, S. 581-611.

MAURER, *Freiheit*
> Wilhelm Maurer, *Von der Freiheit eines Christenmenschen* (Göttingen 1949).

MAUROLICO, *Epistola*
> Francesco Maurolico, *Ad reverendissimos tridentinae Synodi legatos et antistes epistola*, in *Sicanicarum rerum compendium Maurolyco abbate siculo authore* (Messina, Pietro Spira 1562) fol. 118^r-121^r.

MAZZUCHELLI, *Scrittori d'Italia*
> Gianmaria Mazzuchelli, *Gli scrittori d'Italia*, 2 Bde. in 6 Teilen (Brescia 1753-63).

MC CONICA, *English Humanists*
> James K. McConica, *English Humanists and Reformation Politics under Henry VIII and Edward VI* (Oxford 1965).

MERCATI, *Franco*
    Angelo Mercati, *I costituti di Niccolò Franco, 1568-1570, dinanzi l'Inquisizione di Roma*, Studi e testi 178 (Città del Vaticano 1955).

MERCATI, *Codici Pico Grimani Pio*
    Giovanni Mercati, *Codici latini Pico Grimani Pio e di altra biblioteca ignota del secolo sedicesimo esistenti nell'Ottoboniana, e i codici greci Pio di Modena*, Studi e testi 75 (Ctità del Vaticano 1938).

MERULA, *Terentianus*
    Gaudenzio Merula, *Terentianus dialogus ultra omnem festivitatem urbanissimus* (s.l.a., aber um 1543).

METZNER, *Nausea*
    Joseph Metzner, *Friedrich Nausea aus Waischenfeld Bischof von Wien* (Regensburg 1884).

MICCOLI, *Storia religiosa*
    Giovanni Miccoli, *La storia religiosa*, in «Storia d'Italia Einaudi», Bd. 2, Teil I (Turin 1974) S. 975-1079.

Mille processi dell'Inquisizione
    Mille processi dell'Inquisizione in Friuli (1551-1647), Catalogo dei primi mille fascicoli del fondo Inquisizione dell'Archivio della Curia Arcivescovile di Udine, Regione autonoma Friuli-Venezia Giulia, Quaderni del Centro regionale di catalogazione dei beni culturali 4 (Udine 1976).

MITTARELLI und COSTADONI, *Annales camaldulenses*
    Giovanni Benedetto Mittarelli und Anselmo Costadoni, *Annales camaldulenses Ordinis sancti Benedicti*, 3 Bde. (Venedig 1755-73).

MOELLER, *Reformationsgeschichtsforschung*
    Bernd Moeller, *Probleme der Reformationsgeschichtsforschung*, Zeitschrift für Kirchengeschichte 76 (1965) S. 246-57.

MOELLER und STACKMANN, *Luther-Eleutherius*
    Bernd Moeller und Karl Stackmann, *Luder-Luther-Eleutherius: Erwägungen zu Luthers Namen*, Nachrichten der Akademie der Wissenschaften in Göttingen, Phil.-hist. Kl. (1981) S. 5-37.

MONTER und TEDESCHI, *Statistical Profile*
    E. William Monter und John Tedeschi, *Toward a Statistical Profile of the Italian Inquisitions, Sixteenth to Eighteenth Centuries*, in «The Inquisition in Early Modern Europe, Studies on Sources and Methods», Hrsg. Gustav Henningsen und John Tedeschi, (Dekalb, Illinois 1986) S. 130-157.

MOREAU, *Protestantisme à Tournai*
    Gérard Moreau, *Histoire du protestantisme à Tournai jusqu'à la vieille de la Révolution des Pays-Bas* (Paris 1962).

Morte de Giurco e Gnagni
    [Alessandro Caravia], *La verra antiga de castellani, canaruoli e gnatti, con la morte de Giurco e Gnagni in lengua brava* (s.l.a., aber Venedig 1550).

MORVIDUCCI, *Teofilo fiorentino*
    Marcella Morviducci, *Un erasmiano italiano: Il fiorentino Massimo Teofilo*, Benedictina 23 (1976) S. 89-104.

MOZLEY, *Tyndale*
    James F. Mozley, *William Tyndale* (New York 1937).

MPSJ   *Monumenta paedagogica Societatis Jesu*, Hrsg. Ladislaus Lukás SJ, Monumenta historica Societatis Jesu 92, 107, 108 (Rom 1965-74).

MUZIO, *Tre testimoni*
    Girolamo Muzio, *Tre testimoni fedeli: Basilio Cipriano Ireneo* (Pesaro, Bartolomeo Cesano 1555).

NEGRI, *Scrittori fiorentini*
    Giulio Negri, *Istoria degli scrittori fiorentini* (Ferrara 1722).

NOLHAC, *Erasme en Italie*
    Pierre de Nolhac, *Erasme en Italie: Etude sur un épisode de la Renaissance* (Paris 1898).
OLIN, *Erasmus and Saint Jerome*
    John C. Olin, *Erasmus and Saint Jerome: An Appraisal of the Bond*, in «Erasmus of Rotterdam: the Man and the Scholar», Proceedings of the Symposium Held at Erasmus University, Rotterdam 9-11 november 1986, Hrsg. J. Sperna Weiland und W.T.M. Frijhoff (Leiden 1988) S. 182-86.
OLIN, *Erasmus and the Church Fathers*
    John C. Olin, *Erasmus and the Church Fathers*, in *Six Essays on Erasmus* (New York 1979).
OLIVIERI, *Eresia a Venezia*
    Achille Olivieri, *Fra collettività urbane e rurali e 'colonie' mediterranee: L'eresia a Venezia*, in «Storia della cultura veneta» III^3 (Vicenza 1981) S. 467-512.
OLIVIERI, *Trissino*
    Achille Olivieri, *Alessandro Trissino e il movimento calvinista vicentino nel Cinquecento*, Rivista di storia della Chiesa in Italia 21 (1967) S. 54-117.
O'MALLEY, *Giles of Viterbo*
    John W. O'Malley SJ, *Giles of Viterbo on Church and Reform: A Study in Renaissance Thought*, Studies in Medieval and Renaissance Thought 5 (Leiden 1968).
ORIANO, *De libero arbitrio*
    Ludovico Oriano, *De potestate summi pontificis. De fide et operibus. De libero arbitrio. Ad Martinum Luterum* (Venedig, Giovanni Patavino und Venturino de Ruffinelli 1534).
Oroscopo Guicciardini
    I Guicciardini e le scienze occulte, Hrsg. Raffaella Castagnola, Istituto Nazionale di studi sul Rinascimento, Studi e Testi 20, (Florenz 1990).
OSSOLA, *Beneficio*
    Carlo Ossola, *Nei 'labirinti' del 'Beneficio di Cristo'*, in «Cultura e società nel Rinascimento tra riforme e manierismi», Hrsg. Vittore Branca und Carlo Ossola (Florenz 1984) S. 385-425.
OSSOLA, *Castelvetro*
    Carlo Ossola, *"Li summarii", "li beneficii" e una "sposizione" nicodemita: Castelvetro in contesto*, in «Culture et société en Italie du Moyen-Age à la Renaissance, Hommage à André Rochon», Centre Universitaire de la Recherche sur la Renaissance Italienne 13 (Paris 1986), S. 251-264.
PACIFICI, *Ippolito d'Este*
    Vincenzo Pacifici, *Ippolito II d'Este cardinale di Ferrara* (Tivoli 1920).
PALEARIO, *Dell'economia*
    Aonio Paleario, *Dell'economia o vero del governo della casa*, Hrsg. Salvatore Caponetto, Biblioteca dell'Archivum romanicum 172 (Florenz 1983).
PALTRINIERI, *Primo del Conte*
    Ottavio Maria Paltrinieri, *Notizie intorno alla vita di Primo del Conte milanese della Congregazione di Somasca, teologo al Concilio di Trento* (Rom 1805).
PANIGAROLA, *Ragionamenti*
    Francesco Panigarola, *Cento ragionamenti sopra la passione di nostro Signore* (Venedig, Giovanni Antonio Rampazetto 1585).
PAQUIER, *Aléandre*
    Jules Paquier, *Jérôme Aléandre et la principauté de Liège (1514-1540)* (Paris 1896).

PASCHINI, Spinola
: Pio Paschini, *Un umanista disgraziato nel Cinquecento: Publio Francesco Spinola*, Nuovo archivio veneto, N.F. 37 (1919) S. 65-186.

PASTOR, *Geschichte der Päpste*
: Ludwig von Pastor, *Geschichte der Päpste seit dem Ausgang des Mittelalters*, 16 Bde. (Freiburg i.B. 1899-1926).

PASTORE, *Flaminio*
: Alessandro Pastore, *Marcantonio Flaminio: Fortune e sfortune di un chierico nell'Italia del Cinquecento* (Mailand 1981).

PASTORE, *Panfilo*
: Alessandro Pastore, *Pietro Panfilo cortegiano ed eresiarca, 1505 circa-1574*, Rivista storica italiana 94 (1982) S. 635-63.

PASTORE, *Tiburzi*
: Alessandro Pastore, *Un corrispondente sconosciuto di Pietro Pomponazzi: il medico Giacomo Tiburzi da Pergola e le sue lettere*, Quaderni per la storia dell' Università di Padova 17 (1984) S. 69-89.

PASTORELLO, *Tipografi*
: Ester Pastorello, *Tipografi, editori, librai a Venezia nel secolo sedicesimo*, Biblioteca di bibliografia italiana 5 (Florenz 1924).

PELLICIER, *Correspondance*
: *Correspondance politique de Guillaume Pellicier ambassadeur de France à Venice, 1540-1542*, Hrsg. Alexandre Tausserat-Radel (Paris 1899).

PERBUONO, *Oviliarum opus*
: Girolamo Perbuono, *Opus luculentissimum atque elegantissimum Oviliarum in quo libri sex et viginti continentur* (Mailand, Vincenzo Medda und Giovanni Antonio Legnano 1533).

PERINI, *Machiavelli*
: Leandro Perini, *Gli eretici italiani del Cinquecento e Machiavelli*, Studi storici 10 (1969) S. 877-915.

PERINI, *Perna I*
: Leandro Perini, *Note e documenti su Pietro Perna libraio-tipografo a Basilea*, Nuova rivista storica 50 (1966) S. 145-200.

PERINI, *Perna II*
: Leandro Perini, *Ancora sul libraio-tipografo Pietro Perna e su alcune figure di eretici italiani in rapporto con lui negli anni 1549-1555*, Nuova rivista storica 51 (1967) S. 363-404.

PERISAULI, *De triumpho stultitiae*
: *Perisauli Faustini Tradocii de honesto appetitu. Faustinus Terdoceo de triumpho stultitiae* (Rimini s.a. [aber Venedig], Girolamo Soncini 1524). Das Gedicht *De triumpho stultitiae*, das in der Ausgabe des 16. Jh. mit fol. Biiii^r-Hiii^r paginiert ist, ist neuerdings mit italienischer Übersetzung und Kommentar von Alberto Viviani und Giannino Fabbri herausgegeben worden (Florenz 1963).

PESENTI, *Edizioni di Nausea*
: Tiziana Pesenti, *Le edizioni veneziane dell' umanista tedesco Friedrich Nausea: Per gli annali tipografici di Gregorio de Gregori*, in «Viridarium floridum: Studi di storia veneta offerti a Paolo Sambin» (Padua 1984) S. 295-316.

PEYRONEL RAMBALDI, *Cinquecento modenese*
: Susanna Peyronel Rambaldi, *Speranze e crisi nel Cinquecento modenese: Tensioni religiose e vita cittadina ai tempi di Giovanni Morone* (Mailand 1979).

PICCOLOMINI, *Eresia a Siena*
   Paolo Piccolomini, *Documenti del Regio Archivio di Stato in Siena sull'eresia in questa città durante il secolo sedicesimo*, Bullettino senese di storia patria 17 (1910) S. 3-35; Ders., *Documenti fiorentini sull'eresia in Siena durante il secolo sedicesimo (1559-1570)*, ebd., S. 159-99.

PICOT, *Italiens en France*
   Emile Picot, *Les italiens en France au XVIe siècle*, Bulletin italien, Bd. 1 (1901) S. 92-137, 269-94; Bd. 2 (1902) S. 23-53, 108-47; Bd. 3 (1903) S. 7-36, 118-42, 219-34; Bd. 4 (1904) S. 123-42, 294-315.

PIO, *In locos Erasmi retractandos*
   Alberto Pio di Carpi, *Praeter praefationem et operis conclusionem, tres et viginti libri in locos lucubrationum variarum Desiderii Erasmi Roterodami, quos censet ab eo recognoscendos et retractandos* (Venedig, Luca Antonio Giunti 1531).

PIRRI, *Episodi*
   Pietro Pirri, *Episodi della lotta contro l'eresia a Siena*, Archivum Historicum Societatis Jesu 32 (1963), S. 103-132.

PL
   Patrologiae cursus completus, Series prima: Scriptores Ecclesiae latinae, Hrsg. Jacques-Paul Migne, 221 Bde. (Paris 1844-64).

POMMIER, *Itinéraire*
   Emile Pommier, *L'itinéraire religieux d'un moine vagabond italien au XVIe siècle*, Mélanges d'archéologie et d'histoire de l'Ecole française de Rome 66 (1954) S. 293-322.

POPKIN, *History of Scepticism*
   Richard H. Popkin, *The History of Scepticism from Erasmus to Spinoza* (Berkeley, Los Angeles und London 1979).

Processo Carnesecchi
   Estratto del processo di Pietro Carnesecchi, Hrsg. Giacomo Manzoni, in «Miscellanea di storia italiana» 10 (Turin 1870) S. 187-573.

Processo Cazalla
   Milagros Ortega Costa, *Processo de la Inquisición contra Maria de Cazalla* (Madrid 1978).

PROSPERI, *Giberti*
   Adriano Prosperi, *Tra evangelismo e Controriforma: Giovan Matteo Giberti 1495-1543* (Rom 1969).

PROSPERI, *Inquisizione*
   Adriano Prosperi, *L'Inquisizione: Verso una nuova immagine?* Critica storica 25 (1988) S. 119-145.

PROSPERI, *Negri*
   Adriano Prosperi, *Echi italiani della condanna di Serveto: Girolamo Negri*, Rivista storica italiana 90 (1978) S. 233-61.

PROSPERI, *Opere di Giorgio Siculo*
   Adriano Prosperi, *Opere inedite o sconosciute di Giorgio Siculo*, Bibliofila 87 (1985) S. 137-57.

PROSPERI, *Pater noster*
   Adriano Prosperi, *Les commentaires du Pater noster entre XVe et XVIe siècle*, in «Aux origines du catéchisme en France», Hrsg. Pierre Colin, Elisabeth Germain, Jean Joncheray und Marc Vercard (Tournai 1989) S. 87-108.

PROSPERI, *Setta di Giorgio Siculo*
   Adriano Prosperi, *Un gruppo ereticale italo-spagnolo: la setta di Giorgio Siculo (secondo nuovi documenti)*, Critica storica 19 (1982) S. 335-51, mit Anhang: *Addenda et emendanda*, ebd. 20 (1983) S. 146.

QUETIF und ECHARD, *Scriptores OP*
    Jacques Quétif und Jacques Echard, *Scriptores Ordinis praedicatorum*, 4 Bde. (Paris 1719-21).
*Racha
    Egidio da Viterbo, *Super verbis Evangelii: Non ad solvendam legem sed ad implendam veni*, Paris, Bibliothèque Nationale, Ms. lat. 3461.
*RAMBALDI, *Adversus errores Erasmi*
    Gerardo Rambaldi, *Adversus impios errores Erasmi et Confessionem augustanam oratio*, Biblioteca Apostolica Vaticana, Ms. Ottob. lat. 887.
RENATO, *Opere*
    Camillo Renato, *Opere Documenti Testimonianze*, Hrsg. Antonio Rotondò, Corpus reformatorum italicorum (Florenz und Chicago 1968).
RENAUDET, *Erasme et l'Italie*
    Augustin Renaudet, *Erasme et l'Italie*, Travaux d'Humanisme et Renaissance 15 (Genf 1954).
REUSCH, *Index*
    Franz Heinrich Reusch, *Der Index der verbotenen Bücher: Ein Beitrag zur Kirchen- und Literaturgeschichte*, 2 Bde. in 3 Teilen (Bonn 1883).
RICCI, *De imitatione*
    Bartolomeo Ricci, *De imitatione libri tres ad Alfonsum Atestium principem suum in literis alumnum* (Venedig, Figli di Aldo 1541).
ROSA, *Note erasmiane*
    Mario Rosa, "*Dottore o seduttor deggio appellarte: Note erasmiane*, Rivista di storia e letteratura religiosa 26 (1990) S. 5-33.
ROSI, *Bartoccio*
    Michele Rosi, *La riforma religiosa in Liguria e l'eretico umbro Bartolomeo Bartoccio: Ricerche storiche condotte dall'apparire dell'eresia in Liguria nella prima metà del secolo sedicesimo all'anno 1567*, Atti della Società ligure di storia patria 24 (1891) S. 555-726.
ROTELLI, *Sant'Uffizio a Imola*
    Raffaella Rotelli, *Il tribunale del Sant'Uffizio a Imola dalla fondazione al 1578*, Diss., Facoltà di Lettere e Filosofia dell'Università degli Studi di Bologna Jahrgang 1973-74, Maschinenschrift.
ROTONDÒ, *Censura*
    Antonio Rotondò, *La censura ecclesiastica e la cultura*, in «Storia d'Italia Einaudi», Bd. 5 *I documenti* (Turin 1973) Teil 2, S. 1397-1492.
ROTONDÒ, *Documenti per l'Indice*
    Antonio Rotondò, *Nuovi documenti per la storia dell'Indice dei libri proibiti, 1572-1638*, Rinascimento, N.F. 3 (1963) S. 145-211.
ROTONDÒ, *Eresia a Bologna*
    Antonio Rotondò, *Per la storia dell'eresia a Bologna nel secolo sedicesimo*, Rinascimento, N.F. 2 (1962) S. 107-54.
ROTONDÒ, *Introduzione a Sozzini*
    Antonio Rotondò, Einführung zu: Lelio Sozzini, *Opere*, Studi e testi per la storia religiosa del Cinquecento 1 (Florenz 1986) S. 13-72.
ROZZO, *Cavalli*
    Ugo Rozzo, *Vicende inquisitoriali dell'eremitano Ambrogio Cavalli, 1537-1545*, Rivista di storia e letteratura religiosa 16 (1980) S. 223-56.
ROZZO, *Giulio da Milano*
    Ugo Rozzo, *Incontri di Giulio da Milano: Ortensio Lando*, Bollettino della Società di studi valdesi 140 (1976) S. 77-108.
SACCHETTI SASSETTI, *Vittori*
    Angelo Sacchetti Sassetti, *La vita e gli scritti di Mariano Vittori* (Rieti 1917).

SALINARI, *Ariosto*
    Giambattista Salinari, *L'Ariosto fra Machiavelli ed Erasmo*, Bibliotechina della 'Rassegna di cultura e vita scolastica' 58 (1968).
SBRANA, *Félix Brouxon*
    Danilo Sbrana, *Il processo di Félix Brouxon davanti al tribunale dell'Inquisizione di Pisa, 1595-1596*, Diss., Facoltà di Lettere e Filosofia dell'Università degli Studi di Pisa Jahrgang 1970-71, Maschinenschrift.
SCADUTO, *Laínez e l'Indice*
    Mario Scaduto, *Laínez e l'Indice del 1559: Lullo, Sabunde, Savonarola, Erasmo*, Archivum historicum Societatis Jesu 24 (1955) S. 3-32.
SCALIGERO, *Contra Erasmum*
    Giulio Cesare Scaligero, *Pro Marco Tullio Cicerone contra Desiderium Erasmum orationes duae* (Toulouse, Raymond Colomer 1621). Originalausgabe: 1531 und 1537.
SCALON, *Biblioteca di Adriano da Spilimbergo*
    Cesare Scalon, *La biblioteca di Adriano da Spilimbergo (1542)*, Quaderni spilimberghesi 3 (comune di Spilimbergo 1988).
SCARABELLO, *Condizione carceraria*
    Giovanni Scarabello, *La pena del carcere: Aspetti della condizione carceraria a Venezia nei secoli XVI-XVIII*, in «Stato, società e giustizia nella repubblica veneta», Hrsg. Gaetano Cozzi (Rom 1980) S. 317-76.
SCARDEONI, *De castitate*
    Bernardino Scardeoni, *De castitate libri septem* (Venedig, Andrea Arrivabene 1542).
SCARPA, *Machiavelli*
    Emanuela Scarpa, *Machiavelli lettore d'Erasmo?*, Atti dell'Istituto veneto di scienze, lettere ed arti, classe di scienze morali 134 (1975-76) S. 143-53.
SCARPELLINI, *Letterati romagnoli*
    Angelo Scarpellini, *Erasmo e i letterati romagnoli del Cinquecento*, Studi romagnoli 18 (1967) S. 369-90.
SCHÄR, *Origenes*
    Max Schär, *Das Nachleben des Origenes im Zeitalter des Humanismus* (Basel und Stuttgart 1979).
SCHÄTTI, *Erasmus und die Kurie*
    Karl Schätti, *Erasmus von Rotterdam und die römische Kurie*, Basler Beiträge zur Geschichtswissenschaft 48 (Basel 1954).
SCHALK, *Folengo*
    Fritz Schalk, *Folengo und Erasmus*, in «Scrinium erasmianum: Mélanges historiques publiés sous le patronage de l'Université de Louvain à l'occasion du cinquième centenaire de la naissance d'Erasme», Hrsg. Jozef Coppens (Leiden 1969) Bd. 2, S. 437-48.
SCHEIBLE, *Reform, Reformation, Revolution*
    Heinz Scheible, *Reform, Reformation, Revolution: Grundsätze zur Beurteilung der Flugschriften*, Archiv für Reformationsgeschichte 65 (1974) S. 108-33.
SCHOTTENLOHER, *Ziegler*
    Karl Schottenloher, *Jakob Ziegler aus Landau an der Isar: Ein Gelehrtenleben aus der Zeit des Humanismus und der Reformation*, Reformationsgeschichtliche Studien und Texte 8-10 (Münster 1910).
SCHWAB, *Sakramententheologie*
    Wolfgang Schwab, *Entwicklung und Gestalt der Sakramententheologie bei Martin Luther*, Europäische Hochschulschriften, Serie 23, 79 (Frankfurt und Bern 1977).

SCRIBNER, *Flugblatt und Analphabetentum*
> Robert W. Scribner, *Flugblatt und Analphabetentum: Wie kam der gemeine Mann zu reformatorischen Ideen?*, in «Flugschriften als Massenmedium der Reformationszeit», Hrsg. Hans-Joachim Köhler, Tübinger Beiträge zur Geschichtsforschung, Spätmittelalter und Frühe Neuzeit 13 (Stuttgart 1981) S. 65-76.

SEIDEL MENCHI, *Atteggiamenti*
> Silvana Seidel Menchi, *Alcuni atteggiamenti della cultura italiana di fronte a Erasmo*, in «Eresia e Riforma nell'Italia del Cinquecento», Corpus reformatorum italicorum, Miscellanea I (Florenz und Chicago 1974) S. 71-133.

SEIDEL MENCHI, *Bataillon*
> Silvana Seidel Menchi, *La fortuna di Erasmo in Italia, Confronto metodologico con la ricerca di Marcel Bataillon*, in «El erasmismo en España», Ponencias del Coloquio celebrado en la Biblioteca de Menendez Pelayo del 10 al 14 de junio de 1985, Hrsg. Manuel Revuelta Sañudo und Ciriaco Morón Arroyo (Santander 1986) S. 21-39.

SEIDEL MENCHI, *Circolazione clandestina*
> Silvana Seidel Menchi, *La circolazione clandestina di Erasmo in Italia: I casi di Antonio Brucioli e di Marsilio Andreasi*, Annali della Scuola Normale Superiore di Pisa 9 (1979) S. 573-601.

SEIDEL MENCHI, *Erasme et son lecteur*
> Silvana Seidel Menchi, *Erasme et son lecteur: A propos du rapport auteur-public au XVIe siècle*, in «Colloque érasmien de Liège», Hrsg. Jean-Pierre Massaut, Bibliothèque de la Faculté de Philosophie et Lettres de l'Université de Liège 247 (Paris 1987) S. 31-45.

SEIDEL MENCHI, *Flandino-Quistelli*
> Silvana Seidel Menchi, *La discussione su Erasmo nell'Italia del Rinascimento: Ambrogio Flandino vescovo a Mantova, Ambrogio Quistelli teologo agostiniano e Alberto Pio principe di Carpi*, in «Società, politica e cultura a Carpi ai tempi di Alberto III Pio» (Padua 1981) Bd. 1, S. 291-382.

SEIDEL MENCHI, *Fortuna di Erasmo*
> Silvana Seidel Menchi, *Sulla fortuna di Erasmo in Italia: Ortensio Lando e altri eterodossi della prima metà del Cinquecento*, Rivista storica svizzera 24 (1974) S. 537-634.

SEIDEL MENCHI, *Humanismus*
> Silvana Seidel Menchi, *Humanismus und Reformation im Spiegel der italienischen Inquisitionsprozeßakten*, in «Renaissance Reformation: Gegensätze und Gemeinsamkeiten», Wolfenbütteler Abhandlungen zur Renaissanceforschung 5 (Wiesbaden 1984) S. 47-64.

SEIDEL MENCHI, *Immagine di Lutero*
> Silvana Seidel Menchi, *'Certo Martino è stato terribil homo': L'immagine di Lutero e la sua efficacia secondo i processi italiani dell'Inquisizione*, in «Lutero in Italia: Studi storici nel quinto centenario della nascita», Hrsg. Lorenzo Perrone (Casale Monferrato 1983) S. 115-37.

SEIDEL MENCHI, *Inquisizione come mediazione*
> Silvana Seidel Menchi, *Inquisizione come repressione o Inquisizione come mediazione? Una proposta di periodizzazione*, Annuario dell'Istituto storico italiano per l'età moderna e contemporanea 35-36 (1983-84) S. 53-77.

SEIDEL MENCHI, *Lando*
> Silvana Seidel Menchi, *Spiritualismo radicale nelle opere di Ortensio Lando attorno al 1550*, Archiv für Reformationsgeschichte 65 (1974) S. 210-77.

SEIDEL MENCHI, *Spinola*
    Silvana Seidel Menchi, *Passione civile e aneliti erasmiani di riforma nel patriziato genovese del primo Cinquecento: Ludovico Spinola*, Rinascimento 18 (1978) S. 87-134.
SEIDEL MENCHI, *Traduzioni di Lutero*
    Silvana Seidel Menchi, *Le traduzioni italiane di Lutero nella prima metà del Cinquecento*, Rinascimento 17 (1977) S. 31-108.
SEPULVEDA, *In Erasmum*
    Juan Ginés de Sepúlveda, *Antapologia pro Alberto Pio in Erasmum* (Rom, Antonio Blado 1532), zitiert nach: *Opera omnia* (Köln, Birkmann 1602).
SERVOLINI, *De Gregoriis*
    Luigi Servolini, *Le edizioni dei fratelli de Gregoriis e una loro raccolta nella Biblioteca di Forlì*, Gutenberg-Jahrbuch 54 (1979) S. 120-33.
SILVESTRI, *De evangelica libertate*
    Francesco Silvestri, *Opusculum de evangelica libertate adversus christianae religionis modernos calumniatores* (Paris, Jean Bonhomme 1552). Erstausgabe: *Apologia de convenientia institutorum romanae Ecclesiae cum evangelica libertate, adversus Lutherum de hoc pessime sentientem* (Venedig, Bernardino Viani da Lessona 1525).
SIMONCELLI, *Evangelismo*
    Paolo Simoncelli, *Evangelismo italiano del Cinquecento: Questione religiosa e nicodemismo politico* (Rom 1979).
SIMONCELLI, *Indice*
    Paolo Simoncelli, *Documenti interni alla Congregazione dell'Indice, 1571-1590: Logica e ideologia dell' intervento censorio*, Annuario dell' Istituto storico italiano per l'età moderna e contemporanea 35-36 (1983-84) S. 187-215.
SOLIERI, *De veneratione sanctorum*
    Antonio Solieri, *Opusculum de veneratione et invocatione sanctorum in Desiderium Erasmum Roterodamum* (Paris, Jean André 1548).
Sommario della Scrittura
    El summario de la Santa Scrittura et l'ordinario de christiani, il qual demonstra la vera fede christiana mediante la quale siamo giustificati (s.l. [aber Venedig], s.a.).
SPINI, *Brucioli*
    Giorgio Spini, *Tra Rinascimento e Riforma: Antonio Brucioli* (Florenz 1940).
SPINOLA, *Poëmata*
    Francesco Spinola, *Opera poetica* (Venedig, Francesco Ziletti 1563).
STEGMANN, *Polydor Vergil*
    Andrée Stegmann, *Le 'De inventoribus rei christianae' de Polydor Virgil ou l'érasmisme critique*, in «Colloquia erasmiana turonensia», Centre d'études supérieures de la Renaissance de Tours, De Pétrarque à Descartes 24 (Paris 1972) Bd. 1, S. 313-21.
STELLA, *Anabattismo*
    Aldo Stella, *Dall'anabattismo al socinianesimo nel Cinquecento veneto* (Padua 1967).
STELLA, *Antitrinitarismo*
    Aldo Stella, *Anabattismo e antitrinitarismo in Italia nel sedicesimo secolo* (Padua 1969).
STELLA, *Utopie*
    Aldo Stella, *Utopie e velleità insurrezionali dei filoprotestanti italiani, 1545-1547*, Bibliothèque d'Humanisme et Renaissance 27 (1965) S. 133-82.

STEUCO, *Adversus lutheranos*
 Agostino Steuco, *Pro religione christiana adversus lutheranos* (Bologna, Giovanni Battista Faello 1530), zitiert nach: *Opera omnia*, Hrsg. Ambrogio Morando (Venedig, Domenico Niccolino 1591) Bd. 1, fol. 1-29.

TACCHI VENTURI, *Vita religiosa*
 Pietro Tacchi Venturi, *La vita religiosa in Italia durante la prima età della Compagnia di Gesù* (Rom 1910).

TEDESCHI, An Italian Erasmian
 John A. Tedeschi, *A Sixteenth-Century Italian Erasmian and the Index*, in «Essays Presented to Myron P. Gilmore», Hrsg. Sergio Bertelli und Gloria Ramaskus (Florenz 1978) Bd. 1, S. 305-15.

TEDESCHI, *Dispersed Archives*
 John Tedeschi, *The Dispersed Archives of the Roman Inquisition*, in «The Inquisition in Early Modern Europe, Studies on Sources and Methods», Hrsg. Gustav Henningsen und John Tedeschi, mit Charles Amiel (Dekalb, Illinois 1986) S. 13-32.

TEDESCHI und HENNEBERG, *Pietro Antonio da Cervia*
 John A. Tedeschi und Josephine von Henneberg, *'Contra Petrum Antonium a Cervia relapsum et Bononiae concrematum'*, in «Italian Reformation Studies in Honor of Laelius Socinus», Hrsg. John A. Tedeschi (Florenz 1965) S. 243-68.

TELLE, *Berquin*
 Emile V. Telle, Vorwort zu Louis de Berquin, *Declamation des louanges de mariage* (Genf 1976) S. 3-112.

TELLE, *Erasme*
 Emile V. Telle, *Erasme de Rotterdam et le septième sacrement* (Genf 1954).

TENTLER, *Sin and Confession*
 Thomas N. Tentler, *Sin and Confession on the Eve of the Reformation* (Princeton, NJ 1977).

THOMPSON, *Erasmus and Tudor England*
 Craig R. Thompson, *Erasmus and Tudor England*, in «Actes du Congrès Erasme, Rotterdam 27-29 octobre 1969», Hrsg. Cornelis Reedijk (Amsterdam und London 1971) S. 29-68.

TIRABOSCHI, *Biblioteca modenese*
 Girolamo Tiraboschi, *Biblioteca modenese*, 6 Bde. in 7 Teilen (Modena 1781-86).

TIRABOSCHI, *Letteratura italiana*
 Girolamo Tiraboschi, *Storia della letteratura italiana*, 7 Bde. in 4 Teilen (Modena 1787-94).

TISOT, *Bernardo Cles*
 Renato Tisot, *Ricerche sulla vita e sull'epistolario del cardinale Bernardo Cles (1485-1539)* (Trient 1969).

TOMITANO, *Oratione*
 Bernardino Tomitano, *Oratione alli signori della santissima Inquisitione in Vinetia* (Padua, Grazioso Percacino 1556).

TOMITANO, *Oratione seconda*
 Bernardino Tomitano, *Oratione seconda alli medesimi signori* (s.l.a.). Benutztes Exemplar: Biblioteca Comunale di Mantova.

TRACY, *Erasmus*
 James D. Tracy, *Erasmus: The Growth of a Mind*, Travaux d'Humanisme et Renaissance 126 (Genf 1972).

TRAPMAN, *Sacramentaires*
    Johannes Trapman, *Le rôle des 'sacramentaires' dès origines de la Réforme jusqu'en 1530 aux Pays-Bas*, Nederlands Archief voor Kerkgeschiedenis 63 (1983) S. 1-24.
TRAPMAN, *Summa*
    Johannes Trapman, *De Summa der godliker Scrifturen, 1523* (Leiden 1978).
TRE   *Theologische Realenzyklopädie*, Hrsg. Gerhard Krause und Gerhard Müller (Berlin und New York 1977).
TRE RE, *Condanne per eresia*
    Maria Grazia Tre Re, *Gli avvenimenti del sedicesimo secolo nella città di Faenza con particolare riguardo ai processi e alle condanne degli inquisiti per eresia*, Studi romagnoli 8 (1957) S. 279-97.
VALDES, *Dialogo di Mercurio e Caronte*
    [Alfonso de Valdés], *Due dialoghi. L'uno di Mercurio e Caronte: nel quale, oltre molte cose belle, gratiose et di buona dottrina, si racconta quel che accadé nella guerra dopo l'anno M.D.XXI. L'altro di Lattantio et di uno Archidiacono nel quale puntualmente si trattano le cose avvenute in Roma nell'anno M.D. XXVII. Di spagnuolo in italiano con molta accuratezza et tradotti et revisti* (s.n.t., s.l. 1546). Kritische Ausgabe: Hrsg. Giuseppe De Gennaro, Pubblicazioni della sezione romanza dell'Istituto universitario orientale di Napoli, Testi 4 (Neapel 1968).
VALDRIGHI, *Note bibliografiche*
    Luigi Francesco Valdrighi, *Alcune note bibliografiche che possono far seguito alla 'Biblioteca modenese' tiraboschiana* (Modena 1876).
VALENTINI, *Erasmo e Corsi*
    Roberto Valentini, *Erasmo da Rotterdam e Pietro Corsi*, Rendiconti della Reale Accademia dei Lincei, Classe di scienze morali, storiche e filosofiche, Serie 6, Bd. 12 (1936) S. 896-922.
VALLESE, *Erasme et Cicéron*
    Giulio Vallese, *Erasme et Cicéron: Les lettres-préfaces au 'De officiis' et aux 'Tusculanes'*, in «Colloquia erasmiana turonensia», Centre d'études supérieures de la Renaissance de Tours, De Pétrarque à Descartes 24 (Paris 1972) Bd. 1, S. 241-46.
VAN SANTBERGEN, *Paul de Rovere*
    René van Santbergen, *Un procès de religion à Louvain: Paul de Rovere (1542-1546)* (Bruxelles 1953).
VASOLI, *Patrizi*
    Cesare Vasoli, *Una lettera di Francesco Patrizi e un processo per eresia a Venezia, 1562-1563*, Atti e memorie dell'Accademia Toscana di scienze e lettere La Colombaria 50 (1985), S. 211-254.
VASOLI, *Pio*
    Cesare Vasoli, *Alberto Pio e la cultura del suo tempo*, in «Società, politica e cultura a Carpi ai tempi di Alberto III Pio», Hrsg. Rino Avesani und andere (Padua 1981) Bd. 1, S. 3-42.
VERGERIO, *Catalogo*
    Pier Paolo Vergerio, *Il catalogo de libri, li quali nuovamente nel mese di maggio nell'anno presente 1549 sono stati condannati et scomunicati per heretici da messer Giovan Della Casa legato di Vinetia et d'alcuni frati. E' aggiunto sopra il medesimo catalogo un iudicio et discorso del Vergerio* (Zürich, Christoph Froschauer 1549).
VERGERIO, *Otto difensioni*
    Pier Paolo Vergerio, *Le otto difensioni* (s.n.t. Basel [Giacomo Parco] 1550).
VINAY, *Riforma*
    Valdo Vinay, *La Riforma protestante* (Brescia, 1982^2). Erstausgabe: 1970.

VITTORI, *Epistolae Hieronymi*
> *Epistolae divi Hieronymi stridoniensis et libri contra haereticos, ex antiquissimis exemplaribus, mille et amplius mendis ex Erasmi correctione sublatis, nunc primum opera ac studio Mariani Victorii reatini emendati eiusdemque argumentis et scholiis illustrati. Adiecta est operis initio vita divi Hieronymi, olim falso ab Erasmo aliisque relata, quam idem Marianus ex eius scriptis collectam primus edidit*, 6 voll. (Rom, Paolo Manuzio, In aedibus Populi Romani 1565-71).

WEINSTEIN und BELL, *Saints and Society*
> Donald Weinstein und Rudolph M. Bell, *Saints and Society: The Two Worlds of Western Christendom, 1000-1700* (Chicago und London 1982).

WELTI, *Italienische Reformation*
> Manfred E. Welti, *Kleine Geschichte der italienischen Reformation*, Schriften des Vereins für Reformationsgeschichte 193, Gütersloh 1985.

WLA *Doctor Martin Luthers Werke: Kritische Gesamtausgabe* (Weimar 1883).

WOLFS, *Erasmus und Löwen*
> Servatius P. Wolfs, *Erasmus von Rotterdam und die Dominikaner zu Löwen*, in «Xenia Medii Aevi historiam illustrantia oblata Thomae Kaeppeli OP», Storia e letteratura: Raccolta di studi e testi 141 (Rom 1978) Bd. 2, S. 787-808.

ZAMBELLI, *Agrippa ed Erasmo*
> Paola Zambelli, *Cornelio Agrippa, Erasmo e la teologia umanistica*, Rinascimento 20 (1969) S. 1-59.

NAMENREGISTER

A. NAMENREGISTER ZU HISTORISCHEN PERSONEN

Abstemius, Ioannes Marcus, *siehe* Bevilacqua, Marco
Accademia degli Addormentati, 366, 468
Accademia dei Sereni, 372
Accademia fiorentina, 169, 202
Accademia romana, 33, 36-38, 62
Accademico Occulto, 279
Acquario, Matteo, 368
Adriano Veneto, 67
Aegidius von Viterbo, 2, 29, 36, 38, 49, 57
Agostini, Giovanni, 393, 396, 412
Agostino aus Bologna, 137
Agostino ferrarese, 108
Agrippa von Nettesheim, Heinrich C., 108, 259, 319, 364, 368, 371, 432
Aiardi, Marco Antonio, aus Brignano, 202
Alati, Giovanni Antonio, aus Ascoli, 202, 203
Alberti, Leandro, 342
Albrisio, Basilio, aus Reggio Emilia, 180, 456
Alciato, Andrea, 224-228, 454, 455
Aldiverti, Aristotele, aus Rovigo, 268, 269, 336, 358
Aldiverti, Cesare, aus Rovigo, 268, 269, 336, 358
Aleander, Hieronymus, 36, 38, 39, 41, 46, 47, 51, 54, 56, 57, 59, 60, 76, 85, 456
Alessio, Antonio di, aus Neapel, 113, 268
Alessio, Bartolomeo (Bartolomeo, Gewürzhändler), aus Genua, 310, 311
Allegretti, Girolamo (Marco da Spalato), 80, 84, 85, 248, 264-268
Altieri, Baldassarre, 265
Ambrogio aus Asolo, 117
Ambrogio da Lodi, 195
Ambrogio da Milano, *siehe* Cavalli, Ambrogio
Ambrosius, Bischof von Mailand, hl., 97, 148, 149, 164, 274, 396
Amicis, Antonio de, 443
Ammannati, Jacopo, 229
Amsdorf, Nikolaus von, 86
Amulio, Marco Antonio, 290
Ancarano, Panfilo, 44, 249
André, Jean, 477
Andrea da Bergamo, *siehe* Nelli, Pietro
Andrea aus Calvi, 302
Andrea da Catania, *siehe* Ursio, Andrea
Andrea da Volterra, *siehe* Ghetti, Andrea
Andrea di Lucio, aus Argenta, 111, 252
Andreasi, Gianfrancesco, aus Mantua, 196
Andreasi, Marsilio, aus Mantua, 108, 189, 196, 197, 201, 455, 476

Andreis, Tranquillo de (Tranquillus Parthenius Andronicus), 18
Andronico, Angelo, aus Venedig, 112, 459
Andronicus, Tranquillus Parthenius, *siehe* Andreis, Tranquillo de
Angelica aus Venedig, 217
Angelico Guarino, Bernardino, aus Cagli, 22, 24
Angelico da Venezia, *siehe* Buonriccio
Angelo da Cremona, 300, 323, 324, 329, 331, 332
Angelo (Angeletto) aus Genua, 362
Angelo da Verona, 323, 329
Anisio, Giano, 372, 374, 454
Annibale, Tischler, aus Verona, 173, 207, 209, 210
Annunziata, Lucrezia dell', 381
Antonio da Cornuda, 406
Antonio di Fedola, 45
Antonio, Tischler, aus Venedig, 250-251
Antonio da Pisa, 196
Antonio da Rocca Contrada, 344, 345
Apollinare da Ravenna, 107, 108, 136, 137
Apolloni, Antonia, 45
Apolloni, Antonio, 45
Aretino, Pietro, 139, 165, 166, 190, 280, 355, 356, 368, 369, 395, 404, 438, 447, 454, 457, 463
Ariano, Familie aus Ferrara, 339, 340
Ariano, Alfonso, 340
Ariano, Domenico, 340
Ariano, Elisabet, 340
Ariano, Sigismondo, 340
Ariosto, Ludovico, 2, 475
Aristoteles, 382, 383
Arius, 56-58, 393, 394
Arrighi, Ludovico degli (Ludovico Vicentino), 463
Artusi, Benedetto, 75
Arzerano, Michele, aus Grignano del Polesine, 211, 212
Aserbini, Stefano, aus Marostica, 172
Asolano, Francesco, *siehe* Torresani, Francesco
Asperti, Omobono, aus Tomba Veronese, 82
Asquino, Pietro, aus Gemona, 407, 408
Athanasius, hl., 153
Augustinus, Aurelius, hl., 6, 15, 65, 66, 84, 97, 120, 190, 208, 220, 247-248, 270, 272, 283, 286, 287, 289, 292, 318, 362, 396, 397, 463
Ausonio, Ettore, 166
Avalos, Alfonso d', 165

NAMENREGISTER

Avalos Francesco Ferdinando d', 165
Avanzo, Ludovico, 339, 340, 433, 437, 438
Averoldi, Altobello, 61
Avogari, Alessandro, aus Verona, 408
Avogari, Matteo, aus Verona, 398, 399, 408, 418, 425

Babini, Bernardo, 402
Bacusi, Ippolito, aus Spilimbergo, 180, 249, 362
Badia, Tommaso, 69
Baitello, Girolamo, aus Brescia, 264
Balbani,Biagio, aus Lucca, 214
Balearicus, Georgius, 275, 277
Ballarini, Ippolito, aus Novara, 190-193, 195, 196
Banfio, Ambrogio, 274
Baratta, Daniele (Daniele da Brescia), 115, 247, 389
Barba, Bartolomeo dalla, aus Verona, 70, 82, 98, 100, 138, 173-176, 206-212, 240, 248
Barba, Pompeo della, 202, 203
Barba, Simone della, 202
Barbarossa (Khair ad-Dīn), 301, 302, 335
Bardeghino, 359
Bariletto, Giovanni, 374
Baroncini, Francesco, aus Lucca, 177
Barone, Francesco, 354
Bartolini, Lorenzo, 22
Bartolomei, Pier Giovanni, 75
Bartolomeo di Brescia, 396
Bartolomeo, Gewürzhändler, *siehe* Alessio, Bartolomeo
Basalù, Giulio, aus Neapel, 101, 102, 113, 253-255, 268
Basgapé, Angelo, 443
Basiaco, Pietro, 44
Basilio d'Istria, 391
Bastiano da Cornuda, 183
Bavellino (Bavella), Tommaso, 44, 73, 248
Bazachi, Giovanni, 448
Beato, Giacomo Maria, 268
Beato, Giovanni Giacomo, 411
Beato, Giovanni Maria, 131, 207, 210, 268
Beatrice di Luna, 181
Beccadelli, Ludovico, 191-194
Becchi, Lazzarino de, 40
Becichemo, Marino, 24, 27
Beda, Noël, 346
Bellay, Guillaume du, 315, 334-337, 456
Bellinghi, Camillo, 433
Bellino, Antonio, 274
Bello, Domenico del, 45
Bello, Giuliano del, 408
Beluchi, Antonio, aus Lucca, 177, 182
Bembo, Bartolomeo, 156
Bembo, Pietro, 60, 333
Benacci, Alessandro, 278, 454
Benavides, Marco, 274

Bencivieni, Antonio, 23
Bencivieni, Sebastiano, 23
Bendinelli, Antonio, aus Lucca, 145, 163
Benedetti, Benetto, 183, 184, 249
Benedetti, Francesco, aus Cittadella, 177
Benedetto da Faenza, 191, 195
Beneventano, Pietro, aus Serravalle, 101, 102
Benigno da Cremona, 180
Bentivoglio, Familie aus Bologna, 21
Benvegniuda aus Parenzo, 119
Benvoglienti, Achille, 80, 202, 247, 251, 386, 395, 407
Bergamasco, Raffaele aus, 89
Bernardini, Paolino, 22, 25, 281, 456
Bernardino, Hutmacher aus Padua, 173
Bernardino coltraro, aus Verona, 174, 211
Bernerio, Antonio, aus Venedig, 183, 435
Berquin, Louis de, 85, 241, 478
Bertari, Giovanni (genannt il Poliziano), aus Modena, 74-77, 80, 145, 162, 297, 444
Bertina, *siehe* Bertolosi, Caterina
Bertoldi, Francesco, 83, 359, 408
Bertoldi, Vincenzo, aus Oderzo, 83, 359, 407, 408, 418, 426
Bertolosi, Caterina (genannt Bertina), aus Cressa Novarese, 116, 117
Bertolucci, Bertolucio, aus Udine, 441, 447
Bertuzzi, Mainardo de, 175
Bertuzzo, Zoan, aus Pirano, 140
Bevilacqua, Marco Johannes Marcus Abstemius, aus Forlì, 24, 26, 29, 163
Beza, Teodoro di, 269-273, 400
Biagio da Galesano, *siehe* Tessaro, Biagio
Bianco, Nicolosino, 308
Biancolini, Ludovico, 252
Biancolini, Pietro Giovanni, 112, 138, 297, 407
Bibliander, Theodor, 269
Bidelli, Giovanni Battista, 364
Bindoni, Agostino, 438
Bindoni, Bernardino, 231
Bindoni, Francesco di Alessandro, 95, 433
Bindoni, Marco, 433
Bindoni, Stefano, 437, 438
Birago, Familie aus Mailand, 339
Biscazza, Girolamo, aus Rovigo, 214, 215, 250, 260-263, 268, 269, 359, 397, 398, 400, 401, 410, 411
Biscazza, Ludovico aus Rovigo, 214, 215, 250, 260-263, 268, 269, 359, 397, 398, 400, 401, 410, 411
Bissolo, Giovanni Battista, aus Imola, 90
Blado, Antonio, 460, 477
Blinde der, von Adria, *siehe* Groto, Alvise
Blosio, Paolo, 35, 60
Blount, William, Lord Mountjoy, 65
Bobio, Vincenzo, 442
Boccaccio, Giovanni, 24, 97, 164, 362, 368, 369, 400, 404
Bocchi, Gaspare, aus Bologna, 278
Bodenstein, Andreas, *siehe* Karlstadt, Andreas

Boisrigault, 335
Bonaventura, Antonio, aus Florenz, 433
Bonaventura, Cosmio, *siehe* Cicuta, Aurelio
Bonaventura, Francesco, aus Florenz, 433
Bondenus, Johannes, *siehe* Machiocchus Bondenus, Johannes
Bonetti, Apollonio, 208
Bonfadini, Vilio, aus Venedig, 434, 437, 438
Bonfadio, Angelo, 468
Bonfio de Bonfi, 403
Bonhomme, Jean, 110, 458, 477
Bonifacio, Sebastiano, 184, 358
Bonomo, Pietro, 154
Bonvisi, Ludovico, 232
Borello, Ambrogio, aus Neapel, 391
Borello, Eusebio, *siehe* Borello, Ambrogio
Borgia, Girolamo, aus Neapel, 36
Borgo, Antonio dal, aus Asolo, 117, 118, 131, 181, 411
Borgo, Benedetto dal, aus Asolo, 181, 207, 211, 212, 406
Borri, Girolamo, 287, 397, 404
Borri, Silvio, 287
Bortoli, Camillo, 30
Boscaia, Stefano, aus Asolo, 117, 131, 175, 208
Bosco, Rigo dal, 369
Botero, Giovanni, 244, 446, 456
Botticella, Giuliano, 176, 252
Bracciolini, Poggio, 304, 355, 377
Bragadin, Lorenzo, 412
Brancaleone, Giovanni Francesco, aus Neapel, 363, 371-379, 456
Brantôme, Pierre de Bourdeille de, 315
Brati (de Brattis), Giovanni, 40, 45
Brendolino da Brendole (de Brendolari), aus Vicenza, 115, 170
Brenz, Johann, 82, 83
Brenzo, Benedetto, 449, 450
Bresciani, Costantino (Costantino da Treviso), 341, 465
Brieger, Theodor, 36, 39, 41, 46, 51, 54, 56, 456
Britannico, Ludovico, 131, 196, 462
Broca, Giovanni Battista, 118
Brocardo, Giacomo, 386, 393, 394
Broeckhoven, Nicolaas van (Nicolaus Buscoducensis), 85
Brouxon, Félix, 137, 475
Brucioli, Antonio, 1, 2, 93-96, 111, 228-232, 279, 303, 338, 352, 395, 398, 456, 461, 476, 477
Brugnoli, Gioacchino, aus Venedig, 438
Brunfels, Otto, 444
Bruni, Leonardo, 319
Bruno, Giordano, 2, 448, 459
Bruno, Matteo, 361, 408, 418
Bruolo, Laura di, *siehe* Laura di Bruolo
Buccella (Bucella), Girolamo, 98, 120
Buccella, Nicolò, 88

Bucer, Martin, 82, 87, 178, 446, 451, 457
Bugenhagen (Pomeranus), Johann, 81
Bullinger, Heinrich, 82, 83, 322-324, 327, 335, 400, 418, 446, 457
Buonamico, Lazzaro, 56, 274
Buondelmonti, Zanobi, 229, 230
Buonriccio (Angelico da Venezia), 108
Buonvisi, Ludovico, aus Lucca, 231, 232, 337
Busale, Girolamo, aus Neapel, 253
Busale, Matteo, aus Neapel, 253
Buscoducensis, Nicolaus, *siehe* Broeckhoven, Nicolaas van
Busdrago, Gerardo, 54
Busdrago, Vincenzo, 404
Buzio, Giovanni, aus Montalcino, 107
Buzzale, Cataldo, aus Modena, 358, 449
Buzzi, Aurelio, aus Mailand, 277, 278, 457

Caetani, Daniele, aus Cremona, 62
Calafa, Domenico, aus Pirano, 140
Calafa, Nicolò Persich, 146, 147
Calandrini, Familie aus Lucca, 145
Calcagnini, Celio, 105, 106, 163, 365, 457
Caldana, *siehe* Petronio, Marco
Calvin, Johannes, 8, 92, 98, 107, 155, 159, 245, 246, 265, 273, 302, 303, 315, 317, 360, 392, 446
Calvo, Francesco Minicio, 108, 228, 350
Camerario, Bartolomeo, 281, 457
Camillo, Spinner, aus Vicenza, 449, 450
Camillo, Giulio, 56, 457
Campeggi, Lorenzo, 25, 53, 372
Canal, Antonio, 146, 410, 413, 414
Canani, Giulio, 262, 263, 368
Cance, Matteo, da Bion, 372
Cano, Melchor, 172
Canossa, Gaspare, 216
Capece, Girolamo, 254, 255
Capella, Galeazzo Flavio, 24, 460
Capellina, Tommaso, aus Modena, 358, 449
Capello, Bartolomeo, 267
Capito (Wolfgang Fabricius Köpfel), 87
Cappello, Baldassarre dal, aus Padua, 77, 78, 449
Cappello, Battista, 77, 78, 437, 449
Capuano, Alvise, 218
Caracciolo, Antonio, aus Chieti, 111
Caracciolo, Giovanni, Fürst von Melfi, 338
Caracciolo, Giovanni Girolamo, 180
Carafa, Gian Pietro, *siehe* Paul IV, Papst
Carandini, Dalida, aus Modena, 403
Carandini, Giovanni Paolo, 119
Caravia, Alessandro, aus Venedig, 219, 274, 275, 277, 455
Carbaglino, Battista, 362
Caretti, Sebastiano, aus Fontana, 250
Carleval, Giuliano, 98-100, 361
Carnesecchi, Pietro, 34, 69, 111, 173, 473
Carpan, Bartolomeo, aus Venedig, 102, 260

Carvajal, Luís de, 129
Casali, Battista, 36, 38, 51, 52, 54, 55, 458
Casalina, Margherita, 92, 216, 269
Casanova, Marco Antonio, 62
Casate, Agostino, 82, 390
Casella, Battista, 342, 359
Cassali, Giovanni Andrea, 330
Cassano, Paolo, aus Modena, 143-146
Casseller, Antonio, 207
Cassimati, Giovanni, 164, 165, 270, 272, 273, 396
Castellina, Antonio della, 84
Castellio, Sebastian, 164, 181, 241, 245, 246, 268-271, 273, 458
Castello, Sebastiano, aus Perugia, 80, 110, 111, 154, 264, 278, 280, 362, 394, 454
Castelvetro, Ludovico, 80, 296, 297, 403, 459, 471
Castenario, Ambrogio, aus Udine, 112, 131
Castiglione, Baldassarre, 56, 155, 412
Castillo, Juan del, 171
Castro, Alfonso de, 281, 345-347, 406
Castromuro, Giovanni Pietro di, *siehe* Giovanni Pietro di Castromuro
Castromuro, Paolo di, *siehe* Paolo di Castromuro
Cataldi, Paolo, aus Bologna, 158-160, 364
Catarino, Ambrogio (Lancellotto dei Politi), 34, 49, 61, 62, 99, 110, 111, 172, 177, 178, 233, 234, 237, 281, 458
Catinari, Battista, aus Forlì, 358
Catinari, Francesco, aus Forlì, 358
Catinari, Giacomo, aus Forlì, 358
Catinari, Giovanni, aus Forlì, 358
Cato, Costantino (Costantino aus Mailand), 102, 118, 160, 161, 217, 393, 412
Cattanei, Adriano, aus Siena, 433
Caula, Camillo, 199
Caula, Marco, 407
Cava, Francesco della, aus Sant'Agata dei Goti, 377
Cavaliere (il), *siehe* Milione, Bonifacio
Cavalli, Ambrogio (Ambrogio da Milano), 84, 120, 218, 345, 474
Cavallo, Alvise, 98, 115, 117, 119, 120
Cavazza, Zoan, aus Pirano, 175
Cazalla, Maria de, 6, 220, 221, 473
Cephalot, Pierre, 392
Ceresara Paride genannt Tricasso, 369, 383
Cerretani, Bartolomeo, 459
Cervini, Marcello, *siehe* Marcellus II., Papst
Cesano, Bartolomeo, 283, 470
Cesare di Cesare, 182
Chemer, Bartolomeo, 53, 54, 437, 438
Chiappino, Giovanni Battista, aus Lucca, 181, 182
Chiarati, Giovanni Battista, aus Grignano Polesine, 211, 212
Chiarella, Francesco, 309
Chiari, Isidoro, 23, 108, 459

Chiarino, Giovanni Battista, *siehe* Clarino, Giovanni Battista
Chiavenna, Gaspare, aus Modena, 358
Chiesa, Giovanni dalla, pavese, 364
Choler, Ioannes, 37
Chrysostomus, Johannes, *siehe* Johannes Chrysostomus
Cibo, Achille, 307
Cicero, Marcus Tullius, 23, 24, 55, 56, 160, 165, 274, 384, 393
Cicognola, Giulio, 74, 90
Cicuta (Sicuta), Aurelio Natale, aus Veglia (Bonaventura Cosmio, Aurelio Scitarca, Valerio Trono, Natale Valdovero), 3, 69, 80, 99, 100, 162, 173, 174, 299, 300-307, 314-340
Cicuta, Giovanni, aus Veglia, 332
Cicuta, Ludovico, aus Veglia, 332, 333
Cingano, Giuseppe, 354
Cioni, Fabio, aus Grosseto, 202, 247, 251, 395, 407, 425
Cipolla, Bruder, 24
Citinio, Sante, 112
Cittadella, Pietro, 385, 386
Cizzo, Matteo, aus Arbe, 80, 99, 100, 102, 142, 146-151, 155, 248, 249, 261, 408, 413, 414
Clapiz, Jacopo, aus Spilimbergo, 441
Clarino (Chiarino), Giovanni Battista, 348
Clario, Antonio, aus Eboli, 361, 435
Claudio di Rudilia, 101, 102, 249
Clemens VII. (Giulio de 'Medici'), Papst, 26, 46, 51, 58, 60, 63, 156, 294
Clemente da Asolo, 210
Clemente di Nono, 208
Clementi, Marziale, 77-80, 99, 275, 361, 455
Cles, Bernardo, 17, 478
Clozio, Bonaventura, 360
Coccio, Francesco, 165, 166, 279, 280
Cocco, Pietro, 417
Codessa, Giovanni Battista, aus Gonars, 407, 408, 417, 418, 425, 441
Colich, Nicolò, 151
Collatto, Giovanni, 359
Collodio, Andronico, *siehe* Lando, Ortensio
Colombina, Giovanni Donato della, 183
Colti, Alvise di, 354
Concha, Juan Ximénes de, *siehe* Ximénes de Concha, Juan
Conche, Arnaud, 440
Conforto, Domenico, 198, 300
Contardo, Francesco, aus Fagagna, 256
Contarini, Francesco, 166
Contarini, Gaspare, 147
Contarini, Giovanni Battista, 237
Contarini, Giustiniano, aus Padua, 396, 399
Contarini, Zaccaria, 165
Conte, Albano dal, 251
Conti, Primo, aus Mailand, 22, 348-350
Controni, Andrea, 232

Copola, Anton Francesco, 310
Cornelio da Carpi, 108
Cornelio da Piacenza, 305
Cornuda, Antonio da, *siehe* Antonio da Cornuda
Cornuda, Bastiano da, *siehe*, Bastiano da Cornuda
Correr, Familie aus Venedig, 176, 231
Corsi, Pietro, 37, 38, 53-55, 59, 60, 460, 479
Corte, Alessandro, aus Venedig, 239, 240
Corte, Andrea, aus Venedig, 239, 240
Corte, Diana della, 183
Corte, Girolamo, aus Venedig, 239
Corte, Ludovico, aus Crema, 235-240, 408
Cortesi, Jacopo, 291
Corvi, Andrea, 369
Corvino, Leonardo, aus Fagagna, 256
Cosmio, Bonaventura, *siehe* Cicuta, Aurelio Natale
Costa, Bartolomeo, 309
Costantino aus Mailand, *siehe* Cato, Costantino
Costantino, Giovanni Maria, 416
Costantino da Treviso, *siehe* Bresciani, Costantino
Costanzo da Crema, 240
Cotoni, Lattanzio, aus Siena, 116, 117
Cousin, Gilbert, 423, 424
Cratander, Andreas, 78, 96
Cristoforo di Claudio, aus Pirano, 44, 449
Croy, Charles de, 406, 419
Curione, Celio Secondo, 82, 93, 97-99, 107, 140, 265, 266, 303, 305, 337
Curione, Pietro, 98
Cyprianus, Thaseius Caecilius, hl., 164, 283, 292, 297, 298, 396

Damaskus, Johannes, *siehe* Johannes von Damaskus
Damiani, Petrus, 63, 196, 465
Damiano da Brescia, 247, 250
Daniele da Brescia, *siehe* Baratta, Daniele
Dante Alighieri, 28, 97, 107
Danza, Prospero, aus Venedig, 161
Davidico, Lorenzo, 30, 280, 385, 460
Defin, Giovanni, 272
Del Sapio, Claudia, *siehe* Tolomei, Claudia
Del Sapio, Clemenza, 382, 383
Desiderio, Inquisitor in Modena, 112
Dinteville, Jean de, 335
Dobrigna, Pasqualino, 119
Dolce, Ludovico, 114, 288, 446
Dolcetto, Agostino, aus Verona, 206
Domenichi, Ludovico, aus Florenz, 202, 203
Domenico Bartscherer aus Istrien, 44
Domenico da Bergamo, 74
Domenico da Cortona, 315
Domenico da Faenza, 298, 299
Domenico da Reno, 304

Domenico da Spalato, 264
Domenico aus Spilimbergo, *siehe* Massatutto, Domenico
Domenico da Venezia, 396
Donati, Ettore, 23, 50, 88, 218
Donato, Elio, 27, 28, 50
Donato, Francesco, 231
Donato, Girolamo, 22
Doni, Anton Francesco, 165, 175, 464
Donnini del Conte, Giovanni, aus Morbegno, 260
Dorotea aus Udine, 120
Dottori, Anton Francesco dei, 25, 26
Duimi, Alberto, 154
Du Moulin, Charles (Carolus Molinaeus), 270

Eck, Johannes, 292
Edward VI., König von England, 7
Elisio, Tommaso, 375, 446, 461
Enriquez, Alfonso, 438
Epikur, 285
Episcopius, Nicolaus, 37, 424, 457
Ercolani, Giulio, 9, 283-285, 288, 289, 293, 294, 462
Ercolani, Giulio Antonio, 283
Ercolani, Vincenzo, 283
Ernatil (?), Francesco di Paolo, 117
Este, Anna d', 95, 201
Este, Ippolito d', 471
Este, Renata d', *siehe* Renata von Frankreich
Estienne, Robert, 270
Evangelista, 88, 89, 351, 352, 389
Evoli, Camillo, aus Bozzuolo, 116, 117, 176, 180

Faber Gallus, *siehe* Lefèbre d'Etaples, Jacques
Fabiani, Cristoforo, 149
Fabiani, Tommaso, aus Mileto, 118, 131, 207
Fabiis, Romolo de, 80
Fabricius, Johannes, 326, 327
Fabro, Iacobo, 376
Faello, Giovanni Battista, 62, 478
Faiacomo, Domenico, aus Pirano, 140
Falloppia, Gabriele, 44
Fanegotta, Agostino, aus Gonzaga, 44
Fanini, Fanino, 214
Fanucci, Angelo, aus Lucca, 22
Farnese, Alessandro, *siehe* Paul III., Papst
Farnese, Ranuccio, 244, 290, 372
Farnese, Vittoria, Herzogin von Urbino, 201, 290
Farri, Giovanni de, 131, 364, 457
Fasuolo, Giovanni, aus Padua, 396, 399
Fausto da Longiano, 279
Fedola, Antonio di, *siehe* Antonio di Fedola
Fedola, Giuseppe di, *siehe* Giuseppe di Fedola
Fedola, Nazario di, *siehe* Nazario di Fedola

Felice da Vicenza, 432
Felino, Giuseppe, 218
Fernández de Córdoba, Gonzalo, 328, 329
Ferraroni, Vincenzo, 44
Ferreri, Zaccaria, 26-28, 463
Festasi, Cesare, 136
Ficino, Marsilio, 63, 66
Fieschi, Battista, aus Genua, 87, 202, 219, 305
Fieschi, Giacomo, 202
Fieschi, Virginia, Herzogin von Piombino, 196, 202
Filipello, Antonio, aus Montagnana, 44
Filomena *siehe* Rossignolo, Nicolò
Fiorentino, Agostino, 190
Fiorentino, Orrio, 133
Fisher, John, Erzbischof von Rochester (Roffensis), 156
Flacco, Alvise, aus Udine, 118, 407
Flaminio, Marco Antonio, 56, 173, 472
Flandino, Ambrogio, 2, 23, 28, 37-39, 42, 43, 49, 58, 59, 62, 63, 105, 129, 130, 344, 463, 476
Florido Sabino, Francesco, 56
Florio, Benedetto, *siehe* Tizzano, Lorenzo
Fogliaccio, Girolamo, 362
Fogliata (Fogiadenus), Agostino, 265
Fogliata, Nicolò, 265, 266
Folengo, Teofilo, 28, 29, 53, 62, 456, 475
Fologna, Bernardino, 381
Fontana, Bartolomeo, 80, 102, 161, 162, 250, 265, 338, 354, 380, 394, 463
Fonzio, Bartolomeo, 44, 178
Foppesz, Pieter Jan, 222
Fornasari, Matteo, 45
Forte Schuhmacher, aus Pirano, 140
Forteccia, Ascanio, 106
Foscarari, Egidio, 143, 296, 297, 341
Franceschini, Giovanni, aus Gemona, 441
Francesco aus Mailand, 116
Francesco, Miniaturmaler, aus Venedig, 161, 162
Francesco Schneider, aus Asolo, 117, 131
Francesco della Rovere, Herzog von Urbino, *siehe* Rovere, Francesco della
Franchi, Girolamo, 299, 304, 329, 332
Franco, Nicolò, 53, 56, 167, 287, 352, 353, 392, 463, 464, 470
Franz I., König van Frankreich, 314, 334, 338
Franz II., König von Frankreich, 63
Franziskus, hl., 71
Franzoni, Maria, 115, 207
Frattina da Passano, Isabella della, 88, 217, 218, 386, 393
Frattina, Marco della, 217
Frattina, Panfilo della, 161, 393
Fregoso, Agostino, *siehe* Sosteneis, Agostino de
Fregoso, Federico, 29, 90, 91, 131, 132, 170, 196, 198, 337, 463

Fregoso, Ottaviano, 198
Freschi, Michele di, *siehe* Michele di Freschi
Froben (Frobenius), Johann, 52, 105, 144
Fuchs, Leonhard, 432
Fugatiani, Francesco, 361

Gabbiani, Enrico, 433
Gabbiani, Gabriele, 433
Gadaldino, Agostino, 273
Gadaldino, Antonio, 296, 297
Gadaldino, Cornelio, 297
Galesano, Biagio da, *siehe* Tessaro, Biagio
Galicier, Jean, 162, 354, 355
Galiero, Nicolò, 362
Gallicius, Philipp, 327, 335
Galupo, Franceschina, 446
Galupo, Zuan Jancomo, aus Bergamo, 446
Gambacorta, Fabrizio, 376
Gandolfo, Giacomo, 250
Garzoni, Tommaso, 1, 2, 448, 459
Garzoto, Jacomo, 446
Garzoto, Francesco, di Udine, 119
Gaspare de Giuseppe, Textilarbeiter, aus Asolo, 450
Gasparo, Tuchmacher, aus Mailand, 22, 182
Gattinara, Mercurino, 6
Gazeius, Guilelmus, 277
Geber, 380
Geldenhouwer, Gerard, aus Nimwegen (Gerardus Noviomagus), 24
Gelli, Giovambattista, 355
Gelusio, Pietro (Pietro da Spoleto), 80, 84
Gentile, Francesco, aus Fermo, 163-165, 269, 270, 272, 273, 396
Gentile, Pietro, aus Faenza, 89
Geremia aus Udine, 249
Gerlo, Giovanni, aus Campogalliano, 44
Gesualdo, Scipione, aus Neapel, 365
Gherardo, Paolo, 277
Gherlinzoni, Pier Giovanni, 339
Ghetti, Andrea, da Volterra, 278, 345, 454
Ghislieri, Antonio, *siehe* Pius V., Papst
Giaccaro, Vincenzo, aus Lugo, 30, 31, 464
Giangiacomo (Zuan Jacopo) Waffenschmied, aus Venedig, 217
Gian Marco (Zuanmarco), Gerichtsschreiber von Arbe, 407, 408, 413, 414, 416
Giardino, Leonardo, aus Pago, 155-158
Giberti, Giovan Matteo, 60, 473
Gigli, Martino, aus Lucca, 232, 337
Giletti, Francesco, 442
Ginés de Sepúlveda, Juan, *siehe* Sepúlveda, Juan Ginés de
Giolito de' Ferrari, Gabriel, 66, 166, 456, 463, 467
Giovanni Battista da Cremona, *siehe* Clarino, Giovanni Battista
Giovanni Battista di Calvi, 212
Giovanni da Fano, 62

Giovanni Francesco da Bagnacavallo, 182, 185
Giovanni Gioacchino da Passano, *siehe* Passano, Giovanni Gioacchino da
Giovanni guantaio (Handschuhmacher), aus Verona, 207
Giovanni Maria da Bologna, 356
Giovanni de Maurutio, 44
Giovanni Pietro aus Castromuro, 324
Giovanni da Reggio, 212
Giovio, Benedetto, aus Como, 350, 457
Girolamo, Schuster, aus Udine, 119, 120
Girolamo coracinaro, aus Verona, 175, 211
Girolamo da Molino, *siehe* Molino, Girolamo da
Girolamo da Padova, 362
Girolamo aus Pola, 131
Girolamo da Venezia, 15, 210
Giulio da Milano (della Rovere), 82, 90, 91, 108, 111, 266, 303, 344, 345, 460, 474
Giulio da Quinzano, 191-193
Giulio di Santa Corona, *siehe* Santa Corona, Giulio di
Giunti (Giunta), Familie, 22
Giunti, Filippo, 468
Giunti, Luca Antonio, 31, 37, 61, 464, 473
Giunti, Tommaso, 436
Giuseppe di Fedola, 45
Giuseppe Textilarbeiter, aus Asolo, 123
Giusti, Andrea, aus Venedig, 161
Giusti, Stefano, aus Gardone, 266
Giustinian, Sebastiano, 421
Giustinian, Vincenzo, 417
Giustiniani, Antonio, aus Genua, 101, 177
Giustiniani, Giovanni, von Kreta, 274
Glareanus, Henricus, 349
Gnolo, Gregorio de, 98
Goineo, Giovanni Battista, 99, 100, 459
Gómez, Odoardo, 181
Gonzaga (della Rovere), Eleonora, 196, 198, 199
Gonzaga, Ercole, 77, 94, 95, 111, 197
Gonzaga, Ferrante, 201
Gottfried, François, 6, 457
Graeve, Karel de, 30
Grandonia, donna, 362
Grapheus, Cornelius (Cornelis Schrijver), 85, 129
Grapheus, Johannes, 95
Grasseto, Girolamo, 44
Grasso, Vincenzo, aus San Daniele del Friuli, 256-259, 263, 393
Graziadio da Montesanto, 265
Graziani (Graziano), Giacomo, aus Modena, 120
Grechetto (il), *siehe* Zannettini, Dionigi
Gregoriis, Gregorio de, 22, 24-27, 31, 104, 395, 398, 430, 477
Griffio, Giovanni (Giovanni dal Griffo), 351, 364

Griffoni, Giorgio, 125
Grillenzoni, Giovanni, 44
Grimaldi, Familie aus Genua, 165
Grisonio, Annibale, 40, 44, 45, 117, 120, 140, 146, 147, 174, 183, 248, 388, 414
Grisonio, Giovanni Battista, 45
Grossi, Margherita, 196
Groto, Alvise (genannt il Cieco di Adria), 100, 162, 356, 362-371, 378, 383, 384, 386, 393, 468
Gualandi, Giovanni Bernardo (Bernardino), aus Florenz, 1, 2, 63-66, 428, 429, 459, 465
Guarino, Bastiano (genannt il Pagliarino), 236
Guarino, Bernardino Angelico, *siehe* Angelico Guarino, Bernardino
Guarisio, Giovanni, aus Venedig, 437, 438
Guarniero, Giovanni Paolo, 370
Guartanuta, Giovanni della, aus Piano d'Arta, 116-119, 182, 183
Guglielmo aus Fagagna, 257
Guicciardini, Francesco, 22, 23, 29, 395, 465, 471
Guidi, Ambrogio, 361
Guidiccioni, Bartolomeo, 281
Guidolotto, Livio, aus Urbino, 51
Guidotti, Giovanni Battista, aus Imola, 89
Guidozzo, Nicolò, aus Castelfranco Veneto, 102, 103, 112, 116, 117, 119, 121, 125, 154, 212, 250, 253, 408, 419, 425, 426

Heemskerck, Maerten van, 222
Heinrich II., König van Frankreich, 314, 323, 327, 334
Heinrich VIII., König von England, 64, 65
Helvidius, Erzketzer, 57
Hezius, Theodoricus, 35, 60
Hieronymus, Eusebius, hl., 97, 164, 220, 224, 225, 284, 285, 289, 292, 295, 297, 298, 318, 396
Hieronymus von Prag, 423
Hilarius von Poitiers, hl., 164, 396
Holbein, d. Jüngere, Hans, 32, 334, 335, 465
Honestis, Zuane de, 385, 386
Horaz (Quintus Horatius Flaccus), 48
Hus, Johannes, 39, 59
Hutten, Ulrich von, 46

Ilario aus Bologna, 73
Irenäus von Lyon, hl., 283, 292
Isabella da Passano, *siehe* Frattina, Isabella della
Iseppo Schuhmacher, 183

Jacopo di Constantino, aus Capodistria, 140
Jean-Jacques de Cambrai, 323, 327, 328
Johannes, Evangelist, 242
Johannes Chrysostomus, 85, 208, 285, 396

Johannes Scotus Eriugena, 29
Johannes von Damaskus, 21
Juan de Villafranca, 253
Julius II. (Giuliano della Rovere), Papst, 21-23, 420, 421
Juvenal (Dezimus Junius Juvenalis), 362

Karl V., Kaiser, 406, 419
Karlstadt, Andreas, 39, 59
Khair ad-dīn, *siehe* Barbarossa
Köpfel, Wolfgang Fabricius, *siehe* Capito
Kurie, römische, 2, 17, 18, 58-61, 66, 87, 108, 272, 288, 348, 353, 390, 396, 406, 411, 420, 432, 433, 475

Lachi, Matteo, 84
Laínez, Giacomo, 439, 446, 475
Lancillotti, de' Bianchi, Tommasino, 74-76, 84
Landini, Silvestro, 348
Lando, Ortensio, 2, 55, 56, 80, 93, 94, 96, 178, 231, 232, 248, 337, 338, 374, 418, 464, 467, 474, 476
Lanzoni, Alessandro, 88, 178, 467
Lanzoni, Silvio, 88
Laura di Bruolo, 237
Laureto, Giovanni, aus Neapel, 253, 254, 256
Lauro, Pietro, aus Modena, 80, 165, 166, 218, 275, 419, 435, 467, 469
Lautitius Perusinus, *siehe* Rotelli, Lautizio di Meo de'
Lazaris, Francesco de, 406
Lazaris, Tomeo de, 98
Lefèvre d'Etaples, Jacques, 62, 463
Leo X. (Giovanni de 'Medici'), Papst, 58, 59, 83, 84, 112, 261, 293, 294, 318, 397, 398
Leonardi, Gian Giacomo, 198, 199, 201
Leonardi, Giuseppe, aus Bassano, 136
Leonardo da Grizzo, 160, 161
Leonardo aus Refrontolo, 83
Leonardo da Venezia, 100, 355-357, 441, 443
Leoni, Alvise, aus Venedig, 161
Lino, Alberto, aus Verona, 70, 120
Lippomano, Luigi, 282, 385, 467
Listrio, Gerardo, 144
Locadelli, Girolamo, 191
Locatelli, Giacomo aus Bergamo, 214
Lodo, Bartolomeo, 444
Lombardo, Giovanni Francesco, 374, 375
Lombardo, Pietro, *siehe* Pietro Lombardo
Lonardi, Piera dei, 217
Lonardi, Zuane dei, 217
Longolius, Christophorus, 56, 468
Lorenzi, Domenico, aus Venedig, 179
Lorenzo da Bergamo, 251
Lorenzo da Lucca, 443
Lorenzo da Venezia, 180
Lorio, Lorenzo, aus Portesio, 25, 31, 341, 395, 430

Lo Sapio, Giulio, aus Secondigliano, 380
Losca, Aquilina, aus Vicenza, 359
Luchina Hausmädchen, aus Rovigo, 91
Lucia aus Pirano, 120
Lucia, Ehefrau von Como, 44
Ludovico da Sestola, 44
Ludovicus Vicentinus, *siehe* Arrighi, Ludovico degli
Luisini (Lovisini), Federico, 402
Luisini, Francesco, aus Udine, 163, 468
Luisini, Luisino, aus Udine, 402
Lukas, Evangelist, 320
Lukian von Samosata, 51
Luna, Beatrice di, *siehe* Beatrice di Luna
Lunardi, Fileno, 80, 86
Lunardo da Mussolente, Priester, 449, 450
Luther, Martin, 3, 6, 8-13, 32-36, 38-43, 45, 46, 48, 54, 56-65, 70, 81, 84-86, 97, 98, 104-106, 108, 110, 112-114, 125, 127-130, 155, 170, 172, 184, 186, 187, 194, 197, 202, 241, 244-246, 268, 269, 281, 282, 346, 360, 375, 392, 418, 444, 446, 455, 456, 463, 470, 475

Macagnini, Giacomo, aus Modena, 145, 146
Macagnini, Pietro, 75
Machalupo, Francesco, 173
Machella, Francesco Maria, 178
Machiavelli, Nicolò, 97, 164, 279, 368, 380, 404, 438, 447, 472, 475
Machiocchus Bondenus, Ioannes, 22
Maffei, Giovanni Antonio, 106, 107, 283
Maffiolo, Simone, 433
Maggi, Lucrezia, 339
Maggi, Vincenzo, 338, 339
Maggieto, Paolo, 437
Magnani, Francesco, aus Modena, 89, 102
Magnanino, Girolamo, 22
Magnano, Luca, 44
Magnavacca, Marco, aus Modena, 173
Maimone, Goffredo, 137
Mainardi, Agostino, 69, 265
Maioli, Lorenzo, 208
Maldini, Carlo, aus Alessandria, 176
Malombra, Pietro Antonio, 359
Malpigli, Vincenzo, 219
Mamanis, Laura de, 123, 216
Manara, Giovanni Antonio, 91
Manero (Maniero), Peron, aus Legnaro, 212
Manfredi, Giovanni, 176
Manrique, Alonso, 6
Mantino, Aloisi, aus Pirano, 173
Mantova Benavides, Marco, *siehe* Benavides, Marco
Manuzio, Aldo, 21, 22, 29
Manuzio, Paolo, 284, 287, 439, 480
Manzolli, Gemignano, 44
Marabino, Angelo, 53
Maracco, Jacopo, 258, 259, 393

Maranello, *siehe* Tagliati, Giovanni Maria
Marano (Maran, Maras), Manusso (Emanuele), 164, 165, 270-273
Marano, Marco, 270
Marano, Michele, 270
Marcello, Troilo, 177
Marcellus II. (Marcello Cervini), Papst, 282, 288
Marchesi, Vincenzo, aus Bergamo, 407, 418
Marco da Spalato, *siehe* Allegretti, Girolamo
Marco Petronio, *siehe* Petronio, Marco
Marcolini, Francesco, 165
Marina aus Pola, 45
Marino, Giovambattista, 448
Marino Veneto (genannt Zotto), 89, 194, 351, 352, 466
Martinelli, Giovanni, aus Gardone, 264
Martino di Pietro, aus Gallesano, 45
Martino, König von Portugal, 372
Martir, Antonio, 359
Martire, Pietro, aus Forlì, 202
Masetti Zannini, Antonio, 396
Massatutto, Domenico (Domenico Tacconai), aus Spilimbergo, 180, 249, 362
Matthäus, Evangelist, 150, 337, 359, 418
Mattia, Bernardo, aus Pavia, 224, 225, 228
Maurolico, Francesco, 53, 284-286, 292, 294, 269
Mazza, Angelo, aus Campagna, 162, 363, 384, 385
Mazzarelli, Antonio Maria, aus Rovigo, 92, 268
Mazzarelli, Domenico, aus Rovigo, 91-93, 100, 102, 260, 261, 358, 366, 397, 398, 400, 408, 414-416, 418, 424, 425, 468
Mazzarelli, Laura, *siehe* Pellegrini, Laura
Mazzarelli, Sebastiano, aus Rovigo, 407, 414-416
Mazzarelli, Timoteo, 91
Medegini, Ludovico, aus Brescia, 191, 212
Medici, Caterina de', 338
Medici, Cosimo de', 63, 66, 316, 469
Medici, Giovanni de', *siehe* Leo X., Papst
Medici, Giulio de', *siehe* Clemens VII., Papst
Medici di Marignano, Giovanni Angelo, *siehe* Pius IV., Papst
Megis, Pietro de, 120
Mégret, Lambert, 335
Melanchthon, Philipp, 7, 24, 49, 53, 81, 83, 107, 136, 155, 269, 270, 294, 303, 360, 375, 376, 392, 418, 432, 438, 443, 446
Melloni, Francesca, aus Modena, 123
Memo, Ludovico, 333
Menechella del Frasso, 374, 378
Menghi, Domenico, di Rigo, 45
Menocchio, *siehe* Scandella, Domenico
Mercanzutti, Giorgio, aus Pirano, 175
Merula, Gaudenzio, 55, 56, 470
Michele di Freschi, 203
Michiel, Francesco di Tommaso, 273

Michiel, Giovanni Battista, aus Venedig, 116, 153, 183, 214, 408, 425
Micro, Giovanni, 131, 252
Migli, Emilio dei, aus Brescia, 61, 96, 131, 158, 462
Milani, Alessandro, aus Modena, 80, 296-298
Milione, Bonifacio (genannt il Cavaliere), 184
Minghin, Andrea, 140
Mistrozanni, Settembrino, aus Gardone, 266
Molina, Baldassare, 329
Molinaeus, Carolus, *siehe* Du Moulin, Charles
Molino, Girolamo da, 98, 166
Molza, Francesco Maria, 74
Monache, Nicolò dalle, aus Conegliano, 99, 117
Mondadori, Angelo, aus Modena, 44, 117, 212
Monosini, Francesco, aus Pratovecchio, 187, 195, 196
Monsagrati, Bastiano, aus Lucca, 163
Monstiers, Jean des, Bischof von Bayonne, 322, 323, 334, 335
Montanari, Andrea, 102
Monte, Gasparro del, aus Secondigliano, 380
Montia, Ludovico, 439
Montio, Cornelio, 276
Montmorency, Anne de, 313, 328
Monzoni, Pier Giovanni, 80, 297-299
Morando, Domenico, 297, 392, 478
Morani, Nicolò, aus Modena, 122
Morato (Pellegrino Morato), Fulvio, 106
Morato, Olimpia, aus Ferrara, 106
Morlas, Orlandino, 307
Morone, Giovanni, 15, 76, 80, 111, 139, 198, 278, 290, 296, 297, 338, 392, 463, 472
Morus, Thomas, 164, 165, 237
Morvillier, Jean de, 334
Mosconi, Carlo, aus Lendinara, 119, 123, 132, 206, 251, 410, 411
Mula, Marco Antonio da, 199
Mula, Nicolò da, 413
Münster, Sebastian, 181, 393, 463, 475
Murule, Pier Paolo, 381
Musculus, Wolfgang, 85
Muzio, Girolamo, 274, 283, 285, 286, 290, 470

Nacchianti, Jacopo, 3, 67, 68, 70, 173, 198, 248, 293, 296
Nani, Francesco, 411
Nasello, Ludovico, 371
Nassano, Battista, 443
Natale aus Mogliano Veneto, Priester, 82
Nausea, Friedrich (Fridericus), 22, 25, 26, 464, 470, 472
Navagero, Andrea, 56
Nazario di Fedola, 44
Negri, Francesco, 107, 111, 113, 411

Negri, Nicola de, aus Vicenza, 408, 417, 419, 425, 426
Nelli, Pietro (Andrea da Bergamo) 277
Nellis, Bartolomeo de, 98, 361
Nerli, Agostino, aus Gonzaga, 44, 114
Nerucci, Giacomo, 247
Niccolino, Domenico, 37, 478
Nicola da Verona, 174
Nicolai, Sebastiano di Giovanni, 252
Nicolaus von Lyra, 220
Nicolini, Bartolomeo, aus Sabbio, 166
Nicolini, Giovanni Antonio, aus Sabbio, 166, 341
Nicolini, Piero, aus Sabbio, 31, 166
Nicolò di Aristotele Rossi, *siehe* Rossi, Nicolò di Aristotele
Nicolò da Fivizzano, 345
Nicolò Veneto, 194
Nicolò di Tarsia, 45
Nigusanzio, Vincenzo, 235, 413, 414
Nimis, Andrea de, 171
Nocente aus Tossignano, 89, 99, 121, 131, 210
Nogarola, Domenico, aus Venedig, 441
Nono, Clemente di, *siehe* Clemente di Nono
Nontivano, Andrea di, 361
Nosadino, Bernardino, 175
Novesianus, Melchior, 345
Noviomagus, Gerardus, *siehe* Geldenhouwer, Gerard

Occhiali, Antonio, aus Udine, 434
Ochino, Bernardino, 10, 83, 91, 154, 197, 198, 247, 257, 259, 303, 315, 317, 369, 418
Odoni, Giovanni Angelo, 80, 86, 87, 232, 451
Oekolampad, Johannes, 34, 81, 82, 349, 432
Oio, Antonio da l', 212
Oldendorp, Joannes, 432
Ongari, Stefano de, 119, 132, 133
Oporinus, Johann, 246, 461
Oriani, Agostino, aus Castiglione delle Stiviere, 412
Oriano, Ludovico, 281, 471
Origenes, 164, 188, 344, 345, 396, 475
Orrio Fiorentino, *siehe* Fiorentino, Orrio
Orsi, Ludovico, 219
Orsini, Camillo, 111, 172, 173, 338, 339
Orsini, Giovanna, 197, 198
Orsini, Nicolò, 338

Padovano, Giovanni, 131, 280
Padovano, Gregorio, aus Grignano Polesine, 211, 212
Paduario, Paolo Antonio, 146, 149
Pagliarino, *siehe* Guarino, Bastiano
Paleario, Aonio, 1, 2, 26, 58, 80-82, 145, 163, 214, 215, 232, 337, 458, 471

Paleologa, Margherita, Herzogin von Mantua, 197, 198
Palingenio Stellato, Marcello, 277, 278, 254
Pallavicino, Sforza, 331, 333, 339
Palmaleo, Pasquale, 114
Palmaroli, Valeria, aus Venedig, 101, 102, 177
Panciroli, Guido, aus Padua, 209
Panigai, Francesco, 160
Panigarola, Francesco, 446, 471
Pantera, Giovanni Antonio, 338
Paolo Antonio aus Arbe, 149
Paolo da Campogalliano, 98
Paolo da Castiglione, 155
Paolo aus Castromuro, 324
Paolo di Guidizzolo, 251
Papa, Nicolò, 75
Parenzani, Michele, 45
Parto, Girolamo, 15, 117, 152, 153, 183, 215, 249, 260, 408, 425
Pasaggio (Passaggio), Franco, 305-308, 310-312, 326
Pascali, Giovanni Battista, aus Udine, 441
Pasini, Matteo, 95
Pasqualino aus Momaiano, 45
Passaggio, Franco, *siehe* Pasaggio, Franco
Passano, Caterina da (Caterina Sauli), aus Genua, 87-89, 218
Passano, Giovanni Gioacchino da, 87, 88, 337, 393
Passano, Isabella da, *siehe* Frattina, Isabella della
Passarini, Benedetto, 297
Passero, Marco Antonio, aus Neapel, 437
Paterno, Giovanni Antonio, aus Neapel, 162, 363, 364, 379-384
Patrizio aus Udine, Priester, 116, 120
Patulio, Martino, aus Modena, 143
Paul III. (Alessandro Farnese), Papst, 59-61, 63, 66, 100, 111, 155, 294, 372
Paul IV. (Gian Pietro Carafa), Papst, 9, 104, 111, 261, 280, 284, 287-289, 291, 292, 294, 298, 341, 353, 354, 362, 377, 391, 395-397, 439, 443
Paulus, Apostel, 25, 53, 84, 99, 120, 127-129, 156, 181, 185, 186, 192, 242, 325, 343, 425
Pedro de Toledo, 372, 373
Pegolotti, Ignazio, 191, 195
Pelagius, 286
Pellanegra, Jacopo Filippo, 23
Pellegrini, Andriana, aus Venedig, 236
Pellegrini, Antonio, aus Venedig, 364
Pellegrini, Laura, aus Venedig, 91, 215
Pellegrino Morato, Fulvio, *siehe* Morato, Fulvio
Pellicier, Guillaume, 326, 334, 336-339, 472
Pellizari, Francesco, 45
Pellizeri, Girolamo, 75
Pellizzari, Familie aus Vicenza, 82, 136

NAMENREGISTER

Pellizzari, Nicolò, 82, 91, 361, 390, 446
Pellizzari, Pier Paolo, 390
Pellotto, Jacopo, 182
Penello, Stefano, 165
Perbuono, Girolamo, 281, 472
Percacino, Grazioso, 274, 478
Perisauli, Faustino, aus Tredozio, 1, 2, 29, 30, 465, 466, 472
Perucoli, Riccardo (genannt Ricardo pittor), aus Conegliano Veneto, 99, 117
Petrarca, Antonio, 439
Petrarca, Francesco, 97, 107, 304, 400
Petroneo, Pietro, 252
Petronio, Antonio, aus Pirano, 154
Petronio, Francesca aus Pirano, 123, 132
Petronio, Marco (genannt Caldana), aus Pirano 140, 141
Petrus, Apostel, 25, 83, 120, 144, 158, 182, 208, 247, 267, 324, 326, 392
Petrus Lombardus, 144
Philerasmus (Pseudonym Primo Conti) *siehe* Philipp II., König von Spanien
Philipp II., König von Spanien, 327
Piacentini, Giulio, aus Bologna, 361, 397
Piccolomini, Enea Silvio, *siehe* Pius II., Papst
Picenini, *siehe* Aldiverti, Aristotele und Cesare
Pichissino, Marco Antonio, 83
Pico della Mirandola, Galeotto, 315, 338
Pico della Mirandola, Giovanni, 23, 63, 202, 344, 449
Pico della Mirandola, Lucrezia *siehe* Rangoni, Lucrezia
Piero Siculo, 152
Pietro d'Abano, 380
Pietro Antonio aus Cervia, 123, 214, 216
Pietro Beneventano, *siehe* Beneventano, Pietro
Pietro Lombardo, 144
Pietro di Nicolò, aus Venedig, 433
Pietro aus Spalato, 45
Pietro da Spoleto, *siehe* Gelusio, Pietro
Pietro aus Treviso, 116
Pietro Veneto, 389
Pignola di Nicolò, aus Lisignano, 45
Pinelli, Giovanni Vincenzo, aus Padua, 448
Pino, Giovanni Antonio, 252
Pio, Alberto, Graf von Carpi, 2, 35-43, 45, 47-51, 53, 57-59, 61, 62, 110, 142, 161, 220, 242, 244, 281, 291, 349, 446, 463, 464, 473, 476, 477, 479
Pio, Rodolfo, 59, 258, 282, 283, 289, 290, 445, 446
Pirochin, Francesco, 408
Pirozio, Pietro, 373
Pirozio, Virginia, 373
Pisani, Nicolò, 411
Pistofilo, Bonaventura, 105
Pius II. (Enea Silvio Piccolomini), Papst, 167, 369, 386, 473

Pius IV. (Giovanni Angelo Medici di Marignano), Papst, 284, 285, 287, 289-292, 295, 298
Pius V. (Antonio Ghislieri), Papst, 258, 283, 289, 321, 353, 364, 375
Piva, Cassandra, 44
Piva, Jacopo, 122, 123
Plutarch, 66, 278, 428, 429
Poggio, *siehe* Bracciolini, Poggio
Polifrasto, Calipio (Pseudonym von Erasmus), 439
Politi, Clemente, aus Siena, 233
Politi, Lancellotto dei, *siehe* Catarino, Ambrogio
Poliziano, *siehe* Bertari, Giovanni
Poliziano, Angiolo, 449
Poliziano, Ludovico, 444
Pollastrello dei Vitali, Girolamo, 25
Polo, Cinzio, aus Roncadelle, 106
Pomeranus, *siehe* Bugenhagen, Johann
Pomponazzi, Pietro, 62, 372, 472
Ponte, Giovanni Battista, 407
Populo, Fabio, aus Terraguso, 69, 407
Porto, Francesco, 80, 99, 307, 330, 331, 385, 386
Portunieri, Daniele, aus San Daniele del Friuli, 118
Postel, Guillaume, 83
Potenti, Giovanni, 45
Pozzo, Candido, aus Venticano, 176
Pozzo, Girolamo del, aus Faenza, 173
Prandino, Bernardino, 154
Preto, Aloise del, aus Pirano, 176, 177, 252
Prevedello, Giovanni Battista, aus Udine, 441
Prevosti, Schier (Schero) dei, 329
Priuli, Girolamo, 339
Prospero aus Reggio, 122, 123
Pruystinck, Éloy, 171, 456
Puccerelli, Francesco, 407
Pupper de Goch, Johann, 129

Quadrio, Marco Antonio, 446
Quaino, Cristoforo, aus Imola, 401
Quantiis, Bernardino de, 359
Quarto, Odo, aus Monopoli, 397, 399, 400
Querini, Giovanni, 164, 165
Querno, Mario, 23
Quinzano, Benedetto, 154, 191-193
Quistelli, Ambrogio, 2, 23, 28, 37-39, 43, 49, 63, 344, 476

Raffaele di Bressana, 208
Raffaele da Cento, 107, 125, 136
Raimondi, Vittore, aus Asolo, 119, 207
Rambaldi, Gerardo, 76, 283, 286, 288, 289, 292, 293, 410, 472, 474
Rampini, Gian Marco, aus Gardone, 266
Rana, Zuan Iacomo de, 173
Rangoni, Familie aus Modena, 338, 339

Rangoni, Giovanni, 44, 119, 120
Rangoni, Guido, 99, 101, 112
Rangoni, Ludovico, 339
Rangoni, Pindaro, 112, 297
Rangoni Fregoso, Costanza, 339
Rangoni Pico della Mirandola, Lucrezia, 338, 339
Ranialdi, Girolamo, aus Bologna, 73, 74, 77, 123, 124, 132, 448
Regetino (Regatini), Girolamo, aus Lendinara, 236
Renata von Frankreich, Herzogin von Ferrara, 166
Renato, Camillo, 17, 265, 266, 474, 478
Ressa, Alessandro, aus Imola, 74, 89-91, 210, 317, 401, 402
Reuchlin, Johannes, 376
Revelo, Enofrio, 304
Ricardo pittor, *siehe* Perucoli, Riccardo
Ricci, Andromola, aus Siena, 158, 159
Ricci, Bartolomeo, 56, 474
Ricci, Marcello, aus Siena, 159
Riccoboni, Antonio, 92, 262
Riccoboni, Giacomo, 45
Riccoboni, Stefano, aus Capodistria, 45, 177
Rigo dal Bosco, *siehe* Bosco, Rigo dal
Rimondo, Francesco, aus Asolo, 176
Rinaldo da Firenze, 155
Rivius, Johannes aus Attendorn, 384
Rizardis, Dionisio de, aus Gemona, 83, 112, 211
Rizato, Flavio Elladio, 162
Rizzi, Matteo, 359, 360, 363
Rocca, Francesco, 283
Roffensis, *siehe* Fisher, John
Rogiere, Isabella de, 381
Romano, Marco, 437
Roncalli, Giovanni Domenico, aus Rovigo, 88, 91, 92, 173, 215, 218, 399, 400, 468
Roncalli, Margherita, aus Rovigo, 91
Ronchino, Girolamo, 100, 112, 297
Rongoni, Elena, 266
Rorario, Girolamo, 17, 459
Rosello, Lucio Paolo, 1, 24, 25, 83, 162, 279, 338, 386, 408, 461
Rossi, Nicolò di Aristotele (genannt Zoppino), 23, 86, 105, 154, 163, 243, 343, 454
Rossignolo, Nicolò (genannt Filomena), aus Pirano, 140
Rosso, Francesco (genannt Zeccotto), aus Tolmezzo, 407, 408, 418
Rotelli, Lautizio di Meo de' (Lautitius Perusinus), 463
Rovere, Eleonora Gonzaga della, *siehe* Gonzaga della Rovere, Eleonora
Rovere, Francesco della, Herzog von Urbino, 201
Rovere, Giuliano della, *siehe* Julius II., Papst
Rovere, Giulio della, *siehe* Giulio da Milano

Rubeis, Sebastiano de, aus Castelfranco Veneto, 154
Rubeo, Damiano, 447
Rubeo, Giovanni, 361
Rubertis, Gaspare de, 426
Rubertis, Marco Antonio de, 82, 83
Rubini, Achille, aus Vicenza, 449-451
Rudilia, Claudio di, *siehe* Claudio di Rudilia
Rusconi, Giorgio, 25

Sabbatino, Nicolò, 101
Sabbio, Giovanni Antonio da, *siehe* Nicolini, Giovanni Antonio
Sabbio, Bartolomeo da, *siehe* Nicolini, Bartolomeo
Sabbionara, Martino della, 118
Sabini, Merigo de, 388
Sabino, Francesco Florido, *siehe* Florido Sabino, Francesco
Sacardo, Apollonia, aus Piano d'Arta, 217
Sacardo, Caterina, aus Piano d'Arta, 217
Sacardo, Simone, aus Piano d'Arta, 116, 117, 217
Sacchetta, Marco, aus Adria, 365
Sacco, Gregorio dal, aus Durlo, 1, 23, 341, 407, 408, 417, 418, 421, 423
Sadoleto, Jacopo, 7, 17, 461
Salato, Annibale, aus Amalfi, 82, 162
Salerno, Fürst von, *siehe* Sanseverino, Ferrante
Salis da Soglia, Andrea de, 322
Salis da Soglia, Augusto de, 322, 323
Salon, Francesco, 408, 417-419
Salvioni, Francesco, 419
Sambuseto, Lazaro, 308
Sammarini, Achille, 282
Samuele da Cremona, 361, 362
Sanchez, Lucrezia, aus Secondigliano, 380
Sannazzaro, Jacopo, 59
Sanseverino, Ferrante, Fürst von Salerno, 196, 198, 201, 338, 339, 486
Santa Corona, Giulio di, aus Vicenza, 119
Santini, Pellegrino, aus Lucca, 118, 177
Santoni, Benedetto, 406
Sanuto, Michele di Bartolomeo, 177
Sarcerius, Erasmus, 131
Sarpi, Paolo, 444
Sauli, Caterina, *siehe* Passano, Caterina da
Savonarola, Girolamo, 90, 107, 347, 423, 475
Savorgnan, Mario, aus Udine, 402
Sbais, Santo, 443
Sbaraini, Francesco, 189
Scaligero, Giulio Cesare, 36, 38, 40, 48, 55, 475
Scandella, Domenico (genannt Menocchio), 179
Scarabelli, Angelo Maria, 30
Scarampi, Girolamo, 384

Scardeoni, Bernardino, aus Padua, 385, 386, 475
Scelvola, Nicolò, 45
Scevolino, Gian Domenico, aus Udine, 402, 403
Schier (Schero) dei Prevosti, *siehe* Prevosti, Schier, dei
Schiomera, Michele, 45
Schrijver, Cornelis, *siehe* Grapheus, Cornelius
Scitarca, Aurelio, *siehe* Cicuta, Aurelio Natale
Scortica, Aloisio, 139
Scoto, Girolamo, 442
Scoto, Ottaviano, 29
Scudieri, Francesco, 88
Scurano, Gemignano, 44
Sebastiano aus Novale, 117
Selve, Georges de, 334-336
Sepúlveda, Juan Ginés de, 37-40, 59, 60, 477
Serafino da Pontremoli, 174
Sereni, Agostino, 415
Sereni, Francesco, 45
Seripando, Girolamo, 296
Servet, Michael, 135, 145, 273
Sessa, Herzog von, *siehe* Fernández de Córdoba, Gonzalo
Sessa, Marchionne, 228, 436
Sferzer, Zuane, 421, 423
Sforza, Francesco, Herzog von Mailand, 65, 155, 333
Siculo, Giorgio, 97, 188, 197, 473
Sicuta, Natale, *siehe* Cicuta, Aurelio Natale
Sigibaldi, Giovanni Domenico, 76, 110
Silvestri, Francesco, aus Ferrara, 110, 477
Silvio aus Vicenza, 122
Simone Bartscherer, 44, 123, 134
Simone aus Modena, 133
Singlitico, Franzino, aus Venedig, 251
Sirleto, Guglielmo, 282, 287, 288, 290, 292, 293, 455, 461
Slavina, Domenico, *siehe* Vergerio, Domenico
Solaro, Giuseppe, 30
Solieri, Antonio, aus Carpi, 282, 286, 290, 291, 477
Soncini, Girolamo, 472
Sorbonne, 6, 33, 49, 59, 241-243, 291, 300, 301, 314, 346, 347, 349
Soria, Girolamo de, 350
Soria, Lope de, 350
Sosteneis, Agostino de (Agostino Fregoso), 273
Sozzini, Camillo, 158
Sozzini, Cornelio, 158
Spada, Lorenzo, aus Bologna, 314
Spiera, Francesco, 12, 174
Spinola, Familie aus Genua, 23
Spinola, Ludovico, 279
Spira, Pietro, 53, 277, 269
Stampa, Federico, 22, 25
Stanghi, Francesco, aus Faenza, 178
Stefanelli, Stefano, aus Piove di Sacco, 341

Stella, Domenico, aus Rovigo, 92, 93
Stella, Francesco, aus Portobuffolé, 408, 417, 418, 424, 425, 429
Steuco, Agostino, aus Gubbio, 37, 38, 40-42, 48, 50, 51, 58-60, 130, 478
Strata, Battista, 219
Strozzi, Filippo, 61
Strozzi, Pietro, 315
Strozzi, Roberto, 314, 315
Stunica, Iacobus, *siehe* Zúñiga, Diego López de

Tacconai, Domenico, *siehe* Massatutto, Domenico
Taco, Giovanni del, 45
Tagliati, Giovanni Maria (genannt il Maranello), aus Modena, 120, 145
Taidino, Giovanni, aus Pirano, 116
Taidino, Nicolò, aus Pirano, 177
Talasso, Ventura, 360
Tassoni, Gabriotto, 44
Tauri, Gaspare, 174
Tavani, Camilla, aus Modena, 250
Tavani, Giovanni Francesco, aus Modena, 122, 132
Tazio, Achille, 166
Tebaldi, Luca dei, 252
Telesius, Quirinus, 349
Terenz (Publius Terentius Afer), 21, 165, 274
Terrazzano (Terrazzani), Giovanni, aus Modena, 122, 123, 132
Tessari, Marco, 92
Tessaro, Biagio, aus Gallesano, 45, 177
Theodoret, 338
Thiene, Giulio, Graf, 118
Thiller, Martino, 408
Thomas von Aquin, hl., 6, 29, 463
Tiburzi, Giacomo, aus Pergola, 29, 472
Tisano, Valengo, 443
Tita di Zanco, Francesco di, 175
Tiziano aus Ponte, 212
Tizzano, Lorenzo, aus Neapel, 253-255
Toledo, Pedro de, *siehe* Pedro de Toledo
Tolomei, Claudia, Witwe Del Sapio, 382
Tolosani, Giovanni Maria dei, 2, 130, 282, 457
Tomado, Giovanni di, 45
Tombe, Matteo dalle, 407
Tomitano, Bernardino, aus Padua, 88, 89, 99, 100, 102, 244, 351, 389, 390, 478
Tornaesius, Joannes, 277
Torre, Alfonso della, 101, 160, 161
Torre, Giorgio della, aus Görz, 441
Torre, Tommaso della, 102, 160, 161, 217, 393, 412
Torrentino, Lorenzo, 147, 202, 465
Torresani, Francesco (genannt Asolano), 29
Toscano, Leone, 369
Toso, Alessandro del, aus Gonzaga, 44, 249

Traborello, Nicolò, 388, 391
Tracio, Filemone, 153
Tramunti, Jacopo, 137
Tremanini, Giovanni, aus Modena, 117, 252
Trento, Giovanni Battista, 216, 348, 471
Trevisan, Giovanni, 53
Tricasso, *siehe* Ceresara, Paride
Trissino, Alessandro, 88, 106, 136, 174, 199, 216, 236, 446, 471
Trivulzio, Giovanni Giacomo, 279
Trivulzio, Giulia, 279
Trono, Valerio, *siehe* Cicuta, Aurelio Natale
Tyndale, William, 85, 465, 470

Ungari, Pietro Antonio, aus Venedig, 179
Ungaro, Barbato, aus Terraguso, 407
Ursio, Andrea (Andrea da Catania), 250, 395, 396

Vagnola, Pietro, aus Siena, 211, 412
Valdés, Alfonso de, 132, 141, 147, 168, 421
Valdés, Juan de, 8, 85, 86, 90, 374, 387, 464, 467
Valdovero, Natale, *siehe* Cicuta, Aurelio Natale
Valentini, Angelo, 37, 339, 479
Valerio da Venezia, 210
Valgolio, Marco Antonio, aus Brescia, 100, 394, 408, 417, 418, 421, 425, 426, 441, 443
Valgrisi, Felice, 436
Valgrisi, Giorgio, 436
Valgrisi, Vincenzo (Vincent Vaugris), 137, 166, 368, 435-438, 468
Valla, Lorenzo, 92, 304, 384, 391, 404, 424, 465
Valvasone, Marco, aus Torcello, 80, 407, 419, 425
Vanzo, Agostino, aus Schio, 83, 84
Vanzo, Ansilia, 84
Vanzo, Francesco, aus Schio, 215
Vanzo, Giulio, aus Schio, 84, 214, 215
Varchi, Benedetto, aus Florenz, 203
Vasio, Paolo, aus Spilimbergo, 408
Vaugris, Benedetto, 435
Vaugris, Vincent, *siehe* Valgrisi, Vincenzo
Vecchi, Giovanni Battista de, 115
Vedova, Gaspare dalla, 22, 421
Vellico, Pasqualino, 540
Veneto, Adriano, *siehe* Adriano Veneto
Veneto, Marino, *siehe* Marino Veneto
Veneto, Nicoló, *siehe* Nicolò Veneto
Veneto, Pietro, *siehe* Pietro Veneto
Venier, Girolamo, 98, 115, 117, 119, 120
Venturi, Giulio, aus Siena, 159
Venturi, Porzia, aus Siena, 158, 159
Verci, Alvise de, 416
Verci, Nicolò de, aus Capodistria, 414, 415
Vergara, Juan de, 6, 86, 387, 467

Vergerio, Domenico (genannt Slavina), 120, 183
Vergerio, Pier Paolo, 3, 25, 40, 44, 67-72, 81, 82, 92, 107, 131, 198, 265, 322, 324, 338, 352, 388, 408, 418, 449, 466, 479
Vergilio, Polidoro, 17
Vermigli, Pietro Martire, 418
Verona, Giuseppe, 416
Vettori, Bono de, 44
Vettori, Francesco, 61, 461
Viano, Bernardino de, 86
Vida, Girolamo, 45, 174
Vidoue, Pierre, 36
Vidua, Francesco, aus Verona, 362
Vieri, Alessandro, aus Siena, 176
Vigonza, Elena, 96
Villafranca, Juan de, *siehe* Juan de Villafranca
Villani, Gaspare, 173, 182, 218
Villano, Antonio, aus Modena, 182
Villegagnon, Nicolas Durand de, 313, 336
Vincenzo da Brescia, 361
Vincenzo di Giovanni, aus Siena, 433
Vincenzo da Imola, 98, 102, 133
Vincenzo di Paolo Compagno, 23
Vincenzo di Prato, 44
Vincenzo da Udine, *siehe* Grasso, Vincenzo
Vinchi, Giovanni Battista, 386
Visconti, Pallavicino, 339
Visdomini, Franceschino, aus Ferrara, 194
Vismara, Francesca, aus Mailand, 214, 215
Vittore, Ambrosio, 155
Vittore festario, 117
Vittori, Mariano, 284, 287, 289, 290, 292, 295
Vives, Ludovico, 283
Volpato, Antonio, 220
Volpicella, Cosmo, aus Secondigliano, 382
Volta, Gabriele della, 345

Warham, William, 65
Wiclif, John, 346

Xenophon, 21
Ximénes de Concha, Juan, 391, 392

Zaccaria, Andrea, aus Nicosia, 26-28, 165, 216, 398, 400, 463
Zaccaria, Marco, aus Nicosia, 26-28, 165, 216, 398, 400, 463
Zacone, Giovanni, aus Imola, 89
Zaghis, Giovanni de, 79
Zane, Girolamo, 333
Zane, Pietro, 417
Zannettini, Dionigi (genannt il Grechetto), 167, 172, 244
Zannino, Nicolò, 362
Zaroti, Antonio, 45

Zarotti, Giovanni, aus Capodistria, 175, 416
Zarotto, Girolamo, 45
Zarotto, Leandro, 416
Zarsia, Nicolò di, 45
Zasius, Ulrich, 432
Zavarisi, Vincenzo, 44
Zeccotto, *siehe* Rosso, Francesco
Zeno, Pietro, 364, 421
Zenoli, Antonio aus Siena, 432, 433, 437
Ziegler, Jakob, 52, 53, 105, 106, 475
Ziletti, Francesco, 434, 437, 438, 477
Ziliberti di Marescalchi aus Badia, Francesco de, 136
Zilioli, Barbara, aus Rovigo, 215
Zilioli, Ottaviano, aus Rovigo, 215, 268, 269
Zonca, Giovanni, 447
Zoppino, *siehe* Rossi, Nicolò di Aristotele
Zordan, Anastasio, 341
Zorza, Bernardino della, 101, 102, 116, 117, 174
Zorzi, Francesco, 140, 165, 171
Zottini, Nicolò, aus Veglia, 154
Zotto, *siehe* Marino Veneto
Zúñiga, Diego López de, 33, 45, 52, 57, 142, 291, 466
Zwinger, Theodor, 432
Zwingli, Ulrich, 8, 53, 82-84, 178, 418, 446

B. Namenregister zur Sekundärliteratur

Abbondanza, Roberto, 408, 409
Adorni Braccesi, Simonetta, 163, 219, 429, 444, 453, 454
Allen, Percy Stafford, 30, 38, 125, 133, 169, 173, 176, 180, 202, 208, 237, 239, 242, 249, 272, 336, 341, 371, 382, 424, 447, 462
Althaus, Paul, 170, 172, 177, 183, 454
Amabile, Luigi, 371
Ambrosini, Federica, 173, 454
Angelis, Francesca Roman de', 185, 188, 353
Argelati, Filippo, 348, 454
Augustijn, Cornelis, 6, 8, 10, 20, 53, 86, 114, 126, 128, 454
Avilés Fernández, Miguel, 387, 454

Bacchelli, Franco, 278, 348, 349, 454, 455
Bader, Günter, 245, 455
Baguenault de Puchesse, Gustave, 334
Bainton, Roland H., 17, 455
Balàn, Pietro, 35, 36, 60, 455
Baldini, Antonella, 197, 455
Balestracci, Dario, 431
Barni, Gianluigi, 224, 455
Bataillon, Marcel, 1, 6-8, 11, 129, 132, 171, 172, 232, 267, 345, 387, 429, 455, 476
Battistella, Antonio, 54, 408, 430, 444, 455
Bell, Rudolph M., 223, 226, 480
Béné, Charles, 6, 455
Benini Clementi, Enrica, 275, 455
Berengo, Marino, x, 163, 218, 222, 408-410, 416, 456
Bianco, Cesare, 358, 407, 456, 483
Bierlaire, Franz, 5, 126, 140, 163, 456
Bietenholz, Peter, 296, 459
Bijl, Simon Willem, 1, 456
Billanovich, Giuseppe, 61, 62, 456
Biondi, Albano, 93, 180, 456
Bongi, Salvatore, 437, 456
Borgiani, Giuseppe, 277
Borromeo, Agostino, 168, 484
Bourilly, V.L., 315, 334, 456

Braekman, E.M., 171, 456
Brieger, Theodor, 36, 39, 41, 46, 51, 54, 56, 456, 484
Brown, Horatio F., 228, 456
Bruehl, Clemes, ix, 462
Buisson, Ferdinand, 181, 246, 270, 457
Buckhardt, Andreas, ix
Burkhart, Peter, ix
Buschbell, C. Gottfried, 67, 100, 167, 172, 244, 457

Cairns, Christopher, 1, 2, 139, 280, 447, 457
Calabi Limentani, Ida, 350, 457
Callahan, Virginia Woods, 224, 457
Camenisch, Emil, 324
Campana, Augusto, 30
Camporeale, Salvatore, 2, 130, 282, 457
Canestrini, Giuseppe, 275, 316
Cantimori, Delio, 1, 2, 45, 53, 93, 101, 167, 174, 241, 353, 457, 458
Caponetto, Salvatore, 2, 26, 29, 53, 80, 139, 215, 232, 284, 337, 407, 455, 458, 471
Cárcel, Ricardo García, 7
Casella, Maria Teresa, 342, 359, 485
Castagnola, Raffaella, 471
Catoni, Giuliano, 397, 433, 458, 469
Cavazza, Silvano, ix, 17, 18, 81, 100, 140, 175, 231, 435, 438, 439, 441, 447, 459, 485
Cavazzuti, Giuseppe, 80, 296, 459
Chabod, Federico, 265, 410, 459
Charrière, Ernest, 334
Cherchi, Paolo, 2, 63, 66, 448, 459
Chomarat, Jacques, 6, 459
Church, Frederic C., 6, 338, 459, 471
Ciliberto, Michele, 448, 459
Codina Mir, Gabriel, 440, 459
Colin, Pierre, 473
Collett, Barry, 13, 108, 109, 172, 459
Comba, Emilio, 111, 460
Coppens, Jozef, 9, 475
Costadoni, Anselmo, 190, 470

Costamagna, Giorgio, 408, 409
Cotta, Agostino, 55, 190
Cozzi, Gaetano, 420, 460, 475
Crahay, Roland, 18, 460
Creytens, Raimondo, 342
Croce, Benedetto, 1, 2, 30, 427, 429, 448, 460

D'Ascia, Luca, 24, 52, 56, 460
Da Rif, Ausilio, x
Da Rosa Pereira, Jsaias, 7
Da Silva Dias, J.S., 460
Davitt Asmus, Ute, 32, 460
De Biasio, Luigi, x, 444, 460
De Frede, Carlo, 82, 460
Del Bravo, Carlo, 24
Del Col, Andrea, ix, x, 20, 78, 83, 351, 361, 386, 408, 410, 437, 461
De Maio, Romeo, 197, 445, 461
Denzler, Georg, 288, 461
Desjardins, Abel, 275, 316
Devereux, Edward J., 1, 461
Devonshire Jones, Rosemary, 61, 461
Dionisotti, Carlo, 2, 93, 461
Domin, Hilde, 441
Douglas, Richard M., 7, 17, 461
Dresden, Samuel, ix
Duke, Alastair, 114, 130, 461

Ebeling, Gerhard, 125, 461
Echard, Jacques, 31, 67, 296, 474

Fabbri, Giannino, 29, 472
Fahy, Conor, 93, 462
Falaschi, Giovanni, 280, 463
Fantuzzi, Giovanni, 283
Farge, James K., 33, 242, 346, 463
Federici, Luigi, 283
Ferguson, Wallace K., 21, 462, 464
Ferraro, Ioanne M., 264
Filippini, Antonio Pietro, 311
Fiorani, Luigi, 445, 467
Firpo, Massimo, 76, 80, 111, 139, 173, 198, 278, 296, 297, 338, 392, 463
Flament, M. Pierre, 313
Fleckenstein, Josef, ix
Fontana, Bartolommeo, 80, 102, 161, 162, 161, 162, 250, 265, 338, 354, 380, 394, 463, 488, 502
Forster, Hans, 125, 463
Fragnito, Gigliola, 10
Freudenberger, Theobald, 37, 38, 60, 446, 463
Frijhoff, W.T.U., 471
Fumi, Luigi, 174, 410, 463

Gabrielli, Alberino, 6
Gaeta, Franco, 251, 463

Galasso, Giuseppe, 1
Garampi, Giuseppe, 30
Garin, Eugenio, 17, 22, 431, 463, 464
Gerini, Emanuelle, 23, 464
Germain, Elisabeth, 473
Gilly, Carlos, 8, 86, 464
Gilmore, Myron P., 2, 36, 464, 478
Ginzburg, Carlo, ix, 13, 171, 172, 171, 172, 177, 180, 182, 460, 464
Godin, André, 9, 464
Gollob, Hedwig, 25, 464
Grendler, Marcella, 1, 2, 104, 244, 287, 350, 388, 434, 435, 439, 441, 446-448, 464, 465
Grendler, Paul F., 1, 17, 30, 104, 139, 141, 166, 167, 175, 244, 287, 350, 353, 361, 388, 390, 432, 434, 435, 438, 439, 441, 446-448, 464, 465

Hägglund, Bengt, 10
Halkin, Léon E., 5, 17, 163, 462, 465
Henneberg, Josephine von, 215, 478
Hercolani, Antonio, 31, 465
Heresbach, Konrad von, 8
Herlihy, David, 218, 222, 223, 228, 231, 465
Hervey, Mary F.S., 334, 335, 465
Heulhard, Arthur, 336
Holeczek, Heinz, 1, 7, 8, 50, 77, 78, 85, 96, 465
Höpfl, Hildebrand, 282, 286, 288, 291, 293, 465

Ijsewijn, Jozef, 2, 29, 465
Ijsewijn-Jacobs, Jacqueline, 2, 29, 465
Incisa della Rocchetta, Giovanni, 348
Inghirami, Francesco, 63
Ioly Zorattini, Pier Cesare, 181, 465

Jacobson Schutte, Anne, x, 10, 31, 67, 86, 228, 231, 265, 338, 347, 352, 466
Jedin, Hubert, 8, 69, 167, 172, 228, 292, 424, 466
Joncheray, Jean, 473
Jonge, Hendrik de, 33, 49, 57, 466
Jüngel, Eberhard, 125, 170, 466

Kaegi, Werner, ix
Kaklamanis, Stefanos, 164
Kalkoff, Paul, 85, 466
Klapisch Zuber, Christiane, 218, 222, 223, 228, 231, 465
Klapproth, Jutta, ix
Klein, Laurentius, 214, 237, 466
Kohls, Ernst Wilhelm, 6, 104, 466
Kristeller, Paul, 430
Kristeller, Paul Oskar, 17, 22, 62, 283, 284, 464, 466

Laborde, Léon de, 315
Laemmer, Hugo, 59, 85, 466
Lalanne, Ludovic, 315
Landini, Giuseppe, 348, 490
Lane, Frederic C., 121, 467
Lanzoni, Francesco, 88, 178, 467, 490
Lauchert, Friedrich, 61-63, 281, 282, 281, 282, 467
Lavisse, Ernest, 335
Lebreton, Maria Magdalena, 445, 467
Leclerc, Jean, 462
Lienhard, Marc, 9, 456
Lindeboom, Johannes, 85, 467
Liruti, Giovanni Giuseppe, 402, 467
Loffredo, Salvatore, x
Longhurst, John E., 86, 387, 467
Lopez, Pasquale, 82, 350, 364, 371, 438, 468
Lowry, Martin, 21, 468
Lucchi, Pietro, 139

Maffei, Scipione, 106, 107, 283, 491
Malavasi, Stefania, ix, 88, 91-93, 218, 339, 366, 398, 400, 408, 468
Malecki, Herbert, 222
Mann Phillips, Margaret, 1, 85, 468
Manoussakas, Manousos I., 80, 100, 386, 468
Mansfield, Bruce, 2, 468
Mantese, Giovanni, 365, 468
Marcel, Raymond, 6, 8, 11, 17, 429, 455, 468, 476
Marchetti, Valerio, 80, 98, 158, 199, 217, 317, 433, 468, 469
Margolin, Jean-Claude, ix, 9, 20, 80, 223, 233, 296, 297, 469
Martines, Lauro, 408, 409, 419, 469
Masetti Zannini, Antonio, 396, 492
Maskell, Lisa, ix
Massa, Eugenio, 2, 36, 464, 469
Massaut, Jean-Pierre, 5, 6, 460, 468, 469, 476
Maurer, Wilhelm, 115, 125, 135, 170, 469
Mazzuchelli, Gianmaria, 26, 299, 469
McConica, James Kelsey, 1, 7, 9, 469
McNally, Robert E., 9
Meersseman, Gilles, 342
Mercati, Angelo, 282, 283, 353, 392, 470
Mertzios, Konstantinos, 270
Metzner, Joseph, 25, 470
Miccoli, Giovanni, 173, 338, 470
Mittarelli, Giovanni Benedetto, 190, 470
Moeller, Bernd, x, 13, 127, 470
Monstiers, Jean des, 322, 323, 334, 335, 492
Moreau, Gérard, 121, 419, 470
Morpurgo, Alessandro, 283
Morsolin, Bernardo, 28
Morviducci, Marcella, 8, 470
Mozley, James F., 85, 470
Mueller, Reinhold C., 121, 467
Mynors, Roger, 341

Nardello, Mariano, 365, 468
Negri, Giulio, 63, 107, 111, 113, 203, 388, 408, 411, 417, 419, 425, 426, 470, 473, 493
Nolhac, Pierre de, 17, 21, 471

Oberman, Heiko A., x, 464
Olin, John C., 6, 9, 471
Olivieri, Achille, 88, 106, 136, 139, 216, 236, 407, 471
O'Malley, John W., 49, 471
O'Rourke Boyle, Majorie, 10
Ossola, Carlo, 280, 296, 297, 471

Pacheco, Arsenio, 37
Pacifici, Vincenzo, 445, 471
Paltrinieri, Ottavio Maria, 348, 471
Panayotakis, Nikolaos M., 80, 100, 165, 386, 468
Paquier, Jules, 60, 471
Paschini, Pio, 348, 472
Pastor, Ludwig von, 92, 283, 290, 327, 332, 335, 338, 472
Pastore, Alessandro, 29, 231, 472
Pastorello, Esther, 430, 472
Peppo, Paola de, 22
Perini, David A., 265
Perini, Leandro, 2, 88, 279, 408, 418, 424, 472
Pesenti, Tiziana, 25, 472
Peyronel Rambaldi, Susanna, 76, 410, 472
Piccolomini, Paolo, 167, 386, 473, 494
Picot, Emile, 337, 338, 473
Pidoux de Maduère, Pierre-André, 424
Planzer, Dominikus, 342
Pommier, Emile, 253, 254, 473
Popkin, Richard H., 245, 246, 473
Post, Regnerus, 13, 59, 110, 175, 185, 189, 237, 248, 264-266, 268, 312, 348, 395, 439, 440, 462
Pozzi, Giovanni, 342
Prosperi, Adriano, ix, 4, 13, 24, 60, 97, 171, 172, 171, 172, 177, 180, 182, 188, 197, 388, 456, 461, 463, 464, 473

Quétif, Jacques, 296, 474

Rahner, Karl, 125
Reedijk, Cornelis, ix, 462, 468, 478
Renaudet, Augustin, 2, 7, 8, 17, 21, 126, 474
Reusch, Franz Heinrich, 17, 293, 294, 474
Reverdin, Olivier, ix
Robinson, John A.T., 125
Roer Meyers, Johanna van de, ix
Rojo, Fernando, x
Romeo, Giovanni, ix, 197, 461
Romier, Lucien, 315, 338
Rosa, Mario, 7, 84, 166, 443, 445, 474

Rosi, Michele, 202, 311, 407, 474
Rosius de Porta, Petrus Dominicus, 324
Rostagno, Lucia, 4
Rotelli, Rafaella, 89, 90, 113, 208, 402, 463, 474, 496
Rotondò, Antonio, 73, 241, 254, 403, 432, 439, 444, 447, 474
Rott, Edouard, 323
Rozzo, Ugo, 69, 84, 345, 474
Rüegg, Walter, ix

Sacchetti Sassetti, Angelo, 284, 474
Salinari, Giambattista, 2, 475
Sbrana, Danilo, 137, 475
Scaduto, Mario, 439, 446, 475
Scarabello, Giovanni, 240, 475
Scarpa, Emanuela, 2, 475
Scarpellini, Angelo, 29, 30, 56, 475
Schäfer, Jörg, 296
Schalk, Fritz, 29, 61, 62, 475
Schätti, Karl 18, 475
Scheible, Heinz, x, 13, 69, 475
Schoeck, Richard J., 5
Schottenloher, Karl, 52, 106, 475
Schwab, Wolfgang, 214, 475
Schwarzwäller, Klaus, 13
Scribner, Robert W., 134, 476
Seebaß, Gottfried, x
Seidel Menchi, Silvana, 2, 11, 21-23, 28-30, 36-39, 43, 45, 49, 55, 56, 62, 63, 80, 81, 84, 86-88, 93, 96-98, 112, 165, 170, 188, 189, 197, 227, 232, 233, 243, 248, 279, 304, 337, 338, 352, 390, 451, 455, 462, 465, 476, 477
Servolini, Luigi, 26, 477
Simoncelli, Paolo, 203, 278, 291, 477
Smart, James D., 9
Spini, Giorgio, 2, 477
Stackmann, Karl, 127, 470
Stegmann, André, 17, 477
Stella, Aldo, 88, 92, 93, 117, 253-255, 338, 408, 417, 418, 424, 425, 428, 429, 434, 437, 442, 477, 497
Stettler, Michael, ix
Stone, Lawrence, 3

Tacchi Venturi, Pietro, 248, 478
Tarducci, Antonio, 24
Tedeschi, John, 4, 20, 181, 215, 216, 384, 470, 478
Telle, Emile, 221, 223, 225-227, 233, 478
Tentler, Thomas N., 209, 478
Tentorio, Marco, 348
Thompson, Craig R., 7, 142, 478
Tiraboschi, Girolamo, 80, 282, 297, 383, 478
Tisot, Renato, 17, 478
Tracy, James, 53, 126, 478
Trapman, Johannes, x, 130, 132, 479
Tre Re, Maria Grazia, 215, 216, 407, 479

Ulvioni, Paolo, 451
Urbani, Gaetano, 30

Vaghi, C., 197
Valdrighi, Luigi Francesco, 80, 479
Valentini, Roberto, 37, 339, 479, 498
Vallese, Giulio, 160, 479
Van Santbergen, René, 142, 479
Vasoli, Cesare, 36, 171, 216, 398, 479
Vecchietti, Filippo, 203
Ventura, Angelo, 360, 409
Vercard, Marc, 473
Vian, Nello, 348
Viard, Paul Emile, 224
Vicini, Emilio Paolo, 297
Vinay, Valdo, 138, 139, 154, 479
Vindry, Fleury, 315
Virgili, Enzo, x
Viviani, Alberto, 29, 472

Waddingus, Lucas, 314
Weiland, Sperna, 471
Weinstein, Donald, 223, 226, 480
Welti, Manfred, 14, 20, 480
Wolfs, Servatius, 33, 480
Wolgast, Eike, x

Zambelli, Paola, 319, 480

ORTSREGISTER

Abruzzen, 87, 232
Adria, 101, 146, 260, 262, 263, 360, 363-365, 370, 371, 393, 415, 468
Agen, 36
Agnadello, 21
Ägypten, 200
Aiaccio, 304
Albona, 417
Aleria, 305, 310
Alessandria, 176, 248
Algier, 334
Amalfi, 82
Amelia, 289
Antwerpen, 14, 85, 95, 171, 429, 447
Aquila, 443
Arbe, 102, 146-148, 151, 155, 159, 248, 407, 408, 410, 413, 414, 416
Arquà Polesine, 359, 360
Asolo, 117-119, 123, 131, 132, 175, 181, 183, 207, 208, 211, 212, 406
Assisi, 121, 123, 466
Augsburg, 8, 14, 58
Avila, 220

Badia Polesine, 98, 136
Basel, 34, 37, 52, 56, 84, 96, 105, 124, 128, 184, 188, 242, 246, 265, 286, 300, 349, 423, 424, 423, 424, 454, 457, 461, 462, 466, 467, 475, 479
Bassano, 83, 136
Bastia, 133, 134, 304, 305, 307-309, 312, 313, 326, 333, 337
Bayonne, 322, 323, 334, 335
Belluno, x, 4, 83, 84, 449, 450, 453
Benevento, 407
Bergamo, 74, 214, 236, 247, 251, 277, 361, 407, 446, 453
Bergell, 323, 329
Bologna, 4, 21, 22, 37, 62, 73, 74, 77, 81, 87, 111, 132, 137, 158, 159, 250, 278, 283, 314, 330, 331, 330, 331, 342, 356, 361, 380, 397, 401, 435, 447, 453, 454, 474, 478
Brasilien, 336
Brescia, 19, 61, 96, 131, 169, 191, 196, 212, 247, 250, 263, 264, 361, 389, 396, 408, 441, 443, 453, 462, 463, 469, 479
Brianza, 119
Brüssel, 4, 85
Buia, 112

Calvi, 212, 300, 303, 304, 314, 337
Camaldoli, 190, 195, 196
Cambrai, 21, 323, 327, 328, 334
Campagna, 330, 363, 384, 385

Campogalliano, 44, 98
Candiana, 107
Capodistria, 25, 67-71, 131, 414-416, 415, 416
Carbonara, 306, 445
Carpi, 36, 108, 161, 242, 244, 258, 282, 283, 289, 446, 464, 473, 476, 479
Caspano, 265
Castelfranco Veneto, 102, 103, 116, 253
Castiglione delle Stiviere, 412
Catania, 250, 395, 396
Cateau-Cambrésis, 327, 334
Ceneda, 83, 217, 412
Cesena, 347
Chiavenna, 110, 265, 358
Chioggia, 67, 68, 70, 173, 174, 248, 293, 295
Chiusaforte, 408
Chur, 34, 322-324, 327-329, 335
Cittadella, 177, 385, 386
Città di Castello, 264, 278, 454
Civita, 283, 289
Codroipo, 435
Collalto, 83
Como, 44, 331, 348, 350
Concordia, 279, 281, 343, 456
Conegliano Veneto, 117
Consandolo, 90, 317
Corneto (Cornè) Polesine, 217, 360
Corte, 3, 45, 183, 235-240, 305, 310, 322, 376, 408, 420
Crema, 236, 240
Cremona, 62, 180, 208, 265, 266, 268, 299, 323, 324, 329, 331, 332, 348, 361, 362, 453
Cressa Novarese, 116

Dalmatien, 154, 158, 266
Den Haag, 86, 224, 454, 455, 459, 462
Deutschland, 7, 26, 36, 46, 48, 50, 51, 101, 111, 135, 138, 249, 252, 257, 285, 300-303, 315, 325, 335, 344, 345
Durlo, 407, 421

Elba, Insel, 316
England, 1, 7, 21, 85, 142, 155, 156, 478

Faenza, 59, 89, 173, 178, 191, 195, 216, 298, 299, 298, 299, 407, 467, 479
Fagagna, 256-259
Ferrara, 22, 90, 105, 106, 110, 163, 166, 194, 201, 218, 265, 339, 343, 380, 454, 461, 463, 470, 471
Flandern, 39, 46

ORTSREGISTER

Florenz, 22, 29, 61, 63, 66, 86, 122, 123, 139, 147, 156, 169, 184, 190, 202, 203, 229, 264, 265, 280, 407, 409, 419, 423, 431, 453, 455-460, 463, 465, 468, 469, 471, 472, 474, 476, 477, 478
Foligno, 435
Fontana, 80, 102, 161, 162, 161, 162, 250, 265, 338, 354, 380, 394, 463
Forlì, 24, 26, 214, 358, 395, 465, 477
Frankfurt, 435, 475
Frankreich, 3, 1, 12, 85, 119, 137, 156, 162, 166, 270, 299, 313, 314, 316, 321, 324, 325, 327, 328, 334, 337-339
Frasso, 374, 376, 378
Friaul, 118, 160, 179, 217, 256, 257, 407, 417, 444; *siehe auch* Udine

Gardone, 84, 263, 264, 266, 267
Gemona, 83, 97, 112, 211, 407, 441
Genf, 14, 34, 82, 92, 99, 135, 136, 162, 239, 252, 269, 270, 272, 303, 315, 338, 455, 456, 464, 466, 469, 474, 478
Gent, 86, 455, 459
Genua, 19, 23, 69, 99, 101, 165, 173, 177, 198, 202, 219, 236, 299, 300, 302, 304, 308, 310-312, 316-322, 325, 326, 329, 332, 336, 348, 362, 388, 397, 407, 409, 453
Gonars, 407, 441
Gonzaga, 44, 77, 94-96, 111, 114, 196-199, 201, 249, 453, 467
Görz, 435, 441, 444
Graubünden, 135, 136, 265, 299, 322-324, 326, 328, 329, 335, 337
Gravedona, 390
Graz, 240
Griechenland, 51
Grignano Polesine, 211, 412
Grosseto, 202, 247, 395, 407, 425
Gubbio, 37, 48, 198, 463
Guidizzolo, 251

Imola, ix, 4, 20, 74, 89, 90, 98, 102, 113, 123, 131-133, 206-208, 250, 317, 401, 402, 403, 453, 474
Istrien, 44, 154, 443; *siehe auch* Capodistria

Kalabrien, 363
Köln, 37, 125, 345, 346, 477
Konstantinopel, 181, 325, 334, 336
Konstanz, 423
Krakau, 334, 458
Kreta, 163, 249, 270-272, 274, 385
Kuba, 301

Langey, 335, 456
Lanzano, 435
Lavaur, 334-336

Legnaro, 97, 98, 120, 206, 212
Lendinara, 236, 251
Lombardei, 390; *siehe auch* Bergamo, Brescia, Como, Crema, Cremona, Mantua, Mailand, Pavia
London, 334, 421, 459, 461, 464-468, 473, 478, 480
Loreto, 121-123, 133, 134, 140, 243
Löwen, 33, 53, 142, 480
Lucca, 22, 86, 118, 145, 163, 177, 181, 182, 196, 214, 218, 222, 231, 281, 404, 408-410, 416, 429, 443, 444, 453, 454, 456
Lugo, 30
Lüttich, 5
Lyon, 77, 136, 277, 327, 433, 435, 436, 458

Macerata, 435
Madrid, 7, 168, 454, 455, 473
Mailand, 55, 65, 66, 108, 116, 118, 155, 182, 190, 201, 214, 215, 224, 278, 283, 297, 299, 304, 314, 323, 324, 328, 329, 331, 332, 335, 339, 341, 348, 350, 364, 409, 439, 453, 454, 457, 458, 472
Mantua, 23, 37, 62, 88, 116, 169, 184, 189, 196-198, 216, 383, 412
Mariana, 306
Marken, 343
Marseille, 309, 313, 315
Messina, 53, 280, 284, 302, 463, 469
Modena, ix, 4, 19, 22, 44, 74-77, 81, 84, 97-99, 101, 102, 110, 112, 113, 117, 119, 120, 122, 123, 132, 133, 136, 138, 143-146, 159, 163, 173, 178, 180, 182, 196, 203-206, 208, 212, 214, 216, 218, 236, 252, 296-299, 298, 299, 338, 339, 341, 358, 388, 403, 407, 409, 435, 444, 449, 453, 459, 470, 478, 479
Monopoli, 397, 399, 400
Montagnana, 44
Montecristo, Insel, 309, 313, 316, 326
Monteoliveto, 254
Montpellier, 334
Morimondo, 63
Muggia, 140, 154
Murano, 190, 191, 206
Mussolente, 449, 450

Neapel, ix, x, 4, 20, 101, 113, 118, 131, 137, 139, 171, 180, 199, 247, 254, 263, 314, 362, 363, 365, 372-374, 379, 380, 382, 391, 433, 437, 438, 453, 454, 456, 459, 461, 468, 479
Nebbio, 305
Nicosia, 108, 136, 216, 271, 272, 398
Niederlande, 7, 110
Nimwegen, 24
Nizza, 300, 318, 320
Normandie, 328
Novara, 55, 116, 190, 196, 323, 329

Nürnberg, 14, 372

Oderzo, 407, 418, 443
Orléans, 334
Oxford, 341, 459, 462, 468, 469

Padua, 23-27, 77-79, 81, 87, 88, 91, 92, 99, 106, 107, 165, 173, 190, 195, 209, 218, 236, 237, 270-272, 314, 342, 362, 367, 389, 396, 398, 400, 420, 437, 443, 445, 448, 449, 453, 459, 472, 476-479
Pago, 25, 155-157
Parenzo, 119, 125, 408
Paris, 8, 36, 37, 62, 85, 110, 275, 282, 313-316, 322, 328, 334, 335, 334, 335, 336, 338, 345, 372, 453-461, 463, 465, 467-474, 476, 477, 479
Parma, 32, 197, 314, 334, 453, 460, 463, 466
Pavia, 224, 361, 362
Penne, 87, 232
Perugia, 24, 110, 264, 390, 409, 453, 460
Pesaro, 250, 283, 470
Piacenza, 305, 442, 448
Picardie, 323, 330
Piemont, 336
Piombino, 196, 202
Pirano, 97, 98, 116, 120, 123, 132, 139-141, 154, 173, 175-177, 252, 443, 448, 459
Pisa, ix, x, 4, 28, 136, 137, 196, 311, 397, 403, 444, 453, 455, 458, 475, 476
Pola, 45, 61, 131, 177
Polesine, 98, 119, 136, 206, 211, 217, 359, 360, 412
Ponte, 98, 212, 407, 446
Portesio, 430
Portobuffolé, 408, 417
Portogruaro, 101, 102, 160-162, 392
Portugal, 7, 181, 372, 460
Poschiavo, 265
Prato, 44, 187
Ptuj, 240

Ravenna, 107, 108, 136, 137, 190
Recanati, 435
Refrontolo, 83
Reggio Emilia, 163, 456
Rieti, 284, 289, 474
Rimini, 29, 30, 29, 30, 472
Rivalta Mantovana, 176, 180
Rom, x, 5, 21, 28, 36, 37, 46, 51, 52, 55, 58, 67, 76, 82, 84, 93, 99, 107, 111, 131, 134, 137, 155, 156, 165, 173, 192-194, 218, 229, 247, 252, 259, 284, 296, 297, 304, 305, 314, 321, 322, 329, 334, 342, 348, 350, 353, 372, 386, 388, 392, 407, 409, 443, 444, 446, 447, 453, 456, 458-460, 462, 463, 465, 469-471, 473, 475, 477, 478, 480

Roncadelle, 106
Rovato, 247
Rovereto, 236
Rovigo, ix, x, 4, 88, 91-93, 173, 207, 214, 215, 236, 260, 262, 268, 339, 340, 358, 368, 397, 400, 407, 410, 412-416, 453, 468

Sachsen, 65
Sagona, 300, 301, 304
Salerno, 196, 198, 201, 338, 339
San Daniele im Friaul, 118, 256
San Severino, 343
Santiago de Compostela, 121, 123, 134
Sardinien, 4, 168, 305
Satriano, 384
Savoyen, 246
Schio, 83, 84, 214, 215
Schweiz, 7, 101, 265, 323, 335; *siehe auch* Basel, Genf, Zürich
Scopeto, 158
Secondigliano, 379-382
Serravalle, 101, 118
Sestola, 44
Siena, ix, 4, 97, 116, 158, 159, 167, 176, 217, 233, 314, 315, 324, 331, 334, 339, 347, 359, 386, 394, 395, 397, 432, 433, 437, 453, 458, 469, 473
Sizilien, 4
Spanien, 1, 6, 85, 171, 267, 327-329, 429
Spilimbergo, 82, 180, 249, 256-258, 362, 408, 441, 475
Split, 84, 255, 264, 266, 268
Spoleto, 80, 84
Straßburg, 9, 14, 87, 167, 232, 300, 430, 457

Terraguso, 407
Tirol, 21
Todi, 23
Tolmezzo, 407, 418
Tomba Veronese, 82
Torcello, 80, 407, 408, 419
Toskana, 316, 324; *siehe auch* Florenz, Grosseto, Lucca, Pisa, Siena
Tournai, 121, 406, 419, 470, 473
Treviso, 116, 175, 342, 406, 411
Trient, 8, 17, 53, 69, 107, 167, 172, 228, 288, 292, 302, 303, 315, 317, 335, 363, 374, 424, 466, 478
Triest, 154, 283
Turin, 214, 215, 456-458, 460, 462, 464, 465, 470, 473, 474

Udine, ix, x, 4, 97, 101, 112, 116-120, 131, 163, 249, 257-259, 393, 402, 403, 407, 430, 434, 437, 441, 447, 453, 455, 467, 470
Urbino, 51, 196, 198, 199, 201, 283, 290

Valladolid, 168, 387, 454
Vaux, 87
Veglia, 154, 299, 314, 321, 332, 333
Venedig, ix, 4, 15, 18, 22-26, 28-31, 37, 44, 53, 54, 53, 54, 60, 66, 78, 79,84, 86, 88, 91, 94, 99, 103-107, 111, 116, 122, 125, 137, 139, 140, 146,147, 149-152, 154-157, 161-165, 164-166, 165, 166, 168, 169, 171, 180, 183, 184, 187, 190, 192-196, 198, 199, 201, 206, 210, 214, 219, 231, 235-237, 239, 240, 243, 250, 251, 262, 263, 265, 267, 270, 271, 274, 277, 279, 280, 283, 299, 304, 314, 323-325, 329-342, 345, 347, 351, 354, 359, 362, 364, 368, 374, 375, 380, 390, 391, 393, 394-396, 398, 407, 410, 412, 413, 417, 420, 421, 424, 425, 428, 429, 435-437, 441-444, 446, 447, 449, 450, 451, 453, 454, 456, 457, 461, 463, 464, 467, 468, 470, 471, 473-475, 477, 478

Venetien, 300, 426, 444; *siehe auch* Padua, Rovigo, Treviso, Venedig, Verona, Vicenza
Venticano, 176
Veroli, 176, 252
Verona, 23, 70, 82, 97, 138, 173, 175, 176, 206-209, 211, 235-237, 251, 282, 283, 323, 329, 362, 385, 398, 408, 415, 416
Vicenza, 23, 28, 82, 83, 100, 119, 122, 136, 170, 209, 408, 417, 432, 449, 450
Vicosoprano, 322-324, 323, 324, 327, 329, 332
Vigevano, 279, 323
Viterbo, 2, 29, 36, 38, 49, 57, 63

Zürich, 14, 111, 124, 125, 296, 324
Zypern, 84, 251, 343

SACHREGISTER
angefertigt von Mattijs Ploeger

Ablaß 41, 68, 158, 185, 197, 242, 257f, 306, 311, 400
ad fontes 254, 318
Adagia 22f, 54, 62, 64, 81, 92, 103, 146, 162ff, 335, 354, 363, 369, 376f, 380, 394, 396f, 401, 418, 421, 433, 439f
Antibarbari 27, 62
Antiklerikalismus 421ff
Apologia 254, 376, 445
Apophthegmata 66, 162, 354, 369, 376, 397, 418, 433, 435, 439f, 447
Arianismus 56ff, 286, 393

Barmherzigkeit Gottes 13, 169ff, 184ff, 190, 195ff, 202f, 209f, 213, 275f, 435
Beichte 39ff, 102, 113, 128, 147ff, 154, 158, 204ff, 214, 217, 242, 249, 256f, 261, 276, 281, 303f, 342, 349, 365ff, 382, 386
Beneficio di Cristo 13, 82, 91, 110, 114, 170, 172, 183, 190ff, 196, 209, 296, 303
Berufsgruppen 3, 12, 46ff, 65, 68f, 73, 77, 82ff, 89, 92, 95ff, 106, 113, 117ff, 130ff, 136f, 139ff, 157ff, 174ff, 206, 209ff, 214, 217, 231, 235ff, 248f, 251, 256, 259, 266, 270ff, 274, 304f, 354, 362ff, 371, 374, 379f, 384, 393f, 397ff, 401f, 406ff, 434, 441, 443, 448ff
Bibellesung 95f, 217, 247, 264, 282, 351, 403, 406, 412, 448ff
Bilderverehrung, s. Heiligenverehrung
Bücher, verbotene 358ff, 404, 432f, 438, 442f, 445

Ciceronianus 55
Colloquia 24ff, 62, 81ff, 99, 103, 106, 121, 126, 131, 135, 137, 140ff, 146f, 149ff, 162f, 201, 218, 231ff, 241, 243, 258, 275ff, 279, 281, 287, 291, 297, 335, 346, 363, 365f, 369f, 389f, 393, 404, 417, 421, 435
Concio de Dei misericordia 197, 202f
Consilium delectorum cardinalium de emendanda ecclesia 166f
curiosità, s. Wißbegier

De amabili Ecclesiae concordia 279
De civitate morum puerilium 296, 417, 429
De conscribendis epistolis 25, 81, 162, 221, 233, 363, 384, 417, 440f, 444
De duplici copia verborum ac rerum 81, 162, 363, 380f, 383f, 417, 439ff

De immensa Dei misericordia 169, 184, 189f, 195f, 369
De libero arbitrio 62, 64, 104ff, 184, 197, 281
De octo orationis partium constructione 25, 417, 440
De preparatione ad mortem 165, 403, 419, 433, 443
De pueris statim et liberaliter instituendis 165, 278
De recta latini graecique sermonis pronunciatione 418
Defensio pro Italia 37, 54f, 59
Dilucida et pia explanatio symboli 348
Disticha Catonis 348, 350, 354, 363, 384, 395, 417f, 429, 441, 443f
Dreieinigkeit 243, 245, 253f, 281
Dulce bellum inexpertis 418

Ehe 210f, 214ff, 235ff, 243
Enchiridion militis christiani 6, 30f, 61f, 64, 71, 76, 81f, 85, 90f, 96, 106, 126, 130f, 135, 138, 140, 142, 158f, 161, 196, 224, 277ff, 281, 291, 297, 319, 394, 401
Encomium matrimonii 106, 220f, 228f, 231, 233, 277
Encomium Moriae 21ff, 29f, 35, 55, 140, 164, 224, 277f, 287, 389, 391, 396, 421
Epistola apologetica de interdicto esu carnium 126, 128, 242
Epistola fratribus Germaniae inferioris et Frisiae orientalis 348
Erasmianismus 7ff
Erbsünde 40, 42
Eucharistie 158, 214f, 242, 246, 249ff, 264, 267, 297, 303ff, 342f, 365, 368, 386, 402
evangelisch, s. lutherisch
Exhortatione 418
Exomologesis seu de modo confitendi 82, 146, 205
Expositio orationis dominicalis 433

fantasia, s. Phantasie
fasten 40ff, 44, 113, 119, 124f, 127ff, 143, 150f, 226, 248, 304, 320, 347, 349, 355, 366
Fegefeuer 43, 70, 103, 176, 183, 193f, 235, 247ff, 251, 257, 261, 270f, 303, 340, 343
Freiheit 110ff, 140, 451
Friede von Cateau-Cambrésis 327, 334

SACHREGISTER

Gebet 41, 64, 75ff, 113, 115f, 126, 133, 143, 200f, 216, 225f, 258, 277, 282, 343, 450
Grammatik 25, 47, 49f, 81, 139f, 162ff, 293, 301f, 363f, 371, 381, 393f, 419, 443

Heiligenverehrung 39ff, 43, 67ff, 71, 73, 89, 103, 112, 115, 120ff, 133, 144, 153, 159f, 167, 200f, 223, 235, 243, 248f, 257f, 261, 282, 288f, 342, 368, 419, 425
Heilsgewißheit 169ff, 192f
Humanismus 97ff, 104, 223, 270, 307, 363, 409, 418, 431, 445
Hyperaspistes 104f

Index von Paul IV. 104, 280, 284, 287, 290ff, 294, 348, 354, 362, 377, 384, 391, 395, 397, 436, 439f, 443
Index von Pius IV. 287, 291f
Inquisition 3ff, 19f, 97ff, 151, 172, 259, 331, 354f, 358, 363, 387, 390, 409ff, 442f
Institutio christiani matrimonii 106, 201, 221, 228
Institutio hominis christiani 348
Institutio principis christiani 21, 165, 201, 279, 376, 380, 443
intellectus captivus 385f
Invectiva in Erasmum Roterodamum 36, 38, 54f

Jungfräulichkeit 220f, 223, 227

Kirche der Vielfalt 334, 336f, 340
Kirchengebäude 116f, 140, 153, 450
Koran 164
Krieg im Mittelmeer 314
Krieg von Parma 334
Krieg von Siena 314f, 324, 334
Kultgegenstände 117ff
Kurie 58ff, 69, 87, 108, 166f, 288ff, 348f, 390, 420

Liebe 215, 221f, 226, 229
Lingua 376f, 433
Liturgia für die Santa Casa in Loreto 243
Lob der Torheit 143ff, 227, 319, 342, 363f
lutherisch 9ff, 33f, 38f, 48, 56, 61, 67, 74, 85, 124f, 130, 167, 169, 171, 188ff, 195, 197, 207f, 235, 244, 248, 250f, 264, 281, 286, 289, 296, 303f, 310, 317, 319, 321, 324, 329, 335, 341f, 344, 346, 374, 388, 390, 392, 394, 406, 446f

Marienverehrung, s. Heiligenverehrung
Meinungsfreiheit 135ff
Messe, s. Eucharistie
Modus confitendi, s. *Exomologesis*
Modus orandi Deum 200

Mönchtum 143f, 223ff, 235ff, 302, 319, 337
Moria 319, 376ff, 380, 433, 443, 445

Nächstenliebe 129, 143, 191, 226, 400
Nature Christi 245, 253, 255, 266
Notare, s. Berufsgruppen
Novum Testamentum 73f, 78, 82, 85, 96, 106, 140, 147, 164, 221, 224, 244, 255, 261, 267, 270, 283, 287f, 292ff, 297, 317ff, 391, 396ff, 401, 418, 434, 436, 441f, 447ff

offener Himmel 169, 171, 189, 191ff, 340

Papst, Autorität 41, 44, 69f, 83, 118, 137, 156, 176, 208, 210, 243, 251, 261, 263, 267, 270, 281, 294, 353, 375, 392, 397ff, 403, 443, 448
Parabolae 162, 354, 417
Paraclesis 23, 62, 78, 96, 227, 270, 396
Paraphrases 82, 241, 258f, 270, 297, 337, 345f, 351f, 356, 359, 376, 384, 388ff, 393, 396, 418, 433
Phantasie 100ff
Philologie 49f, 55, 93, 98, 289, 292, 294, 301, 304, 307, 317ff, 346, 350, 393f, 401, 418, 427, 430, 445
Prädestination 169ff, 188, 246, 270, 305f
Precationes 396, 418
Priestertum, allgemeines 122
Pro Alberto Pio principe Carpensi Antapologia 37, 49, 59f
Pro Germania 52
Proverbia 445

Querela pacis 30, 421, 433

Racha 2, 36, 38, 49, 56ff
Ratio seu methodus perveniendi ad veram theologiam 82, 127, 148, 254
Rechtfertigung, 40f, 44, 68ff, 114, 169, 171, 186, 190, 193, 246, 253, 260, 276, 306, 351
Reformation in Italien 12ff, 97ff, 110f, 169ff, 184, 212, 214ff, 247, 252, 256, 264, 270, 303, 317, 358, 400, 407, 424, 449

Sakramente 128, 147, 167, 181, 193, 206, 211, 214ff, 238, 304, 342, 349, 357
Sermone della natività del Signore 190ff
Sexualität 222f
sola fide, s. Rechtfertigung
Sprachgewandtheit 45ff, 69f, 98, 136, 274, 346, 356, 367, 393, 398, 409, 420
Staat und Kirche 409ff, 426

Taufe 133, 178ff, 214, 227, 246, 264

Toleranz 268f, 343, 400
Tres et viginti libri 37, 286
Tridentinisches Konzil 13, 70, 107f, 119, 172, 189, 194, 228, 257, 281, 288, 291, 295, 303, 317, 335, 351, 354, 363, 367, 374f, 386, 391, 394, 424, 439f

Vatikanisches Konzil, zweites 125
veröffentlichte Werke in Italien 427ff
Verteidigung Italiens 50ff
Virginis et martyris comparatio 202

Vita Hieronymi 224f, 284
"Volk", s. Berufsgruppen
Von der Freiheit eines Christenmenschen 112

Wiedertaufe 266, 268
Wille, freier/unfreier 40ff, 64, 73, 104ff, 151, 244ff, 286
Wißbegier 99f, 365, 393, 399

Zölibat 41f, 129, 224ff, 235ff
Zweifel 241ff, 365f, 402, 419

STUDIES IN MEDIEVAL AND REFORMATION THOUGHT
EDITED BY HEIKO A. OBERMAN

1. DOUGLASS, E.J. Dempsey. *Justification in Late Medieval Preaching.* 2nd ed. 1989
2. WILLIS, E.D. *Calvin's Catholic Christology.* 1966 *out of print*
3. POST, R.R. *The Modern Devotion.* 1968
4. STEINMETZ, D.C. *Misericordia Dei.* The Theology of Johannes von Staupitz. 1968 *out of print*
5. O'MALLEY, J.W. *Giles of Viterbo on Church and Reform.* 1968 *out of print*
6. OZMENT, S.E. *Homo spiritualis.* The Anthropology of Tauler, Gerson and Luther. 1969
7. PASCOE, L.B. *Jean Gerson: Principles of Church Reform.* 1973
8. HENDRIX, S.H. *Ecclesia in Via.* Medieval Psalms Exegesis and the *Dictata super Psalterium* (1513-1515) of Martin Luther. 1974
9. TREXLER, R.C. *The Spiritual Power.* Republican Florence under Interdict. 1974
10. TRINKAUS, Ch. with OBERMAN, H.A. (eds.) *The Pursuit of Holiness.* 1974
11. SIDER, R.J. *Andreas Bodenstein von Karlstadt.* 1974
12. HAGEN, K. *A Theology of Testament in the Young Luther.* 1974
13. MOORE, Jr., W.L. *Annotatiunculae D. Iohanne Eckio Praelectore.* 1976
14. OBERMAN, H.A. with BRADY, Jr., Th. A. (eds.) *Itinerarium Italicum.* Dedicated to Paul Oskar Kristeller. 1975
15. KEMPFF, D. *A Bibliography of Calviniana.* 1959-1974. 1975 *out of print*
16. WINDHORST, C. *Täuferisches Taufverständnis.* 1976
17. KITTELSON, J.M. *Wolfgang Capito.* 1975
18. DONNELLY, J.P. *Calvinism and Scholasticism in Vermigli's Doctrine of Man and Grace.* 1976
19. LAMPING, A.J. *Ulrichus Velenus (Oldřich Velenský) and his Treatise against the Papacy.* 1976
20. BAYLOR, M.G. *Action and Person.* Conscience in Late Scholasticism and the Young Luther. 1977
21. COURTENAY, W.J. *Adam Wodeham.* 1978
22. BRADY, Jr., Th. A. *Ruling Class, Regime and Reformation at Strasbourg, 1520-1555.* 1978
23. KLAASSEN, W. *Michael Gaismair.* 1978
24. BERNSTEIN, A.E. *Pierre d'Ailly and the Blanchard Affair.* 1978
25. BUCER, Martin. *Correspondance.* Tome I (Jusqu'en 1524). Publié par J. Rott. 1979
26. POSTHUMUS MEYJES, G.H.M. *Jean Gerson et l'Assemblée de Vincennes (1329).* 1978
27. VIVES, Juan Luis. *In Pseudodialecticos.* Ed. by Ch. Fantazzi. 1979
28. BORNERT, R. *La Réforme Protestante du Culte à Strasbourg au XVIe siècle (1523-1598).* 1981
29. SEBASTIAN CASTELLIO. *De Arte Dubitandi.* Ed. by E. Feist Hirsch. 1981
30. BUCER, Martin. *Opera Latina.* Vol. I. Publié par C. Augustijn, P. Fraenkel, M. Lienhard. 1982
31. BÜSSER, F. *Wurzeln der Reformation in Zürich.* 1985
32. FARGE, J.K. *Orthodoxy and Reform in Early Reformation France.* 1985
33, 34. BUCER, Martin. *Etudes sur les relations de Bucer avec les Pays-Bas.* I. Etudes; II. Documents. Par J.V. Pollet. 1985
35. HELLER, H. *The Conquest of Poverty.* The Calvinist Revolt in Sixteenth Century France. 1986
36. MEERHOFF, K. *Rhétorique et poétique au XVIe siècle en France.* 1986
37. GERRITS, G.H. *Inter timorem et spem.* Gerard Zerbolt of Zutphen. 1986
38. ANGELO POLIZIANO. *Lamia.* Ed. by A. Wesseling. 1986
39. BRAW, C. *Bücher im Staube.* Die Theologie Johann Arndts in ihrem Verhältnis zur Mystik. 1986
40. BUCER, Martin. *Opera Latina.* Vol. II. Enarratio in Evangelion Iohannis (1528, 1530, 1536). Publié par I. Backus. 1988
41. BUCER, Martin. *Opera Latina.* Vol. III. Martin Bucer et Matthew Parker: Florilegium Patristicum. Edition critique. Publié par P. Fraenkel. 1988
42. BUCER, Martin. *Opera Latina.* Vol. IV. Consilium Theologicum Privatim Conscriptum. Publié par P. Fraenkel. 1988
43. BUCER, Martin. *Correspondance.* Tome II (1524-1526). Publié par J. Rott. 1989
44. RASMUSSEN, T. *Inimici Ecclesiae.* Das ekklesiologische Feindbild in Luthers »Dictata super Psalterium« (1513-1515) im Horizont der theologischen Tradition. 1989
45. POLLET, J. *Julius Pflug et la crise religieuse dans l'Allemagne du XVIe siècle.* Essai de synthèse biographique et théologique. 1990
46. BUBENHEIMER, U. *Thomas Müntzer.* Herkunft und Bildung. 1989
47. BAUMAN, C. *The spiritual legacy of Hans Denck.* Interpretation and Translation of Key Texts. 1991
48. OBERMAN, H.A. and JAMES, F.A., III (eds.) in cooperation with SAAK, E.L. *Via Augustini.* Augustine in the Later Middle Ages, Renaissance and Reformation: essays in honor of Damasus Trapp. 1991
49. SEIDEL MENCHI, S. *Erasmus als Ketzer.* Reformation und Inquisition im Italien des 16. Jahrhunderts. 1993
50. SCHILLING, H. *Religion, Political Culture, and the Emergence of Early Modern Society.* Essays in German and Dutch History. 1992

Prospectus available on request

E.J. BRILL — P.O.B. 9000 — 2300 PA LEIDEN — THE NETHERLANDS

ACL 6604

11/24/92
S.O.
131–

Bx
1723
S45
1993